刘君祖易断全书

下册

刘君祖◎著

团结出版社

周易下经

31. 泽山咸（䷞）

《周易》上经三十卦，由乾、坤开天辟地、屯卦生命源于海洋谈起，物种演化由简而繁，至剥极而复，人类登上舞台，克服重重坎险，创造光辉灿烂的文明为止。下经三十四卦，叙述人事的演变，由咸、恒二卦的恋爱婚姻起始，历尽离合悲欢，至既济、未济二卦，检讨终极成败告终。上经阐扬天道，教人运用于人事；下经述人事，以印证天道。

《序卦传》称："有天地，然后有万物；有万物，然后有男女；有男女，然后有夫妇；有夫妇，然后有父子；有父子，然后有君臣；有君臣，然后有上下；有上下，然后礼义有所措。夫妇之道不可以不久也，故受之以恒。恒者，久也。"行文很长，道理浅显易懂。"咸"为无心之感，人皆有之的少男少女情怀，"恒"为长久稳定，结为夫妇期待白头偕老，人群社会由此组成。《中庸》称："君子之道，造端乎夫妇；及其至也，察乎天地。"下经首咸恒，上经始乾、坤，以人合天，天人相应，小宇宙的人则，不能违反大宇宙的天则。

《序卦》文中不见"咸"字，只有"恒"字卦名，也有意味。"咸"为自然感应，无形无象，"恒"为积久生成之物事，可闻可见。"咸"无心，"恒"有心，天下万物生于有，有生于无。《序卦》叙至坎、离时称："坎者，陷也；陷必有所丽，故受之以离。离者，丽也。"往下没有"受之以咸"，而是另起一大段，称"天地、万物、男女"，可见上、下经分述的意义。

《杂卦传》称："咸，速也；恒，久也。"自然的感应来得极快，少男少女可能一见钟情；老夫老妻度日悠长，得相互忍让，才会得其善终。依《杂卦》卦序，咸、恒亦居第三十一、三十二卦，与自然卦序相同，而乾刚坤柔为首，也与《序卦》无异。换句话说，无论如何排序，天地、男女都得摆在最前面，由此启动一切天人关系的变化。

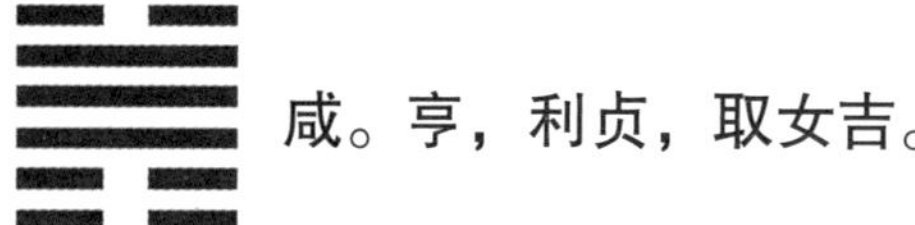

咸。亨，利贞，取女吉。

“咸”为少年男女互慕之情，“亨者，嘉之会也”，利于固守正道，恋爱成熟后论及婚嫁，男的可以考虑娶女的为妻，应可美满幸福。卦辞有“亨，利贞”，而不见“元”，与蒙卦卦辞同，感情用事往往蒙蔽理智。

《彖》曰：咸，感也。柔上而刚下，二气感应以相与。止而悦，男下女，是以亨利贞，取女吉也。天地感而万物化生，圣人感人心而天下和平。观其所感，而天地万物之情可见矣！

“咸”为无心自然之感，上卦兑为少女柔美，下卦艮为少男刚健。“山泽通气”，初、四,二、五,三、上爻皆相应与，完全天造地设，水乳交融。少男艮止于下，诚心专注追求少女，将她捧得高高的欢喜无比，两情相悦，所以进一步婚配结合而获吉。乾、坤开天辟地，阴阳之气交感，而使万物化生，圣人体悟天道人心，致力倡导推行和平大业。我们细心观察天地万物间的感应互动，便可见证情为何物。

乾卦《彖传》末称：“首出庶物，万国咸宁。”坤卦《彖传》中称：“含弘光大，品物咸亨。”都提到咸卦名，“咸宁”、“咸亨”，此即“天地万物之情可见”。天下人同此心，心同此理，皆厌战而爱好和平，上经同人、大有二卦已深明其理。“天下和平”就是“万国咸宁”，上、下经为首的乾、咸两卦，郑重于《彖传》中申明，天道人性一以贯之。

《象》曰：山上有泽，咸。君子以虚受人。

咸卦下卦艮山，上卦兑泽，“山上有泽”为天池之象。清幽远离尘嚣，湖面波平如镜，反映天光云影共徘徊。君子观此山泽通气之象，虚心承受他人的感情或意见，以砥砺自己进德修业。

《系辞上传》第十章称：“《易》无思也，无为也，寂然不动，感而遂通天下之故。非天下之至神，其孰能与于此？”又称：“唯神也，故不疾而速，不行而至。”人心若清净无染，感应可强大敏锐至不可思议的境界，易占的作用机制，亦在于是。

纵观咸卦《彖》、《象》，言气言心言情言虚，已经探讨到许多重要的现象与观念，这是进入下经人间世之后，所需面对的复杂幽微的人情人性。《庄子·人间世》记载，仲尼教颜回何谓“心斋”，称：“若一志，无听之以耳而听之以心；无听之以心而听之以气。耳止于听，心止于符。气也者，虚而待物者也。唯道集虚。虚者，心斋也。”心、气、虚全谈到了，君子以虚受人，便可承载真理大道。《老子》第十六章亦称：“致虚极，守静笃。万物并作，吾以观复。”虚心体悟，为做人做事重要的功夫。

• 2000年6月上旬，我们的学会尚未正式成立，春、秋两季的研习活动已成惯例，当时是在关西马武督统一企业的度假园区，讨论主题为“交卦”。一卦上下卦对调，称为交卦，如地山谦（䷎）与山地剥（䷖）、雷地豫（䷏）与地雷复（䷗）即是。行前我以易占测问：交卦的意义与价值为何？得出不变的咸卦。“咸”为感，“二气感应以相与”，“君子以虚受人”，观其所感，能通天地万物之情。交卦上下对调，朝野易位，内外转换，合乎此义。

• 1997年9月初，我占问《归藏易》的价值定位？为不变的咸卦。“亨，利贞，取女吉”，“君子以虚受人”。《归藏易》据说为殷商的《易经》，以坤卦为首，又称《坤乾》，孔子当年到宋国时还看到过，以后确定失传了。《归藏》既以坤卦为首，特重顺势包容、厚德载物的精神，女性的感受力强，正与咸卦相通。

• 2009年10月上旬，我为即将举行的学会秋研营写了篇论文——《由颐观复，养生有主——大易养生术初探》。文成占问言之可有物否？为不变的咸卦。“咸”为下经论人事之首，探讨到心、情、气、虚、感应等重要现象，天地感而万物化生，圣人感人心而天下和平，“观其所感，而天地万物之情可见矣！”该篇的确礼实有据，易理贯通，自己也相当满意。

• 2009年11月底，我读《论语·为政篇》孔子自述学行历程：“吾十有五而志于学，三十而立，四十而不惑，五十而知天命，六十而耳顺，七十而从心所欲不逾矩。”心想老夫子73岁过世，若他活过80、90，还

占例

会精进到什么境界呢？然后又想起毓老师已逾百岁高龄，约九十后，将“天德黉舍”改为“奉元学会”，依中国哲人每十年换个字号，以示修为又有新境的做法，他“一百而……”会是什么用词呢？占得不变的咸卦。“天地感而万物化生，圣人感人心而天下和平”，老师已至和谐感通的极境，“无私无为，寂然不动，感而遂通天下之故”。那么，称“一百而感通天下之故”好吗？

• 2011 年 7 月 3 日，为毓老师仙逝百日纪念会，我上午及前一天陪儿子考大学，午前离开考场，他妈妈继续陪着考完。前一天数学没考好，其他皆佳，我占首日战绩为蒙卦“九二”爻动，“包蒙吉，纳妇吉，子克家”，应该不错。当日再算他两天总考绩如何？为不变的咸卦。“亨，利贞，取女吉”，还是 OK。8 月发榜，考上政治大学会计系。

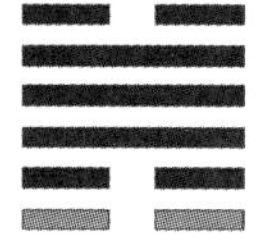

初六。咸其拇。

《象》曰：咸其拇，志在外也。

咸卦六爻全以人的身体取象，与艮卦为六十四卦中“唯二”的肉身卦，两卦的关系极为密切。简单来说，咸卦六爻讲人身体各部位的自然感应，更重上兑下艮、少年男女间的亲密互动，这种情爱关系固然甜美，执迷过甚，也可能带来无限痛苦，难以消受。咸卦为全经第三十一卦，艮卦为五十二卦，经历了二十一个卦的离合悲欢，情伤至极，决心采取艮卦止欲修行的方式，以摆脱痛苦。艮卦六爻几乎针对咸卦六爻立论，下尽克制功夫。两卦合参，妙义无穷，对中医治疗及养生，都有宝贵启示。《系辞下传》第二章称：“近取诸身，远取诸物，于是始作八卦，以通神明之德，以类万物之情。”阴阳爻即从男根、女阴取象，咸、艮二卦，更是了解人体身心奥秘的宝库，值得有心人努力开发。

咸卦“初六”从人脚趾取象，而且细腻到大拇趾，表示五个脚趾感应个个不同。大拇趾带头感于机先，所谓“春江水暖鸭先知”，先知觉后知，先觉觉后觉，启动了一个崭新的境遇，本爻动，恰值宜变成革卦（䷰）。下经人间世从此开始，革故鼎新，创造不息。噬嗑卦“初九”“屦校灭趾”、贲卦“初九”“贲其趾”、大壮卦“初九”“壮于趾”、夬卦“初九”“壮于前趾”、艮卦“初六”“艮其趾”，皆从脚趾取象；坤卦“初六”“履霜”、离卦“初九”“履错然”，则以足底取象；咸卦“初六”“咸其拇”，谈得最细致深透。“志在外”，讲的是“初六”和外卦的“九四”相应与，“九四”“憧憧往来”为心动，“初六”“咸其拇”为行动，由心动而引发行动。

•2001 年 4 月上旬，我问：清末戊戌变法时，谭嗣同何以要牺牲，其究竟意义为何？为咸卦“初九”爻变，成革卦。革命必须流血，流血从谭某人起始，借此感动天下人心，大拇趾一动，其他脚趾都会跟进啊！

慷慨赴死易，从容就义难。历史上像文天祥、谭嗣同、林觉民等人的作为，确实人所难能，可歌可泣。

•2012 年 7 月 20 日，美国丹佛市的午夜场电影院发生疯狂杀人事件，《蝙蝠侠》首映的片里片外，枪林弹雨，似幻似真。学医准博士的宅男犯下滔天大罪，时隔挪威奥斯陆滥杀无辜案，刚好一年。当时我即深感忧虑，占往后三至五年的世景，为“同人”之“否”，已于同人卦“二爻变占例”中说明，预言成真。这回惨案再发，我问是否又是警讯？为咸卦“初六”爻变，成革卦。“咸其拇”，内卦艮的少男情绪一动，鲁莽行事，天地为之变色。大拇趾动了，其他脚趾一定会跟进，这是最可怕的示范效应啊！将来这种事还会层出不穷，这种劫数怎么得了？《黄帝阴符经》称：“天发杀机，移星易宿；地发杀机，龙蛇起陆；人发杀机，天地反复；天人合发，万化定基。”惊悚末世的天灾人或频仍，让人凛凛生畏。

8 月 5 日，美国威斯康星州又发生滥杀案，白人枪手在锡克教庙宇前射杀聚会的信徒，脚趾跟着躁动了！时隔半月而已，真是“履霜坚冰至”啊！8 月 13 日，得州大学城无业宅男射杀房东及警官后被击毙；8 月 24 日，纽约帝国大厦失业男枪杀老板后，滥射行人，亦被警察击毙，成了可怕的连锁反应。

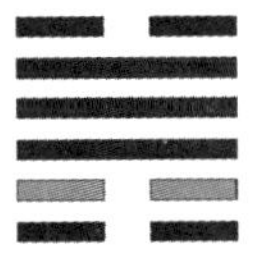

六二。咸其腓，凶，居吉。

《象》曰：虽凶居吉，顺不害也。

“六二”中正，和“九五”之君相应与，“九三”乘于其上，构成牵扯与干扰，似人际复杂的感情互动，虽然受感，不宜轻举妄动而招凶。“腓”为小腿肚，须随大腿行动，本身不能自主。“九三”“咸其股”，正是大腿的位置，牵制住“六二”，不能随心所欲上应“九五”，躁动则凶，安居则吉，“六二”顺从上“九三”，则不遭祸害。本爻变，为大过卦（䷛），因情色追求，负荷过度而致崩溃，确需敬慎以待。

占例

• 2006 年 11 月下旬，我们的周易学会进入第六个年头，我问策运如何？为咸卦“六二”爻动，有大过之象。“咸其腓，凶。居吉”，“顺不害也。”当年 8 月 14 日，原执行长徐崇智不幸心脏病发往生，找学生邱云斌接任，一年内理监事会须改选，我干了两届理事长也得卸任，一切以稳住阵脚为主，不宜轻动。2007 年 8 月，办了一次晋豫行，组团赴河南安阳，参加两岸易学研讨会，再去山西太原、五台山、大同等地游览。11 月中，在高雄办秋季研习营，讨论《易经》与《尚书》思想的关系，并顺利改选理监事，谨小慎微，都还无碍。

九三。咸其股，执其随，往吝。

《象》曰：咸其股，亦不处也；志在随人，所执下也。

“九三”过刚不中，和“上六”相应与，两爻刚好是下卦少男与上卦少女的主爻之位，“山泽通气”，彼此深受吸引，热情奔放，难以抑制。“股”是大腿，为相当敏感处，“咸其股”，表示心痒难熬，急欲与对象成就好事。《小象传》称“亦不处”，继“六二”“咸其腓”之后，也止不住想往前冲。“志在随人”，“九三”很想追随“上六”，但“六二”紧跟其下，甩也甩不脱，带着包袱前往，恐怕发展有限。“执其随”、“所执下”，说的正是“九三”被“六二”拖住，非自由身，故称“往吝”。“九三”爻变为萃卦（䷬），精英相聚，至所渴盼，所以似飞蛾扑火，虽吝亦往。

• 1996 年 12 月上旬初，我应社会大学基金会之邀，作二十一世纪诸大问题的百年预测，其中有关能源危机的前景，为咸卦“九三”爻动，有萃卦之象。石油经萃取而来，为人类长期使用的主要能源，开发过度

占例

也消耗过速，有竭泽而渔的危险，且会制造生态污染，导致国际战争，实非长久之策。“咸其股，执其随，往吝。”为了填满上兑卦无穷之欲望，不得不拼命开采，包袱沉重，路子愈来愈窄。旧能源如此，新能源的前景也不看好，取代石油这不祥之物，并不容易。

1997年10月中旬，社会大学邀讲的主题更夸张——“往未来试看一千年”，能源问题的突破为剥卦（䷖）“上九”爻动，恰值宜变成坤卦（䷁）。“硕果不食，君子得舆，小人剥庐。”剥极而复，新能源能否突破，端视往后人类集体的修行而定，走对了就绝处逢生，走错了即入穷途啊！

• 2010年9月下旬，我刚从德国慕尼黑授《易》返台，在慕城道场听到《金刚经》的录音光盘，感觉很好，为马来西亚华裔女歌手黄慧音所唱，称为“天女之声”。在台买了连《心经》在内的几片光盘送人，给学生讲佛经，也播放做背景音乐。占问其唱诵音效，为咸卦“九三”爻动，有革卦之象。“亨，利贞，取女吉。”“天地感而万物化生，圣人感人心而天下和平，观其所感，而天地万物之情可见矣！”卦、彖、象的意境极美，“九三”爻辞则若有所憾焉。无论如何，“遇咸之革”，黄慧音的诵唱有其特色，吸引人一听再听。

九四。贞吉，悔亡。憧憧往来，朋从尔思。

《象》曰：贞吉悔亡，未感害也；憧憧往来，未光大也。

“九四”阳居阴位不正，“初六”阴居阳位亦不正，彼此相应与，情投意合，因“九四”夹处于上下两阳爻之间，不得相聚，遂有寤寐思念、辗转反侧之象。“憧”为童心，对世界充满不切实际的想象，而且变幻不定，未必会贯彻原先的想法。“朋”为阴阳和合，指异性相吸的“初六”，阳主阴从，“九四”怦怦心动为主，“初六”脚痒行动为从，故称“憧憧往来，朋从尔思”。两爻均不正而相应与，交感热烈，却未必有好结果，反而可能受到感情的伤害，故称“贞吉悔亡，未感害也；憧憧往来，未光大也”。爻辞强调“贞”字，要求起心动念须合乎正道，此与无妄卦卦旨相同：“其匪正有眚，不利有攸往。”为免将来之悔，眼下勿轻举妄动。

咸卦六爻中爻辞多称卦名，“咸其拇、腓、股、脢、辅颊舌”等，都指出受感的身体部位，独“九四”爻辞中不称“咸”，此为何故？因为“憧憧”、“尔思”为心之感，心无形无象，其实亦无定在而无所不在。《楞严经》“七处征心”，了不可得；《系辞上传》第四章称：“神无方而易无体。”第五章：“阴阳不测之谓神。”

“九四”爻变为蹇卦（䷦），寸步难行，单单空想不足以成事。“九四”心动，带动“初六”“咸其拇”的行动，两爻齐变，则有既济卦（䷾）之象，知行合一，才能成功搞定。然而既济卦辞称：“亨小利贞，初吉终乱。”其后又是未济卦，成果难以长保，而且规模并不开阔，故《小象传》又提醒“未感害”、“未光大”。所谓开阔气象，当如坤卦《彖传》：“含弘光大，品物咸亨。”具体表现在“六三”爻辞：“含章可贞，或从王事，无成有终。”《小象传》称：“以时发也，知光大也。”

咸卦“六二”《小象传》称“顺不害”，“九四”称“未感害”，可见人皆有情，感之不当，却会带来很大伤害。

《系辞下传》第五章有大段文字论述此爻：“《易》曰：‘憧憧往来，朋从尔思’。子曰：‘天下何思何虑？天下同归而殊途，一致而百虑。天下何思何虑？日往则月来，月往则日来，日月相推而明生焉。寒往则暑来，暑往则寒来，寒暑相推而岁成焉。往者屈也，来者信也，屈信相感而利生焉。尺蠖之屈，以求信也；龙蛇之蛰，以存身也；精义入神，以致用也；利用安身，以崇德也。过此以往，未之或知也；穷神之化，德之盛也。’”孔子由人心的思虑出发，借题发挥谈了很多大道理。先秦思想百家争鸣，各具特色，夫子提出殊途同归，一致百虑的主张，确有海纳百川的气魄。

《史记·太史公自序》引用这段，以评述六家要旨：“天下一致而百虑，同归而殊途。夫阴阳、儒、墨、名、法、道德，此务为治者也，直所从言之异路，有省不省耳。”先秦学术崇尚政治实践，提出想法，必继之以做法，“憧憧往来”成蹇，配上“咸其拇”，才得既济。《中庸》亦称述孔子之道：“仲尼祖述尧舜，宪章文武，上律天时，下袭水土。譬如天地之无不持载，无不覆帱；譬如四时之错行，如日月之代明。万物并育而不相害，道并行而不相悖，小德川流，大德敦化，此天地之所以为大也。”与上段《系辞》夫子所称，大可相互发明印证。

总的来说，《系传》这段长文，教人法自然，正思维，重实践，后世经世致用的思想，亦应受此启发。咸卦“九四”既谈人心所感，当如《彖传》所称：“天地感而万物化生，圣人感人心而天下和平。”各种思想主张当互相尊重，和平共存，何必党同伐异太甚？

占例

• 2011 年 11 月下旬，我占问：人在梦境中为何动作迟滞，想做什么，手脚总不利落？得出咸卦“九四”爻动，有蹇卦之象。“憧憧往来，朋从尔思”，正是日有所思，夜有所梦，浮想联翩，却蹇困难行，占象何其明确。

九五。咸其脢，无悔。

《象》曰：咸其脢，志末也。

“九五”中正居全卦君位，下和“六二”中正相应与，本属绝配，干扰甚多不得结合。一则“九三”上乘“六二”，再则“上六”乘于“九五”之上，也是欲望蒙蔽理智之象。这么复杂的感情互动关系，身为最高领导，必须冷静以对。“咸其脢”的“脢”，为人体背部夹脊之处的肌肉，多处筋脉相连，为万感交集的主控中枢，感应力量强大。人君位当辐辏，日理万机，为组织决策中心，亦复如是。正因发号施令影响巨大，不得随意宣泄感情，以免伤人害己。“九五”居“九四”、“上六”两爻的心口之间，心中所感所想，口中未必宣言，深藏不露，以任大事。“志末”之“末”，指“上六”兑口的位置，爱说爱现，“九五”“志末”，可见领导强自节控，才能不失言，不露情。

“脢”字的偏旁为“每”，依《说文解字》解释，为草盛上出之意，表示物事很多，非仅一端，必须全盘做整体考虑。海、毓、晦、悔、敏、诲、侮等字，皆以“每”为偏旁，亦和“咸其脢”的意蕴相通：人君深沉似海，难测机深，对民众有养育教诲之责，不宜轻举妄动以致侮或招悔，虽然对周遭形势变动极度敏感，仍韬光养晦。“九五”爻动，恰值宜变成小过卦（䷽），其卦辞称：“可小事不可大事……不宜上宜下，大吉。”为了大局着想，必须谨小慎微。

咸卦“九四”“贞吉悔亡”，本应有悔，治心得当而使悔恨消亡。“九五”“无悔”，修为更高一层，哀乐不入，根本不会有悔。由“悔亡”至“无悔”的精进功夫，《易》卦中多见，如大壮卦“九四”、“六五”，涣卦“九二”、“六三”，未济卦“九四”、“六五”等皆是。

咸“九五”、“六二”情投意合，若克服干扰障碍，得成眷属。两爻齐变为恒卦（䷟），正为此义。

• 1997 年 12 月中旬，我以反败为胜为题，占了一连串的卦例，其中有问中国如何反败为胜？为咸卦“九五”爻动，有小过之象。咸卦感人心而天下和平，又懂得虚心接受别人的长处，领导人咸其脢无悔，冷静判断世界形势，做出最合乎中国整体利益的决策，切勿感情用事。小过谨小慎微，低调处理国际关系，假以时日当可大吉。

• 2005 年 11 月中旬，我问“身体易”的研究场域可有前景？包括中医养生、武术健身等都在内。得出咸卦“九五”爻动，有小过卦之象。咸卦为肉身卦，涉及心、气、情、虚等机制的深入探讨，意蕴非常丰富。“九五”居君位，“咸其脢，无悔”，提纲挈领进行全面的研究，必有许多宝贵的发现。

• 2012 年元月底，奉元学会的同仁在台北的民族国中举行春节团拜，师兄弟姐妹们亲切问候致意，也讨论了不少会务发展之事。我心念暗动，问毓老师英灵有至否？为咸卦“九五”爻变，成小过卦。“咸其脢，无悔”。“咸”为感应之主，不疾而速，不行而至，“感而遂通天下之故”。小过卦为兑宫游魂卦，《大象传》称“丧过乎哀”。“遇咸之小过”，老师至矣！

• 2012 年 3 月中旬，我占问《系辞传》中许多“知”字的真意为何？得出咸卦“九五”爻变成小过卦。“咸其脢，无悔。”“咸”为人人与生俱来的感知，“九五”君位为主宰，一切情意、知识、智慧由此而生，实即孟子所谓的良知。《大学》所称格物致知，“致知在格物”的“知”，亦指良知而言，前两年学生占问格致之义，即得咸卦“九五”爻变。《系传》首章明义，“乾知大始”、“乾以易知”，第四章称“知周万物而道济天下”，依此体悟才得正解。

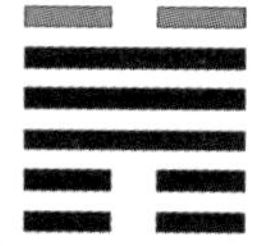

上六。咸其辅、颊、舌。

《象》曰：咸其辅颊舌，滕口说也。

“上六”居咸卦之末，当外兑开口处，徒逞口舌之快，未必真心持久，爻变为遁卦，逃避不负责任。“上六”和“九三”相应与，又乘于“九五”之上，用情不专，惹出很多麻烦。“上六”、“九三”齐变，成否卦，“九三”且值宜变成萃卦，姻缘相聚难长久，终至成空。

• 1992年6月下旬，我还在出版公司鏖战，关系企业儿童教室的负责人想搞连锁书店，我占其构想如何？为咸卦“上六”爻动，有遁卦之象。“咸其辅颊舌”，徒“滕口说”，不如打消企划，定不可行。她还不死心，再问又得无妄卦（䷘）“上九”爻动，“行有眚，无攸利，穷之灾也。”本业已经焦头烂额，负债累累，还妄想扩充，不亡何待？遂悻悻作罢。

• 1998年年初，我占算《孙子兵法·谋攻篇》的价值，为咸卦“上六”爻动，有遁卦之象。“咸其辅颊舌，滕口说也。”君子动口不动手，靠三寸不烂之舌，就能让敌人退兵。“遁”为退，“遇咸之遁”，“上兵伐谋，不战而屈人之兵”，确实是“善之善者也”。咸卦《彖传》称：“圣人感人心而天下和平。”《谋攻篇》的主旨不贵攻伐，崇尚和平解决国际纷争，见解相通。话说回来，谋和不易，谈兵而主和，未免高调之嫌，连孙武当年随伍子胥伐楚一样多所杀伤，兵圣本身都做不到啊！

咸卦多爻变占例之探讨

咸卦卦、彖、象及六爻阐析已毕，往下进入二爻变以上的占例探讨。

占事遇卦中任意二爻动，若其中一爻值宜变，以该爻辞为主、另一爻辞为辅论断吉凶。若皆不值宜变，以本卦卦象卦辞为主，参考二爻齐变所成之卦的卦象卦辞。

• 2004年10月下旬，美国总统大选即将举行，我问布什连任的胜算，为咸卦三、五爻动，齐变有豫卦（䷏）之象。咸卦“亨利贞，取女吉”，豫卦“利建侯行师”，“遇咸之豫”，且“九五”君位动，应有不低胜算。再占对手克里的胜算，为艮卦（䷳）“上九”爻变，成谦卦（䷎）。艮为止欲修行，“上九”翻越重重阻碍，终于登峰造极，和平善终，本属吉象，竞争总统大位却有谦让之意。果然，小布什胜选连任，给美国及世界经济带来了噩运。

• 2004年4月初，“319”枪击案发生不久，台湾社会对峙气氛严重。我认真考虑移居内地的可能，初步评估选江南如杭州一带合宜否？为咸卦三、上爻动，“九三”值宜变成革卦，齐变则有否卦（䷋）之象。“九三”“咸其股，执其随，往吝”。虽然动心欲往，在台家庭妻小与教业随身，哪能说走就走？“上六”“咸其辅颊舌，滕口说也”，真的只是讲讲罢了！“遇咸之否”，注定行不通。

• 2009年3月下旬，我受邀赴厦门作大学演讲前的热身演练，在旅次中看张爱玲自传式的小说《小团圆》，叙述她年轻时与胡兰成的婚姻恋情。两人都是文学大家，胡更有一段具争议性的政治经历，他们的爱情故事自然引起关注。我问：张对胡最后的评价为何？得出咸卦三、上爻动，“九三”值宜变成革卦，齐变则有否卦之象。内卦“九三”为张，“咸其股，执其随，往吝”，深受吸引追随前往；外卦“上六”为胡，“咸其辅颊舌，滕口说也”，花心巧语不负责任。精英萃聚，毕竟成空，“否之匪人”，老死不相往来，张对胡已彻底绝望。

• 2004年4月中旬，“319”枪击案余波荡漾，我问自己走上教学研先圣经典的路，往后与孔子大道的因缘如何？得出咸卦初、四爻动，齐变有既济（䷾）之象。“圣人感人心而天下和平”，“君子以虚受人”，“九四”“贞吉，悔亡”，夫子大道“一致而百虑，殊途而同归，天下何思何虑？”“初六”既受感动，服膺实行即是，“咸其拇，志在外也。”知行合一，“遇咸之既济”，不因困顿而挫吾心。“憧憧往来”，神生不定，可以休矣！

• 2006年11月下旬，我受邀在《联合报》文化中心授《易》，首届开班，教占时学生关心2008年3月的选举，旁敲侧击问：选后台湾民众的生活如何？大家共占出咸卦四、五爻动，齐变有谦卦之象。“圣人感人心而天下和平”，谦“亨君子有终”，“遇咸之谦”，两岸和平可以确保。民进党时期，两岸关系挑弄得很紧张，选后才可能纾缓。咸卦“九五”、“九四”居高位，“无悔”、“贞吉，悔亡”，有新气象。果然，一年半后，国民党成功获选。

• 2010年6月中旬，我们学会在台北近郊乌来乡办春季研习营，主题为：“穷神知化德之盛——《易经》与佛经的对话。”我自己也写了长篇论文：《魔尘鉴与金刚心——〈六祖坛经〉的启示》。会中听外邀专家

二爻变占例

演讲时，占问何谓“无所住而生其心”？得出咸卦五、上爻动，有旅卦（䷷）之象。咸为人心自然之感，互动之情，感之不当易生执著，带来伤害。“上六”“滕口说”，巧言无实，即应戒慎。“九五”“咸其脢”，沉稳冷静才能“悔亡”。旅卦山上有火，万事云烟忽过，教人切勿留恋执著。“遇咸之旅”，受感而不系于心，离相离念，当下解脱。

• 2005 年 9 月中旬，富邦集团筹设“优视新闻信息台”，向官方提出申请，问几天后审核通过否？我们在课堂上占出咸卦三、四爻动，齐变有比卦（䷇）之象。咸卦“九三”“咸其股，执其随，往吝”；“九四”“憧憧往来，未光大也”。三多凶、四多惧，似乎不会顺利，果然被打回票。当时的主管谢长廷曾放话，反对金控公司介入媒体经营，想过关也难，富邦购物台、儿童台等倒是审核通过。

三爻变占例

占事遇卦中任意三爻动，以本卦为贞，三爻齐变所成之卦为悔，称贞悔相争，合参两卦卦辞卦象以断吉凶。若三爻其中一爻值宜变之位，为主变量，加重考虑其爻辞在变局中的影响。

• 2008 年 7 月上旬，我占问佛祖的修行境界，得出咸卦初、四、五爻动，“九五”值宜变成小过卦，贞悔相争成明夷卦（䷣）。咸为人世第一卦，修佛修道还是从人皆有情出发，虚心摄受宇宙人生的大道理。天地感而万物化生，圣人感人心而天下和平，观其所感，而天地万物之情可见矣！“九四”“憧憧往来”之心，能正念调伏，“贞吉，悔亡”；“初六”“咸其拇”，知行合一，济度众生至彼岸。“九五”“咸其脢，无悔”，修至最崇高的君位，“不疾而速，不行而至，无思无为，寂然不动，感而遂通天下之故。”《金刚经》称：“尔所国土中，所有众生，若干种心，如来悉知。”明夷卦的《大象传》称：“君子以莅众，用晦而明。”借着窥破宇宙人生种种业障假相，指引众生得证真如。

• 2010 年 9 月下旬，我跟学生讲《心经》，对“色、受、想、行、识”五蕴皆有占测，其中“行蕴”为咸卦二、五、上爻动，贞悔相争成鼎卦（䷱）。“咸”为人心之感，思虑造作，念念不停；鼎卦“正位凝命”，去故取新。“遇咸之鼎”，意念发为言行。“六二”“咸其腓”、“上六”“咸其辅颊舌”，皆由“九五”“咸其脢”来主控。

• 2012 年 8 月底，时值中元普度，我在易佛班讲《楞严经》，问当日

三爻变占例

可有“非人”入室听法？为随卦（䷐）上三爻全动，“九五”值宜变为震（䷲），贞悔相争成颐卦（䷚）。随卦为震宫归魂卦，颐卦为巽宫游魂卦，时值中元，“随时之义大矣哉！”确有好兄弟前来聆听佛法。当日讲佛祖与阿难“七处征心”，下课时我问在座的学生听得懂吗？为咸卦三、四、上爻动，贞悔相争成观卦（䷓）。咸卦感通，虚心承受；观卦冷静深入思维，“遇咸之观”，有所领悟。

• 2010 年 4 月上旬，我准备将完稿多年、不断修正的《易经系辞传详解》付梓出书，占问合宜否？为咸卦三、五、上爻动，“九五”值宜变成小过卦，贞悔相争成晋卦（䷢）。咸卦读书有感，“九三”与“上六”相应，颇思发表与人分享，一吐为快；“九五”“咸其脢，无悔”，冷静沉淀多年，而今时机成熟，可以出书了！晋卦如日东升，其《大象传》称：“君子以自昭明德。”完成这本书的写作，自己确实进益甚大，日新又新。

• 2007 年中，学生问她一位好友罹患癌症的病情，她占得咸卦二、三、四爻动，贞悔相争成坎卦（䷜），问我如何判断？“遇咸之坎”，感染癌症甚深，“咸其腓”、“咸其股”，已至咸其心，扩散连成一片，相当危险。医生也不看好，长期接受放射线及化学治疗，痛苦不堪。患者也是女性，跟咸卦“取女吉”有关？拖了数年后，患者去世。

四爻变占例

占事遇卦中任意四爻动，以四爻齐变所成之卦的卦辞卦象为主判断，若其中一爻值宜变，稍加重考虑其爻辞的影响。

• 2011 年 2 月下旬，毓老师本约定要去我们学会看看，结果当天一早身体违和，又临时取消。我心中觉得不祥，占问后续发展？为咸卦三、四、五、上爻动，“上六”值宜变成遁卦，四爻齐变成剥卦（䷖）。“遇咸之剥”，“不利有攸往”，这段感应互动可能被迫止歇。“咸其辅颊舌”，有心说无力完成，遁退之象令人不安。3 月 6 日我还去晋见老师，体气更衰；3 月 20 日清晨，老师溘然仙逝，卦象不幸而言中。

• 2009 年 7 月中，我问以《易》通佛的研究途径可行否？为咸卦二、四、五、上爻动，四爻齐变成蛊卦（䷑）。“咸”为领受感通，“君子以虚受人”；“蛊”为不失批判精神的继往开来，得其要旨，还需创造生新。“遇咸之蛊”，解得真好！

32. 雷风恒（䷟）

恒卦为下经第二卦，全经第三十二卦，恰为六十四卦居中的位序，有中道稳定之义。《杂卦传》:“咸，速也；恒，久也。”咸、恒二卦的排序没变，还是在第 31、32 卦。“乾刚坤柔”，乾一坤二的次序也没变，可见这四卦为天人变化的基础与开端。

《序卦传》称：“恒者，久也。物不可以久居其所，故受之以遁。遁者，退也。”任何物事都不可能永远待在一处不动，时间到了都得离开，恒卦之后为遁卦，“遁”是退的意思。工作久了要退休，任期到了得卸任，大限到了须离世，可谓天经地义，不容恋栈或置疑。乾卦《文言传》称：“亢之为言也，知进而不知退，知存而不知亡，知得而不知丧。其唯圣人乎！知进退存亡而不失其正者，其唯圣人乎！”遁卦就是教人知所进退，勿蹈亢龙之悔。乾卦“初九”“潜龙勿用”，称“遁世无闷”；大过卦天翻地覆，称“独立不惧，遁世无闷”，遁卦的智慧与修为非常重要。

“咸”为无心之感，少男少女青春之恋，孟子称为“慕少艾”，人皆有之，自然而然。“恒”则有心经营，上震下巽，长男长女夫唱妇随，白头偕老可不容易。恒卦之后为遁卦，就表示咸卦的热情经久会消退，这是人生必须面对的事实。台湾曾流行一首《凡人歌》，其词曰:“你我皆凡人，生在人世间；终日奔波苦，一刻不得闲……多少男子汉，一怒为红颜；多少同林鸟，已成分飞燕；人生何其短，何必苦苦恋？”由咸至恒，由恒而遁，人情真是难堪。

“恒”字拆解，为“亘古心”，似有海枯石烂皆不变心之意，一般来说太难。《易经》古本上的恒字，“亘”下少一横，取“一日心”之意，人人努力皆可做到，涵蕴甚深，值得注意。一日昼夜交替，一阴一阳之谓道，已具刹那永恒之义。一年十二月、一日十二时辰，子、丑、寅、卯、辰、巳、午、未、申、酉、戌、亥，周转不息，我们认真过好每一天，比空想长久如何，要务实而重要得多！禅宗说当下即是，日日是好日；《大学》讲："苟日新，日日新，又日新。"孔子在《论语》中的提示尤其亲切，《里仁篇》称："有能一日用其力于仁矣乎？我未见力不足者。"颜渊问仁，《颜渊篇》记子曰："克己复礼为仁。一日克己复礼，天下归仁焉！为仁由己，而由人乎哉？"

"一日心"为"恒"，并非古代皇权下的避讳，汉文帝叫刘恒，《易经》为群经之首，万世尊崇，不受影响。老子喜谈"玄"，触康熙玄烨之讳，清后的传本将"玄"改称"元"；唐太宗李世民有"世"字，连观世音菩萨都简称观音。《易》中两个特殊字，一为"恒"，一为"无妄"之"无"，都有造字上的深意，不可轻忽。

《系辞下传》第七章称忧患九卦，除上经提过的履、谦、复三卦外，下经的恒卦居第四。"恒，德之固也……恒，杂而不厌……恒以一德。"恒德固守正道，持久不变，一心一德，贯彻到底，处于任何扰杂的环境下，都专心致志，不起厌倦脱离之心，这是乱世很重要的修为。"一德"之一，为整全不可分割义，所谓"一致而百虑、殊途而同归"，咸卦"九四""憧憧往来"，以此治心，"恒以一德"，再复强调。《尚书》有一篇名《咸有一德》，人人皆有纯一无杂染的真心，后天修行得保无亏。

恒。亨，无咎，利贞。利有攸往。

恒卦卦辞较咸卦多几字，人能持之以恒，努力不懈，可获亨通。《系辞上传》第三章称："无咎者，善补过也。"长期奋斗的过程中会犯错，只要偏离中道不远，立刻改正就没事儿。永远固守正确的大方向前进，必然产生效益。

《彖》曰：恒，久也。刚上而柔下，雷风相与，巽而动。刚柔皆应，恒。恒亨，无咎，利贞，久于其道也。天地之道，恒久而不已也。利有攸往，终则有始也。日月得天而能久照，四时变化而能久成，圣人久于其道而天下化成。观其所恒，而天地万物之情可见矣！

恒卦《彖传》多达九十一字，为六十四卦最长的一篇《彖》文。上卦震刚主动，下卦巽柔深入，长男长女密切配合，各爻皆相应与，人下工夫深入研究，行动起来必然积极有效。十年磨一剑，铁杵可成针。开天辟地以来，日月星辰终而复始地运转不息，地球上春夏秋冬季节轮替，圣人长久弘扬正道，而使天下化成。除了咸卦之外，日久见人心，观其所恒，可以见证天地万物之情。咸恒二卦的《彖传》，皆从天地谈到圣人，而以观“情”作结，韵味十足。

贲卦《彖传》称：“观乎人文，以化成天下。”离卦《彖传》称：“重明以丽乎正，乃化成天下。”而此处恒卦《彖传》称：“圣人久于其道，而天下化成。”“化成天下”与“天下化成”有何不同？前者为教化的过程，后者是成果。《大学》讲修齐治平之道，平天下为过程，天下平就是成果了，与此义相通。

《象》曰：雷风，恒。君子以立不易方。

恒卦《大象传》称“雷风恒”，不称谁上谁下，有平等义。男女平等，夫妻和合，不分彼此。雷风动荡的情势下，君子坚定立场，处世之方绝不动摇。“易”以“变易、不易、简易”立教，所谓“不易”，即恒常之道。《帛书易传》不称太极，而称“易有大恒”，值得玩味。

•1996年3月上旬，我观世变日亟，占问：滔滔乱世当何所适？为噬嗑卦（䷔）“上九”爻动，有震卦（䷲）之象。“何校灭耳，凶”，真是乱世景观，当心业障殒身。再问如何持世存身？为不变的恒卦。固守正道，立不易方，圣人久于其道，而天下化成。

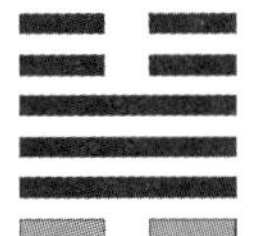

初六。浚恒，贞凶，无攸利。

《象》曰：浚恒之凶，始求深也。

“初六”当恒之初，为下巽深入之始，上和“九四”相应与，一开始就求长久稳定的关系，势所不能。“贞者，事之干也”，这么做达不到目的，凶而无所利益。本爻动，恰值宜变成大壮卦，卦辞“利贞”，《大象传》称“非礼弗履”，《杂卦》称“大壮则止”，皆不鼓励轻举妄动。河床久经泥沙淤塞，会影响通航与景观，故须浚渫清除，以求长期使用。夫妻的婚后生活平淡，日久天长难免口角冲突，就得沟通沟通，没多久又塞住了，也是“浚恒”之象。一般陌生人交浅言深，企图不成；有深交后，还未必经得起岁月的摧磨考验，人情长久真是难哪！

占例

• 2003 年元旦，我作一年之计，谋食为恒卦“初六”爻动，恰值宜变成大壮卦。“浚恒，贞凶，无攸利”，“始求深也”。大壮卦“非礼弗履”，对刚建立的关系，不能期待太多，已有的关系，也不宜求之过甚。再问如何化解突破呢？为需卦（䷄）三、上爻动，齐变有中孚卦（䷼）之象。“需”为饮食之道，“中孚”为诚信，靠立信渡彼岸，满足需求。“九三”“需于泥，致寇至”，显然遭遇阻滞；“上六”“有不速之客三人来，敬之，终吉”，以诚信化敌为友，满足需求，宾主尽欢。需卦“初九”“利用恒，无咎”，本以恒德涉大川；“遇需之中孚”，对症下药，正好济“浚恒”之失。

九二。悔亡。

《象》曰：九二悔亡，能久中也。

“九二”阳居阴位，刚而能柔，处下卦巽入之中，和“六五”相应与，长久固守中道，而获“悔亡”。本爻变为小过卦（䷽），短期内会有上下振荡出入，却不偏离主轴的大方向。只要抓住长期的大趋势，不必太在意短期的变动。《论语·卫灵公篇》记子曰：“人无远虑，必有近忧。”恒卦主旨要人看得远，“九二”深得其要。

• 2003 年元旦，我做一年之计，问我与妻子的关系，为恒卦“九二”爻动，有小过之象。“悔亡，能久中也。”恒卦雷风相与，正是夫妇之象。小过卦辞称：“亨利贞。可小事，不可大事……不宜上，宜下。大吉。”长期相处总有小过，彼此体谅，善补过即可无咎。

• 1995 年 3 月上旬，我已卸去实责，在出版公司沉潜读书。回朝发号施令的老板虽未相逼，仍没松懈警戒，想将小学教科书的开发工作塞

占例

给我。一则我已全无动力，再则该案实嫌粗疏，想推又未必合适。当时想管它呢，先接过来再说如何？占得不变的未济卦（䷿），显然不成。再问如何做，为恒卦“九二”爻动，有小过卦之象。“悔亡，能久中也。”“可小事，不可大事……不宜上，宜下”，谨小慎微应对，眼光放长远即是。后来名义上督责，实际都是手下编辑在执行，而随着公司经营愈见困难，此案也终归失败，而我冷静应对，不构成任何压力，仍是埋头做自己想做的事。

• 2011 年 4 月中旬，我问外星人是否访问过地球？为恒卦“九二”爻动，有小过卦之象。“恒”为长久时间，“小过”有飞鸟之象，其卦辞称：“可小事，不可大事。飞鸟遗之音。不宜上，宜下。”外星人久远以前就来过地球，乘不明飞行物登陆，没太干扰人类，却留下些蛛丝马迹，让人怀想追寻。

九三。不恒其德，或承之羞，贞吝。

《象》曰：不恒其德，无所容也。

“九三”过刚不中，处下巽卦低调深入之终，有躁烦不耐、急求表现之态。不能恒守其德行，劳而无功，可能要承受羞辱，天下之大，无处容身，这样做路子会愈走愈窄。本爻变为解卦（䷧），长期累积的资源一旦瓦解，实在可惜。离卦“九四”突如其来的浩劫，《小象传》也称“无所容”，看来恒卦“九三”的结果非常糟。

《论语・子路篇》记：子曰：“南人有言曰：‘人而无恒，不可以作巫医’。善夫！‘不恒其德，或承之羞。’”子曰：“不占而已矣！”夫子是北方人，当时的南方文化发展程度较低，故而孟子痛批许行为“南蛮鴃舌之人”。即便如此，南方人也认为恒德很重要，没有长久的熏习，连巫医这种当时地位较低的职业都做不好。所谓医不三世，不服其药，任何专业都须深入研究才让人信服。孔子引用恒卦“九三”爻辞，反面说明守恒的重要。人有恒德，长期依正道行事，也不必迷信占卜，若无操守，占再多卦也没用！“有是德，方应是占”，《易》为君子谋，不为小人谋。

孔子晚年好《易》，记述其生平言行的《论语》中，却只有两处谈到《易》，除这章外，就是《述而篇》所言：“加我数年，五十以学《易》，可以无大过矣！”大过一词，应该也跟大过卦有关。《孟子》七篇全未言《易》，有几处谈到《春秋》;《论语》未言夫子作《春秋》，仅两处言《易》。

• 2003年3月下旬，美国攻击伊拉克战事顺利，应可获胜无虞。我问其吉凶得失究竟如何？为恒卦“九三”爻动，有解卦之象。“不恒其德，或承之羞，贞吝”，“无所容也”。赢得战争却未赢得和平，侵略的本质不为国际社会接受，虽胜犹负。后续的发展世所共见，易占的评断完全正确。

九四。田无禽。

《象》曰：久非其位，安得禽也？

“九四”阳居阴位不正，下应“初六”“浚恒”，根基尚浅难以作为，打猎没有任何收获。本爻变为升卦（䷭），居高位不称职，待再久也没用，不会有建树。师卦“六五”称“田有禽”，师出有名；恒卦“九四”“田无禽”，徒劳无功。

• 1992年2月中旬，我任职总经理的那家出版公司股争不断，人心浮动，老板希望我跟大股东沟通谈谈，看看有无善解。我觉得没什么用，占出来也是恒卦“九四”爻动，有升卦之象。“田无禽”，徒劳无功，遂作罢。

• 1999年元旦，我做一年之计，问当年与毓老师的机缘如何？为恒卦“九四”爻动，“田无禽”，没有进一步的机会。事实亦然，再问如何突破？为不变的乾卦，“天行健，君子以自强不息。”此两占已于乾卦占例中说明，真的是师傅领过门，修行在个人。

• 2007年2月中，我的女儿台大外文系将毕业，积极申请英美留学，由于她大二暑假时，曾去英国剑桥修过课程，颇期待再去攻读硕士。我占其如愿否？为恒卦“九四”爻动，“田无禽”，断然无望。剑桥被拒，牛津倒给了她入学许可，赴英一年，攻读拿了文艺复兴时期的英国文学，拿到硕士学位后返台。

六五。恒其德，贞。妇人吉，夫子凶。

《象》曰：妇人贞吉，从一而终也；夫子制义，从妇凶也。

“六五”居恒卦君位，下和“九二”相应与，都能长久守住恒德，坚持不动摇。当事者若为妇人，以柔事刚，从一而终获吉；若为男子汉大丈夫，则嫌创发性不足，过度保守反致凶。本爻变为大过卦（䷛），动荡非常，与恒卦的常态稳定相反。大过卦“九五”爻变成恒，恒卦“六五”爻变成大过卦，常与非常、动荡与稳定，在最高领导人身上可达到谐衡。

夫子制义一句，意蕴甚深，可能与孔子作《春秋》有关。《春秋公羊传》末有称：“制《春秋》之义，以俟后圣。”《春秋》拨乱反正，立新王之法，有大不同于中国传统者，继往尚能开来，仁人志士当深切留意。

• 1994 年 4 月下旬，我所在的出版公司“政争”诡谲，老板联合直销部一位协理，也是董事会一员，频频出招试探干扰，让经营层不胜其扰。司马昭之心，固然路人皆知，却很不好应付，我问吉凶胜负？为恒卦“六五”爻动，有大过卦之象。成败还是系于君位，我只是假王，龙战于野力有未逮，老板不顾一切要回朝掌控资源，行事又灵变无方，确实难斗。“遇恒之大过”，也有稳定破坏之象，直觉不妙。后势发展果然失控，老板挟过半股份支持回朝，注定了往后的颠覆败亡。

上六。振恒，凶。

《象》曰：振恒在上，大无功也。

“上六”为恒卦之终，下接遁卦，长期稳定已难维持，振动摇撼而获凶。本爻变为鼎卦（䷱），本期享国久远，终因动摇根本而遭覆灭。“上六”和“九三”相应与，都是“不恒其德”之意，两爻齐变成未济卦（䷿），大局颠覆，不能长保成功。“大无功”一词，亦见于师卦“六三”，“师或舆尸，凶”，皆为纷扰致败之意。

咸卦六爻为少男少女热烈的互动，全从身体取象；恒卦六爻全无肉身意象，老夫老妻性趣衰退，只剩下些抽象枯燥的原则。恒卦之后为遁卦，由此亦可充分理解。恒卦不提肉身，也昭示身体不可能永恒存在，人生于此不必太过执著。

• 1994 年 10 月中旬，我已卸下出版公司经营之责，股争并未了结。回朝的老板又欲召开董事会，以达其自救的企图。我问会后大局的吉凶，为恒卦“上六”爻动，有鼎卦之象。“振恒凶，大无功也。”长期累积的资源耗尽，根基已经动摇，最后败战难以避免，这些占象后来完全应验。

恒卦多爻变占例之探讨

以上为恒卦卦、彖、象及六爻爻辞之理论分析，以及实例说明，往下再研究二爻变以上的变化情形。

占事遇卦中任意二爻动，若其中一爻值宜变，以该爻辞为主论断吉凶；若皆不值宜变，以本卦卦辞卦象为主，亦参考二爻齐变所成之卦的卦辞卦象论断。

• 1994 年 8 月初，一位报界的友人约我谈事，她与夫婿婚姻难谐，可能考虑离异。家务事当然只能听听，不容置喙，但胆还是帮忙算了一卦，为恒卦二、三爻动，有豫卦（䷏）之象。“恒”正是夫妇之道，“九二”“悔亡，能久中”，大致还好；“九三”“不恒其德，或承之羞，贞吝”，“无所容也”，往后发展恐怕不妙。豫卦有预期之意，得思患预防才是。之后没太久，两人还是离异，未能继续辛苦的姻缘路。

• 1994 年 3 月中旬，我在出版公司苦心经营，四面受敌，老板在外走投无路，执意回朝掌权，各方试探施压，情势诡谲险恶。我问他若得逞，最后命运为何？得出恒卦二、三爻动，有豫卦之象。“九二”“悔亡，能久中”，“九三”“不恒其德，或承之羞，贞吝”，“无所容也。”长期固守的专业形象，终至晚节不保，势将承受羞辱，最后不为同侪所容。再问我的最后命运呢？为不变的离卦。“明两作，大人以继明照于四方”，从此另辟新天，“重明以丽乎正，乃化成天下。”后事发展果然如是。

• 1994 年 8 月中，苏志诚邀我餐叙，当时此人的争议性极大，我于赴约前占问吉凶？为恒卦初、三爻动，“九三”值宜变成解卦，齐变则为归妹卦（䷵）。恒卦“初九”“浚恒，贞凶，无攸利”，交浅切勿言深；“九三”“不恒其德，或承之羞，贞吝”，彼此关系还未必久长，随时可能结束。归妹卦辞称：“征凶，无攸利。”应酬应酬就好，什么过量的言行都不要有。当天吃完大餐还闹肚子，在盥洗室吐光。教了一年多，因故暂停，之后与苏也未再见面。2011 年 4 月中，我的《四书的第一堂课》出繁体字版，时报出版公司举办新书发表会，苏居然沉寂多年后，出现会场，我们请他上台述往日因缘，见面还一拥抱致意。“遇恒之归妹”，真的一点也没错啊！

• 1994 年 8 月中旬，出版公司争权已毕，我想法改变，乐得清闲自在。韩姓副总编为提振士气，建议我多发编辑奖金，我占得恒卦三、四爻动，有师卦（䷆）之象。“九三”“不恒其德，或承之羞，贞吝”。“九四”“田无禽”，徒劳无功，也难久长，不如不做，免生争议。

• 2010 年 4 月底，我们学会内部人事纷扰，我一方面做调整处置，一方面借佛经上课，也想点化一下兴风作浪者。当时讲到《六祖坛经》，五祖门下派系斗争，经文记述深刻入微，我着意阐析，期望她们受启蒙反省。课后占问收效否？为恒卦初、四爻动，有泰卦（䷊）之象。“初九”“浚恒，贞凶，无攸利”，“始求深也”；“九四”“田无禽”，习气已深，要求彻悟太困难，算是对牛弹琴了！再问班上其他人听了何如呢？为蛊卦（䷑）二、四、上爻动，贞悔相争成小过卦（䷽）。蛊卦针对积习改革，小过卦“可小事，不可大事”，“遇蛊之小过”，多少起些作用。蛊卦“九二”“干母之蛊，不可贞”，急不得；“六四”“裕父之蛊，往见吝”，积习惰性深重；“上九”“不事王侯，高尚其事”，最终才有改造成功的可能。

• 1994 年 5 月中旬，我的一个学生老来找我，建议成立工作站，提供易占服务云云。他搞术数出身，坦白说习气甚深，其时我刚在公司斗争中脱身，开始发心读书，占其吉凶为恒卦二、上爻动，有旅卦（䷷）之象。旅卦全无立足根基，“遇恒之旅”，必不可为。贞我悔彼，内卦“九二”“悔亡，能久中”，我长期守正；外卦“上六”“振恒凶，大无功”，这学生心性不定，败事有余。占象与想法相同，当然不予理会。

• 2010 年 3 月上旬，在富邦的佛学课上，有学生问起某密宗上师的真实修为，我占得恒卦二、上爻动，有小过卦（䷽）之象。多年修习，“九二”“悔亡”，应有一定根基；“上六”“振恒凶，大无功”，晚年尽谈些媚俗的细琐小道，无聊已极。小过卦“可小事，不可大事”，还真批判到要点！这人已于年前过世。

• 2000 年 9 月底，我在各处上课的时间渐紧，自己也还在毓老师处听课，为了邀约不断，想暂停一晚听《易》的时间来讲课，试占合宜否？为恒卦初、上爻动，有大有卦（䷍）之象。恒卦“初六”“浚恒，贞凶，无攸利”，“上六”“振恒凶，大无功”，显然极不合适，遂作罢。我一直听老师课到 2001 年，从 1975 年 3 月启蒙以来，足足四分之一个世纪，身心获益之大，难以言宣。老师于 2011 年 3 月 20 日仙逝，而今欲再做学生，已永不可得，真是遗憾！

• 2011 年 6 月下旬，由于一个月前学会在溪头办春研营时，楼中亮医师提出一项说法，由十指底缘处的半月形晕圈数目，可检查身体状况，少于两个，甚至有致癌的可能，一时造成不少同学心神不宁。我以易占探问此说可信否？为恒卦三、上爻动，“九三”值宜变成解卦，齐变则有未济卦（䷿）之象。“遇恒之未济”，看来并非绝对如此，不可为定论。恒卦“九三”“不恒其德，或承之羞，贞吝”；“上六”“振恒凶，大无功”，都持怀疑看法。确实异例不少，中亮还需再审慎研究。

• 2010 年元月初，我看完齐邦媛回忆录式的巨著《巨流河》，时值辛亥百年，中心有感问占：此书之价值意义如何？得出恒卦二、四爻动，有谦卦（䷎）之象。“遇恒之谦”，抗战时期的中华儿女为国族奋斗，“立不易方”，精神可佩，亨通有终。恒卦“九二”“悔亡，能久中”，无怨无悔；“九四”“田无禽”，白忙一阵，大业毕竟难成。

占事遇卦中任意三爻动，以本卦为贞、三爻齐变所成之卦为悔，称贞悔相争，合参两卦卦象卦辞论断。若三爻其中一爻值宜变，为主变量，加重考虑其爻辞所造成的影响。

• 2005 年 6 月上旬，我的学生孙永祥约我餐叙，讨论他 50 岁的创业计划。孙是电子信息界的老将，曾任美国 Cisco 公司台湾地区总经理，管理能力很强，积多年经验与心得，有名为“影音通”的新产品开发构

想，也找到了一些资金及人脉支持，很想大干一番。我占问其创业前景，为恒卦二、三、四爻动，“九四”值宜变成升卦，贞悔相争成坤卦(䷁)。恒卦需长期努力，坤卦则阳气散尽，多半不成。恒卦“九二”“悔亡”尚可，“九三”“不恒其德，或承之羞，贞吝”，遭遇困难无以为继；“九四”“田无禽”，恐怕会落空，白干一场。我如实陈述，他并不沮丧，仍全力以赴，却难逃占象所示，几年后彻底失败，还得另寻经理人职务以安身，创业之梦未圆。

• 2011年10月中旬，我赴西藏旅游，同行的内地友人谈起某位学者，大叹学行分离，令人失望透顶。我早有耳闻，占其人心品究竟如何？得出恒卦三阳爻全动，贞悔相争成坤卦，“九四”值宜变成升。“遇恒之坤”，经不起长期考验，阳气尽消。“九二”“悔亡”，本有根基，“九三”“不恒其德，或承之羞，贞吝”，“九四”“田无禽”，每况愈下，终致一场空啊！

• 2007年2月下旬，我女儿各方进行留学申请，收到英国牛津大学的回函，约她下月中到北京面谈云云。这种非常态的安排，系校方某人出差，想顺便处理入学许可的审核工作，她觉得不大可能去，又担心影响入学。我遂问陪她去如何？得出恒卦初、二、四爻动，贞悔相争成明夷卦(䷣)。明夷卦为落日黑暗之象，辛苦又不讨好，实为不宜。恒卦“初六”“浚恒，贞凶，无攸利”，“始求深也”；“九二”“悔亡”；“九四”“田无禽”，徒劳无功。遂回函表明无法配合，后来还是收到了校方正式的入学许可，并不受此行影响。

• 1992年7月上旬，我还在出版公司领导奋战，老板的亲侄任职财务兼管海外业务，看见公司陷入难缠的股争，前景不明，也有自己出去创业之思。我占其前景如何？为恒卦初、二、四爻动，贞悔相争成明夷卦。显然前景黯淡不看好，恒卦“初六”“浚恒，贞凶，无攸利”，“九四”“田无禽”，没有成功的机会。他有些不服气，再问那应怎么办？为恒卦三、四爻动，有师卦（䷆）之象。“九三”“不恒其德，或承之羞，贞吝”，“无所容也”；“九四”“田无禽”，久战多年不能建功，留在公司里也一样无成。日后形势变迁，老板无力回朝，胳膊不可能往外弯，他靠了过去，回护多年，仍以覆灭终场。

• 2003年元月上旬，我受电视台友人之托，去与一位演艺界的男“同志”见面，他有极大的感情方面的痛苦，饭店包厢中耐心听他的断袖情

史，觉得新奇，却不作论断。助占其前景，为恒卦二、三、五爻动，“六五”值宜变，成大过卦，贞悔相争成革卦（䷰）。“革”为精英相聚，也是咸、恒以外极重感情之卦。恒卦期望永远相聚，能否如愿呢？“九二”“悔亡，能久中”，“九三”“不恒其德，或承之羞，贞吝”，不大妙，关键在最后的“六五”。“恒其德，贞，妇人吉，夫子凶。”这可累了！“同志”之爱中也会有夫妇之分，他们的角色如何厘清定位？整体来看，似乎不会平顺，大过为非常之爱，颠倒动荡，难以自已。再问他未来十年的大运，为大过卦（䷛）二、三爻动，齐变有革卦之象。又是长期为情所困，渴望与所爱相聚。大过卦“九二”“枯阳生稊，老夫得其女妻”，“过以相与”；“九三”“栋桡凶，不可以有辅也”。看来情路难行，不易圆满顺遂。

四爻变占例

占事遇卦中任意四爻动，以四爻齐变所成之卦的卦辞卦象论断，若其中一爻值宜变，稍加重考虑其爻辞对变局所致之影响。

• 2011 年 8 月底，我们一家四口完成希腊之旅，她们直接返台，我由雅典转赴慕尼黑授《易》，占问希腊之行的成果？为恒卦二、三、四、五爻动，齐变成比卦（䷇）。“遇恒之比”，正是家人结伴欢悦旅行之象，天长地久，相亲相爱。

• 1993 年 10 月上旬，我负责出版公司经营，订定新的绩效管理办法，高干们也都协议通过。结果 9 月份直销业绩未达标准，依法就得扣直销副总的薪资，结果他反弹抵赖。我问如何处理为宜？得出恒卦二、三、四、五爻动，齐变成比卦。“九二”“悔亡”守正，“九三”“不恒其德”、“九四”“田无禽”，就是反悔耍赖；“六五”“恒其德，贞”，“夫子制义，从妇凶也”，考验领导人变通的智慧。这下难了！我再问一次，为贲卦（䷕）四、上爻动，齐变有丰卦（䷶）之象。“贲”为职场历练、官样文章；“丰”为如日中天，慎谋能断。贲卦“六四”“白马翰如，匪寇婚媾”，“当位疑”又“终无尤”，又要维持和谐，又不能枉法行事。贲卦“明庶政，无敢折狱”；丰卦“折狱致刑”，又是两难局面。“遇贲之丰”，上卦由艮止转震动，应该还是得有所行动。遂坚持扣薪，但私下尽量圆融沟通，大致无碍。当年年底，创下了有史以来的最高业绩。

• 2012 年 8 月中，我在台湾大学旁的立德尊贤会馆授《易》一日，对象为北京人民大学国学班的学员，三十多位温州商界人士来台游学一

周。中午我到台大散步，逛进纪念傅斯年老校长的傅园憩息。傅校长的墓园建成希腊神殿样式，我四十多年前就学时，常来此安静安静，当日心念一动，占问老校长神魂安否？为恒卦二、四、五、上爻动，四爻齐变成渐卦（䷴）。渐卦为艮宫归魂卦，《大象传》称“君子以居贤德善俗”，教育家十年树木，百年树人。恒卦天长地久，“立不易方”。“遇恒之渐”，死得其所矣！

这些年内地组团来台短期游学者众，给浙商上课，是一周前临时邀约，我因刚好有空，也不推拒，但总非常理，遂透过北京朋友，要求对方保证履约。先占得不变的中孚卦，关键在互信；过程中出现波折时，再问得否卦（䷋）“九四”爻动，有观卦（䷓）之象。“否之匪人”，沟通不畅，“九四”“有命无咎，畴离祉”，应可突破而顺利完成。果然最后阶段转圜成功，当日正好进入否卦的阴历七月初一，占象全都应验。

扫码聆听刘君祖老师亲自讲述大易之道

——逐字逐爻详解易经六十四卦

33. 天山遁（䷠）

遁卦为下经第三卦、全经第三十三卦。“遁”字原为“遯”，为小猪跑路之意，小猪跑起来异常快速灵动，很难抓住，人生急流勇退之际，亦当如是，切勿恋栈，甩开包袱就走！后用“遁”字取代，意思差了很多，落跑之时紧握盾牌，表示逃避敌人追杀，这么狼狈不堪，做的亏心事太多了吗？

《序卦传》称：“恒者，久也。物不可以久居其所，故受之以遁。遁者，退也。物不可以终遁，故受之以大壮。”任何东西都不可能长久待在同一个地方，时候到了都得退位；老的退了，空出位子，让年轻力壮的接着干，世代交替本为天经地义。《杂卦传》称：“大壮则止，遁则退也。”少壮接班，经验毕竟缺乏，多跟老成者请教，在职虚心学习，切勿逞强轻举妄动。遁卦与大壮卦相综，为一体两面，交接时最好有段重叠期，老的带新的熟悉业务，进入状泰，就像跑接力赛一样，边跑边交棒。

遁卦四阳在上、二阴居下，地位皆虚，无法立足，不退也不行。前文谈临、观二卦时，称临有大震之象、观有大艮之象；依此类推，遁有大巽（☴）之象。巽为风，深入低调行事，无形无象，来去如风，人生隐遁之时，亦当如是，沉潜布局，全身而退。

乾卦《文言传》评述“上九”“亢龙有悔”，称：“知进而不知退……知进退存亡而不失其正者，其唯圣人乎？”遁卦教人见贤思齐，效法圣人知所进退。《文言》称美“初九”“潜龙勿用”，称：“遁世无闷。”大过卦的《大象传》称：“君子以独立不惧，遁世无闷。”常人流连恋栈，非常人特立独行，耐得住寂寞。遁卦阐明人生的退场机制，为必修的重要学分。

遁卦为十二消息卦之一，相当于西洋星座中的巨蟹座，大壮卦则为双鱼座。

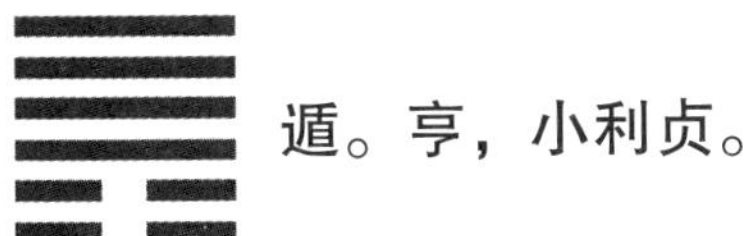

遁。亨，小利贞。

适时而退，海阔天空。易例阳大阴小，遁卦二阴渐长，四阳渐消，为阴柔势力的发展着想，不必急于逼宫，慢慢取而代之最为有利。人生引退，亦应从容安排，交接无虞。

《彖》曰：遁亨，遁而亨也。刚当位而应，与时行也。小利贞，浸而长也。遁之时义大矣哉！

当遁则遁，可获亨通。君位“九五”中正当位，下和“六二”相应与，准备交卸职务，为求顺利起见，订定时程按表实施。阴爻接位，宜慢慢进行，熟悉状况才能称职无碍。人生遁退之时的智慧太重要了！

遁卦六爻全变为临卦（䷒），其《彖传》称：“刚浸而长。”遁卦“浸而长”，显然是指“柔浸而长”。“临”是面对处理，“遁”则选择退避，两卦相错，举止相反，但都得慢慢来，不能急躁。《黄帝阴符经》称：“自然之道静，故天地万物生；天地之道浸，故阴阳胜。阴阳相推，而变化顺矣！”人生处世，须识得“浸”的功夫。

《象》曰：天下有山，遁。君子以远小人，不恶而严。

遁卦上乾天、下艮山，“天下有山”，到处都可退隐安居。所谓“天下名山僧占全”，出家人在山上盖庙修行，隐士也选择山居，以避尘嚣烦恼。红尘浊世多纷扰斗争，小人道长之时，君子宜保持距离少接触，但又勿流露厌恶之情，以免得罪而生事。“严”为自重自敬，严以律己。《中庸》称：“君子和而不流，中立而不倚。”谨守处世的分寸，才是强者中的强者。又称：“君子依乎中庸，遁世不见知而不悔，唯圣者能之。”

依消息卦的推演，遁卦之后为否卦，其《大象传》称：“君子以俭德避难，不可荣以禄。”显然环境更恶劣，不恶而严都难以全身，干脆彻底避开。

“天下有山”为遁，“地中有山”为谦（䷎），两种处世态度有何不同？天下名山有高人隐遁修行，世人都标榜，爱去观览，往往发展成热闹的景点，有沽名钓誉之嫌，或是转进仕途的“终南捷径”方式，其实已经着相。地中之山，隐姓埋名看不到，为善不欲人知，才是真人不露相，露相非真人。

我的学生徐崇智以四十之龄往生，生前自号徐遁，原是爱遁卦之义理，却极早即遁世。他的小叔叔也是我学生，自号徐谦，仍在弘法。

• 1991年11月中，我在股争中出任出版公司总经理，当时筹谋大局，问公司在香港据点是否延续？为不变的遁卦。劳而无功，短期内也看不出会有何进展，还有些所谓关系企业的纠葛，不如暂退，节省开销为是。

• 2012年5月下旬，我在《联合报》的兵法课谈到吴国入郢灭楚之战，烧杀掳虐，极无人道，大违孙武“全己全敌”的思想主张。其时伍子胥复仇心切，还演出鞭尸的残酷场景，当时孙武有一起参与吗？还是力劝不听，或保持沉默呢？我的老学生占得不变的遁卦。天下有山，君子以远小人，不恶而严。孙武应是坚持自清，并因此急流遁隐，不问世事，符合我们心目中兵圣的形象。

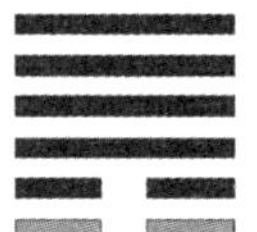

初六。遁尾，厉。勿用，有攸往。

《象》曰：遁尾之厉，不往何灾也？

“初六”阴虚无实，居遁之初，上和“九四”相应与，处世代交替、改朝换代之际，不宜轻举妄动随便表态。遁卦以小猪跑路为义，“上九”大佬“肥遁”为猪头，“初六”基层“遁尾”是猪尾巴。市井小民不必急着遁，先观望情势变化，再决定行止。现阶段先就地卧倒，免为流弹所及。此时慌张乱跑，易遭凶险，短期勿用，中长期有所往。爻辞之意，与屯卦卦辞相当：“勿用，有攸往，利建侯。”本爻动，恰值宜变成同人卦（䷌）。同人于野，广结善缘，勿生是非冲突。

南宋朱熹曾欲弹劾奸相韩侂胄，奏折写好了心神不定，一占吉凶，为遁卦“初九”，爻变成同人，遂以火焚之。“遁尾，厉”，人微言轻，发挥不了效用，还惹祸上身，不如睁一眼闭一眼，继续“同人”。

• 2010 年 2 月上旬，欧债的危机爆发，所谓“欧猪四国（PIGS）”债务的后续发展如何？我占得遁卦“初六”，爻变成同人卦。真有猪相，这四国也相当于猪尾巴，经济退潮，开始出问题。“遁尾厉，勿用，有攸往。”民众先勿慌乱，先冷静观察一段，再做定夺。爻变同人卦，为全球化经贸之象，欧债危机若扩大，势必影响全世界，真得小心应对。

六二。执之用黄牛之革，莫之胜说。

《象》曰：执用黄牛，固志也。

“六二”中正，和“九五”君位相应与，“九五”将退，“六二”准备接班，过渡期间须找熟悉业务者帮忙。上承“九三”，正是要强力挽留的对象，遂用黄牛皮做的革绳紧紧绑住，使其不能挣脱，坚定志向，为“六二”的新兴势力服务。本爻变，有姤卦（䷫）之象。依卦中卦的理论，二至五、二至上爻皆为姤卦，藏于遁卦之中，而遁卦“六二”即相当于姤卦“初六”，五阳下一阴生，有极大的颠覆能力，发展态势可观。

遁卦诸爻辞多言遁，唯独“六二”爻辞不见“遁”字，阳消阴长，野心勃勃待接班，当然不遁，也想拉住“九三”不许遁。

• 1996 年 12 月初，我问二十一世纪人类粮食问题的前景？为遁卦“六二”爻动，有姤卦之象。“遁”为供给消退，不敷所需，“姤”为爆发危机，“遇遁之姤”，可能会发生缺粮现象。随着世界人口不断增长，环境质量日益下降，这种恐慌如附骨之蛆，挥之不去，“莫之胜说”。

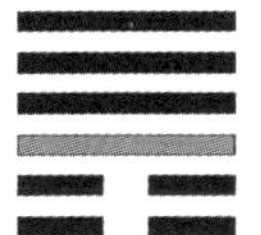

九三。系遁，有疾厉。畜臣妾，吉。

《象》曰：系遁之厉，有疾惫也；畜臣妾吉，不可大事也。

“九三”为阴长阳消的交界处，下乘一心上侵的“六二”，被牢牢绑住，不得遁脱，极为痛苦危厉，强颜周旋，疲惫不堪。“六二”昔为臣妾部属，今成新贵，伺候起来很不容易。“九三”必须想通，能屈能伸，才能于厉中获吉，虽苟延一时，难期长久，更无主宰大事的可能。本爻变，为否卦（䷋），上下不通，难受已极。过去军队打转进战，负责掩护大部队撤退的断后单位，几乎注定牺牲以全大局，也是“系遁之厉”。

“畜臣妾，吉”，也是借自污以求脱身之策。民国初年，蔡锷反袁世凯，借纵情声色狎昵小凤仙，而逃出北京，为“系遁”成功之例。

• 2010年7月中旬，我占问年底台湾五县市选举的胜负，民进党为遁卦“九三”爻动，有否卦之象。“遇遁之否”，不可大事，为憋气败阵之局。国民党为坎卦（䷜）三、五爻动，齐变有升卦（䷭）之象。“遇坎之升”，虽遭险难，可突破而见成长。11月底选举揭晓，国三民二之局没变，民进党之前顺利的攻势受阻，国民党稳住阵脚且领先。

• 1994年5月上旬，出版公司风云动荡，老板处心积虑要回朝掌权，我首当其冲，陷入四面楚歌的危境。某夜将身边所有高干占算一遍，竟无一人可恃者，其中直销部副总为遁卦“九三”爻动，有否卦之象。“系遁有，疾厉”，“不可大事”，多半在新局中妥协，不堪信赖。

• 2008年10月初，我问道家思想的价值为何？得出遁卦“九三”爻动，有否卦之象。道家相较儒家来说，有遁世的倾向，不会“系遁，有疾厉”，且能和光同尘，“畜臣妾，吉”。山林隐居，远小人不恶而严；否之非人，俭德避难，不可荣以禄。《论语·微子篇》中，记有多则孔子遇隐士之事，凸显儒道两家思想态度的不同。桀溺称夫子为“避人之士”，自封为“避世之士”，皆为遁卦之意。夫子虽尊重隐士，却不苟同放弃社会责任，慨叹说：“鸟兽不可与同群！吾非斯人之徒与而谁与？天下有道，丘不与易也。”这种斯土斯民的态度，在乾卦《文言传》中也说得很清楚：“上下无常，非为邪也；进退无恒，非离群也。君子进德修业，欲及时也。”

九四。好遁，君子吉，小人否。

《象》曰：君子好遁，小人否也。

“九四”居高官之位，下和“初六”基层民众相应与，处交班遁退之时，切勿流连眷恋，尽早安排从容隐退。有德君子处置得宜获吉，无智小人迁延致凶。当遁之时不遁，一旦"九三"防线被突破，爻变成否卦，"九四"成了排尾，想走都走不了！本爻动，恰值宜变成渐卦（䷴），整个执政团队循序渐退，一丝不乱。

• 2009年9月中，我随兵法学会赴山东参访开会，第四度拜觐曲阜圣城，诚心占问；迄今为止，自己"为往圣继绝学"的成效如何？为不变的革卦（䷰），革故鼎新，确有创获。再问往后还应怎么做？为遁卦"九四"爻变，成渐卦。"好遁，君子吉，小人否。"应该着意培植接班团队，一代一代继往开来，但须慎选善根器，宁缺毋滥。"天下有山，君子以远小人，不恶而严。"

• 1993年4月中，我在出版公司领军苦战，股争仍是心腹大患，老板在外的负面消息不断，干扰尤盛。我问他若彻底出局，公司换负责人会不会更好些？为遁卦"九四"爻变，成渐卦。"好遁，君子吉，小人否。"又跟剥卦"上九"爻辞一样，"君子得舆，小人剥庐"。究竟是君子还是小人？只能由结果论断了！

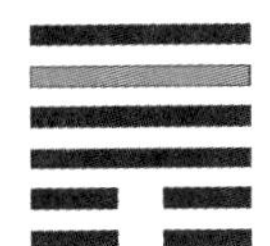

九五。嘉遁，贞吉。

《象》曰：嘉遁贞吉，以正志也。

"九五"为遁卦君位，和"六二"中正相应与，准备交卸职务，如《象传》所言。"嘉"为美善双喜，"嘉遁"传为美谈，固守正道获吉。中华上古传贤不传子的禅让制度，志在天下为公，永为政权相继的典范。"六二""固志"、"九五""以正志"，授受双方有志一同，成此佳话。本爻变为旅卦（䷷），得卸仔肩（"仔肩"意即责任），周游天下，岂不快哉？

• 1995年5月中旬，我第二套论《易》之书《易经与生涯规划》在台出版，分《治平易》、《性情易》、《组织易》三卷，请李登辉、龚鹏程及出版公司老板写序，让回朝掌权的他颇为错愕，公司其他人也议论纷纷。我不动声色，也不认为需要解释什么，占问此事前景？为遁卦

“九五”爻动，有旅卦之象。“嘉遁贞吉，以正志也。”从此逍遥物外，怒而飞，扶摇直上九万里鹏程！

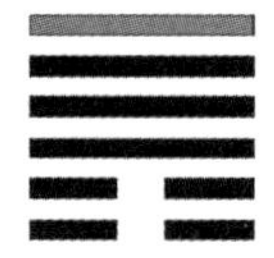

上九。肥遁，无不利。

《象》曰：肥遁无不利，无所疑也。

“上九”居遁之终，为退休大佬之位，再无职责或任何留恋，飘然远去，自由自在。“肥遁”之“肥”，为心广体胖、绰绰有余裕。“初六”“遁尾”、“上九”“肥遁”，真的是猪头猪尾，活生生小猪跑路之象。本爻变，为咸卦（䷞），全身而退。“九三”“系遁，有疾厉”，疲惫不堪；“上九”“肥遁，无不利”，轻松无比。遁之时位不同，故有如此差异。

• 1997年3月底，老友主持的基金会新辟社会网络大学，邀我开易占问答的专栏。我问合宜否？为遁卦“上九”爻动，有咸卦之象。“肥遁无不利，无所疑也”，快闪就是，不必纠缠。果然日后该案出大问题，老友还因财务纠纷，惹了官司，易占真是神机早定。

遁卦多爻变占例之探讨

以上为遁卦卦、彖、象及六爻理论与占例说明，往下进一步探讨二爻变以上之占例。

占事遇卦占事遇卦中任意二爻动，若其中一爻值宜变，以该爻辞为主；若皆不值宜变，以本卦卦辞卦象为主，亦可参考两爻齐变所成之卦的卦象，而判断吉凶。

• 2001年8月中旬，我的妻子从高职校长退休后，一直还在留意复出任教的机会，有次某认识的高职校长找她面谈，提出教书兼高层行政的工作条件，她犹豫是否赴任。我占得遁卦五、上爻动，“上六”值宜变成咸卦，两爻齐变，则有小过卦（䷽）之象。“肥遁无不利，无所疑也”，已经退休不必再趟浑水。“嘉遁贞吉，以正志也”，校长君位上

退休，平生历练已足。遂婉拒出任，事后证明为正确决定，那家高职问题重重，出了不少事还上报。

• 2009 年 5 月下旬，一位军中退伍的老学生，建议我们学会另成立基金会，以强化财务实力，也方便做更多的事。我占问合宜否？为遁卦五、上爻动，“上六”值宜变成咸卦，两爻齐变，则有小过之象。“肥遁，无不利”，“嘉遁，贞吉”，看来没有必要，无须自找麻烦。

• 1993 年 6 月下旬，我在出版公司负责经营大局，财务上屡受干扰，有点想换掉主管，以免争议。为此与老板关系紧张，自找麻烦，碰壁后知道行不通，问善后之策？得出遁卦三、上爻动，“上六”值宜变，成咸卦，两爻齐变，则有革卦（䷰）之象。系遁有疾厉，不可大事；肥遁无不利，赶快抽身为妙。天真捋虎须，哪里行得通？

• 2010 年 2 月底，事隔多年，早已形移势转、人物全非，突然忆起当年事，占问老板败溃之后，此生往后的气运如何？又得出完全相同的卦象，遇遁之咸之革。系遁有疾厉，深深套牢，疲惫不堪；肥遁无不利，彻底退出了事业争战的舞台，是非成败转头空。

• 1996 年元月底，我退出经营舞台已近两年，股争仍然未休，开过董事会后，我问往后个人得失？为遁卦初、三爻动，齐变有无妄卦（䷘）之象。遁隐已成定局，完全抽身还不能，“初六”“遁尾，厉”，短期“勿用”，中长期“有攸往”；“九三”“系遁，有疾厉”，虽然疲惫，仍得“畜臣妾吉”。“遇遁之无妄”，套牢太深，暂时虚与委蛇，别轻举妄动而惹祸招灾。

• 2008 年 5 月下旬，我女儿在英国牛津大学攻读硕士学位，有一科成绩不理想，担心不通过会影响毕业。我占问的结果为遁卦二、上爻动，“六二”值宜变成姤卦，两爻齐变，为大过卦（䷛）。“执之用黄牛之革，莫之胜脱”，目前被绑住走不了，是有危机；最后还是能“肥遁无不利，无所疑也”。整体来讲，不必过分担心，一定可以如期毕业返台，后果如是。

• 2011 年 8 月中旬，我在高雄上课，有学生来问事，家庭婚姻方面有问题。自占为不变的坎卦，坎坷崎岖，风险不断。若离婚呢？为遁卦三、五爻动，齐变有晋卦（䷢）之象。“九三”“系遁，有疾厉”，继续周旋忍让，疲惫不堪；“九五”“嘉遁，贞吉”，放下之后海阔天空。晋卦《大

象传》称："君子以自昭明德。"离婚后自立自强，一空依傍。长痛不如短痛，还是离了好啊！

• 2011年元月下旬，我想将在内地先出版的《四书的第一堂课》出繁体字版，考虑与哪家合作较宜。其中圆神出版社出过我的《易经的第一堂课》，占问结果为遁卦三、四爻动，齐变有观卦（䷓）之象。"遇遁之观"，似乎不会顺利。"系遁，有疾厉"，"好遁，君子吉，小人否"，最后对方评估后仍放弃，由时报出版公司承接出书。

• 2012年6月底，我去参观高雄佛光山新建成的"佛陀世界"，先至睽违数十年之久的旧的大雄宝殿参拜，占其气象，为遁卦三、四爻动，有观卦之象。遁卦"天下有山"，观卦"有孚颙若"，"观民设教"，"遇遁之观"，非常切！"九三""系遁"、"九四""好遁"，信众上山避静，能否放下尘缘，就看个人修为了！至于佛陀世界，为屯卦（䷂）三、四、五、上爻动，四爻齐变成离卦（䷝）。"屯"为草莽开创，"离"为文明化成，"遇屯之离"，见出星云大师的企图心。

• 2001年10月中，我问自己长期志业得酬否？为遁卦二、四爻动，"六二"值宜变成姤卦，两爻齐变，为巽卦（䷸）之象。欲酬志业，先得摆脱旧包袱，毅然决然走出新路。"姤"为机缘，灭故生新。巽卦《大象传》称："君子以申命行事。"深入体察天命，以立身行事。遁卦"六二""执之用黄牛之革，莫之胜脱"，还被绑得很死；"九四""君子好遁"，必须放下了！说的完全切合当时情境。

• 2002年元月上旬，我问全年与师门的机缘，为遁卦初、五爻动，齐变有离卦（䷝）之象。"遇遁之离"，形虽遁退，精神心志仍常相左右，"继明以照四方"。贞我悔彼，内卦"初六""遁尾厉，勿用，有攸往"，我暂时潜龙自修，将来再定行止；外卦"九五"当指毓老师，"嘉遁贞吉，以正志"，永为后生小子的典范。

• 2006年10月上旬，我在甘肃天水参加民进中央举办的中华文化与现代化研讨会，遇到谢启大女士，她曾任新党主席，以坚决反李登辉闻名。我们倒谈得来，她很想在内地有番发展，我占算得出遁卦四、五爻动，齐变有艮卦（䷳）之象。"君子好遁"，"嘉遁贞吉，以正志"，似有渐隐之意。艮卦阻碍重重，腾展不易，可能得将奋斗重心摆在教育下一代，遁卦后为大壮卦，老成凋谢，少壮接班。我这么分析她往后二十年，

她虽有些沮丧，仍说可以接受云云。

• 2010 年 3 月中，我问姜子牙的功业境界，为遁卦初、上爻动，齐变有革卦（䷰）之象。“遇遁之革”，老年建功立业，辅佐武王伐纣革命成功，有太公《六韬》兵法传世，影响深远。“初六”“遁尾厉，勿用有攸往”，先沉潜不动候时机；“上九”“肥遁，无不利”，功成身退，得享齐国大邦封地。

三爻变占例

占事遇卦中任意三爻动，以本卦为贞，三爻齐变所成之卦为悔，称贞悔相争，合参两卦卦辞卦象以断吉凶。若本卦三爻中一爻值宜变，为主变数，加重考虑其爻辞。

• 2003 年 4 月下旬，正值 SARS 疫病流行之际，我问美国经济往后十年的前景如何？得出遁卦初、三、四爻动，“九四”值宜变成渐卦，贞悔相争成益卦（䷩）。“遇遁之渐之益”，美国经济必然衰退，若能处置得宜，抛掉一些过时的包袱跟做法，假以时日，反能渐渐获益。关键在位居“九四”的政府决策阶层，若为智德双全的君子，则“好遁”而吉，若为小人则否。由事后金融风暴、债务如山的恶劣发展看来，美联储及财政部门显然为小人，损人害己，不能于“遁”中获“益”。

• 2010 年 7 月下旬，我教《六祖坛经》有感，问所谓衣钵的意义？得出遁卦三、五、上爻动，“九五”值宜变成旅卦，贞悔相争成豫卦（䷏）。“遇遁之旅之豫”，老成凋谢，将领导权交予年轻一代，利于未来布局。豫之时义大矣哉！“利建侯行师”，把火种往后传递，成功不必在我，未来当有所获。宗教大师心法如薪尽火传，绵延不断。

2011 年 3 月底，一位在福建经营矿业及营造业的台商学生，找我喝下午茶，十年多无大成，且陷于合伙关系的恶意纷争中，灰心之余，颇想退休回台。我占其前景，亦为“遇遁之旅之剥”，“遁之时义大矣哉！”确实该退休了，与其“系遁，有疾厉，畜臣妾”，受尽鸟气，不如“好遁、嘉遁”，“以正志也”。

• 1998 年元月底，我占问《孙子兵法·虚实第六》篇的主旨，为遁卦三、四、五爻动，“九五”值宜变成旅卦，贞悔相争成剥卦（䷖）。遁卦阴浸长、阳渐消，正是虚实变化之象。“微乎微乎！至于无形；神乎神乎！至于无声，故能为敌之司命。进而不可御者，冲其虚也；退而不可追者，速而不可及也。”遁卦（䷠）有大巽（䷸）之象，巽为风，无形无象，来去迅速，又为发号施令，《大象传》称：“随风巽，君子以申命行事。”随机应变，充分掌握战场的主动性，遁之时义大矣哉！

• 1994 年 4 月中旬，出版公司股争已近摊牌阶段，老板结合直销部一位协理董事，不断发动不合理的骚扰战，真有些穷于应付。我问对策，为遁卦三、四、上爻动，贞悔相争成比卦（䷇）。遇遁之比，一边准备后撤，一边还要尽可能维持互动的和谐，正是《大象传》所称：“君子以远小人，不恶而严。”“系遁，有疾厉”，疲惫不堪，只有“畜臣妾”才吉；君子渐渐“好遁”，最后“肥遁，无不利”，彻底离开这个是非不明的所在。

• 2008 年 7 月下旬，我读完了二战英国名将蒙哥马利的回忆录，占问其人其业？为遁卦三、四、上爻动，贞悔相争成比卦。蒙帅为天蝎座，孤僻而有专业魅力，功业彪炳，却与众难谐，或遁或比，一生都在离群索居与合纵连横间摆荡。

• 2010 年 11 月中旬，我问人会罹患精神疾病的根本原因，为遁卦二、三、上爻动，贞悔相争成困卦（䷮）。“遇遁之困”，想逃离现实，而不能脱困。“九三”“系遁，有疾厉”，内心中被“六二”用黄牛之革牢牢绑住，“莫之胜脱”，执著太深，又害怕接触人群，遂受疾患之苦。

• 1999 年 5 月中旬，老友主持的社会大学基金会，勉强成立的网站大学，仍希望我开易占专栏，两年多前已占得“肥遁”之象。当时再问，又得遁卦二、四、上爻动，“九四”值宜变成渐卦，贞悔相争成井卦（䷯）。“六二”“执之用黄牛之革，莫之胜脱”，缠劲颇大；“九四”“君子好遁”，仍应冷静摆脱，不上套；“上九”“肥遁无不利，无所疑也”。情势明确，遂再度婉拒。

• 2009 年 11 月底，我回顾过去十多年授《易》生涯，占得遁卦上三爻全动，“九五”值宜变成旅卦，贞悔相争成谦卦（䷎）。“遁”是指我离开职场斗争，由“君子好遁”、“嘉遁正志”，而至“肥遁无不利”；“谦”“亨，君子有终”，讲经弘道，服务众生，谦受益矣！

四爻变占例

占事遇卦中任意四爻动，以四爻齐变所成之卦的卦辞卦象论断，若其中一爻值宜变，稍加重考虑其爻辞所造成的影响。

• 2010年10月下旬，我在赴台中的夜车途中，想起一些亲友罹患精神疾病之事，都分别占问其缘由。其中一位近亲为遁卦二、三、四、五爻动，齐变成蒙卦（䷃）。“遇遁之蒙”，社会适应不良，欲逃离人群，而至心神蒙昧不清，外阻内险，无所适从。“六二”“执之用黄牛之革，莫之胜脱”；“九三”“系遁，有疾厉”，心结甚深，为致病之由。

• 1998年6月底，一位学生精神上有深深困境，来电请益。我代占其解法，为遁卦二、四、五、上爻动，“上九”值宜变成咸卦，四爻齐变，成升卦（䷭）。“遇遁之咸之升”，必须彻底挣脱心结捆绑，提升生命情境。这个女生行事怪异，有阵子深夜子时过了还来电话，我虽“包蒙”以对，总觉得自己“比之匪人”，《河洛理数》的定命难违啊！

• 2011年3月下旬，南部一位学生出电子书，另一位为帮他安排上网出版，这本来是好事，做法上却暧昧闪躲，多半跟心结有关。学会前一两年的人事纷争，后遗症难免，我平淡以对，占其心意为遁卦初、三、五、上爻动，“上九”值宜变成咸卦，四爻齐变成震卦（䷲）。“遇遁之震”，应该是心意已决，欲彻底退场，自立门户了！人生缘聚缘散，本也平常，问心无愧就好，不必强求。

2010年4月中旬，我教佛经有感，占问：佛所言宇宙人生的真相确然否？得出的卦象即是“遇遁之震”，先视破人内心中的如山业障，“初六”时“遁尾厉，勿用”，“九三”“系遁，有疾厉”甚苦，“九五”“嘉遁，贞吉”，“上九”“肥遁，无不利”，彻底放下包袱挂碍，再无疑虑。若能如此，则“帝出乎震，万物出乎震”，中心有主，自性生万法矣！

五爻变占例

占事遇卦中任意五爻动，以五爻齐变所成之卦的卦辞卦象论断，变数过多，宜变之爻位已不太重要了。

• 1993年5月下旬，我还在出版公司鏖战，针对书店销售业绩不理想，寻思突破之策，若进一步大胆授权如何？为遁卦初、二、四、五、上爻动，五爻齐变成泰卦（䷊），“九四”值宜变爻位成渐卦。“遇遁之泰”，愈放松管制，愈海阔天空，创造佳绩。依此行事，年底果有斩获。

• 2005年12月中旬，我在台出版多年的《易经与现代生活》系列，

将考虑在内地出简体版，与上海古籍及学林二家出版社分别洽谈后，条件都不甚理想，占象也有疑虑。遂问如何应对最宜？得出遁卦二、三、四、五、上爻动，五爻齐变，成师卦（䷆），“九五”值宜变成旅卦。“遇遁之师”，应该是暂退打转进战，不必急于敲定。但我后来还是交由学林友人安排出书，果然不顺，再转上海三联书店，编辑单位又无理延误数年，浪费了许多心力，回想起来，当时若听从卦象指示“嘉遁”，结果一定好得多。违筮不祥，又得一证。

占事遇卦中六爻全动，以全变所成的错卦卦辞卦象论断，没有宜变爻位的问题。

• 2010 年 12 月中旬，一年将尽，我占问全年总结评估，为遁卦六爻全变，成临卦（䷒）。“遇遁之临”，由退休放任不管，转为积极投入面对，这应该是指学会改组之事。人事纷争不断，逼得必须亲自出面断然处置，理、监事大换血，我也重回任理事。遁卦《大象传》称：“君子以远小人，不恶而严。”临卦《大象传》称：“君子以教思无穷，容保民无疆。”转换调整后，继续人文化成的终生志业。

扫码聆听刘君祖老师亲自讲述大易之道

——逐字逐爻详解易经六十四卦

34. 雷天大壮（䷡）

大壮卦为全《易》第三十四卦，继遁卦之后，在晋卦之前。《序卦传》称："物不可以终遁，故受之以大壮；物不可以终壮，故受之以晋。晋者，进也。""遁"是退，"大壮"还不是进，而是暂止，到"晋"才是进。《杂卦传》说得好："大壮则止，遁则退也。"由退到进，有一段休止的时间，完全合乎自然法则，太极拳的卸敌之劲以反击亦然。前文谈剥极而复，先"顺而止之，观象也"，再"休复吉"，即同此理。

《易》例阳大阴小，"大壮"即"阳壮"，四阳连成一片，积健为雄，内乾健外震动，应该是有为之象，怎么反而要止呢？因为居天位的上二爻为阴虚，代表天时未至，人和、地利虽具备，仍不宜轻举妄动。大壮卦（䷡）形又有大兑（☱）之象，兑为少女，情窦初开，涉世未深，容易冲动惹事。大壮亦如青壮男子，血气方刚，好勇斗狠，故而戒其知止。

大壮卦为十二消息卦之一，时当阴历二月，约惊蛰、春分节气，所谓"乍暖还寒时候，最难将息"。昼夜温差大，养生须特别注意，尤其是老病之人、心肺功能差的容易出事。许多名人都在大壮时节往生，如孙中山等，绝非偶然。我的恩师毓老师也是辛卯年春分前夕逝世，而数年前数病齐发病危，在医院住了一个多月救治疗养，也是大壮月，等清明一过，就霍然痊愈。这也是"大壮则止"的含义。

《老子》一书中多处戒人犯"大壮"之过，如第三十章："物壮则老，是谓不道，不道早已。"第五十五章："心使气曰强，物壮则老，谓之不道，不道早已。"第七十三章："勇于敢则杀，勇于不敢则活。"徒逞血气之勇，不足以成事。

大壮。利贞。

大壮卦辞仅“利贞”二字，固守正道不动即有利，显然也是戒慎之意。无“元”无“亨”，继承前人基业，不可称“元”，冲动行事，难致亨通。

《彖》曰：大壮，大者壮也。刚以动，故壮。大壮利贞，大者正也。正大而天地之情可见矣！

“大壮”即阳气壮盛，内乾刚、外震动，声势强大。刚强须依正道而行，勿欺侮弱小。天地有正气，人行事光明正大，即表现出天地之情。乾文言称：“利贞者，性情也。”天性无有不正，发而为喜怒哀惧爱恶欲之情，可能偏私，故须固守正道才有利。复卦内震，一阳复始，《彖》称：“其见天地之心乎？”须静心体证方知。大壮卦外震，四阳满溢，《彖》称：“天地之情可见矣！”直接表露于外，完全明显可见。

《象》曰：雷在天上，大壮。君子以非礼弗履。

大壮卦下卦乾天、上卦震雷，为天上打雷之象，声势惊人。民间有天打雷劈之说，人若亏心事做太多，会遭天谴。君子听天上打雷，当知警惕，不合礼法的事别做。《论语·颜渊篇》记颜渊问仁，孔子说“克己复礼为仁”，颜渊请问施行细目，子曰：“非礼勿视，非礼勿听，非礼勿言，非礼勿动。”

视、听、言、动皆勿非礼，总括言之，就是“非礼勿履”。人会非礼，皆因情欲用事，“大壮”见“天地之情”，“复”见“天地之心”为仁，“履”以行礼，“履”主于“复”，故称“君子以非礼弗履”。

大壮卦约当惊蛰、春分时节，正是一年打春雷之时。《论语·乡党篇》记子曰：“迅雷风烈，必变。”天上惊雷时，孔子整肃仪容、正襟危坐，以示敬天。《礼记·玉藻篇》亦记：“若有疾风、迅雷、甚雨，则必变，虽夜必兴，衣服冠而坐。”

•1995年2月初，我卸下经营职务近一年，心态转换甚大，对日益恶质化的环境，已全无动力，老板怕有不好的示范效应，频频出招，也亟欲与我沟通。年关在即，他说年后再洽商云云。我占问吉凶对策，为不变的大壮卦。我心已“遁”，不可能挽回，下一阶段的“晋”还未成熟，眼前正是“大壮则止”的时候。“利贞”，“非礼弗履”即是，他也莫奈我何。往后一直沉潜到2000年后，才完全不去，也始终未提辞呈，而公司根本也名存实亡，不差这些了！大壮为阴历二月，刚好也是过完年的时节，谈与不谈，其实都不会有任何结果。

•2011年11月中旬，我讲《维摩诘经》，在课堂上说起唐玄奘弟子辩机与高阳公主的情事，如此上等根器，又得大师教诲多年，仍甘犯色戒，以致殒身，究竟是什么缘故？学生白某即在堂上起占，为不变的大壮卦。毕竟血气方刚，两情相悦，遂行世间男女之事，违犯了“非礼弗履”、“利贞”与“大壮则止”之戒。人就是人，情关难过，于此可知。大壮的错卦为观卦（䷓），冲动的热情转为冷静，才能深观自在，照见五蕴皆空啊！

•2004年4月下旬，我与一位老友重逢，他台大哲学系毕业，父亲是素负盛名的军医，多年前我不做工程师，自开小书店时，他协作木工，帮了不少忙。后来没走文哲之路，投资开了家诊所，负债累累，连家人也拖进去，搞得很惨。他问我是否继续经营下去，占得不变的大壮卦。“大壮则止”，应该就此打住了，另寻转“晋”之路。

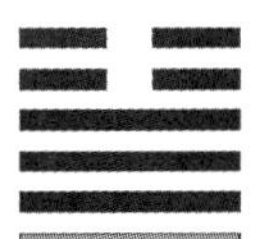

初九。壮于趾，征凶，有孚。

《象》曰：壮于趾，其孚穷也。

“初九”处大壮之初，难抑争强好胜之情，不知天高地厚，想往前冲，结果必凶。年轻人徒有热情，不足以成事。本爻变，为恒卦（䷟），尚需稳定心情，长久历练。

占例

• 1990年5月上旬，我开占不到一年，所算才寥寥几卦，那时比较节制。出版公司租约到期得搬家，前时去看了一处台塑的大楼，规模堂皇，却似乎不是财务困窘下应有的选项。虽口头定下，心甚不安，占得大壮“初九”爻动，有恒卦之象。“壮于趾，征凶，其孚穷也。”显然不合适，立刻敦请老板叫停。后来，我们是搬到了近郊的新店工业区大楼办公，继续艰苦的打拼。“大壮”还有豪宅之象，我们住不起，不必硬撑。《系辞下传》第二章称：“上古穴居而野处，后世圣人易之以宫室，上栋下宇，以待风雨，盖取诸大壮。”大壮卦之后为大过卦，有棺椁之象。住完阳宅住阴宅，上栋下宇变成栋桡，深有警世意味。

1993年3月底，公司的创业名牌杂志出刊十周年纪念，因为李登辉为订户读者，他的孙女也爱读，而上了媒体报道，直销部门建议打李登辉牌，办摄影展云云。我占得大壮“初九”爻动，有恒卦之象。“壮于趾，征凶，其孚穷也。”并不适合，遂作罢，只办了摄影图片展。当时也没想到，一年多后，会去给他上《易经》，而且是在卸除公司职务后。

• 2009年4月初，我将赴厦门大学“南强论坛”演讲，主题为“由《易经》看世界大势与民族复兴”，为此而有多占。其中占问往后十年人民币的国际地位，为大壮“初九”爻动，有恒卦之象。“壮于趾，征凶，有孚。”国际化起步太晚，急躁不得，虽经十年努力，建立初步信用，还是当不得大用，故称“其孚穷也”。爻变为恒卦，明示还需更长远的时间。

九二。贞吉。

《象》曰：九二贞吉，以中也。

“九二”阳居阴位，处内卦之中，深识克己复礼之道，固守正道即吉。爻变为丰卦（䷶），内明外动，迟早可建丰功伟业。

• 2009年8月下旬，我问在台授《易》近二十载，所有学生资源如何评估？为大壮卦“九二”爻动，有丰卦之象。“遇大壮之丰”，现阶段虽有一定实力，离成熟还早，还是“贞吉，以中”，以俟后机。

• 2011年4月下旬，一位朋友再度邀宴，还是谈的将易理艺品化的

占例 企划。我们原先并不认识，他后来找上我，这些年来也聚了几次，我也无可无不可，表示些自己的看法，简单说就是有兴趣，但很保留。这回他提出了具体的想法，由我先一对一，给艺术大学的教授上《易经》，试试看能否做出些什么？我直觉是不行，也没兴趣，未答应配合，事后占得大壮“九二”爻动，有丰卦之象。“贞吉，以中也。”眼前不动为宜，以后再伺机缘吧！

九三。小人用壮，君子用罔，贞厉。羝羊触藩，羸其角。

《象》曰：小人用壮，君子罔也。

“九三”阳居阳位，过刚不中，和“上六”相应与，前面又有“九四”阳刚阻碍，有按捺耐不住、欲往前冲刺之意。就像发情的公羊一样，奋力前顶，仍为藩离所阻，无法突破，反而弄伤了一对原本坚硬的大角。山羊性淫刚狠，成群结队前行，四阳联成一气，上二阴恰似羊角，羊、阳音通，遂以为象。“羝羊”不是温驯的绵羊，有春药名“淫羊藿”；“羝羊触藩”也是“抵触”一词的来由，表示作为与环境格格不入。人处此情境，无智无德的小人多半往前乱冲而受伤，君子则懂得克制，有壮而不用。“罔”为“无”，“用罔”即不用壮，正是老子所称“勇于不敢则活”之意，历史上勾践、韩信、张良、德川家康等都深识此道。

本爻变，为归妹卦（䷵），少女怀春欲嫁，找错对象容易一场空，卦辞称：“征凶，无攸利。”大壮卦为少壮动情，归妹卦为少女激动，大壮“九三”兼具二象，不出事也难，故称“贞厉”。山羊性淫，西方称老色鬼为 goat，与此同意。现代人团体合照时，每喜恶作剧，在前排人头顶比 V 字手势，都有嘲讽捣蛋的含义。大壮卦时当阳历三月，英文称 March，字源为罗马战神 Mars，也是雄壮威武、好勇斗狠之象。

大壮卦与遁卦相综一体，大壮卦“九三”倒过来看，就是遁卦“九四”，爻辞皆分君子小人，吉凶迥异。《易》为君子谋，不为小人谋。

占例 • 1999 年 4 月中旬，一位高雄企业界的学生来台北，与我到一位警界大佬家用餐，当时台湾将成立“海岸巡防署”，军、警及海关三方面，

都有人在争取“署长”一职，他也牵涉其中。这位警界的前辈为人刚正不阿，已考虑退休。我占其是否接任新署长？为大壮卦“九三”爻动，有归妹之象。“君子用罔”，不必也不会去趟浑水，后事果然。

• 1998 年 8 月初，我到台中教课，学生介绍我去见他老板，营造业做得很成功，已移民加拿大，过去读高中时，我们同过校，谈起来还有些共同的话题。他想引进一种“预铸外墙施工法”，与人合资另创业，问前景吉凶如何？为恒卦（䷟）“九三”爻动，有解卦（䷧）之象。“不恒其德，或承之羞，贞吝”，“无所容也”。太糟，显然不行，反而败坏了原先不错的声誉。他有些不甘心，再问那应该如何是好？为大壮卦“九三”爻动，有归妹之象。“小人用壮，君子用罔，贞厉。羝羊触藩，羸其角。”如果硬要干，就是徒劳消耗一场空，不可能成功。所以正确的决策就是“君子用罔”，千万别做。他见如此不顺，放弃构想。

• 2011 年 6 月下旬，我与几位多时不见的学生餐叙，他们都是信息电子业的精英，谈起乔布斯掀起的苹果旋风，颇多感慨，其中两位是代销惠普计算机起家的，我即兴占问惠普前景如何？为大壮卦“九三”爻动，有归妹卦之象。“小人用壮，君子用罔，贞厉。羝羊触藩，羸其角。”六十年的世界名牌遭遇难关，笔记本电脑宣布停产，冲击代工代销产业甚巨，然亦无奈，只能“君子用罔”，寻求转机。

• 2010 年 10 月下旬，我教《心经》有感，占问何谓颠倒梦想，如何远离？为大壮卦“九三”爻动，有归妹之象。“小人用壮，君子用罔，贞厉。羝羊触藩，羸其角。”人的情欲冲动，造成颠倒梦想，依此而行，必然受伤受苦，终至一场空。有智有德的君子，必须用罔，非礼弗履。

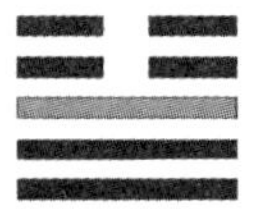

九四。贞吉，悔亡。藩决不羸，壮于大舆之輹。

《象》曰：藩决不羸，尚往也。

“九四”处外震之初，居四阳前线，前临二阴，已无任何障碍，似可长驱直入，冲破所有藩篱，也不会碰伤羊角。“大舆”为后勤运补的牛车，“輹”为车体与轮轴相钩联的横木，前文在大畜卦“九二”“舆脱輹”时介绍过。车子脱輹，不能前进，輹坚实强劲，则可放心驰骋，故称“尚往也”。爻动恰值宜变，成泰卦（䷊），“小往大来，吉亨”，应该非常通畅，何以爻辞先称“贞吉，悔亡”？若体察其意，处此爻时，仍以固守为宜，免贻将来之悔。这是什么缘故？这由“六五”“丧羊于易”、“上六”“羝羊触藩”可知，四阳冲进二阴后，锐气渐失，终至强弩之末，不能穿鲁缟，而陷入危境。人贵知机，宜悬崖勒马，恪遵“大壮则止”之训，才是正道。

历史上许多远征军深入敌境，补给战线拉得过长，以致后力不继，惨遭覆灭的事例，即如大壮卦上卦三爻所示。二阴面对强大的四阳入侵，采诱敌深入、焦土抗战之策，让其资源耗尽，进退两难，这是典型的以柔克刚、以弱擒强。一人敌的武术、万人敌的兵法，皆与此理相通。拿破仑入侵俄国与二战时希特勒入侵前苏联，皆大败而归，输在天时不利，俄国或前苏联守土成功，充分利用了地理的战略纵深。大壮卦五、上二阴爻，似弱实强，掌握天时，且控制全卦君位，四阳逞强猛进，吃了大亏，其实并不冤枉。

• 2010 年 10 月下旬，我占问《心经》中一些重要的观念，“无智亦无得，以无所得故。”人人琅琅上口，究为何意？为大壮卦“九四”爻变，成泰卦。“藩决不羸”之际，人都以为必有所得，结果却是丢盔卸甲一场空，损人又不利己。“九四”会如此，跟“九三”“小人用壮”有关。前例说“远离颠倒梦想”即“九三”，“以无所得故”为“九四”，理路一脉相承。

• 2010 年 11 月底，我与妻子赴日本京都五日游，饱览红枫胜景，以及庙宇亭台楼阁之美，总结为大壮卦“九四”爻变，成泰卦。《系辞下传》第二章举了十三个卦，说明中华文明的演进，其中“大壮”即为宫室之象：“上古穴居而野处，后世圣人易之以宫室，上栋下宇，以待风雨，盖取诸大壮。”泰卦天清地朗，亨通无极，“遇大壮之泰”，道尽京都风色。

• 1997 年 10 月中旬，我读完亨廷顿的名著《文明冲突论》，针对八大文明区块未来一千年的发展，试作占测，其中印度文明为大壮卦“九四”爻变，成泰卦。“藩决不羸，壮于大舆之輹，尚往也。”二战后脱离英国殖民，已发展成潜力雄厚的大国，前景相当可观。“贞吉，悔亡”，仍不宜恃强猛进，得冷静谦抑，待时而动，才是后进国正确的发展之道。

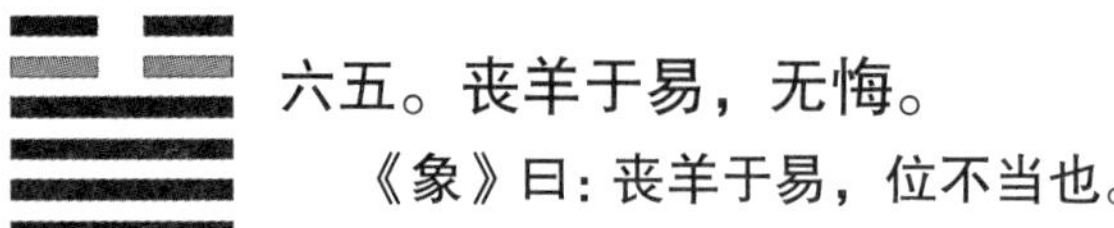

六五。丧羊于易，无悔。

《象》曰：丧羊于易，位不当也。

“六五”居大壮君位，遭其下四阳入侵，以阴制阳、以柔克刚，使阳气不知不觉消耗丧失，在被动应战中逐渐掌握主动，是相当高明的策略。四阳轻敌深入，把事情看得太简单，遂陷入泥沼，难以自拔，但自作抉择，无怨无悔。爻变为夬卦（䷪），刚决柔，阴阳对决，鹿死谁手尚未可知。“九四”“贞吉，悔亡”，“六五”“无悔”；咸卦“九四”“贞吉，悔亡”，“九五”“无悔”。都是先求“悔亡”，再得“无悔”，这是《易》卦恒例。涣卦“九二”“悔亡”、“六三”“无悔”，未济卦“九四”“悔亡”、“六五”“无悔”，皆同此例。

《易》例：“阳遇阴则通，阴遇阳或阳遇阳则窒。”大壮卦四阳前临二阴，似乎畅通无阻，故犯轻敌之病。《老子》第六十九章称：“祸莫大于轻敌，轻敌几丧吾宝。”大壮卦“六五”“丧羊于易”，足为好勇逞强者戒。

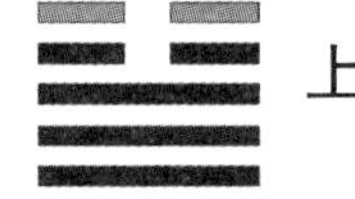

上六。羝羊触藩，不能退，不能遂，无攸利，艰则吉。

《象》曰：不能退，不能遂，不详也；艰则吉，咎不长也。

“上六”处大壮之终，四阳入阴，已成强弩之末，不能达到既定目标，也不能后退，就像公羊角卡在藩篱中一样，没有任何利益。这都是因为当初未详审形势，就贸然冲进，悔之晚矣！进不可能，退更危险，这时唯一办法就是艰苦挺住，寻求转换。因为阴方据隅固守，力量也差不多用尽了，双方互相套牢，可协议撤退条件，还有机会全身而退，获厉中之吉。本爻变为大有卦（䷍），和解而不交相害。

大壮卦“九三”“羝羊触藩，羸其角”，是在阳刚阵营内出事，同志还可处罚谅解；“上六”“羝羊触藩”，是在阴柔阵营进退失据，万一挺不住，入侵者会被当地人严酷报复，可就生死攸关。所以人生重大行动，一定要考虑风险，预留退路，这也是遁卦与大壮卦二卦相综一体的意义。

大壮卦多爻变占例之探讨

以上为大壮卦卦、彖、象及六爻单变理论与实例之阐析，往下再看更复杂的多爻变的案例。

二爻变占例

占事遇卦中任意二爻动，若其中一爻值宜变，为主变量，以该爻辞为主论断；若皆不值宜变，以本卦卦辞卦象为主，亦可参考二爻齐变所成之卦的卦辞卦象。

• 1998 年元月中旬，我听朋友说，名小说家朱西宁因癌症住院，病情危急，已不见客。我在 20 多岁时曾尝试小说创作，与朱老师颇有互动，多年未联系，遂问其病情吉凶？得出大壮卦初、上爻动，齐变有鼎卦（䷱）之象。老人生死疾病之占，鼎卦并不妙，有香炉祭祀的归天之象。大壮卦为消息卦，时当阴历二月，由初爻走至上爻，也有气尽之意。"遇大壮之鼎"，多半过不了春分。朱老师果然于当年阳历 3 月 22 日往生，享年 70 岁，"大壮则止，遁则退也"。

• 2008 年 6 月中，台湾嘉新水泥创办人张敏钰老先生病危，他的儿媳辜怀如是辜振甫的小女儿，在富邦课堂上占问病情吉凶，为大壮卦初、二爻动，有小过卦（䷽）之象。小过卦为兑宫游魂卦，《大象传》称："君子以行过乎恭，丧过乎哀，用过乎俭。"有丧葬之象，占问老人生死遇小过卦，很不吉祥。大壮卦为上栋下宇的阳宅之象，其下二阳转虚，无立足之地，也大大不妙。果然没多久，张老先生即过世。

2011 年 3 月底，毓老师仙逝已九天，我突然想起，他也是大壮月春分前夕往生，遂占问与节气是否相关？为大壮卦初、二爻动，有小过之象。果然有密切关联，心中怃然。

• 1994 年 7 月底，因日前苏志诚来电告知，李登辉想找我上《易经》，约好 8 月 1 日到府里见面云云，我占算如何应对？为不变的大壮卦。理直气壮，"非礼弗履"即是。再确认有没有更多指示？又是大壮卦，四、五爻动，齐变有需卦（䷄）之象。"九四""贞吉，悔亡"，"六五"指李登辉，我若轻举妄动，小心"丧羊于易"。需卦健行遇险，得耐心等待，以涉大川，"遇大壮之需"，相当明确，也与我不忮不求的行事风格吻合。

三天后去见李，谈了两小时，决定接下授课之事。8 月 3 日晚间，赴其府邸开课，持续了一年多。

• 2007 年 5 月底，一位学生开车载我去他内弟家，有难题想请教云云。那位李先生媒体记者出身，后投效台新金控集团做公关特助，常需为老板分忧。当时台新金花下巨资，入股彰化银行，却一直无法掌控经营权，难过已极。他问次年选举前，合并彰银能否成功？出来不变的坤卦，应该没法取得主动，涉及广土众民利益，只能顺势用柔。再问最后会如何解决？为大壮卦四、五爻动，有需卦之象。虽然需要，只能耐心等待，以涉大川。大壮卦刚好是次年阳历三月选举期间，他们将会更多阻碍。"九四""尚往"，"六五""丧羊于易"，硬干肯定不行。果然次年国民党胜选，台新金迄今也未能完全如愿。

• 1997 年 10 月中旬，我刚看完亨廷顿名著《文明冲突与世界秩序的重建》，占问其书论旨应如何评价？为大壮卦五、上爻动，有乾卦（☰）之象。亨氏毕竟是站在西方文明为世界中心的观点看问题，不脱争霸称雄的竞争思维，就像大壮卦一样逞强猛进，其上二阴爻动，意蕴深长。阳入阴中，先是"丧羊于易"，再则"羝羊触藩，不能退，不能遂，无攸利，艰则吉"。中华传统的王道思想绝不如是。

• 2011 年 7 月下旬，我赴北京授《易》毕，周日欲返台时，逢大雷雨，受困北京首都机场五个多小时，才有航班回家。妙的是之前回顾此行绩效，为大壮卦二、三爻动，有震卦（☳）之象。"震"为连续雷击，大壮卦"雷在天上"，"非礼弗履"，"大壮则止"，行程受阻已有定数？"九二""贞吉"，"九三""羝羊触藩"，只能"君子用罔"。当时在机场确认受阻后，因次日午后台北还有要事，占问能否及时安返？则为不变的谦卦（☶），"亨，君子有终"，果然午夜搭机安返。

• 2011 年元月底，小儿参加大学入学测验，考毕后我问顺利否？为大壮卦二、三爻动，有震卦之象。"九三""羝羊触藩，羸其角，贞厉"，少壮受阻。震卦连续雷震，"恐惧修省"，多半还得再来一次，果然不算理想，继续参加七月初的第二次指考，才顺利考上政大会计系。

• 1992 年 3 月下旬，我已接手经营出版公司，前一年还自己成立学校团体销售部门，想冲出新通路业绩，聘了一位经理主打，却一直不顺，反而造成与其他营销部门的不少纷争。当时眼见不行，决定裁撤，却遭该经理反弹，未达业绩标准而图耍赖，我问对策，为大壮卦二、三爻动，有震卦之象。理直气壮，但也不必动怒用强，反正坚定立场就好，最后仍然辞退他，不为所动。

1994 年 2 月中，因直销部门副总业绩远不及设定标准，按理止付年终奖金，他仍有反弹不快，我问往后应对？为大壮卦二、三爻动，有震卦之象。只能坚定大原则不妥协，但勿强硬过甚，低调冷处理即是。两个多月后，老板杀回朝，也不用我再操心了！

• 2011 年 4 月下旬，我在徐州路市长官邸的《易经》班教占，大家问辛卯年台湾会不会有天灾？时当“3 · 15”日本福岛大地震之后，全球都有些谈灾色变。结果占得不变的大壮卦，节气已过，雷在天上，应该风调雨顺。我另用手机电占复核，又得大壮卦初、三爻动，有解卦（䷧）之象。雷雨解，有旱象纾解之象，其《彖传》称：“天地解而雷雨作，雷雨作而百果草木皆甲坼，解之时大矣哉！”怎么看都没问题。果然全年无水旱风灾，难得的平安年。

• 1991 年 10 月下旬，出版公司开始股争，市场派大股东想拱我出来，扛经营重责，让老板专心去处理私人的财务问题，以及困难重重的关系企业的营运。这种做法，形同象棋中的“将军抽车”，我占问应如何应对？为大壮卦二、五爻动，“九二”值宜变，成丰卦，两爻齐变，则有革卦（䷰）之象。丰卦“明以动”，革故鼎新为非常大事，岂可轻举妄动？“大壮则止”，“非礼弗履”，“九二”“贞吉，以中”，完全正确。“六五”为君位，“丧羊于易”，可充满潜在的风险。二、五虽相应与，不能仓促行事。计议已定，遂不作响应，对方急了，连老板也劝进，想从中捞些好处。过段时间再议，终于在较佳条件下，接任代总经理一职。

三个月前，我占公司大势，即得大壮卦二、四爻动，齐变有明夷（䷣）之象。“明夷”为日落黑暗，艰苦无比，大壮欲冲而未能，确实情势困难。

• 1995 年 3 月中，《联合》报的一位记者来电，探听我给国民党高层上课之事，我请他别报道以免困扰，又请朋友代约该报张总编辑餐叙，希望能压下此事。晤面前问吉凶，为大壮卦三、四爻动，有临卦（䷒）之象。大壮卦“利贞”，临卦“教思无穷，容保民无疆”，大壮卦四阳减为二阳，空间辽阔多矣！晤谈后，果然获致协议，压下了该案未报道。

• 2010 年 3 月下旬，我赴北京清华国学培训班授《易》半日，来去

二爻变占例

匆匆，占问此行成果，为大壮卦初、四爻动，齐变有升卦（䷭）之象。大壮卦刚好当令，为阳历三月时节。升卦自然顺遂有成，“遇大壮之升”，绩效不错。

• 1999年元旦，我作一年之计，特别关注师门可能开展的“奉元志业”，占问自己能做什么？为大壮卦初、五爻动，齐变有大过卦（䷛）之象。“大壮则止”，“初九”“壮于趾，征凶，有孚”；“六五”“丧羊于易，无悔”。“大过，颠也”，“栋桡”，应不可行，至少当年无有致力处。后势确实如此，其实毓老师那年也没有真正推动什么，大事还是需要各方机缘成熟才行。

三爻变占例

占事遇卦中任意三爻动，本卦为贞，三爻齐变所成之卦为悔，称贞悔相争，合参两卦卦辞卦象判断。若三爻其中一爻值宜变，为主变量，加重考虑其爻辞所致之影响。

• 2010年3月上旬，我们学会评估与公关公司合办世界易学会议，有理事建议何不自办？我占得大壮卦初、三、上爻动，贞悔相争成未济卦（䷿）。“大壮则止”，“未济”不成，显然力有未逮。“初九”“壮于趾，征凶，其孚穷也”；“九三”“羝羊触藩，羸其角”；“上六”“羝羊触藩，不能退，不能遂”。警告太明确，万万不可，遂放弃自办之想。

• 1999年元旦，我作一年之计，顺便占算出版公司老板当年气运如何？为大壮卦初、三、四爻动，贞悔相争成师卦（䷆）。“大壮则止”，“师”为率众征战，也是坎宫归魂之卦。大壮“初九”“壮于趾，征凶”，“其孚穷也”；“九三”“羝羊触藩，羸其角，贞厉，小人用壮”；“九四”“尚往”，“贞吉”方“悔亡”。春节过后没多久，的确当“大壮”时分，他的财务出大问题，累及公司信誉也上了媒体大幅报道，等于名存实亡。“大壮”不只是个人养生须敬慎，经营事业亦然，跨越年关本多艰难，年后开工收益有限，人事又多跳槽而不稳定，一个不小心就易出事。

“遇大壮之师”，《焦氏易林》如此评断：“鹿下西山，欲归其群；逢羿箭锋，死于矢端。”绝非好卦，断事多为大凶。

• 1995年年底，我还在出版公司蹲点，老板又出新招，改制另设所谓副社长一职，由我担任云云。无聊已极，我平易承受，以应不变坤卦之占，顺势用柔，不战不降不走，一切波澜不惊。占对他的影响，为随卦“九四”爻动，有屯卦（䷂）之象。“随有获，贞凶”，好像达到目的，颇有斩获，反而失去人心而致凶。最后问对公司的吉凶，为大壮卦二、四、五爻动，“九四”值宜变成泰卦，贞悔相争成既济卦（䷾）。既济卦只有初步安定，迟早生乱，卦辞称：“亨小，利贞。初吉，终乱。”大壮“非礼弗履”，“九二”“贞吉”，“九四”“尚往”冲刺，“六五”“丧羊于易”，遂至穷途。

几天后股争再起，双方搞得剑拔弩张，大股东发动攻击，老板强硬响应。次年元月下旬，我问自己会否受到波及？为大壮卦初、四、上爻动，“九四”值宜变成泰卦，贞悔相争成蛊卦（䷑）。“蛊”为乱局，改革不易；“大壮”“初九”“其孚穷”，“九四”“尚往”，“上六”“羝羊触藩”，进退两难，“无攸利，艰则吉”。完全不受影响很难，只有冷静面对，坐山观虎斗。

1998年元旦，我作一年之计，算自己当年和出版公司的剩余机缘，为大壮卦初、二、五爻动，贞悔相争成咸卦（䷞）。“大壮则止”，“正大而天地之情可见”；“观其所感，而天地万物之情可见”。任职十多年，当然怀有感情，大壮卦“初九”“其孚穷”，“六五”“丧羊于易”，君位生变，已注定覆亡，流连无益矣！

• 1998年9月下旬，我的学生张良维已确定从社会大学基金会辞职，准备建立道场，专心推广其师熊卫的“太极导引”。我占问其前景，为大壮卦初、二、上爻动，贞悔相争成旅卦（䷷）。大壮与遁一体相综，为世代交替之意。“初九”“壮于趾，征凶，有孚”；“九二”“贞吉，以中”；“上六”却“羝羊触藩，不能退，不能遂，艰则吉”。旅卦漂泊在外，进不了家门，这是怎么回事？一年多后，他的锋芒太露，得罪了同门师兄弟，熊卫对他也不谅解，被迫改用“气机导引”的名号另立门户。

• 2002年12月上旬，我和昔日出版公司的几位老同事餐叙，我已走上专心讲学的路，他们还在出版界自立门户打拼，谈起往事都不免感慨。我当时意动，给他们几位都算了十年的发展运势。其中一位王姓同事，为大壮卦下三爻全动，贞悔相争成豫卦（䷏）。大壮有冲劲，发展却未见顺遂。“初九”“壮于趾，征凶”，“其孚穷”；“九二”“贞吉，以中”；“九三”“羝羊触藩，羸其角，贞厉”。往后十年，他真的编了很多书，由组公司大干，又退回在家中承包，在台搞出版已成艰困行业，有成就的

不多。

• 2011 年“3 · 15”日本核灾后，中台湾有自称通《易》的所谓王老师，说 5 月 11 日台湾会发生超大地震，引发海啸，纠集了一批愚民盖铁皮屋，山中避难，明显是缺乏常识的妖言惑众。结果当天啥事儿也没发生，受尽讪笑。我问这闹剧的本质为何？得出大壮卦二、四、上爻动，“九四”值宜变成泰卦，贞悔相争成贲卦（䷕）。大壮卦冲动有余，理智不足；贲卦为文饰包装，假借人文思想，大言欺世。“九二”、“九四”做不到“贞吉”，陷入“上六”“羝羊触藩、不能退、不能遂”的窘境。

• 2011 年 6 月上旬，美国网球公开大赛已至冠亚军决战，瑞士的名将费德勒为大壮卦二、三、上爻动，贞悔相争成噬嗑卦（䷔）；西班牙的纳达尔则为不变的复卦（䷗）。“大壮则止”，“九三”、“上六”皆“羝羊触藩”，为壮志难酬的覆败之象；“噬嗑”为激烈竞争，“遇大壮之噬嗑”，应该是费天王输，纳达尔赢。果然如是。

• 2011 年 8 月中旬，我们学会场地的房东要涨房租，调幅甚高，且态度强硬，我请前任理事长去协商处理，占得大壮卦初、二、四爻动，贞悔相争成谦卦（䷎）。“大壮”易冲动行事，“谦”则兼顾双方利益，求得平衡。“遇谦之大壮”，耐心周旋，应可和平有终。果然，以略调几千台币解决。

• 2010 年 11 月上旬，我占算一位同门大师兄天赋高、气势壮，何以年逾七十，而一事无成？得出大壮卦二、五、上爻动，贞悔相争成同人卦（䷌）。“同人于野，利涉大川”，“唯君子为能通天下之志”。大壮卦“刚以动”，气吞河岳，但也容易纵情犯错，做不到“非礼弗履”。“六五”“丧羊于易”，“上六”“羝羊触藩，不能退，不能遂”，虽九死而未悔，然至老而无成。

四爻变占例

占事遇卦中任意四爻动，以四爻齐变所成之卦的卦辞卦象为主判断吉凶，若其中一爻值宜变，加重考虑其爻辞。

• 1992 年 8 月初，我还在出版公司督战，营运主力的直销部一直业绩不振，严重影响财务调度。我问当如何整顿为宜？得出大壮卦初、三、五、上爻动，齐变成讼卦（䷅）。讼是彼此兴争，并非所宜。大壮则气愤难耐，恐怕还是得强忍，勿轻举妄动。“初九”“征凶”、“九三”与“上六”

皆“羝羊触藩”，“六五”“丧羊于易”，警讯明确，慢慢周旋吧！

• 2011 年 5 月初，我问：学会当年内是否还会有内斗之事？为大壮卦初、二、三、四爻动，“九三”值宜变成归妹，四爻齐变，成纯阴的坤卦（䷁）。大壮卦阳气壮盛，易起冲突，四阳尽化散为阴，坤卦厚德载物，“利西南得朋”，“先迷后得主”，应该无碍。我前一年大力整顿后，已不容许这种事情再发生，后势果然。

扫码聆听刘君祖老师亲自讲述大易之道

——逐字逐爻详解易经六十四卦

35. 火地晋（䷢）

晋卦为下经第五卦，为日出之意，下接明夷卦为日落，两卦相综一体，有日出就有日落。从太空看地球，一半白天、一半夜暗，昼夜轮替，即为此象。“晋”字上半部为齐头并进之意，表示太阳不止一个，人人若能开显自性，都会大放光明。中国历史上有晋代，春秋时的中原大国名晋国，今日山西省地段称晋。

《序卦传》称：“物不可以终壮，故受之以晋。晋者，进也。进必有所伤，故受之以明夷。夷者，伤也。”晋卦之前为大壮卦，积健为雄，刚强猛进，不可能永远忍耐不动，时机成熟后就会往前推进。前进过度、扩张过速，又会遭遇挫折而受伤，日出之后，继之以日落，明夷即光明受伤、转为黯淡。

《杂卦传》称：“晋，昼也；明夷，诛也。”“晋”为白昼日出，“明夷”即为黑夜日落；“明夷”为诛责，“晋”即为嘉赏。这是修辞上所谓的“互文见义”，举一可推论其他。晋卦卦辞中就有加官晋爵的描述。明夷卦中，则以殷末纣王迫害西伯姬昌及贵戚箕子为象，以示诛责，和晋卦正相反。明夷之诛，更有深意，表面是君王诛责臣子，其实是天下民众诛除独夫。《孟子·梁惠王篇》记齐宣王质疑：“臣弑其君可乎？”孟子回答：“贼仁者谓之贼，贼义者谓之残，残贼之人谓之一夫。闻诛一夫纣矣，未闻弑君也！”一夫即独夫，统治者伤仁害义，失去民意的支持，众叛亲离就叫独夫，已丧失统治的合法性。臣民发动革命推翻他，不能算作弑君。

晋。康侯用锡马蕃庶，昼日三接。

晋卦卦辞有微言大义，表面上说的是臣子表现优秀，蒙君王嘉赏，实则含义更深，藏有拨乱反正的革命思想。康侯在历史上确有其人，为政绩卓著的高官，使百姓富实康乐，遂蒙国君多次接见，勤加慰勉。“锡”同“赐”，国君赐予康侯一对良马，康侯再用它们去交配，繁衍生出许多小马，“昼日三接”，也可以指雌雄交接配种之勤，孕育出血统优良的后代，像滚雪球一样生生不息。这是什么意思呢？

乾为马为心，“在天曰命，在人曰性，在身曰心”，人人与生俱来的本性真心，以马为喻，所谓“心猿意马”即是。“赐马”为天赐的良心，有其良知良能，人生在世须“致良知”，将一点灵明自性推广扩充，发扬光大。“赐马蕃庶”，实即“明明德、致良知”。

“康侯”亦不必指人，“侯”通时候之“候”，前文解屯、豫二卦之“利建侯”时已阐明。“康侯”可指民生小康之时，温饱已不成问题，该注重文化教养，以提升性灵及人格成长了！管仲所称“仓廪实则知礼节，衣食足则知荣辱”，正是这个道理。晋卦六爻全变为需卦，需为饮食之道，关注国计民生；晋卦提升教养，重视文化熏陶。需为上经第五卦，晋为下经第五卦，一言天道自然，一称人事所宜，天人相应，关系密切。

晋卦为乾宫游魂卦，归魂卦为大有卦，小康世尚非究竟，天下为公的大同世，才是王道的归宿。国家社会需先行经济改革，待中产阶级兴起、全面小康后，自然会有政治改革的需要。晋卦六爻所述，亦可看成是社会转型进化的历程。

讼卦“上九”：“或锡之鞶带。”师卦“九二”：“王三锡命。”皆为君王赐赏臣下。晋卦卦辞：“康侯用锡马蕃庶。”不言“康君”而称“康侯”，“用”为用柔、用众，皆有臣民自立自强的深意。

《彖》曰：晋，进也。明出地上，顺而丽乎大明。柔进而上行，是以康侯用锡马蕃庶，昼日三接也。

晋卦下坤地、上离明，故有“明出地上”的日出之象。内卦坤顺、外卦离丽，内顺天理，外现大明，也是开发自性、致良知的意境。柔进而上行，显然指居君位的“六五”，与下卦坤所代表的民众，同属阴柔之性，表示元首出自民间，了解民间疾苦。如同乾卦《彖传》末所称：“首出庶物，万国咸宁。”领导人既由民众推选而出，自然重视民力，乐于提携后进，共同为社会服务。

“昼日三接”，“六五”为上卦离明中心，为白天太阳的代表，接引下卦坤的三个阴爻上进，即为“三接”。晋卦与需卦相错旁通，需卦健行遇险，“九五”居君位，吸引下卦乾三阳上进，最后于“上六”称“有不速之客三人来”，接引同类的功能相似。

因此，柔进而上行，说透了就是“民进而上行”，主张人人生而自由平等，都有参政的权利。晋卦之前为大壮卦，恃刚猛进，冲撞既有体制的藩篱，类似群众聚集的抗议运动。“羝羊触藩”，达不到目的后，转刚进为柔进，弃暴力而用唤醒民众的方式，以争取民权，反而容易取得最后的成功。

《象》曰：明出地上，晋。君子以自昭明德。

“昭”即“明”，“自昭明德”，即为《大学》开宗明义所称的三纲领之首：“大学之道，在明明德。”“明德”为生生不息、终而复始的德性，人人与生俱来，但会受后天习气污染而蒙尘，所以须好好修为，使明德复明。开发自性，只能靠自己实修，任何人都爱莫能助，大有卦“上九”爻辞说得很清楚：“自天佑之，吉无不利。”乾卦《大象传》称：“君子以自强不息。”集大成的《彖传》亦称：“大明终始，六位时成，时乘六龙以御天。乾道变化，各正性命。”

《尚书·尧典》称赞帝尧的政绩：“克明俊德，以亲九族；九族既睦，平章百姓；百姓昭明，协和万邦，黎民于变时雍庸。”亦称“昭明”，与晋卦《大象传》自昭明德之旨全合。

•2010年3月中旬，我问阿弥陀佛的修行境界如何？为不变的晋卦。“明出地上，君子以自昭明德”，原来开发自性成功即成佛，众生皆有佛性，人人皆能成佛，六祖惠能说的“自性弥陀”一点不假。《坛经·疑问品第三》称：“佛向性中作，莫向身外求。自性迷即是众生，自性觉即是佛。”

2009年7月中，我问以佛视《易》如何？为不变的晋卦。“明出地上，君子以自昭明德”；众生皆有佛性，人人皆可进修成佛。在这根本的道理上，儒佛实无区别。

•2009年8月上旬，我问二十一世纪中华兵学的发展前景如何？为不变的晋卦。如日东升，大有发展，柔进而上行，与刚强猛进的西方兵

占例

法不同，可不战而屈人之兵。

• 1997 年 8 月中旬，我占问《彖传》的价值定位，为不变的晋卦。《彖传》完成在大、小《象传》之后，对卦爻结构深入分析，除解释卦辞外，还有许多创新的见解，令人惊艳。“晋者，进也”，与时俱进，大放异彩。“君子以自昭明德”，衍生出更多丰富的义理，正是“康侯用锡马蕃庶，昼日三接”。

同年 9 月上旬，我又问河图、洛书与大易本旨的关系为何？也是不变的晋卦。“明出地上，顺而丽乎大明”，“君子以自昭明德”。看来大易本旨为大明终始，六位时成，引发了后世许多创意，依附易理而有所成就，河、洛的图书之学亦然。龙马负图的神话传说不可信，《易经》的智慧仍从仰观俯察的体证中来。有关河洛的记载，一见《论语·子罕篇》子曰：“凤鸟不至，河不出图，吾已矣夫？”这是假传说以抒发感慨，认不得真。一见《系辞上传》第十一章：“河出图，洛出书，圣人则之。”

• 2009 年 10 月中旬，我读中医书，问“七损八益”关于男女之事的评价，为不变的晋卦。晋卦之前为大壮卦，血气方刚，“羝羊触藩，羸其角”，情欲冲动易受伤，也达不到阴阳调和的目的。“大壮则止”，“物不可以终壮，故受之以晋”，改用柔进的方式会讨好得多。“锡马蕃庶”，生育优秀子女；“昼日三接”，刚柔交接舒服顺畅，还可多多益善。饮食男女为人生大欲，中国菜名闻世界，男女之事亦讲究精微，古代为帝王服务，今日则可解密开发，为常民解惑谋福。

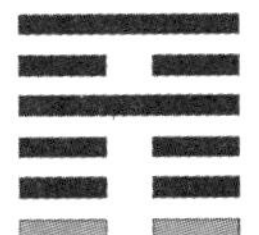

初六。晋如，摧如，贞吉。罔孚，裕，无咎。

《象》曰：晋如摧如，独行正也；裕无咎，未受命也。

“初六”为晋之初，想上进却遭遇摧毁似的打击，这时须坚守原则，不屈不挠，独自奉行正道。人微言轻，尚未取信于民，所以会失败，当权者才会毫无顾忌打压。想通了心地放宽，调整调整就没事。以前人无官职，称“未受命”，因为当官就有职守，就得接受听从长官的命令。“命”也可指天命，未受天命，表示修为尚浅，还不足承受天命。

“裕”指心态宽裕，为“明明德”之功，亦可指经济力量强大，资源不虞匮乏。晋卦推动政治改革，争取人民权益，虽遭既得利益者打压，只要财力雄厚，便可长期抗争，不到成功不休止。国家社会发展进入小康阶段，大量中产阶级出现，温饱富实之后，要求参与政治，全球各地的经验都差不多。

“罔孚”的“罔”，为空无之意，“罔孚”即诚信未达，还不孚众望。大壮卦“九三”“君子用罔”，冷静自持，有“壮”而不用。“独行正”的“独”，为慎独之独，人人不同，“自昭明德”即开发自性，只能靠自己，任何人都帮不上忙。“在天曰命，在人曰性，在身曰心，在己曰独。”心同理同，人与人可同心同德，独却人人各异。复卦见“天地之心”，“六四”“中行独复”；蒙卦“童蒙求我”，“六四”“困蒙，独远实”；履卦“初九”“素履之往，独行愿”；大过卦“栋桡”，“独立不惧，遁世无闷”。“独”为人人生命深处蕴涵的核心原创力，“慎独”即真心体会，并有效开发。

晋卦“初六”爻变，为噬嗑卦（☲☳），民运初起，招致严酷的政治打压。“九四”居高位而不正，和“初六”相应，竭力遏制民间势力的成长。

• 1993年5月下旬，我努力经营出版公司渐有起色，外面传言老板财务左支右绌，可能随时会倒闭覆亡。我占问他真的“挂”了吗？为晋卦“初六”爻动，有噬嗑之象。晋如摧如，贞吉，显然受挫严重，情势危急。罔孚，裕无咎。信用荡然无存，需有财力支持，才能过关。一年后，他走投无路，挟过半股权支持，强硬回朝，调度丰裕资源，以救本身的危亡。

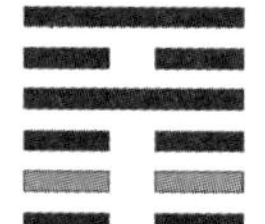

六二。晋如，愁如，贞吉。受兹介福，于其王母。

《象》曰：受兹介福，以中正也。

“六二”中正，潜力甚佳，在社会上已打下坚实基础，当权者难以强行压制，遂改用阴柔迂回的方式刁难，“六二”为此发愁，仍应坚持原则奋斗。“六二”与“六五”相应，可得居君位的大力奥援，排除障碍，而承受福报。“六五”为阴性，介入相助，故称“六二”“受兹介福，于其王母”。占卦若遇晋卦“六二”爻动，恰值宜变之位，爻变成未济卦（☲☵）。“六二”若无“六五”

贵人相助，本身可能不易过关。

晋卦“初六”“独行正”，靠自己硬挺；“六二”“以中正”，求外在奥援；履卦“初九”“素履之往，独行愿”；“九二”“幽人贞吉，中不自乱”。初“独”二“中”，合于《中庸》先称“慎独”、再论“中和”之理。

占例

• 1997年间，我的学生陈一雄时任大荣货运总经理，被亲戚无理纠缠，敲诈钱财，甚至还动用黑道恐吓，我问他如何应对为宜？得出晋卦“六二”爻变，成未济卦。“晋如愁如”，他真的是相当忧愁。“受兹介福，于其王母”，显然应该寻求外援，找对人排除障碍。这个人是谁呢？他回去后打电话给某黑道大哥，对方答应介入处理，次日亲自南下台中，摆平了问题。但也由此欠下人情，后来为此还有困扰，也合乎未济卦之象，一波未平，一波又起啊！

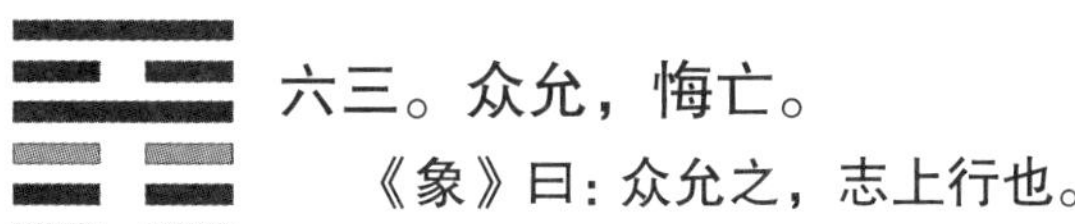

六三。众允，悔亡。

《象》曰：众允之，志上行也。

“六三”已至下卦坤的极顶，经历“初六”“摧如”、“六二”“愁如”，皆能贞吉，赢得了群众的肯定和支持，准备突破“九四”的压制封锁，而往上卦高层挺进。“众允”之“允”，为已孚众望、大家允许他上进之意。本爻变为旅卦（䷷），尚未得势得位。

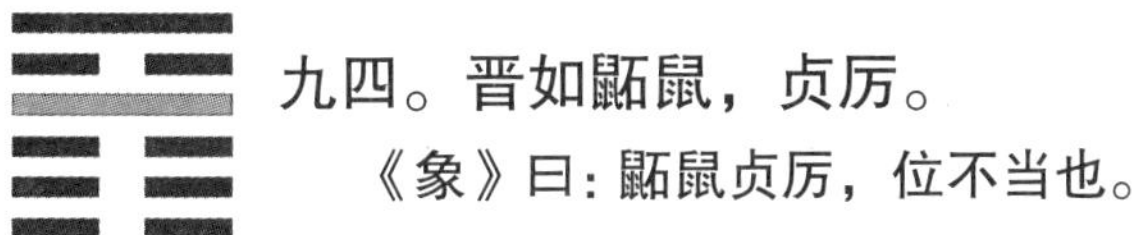

九四。晋如鼫鼠，贞厉。

《象》曰：鼫鼠贞厉，位不当也。

“九四”阳居阴位，居高位而不正，面对下卦坤的民运高涨，采取打压遏制的态度，无所不用其极。“鼫鼠”或称硕鼠，为贪吃粮食的大老鼠，见《诗经·魏风·硕鼠》：“硕鼠硕鼠，无食我黍。”本爻变为剥卦（䷖），剥削民众不遗余力，违反晋卦发达民运的时代需求，本身也不利有攸往。晋卦中初至四爻互卦为剥卦，“九四”恰为剥卦“上九”，“硕果不食，小人剥庐，终不可用也”。

“鼫鼠”之象由何而来？整部《易经》只此一爻以鼠为象，应从艮卦而来。《说卦传》称：“艮为鼠。”晋卦二、三、四爻合成艮卦（☶），“九四”正当艮之主。战国末年李斯曾有名言传世，所谓厕中之鼠不如仓中之鼠有余粮，说透了“晋如鼫鼠”的情态。窃据高位者贪腐弄权，必官官相护，而形成共犯结构，老鼠的繁殖力惊人，与此相当。前些年洞庭湖闹鼠患，迅速繁殖成近二十亿只，造成附近居民恐慌，即为显例。

晋卦卦辞称：“康侯用锡马蕃庶，昼日三接。”以马喻心，“锡马”为与生俱来的良知，“蕃庶”即“致良知”。马的繁殖力远远不如老鼠，这揭示了一桩人性的事实：扬善很难，遏恶不易。谚云：“为善如登，为恶如崩。”人生向善就像登山，非常吃力；堕落作恶，则容易得多。

• 1995 年元月上旬，我实质上已退出出版公司经营，老板强势回朝后，公司陷于混乱，也考验出人性人情的炎凉。一位副总见风转舵，借势弄权，我看了心寒，占问此人日后吉凶？得出晋卦“九四”爻动，有剥卦之象。“晋如鼫鼠，贞厉”，“位不当也”，眼前得意，未来不利有攸往。不仅公司业务每况愈下，终至覆亡，十年后他也得癌症去世。晋为乾宫游魂卦，遇晋之剥，还真是凶得可以！

六五。悔亡。失得勿恤，往吉，无不利。

《象》曰：失得勿恤，往有庆也。

“六五”居晋卦君位，积下卦三爻的努力，终于突破“九四”之打压封锁而登高位，悔恨皆已消亡。人之常情，既得之，又患失之，为了保住得来不易的成果，往往不择手段以维护之。权势使人腐败沉沦，即源于此。爻变成否卦（䷋），“否之匪人，不利君子贞”。真有智慧及修为者，这时应放开得失心，勿负初志，以为民谋福，才能“自天佑之，吉无不利”，且让大家都蒙福报。“勿恤”己私，众喜为“庆”，这是领导人必备的涵养与情操。内地治《春秋公羊传》的名学者蒋庆，字勿恤，可谓深识天下为公的道理。

• 1994年6月下旬，我刚从出版公司的政变中脱身不久，仍按原订计划，率二位高干赴南京参加书展，怀想自己任职公司恰满十年，心中颇有感慨，晚上在酒店中，占问往后的缘分与吉凶？得出晋卦“六五”爻动，有否卦之象。“悔亡，失得勿恤”。逝者已矣，没有什么好追悔的，更无所谓得失成败。“往吉，无不利”，摆脱“否之匪人”的旧环境，往前继续“自昭明德”，必有庆也，正是：“莫愁前路无知己，此去谁人不识君？”

• 2010年9月下旬，我问在台湾汐止肉身成圣的慈航法师修为境界，为晋卦“六五”爻动，有否卦之象。“悔亡。失得勿恤，往吉，无不利”，本身开发自性成功，又能教化众生，皆大欢喜，是有成就的大德高僧。我的先师毓老刚来台湾时，曾去慈航道场听经，慈老可算是我的太老师。毓师曾听慈老说：好险啊！有几次差一点儿，就还俗为慈航先生了！“遇晋之否”，一念之间魔考不通过，即成“非人”，修行谈何容易？

上九。晋其角，维用伐邑，厉吉，无咎，贞吝。

《象》曰：维用伐邑，道未光也。

“上九”为晋卦之终，下接黑暗的明夷卦，由日出转向日落，前进的动力已消，再难有所寸进。这时只宜回头整顿内部，以维持高高在上的态势，虽有动荡风险，仍可获吉而无咎。这样做虽然正确，毕竟已是上进的尽头，路子愈来愈窄狭了！“道未光”，前景不再光明，得做好过苦日子的准备。本爻动，恰值宜变成豫卦（䷏），既有此预期，当“建侯行师”以“伐邑”平乱，不可再往外扩充。

• 2008年11月中，有学生占问何谓“卡到阴”？为晋卦“上九”爻动，恰值宜变成豫卦。“晋其角”，下接阴暗的明夷卦，晋、明夷分属乾宫、坎宫的游魂卦，形容得真切啊！“维用伐邑”，这时必须整顿内心，以恢复平宁，还有机会获吉而无咎。豫卦《大象传》称：“先王以作乐崇德，殷荐之上帝以配祖考。”诚心祭拜天地祖宗，应可消除化解。

• 2011年7月下旬，我赴北京授《易》，学员之一的青岛某电子公司

的秦总跟我说，他创业后成长甚快，正筹划上市，自占得晋卦“上九”爻动，恰值宜变成豫卦。“晋其角，维用伐邑。”公司扩大后，许多老干部无法与时俱进，遭遇成长的瓶颈，必须整顿内部，提升战力，才能更上层楼。他连呼断得太准，易占真是一针见血。

由晋卦“九四”、“上九”爻辞看，阳爻皆有受阻停滞之象，另四阴爻则激励上进，可知《彖》称“柔进而上行”，为晋卦主旨，与大壮卦刚进的态势相反。

晋卦多爻变占例之探讨

以上为晋卦卦、彖、象及六爻单变之阐析，往下继续研究二爻以上变动的情形。

占事遇卦中任意二爻动，若其中一爻值宜变，为主变量，以该爻辞为主断占，若皆不值宜变，仍以本卦卦象卦辞为主，参考两爻齐变所成之卦以论断。

• 2011 年 2 月下旬，我的儿子考完大学学测，成绩不是太理想，我问政治大学财经领域的五系推征，上不上得了？得出晋卦四、上爻动，有坤卦（䷁）之象。“晋如鼫鼠，贞厉”，“晋其角……贞吝”，“道未光也”，看来难以如愿。果然没录取，再接再厉参加七月初的指考（即台湾的指定科目考试），终于考上政大会计系。

• 1996 年 12 月中，我问人生的命运能否改造？得出晋卦四、五爻动，“九四”值宜变成剥卦，两爻齐变又有观卦（䷓）之象。晋卦“明出地上、自昭明德”，人人正确努力是可能创造命运，但“九四”爻变，“晋如鼫鼠，贞厉”，人的贪嗔习气不易超越，很多人在此处败下阵来，剥卦“不利有攸往”。“六五”爻动，表示仍有少数人修为得法，可以突破障碍，而至大明的境界，自己决定人生的吉凶祸福。“遇晋之观”，“省方观民设教”，因人而异，个个不同。一般说来，晋下卦坤的三爻，完全可以靠努力开创人生，“晋如催如”、“晋如愁如”、“众允悔亡”，“志上行也”。

• 2003 年 6 月下旬，一位位至电子业总经理的学生因投资过巨，造成财务困难，问我过不过得了关？得出晋卦四、五爻动，“九四”值宜变成剥卦，两爻齐变，则有观卦之象。“晋如鼫鼠，贞厉”，剥卦“不利有

攸往”，这关很不好过；“六五”“悔亡，往有庆也”，仍有一线机会突破，得观情势而定。后来听说他没有自力过关，一年多后总经理换人做，然后公司以私募方式邀得日商入股，董事会大幅改组，他及子弟兵们算是力战失败。有意思的是，这位学生叫林明德，恰与晋卦“自昭明德”相合，只可惜没能过关。

• 1999 年 11 月下旬，跨世纪将至，我问台湾未来十年的整体运势如何？为晋卦三、四爻动，“九四”值宜变成剥卦，两爻齐变为艮卦（䷳）。晋卦如日东升，企盼上进，正如“六三”所称“众允悔亡”；却遭“九四”“晋如鼫鼠”阻挡，不得如愿，“不利有攸往”，资源松动流失，成长近乎停滞。“遇晋之剥之艮”，真是令人扼腕！此占完全应验，台湾真的失落了十年。

• 2010 年 4 月 8 日，台北的错卦进阶班结业，同学宴请我谢师云云。当晚酒席上，大家突然想起，去年今日组团赴厦门时，郑进兴同学不幸在鼓浪屿猝逝之事，周年忌他的现况可安？有来现场看老师与同学吗？我占得现状为不变的坎卦（䷜），来了没有？则是晋卦三、四爻动，“九四”值宜变成剥卦，两爻齐变，则为艮卦。现状显然不好，深陷坎险深渊之中，不得解脱，坎卦继大过卦之后，往生后魂魄不安。当晚想来，却来不了，“晋”为乾宫游魂卦，“六三”“众允悔亡，志上行”，却受阻于“九四”“晋如鼫鼠，贞厉”，“不利有攸往”。“遇晋之剥之艮”，重重阻碍，无法来去自如。

• 2011 年元月上旬，我占问一位同门大师兄何以弃儒就道，甚至去信奉某位争议性极高的女上师？得出晋卦初、四爻动，“九四”值宜变成剥卦，两爻齐变为颐卦。占卦贞我悔彼，晋卦“初六”“晋如摧如”，是我师兄的修行状态，“九四”“晋如鼫鼠，贞厉”，“位不当也”，则对他所崇信的女上师严厉批判。剥卦柔变刚也，“不利有攸往”，“小人长也”，明显误入歧途，奈何呼唤不回。

• 2003 年 12 月下旬，一位曾任空乘的女学生，招致身心灵的某些困境，也去找过一位修行人，观前世今生云云，这人我后来也见过。当时占测其法有效否？得出晋卦初、二爻动，“初六”值宜变成噬嗑卦，两爻齐变则为睽卦（䷥）。晋卦为乾宫游魂卦，噬嗑卦压力不轻，睽卦为反目疏离，可能看到幻象。晋卦“初六”“晋如摧如”，“六二”“晋如愁如，

二爻变占例

受兹介福，于其王母”，皆称“贞吉”。若心行皆正，是可能透视个人生命本质而有些效益。但我对这些事兴致不大，总觉得人还是“自昭明德”，自天佑之，可以不假外求。

• 2011 年 7 月上旬，我赴北京授《易》，课毕后赴承德避暑山庄游览，占问此行成果如何？为晋卦三、五爻动，齐变有遁卦（䷠）之象。“晋者，进也”，“遁则退也”，进中有退，卦象有趣。晋卦“六三”“众允悔亡，志上行”；“六五”“悔亡，失得勿恤”，“往有庆也”。三与五同功而异位，配合呼应不错，希望这次的播种，假以时日能生根发芽、开花结果，正所谓“康侯用锡马蕃庶，昼日三接”也。

• 1997 年 5 月底，我在《自由时报》的专栏《时习易》汇编出书，我问销售反应如何？为晋卦五、上爻动，齐变有萃卦（䷬）之象。“遇晋之萃”，本应不错，“上九”“晋其角，贞吝”，“道未光也”，似乎会有难以突破的瓶颈，“六五”“失得勿恤”，只能这样应对。由于日后我到处开班上课，这本小书其实卖得还可以，只是以易理论时势，不免有时过境迁的问题，再印几次后，终于绝版。

• 2008 年元月下旬，我试测内地股市全年的表现，得出晋卦三、上爻动，齐变有小过卦（䷽）之象。小过卦形似大坎，风险不低，卦辞称：“可小事，不可大事……不宜上，宜下。”晋卦“六三”“众允志，上行”，前两年的狂涨，让许多人想投入牟利；“上九”“晋其角贞吝，道未光”，明确告知再难上进，必须进行内部结构的盘整，“维用伐邑”即此意。当年 9 月金融风暴爆发，上海综合指数全年大跌了 65%，应验了卦象。

同时测算当年美国股市情势，为大畜卦（䷙）“初九”爻动，有蛊卦（䷑）之象。“有厉利已，不犯灾也”。当年美股跌幅超过 50%，堪称有史以来的大股灾，大畜卦“不家食”，还会严重影响到国际社会。爻辞警示在先，看不懂或硬冲的人，只能怨自己了！

三爻变占例

占事遇卦中任意三爻动，以本卦为贞，三爻齐变为悔，称贞悔相争，合参两卦卦辞判断吉凶。若本卦三爻中一爻值宜变，为主变数，加重考虑其爻辞。

• 1992 年 4 月初，我在出版公司任总经理，思考亏损惨重的所谓子公司的分合问题，其一为出教学录像带的部门，占出晋卦初、二、上爻

动，“六二”值宜变，成未济卦，贞悔相争成归妹卦（䷵）。其二为“儿童才艺教室”，得出不变的未济卦（䷿）。看来两个都难搞定，老板亲自操盘经营，母公司也难置喙定夺。晋卦“初六”“晋如摧如”，“六二”“晋如愁如，受兹介福，于其王母”，就是需要母公司不时伸援手挹注，成了极大包袱。不救不好，救也终究好不了！“上九”“晋其角，贞吝”，还是得“维用伐邑”，整顿内部才有活路，问题是怎么操刀？归妹卦辞：“征凶，无攸利。”最后一场空。

• 1993年元旦，我做一年之计，问公司一份不赚钱的童话月刊如何经营？为晋卦二、四、五爻动，“六二”值宜变，成未济卦，贞悔相争成涣卦（䷺）。“遇晋之未济之涣”，看来不妙，难以上进，可能瓦解离散。晋卦“六二”“晋如愁如”，需要争取“六五”王母的援助，中间却遭“九四”隔断，“晋如鼫鼠，贞厉”，“位不当”啊！其后果然没有起色。

• 2005年8月上旬，我占问：在台授《易》14年，所有学生资源如何运用的评估？为晋卦初、三、四爻动，贞悔相争成贲卦（䷕）。“贲”有人文化成之意，也是文饰虚有其表，或利或弊，何者居多？晋卦“初六”“晋如摧如，独行正”，教学效果不理想，我只能“裕，无咎”，想开就好。“六三”“众允悔亡，志上行”，多少有些成绩而思突破；无奈“九四”“晋如鼫鼠，贞厉”，“位不当”，这关难以超越。整体来说，须努力处尚多。

• 2011年7月中旬，我在授《易》课毕赴承德避暑山庄游览时，不免又想起清朝皇族出身的毓老师，占问仙逝已逾百日的恩师现今可好？为晋卦上卦三爻全动，“上九”值宜变成豫卦，贞悔相争成比卦（䷇）。晋卦为乾宫游魂卦，比卦为坤宫归魂卦，“遇晋之比”，由“自昭明德”，到“建万国亲诸侯”，老师安矣！“晋如鼫鼠”关已超越，“悔亡。失得勿恤，往吉，无不利”；“晋其角，维用伐邑，厉，吉无咎”。豫卦《大象传》称：“雷出地奋，先王以作乐崇德，殷荐之上帝以配祖考。”我们这些后生弟子，缅怀先师遗烈，当知有所奋发。

36. 地火明夷（䷣）

明夷卦为全《易》第三十六卦，为光明受伤的日落之象，排序在象征日出的晋卦之后，正显日出日落的交替之理。明夷卦之后接家人卦，人在外面奋斗受挫，回家疗伤止痛，社会上失业人士在家待业亦然。以前农业社会日出而作，日入而息，“明夷”后也该回家休息。《序卦传》称：“晋者，进也。进必有所伤，故受之以明夷。夷者，伤也。伤于外者必反其家，故受之以家人。”

明夷卦大概是全《易》中最痛苦的卦，卦爻中述及殷末周初的一段史实，文王姬昌曾被纣王关在羑里七年之久，还被逼着吃了长子伯邑考的肉酱，人间残酷之事，莫此为甚。又如纣王至亲的箕子，装疯卖傻，以避政治迫害，都是韬光养晦、强忍以渡劫难的典范。“夷”为伤，也有野蛮落后之意，古有华夏夷狄之分，“明夷”就是人性堕落、文明沉沦。《易经》中最显示文王个人经历教训的为坎、明夷二卦，坎称“习坎”，“明夷”也是人生必修的学分。我们对人性深处的幽暗面，必须有所认识。

明末遗老黄宗羲，著有《明夷待访录》一书，发抒其政治见解，即取明夷卦中箕子的典故，刚好也扣住明朝灭亡、沦于所谓夷狄的史实。亡国亡政权可以，亡天下、亡文明则万劫不复矣！

明夷。利艰贞。

明夷卦辞只有简单三个字，利于在无比艰困的环境下，咬牙苦撑，坚持大原则奋斗到底。长夜漫漫，熬到黑暗过去，明朝太阳依旧东升。

《彖》曰：明入地中，明夷。内文明而外柔顺，以蒙大难，文王以之。利艰贞，晦其明也。内难而能正其志，箕子以之。

明夷卦下离明、上坤地，故称“明入地中”，内离明、外坤顺，又有韬光养晦，蒙受大难之象，文王当年就用这种坚忍功夫渡过劫难。箕子的处境又更艰难，家门不幸称内难，劝谏无效，又不能勾结外敌来对付自家人，只能藏晦待时，保存住殷商文化的血脉，不因政权的沦亡而陪葬。《尚书·洪范九畴》据说即箕子授予武王，然后飘然远引至朝鲜，将华夏文明弘扬至海外，这种志向与行事，真是难能可贵。

《象》曰：明入地中，明夷。君子以莅众，用晦而明。

明夷卦的《大象传》以领导统御的智慧，来阐发明夷之理，可谓别开生面。莅临领导群众，不宜苛酷深察，所谓水清无大鱼，只要大节无亏，都以含混包容为尚，这样反而能有较好的治绩。古代帝王冠前有冕旒遮目，即寓此意。晋卦“自昭明德”，严以律己；明夷卦“莅众，用晦而明”，宽以待人。另外，“晦明”也是帝王常用的心术，对事不轻易发表意见，让臣下畅所欲言，以暗中考核，并杜绝部属揣摩上意的可能。

占例

• 1989年11月中旬，我开占第三卦，其时出版公司经营压力极大，问困境中的应对之道，得出不变的明夷卦。明夷之前为晋卦，“进而不已，必有所伤”，老板好大喜功，前些年扩张过速，造成周转不灵，财务重伤，关系企业殃及本业。既已如此，只能咬牙苦撑，奋战到底，“利艰贞”三字，道尽个中况味。经营公司的那几年里，明夷卦一再出现，真是艰苦备尝。

• 2012年元旦，我作一年之计，问全球世局，为不变的明夷卦，日落昏黄，艰辛困苦，确实天灾人祸不断，民生凋敝。明夷卦之后为家人卦，社会失业率高到前所未见的程度，年轻人找不到工作，只能回家靠父母。再问马英九的年运，亦为不变的明夷卦。他选胜连任后，几乎无一顺遂之事，经济日暮途穷，政策推行不合时宜，又加之用人不当，林

占例

益世被揭发贪污纳贿，凡此种种，都被骂到臭头，民意支持掉到最低点。2005 年时，他的运势为不变的晋卦，轻取国民党党主席，三年后赢得台湾地区领导人选举，前后七年，由日出到日落，何以故？

• 1997 年 3 月下旬，我问：《易》为君子谋，确然否？为不变的明夷卦。“利艰贞”，“君子以莅众，用晦而明。”人生多忧患，有德君子当坦然面对，不为贫贱困顿所移，吉凶与民同患，更积极与民除患。

初九。明夷于飞，垂其翼。君子于行，三日不食。有攸往，主人有言。

《象》曰：君子于行，义不食也。

“初九”当明夷之初，又为基层民众之位，由晋至明夷，情势急转直下，必须赶快低调应变。好像鸟在空中飞翔突遇暴风雨，立刻低飞敛翼，寻觅安全之处迫降。君子迫于生计，到处奔波求助，可能三天都吃不上饭；登门拜托时，就算主人肯收留协助，说话也不会好听。为了生存，还得忍气吞声，低调接受。本爻变，为谦卦（䷎），若能藏晦忍耐，或可“用涉大川”。

“明夷”意指暴君或昏君当政，时代黑暗，民不聊生，有君亦等于无君。《杂卦传》称：“明夷，诛也。”若不能揭竿起义诛除暴君，至少心中已不承认独夫为君。古代国君去世，民众须服国丧，有“三日不食”之礼，见《礼记·丧大记》：“君之丧，子、大夫、公子、众士皆三日不食。”因此，“三日不食”暗喻国君在位等于已死，不能照顾民众，反而祸国殃民。

• 1990 年 8 月中旬，我占问出版公司情势，为明夷卦“初九”爻动，有谦卦之象。“明夷于飞，垂其翼。君子于行，三日不食。有攸往，主人有言。”说得太真切！当时就是周转不灵，到处求助，受尽冷嘲热讽。以明夷卦理而论，当然跟老板经营不善有关，而初期他也费尽心思，多方尝试解决问题。

• 2006 年 7 月初，我开始给老同学讲三十六计与《易经》的关系，辅以易占说明。首计为“瞒天过海”，占象即为明夷“初九”爻动，有谦卦之象。趁着夜暗低调行事，用晦而明，偷渡彼岸，爻辞爻象形容精当。

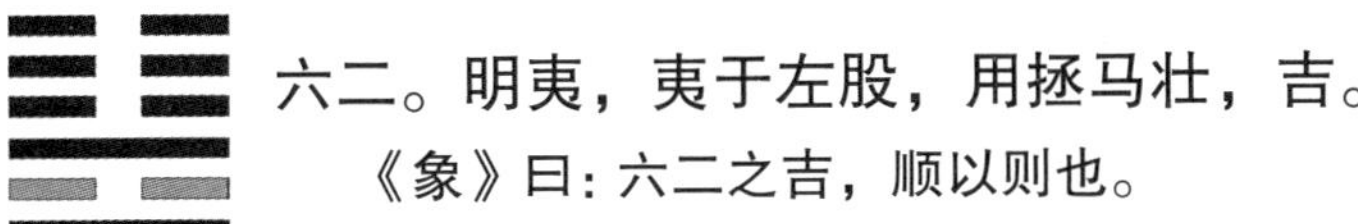

六二。明夷，夷于左股，用拯马壮，吉。

《象》曰：六二之吉，顺以则也。

“六二”阴居阴位中正，为下卦离明中心，上承“九三”，可获援助而转危为安，爻动恰值宜变之位，爻变成泰卦（䷊），“小往大来，吉亨”。“九三”为反抗昏暴领导人的民间主力，爻变为复卦（䷗），可能成功，恢复光明。复见“天地之心”，乾阳为马为心，志气豪壮故称“壮马”，“六二”依附“九三”，可获拯救而得吉。“六二”以“身体易”观之，约当人的腿股之处，左腿受伤，不良于行，当然要找壮马作代步工具，驮着逃离劫难。本身阴柔虚弱，需借阳刚壮实之力，完全顺从自然法则。中国尚“右”，“左”有旁门左道的劣义。“夷于左股”，表示世态昏昧之时，容易中人暗算，怎么受伤，都未必知晓。

“九三”阳刚有实力，“六二”阴柔有智慧，二者结盟以抗暴政，大有成功希望。此二爻皆动，为临卦之象，自由开放，君临天下，“教思无穷，容保民无疆”。“九三”壮马从何而来？晋卦卦辞：“康侯用锡马蕃庶，昼日三接。”优良血统的公马母马交配，生出一堆小马，由晋卦发展至明夷卦，自然长成壮马而当大用。人若平时“自昭明德”，遭遇艰难考验时，便能发挥良知良能的效用，弃暗就明，拨乱反正。

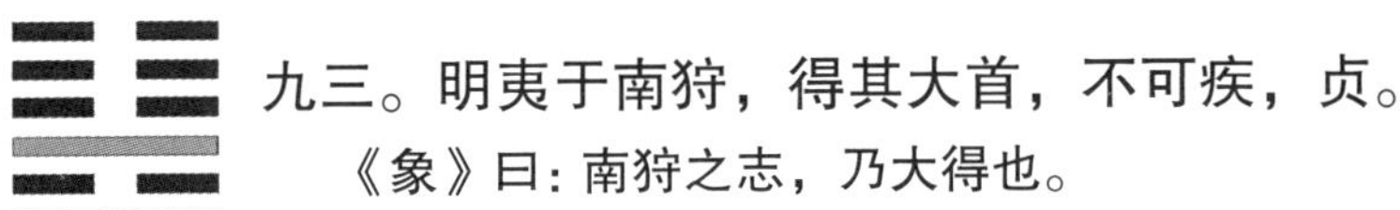

九三。明夷于南狩，得其大首，不可疾，贞。

《象》曰：南狩之志，乃大得也。

“九三”阳居阳位，在明夷黑暗的时代中，负起除暴安良的重责大任。“大首”指“上六”，实即祸害病灶之所在，为造成时代黑暗的独夫，“南狩”即发动革命，似行猎般以诛除之。南方属后天离卦光明之方位，“南狩”即去暗就明的军事行动。为免一击不中，对方反制而殃及无辜民众，故而不可轻举妄动，必须找到最佳时机，出手解决问题。“得其大首”，为擒贼擒王，与离卦“上九”相似：“王用出征，有嘉折首，获匪其丑，无咎。”《小象传》称："以正邦也。"

《说卦传》称："离也者，明也。万物皆相见，南方之卦也。圣人南面而听天下，向明而治，盖取诸此也。"明夷下卦为离，受压制而向往光明，遂奋起抗暴，取而代之。"九三"爻变为复卦，见"天地之心"；"上六"散播黑暗，称为"明夷之心"。"遇明夷之复"，黑暗之心转成天地光明之心；复卦"六三"爻变成明夷卦，光明之心沉沦为黑暗之心。为佛为魔，成圣趋狂，实亦一念之间。孔子作《春秋》，寓拨乱反正之志，经末以"西狩获麟"为喻，显示除害而致太平，与明夷卦"九三""南狩之志"相当。复卦卦辞："出入无疾，朋来无咎。"明夷卦"九三"提醒："不可疾。"革命之师以韬晦为上，务求找到最佳时机，一举成功。以卦中有卦的理论来看，明夷卦三至上爻可组成复卦，藏在明夷之内，而明夷卦"九三"即当内复卦的"初九"之位，正是"天地之心"的所在。

• 2010 年 4 月上旬，我们议决放弃年底与公关公司合办世界易学会议的方案，原议题转化成学会春秋两季研习营来讨论，共办四回，至 2012 年春天为止。主题定为："文明浩劫与人类文明的永续经营。"当时我问这种转换合宜否？为明夷卦"九三"爻动，有复卦之象。"明夷"为文明沉沦之象，"复"则提振永续生生不息，卦象非常切题。"遇明夷之复"，也表示脱离原先承办国际会议的困境，找到一条自办的正路。后来四次研习营如期举办，都相当成功。

• 1999 年 5 月初，我给学生讲《韩非子》，阐析法家精湛的治术，对其中一些重要篇章作易占探测。《主道第五》的论述主旨，为明夷卦"九三"爻动，有复卦之象。《主道篇》讲君主领导统御之道，与明夷卦《大象传》所言相通："君子以莅众，用晦而明。"明君督责臣下，当援用老子虚静无为之道，让臣下发表意见、积极任事，而无所遁形，再暗中观察考核，以定赏罚，如此则有不测之威。"道在不可见，用在不可知，虚静无事，以暗见疵。"既能防弊，又可督责绩效而获成功。明夷卦"九三"的南狩之志，与此相合。

六四。入于左腹，获明夷之心，于出门庭。

《象》曰：入于左腹，获心意也。

“六四”阴居阴位，为上卦执政高层，属于领导的心腹，熟悉其想法与行事。“九三”欲推翻暴政，必须打入这个层级，以掌握核心的情报信息，作为南狩行动的重要依据。得到情报之后，还得安全送出，故称“于出门庭”。“入于左腹”，循非常管道渗透入核心，不易被敌方察觉。“获心意”，“意”在“心”先，暴君起心动念，皆可于第一时间侦知。本爻变，为丰卦（䷶），内离明、外震动，看准了才进行斩首行动，可成丰功伟业。

《孙子兵法·用间篇》将间谍分为五种：乡间、内间、反间、死间、生间。“内间者，因其官人而用之……生间者，反报也。”明夷卦“六四”应属内间或生间，或两者兼备。情资布建不外打入、拉出两种，派己方间谍渗透敌方卧底，或直接吸收对方高干而为己用。“六四”的情报工作，配上“九三”的军事行动，里应外合，可成大功。三“狩”四“获”，想在明夷时代抗争，必须修炼此术。

“六二”“夷于左股”，“六四”“入于左腹”，黑暗时代旁门左道甚多，个中门槛得好好研究。

• 1994年8月初，我应邀入府与李登辉面晤两小时，两天后即在官邸授《易》，会面前，我占测他往后的气运，为明夷卦“六四”爻动，有丰卦之象。“入于左腹，获明夷之心，于出门庭。”他的前途与他内心中真正的想法有关，明夷“利艰贞”，“莅众、用晦而明”，他一直把反统偏独的心意韬晦深藏，瞒过了大多数人，而获致高位。掌权以后，志得意满，渐渐于言行间不大掩饰，而现出端倪，这就决定了他往后日趋黯淡的前程，退位后被逐出国民党，所谋也永远不可能实现。

以我跟他的机缘来论，也是爻辞所言：“入于左腹，获明夷之心，于出门庭。”每周三夜讲经一次，多所观察，自有心得，最终还是会全身而退。课程继续了一年多，1996年起，台湾局势有变，几次双方时间不能配合，就自然画上句号。

占例

记得上课没多久，不意泄漏了此占所示的卦象，他表情十分错愕，大概是想发展那么顺利，怎会明夷趋暗吧！而我解释起来也结结巴巴，尽量往圆融处引申，其实就是没讲实话。看来权势底下，连《易经》老师也不容易据实以告啊！

• 1991年元月下旬，出版公司险象环生，财务濒于绝灭，老板四处调头寸，拖得所有人都苦不堪言。我再占问公司前景，为明夷卦“六四”爻动，有丰卦之象。“入于左腹，获明夷之心，于出门庭。”当时我就跟老板去过一次金主家，这位同业风格保守，财力雄厚，家中还真有个门庭大院。谈谈双方起了口角冲突，金援协议自然流产，过程全如“六四”爻辞所述。“六四”和“初九”相应与，有因果关系。“明夷于飞，垂其翼。君子于行，三日不食……主人有言。”公司困顿已极，不能不低头求助，金主果然讲话难听；获其心意，谈不拢，只能离开他家的门庭。

• 1997年12月初，我读完战略学者钮先锺《孙子三论》一书，说理晓畅，自成体系。遂占问其学术价值，为明夷卦“六四”爻动，有丰卦之象。“入于左腹，获明夷之心，于出门庭”，这是能入能出之象。钮先生长期译介西方战略丛书，晚年才攻读中国兵法，却能深入理解、融会贯通，而有丰富的研究成果，值得称扬。

• 2008年4月下旬，我的一位学生是豪门媳妇，幺儿长期为前世冤孽纠缠，用尽各种方法驱之不去。我们问如何应对为宜？为明夷卦“六四”爻动，有丰卦之象。丰卦《彖传》称：“天地盈虚，与时消息，而况于人乎？况于鬼神乎？”这个宇宙很丰富，天地人鬼神一应俱全。《大象传》称：“君子以折狱致刑。”冤孽何时结下，又当如何断定是非？只有“入于左腹”，才能获知“明夷之心”，还得“于出门庭”，回来解决问题。可是明夷深处谁敢去？明夷卦为坎宫游魂卦，我们也不是这方面的专家。后来是念“楞严咒”化解了冤孽，前文“小畜之复”的占例已经说明。

• 1992年8月底，某夜台风吹袭台湾，我占问内人是否有喜？为明夷卦“六四”爻动，有丰卦之象。“入于左腹，获明夷之心，于出门庭。”爻辞所述，多像用内视镜检查体内的过程？外卦坤为母为腹，“六四”爻动成震，又为长子胎动之象。看来确定怀孕有喜，而且是男孩。果然次年4月8日，儿子春麟降生。

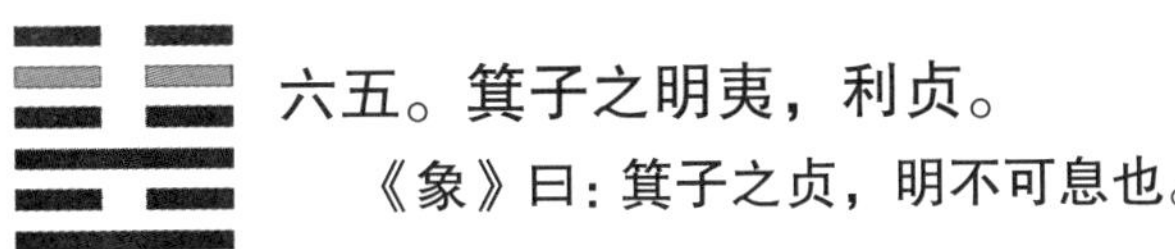

六五。箕子之明夷，利贞。

《象》曰：箕子之贞，明不可息也。

“六五”居明夷卦之君位，爻辞却言箕子的痛苦，这是微言大义所在。明夷无君，为六十四卦的特例，残民以逞，不够资格为人君上。身为皇亲国戚的箕子逢此内难，只能强忍坚持下去，内心那一点光明，绝不可让它熄灭。所谓“一灯能照千年暗，一智能破万年愚”，本爻变为既济卦（䷾），撑过昏暗的难关后，终渡彼岸而获成功。

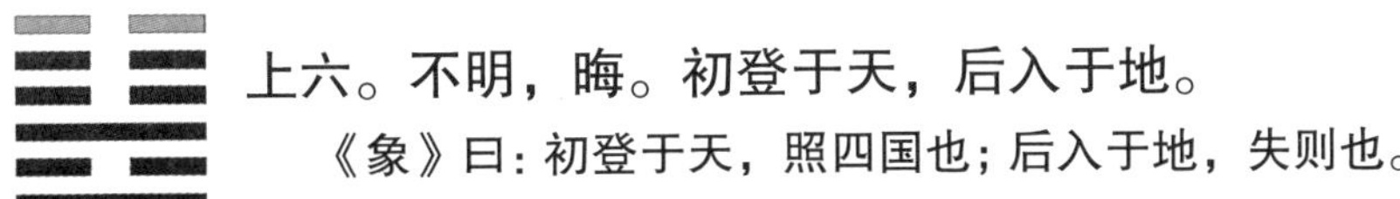

上六。不明，晦。初登于天，后入于地。

《象》曰：初登于天，照四国也；后入于地，失则也。

“上六”为明夷之终，“不明，晦”为黑暗已极，意指时代病灶之所在，“九三”欲革除的祸首、“六四”所获知的“明夷之心”，皆为此爻高高在上，阴影笼罩全局，殷末时，即指亡国之君纣王，刚登基时表现不错，照临天下四国，后来狂悖堕落，为万民所鄙弃。“初登于天”，似晋日出，“后入于地”，即为明夷日落，先盛后衰，都是因为失去了自然法则。既称独夫，故不承认其为君，改列于上爻过气之位，以昭炯戒。

“六二”“顺以则”，“明夷”成“泰”；“上六”“失则”，爻变为贲卦，官样文章，外强中干，迟早覆亡。“则”为天则，乾卦《文言传》称：“乾元用九，乃见天则。”群龙无首，自然容不得独夫肆虐于民众之上，必须予以诛除。明夷卦六爻中，下五爻的爻辞皆有“明夷”，唯独“上六”不见“明夷”二字，可见连箕子在内的全民皆深受祸害，“上六”将自己的逸乐，建筑在大家的痛苦上。

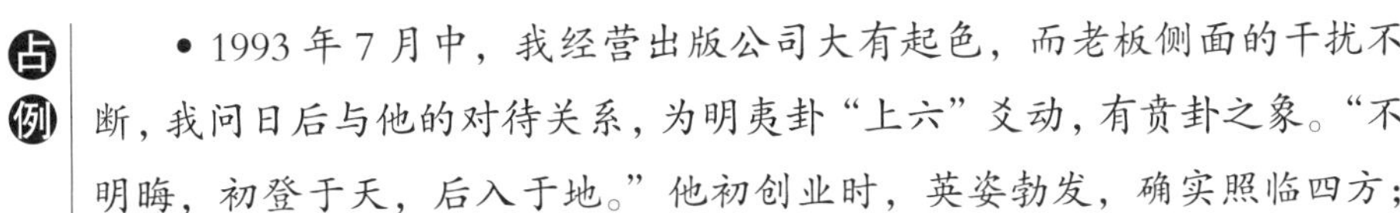

占例

• 1993 年 7 月中，我经营出版公司大有起色，而老板侧面的干扰不断，我问日后与他的对待关系，为明夷卦“上六”爻动，有贲卦之象。“不明晦，初登于天，后入于地。”他初创业时，英姿勃发，确实照临四方；

占例

而后一再失误，最后连公私分际亦乱，坠入深渊。我与他初共事时，也曾肝胆相照，而后渐生猜忌，前景必然趋黯。贲卦为外表虚饰，可能撑不了太久。当然，公司的由盛而衰，他不能辞其咎。后来这些预示，全在几年内一一实现。

明夷卦多爻变占例之探讨

以上为明夷卦卦、爻之全部解说及占例，往下继续探讨更复杂的多爻变的情况。

二爻变占例

占事遇卦中任意二爻动，若其中一爻值宜变，为主变量，以该爻辞为主论断。若皆不值宜变，以本卦卦象卦辞为主，亦可参考两爻齐变所成之卦，思考其间的变化因由。

• 2005 年 3 月中旬，我在工商建研会的一位学生筹组台商会之类的组织，又介绍某位身份不明人士见面，大肆吹捧其重要性云云，几度邀我入会共襄盛举。我心中已有定见，还是占测验证，为明夷卦初、五爻动，齐变有蹇卦（䷦）之象。“遇明夷之蹇”，黑暗难行，何必趟这浑水？当然婉拒推托，该会纷争数年无所成，早在料中。

• 2010 年 3 月中，我针对历史上一些建功立业的人物，占测其人其事，伊尹为明夷卦初、四爻动，“六四”值宜变成丰卦，齐变则有小过卦（䷽）之象。伊尹助商汤伐夏桀，屡次深入敌方阵营探知虚实，孙子称其为“上智之间”，正为明夷卦“六四”之意。积极承担大任，深入虎穴，遂立不世之功，孟子誉为“圣之任者”。

• 2006 年中，我的学生邱云斌占问：人生有轮回吗？为明夷卦初、四爻动，“六四”值宜变为丰卦，齐变为小过卦。明夷卦为坎宫游魂卦，小过卦为兑宫游魂卦，《大象传》且称“丧过乎哀”，丰卦《彖传》称：“天地盈虚，与时消息，而况于人乎？况于鬼神乎？”明夷卦“初九”“于飞、垂翼”，“六四”与之相应，“入于左腹，获明夷之心”后，再“于出门庭”，真正煞有介事，似生死轮回呢。“初九”就像人生的奔波忙碌，苦不堪言；“六四”命终投胎，钻入母腹，承袭前世的业障随身，经十月怀胎成熟后降生。明夷卦之后为家人卦，这真应了佛教的说法：一世为亲人者，都是前世的冤亲债主啊！报恩的报恩，还债的还债，不好好相处不行。

“遇明夷之小过”，小过卦前为中孚卦，正是孵育之象，成熟后破壳而出，幼鸟练习飞翔。众生轮回亦复如是，又开始新的生命，跌跌撞撞往前摸索。

• 2005 年 5 月，邱云斌在《经济日报》任职，想在彰化办数位生活展，占问前景如何？为明夷卦三、五爻动，齐变有屯卦（䷂）之象。明夷卦“利艰贞”，“九三”至彰化“南狩”，期望大得，“六五”“箕子明夷”，痛苦不堪；屯卦动乎险中，资源匮乏。“遇明夷之屯”，情势未可乐观。8 月征展缺三百摊位，参观人数每日仅数百人次，报社赔了五百万台币。

• 1991 年元月下旬，我问出版公司年关前的财务企划，能否争取到外援？为明夷卦三、四爻动，“六四”值宜变成丰，齐变则有震卦（䷲）之象。“九三”“明夷于南狩，得其大首”，设定目标谨慎出击；“六四”“入于左腹，获明夷之心，于出门庭”，老板与金主晤谈不欢而散，愿望成空。前文“六四”单爻动的占例中，已经说明。

• 2012 年 8 月底，时值中元普度，我在学会道场讲《楞严经》，知道当日有“非人”旁听，见前述咸卦三爻变占例说明。讲完后，问这些客人听懂了吗？为明夷卦三、四爻动，“六四”值宜变为丰，齐变有震卦之象。明夷卦为坎宫游魂卦，“九三”“南狩”向往光明，“六四”入而后出，获益丰富，聆听佛法有其功德。

• 1996 年 7 月中，我在出版公司沉潜已两年多，一位儿童刊物的总编辑仍卖力打拼，在财务极不正常的环境中辛苦备尝，偏偏家中又有巨债待偿，不辛勤工作也不行。我看了不忍，占其本命为明夷卦初、二爻动，齐变有升卦（䷭）之象。“遇明夷之升”，熬过一段艰苦期后，应可止跌回升。明夷卦“初九”“垂其翼、三日不食”；“六二”“夷于左股，用拯马壮，吉”。心志强韧，当遇贵人而脱离苦海。几年后公司崩灭，她换了几个地方，终于找到一稳定高薪的经理职，还去进修到博士学位，派往内地南京工作，昔年占象皆已应验，我很为她高兴。

• 2010 年 9 月中，我赴慕尼黑授《易》后，去近郊宁芬宫游览，该处是巴伐利亚王室的夏宫，在美人画廊徘徊时，占问众妃幽魂还游荡否？为明夷卦初、三爻动，齐变有坤卦（䷁）之象。明夷卦为坎宫游魂卦，阳气散尽成坤，归阴入土已 170 多年，犹绕室流连而不忍去，

二爻变占例

所为何来呢？

宫中还有一处神坛，氛围特异，我再占得颐卦（䷚）初、二、上爻动，“上九”值宜变成复卦，贞悔相争成师卦（䷆）。颐卦为巽宫游魂卦，师卦为坎宫归魂卦，“遇颐之师”，众魂已安息主怀。颐卦“上九”为坚定有力的靠山，“由颐，厉吉，利涉大川”，“大有庆也”。

三爻变占例

占事遇卦中任意三爻动，以本卦为贞，三爻齐变所成之卦为悔，称贞悔相争，合参两卦卦辞卦象以断吉凶。若本卦三爻其中一爻值宜变，为主变量，加重考虑其爻辞。

• 2000 年年初，我推算台湾全年的经济情势，为明夷卦初、三、上爻动，“上六”值宜变成贲卦，贞悔相争为剥卦（䷖）。明夷卦“利艰贞”，剥卦则“不利有攸往”，“遇明夷之剥”，真是糟糕透顶。“初九”民不聊生，“九三”试图振兴，却受“上六”不明晦的压制，而难以突破。“初登于天，后入于地”，景气变化先盛后衰，原因在于失去了经济市场的规律。一旦支撑的力道不足，经济的各项指标即会崩盘下滑，而拖垮一大堆人。登天入地的转折点，何时发生呢？明夷卦及剥卦都在阴历九月，当年十月初起，台湾所有经济数据大幅下滑，完全应验了占象。

• 2011 年 7 月中旬，我于北京授《易》后，赴承德避暑山庄游览，至烟波致爽殿，怀想嘉庆、咸丰二帝均崩于此，占问其时其情？得出明夷卦初、三、上爻动，“上六”值宜变成贲，贞悔相争为剥卦。“遇明夷之剥”，显然痛苦已极。“初九”“君子于行，三日不食”，奔波逃难，又是君丧之象。“九三”欲反击而未能，“上六”“不明晦”，登天入地矣！明夷卦为坎宫游魂卦，英法联军入侵的国耻难忘，清帝魂魄不安哪！

• 1998 年 11 月中，出版公司面临终局危机，媒体也有曝光报道，我问自己可能的际遇及对策？为明夷卦初、五、上爻动，贞悔相争成渐卦（䷴）。明夷卦“利艰贞”，“初九”“君子于行，三日不食”，领导人出大问题；“六五”“箕子之贞，明不可息”，还真似我的处境；“上六”“不明晦”，登天入地，老板搞到这步田地，实意料中事。渐卦循序渐进，为雁行团队，似乎还不会立刻结束？果然，其后又苟延残喘了几年，才真正挂点。

• 2011 年 10 月初，在毓老师仙逝半年多后，我们终于遵其遗愿，成

立了中华奉元学会，宗旨为老师所嘱："以夏学奥质，寻拯世真文。"当天在成立大会上票选理监事，我以高票当选理事，另一位师兄古道热肠，彼此志同道合，我事先也发动学生加入学会，支持他任理事。当时占问顺利否？为明夷卦初、三、五爻动，贞悔相争成比卦（䷇）。比卦互助合作，建国亲侯，"遇明夷之比"，有机会脱困入选。果然票选进十五人的安全名单，大家一起为弘扬文化努力。当天还有一占，为蛊卦（䷑）二、三、四爻动，贞悔相争成晋卦（䷢）。干蛊继往开来，晋卦"自昭明德"，正是薪火相传之意。"康侯用锡马蕃庶，昼日三接"，同类相引，王道之正也。

大会安排播放毓老师生前上课的光盘片，音容笑貌仍是那么熟悉，我问老师英灵对此会成果，有何品鉴？为不变的复卦。"七日来复，利有攸往"，开始走上正道，前程漫漫，有待大家共同努力。会前，我问整个议程顺利否？为贲卦（䷕）"上九"爻动，有明夷卦之象。"白贲无咎，上得志也。"贲为人文化成，毓师已归道山，寻拯世真文的志业，要我们来实践了！

三周之后，当选的理监事继续开会，我刚从西藏倦游回台北，抱病参加，又获选为常务理事，大家议决了不少待开展的事项。会后我问首届理监事会成效如何？为师卦（䷆）初、二爻动，有复卦（䷗）之象。"遇师之复"，有将有兵，团队组成了，这是复兴文化的王师啊！

37. 风火家人（䷤）

家人卦为《易经》第三十七卦，在明夷卦之后、睽卦之前。《序卦传》称："伤于外者必反其家，故受之以家人。家道穷必乖，故受之以睽。睽者，乖也。"明夷卦环境恶劣，民不聊生，各行各业受创严重，失业率飙高，大量人口回家待业，心情郁沮可能造成家庭失和，夫妻亲子之间乖违悖逆，不祥莫大焉。

《杂卦传》称："睽，外也；家人，内也。"家门以内，亲情洋溢，血肉相依；一旦反目成仇，因爱生恨，形同陌路，情何以堪？

家人、睽、蹇、解四卦，因果相连，错综交互，是人情的反复轮回。家人、睽相综，蹇、解相综；睽与蹇相错，解与家人相错。卦序中，相错二卦如乾坤坎离等，皆为奇偶相连，只有睽、蹇为先偶后奇，瞬间六爻全变，值得研究。

这四卦又与既济、未济二卦关系密切：初或上爻变，成既济或未济卦，卦中卦皆含既济及未济卦。这显示人生的究竟成败，系于人情人际的悲欢离合，若能处之以正，得大解脱；如狂悖执迷，终生痛苦不堪。

家人。利女贞。

家人卦辞只有三字，利于女子固守正道。无论东方西方，自古家庭重心都在妇女，男主外，女主内，家人内也，女人决定家道是否兴旺。

《彖》曰：家人，女正位乎内，男正位乎外，男女正，天地之大义也。家

人有严君焉，父母之谓也。父父、子子、兄兄、弟弟、夫夫、妇妇、而家道正，正家而天下定矣！

《彖传》较长，意义明白易晓，夫妇分工为天经地义，父子兄弟各尽本分，齐家便能治国平天下。这与《大学》称八条目完全一致："古之欲明明德于天下者，先治其国；欲治其国者，先齐其家；欲齐其家者，先修其身……身修而后家齐，家齐而后国治，国治而后天下平。"晋卦称"自昭明德"，明夷卦称"莅众"，家人卦称齐家治国平天下，《易传》的思想主张一以贯之。

"严君"的严，不是严厉，而是自敬自重之意。父母领导一家，须以身作则，修身方能齐家。父母并称，也有两性平等的含义。过去习称父亲为"家严"，母亲为"家慈"，父亲过世称"严制"，母亲称"慈制"，好像严父慈母为定规。其实"严"若指严厉管教，很多家庭都是慈父严母呢。父慈子孝，兄友弟恭，谁说慈爱是母亲的专利？

《彖传》称家道正、天下定，是从家人卦的结构解析出。各正其位为既济卦（䷾），六爻阳居阳位、阴居阴位，稳定而有秩序。《杂卦传》称："既济，定也。"家人卦初至五爻皆正位，上爻变为既济卦，初至四爻合成卦中之卦，亦为既济卦。"上九"阳居阴位不正，表示家道已穷，下接乖离睽违的睽卦。

《象》曰：风自火出，家人。君子以言有物而行有恒。

家人外卦巽风，内卦离火，社会风气的良窳，系于民众家庭的教养如何。上卦巽风，下卦离火，社会高层的领导人物风范如何，亦视其基层历练时的功夫火候而定。家人卦上下卦易位，风火家人成了火风鼎，调和鼎鼐先得齐家。家教好的人，言之有物，行事有恒，为国家社会的安定力量。

占例

• 1998年7月下旬，我悉心研究"大衍之术"的占法，在49根蓍草分而为二后，一般都是从右边半堆取出一根，象征天地生人，然后四根四根一数，象征四时循环。为什么要从右边取呢？从左边可不可以？由数理推算，右取左取结果会不同，规定右取是何道理？我干脆占问：从左半堆取如何？为不变的家人卦，"利女贞"，适合女性这么操作。若果真如此，就有阴阳差异的方向性，跟一般男左女右还不同。那为什么自古传筮法教我们从右边取呢？因为以前都是男人占筮，女人很少参与嘛。其实我授《易》多年，很多女生沿用古法右取占筮，也没听说有不准啊！

初九。闲有家，悔亡。

《象》曰：闲有家，志未变也。

“初九”居家人之初，属最基层成员，既蒙接纳，负责看门把关，不让外人随便入内。“闲”字门中有木，为进门时的门槛，迈过门槛才能进门。家中设门禁门槛，为必要的保安措施，以免外人混入生悔，也确保一家人情投意合，志向不变。本爻变，为渐卦（䷴），循序渐进努力，可至高位。渐卦为雁行团队，成员分工合作，无怨无悔。

大畜不家食吉，出家前仍设门槛，以保证优秀质量，到外地光大门楣。“九三”爻辞称：“良马逐，利艰贞，日闲舆卫，利有攸往。”乾卦“九二”“见龙在田”，《文言传》称：“庸言之信，庸行之谨，闲邪存其诚。善世而不伐，德博而化。”具备君德之人，必得纯净组织，慎选部属，免贻将来之忧。

• 2011年10月下旬，中华奉元学会首届理监事会召开，将从15名理事中，再选出5名常务理事，我问能获选否？为家人卦“初九”爻动，有渐卦之象。“闲有家，悔亡”，“志未变也”，可过门槛加入团队，为共同的志向努力。票选结果为居中的第三名，占象果验。

六二。无攸遂，在中馈，贞吉。

《象》曰：六二之吉，顺以巽也。

“六二”中正，居内卦离火之中，和外卦居君位的“九五”相应与，为家庭主妇之象。《彖传》所称：“女正位乎内，男正位乎外，男女正，天地之大义也。”“正”指此而言。贤内助放弃自己功成名遂的想法，在家中主持“中馈”，让一家大小温饱，固守牝马之贞则吉。既顺又巽，卦辞所称“利女贞”，亦以“六二”为主。本爻变，为小畜卦（䷈），以小事大，以柔应刚，家和万事兴。

九三。家人嗃嗃，悔厉吉；妇子嘻嘻，终吝。

《象》曰：家人嗃嗃，未失也；妇子嘻嘻，失家节也。

“九三”阳居阳位，过刚不中，为下卦离火之极，有严格管教之象。“嗃嗃”为状声词，大声吼叫，过刚生悔，危厉不安，当管则管，不溺爱姑息而获吉。若该管不管，放纵妇子嘻嘻哈哈，失去节制终吝。“吝”为文口，有文过饰非之意。本爻变，为益卦（䷩），其《大象传》称：“君子以见善则迁，有过则改。”迁善改过，遵守家法，对人的成长有益。

以卦中卦理论来看，三至上爻可组合成家人卦，家人中有家人，核心小组控管大众。“九三”为内含家人卦的“初九”，“闲有家，悔亡”，等于是第二重把关，一般组织都有这种内规委员会，以维持纪律。

• 1998年终，富邦集团的学生、名建筑师姚仁喜打电话给我，说他开占第一卦就踢到铁板，完全答非所问。他是问业务所的经营策略，却出现家人卦“九三”爻动，有益卦之象，公司也并没违规犯纪之事。后来我们才弄清楚，他在起占之前，因小孩太调皮出手管教，小孩变乖没事，他反而心生追悔，自觉失控，这种负面的情绪带入了占象中，遮蔽了原先想问的问题意识。我教他待心情平复后，再占问即可。

• 2001年3月下旬，我问习《易》在日常生活中的效用为何？得出家人卦“九三”爻动，有益卦之象。家居生活亦常犯错，有过则改，善莫大焉。

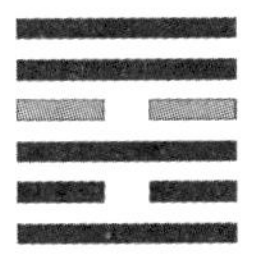

六四。富家，大吉。

《象》曰：富家大吉，顺在位也。

“六四”阴居阴位，为上卦巽伏之根，上承君位“九五”，发挥理财本事，使家道兴旺致富，而获大吉。本爻变，为同人卦（䷌），由家人而同人，事业愈做愈大，可在世界各处牟利。《说卦传》："巽为风，为长女……为近利市三倍。"长女看准市场变化的风向，大发特发。

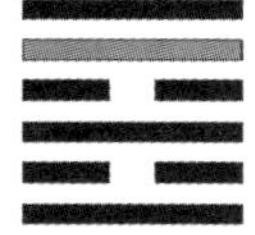

九五。王假有家，勿恤，吉。

《象》曰：王假有家，交相爱也。

"九五"中正居君位，下乘"六四"，又和"六二"相应与，往外理财、内部饮食生计，都有好手协助料理，自己完全不用操心。身为最高领导的大家长，应真心照顾家属，不要忧虑一己的得失。"王假有家"，"假"通"格"，音也念格，为亲临感通之意。"初九"、"九五"皆称"有家"，基层把关重要，领导无私重要。"九五"爻变，为贲卦，修齐治平，有人文化成之功。

• 1997年9月中，我问胡兰成之学的恰当定位，为家人卦"九五"爻动，有贲卦之象。"王假有家"，成一家之言，"贲"为文饰之美，辞章有独造之境。家人卦"利女贞"，胡学阴柔之气偏胜，对女性有很大吸引力。我跟胡的缘分浅，多年前在朱西宁家附近，听他讲过一堂需卦的课程，解释"饮食宴乐"，做大事也要懂得玩云云。

• 2007年8月下旬，我问：授《易》十六年，所有学生的资源评估？得出家人卦"九五"爻动，有贲卦之象。"王假有家，勿恤，吉"。我是也成一家之言了，弘扬易道，或有人文化成之功，言有物尚可，行有恒还远远不及。"利女贞"，学生中女多于男，可能不仅我这儿如此，台湾各处的道场皆然。

上九。有孚威如，终吉。

《象》曰：威如之吉，反身之谓也。

"上九"为家人卦之终，前五爻皆位正，此爻阳居阴起了变化，若不反身修德，可能闹家变而成睽卦。爻辞勉励人慎始诚终，珍惜家人情缘，威如并非严酷待人，而是严格要求自己。若能做到，可获“终吉”。本爻变，为既济卦（䷾），成功安定。

大有卦“六五”爻辞：“厥孚交如，威如，吉。”其中义理和家人卦“上九”相近，可以并参。

占例

• 2010年8月上旬，我给学生讲《坛经·机缘品第七》，至智隍经六祖点拨悟道一段，经云：“其夜，河北士庶闻空中有声云：‘隍禅师今日得道。’”事涉神异，我占此为何意？得出家人卦“上九”爻动，有“既济”之象。“有孚威如，终吉”，“反身之谓也”。智隍返归自性，修行功成。“既济，定也”，他本来庵居长坐二十年，自谓得定，经六祖指引，方知性相如如，无不定时，这叫楞严大定。

• 2004年8月下旬，原先那家出版公司的老板突然来电，找我谈些投资的项目计划，我们在茶馆匆匆晤面，那些荒诞已极的文件，我回家就扔了，知其遭遇新的险境，还是代占能否过关？为家人卦“上九”爻动，有“既济”之象。“有孚威如，终吉。”既济可渡彼岸，关键多半仍是“利女贞”。回电告知他卦情，后来听说确实还是勉强过关。

家人卦多爻变占例之探讨

以上为家人卦卦、彖、象、爻之阐析，往下继续研究更复杂的多爻变的情况。

占事遇卦中任意二爻动，若其中一爻值宜变，为主变量，以该爻爻辞为主论断；若皆不值宜变，以本卦卦辞为主，亦可参考二爻齐变所成之卦象。

• 1997年11月下旬，当时盛传《孙子兵法》十三篇非“全豹”，仅系摘录。我占问是否如此？为家人卦五、上爻动，“上九”值宜变成既济卦，齐变则有明夷卦之象。“既济，定也”，十三篇体大思精，环环相扣，就是孙武的完稿无疑，标准的一家之言。

• 2009年10月中，我们学会内部再起纷争，数月前才调解过，我不免动怒，问是否再出手一回？为家人卦初、四爻动，齐变有遁卦之象。

不是一家人，不入一家门，“闲有家，悔亡”，才有机会“富家，大吉”。遁卦《大象传》称：“君子以远小人，不恶而严。”不彻底清理门户，是非总是难断，是该再出手了！绵亘一年，这事才算真正了结。

• 2009年11月中，我问何谓真爱？为家人卦三、五爻动，齐变有颐卦（䷚）之象。家人亲情纯出自然，“九五”“勿恤吉，交相爱”，“九三”“嗃嗃，悔，厉吉”，互相尊重不失分寸。回答得真好！

1998年10月底，我问内人的本命，为家人卦三、五爻动，有颐卦之象。家人卦“利女贞”，“九五”“交相爱”，“九三”管教子女也有分寸。生性纯孝，事父母能尽其力，易占断得精准。

• 2011年7月初，富邦课堂上，一位女生问她往生六周的弟弟的“近况”如何？为家人卦初、上爻动，“上九”值宜变为既济，齐变为蹇卦。再问则为颐卦（䷚）初、上爻动，齐变有坤卦（䷁）之象。亲密的家人缘尽，由初至上走完全程，下接睽违之卦，爻变既济，渡彼岸矣！颐卦初至上亦然，“上九”“利涉大川”，下为大过卦，出生入死，爻变为坤卦，归阴入土矣！颐卦为巽宫游魂卦，说明了当时的情况。

• 1997年4月上旬，我跟一位学生接触较频繁，他是行事干练之材，热诚也够，我问可堪信赖否？为家人卦初、二爻动，“六二”值宜变成小畜卦，齐变则有巽卦（䷸）之象。“无攸遂，在中馈，贞吉”，“顺以巽也”；“闲有家，悔亡”，通得过门槛的考验。巽卦又是低调行事，不争锋出头，确可信赖无虞。迄今已过十五年，没有任何状况，彼此配合极佳。

占事遇卦中任意三爻动，以本卦为贞，三爻齐变所成之卦为悔，称贞悔相争，合参两卦卦辞卦象以判断。若本卦三爻中一爻值宜变，加重考虑其爻辞。

• 2001年元旦，学生们筹组台湾周易文化研究会，我问最佳定位宜如何？为家人卦内卦全变，贞悔相争成涣卦（䷺）。“涣”为文化传播无远弗届，家人卦从台湾基地出发，完全合乎学会成立的宗旨。

•2010年2月上旬，我问西方哲学的成就，为家人卦初、三、五爻动，“九五”值宜变成贲卦，贞悔相争成剥卦（䷖）。西哲论理严谨，思维精密，卓然成家者众。“贲”为人文化成，剥为层层解析以探讨事物真相。“遇家人之贲、之剥”，易占懂得西方哲学的特色。

•2010 年 7 月中，我烦恼于学会内部人事纠纷不断，逼得出了重手，将一个拉帮结派的学生逐出课堂，她事后一再请求原谅，我丝毫不为所动。占其困兽犹斗的后续效应，为家人卦初、三、五爻动，“九五”值宜变成贲卦，贞悔相争成剥卦。“闲有家，悔亡”，“家人嗃嗃，悔，厉吉”，“王假有家，勿恤，吉”，坚定既有立场，防止“妇子嘻嘻，终吝”。贲卦人文化成，剥极以求复元，她只能知难而退。

•2011 年 3 月 6 日，毓老师约见我谈奉元学会之事。当天惊蛰，气候阴寒，老师身体状况很不好，听话都要一旁的张师兄复述。我不敢待太久，告辞行礼出门，占问老师大壮月过后，身体可康复否？得出家人卦二、三、上爻动，贞悔相争成节卦（䷻）。节卦位序第六十，甲子循环气数已满，不是祥兆。“遇家人之节”，表示老师将卒于家？两周后的春分前夕，老师在家中仙逝，卦象不幸而言中。

四爻变占例

占事遇卦中任意四爻动，以齐变所成之卦的卦辞卦象为主判断吉凶，若四爻中一爻值宜变，稍稍加重考虑其爻辞。

•1995 年 12 月初，我占问“立委”选举胜负，国民党为家人卦初、四、五、上爻动，“上九”值宜变成既济，四爻齐变成小过卦（䷽）。当届“立委”共 164 席，国民党获 85 席，刚刚过半，恰为小过之象。“有孚威如，终吉”，算是成功过关，稳住主导优势。

•1994 年 5 月下旬，我在出版公司的总经理职务形同架空，老板强势回朝，并且放话谁要阻挡，他就全力摧毁云云。市场派的大股东保持沉默，战况成一面倒，一切尘埃落定后，我问日后最佳对策？为家人卦三、四、五、上爻动，“上九”值宜变成既济，四爻齐变成震卦（䷲）。家人三至上爻，恰好互成一家人卦，藏在本来的家人卦中，表示公司高层已有革命性的改变，由此控制所有的预算及决策，既济卦为大势底定，震卦则是主权易手。我只能面对现实，寻觅自己的空间。

两个月后，公司财务分际已乱，业务也未见提升。我虽冷眼旁观，还是心气不平，占问老板当年年底前的气运如何？为家人卦三、上爻动，“上九”值宜变成既济，齐变则有屯卦（䷂）之象。“有孚威如，终吉”，“既济，定也”，他的优势不动；“九三”“家人嗃嗃，悔，厉吉”，控管仍紧密不松。我只有继续忍耐，徐图转换。

再一年多后，我的心态有大变化，正是柳暗花明又一“春”，乐得继续沉潜而不管事。老板没放过我，将小学教科书的开发案丢给我负责。我接招后，占问对策，为家人卦初、三、上爻动，贞悔相争成比卦（䷇）。家人卦“利女贞”，内部找一位能干的女总编担纲；比卦往外借力，由她联系专家群襄赞。巧妙布局一阵后，我又轻松了下来，继续干我想干的事。

• 2010年9月上旬，我应邀赴德国慕尼黑授《易》，其后主办单位再招待去维也纳等地游览，来回行程共十二天。我问一切顺利否？为家人卦初、三、五、上爻动，“九三”值宜变成益卦，四爻齐变成坤卦（䷁）。家人卦“利女贞”，我带了内人同行；坤卦含弘光大，“行地无疆”，玩得相当过瘾，跟老外讲《易经》，也新鲜有趣。

占事遇卦中六爻全动，即以其错卦的卦辞卦象论断，思考其所以变动的因果。

• 2011年元月上旬，我问内人辛卯兔年运势，为家人卦六爻全动，齐变成解卦（䷧）。她真的是全年都在忙婆家、娘家及自己家的事儿，扶老携幼，心甘情愿，不亦乐乎！妙的是我当年为大畜卦“上九”爻动，有泰卦之象。大畜“不家食吉，利涉大川。”我全年往外到处跑，她负责解决家中之事，还真是分工得好！

38. 火泽睽（䷥）

睽卦继家人卦之后，在蹇卦之前，全《易》中排序第三十八。一家人处久了闹意见，反目成仇，原先互助的力量转为可怕的大敌，双方都困顿难行。《序卦传》称："家道穷必乖，故受之以睽。睽者，乖也。乖必有难，故受之以蹇。蹇者，难也。"睽卦六爻全变为蹇卦，属人情巨变，也是全《易》卦序中最特殊的一段。一般相错两卦都是奇偶配对，如乾一坤二、颐二十七大过二十八等，唯独睽三十八、蹇三十九是偶奇相连，个中因由值得玩味。

"睽"字从"目"从"癸"，"癸"为天干最末，双方恩断义绝、爱恨交织的微妙关系，可从目光中看出，互相都不正眼看对方，反目即为此意。人际一旦生变，往往多有猜忌，爱之欲其生，恶之欲其死，情感蒙蔽理智，看事情偏颇失正。眼光有问题，做事就行不通，"蹇字"从"寒"从"足"，寒气侵足，蹒跚难行矣！

睽。小事吉。

明夷卦"利艰贞"，家人卦"利女贞"，睽卦"小事吉"，接连三卦卦辞都只有三个字，简洁明确。家人内讧反目之时，不可能共大事，小心翼翼做些小事还行。《易》例阳大阴小，睽乖之际，须顺势用柔，不宜过刚逞强，否则关系会更恶化。

《彖》曰：睽，火动而上，泽动而下，二女同居，其志不同行。悦而丽乎明，柔进而上行，得中而应乎刚，是以小事吉。天地睽而其事同也，男女睽而其

志通也，万物睽而其事类也，睽之时用大矣哉！

睽卦上卦离火，火势上燃，下卦兑泽，其中之水下流，各行其是，渐行渐远。上卦离为中女，下卦兑为少女，又有二女共事一夫，互相争宠，同居而不同志、同行之意。古代一夫多妻制，常生家庭纠纷，其来有自。家人卦上卦巽为长女，下卦离为中女，大房当家理财，二房打理炊事，长幼有序，暂时不生事端。睽卦中女当家，少女在下，那么原先的长女哪里去了？由家人至睽，显然发生夺权斗争，大房可能被干掉，要不就去了庙里清修，二房扶了正，居上管事。男人的贪心没有止境，又娶了三房承欢。所谓有样学样，二房和三房间怎会没有嫌隙？怎不互相堤防？

虽然如此，若双方能识大体，还是有合睽的机会。睽卦下卦兑悦，上卦离明，下悦而附丽上明，谨守分寸，不生事端。“六五”“柔进而上行”，得居上卦之中，和下卦“九二”阳刚相应与，睽违中仍有合作可能，所以称“小事吉”。

天上地下，其势相反却能相成，共同化育万物；男女大大不同，夫妇结合能生育后代；万物各色各样，类聚群分，形成丰富生态。如此看来，睽未必是坏事，巧妙运用睽以成就人事的智慧，可太重要了！《彖传》论述坎卦，称：“险之时用大矣哉！”“时用”非“常用”，而是在特殊时期的反面运用，深彻了解人情反应，从中取利，化阻力为助力，转负债成资产。例如“鹬蚌相争，渔翁得利”，对渔翁来说就是“睽之时用”。挑拨离间，分化敌方团结，也是“睽之时用”。美、日列强不希望两岸统一，继续保持现状，才有利可图，为“睽之时用。”

睽本来负面意义居多，《彖传》作者独具慧眼，由消极的“小事吉”，转论成“睽之时用大矣哉”，真是了不起！

《象》曰：上火下泽，睽，君子以同而异。

《大象传》揭明上下异路、朝野不和，却认为可求同存异，各有立场，不必混同。家人、睽相综，一体两面，同时俱存。睽为异，家人为同，同中有异，异不碍同。体悟此理，心胸宽广矣！

• 2001 年 5 月下旬，我女儿面临升高二时选读学科类组的问题。我问她适合选理工医农吗？得出不变的睽卦，明显不合适，立刻放弃。后来她读台大外文系，赴英留学也是读的文学，性向清楚，不生疑义。

• 2000 年元旦，我作一年之计，问台湾当年有无重大天灾人祸？得出不变的睽卦。1999 年“9·21”大地震刚过，大家余悸犹存，故有此问。结果当年并无重大天灾，倒是人祸不轻，台湾的竞争力大大削弱。

• 1997 年 12 月下旬，我占问《易传》术语“位不当”的确切意涵，为不变的睽卦。睽即不合，睽卦中除初爻外，其他五爻皆不正，或阳居阴位，或阴居阳位，与六爻皆不正的未济卦（☲☵），只差初爻不同，睽卦与未济卦皆难成大事。睽卦“六三”、未济卦“六三”《小象传》同称：“位不当也。”其他如晋卦“九四”、大壮卦“六五”、噬嗑卦“六三”、临卦“六三”、豫卦“六三”、否卦“六三”、履卦“六三”、夬卦“九四”、萃卦“九四”、震卦“六三”、丰卦“九四”、兑卦“六三”、中孚卦“六三”、小过卦“九四”等，《小象传》亦称“位不当也”。归妹卦“征凶”，《象传》称“位不当也”。由这些卦爻所当之时位，应可了解其意涵。

• 2001 年间，我在学生张良维处习练太极导引，中间汗流浃背休息时，一位法国人凑近来问我，说他发明一套大衍之数的电算程序，不知准确否？我就叫他用手机试问一下，结果出来不变的睽卦，亦即不合。自己发明的程序都没自信不捧场，那还怎么行？

初九。悔亡。丧马勿逐，自复。见恶人，无咎。

《象》曰：见恶人，以辟咎也。

“初九”阳居阳位，为睽卦唯一正位之爻，当睽之初，家人刚刚反目，处置得宜，还有复合机会，应好好把握。人生相聚不容易，过刚生悔，睽卦“小事吉”，宜以柔化刚使悔恨消亡。睽卦上火下泽，背道而驰，相应的爻位皆生睽违，六爻爻辞就在指示人如何合睽。“初九”和“九四”睽，“九四”居高位执政，为“初九”基层民众服务，“初九”丧失“九四”的友谊，等于跑掉一匹良马，行动很不方便。这时不要急着去追回，先冷静下来深切反省，改过之后，再与交恶之人见面，仍可回复常道而无咎。

“自复”不是说啥事不做，跑掉的马就会自动回头，而是复卦讲的“反复其道”，乾卦“九三”朝乾夕惕的“反复道”，以及小畜卦“初九”的“复自道，何其咎”。彼此既生睽违，总有言行不当处，自己先虚心反省，比一味怪罪对方好得多。人习于感情用事，一家人交好时甜如蜜，吵嘴翻脸，马上视之若寇雠，看对方就像十恶不赦之人，其实只是交恶而已。不管是真的恶人，还是交恶，都不宜拒不见面，而是维持适当接触，所谓见面三分情，凡事总有转圜可能。错过这机会，可能负气分手，爻变遂成未济卦（䷿）之局。

“丧马”之“马”，其实是比喻人心，“丧马”即孟子所谓放失的良心。“勿逐”是说别追求嗜欲，如颐卦“六四”所称：“虎视眈眈，其欲逐逐。”“自复”则是：“学问之道无他，求其放心焉尔矣！”晋卦“自昭明德”，“康侯用锡马蕃庶，昼日三接”；明夷卦“六二”“夷于左股，用拯马壮，吉”；家人卦回归自家本心，“九五”“王假有庙，勿恤，吉”；睽卦“初九”“丧马勿逐，自复”，求其放心。《易》序所含义理之严密，叹为观止。

“见恶人”既是表现风度，期待合睽，言归于好，也是人情世故基本的考虑。宁可得罪君子，不可轻易得罪小人，遁卦《大象传》称：“君子以远小人，不恶而严。”既严守分际，不与小人合作，也别动辄交恶。《论语·阳货篇》记阳货欲见孔子，孔子不想见，还是冤家路窄半途而遇，彼此敷衍应对那段，既有趣，也发人深省。

睽卦初至四爻合组，又成一睽卦。睽中有睽，人情生变，会不断内斗分裂，不知伊于胡底。“初九”当睽之初，必须珍惜过去的亲密关系，别太任性纵情。

• 2011 年 11 月中，学生邀我赴乌来泡温泉，夜行车中，我以手机电占未来十年的世界大势，中美关系为睽卦“初九”爻动，有未济卦之象。美国未来会以中国为主要竞争对手，关系变得紧张，但尚不至于直接冲突，双方都会有一定的节制，以充实本身国力为主，并维持适度的接触协商。“初九”爻辞翻成白话就是这样，须小心提防，却不必过分紧张。

欧债的问题呢？为比卦（䷇）“九五”爻动，有坤卦（䷁）之象。“显比，王用三驱，失前禽，邑人不诫，吉。”欧元区会以德、法为核心，强化统筹管理，继续维持国际联盟的架构，实在不合规范的弱国，也不会强留在内。美债为不变的坎卦（䷜），重险难以在十年内解决，由于为单一世界

强国，比欧元区好管理，甚至可以拖欠不急着还。美元的优势至少二十年不成问题，全世界被套牢也无可奈何，正所谓："险之时用大矣哉！"

当夜我还算了不少其他大势，易占回答都干净利落。最后我不免又问："未来十年的世界，真的就是这样吗？"得出不变的比卦。"比。吉，原筮，元永贞，无咎。""先王以建万国，亲诸侯。"易占的回答一点不错，就是这样！占象比拟世事完全正确。

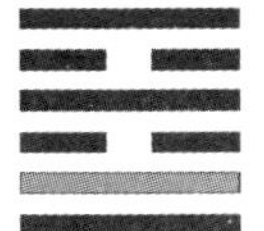

九二。遇主于巷，无咎。

《象》曰：遇主于巷，未失道也。

"九二"起爻位皆变不正，睽违加深。"九二"为下卦中心，和上卦中心，也是全卦君位的"六五"相应与，两人竭力合睽，约在小巷中密会，商议解决之策，虽非正式场合见面，仍属处理人际纠葛的正道。本爻变，为噬嗑卦（䷔），睽违斗争的氛围中，只宜安排密会，免生困扰。

• 1993 年 3 月底，我经营出版公司已有起色，却也加深了与老板间的微妙隔阂，如何掌握分际，煞费斟酌，占问得出睽卦"九二"爻动，有噬嗑卦之象。睽违之中，"遇主于巷，无咎"，"未失道也"。说得真切！为防酷烈的噬嗑斗争，仍应维持私下沟通的管道。

• 2010 年 8 月中旬，某密宗大师往生，我曾在电视台录像时跟他同过节目，当时已心体皆衰，还要两位女弟子扶持，感觉有些怪。他既往生，我占其修为，为睽卦"九二"爻动，有噬嗑之象。"遇主于巷，未失道也"，虽有些走旁门之嫌，大致还有一定的道理，当然也并非什么高深的境界。

六三。见舆曳，其牛掣，其人天且劓。无初有终。

《象》曰：见舆曳，位不当也；无初有终，遇刚也。

"六三"不中不正，居下兑卦之口，下乘"九二"，有情欲蒙蔽理智之象，和“上九”相应与，睽违至极，颇难善了。透过“六三”的眼光看“上九”，就像穷凶极恶的车夫，强拖着自己这辆老牛破车往前进，自己拼命抗拒不从。“天且劓”为罪犯的形貌，“天”为剃光头，“劓”为割去鼻子，这么糟糕的关系，仍须尽量化解仇怨，还可能开始不好，最后仍得善终。本爻变，为大有卦（䷍），永不轻易放弃和平共存的可能。

• 2001 年 3 月上旬，老友主持的社会大学基金会邀我，为其干训班甄选良才。我占得睽卦“六三”爻动，具大有卦之象。如此勉强，可见当时的配合关系已出现严重问题，没几年，就彻底断了来往。

九四。睽孤，遇元夫，交孚，厉无咎。

《象》曰：交孚无咎，志行也。

“九四”居高位不正，和“初九”基层相应与，本应密切合作，因睽违而陷于孤立的危险情境。这时必须设法合睽，与“初九”相会，诚意沟通，虽有些危厉不安，可获无咎。一旦双方同意和解，“九四”才能实现自己的志向。对“九四”来说，“初九”为其元气创意的来源，绝不能失去，故称“元夫”。本爻动，恰值宜变成损卦（䷨），惩忿窒欲，理智寻求和解。

• 1992 年年底，我受出版公司老板之托，问他接近崩盘之际还有生门否？得出睽卦“九四”爻变，恰值宜变成损卦。“睽孤”，众目睽睽之下陷于孤立，损失惨重。唯一生机为“遇元夫，交孚，厉无咎”，可行其志。“元夫”显然就是原先开创的公司母体，若大家愿意体谅，以信用支持，可获无咎。我按一般卦理讲了，可能也因此给了他灵感，在外混到山穷水尽后，杀回来把母公司也搞垮。天道人事，因果历历，想来真是微妙。

• 2004 年 2 月底，我展转收到一封怪信，发信的陌生人隐居在台湾中部的山里，赞扬我多年弘《易》之功，语涉玄机，希望我去找他，还附了一段对《系辞传》的看法，颇有见地。我不大喜欢扯这方面的事，没有任何响应。当时有占此事的本质为何？得出睽卦“九四”爻动，恰值宜变成损卦。“睽孤，遇元夫，交孚，厉无咎”，“志行也”。易道深奥，知音者渺，愿与同参共证？

六五。悔亡。厥宗噬肤，往何咎？

《象》曰：厥宗噬肤，往有庆也。

“六五”居全卦君位，下和“九二”相应与，睽违之时，应竭力弥缝嫌隙，使悔恨消亡。睽从家人而来，本出同宗，关系亲近，只要决心突破隔阂，就像咬薄薄的肉片一样，一定可以复合。往前会晤，承担咎责，会给大家带来福报。本爻变，成履卦（䷉），“履以和行”，致力和解，不必犹豫。

睽卦“初九”、“六五”皆强调“悔亡”，基层民众不希望内斗生乱，为人君上者当体会斯意，尽力合睽。“噬肤”之意，同噬嗑卦“六二”爻辞：“噬肤灭鼻，无咎。”人生闹意气，有时就是面子下不来，一旦想通，其实突破很容易。“何咎”之“何”，还应作承担、负荷解，同小畜卦“初九”：“复自道，何其咎，吉。”亦同大畜卦“上九”：“何天之衢，亨。”弃小怨，成大事，领导者当有此胸襟抱负。睽卦《彖传》中所称：“柔进而上行，得中而应乎刚。”即指“六五”而言。

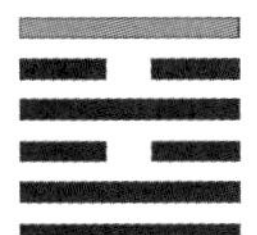

上九。睽孤，见豕负涂，载鬼一车。先张之弧，后说之弧。匪寇婚媾，往遇雨则吉。

《象》曰：遇雨之吉，群疑亡也。

“上九”居上卦离火之顶，为睽极之位，和下卦“六三”结怨甚深，众目睽睽之下，陷于孤立。刚愎自用，疑心生暗鬼，看到了许多光怪陆离的幻象。先是看到一只猪，身背上沾满了泥巴，又仿佛看到猪拖着一车子的鬼，前来要害他，于是张开弓弦要射，后来发现对方并非挑衅，而是前来和解，便放下弓箭，善意接受则吉。“雨”是阴阳和合之意，双方化干戈为玉帛，所有的疑忌消失，皆大欢喜收场。若不悬崖勒马，爻变成归妹卦（䷵），“征凶，无攸利”，一切落空无所得。

本爻爻辞长达二十七字，为全《易》最长一爻，描述类似精神病患的梦幻之境，深刻动人。“初九”“丧马勿逐”，若指“丧心”，“上九”“见豕、载鬼”，则是“病狂”了！睽违之甚，可沦落至丧心病狂的地步，人际相处怎能不审慎？世间族群对立冲突，往往肆意抹黑对方，将对方不当人看，视之猪狗不如，甚至诋毁成魔鬼，其实猪身上的泥巴，就是病狂者抹上的啊！

《系辞下传》第二章谈文明发展，取了十三个卦，睽卦为其中之一：“弦木为弧，剡木为矢，弧矢之利，以威天下，盖取诸睽。”以前征战用弧矢弓箭，现代则进展至核子洲际导弹，杀伤力强大，一旦失控互射，人类有灭亡之忧。“先张之弧”，当心擦枪走火，“后说（脱）之弧”，才是人间和解的正道。豫卦“重门击柝”，正当防卫；睽卦弧矢之威，先发制人成了侵略。“利御寇，不利为寇”啊！

“匪寇婚媾”一辞，全《易》出现三次，另两处为屯卦“六二”、贲卦“六四”。大易思想反对流血斗争，主张人际和合，其道一以贯之。

综观睽卦六爻，两两相对，企图合睽，互有得失。“初九”眼中，视“九四”为乘载工具的马匹、为弃己而去的恶人；“九四”重视“初九”为“元夫”，希望破镜重圆。“九二”尊重“六五”为主，“六五”视“九二”为同宗。“六三”、“上九”这对冤家最严重，一视对方为罪犯，一视对方为脏猪为鬼。“睽”字从目，恩怨情仇影响人的视野及判断，情人眼里出西施，仇人眼中变鬼怪。无论如何睽违，合睽之法在“复”与“遇”，“初九”“勿逐，自复”，勿为情欲所困，一切回归基本面，重新思考与定位。“遇”为不期而遇，为姤卦的概念，睽争对立时没有正式管道，需私下秘密沟通，看看有无续缘的机会。复与姤两卦相错，睽时以“复”为主，以“姤”为辅。“初九”“自复”之后，“九二”“遇主于巷”，“六三”“遇刚”，“九四”“遇元夫”，“上九”“遇雨则吉”。

• 2003年2月中，经营社会大学基金会的老友来我家拜访，电话中承诺会先还债云云，我占问他的真正来意为何？得出睽卦“上九”爻动，有归妹卦之象。确实是睽极欲和解之意，“往遇雨则吉”。他是有些忐忑不安，我不作声色，收下债款，也同意了往下新的合作事项：将过去六十四卦的讲解汇编成录音光盘，取名《复见天地之心：决策易CD全集》，还销售了不少套，彼此皆大欢喜。

睽卦多爻变占例之探讨

以上为睽卦卦、彖、象、爻之全部解释，以及单爻变占例分析，往下继续讨论更复杂的多爻变的情形。

占事遇卦中任意二爻动，若其中一爻值宜变，为主变量，以该爻辞为主论断。若皆不值宜变，以本卦卦辞卦象为主，并参考二爻齐变所成之卦的卦辞卦象。

• 1994年9月上旬，报界一位资深美女的编辑朋友找我晤谈，她面临婚姻危机，发展态势为“遇噬嗑之剥”，已见前文分析。当时再问断然离婚如何？为睽卦二、上爻动，“上九”值宜变成归妹卦，齐变则有震卦（䷲）之象。睽是离异，“上九”睽极很难挽回，“九二”虽存“遇主于巷”之心，奈何没有善意响应，多半只好如此了！没多久两人议定离婚，从此各奔前程。

• 2002年间，我的学生刘文山任职荣工处，工地发生严重意外，有工人从六米高处失足坠落昏迷，他问是否有生命危险？为睽卦二、上爻动，“上九”值宜变为归妹，齐变有震卦之象。“九二”“遇主于巷，无咎”，“上九”“睽孤”险极，归妹卦且是兑宫归魂卦。结果送板桥亚东医院急救，他返回办公室时，骑车淋雨，应了“往遇雨则吉”之象，伤员平安出院，算是一场虚惊，震撼不小。

• 2008年年初，我问儿子全年气运，为睽卦二、三爻动，“九二”值宜变成噬嗑，两爻齐变，则有离卦（䷝）之象。由于他将参加高中入学测验，我问他考运如何？为不变的艮卦。两占例一参照，大概可知运势不佳。艮为障碍重重，难以翻越；睽卦“六三”老牛破车，鞭策不动，督促起来还伤感情，都说中了母子间的情况。果然两轮考试都不顺，上了成渊高中。《荀子·劝学篇》：“积水成渊，蛟龙生焉。”成渊的校徽就是三画“坎中满”（☵）的卦象，他在那儿倒读得不错，三年后，考上政大会计系。

• 1995年3月上旬，出版公司政变将近一年，老板开始出招进逼，我思考如何回应，得出睽卦初、四爻动，齐变有蒙卦（䷃）之象。家人

二爻变占例

已睽，贞我悔彼，他是外卦“九四”，想“遇元夫，交孚无咎”，“以行其志”；我心已变，“自复”，“见恶人，以避咎”。蒙卦混沌之局不可能打破，各人造业，各人承担，没有什么可说的。

• 2012 年元月下旬，我与学生春酒宴，他们曾问过何谓天命？得出睽卦四、上爻动，“上九”值宜变成归妹，齐变则有临卦之象。天命之谓性，率性之谓道，人人秉承天命而生，属性却个个不同。乾卦《彖传》称：“乾道变化，各正性命。”睽卦《大象传》称：“君子以同而异。”“九四”、“上九”皆称“睽孤”，从这个意义上讲，每个人都是独立的个体，拥有永恒的孤寂。大多数人想不开，活在疑神疑鬼的心态中，充满着不安全感，生怕被人迫害；少数智者懂得“遇元夫”，发掘自我生命的本源，交孚而志行。

当晚我们聊起各种算命的法门，还占问奇门遁甲的有效性，得出睽卦二、五爻动，“九二”值宜变成噬嗑，齐变则有无妄卦（䷘）之象。睽是有特色，“九二”“遇主于巷，无咎”，真是走的奇门，“未失道也”，并未偏离正道。二、五相应与，配合得当，可以算得很细，卦辞称“小事吉”。无妄卦教人意诚心正，勿胡作非为，“遇睽之无妄”，虽小道，必有可观者焉！运用此术趋吉避凶，本身得有相当修为，否则害人害己。

• 2012 年元旦，我算当年举世有无重大灾祸？为睽卦四、上爻动，“上九”值宜变为归妹卦，齐变则有临卦之象。四、上爻辞皆称“睽孤”，“九四”懂得回头与群众和合，虽危厉而无咎；“上九”疑神疑鬼，在被迫害妄想的驱动下，会冲动酿灾。看来这不是天灾，而是人际或国际间的矛盾冲突所致的重大人祸。7 月 20 日美国丹佛市发生戏院滥杀事件，更切合占象。

三爻变占例

占事遇卦中任意三爻动，以本卦为贞，三爻齐变之卦为悔，称贞悔相争，合参两卦之卦辞卦象论断。若本卦三爻中一爻值宜变，加重考虑其爻辞。

• 2006 年 10 月下旬，中信金控的辜家出事，二次金融改革中插旗兆丰金案，被检方查缉，辜仲谅流亡日本，岛内为之震动。我问中信未来三年之运势，为睽卦初、四、上爻动，贞悔相争成师卦（䷆）。辜家为台湾超级政商，民进党上台后关系也套得很近，这回翻脸是因分赃不均？

民与官难斗，“初九”、“九四”相应，双方应该还是会透过各种管道沟通，“上九”睽极生变，恐怕不易善了！“遇睽之师”，往下必须为生存苦战。儿子流亡海外，年近八十的老翁辜濂松无法退休，还得跳下来领导作战，应了师卦卦辞：“贞。丈人吉，无咎。”

• 1991 年 12 月下旬，出版公司境况维艰，市场派的大股东俟机介入，除了由高干联名信贷外，老板本身的股票也抵押在他那儿，一定期限内须还款，否则股权失衡，公司即沦于其手。我占问到时赎不赎得回股票？为睽卦初、二、上爻动，贞悔相争成豫卦（䷏）。赎不回则“睽”，从此与所开创的事业睽违；赎回则“豫”，继续和团队共同奋斗。贞悔相争，机会一半一半。后来真的是千钧一发，在设定的期限最后一刻，将救援款轧入，保住了主权。

• 1994 年 10 月中旬，公司“政变”已半年，我的处境颇艰难，老板已取得绝对优势的掌控权，一些高干也西瓜靠大边，大股东不作声响。这时老板召开董事会，准备收编一切，我默默开完会后，占问自己的前景，为睽卦初、三、四爻动，“九四”值宜变成损卦，贞悔相争成蛊卦（䷑）。“遇睽之蛊”，从此渐行渐远，事势不可为，俱往矣！睽卦“初九”与“九四”相应，勉强撑持一个场面；“六三”老牛破车，积怨已深，无法回头。

• 1996 年 10 月下旬，我试占自己在易学史上可能的定位，为睽卦二、四、五爻动，“九四”值宜变成损，贞悔相争成益卦（䷩）。睽为自有特色，与主流传统不同，先损后益，颇有意趣。睽“九二”“遇主于巷，未失道也”；“六五”“厥宗噬肤，往有庆也”，与“六二”配合绝佳；“九四”“遇元夫，交孚无咎”，“志行也”。整体看来，肯定有所建树。

• 2003 年 11 月中，我的学生徐崇智找我谈所谓的“萃计划”，长期培训大专学生熟习中国经典。我听完他的构想后，占问合宜否？为睽卦初、二、四爻动，贞悔相争成剥卦（䷖）。睽初、四相应，“九二”“未失道”，大致还好。“遇睽之剥”，总让人不安心，于是再问如何调整为宜？为家人卦（䷤）初、五、上爻动，“九五”值宜变成贲，贞悔相争成谦卦（䷎）。由睽转为家人，必须创造亲切感，也得严格甄选，重视指导老师的爱心教化，以身作则，才会谦亨君子有终。崇智不幸于 2006 年 8 月中过世，这计划不知往后如何推动了！

•2010年3月下旬，上海友人来电邮接洽，想整编后出版我授权上海三联书店的书《易经与现代生活》。由于事涉版权争议，我不敢怠慢，占问能这样做吗？为睽卦下三爻全动，贞悔相争成旅卦（䷷）。睽为不合，旅则失位，“遇睽之旅”，显然不宜。睽卦“六三”还有罪犯之象，尤其不合适，遂回函婉谢。

•2011年元月中，我们学会的邓理事长建议我开专讲如何断卦的课，我直觉不妥，占得坤卦“六四”爻动，恰值宜变成豫卦。“括囊，无咎无誉”，“慎不害也”。占例涉及许多人事，相当敏感，不宜公开讲述。再占确认一下，得出睽卦二、三、四爻动，“九四”值宜变成损，贞悔相争成贲卦（䷕）。私密外泄，会造成人际失和，“六三”结怨深重，最好还是文饰文饰。其实，这也是本书需注意考虑之处，书还是照写，开课就不必了！《焦氏易林》“遇睽之贲”的断词：“剥刖髡劓，子所贱弃；批捍之言，我心不快。”说出了个中顾虑。

•2011年2月下旬，毓老师原先要去我们学会看看，临时身体不适取消，我不免有些不祥的预感，占问奉元志业的后续事宜如何？为睽卦初、五、上爻动，贞悔相争成困卦（䷮）。“遇睽之困”，果然堪忧。睽初“丧马勿逐”、“六五”“厥宗噬肤”、“上九”“睽孤”生变，都让人忐忑不安。3月20日老师在家中仙逝，原先的大愿受挫。

•2005年5月，我们学会在剑潭办春研营，再邀李嗣涔演讲特异功能，学生邱云斌占问：当如何看待这种研究？为睽卦初、二、五爻动，贞悔相争成否卦（䷋）。睽有许多光怪陆离的现象，但初、二、五爻还好，“九二”、“六五”相应与，“否之匪人，不利君子贞。”“遇睽之否”，与现实人事迥异，见怪不怪，存而不论即可。

四爻变占例

占事遇卦中任意四爻动，以四爻齐变所成之卦的卦辞卦象为主判断，若其中一爻值宜变，稍加重考虑其爻辞。

•2010年9月中旬，我应邀赴德国慕尼黑授《易》，课毕后主办方招待去维也纳游览，看了不少王宫。富丽堂皇的摆设下，总让人觉得透着寂寞凄凉，当下占古往今来宫殿的意义，为睽卦四阳爻动，齐变成坤卦（䷁）。王宫为勾心斗角残酷夺权之所，一家人六亲不认，臣弑其君，子弑其父，屡见不鲜，坤卦“初六”“履霜”之戒已予揭露。家人反目的结

果，阳气耗尽，归阴入土。

• 1992 年 7 月下旬，出版公司股东大会改选董监事，市场派的大股东愿辞去副董一职，我们几经商议，改选出新的董监席位，希望有番作为。我试占选后如何安排大股东哥哥的职位，他的不称职其实很明显，只是谁也不敢动他。得出睽卦二、三、五、上爻动，“九二”值宜变成噬嗑，四爻齐变成革卦（䷰）。睽二、五相应与，三、上多仇怨，“遇睽之革”，还是可以做些新安排，但不能翻脸而生事端。

稍前两个多月，老板跳票太多，正式被列为拒绝往来户。我问吉凶对策，得出睽卦二、三、四、上爻动，“上九”值宜变成归妹，四爻齐变，成明夷卦（䷣）。“遇睽之明夷”，“上九”又是睽极之爻，可见灾情惨重，必然波及公司。

1995 年 7 月下旬，我刚从美加地区畅游返台，又有公司中人告讯，股争再起，重要人事动荡。我心思已不在此，还是顺便一占个人的吉凶？为睽卦初、三、四、上爻动，“上九”值宜变成归妹，四爻齐变成升卦（䷭）。睽初、四藕断丝连，三、上结怨甚深，“上九”又是睽极之爻，怎样都影响有限了！升卦卦辞：“元亨。用见大人，勿恤，南征吉。”趁早摆脱这些没完没了的羁绊，追求自己的锦绣前程吧！

39. 水山蹇（䷦）

蹇卦为全《易》第三十九卦，为寒气侵足、困顿难行之意，在睽卦之后，解卦之前。《序卦传》称：“睽者，乖也。乖必有难，故受之以蹇。蹇者，难也。物不可以终难，故受之以解。解者，缓也。”家人反目、关系睽违之后，力量分散抵消，对外竞争力降低，搞得寸步难行。发现行不通，分裂的双方又尝试和解。人情爱憎有其心结，化解须慢慢来，所谓事缓则圆，耐心处理，总有恩仇俱泯之时。

《杂卦传》称：“解，缓也；蹇，难也。”蹇、解相综，为一体两面、同时具有的关系，表示再困难的问题也有解答。大易基本上就是面对问题，寻求最佳的解法。蹇（䷦）、睽（䷥）相错，解（䷧）、家人（䷤）相错，这四卦道尽人情的轮回之苦。正常的卦序从三十七至四十，挂搭在一起，《杂卦传》的卦序从三十五至三十八，仍无法打断。台湾地区泛蓝阵营的分裂及整合即为显例，新党、亲民党相继出走，为家人、睽，输掉2000年的选举后，国、亲、新合作力拼民进党，为蹇、解。台湾人民本属一家人，蓝、绿对立族群矛盾为睽；两岸同文同种，如今对峙也为睽；基督教徒与伊斯兰教徒根本是兄弟，《旧约圣经》及《古兰经》都有记载，全是亚伯拉罕的子孙，宗教战争逾千年未休。这些都造成人类文明蹇困难行，必须寻求对话和解，才是王道，正是：“渡尽劫波兄弟在，相逢一笑泯恩仇。”

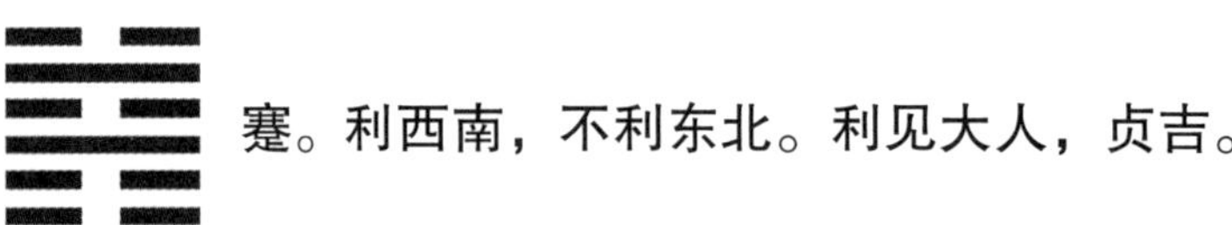

蹇。利西南，不利东北。利见大人，贞吉。

蹇难之时需要朋友相助，不宜树敌。坤卦卦辞称：“利西南得朋，东北丧朋，安贞吉。”西南为柔顺之方，包容顺势，广结善缘；东北为阳刚之方，逞强争斗，惹是生非。各方合作，需德孚众望的大人领导，大家固守正道而行，才能转危为安而获吉。

《彖》曰：蹇，难也，险在前也。见险而能止，知矣哉！蹇利西南，往得中也；不利东北，其道穷也。利见大人，往有功也；当位贞吉，以正邦也。蹇之时用大矣哉！

蹇外卦坎险、内卦艮止，内忧外患交织，见危险能暂停前进，这是有智慧的表现。“往得中”指“九五”君位，往居上卦坎险之中，与民众同甘苦共患难。“其道穷”指“九三”，受阻于下，不能前进。“利见大人”，“九五”领导有方，团结大家共同奋斗，可突破难关终获成功。“当位贞吉”，二至上爻皆得正位，各尽其职，以振兴邦国。蹇难之时，正好利用外患的威胁，以化除内部派系矛盾，促进风雨同舟的大团结，这种反面运用的智慧太重要了！坎卦《彖》称：“险之时用大矣哉！”蹇外卦坎险，正好发挥其用，以消弭内卦艮阻的山头势力，统归中央的“九五”指挥。坎、睽、蹇三卦，皆称“时用大矣哉”，值得深入体会。

“水山蹇”，“见险而能止，知矣哉！”有知而难行。“山水蒙”（䷃），“险而止，以亨行时中”，摸索力行以求知。蹇、蒙二卦相交，知与行间的关系如此。

《象》曰：山上有水，蹇。君子以反身修德。

蹇卦上坎水、下艮山，山上有水奔流，造成行进艰难。《孟子·离娄篇》称：“行有不得者，皆反求诸己，其身正而天下归之。”反身修德，强化本身内部的实力后，才有机会突破外在的艰险。家人卦“上九”“终吉”，《小象传》称：“反身之谓也。”爻变既济卦而成功。睽卦“初九”“丧马勿逐，自复”，若外逐而不求其放失的内心，爻变则成未济卦，皆为此义。

占例

• 2012 年元旦，我问欧元区年运，为不变的蹇卦。外险内阻，寸步难行，风雨同舟，必须和衷共济。

• 1991 年 10 月下旬，我所任职的出版公司开始剧烈股争，市场派财

力雄厚的大股东强势介入经营，我问对公司的吉凶？为不变的蹇卦，显然从此艰困难行矣！

1994年3月底，老板孤注一掷要杀回来，势必激起两雄斗争，我们夹在中间人心惶惶。我问大股东年底前会入主公司吗？为不变的蹇卦，看来没那么容易。果然老板搞到半数以上股权支持，大股东顾忌未出手，公司从此真正走进穷途。

• 2008年8月底，一位《中国时报》前高干约我吃日本料理，谈她可能赴任的新差事，帮人办经理人精英培训云云。我实在不看好，帮她占出的也是不变的蹇卦。后来她没听劝阻，仍去任职，一年多后饱尝苦果，与女老板的关系也变坏，只能放弃，大叹下回一定要听《易经》！

• 2000年年底，我问《圣经》的价值、特色与定位？为不变的蹇卦。人生多艰，家人睽蹇，基督的爱或可助人化解仇怨？

2009年元月中，我给学生上《易》与老庄的课，占问我们在二十一世纪研习《老子》的意义为何？也是不变的蹇卦。人之大患为与生俱来的种种情欲，以及因之而起的种种纷争。老子主张："塞其兑，闭其门，挫其锐，解其纷，和其光，同其尘。"反身修德，清心寡欲，自能化解仇怨，排难解纷。

• 2009年7月中旬，我即将参加一连串的两岸兵学会议，占问兵法的本质为何？为不变的蹇卦。兵道凶险，因家人睽违而生，如何深刻反省，寻求和解，不战而屈人之兵，为善之善者也。

• 1998年年底，我教学生刘劭名著《人物志》，针对《效难第十一》问其主旨，为不变的蹇卦。知人识人难，知人后使人才获用，也不容易，有时因客观形势的限制，有时因微妙的嫉妒心理作祟，这是《效难篇》阐释的要点。

初六。往蹇，来誉。

《象》曰：往蹇来誉，宜待也。

"初六"阴居阳位不当，处蹇难之初，当然无力越阻济险，只宜少安毋躁，静待时机成熟再前进，如此冷静自持，会赢得众人称誉。此爻变，成既济卦

（䷳），稳定行事，以期待最后的成功。《彖传》称："见险而能止，知矣哉！"知难不进，不逞匹夫之勇，才是聪明智慧，才获称誉。蹇卦初至四爻，合组成又一蹇卦，蹇中有蹇，千难万难。"初六"实力不足，当然不宜轻举妄动，孤身涉险。

蹇卦二至五爻皆正，"初六"不正即成蹇卦，表示万事起头难，第一步走错了，后面再怎么做对，都很难扳回。

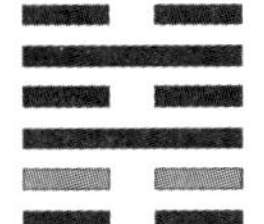

六二。王臣蹇蹇，匪躬之故。

《象》曰：王臣蹇蹇，终无尤也。

"六二"中正，和上卦"九五"中正相应与，本来配合绝佳，无奈遭遇蹇难之局，双双受制，不能动弹。"九五"为王，"六二"为臣，故称"王臣"；王蹇臣亦蹇，称"王臣蹇蹇"。"躬"为自身，"六二"无辜受难，非由自身造业，却得坦然承担，称"匪躬之故"。蹇难为大形势，形势比人强，"六二"人在江湖，身不由己，谨守岗位，没有什么好抱怨的。

《中庸》称："在上位，不陵下；在下位，不援上。正己而不求于人，则无怨。上不怨天，下不尤人，故君子居易以俟命，小人行险以侥幸。"正是蹇卦"六二"的风范。占事遇蹇"六二"爻动，恰值宜变之位，成井卦（䷯），前为困卦、后为革卦，积极寻求脱困之策，甚至变化创新。

• 2011年元月下旬，我问如何为"仁者"？得出蹇卦"六二"爻动，恰值宜变成井卦。"王臣蹇蹇，匪躬之故"，"终无尤也。"《论语·雍也篇》樊迟问仁，子曰："仁者先难而后获，可谓仁矣！"《述而篇》记孔子称誉伯夷、叔齐："求仁而得仁，又何怨？"

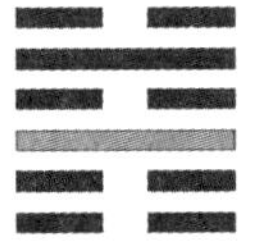

九三。往蹇，来反。

《象》曰：往蹇来反，内喜之也。

"九三"居下卦艮山之顶，下有"六二"相承，又和"上六"相应与，阳刚有实，在蹇难之中一样受阻，往前必蹇。这时当回头整合内部，团结共同涉险，由于“九三”实力坚强，内部的“六二”、“初六”深表庆幸与欢迎。“九三”爻变，成比卦（䷇），互助合作以度险难。《大象传》所称“反身修德”，即指此爻而言。

“九三”为组织内部派系山头之主，往往与“九五”之君分庭抗礼，造成睽、蹇不合的局面。若能互相体谅，以大局安危为重，则组织幸甚！“三与五，同功而异位。”“九三”、“九五”为蹇卦中二阳爻，分居内阻、外险之要津，为群阴之所依附，不宜意气用事。

占例

• 1991 年 12 月中旬，我在出版公司恶战，问自己与公司的缘分为何？得出蹇卦“九三”爻动，有比卦之象。“往蹇来反，内喜之也。”江湖险恶，世道难行，借此磨炼自己任事的能耐而已，突破而有大成不易。1994 年 5 月公司生变，从此沉潜读书多年，2000 年后公司已名存实亡，我也顺势不告而别，开展另一段崭新的人生旅程。

1993 年 8 月上旬，我总筹公司经营，投入大量心力斡旋，自问如此久战，究竟值不值得？为小畜卦（䷈）初、五爻动，齐变有蛊卦（䷑）之象。密云不雨，以小事大，在夹缝中求生存有够闷。干父之蛊，革除积弊，推动改革，谈何容易？“初九”“复自道，何其咎”，“其义吉也”，可以学到很多基本功；“九五”“有孚挛如，富以其邻”，“不独富也”，居君位负责经营，还可以帮助一些人。

然后我再问：继续积极经营下去，吉凶如何？为蹇卦“九三”爻动，有比卦之象，“往蹇来反，内喜之也。”基本的大形势未变，就当人生该经历的修行吧！

六四。往蹇，来连。

《象》曰：往蹇来连，当位实也。

“六四”处于三、五爻之间，阴虚无实力，当然往蹇；五为君位、三为派系首领，其中矛盾正好由“六四”来化解牵合。“六四”身为高干，须分君之忧，力劝“九三”团结一致，共度险难。“当位实”指“九三”，阳刚当位，值得争取连合。“六四”爻变，为咸卦（䷞），当以感情打动“九三”，勿讲理说教，睽、蹇本由家人而来，情分俱在。

九五。大蹇，朋来。

《象》曰：大蹇朋来，以中节也。

“九五”居君位，身陷坎险之中，和“六二”中正相应与，近旁“六四”又忠心承事，在最困难之时，有多方朋友相助，爻变为谦（䷎），君子亨通有终。“九五”行事中节，得道多助，《彖传》称“利西南”，西南得朋，“往得中”；“利见大人，往有功”，“当位贞吉，以正邦”，皆指“九五”而言。复卦卦辞称：“朋来无咎，反复其道。”阴阳合为朋，刚柔相济，可发挥核心的创造力，反败为胜。蹇卦“九三”“来反”，《大象传》称“反身修德”，实即“反复其道”之义。爻辞中“来誉”、“来反”、“来连”、“来硕”、“朋来”，皆称“来”，反省强化内部实力，以应付外患。

蹇卦六爻爻辞皆称“蹇”，表示所有人皆困顿难行，真的是不合作不行。《孙子兵法·九地篇》称：“吴人与越人相恶也，当其同舟而济，其相救也，如左右手。”吴越为世仇，必要时都会合作，何况家人反目所成之蹇，兄弟阋墙，共御外侮，实属当然。六爻中，初、三、四、上称“往蹇”，“六二”称“蹇蹇”，“九五”称“大蹇”，可见二、五爻承担压力更大，尤其辛苦。其他四爻有往有来，穿梭不息，以谋整合；“九五”无“往”称“来”，“六二”全无“往、来”，只宜固守岗位，不能离开。

占例

• 1993年8月下旬，我全力经营出版公司，问全年冲刺4.2亿台币业绩目标能否达成？为蹇卦“九五”爻动，有谦卦之象。“大蹇朋来，以中节也”，谦亨有终，虽然很难，只要我尽心领导，仍有机会。蹇卦节气当阴历十一月上旬、谦卦当十二月上旬，由蹇至谦，正好是年终结算期。结果当年将士用命，上下一心，真的完成任务，创下了史无前例的佳绩，真是“蹇之时用大矣哉”！

上六。往蹇，来硕，吉，利见大人。

《象》曰：往蹇来硕，志在内也；利见大人，以从贵也。

“上六”居蹇之终，有蹇极将解之象，本身阴虚无实力，又为退休不任职之位，当然“往蹇”。“来硕”之“硕”，指的是阳刚有山头势力的“九三”，如剥卦“上九”“硕果不食”，即为上卦艮山之顶。爻往上、往外行进称“往”、向下向内称“来”。“来硕，志在内”，“上六”和“九三”应与，以大佬身纷出面斡旋，劝其为大局着想，与“九五”合作。然后以此成果去见“九五”大人，完成整合要务，“九五”君位为尊，故称“以从贵也”。“上六”爻变，为渐卦（䷴），以团队精神循序渐进，遂成解除蹇难的大功。《象》称：“利见大人，往有功也。”

蹇难由睽而来，“九三”内部派系不和为主要原因，“硕果不食”，岌岌可危。“上六”劝其合作，即剥除果皮果肉，取其核仁，发挥内蕴的创造力，剥极而复，转危为安。这种整合的程序非常重要，必须先见“九三”，谈成后再见“九五”，必受领导感激而获热烈欢迎。倘若没头没脑，空手先见“九五”，只给本已焦头烂额的领导添烦，就太不识相了！以爻际关系而论，“上六”阴柔乘于“九五”阳刚之上，大佬与老大的关系并不和谐，共遇蹇难之时，亦宜捐弃成见，共谋合作，而说服“九三”，就是“上六”去见“九五”必备的“伴手礼”啊！

人生处世，待人接物都有分寸，都得讲究体贴细腻，尤其去见重要人物，更不能马虎。领导人日理万机，拨冗与你见面已不容易，若不能在短时间内具体陈述意见，或有实际成果表现，往往话不投机，就此断线。战国时苏秦、张仪等说客，之所以能纵横天下，在这方面都深下工夫，不可不知。先选择哪一国君游说，成功后，再说服下一目标，就比较容易，这就是所谓的“伴手礼效应”。下围棋有先后次序的“手顺”，先后次序若错，结果完全不同。甲加乙，绝不等于乙加甲，数学上的交换律未考虑时间因素，而《易经》特重时机、时势的变化与精准的掌握，时义大矣哉！时用大矣哉！时大矣哉！

• 2009年，我内人因服侍坐轮椅的老母亲下车，动作太急，扭伤右膝韧带，全年不良于行。查她的《河洛理数》本命流年，当年行运恰为蹇卦"上六"，结果真的是多方治疗，直到年终才渐渐痊愈，易象气数真是不可思议。而我当年底，学会筹备翌年组团赴湖北游览时，我占得蹇卦，心想肯定算错，不以为意；结果2010年4月下旬，抵武汉当晚，腰疾发作，在旅馆休憩五天，不能随团出游。易占之灵，令人惊叹！

• 1991年12月中旬，出版公司开始绵延数年的股权斗争，我问当时紧张情势下的对策，为蹇卦"上六"爻动，有渐卦之象。"往蹇，来硕，吉，利见大人"，应尽量整合内部各方力量以"勤王"，共御"外侮"。后来平安度过，我也挑起经营重责，开始两年半难得的艰苦历练。

1994年5月中，形移势转，老板回朝掌权，一切改弦更张，大股东按兵不动，经营干部自然无力抗拒。尘埃落定后，老板召开董事会，宣布新纲新策，我问本身的安危吉凶？又得到蹇卦"上六"爻动，有渐卦之象。"往蹇，来硕，吉，利见大人。"局面虽然困难，应该还不至于被扫地出门，其后果然，从此转为一段沉潜待时的难忘历程。

蹇卦多爻变占例之探讨

以上为蹇卦卦、彖、象、六爻的理论及占例说明，往下继续探究多爻变的情形。

占事遇卦中任意二爻动，若其中一爻值宜变，以该爻爻辞为主论断；若皆不值宜变，则以本卦卦辞为主，亦可参考二爻齐变所成之卦的卦辞卦象。

• 1998年10月中，台湾高铁开始兴建，这是第一个BOT方式兴建营运的大工程项目，资金募集及施工技术都有不少问题。我的学生蔡明忠的富邦集团，也是高铁团队的一员，当时问高铁兴建的前景如何？得出蹇卦三、五爻动，"九五"值宜变，单爻变为谦卦，二爻齐变为坤（䷁）。"大蹇朋来"，谦亨有终，加上"往蹇来反，内喜之"，过程虽然蹇困难行，最后应能完工营运。其后近十年，历经很多困难，终于完成，为岛内南北交通的大动脉。

• 2000年12月中，我们原先计划春节时全家赴美国东部游览十天，富邦班的学生提出邀请，转赴日本北海道旅行，并为“世界青年总裁协会”YPO的同游团员，讲四个晚上《易经》。我占问合宜否？为蹇卦三、五爻动，“九五”值宜变成谦卦，两爻齐变为坤。“大蹇朋来”，谦亨有终，“往蹇来反”，“反身修德”，给企业家讲经并同游，应该不错，蹇从何来呢？“利西南，不利东北”，北海道正在台湾的东北方向；蹇之节气，当阴历十一月、谦为十二月，北国风光天寒地冻。结果我们去了北海道，玩得开心，讲得有趣，返台我却重感冒，咳嗽不止，半个月无法上课，真是“不利东北”？

• 1997年9月28日孔子诞辰纪念日，我问王财贵推动儿童读经之志业的定位，为蹇卦三、五爻动，“九五”值宜变成谦，两爻齐变为坤卦。世运蹇难之时，登高一呼，教人“反身修德”，厚德载物，谦亨有终。十几年来辛苦推动，在海峡两岸都有不错的绩效。

• 2004年5月中，我因学生牵线去见了一次连战，算是为其败选打气，是有一定效果。当天坐车进国民党中央党部前的几分钟内，竟然手机响，接到一位有灵通人士的传话，说她师父促她一定要跟我联系云云。那次晤面我严格保密，没跟任何人透露行踪，怎么可能她师父会得知？她至终也不知我要去见谁，我也不跟她说，只答应代为传话，心中却是惊骇。她师父是无形的神灵，前世与她同山修道，真是举头三尺有神灵？当此台局群魔乱舞的大蹇之时，朋来示警，朋来支持？我因我占问此事究竟为何，得出蹇卦三、五爻动，“九五”值宜变成谦，齐变为坤卦。谦卦涉及天地人鬼神，坤卦则与广土众民的福祉有关啊！

• 2006年2月下旬，她来我家拜访，盘桓了半日，说已奉师命去杭州开茶馆，辛苦备尝。她来之前，我占问其来历与机缘，为谦卦（䷎）“六二”爻动，有升卦（䷭）之象。“鸣谦贞吉，中心得也。”谦卦涉及天地人鬼神，“六二”尽心服务众生，升卦卦辞称“勿恤，南征吉”，相当光明正面，不必担心。2008年5月中旬，我参加两岸兵法会议时，到杭州还跟她通电话，当晚她带了两位助理来旅馆，畅谈一阵，人生际遇也很奇妙。

• 2010年元月初，我因长期右臂酸麻，做西医康复的颈椎牵引，也不见根治，有学生推荐某处的民间疗法，以机器压挤活化气脉，有奇效

云云。我占测其疗效，为蹇卦初、三爻动，齐变有屯卦（䷂）之象。屯为新生，“遇蹇之屯”，打通蹇滞气血，而恢复肌体松柔，应该有效。当年4月下旬，我赴武汉腰疾发作，在旅馆休息多日，返台后才去彼处一试，确有改善，一直持续康复训练了一年半左右。

当时也有学生建议，定做一日式专利的足垫，价钱贵得吓人，我还是买了下来，置于鞋内穿着至今。其占象为蹇卦初、五爻动，有明夷卦（䷣）之象。“初六”“往蹇来誉”，“九五”“大蹇朋来，以中节也”，量脚定做使入规范，值得一试。

• 2004年2月中，一位国民党的女党工邀我午餐，一方面谈选情，一方面也请教她选后的仕途。我针对她心目中的职位问占，得出蹇卦初、五爻动，有明夷卦之象。“遇蹇之明夷”，其困难可知。连战败选，她的心愿也自然成空。

• 1998年11月上旬，我问《黄帝阴符经》的价值定位，为蹇卦二、五爻动，齐变有升卦（䷭）之象。该经言简意深，四百多字讲乱世修炼建功之道，自古即深受大智者喜爱。“王臣蹇蹇”和“大蹇朋来”，中正相应与，内外配合得宜，不仅可度蹇难，还能大建奇功。蹇卦“利西南”，升卦内巽而外顺，皆用柔道行事。“遇蹇之升”，何其壮哉！《焦氏易林》称：“黄帝出游，驾龙乘马；东上泰山，南过齐鲁，邦国咸喜。”断词亦称黄帝，是巧合吗？

三爻变占例

占事遇卦中任意三爻动，以本卦为贞，三爻齐变所成之卦为悔，称贞悔相争，合参两卦卦辞卦象以断吉凶。若本卦三爻中一爻恰值宜变，为主变数，加重考虑该爻爻辞。

• 2004年年初，我做一年之计，问当年会实现两岸三通否？为蹇卦二、三、四爻动，“六二”值宜变成井，贞悔相争成困卦（䷮）。“遇蹇之困”，多半难成，困卦后为井卦，有研发转型之意，格于大形势不佳，很难独力突破。“王臣蹇蹇，匪躬之故”，无奈亦无怨尤。

• 2012年8月中旬，台湾鸿海企业欲与日本夏普公司策略联盟，所谓“联日抗韩”、“鸿夏恋”云云，搞得很是闹腾。我问能否成功？为“遇蹇之困”。二、三、四爻穿梭往来，竭力整合，却很难突破困境。关键应在“九五”君位没动，若动则四爻齐变，变成解卦（䷧），蹇难得以解决。

君位代表品牌，夏普百年老店的身段下不来，鸿海与其合作有困难。

• 1998年8月下旬，我问小说家朱西宁的历史定位，为蹇卦二、三、上爻动，“六二”值宜变成井卦，贞悔相争成涣卦（䷺）。我跟朱老师在三十多年前走得很近，他因罹癌，已于1998年3月过世，前文大壮卦二爻变占例中曾说明。朱为军旅作家，随国民党军队迁徙来台，确是“王臣蹇蹇，匪躬之故”，他是真做到了无怨无尤。“九三”、“上六”相应与，“往蹇来反”，“往蹇来硕”，“内喜之”，“志在内”，在文学的岗位上造就不少人才。涣卦有文化传播之义，“遇蹇之涣”，朱老师足以当之。

• 2009年10月上旬，我在富邦的易佛课堂上占问星云大师的修为境界，也是“遇蹇之涣”。星云白手起家，弘扬佛法，度众生蹇难，占象相当适切。蹇卦后为解卦，解忧除患，度人生苦厄。

• 2011年2月中，我的学生楼中亮中医师出了《算病》一书，市场反应大销，为乘胜推广，安排了一些上电视台的专访。其中有次邀访为命理节目，口碑形象不甚佳，他托我占得蹇卦下三爻全动，贞悔相争成节卦（䷻）。遇蹇之节，最好有所节制，别去参加。命理术数并非没有道理，但修习之人往往媚俗取宠，搞得气势狭隘，大不足取。

• 2007年11月中旬，我任两届学会理事长期满，理监事须改选，我考虑其中一位女生是否合适任理事？为蹇卦初、五、上爻动，贞悔相争成贲卦（䷕）。“贲”为文饰，可能文胜于质，“蹇”则艰困难行，“遇蹇之贲”，勉强安排意义不大，遂作罢。两、三年后学会人事纷争不断，这女生卷入漩涡，果然易占有其远见。

2010年8月初，我积极着手整顿会务，改组理监事大致确定后，问预计成效如何？为蹇卦初、四、五爻动，贞悔相争成丰卦（䷶）。蹇卦表示出了状况，家人变睽，恪须整合。“往蹇来连”，“大蹇朋来，以中节也”。丰内明外动，“明以动”可成“丰大”，卦辞称：“亨，王假之，勿忧，宜日中。”10月初改选出新的理监事会，除旧布新，拨乱反正矣！

• 1996年元月底，我已沉潜不问出版公司事许久，大股东又与老板开战，火暴的冲突下，老板召开董事会，悍然反击。我问自己的最佳对策？为蹇卦三、四、五爻动，贞悔相争成豫卦（䷏）。“蹇之时用大矣哉！”“豫之时义大矣哉！”“往蹇来反”，“往蹇来连”，“大蹇朋来”，配合行事就对了。豫卦为防备之义，卦辞称：“利建侯行师。”“遇蹇之豫”，还真有兄弟阋墙、共御外侮的味道，其实我心里早已不做此想，游戏人间，度过此关。

四爻变占例

占事遇卦中任意四爻动，以四爻齐变所成之卦的卦辞卦象论断，若其中一爻值宜变，稍加重考虑其爻辞所致之影响。

• 2011 年 8 月上旬，我赴北京授《易》毕，与友人赴近郊潭柘寺游览。午餐时清风徐来，友人谈起他想办“新心灵”的讲座，问推广前景，我占得不变的艮卦。重重阻碍，不易突破。再问一桩与郑州某机构合作的可能性？得出蹇卦初、二、三、四爻动，“初六”值宜变为既济卦，四爻齐变成兑卦（䷹）。蹇难不易，得费心整合多方资源，才有成功机会。兑卦卦辞“亨利贞”，《大象传》称：“丽泽兑，君子以朋友讲习。”正为合作讲习之意。后来发展，确实如此。

扫码聆听刘君祖老师亲自讲述大易之道

——逐字逐爻详解易经六十四卦

40. 雷水解（䷧）

解卦为《易经》第四十卦，在蹇卦之后，居损卦之前。蹇难中人捐弃前嫌合作，获致和解。《序卦传》称："蹇者，难也。物不可以终难，故受之以解。解者，缓也。缓必有所失，故受之以损。"和解宿怨不能急，所谓事缓则圆，解开绳结不能硬扯，得耐心节节松开。蹇卦初至四爻，互成蹇卦，蹇中有蹇，为连环套；解卦三至上爻，互成解卦，解中有解，也得一步步来。人际矛盾互有心结，化解很花时间，消耗心力就是损失。

《杂卦传》称："解，缓也；蹇，难也。"仍是用"缓"、"难"二字解释，只将二卦顺序颠倒。蹇、解一体相综，再艰难的问题，都有巧妙的解决之道，所有的解答，必然对应某些问题。全《易》六十四卦三百八十四爻，以及四千零九十六种变化，就代表各式各样的问题，而卦爻辞就是相应的答案。

解卦六爻全变，为家人卦，和解后，又成相亲相爱的一家人。家人与睽相综，睽、蹇相错，蹇、解相综，解与家人又相错，这四卦错综复杂，说透了人际的离合悲欢与爱恨情仇，古往今来，不知多少人都陷溺在其中轮回，真正超越解脱不易。下经首咸、恒，观之而见天地万物之情，而遁、大壮，而晋、明夷，而家人、睽、蹇、解，都在感情世界打转，跌宕起伏，受尽情伤。一旦获得解脱，理性超越感性，即进入损、益二卦的精打细算。整部《易经》各爻各卦，其实就在求取理性与感性的最佳谐衡。

解。利西南，无所往，其来复吉，有攸往，夙吉。

解卦卦辞十五字，放缓步调，冷静从容，可视为解决一切理论及实务问题的公式，先“无所往”，再“有攸往”，先后顺序一定不能错。“利西南”为总纲，和解当然以得朋为要，蹇卦卦辞“利西南，不利东北”，解卦只称“利西南”，自然不利东北丧朋。“西南”为坤卦所代表的柔顺之方，和解放松用柔，放下放下，一切放下。家人卦“利女贞”，睽卦“小事吉”，蹇、解二卦皆“利西南”，这四卦都尚柔顺势，厚德包容，以待人处事。

蹇难发生后，先需镇定冷静，没搞清楚状况前，别急着胡乱处理，以免治丝益棼，这就是无所往。等到深入研究，了解其中因果脉络后，再剥极而复，采取正确行动解决问题，这是“其来复吉，有攸往，夙吉”。“夙”为早敬，成竹在胸，计划早定，掌握时机出手快捷，干净利落完成。

《彖》曰：解，险以动，动而免乎险，解。解利西南，往得众也；其来复吉，乃得中也；有攸往夙吉，往有功也。天地解而雷雨作，雷雨作而百果草木皆甲坼。解之时大矣哉！

解卦内坎险、外震动，为奋动出险之象。坤为众，利西南得朋，“解利西南，往得众”，此指外卦“九四”而言，阳入阴中为震动之主。“其来复吉，乃得中”，则指“九二”来居内卦坎险之中，深入了解问题所在。“有攸往夙吉，往有功”，“九二”先知险，“九四”行出险，而获成功。雷水解，有打雷下雨、郁闷尽消之象。一场倾盆大雨滋润百果草木，使其外壳都迸裂开，以吸取水分，青翠光亮，欣欣向荣，大地上充满了生机。和解的时代太重要、太令人欣慰了！

成功不离风险，坎卦、蹇卦、需卦、解卦的《彖传》皆称“往有功”，蒙卦《彖传》称“圣功”，师卦“六三”《小象传》称“大无功”、“上六”《小象传》称“以正功”，这些卦都有三画的坎（☵）在内或外卦。无论内险外险，都要冒险犯难，以求成功。屯卦外坎险、内震动，仍动乎险中；解卦外震动、内坎险，已脱乎险外，两卦相交，上下内外调换即互易。

睽、蹇之时用大矣哉！合睽共蹇之后，团结奋斗出险，则称“解之时大矣哉”，不胜欣慰之情。称“时大矣哉”的卦，还有颐、大过及革卦，都有重大的时代意义。

《象》曰：雷雨作，解。君子以赦过宥罪。

解卦上震雷、下坎水，为雷雨大作之象，《彖传》称“雷雨作”，即因《大象传》而来。人生化解仇怨亦应如是，“雨”为阴阳和合，解铃还须系铃人，家人而睽，而蹇而解，正是体现其历程。“度尽劫波兄弟在，相逢一笑泯恩仇”，什么罪过不能宽恕赦免？有什么忘不了、放不下的生死大恨？

“过”与“罪”不同，过错可完全赦免不计较，罪只能宽宥减少刑罚，不宜完全勾销，否则达不到遏恶扬善的教化功能，有伤社会正义。举例来说，二战时日寇的南京大屠杀不只是过，而是造杀业的重罪，即便中日和解，日方亦应真诚郑重地道歉忏悔，否则不能轻易放过。孔子说得好：“以德报怨，何以报德？”人生正道，还是应该“以直报怨，以德报德”。蒋介石二战后对日本的处置，绝对失宜。

• 2011 年 11 月中旬，我问肆虐全球的金融风暴最终可解否？为不变的解卦，应该没有问题。又问如何得解呢？为剥卦（䷖）四、上爻动，齐变有豫卦（䷏）之象。“遇剥之豫”，“剥”为浩劫，“不利有攸往”；“豫”为思患预防，“利建侯行师”。防范得当，可趋吉避凶、剥极而复。即便如此，剥卦“六四”“剥床以肤，切近灾”，还是相当惊险；“上九”“硕果不食，君子得舆”，小人却剥庐而遭淘汰。

我接着再问：上世纪美国总统尼克松废除金本位制，功过如何？为小畜卦（䷈）初、二、上爻动，“上九”值宜变为需卦（䷄），贞悔相争成蹇卦（䷦）。小畜卦运用杠杆，以小博大，企图突破密云不雨的情势。“初九”“复自道”，“九二”“牵复”，开始建立美元为基础的国际支付体制；“上九”“既雨既处，尚德载”，真的达成目的，满足需求。而数十年后，却造成金融风暴，全球蹇困难行的局面，各国被美元绑架而无可奈何，“蹇之时用大矣哉！”

• 1991 年 11 月初，我所在的出版公司开始股权争夺，市场派大股东挟雄厚财力，企图入主，我占问他们兄弟为友为敌？得出不变的解卦。“利西南，无所往，其来复吉，有攸往，夙吉。”开始一定不宜得罪，寻求和平共存，摸清路数后，再决定如何行动。

• 1994 年 10 月初，老板回朝夺权成功，已近半年，一切为所欲为，得心应手，准备召开董事会议事。我占问他意图为何？为豫卦（䷏）

“九四”爻动，有坤卦之象。“由豫，大有得；勿疑，朋盍簪”，是想全面收编，以肆其志。我问自己如何应对？为大壮卦（䷡）初、四爻动，齐变有升卦（䷭）之象。大壮卦“利贞”，“初九”“征凶，有孚”，“九四”“贞吉，悔亡”，摆出升卦内巽外顺之象，实则如如不动，应为最宜。最后占问董事会能过关否？为不变的解卦。“利西南，无所往，其来复吉，有攸往，夙吉。”先谋和，争取休养生息的时间，日后如何再说。一切依占象进行，相当顺利，知彼知己，百战不殆。

• 2011 年 4 月上旬，我的恩师毓老仙逝半月多，悲痛之余，占问老师在华夏文明史的独特地位，为不变的解卦。真解人也！中华文化博大精深，老师读书百年，深入经传，确有极大创获。他提出奉元书院院训：“以夏学奥质，寻拯世真文。”晚年又提出戛戛独造的“权权”之论，语出《论语·子罕篇》子曰：“可与共学，未可与适道；可与适道，未可与立；可与立，未可与权。”权变无方，从心所欲不踰矩，为极高境界，《系辞下传》第八章亦称：“不可为典要，唯变所适。”老师还要权这个权，以求绝对精密而不失衡。孟子称伯夷为“圣之清者”、柳下惠为“圣之和者”、伊尹为“圣之任者”，孔子为“圣之时者”，我想称毓老师为“圣之权者”，占问合宜否？为乾卦（䷀）三、五、上爻动，“上九”值宜变为夬卦（䷪），贞悔相争成归妹卦（䷵）。“终日乾乾”、“亢龙有悔”之间，昂然“飞龙在天，大人造也”。归妹卦《彖传》称“天地大义人终始”，《大象传》称“永终知敝”，老师终而复始、弘扬夏学之功，永不磨灭。

• 2002 年 11 月底，我的学生张良维艺出熊卫先生的“太极导引”，而后自创“气机导引”开场授徒。我那时已未再习拳，还是占问他的功力境界如何？为不变的解卦。看来已颇有意境，彻底松柔，大得个中三昧矣！

• 2010 年 11 月中旬，我问自己为何夜夜做梦？为不变的解卦。人生多蹇，世路难行，日有所思，夜有所梦，在梦境中寻求解脱。

• 2000 年 5 月上旬，我全面整理《系辞传》，问下传第五章的主旨，为不变的解卦。该章共举了孔子对十一个爻的解释，包括咸卦“九四”、困卦“六三”、解卦“上六”、噬嗑卦“初九”及“上九”、否卦“九五”、鼎卦“九四”、豫卦“六二”、复卦“初九”、损卦“六三”、益卦“上九”。可说都是教人知机应变、适时化解危机之道，易占以一解卦统括，相当精确。

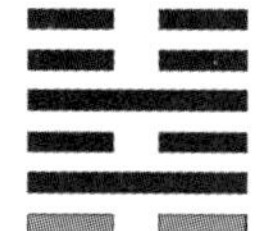

初六。无咎。

《象》曰：刚柔之际，义无咎也。

“初六”为解卦之初，阴虚无力解决蹇难之局，这时应保持镇静，暂时不做任何处理，以求不犯错而获无咎。卦辞所称“无所往”，即指此阶段而言。蹇难由来已久，情势复杂，未明就里岂可轻举妄动？但凡忧患危难，最好及早发觉并提前化解，若已经发生，绝非旦夕可了，反而不必急躁，好好休养几天，养足精神再处理，解卦卦辞继“无所往”之后，又称“其来复，吉”，即为此义。预防胜于治疗，预防为豫卦，治疗则为解卦。

豫卦动于地上，解卦动于水上，显然动荡得多。“初六”本身先别乱动，上承“九二”、应与“九四”皆阳刚有实力，耐心等待二、四爻之时位再处理，这就是《小象传》所称“刚柔之际，义无咎也”。谨守主从分际，不给上级添麻烦。坎卦（䷜）“六四”上承“九五”之君，《小象传》亦称“刚柔际也”，两爻齐变成解卦（䷧），阳主阴从，可合作脱险。解卦“初六”爻变，为归妹卦（䷵），“征凶，无攸利”，急着处理肯定没好结果。

全《易》三百八十四爻辞中，最精简的只有两个字，解卦“初六”“无咎”为其一，其他如否卦“六三”“包羞”、恒卦“九二”“悔亡”、大壮卦“九二”“贞吉”、兑卦“上六”“引兑”等皆是。

• 2004年4月中旬，我问此生与佛法的因缘，为解卦“初六”爻动，有归妹卦之象。“刚柔之际，义无咎也。”人生多蹇难，真心探求解答，归妹卦《大象传》称“永终知敝”。解之初，毕竟因缘尚浅，难以强求。

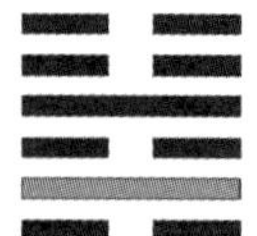

九二。田获三狐，得黄矢，贞吉。

《象》曰：九二贞吉，得中道也。

“九二”居内卦坎险之中，刚而能柔，深入狐穴侦探敌情。“三”为多数，狐狸性狡诈多疑，“三狐”象征蹇难情势的真相，环环相扣，聚集成群，很不容易对付。“田”为田猎，师卦“六五”“田有禽”、恒卦“九四”“田无禽”等皆是。“田获三狐”，表示已完全了解问题的来龙去脉，猎狐需准备黄金箭，但此刻尚在敌营险陷之中，不能造次行动，固守正道，不作声色才吉。本爻变为豫卦（䷏），一切先做好准备，时机成熟再动手。

•2010年11月中，我受邀赴北大国学培训中心授《易》，课末有学员提问：中国金融业未来发展趋势为何？我占得解卦“九二”爻动，有豫卦之象。内地金融起步较晚，与国际接轨还有很多问题待解决，不宜急切求进，先下工夫扎实了解比较重要。“解之时大矣哉！”“豫之时义大矣哉！”

•2010年12月下旬，我想起27岁时，从工程顾问公司毅然辞职的往事，这影响我一生太大，当时为何会如此？占得解卦“九二”爻动，有豫卦之象。“解之时大矣哉！”“豫之时义大矣哉！”当时决定大转行，都是为今日及未来作必要的准备，甩掉包袱，走自己的路。豫卦《大象传》称：“雷出地奋，先王以作乐崇德，殷荐之上帝，以配祖考。”也许这是天命早已注定，时机成熟了，就会作出决定，命理上有所谓“异路功名”的命格，我就顺势而为吧！

•2009年年底，我回顾全年奋斗的绩效，占得解卦“九二”爻动，有豫卦之象。当年往内地跑了好多趟：厦门大学“南强论坛”演讲、北京人民大学国学院、长春清华培训中心授《易》，山东滨州学院、广饶、与北京军科院，参加《孙子兵法》会议等等。这么多紧凑的学术参访活动，其实只是为未来作准备。“田获三狐，得黄矢，贞吉”，先打造好黄金箭，等恰当时机一试锋芒。

•2006年7月上旬，我给学生讲三十六计与易理的关系，占问“笑里藏刀”，为解卦“九二”爻动，有豫卦之象。“田获三狐，得黄矢，贞吉。”此象太切太切！杀人的利器已打造好，暂时不动声色，以麻痹敌人，耐心等待出手的时机。《老子》第三十六章：“将欲夺之，必固与之，是谓微明。柔弱胜刚强。鱼不可脱于渊，国之利器，不可以示人。”

•2008年元旦，我作一年之计，问当年中美外交关系，为解卦“九二”爻动，有豫卦之象。“田获三狐，得黄矢，贞吉。”双方虽然摆出和解的态势，仍尽力探对方的家底，打造足以克制的秘密武器。豫卦“利建侯

行师”，两大之间互相防备不能免。

• 2012年7月20日，美国丹佛城发生持枪滥杀事件，时当挪威奥斯陆惨剧一年后，我问这种生死恐怖当如何防范？为解卦“九二”爻动，有豫卦之象。必须解开许多社会畸零人内心中的险陷情结，才能有效地预防。“田获三狐，得黄矢，贞吉。”狐性狡诈多疑，栖息于幽深的洞窟中，难以辨识及化解，军警无能为力，心理咨询、宗教救赎也未必管用，还有其他人文化成的治本方式吗？

六三。负且乘，致寇至，贞吝。

《象》曰：负且乘，亦可丑也；自我致戎，又谁咎也？

“六三”阴居阳位，不中不正，为内卦坎险之极，乘于“九二”阳刚之上，有欲望蒙蔽理智之象。“负且乘”，背着沉重包袱乘车，行径怪异，这么没有安全感的人，反而容易招抢劫，以为他的包袱里藏有什么珍宝，器识狭隘，自找麻烦，又能怪谁呢？本爻变，为恒卦（䷟），如此行事定难久长，很快就会失去所有的资产。

需卦“九三”爻辞：“需于泥，致寇至。”《小象传》称：“自我致寇，敬慎不败也。”人生嗜欲失节，才会招致外侮，正是“天作孽，犹可违；自作孽，不可活。”观卦“六二”“窥观，利女贞”、大过卦“九五”“老妇得其士夫”，《小象传》皆称“亦可丑也”，皆为格局狭隘，其行可议。

《系辞上传》第八章有孔子对此爻的详细解释：子曰：“作《易》者其知盗乎！《易》曰：‘负且乘，致寇至。’负也者，小人之事也；乘也者，君子之器也；小人而乘君子之器，盗思夺之矣！上慢下暴，盗思伐之矣！慢藏诲盗，冶容诲淫。《易》曰：‘负且乘，致寇至。’盗之招也。”古代平民没车坐，得背着包袱在路上奔波谋生，做官的人才有公家配的车代步。小老百姓坐上官车，比喻平庸之人窃据高位，必惹人厌恶觊觎，设法夺去其位。组织中上层骄慢，下层暴虐不守法，外敌认为有机可乘，就会大肆入侵。看守仓库的人漫不经心，等于教导人进去抢劫；女人打扮妖冶，形同诱惑人淫乱。人生诸多寇盗之事，其实多由自招。欺名盗世、巧取豪夺，甚至大盗盗国都是盗，人心不靖，何时才得“盗窃乱贼而不作”？

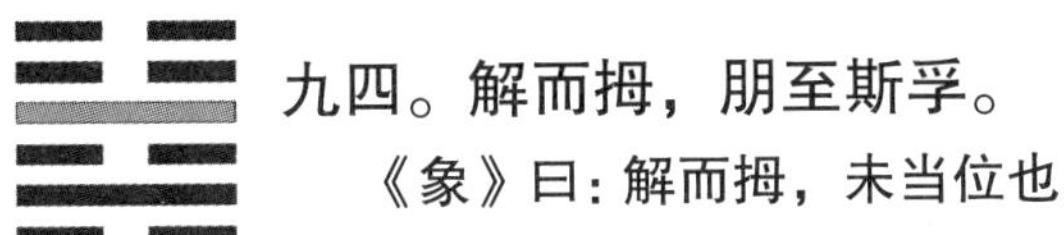

九四。解而拇，朋至斯孚。

《象》曰：解而拇，未当位也。

“九四”阳居阴位，居外卦震动之初，已有奋斗出险之象，往下甩脱“六三”小人的纠缠依附，不再有人掣肘绑手绑脚，故称“解而拇”。“而”通“尔”，如颐卦“初九”称“舍尔灵龟”，此处即指“九四”本身。阴阳合为朋，“九四”往进上卦，为震动之主，如同复卦一阳复始之象，复卦称“朋来无咎”，解卦“九四”称“朋至斯孚”。人生必先舍弃坏朋友，抛掉旧包袱，划清界限后，才易交上新朋友，热诚展开新生活。虽然如此，“九四”上下为二阴爻包覆，局部仍有坎陷之象，阳居阴位，尚须忍耐，不能灭敌，先求自保，故称“未当位也”。

“九二”在坎险中，爻变成豫卦，“利建侯行师”；“九四”动而免乎险，爻变成师卦（䷆），准备正式开战。二与四同功而异位，为解卦中唯二阳刚有实力之爻，却能居阴用柔，渐致成功。其实以“数位观象法”解析，阳爻为1、阴爻当0，1+0=0+1=1，0+0=0，解卦可拆为豫卦加师卦，解决问题，就是先探究真相，再付诸行动一战而决。同理，蹇卦可拆解为比卦加谦卦，兄弟阋墙，共御外侮，遂得善终。蹇卦“九三”、“九五”阳刚有实，同功而异位，爻变分别为比卦与谦卦，贯彻“蹇之时用大矣哉”！

咸卦“初六”为人情之始，爻辞称“咸其拇”；经历众多情伤变故后，解卦“九四”“解而拇”，开始化解情执情障。解铃还需系铃人，怎么结上的，怎么解开。震为足，解卦“九四”为足底，“六三”阴承阳纠缠捆绑，“九四”切割摆脱，故称“解而拇”。

• 1997年10月中旬，我作千年之占。人类文明未来十个世纪，为不变的泰卦（䷊），西方文明为讼卦（䷅）五、上爻动，“上九”值宜变成困卦（䷮），齐变为解卦（䷧），此二占例已于前述。当时问中国文明，则为解卦“九四”爻动，有师卦之象。“解而拇，朋至斯孚”，华夏文明崇尚和平，却不废武备，“能以众正，可以王矣”！西方文明好事争夺，“终朝三褫之”，也试图止讼而脱困，中国文明的王道思想，正好提供解

占例

脱之道，两者相融通，遂成就未来人类文明之泰。

• 1998 年 3 月下旬，我问《大学》一书的价值定位？为解卦“九四”爻动，有师卦之象。“解而拇，朋至斯孚”，“能以众正，可以王矣”！“大学”为大人之学，讲修齐治平之道，知人心险陷，动而免乎险，除患以求天下平。

• 2009 年 11 月初，我赴北京参加家中国军科院主办的《孙子兵法》研讨会，收获丰硕。返台前夕，学生刘庆平带一位证券业的朋友来晤，他将所著股票分析的书赠我，内有运用易理之处，我大致翻阅，答应研究后作复。当场先占问他的问题有解否？为解卦“九四”爻动，有师卦之象。“解而拇，朋至斯孚”，“未当位也”。初步可解，尚需假以时日，琢磨更成熟后，再彻底解决。2011 年 7、8 月首届北京大易精英班开办，他也参加，成为最用功的学生，易理大有进境。后来跟我说起前年年初冬雪夜之访，他很感性地描述心路历程，真正是抛弃旧识见、培养新观点，“朋至斯孚”啊！

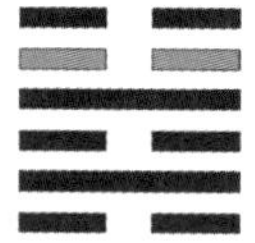

六五。君子维有解，吉，有孚于小人。

《象》曰：君子有解，小人退也。

“六五”居解卦君位，继“九四”松绑之后，已转为主动优势，这时不妨展现宽容气度，留人一条改过自新的生路，这合乎“赦过宥罪”的和解精神。君子对小人有孚，让其知难而退，可改善社会睽违对立的情势。《论语·颜渊篇》记“樊迟问知”，子曰：“举直错诸枉，能使枉者直。”樊迟不懂，问子夏何意？子夏解释：“舜有天下，选于众，举皋陶，不仁者远矣！汤有天下，选于众，举伊尹，不仁者远矣！”“举”是举用，“错”即攻错、改错之意，举用正直的人，来管理教导不正的人，使不仁之事远离，大家才服气。而不是倒过来，用坏人来教好人，搞坏社会风气，且引起民怨。所以《为政篇》中鲁哀公问：“何为则民服？”孔子对曰：“举直错诸枉，则民服；举枉错诸直，则民不服。”

“错”不是措置放弃，而是教导改变，所以才说能使枉者直。如果“错”是放弃贬抑，时移势转，坏人还会再打回来，冤冤相报，永无宁日，违反与人为善的和解精神。解卦君子“有孚于小人”，才是领导者“赦过宥罪”的襟怀。现代法学上有大赦、特赦，为国家元首的权力，亦合此爻义理。本爻变，为困卦（䷮），若不宽大为怀，将是交相困之局，不能真正化解对立仇怨。

占例

• 2011 年 10 月中旬，我在青海西宁参观藏文化博物馆，看到一供修行者观想用的“时轮坛城”，据说有预测灾难的神效，汶川大地震爆发前六天就有警示云云。我问其真确否？为解卦“六五”爻动，有困卦之象。“遇解之困”，“解之时大矣哉”！还真有纾解民困之意。两天后到拉萨布达拉宫参观，又看到达赖七世供奉处，也有时轮坛城，再占得解卦二、四爻动，有坤卦（䷁）之象。修行得解，“赦过宥罪”，可能不是虚言。

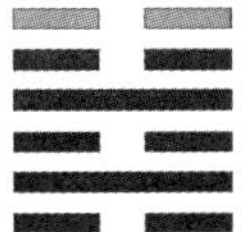

上六。公用射隼于高墉之上，获之无不利。

《象》曰：公用射隼，以解悖也。

“上六”为解之终，阴居阴位，为全卦唯一位正之爻。前五爻皆不正，至此位正，表示彻底解决的时机已经成熟，出手名正言顺，事成无疑。“公”为双关语，用法与大有卦“九三”“公用亨于天子”相同，既表公爵地位，也是天下为公之意。“隼”为猛禽，似鹰而略小，善飞速扑袭小动物，这里指的是“负且乘”的“六三”，被视为全民公敌。“上六”与“六三”相应，居高临下，为民除害，故称“公用射隼，以解悖也”。“六三”行为违反正道，“上六”视之为“隼”、“九二”视之为“狐”、“九四”受其掣肘、“六五”直接称为小人，整个解卦，就是要甩掉“负且乘”的过时包袱。

“高墉”为高高的城墙，“上六”依据公众的意见除害，必可诛除“六三”而“无不利”。孟子见齐宣王，有所谓“国人皆曰可杀，然后杀之”的议论，铲除凶顽应勿枉勿纵，一切证据齐全，才收网擒拿。

《系辞下传》第五章称：“《易》曰：‘公用射隼于高墉之上，获之无不利。’子曰：‘隼者，禽也；弓矢者，器也；射之者，人也。君子藏器于身，待时而动，何不利之有？动而不括，是以出而有获，语成器而动者也。’”工欲善其事，必先利其器，“上六”射隼所用的弓箭，早在“九二”“得黄矢”时已预备好，只是时候未到，隐忍不发而已。如果“六五”宽容政策生效，小人退而迁善改过，“上六”的杀招也可省了。“六五”时为小人最后的忏悔机会，若死不认错悔改，“上六”仁至义尽，只好致命一击铲除。“动而不括”之“括”，同坤卦“六四”“括囊”之“括”，为固结不解之意。捆扎袋口时须绑紧，现在要解开，则得流利迅速，毫不迟疑，留情别出手，出手就不留情！人生行事，就是藏器于身、待时而动、动而不括这十二个字啊！卦辞称“夙吉”，既早且敬，早有准备，认真执行，当然“获之无不利”。“上六”爻变，为未济卦（䷿）。虽然彻底解决小人之害，毕竟未能“赦过宥罪”，有违和解初衷，不无遗憾。

解卦上三爻爻辞皆有“解”字，下三爻则无，明确表示下卦仍陷于坎险之中，上卦才震动出险。六爻进行的节奏依卦辞顺序：“初六”“无咎”，为“无所往”；“九二”“田获三狐”，为“其来复吉”；“六三”“负且乘”，为问题症结曝光；“九四”“解而拇”，为“有攸往”；“六五”取得必胜优势与充足证据后，放宽处置；“上六”最后出手彻底解决，为“夙吉”。整体策略为西南得朋，顺势用柔，但柔中蕴刚，暗伏杀机；彻底松透后，柔极转刚，最后迸发出的反击力道，无坚不摧、无敌不克。老子称：“天下之至柔，驰骋下之至坚，无有入无间。”即为此义，熟习太极拳拳理者，当能有所会心。

解卦卦辞中称“其来复吉”，七日来复，缓之又缓，身心彻底放松下，培养出核心的创造力，一举突破难关，剥极而复。许多理论上的创见亦复如是，强探力索，解决不了的问题，别钻牛角尖，适度调整心情或转换场地，可能豁然贯通。阿基米德泡在浴缸里想出浮力原理，苯分子的结构式由凯库勒睡梦中想通，恰恰无心用，恰恰用心时，都是解卦原理的体现。

• 2000 年元月底，我问学生张良维推展“太极导引”的当年运势如何？为解卦“上六”爻动，有未济卦之象。“公用射隼于高墉之上，获之无不利。”他当时道场入门处，即镌刻“放松”两个大字，导引要旨也是松透后，彻底化解身体的蹇滞，当年推广确实相当顺利。

• 1990 年 10 月初，我在那家出版公司的职责日益加重，而老板在外的债务严重，我问他究竟能否过关？得出解卦“上六”爻动，有未济卦之象。“公用射隼于高墉之上，获之无不利。”三年半后，他使出必杀绝招，全胜回朝，连市场派财力惊人的大股东也无法阻止，卦象算是应验，再过七八年将公司玩完，仍然是未济卦，则是后话。

解卦多爻变占例之探讨

以上为解卦卦、彖、象、六爻的全部解释，往下再探讨多爻变的复杂情境。

二爻变占例

占事遇卦中任意二爻动，若其中一爻值宜变，以该爻辞为主论断；若皆不值宜变，则以本卦卦辞卦象为主，亦参考二爻齐变所成之卦的卦象卦辞。

• 2011年元月下旬，我问如何看待基督教的救赎？为解卦二、四爻动，有坤卦之象。“赦过宥罪”，“九二”知罪、“九四”行动摆脱罪恶，“朋至斯孚”，以身心信奉主耶稣。再问佛教济度众生呢？为蹇卦（䷦）初、三爻动，有屯卦（䷂）之象。人生多蹇难，动辄得咎，必须反身修德，才获新生。蹇之时用大矣哉！解之时大矣哉！两大宗教都致力解脱人生诸苦。

• 1999年11月中，我给学生讲韩非子的法家之学，对一些精彩篇章皆有占测，其中《内储说上·七术》的主旨为解卦二、四爻动，有坤卦之象。“七术”皆为君王侦测并控制臣下之术：众端参观、必罚明威、信赏尽能、一听责下、疑诏诡使、挟知而问、倒言反事。光从名目上就可见一斑，“九二”“田获三狐”，深探臣下所有隐私，“九四”用来控制其行为。“人焉廋哉？人焉廋哉？”孔子所说正是如此。

• 2004年元旦，我作一年之计，算我全年的人际关系如何？为解卦三、四爻动，“九四”值宜变为师卦，齐变则有升卦（䷭）之象。“遇解之升”，应该是挣脱旧包袱，而有崭新成长。“六三”“负且乘，致寇至”，经“九四”“解而拇，朋至斯孚”，解之时大矣哉！结果还真是如此。

当时也有算吕秀莲全年的运势，为解卦三、五爻动，齐变有大过卦（䷛）之象。这卦真是充满不可测的玄机！前文说解卦“六三”“负且乘，致寇至”，为“3·19”当天下午的情景，这也在吕的年运中出现迹兆。三与五同功而异位，“六三”的安排，正为“六五”的连任；一旦得逞，再将真凶纵放，就是“君子维有解，有孚于小人”。小人退后，事后再怎么追查，也难重建现场事证，只有不了了之。设计此案，实非常人所能

为，这就是大过卦之象的意义。“遇解之大过”，解之时大矣哉！大过之时大矣哉！

当年民进党呼吁蓝绿和解，蓝营愤愤不平，回呛：“没有真相，没有和解！”找到事实真相为解，和解也是解，这话说得完全对。

• 2006 年 11 月上旬，高雄清凉音文化公司邀我合作录制光盘出版，我评估其提议如何？为解卦三、四爻动，“九四”值宜变为师卦，两爻齐变，则有升卦之象。解卦“九四”抛掉“六三”的旧包袱，“朋至斯孚”。“遇解之升”，解蹇而获高成长，当然甚好。解卦“利西南”，升卦称“南征吉”，又与高雄、台南之地相合。后来前后合作专题演讲八次，录成音像与影像制品，合作相当顺利愉快。

2007 年 11 月底，我开始第一套录制计划，分别谈《易经》中的感情观、教育思想、决策智慧与修行方法。我占问《易》中感情观的特色，为解卦四、五爻动，“九四”值宜变成师卦，两爻齐变为坎卦（☵）。“遇解之师、之坎”，情路坎坷多争战，恪须大智慧解脱。咸卦“初六”“咸其拇”，开始动情；解卦“九四”“解而拇”，理智摆脱情障。虽然跳脱，“六五”“君子维有解，有孚于小人”，仍然宽容对待。

• 2002 年 8 月下旬，我母亲骨椎疑长瘤，行动不适，我问无碍否？为解卦初、五爻动，“初六”值宜变成归妹，两爻齐变，又有兑卦（☱）之象。兑卦“亨利贞”，解卦“来复吉”，“遇解之兑”，应该没事。解卦“初六”“无咎”，镇静不必慌张，“六五”“君子维有解”，“小人退也”，皆为吉象。后来果然无碍。

• 1998 年间，我学生邱云斌的父亲汽车在苗栗失窃，占问可否找回？为解卦初、五爻动，“初六”值宜变为归妹，齐变为兑卦。“初六”“无咎”，先别慌张；“六五”“君子维有解”，吉，最后应可找回。解卦卦辞：“其来复吉。”半月后，警方通知车弃于稻田，小混混偷开去玩，油没了即弃置不顾。人当然抓不到，爻辞不是说“有孚于小人、小人退也”吗？

• 2011 年 10 月下旬，我完成近半月的西藏之旅，占问此行如何？为解卦二、五爻动，齐变有萃卦（䷬）之象。“遇解之萃”，西藏为解脱放松之乡。我们一行六人萃聚同游，解卦二、五相应与，心有所悟，行有所开，“雷雨作而百果草木皆甲坼，解之时大矣哉！”解卦“利西南”，又与西藏方位吻合。

2012年5月中旬，我在高雄的六十四卦全《易》班上最后一卦未济卦，再一次《易传》总论即结业。我问三年半勤恳教学的功德，为解卦二、五爻动，齐变为萃卦。“九二”“田获三狐，得黄矢，贞吉”，深入解析义理；“六五”“君子维有解，吉”，豁然贯通。萃卦人文荟萃，前接姤卦、后为升卦，也是人生难得的机遇。“赦过宥罪”，“解之时大矣哉！”

• 2009年10月下旬，富邦课堂上有学生说，末法时期密宗较显教容易见效。我为此起占：密宗为解卦初、四爻动，“九四”值宜变成师卦，齐变有临卦（䷒）之象。显教为大畜卦（䷙）初、三爻动，有蒙卦（䷃）之象。显教经籍浩繁，修习者欲融会贯通不易，“初九”“有厉利已”，“九三”“良马逐”，有善根器者尚需艰贞求道，“日闲舆卫”，才“利有攸往”。“遇大畜之蒙”，启蒙学成者不多。密宗重上师面授薪传，解卦“初六”、“九四”相应与，心心相印，“解而拇，朋至斯孚”，有机会解蔽入道。

• 1997年4月下旬，我以易占探究易理，问讼卦“九二”爻辞“其邑人三百户，无眚”为何意？得出解卦初、四爻动，“九四”值宜变为师卦，齐变则有临卦（䷒）之象。讼卦“九二”与“九五”争讼落败，须低调争取和解，以保住既有资源，并照顾部属徒众，免受秋后算账。解卦谋和，“九四”居高位，下和“初六”基层相应与，“初六”无咎，即因“九四”“解而拇，朋至斯孚”。师卦“容民畜众”，临卦“容保民无疆”，两象意旨几乎全同。

当时也问讼卦“六三”爻辞“食旧德”为何意？得出坎卦“九五”爻动，有师卦之象。“坎不盈，坻既平，无咎。”讼卦“六三”与“上九”争讼落败，一样低调善后，诉诸旧日情谊，以求自保。坎卦“九五”为大局和平计，也包容水中之礁岩，维持新的平衡。

稍前的3月底，我问未济卦“上九”爻辞“有孚失是”之“是”的真义，得出解卦三、上爻动，齐变有鼎卦（䷱）之象。“日正”为“是”，光明合乎中道。《易》卦三百八十四爻起于“是”，终于“是”，在各种变化的情境中探究及追求真理。乾卦“初九”潜龙勿用，“不见是而无闷”，未济卦“上九”“有孚失是”，真理时隐时现，或得或失。解卦“六三”“负且乘”，严重违反真理，“上九”“公用射隼，以解悖也”，纠偏以正是非。拨乱反正，革故鼎新，解之时大矣哉！《系辞传》中记孔子释爻，解卦就选了“六三”及“上九”，可见重视。

二爻变占例

• 1994年5月上旬，我所在的出版公司“政变”，老板强势回朝，我找一位资深董事商议。他判断老板已掌握过半股权，劝我至少暂时妥协，与老板谈谈，看看风向再定。我无奈之下占问，为解卦四、上爻动，“九四”值宜变为师卦，齐变则有蒙卦（䷃）之象。“解而拇，朋至斯孚”，先划清界限求和，将讲来再伺机彻底解决。形势比人强，其实也只能这么做。

一个月后，老板已成功接管一切，再与市场派的大股东摊牌协商。我问日后自己的吉凶损益，为解卦初、二爻动，齐变有震卦（䷲）之象。逢此变局，当依和解精神积极应变，震卦《大象传》称：“君子以恐惧修省。”戒慎恐惧，以渡危难。

• 1998年年初，我的学生吴达人占当年台湾运势，为解卦二、三爻动，齐变有小过卦（䷽）之象。“九二”“田获三狐”，狐狸窝中隐患重重，“六三”“负且乘”，包袱沉重乘于其上，不易摆脱超越。小过卦有大坎（☵）之象，可小事，不可大事，必须谨小慎微以对。当年外有亚太金融危机蔓延，内有“冻省”后的李、宋纷争，族群意识引发对立矛盾，很不平宁。

三爻变占例

占事遇卦中任意三爻动，以本卦为贞，三爻齐变所成之卦为悔，称贞悔相争，合参两卦卦辞卦象判断。若本卦三爻其中一爻值宜变，加重考虑其爻辞。

• 2010年5月底，我问台湾鹅湖杂志社推广新儒家思想的成就，为解卦初、二、四爻动，贞悔相争成复卦（䷗）。“遇解之复”，透过义理解释以复兴文化，解卦卦辞中的“其来复吉”得以实现。

1996年2月上旬，出版公司股争再起，我问老板的吉凶胜负，为解卦初、二、四爻动，贞悔相争成复卦。“遇解之复”，看来还是他赢，真是不死鸟啊！其后果验。

41. 山泽损（䷨）

损卦为全《易》第四十一卦，在解卦之后、益卦之前，与益卦相综一体。有损必有益，有益必有损，损极转益，投资到两平点后便能回收，企业都有损益表来判断盈亏。《序卦传》称："解者，缓也。缓必有所失，故受之以损。损而不已必益，故受之以益。"

以下经排序来看，损、益为第十一、十二卦，与上经第十一、十二的泰、否二卦天人相应，彼此关联密切。泰极否来，描述大环境的变迁；损极转益，阐析人为算计之道。以卦爻结构看，损、益即从泰、否变来：泰卦三、上爻互易其位，即成损卦；否卦初、四爻互易其位，即为益卦。这表示"泰"极之时，须预见可能覆亡的下场，及早减损挥霍浪费；转"否"之初，得保存核心能量，以俟情势转好时东山再起，创收获益。

《杂卦传》称："损益，盛衰之始也。"配合宏观环境变迁，斟酌损益以应对，可决定组织发展的荣枯盛衰。《论语·为政篇》："子张问：'十世可知也？'子曰：'殷因于夏礼，所损益可知也；周因于殷礼，所损益可知也。其或继周者，虽百世可知也。'"三代政权更迭，为期与时俱进，各种典章制度皆有因革损益，若能研究贯通，便可掌握历史兴亡的法则，建功立业，继往开来。孔子喜言"损、益"，《季氏篇》中称"益者三友、损者三友"；又称"益者三乐、损者三乐"。

《老子》一书亦屡称"损、益"，第四十二章称："物或损之而益，或益之而损。"四十八章称："为学日益，为道日损，损之又损，以至于无为，无为而无不为。"七十七章称："有余者损之，不足者补之。天之道，损有余而补不足；人之道则不然，损不足以奉有余。孰能有余以奉天下？唯有道者。"这些都是大易损、益二卦义理的发挥与运用。

《淮南子·人间训》称："孔子读《易》至损、益，未尝不愤然而叹曰：

益、损者，其王者之事与？事或欲以利之，适足以害之；或欲害之，乃反以利之。利害之反，祸福之门户，不可不察也。”再稍后的《说苑·敬慎》亦称：“孔子读《易》，至于损、益，则喟然而叹。子夏避席而问曰：‘夫子何为叹？’孔子曰：‘人自损者益，自益者缺，吾是以叹也。’”自益者缺，夬卦有缺口之象，即益卦后为夬卦之序。

帛书《要》篇亦称：“孔子繇《易》至于损益一卦，未尝不废书而叹，戒门弟子曰：二三子！夫损益之道，不可不察也，吉凶之门也……益之始也吉，其终也凶；损之始凶，其终也吉。损益之道，足以观天地之变，而君者之事已。是以察于损益之变者，不可动以忧喜……损益之道，足以观得失矣。”损、益计算，为冷静理性的发扬，不容感情用事。

值得注意的是，《杂卦传》卦序的安排，损、益恰居第十一、十二卦，和自然卦序中泰、否的位置相同，这些皆非巧合，而蕴涵有深奥的道理。

《系辞下传》第七章论忧患九卦，损、益名列第五第六，一体相关，密不可分。“损，德之修也……损，先难而后易……损以远害。”适度减损自己的欲望，俭朴生活以修德，刚开始很难，行久了就变得容易，欲望膨胀为一切祸害之源，损减节制，正是远离祸害。老子称“为道日损”，修道之人必须每天试着减损欲望，“损之又损，以至于无为，无为而无不为”，即是损极转益，没了私欲，什么该做的事，都能积极奋发。

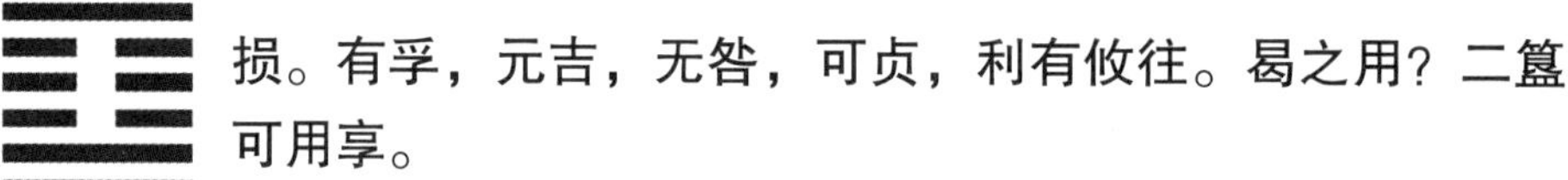

损。有孚，元吉，无咎，可贞，利有攸往。曷之用？二簋可用享。

损卦卦辞颇长，用了许多好话，勉励人行损之道，颇有劝世意味。愿意减损欲望的人，多半有信望爱，嗜欲浅天机深，行事能获开创性的成功，有过必改，固守正道恰到好处，利于根据自己主张，往前奋斗。“曷”为疑问发语词，“曷之用”，何不尝试用损呢？簋为盛主食以祭祀之器，天子八簋，二簋为最俭省的规格配备，只要心意虔诚，也可以用来祭祀。坎卦“六四”称“樽酒簋贰”，“贰”为搭配，与“二簋”的“二”不同。

吉凶为失得之象，输赢胜负无常，无咎为善补过，才是学《易》重心。吉后接无咎，得胜且无后患，何况“元吉，无咎”？“贞”为美德，固守得恰到好处称“可贞”，尤其不易。节卦卦辞：“苦节不可贞。”过分节制伤性情，难能而不可贵。无妄卦（䷘）“九四”爻辞：“可贞，无咎。”《小象传》解释：“固有之也。”爻变成益卦（䷩），正是损极转益。

综观损卦卦辞，“元吉、可贞、利有攸往”，有“元”有“利”有“贞”，“用享”之“享”通“亨”，近乎四德俱全。损卦修德行事，有其妙用，习《易》者当善加体会。

《彖》曰：损，损下益上，其道上行。损而有孚，元吉，无咎，可贞，利有攸往。曷之用？二簋可用享。二簋应有时，损刚益柔有时，损益盈虚，与时偕行。

减损下层以增益上层，资源由下往上输送，等于自挖墙脚，最终将危及整个组织的生存，故称为损。《彖传》往下复诵卦辞，未逐字解释，最后提醒“二簋可用享”勿泥执，“可用”不是常用必用，完全视时势而定。损阳刚之实，以益阴柔之虚，为自然生化之理，但阴阳刚柔也会随时变换，必须跟着转化调节，才能发挥效用。

《象》曰：山下有泽，损。君子以惩忿窒欲。

损卦下兑为泽、上艮为山，山下之泽人迹常至，易受污染，减损其自然美质。损卦的交卦为咸卦（䷞），山上有泽，人迹罕至，故能维持自然美景，湖光山色，映人如画。损卦的错卦也是咸卦，为纯真的人情，由咸至损，涉世渐深，已多习染欲望，故须竭力克制压抑，以免伤人害己。人的情绪中，以愤怒最难控制，也最易败事，尤须加强控管。老子称“智者不怒”，孙武亦引为大戒，《火攻篇》即称：“主不可以怒而兴军，将不可以愠而致战，合于利而动，不合于利而止。怒可复喜，愠可复悦，亡国不可以复存，死者不可以复生。故明君慎之，良将警之，此安国全军之道也。”

兑卦为情欲开窍之象，艮卦则为止欲修行，损内兑外艮，有移山填海之志，然而欲壑难填，实行起来真正不易。系辞称先难而后易，确为经验之谈。

• 2010 年 11 月上旬，我问：阿弥陀佛四十八愿建立净土的意义为何？为不变的损卦。损以修德远害、惩忿窒欲，心净国土净，真有移山填海之大愿，令人赞佩。

• 1992 年 7 月底，出版公司改选董监事，我的职责加重，环顾整体形势，我问经营策略为何？得出不变的损卦。显然减损开销为重中之重，老板前些年的扩张过速造成了苦果，计议既定，依此施行。

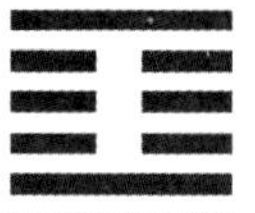

初九。已事遄往，无咎，酌损之。

《象》曰：已事遄往，尚合志也。

“初九”为损之初，居组织最基层，和上卦“六四”相应与，依“损下益上”、“损刚益柔”的法则，须损己以益“六四”。“已”为止，“六四”阴虚，欲求阳刚补益，“初九”适时挹注，满足其欲，以下事上，故称“已事”。“遄”为快速，既然要给就赶快，免生问题，故称“遄往无咎”。以国家来说，人民有缴税的义务，以供政府持续运转，且有缴纳期限，逾期会处罚。缴是要缴，但得量力而为，故称“酌损之”。“尚”同上，“初九”与“六四”分工合作，有志一同，故称“尚合志”。“初九”爻变，为蒙卦（䷃），外阻内险，情势困难，不尽快减损不行。

损卦之前为解卦，事缓则圆，损卦之初“遄往”，要求快速。该慢则慢，该快就快，做事的节奏应随时调整。损卦的错卦为咸卦，“咸速也”，都要求快，怠慢不得。

• 1991 年 12 月下旬，我任职的那家出版公司为提升绩效，有分为图书及杂志二事业线的计划，图书由我驾轻就熟担纲，杂志则委由另一位副总负责。我评估他能否胜任，为损卦“初九”爻动，有蒙卦之象。“遇损之蒙”，实非佳象，若无必要，还是不做为宜。后来此议遂寝，不久我接了总经理督责全局，时过境迁矣！

• 1998 年年初，我作一年之计，问当年往内地发展的机遇，为损卦“初九”爻动，有蒙卦之象。可能该尽快去，但“六四”未动，外卦无应与，急也没用。当年仲夏带了二十几位学生赴内地，由曲阜走到天水，作《易

经》溯源之旅，算是启动神州之行，绩效有限。“尚合志”，“酌损之”。

• 2008 年 5 月中，我赴苏州参加两岸兵法会议，结束后由上海转到杭州游览，关心儿子在台升高中学测是否顺利？占得损卦“初九”爻动，有蒙卦之象。情况不佳，后来确实也是没考好，他再接再厉，参加第二回合的科考。7 月中旬，我南下高雄授《易》，旅次中算其成绩，又得损卦“初九”之象，心头一凉。果然又不理想，只好去就读成渊高中。好在三年后拼上政大会计系，稍解心中郁闷之气。

• 2006 年 7 月上旬，我给学生讲三十六计，其中“偷梁换柱”的占象为损卦“初九”，有蒙之象。爻象的变化相当切合，上艮为门阙、石柱之象，下泽承载抽底成空，变为坎陷，减损根基以蒙蔽对方。“酌损之”，“二簋可用享”。

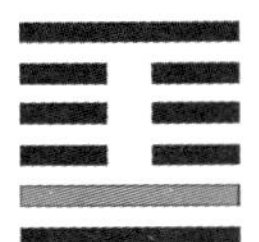

九二。利贞，征凶。弗损，益之。

《象》曰：九二利贞，中以为志也。

“九二”居下卦之中，和上卦“六五”相应与，照讲应该损己之刚益“六五”之柔。“六五”君位获益多方，不需锦上添花，爻辞劝“九二”固守资源，给“六五”反而招凶，故称“弗损益之”。爻变为颐卦（䷚），自求口实。损卦二至上爻，互成颐卦，“九二”正当颐卦“初九”，“舍尔灵龟，观我朵颐，凶”，好生调养，别将自己喂了老虎的无穷之欲。《彖传》称“损下益上”，“初九”、“六四”依此行事，“九二”、“六五”时位不同，就得改弦更张，正是损益盈虚，与时偕行。

以国家组织来看，“初九”须缴税与“六四”的政府，“九二”的民间财团，却不应该利益输送给“六五”的国家元首，“利贞，征凶”，完全对。

• 1992 年 9 月下旬，我已负出版公司的经营重责，财务方面一直捉襟见肘，当时占问自己要不要去找金主支持，以断后顾之忧。得出损卦“九二”爻动，有颐卦之象。“利贞，征凶。弗损益之。”千万别做！一年半后，老板回朝，私人的债务终于拖垮公司。“九二”的对象是“六五”之君，而非组织全体，其中分际不能搞混。

占例

• 2011年元月中旬，报载现代社会工作压力大，男人性能力减弱，平均精子量不足云云。我问未来男性会如何？为损卦“九二”爻动，有颐卦之象。“利贞，征凶。弗损益之。”显然得多加节制，以免消耗过度而致凶。“损以远害”，“惩忿窒欲”，这可用上了！我接着再问未来女性会如何？为比卦（䷇）“初六”爻动，有屯卦（䷂）之象。“有孚比之，无咎”，“有孚盈缶，终来有它吉”。“比”为阴阳相比，“初六”离唯一阳爻“九五”太远，不易得到坎水滋润，只有积极主动争取，热情若够，还能“有它吉”。屯卦为新生儿之象，如此才能生育后代。真是妙哉！

六三。三人行，则损一人；一人行，则得其友。

《象》曰：一人行，三则疑也。

“六三”不中不正，当内卦兑的情欲开窍口，容易泛滥成灾，下乘“九二”，为情欲蒙蔽理智之象，“九二”之所以“利贞，征凶”，跟“六三”也有关。还好“上九”和“六三”相应与，可以艮止之力，转化内心情欲。前言损卦由泰卦变来，泰卦下卦乾三阳，为三人同行之象，“九三”变“六三”，下卦损去一人；上卦坤三阴，“上六”变“上九”，与二阴相合，“一人行，则得其友”。泰卦为阴阳交泰，变成损卦后，惩忿窒欲，理智战胜感情。以世间男女互动论，“三人行”关系复杂，将蹈家人睽“二女同居、其志不同行”的覆辙，阴疑于阳必战。若一人选择离开，成全剩下两人，自己出外另选佳偶，则成双成对，岂非两全其美？这就是“一人行，三则疑也”。“六三”爻变，为大畜卦（䷙），“不家食吉，利涉大川”，正所谓天涯何处无芳草，远赴他乡而成就。

《系辞下传》第五章：“天地絪缊，万物化醇；男女构精，万物化生。《易》曰：‘三人行，则损一人；一人行，则得其友。’言致一也。”孔子对损卦“六三”的诠释甚美，将男女燕好的关系形容得如此圣洁高尚，天地生万物，男女育子息，大宇宙与小宇宙息息相关。致一即阴阳二合为一，然后生生不息。咸卦“九四”“憧憧往来”，孔子称“一致而百虑”，损卦“六三”言“致一”，咸、损相交且相错，谈情言理，都得和合专注，勿二三其德，才能长久。恒以一德，不亦宜乎？

以企业经营论，先损后益，“初九”投资不犹豫，“九二”固守利得勿冒进，“六三”时，则须适度切割生产部门，让有潜力的项目及人才往外开拓，独当一面。以宗教修行论，大师弟子云集门下，易竞争较量，不如选优秀者外放，磨炼创新，还有可能处处开花。禅宗五祖弘忍遣惠能南行，既免与神秀之争，又造就了六祖一代大师，即为“损一人”的高妙运用。

《说苑·敬慎》记孔子论损益之道：“是以圣人不敢当盛，升舆而遇三人则下，二人则轼，调其盈虚，故能长久也。”应该即与损卦“六三”的义理有关。

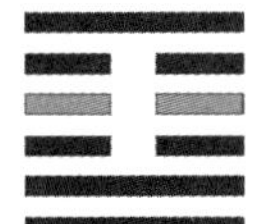

六四。损其疾，使遄有喜，无咎。

《象》曰：损其疾，亦可喜也。

“六四”阴居阴位得正，和下卦“初九”相应与，本身阴虚有欲求，得“初九”阳实资源挹注，阴阳和合而获无咎，就像生病得药痊愈一般。“初九”言“已事遄往”，“六四”称“使遄有喜”，一方急需，一方速给，两下都快活无咎。

疾愈称喜，为《易》辞惯例。无妄卦“九五”：“无妄之疾，勿药有喜。”兑卦“九四”：“商兑未宁，介疾有喜。”女子久旷成疾，受孕为喜，以情色观点看损卦“初九”、“六四”的关系，更易明白。“六四”爻变，为睽卦（䷥），睽违太久，迫切需要异性的抚慰。损卦若“初九”、“六四”皆动，齐变为未济卦（䷿）。一波未平一波又起，永远无法满足。

• 2001年2月上旬，一位香港来的贵妇学生听了几堂课后，邀请我餐叙，请教个人问题。当然中心问题还是感情，靠绘画只能暂时安顿，我代她占问情归何处？为损卦“六四”爻动，有睽卦之象。“损其疾，使遄有喜，无咎。”情病只能情药医，没有其他解法。

六五。或益之，十朋之龟弗克违，元吉。

《象》曰：六五元吉，自上佑也。

“六五”为损卦之君，和下卦“九二”相应与，根据“损下益上”的法则，为极佳受益之位，而且不限于从“九二”处取得资源。“或益之”，“或”为不定词，多方获益不能确知。举例来说，国家元首的收益绝不止本薪，各种可调度的有形无形的资源甚多，企业的最高负责人亦然。合法权限内的可收，不合法的捐献贿赂，则应拒绝，没把握的话，就用龟卜占测。两贝为朋，“十朋之龟”，为供奉于宗庙里的名贵神龟，重大决策时启用。“弗克违”，龟兆显示不能拒绝，天意支持接受，好好运用收益，以获元吉。“自上佑”即自天佑，并非迷信，意同大有卦“上九”爻辞：“自天佑之，吉无不利。”自佑方蒙天佑，行事合乎天理人情，当然元吉。“六五”爻变，为中孚卦（䷼），至诚通天，灵验如神。“六五”上承“上九”，为上卦艮山之顶，彻底转益之时位，“自上佑”的“上”，亦指“上九”，时来运转矣！

损卦六爻中，仅君位“六五”爻辞不言损，反称“或益之”，可见损极渐渐转益，先期的投入已经开始回收，领导的绩效于焉浮现。

• 2007 年 10 月底，我们的周易学会改组，我两届理事长期满卸任，为了开拓内地机遇，委托在内地任职的学生刘庆平任北京联络人。我问前景如何？为损卦“六五”爻动，有中孚卦之象。“或益之，十朋之龟弗克违，元吉。”占象大好，而且多方获益，对学会在内地的发展极有帮助。2010 年再改组，直接请他加入理事会，继续贡献心力。

上九。弗损，益之，无咎，贞吉。利有攸往，得臣无家。

《象》曰：弗损益之，大得志也。

“上九”为损之终，和下卦“六三”相应与，“三人行，则损一人”的效应，于此大显。继“六五”获益之后，真正损极转益，而有自由开阔的大成。“九二”称“弗损益之”，谨守自保；“上九”“弗损益之”，完全创收，大开大阖。“无咎，贞吉，利有攸往”，落实了卦辞所称的“无咎，可贞，利有攸往”。前面的“有孚，元吉”则为“六五”成就的境界，爻变中孚卦，正是“有孚”。可以说，损卦卦辞中所称的效应，都具体显现于最后两爻，真的是先难而后易，倒吃甘蔗，愈来愈甜美顺畅。

损卦“六三”爻变为大畜卦，“不家食吉，利涉大川”。“上九”“得臣无家”，“大得志”，赴外闯荡有成，处处无家处处家，在世界各地都有分号，也都有得力的干部襄助分劳。蹇卦“六二”“王臣蹇蹇，匪躬之故”，忠心事上，认真尽职。《诗经·小雅·北山》：“普天之下，莫非王土；率土之滨，莫非王臣。”这是突破国族囿限的王道大一统的境界。损卦“上九”爻变，为临卦（䷒），君临天下，教思无穷，容保民无疆。家人卦“初九”、“九五”强调有家，损卦“上九”“得臣无家”，家齐而后国治，国治而后天下平。

损卦“初九”“尚合志”、“九二”“中以为志”、“上九”“大得志”，“惩忿窒欲”，立志修德，先难而后易，终至大成。

占例

• 1999 年元月下旬，我刚去拜见过毓老师，听他分析世界大势，心潮澎湃汹涌，占问：对未来数年可能的大变故，我应如何应对？得出损卦“上九”爻动，有临卦之象。“遇损之临”，“惩忿窒欲”，‘教思无穷，容保民无疆”。勿拘囿于一时一地之见，尽量放大视野，往开阔的宏大格局迈进。

• 2005 年 8 月中旬，我受邀赴青岛，参加山东大学主办的易学及儒学会议，提出论文《时乘六龙——大易君王论初探》一篇，结识多位易道同修，收获丰硕。会议结束后，我占问此行成绩，为损卦“上九”爻动，有临卦之象。“遇损之临”，“利有攸往”，“教思无穷，容保民无疆”。

损卦多爻变占例之探讨

以上为损卦卦、彖、象、爻之全部解释及释例，往下继续研究更复杂的多爻变的情形。

占事遇卦中任意二爻动，若其中一爻值宜变，为主要变量，以该爻辞为主断占；若皆不值宜变，以本卦卦辞卦象为主，参考两爻齐变所成之卦的卦辞卦象。

• 2003 年 6 月中旬，我们学会与政大企管研究所的教授学者颇有接触，办了一系列《易经》与经营管理的研讨会，我问：西方企业管理学的特色为何？得出损卦初、二爻动，齐变有剥卦（䷖）之象。“遇损之剥”，精算减损生产成本，以扩大收益，为了确保公司股东的权益，甚至有剥

削基层员工之嫌。

2010年2月初，我占算王永庆的经营风格，亦为“遇损之剥”。台塑集团有名的“鱼骨头理论”，就是对各项成本的严格控管，几乎到了苛刻不合人情的地步，非常有效率，倒是和西方企管思想相合。

• 1996年3月下旬，我的学生郑贵莲参选国民党党代表，她的先生是前高雄县长余政宪，我代她占问胜负，得出损卦五、上爻动，齐变有节卦（䷻）之象。“或益之，元吉”，“弗损益之，贞吉”，节亨，应该当选无疑。后来，她顺利当选。

• 1998年3月底，我已乔迁新居大半年，住了十多年的旧宅装修后，委托中介代卖。三月未成，续约三月再试，我问能顺利出售否？也是“遇损之节”。没多久即有信息，商洽一阵后坚持原价卖出，损极转益矣！

• 2012年5月中，欧债问题频生警讯，我问最后能解决否？为“遇损之节”，应该可在樽节开销下，损极转益而获解决。由后来的发展看，确实如此。

• 2005年元月底，我们在大学社团老友家春节聚会，女主人交通大学任教，想再赴英国进修一年，问合宜否？为损卦初、四爻动，齐变有未济卦（䷿）之象。“初九”“已事遄往，无咎”，“六四”“损其疾，使遄有喜，无咎”，两爻相应与。想去就快去，满足深造欲望，可获无咎。她去伦敦读“全球化”一年后返台，接任台交大客家学院副院长，一切相当顺利。

• 2000年5月上旬，我在写阐释《系辞传》的书，问下传第十章及十一章的主旨，为损卦二、上爻动，“上九”值宜变成临卦，两爻齐变，则有复卦（䷗）之象。两爻皆称“弗损益之”，“九二”“利贞征凶，中以为志”；“上九”“无咎，贞吉，利有攸往”，“大得志”。下传十一章引文王与商纣之事，称：“危者使平，易者使倾，其道甚大，百物不废，惧以终始，其要无咎，此之谓易之道也。”损卦为忧患乱世修德之卦，文王隐忍俟时，终于脱险而致大成，面对危难，发挥了剥极而复的创造力。

• 2009年7月中，我赴宜兰办事，中午在树荫下乘凉，边思考往后的写作计划，当时即筹划写这本大衍之数断占的书，问合宜否？为“遇损之临、之复”。中以为志，大得志，完全可行。

• 2003年10月下旬，我带几位学生赴安阳参加易学论坛，客旅寂寞，

二爻变占例

提前占问次年自己的运势，得出遇讼之困之坎，已于讼卦占例中说明。由于2003全年运势为不变的剥卦，当年过得颇辛苦，一看明年又不好，心中不免嘀咕，遂问如何化解应对？也是“遇损之临、之复”的卦象。为免烦恼，注意“惩忿窒欲”，然后“教思无穷”，往外开拓，务期剥极而复。

• 1990年5月下旬，我开占还没多久，出版公司老板苦于和另一位集团高干的相处关系，我占得损卦二、四爻动，齐变有噬嗑卦（䷔）之象。这高干为性情强悍的女性，与同事多有摩擦，主要负责关系企业的经营。“遇损之噬嗑”，宜惩忿窒欲，“利贞，征凶”，否则有相噬斗争之虞。

• 2008年11月下旬，我赴厦门参加民进中央办的文化论坛，又与北京台研所的熟人见面，她刚动过切除手术，担心复原状况。我占问她往后三年的身体健康，为损卦四、上爻动，齐变有归妹卦（䷵）之象。开刀切除患部，正是“损以远害”。“六四”“损其疾，使遄有喜，无咎”。“上九”损极转益，“贞吉，无咎，利有攸往”。治愈后三年，即当损上卦三爻行运，由四至上，应该没问题，嘱她安心，后果如是。

• 1991年10月下旬，出版公司开始股争，我在夹缝中出线，几方公推我出来扛经营重责，让老板专心处理在外的沉重债务。我问这对他个人吉凶如何？为损卦初、上爻动，“上九”值宜变成临卦，两爻齐变则有师卦（䷆）之象。“初九”“酌损之”，释出相当资源及权力；“上九”“弗损益之，得臣无家”，损极转益，自由自在之后，又复君临天下。两年半后，卦象完全应验，当然我在那时解占，见不及此。

• 浩瀚的中国古籍中，《山海经》是本非常奇特的书，似神话又不知何为，似上古地理图志，又与世界现状不合，有人认为描述的是地球浩劫前的景观。我占问究竟怎么回事？得出损卦三、上爻动，“六三”值宜变成大畜卦，两爻齐变为泰卦（䷊）之象。损卦由泰卦而生，天地交泰，变成了山下有泽，又真有移山填海、沧海桑田的动向，生态浩劫之说不无可能？

三爻变占例

占事遇卦中任意三爻动，以本卦为贞，三爻齐变所成之卦为悔，称贞悔相争，以两卦卦辞卦象合参判断。若三爻其中一爻值宜变，为主变量，加重考虑其爻辞。

• 2010年11月上旬，美国再度大印钞票六千多亿美金，美其名为量化宽松，我问能否提振美国疲弱的经济？为损卦下三爻全动，贞悔相争

成艮卦（䷳）。“损下益上”，艮卦内外多阻滞，“遇损之艮”，无法提振美国国内的民生经济，白忙一场。又问对中国经济的影响，为损卦二、上爻动，“上九”值宜变为临卦，齐变为复卦（䷗）。“遇损之临、之复”，“弗损益之”，不但不损，反而获益。山下有泽，损以修德，借此挑战，磨炼资金调节池的功能。

• 2000 年 10 月下旬，深秋时节，我再问自己在易学史上的可能定位？为损卦初、五、上爻动，“六五”值宜变为中孚卦，贞悔相争成坎卦（䷜）。“初九”“尚合志”、“六五”“元吉，自上佑”、“上九”“利有攸往，大得志”；“习坎，君子以常德行，习教事”。“遇损之坎”，习《易》当有大成。

• 2011 年 2 月下旬，毓老师说好将来我们学会看看的前夕，我问老师今日如何看我？得出损、坎贞悔相争。受业三十六年，终获恩师肯定与寄望，能不继续奋发上进、以期继明照四方？

• 2009 年 8 月中旬，我问司马迁其人其业如何评定？为损卦初、二、上爻动，贞悔相争成坤卦（䷁）。损卦“惩忿窒欲”，三爻阳气散尽成坤阴，直言忤君，遭受宫刑甚惨；损极转益，“大得志”，留下《史记》皇皇巨著传世，亦可以无憾矣！

• 2010 年 9 月上旬，我问翌年何时开得成北京的精英《易经》班？为损卦初、四、上爻动，贞悔相争成解卦（䷧）。“初九”、“六四”相应与，“上九”“利有攸往，大得志”，一定开成。“解之时大矣哉！”节气在春雷动的阴历二月中，果然确定开班。“损益盈虚，与时偕行”，损卦节气约阴历七月中，共四趟八天的课程圆满结束。

占事遇卦中任意四爻动，以四爻齐变所成之卦的卦辞卦象论断；若其中一爻值宜变，影响稍大，加重考虑其爻辞。

• 2002 年 8 月中，我算一对当年绯闻男女恋情的发展，真能长相厮守吗？为损卦初、二、三、四爻动，“六三”值宜变为大畜卦，四爻齐变成旅卦（䷷）。“损刚益柔有时”，“损益盈虚，与时偕行”。未来肯定会变，旅卦山上有火，如森林火灾焚尽不留，一切将如过眼烟云。损卦“初九”、“六四”“遄往、遄有喜”，来得快去得也快；“六三”“三人行，则损一人”，更说中了那桩绯闻的要害，“不家食”不会太久。俗云“浪子回头金不换，浪女回头大家看”，社会的窥探心理，给当事人的压力也大，其后数月这段情就结束，全如占象所示。

• 1999年5月中旬，社会大学基金会的老友帮我开了一个政商高层决策班，讲一年《易经》，当时“陆委会”主委苏起、远雄建设老董赵藤雄，以及Cisco台湾地区总经理孙永祥都在内。既然有此机会，我就想邀一位新结识的信息业界老板参加学习，因他曾主动找我谈，对《易》有兴趣云云。当下占得损卦初、二、四、上爻动，“上九”值宜变为临卦，四爻齐变成豫卦（䷏）。“初九”“尚合志”、“九二”“中以为志”、“九四”“亦可喜”、“上九”“大得志”，临卦“教思无穷”，豫卦“利建侯行师”，明显可行。提出邀请后，他欣然加入，有时事业太忙，还找时间一个人来我家补课呢！

扫码聆听刘君祖老师亲自讲述大易之道

——逐字逐爻详解易经六十四卦

42. 风雷益（䷩）

益卦继损卦之后，为全《易》第四十二卦，损、益相综一体，与泰、否息息相关，已如前述。泰、否为天地往来，大环境的自然变迁；损、益则属人为的理性计算，因应形势作斟酌调整。《杂卦传》称："损益，盛衰之始也……否泰，反其类也。"修辞和其他卦不同，未言损、益、否、泰如何，而称损益、否泰的整体互动情势。

《序卦传》称："损而不已必益，故受之以益。益而不已必决，故受之以夬。夬者，决也。""益"字为皿中溢流，容器有限，超载就会溃决外泄，这是一定的道理。损极转益，谋益也不宜过度，斟酌损益特重平衡。下经首咸、恒，连着十卦曲尽人情，至损、益则理性抬头，精心维持情理之间的动态平衡。咸、恒与损、益相错且相交，咸通损、恒通益，感情用事易致损害，恒久努力产生效益。

《系辞下传》第二章举了十三个卦，叙述中国文明的沿革发展，离卦象征的渔猎时代当先，益卦代表的农耕生活居次："包牺氏没，神农氏作，斲木为耜，揉木为耒，耒耨之利以教天下，盖取诸益。""耒耜"为农具，"耒"为犁上曲柄、"耜"为犁下坚木，恰合益卦上巽柔木、下震刚木之象。以刚木入土深掘，以柔木操纵方向，上下配合得宜，耕种产生获益。农业时代如此，今日信息时代仍须内震外巽，以灵动如风的经营策略，导引核心的竞争力，创造丰富的收益。

损、益名列忧患九卦，《系辞下传》第七章称："益，德之裕也……益，长裕而不设……益以兴利。"宽裕、富裕，从容有余裕，是益卦追求的境界，而且维持长久稳定。设是处心积虑设计，不设则行云流水，自然而然。益通恒，长裕而不设，不亦宜乎！

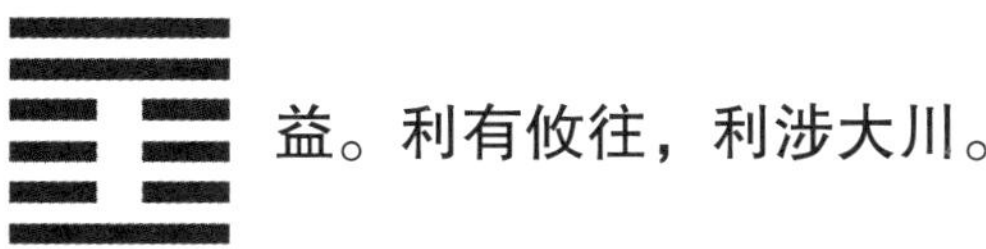

益。利有攸往，利涉大川。

益卦卦辞八个字，形势一片大好，利于往前奋斗，冒险犯难而获成功。人生谋取利益，必然伴随风险，风险愈高，克服之后利益愈大。

《彖》曰：益，损上益下，民说无疆，自上下下，其道大光。利有攸往，中正有庆；利涉大川，木道乃行。益动而巽，日进无疆；天施地生，其益无方。凡益之道，与时偕行。

益卦《彖传》四字四字一句，音韵铿锵，如赞美诗，读来发人神智，振奋图强。损卦是“损下益上”，民生疾苦；益卦则是“损上益下”，民悦无疆，高层释放资源于基层，激发民间活力，乃为政光明之道。《论语·颜渊篇》鲁哀公问有若征税的问题，有若答称：“百姓足，君孰与不足？百姓不足，君孰与足？”国家经济活络，上下齐心往前奋斗，“九五”、“六二”中正相应与，冒险犯难成功，皆大欢喜。过河须靠木船，益卦上巽下震皆为木，有风帆渡川之象。内震动、外巽入，每天都能获益，前进无疆。上卦巽象征天命施行，风调雨顺，滋润下卦震的大地万物生长，没有处所的限制，处处欣欣向荣。但凡获益之道，都得与时推移俱进，正如损卦《彖》末所言：“损益盈虚，与时偕行。”

坤《彖》称三“无疆”：“德合无疆、行地无疆、应地无疆。”益《彖》称二“无疆”：“民说（悦）无疆，日进无疆。”临卦《大象传》称“容保民无疆”，《大象传》创作在《彖传》之前，应为坤、益二《彖》“无疆”的来由。无疆无方，与时偕行，益卦真是全时位都能创收获益啊！

《象》曰：风雷，益。君子以见善则迁，有过则改。

益卦《大象传》修辞与恒卦相似，只称“风雷”、“雷风”，不区分高低上下，蕴含平等之义。白首偕老，相敬如宾；开疆拓土，和衷共济。外卦巽风，随风转舵，见善则迁；内卦震主，真诚反省，有过则改。损以远害，惩忿窒欲；益以兴利，迁善改过。

• 2010 年 12 月中，我在康复疗养的空当时电占，将平生新知故旧，都算了一回心性品格，其中北京的崔先生近年合作密切，为不变的益卦。“益以兴利、长裕而不设”，真是好的搭档啊！

• 1993 年 9 月初，我准备乔迁，四处觅屋，新店市附近的“康和春秋”建案颇为合意，占购置宜否？为不变的益卦。“利有攸往，利涉大川”，“益以兴利”，当然干了！买下后居住至今，既康且和，以度春秋，房价升涨犹其余事。

• 1997 年 7 月上旬，我问道家思想的定位，为不变的益卦。“益动而巽”、“与时偕行”。道家顺势尚柔，应变无方，“无为”是损之又损，“无不为”则益之又益。

• 2011 年 2 月中旬，我占问中国文字的意境，为不变的益卦。天施地升，其益无方，凡益之道，与时偕行。益卦前为损卦，精简之极，涵蕴无穷；益卦后为夬卦，有书契文字之象，便于决断事情。《系辞下传》次章称：“上古结绳而治，后世圣人易之以书契，百官以治，万民以察，盖取诸夬。”

• 2012 年元旦，我算韩国当年的经济情势，为不变的益卦。“利有攸往，利涉大川。”三星手机营销全球，综合国力蒸蒸日上，渐有富强气势。

初九。利用为大作，元吉，无咎。

《象》曰：元吉无咎，下不厚事也。

“初九”为益之初，内震之主，和外巽卦风根的“六四”相应与，利用执政高层优惠政策的照顾，大力增产，生机勃勃，吉而无咎。下不厚事的事，即以下事上，和损卦“初九”一样，人民须纳税给政府。“不厚”即薄，税负很轻，民众生产的意愿强烈，造成经济繁荣。本爻变，为观卦（䷓），风行地上，因时制宜。

• 2011年6月上旬，我在《联合报》的《易经》课已连开了四期，每期上足四十八堂课一百二十小时，讲完六十四卦。由于在台湾经典研习的市场日渐萎缩，报方跟我对再开第五届都信心不足，但仍同意一试，还找了我在工商界的一些名人学生热忱推荐。我占问招生情况，为益卦"初九"爻动，有观卦之象。"利用为大作，元吉，无咎。"观卦有示范效应，"风行地上，先王以省方观民设教。"8月中，第四届班毕业；9月中，第五届顺利开班，招生踊跃，人气沸腾。观卦为阴历八月，正好时节相合。

• 1998年元旦，我做一年之计，问自己全年在学问上的进境可能如何？为益卦"初九"爻动，有观卦之象。"为学日益"，"利用为大作，元吉，无咎"。观卦"风行地上"，"省方观民设教"，当年仲夏，率学生作《易经》溯源之旅，开启了日后与内地的深度交流。

• 1999年中，我的学生邱云斌的同事父亲突然瘫痪，诊断为缺钾，问病情吉凶？为益卦"初九"爻动，有观卦之象。"利用为大作，元吉，无咎。"结果治愈后，仍可勉力行走，"初九"当下卦震之根，震为足能动，宜有此象。

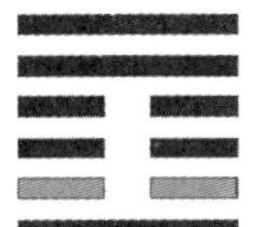

六二。或益之，十朋之龟弗克违，永贞吉。王用享于帝，吉。

《象》曰：或益之，自外来也。

"六二"中正，和上卦"九五"之君相应与，爻变则下卦成兑，正是损上益下，"民悦无疆"；全卦成中孚卦（䷼），与损卦"六五"相同，多方获益，宗庙神龟所示的天意都福佑。损卦"六五"居君位，称"元吉"；益卦"六二"属臣位，称"永贞吉"，有坤顺之意。"初九"扩大生产，本业获益；"六二"顺天应人，多方滋生附加利益，"自外来"，有喜出望外之意。人的运势如此亨通顺畅，应懂得感恩回馈，王者奉祀天帝，崇德报功，展现高尚风雅的情操。豫卦《大象传》称："雷出地奋，先王以作乐崇德，殷荐之上帝，以配祖考。"涣卦《大象传》称："风行水上，先王以享于帝立庙。"弘扬礼乐教化，建设富而好礼的社会，非常重要。"自外来"，当然也表示"六二"获益，主要从外卦"九五"照顾而来，自上下下，其道大光。

• 1997年底，其时亚洲金融风暴肆虐，我问中国内地能否安渡无虞？为益卦“六二”爻动，有中孚卦之象。天佑中国，不损反益，“利有攸往，利涉大川”。

• 2009年10月下旬，我问蒙古未来有机会重返祖国否？为益卦“六二”爻动，有中孚卦之象。“或益之，自外来也。”“十朋之龟弗克违，永贞吉。”时候到了，天意显现不能违背，就得接受回收，永远固守，再勿失去。真有那一天，也不是强权逼压，而是损、益的理性计算，合若两利就合。

六三。益之用凶事，无咎。有孚中行，告公用圭。

《象》曰：益用凶事，固有之也。

“六三”不中不正多凶，外和“上九”相应与，可能遭遇意外的打击，这时得从已经固有的获益中，拿出资源以解困，转危为安而获无咎。急难时救援为先，纾困后得补办程序，以取信于人，公告周知，这是合乎时中之道的做法。“圭”为玉器，古代臣子执圭以朝，作为奉公守法的信物，后世发展成笏版，可记事以备遗忘。“六二”用龟卜以决大事，“六三”用圭以通诚信，皆为公众利益着想。“六三”爻变，为家人卦（䷤），人溺己溺，人饥己饥，老吾老以及人之老，幼吾幼以及人之幼。

天有不测风云，人有旦夕祸福，获益的时代中一样隐含风险，“利有攸往”的同时，也得注意“利涉大川”。以前农业社会看天吃饭，有水旱风灾或蝗虫肆虐，造成饥荒时，政府就得开仓赈济，而仓储中的余粮，早在丰年已有准备，面对“自外来”的灾祸，靠“固有之”以补不足。现代政府或企业，都得编列特别救急预算，做危机防治。“益用凶事”，不限于紧急救难，包括鳏、寡、孤、独等弱势族群的照顾、社会安全网的建立，以及种种公益保险的提供等都是。

《孟子·梁惠王篇》记述：“无恒产而有恒心者，惟士为能。若民，则无恒产，因无恒心；苟无恒心，放僻邪侈，无不为已……是故明君制民之产，必使仰足以事父母，俯足以畜妻子，乐岁终身饱，凶年免于死亡。”所言王道之政，全合益卦诸爻之象。“初九”“利用为大作”，使民有恒产，致富后遂有恒心，“六二”“王用享于帝”，富而好礼。“六三”发生水旱灾荒时，人溺己溺，人饥己饥，“益之用凶事，无咎。”

“自外来”的灾，称“无妄之灾”，万一遇到，得靠“固有之”来调节应付，这道理在无妄卦三、四爻已讲得很清楚。“六三”爻辞称：“无妄之灾。或系之牛，行人之得，邑人之灾。”“六四”紧接着做善后处理：“可贞无咎，固有之也。”

• 1991 年 12 月下旬，我占问我所在的出版公司在国际市场的发展性？为益卦“六三”爻动，有家人卦之象。“家人，内也”，“益用凶事，固有之也。”内部股争激烈，忧患实多，安内不暇，如何攘外？看了若有所失，实情如此，夫复何言？

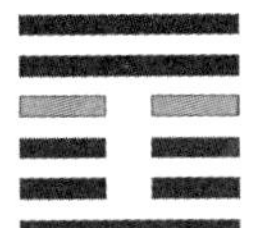

六四。中行，告公从，利用为依迁国。

《象》曰：告公从，以益志也。

“六四”阴居阴位正，下和“初九”相应与，执政高层应为民众谋福，除了减轻税负，提振产能，还要善观时代风向，随时调整政策，以创造最大利基。殷、周时期多有迁移国都之举，人民安土重迁，往往拒不从命，政府就得耐心沟通，说服民众同意，不宜强迫其追随。随卦“上六”所称“拘系、从维”之理，邠地周民扶老携幼，跟太王迁至岐山，遂至兴旺之事，即为显例。

《尚书·盘庚》上、中、下三篇，记载殷王盘庚迁都安阳，竭力疏导民众之事：“尔谓曷震动万民以迁？”一般人的惰性和习气深重，对新的变动总是恐惧不信任，带领群众冒险创新的领袖，得不断接受质疑与挑战，无论如何用心，都难避免。

现代国家迁都亦为重大计议，得广征民意，获公众认同，不能便宜行事。“中行”为依时中之道而行，告公而公从，作为施政的依据。企业往外拓展，视产销形势变动，可能将总部迁移，改设在更有利基的地区，这些都是“利用为依迁国”。“六四”和“初九”相应与，迁徙的目的，还是“利用为大作”，将核心的产能做最新最好的发挥。“六四”爻变，为无妄卦（䷘），未征得公众同意前，勿轻举妄动，专擅独行。以爻际关系来看，“六四”上承“九五”、下应“初九”，执政大臣应下询民意，并上呈君主批准。初、四、五爻齐变，成晋卦（䷢），秉公行事，前途光明。

益卦若仅初、四爻动，为否卦（䷋）；四、五爻动，为噬嗑卦（䷔）；初、五爻动，为剥卦（䷖）。效益皆不佳，表示重大决策须更周全，最好君臣民三方面都赞同，依此行事，才皆大欢喜。

“六三”“益之用凶事”，紧急救难可便宜行事，事后再补办手续，告公在后；“六四”迁国大事，急躁不得，告公在前，以集思广益。时位不同，做法亦异，这就是随时取中之道。

•2006年7月上旬，我给学生讲三十六计与易象的关系，其中“暗度陈仓”为益卦“六四”爻动，有无妄卦之象。“中行告公从”，明修栈道，以示无意争雄；“利用为依迁国”，实则暗度陈仓，发动掩袭。真是妙极妙极！

九五。有孚惠心，勿问元吉。有孚惠我德。

《象》曰：有孚惠心，勿问之矣；惠我德，大得志也。

“九五”中正居益卦君位，和下卦“六二”相应与，“损上益下”，中正有庆，以真诚爱护照顾部属，使其受惠。领导存心利他，为民谋福，不必再问卜求占，必获元吉。施不求报，人情礼尚往来，部属感恩戴德，多会真诚回馈，上下交孚、互信互爱互惠的社会于焉形成。兼相爱，交相利，“大得志也”。“九五”爻变，恰值宜变成颐卦（䷚）。益卦初至五爻，又互成颐卦，益卦“九五”为颐卦之“上九”，“由颐厉吉，利涉大川”，“大有庆也”。“圣人养贤以及万民，颐之时大矣哉！”益卦“六四”“以益志”，“九五”“大得志”，领导卓越，效益卓著。

《中庸》称：“所求乎朋友，先施之，未能也。”交友之道，应先主动帮忙，而一般人却总是想揩油，从对方得些好处，广结人脉，只是为了自私自利。益卦“六五”“有孚惠心”，才是“长裕而不设”的兴利典范。从政者时时刻刻以百姓福祉为念，从商者懂得从客户利益着想，一旦对方获益，自己的利益自然涵蕴其中。

• 2011年7月底，我占问下月即将全家赴希腊旅游惬意否？为益卦“九五”爻动，恰值宜变成颐卦。“有孚惠心，勿问元吉。”天伦之乐无穷，深得颐养休息。

• 2012年8月中，我给来台游学的浙商团授《易》一日，以《易》分析国际财经情势，称“《易》解春秋”。他们虽然多少有些底子，听来仍觉吃力，却有兴趣。我问绩效如何？为比卦（䷇）五、上爻动，“九五”值宜变为坤卦（䷁），齐变有剥卦（䷖）之象。“显比，王用三驱，邑人不诫，吉。”我是来者不拒，宽和以待。“上六”“比之无首，凶”，程度跟不上的，只有抱歉了。取经的过程确实不易，再占得益卦“九五”爻动，恰值宜变成颐卦。“有孚惠心，勿问元吉，有孚惠我德。”我是讲明了大易核心的道理，能否诚心受益，就看个人造化了。

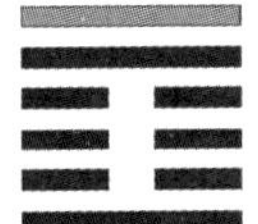

上九。莫益之，或击之，立心勿恒，凶。

《象》曰：莫益之，偏辞也；或击之，自外来也。

“上九”居益之终，谋利过度，益而不已必决，引发他人反弹，不但不能获益，反而招致不可测的打击。这是因为存心不正，偏私自利，结果必凶。一日心为恒，恒为常道，守常居正，立不易方。“九五”“有孚惠心”，爱人者人恒爱之；“上九”“立心勿恒”，为德不卒，反致倾败。本爻变，为屯卦（䷂），动乎险中，资源又变匮乏矣！孟子谈王道的仁心仁政，民有恒产斯有恒心，“上九”“莫益”、“或击”，既无恒产，亦无恒心。

《系辞下传》第五章称：子曰：“君子安其身而后动，易其心而后语，定其交而后求。君子修此三者，故全也。危以动，则民不与也；惧以语，则民不应也；无交而求，则民不与也。莫之与，则伤之者至矣！《易》曰：‘莫益之，或击之。立心勿恒，凶。’”偏私不正，褊狭不全，为致凶之由。“九五”“有孚惠心”，居心正，考虑周全，“勿问元吉”。

“六二”“或益之”，“上九”“或击之”，《小象传》皆称“自外来”；“六三”“益之用凶事”，称“固有之”。“固有之”与“自外来”的关系，在无妄卦《象》、爻中，阐析得很清楚而深入，具见前文。

综观益卦六爻，实为一集体做重大决策的过程，益卦后为夬卦，损卦前为解卦，人生解决问题，必须斟酌损益。《尚书·洪范》为大政规范，其中“明用稽疑第七”称：“汝则有大疑，谋及乃心，谋及卿士，谋及庶人，谋及卜筮。”综合征询考虑各方意见，加权平均以为裁断。“谋及乃心”，即益卦“九五”“有孚惠心”；“谋及卿士”，即“六四”“中行告公从”；“谋及庶人”，即“初九”“下不厚事”；“谋及卜筮”，即“六二”“十朋之龟弗克违”。君意、官意、民意，再加上天意，真正做到了集思广益。

《古文尚书·大禹谟》中记舜、禹君臣论政，禹称：“德惟善政，政在养民，水火金木土穀惟修，正德利用厚生惟和。”益卦“九五”正德，“六四”、“初九”相为利用，君臣民和衷共济，国家自然富强康乐。

益卦六爻也依次阐明施政的程序，下卦三爻求富强，振兴经济；上卦政治改革，与时俱进。“初九”民生经济为一切之本，经济凋敝，哪来的“六三”弱势救助与社会福利？天天制造族群矛盾，何来“六二”的富而好礼？下卦无实力，立脚不稳，“六四”吵嚷迁都，企图借壳上市，如何“利用为依”？“九五”“有孚惠心”，领导人如果差得太远，贪渎舞弊，身陷囹圄，正是“莫益之，或击之。立心勿恒，凶”。

•1989 年 12 月中，我与出版公司老板同赴内地出差，出发前试占此行收获？为益卦“上九”爻动，有屯卦（䷂）之象。“莫益之，或击之。立心勿恒，凶。”我们与北京、上海的出版同业洽谈，签订了不少合作项目，后来公司股争及财务拖累，根本无力贯彻执行，未曾获利，反遭对方责难怨尤，占象完全应验。

•2000 年 6 月上旬，在新竹关西办两天一夜的研习营，我问授《易》九年多，所有学生资源之评估，为益卦“上九”爻动，有屯卦之象。“莫益之，或击之。立心勿恒，凶。”看了颇为错愕，证诸往后发生的一些事端，其言不虚。

益卦多爻变占例之探讨

以上为益卦卦、彖、象、爻全部理论及占例之阐析，往下再研究多爻变的情形。

二爻变占例

占事遇卦中任意二爻动，若其中一爻值宜变，为主变数，以该爻爻辞断占。若皆不值宜变，以本卦卦辞卦象为主，亦参考二爻齐变所成之卦的卦象卦辞论其吉凶。

• 2011 年 3 月中，日本福岛发生大震灾，震惊世界，我问：所有重大天灾，真正深层的因由为何？为益卦五、上爻动，“上九”值宜变为屯卦，齐变则有复卦（䷗）之象。“有孚惠心”，不能持之以恒，“莫益之，或击之”，遂成严重天灾。这和佛教的看法相近，一切灾难缘于人心不净。

• 2010 年 10 月初，我们学会理监事改组，革故鼎新，我问未来三年的发展，为益卦五、上爻动，“上九”值宜变为屯卦，齐变为复卦。关键应在领导阶层的用心，利他心发达即元吉，若转为自私自利，将遭莫益或击之凶。

• 2012 年 8 月 15 日，为二战日本无条件投降的 67 周年纪念日，香港保钓船“启丰二号”成功登上钓鱼台列屿，插旗宣布主权，我问往后情势的发展会如何？为益卦三、五爻动，“六三”值宜变为家人卦，齐变成贲卦（䷕）。益卦“利有攸往，利涉大川”，“六三”“益之用凶事，无咎，有孚中行，告公用圭”；“九五”“有孚惠心，勿问元吉，有孚惠我德”。显然不会有事，各方都会以互信缓解危机。贲卦为官样文章，大事化小，小事化无，《大象传》称“明庶政，无敢折狱”，登陆港人不可能被判刑。果然两天后，14 人全部释放，占象立验。

• 1997 年 8 月初，我问物理学上所谓的统一场论，爱因斯坦终生的梦想，未来可不可能成功？为益卦初、五爻动，齐变有剥卦（䷖）之象。益卦《彖传》称：“益动而巽，日进无疆，天施地生，其益无方，凡益之道，与时偕行。”“无疆、无方”，“与时偕行”，所有空间没有边界，与时间息息相关，正是广义相对论的主旨。剥卦“不利有攸往”，“遇益之剥”，少了承上启下的“六四”这个环节，似乎不易成功。“六四”若动，三爻齐变，才成晋卦（䷢）。

• 2003 年 7 月上旬，我们学会收到安阳方面邀请，参加 10 月举办的易学论坛，其时他们闹内讧，分裂成两个机构打对台，同时开会别苗头。我们决定分员两边都参加，不涉入他们内争，卦象为益卦四、五爻动，有噬嗑卦（䷔）之象。“噬嗑”正是激烈斗争，“益”则“利有攸往，利涉大川”。“遇益之噬嗑”，虽气氛尴尬，我们外人也只能如此。

• 2010年7月中旬，我筹备改组学会，考虑邀学生楼中亮中医师任新理事，占得益卦二、五爻动，有损卦（䷨）之象。“六二”、“九五”相应与，“有孚惠心、有孚惠我德”，天意难违，“永贞吉”。毫无疑义，他也很明快就答应出任理事。

学会改组，主要还是内部纷争不断，不整顿不行，即便改组后，仍有些暗流激荡。2011年3月下旬，我针对此患占测，为益卦三、上爻动，“六三”值宜变为家人卦，齐变则有既济卦（䷾）之象。“益之用凶事”，为内忧；“立心勿恒”，为外患，内外相应与，难怪屡屡出事。“固有之”配上“自外来”，必得思患预防。

• 2012年元旦，我算德国全年运势，为益卦初、上爻动，“上九”值宜变为屯卦，两爻齐变为比卦（䷇）。当年欧债问题严重，德国以欧盟盟主之势力挽狂澜，频频召开国际会议，以谋纾缓。益卦“初九”“利用为大作”，本身有实力；“上九”“莫益之，或击之。立心勿恒，凶”，救就救到底，切勿为德不卒。当年真是关关难过，关关过，“利有攸往，利涉大川。”

三爻变占例

占事遇卦中任意三爻动，以本卦为贞，三爻齐变所成之卦为悔，称贞悔相争，合参两卦的卦辞卦象论断吉凶。若三爻中一爻值宜变，加重考虑其爻辞。

• 1996年6月下旬，我问毓老师的本命为何？得出益卦初、四、五爻动，“九五”值宜变为颐，贞悔相争成晋卦（䷢）。“初九”“利用为大作”，年轻时投身政治，“六四”“利用为依迁国”，壮年迁徙来台；“九五”“有孚惠心，勿问元吉，有孚惠我德”，晚年讲经弘道，启蒙后学。晋卦“自昭明德”，颐卦“圣人养贤以及万民”，“遇益之颐、之晋”，真是老师一生的写照啊！

• 1994年8月1日上午，我进府见李登辉，谈了两小时，他想上一对一的《易经》课，并约好3日晚间即开始。我在2日占算以后应对的吉凶，为益卦初、五、上爻动，贞悔相争成坤卦（䷁）。“初九”“利用为大作，元吉，无咎”，“九五”“有孚惠心，勿问元吉”，他真心想学，我认真授课没问题。“上九”“莫益之，或击之。立心勿恒，凶”，则须注意防范，自古“上书房”为是非之地，我只单纯教书就好。

2007年11月上旬，我的学生林献仁帮温世仁长子温泰钧筹办公司，拟了四个名称，请我去讨论选定。其中三个卦象不佳，选中了“益群”为机构名称，占象为益卦贞悔相争成坤卦。益卦为益，坤卦为众为群，天造地设，完全吻合。

2009年2月中旬，他们再请我吃“同寿司”日本料理，问“益群创意”机构未来三至五年的发展，为益卦二、三、上爻动，贞悔相争成需卦（䷄）。需卦健行遇险，得摸着石头慢慢过河。益卦“六二”“永贞吉”，为奋斗根底，“六三”、“上九”外来之凶须提防，往后发展态势，大致如此。

• 2010年4月下旬，我率学生赴湖北旅游，抵武汉当晚即因腰背出问题，无法动弹，被迫在旅馆中躺了五天，不能随他们出游。当时带队的理事长邱云斌，为提高同学兴致，要每人自占十年大运，我客舍中也起占，为益卦二、四、上爻动，贞悔相争成兑卦（䷹）。兑卦《大象传》称：“君子以朋友讲习。”益卦“六二”自外获益，“永贞吉”，“六四”“利用为依迁国”，以台湾为根基，往外拓展；“上九”莫益或击，立心勿恒，则需警惕防范。“遇益之兑”，讲经弘《易》的志业相当光明。

• 2007年12月中旬，我在高雄讲十二回六十小时的《系辞传》，耕心艺术欣赏工作室的林小姐想请我整理讲本，配合光盘出版，由我在学会工作的学生助理负责云云。我占得益卦初、四、上爻动，贞悔相争成萃卦（䷬）。“遇益之萃”，既传道又获利，好当然好。益卦初、四相应与，“上九”莫益或击、立心勿恒，则需注意防范。后来此议未行，只出光盘，文字部分用我十年前书稿修订，在北京出版。以前是用钢笔写稿，嘱学生助理打成电子文件时，真的出状况，他延误进度，还把打稿弄丢，被我严斥，应了“上九”不测之凶？

• 2010年6月初，我在上海复旦大学授《易》毕，盘算月底高雄全《易》六十四卦班结业的功德。该班一卦讲一整天，持续了三年半之久，定名为“21世纪易经飨宴”，算是浩大工程。占出益卦二、五、上爻动，“九五”值宜变为颐卦，贞悔相争成临卦（䷒）。益卦二、五相应与，“九五”“有孚惠心、有孚惠我德”，配合格局甚佳；临卦“教思无穷，容

三爻变占例

保民无疆”。“遇益之临”，功德无量。

• 2008年元旦，我做一年之计，算女儿真仪全年运势，为益卦上三爻动，“九五”值宜变为颐卦，贞悔相争成震卦（䷲）。“六四”“利用为依迁国”，她当时在英国牛津读书，拿到学位后，九月返台；“九五”“有孚惠心，勿问元吉”，“上九”“立心勿恒，凶”，持心诚正，万事无碍。震卦中心有主，积极行动，“遇益之震”，是开敞的格局。她返台不久，就在报社找到工作，旋即转赴出版社任编辑，和我当年选行相同。

• 2011年10月中旬，我们一行六人赴西藏旅游，首日由北京飞西宁，在塔尔寺参观。其中一幅酥油花绘制的地狱众生相，为冠军作品，我占其意境，为益卦三、五、上爻动，“九五”值宜变为颐卦，贞悔相争成明夷卦（䷣）。明夷卦晦暗痛苦，“利艰贞”，真似地狱之象。益卦三、上爻相应与，“莫益之，或击之”，“立心勿恒”遭凶；“九五”“有孚惠心”，大慈大悲爱顾众生。“遇益之明夷”，众生贪痴受苦，菩萨悲悯无尽。

四爻变占例

占事遇卦中任意四爻动，以四爻齐变所成之卦的卦辞卦象断占，若其中一爻值宜变，稍加重考虑其爻辞所造成之影响。

• 1997年5月下旬，社会大学基金会的老友邀我主持“五经学院”，正式脱离苟延残喘的出版公司。我问吉凶，为益卦初、二、四、五爻动，四爻齐变成未济卦（䷿）。益卦初与四、二与五皆相应与，契合胜任没问题，“未济”却毕竟不成。“遇益之未济”，必有缘由。我未积极响应，而社大没多久，社大经营也出了纰漏，一切自成泡影。

• 2006年6月上旬，我在美国的小姨子，被迫离开待了十五年的ASI计算机销售公司，她一边找事，一边问我未来的工作前景。我占得益卦二、三、五、上爻动，齐变成泰卦（䷊），益卦“六三”值宜变为家人卦。“遇益之泰”，应该任事亨通。益卦二、五相应与极佳，三、上相应则有挫折，须小心应付。几月后，她由休斯敦转赴洛杉矶任新职；三年后又被裁员，然后又找到不错的新工作，全如占象所示。

2010年11月中旬，我过58岁生日，内人问次年要不要过六十花甲大寿？所谓“男进女满”，一般都是如此。我心中是想过整生，无意提前，占问2012本命龙年再过如何？为益卦二、三、五、上爻动，“六三”值宜变为家人卦，四爻齐变成泰卦（䷊）。“遇益之泰”，与家人同庆，孰谓

不宜？两年后的 11 月中旬，学会在八里“大唐温泉物语”办秋研营，十几位学生精心撰述以谦卦为主题的论文，顺便致意庆生。接着两天，富邦的高端学生邀约共赴日月潭云品酒店住宿游览，晚上还聆听欣赏胡乃元的小提琴演奏，情义殷殷，令人感动。

• 2011 年 3 月下旬，我们学会的电子报筹划出两期纪念毓老师逝世的专号，组稿图文相当用心，我占得益卦初、四、五、上爻动，齐变成豫卦（䷏），“上九”值宜变为屯卦。豫卦“雷出地奋”，崇德报功，“遇益之豫”，切合情理。前三爻变占例中，我占毓师本命为“遇益之晋”，和此占只差上爻没动。“上九”“立心勿恒”，宜当警惕，勿忘初衷。

43. 泽天夬（䷪）

夬卦为《易经》第四十三卦，在损、益二卦之后，在姤卦之前，与姤卦一体相综。《序卦传》称："益而不已必决，故受之以夬。夬者，决也。决必有所遇，故受之以姤。姤者，遇也。""益"字为皿中溢流，任何容器有其限量，装过量了就会溢出。例如水库储水过多，超过安全警戒线，会造成坝体溃决，必须及早宣泄，"夬"为分决之意。上游放水，一定造成下游水位暴涨，有泛滥淹水之虞。"姤"为不期而遇，会引发什么后果，难以预知，必须做好危机防治的准备。

夬卦也是集思广益以做重大决策，高层拍板定案前，必须考虑广大基层的承受度及可能的反应，以免造成危机。夬卦卦象一阴浮于五阳之上，向上有明显的缺口，所蓄资源即从该处溢出，"水夬"为决、"缶夬"为缺、"玉夬"为玦、"言夬"为诀、"心夬"为快，意境颇堪玩味。

《杂卦传》中夬卦为最后一卦，而且跟姤卦也不连接一起，都是在末法乱世显示之象，所有变动，几无规律可循："大过，颠也。姤，遇也，柔遇刚也……未济，男之穷也。夬，决也，刚决柔也，君子道长，小人道忧也。"自然卦序终于未济卦，成住坏空，终而复始。《杂卦》卦序以拨乱反正，提振人文精神为宗旨，在未济卦之后以夬卦终之，总期正道战胜邪恶，而回归天道。夬卦五阳对决一阴，刚决柔后，又接回六阳纯刚的乾卦。

《系辞下传》次章谈文明的演化，举了十三个卦象，夬卦也居最后："上古结绳而治，后世圣人易之以书契，百官以治，万民以察，盖取诸夬。"居首的为离卦，作为渔猎时代网络的象征："古者包牺氏之王天下也……作结绳而为网罟，以田以渔，盖取诸离。"从结绳开始，到发明书契文字，显示文明的精奥演进。有了文字记载以备遗忘，政府官吏可根据典章治理天下，老百姓也按部就班过生活。夬卦卦形似镌刻符号，日积月累储存信息，成为文明遗产，一代传一代发挥效益。卦序由解卦，经损、益二卦而夬卦，即显示斟酌损益以解决问题的历程。《易经》卦爻与结绳有关，由符号衍生成经文，透过问题求解的方式，世世代代为人所阅读遵行，就是最好的例证。

《系传》文明十三卦的次序，夬卦之前为大过卦，有棺椁之象，代表死亡。如此便知，夬卦的书契文字有其永恒性，历久弥新，传世不绝。东汉许慎作《说文解字》，后“叙”中即引此段说明：“黄帝之史仓颉，见鸟兽蹏迒之迹，知分理之可相别异也，初造书契。百工以乂，万品以察，盖取诸夬。”

帛书《易传》的《系辞传》此章此段，称“盖取诸大有”，而非“取诸夬”。“大有”与“夬”义可相通，皆为五阳一阴的卦，“大有”为大家皆有的公共财物，借此“遏恶扬善，顺天休命”，而获“元亨”。其实以卦中卦的理论来看，大有卦初至五、二至五爻，皆互成夬卦，确实含有书契之象。

离卦有网罟之象，人生行事都在重重网络之中，方便取得资源，同时也受限制。夬卦则有冲决网罗、另创新猷之义，英译夬卦为“breakthrough”，深得其旨。

夬。扬于王庭，孚号有厉。告自邑，不利即戎，利有攸往。

夬卦卦辞为集思广益的场景。君王在朝廷召开会议，将问题的相关信息提出公开讨论，真诚告知大家风险所在，提醒别立刻发动战事，慢慢研议最好的解决方法。清代康熙大帝的庭训：“戒急用忍，决定不移。”正是过来人的经验之谈，值得所有决策者遵循。

夬卦的错卦为剥卦，卦辞称“不利有攸往”，五阴剥一阳，五个字的工夫即灭尽。夬卦五阳决一阴，卦辞多达十九字，最后才“利有攸往”，可见不易。阴长阳消，很快覆灭，阳长阴消，很久才搞定，个中原理值得深思。

《彖》曰：夬，决也，刚决柔也。健而说，决而和。扬于王庭，柔乘五刚也；孚号有厉，其危乃光也。告自邑，不利即戎，所尚乃穷也；利有攸往，刚长乃终也。

夬卦内乾健、外兑悦，坚持和平解决阴阳刚柔的矛盾，卦象一柔乘于五刚之上，据隅顽抗，必须宣扬天下将之解决。真诚提醒大家有风险，审慎应付，危险才能重见光明。告知内部成员勿轻易发动战事，是担心所崇尚的和平解决目标因而无法达成。其实，五阳对决一阴，已占压倒性优势，只要不慌不忙，缓缓推进，等到阳刚力道再成长，就可圆满终结阴阳对峙的局面。

《象》曰：泽上于天，夬。君子以施禄及下，居德则忌。

夬卦上兑为泽，下乾为天，有泽水高涨下泄之象。居高位的君子应效法此象，布施利禄于下民，这是为所当为，倘若居功居德，则是为政大忌。

夬卦之前为益卦，“九五”“有孚惠心，勿问元吉”；谦卦“九三”劳谦不伐，有功而不德，皆为典范。夬卦之错卦为剥卦，居上位者勿剥削基层，《大象传》称“上以厚下安宅”。“剥”字为刀削利禄，“夬”则将己禄分人，阴阳消长之势不同。

• 2005 年元旦我作一年之计，问自己全年的身体保健如何？为不变的夬卦。阳刚之气颇盛，唯一的弱处应在颈椎处，得好生注意调护。以身体易观之，易卦六爻从下到上，约当踝、膝、跨、腰，椎、颈六处关节。夬卦一阴乘于五阳之上，“九五”、“上六”间的关系不正，需和顺调适，方得无咎。那时我的确为右臂酸麻所苦，病因是在颈椎，也接受中、西医各种方式治疗。

• 1994 年 4 月上旬，我在那家出版公司负责经营的最后一月，老板找借口急欲回朝掌权，我有些穷于应付，约了一位老董事晤谈，问其吉凶，为不变的夬卦。“扬于王庭，孚号有厉”，坦诚相告紧张情势，夹缝中咨询对策。那位董事自己有事业要经营，财力也不足与市场派的大股东抗衡，推演一阵，也无善解，我仍得硬着头皮应对。后来老板胜利回朝，我再找他时，态度明显有了变化，直言他支持老板，且提醒我去与老板谈，探探意向，是否会赶尽杀绝云云。从商场的斗争逻辑来说，不算奇怪，我听了心中自然苦极，却也因此学到很多。

初九。壮于前趾，往不胜为咎。

《象》曰：不胜而往，咎也。

“初九”为夬之初，居最基层，在“不利即戎”的约束下，当然不宜轻举妄动。若冲动率先前进，不能取胜而获咎责。人生别打没把握的仗，何况夬卦本居必胜优势，竟因莽撞输掉，岂可原谅？本爻变，为大过卦（䷛），严重失误而至倾覆。

大壮卦四阳积聚，“初九”称“壮于趾”；夬卦五阳更强，“初九”“壮于前趾”。多一“前”字，更见勇往直前之志，但仍宜体察大局，不可冲动败事。

九二。惕号，莫夜有戎，勿恤。

《象》曰：有戎勿恤，得中道也。

“九二”阳居阴位，刚而能柔，又居下卦之中，不会再犯“初九”冲动的毛病。兵法欲攻敌前，先求立于不败之地，为防敌人夜里来偷袭，警惕号令，严加戒备，让人无机可乘，如此则不用担心。本爻变，为革卦（䷰），必胜的优势下，须防翻盘逆转的巨变。“莫夜有戎”的“莫”，即同“暮”字，原意为落日于草丛中的景象，黑夜不安全，教人别去那儿徜徉，又有“莫”的劝止之意。后来字不够用，再加上一日字以区分，“暮”反而跑出两个夕阳来了！

• 2011年元月中旬，我问《淮南子》的价值定位，为夬卦“九二”爻动，有革卦之象。“惕号，暮夜有戎，勿恤。”刚决柔，革故鼎新，不利即戎，切合淮南王刘安欲取代汉武之事。同样问题我在1999年6月底已算过，当时为乾卦（䷀）初、二爻动，有遁卦（䷠）之象。乾为君，遁无立足之地，淮南王虽有想法，大事毕竟不成。由“潜龙”而“见龙在田”，无法“飞龙在天”，就在地方上闹闹而已。该书文辞虽丰美华丽，实践力道不足啊！

九三。壮于頄，有凶。君子夬夬，独行遇雨，若濡有愠，无咎。

《象》曰：君子夬夬，终无咎也。

“九三”过刚不中，和“上六”相应与，在刚决柔的情势中角色微妙，又是下卦民间身份，便于做和谈密使，私下与“上六”见面。頄为颜面颧骨处，“壮于頄”为怒形于色，“九三”若如此则凶，有碍于秘密任务的执行。刚决柔的谈判耗时，“夬夬”即决而又决，为了最终无咎，必须低调忍耐，暗中进行。“独行”为一人前往，“遇雨”，则企图与“六三”达成共识和解。“遇”即姤卦的不期而遇，夬、姤相综，夬中有姤，表面开会议决，暗中仍透过私下管道联系，以取得最大的谈判效益。既然“遇雨”，就可能被打湿而遭人怀疑，心中愠怒却不能承认，以免坏事。本爻动，恰值宜变成兑卦（☱），为对口谈判或两情相悦。说透了，以男女关系来解，此爻实即偷情之意，真正是夬中有姤的行为。

九四。臀无肤，其行次且。牵羊悔亡，闻言不信。

《象》曰：其行次且，位不当也；闻言不信，聪不明也。

“九四”阳居阴位，处高不正，“九五”之君为了和平解决“上六”的问题，重用“九三”为密使，将“九四”排除在决策圈以外，让他非常尴尬。“臀无肤”，坐立不安；“其行次且”，进退两难。虽然如此，仍不得脱离团队，与阳刚同志一致行动，可免生悔。往后他所说的话没人相信，因为大事由“九五”跟“九三”决定，他情报不灵通，始终在状况外。“九四”爻变，为需卦（☵），健行遇险，得耐心等待，期望有朝一日安渡彼岸，“有不速之客三人来”。其实，“九四”的角色有其政治需要，可引开外人的注意，掩护“九三”进行秘密谈判。

再以情色观点分析，夬卦“九四”涉及同性恋的互动描写，爻变需卦，表示他们有此需求。“且”为阳根，“次”为留置停驻，如“师左次”之次，“其行次且”，前接“臀无肤”，这是所谓“后庭花”的亲密互动，男同性恋者常实行。夬卦刚决柔，“九四”阳居阴位，同性恋中扮演女性的角色。姤卦柔遇刚，“九三”亦称“臀无肤，其行次且”，夬、姤相综一体，夬卦“九四”即姤卦“九三”。

大壮卦（䷡）初至五、二至五爻，互成夬卦，两卦皆有羊之象。夬卦“九四”相当于大壮卦“九三”及“九五”，“羝羊触藩，羸其角”、“丧羊于易”，皆遇困阻，可见牵羊之举相当不顺利。

• 2008年8月8日父亲节，我赴高雄授课，晚上在旅馆中关心儿子高中联考成绩，问他有无可能录取较佳学校？为夬卦“九四”爻动，有需卦之象。“臀无肤，其行次且”，“位不当也”，看来没好去处。果然发榜分数不够，只能去念成渊高中，沉潜三年，才考上政大会计系，很是沮丧了一阵。

• 1990年5月初，我还在那家出版公司服务，老板想整合资源，振衰起敝，筹议新觅大办公室。有次我们一起去看了一处台塑企业的楼层，宽敞明亮，初步敲定。我回到旧办公室后，愈想愈不安，租金那么高，我们怎么付得起？占得夬卦“九四”爻动，有需卦之象。“臀无肤，其行次且”，“位不当也”。实在不合适，遂力劝老板打消了原议。后来在台北近郊的新店工业厂房区，找到合适的楼层，母公司择期乔迁，开始了一段奋励中兴的商战岁月。

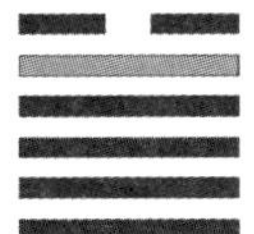

九五。苋陆夬夬，中行无咎。

《象》曰：中行无咎，中未光也。

“九五”中正居君位，“上六”阴乘阳，彼此关系暧昧，《小象传》称“未光”。夬卦刚决柔，“九五”必须以身作则，下定决心处理好阴阳交际的关系，依中道而行，改过而获无咎。爻变为大壮卦（䷡），“非礼弗履”，利贞知止，切勿感情用事。处理时，身在君位动见观瞻，颇有不便，就找“九三”代表，与“上六”密谈，多交换意见后，敲定解决方案。三与五同功而异位，两爻爻辞中皆言“夬夬”，决而又决，反复磋商，以求出最佳结果。

“九三”称“独行”，“九五”称“中行”，先“独”而后“中”，完全合乎《中庸》所称的进德修业的程序："莫见乎隐，莫显乎微，故君子慎其独也。喜怒哀乐之未发，谓之中，发而皆中节，谓之和。"三与五同功而异位，由独而中，达到决而和的最高目标。落实在谈判策略上，"九三""独行"，即设定阳方底线，去与"上六"谈；"上六"未必会接受，也提出阴方的条件，"九五"听取"九三"报告后，兼顾阴阳平衡而作最后裁决，即为"中行"。

"苋陆"是一种野菜，又称马齿苋，居阴湿之地，性喜阳光，一般在夏日清晨开花，过午急速凋零。若采摘下来培养，一离开母株，会了无生趣，奄奄一息。乡下农家养猪，常采苋菜喂食，不但小猪仔吃后长得快又壮，母猪也能分泌更多乳汁供猪仔吃，俗称猪母乳草。夬、姤一体相综，夬卦"九五"、"上六"的关系，颠倒过来，就是姤卦"初六"与"九二"的关系。姤卦"初六"以瘦弱的野猪为象，拼命勾搭"九二"，期待喂食苋草而快速壮大。姤卦为外遇的危机，夬卦"九五"须圆满解决，免贻后患。苋菜生长的时间，约当每年阴历三到五月，正和夬、姤二卦的消息月相当，可见《易经》取象合乎自然。

以西方星座比证，夬卦约当白羊座，姤卦约当双子座，有兴趣者可以去比较其相通处。

• 2011年4月中，我的新书《一次看懂四书》(《四书的第一堂课》)将在台办发布会，有不少企业家学生捧场，也安排了几人上台推荐，以及我一个多小时的纲要介绍。我于会前占问成效，为夬卦"九五"爻动，有大壮卦之象。"苋陆夬夬，中行无咎"，"施禄及下，居德则忌"。国人误解《四书》精义由来已久，以讹传讹，不易在短时间内驳正，尽力讲清楚就是，详细论证让他们去看书吧！

1998年9月中，富邦企业班筹议开班时，我即有占，刚好也是"遇夬之大壮"。易理深奥，短时难明，针对这些高层经营者，能尽量强化他们的决策力，就算有功德了！

• 2011年10月中旬，我们一行六人结伴赴西藏游览，在拉萨用餐某夜，我觉得排尿不顺，牵动有些便秘不适，怕耽误往后辛苦行程，自占无碍否？为夬卦"九五"爻动，有大壮卦之象。"益而不已必决"，刚好在溢流的出口处有状况，"大壮则止"，急躁不得，"中行无咎"。一路小心翼翼，终于没事。

• 2002年4月下旬，一对学生夫妇来我家拜访，先生角逐美商惠普

占例 公司在台负责人失利，由何薇玲担纲，他面临前途抉择。若留台北受何指挥，为同人卦（䷌）上三爻全动，“上九”值宜变为革卦（䷰），贞悔相争成明夷卦（䷣）。“同人”亲和不成，反成“明夷”内心痛苦。同人卦“九五”战胜称王、“九四”表面输诚、“上九”志未得，描写高层人情历历如绘。若去北京惠普，为夬卦“九五”爻动，有大壮卦之象。“苋路夬夬，中行无咎”，正当夬卦阴历三月，去内地而获无咎？若干脆提前退休，为颐卦（䷚）“六二”爻动，恰值宜变成损卦（䷨）。自养不足，徒然损失辛苦，太不上算。综合来看，去内地还可行，他们也做了这样的决定。

当年与何角逐惠普大位一役，见讼卦“上九”占例说明。

上六。无号，终有凶。

《象》曰：无号之凶，终不可长也。

“上六”为夬之终，一阴乘于五阳之上，虽利用和“九五”、“九三”的关系争取利益，苟延残喘，毕竟不能拖得太久，最后仍得屈服。爻变为乾卦（䷀），《彖》末称“刚长乃终”，结束了阴阳对峙的局面。“上六”居外卦兑口之处，悲伤号泣，也不能挽回败局。

占例 • 1993 年 6 月下旬，由于出版公司财务困扰不断，我发傻想换掉主管财务的老板亲信，以昭公信。占问吉凶，为夬卦“上六”爻动，有乾卦之象。“无号，终有凶”，“终不可长也”。逼老板到穷绝之地，必遭反弹，一定讨不了好，赶快打消为妙。

1996 年 2 月上旬，出版公司股争再起，我闲散已近两年，虽是坐山观虎斗，还是问是否会受波及？为夬卦“上六”爻动，有乾卦之象。“无号，终有凶”，“终不可长也”。还是会受波及，而且相当负面，总之公司只是暂憩而已，绝非长久之地。

• 1997 年 8 月底，我问：孔子作“十翼”以阐发易理，对易道的贡献如何？为夬卦“上六”爻动，有乾卦之象。这个占象很妙，不宜直接从爻辞论断，《易传》无致凶之理。“夬”为书契之象，“百官以治，万民

以察”，从伏羲画卦到卦爻辞俱备，已积累了“泽上于天”的丰厚资源。孔子作“十翼”阐明易理，再补上最后一个缺口，变成彰显天道、圆融无碍的乾卦，从此贞下起元、运转不息矣！

综观夬卦六爻，为达和解目标，用尽斡旋心力，爻际的微妙互动，值得揣摩研习。两岸问题的和平解决，亦可从中得到启示。中国高层对台策略曾有九个字：“争取谈，准备打，不怕拖。”即全合夬卦之象。外卦兑悦，争取谈；内卦乾刚，准备打；“不利即戎，利有攸往”，不怕拖。

夬卦多爻变占例之探讨

以上为夬卦卦、彖、象、六爻之理论阐析及占例说明，往下探讨更复杂的多爻变的情形。

占事遇卦中任意二爻动，若其中一爻值宜变，为主变数，以该爻爻辞为主论断吉凶。若二爻皆不值宜变，以本卦卦辞卦象为主，亦参考两爻齐变所成之卦的卦象。

• 2010 年 7 月上旬，我问台湾的信息电子产业十年内能否自创品牌成功，摆脱只干代工粗活的劣势，为未济卦“九二”爻动，有晋卦之象。显示仍陷下卦坎险之中，难以挣脱。再问如果结合内地资源一起奋斗呢？为夬卦初、五爻动，“九五”值宜变成大壮卦，齐变则有恒卦（䷟）之象。“夬”是集思广益寻求突破，“初九”基层力道不足，“往不胜为咎”；“九五”“苋陆夬夬，中未光”，高层领导顾忌尚多，撒不开手。“遇夬之恒”，还需要更长时间持之以恒的奋斗，才有绩效呈现。

• 2006 年 2 月下旬，我整理《系辞传》书稿，占问下传第十章的主旨，为夬卦初、五爻动，“九五”值宜变成大壮卦，齐变有恒卦之象。“夬”有书契之象，积累丰富，“百官以治，万民以察”，可长久研习，永远开发不尽。“《易》之为书也，广大悉备。有天道焉，有人道焉，有地道焉，兼三才而两之。”恒卦《彖传》称：“圣人久于其道而天下化成。观其所恒，而天地万物之情可见矣！”“遇夬之恒”，《易》为千秋万世的精奥宝典。

• 2005 年 8 月上旬，占问《系辞上传》第二、三章的主旨，为夬卦三、四爻动，有节卦（䷻）之象。“夬”为书契之象，“节”为准则规范，“遇

夬之节”，这两章将《易经》基本用词作了定义，方便研《易》者依循：“吉凶者，失得之象也；悔吝者，忧虞之象也……彖者，言乎象者也；爻者，言乎变者也……无咎者，善补过也。”

• 2001年元旦，我做一年之计，问与主持社会大学基金会的老友的关系，为夬卦三、四爻动，有节卦之象。夬卦有决绝之象，节卦则资源有限，得谨慎运用。“遇夬之节”，长期的友谊似乎到了一个转折点。夬卦“九四”“其行次且，位不当”，“九三”“独行遇雨，终无咎”，彼此都得小心互动，以维持来得不易的关系。

• 2009年8月底，我结束了为期一年半共三十六堂的《春秋》课程，占问教学绩效如和？为夬卦初、三爻动，有困卦（䷮）之象。“夬”为书契之象，《春秋》大义极为丰富，“初九”“往不胜为咎”，学生熏习尚浅，难以理会；“九三”“夬夬独行，遇雨若濡”，可能少数人略窥门径。整体来说，还是困局，收效有限。

• 2006年元旦，我作一年之计，问当年的台湾社会景况，为夬卦三、五爻动，“九五”值宜变成大壮卦，齐变则有归妹卦（䷵）之象。夬卦“刚决柔，君子道长，小人道忧”。“九三”、“九五”同功而异位，都想解决压在众阳之上的一阴“上六”，“中未光”，指的还是当局涉嫌贪渎舞弊。当年疑案一一揭发，下半年起爆发红衫军的狂潮，影响也甚大。大壮、归妹二卦激情无限，当年台北街头群聚的抗议人潮，让人印象深刻。

• 1994年4月中，我所在的出版公司“政变”在即，还有内忧，不好摆平，做邮购营销的协理想效法直销部门业绩抽成，跟我提条件。我各方应付，已是心力交瘁，问如何应对？为夬卦三、五爻动，“九五”值宜变成大壮，齐变有归妹之象。“夬”为聚议谈判，希望和平获致共识，“九五”明示公司应有立场，“九三”私询双方皆可接受的条件。谈是谈了，不久换老板在新形势下主导，一切又得重议，我也不再关切此事。

稍前的3月上旬，我还替一位曾贷款给老板而被连续跳票的人士占问吉凶，为夬卦初、上爻动，“初九”值宜变成大过卦，齐变则有姤卦（䷫）之象。“遇夬之大过、之姤”，莽撞决定于初，无号有凶于终，陷入倾覆危机，又怪得谁来？5月上旬，面临摊牌时，我四处孤立无援，也想到他，占象为比卦（䷇）“六三”爻变成蹇卦（䷦）。“比之匪人，不亦伤乎？”弄得包袱沉重，蹇困难行，我跟他都一样缺乏智慧啊！

当时已是风雨欲来，情势紧张，老板与大股东晤面谈判，我预算了一下三人的“最后结局”：老板为恒卦（䷟）二、三爻动，有豫卦（䷏）之象；大股东为夬卦初、二爻动，有咸卦之象；我为不变的离卦。老板及我的卦占，已于恒卦的二爻变占例中说明，大股东遇夬之咸，决战不能得手。“初九”不胜而往，自取其咎；“九二”有戎勿恤，仅能自保不败而已。三占尔后全部应验实现，易象铁口直断，丝毫不爽。

• 2009 年 6 月上旬，我的小姨子离开美国 ASI 计算机公司后，又在 New Egg 公司谋到经理职，问我未来五年她的工作发展。我占得夬卦初、四爻动，齐变有井卦（䷯）之象。“初九”“往不胜为咎”，“九四”“其行次且，位不当”，“闻言不信，聪不明”，明显难以发挥。井卦前为困卦，后接革卦，还得用心另求发展。几年后，她又遭裁员，再换了一家公司任职。

1992 年 9 月下旬，我问自己与出版公司的缘分，为夬卦初、四爻动，有井卦之象。“遇夬之井”，绝非长久腾飞之地，但在当时恐难看清啊！

• 1996 年元旦，我做一年之计，问我与李登辉的对应关系，为夬卦二、五爻动，“九五”值宜变成大壮卦，齐变则有丰卦（䷶）之象。“九二”“惕号、勿恤”，自保不败是我；“九五”“苋陆夬夬，中未光”是他，遥遥相对。丰卦内离明，我有智；外震动，他有权；明以动，才有丰功伟业。“遇夬之丰”，意蕴深长，却又不能强求。当年岛内局势多纷扰，第二季《易》课未继续，严格讲，我还欠他七堂预定的课没上，下辈子再讲吧！

2009 年 11 月上旬，我问周易学会翌年的发展，为夬卦二、五爻动，“九五”值宜变成大壮卦，齐变则有丰卦之象。结果翌年人事纷扰不断，我决定改组整顿，理事长换人，“惕号，有戎勿恤”，以保不败。

• 1997 年间，我的学生邱云斌问“伟哥”治阳痿真有效否？为夬卦四、五爻动，“九五”值宜变成大壮卦，齐变则为泰卦（䷊）。夬为刚决柔，“九五”为阴阳交际最前线，服药后变大壮即阳壮，似发情的公羊往前冲刺，配合“九四”齐变成泰，阴阳和合，天地交泰。显然有效，但也别忘了卦辞的嘱咐：“不利即戎，利有攸往。”服药后得静待一段时间，才能行事，还得戒急用忍。

2006 年 7 月上旬，我给学生讲三十六计与《易经》的关系，其中“釜

二爻变占例

底抽薪”为夬卦四、五爻动，“九五”值宜变成大壮，齐变为泰卦。夬卦五阳炽盛，欲消火降温，得抽去薪材，变成四阳、三阳而致中和，正所谓扬汤止沸，莫不如釜底抽薪。

• 2001 年中，我的学生邱云斌好友的母亲卧病住院一个月，并非重病，就是虚弱。他问病情发展，为夬卦二、三爻动，齐变有随卦（䷐）之象。夬为刚决柔，“九二”“有戎，勿恤”，“九三”“君子夬夬”。终无咎；随卦元亨利贞，无咎。“遇夬之随”，应该不错。老人家一周后出院，至今康健，九十余矣！

三爻变占例

占事遇卦中任意三爻动，以本卦为贞，三爻齐变所成之卦为悔，称贞悔相争，合参两卦卦辞卦象论断。若三爻中一爻值宜变，加重考虑其爻辞。

• 2010 年 3 月中旬，岛内又起废除死刑的争议，我个人反对废除，占问若废合宜否？为夬、蹇贞悔相争，按前例分析，至少在台湾行不通。再问若不废除死刑呢？为小畜卦（䷈）二、三、五爻动，贞悔相争成颐卦（䷚）。小畜卦密云不雨虽闷，“九二”“牵复吉”、“九五”“有孚挛如”，照顾人情，义理周全。颐卦“贞吉”，呈现相对稳定的生态。“遇小畜之颐”，养民通情合理。

• 2006 年 3 月上旬，我的学生李祖嘉从印度北部灵修返台，极力推荐我去参加。我兴趣不大，占问得夬卦初、二、四爻动，贞悔相争成蹇卦。“遇夬之蹇”，还是不去为宜。虽然如此，蹇卦卦辞“利西南，利见大人”，《大象传》又称“反身修德”，倒与印度道场方位相合，只是我真的不想去。

• 2011 年元月中旬，我问岛内几位政治人物的年运：蔡英文为夬卦初、二、上爻动，贞悔相争成遁卦（䷠）；马英九为乾卦（䷀）初、五、上爻动，“上九”值宜变为夬卦，贞悔相争成恒卦（䷟）。“遇夬之遁”，由决策者的地位引退；“遇乾之恒”，持续领导统御，维持恒久稳定。一年后的台湾地区领导人竞选，马以八十万票差距击败蔡而获连任，蔡随即辞去民进党主席之职。

• 1996 年 10 月下旬，我占问社会大学负责人老友吕学海的“本命”，为夬卦二、三、四爻动，贞悔相争成屯卦（䷂）。夬卦积累资源以求突破，

"九四""其行次且，位不当"；屯卦草莽闯荡，动乎险中。"遇夬之屯"，人生险难不少，喜欢开创新局，落实却未必平顺。社大事业曾开风气之先，也办得红红火火，最后还是以失败告终。

2010年2月初，我又患牙疼，让医生诊治后，面临一些选项。若做最昂贵的植牙手术，为夬卦二、三、四爻动，贞悔相争成屯卦。夬为分决，"九四""其行次且，位不当"，"屯"为新生，动乎险中。借植牙而求新生，占象未见佳善，遂未实行。

2008年年初，我的学生林献仁占问：当年世界文明的景观如何？为"遇夬之屯"。九月中金融风暴爆发，世界经济变色，上游水库坼裂泄洪，下游泛滥成灾，仿佛又回到资源匮乏的洪荒时代，民不聊生。

• 2011年10月中旬，我赴西藏旅游，先到青海西宁，当日参观完塔尔寺后，总结观览心得，为夬卦初、四、五爻动，贞悔相争成升卦（䷭）。"刚决柔，君子道长，小人道忧"，依佛力降魔而提升至高境界。

2011年2月下旬，我问老人的魅力何在？为"遇夬之升"。老人积累经验丰富，所作决定稳当周全，能获高度绩效。"夬"有书契之象，经过岁月烟尘的历练，老人就是一部活的字典。

2001年10月下旬，我再度检测自己未来在易学史上可能的地位，为"遇夬之升"。升卦《大象传》称："君子以顺德，积小以高大。"夬卦日积月累，泽上于天，君子道长。"遇夬之升"，后望无穷。

• 1998年元月底，我整理《孙子兵法》十三篇，问《形篇第四》的宗旨，为夬卦二、三、五爻动，贞悔相争成震卦（䷲）。夬卦泽上于天，不断积累实力，取得压倒优势后，以威慑逼和对方。"九三"、"九五"两手操作谋和，"九二"则先求立于不败之地，一旦巨量蓄水开闸下泄，必然造成下游震撼式的冲击。《形篇》称："善战者先为不可胜，以待敌之可胜……不可胜者，守也；可胜者，攻也……故能自保而全胜也……善战者立于不败之地，而不失敌之败也……称胜者之战民也，若决积水于千仞之溪者，形也。"所阐述之理及所比喻的意象，完全与占象丝丝入扣，令人赞叹不已。

2004年8月下旬，我早已离开出版界，某夜突然接到以前老板电话，邀我拨冗一晤。我占问他意欲何为？为"遇无妄之讼"，已于前文说明。然后再问我如何应对最宜？为夬、震贞悔相争。时移势转，我已完全立

三爻变占例

于不败之地，见面谈谈何妨？

• 1996年元月下旬，出版公司股争再起，其时我已投闲置散，坐山观虎斗，问大股东胜负吉凶？为夬卦初、二、五爻动，贞悔相争成小过卦（䷽）。小过卦辞称："可小事，不可大事……不宜上，宜下。""遇夬之小过"，决战无法取得胜利，入主没有可能，后果如是。

• 2011年4月下旬，毓老师仙逝逾月，有同门师兄主张继其遗志，开课专为大学生讲经。我占得夬卦初、三、五爻动，贞悔相争成解卦（䷧）。"夬"为书契之象，古圣先贤历代传述的经典，确应讲解给莘莘学子听；夬不利即戎，解之时大矣哉！早做准备，留心恰当时机，再出手行动吧！

四爻变占例

占事遇卦中任意四爻动，以四爻齐变所成之卦的卦象卦辞为主论断，若其中一爻值宜变，稍加重考虑其爻辞。

• 1999年4月上旬，我们学会在中部办研习营，我占问二十一世纪应如何研究及推广易学？得出夬卦初、二、四、上爻动，四爻齐变成渐卦（䷴）。"夬"为书契之象，历代易学著作浩如烟海；"渐"为组织团队，循序渐进。"遇夬之渐"，指示明确，我等当信受奉行。

• 2006年8月14日，我的学生徐崇智不幸猝逝，学会执行长悬缺，我问授《易》多年，学生资源如何评量及运用？得出夬卦初、二、三、五爻动，四爻齐变成豫卦（䷏）。夬卦积累已多，豫卦"雷出地奋"，"利建侯行师"，"遇夬之豫"，仍大有可为。"夬"为决策，"豫"为预测，两卦皆为《易》之大用。

• 2010年9月初，我改组学会理监事，部署已定，试问往后三年的发展，为夬卦初、三、四、五爻动，"九四"值宜变为需卦，四爻齐变成师卦（䷆）。"夬"为"刚决柔，君子道长，小人道忧"。师卦《象传》称："能以众正，可以王矣！""遇夬之师"，决战之师行矣哉！

• 2011年中，我的学生林文国占问：易占长期预测的准确性如何？得出夬卦初至四爻全动，"九四"值宜变为需卦，四爻齐变成比卦（䷇）。夬卦就是搜集信息作决策，比卦卦辞称："吉，原筮，元永贞，无咎。""遇夬之比"，长期预测仍可相当准确，值得参考采用。

• 2010年4月中旬，我问：《易经》经传所言宇宙人生的真相确然否？

四爻变占例

得出夬卦初、二、四、五爻动，“九四”值宜变为需卦，四爻齐变成谦卦（䷎）。谦卦兼摄天地人鬼神，亨通有终。“遇夬之谦”，大易所言就是宇宙人生的真相。

• 清代马国翰整理易学文献很有成绩，所撰《玉函山房辑佚书》包罗宏富。2012 年元月上旬，我问其成绩，为夬卦二、三、四、五爻动，“九四”值宜变为需卦，四爻齐变成复卦（䷗）。“夬”为书契之象，“复”则继往开来，“遇夬之复”，大有功德。

• 2011 年 10 月下旬，我西藏行最后一日，上纳木错圣湖观览，冰寒浩瀚，涌浪拍岸，气象万千。我忙着拍照，并腾出手来占问对我可有启示加持？为夬卦初、四、五、上爻动，“九五”值宜变为大壮卦，四爻齐变成蛊卦（䷑）。夬卦“刚决柔，君子道长”；蛊卦则“干父之蛊”，清除习染。“遇夬之蛊”，振奋人心。

占事遇卦中六爻全动，以全变所成的错卦卦辞卦象论断，考虑其间剧烈变化的因果。

• 2011 年 2 月初，我问北京友人筹办的“首届神州大易精英班”的意义及效果，为夬卦六爻全变成剥卦（䷖）。该班后来于当年七、八月顺利举办，为 8 天 50 小时的课程，对象多属内地企业界高阶管理人士。“夬”为解决问题、审慎决策之卦，六爻全动相当周全，错变成剥卦，层层解析以探求事物真相，剥极而复，不亦宜乎？

44. 天风姤（䷫）

姤卦为《易经》第四十四卦，在夬卦之后，居萃卦之前，为邂逅、不期而遇之意。《序卦传》称："决必有所遇，故受之以姤。姤者，遇也。物相遇而后聚，故受之以萃。萃者，聚也。"夬卦泽上于天，有积满宣泄之意，象征人情积怨过多，终于一朝爆发，摊牌决裂。覆水难收，旧怨已了，人海茫茫中又会有新的遇合，这就是姤卦。彼此碰撞起了火花，就想朝夕相聚，这就是萃卦。苏东坡词《永遇乐》云："古今如梦，何曾梦觉？但有旧欢新怨。"不称旧怨新欢，而称旧欢新怨，发人深省。处那么久的旧友，可以一朝决裂，何以见得新人会得善终？夬卦二至上爻、三至上爻，皆互成夬卦，夬中有夬，不断决裂；姤卦初至四、初至五爻，皆互成姤卦，姤中有姤，不断又有新的遇合。这种连锁反应、积习上瘾的现象，值得注意。

《杂卦传》中夬、姤不排在一起，夬卦居最终的第六十四卦，在未济卦之后，理由已于夬卦中说明。姤卦接大过卦之后，排序第五十八，亦有深意："大过，颠也；姤，遇也，柔遇刚也。"大过卦为颠狂乱世，各种体制跟规范崩解，人心失守，最容易发生想象不到的姤遇之事。夬卦"刚决柔"，五阳掌握优势主动，必决一阴；姤卦"柔遇刚"，一阴生于五阳之下，动摇其根本，积极渗透颠覆。对阳爻来说，一阴松动，已构成统治的威胁，必须做好危机防治的工作。坎卦为风险控管，姤卦则阐析危机处理。

姤。女壮，勿用取女。

姤字为女后，"后"为邦国之君，表示女人做主，决定一切。一阴生势力尚微弱，却称“女壮，勿用取女”，可见警惕之甚。世间阳长阴消不易，阳消阴长却快得很，正面培养历时经年，负面破坏转瞬之间。本书论述泰极否来、剥尽来复时，已充分阐明。即以夬、姤二卦卦辞而论，“刚决柔”需十九字，再三告诫叮咛，“柔遇刚”才六字，就可能爆发事端。姤、复二卦相错，复卦培元固本用了二十一字，姤卦危机控管则决定于六字之间。大壮累积四阳，才称阳壮，而且不宜躁动；姤才潜生一阴，即称女壮，紧张万分。

以“大衍之术”的占法来看，出现老阴“六”的几率最低，为十六分之一，出现老阳“九”的几率为十六分之三，阴极转阳的能量比阳极转阴的力量大三倍。证诸以上消息盈虚的现象，老子称至柔克至刚，确有道理。

阴虚阳实，阴爻会从阳爻处吸取资源，以壮大自己，为阳爻计，当然得极意防范，故称“勿用取女”。蒙卦“六三”爻辞：“勿用取女。见金夫，不有躬。无攸利。”“六三”乘于“九二”之上，有情欲蒙蔽理智之象，对“九二”“包蒙”来说，即须防范阴爻的滋长。咸卦为少男少女情投意合、正常的感情发展，卦辞称“取女吉”；姤卦为不正常的外遇关系，故称“勿用取女”。

《彖》曰：姤，遇也，柔遇刚也。勿用取女，不可与长也。天地相遇，品物咸章也；刚遇中正，天下大行也。姤之时义大矣哉！

姤卦《彖传》说理圆融，超越了卦辞审慎防患、消极保守的观点。前面先平实解释卦辞，后面则将邂逅不期而遇的现象推至极高境界，与天地创生万物相当。一柔遇五刚，企图汲取阳刚资源壮大自身，而攀援上升，以阳方的立场，一定得隔离防范，不可任阴势快速成长。天地化生万物，也是自然的机遇，经漫长时间的演化，而形成如此丰富的生态世界。“刚遇中正”，指居于君位的“九五”，掌握难得的机遇，使天下大行其道。人生机运来时，准确判断时机时势并果决行动的智慧太重要了！

乾卦《彖》称“云行雨施，品物流形”；坤卦《彖》称“含弘光大，品物咸亨”；姤卦《彖》称“天地相遇，品物咸章”，等于总结了天地乾坤的造化功能。大自然有生有灭，刹那灭后，又复刹那生，剥极而复，生生不息。姤卦五阳下一阴生，看着是灭，灭故后又蕴含着新生，所谓破坏式的重建，旧的不去，新的不来，即为姤遇的深刻意涵。《易经》中，豫、遁、姤、旅四卦的《彖传》皆称“时义大矣哉”！随卦则称“随时之义大矣哉”，更是总结性的强调说明。

人海茫茫中，我们一生中会遇到些什么人、发生什么事，造成什么后续效应？都很难预知。这是姤遇的微妙处，也很吸引和迷惑人，看似随机的事变，有没有前定的因缘呢？人生种种遭遇，属必然还是偶然？我们当如何去因应？唐代诗人罗隐诗云：“时来天地皆同力，运去英雄不自由。”人生成败确有时运，值运时，事事皆顺遂，运过后，无论如何拼搏都不行。如何机敏地感测，并及时抓住时运以成事，就是人生重大的修行课题啊！

《象》曰：天下有风，姤。后以施命诰四方。

姤卦上卦乾为天，下卦巽为风，天下有风，影响及于四方。“后”为地方诸侯，境内出现重大危机，必须一方面紧急控管，一方面公告通知其他地方保持戒备，以免危机扩散。姤卦《大象传》主词为“后”，不称“先王”，表示地方政府救难当先，同时有通告各方的义务，无暇请示中央，就得在第一时间采取有效行动。复卦冬至闭关，先王号令各地诸侯不去省方；观卦时值秋分，先王至各地巡察，“省方观民设教”；姤卦为夏至，天候渐热，容易滋生病媒，各地诸侯都得确实维护环境卫生，一有疫情，必须防治并通告四方，以免扩散传染。传统的端午节，就在姤卦的阴历五月五日，喝雄黄药酒、打扫家屋及小区，皆蕴含此意。

古代边防要塞的烽火台示警，一处受敌，烧狼粪起烟向四方求援，传讯比马快，亦姤卦《大象传》之意。今日地震海啸，世界各地预警联防，疫病流行通告各方，皆为此意。金融风暴肆虐全球，危害尤重，更须重视国际合作，相互救援。

• 2010 年 11 月上旬，美国再印钞票，进行所谓第二次的“量化宽松”，我问对台湾地区造成的影响？为不变的姤卦。“女壮，勿用取女”，须做好危机控管。姤卦前为夬卦，泽上于天，上游宣泄洪水，下游水位上升，须防泛滥成灾。几千亿美金流入市场，台湾幅员小，得严防冲击。

• 2010 年 8 月上旬，我受邀赴学生新开设的特色餐厅试吃，一边听他宣扬净食养生的理念，一边桌面下用手机占测其经营前景？为不变的姤卦。五阳下一阴生，征兆不妙，得谨慎小心。结果开张后生意不好，欲振乏力，不到半年就被迫停业转型，受挫深重。

初六。系于金柅，贞吉。有攸往，见凶。羸豕孚蹢躅。

《象》曰：系于金柅，柔道牵也。

“初六”一阴生为姤遇之初，上承“九二”阳刚之实，欲攀援借力以上升；“九二”为防制“初六”突破，也与之接触而为恰当处置。“金柅”为刹车器，以一根金属棒止住车子往前乱冲，正是“九二”抑制“初六”之象。“系于金柅”，“九二”固守住岗位，不让阴势上蹿，稳住局面而获吉。如果挡不住，阴势蹿升上逸，就会显现凶险。即便暂时稳住，“初六”仍不死心，不断觅求乘隙突破的机会，就像一只瘦弱的野猪浮躁不安，在猪圈里徘徊走动，欲冲出藩篱，何时再出问题亦不可知。柔道牵制刚道，刚道抑制柔道，纠缠较量，很难真正止息。

大壮卦血气方刚，以发情公羊为象，极欲突破藩篱。“九三”“羝羊触藩，羸其角”，“九四”“藩决不羸”，“上六”“羝羊触藩，不能退，不能遂，无攸利”，为阳壮之过。姤卦“初六”春情发动，躁郁不安，以瘦猪饥渴难耐、亟求觅食饱足为喻，称“羸豕孚蹢躅”，为阴欲女壮之患。

姤卦“初六”与“九二”的冤孽纠缠，恰似夬卦“上六”与“九五”的暧昧关系，剪不断，理还乱，刚决柔、柔遇刚，怎一个混乱了得？世间男女相慕，旧欢新怨，永难梦觉。姤卦“初六”羸豕索求的猪饲料，就是夬卦“九五”须提供的苋陆草，长于阴历三至五月间，全合夬至姤卦的节气。这是易辞取象的精密，观察入微，令人赞叹！夬卦“九四”称“牵羊悔亡”，姤卦“初六”《小象传》称“柔道牵”、“九三”《小象传》称“行未牵”，亦密切相关。

大壮卦、夬卦阳气壮盛，爻辞取羊为象；姤、遁二卦阴长阳消，爻辞取猪为象。扑克牌中的“拱猪”游戏，有所谓猪羊变色的戏剧转化，人生处事亦当戒慎恐惧，做好危机防治。

姤卦“初六”爻变，为乾卦（☰），危机处理得当，可恢复成纯阳的统一局面。若不能实时处理，则后患无穷，所谓星星之火，可以燎原，人内心深藏的情欲随时爆发，足堪深忧。

• 1994年5月下旬，我被迫退出那家出版公司实质经营的工作，开始投闲置散，专心沉潜学问。看“江山”形势日非，几年心血付诸东流，对待了近十年之久的处所，仍有些惆怅，问往后与公司的缘分如何？为姤卦“初六”爻动，有乾卦之象。“系于金柅，贞吉。有攸往，见凶。”多年纠缠困顿，该踩刹车了！“羸豕孚蹢躅”，虽仍有眷恋，也得克制化解。“遇姤之乾”，从今后自强不息，另寻新路勇猛精进吧！

九二。包有鱼，无咎，不利宾。

《象》曰：包有鱼，义不及宾也。

“九二”乘于“初六”之上，当危机爆发的第一时间，即刻采取行动阻其扩大，就像撒网捕鱼一般，若全部网住即没事，不然爻变成遁卦（䷠），阳爻地位全失，就得准备撤守了！时机稍纵即逝，一旦错失最佳机会，可能终生难遇。人生须果敢主动，该出手时便出手，太客气了没有鱼吃。“初六”滑溜乱窜似鱼，阴爻每以鱼为象，如剥卦“六五”统领五阴，称“贯鱼以宫人宠”。

“九二”“包有鱼”为主，迟至“九四”“包无鱼，起凶”，则为宾。所谓肥水不落外人田，机会是独占垄断的，专利不会与他人分享；你死我活的胜负竞争更是如此，赢家通吃全拿，输家只能摸摸鼻子走路。“九二”胜出，占了地利之便，所谓近水楼台先得月，远水救不了近火皆是。在二、四竞逐“初六”的赛局中，“承乘”关系赢了“应与”关系。

“义不及宾”之义，就是《彖传》所称的“姤之时义”之义，为天经地义，人之所当为，攸关成败，重要无比。人千万别不及时，不及必败。

• 2003年3月下旬，美国入侵伊拉克，烽火连天之际，我的老友来访。他因基金会财务纠纷被学员控告，初审被判一年半徒刑。我问其吉凶，为姤卦“九二”爻动，有遁卦之象。“包有鱼，无咎”。若迅速进行危机控管，应可没事渡过劫难。再问继续上诉吉凶？为履卦（䷉）五、上爻动，“九五”值宜变为夬卦（䷪），齐变则有睽卦（䷥）之象。“履虎尾”风险

虽高，“九五”“夬履贞厉，位正当也”，“上九”“视履考祥，其旋元吉”，“大有庆也”，最后应可没事。两占事后都灵验，老友总算逃过一劫。

• 1998 年间，我的学生刘文山任职荣工处，负责施工地发生模板意外，他问如何处置？为姤卦“九二”爻动，有遁卦之象。“包有鱼，无咎”，这是典型的危机处理，他迅速处置各项事宜，顺利完成工作。

• 2001 年 11 月上旬，我问《鬼谷子》一书的主旨，为姤卦“九二”爻动，有遁卦之象。“包有鱼，无咎，不利宾。”鬼谷揣摩纵横之术，最重察微知机，时至迅疾行动，故能门下高手辈出，倾动天下。书中《损兑法灵蓍》称：“事有适然，物有成败，机危之动，不可不察。”而《摩篇》所称：“古之善摩者，如操钩而临深渊，饵而投之，必得鱼焉。”所举喻象，岂不正与“包有鱼”相同？

九三。臀无肤，其行次且。厉，无大咎。

《象》曰：其行次且，行未牵也。

“九三”过刚不中，夹处于“九二”、“九四”两大之间难为小，坐立不安，进退失据，虽然辛苦，不受“初六”牵扯，亦无大咎。本爻变，为讼卦（䷅），争讼间须善为自处。夬、姤相综一体，姤卦“九三”倒过来，就是夬卦“九四”，爻辞近乎相同。

• 1992 年年底，我在那家出版公司辛苦经营，老板几经波折，私人财务及关系企业营运都陷入险境，濒临崩灭。我问公司母体有何对策？为姤卦“九三”爻动，有讼卦之象。“臀无肤，其行次且，厉，无大咎。”夹处于老板和市场派大股东之间，立场尴尬，但本身营运正常，财务也还分明，不致受太大牵连。

• 2011 年 6 月下旬，我跟几位信息电子业的老学生聚宴，谈一些世界知名厂商的兴衰，其中一位借我手机占问，他一笔应收货款迟延之事如何？为姤卦“九三”爻动，有讼卦之象。“臀无肤，其行次且，厉，无大咎。”“遇姤之讼”，切合实情，他大叹易占真准。

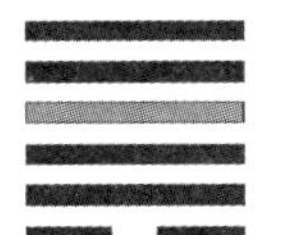

九四。包无鱼，起凶。

《象》曰：无鱼之凶，远民也。

“九四”和“初六”相应与，也想防治危机或化为转机，却因离得太远，无法如愿，机会都由“九二”独得。“九二”“包有鱼，无咎，不利宾”；“九四”即“宾”，遂称“包无鱼”。“初六”为民间基层，“九四”反应太慢，中央大失民心，将有执政危机，故称“远民、起凶”。本爻变，为巽卦（䷸），当痛定思痛，体察形势，小心应付。宾客吃不到鱼，太客气会拱手让出机会，人生还是尽可能机敏响应，争取主动。“初六”称“见凶”，“九四”称“起凶”，皆有犹豫失机之痛。

九五。以杞包瓜，含章，有陨自天。

《象》曰：九五含章，中正也；有陨自天，志不舍命也。

“九五”中正居姤卦君位，正是《彖传》中所称刚遇中正，天下大行，面对“初九”所代表的危机或转机，采取居高临下的全面监控，发动中央执政的“九四”、地方当局的“九二”负责防治。“以杞包瓜”，为极精妙的植物共生现象。枸杞树为低矮灌木，枝条细长有棘刺，层层交错相掩，其中会有一些藤蔓类的瓜攀附其中，受其包覆保护，直到瓜熟蒂落之前，都能隔绝外界侵扰，无法觊觎染指。姤卦为柔遇刚的男女欢爱之象，“九五”“以杞包瓜”的做法，就像一般所称的金屋藏娇、视为禁脔，绝对掌控垄断，不与他人分享。我于 2002 年 9 月中旬，率学生赴安阳参加易学会议，转赴曲阜游览，在孔府院中就看到一株杞树，内中果有藤瓜攀缠，《周易》取象自然，观察细腻入微，借象说理亦精妙之极。

“九五”爻辞之义，就是像“以杞包瓜”般，布下天罗地网，涵盖住一切可能发生危机，或有崭新机遇之处，严密监控事态的发展，准备好所有应变的章法措施。一旦瓜熟蒂落，水到渠成，于变故之初即充分掌控情势，而成革故鼎新的大功。“九五”爻变为鼎卦（䷱），掌权而开新运，所立之志全与天命相合，故称“志不舍命”。

“有陨自天”，即《彖传》所称“天地相遇，品物咸章”。科学界咸认为地球上生命的源起，与太空陨石撞击地面有关，虽然瞬间造成重大毁坏与冲击，同时带来大量生命诞生所需的种种要素，沉浸海水中，逐渐形成最简单的生命，这就是乾、坤之后为屯卦所演示的律则。不仅生命因陨石诞生，物种的汰旧生新亦然，距今六千五百万年前恐龙的灭绝，就与陨石撞击有关，上经剥极而复所演，当有科学根据。

生灭灭生，造化之理本即如是，这就是《彖传》作者必须为姤卦翻案的原因，毁灭不一定是坏事，可能带来新生。爻辞称“含章”，《彖传》称“品物咸章”，让潜运甚久的东西成了可喜的现实。坤卦“六三”《小象传》：“含章可贞，以时发也。”《彖传》称：“含弘光大，品物咸亨。”完全与姤卦“九五”的生化之理相通。

《易》爻中有七处言“包”：蒙卦“九二”“包蒙”、泰卦“九二”“包荒”、否卦“六二”“包承”和“六三”“包羞”，以及姤卦“九二”“包有鱼”、“九四”“包无鱼”、“九五”“以杞包瓜”，都是以“阳实”包容“阴虚”，合乎自然之理。“有陨自天”，陨石从天而降，颇似夬卦“泽上于天”泄洪之象，可谓“姤中有夬”。夬卦“九三”“独行遇雨”，则为“夬中有姤”。两卦相综，意象多有联结。

前文“九四”占例曾举章孝严的绯闻案，该案的女主角后来又有新欢，也是地方上的政客，当时他说该女是天上掉下来的礼物，岂非“有陨自天”？当然，后来还是分手，未有善终。

• 1996年8月上旬，我求见毓老师，请示对当时大小形势的看法，之前问能突破自己的闷局否？为姤卦“九五”爻动，有鼎卦之象。“以杞包瓜，含章，有陨自天。”好好立定志向，深远布局，以待时运之至。

翌日我细思老师所言，深觉启示甚多，再问老师怎么看我，有期许否？为姤卦三、上爻动，齐变有困卦（䷮）之象。“遇姤之困”，显然时运未至，尚待琢磨历练之处犹多。“九三”“其行次且，厉，无大咎”；“上六”“姤其角，吝，无咎”。既厉且吝，但求无咎。

• 2011年2月下旬，有学生问女性美的魅力何在？为姤卦“九五”爻动，有鼎卦之象。“以杞包瓜，含章，有陨自天。”柔遇刚，“天地相遇，品物咸章”。女性之美幽深含蓄，恰当时机又迅捷奔放，变故生新，令人目眩神摇，真可倾倒众生，号令四方。

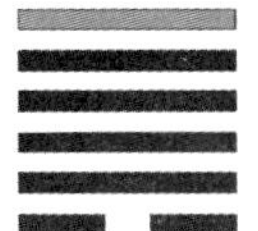

上九。姤其角，吝，无咎。

《象》曰：姤其角，上穷吝也。

“上九”为姤卦之终，距离“初六”所象征的机遇太远，待在狭小的角落里，没有出头的机会。爻变为大过卦（䷛），知足认命，不过量企求，亦可无咎。晋卦“上九”称“晋其角”，姤卦“上九”称“姤其角”，人生或晋或遇，各有因缘莫羡人，不要想不开钻牛角尖。

占例

• 2005 年 3 月底，我与林洲民建筑师小众座谈，谈台北城的建筑景观与未来。为此我有一占：2011 年以前，台北城会遭战火摧残么？为姤卦“上九”爻动，有大过卦之象。“姤其角，吝，无咎。”远离危机，不致如此。

• 2011 年 9 月下旬，我们在富邦课堂上又谈起 2012 浩劫的传闻，最后问万一真发生，我们当如何自保？为姤卦“上九”爻动，有大过卦之象。“姤其角，吝，无咎。”大难来时，亦无大善之策，能远离避开，也是运气。

姤卦多爻变占例之探讨

以上为姤卦卦、彖、象及六爻之理论阐析，与单爻变占例演示，往下继续讨论多爻变之情形。

二爻变占例

占事遇卦中任意二爻动，若其中一爻值宜变，以该爻辞为主论断；若皆不值宜变，以本卦卦辞卦象为主，亦参考两爻齐变所成之卦的卦辞卦象。

• 1996 年中，《联合报》总编辑张逸东罹患肠部肿瘤，我的学生邱云斌任职于《经济日报》，占问其病情吉凶？为姤卦三、五爻动，“九五”

值宜变为鼎卦，齐变有未济卦（䷿）之象。姤卦为突发危机，“九三”“臀无肤，其行次且，厉，无大咎”，似指患部；“九五”“中正含章，志不舍命”，变鼎卦“正位凝命”，应该没事。果然改调闲职，妥善疗养，没有生命危险。张逸东也是毓老师的学生，1995年中，《联合报》要发布我给高层上课的消息时，我找过他压下这个信息，以免徒增困扰。

• 2010年7月初，我与女儿聊她的工作及志业，由英国留学返台后在出版社编书，自己更想搞文学创作，纯学术则无意继续深造。我占其材性定位，为夬卦（䷪）四、五爻动，“九五”值宜变为大壮卦（䷡），齐变则成泰卦（䷊）。再问她与任职的出版社的缘分深浅，为姤卦五、上爻动，“九五”值宜变为鼎卦，齐变则有恒卦（䷟）之象。夬、姤一体相综，同样都是君位“九五”动，正好一块儿分析。

“夬”为书契文字之象，无论编辑或写作，都在处理文字，“遇夬之泰”，遣词用字圆通意顺，即成大家。姤卦“九五”“天地相遇，品物咸章”，确与这家出版社有缘，“志不舍命”，未违初衷。“上九”“姤其角”，“吝”而“无咎”，终有一日缘尽离散，人生本即如此，不必挂怀。约两年后，她辞离该处职务，另寻发展。

她才刚过周岁时，我们带她去植物园玩，她看到注记花木名称的招牌时，兴奋地趋前直喊：“记！记！”牙牙学语，我们知道她在说：“字！字！”这个老灵魂从何处来投胎的呢？此生必与文字夙缘甚深。

• 2010年8月下旬，我问自己精研易道一生，对世界能否有所贡献？为姤卦五、上爻动，“九五”值宜变成鼎卦，齐变则有恒卦之象。“遇姤之鼎”，刚遇中正，天下大行，姤之时义大矣哉！大贡献不是不可能。“姤其角”，“吝”而“无咎”，当然也可能错过机缘，但亦无憾。

• 2010年7月下旬，我们学会的人事纷争影响到最老一班的上课情况，无明的情绪浮动，偏我们讲的还是佛经，人生业力深重，去执何其不易？我一方面改组理监事，一方面不屈不挠，仍持续以《易》证佛的教学计划，日夜班合并为一班上课。占问前景如何？为姤卦二、五爻动，“九五”值宜变成鼎卦，齐变则有旅卦（䷷）之象。姤卦“九二”“包有鱼，无咎”，真心愿意学习的保有机会；“九五”刚遇中正，天下大行，革故鼎新，绝无问题。后果如是，人生机缘不必强求。

• 1997年9月上旬，我问《河图》、《洛书》与易道本旨的关系，为不变的晋卦（䷢），已于前文占例中阐明。当时再问"图、书"之学的价值与未来的发展性，为姤卦四、五爻动，"九五"值宜变成鼎卦，齐变则有蛊卦（䷑）之象。"九五""含章"，有革故鼎新的创造性；"九四""包无鱼"，也有偏离主旨、一无所获的可能。

• 2010 年 4 月上旬，我已在筹划本书的撰述，问值得投入时间心力来做吗？为姤卦二、上爻动，齐变有咸卦（䷞）之象。"姤之时义大矣哉！"难得有出版机会，"九二""包有鱼，无咎"，应该及时把握。咸卦"亨利贞，取女吉"，姤卦"勿用取女"。"遇姤之咸"，将体制外的机遇纳入体制内的规范，何乐而不为？

当年 8 月下旬，我开始撰述，想广征精彩灵验的占例，以丰富本书内容，免得囿限于自己的生活经验，而致涵盖性不足。除了向老学生邀集外，也上学会网站公告，问能有收获吗？为姤卦二、四爻动，齐变有渐卦（䷴）之象。"包有鱼"、"包无鱼"都现，是收到也采用了一些，整体响应率极低，主要仍得靠自己。

• 1991 年 4 月底，我任职的那家出版公司的经营情势险恶，老板本身方面过多，陷入严重财务危机，我问公司母体能不能没有他而顺利发展？为姤卦初、二爻动，"初六"值宜变为乾卦，齐变有同人卦（䷌）之象。"初六""系于金柅"，"九二""包有鱼，无咎"，老板与公司母体缠绕紧密，很难分割；"不利宾"，市场派的大股东无法得手。"遇姤之同人"，缘分太深太亲，恐怕会长相左右。往后十多年的发展，全如卦占，真正生死与共。

1993 年 3 月底，公司前一年的会记账做出，高干集会讨论认为应务实处理，以节税为考虑，但老板为了向外募资，可能不会同意。我占得姤卦三、四爻动，齐变有涣卦（䷺）之象。"九三""其行次且"，"九四""包无鱼"，"遇姤之涣"，必然行不通。果然，老板坚持己见，大家只能退让。

• 1995 年 3 月下旬，社会大学基金会邀集各方俊彦，参加李登辉出席的餐会，当时我还在给李授课，问去赴宴如何？为姤卦三、上爻动，齐变有困卦（䷮）之象。"遇姤之困"，显然流于场面应酬，不会有什么突破的机遇。姤卦"九三""其行次且"，"上九""姤其角"显然流于场面应酬，不会有什么突破的机遇。姤卦"九三""其行次且"，"上九""姤

二爻变占例

其角，吝”，皆已明示。我当然还是去了，结果确实也是如此。

• 2012 年元旦我作一年之计，台湾经济为“遇姤之困”，“九三”“其行次且”，“上九”“姤其角，吝”，内外困顿，难觅出路，可说完全料中。2008 年 11 月初，也曾预测到四年后为不变的蒙卦，外阻内险，前文已述。

三爻变占例

占事遇卦中任意三爻动，以本卦为贞，三爻齐变所成之卦为悔，称贞悔相争，合参两卦卦辞卦象论断。若三爻其中一爻值宜变，加重考虑其爻辞。

• 2010 年 2 月初，我选了台湾五位代表性的企业家，占其经营风格，台积电的张忠谋为姤卦二、三、上爻动，“上九”值宜变为大过卦，贞悔相争成萃卦（䷬）。“遇姤之萃”，刚好依卦序进行，台积电的成功也是顺应时势所致。“萃”为精英相聚，心力与物力皆要求高档次，正是知识与资金密集的高精尖产业之象。“姤之时义大矣哉！”时来天地皆同力，由来时势造英雄。

• 2010 年 11 月中，我在常州授《易》，有当地企业人士提问，占上海何时可发展成国际金融中心？为姤卦二、三、五爻动，贞悔相争成晋卦（䷢）。“遇姤之晋”，假以时日，上海这颗明珠将更红火璀璨。姤卦“九五”“以杞包瓜，含章”，往后积极布局，刚遇中正，天下大行。“九二”“包有鱼，无咎，不利宾”，相对来讲，香港的机会就较逊色了！

• 2009 年 6 月上旬，我在美国工作的小姨子离开休斯敦到洛杉矶任职，看中一处住屋想买，问合宜否？为姤卦上三爻全动，“上九”值宜变为大过卦，贞悔相争成升卦（䷭）。“升”为高度成长，“遇姤之升”，买下来应可赚到。其时金融风暴肆虐，美国房价便宜，进场正是时机，她决定买下，除了自住，也赚了资产增值。

• 2010 年 6 月上旬，我高雄授课毕返台北，直接去君品饭店参加开《孙子兵法》学会的理监事会，会长傅慰孤将军筹组基金会，想对内、对外募资，以增强学会的活动能量。我试占前景如何？为姤卦二、四、上爻动，“上九”值宜变为大过卦，贞悔相争成蹇卦（䷦）。“遇姤之蹇”，还有大过倾覆之象，很难推动，机会不大。后果如是，姤卦“九四”“包无鱼”、“上九”“姤其角，吝”，都预示了其后的发展。

2012年元月上旬，我阅览几位学生出去另设立的经典网站，心中还是有些感慨，想起一年半前的改组整顿之事，占问有收实效吗？为姤、蹇贞悔相争。“包有鱼”、“包无鱼”互见，最后又“姤其角，吝”，收效其实有限，只求无愧我心。

• 2009年7月上旬，厦门《海峡商业月刊》的一位女记者跟我联系，想邀我赴该刊演讲，我问如何？为姤卦二、四、五爻动，贞悔相争成艮卦（䷳）。“艮”为重重阻碍，“遇姤之艮”，可能毕竟不行。果然前后联系几次，我主动打消，以卦象分析，二、五相应，问题应该出在中间的“九四”“包无鱼，起凶”。

• 2009年8月上旬，我想出版压在手中再三修订的《系辞传》书稿，估计在台出版不易，考虑先出内地简体版，北京崔先生有兴趣，我问合宜否？为姤卦二、三、四爻动，贞悔相争成观卦（䷓）。姤卦为“天下有风，后以施命诰四方”；观卦为“风行地上，省方观民设教”。“遇姤之观”，弘道四方，实属可行。该书于一年半后出版，台湾的出版社再三评估后，仍未达协议，两岸阅读经典的市场有了差异。

• 2000年元月底，我在《中国时报》文化广场授《易》以来，颇受欢迎，问当年的发展前景，为姤卦初、二、上爻动，贞悔相争成革卦（䷰）。“遇姤之革”，“姤之时义大矣哉！”“革之时大矣哉！”姤卦“初九”有崭新机运，“九二”“包有鱼，无咎”，能充分掌握，“上九”“姤其角”，虽“吝”亦“无咎”。看来这台戏还有得唱，且积极以对吧！其后授《易》道场虽由内湖、天母转至市长官邸，前后还持续了十二年之久，成为我对社会讲《易》的重要平台。

• 1993年11月下旬，我将那家出版公司经营得红红火火，大有起死回生之势，当时一笔上海银行的贷款到期，为几年前大股东要求高干们联名担保所得，这种卖身契是否还要续约？我占得姤卦三、四、上爻动，“上九”值宜变为大过卦，贞悔相争成坎卦（䷜）。“遇姤之坎”，有不期而遇的风险，还有大过卦超过负荷之象，实非我等薪水阶层所能承担。姤卦“九三”“臀无肤，其行次且”；“九四”“包无鱼，起凶”，皆很负面。后来此事打消，半年后发生巨变，老板杀回朝掌权，此案种种牵扯已非重点矣！

占事遇卦中任意四爻动，以四爻齐变所成之卦的卦辞卦象为主论断，若其中一爻值宜变，稍加重考虑其爻辞即可。

• 2001 年 10 月上旬，美国与阿富汗开战，我问战事会否扩大拉长？得出姤卦二、四、五、上爻动，“九四”值宜变为巽卦，四爻齐变成谦卦（䷎）。谦亨和平有终，“遇姤之谦”，“九二”“包有鱼，无咎”，“九五”“以杞包瓜，含章，有陨自天”。美国布局蓄势已久，战胜并控制局面应无问题。结果正面战事没多久，即分出胜负，转入地下游击战后，却拖了十年之久，美军才宣称逐步撤出，劳民伤财，虽胜亦无大益。

当年 11 月底，我问授《易》十年半，所有学生资源的评估如何？为“遇姤之谦”。人生相遇，谦亨有终，“天地相遇，品物咸章”，由姤卦所动四爻来看，二、五极佳，四、上落空无缘，众学生中，这种分布很正常。

2011 年 9 月初，我希腊游后赴南德慕尼黑授《易》，遥想一月后的奉元学会成立之事，问当天理监事选举情势如何？为“遇姤之谦”，机遇不错，亨通有终。10 月初学会成立，我以最高票入选理事会，毓老师未竟的志业，于焉启动。

• 1992 年年初，我已负责出版公司的经营重任，问当年总体的经营策略，为姤卦二、三、五、上爻动，四爻齐变成豫卦（䷏）。“姤之时义大矣哉！”“豫之时义大矣哉！”掌握机遇，激励团队热情奋斗，正是我当年的处境，而我也确实干得不错。

2011 年 5 月下旬，我刚从两湖学术交流返台，学会理事长来电，担心台风将至，会影响我们四天后在中部溪头举办的春季研习营。我当下一占，为“遇姤之豫”。“天地相遇，品物咸章”，“雷出地奋”，“利建侯行师”，应该没问题。我们如期举办，一切都很顺利。

• 2008 年年初我问自己全年策运，为姤卦二、三、四、五爻动，“九四”值宜变为巽卦，四爻齐变成剥卦（䷖）。“遇姤之剥”，似有危机，但那年各方面的发展颇顺利，尤以下半年为最，和姤卦至剥卦的节气相应（阴历五月至九月）。这和年初判断相近，姤卦“九二”“包有鱼，无咎”，“九五”“以杞包瓜，志不舍命”，机遇配合甚佳，应有崭新的开拓。

• 1998 年 8 月上旬，我到处翻箱倒柜找不着一份重要证件，心急如焚，占问究竟找不找得回来？为姤卦初、三、四、五爻动，“九五”值宜变成鼎卦，四爻齐变为损卦（䷨）。“遇姤之损”，可能遭受损失，但姤卦

四爻变占例

“九五”“有陨自天”，也有机会由“含章”而“咸章”，一朝复得。结果一周内对方告诉我，还摆在“衙门”里办手续，害我白找，也算真相大白，失而复得。损卦节气为阴历七月中，正应失得之时。稍前遍寻不着时，曾问要不要申请补发证件？为姤卦“九四”爻动，有巽卦之象。“包无鱼，起凶”，如果这样做就错了，什么也得不到。

• 2012年元旦，我作一年之计，问台湾当年有无重大天灾？为姤卦初、二、四、上爻动，四爻齐变成既济卦（䷾）。“姤”为“天下有风”，当年台风接踵而至，虽有酿灾，还好不算严重。“九二”“包有鱼，无咎”，危机防治尚可？“遇姤之既济”，水火相交相成，为稳定之象。

五爻变占例

占事遇卦中五爻动，以五爻齐变所成之卦的卦辞卦象为断，若其中一爻值宜变，略加重考虑其爻辞。

• 1996年6月中旬，台中的学生吴达人想离开永丰余纸厂的职务，问未来发展如何？为姤卦二至上爻全动，“九二”值宜变为遁卦，五爻全变成坤卦（䷁）。“姤”为不期而遇，未来变量甚多，眼前“包有鱼，无咎”，应可找到新的工作机会。翌年果然转往台中精密机械公司任职，再一年又因公司出状况而离开，往下换了好多任所，占象应验。

扫码聆听刘君祖老师亲自讲述大易之道

——逐字逐爻详解易经六十四卦

45. 泽地萃（䷬）

萃为《易经》第四十五卦，居姤卦之后，在升卦之前。《序卦传》称："姤者，遇也。物相遇而后聚，故受之以萃。萃者，聚也。聚而上者谓之升，故受之以升。""姤"为不期而遇的机缘，人相遇动情，就想终日厮守，共同扶持，追求人生境界的提升成长。中国内地三十多年经济改革，屡创高度成长，绩效卓著，也是抓住了时代的机运，集聚最精粹的资源所致。

比卦"九五"一阳独霸，众阴臣服，争相比附，颇似冷战结束后前苏联垮台、老美超强的世界情势。萃卦"九四"、"九五"两阳制衡，各拥徒众，则成今日一超多强的格局。以促进国际和平的理想来说，萃卦似较比卦为佳，不欢迎任何强权专擅独行，任意宰制一切。

水泊梁山的故事，各路英雄聚义，也似萃卦的情势，如何选出服众的领导为成事的关键。世界杯的球赛打完后，往往有各国明星球员合组的梦幻团队，若不经一番内部磨合较量，整体战力未必惊人。军警多有特种部队的组训编制，从各单位调集精英中的精英，以因应高难度的任务需求，如美军的海豹、游骑兵等等，这在《孙子兵法》称为选锋。《地形第十》："兵无选锋，则北。"产业布局中，有所谓高精尖重点扶植对象；高等教育体系，所谓明星学校、重点大学等，都是出类拔萃的设计，绝对有其必要。内地称禀赋优异的娃娃为苗子，出类拔萃的为尖子，苗子为屯卦，尖子为萃卦。

《杂卦传》称："萃聚，而升不来也。"前面紧接："大畜，时也；无妄，灾也。"萃卦与大畜卦相错，升卦与无妄卦相错，萃、升相综，无妄、大畜卦相综，四卦错综相连，关系密切。升不来为何意？复卦称"七日来复"，一阳打底为创新之始。升卦高速成长，初爻为阴虚无底，繁荣可能建立在外债的基础上，若不得空偿还回填，一旦成长受阻，可能有泡沫化的危机。升卦之后为困卦，即为此意。

䷬ **萃。亨。王假有庙，利见大人，亨利贞。用大牲吉，利有攸往。**

“萃”为精英相聚，“亨”为嘉之会，萃聚能致亨通。“假”念“格”，为感为至，“王”为精英团队的领导人，亲自主持宗庙祭祀，以号召群众，若他有大人的修为，则可获信赖支持而得利。萃聚若固守正道，团队成员愿为中心理念牺牲奉献，组织发展必定大有前途。宗庙祭祀用牛羊猪三牲，“大牲”为杀牛以祭，是最高贵的档次。“王假有庙”，指领导英明、信念坚定；“用大牲吉”，则指物产丰饶，财力雄厚。损卦“二簋可用享”，心意虔诚即可，供品不用丰厚；萃卦则不然，除了信念共识外，还得花大钱提供丰厚的祭品。以人事论，想聘用出类拔萃的高端人才，当然得提供优渥的待遇。以产业论，“萃”为高精尖的科技产业，知识密集、资金密集、人才密集；传统的劳力密集产业则似坎卦，劳碌辛苦。

《系辞下传》首章称：“天地之大德曰生，圣人之大宝曰位。何以守位？曰仁。何以聚人？曰财。理财正辞，禁民为非曰义。”萃聚人才得善于理财，还得公私分明，一切开支经得起最严格的检验。《大学》讲治平之道，最后亦称举贤用财：“生财有大道，生之者众，食之者寡，为之者疾，用之者舒，则财恒足矣！”金钱不是万能，没钱可万万不能，这是一定的道理。

萃卦卦辞有两个亨，称“亨利贞”，不见“元”字。精英相聚，人情磨合不易，感情蒙蔽理智，领导难以服众，须好好推诚相处，才能锤炼出核心的创造力。家人“九五”称“王假有家”，萃、涣卦辞称“王假有庙”，丰卦辞称“王假之”，领导人的修为及用心非常重要。

《彖》曰：萃，聚也。顺以悦，刚中而应，故聚也。王假有庙，致孝享也；利见大人，亨，聚以正也。用大牲吉，利有攸往，顺天命也。观其所聚，而天地万物之情可见矣！

萃内坤顺、外兑悦，称顺以悦。“九五”阳刚居上卦之中，为精英相聚之主，下和“六二”中正相应与，配合绝佳，故能聚合群众。王者在宗庙主持祭祀，对列祖列宗致崇高敬意，以感召群众追随。领导人若具备大人的修为，大家以正道相聚，必致亨通。用最高规格的大牲祭祀，蒙天地神明福佑，利于往前奋斗。人群相聚之时，最见喜怒哀惧爱恶欲之情，仔细观察，对天地万物之情皆能有所体悟。

咸、恒、萃三卦，《彖传》末皆称“天地万物之情可见矣！”“观其所感”、“观其所恒”、“观其所聚”，人生必识人情，方能通达立事。“咸”为少男少女恋爱，卦辞最单纯；“恒”为老夫老妻度日，卦辞多些但书；“萃”前为夬、姤二卦，是所谓离异后的“第二春”，卦辞列出诸多苛刻条件，要求灵肉合一，光有爱情没面包，绝对不行。

姤卦“九五”“有陨自天，志不舍命”，人志不偏离天命；萃卦称“利有攸往，顺天命也”，时运既至，当然得精确掌握，全力以赴。

《象》曰：泽上于地，萃。君子以除戎器，戒不虞。

萃卦上兑为泽，下坤为地，泽水高于地面，有泛滥成灾之虞，须高筑堤防以避免之。萃卦前为姤卦，正是难以预料的危机，须集中心力，调度最精粹的资源来对付。“除戎器”的“除”，一般作除旧布新解，兵器须经常维修保养，一旦启用不会发生任何问题。其实，“除”就作除去、解除讲，可能更切。萃卦是精英号召群众运动，当局维持秩序，不可用武力镇压，尽量疏导化解。萃卦上兑，应为和平劝说，带武器上阵，反易激发对抗而生意外。夬卦“泽上于天”，尚且主张决而和；萃卦“泽上于地”，水位较低，更应怀柔处置。

• 2010 年 11 月下旬，我策划与妻结婚三十周年赴日旅游，占问冬季里日本可有天灾否？为不变的萃卦。再确认又得咸卦“九三”爻动，仍有萃卦之象。萃卦前为姤卦，可能有突发变故，须“除戎器，戒不虞”。我们还是去了京都度假，而翌年 3 月 11 日爆发的福岛巨灾，就接着隆冬之后，本来我们还也预备去仙台一游呢？目前已成重灾区。

• 1997 年元月上旬，我问二十一世纪易学的气运，为不变的萃卦。萃卦前为姤卦，萃卦后为升卦，易学会因缘会聚，大行其道。二十世纪

大心理学家荣格为英译本《易经》作序时，曾占当时《易》的处境为鼎卦（䷱）二、三爻动，为皆怀才不遇之象，译介后也是坎卦“六三”动，“来之坎坎，险且枕”，难以发挥大用。看来学术文化有其时运，时不至，强求也没用。今后的易学发展，时来运转，人文荟萃矣！

1994年元月中旬，我问全年个人为学的进境，为不变的萃卦。“遇姤而萃、而升”，令人期待。结果当年第二季，老板回巢掌权成功，我开始投闲置散，有更多时间沉潜读书。

2008年2月底，我赴高雄演讲，在旅馆中问：我们周易学会租屋做中心会所合宜否？为不变的萃卦。“亨，王假有庙，利见大人。亨利贞，用大牲吉，利有攸往。”人文荟萃，是应该找个适宜聚众的道场了！就是从此多了固定开销，所费不赀，得广辟财源才好。半年后，此事成真，学会附近紧临善导寺，还真的就有座大庙呢？

2009年4月下旬，我率学生由江西、厦门游罢返台，在厦门大学南强论坛的两场演讲相当成功，我问后续效应如何？为不变的萃卦。人文荟萃，当开新运，往后发展确实如此。

2009年5月下旬，我们在中部溪头林区办春季研习营，讨论《易》与老庄，晚上闲聊时，大家占问每个人对学会可有的贡献，我的是不变的萃卦。“王假有庙，利见大人，亨利贞”，“聚以正也”。我当然得演好理念中心的领导角色，聚集精英，讲明易道。

2011年3月20日，毓老师溘然仙逝，弟子们悲痛莫名。翌日，我问老师与我三十六年的结缘，应如何看待？为不变的萃卦。“遇姤之萃、之升”，真是人生难求的机遇，改变了我的一生。而今王者已经入庙，后生小子当如何奋励精进，毋忝所教啊！

• 2010年年初，我做一年之计，问全年的台湾地区与美国的经贸关系，为不变的萃卦。“亨，王假有庙，利见大人。”应该相当顺畅，但是拜美国庙得有牺牲奉献，“用大牲吉，利有攸往”，指何而言？原来指的是须进口美国牛肉，当年苏起即因此而下台，两年后，事件再起，舆论沸腾，马英九当局再受重创。2012年3月上旬，我问开放美牛进口的决策，对马当局的影响，为恒卦（䷟）二、四爻动，齐变有谦卦（䷎）之象。雷风恒，“君子以立不易方”，“九二”“悔亡”，尚称稳定；“九四”“田无禽”，台当局应变不称职，白忙一场。

接着我问：我们食美国牛肉，是否确实有害？为噬嗑卦（䷔）“九四”动，有颐卦（䷚）之象。“噬干胏，得金矢，利艰贞吉”，“未光也”。占象一语双关，噬嗑就是肉食，也是斗争中强凌弱之意。带骨的干肉难以下咽，为了经贸与军购（“得金矢”），不吃又不行，政治交易多有暗盘，正是“未光也”。

• 2007 年 2 月中旬，我的女儿台大外文系将毕业，忙着申请留学深造，期待英美的一流大学能给她入学许可，我们戏称“爱的迷熏”（admission）。当时我帮她算了十几卦，全都应验。第一个问题是当年能顺利留学吗？为不变的萃卦。“用大牲吉，利有攸往”，英美的学费都很贵；“王假有庙”，比较像英国君主立宪的体制。最后，英国几家出类拔萃的大学给了入学许可，她选了老牌的牛津，还真是切合卦辞。“大牲”不是牛吗？

• 1998 年 5 月底，我给学生上刘劭的《人物志》，问《九征第一》的篇旨，为不变的萃卦。精英相聚，人文荟萃，切合题旨。“盖人物之本，出乎情性，情性之理，甚微而玄，非圣人之察，其孰能究之哉？”篇首强调人情为知人之本，萃卦《彖传》称：“观其所聚，而天地万物之情可见矣！”二者宗旨亦同。

• 2007 年中，我一位学生占问：《易经》中最美的一卦为何？答案就是萃卦。花团锦簇，出类拔萃，人情物意之美，萃卦足以当之。

初六。有孚不终，乃乱乃萃。若号，一握为笑。勿恤，往无咎。

《象》曰：乃乱乃萃，其志乱也。

“初六”为萃聚之始，处基层民众之位，和“九四”相应与，很想与之相聚，又顾忌四、五相争，怕“九五”之君怪罪，犹疑彷徨，难定行止。这时若诚心号召，初、四两方携手合作，相视而笑，不必太忧虑，前往欢聚，可获无咎。本爻变，为随卦（䷐），真心追随，不会有任何问题。

《诗经·邶风·击鼓》：“死生契阔，与子成说。执子之手，与子偕老。”有情人分离，两地相思甚苦，应该排除万难相聚，以期破涕为笑。

•2009年7月中，我问禅宗的主旨，为萃卦“初六”爻动，有随卦之象。萃卦前为姤卦，“遇萃之随”，人生聚散随缘，勿用执著。正所谓：“一切有为法，如梦幻泡影，如露亦如电，应作如是观。”

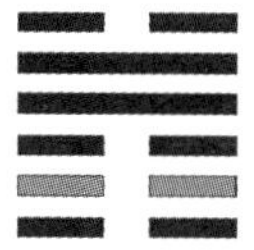

六二。引吉，无咎。孚乃利用禴。

《象》曰：引吉无咎，中未变也。

“六二”中正，和“九五”之君相应与，同心同德，为萃聚群英的主干。“九五”爻辞称“匪孚”，领导的威望不足，正需“六二”以诚信相挺，才能与“九四”、“初六”及“六三”的阵营制衡。“六二”既为全局关键，偏向任何一方都举足轻重，就不必过早表态，以本身的影响力调和派系矛盾。引而不发，将弓拉满，搭箭蓄势而不射出，自然会有人来吸引请益，可获吉而无咎。“禴”为薄祭，一般在夏日暑热时节进行，供品一切从简，比喻“六二”不花什么成本，即可成为萃聚要角，居下卦之中，笃定依时中之道行事。本爻动，恰值宜变成困卦（䷮），养望静待整合前，会有段困乏期。处此地位而无整合大局的见识，也会长期受困。

•2003年3月下旬，美国进攻伊拉克，势如破竹，我问战事何时可望结束？为萃卦“六二”爻动，恰值宜变成困卦。“引吉，无咎，孚乃利用禴”，美军击中优势兵力出击，以极少死伤的代价而获重大成功，迅速取胜应无问题。爻变成困卦，战胜后却可能陷入泥沼，长期占领难以撤军。《大象传》称“除戎器，戒不虞”，真是说中问题的重点：战胜易，守胜难哪！由事后情势发展来看，占象完全应验。

•1993年4月8日，我的妻子顺利产下麟儿，母子均安，由于她曾有子宫肌瘤，怀孕时胎位也有不正，我在医院问前景如何？为萃卦“六二”爻动，恰值宜变成困卦。“引吉，无咎，孚乃利用禴。”应该问题不大，事后也是如此。

•1995年3月下旬，我在台湾出的第二套关于《易经》的书：《易经与生涯规划》将出版。除了自序外，决定请三人写序，分别是李登辉、主持社会大学的老友，以及出版公司的老板。我问这腹案如何？为萃卦

占例 "六二"爻动，恰值宜变成困卦。"引吉，无咎，孚乃利用禴。"萃聚三方因缘，共襄盛举。老板回朝掌权一年，见我如此有些错愕，我却很坦然，旧恩新怨我还分得清。这三人都写序了，而往后的人生缘分也都不长久，极可能老死不相往来。"遇萃之困"，不亦宜乎？

六三。萃如，嗟如，无攸利。往无咎，小吝。

《象》曰：往无咎，上巽也。

"六三"不中不正，上承"九四"，理应追随长官。由于四、五两虎相争，也跟"初六"一样，担心"九五"之君怪罪，忧虑叹气不好表态。这是人之常情，但不宜游游移太久，还是尽快行动，力挺"九四"而获无咎，最多小有吝，别太担心。三、四、五为一巽卦（☴）之象，"六三"深入顺承"九四"，方是人情义理，爻变为咸卦（䷞），"观其所感，而天地万物之情可见矣！"

占例 • 2007年7月中旬，学生林世商贸易兴旺，想出资赞助我们的学会，编印《易经》随身小册及典藏版，前文豫卦二爻变占例中已说明。当时我问此企划合宜否？为萃卦"六三"爻动，有咸卦之象。"引吉，无咎，孚乃利用禴。"不是不可以，但效应不大，这份心意最好移作其他项目，较有意义。

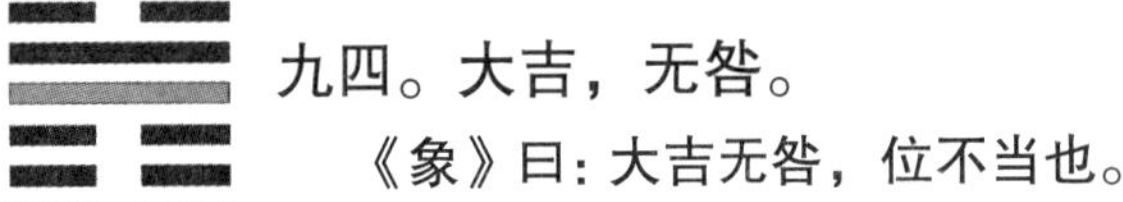

九四。大吉，无咎。

《象》曰：大吉无咎，位不当也。

"九四"阳居阴位不正，和"初六"相应与，又得"六三"上承，群众基础雄厚，足以挑战"九五"的领导地位。"九五"幸得"六二"支持，双方实力维持平衡。以量来比，"九四"有基层"初六"信服，声势浩大；以时位看，"九五"、"六二"中正，"九四"、"六三"、"初六"皆不正，主流派又占上风。两虎相争，必有一伤，为整体利益着想，"九四"不宜与"九五"争权，大局若吉，本身亦为辅国重臣而获无咎。"九四"爻变，为比卦（䷇），推诚合作而非激烈对抗。

• 2011 年 6 月初，我问自己二十年讲经的成就，为萃卦“九四”爻动，有比卦之象。“大吉无咎，位不当也”。“遇萃之比”，当然有一定成果，却总有“位不当”之感。

• 1996 年 11 月下旬，我问一位同门大师兄的本命，为萃卦“九四”爻动，有比卦之象。“大吉无咎，位不当也”。他天赋才性皆高，入师门也甚早，我 20 多岁时遇到他，颇受启发，然而几十年过去，他未有所成也是事实，人生真的自有命数？《彖传》称：“利有攸往，顺天命也。”“志”与“命”间的辩证关系，令人深思。

九五。萃有位，无咎。匪孚，元永贞，悔亡。

《象》曰：萃有位，志未光也。

“九五”中正居君位，和“六二”相应与，占住大义名分而获无咎。然而在下面临“九四”强臣的挑战，往上又有“上六”阴乘阳、柔乘刚的暧昧关系影响，难孚众望，“匪孚”即“非孚”。领导人威信不足，意志不易贯彻，故称“志未光”。如欲改善这种情况，须修“元永贞”之德，才可使悔恨消亡。“九五”爻变，为豫卦（䷏），“利建侯行师”，发挥魅力重整团队，一方面也防范“九四”夺权。

比卦卦辞：“元筮，元永贞，无咎。”“九五”显比，一阳独霸于众阴之上，为全局无可置疑的领袖，萃卦“九五”有“九四”分权，欲消弭身侧之患，正须学习此道。萃卦卦辞有“亨利贞”，欠“元”德，两雄相争，核心的领导不见；“九五”爻辞“元永贞”，针对此弊整治，务期江山一统。

• 2009 年 7 月上旬，洪奇昌因台糖关说案被起诉，他曾上过我的《孙子兵法》课程，太太则长期上《易经》，都是我的学生。我问他官司的吉凶，为萃卦“九五”爻动，有豫卦之象。“匪孚，志未光也。”以涉案来说不大妙，相当于卦中所含大过卦（䷛，萃卦三、四、五、上爻构成的卦中卦）的三、五爻，“栋桡，凶”，“枯杨生花，何可久也？”缠讼经年，

2012年3月初，初审判两年多，继续上诉中。

• 1996年12月中，社会大学高雄分部邀我开《易经》班，为期一年，我问前景，为萃卦“九五”爻动，有豫卦之象。因缘聚合，南下授《易》，当时高铁尚未兴建，每周三得飞机往返，相当辛苦。当然也教了些学生，课业结束后还有些联系。

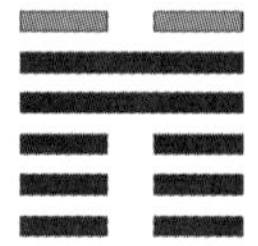

上六。赍咨涕洟，无咎。

《象》曰：赍咨涕洟，未安上也。

“上六”为萃聚之终，乘于“九五”之上，关系暧昧却不能结合，又在外卦兑悦开口处，悲情之至。“赍咨”非虚字，“咨”为谋议商量，“赍”为怀持欲赠物与人。“上六”为退休大佬之位，很想当政者听他意见，若不蒙搭理采纳，悲伤流泪不止，很不安分。爻变为否卦（☰☷），天地不交，说亦无用，看别人萃聚热闹，自己冷清寂寞，难受死了！爻辞最后称无咎，要人放宽心怀，勿执念过深，人生聚散无常，没有不散的宴席啊！

弘一大师李叔同年轻时曾作词曲《送别》：“聚虽好，离虽悲，世事堪玩味。”萃卦“上六”无咎之义，令人深思。其实萃卦见天地万物之情，六爻皆称无咎，善补用情之过，聚散无所咎责。离合悲欢之际，情怀难免激荡，有孚匪孚、哭哭笑笑、叹气呼号、犹疑担心，不能自已。

萃卦“初六”“一握为笑”，至“上六”“赍咨涕洟”，聚时欢笑，离时悲泣，人之常情岂不如是？

• 2001年3月下旬，我问《六祖坛经》的宗旨，为萃卦“上六”爻动，有否卦之象。“赍咨涕洟，无咎”，“未安上也”。萃卦前为姤卦，人生因缘相聚，缘尽则散，山河大地亦然，四大皆空，无需执著悲泣。正所谓：“本来无一物，何处惹尘埃？”

萃卦多爻变占例之探讨

以上为萃卦卦、彖、象及六爻单变之阐析，往下继续讨论多爻变的复杂变化。

占事遇卦中任意二爻动，若其中一爻值宜变，以该爻辞为主论断；若皆不值宜变，以本卦卦辞卦象为主，亦参考二爻齐变所成之卦的卦辞卦象。

• 2010 年 2 月初，我问大易管理学的精义为何？得出萃卦四、五爻动，“九五”值宜变为豫卦，齐变为坤卦。精英会聚，人际磨合不易，大易调和鼎鼐的智慧，于此能发甚深妙用，组成高效率的团队，创造辉煌绩效。

• 2010 年 11 月中旬，我问同性恋的根本原因为何？得出萃卦四、五爻动，“九五”值宜变为豫卦，齐变为坤卦。两阳紧密相聚，以萃卦中所含大过卦来看，刚好为大过卦中间四阳，皆为非常情色的匹配关系，不与常人同。萃卦《彖传》称：“观其所聚，而天地万物之情可见矣！”“九四”“位不当”，“九五”“志未光”，一般不大敢公之于世，承担压力不小。

• 1991 年 12 月中，我已代理出版公司总经理一职，问老板督责的关系企业的经营情势，为萃卦三、四爻动，“九四”值宜变为比卦，齐变为蹇卦（䷦）。“六三”上承“九四”，经营干部位不当，“遇萃之蹇”，外险内阻，艰困难行。

• 2002 年 5 月中旬，我在华新丽华企业的《易经》班上得很红火，其中一位知名化工业的老板娘学习兴趣浓厚，还想揪团另开一班深入研习，也拉了富邦二董蔡明兴的夫人一起，我问合宜否？为萃卦三、四爻动，“九四”值宜变为比卦，齐变为蹇卦。“遇萃之比、之蹇”，应该不成，后果如是。

• 1999 年 11 月下旬，我在中部的一群学生筹组团体，暂称“易人社群”，提了不少构想，我问合宜否？为萃卦四、上爻动，“九四”值宜变为比卦，齐变为观卦（䷓）。期许精英相聚，“九四”“位不当”、“上六”聚不拢转散，似乎不易成功。其后果然，一直到两年后学会成立，才真正落实集会结社的理想。

占事遇卦中任意三爻动，以本卦为贞，三爻齐变所成之卦为悔，称贞悔相争，合参两卦卦辞卦象论断。若三爻其中一爻值宜变，加重考虑其爻辞。

• 2006 年 11 月下旬，曾为台湾百货业界女强人的徐莉玲大张旗鼓，成立“学学文创”公司，我也应邀去上了几堂课。其地坐落于内湖堤防边，离台北中心精华区甚远，能否集客，让人捏把冷汗，我占问她可否三年有成？为萃卦上三爻全动，“上六”值宜变为否卦，贞悔相争成剥卦（䷖）。开设文创道场，集聚各界精英以教化群众，“上六”“赍咨涕洟”，由聚转散，否则不通，剥卦则“不利有攸往”。果然开办后，人气无法提振，人事磨合的问题丛生，不到一年就被迫转型，算是不折不扣的挫败。“学学文创”强调教学相长，终生学习，取义于《礼记·学记》：“兑命曰：学学半，其此之谓乎！”《兑命》为《尚书·商书》中篇章，傅说劝殷高宗勤学不倦，辞意恳切：“惟学学半，念终始典于学。”“学学”用的logo也有深意，就是“爻”字的两个“乂”，学（學）字、觉（覺）字上半中间的部分，幼儿由把玩卦爻开始思考问题，启蒙人生的学习。

2007年9月下旬，我问传说2012的世界浩劫是否金融风暴，“遇比之蹇”，已于比卦占例说明。接着问如何趋避呢？萃、剥贞悔相争，萃卦“上六”宜变为否卦。萃卦前为姤卦，危机瞬间爆发须集中资源心力应付，尤以上卦领导阶层为最。变否、变剥，趋避无方，招致重挫。一年后金融风暴爆发，果然举世动荡，受创严重。

2011年10月中，我赴西藏旅游，占问天葬的意义？为萃卦上三爻全动，“上六”值宜变为否，贞悔相争成剥卦。“萃”为因缘相聚，“上六”缘尽则散，哭亦无益，爻变为“否之非人”，从此阴阳两隔，剥卦躯壳丧尽，期待精魂复生。

• 2008年2月中旬，老友巫和懋教授由北京返台。由于林毅夫将接任世界银行副行长兼首席经济学家，北大中国经济研究中心主任一职将选人接任，我问和懋有无接任机会，为小畜卦（䷈）五、上爻动，“九五”值宜变为大畜卦（䷙），齐变为泰卦（䷊）。“九五”“有孚挛如，富以其邻”，主要仍得看林毅夫的意向，机会不错。若其他同事接任，对他的影响如何？为萃卦三、四、五爻动，贞悔相争成谦卦（䷎）。精英荟萃，谦亨有终，相处也没什么问题。最后问林毅夫去世银后，未来四年的表现如何？为不变的萃卦。萃卦之前为姤卦，因缘际会，出类拔萃，前途看好。

• 2004年4月下旬，岛内民众对抗严重，氛围很差，我占算此生与内地的缘分，为萃卦初、二、四爻动，“六二”值宜变为困卦，贞悔相争

成节卦（䷻）。萃卦前为姤卦，有缘精英相聚。“初六”、“九四”相应与，“六二”“引吉，孚乃利用禴”，靠本身实力，先困而后萃聚。节卦与涣卦（䷺）相综一体，与旅卦（䷷）相错，有异地弘扬中华文化之意。

• 1993 年 4 月底，我经营出版公司已大有起色，问老板是否还有一线生机？为萃卦二、四、五爻动，贞悔相争成师卦（䷆）。再确认一次，为不变的谦卦。谦亨有终，似乎命不该绝。萃卦“九五”居君位，“匪孚，志未光”，但有“六二”“孚乃利用禴”，情义相挺。“九四”“大吉无咎，位不当”，指的是我所率领的经营高干，绩效卓越而功高震主。两下较劲，迟早面临决战，师卦丈人吉无咎，老板为创业老成人物，有成功机会。一年后，他在外走投无路，发动摊牌决战，胜利回巢。

四爻变占例

占事遇卦中任意四爻动，以四爻齐变所成之卦的卦辞卦象论断，若其中一爻值宜变，稍加重考虑其爻辞的影响。

• 2009 年 2 月中旬，我与学生温泰钧及林献仁夫妇年度聚餐，林的儿子考高中，问顺利否？为萃卦二、三、四、五爻动，“九四”值宜变为比卦，四爻齐变成升卦（䷭）。“遇萃之升”，依卦序自然演进，出类拔萃因而高升名校，绝无问题，后确如是。

• 2010 年 5 月中旬，台湾流行玩沉香，不惜高价收购，甚至说比檀香“降魔”效果佳。我问确然否？为萃卦初、四、五、上爻动，“九四”值宜变为比卦，四爻齐变成颐卦（䷚）。“遇萃之颐”，出类拔萃，颐养精神，应该不错。

2009 年 5 月下旬，我的儿子高一下选组，决定弃数理科技而选文法商，我问合宜否？“遇萃之颐”。显然相当合适，两年后他考上政大会计系。

46. 地风升（䷭）

升卦为全《易》第四十六卦，与萃卦相综，居萃卦之后，下接困卦。《序卦传》称：“萃者，聚也。聚而上者谓之升，故受之以升。升而不已必困，故受之以困。”“萃”为精英相聚，若能推诚合作，必创高度成长。所有成长有其极限，扩张过度会泡沫化，一旦泡沫破碎即陷入困境。近代科技文明的高速发展，消耗能源过甚，造成生态污染，即为显例。

《杂卦传》称：“萃聚，而升不来也。”升卦初爻阴虚，底气不足，因缘际会而获高度成长，繁荣可能建构于外债的基础上，若不适时偿还以降低资金成本，一旦成长趋缓，就有亏损的风险。复卦初爻厚实，称“七日来复”，升卦一味往上进，容易忽略了根基虚浮，未能回填补实，故称“不来”。

内地三十多年经济改革成功，成长都不知翻了多少倍，但也产生许多问题待解决。以数字观象法分析，升卦加上复卦，等于泰卦。真要国泰民安，除了既有的富强成长外，显然还得培养深厚的文化底蕴。

升。元亨。用见大人，勿恤，南征吉。

升卦卦辞一帆风顺，首称“元亨”，后称“征吉”。萃卦辞有“亨利贞”，无“元”，精英相聚还在磨合阶段，领导中心尚未确定。萃卦“九五”若修“元永贞”之德成功，建立领导威信，团队绩效成长上升，至升卦时元德出现。卦辞称“元亨”者不多，还有大有、鼎二卦。“用见大人”与“利见大人”不同，“用”是顺势用柔，“利”是用刚。谦卦“初六”爻辞称“用涉大川”，不称利涉大川，其中道理已详前文。大人领导团队高速成长，切勿担心个人私利，应善尽君位之责，光明磊落往前进取而获吉。后天八卦离居南方，光明亨通，照耀四方，领导人南面为王，故称“南征吉”。明夷卦诛除暴君，“九三”称“南狩，得其大首”；升卦新王即位，卦称“勿恤，南征吉”。

《彖》曰：柔以时升，巽而顺，刚中而应，是以大亨。用见大人，勿恤，有庆也。南征吉，志行也。

《彖传》揭示升卦高成长的奥秘，在于“柔以时升”，本身实力未必具足，却因缘际会，各方调度资源，抓住时机而成事。升卦和泰卦不同之处，在初爻阴虚不实，基本建设或自有资源不足，却可好风凭借力，送其上青云。内卦巽入、外卦坤顺，“九二”阳刚居下卦之中，上和“六五”之君相应与，提携升进，故能“大亨”。领导的大人没有私心，民众可获福祉。光明磊落往前奋斗，其志大行。

晋卦“六五”居君位，爻辞称“失得勿恤”，《小象传》解释“往有庆也”。升卦“用见大人，勿恤”，《彖传》亦称“有庆”。众喜为庆，一人有庆，兆民赖之。群众的幸福，系于领导者没有私心。姤卦“九五”“有陨自天，志不舍命”；萃卦掌握机遇，“利有攸往，顺天命也”；升卦领导“南征吉，志行也”。人志与天命的关系，值得深入研究。

《象》曰：地中生木，升。君子以顺德，积小以高大。

升卦上卦坤为地，下卦巽为木，故称“地中生木”。下巽深入扎根，吸收土中养分，然后破土而出，顺势生长壮大。很多林区的参天巨木，皆由苗圃中长期孕育而成。万丈高楼从地起，十年树木，百年树人，发展事业培育人才，亦当如是。《大象传》重视修德，升卦快速成长，有泡沫化的可能，故而强调坚实打底、积渐成长的重要。

占例

• 2008 年 10 月中旬，我受邀赴浙江余杭开中华文化的研讨会，该地有良渚文化的遗址，旅馆高雅幽静，我问自己生平志业的进境与未来期许如何？为不变的升卦。“元亨，用见大人，勿恤，南征吉。”志业可成，“君子以顺德，积小以高大”。

• 2010 年 7 月中，学会面临人事重整，财务需另觅人负责，预计接任理事长的邓美玲提出人选，也是徒孙的专业会计公务员夏某。我立刻检验适任否？为不变的升卦。“勿恤，南征吉”，立即同意，非常称职。

• 2011 年 3 月下旬，我的儿子春麟参加大学入学学力测验，成绩不算理想，他不想迁就一些学校的通知面试，决定 7 月初再参加指定科目考试。我问前景如何？为不变的升卦。“元亨，勿恤，南征吉。”果然，顺利考上政大会计系。

• 1998 年 11 月下旬，我读佛经有感，问“阿赖耶识”究为何物？得出不变的升卦。升卦之前为姤、萃二卦，人的深层心识由众多因缘汇聚而生。升卦的错卦为无妄卦（䷘），由复见天地之心起念而成，若真实不虚，则“元亨利贞”。升卦与无妄卦相反，缘聚缘散无常。唯识学讲“转识成智”，“阿赖耶识”并非究竟，需转为“大圆镜智”才得通达。《心经》说“受想行识”亦复成空，无“受想行识”，点破多少人的迷茫。

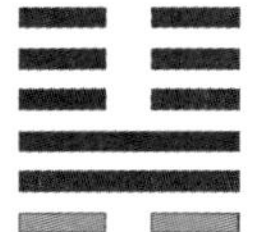

初六。允升，大吉。

《象》曰：允升大吉，上合志也。

“初六”为升卦之始，上承“九二”阳刚有实，随着一起上升，称“上合志”。“允升”因做事公正，诚信为众人接纳，故而同意其上进。“初六”爻变，为泰卦（䷊），“小往大来，吉亨”，高速成长打下了国泰民安的基础。“初六”“柔以时升”，为“地中生木”下巽深植之根，吸取滋养，积小以高大。由一点畅通造成全局发展，称“大吉”，例如萃卦“九四”愿为人下，“大吉，无咎”；家人卦“六四”善于理财，“富家，大吉”。

小畜卦“六四”上承“九五”，以小事大，称“上合志”；升卦“初六”上承“九二”亦然，上下有志一同，合作追求发展。

晋卦“柔进而上行”，“六三”“众允，悔亡”；升卦“柔以时升”，“初六”即称“允升，大吉”。由晋至升，显然社会进步很多，人民力量上升，当政者不敢摧催如镇压，反而多方提携。以《春秋经》标榜的理想来说，升卦即“升平世”，由蛊卦“上九”爻变而来，不事王侯以后，“据乱世”变成了“升平世”。升卦“初六”爻变，代表还政于民，爻变为泰卦，“升平世”再进化成

“太平世”。这是《春秋》思想中有名的“三世义”，至于晋卦则为“小康世”，故而卦辞称“康侯”，表示小康时候已至，得更重视人群精神层面的提升。《论语·雍也篇》记子曰：“齐一变至于鲁，鲁一变至于道。”讲的正是这种演进的过程。

占例

• 1993 年 4 月下旬，我经营出版公司有成，产销勤各部门皆已渐入规范，准备在社庆后再精简人事，问合宜否？为升卦“初六”爻动，有泰卦之象。“允升大吉，上合志也。”基层冗员适宜精简，升卦之前为萃卦，本即萃取精华、重质不重量。做到了转虚为实，培元固本，可致通泰。构想不错，未及全面贯彻施行，公司股争再起，一年后老板回朝，精简已无意义。

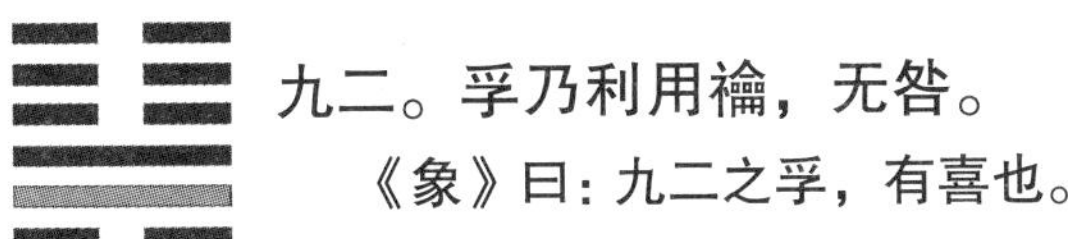

九二。孚乃利用禴，无咎。

《象》曰：九二之孚，有喜也。

“九二”阳刚居下卦之中，上和君位的“六五”相应与，下乘“初六”，又得基层民意的大力支持，在全局中居推动成长的关键地位。《彖传》中称：“刚中而应，是以大亨。”明确点出其致亨之由。“孚乃利用禴”，和萃卦“六二”相同，深孚众望，不需丰盛的供品，即可祭祀而蒙受福报。本爻变，为谦卦（），天地人鬼神皆福佑，君子亨通有终。萃卦“六二”称“无咎”，“孚乃利用禴”；升卦“九二”则称“孚乃利用禴，无咎”。

占例

• 2011 年 2 月上旬，辛卯年正月初一，我们最后一次去给毓老师拜年后，我问老师在中华文化传承上的历史定位？得出升卦“九二”爻动，有谦卦之象。“孚乃利用禴，无咎。”“谦亨，君子有终”。承上启下，继往开来，功莫大焉。

• 2001 年 8 月中，上过我在《时报》天母会馆一季《易经》课的学生林世商来电，想一对一跟我把六十四卦学完。我问如何评估这机缘？为升卦“九二”爻动，有谦卦之象。“孚乃利用禴，无咎。”“谦亨，君子有终。”占象相当正面，他成了迄今为止，除了李登辉外一对一习《易》

占例

的学生。

• 2005年8月中旬，我问自己长期志业能得偿否？为升卦“九二”爻动，有谦卦之象。“孚乃利用禴，无咎。”“谦亨，君子有终。”愿欲能够得偿，“君子以顺德，积小以高大。”

• 2006年7月上旬，我给学生上三十六计与易理的关系，问“连环计”的诠释，为升卦“九二”爻动，有谦卦之象。“孚乃利用禴，无咎。”“谦亨，君子有终。”“九二”为跃升成就的关键，乘“初”应“五”，环环相扣，遂成大业。

• 2012年8月底，时值中元普度，我在父母家祭祖后，赴学会上佛经课。一路车行大街小巷，商家皆在路祭过往神灵，香烟缭绕，氛围十足。我问其景其情，为升卦“九二”爻动，有谦卦之象。“孚乃利用禴，无咎。”真的是虔心祝祷，希望情通天地人鬼神，而获善终。

九三。升虚邑。

《象》曰：升虚邑，无所疑也。

“九三”过刚不中，居下卦巽风之顶，上临坤卦广土众民的平台，阳入阴中全无阻碍，似可顺风扯帆长驱直入，完全不必疑虑。“疑”通“凝”、“碍”、“拟”三字，无碍无疑，形势开朗不凝重固然好，“拟”可有虚拟之意。值此时位，你能确定看到的是事实真相，前景一定顺利吗？“虚邑”是虚拟的城邑，就像海市蜃楼，根本为几重折射的虚幻光影，并非究竟真实，随时可能泡沫碎裂一场空。“升虚邑”，登上空中楼阁，认假为真，深信不疑，还劳师动众去追求，岂不哀哉！本爻变，为师卦（䷆），《象传》称：“以此毒天下而民从之。”“九三”居三多凶的人位，人心勾画的东西，让很多人如醉如痴的追求，乌托邦、理想国、极乐世界，大同太平的王道乐土等，是否也是“虚邑”呢？

升卦三至上爻，合成复卦（䷗），二至上爻合成临卦（䷒），升卦“九三”相当于复卦“初九”及临卦“九二”，充满了无穷无疆的想象力与创造性，所以能吸引那么多人追随。升卦初至四爻，合成大过卦（䷛），初至五爻，合成恒卦（䷟）。升卦“九三”相当于大过卦“九三”“栋桡”、“九五”“枯杨生花”，充满毁灭危机；又相当于恒卦“九三”，“不恒其德，或承之羞”，久则破功，无处容身。由以上卦中有卦的精细分析，可见“升虚邑”的复杂性，吉凶难测，由人的修为和智慧而定，故而爻辞不明言吉凶。比卦“六三”“比之匪人”、否卦“六三”“包羞”，贲卦“六二”“贲其须”等皆然。

以《河洛理数》的本命观之，先天元堂为升卦“九三”者，后天为比卦“上六”。这表示有“升虚邑”、追求形上世界倾向者，后天可能与人寡合，“比之无首，凶”。反之，先天为比卦“上六”者，后天为升卦“九三”，性向与人难合者，后天可能遁入空门，或投身宗教。

由“升虚邑”的深层分析，可以尝试建立人格心理学与易象易理的关系。设若一个人的性格，以某卦某爻来表征，其相应于卦中卦的爻位，则揭露其复杂的多面性，先、后天《河洛理数》的变化，也是其一。心理分析的临床治疗，常借一问一答来进行，易占卦爻不亦如是？

“九三”爻变成师卦，还有战争不能解决问题、霸图毕竟成空的警示，杀人盈野，所建立的城邦无非虚邑。中国期许和平崛起，就如升卦“九二”的做法。“孚乃利用禴，无咎”，讲信修睦，成本最低，效益最大；爻变成谦卦，天地人鬼神都赐福。

“九三”和“上六”相应与，“上六”正是升极转困之位，泡沫破碎，而“九三”“升虚邑，无所疑”，开始做梦，制造泡沫，个中因果相当分明。《金刚经》称：“凡所有相，皆是虚妄。”经末以偈警示：“一切有为法，如梦幻泡影，如露亦如电，应作如是观。”

董仲舒《春秋繁露·立元神》有云：“为国，其化莫大于崇本……无礼乐则亡其所以成也……则民如麋鹿，各从其欲，家自为俗。父不能使子，君不能使臣，虽有城郭，名曰虚邑。”升卦初爻为虚，一味追求成长，而忽略了礼乐文教的根本，就有“升虚邑”的可能。

• 2010年12月下旬，我的女儿真仪开始投入《同人志》的写作，我跟她讨论一阵，占问《同人志》的特性定位，为升卦“九三”爻动，有师卦之象。“升虚邑，无所疑也。”《同人志》为畅销类型小说的同好群体，获原著者同意后，自由延伸其角色情节而作，大家陶醉其中，乐此不疲，真正勾画出一个虚拟的王国。师卦《大象传》称“容民畜众”，《彖传》称：“能以众正，可以王矣！”又与同人卦（䷌）相错旁通，“同人于野，亨”，

占例

"类族辨物"，"利涉大川"。

• 2009年7月中，我问：什么是佛？为升卦"九三"爻动，有师卦之象。"升虚邑，无所疑也。"佛所说的三千大千世界，不可思议之处甚多，而亿万信众坚信不疑，令人深思。师卦容民畜众，能以众正，可以王矣！佛教的影响力无远弗届。

• 2010年10月上旬，我一位大学朋友的弟弟出事，干了一辈子的法官，却经常召妓而被调查侦办，连退休金都泡汤，搞得身败名裂。我问他的问题在哪里？为升卦"九三"爻动，有师卦之象。"升虚邑"，人生空洞虚无，当何所之？遂以寻欢性爱沉溺其中！

• 1997年4月下旬，我问"升虚邑"为何意？为离卦"九四"爻动，恰值宜变成贲卦。"突如其来如，焚如，死如，弃如"，"无所容也"。离卦光辉灿烂，贲卦文胜于质、虚有其表，由离变贲，一场空啊！

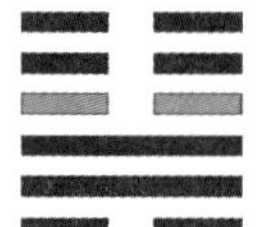

六四。王用亨于岐山，吉无咎。

《象》曰：王用亨于岐山，顺事也。

"六四"阴居阴当位，顺事"六五"之君，不生扞格。爻辞引用周文王发迹的史实，以说明顺势用柔之理。随卦"上六""拘系之，乃从维之。王用亨于西山"，称扬文王祖父太王深得民心，由邠迁徙至西山的故事。西山就是岐山，周民族于此落脚后，兴旺发展，难免引起殷商中央政权的疑忌，文王后来的羑里之囚亦因此而来。《论语·泰伯篇》中记孔子曰："三分天下有其二，以服事殷，周之德，其可谓至德也已矣！"实力已强过对方，仍低调称臣服事，绝不正面冲突，让对方没有找碴的理由，顺势以往，彼此的差距进一步拉大，届时出手制胜，甚至不战而屈人之兵。"王用亨于岐山"，"用见大人"，"用涉大川"，深通以小事大、以柔克刚的道理。现代两雄相争，所谓此消彼长的"剪刀交叉"，或称魔鬼交叉、黄金交叉，即为升卦"六四"的情境。本爻变，为恒卦（䷟），眼光放得长远，持稳行事，绝不轻举妄动。周朝后来得享八百多年国祚，归功于太王以及文王的"至德"。爻辞称"吉，无咎"，获致完胜，没有任何后遗症。

• 2011年4月下旬，毓老师仙逝已逾月，我问长达三十六载的师生缘，为升卦“六四”爻动，有恒卦之象。“王用亨于岐山，吉，无咎”，恒久顺事业师，雷风动荡之世，“立不易方”。恒卦《彖传》说得好：“圣人久于其道，而天下化成。观其所恒，而天地万物之情可见矣！”

• 2007年9月上旬，我侨居美国的小姨子遭计算机公司裁员后，问再谋职顺利否？为升卦“六四”爻动，有恒卦之象。“王用亨于岐山，吉，无咎。”应该没问题，她后来离开休斯敦，到美国西部洛杉矶找到经理职，方向及职位皆合。

六五。贞吉，升阶。

《象》曰：贞吉升阶，大得志也。

“六五”居君位，下和“九二”相应与，终于升至最高点，进阶成功。《象传》称“南征吉，志行也”，“初六”“上合志”、“六五”“大得志”，有志者事竟成。“初六”为下卦巽木之根甚微小，“六五”高居上卦坤地之中，“君子以顺德，积小以高大”。“贞吉”的“贞”，有见好就收、固守成果之意，高成长有其极限，不宜扩充过度而致泡沫化。“六五”爻变，为井卦（䷯），成长所得宜用于养民，保持组织生生不息的动力。

• 1993年6月中，我费心经营出版公司，很多方面渐入轨道，唯独占营收大宗的直销部门，始终表现不理想，负责统军的副总提出大改制方案，我召集高干反复研商，加入严格但书后，占问可行否？为升卦“六五”爻动，有井卦之象。“井”为研发转型，结果“贞吉升阶，大得志也”，分阶段推行应可成功。为慎重计，再确认得出不变的鼎卦（䷱），稳定而元亨。几月后正式施行，确实较前改善，年底也开创了最佳的业绩。

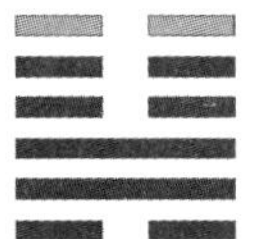

上六。冥升，利于不息之贞。

《象》曰：冥升在上，消不富也。

“上六”为升极转困之位，冥顽不灵，仍执意上升，行与势违，必将消散转为贫困。爻变为蛊卦（䷑），败坏破碎，成住坏空，因果历历不爽。什么是“不息之贞”？乾刚自强不息，“不息之贞”和坤卦的“牝马之贞”、柔顺利贞不同，靠自己而不靠他人。升卦一路柔以时升，借力使力，至此柔道不再可行，须改用刚道自力求生。往后的困卦诸爻，外援断尽，一切得坚强面对，奋斗脱困，故称“利于不息之贞”。“上六”和“九三”相应与，内心有不切实际的幻想，外面的事业终不能成就。升卦至“九五”“贞吉”，再征就成“上六”，是非成败转头俱空。

2011 年元月底，我曾占问升卦“上六”的真意为何？得出颐卦“初九”爻动，有剥卦之象。“舍尔灵龟，观我朵颐，凶。”逐欲无已，资源丧失，实不足贵。

占例

• 2005 年 11 月中，我在元大证券公司授《易》，教占时他们问翌年上海股市的整体表现，得出升卦“上六”爻动，有蛊卦之象。“冥升，利于不息之贞。”应该会有极高的成长，但需小心最后的泡沫破碎。结果如占象所示，2006 年中国股市大爆发，上海一年增长百分之一百三十几，很多人都发了财。至于泡沫破碎之虞，则在一两个月后暴跌，升卦节气当阴历腊月下旬，时间也差不多。

• 2011 年 7 月中旬，我盘算一生志业在各方面近期的发展，颇有困顿滞碍，遂问如何奋力突破？为升卦“上六”爻动，有蛊卦之象。“冥升，利于不息之贞。”只有自强不息，俟机而动，拣操之在我的做就是。

升卦多爻变占例之探讨

以上为升卦卦、彖、象及六爻爻辞理论与占例之介绍，往下讨论更复杂的多爻变的情形。

占事遇卦中任意二爻动，若其中一爻值宜变，以该爻爻辞为主论断。若皆不值宜变，仍以本卦卦辞卦象为主，两爻齐变所成之卦的卦辞卦象为辅论断。

2006 年 4 月底，我问到 2025 年时美国的国势如何？为升卦初、三爻动，齐变有临卦（䷒）之象。国势仍然成长，依旧“君临天下”，但

“九三”“升虚邑”，有泡沫化现象。《焦氏易林》“遇升之临”的断词为：“据斗运枢，高步六虚；权既在手，寰宇可驱；国大无忧，与乐并居。”

2009年10月中旬，我问熊十力名著《新唯识论》、《体用论》所楬櫫的宇宙真相为究竟否？得出升卦初、三爻动，有临卦之象。“初六”“允升大吉”，真实可信；“九三”“升虚邑，无所疑也”，谈形而上的真理，要有实证也难，总是信者恒信。临卦“教思无穷，容保民无疆”，“遇升之临”，意境极高。

• 2010年2月底，我占算重要儒家人物的历史地位，最后技痒，也问自己将来可能的评价为何？得出升卦初、三爻动，有临卦之象。“遇升之临”，“积小以高大”，“教思无穷，容保民无疆”。

• 2004年2月中，我问“3·20”选举“扁吕配”的胜负，为升卦三、四爻动，“六四”值宜变为恒卦，齐变则有解卦（䷧）之象。升卦“六四”“王用亨于岐山，吉，无咎”，先弱后强，支持度有黄金交叉、后来居上之势。解卦时值阴历二月中旬后，正是“3·20”选期，“解之时大矣哉！”再占“连宋配”的胜负，为不变的既济卦（䷾），卦辞称：“亨小，利贞，初吉终乱。”《大象传》又提醒：“君子以思患而豫防之。”两相比较，令人担心。结果发生“3·19”枪击案，真的逆转了选情，陈水扁获胜连任。

• 1997年5月中旬，我刚于三天前晋谒毓老师请益，回来整理心得，并占问老师对我的看法，为升卦三、四爻动，“六四”值宜变为恒，齐变有解卦之象。“升虚邑”，有理想待磨炼；“王用亨于岐山”，顺事“吉，无咎”，彼时我正是摆脱出版业务，沉潜待时之际，持之以恒，或有大成。“遇升之解”，“地中生木”，有朝一日“雷雨作而百果草木皆甲坼”，“解之时大矣哉！”

2009年8月初，我在学生家作客，大家一起随伴唱机唱歌时，我边用手机占问：往后二十五至三十年，我可能成就之境界为何？得出“遇升之解”，和十二年前占象全同。当下心领神会，顺事之恒，前后相加，竟然长达约四十年！

• 2011年8月14日中元节，我在高雄四维国小给学生上《论语》课，中休时在楼头走廊徜徉，又忆念起仙逝的毓老师，占问恩师英灵庇护奉元弟子成事否？为升卦二、五爻动，齐变有蹇卦（䷦）之象。“九二”“孚乃利用禴，无咎”，我们诚心祝祷；“六五”“贞吉升阶，大得志”，老师登天慧佑，大志借我们以成。二、五恰相应与，“用见大人，勿恤，南征吉。”当然，继志述事的历程绝不容易，蹇难外险内阻，风雨同舟，“蹇之时用大矣哉！”我当下心领神会，再问老师而今可安好？为不变的临卦，真是德光照临，如在左右，“教思无穷，容保民无疆。”

当年底，我们周易学会在台北微风广场的青叶餐厅办尾牙（即年底聚餐），宴请理监事及行政干部，大家围着大圆桌觥筹交错，相互勉励祝福。理事也是奉元师兄的刘义胜叙述往事，说以前同堂听课，毓老见我来了，讲解就特别精辟云云。我占问真有这样吗？为升卦二、五爻动，完全相应与，“用见大人，勿恤有庆”。当晚宴毕返家，我问整体欢会如何？为观卦二、三、五、上爻动，四爻齐变成升卦（䷭）。二、五相应与，三、上相应与，配合很好，“遇观之升”，“风行地上”，交易成“地中生木”，“君子以顺德，积小以高大”。

• 2010 年元月下旬，科幻电影《阿凡达》造成风潮，我去看了后，占问其中意境，为升卦二、上爻动，齐变有艮卦（䷳）之象，“遇升之艮”，该片主要在湖南张家界取景，重峦叠翠于虚无缥缈间，正为“兼山艮”之象。人可经由机器转型，翱翔于另一天地，“冥升，利于不息之贞。”

• 2010 年 11 月下旬，我问当代大科学家斯蒂芬·霍金的成就与贡献，为升卦二、三爻动，齐变有坤卦（䷁）之象。升卦确有突出贡献，“九二”“孚乃利用禴，无咎”，坐在轮椅上，用数理思考就能解释宇宙奥秘；“九三”“升虚邑”，时空本质与造化生灭究竟如何？恐怕还待证实。

2011 年 7 月 3 日，毓老师逝世百日纪念会在台大尊贤会馆举行，经现场会员票选，我由发起人进而为筹备委员之一，筹设奉元学会的正式成立。会前占得“遇升之坤”，“孚乃利用禴，无咎”；“升虚邑”，还真说中了我往后三月的情况，或南下高雄，或去北京及欧洲，大半筹备会议没法参加。

• 2010 年 12 月中，我趁康复空当，占问旧识新知的心品如何？其中学生蓝荣福为升卦初、五爻动，“初六”值宜变为泰卦，齐变有需卦（䷄）之象。“允升大吉，上合志”，“贞吉升阶，大得志”，诚心上进，格局清正，佳才也。蓝毕业于辅仁大学经济系，经营纺织业相当成功，人文素养亦厚实敦笃。2009 年 4 月初，我应邀去厦门大学“南强论坛”演讲，就是他与当地友人安排促成。

占事遇卦中任意三爻动，以本卦为贞，三爻齐变所成之卦为悔，称贞悔相争，合参两卦卦辞卦象论断。若三爻其中一爻值宜变，为主变量，加重考虑其爻辞。

• 2007年11月中旬，我在工商建研会的第二期《易经》班教占，大家问：2012年底前，两岸三通否？之所以这么问，当然跟翌年选举谁获胜有关？结果得出升卦初、二、五爻动，“九二”值宜变为谦卦，贞悔相争成既济卦（䷾）。“既济，定也”，成功过河；“升”则情势高涨不能抑遏，“谦”为和平有终。三通必成，换句话说，马英九胜选的机会较大。升卦“初六”“允升大吉，上合志”，基层民意普遍支持；“九二”乘“初”应“五”，台商扮演了穿针引线的重要角色；“九五”“贞吉升阶，大得志”，新当选的领导人会顺应民情，分阶段逐步开放。2008年5月20日马英九胜选上任后，三通提前实现，两岸关系大幅改善。

• 2008年11月初，全球金融风暴爆发已逾月半，我针对未来五年台湾、内地及世界的经济形势，算了十五卦。其中2011年台湾地区经济形势为升卦二、三、上爻动，“上六”值宜变为蛊卦，贞悔相争成剥卦（䷖）。“遇升之蛊、成剥”，成长遭遇瓶颈，泡沫破碎转为“消不富”，“不利有攸往”。2010年台湾经济为“遇否之升”，已于前文否卦四爻变占例中说明，为我学生林献仁所算，从谷底大幅翻升，增长百分之十多。2011再从“升”变“剥”，两占接榫无间，后来经济增长率降为百分之四多，皆已应验。2012年经济转为极差，“消不富”矣！

• 2011年3月初，张景兴师兄来电通知，毓老师三天后再召见，垂询苗栗乾元山卖地等事，我占问有何训示？为升卦三、五、上爻动，贞悔相争成涣卦（䷺）。“九五”“贞吉升阶”，期望得偿夙志，“九三”“升虚邑”、应与“上六”“冥升，消不富”，却有落空之虞。涣卦为化散之义，人生聚散无常，大愿或终消散，传播文化之意永恒不灭。3月6日我去拜见老师，他体气已相当衰弱，对面讲话都要景兴师兄在耳旁复述，我不敢多待，领命之后就及早告辞，不想这就是最后一面，两周后老师过世。涣卦卦辞称“王假有庙”，《大象传》称：“风行水上，先王以享于帝立庙。”散布在天下四方的奉元弟子们，在心中都给老师立了终生祝祷、永志不忘的牌位。

占事遇卦中任意四爻动，以四爻齐变所成之卦的卦辞卦象为主论断，四爻中若某爻值宜变，稍加重考虑其爻辞。

• 2010 年 9 月上旬，我问汉武帝其人其业如何定位？为升卦初、二、三、四爻动，“六四”值宜变为恒卦，四爻齐变成震卦（☳）。《说卦传》：“帝出乎震。”“遇升之震”，确为雄才大略之主，抓住时代机遇，积极开拓建设，使大汉帝国文治武功臻于鼎盛，对后世也有长远恒久的影响。

扫码聆听刘君祖老师亲自讲述大易之道

——逐字逐爻详解易经六十四卦

47. 泽水困（䷮）

困卦为《易经》第四十七卦，在升卦之后，井卦之前，困、井一体相综。《序卦传》称："升而不已必困，故受之以困。困乎上者必反下，故受之以井。"高增长有其极限，消耗资源过度，会陷入困穷之境。"困"为泽中无水，资源枯涸，没有现成可用的地表水，就得凿井，去汲引地下水。一旦开通泉脉，取之不尽，用之不竭，不仅纾困，还创造出资源使用的新时运，井卦之后为"元亨利贞"的革卦。所谓"山重水复疑无路，柳暗花明又一村"，不经困顿艰难，还不会有伟大的革新。人生受困，反倒成了创造发明之母。当今世界的能源危机，石油总有烧完的一天，为了支持文明的继续成长，必须研发出新的能源，这就是井卦的意涵。

升卦为"地中生木"，似幼苗长成参天巨树；"困"字木被口框限住，枝叶不得伸展，生机完全受阻。困、井一体相综，从这边看为"困"，几乎没有机会；由那边看过来成"井"，开发的潜能雄厚。《杂卦传》称："井通，而困相遇也。"由"困"而"井"，穷则变，变则通；困顿中隐藏有人生新的机遇，耐心寻觅，以谋转型成功。井、困二卦在《杂卦》重排的次序中，为第二十九、三十，可视为上经之终，留下困难的考验，激发下经更多突破的动力。

《系辞下传》第七章论忧患九卦，困、井一并入选："困，德之辨也；井，德之地也……困，穷而通；井，居其所而迁……困以寡怨；井以辨义。"困境中考验人的德性，能否坚持正道，立可分辨，穷则变，变则通。"井"为研习修德之地，只要能开发出新东西，居其所在不动，就可以改变世界，人文与宗教的胜地、重大科技发明的研究室及实验室皆然。《论语·为政篇》首章记子曰："为政以德，譬如北辰，居其所而众星共之。"人生受困之时，当知惕厉奋发，尽量少怨天尤人；井卦研发创新的东西，当与公众分享，才是无私的义行。

困。亨，贞，大人吉，无咎。有言不信。

困卦有亨通之道。艰难困苦，玉汝于成，逆境中当固守正道。德慧俱佳的大人，遭困得获吉且无咎。人遇困境，信用折损，说什么别人都不相信。

《彖》曰：困，刚掩也。险以悦，困而不失其所，亨，其唯君子乎！贞大人吉，以刚中也。有言不信，尚口乃穷也。

困卦阳刚为阴柔所掩覆，力量无从发挥，下卦一阳陷于二阴中，上卦二阳为三、上两阴包夹，好像被分断包围，不能相互救援。内坎为险，外兑为悦，内险而不显现于外，虽困而不失其所应守之立场，能获亨通。这种修为，大概只有君子才办得到吧！“九五”居困卦君位，阳刚处上卦之中，固守正道，终能脱困。受困的历程中，不必费心去解释什么，靠实际行动突围最重要。卦辞只称“大人”，《彖传》多了君子，层次分得更细，可指“九二”而言，苦中能作乐；“大人”则指“九五”，还能领导大家慢慢脱困。

《论语·卫灵公篇》记孔子：在陈绝粮，从者病，莫能兴，子路愠见曰：“君子亦有穷乎？”子曰：“君子固穷，小人穷，斯滥矣！”“固穷”就是“困而不失其所，亨，其唯君子乎！”

三阳为三阴所掩，其实换个观点看，也可以说三阴为三阳所隔断，而且可能更危险。困人者人恒困之，包围与反包围、套牢与反套牢，投入数倍资源去围困人，万一对方坚守不屈，外线作战的一方麻烦更大。八年抗战日军侵华，拿破仑、希特勒攻击俄罗斯、前苏联受挫，都是明显例证。

困卦三阳，“九二”、“九四”、“九五”皆位居要津，阳刚有实，何以受困？十多年前，一位企管硕士的学生来看我，提出这有趣的问题。他以价值链（value chain）的竞争力理论，与《易》卦六爻相结合，下卦为厂内生产，上卦为市场营销，初至上爻分别代表原料、生产技术、量产、销售通路、品牌及客户服务，环环相扣，息息相关。本书大有卦三爻变占例中，已有详细说明。以困卦来看，企业的生产技术优越，营销通路广布，又有黄金品牌，怎么还会受困？原因在原料供应不足、空有技术难以量产，品牌老大生骄，客户服务太差！例如台湾的中油、台电等公营企业，油储量日益匮乏，开发电力不易，垄断专卖以至服务质量不高等，即为例证。

我们再比较升、困二卦的结构，发现升卦（䷭）“六四”、“六五”变成困卦（䷮）的“九四”、“九五”，由虚转实；升卦“初六”至困卦“初六”，基层仍虚弱，未回填补实。这就是泡沫成长的苦果，民生困顿，高层获益荷包满满，金融风暴养肥了高薪白领，却于实体经济毫无效益。

《象》曰：泽无水，困。君子以致命遂志。

困卦上兑泽、下坎水，泽中之水已渗漏流失至地下，干涸无现成之水可用。在如此不顺遂的天命大环境下，君子也不放弃自己既定的志向，竭尽心力以求完成。人志与天命的关系为《易经》注重的主题，顺着卦序推演，我们可以体会其变化因应的脉络：姤卦“九五”“有陨自天，志不舍命”；萃卦《象传》“利有攸往，顺天命”；升卦“南征吉，志行也”；“升而不已必困”，“君子以致命遂志”。

• 2001 年 6 月下旬，当年台湾经济低迷，年底结算出现负增长（−2.18%），我预占 2002 年有无起色？为不变的困卦，看来很难。结果回复成正增长（+3.48%），并不理想，而且失业率持续高涨至 5.18%，民生相当艰困。

• 2011 年 5 月初，美军经十年搜捕，终于击毙本·拉登，我问基地组织未来十年的气运如何？为不变的困卦。“泽无水，君子以致命遂志”，成员仍会拼命策划恐怖攻击，但资源枯涸，又失去领导中心，恐将陷入困境。

• 2006 年 10 月下旬，我想起学生徐崇智心疾猝逝已过七七，占问他可顺利往生？为不变的困卦。柔掩刚也，受困难以解脱，是何缘故？往后连续几年，占象都不理想，令人怃然。

• 1999 年 8 月中，我的学生张良维遭其师熊卫斥逐，熊为太极拳名师，武术界重师承，这事颇严重，他问我可有善策？占得不变的困卦。柔掩刚，“有言不信，尚口乃穷也”。很难解释而获谅解，困卦后为井卦、革卦，或许另寻新路？后来他自立门户，改用“气机导引”招牌，十多年下来，倒也办得红红火火。

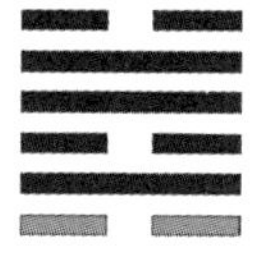

初六。臀困于株木，入于幽谷，三岁不觌。

《象》曰：入于幽谷，幽不明也。

“初六”为升极转困之始，由云端跌入谷底，前景黯淡，难受已极。“株木”为仅剩树根基座的残木，相较于升卦高峰期的参天巨树，可见事业遭受重挫，枝干均已折断倒塌，失意者站立不住，一屁股坐在根座上发愁苦思，一筹莫展。升卦时柔以时升，春风得意，人脉畅通，转困后门庭冷清，三年之久都见不到任何朋友。“觌”为见面三分情，“不觌”，显示人情世故的炎凉。《韩非子·五蠹篇》中有寓言，讲守株待兔的愚昧，“困于株木”却是形势所迫，不得不然。

《孟子·滕文公篇》中，记孟子批判陈相改宗农家学者许行，有乔迁之说：“吾闻出于幽谷，迁于乔木者；未闻下乔木而入于幽谷者。”这是援引《诗经·小雅·伐木》的诗句：“出自幽谷，迁于乔木。”鸟往高处飞，人往高处爬，没有人喜欢失败沉沦。升极转困，偏偏就是下乔木而“入于幽谷”，而且一待就是三年。升卦“上六”“冥升”，困卦“初六”“入于幽谷”，真的落入了地狱般的幽冥世界！

《圣经》诗篇名句：“当我行过死亡的荫谷，也不怕遭害，因为你与我同在。”困卦“初六”爻变，恰值宜变成兑卦（䷹），法喜充满，朋友讲习。人生遭逢谷底，正好幽居修炼，境界当可更上层楼。文王拘囚羑里以演《易》，《倚天屠龙记》中的张无忌堕入幽谷，练成九阳神功，可谓因祸得福。《杂卦传》云：“井通而困相遇也。”塞翁失马，焉知非福？

•2003年元月底，国、亲两党酝酿整合，一般当然是“连宋配”，如果“宋连配”去参加翌年竞选呢？占出困卦“初六”爻动，恰值宜变成兑卦。“臀困于株木，入于幽谷，三岁不觌”，没有胜算，也无此可能。

九二。困于酒食，朱绂方来，利用享祀。征凶，无咎。

《象》曰：困于酒食，中有庆也。

“九二”深陷坎险之中，无力脱困，仅求自保。围城中存粮有限，得节约饮用，以免坐吃山空。需卦“九五”资源富足，称“需于酒食”；困卦“九二”苦守待援，“困于酒食”。“绂”即“韨”，古代朝觐或祭祀时遮蔽在衣服前的一种服饰，形似围裙，为古代君王及大臣祭服下摆，以熟皮做成，用以蔽膝，以红色为贵。天子“朱绂”，诸侯或大夫以上高官“赤绂”，臣下由绂的颜色，即可知晓穿着者的身份地位。《诗经·曹风·候人》：“彼其之子，三百赤芾。”“芾”即“绂”。《诗经·小雅·斯干》：“朱芾斯皇，室家君王。”“朱绂”指“九五”之君，“赤绂”为“九四”中央重臣，“朱”为大红正色，近朱者赤，赤红非至尊正色。“九二”与“九五”相应，“九四”近临君侧，多所掣肘，加以四、五为阴所覆，上下包夹，本身未脱困前，不可能来援救，故称“朱绂方来”。比卦相互合作，找寻适当对象，称“不宁方来”，未来之前，心情焦灼不安，需要祭祀以静心，遂称“利用享祀”。既无法靠自力突围，就别冒险尝试，故称“征凶，无咎”。

“九二”爻变，为萃卦（䷬），只要信心坚定，固守待援，终会与“九五”相聚。刚而能柔，依习坎时中之道而行，最后苦尽甘来，皆大欢喜，“中有庆也”。

• 1994年3月中，我在那家出版公司陷入四面楚歌的险境，与一位新竹开补习班的吴某见面，看看有无突围可能？他曾为老板所惑，一笔贷款套牢无法取回，我去拜访他给过建议。结果会面前一占，为困卦“九二”爻动，有萃卦之象。“困于酒食，征凶”，想实时获得救援甚难，情理上也是如此。一个多月后，老板回朝掌权，我也结束了几年多的经营岁月。

• 2012年8月中，台湾警网到处搜捕“富少淫魔”李宗瑞，我问他是否已偷渡出境、逃之夭夭？为困卦“九二”爻动，有萃卦之象。“困于酒食，征凶”。肯定未突围出境，应该还藏匿在台湾某处。8月下旬，他无路可走，出来投案，藏在中部23天金援断绝，只能自首。

六三。困于石，据于蒺藜。入于其宫，不见其妻，凶。

《象》曰：据于蒺藜，乘刚也；入于其宫，不见其妻，不祥也。

“六三”不中不正，乘于“九二”之上，情欲蒙蔽理智，称“据于蒺藜”；上承“九四”刚实压顶，前进受阻，称“困于石”。“六三”困于上下二阳之间，进退失据，痛苦不堪，回到家里，发现连太太都跑了，事业家庭濒临破裂，大凶特凶，不吉祥到了极点。蒺藜长蔓生于干燥的荒废沙地上，茎平卧，果实繁生有锐刺，若不慎踩到，会痛彻心扉，我去安阳殷墟参观时有看到。“据于蒺藜”，就像说玫瑰多刺不要采一样，比喻男人有了外遇。东窗事发，妻子生气，当然离家出走，温暖的家成了荒废的冷宫，身败名裂，家破人亡。“六三”变，为大过卦（䷛），纵欲伤生，害人害己。以卦中有卦的理论来看，困卦三至上爻恰为大过卦，困卦“六三”相当于大过卦“初六”，“藉用白茅”，为野合之意，“据于蒺藜”就是“藉用白茅”啊！

《系辞下传》第五章：“《易》曰：‘困于石，据于蒺藜。入于其宫，不见其妻，凶。’子曰：‘非所困而困焉，名必辱；非所据而据焉，身必危。既辱且危，死期将至，妻其可得见邪？’”“六三”爻变成大过卦，濒临灭亡，真的是死期将至。人皆有辱有危有死，但需死得其所，非所困、非所据而致此，太不值得了！《彖传》称“困而不失其所”，才是君子之道。《系辞下传》称井卦“居其所而迁”，人生必须了解自己所在的位分，才能知所进退，才能无所不用其极。

• 1993 年 4 月下旬，我负责出版公司的经营，颇为老板与公司财务周转困扰，竟起念想换掉受其主控的财务主管，某夜去他处谈判，我问吉凶如何？为困卦“六三”爻动，有大过卦之象。“困于石，据于蒺藜”，乘刚必凶，大过卦“栋桡”，更是难以支撑。果然气氛很糟，看着他脸上的阴沉杀气，我只能打退堂鼓，放弃原有想法。

九四。来徐徐，困于金车，吝，有终。

《象》曰：来徐徐，志在下也；虽不当位，有与也。

"九四"阳居阴不当位，和"初六"相应与，中央执政高层当体恤民间疾苦，竭力纾民之困。"九二"乘于"初六"之上，与"九四"有竞争关系，阻碍其资源往下输送，故称"来徐徐，困于金车"。虽然"吝"，时间久了，仍有可能突破而获善终。"九四"与"初六"隔三个爻位，一爻当一年，故而"初六"称"三岁不觌"，三年后"九四"的救援至，或可由幽谷中脱困。"九四"爻变，为坎卦（䷜），困于险陷之中，行道崎岖坎坷，一时不易通畅。

《易》卦爻辞多有行车之象：大有卦"九二""大车以载"，贲卦"初九"称"舍车而徒"，大畜卦"九二""舆脱輹"等皆是。困卦"九二"阳刚居中，为交通要道，"九四"无法绕越，称"困于金车"。爻往下往内运行称"来"，"升而不已必困"，问题出在"不来"；困卦"九四""来徐徐"，救援太慢，缓不济急。

• 1994年5月上旬，出版公司的政变已迫在眉睫，某夜我在家中床板上铺排好多卦，问身边何人可为支助，竟然全无。其中一位董事，占得困卦"九四"爻动，有坎卦之象，再确认为不变的否卦。"来徐徐，困于金车，吝。"财力不足，远水难救近火，也未必有意愿趟这股争的浑水，不可能帮得上忙。没几天，大局变天。

• 1994年9月上旬，我帮一位报界的资深美女占其婚姻问题，"遇噬嗑之剥"、"遇睽之震"二例，已见前文，再问：若暂不离异，尝试改善夫妻相处如何？为困卦"九四"爻动，有坎卦之象。"来徐徐，困于金车，吝"，可能短期不易有效。没多久，她还是协议离了婚。

• 2009年2月中，我在高雄的全《易》班教占，当时金融风暴肆虐，举世经济皆受影响，大家问：台湾经济当年底能否回升？大家合占出困卦"九四"动，有坎卦之象。"来徐徐，困于金车，吝，有终。"看来不容易，"九四"为政府阶层，理应照应"初六"的基层民众，脱离谷底。"困于金车"，财务不畅，还得更长的时间恢复元气。结果当年为负增长，

占例

翌年才全面回升。

• 2010年11月下旬，我们学会在高雄澄清湖畔办秋季研习营，晚上请了一位原住民的歌手弹唱，谈起前一年高雄甲仙乡八八风灾小林灭村之惨剧，我占得困卦“九四”爻动，有坎卦之象。“来徐徐，困于金车，吝”，超大雨量瞬间造成土壤深层崩坏，政府救援不及，遂致五百多人惨遭活埋。刘兆玄因此下台，“遇困之坎”，“泽无水”成了“水洊至”。那位原住民歌手半年多后不幸过世，更让人为之唏嘘不已，世事如此无常？

• 2002年9月上旬，我们学会组团赴安阳参加易学会议，当时台风侵袭台湾，我们担心影响飞机航班，执行长徐崇智占得困卦“九四”爻动，有坎卦之象。“来徐徐，困于金车，吝，有终。”看来交通是会有些问题，可能迟到。结果台风远扬，飞机航班正常，由香港转机至郑州后，主办方派车来接，往安阳的高速路上却到处施工，严重阻滞了行程。原先预定晚餐前到的，拖到半夜才至。占象所示，原来如此。

九五。劓刖，困于赤绂。乃徐有说，利用祭祀。

《象》曰：劓刖，志未得也；乃徐有说，以中直也；利用祭祀，受福也。

“九五”中正，居困卦君位，领导无方，让大家陷入困境，被视为祸国殃民的罪犯。“劓”为割去鼻子，“刖”为砍断双脚，是古代极残酷的刑罚。“劓刖”比喻嗅觉不敏锐、行动无能，睽卦“六三”视“上九”“天且劓”，大概也是如此。“九五”遭臣民怪罪，自觉委屈，申称受“九四”高干拖累而致此，为“困于赤绂”。无论如何推诿，当前困境非同小可，恐怕很久才能脱困，与其卸责，不如诚心祭祀，加强信心因应，还有可能承受福报。

祭祀受福，并非平时不烧香，临时抱佛脚，而是得有中正平直之德，才蒙天佑。同人卦“九五”“先号咷而后笑”，《小象传》也称“以中直也”。困卦“九五”爻变，恰值宜变成解卦（䷧），“劓刖”得以“赦过宥罪”，困局纾解。困卦为“泽无水”的干旱之象，解卦则雷雨大作，旱象全消，“利用祭祀”，实即当政者求雨的仪式。

明末崇祯皇帝于北京城破后，缢死煤山，自杀前宣称：“君非亡国之君，臣尽亡国之臣。”就是“困于赤绂”的想法，可悲可叹，真是临死不悟。领袖必须概括承受成败之责，亡国之臣不是亡国之君用的吗？崇祯忠奸不分，刚愎自用，杀袁崇焕自坏干城，罪无可逭！

• 1994 年 7 月下旬，我在出版公司已失势，老板强势回朝后，立刻就有一连串措施自救，名目花巧，实涉利益输送。我无力抗衡，心气难平问占，今后如何自处？为困卦“九五”爻动，恰值宜变成解卦。“劓刖，困于赤绂”，居君位的老板受困，在他大概还认为我们高干配合不力呢？“乃徐有脱”，他想借此脱困也办不到，只是把大家都拖下水而已！我们受制于人，又能如何？如果将“九五”当作我自己，已经被拘囚般定罪，其他高干也不可能支持，只好长坐心监，利用祭祀，沉潜读书修行，以待将来解脱松绑，承受天福。解之时大矣哉！争千秋不争一时啊！

几天后，李登辉找我授《易》，开始了一段新的人生际遇。每周三晚上去上两小时课，除少数至亲外，没跟别人说，三周后，反而是《民生报》去访问李登辉，他自己讲出来的。于是该报我所熟悉的女记者来采访我，才公诸报端而为人所知。

9 月初依例上课，他主动谈到媒体报道事，我小心翼翼没多说，也觉得没啥可说。回家后，占这种“侍讲”的关系如何？为困卦“九五”爻动，恰值宜变成解卦。真是才离龙潭，又入虎穴！又一个刚愎自用者，我的本命为比卦“六三”，“比之匪人，不亦伤乎？”不认命不行，就当成人生的习坎历练，“常德行，习教事”吧！

第一堂通论《易经》时，他甚感受用，说以往自修时看不懂的一下都豁然贯通了！稍后正式讲卦，首选屯、蒙，讲到“屯如邅如”，“乘马班如”时，他听不懂叫停，说下回得预习云云。提前下课后，我问往后如何调整教法？为姤卦（䷫）二、四、五、上爻动，“九四”值宜变为巽卦（䷸），四爻齐变成谦卦（䷎）。给他讲课，本即不期而遇，“姤之时义大矣哉！”贞我悔彼，上卦代表他，三爻齐变亟须调整，否则“包无鱼”，学不到东西；下卦是我，“包有鱼，无咎，不利宾。”“遇姤之谦”，亨通有终。

• 2010 年 11 月下旬，我们在高雄澄清湖举办的秋研营结束，主题为“文明浩劫与人类文明永续经营”，准备分四次花两年完成。我占问成果

占例

如何？为“遇困之解”。“困于赤绂，乃徐有脱，利用祭祀”，“受福也”。之前的10月初，学会理监事刚改组完，人事余波荡漾，这回办得充实成功，也展现新人新气象，泽无水的干旱逢雷雨大作，“百果草木皆甲坼”，“解之时大矣哉！”“遇困之解”，其实也切合研习主题，“升而不已必困”，困求善解，以谋文明永续发展，消弭高速成长可能带来的浩劫危机。

• 1999年11月下旬，我问中国古代“灾异说”的价值定位，究竟可信否？为困卦“九五”爻变，成解卦。过去有水旱灾荒，民不聊生，认为是人君施政有问题，须斋戒沐浴，诚心祭祀以“赦过宥罪”，消弭天谴，正是“九五”爻辞所言。天人感应，临卦所谓的“八月之凶”亦然，以天道警示君道，不仅有其价值，因果共业上也说得通。

• 2010年元月下旬，我问诗圣杜甫其人其诗的境界，为“遇困之解”。老杜一生颠沛流离，困顿中打磨出深厚的忧患情操，创作无数惊泣鬼神的伟大诗篇，诗艺称“圣”，实至名归。“利用祭祀，受福也。”

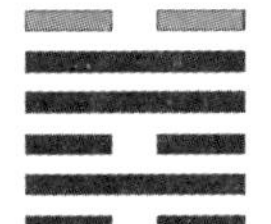

上六。困于葛藟，于臲卼。曰动悔，有悔，征吉。

《象》曰：困于葛藟，未当也；动悔有悔，吉行也。

“上六”为困之极，阴柔乘于“九五”阳刚之上，情欲蒙蔽理智，缠搅不清，造成全局难分难解。“葛藟”的嫩枝有卷须，常攀附树枝往上蔓生至树冠，和蒺藜类似，象征两性间不正常的情欲纠缠。困卦外卦为兑悦，“上六”为情欲的开窍口，不节制就会出事。“臲卼”为危险动荡不安，“困于葛藟”、“困于臲卼”，动辄得咎，不改弦更张不行。“有悔”即改过，放弃对“九五”的纠缠；“征吉”，外线撤围松绑，阴阳交相困的僵局便告纾解而获吉。“上六”爻变，为讼卦（䷅），否则争讼到底，必然两败俱伤。

《诗经·王风·葛藟篇》：“绵绵葛藟，在河之浒。”三百篇开卷第四的《周南·樛木》亦称：“南有樛木，葛藟累之。”更切合“升而不已必困”之象，树大招风、成功招忌是必然的事，人生在世，真得小心翼翼啊！

纵观困卦六爻，阴阳交相困，而阴爻似乎更危险，升卦尚柔，困卦重刚，艰苦卓绝，自强不息为处困要道。阳爻所述为围城中景象，朱绂赤绂、祭祀亨祀、酒食金车，基本设施一应俱全，可长期固守。阴爻所述为城外荒野景观，幽谷株木、山石蒺藜、葛藟缠绕，不宜长久居留，一时攻不下来，就得考虑撤兵。

• 2010年年初，我做一年之计，问美国经济情势，为困卦“上六”爻动，有讼卦之象。显然困顿到极点，不易摆脱金融风暴的后遗症，国内国际都充满了争议，其后发展确实如此。

困卦多爻变占例之探讨

以上为困卦卦、彖、象及六爻爻辞之理论及占例说明，往下继续讨论多爻变的更复杂情况。

占事遇卦中任意二爻动，若其中一爻值宜变，为主变量，以该爻爻辞为主论断；若皆不值宜变，以本卦卦辞卦象为主，亦可参考二爻齐变所成之卦的卦辞卦象。

• 2007年12月中，国际金融情势紧张，世界五大央行共注资1500亿美元救市，还不排除后续再有大动作。我们富邦的课堂上，蔡明忠问翌年国际金融的流动性如何？可有重大危机？我们当下占出困卦四、上爻动，齐变有涣卦（䷺）之象。“九四”“来徐徐，困于金车，吝”；“上六”“困于葛藟，于臲卼”。捆绑套牢太甚，钱流不畅，难达困苦基层，不足以活络实体经济。钱必须流通才有效益，泽无水困，干涸见底，全无流动性。“涣”为风行水上，由风暴的中心点往四处扩散，“遇困之涣”，流动性不足的困局会散播传染到全世界。为何会困呢？“升而不已必困”，前些年的金融衍生品交易过度扩充，泡沫破碎所致。2008年9月15日金融风暴全面爆发，占象完全应验。

2011年9月下旬，时隔四年，我们又在富邦课堂上预测翌年的国际金融情势，为困卦四、五爻动，齐变有师卦（䷆）之象。再后一年，亦即2013年，则为不变的屯卦（䷂）。泽无水的困境重现，原先的四、上爻动，换成了四、五爻动，“困于金车”依旧，远水难救近火；“上六”的深刻套牢，转成“九五”国家元首级的焦头烂额，一时不易解脱。“遇困之师”，欧债美债的巨大问题，应付起来完全像劳师动众的战争，兵凶战危，风险极高。处理结果会如何？由2013不变的屯卦看来，资源极度匮乏，仿佛回到洪荒时代。2008年风暴爆发后，2009年的世界经济即为屯卦“六四”爻动，已于屯卦单爻变的占例中分析。这么短的变化周期，危机又现？

• 2010年2月底，我在写《四书的第一堂课》，对孔门诸贤志业行事颇有所感，占算颜回一生，为困卦四、五爻动，有师卦之象。“困于赤绂，利用祭祀”；“困于金车，吝，有终”。颜子居陋巷，一箪食一瓢饮，人不堪其忧，回也不改其乐。“君子以致命遂志”，贤哉回也！

• 2010年11月下旬，我们学会在高雄澄清湖畔办秋研营，我问牛顿、爱因斯坦、霍金以后，还可不可能出影响世人宇宙观的大科学家？得出困卦四、五爻动，有师卦之象。“来徐徐，吝，有终”，“乃徐有脱”，很不容易，即便出现也得很慢很久。

• 1992年2月中旬，我所在的出版公司股争炽烈，财力惊人的市场派大股东大剌剌介入经营，除了安插亲信进驻外，还听信身边神通人士建议，将两座石狮子镇于公司大门边，员工进出时为之侧目。老板与之沟通有碍，怒极欲搬走以示不屈决心。我占问吉凶，为困卦四、上爻动，有涣卦（䷺）之象。“九四”“困于金车”，业绩不好，财力不足，短期内难以摆脱纠缠；“上六”决心撤除外围，会有争讼。涣卦上巽风、下坎水，还真是聚散风水，也影响员工士气。

当时，我问造成老板财务重困的关系企业有无转机，为困卦二、上爻动，齐变有否卦（䷋）之象。“九二”“困于酒食，征凶”，等待救援，自力决难脱困；“上六”纠缠母公司，造成彼此困扰。“遇困之否”，气运糟糕透顶。“否之匪人，不利君子贞。”

当年年初做一年之计，母公司旗下两份少儿刊物业积长期不振，皆为与内地签订的合作项目，内地大销，台湾却始终打不开市场。我问新的一年当如何营运？为困卦初、五爻动，齐变有归妹卦（䷵）之象。“初六”坐困谷底，三年不成；“九五”“劓刖，乃徐有脱”，打响品牌不易。归妹卦辞：“征凶，无攸利。”“遇困之归妹”，没有多少机会。

• 2006年7月初，我给学生讲三十六计与易象的关系，“围魏救赵”为困卦五、上爻动，“上六”值宜变为讼卦，齐变有未济卦（䷿）之象。“困”为阴阳交相困，遭敌围困，不直接赴援，另发兵批亢捣虚，攻其必

救，因形格势禁，敌方不得不撤围，回兵自救。“九五”君位为国都被围，也是双方必救之处；“上六”高亢虚弱，一旦陷入危险，爻辞也是撤围自保之意。

• 1993年5月中旬，我负出版公司经营重责，却一直苦恼于老板的关系企业与公司不正常的融通往来，占问如何是好？为困卦五、上爻动，“上六”值宜变为讼卦，齐变有未济卦之象。“九五”劓刖受困是我，“上六”为不在其位的老板，似葛藟纠缠不清，讼争不断，未济卦势同水火，各行其是。一年后，老板干脆回朝掌权，恣意而为，公司不可避免走向败亡。

• 1999年3月上旬，老板肆意经营的结果，终于搞出大纰漏，劳资纠纷严重，媒体大幅报道，我虽不在其位，也觉得尴尬。占问对我的影响，为讼卦“九二”爻动，有否卦之象。除了忍耐自保，使不上力。问对老板的影响，为不变的屯卦，又回到资源匮乏、草莽求生的境地。他的最后下场为何？蒙卦（䷃）二、四爻动，“六四”值宜变为未济卦，“困蒙吝，独远实也”，终将为自己的失败负责。公司的最后呢？困卦初、二爻动，齐变有随卦（䷐）之象。“初六”坐困幽谷，三年不见天日；“九二”“困于酒食，征凶”，中央救援不至。“遇困之随”，也只有任之随之。西风残照，汉家陵阙，我的最宜对策为益卦（䷩）初、上爻动，“上六”值宜变为屯卦，齐变为比卦（䷇）。曾经投入心力大作，最后“莫益之，或击之，立心勿恒，凶”，损、益为盛衰之始，再勿留恋，见善则迁吧！

• 2009年5月下旬，我问“二二八”事件的究竟真相，为不变的升卦。再问应如何化解？为困卦初、二爻动，齐变有随卦之象。升之前为姤、萃，不期而遇的危机，造成聚众滋事的意外，当局处置不当，遂生无穷遗憾。升卦后为困卦，“初六”“入于幽谷，三岁不觌”；“九二”“困于酒食，征凶，无咎”。“遇困之随”，“天下随时，随时之义大矣哉！”还得更长的时间疗伤止痛，急切也没用。

• 2000年元月下旬，我问岛内民众当年应如何理财？为困卦二、五爻动，齐变有豫卦（䷏）之象。“困于酒食，利用亨祀，征凶”；“困于赤绂，乃徐有脱，利用祭祀”。五、二爻分居上下卦中心，政府与民间皆受困深重，除了诚心祝祷外，似无善策。豫卦有预测、预防之意，“遇困之豫”，得思患豫防，审慎作好应变的准备。当年的台湾经济为“明夷之剥”，相当艰困，已于明夷卦三爻变的占例中说明，年初提醒民众预防困难，切合实情。

• 1998年9月下旬，戊寅年孔子诞辰前夕，我在书房内设下“至圣先师”的牌位，教两个小孩行礼，想就此家学启蒙，占得困卦二、五爻动，有豫卦（䷏）之象。“困于赤绂，困于酒食”，启蒙恐难落实，后来也是不了了之。“利用亨祀”，利用祭祀，都有参拜之象，豫卦《大象传》亦称：“先王以作乐崇德，殷荐之上帝，以配祖考。”

• 2010年10月下旬，我讲到《心经》，反复吟咏经中文字，占问：何谓无明？为升卦（䷭）“九三”爻动，有师卦（䷆）之象。“升虚邑”，升卦前为姤、萃二卦，“无明”为“十二缘生”之首，因缘聚合而成，本质为空，故经文称“无无明”。再问：何谓无明尽？为困卦二、五爻动，有豫卦之象。升卦后为困卦，无明既生，如幻如化，欲摆脱无明、灭尽无明，实亦执著。“遇困之豫”，不会成功，经文遂称：“亦无无明尽。”

• 2009年7月下旬，有学生提醒讲佛经不应收费，我占问若收费如何？为困卦二、四爻动，齐变有比卦（䷇）之象。“九二”“利用亨祀，征凶”；“九四”“困于金车，吝，有终”。“遇困之比”，不是绝对不行，总是柔掩刚的困顿之象。若免费讲经，“遇需之泰”；由于我是以《易》证佛，收费应合理，占得履卦五、上爻动，已于前文说明。参考三占所示，还是决定收费。

• 2011年元月上旬，我思考佛经讲的人生诸苦，问何谓“求不得苦”？为困卦二、四爻动，有比卦之象。“困于金车，吝”；“困于酒食，征凶”。“遇困之比”，人生总是无尽的攀援执著，金车、酒食都让人受困，欲求之而不得。

• 2011年9月下旬，我为一笔为数不小的应收款项困扰，电催后仍迟迟未收到汇款，占问对方究竟怎么回事？为困卦初、四爻动，齐变有节卦（䷻）之象。泽无水，自然樽节克扣，初、四相应与，“来徐徐……吝，有终”。给是会给，缩水且一再拖延，完全切合实情。再问能否善了？为临卦（䷒）初、二爻动，有坤卦（䷁）之象。咸临之吉，会面对解决。

其实，早先已有不寻常的警讯：对方不给现金说要汇款时，我即占得不变的明夷卦，以及讼卦“上九”动、有困之象，必有不明原因，财

务困顿而生争讼。出问题后，对方心意已很明显，我问是否回击？为谦卦（䷎）三、上爻动，齐变有剥卦（䷖）之象。“九三”“劳谦”在先，“上六”“鸣谦，征邑国”，当然不必客气。

整个辛苦周旋结束后，我问往后彼此机缘，为噬嗑卦“初九”，禁足“不行也”；为困卦“九二”，“困于酒食，征凶”，萃聚已难矣！

三爻变占例

占事遇卦中任意三爻动，以本卦为贞，三爻齐变所成之卦为悔，称贞悔相争，合参两卦卦辞卦象以论吉凶。若其中一爻值宜变，为主变量，加重考虑其爻辞。

• 1994 年 4 月中旬，出版公司风云日紧，老板在外出招频频，鼓动一位任职营销协理的董事起哄，不处理又不行。我约了这家伙晤谈，会前问吉凶，为“遇困之坤”，“九四”值宜变为坎卦。纠结缠扰，不易挣脱。

紧绷的形势延续到 5 月上旬，危机更甚，我再问能安渡难关否？为困卦二、三、五爻动，“九五”值宜变为解卦，贞悔相争成小过卦（䷽）。“九五”为受困的老板，拼命求自己解套，利用“六三”小人作无理要求，“九二”征凶，实在难以抗拒。没多久，经营层的制衡瓦解，永远结束了中兴的机会。

• 2012 年 2 月中，有学生问卦气系统是否适用北温带以外的地区？我占得“遇困之小过”，“九五”值宜变为解卦。应该不行，会有误差，须实地探察以修正。

若要针对其他地区修正调整，该怎么做呢？为蛊卦（䷑）二、四爻动，有旅卦（䷷）之象。“九四”“裕父之蛊，往见吝”，延用下去行不通；“九二”“干母之蛊，不可贞”，没有一刀切的调整法。现在科技昌明，完全实地观测重建，似乎也没有必要。

学生自己也有数占：在南半球如澳大利亚、巴西，修正六个月行吗？为不变的小过卦，还有误差？在南北极呢？为不变的艮卦（䷳），四季在极地毫无意义，当然行不通，“兼山，艮，君子以思不出其位”。

• 1992 年 10 月上旬，我妻怀第二胎有些辛苦，胎位不正，进荣民总医院产检，我问一切顺利否？为困卦初、三、四爻动，“初六”值宜变为兑卦，贞悔相争成需卦（䷄）。“遇困之需”，确须耐心调整以纾困解难。

“六三”“不见其妻”，让人心惊肉跳，好在“初六”、“九四”相应与，“来徐徐……吝，有终”。如何化解？为益卦五、上爻动，“上九”值宜变为屯卦，齐变为复卦，都是新生儿之象。“莫益之，或击之”，得加强防范；“有孚惠心”，应可“勿问元吉”。

• 2011 年 9 月中旬，富邦课堂上有学生谈起某熟人办放生法会之事，尊某仁波切之嘱，买下大批鱼类，至特定海域放生云云。此举究竟有无功德？我占得困卦初、四、五爻动，“九五”值宜变为解卦，贞悔相争成临卦（䷒）。临卦为海阔天空，自由自在，由泽无水的困境解脱至此，当然有其功德。“九五”“乃徐有脱，利用祭祀”，使鱼群受福。

当天课毕下楼，一位学生又问她儿子等候服兵役之事。台湾义务役兵员裁减，机关部队里一时装不下太多人，造成塞车现象，不少役男不好安排工作。她小孩已候半年没音讯，我以手机快占，为困卦初、二、上爻动，“初六”值宜变为兑卦，贞悔相争成无妄卦（䷘）。“初六”“坐困幽谷”，“九二”“征凶”待援，“上六”“有悔，征吉”，可能困极而获解脱。困、无妄二卦，时气皆在阴历九月，兑卦值金秋之季，不久征召入伍，结束了苦候的局面。

• 1993 年 8 月下旬，我准备购新居乔迁，看上一处预售工地，但价格偏高，问能购置否？“遇困之坤”，“九四”值宜变为坎卦，实嫌勉强。若咬牙先下订呢？为姤卦（䷫）四、上爻动，有井卦（䷯）之象，“包无鱼，起凶。姤其角，吝”，明显不宜。虽嫌吃力，当理财买下如何？为困卦二、三、四、上爻动，“六三”值宜变为大过卦，四爻齐变成渐卦（䷴）。“遇困之渐”，长期套牢不能脱身，自找苦吃，警告明确，遂放弃此案。

• 2012 年 5 月下旬，我占问：《易经》德文版的译者卫礼贤（Richard Wilhelm）的习《易》境界，为困卦二、五、上爻动，“九五”值宜变为解卦，贞悔相争成晋卦（䷢）。易理博大精深，中国人欲理解尚且困难，卫礼贤能跨越国族语文的障碍，而有此杰作，真是难能可贵。“九五”为困卦君位，理解精到；晋卦如日东升，“自昭明德”。

卫礼贤之子卫德明（Hellmut Wilhelm）继承父业，也是著名的易学家。我问他的造诣，为家人卦（䷤）初、二、三、五爻动，四爻齐变成蒙卦（䷃）。显然家学渊源，启蒙成功而成大家。

占事遇卦中任意四爻动，以四爻齐变所成之卦的卦辞卦象为主论断，若其中一爻值宜变，稍加重考虑其爻辞。

• 2004 年 4 月下旬，媒体界的友人想送独子出去念书，以改善在台湾中学学习不佳的困境，所占小畜卦“九三”之例，具见前文，既然赴澳大利亚求学不宜，改去夏威夷如何呢？为困卦初、二、三、四爻动，“六三”值宜变为大过卦，四爻齐变成既济卦（䷾）。“遇困之既济”，最后有成功希望，他们听从此议，小孩后来赴夏威夷读书，学习情况大为改观。

扫码聆听刘君祖老师亲自讲述大易之道

——逐字逐爻详解易经六十四卦

48. 水风井（䷯）

井卦为《易经》第四十八卦，前为困卦，后接革卦。《序卦传》称："困乎上者必反下，故受之以井。井道不可不革，故受之以革。"泽中无水为困，欲纾困必须凿井，从地下取水。一旦开通泉脉，井水泉涌而出，取之不尽，用之不竭，不仅解除旱象，还开启了崭新的世代。开凿新井或改善旧井，都将彻底改变水源的使用状况，观念及技术大幅更新。以人类所遭逢的能源危机来讲，"升而不已必困"，大量消耗的石油总有一天用完，必须开发新的廉价而干净的能源，以支撑文明的永续发展，就是井卦而后革卦。

《杂卦传》称："井通，而困相遇也。"困、井相综，穷则变通，人生受困，引发文明创造的机遇。艰难困苦，玉汝于成，种种难堪的磨炼，皆可作如是观。困卦三至上爻为大过卦，井卦初至四爻为大过卦（䷛），非常之"困"诱发非常之"井"，豪杰之士坦然无惧。

䷯ **井。改邑不改井，无丧无得，往来井井。汔至，亦未繘井，羸其瓶，凶。**

井卦卦辞全无"元亨利贞"，表示沉潜开发的秘密过程。研发转型不适合大张旗鼓，以免为竞争者盯上，用各种手段盗取机密而丧失先机。"邑"为城市区划，"井"为民生所需，有水井处就有人家，环井聚居，绵延成市，故称市井。《周礼·地官司徒》："乃经土地，而井牧其田野。九夫为井，四井为邑，四邑为丘。""井"为人民群聚最基本的生活单位，积井成邑，聚邑成丘的聚落，行政区划可随时变迁，作为水源的井则不会改动，故称"改邑不改井"。井卦之后为革卦，"改邑"已有改朝换代的意涵，政权如何更迭，老百姓的日常生计还是最重要，任何统治集团都得重视养民。

井水一旦开发出来，每次汲取之后，丰富的地下水量立刻补上，取之不尽，用之不竭，整体来算没有失去什么，当然也不会增加。前往取水的人络绎不绝，遵守秩序，井井有条。“井井”二字，前“井”为汲取的动词，后“井”为受词，指那口好井。“汔”为几近，将然而未然，“汔至”，是说以井索吊瓶取水已至井口，尚未出井之际。“繘”为井绠、井绳，“繘井”即以井绠取水。“汔至，亦未繘井”，表示功亏一篑，未完成汲水的动作。以瓶系于井绳上，入井取水，一不小心，还会把瓶子撞到井壁而碰破，正是：“瓦罐不离井口破，将军难免阵前亡。”开发新资源的风险如此之多，井卦上坎为险陷，人生行事，焉可不敬慎？

“羸”字在前已出现两次：大壮卦“九三”“羝羊触藩，羸其角”；姤卦“初六”“羸豕孚蹢躅”，都有凶险不测之意。

《彖》曰：巽乎水而上水，井，井养而不穷也。改邑不改井，乃以刚中也。汔至亦未繘井，未有功也；羸其瓶，是以凶也。

井下卦巽入、上卦坎水，有深探水源汲取往上之象。民众环井而居，井水源源不断，养活了整个小区。行政区划经常更改，民生日用的生计永远重要，“九五”阳刚，居上卦坎水之中，既是最高领导之位，也是井水源泉不断的象征。用井绳汲取井水需特别小心，切勿功亏一篑，取水的瓶子也可能碰破，败坏大事而致凶。

《老子》第六十四章称：“民之从事，常于几成而败之。慎终如始，则无败事。”“汔至，亦未繘井；羸其瓶，凶”，就是几成覆败，当引以为戒。

《孟子·尽心篇》称：“有为者，譬若掘井。掘井九仞而不及泉，犹为弃井也。”几乎可以确定即从井卦立论，提醒人做事须贯彻终始。孟子在《离娄篇》亦称：“君子深造之以道，欲其自得之也。自得之，则居之安；居之安，则资之深；资之深，则取之左右逢其原，故君子欲其自得之也。”深造自得，左右逢源，亦与井卦义理相通。

《象》曰：木上有水，井。君子以劳民劝相。

巽为风也为木，井卦下巽木入、上卦坎水，有凿井汲水之象。“木上有水”，也是植物由根部吸收土壤中水分，往上滋润茎干枝叶，这种反重力的传输，称作毛细管作用。人体血液的周流运送，靠心脏似泵浦抽送，皆与井卦的道理相通。凿井需劳动大量民力，开发时互相劝勉帮助，精诚合作很重要。

占例

• 2005年中，一位女学生依附外道，迷信到辞去待遇优厚的工作，整天混迹道场听法传法，还在外放话，批评易理不深刻，远不及佛法云云。她还跟我另一位学生说，《易经》中就没有佛经“不增不减”的高深理论，那位老学生不信，占问得出不变的井卦。“无丧无得，往来井井”，不就是《心经》讲的“不生不灭，不增不减，不垢不净”么？困卦《大象传》称“致命遂志”，困极掘井，正是开发自性、资深逢源，取之不尽、用之不竭啊！

• 2006年中，学生邱云斌任职于《经济日报》，负责广告业务的推展，有位内勤的女同事想转业务，学、经历皆不足，是否破格起用？占得不变的井卦，就是研发转型的问题。他决定试用，次年升任正式，后已成为大将，开发成功。

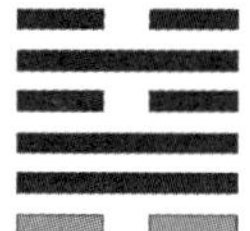

初六。井泥不食，旧井无禽。

《象》曰：井泥不食，下也；旧井无禽，时舍也。

“初六”为凿井之初，一口荒废的旧井久为泥沙淤塞，无法汲水，不仅遭人弃置，连禽兽都不来光顾。这种情况相当糟糕，位置低下，为时代所遗忘抛弃。本爻若动，恰值宜变成需卦（☵☰），健行遇险，能不能耐心开发以满足需求？

乾卦“初九”“潜龙勿用”，《文言传》解释：“下也。”“九二”“见龙在田”，则称：“时舍也。”可与井卦“初六”《小象传》并参，《文言》创作在后，显然参考了《小象传》的说辞。

占例

• 2006年11月上旬，我在工商建研会的一位女学生，问她先生在武汉地产投资案的吉凶，得出井卦“初六”爻动，恰值宜变成需卦。“井泥

占例

不食，旧井无禽”，现况太糟，离兴旺回收遥遥无期。果然切合实情。

• 2012 年 9 月中旬，美联储宣布 QE3，所谓第三次的量化宽松政策，誓言每月购入四百亿美金的不动产抵押债券，直到国内失业率改善为止。这种狂印钞票以图提振实体经济的做法，无异饮鸩止渴，也是极不道德的以邻为壑。奥巴马为了竞选连任，伯南克为了保住美联储主席官位，势穷力绌出此下策，令人摇头齿冷。我问了一连串的问题，以一年半为期，对美国、世界及两岸的影响如何？

对美国为井卦“初六”爻动，恰值宜变成需卦。“井泥不食，下也；旧井无禽，时舍也。”井卦为困卦，井卦后为革卦，美国为了纾解金融风暴之困，转型研发必不成功，只是暂时满足政治的需求罢了！一年半载，经济的沉疴难起。

对中国内地会有负面影响，为否卦初、四、上爻动，贞悔相争成屯卦（䷂）。“遇否之屯”，熬过后可获新生。否卦“初六”“拔茅茹，以其汇，贞吉亨”，须审慎防护民生经济受冲击；“九四”“有命无咎，畴离祉”，振作复苏；“上九”“否终则倾，何可长也？”

对台湾地区来说，也不好，为未济卦（䷿）“初六”爻动，恰值宜变成睽卦（䷥）。“濡其尾，吝”，小狐狸难过大河。

对全世界更糟，为离卦（䷝）初、四爻动，齐变有艮卦（䷳）之象。钱流在国际网络上乱窜，遭遇重重阻碍，一点也不顺畅。离卦“初九”贸然踏出错误的一步，埋下“九四”“突如其来”的“焚如”之灾！

综上所述，美国此举损人又不利己，可恶之极。

九二。井谷射鲋，瓮敝漏。

《象》曰：井谷射鲋，无与也。

“九二”居下卦之中，经过一段时间的整治，已将泥塞不堪的旧井改善许多，井底蓄水成浅潭似山谷，可以养活些小鲫鱼。井壁的瓮管破旧漏水，出水有限，射入井底勉强维持小鱼生存。“九二”爻变为蹇卦（䷦），外险内阻，迟滞难行，上和“九五”应而不与，得不到实力者的奥援。

困卦“初六”“入于幽谷”，上和“九四”应与，有机会三年后得救脱困；

井卦“九二”“井谷射鲋，无与也”，前途茫茫，研发工作可能胎死腹中。

井中为何会有小鱼呢？当然是人放进去的，目的是测试水质，如果井水有毒，鱼翻白肚，人就不能再喝井中之水。澎湖著名景点四眼井，其中就有养鱼；安徽黄山脚下的西递村、宏村的民居，院中水井亦然。现代自来水厂净水必须去毒，新产品研发得做安全测试，皆为此爻之义。我在台大环境工程研究所读书时，论文题目为“台糖酵母厂的废水处理”，经常在实验室里中，将虱目鱼苗放入废水试样中，以测试毒性，牺牲了不少小鱼，以换取人类安全，至今印象深刻。

• 2011 年 12 月中旬，欧盟为金援希腊，德、法两国强力整合，英国为维持财政自主拒签协议，欧洲三强因此龃龉。我问欧债危机能解否？为蹇卦（䷦）“九五”爻动，有谦卦（䷎）之象。“大蹇朋来，以中节也”，“谦亨有终”，欧债可解。英国拒签对其有利或有害？则为井卦“九二”爻动，有蹇卦之象。“井谷射鲋，瓮敝漏”，“无与也”。风雨同舟，不肯相救共济，大失人缘，英国国运往后多蹇难矣！

• 2011 年 2 月中旬，我问人类的粮食危机如何解决？为井卦“九二”爻动，有蹇卦之象。“井谷射鲋，瓮敝漏”，“无与也”。相当不妙，饥饿贫困者，得不到资源丰沛者的奥援，开发增产似乎也难顺利。

• 2009 年 10 月中，我在台北夜间的易佛班上课时，不记得说了什么，道场后座的一位学生突然发飙接话，突兀且无礼，虽笑笑支开话题没理会，却着实纳闷。课后占问他是怎么回事？为井卦“九二”爻动，有蹇卦之象。“井谷射鲋，瓮敝漏”，“无与也”。一定是遭遇什么困境，进展迟滞，所求不遂。半年多后，学会人事纷争爆发，他是主角之一，我试着调解无效，不能接受其意见，他也愤然离开。天下万事皆有征兆，就看当事者够不够细心了！

1998 年 10 月初，我教学生刘劭的《人物志》，占问《利害第六》的主旨，为井卦“九二”爻动，有蹇卦之象。“井谷射鲋，瓮敝漏”，“无与也”。社会芸芸众生，行事各具特色，各有利弊，除了表面的优点外，更须注意其隐含的短处缺点。前例中那位学生的不当反应，即为证验。

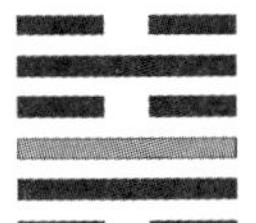

九三。井渫不食，为我心恻。可用汲，王明，并受其福。

《象》曰：井渫不食，行恻也；求王明，受福也。

“九三”更进一步开发，将井泉浚渫完毕，水质纯净，绝无问题，却仍然乏人光顾。过路人饮用后都说好，为我们的努力抱屈。虽然如此，陌生人的恻隐同情不能仰赖，叫好必须叫座，我们得积极主动，寻求明智的王者支持，汲取将优质的井水汲取，供大众分享，使大家都蒙受福报。本爻变，为坎卦（䷜），为新产品研发过程中常遇到的瓶颈，若放弃而不求突破，则暴殄天物或怀才不遇，实为遗憾。

寻求实力者支持，得注意“并受其福”，让对方不白帮忙，而有各种形式的回报。困卦“九五”“利用祭祀”，解脱受福；晋卦“六二”“受兹介福，于其王母”；井卦“九三”求“王明”，“并受其福”。人生行事，世故人情当熟透。

• 1994年5月10日，我所在的出版公司的股争酷烈。我有事赴台东，在机场即接获同事电话，告知台北已生大变故，内乱一触即发。我心情沉重，占公司吉凶，为井卦“九三”爻动，有坎卦之象。“井渫不食”，为我心恻，几年辛苦整治有成，深具大发潜力，却遭此险陷遏阻，明王何在？令人伤怀。孤臣无力可回天，徒唤奈何？公司后来果然覆灭，一切壮图成空。

• 2008年年初，我作一年之计，算自己全年的人际关系如何？为井卦“九三”爻动，有坎卦之象。前一天占问同一事，为坎卦“六三”爻动，有井卦之象。“遇井之坎”、“遇坎之井”，或遇重险，进退两难；或怀才不遇，力图振作突破。当年人际往来，差不多就是如此，到2009年后，才有了崭新的开展。

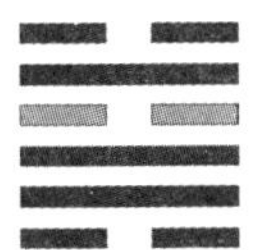

六四。井甃，无咎。

《象》曰：井甃无咎，修井也。

“六四”研发已至最后阶段，须慎终如始，以免功亏一篑。“井甃”是将井内壁的衬垫修润平整，汲水时不致有“羸瓶”之凶。本爻变，为大过卦（䷛）；井卦初至四爻又互成大过卦，“六四”恰当大过卦的“上六”之位，须防“栋桡”或“过涉灭顶”之凶。行百里半九十，研发成败在此一举。

• 2001 年 10 月上旬，美国进攻阿富汗，全球经济不振，台湾当年为负增长，民众生计维艰，哀悲愁苦，我问岛内民众当如何度日？为井卦“六四”爻动，有大过卦之象。“井甃无咎，修井也。”开源困难，负荷沉重，只能小心度日，一切审慎为宜。

• 1998 年 7 月上旬，我为社会大学基金会作“《易经》溯源之旅”的参访计划，临行前不断更改行程，其中一案试占可行否？为井卦“六四”爻动，有大过卦之象。还得再修，否则过不了关，其后果然。

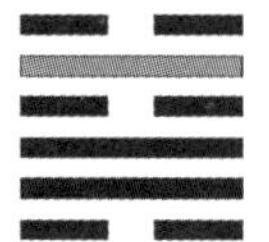

九五。井冽，寒泉食。

《象》曰：寒泉之食，中正也。

“九五”中正，居全卦君位，开发至此已完全成功，井水泉涌而出，清凉可口，人人称赞。爻变为升卦（䷭），井水汲引上升，供众人享用。升卦的泡沫膨胀，为表面张力使然；井水上升，则为毛细管作用，两者密切相关，《易》中暗合科学原理者甚多。

井卦“初六”“井泥不食”、“九三”“井渫不食”，终至“九五”“井冽，寒泉食”，苦尽甘来，圆满有终。

• 2011 年 11 月中旬，我们在龙潭宏碁集团的渴望园区办秋季研习营，请了涂承恩老师来谈“生命演化的奥秘”。他一生坎坷中有奇遇，多年前染患癌症，至今犹存，曾赴美国约翰霍普金斯大学研究、德国柏林医学院进修。讲述癌症的本质及治疗，深刻到位。我边听讲，边针对一些基本观念占问：生命究竟是什么？为井卦“九五”爻动，恰值宜变成升卦。“寒泉之食，中正也”，生命的清泉跃升涌现，意境极美，令人赞叹！

同时还问：细胞是什么？为观卦（䷓）五、上爻动，“九五”值宜变为剥卦（䷖），齐变有坤卦（䷁）之象。观我生，观其生，生物的生命皆

由细胞构成，顺势剥除外表各异的形相，便可观察到内在的共同本质。

DNA 是什么？为屯卦（䷂）“初九”爻动，有比卦（䷇）之象。“磐桓，利居贞，利建侯。”“屯”为生命初始，“初九”为其基因，合组形成各式各样的生命，且能探测、传递并储藏生命体与外界的种种信息。

癌症是什么？为不变的震卦（䷲）。《说卦传》称：“帝出乎震……万物出乎震。”“震”为一切生命的本质，致癌基因与生俱来，根本并非外物，而是内在生命的一部分，动能极强，并非开刀或化疗所能根治。人的身心健康，贵在维持非癌基因与致癌基因间的动态平衡而已。

半年前的 5 月下旬，我们在溪头林区办春季研习营，主题仍是“文明浩劫与人类文明的永续经营”，几位新任的理事都发表了他们专业的心得，参加学员的人气也很旺，算是办得相当成功。结束后我占问成果，为井卦“九五”爻动，恰值宜变成升卦。“井洌，寒泉食”，“南征吉，志行也”。可是我行前预估，为噬嗑卦（䷔）初、二、五、上爻动，四爻齐变成困卦（䷮），斗争辛苦，不易脱困。再问怎么调整增强，为井卦二、三爻动，齐变有比卦（䷇）之象。“井谷射鲋，瓮敝漏”，“无与也”；“井渫不食，为我心恻”，须求“王明”协助，以“并受其福”。由结果论，终于开发成功，井中水位由二、三，汲引至五爻君位，难道我自己就是“明王”，率先垂范，发挥了巨大效应？噬嗑卦与井卦相错，困、井二卦相综，情势转好，暗合错综其数的深层原理。

• 2010 年 12 月中，我占问高雄长期跟我配合光盘出版讲经的林女士，她的心品如何？为井卦“九五”爻动，恰值宜变成升卦。“井洌，寒泉食”，“中正也”；“勿恤，南征吉”，“志行也”。评价相当正面，我只管南下多配合，必然皆大欢喜。

上六。井收勿幕，有孚元吉。

《象》曰：元吉在上，大成也。

“上六”为井之终，当广为布施，务期人人有水可喝。白天打水完毕，晚上收工时，也不要把井盖盖上，以免有人来无法汲水。这是爱心跟诚信的表现，一旦建立了这样的品牌信用，可获开创性的大吉，整个凿井开发的过程，至此才算真正大功告成。下接革卦，“元亨利贞”，开启了全新的时代机运。

“上六”爻变，为巽卦（☴），其《大象传》称：“君子以申命行事。”随着时代风潮的变化，体悟天命，而有了卓越的贡献。

困卦中我曾述及卦爻结构与价值链的关系，井卦一样适用：“初六”“井泥不食”，生产原料未开发；“九二”“井谷射鲋”，研发生产技术；“九三”“井渫不食”，求王明以资助量产；“六四”“井甃无咎”，铺设营销通路；“九五”“井洌，寒泉食”，建立黄金品牌；“上六”“井收勿幕，有孚元吉”，做好最贴心的客户服务，赢得消费者的长期支持。二十四小时全年无休的便利商店、现代银行的自动提款机等，都是“井收勿幕”的服务表现。井水为民生日用所需，必须普及，廉价供应无缺，且随时随地满足用户需求。

• 2002 年 3 月下旬，我在台北徐州路市长官邸的《易经》班教占，大家问 2010 年的台湾境况为何？得出井卦“上六”爻动，有巽卦之象。“井收勿幕，有孚元吉”，为不错的景况。当年经济增长约百分之十，确有进步，和八年多前陈水扁治下不同，当时大家的长期预测成真。

• 2011 年 2 月底，我问小孩的魅力何在？为井卦“上六”爻动，有巽卦之象。“井收勿幕，有孚元吉”。赤子无私，天真待人，是生命本性的自然流露，难怪大家都喜欢小孩。

井卦多爻变占例之探讨

以上为井卦卦、彖、象与六爻单变之理论及占例说明，往下进一步探讨多爻变的情形。

占事遇卦中任意二爻动，若其中一爻值宜变，为主变量，以该爻辞论断；若皆不值宜变，以本卦卦辞卦象论断，亦参考二爻齐变所成之卦的卦辞卦象。

• 1994 年 9 月中，我给李登辉上课已一个半月，一直很低调不跟外界提，后来《民生报》去访问他，他自己透露在学《易》，媒体遂找上门来采访，并大幅报道，算是完全曝光。我占问吉凶祸福，为井卦四、五爻动，齐变有恒卦（☳☴）之象。“六四”修井无咎，“九五”“井洌，寒泉

食”，成功脱困，走出新路，对未来有恒卦长久的影响。其时我在出版公司被迫架空才三个多月，困极之中，又有了新的遇合，不是李登辉如何，而是为自己专业讲经开了条光明的大路。

• 1994年9月初，我从出版公司总经理实质退休，不管事已逾百日，老板接手后，业绩一直往下掉，军心涣散。直销部一位女性大主管有意辞职，自己创业，我代占吉凶如何？为井卦三、四爻动，“九三”值宜变为坎卦，齐变有困卦之象。看来转型不易，果然创业未成。

• 2011年9月中，我问赴宁波授《易》的邀约得成行否？为井卦二、三爻动，有比卦之象。“瓮敝漏，无与也”，“井渫不食，行恻也”，应该不成，果然主办单位因故取消。

• 1999年11月中，我给学生讲韩非子的法家学说，问《内储说下·六微》的篇旨，为井卦二、五爻动，齐变有谦卦（䷎）之象。“六微”为六种伺察方法，是君王控御臣子的道术。井卦之后为革卦，为防范臣下篡夺君权，井卦“九五”盯着“九二”，应而不与，资源充沛却吝于赐予。

• 2003年元月下旬，我接受《新新闻周刊》对新年年运的专访，顺便帮她们占算与某女强人官司三审上诉的吉凶，为井卦二、五爻动，有谦卦之象。贞我悔彼，下卦“九二”资源有限，难敌上卦“九五”权力中枢的资源充沛，两者应而不与，以下讼上，难以取胜。果然《新新闻周刊》败诉，必须登报声明道歉等等。

• 1992年2月上旬春节过后，出版公司的市场派大股东发动攻势，屡提改选董监事，我问如何应对为宜？为井卦二、五爻动，有谦卦之象。以下应上，资源差距太大，只能谦和低调以待。

• 2010年8月中旬，我问某位哲学教授所开私塾，何以不收学费？为井卦二、五爻动，有谦卦之象。“井”为开发泉脉，“九二”“井谷射鲋，瓮敝漏”，目前局面有限，寄望未来“九五”“井洌，寒泉食”。他的学生多为豪门贵妇，政经方面都有一定影响力。

• 2006年7月上旬，我给学生讲三十六计与易象的关系，问三十六计的整体价值如何？为井卦三、五爻动，齐变有师卦（䷆）之象。“井”为研发招式脱困，“师”为对抗斗争，用计求胜正是如此。“九三”“井渫不食”，求“王明”之助，以升进成“井洌，寒泉食”，三与五同功而异位，三虽凶，五则成功。

二爻变占例

• 2002年4月下旬，我们学会在台中部西湖度假村办春季研习营，邀了台大李嗣涔教授讲特异功能，反响相当热烈。我问他这种另类的研究前景如何？为井卦初、五爻动，齐变为泰卦（䷊）。从“旧井无禽”，至“井洌，寒泉食”，研发有大突破而通泰，值得寄望。

三爻变占例

占事遇卦中任意三爻动，以本卦为贞，三爻齐变所成之卦为悔，称贞悔相争，合参两卦的卦辞卦象论断。若其中一爻值宜变，为主变量，加重考虑其爻辞。

• 2012年6月底，我去参观佛光山新建成的“佛陀世界”，在阿弥陀佛法相前占其境界，为井卦二、三、五爻动，贞悔相争成坤卦（䷁）。井卦“无丧无得，往来井井”，实为开发自性，由二而三至五，“井洌，寒泉食”，摆脱业障成佛。坤卦广土众民，“含弘光大，品物咸亨”，普度众生皆开悟，正所谓“自性弥陀”。

• 2003年圣诞节，我问来年选举，连战的运势如何？为井卦二、四、五爻动，“九五”值宜变为升卦，贞悔相争成小过卦（䷽）。井卦力图研发转型，由二而四而五，君位爻变成升卦，似有选胜登基的希望。然而来年3月20日却以极微差距落败，小过卦辞称：“可小事，不可大事…不宜上，宜下。”难道指此而言？

• 2011年4月上旬，我和三位师兄弟去给毓老师灵前行礼后，来我家聚议老师身后事，除义胜师兄外，另两位师弟还是第一次见面。吴师弟在台南设厂做生意很成功，萧师弟帮他在上海拓展业务，义胜师兄颇想让他们出钱出力做些事。当天我们也只是随意聊聊，不涉实际，义胜师兄有些失望，我倒觉得还不错，散会后占得井卦三、五、上爻动，“九五”值宜变为升卦，贞悔相争成蒙卦（䷃）。“九三”“井渫不食”、“九五”“井洌，寒泉食”，“上六”“井收勿幕，有孚元吉”，显然得获明王之助，功德大成。之后，吴师弟对周易学会与奉元学会皆多有赞助，我们也支持他出任了奉元的监事，一起为共同的志业奋斗。

• 2009年孔子诞辰，我们想将易佛班上课实况录像存盘，考虑了几种内外配合的方式，都不太理想。占问与高雄耕心艺术欣赏工作室合作如何？为井卦二、五、上爻动，“九五”值宜变为升卦，贞悔相争成艮卦（䷳）。井卦开发资源，由二而五而上，“井收勿幕，有孚元吉”。与大家

分享，显然可以成功，其后遂都与之合作。

• 2010 年 8 月中旬，我问刘勰名著《文心雕龙》的价值，为井卦二、五、上爻动，“九五”值宜变为升卦，贞悔相争成艮卦。刘勰之作开辟了中国文学批评的新面向，由二而五而上，有其功德，且内容还与易理易象有关。

• 2010 年 4 月下旬，我问自己习《易》一生，得觅衣钵传人否？为井卦初、二、五爻动，“九五”值宜变为升卦，贞悔相争成明夷卦（䷣）。井卦开发潜在人才，由初而二而五，“井冽，寒泉食”，汲引成功，希望真能如此。

四爻变占例

占事遇卦中任意四爻动，以四爻齐变所成之卦的卦辞卦象为主论断，若其中一爻值宜变，稍加重考虑其爻辞。

• 2008 年 9 月中，金融风暴刚爆发，我问自己习《易》三十三载，进境如何？为井卦二、三、四、五爻动，四爻齐变成豫卦（䷏）。井卦开发自性，由二而三而四而五，已至成功；豫卦“雷出地奋，利建侯行师”，未来大有后望。

• 2011 年 2 月中旬，我问筹议已久的“神州大易班”开得成否？为井卦初、三、五、上爻动，“九三”值宜变为坎卦，四爻齐变成损卦（䷨）。“井”为开发新资源，由初而三而五而上，必然成功。井卦节气约阴历五月中，损卦节气约七月中，当年北京开班为阳历七、八月，正在时效范围内。

• 2004 年 11 月上旬，美国大选揭晓，小布什获胜连任，我问翌年美国社会的情势如何？为井卦二、三、四、上爻动，“九三”值宜变为坎卦，四爻齐变成否卦（䷋）。井卦开发新路，由二而三而四而上，勉强成功；否卦“大往小来”，却有沟通不良的衰颓之象。共和党虽赢得选战胜利，治国无方而招致民怨，金融风暴也损失惨重，四年后，换民主党的奥巴马上台。

49. 泽火革（䷰）

革卦为《易经》第四十九卦，前接井卦，后为鼎卦。《序卦传》称："井道不可不革，故受之以革。革物者莫若鼎，故受之以鼎。"凿井须下工夫改善现况，汲出质量俱佳的地下水，以供应民众需要；鼎中烹肉，将生冷食材变化成熟以供食用，都是变革之象。井为平民生活所需，鼎则是掌权贵族的身份象征；井卦由革卦而鼎卦，代表改朝换代，平民翻身成为贵族。《荀子·臣道篇》云："夺然后义，杀然后仁，上下易位然后贞，功参天地，泽被生民，夫是之谓权险之平，汤、武是也。""革"就是上下易位，各种社会组织或发展形态产生了天翻地覆的大变化。"革"为人革天命，人的创造力激扬到巅峰状态，可另造新天地。井、鼎为人所创造的具体器物，中间夹着革卦，益发突显革的特质。"革物者莫若鼎"，也明示政权有力量在短期内改变一切，古今中外这样的例证，不胜枚举。

《杂卦传》称："革，去故也；鼎，取新也。""革"为彻底打破现状，过去的东西都不要了；"鼎"是在废墟中重建新秩序，务期恢复稳定，往前发展。《杂卦》有三卦称"故"："随无故"、"革去故"、"丰多故"。

革。己日乃孚。元亨利贞，悔亡。

革卦卦辞有"元亨利贞"，为下经三十四卦中唯一四德俱全之卦，可见其重要性。上经三十卦中有六个：乾、坤、屯、随、临、无妄。乾卦为纯乎自然的天道，仅"元亨利贞"四字；其他各卦皆有但书，须满足所列条件，才会"元亨利贞"。革卦发挥人道的创意，再造乾、坤，但须时机成熟、众人信服，才能变革成功，将破坏性降到最低，称为“悔亡”。

“已”为第六天干，用以纪日，其后为“庚、辛”，意指更新。复卦称“七日来复”，第七天起一元复始，万象更新，其理已于复卦中说明。已日乃孚，表示事情已发展到穷极之时，不变不行，这时推动变革，容易为群众信服，消极接受甚或积极支持。

《彖》曰：革，水火相息，二女同居，其志不相得，曰革。已日乃孚，革而信之。文明以悦，大亨以正，革而当，其悔乃亡。天地革而四时成，汤武革命，顺乎天而应乎人。革之时大矣哉！

革上卦兑，泽中有水下流，下卦离火上燃，有水火相灭之势，双方拼个你死我活。上卦兑为少女，下卦离为中女，三房反居二房之上，要闹家庭革命了！这和家人、睽二卦还不同。家人卦长女巽在上，中女离在下，各尽其责，相安无事。睽卦长女斗败出局，换中女离在上，少女兑在下，家人反目，也是势同水火，其《彖传》称：“二女同居，其志不同行。”二房虽防范三房夺权，火动而上，泽动而下，双方可避不见面，各行其是。革卦水火相息，“二女同居，其志不相得”，只有冲突一决胜负。

“已日乃孚”，革命必须取得群众的信服。革卦内离文明，外兑欢悦，依据正道，创造盛大的亨通。变革正当，可减少破坏过程中的遗憾。天地间四季更迭，寒来暑往，适适时变化根本就很正常。商汤伐夏桀、武王伐殷纣，这种改朝换代的革命，都是顺乎天时而回应民心。变革之时代影响深远，可太重要了！

“革之时大矣哉！”颐、大过、解三卦，《彖传》亦称“时大矣哉”！生死交关、祸业解脱、改朝换代，都是人间重大事故。

《象》曰：泽中有火，革。君子以治历明时。

革卦上兑为泽，下离为火，为“泽中有火”之象。沼泽中多有甲烷等易燃的沼气，一旦触燃，可长明不灭，象征革命如火燎原，不易镇压止息。一旦改朝换代成功，就得重新纪元。夏朝以寅月为岁首，商朝改为丑月，周朝定成子月，到汉武帝后，再回复以寅月为岁初。夏历并非指夏朝的历法，尧舜时中国就称“夏”,《尚书·舜典》称:“蛮夷猾夏。”夏历于尧时命羲和订立,事见《尚书·尧典》:“乃命羲和,钦若昊天,历象日月星辰,敬授民时。”“治历”即订定历法,“明时”,让民众都知道依时令行事。

三代之后,历朝历代革命成功,仍有改元之事,称为“改正朔”。辛亥革命成功,民国政府改用阳历;共产党革命成功,废民国纪元,改用公元,与世界接轨。

“大衍之术”的占法,即依历法制订,见《系辞上传》第九章:“大衍之数五十,其用四十有九……揲之以四,以象四时,归奇于扐,以象闰。五岁再闰,故再扐而后挂。”革卦在易卦中排序第四十九,鼎卦为第五十,实寓此意,并非巧合。

• 2003 年 3 月中旬,美国入侵伊拉克,我们问将持续多久决胜负?为不变的革卦。老美必胜,将推翻萨达姆政权,而造成伊拉克的巨大政变。革卦节气在阴历三月中,果然阳历四月中,战事已算结束,美军进入巴格达。

• 2009 年 9 月中,我随兵法学会赴山东滨州参加研讨会,顺道又去曲阜一游,这已是我第四度参拜孔子圣地,占问:迄今为止,为往圣继绝学,自己做到了多少?为不变的革卦。不但继往,还有开来,“革之时大矣哉!”当下甚受鼓舞。

• 2011 年 1 月 10 日上午,我应召赴毓老师家拜晤,行前问为不变的革卦。“己日乃孚,元亨利贞,悔亡。”北京清华国学院提供极好的条件合办书院,老师多年心愿可能得偿,他还感慨布局六十年,真能讲经授业的不到十人。“革之时大矣哉!”我们当有所作为了。回来再占往后呢?为恒卦“九二”爻动,“悔亡,能久中也。”长期的志业本当如是,雷风动荡,“君子以立不易方”。老师于 3 月 20 日仙逝,对我来说,卦占启示永远不变。

• 1997 年 6 月上旬,我问:《周官》一经真为孔学拨乱反正的“拟制”之书吗?得出不变的革卦。革故鼎新,还真是落实《春秋》“新王革命”思想,设计典章制度之书。

初九。巩用黄牛之革。

《象》曰：巩用黄牛，不可以有为也。

“初九”为革之初，当基层民众之位，时机未成熟，不宜轻举妄动。为了制止群众躁动，巩固基层力量，可用黄牛皮制成的革绳绑住。遁卦“六二”爻辞：“执之用黄牛之革，莫之胜脱。”《小象传》解释：“固志也。”阴势渐长，阳势浸消，也是上下易位的变革之象。执之或巩固，其意相通，都是套牢该套牢的，不要沉不住气躁动。本爻变，为咸卦（䷞），已经动念动情，进入慷慨激昂的革命风潮中矣！

“革”字的本义为皮革，制革工业自古有之，将兽皮去毛，鞣制成人类可御寒的衣物，兽肉则入鼎烹调，供位高权重的贵族食用，卦序由革而鼎，反映了渔猎时代的生活方式。革卦“初九”为平民，只能穿黄牛皮做的衣服，坤为牛，也有吃苦耐劳的寓意。“九五”“大人虎变”、“上六”“君子豹变”，高层领导才可以穿虎皮、豹皮更讲究的衣服，当然在环保意识高涨的今日，必遭挞伐。

• 1994年2月中，我所在的出版公司的大股东休憩一年多后，又有意发动攻势入主经营，我问吉凶如何？为革卦“初九”爻动，有咸卦之象。“巩用黄牛之革”，“不可以有为也”。虽想改朝换代，应该不能得逞。往下两三个月的折冲，老板回朝，市场派果然失败。

• 1997年8月初，我受高雄一位学生之托，问他的财务危局能否转安？为革卦“初九”爻动，有咸卦之象。“巩用黄牛之革”，“不可以有为也。”套牢太深，一年半载绝难解套。事实上迄今他仍有巨债未偿，但仍活跃南部商场，意态从容，待人爽气有节，确也不易。命理中有“富屋贫人”一格，他足以当之。

• 2011年6月下旬，我在上错卦班的《易经》课时，问学生一个思考题：《彖传》在坎、睽、蹇三卦，皆称“时用大矣哉”，而困、明夷等也是极险难之卦，为何不也来个反面运用，称“时用大矣哉”？同时自占其缘由。不称“明夷之用”，为革卦“初九”爻动，有咸卦之象；不称

占例 "困之时用"，为讼卦（䷅）二、四、上爻动，贞悔相争成比卦（䷇）。明夷的黑暗时代，以韬光养晦、甚至装疯卖傻为尚，跟坎、睽、蹇三卦的明用险阻不同，不能公开对决，所以"巩用黄牛之革，不可以有为也"。睽卦外卦离明，家人反目不是秘密；明夷卦跟革卦，则内卦离明，心知肚明，外面坤顺或兑悦，还得顺从或装笑脸呢。困卦内坎险、外兑悦，"有言不信"，也是有苦难言之象，所以无法"时用"。若与人明争较劲必输，如讼卦二、四爻"不克讼"；就算险胜亦输，如讼卦"上九""终朝三褫之"。"遇讼之比"，只能比附合作，不能搞对抗。

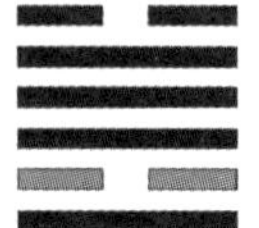

六二。己日乃革之。征吉，无咎。

《象》曰：己日革之，行有嘉也。

"六二"中正，居下卦离明中心，上和"九五"之君相应与，革命时机已然成熟，可以正面宣扬理念，揭竿起义了！"己日乃革之"，即卦辞所称"已日乃孚"，当然"征吉，无咎"。"行有嘉"的"嘉"，为善，为双喜。"六二"宣扬理念，"九五"行动成功，故称"行有嘉也"。"六二"爻变，为夬卦（䷪），公开决裂，开始革命。

九三。征凶，贞厉。革言三就，有孚。

《象》曰：革言三就，又何之矣？

"九三"过刚不中，进取受挫，固守也危厉不安，这时应重新检讨，省视其理念主张，多方请益就教，以争取更多的人认同参与，不要到处乱跑。本爻变，为随卦（䷐），"随无故"，为"革去故"的先发步骤。

• 2006年7月上旬，我给学生讲三十六计与易象的关系，占问"金蝉脱壳"为革卦"九三"爻动，有随卦之象。"革"为"去故"，"随"则"无故"，"遇革之随"，与时迁化。"征凶"，不能进取，"贞厉"，固守困难；"革言三就"，终于想出脱身之策。脱壳后，巧妙转型走脱。

九四。悔亡。有孚，改命吉。

《象》曰：改命之吉，信志也。

“九四”阳居阴不正，是革卦中唯一位不当之爻，爻动恰值宜变，成既济卦（䷾），表示革命成功。“九四”为中央执政高层，一旦幡然改图，赞成革命，天下即恢复安定。朝臣易帜，减少了许多破坏跟遗憾，卦辞最末所称的“悔亡”，于此实现。革命即人革天命，“信志”即伸志，人的志向信其必成，终获得伸，天命随之更改矣！

• 2003 年 8 月上旬，时值七夕，我问：授《易》十二年，所有学生资源之评估如何？为革卦“九四”爻动，恰值宜变成既济卦。“悔亡。有孚，改命吉”，“信志也。”革故鼎新有一定成就，功不唐捐。

• 2000 年 5 月上旬，我在写《系辞传》的专书，占问下传次章的主旨，为革卦“九四”爻变，成既济卦。“悔亡。有孚，改命吉。”该章讲伏羲仰观俯察作八卦，并举了十三个卦，以明“制器尚象”之理。随着时代不断的变化，古圣先贤创造发明了许多器物与制度，以解决问题，造福民生。“遇革之既济”，正为此义。“舟楫之利，以济不通……臼杵之利，万民以济。”发明舟船、发明粮食加工技术，都是为了帮助民众，合乎上传第四章所称：“知周乎万物，而道济天下。”

• 2010 年 9 月上旬，我忆起几年前与自号“东北先生”的修行者晤谈，他自称是张三丰第七代的法脉，且说历代祖师都还活着。我问这是真的吗？为革卦“九四”爻动，恰值宜变成既济卦。“悔亡。有孚，改命吉”，“信志也”。人的修炼可改变天命，水火既济，心肾相交，而至九转丹成，长生不死？卦象耐人寻味，只是难以置信。

2011 年 12 月初，我对这问题又占一次，为乾卦（䷀）上卦三爻全动，“上九”值宜变为夬卦（䷪），贞悔相争成泰卦（䷊）。“乾”以自然法则修炼不息，“泰”则“小往大来”，天地通泰，“遇乾之泰”，还真有点那么回事呢！

九五。大人虎变，未占有孚。

《象》曰：大人虎变，其文炳也。

“九五”中正，居全卦君位，下和“六二”相应与，为革命领袖之位，也是天下大定之时。老虎强悍凶猛，威风凛凛，为百兽之王，故作为打天下枭雄的象征。扫平群雄，推翻中央旧势力，而成为新的天下共主，自信满满，不用占卜即勇敢行动，且孚众望。本爻变，为丰卦（䷶），丰功伟业，如日中天。《杂卦传》称：“丰，多故也。”“革去故”之后，建立自己的江山，又拥有了许多资源，革命者成了既得利益者，激进转为保守，故称“多故”。马上得天下，不可以马上治天下，武功之后得重视文治，故称“其文炳也”。“炳”为丙火，燃烧炽烈，光照天下。革命领袖功业彪炳，为天下所信服。

革卦卦辞强调成功的条件在“已日乃孚”，“六二”“已日乃革”之后，“九三”“革言三就，有孚”、“九四”“有孚，改命吉”、“九五”“未占有孚”，连着三爻皆称“有孚”，信用确立后，顺利成功。

乾卦《文言传》：“同声相应，同气相求，水流湿，火就燥，云从龙，风从虎，圣人作而万物睹。”这是解释“九五”“飞龙在天，利见大人”。乾卦为领导统御的常道，“云从龙”；革卦“九五”为变革时期的领导，“大人虎变”，“风从虎”。这种大人物所激荡的龙虎风云，往往左右世局，影响深重。

《文言传》又称：“夫大人者，与天地合其德，与日月合其明，与四时合其序，与鬼神合其吉凶。先天而天弗违，后天而奉天时，天且弗违，而况于人乎？况于鬼神乎？”大人所为所行，既然天地人鬼神都不能违逆，还需要占卜干什么呢？恒卦“九三”“不恒其德，或承之羞”，不卜而已矣！益卦“九五”“有孚惠心，勿问元吉”；革卦“九五”“大人虎变，未占有孚”。这三爻精神意态相通，都突显了“善易者不占”的理境。

恒卦“九三”属常人之位，应守常道行事；益卦“九五”居君位，以利他心为民谋福；革卦“九五”魅力领导，自信自肯，不拘常规。武王伐纣时，有许多不祥之兆，龟卜蓍筮皆不吉，众议劝武王退兵。军师姜子牙震怒，焚龟折蓍，力倡机不可失，并留下名言：“枯草朽骨，焉足以决大事？”武王从其议，继续进兵，取得胜利。这是革卦“九五”“大人虎变，未占有孚”最好的例证。

• 1993 年 4 月上旬，我所在的出版公司老板在外的财务问题愈趋严重，有同业电告示警，说他已穷途末路，我占问确然否？为不变的益卦（䷩），“利有攸往，利涉大川”。冒险犯难，还可获益。再慎重确认，为革卦“九五”爻动，有丰卦之象。“大人虎变，未占有孚。”一年后，他不仅没倒，还在穷绝之际，杀回公司主政，造成天翻地覆的变化。是非且不论，这种强悍的拼搏力道，令人生畏。革卦节气约阴历三月中，连时间都吻合，真是“革之时大矣哉！”

• 2009 年 11 月下旬，我问：六经中《乐经》早亡之说确实否？真的有《乐经》吗？占得革卦“九五”爻动，有丰卦之象。“大人虎变，未占有孚”，“其文炳也”。古代治定制礼，功成作乐，革卦“九五”文治武功兼备，《乐经》应该确有其典。

当时我接着再问：《乐经》何以亡失？为“遇豫之剥”，已于前文豫卦二爻变占例中说明。最后问：《乐》与《诗》的关系如何？为不变的涣卦（䷺）。“涣”为化散之意，诗可合乐，乐可入诗，《乐》虽亡其书，乐教的精神赖《诗》以存。

上六。君子豹变，小人革面。征凶，居贞吉。

《象》曰：君子豹变，其文蔚也；小人革面，顺以从君也。

“上六”为革之终，“大人虎变”、大局底定之后，由政权核心往外扩散，精英及群众纷纷输诚效忠。豹体型较虎为小，豹皮的圆点花纹，也与虎的斑斓花纹不同，在兽群中的地位有差异，象征领袖与辅政高干的职分不同。领袖楬橥新政大纲，号召天下人心，高干规划施政细节，并予执行。“文蔚”之“蔚”，为草木繁茂、文采可观，继“文炳”之后，皆重文治，刀兵入库，与民休养生息。“小人革面”未必革心，只是表面顺服，但新执政者不必强求，一切以稳定为要，故称“征凶，居贞吉”。“上六”爻变，为同人卦（䷌），尽量做好亲善的人际关系。

若以困、井二卦讨论过的“价值链”理论，看革卦六爻，也相当切合。“革”为新产品开发问世，“初九”为生产原料，先巩固其供应来源；“六二”“已日革之”，掌握了独门的技术知识；“九三”“革言三就”，量产前多方征询意见，以改善设计的意见，“九三”与“上六”相应与，“君子豹变”、“小人革面”，代表未来客户服务的对象，事先将其看法导入产品规划中，更易增进其认同感；“九四”“改命、信志”，争取通路靠拢；“九五”“未占有孚”，打响创新品牌，获大成功；“上九”“豹变、革面”，无论君子小人，都做好最贴心到位的服务，以强化消费者对新品牌的忠诚。

• 1994年5月上旬，出版公司的股争已至最后关头，老板宣布一周内召开董事会暨后续的股东会，看来已掌握过半股权支持，全力反扑，势在必得。我问对策，为革卦“上六”爻动，有同人卦之象。“君子豹变，小人革面”，“顺以从君也”。西瓜靠大边，革势已定，难以抗衡。一周后，全线撤守，同时也注定了公司日后覆亡的命运。

当时想既然如此，反抗抵制已不可能，再问包括我在内的经营高干的吉凶如何？为升卦（䷭）初、二、四爻动，“九二”值宜变为谦卦（䷎），贞悔相争成丰卦（䷶）。这倒还好，看来他只是要回来自救，无意赶尽杀绝。升卦三个爻皆相当正面，谦、丰亦佳，不致有凶险难堪之事。

最后再问我们的最佳对策，如何攻防部署？为革卦三、四爻动，齐变有屯卦（䷂）之象。革变在即，只能顺势而为，“九三”“征凶，贞厉”，无处可去；“九四”“悔亡，改命吉”，皆靠“有孚”度过难关。

• 2011年12月中旬，富邦的一位学生问友人罹患食道癌的预后如何？现占得革卦“上六”爻动，有同人卦之象。“革”代表病情变化，“君子豹变、小人革面”，紧接着“大人虎变”之后，明显有由中心往外迅速扩散之象。同人卦又为离宫归魂卦，更加不妙。革卦“上六”应该也是食道患部所在，病变似已失控矣！患者没撑过多久，即过世往生。

革卦多爻变占例之探讨

以上为革卦卦、彖、象与六爻单变之理论及占例解析，往下继续探讨更复杂的多爻变情况。

占事遇卦中任意二爻动，若其中一爻值宜变，以该爻辞为主，若皆不值宜变，以本卦卦辞卦象为主，亦参考二爻齐变所成之卦的卦辞卦象论断。

• 1994 年 5 月中旬，前述出版公司的股争事例，情势愈见不利，我问老板发动攻势的真正意图为何？为革卦二、五爻动，“六二”值宜变为夬卦，两爻齐变为大壮卦（䷡）。意图很简单，就是要回来做老大，“大人虎变”，掌握丰厚资源以自救。“六二”“已日乃革之，征吉，无咎”，决战时机也已成熟，无人能挡。

• 2011 年元月中旬，我问当年内地讲经之行可有新的突破？为革卦四、上爻动，齐变有家人卦（䷤）之象。“革”就是改变创新，“九四”“改命、信志”成功，“上六”顺势推广无碍。当年七八月间首届精英班圆满举办，占象成真。

• 2010 年 10 月中旬时，我就提前占问 2011 年自己气运：“谋道”为革卦初、五爻动，齐变有小过卦（䷽）之象；“谋食”为小畜卦初、四、五爻动，贞悔相争成鼎卦（䷱）。革卦“初九”巩固基础，“九五”“大人虎变，未占有孚”，声名广被，有突破性的大成就。小畜卦“初九”“复自道，吉”，“六四”“有孚，上合志”，“九五”“有孚挛如，富以其邻”，变“鼎元亨”，吃喝不愁。谋食之“鼎”，还由谋道之“革”而来，这是教书讲经的志业特性啊！

• 2012 年 6 月上旬，我几位师兄建议周易学会成立书院，挂牌于弦歌不辍的道场。我问如何？为革卦初、五爻动，有小过卦之象。“大人虎变，未占有孚”，“其文炳也”。创新传承，大有可为。再问取何名称？为咸卦（䷞）初、四爻动，有既济卦（䷾）之象。有感有行，“天下同归而殊途，一致而百虑”，“精义入神，以致用也；利用安身，以崇德也”。体会斯意，决定用“咸临书院”，以通“群龙无首，见天则”。中旬赴美前，问院名好吗？为渐卦（䷴）“上九”爻动，“渐”为雁行团队，循序渐进，终成立功立德之业。爻辞称：“鸿渐于陆，其羽可用为仪，吉。”

中旬在纽约游览，问书院挂牌后，对学会与自己志业可有促进功效？为不变的升卦。卦辞称：“元亨，用见大人。勿恤，南征吉。”显然相得益彰，有推波助澜之效。

二爻变占例

7月中旬，返台上课，勘查道场现址，跟多年老友罗财荣求字，拓于木牌上以宣心志，占问可有实效？为临卦（䷒）初、二爻动，有坤卦（䷁）之象。居然就是动了两个“咸临”的爻！“初九”“咸临，贞吉”，“志行正”，“九二”“咸临，吉无不利”，“未顺命也”。恰如其愿，好到不能再好。

其实在2009年5月下旬时，同门老师兄魏元珪就建议过成立书院，当时占得临卦二、三爻动，有明夷卦（䷣）之象，请参照前文。当时已有“咸临”之象，只是怕“甘临，无攸利”，故未采纳。三年后时移势转，变成可行矣！

• 2010年7月中旬，我们学会人事再起纷争，我占得“遇噬嗑之艮”，已于前文噬嗑卦三爻变占例中说明。既决定整顿，问理事长是否该换人了？为革卦二、三爻动，“六二”值宜变为夬卦，齐变则有兑卦（䷹）之象。“己日乃革之，征吉无咎”，换人时机已到；“九三”“革言三就”，下面就是其他组织人事的沙盘推演。“夬”为决断，“兑”为商议讨论，结论相当明确。没多久，原理事长主动请辞，在他的协助下，成功改组了整个理监事会。

三爻变占例

占事遇卦中任意三爻动，以本卦为贞，以三爻齐变所成之卦为悔，称贞悔相争，合参两卦的卦辞卦象论断。若其中一爻值宜变，为主变量，加重考虑其爻辞。

• 1994年4月上旬，我不知危机将至，还在企划出版公司第二季的经营方略，占得革卦初、四、五爻动，“九五”值宜变为丰卦，贞悔相争成谦卦（䷎）。“革”是改朝换代，“初九”不可有为，“九四”改命，“九五”大人虎变，领导确定换人，江山易主。我只能谦退，以保善终。“革之时大矣哉！”卦气正当阴历三月中，其时已山雨欲来，我并非不知，却而认为可能指的是老板会退出江湖，公司尽去包袱，气象一新。人的愚痴有如此者，真是当局者迷啊！

当年7月下旬，我已遭架空，但老板并不放弃拉拢整合，我占问其整合得遂否？为革卦三、四、上爻动，“九四”值宜变为既济卦，贞悔相争成益卦（䷩）。“既济”为成功，益卦“利有攸往，利涉大川”，整合必成。革卦“九三”“革言三就”，“九四”“改命、信志”，“上六”“君子豹变，小人革面”，革势已成，西瓜必靠大边。别人一定如此，并不足怪，我则无法苟同，除了虚与委蛇外，采取了长期沉潜的做法。六年多里，不战不和、不降不走，为日后的志业深植灵根。

• 2012 年 2 月上旬，我在学会开的“错综高级易研班”，四十堂课将终，学生在酒店办谢师宴一大圆桌，我占问成效，为革卦初、四、上爻动，“九四”值宜变为既济卦，贞悔相争成渐卦（䷴）。“渐”为山上植林，循序渐进，十年树木，百年树人，革故鼎新，当有一定成效。

• 2011 年 3 月中，我占问后半生与世界文明的缘分，为革卦三、四、五爻动，“九五”值宜变为丰卦，贞悔相争成复卦。看来大有可为，革、丰内卦皆为离明，文明底蕴勃发，“大人以继明照于四方”，一元复始，万象更新！

当时也问后半生与内地的缘分如何？为观卦（䷓）“九五”爻动，有剥卦（䷖）之象。与台湾的缘分呢？为小畜卦（䷈）四、上爻动，齐变有夬卦（䷪）之象。“观我生，君子无咎”，风行于神州大地之上，“省方观民设教”。台湾以小博大，小畜卦“六四”“有孚惕出，上合志”，至“上九”“既雨既处，德积载”，也有奋力突破。

• 2011 年 8 月下旬，我在北京分八天讲《易》的首届精英班结业，一位来自台湾的知名女设计师是虔诚的基督徒，她提问教徒适合占卜吗？我现算出革卦三、四、五爻动，“九五”值宜变为丰卦，贞悔相争成复卦。“大人虎变，未占有孚”，其实占也无不可，不占也可，只要透达本心，一切皆可。革卦“治历明时”，卦序第四十九，还真跟大衍之占有关。

• 2001 年 11 月底，台湾“立委”改选前夕，我问新成立的台联党战绩，可否超过百分之五的门槛？为革卦初、三、五爻动，“九五”值宜变为丰卦，贞悔相争成豫卦（䷏）。“革”为重大的创新变革，“豫”为热情选战得利，应该一定超过。果然一举选上十三席，迈过了门槛。

• 2010 年 9 月中旬，我赴慕尼黑授《易》，课毕在其地游览，问德国坚持留在欧元区尽责如何？为革卦初、三、五爻动，“九五”值宜变为丰卦，贞悔相争成豫卦。“大人虎变，未占有孚”，当然应如此，善尽欧洲大国责任，功业彪炳，利己利人，何乐而不为？

• 2011 年 6 月上旬，我问物理学上所谓“反物质”究竟为何？得出

革卦初、三、五爻动，“九五”值宜变为丰卦，贞悔相争成豫卦。“革”有逆反之意，时机成熟时，爆发极大的能量，“革之时大矣哉！”“豫之时义大矣哉！”反物质由反粒子构成，据说与物质碰撞时，会湮灭无踪，革《象》称水火相息，意象亦合。

那为何宇宙中只剩下物质呢？为不变的明夷卦。明在地中，一片漆黑沉晦，难怪都看不到。

• 1999年3月中旬，我给学生上《韩非子》，首先讲《亡征》一篇，以提醒大家当时岛内局势的险恶。占问该篇主旨，为革卦初、三、上爻动，贞悔相争成否卦（䷋）。“遇革之否”，小心上下易位，“大往小来，不利君子贞”。

• 1998年5月底，我给学生上《人物志》，问全书的价值定位，为革卦二、五、上爻动，贞悔相争成大有卦（䷍）。革卦“元亨利贞”，该书有极大的创造性；大有卦“元亨”，如天日明鉴四方人才，“遏恶扬善，顺天休命”。

占事遇卦中任意四爻动，以四爻齐变所成之卦的卦辞卦象论断，若其中一爻值宜变，稍加重考虑其爻辞。

• 2011年6月上旬，我前月赴武汉大学国学院演讲，当时认识的研究生李连超发电邮给我，请教明代来知德易学的读法。我告知后，以占总结为革卦初、二、三、五爻动，四爻齐变成解卦（䷧）。“遇革之解”，依循革初至五的修习历程，可解通来氏易的宗旨与特色。“革之时大矣哉！”“解之时大矣哉！”

占事遇卦中六爻全动，以全变所成之卦的卦辞卦象论断。

• 2005年元旦，我作一年之计，问自己全年“谋食”之运，为革卦六爻全动，齐变成蒙卦（䷃）。革卦初爻至上爻，显示绵密的创变过程，蒙卦则自身困蒙，及授《易》启他人之蒙兼而有之，真是如人饮水，冷暖自知。

当年“谋道”之运为小畜卦（䷈）“初九”爻动，有巽卦（䷸）之象。“复自道，何其咎？吉。”已见前文小畜卦单爻变占例说明，谋食与谋道间，关系隐隐可见。

50. 火风鼎（䷱）

鼎为《易经》第五十卦，前为革卦，后接震卦。《序卦传》称：“革物者莫若鼎，故受之以鼎。主器者莫若长子，故受之以震。”掌握政权，可在短时间内改变一切，打下江山后，还有坐江山的问题。“鼎”为象征政权的国家重器，古代王位由嫡长子继承，希望政统绵延，香火不断。《说卦传》云：“帝出乎震 %……震为龙……为长子。”故革故鼎新之后，接着是震卦。

鼎、井为人所创造发明的器物，一烹肉一取水，解决贵族跟平民日常饮食的问题。六十四卦的卦名，多表现某种情势或状态，如蒙、需、小畜、泰、否之类，只有井、鼎为具体的器物。井卦在革卦前，鼎卦居革卦后，意义深远，革卦即人文的创造发明。三国鼎立、钟鸣鼎食、调和鼎鼐，鼎在中国文化的象征意涵非常重要，殷周出土的青铜大鼎，都是精美绝伦的艺术杰作。

鼎。元吉亨。

鼎卦卦辞有疑义，“吉”字可能为衍文，由《彖传》解释卦辞，只讲“元亨”可知。鼎卦与大有卦结构类似，只差初爻不同，大有卦辞只有“元亨”二字，鼎“元亨”合情合理，“吉”字没有必要。革故鼎新，“革”为对现状的非常破坏，“鼎”为重新开始的非常建设，革卦“元亨利贞”，鼎卦“元亨”。

革、鼎中皆有非常大过之象：革卦二至上爻、鼎卦初至五爻，皆可互成大过卦（䷛）。依卦序看，萃、升、困、井、革、鼎接连六卦，都有大过卦的卦中卦，表示这段情势的变化，大起大落，高度动荡，常规、常法不好应付。

再连前面的夬、姤二卦一起考虑：泽天夬、天风姤、泽地萃、地风升、泽水困、水风井、泽火革、火风鼎。这八卦其实依上泽下风，也就是泽风大过的材质在更迭变化，变化的顺序则为天、地、水、火。而乾、坤、坎、离正是上经首尾起讫之卦。简单来说，由夬至鼎，是在大过的非常动荡之中，体现了天道自然演变的过程。

《彖》曰：鼎，象也，以木巽火，烹饪也。圣人亨以享上帝，而大亨以养圣贤。巽而耳目聪明，柔进而上行，得中而应乎刚，是以元亨。

鼎字及其卦象就像座鼎，初爻似鼎足、二至四爻为鼎腹、五爻为鼎耳、上爻为鼎铉，惟妙惟肖，故称鼎象也。《系辞下传》第三章："是故易者，象也。象也者，像也。"以"是故"二字开头，明显是接着前面第二章立论，前章从伏扶羲画卦到后世圣人发明文字，举了十三个卦，描述中国文明的演变，许多创造发明都暗合易象。《系辞上传》第十章称："以制器者尚其象。"鼎为中国文明重要创制的国之重器，制器尚象，端凝稳重，雍容大气。

鼎卦下卦巽为风为木，上卦离为火，有扇风燃木的烹饪之象。圣人用鼎烹肉，以祭祀上帝，表示政权上承天命，祭拜后，将鼎中之胙肉赏赐予辅政大臣分享，称大亨以养圣贤。亨、烹、享三字意义相通，烹肉以祭祀，期望天人感应亨通，再将天命福佑的政权与大臣分享。王夫之释这三字为："气彻而成熟，情达而交合。"

圣人应该养贤，为何鼎《彖》称"养圣贤"？颐卦《彖传》即称："圣人养贤以及万民。"革故鼎新之后，为接班的震卦，承续大位须及早培育，以圣养圣，意义在此。前任领导挑选称职的接班人，最好让一群贤才一起任事，谁表现好，就拔擢谁接班。由于彼此有共事的经验，新王出线以后，就是现成的班底。前圣培养圣贤团队，后圣即由此团队历练而出，故称"圣人大亨以养圣贤"。

鼎下卦巽，深入低调无形，上卦离，有耳目聪明之象。政权要维持稳定，广布耳目眼线以搜集情报，便于治理，非常重要。"柔进而上行"，是指君位"六五"，得居上卦之中，下与"九二"阳刚之臣相应与，配合甚佳，"是以元亨"。以前古代帝王微服出巡，暗访民情，免被地方官僚蒙蔽，就是"巽而耳目聪明"。屯卦（䷂）与鼎卦相错，"利建侯"；比卦"建万国亲诸侯"，豫卦"利建侯行师"，都是掌权施政必要的部署。

《象》曰：木上有火，鼎。君子以正位凝命。

鼎卦下巽为风也为木，上离为火，故为“木上有火”之象。革命成功之后，新君即位施行新政，务求气象一新，以不愧于天命所归。“凝命”之“凝”，为具体实现之意。乾为天道天命，坤将之奉行落实，“初六”履霜坚冰，即称“阴始凝也”。《中庸》：“苟不至德，至道不凝焉。”没有至高的德行，就不能实践彰显至高的大道。正位见《文言传》论坤卦“六五”“黄裳元吉”：“君子黄中通理，正位居体，美在其中，而畅于四支，发于事业，美之至也。”鼎卦君位也是“六五”，得通达合理授权的柔性领导之道。

革、鼎分别为第四十九、五十卦，和“大衍之术”的占法有关。《系辞上传》第九章：“大衍之数五十，其用四十有九。”革卦《大象传》称“治历明时”，鼎卦《大象传》称“正位凝命”，占筮以明时正位，了解大形势的变动，从而决定自己该怎么办。

• 2006年丙戌元旦，我作一年之计，占问自己全年气运为“遇观之比”，“谋食”为“遇噬嗑之复”，皆已详载于前文。“谋道”为不变的鼎卦，“元亨”，“君子以正位凝命”，革故鼎新已臻成熟之境矣！其实，这三卦息息相关：谋道使鼎中有实，谋食即可从中取食，噬嗑食肉，而获“七日来复”之亨。观卦“上九”“观其生”，正是由观至噬嗑之位，观民设教，噬嗑而亨。

2000年10月中，我占问自己“十年乃字”的志业可有成效？为不变的鼎卦。“元亨”，革故鼎新，“正位凝命”，成效斐然可观。

初六。鼎颠趾，利出否。得妾以其子，无咎。

《象》曰：鼎颠趾，未悖也；利出否，以从贵也。

“初六”居鼎之初，为基层民众之位，象征鼎足。“颠趾”是将鼎倾斜，以便倒出沉积于底部的渣滓，称其为“否”，因为陈旧过气。旧的不去，新的不来，清洗锅子才能装进新的食材以烹调。革命必须彻底，革卦“上六”“居贞吉”，“小人革面”亦适可而止，是因为天下未定。鼎卦“初六”政权基础渐稳固，施行新政，得进一步革除旧习了！“颠趾”有不慎则倾覆的风险，但行权而未背离正道，将旧习余孽清除，才可接纳新贵。何谓新贵？就是孟子说的“民为贵”，鼎卦“初六”爻变成大有卦（䷍），二卦义理相通，主张共存共荣，国政上则有全民共和之意。屯、鼎相错，由草莽至庙堂，皆以民为贵，屯卦“初九”《小象传》:“以贵下贱，大得民也。”

革命要彻底除旧，毛泽东说不是请客吃饭，所以鼎中烹肉不给跟不上时代脚步的人吃。《彖传》说“大烹以养圣贤”，鼎中香肉赏赐给帮忙推行新政的英杰，酬庸打天下的革命干部，必须出手大方，与萃卦“用大牲”同义。

革故鼎新，长远看还得培养接班人，爻辞后半的“得妾以其子”即为此而发。嫡长子继承为常态，若不成材呢？君王纳妾，为了多生几个儿子，谁成材就由他接王位，不论嫡庶出身，唯才德是论。本爻变大有卦，大家都有机会，可人人没把握，公平竞争，不相嫉害。革故鼎新，新王刚推行新政之始，就即早培养接班人，真有远见。

康熙为千古一帝，“颠趾、出否”做到了，除鳌拜、平三藩，收复台湾，胆略过人。得妾以其子，安排接班人即不圆满，立太子、又废而复立、立而复废，最后造成九子夺嫡、喋血宫廷。

九二。鼎有实。我仇有疾，不我能即，吉。

《象》曰：鼎有实，慎所之也；我仇有疾，终无尤也。

“九二”下乘“初六”、上和“六五”应与，为从政良材，却因“九四”贪渎乱政，“六五”与之疏远而不重用。虽然如此，坐冷板凳时勿心生怨望，谨慎所接触的人与事，无怨无尤。等到“九四”事败，“九二”还有可能重获任用，一展长才。本爻变，为旅卦（䷷），失时、失势、失位，失意人得自我调护，少发牢骚。

《左传·桓公二年》云：“嘉耦曰妃，怨耦曰仇。”“耦”即偶，“妃”即配。“九二”与“六五”本当配合不错，却因“九四”夺权专擅而失宠，变成怨偶。“六五”乘于“九四”之上，阴乘阳、柔乘刚，欲望蒙蔽理智，关系不正常，遂染患“寡人之疾”，亲小人远贤臣，使朝政失纲。对“九二”来说，即“我仇有疾，不我能即”。鼎卦“九二”“慎所之”，革卦“九三”“又何之”，人在变动剧烈的时代受挫失意，当谨言慎行，不要到处乱跑。

• 1994 年 4 月中旬，出版公司老板步步紧逼，难以支应，我问当如何应对为宜？为泰卦（䷊）初、二爻动，有谦卦（䷎）之象。再确认，则为鼎卦“九二”爻动，有旅卦之象。“遇泰之谦”，“小往大来”，谦退有终，保持继续沟通总是不错，没有抗争的本钱。“鼎有实。我仇有疾，不我能即，吉。”老板心疾严重，距离已难缝合，我还得小心行事，“慎所之”，以求“终无尤也”。旅卦失时、失势、失位，一月后成为事实。

• 2003 年 9 月上旬，时当白露节气，我问自己当时易学参证的成绩，为鼎卦“九二”爻动，有旅卦之象。“鼎有实。我仇有疾，不我能即，吉。”革故鼎新，已有厚实底蕴，仍受形势所困，一时难以通达。

• 2010 年 7 月中，我问佛经中所提“授记”的确切意涵，为鼎卦“九二”爻动，有旅卦之象。“鼎有实。我仇有疾，不我能即，吉。”“授记”是现在佛对未来佛的肯定及认证，恰似鼎卦“六五”对“九二”的关系，《彖传》所称：“柔进而上行，得中而应乎刚，是以元亨。”鼎卦后为震卦，也是培植接班人之义。“授记”虽定，却还需等待很久才接任，“九二”得“慎所之”，“终无尤”而获吉。禅宗传衣钵亦然，五祖弘忍授法与六祖惠能后，要他赶快逃亡，免招同门之嫉，正是“我仇有疾，不我能即”。六祖脱险后，还隐匿于猎人队中十几年，才出山弘法，正是“慎所之、终无尤也”。

当年 12 月中，我问：一般轮回观念认为，子女投胎降生父母之家，是为了报恩或还债，真是这样吗？为鼎卦“九二”爻动，有旅卦之象。“我仇有疾”，“怨偶曰仇”，二、五相应与，鼎卦后为震卦传香火，还真是前世的冤家来投胎呢！

鼎卦六爻全变的错卦为屯卦，上下交换所成之卦为家人卦（䷤），屯卦为新生儿呱呱坠地，从此成为亲密的一家人，从各种卦际变化的角度来看，鼎卦“九二”之占都有后代子女之象。

• 2011 年 6 月下旬，一位女学生想请我为航空基金会开《易经》班，由于她在前一年的人事纷争中淡出学会，我先问其心态，为鼎卦“九二”爻动，有旅卦之象。“鼎有实，我仇有疾，不我能即，吉。”主要还是未

占例 蒙青睐的失落心情，希望有所弥补。

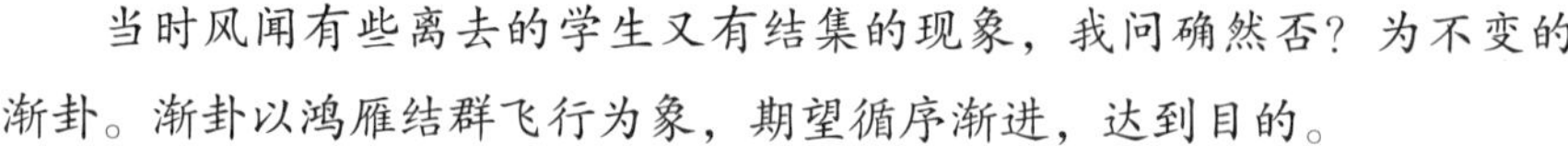

当时风闻有些离去的学生又有结集的现象，我问确然否？为不变的渐卦。渐卦以鸿雁结群飞行为象，期望循序渐进，达到目的。

有鉴于此，我问当如何应对为宜？为噬嗑卦初、上爻动，“上九”值宜变为震卦，齐变则有豫卦（䷏）之象。噬嗑为人事斗争，“初九”若不审慎，将贻“上九”“何校灭耳”之凶，故而仍须思患豫防。再三考虑之后，我婉拒了开课之请。

九三。鼎耳革，其行塞。雉膏不食，方雨亏悔，终吉。

《象》曰：鼎耳革，失其义也。

“九三”过刚不中，居内卦离火之极，烹饪的火力过旺，造成鼎耳受热变形，插不进扛鼎的铉，以致无法移动。由于鼎中太烫，烹好的野鸡肉也无法消受，真是暴殄天物。欲改善状况，只有将炉火冷却降温，才能减少遗憾而获终吉。本爻变，为未济卦（䷿），火候控制失宜，不能成功。革故鼎新，鼎中又出现革的破坏之象，等于走回头路，前功尽弃，非常可惜。井卦“九三”“井渫不食”，鼎卦“九三”“雉膏不食”，在野在朝都可能怀才不遇。屯卦草莽开创，“九五”“屯其膏”，在野资源不足；鼎卦“九三”“雉膏不食”，在朝执政失宜，浪费国家资源。

- 2010 年 10 月下旬，我问佛教四圣谛“苦集灭道”之意涵，“苦谛”为鼎卦“九三”爻动，有未济卦之象。人生皆苦，行进不通，谋事难成，不如意处十之八九。

当年 9 月上旬，我预测来年家中四老，父母及岳父母的身体健康状况，为鼎卦“九三”爻动，有未济卦之象。“鼎耳革，其行塞，雉膏不食。”老境堪怜，耳不聪目不明，走路困难，再好的肉食也难下咽矣！实际就是如此。

- 2012 年 3 月下旬，我在《联合报》授《易》，讲到贲卦“九三”“贲其须”时，我说古人官场蓄须很平常，现代男人为何蓄不起来？是不是体质已有改变？一位听讲的学生当下占出原因，就是鼎卦“九三”爻动，

有未济卦之象。鼎就像人身稳重，“九三”刚柔不调、内气不顺，故而长不出男性性征的美须。“贲”为官样文章，“鼎”为肉食者鄙，“鼎耳革”、“贲其须”，皆为三爻人位之动，以鼎三解释贲三，相当耐人寻味。

• 2011 年 9 月下旬，我赴高雄授《易》，主办单位跟我讨论六十四卦讲完后的接续课程。先问接讲《老子》如何？为鼎卦“九三”爻动，有未济卦之象。“其行塞，雉膏不食”，显然时机不成熟，行不通。再问讲两年《春秋经》呢？为革卦（䷰）三、四、上爻动，“九四”值宜变为既济卦（䷾），贞悔相争成益卦（䷩）。《春秋》思想倡导新王革命，好生宣扬应可利益众生，“九三”“革言三就”、“九四”“改命、信志”、“上六”“君子豹变，小人革面”，循序渐进当能收效。2012 年 7 月起，开讲《春秋经》。

九四。鼎折足，覆公𫗧，其形渥，凶。

《象》曰：覆公𫗧，信如何也？

“九四”阳居阴不正，上承“六五”之君，阴乘阳，柔乘刚，欲望蒙蔽理智，施政无能甚至贪腐，让“初六”的基层民众非常失望。鼎足断裂，鼎内的肉汤倒了一地，沾粘龌龊，象征国家覆亡，当然大凶。“六五”疏远贤臣“九二”，亲信小人“九四”，自取其败，又能怪谁？鼎卦“九四”爻动，恰值宜变成蛊卦（䷑），贪腐败坏，国政将倾。

《系辞下传》第五章记子曰：“德薄而位尊，知小而谋大，力小而任重，鲜不及矣！《易》曰：‘鼎折足，覆公𫗧，其形渥，凶。’言不胜其任也。”革故鼎新，推翻别人后自己执政，却腐化无能得那么快！革命者本身变成了被革命的对象，这种人情人欲的弱点，太值得警惕了！孔子选此爻发挥，大有道理，居高位者德行最先，知识智慧其次，力量又其次，全部条件都不足，鲜少不及于覆灭之祸的。

• 2008 年 4 月初，朋友的女儿交上西班牙男友，难舍难分，她问往后两年内能顺利成婚否？为鼎卦“九四”爻动，恰值宜变成蛊卦。“鼎折足，覆公𫗧，其形渥，凶。”异国婚姻难谐，可能败坏成空。她很不愿意

接受这结果，仍想竭力挽回，但父母消极反对，两地工作也摆不平，至今还拖着，没个了局。另外，当年9月15日金融风暴爆发，西班牙灾情惨重，也让小两口各方窘困。

• 2006年11月上旬，我在工商建研会的一位女学生替先生问投资案，与某全球视讯往后三年的合作如何？为鼎卦“九四”爻动，恰值宜变成蛊卦。“鼎折足，覆公餗，其形渥，凶。”看来得破局，这锅肉吃不到，其后果然。

• 2004年12月上旬，有台中学生热心介绍某项补气药品给我，我问对身心真有效否？为鼎卦“九四”爻动，恰值宜变成蛊卦。不仅无益，反而有害，当下立刻推辞。

六五。鼎黄耳，金铉，利贞。

《象》曰：鼎黄耳，中以为实也。

“六五”居鼎卦君位，下和“九二”应与，上承“上九”所示的天命理念，应该如《彖传》所称：“圣人亨以享上帝，而大亨以养圣贤。”奉天承运，重用贤能，以治理国政。“黄”为中道，坤卦“六五”“黄裳，元吉”、离卦“六二”“黄离，元吉”，已宣明其意。“黄耳”，即虚心听取善言、任贤辅政；“金铉”，即指“九二”有实学实力的社会贤达。“黄耳”虚中以待，“金铉”即可穿入扛鼎，选贤举能，承担国政。“六五”爻辞最后的“利贞”，也是期望君位领导固守正道，彻底落实《大象传》所称的“正位凝命”。“六五”爻变，为姤卦（䷫），危机已现，世间掌鼎大权的领导者，真的会依正道而行吗？“九四”无能或贪渎误国，“六五”真的不知？还是上下勾串，是所谓共犯结构的一部分？

噬嗑卦“六五”、“九四”为激烈斗争下的共犯联盟，“得黄金”、“得金矢”一语双关；蛊卦“六五”、“六四”合作营私，还打着改革的旗号骗人，皆已于前文揭发说明。同样，鼎卦“六五”、“九四”的关系绝不单纯，《易》卦居君位的爻辞，无直接抨击之语，是“为尊者讳”的传统。避讳并非全隐，而是拐弯骂人：鼎卦“六五”的“黄耳、金铉”，不就是噬嗑卦“六五”的“得黄金”吗？权与钱的勾兑交易，自古有之，也是人情人欲的极深痼习，寡人有疾，很难避免。鼎卦“九二”好端端的，为何要说“我仇有疾”？不就是“六五”的隐疾发作了吗？

上九。鼎玉铉，大吉，无不利。

《象》曰：玉铉在上，刚柔节也。

“上九”居鼎最上，以“玉铉”为象，与“金铉”有别。黄金有价玉无价，相较于“六五”“金铉”的世俗权力，“上九”“玉铉”为崇高的政治理念。“六五”上承“上九”，“金铉”应为“玉铉”服务，为政宜替天行道，为民众谋福。国家建设除了科技及经济建设外，还得重视文化，彰显立国精神。如此则富而好礼，刚柔兼备，全面获吉而无不利。爻变为恒卦（䷟），国魂永在，国祚绵长。下接震卦，这样的国家政权，才值得代代相传，永续经营啊！

家人卦“六四”、萃卦“九四”、升卦“初六”及鼎卦“上九”，爻辞皆称“大吉”，都是一点通则全局通，为该卦特须注重之时位。鼎卦的二至上爻，互成大有卦（䷍），鼎卦“上九”实即大有卦“上九”，爻辞皆称“吉无不利”。

鼎卦“九三”“其行塞”，过刚失宜；“上九”“无不利，刚柔节也”，调和鼎鼐的功夫大有增进。

• 2010年2月中旬，由于新北市捷运施工，就在我家住的25楼下以潜盾施工，开挖30多米深，我问安全否？为鼎卦“上九”爻动，有恒卦之象。“鼎玉铉，大吉，无不利。”恒为长久稳定，“遇鼎之恒”，绝无问题。

• 1998年9月中旬，我给学生讲《人物志》，问《材能篇》主旨，为鼎卦“上九”爻动，有恒卦之象。“鼎玉铉，大吉，无不利”，“刚柔节也”。人的才能有大有小，堪任之事亦随之而异，国政授任时，必须量力而行，才会有称职的表现，调和鼎鼐非常重要。该篇中真正以“鼎”为喻，谈授任之理：“故鼎亦宜有大小，若以烹犊，则岂不能烹鸡乎……夫一官之任，以一味协五味；一国之政，以无味和五味。”

• 2000年11月下旬，我问：授《易》近十年，所有学生资源当如何运用？为鼎卦“上九”爻动，有恒卦之象。“鼎玉铉，大吉，无不利”，“刚柔节也”。秉长期观点，调和鼎鼐，量才适用。

鼎卦多爻变占例之探讨

以上为鼎卦卦、彖、象与六爻单变之理论及占例说明，往下继续探讨多爻变的情形。

占事遇卦中任意二爻动，若其中一爻值宜变，以该爻爻辞为主，若皆不值宜变，以本卦卦辞卦象为主，亦参考二爻齐变所成之卦的卦辞卦象论断。

• 2011 年 2 月 20 日，毓老师说两天后要到我们学会看看，我占问得出鼎卦二、三爻动，有晋卦（䷢）之象。“九二”“我仇有疾，不我能即”；“九三”“其行塞，雉膏不食”。好像有病不能成行，我们无缘获得教益。晋卦《大象传》称“自昭明德”，我们还得靠自己努力，奋发图强。2 月 22 日当天早上，我们开车去接老师途中，接到他义媳的电话，身体不适取消约会，卦象成真。“遇鼎之晋”，鼎为“正位凝命”，有归天之意，“晋”为乾宫游魂卦，卦气在阴历二月中。老师于 3 月 20 日溘然仙逝，时间亦合，当时诚心一占，多少天机泄漏？

• 2011 年 4 月中旬，日本福岛震灾已逾月，我问未来三五年内，日本国力能否复振？为鼎卦二、三爻动，有晋卦之象。“鼎”为掌握公权力推动国家建设，“九二”虽有实力，难遂其志，“九三”“其行塞，失其义也”，似乎政府的管理机制出了问题，绩效不彰。“九三”“鼎耳革，方雨亏悔”，很像核反应堆洒水降温的救治措施，总之，日本损失惨重，振兴困难。

• 1994 年 4 月中，我在出版公司管事的最后一个月，深受老板缠扰，占问究竟如何是好？为鼎卦二、五爻动，“九二”值宜变为旅，齐变则有遁卦（䷠）之象。鼎卦“六五”是他回朝掌权，“九二”是我失势失位，旅之时义大矣哉！遁之时义大矣哉！势不可挽，我当有遁退的打算。一个月后，占象成真。

• 1992 年 8 月中旬，我二姐的独子脊柱侧弯，医师建议动手术矫正，我占手术顺利否？为鼎卦二、上爻动，“上九”值宜变为恒卦，齐变则有小过卦（䷽）之象。革故鼎新为开刀，“九二”“我仇有疾”，应指“六五”

应与之位，刚好当人身脊柱之处，“慎所之”可“终无尤”。“上九”玉铉扛鼎，“大吉，无不利”，可调整适宜。其后，手术顺利成功。

年轻人体气旺，占到鼎卦，矫正成功。老人开刀急救遇鼎，则可能指归天。台中一位学生的老父亲，十几年前清晨出去散步被车子撞倒，送医急救，他占安危得出不变的鼎卦，当天即不幸往生。

• 2010 年 9 月下旬，我刚完成德国慕尼黑授《易》之行，成果不错，占问次年后续如何？先电占为坤卦(䷁)“初”六动，有复卦(䷗)之象，“履霜坚冰至，阴始凝也”。竟然颇有预警征兆，怎么回事？再确认，为鼎卦二、上爻动，“上九”值宜变为恒卦，齐变有小过卦之象。“九二”“鼎有实，我仇有疾，不我能即，吉”，“上九”又“玉铉在上，刚柔节”，是主办方面有问题，造成不顺吗？ 2011 年再去一次，果然问题浮现，回来后协商大致解决。最后问未来的发展性究竟如何？为不变的大畜卦。“利贞，不家食吉，利涉大川。”对方问题没解决前，只能止健，以待时机再求突破。

• 2012 年 2 月中旬，奉元学会开理监事会，筹议在台大成立学生社团奉元社，便于申请场地办推广活动，也延续毓老师当年教大学生的传统。我占问此案，为鼎卦二、上爻动，“上九”值宜变为恒卦，齐变有小过卦之象。鼎卦“九二”所遭遇的窒碍，有机会于“上九”的时位解决。小过卦为小鸟练飞之象，一代代传承研习中华经典，永续不息。

• 2006 年 3 月上旬，我女儿以短篇小说《父爻》参加香港主办的华人文学奖活动，我问可能的结果，为鼎卦三、上爻动，“上九”值宜变为恒卦，齐变则有解卦（䷧）之象。“鼎”就有奖座之象，“九三”“雉膏不食”，怀才不遇，“上九”“玉铉在上，刚柔节”，调整后另有发展？结果“失之东隅，收之桑榆”，香港未获奖，她略事修润后改投台大文学奖活动，入选第三名佳作。她曾听过我两期《易经》课，将习《易》的浮想联翩，写成时空错综的小说，令人惊艳。后来该文还在《中国时报》的“人间副刊”转载，又收入次年九歌出版社编的年度小说选，真是“大吉无不利”。

• 2007 年 8 月中，我率学生赴河南、山西旅游，并参加安阳主办的周易研讨会，住宿中原宾馆时，想起学生徐崇智心疾猝逝周年，占其安息否？为鼎卦三、五爻动，齐变有讼卦（䷅）之象。再确认，为明夷卦“九三”爻动，有复卦之象。讼卦为离宫游魂卦，明夷卦为坎宫游魂卦，

二爻变占例

两卦相错旁通，不是安息之象。鼎卦“正位凝命”，“九三”“鼎耳革，其行塞，雉膏不食”，肯定心有未畅。

• 2010 年 10 月上旬，我问伏羲与《易》的关系，为鼎卦四、五爻动，齐变有巽卦（䷸）之象。伏羲为帝王，“正位凝命”，一画开天为鼎；巽卦“申命行事”，体察天道天命，借卦画教人依理行事。“遇鼎之巽”，羲皇地位屹立不摇。

• 2010 年年底，我坐车行经台北市第二殡仪馆门前，心念一动，以手机占问当处气场，为鼎卦四、上爻动，“上九”值宜变为恒卦，齐变有升卦（䷭）之象。鼎卦“九四”“折足、覆餗”，色身已然败坏；“上九”玉铉，魂魄升天。

• 2011 年元月上旬，我问一位大师兄其人心性，为鼎卦三、四爻动，齐变有蒙卦（䷃）之象。“鼎”为重器，“九三”“雉膏不食”、怀才不遇，“九四”“折足、覆餗”，若真的遇却也难说？人生多蒙昧，难得真解脱啊！

占事遇卦中任意三爻动，以本卦为贞，三爻齐变所成之卦为悔，称贞悔相争，合参两卦卦辞卦象以论断。若其中一爻值宜变，为主变量，加重考虑其爻辞。

• 2003 年 6 月中旬，我们正在进行《易经》与企业经营管理的研究，我问西方企管的特色，为“遇损之剥”，已于前文损卦二爻变占例中说明。问中国式经营管理的特色，则为鼎卦下三爻全动，贞悔相争成噬嗑卦（䷔）。“噬嗑”为政治斗争，所抢夺者就是鼎中所烹之肉，“遇鼎之噬嗑”，显然中国商场更重视传统政治的智慧，希望调和鼎鼐，以创造亨通。

• 2012 年元月初，我作一年之计，先回顾 2011 年作总结，为鼎卦二、三、上爻动，贞悔相争成豫卦。鼎卦“元亨”，豫卦“利建侯行师”，当年走南闯北，确实忙碌红火。5 月去武汉大学、长沙岳麓书院交流，7、8 月在北京首届精英班授《易》，9 月再赴慕尼黑教德国人《易经》，还去希腊、西藏旅游，读万卷书，行万里路。3 月 20 日毓老师过世是大事，继往开来、延续香火亦为鼎卦分内之责。豫卦《大象传》称：“雷出地奋，先王以作乐崇德，殷荐之上帝，以配祖考。”小子后学，当知勉之。

• 1998 年中，学生邱云斌同事之父突然瘫痪，诊断为心血管剥离，已昏迷三天，占问病情如何？为鼎卦二、三、上爻动，贞悔相争成豫卦。

"九二""我仇有疾，不我能即"，和上卦离明中心的"六五"断了联系，正是心血管剥离之象；"九三""其行塞"，阻滞不能行；"上九""鼎玉铉"，恐怕为魂魄归天之象。一周后，老人家往生。

• 1992 年 6 月下旬，我在出版公司负责经营，面对难解的股争，实在困扰不堪。当时市场派的大股东着着进逼，老板又陷于如山债务，我占问对大股东一派势力，如何应对为宜？得出鼎卦二、四、上爻动，贞悔相争成谦卦（䷎）。"鼎"为掌权主政，"谦"为低调不争，"遇鼎之谦"，还是以和为贵。"九二""鼎有实，我仇有疾，不我能即"，说中了我的处境；"九四""鼎折足，覆公𫗧，其形渥"，小心强争打翻鼎，大家没得肉吃；"上九""玉铉在上，刚柔节也"，尽力调和鼎鼐为是。

• 2006 年 8 月中旬，一位学生为儿子就学烦恼，如继续留台湾读高中，为不变的艮卦，显然不宜，阻碍重重。若去夏威夷就学呢？为鼎卦二、四、上爻动，贞悔相争成谦卦。革故鼎新，谦亨有终，可能是条明路。钟鸣鼎食，我的学生为豪富大家，儿子由"二"而"四"而"上"，终至"鼎玉铉，大吉无不利"，下接震卦，长子成才继承家业。后来，她决定让儿子出去就学，夏威夷读书豁然改观，一切顺利。

• 2007 年 12 月上旬，我计划写《四书的第一堂课》，想两岸同时出版，先知会北京崔先生如何？为鼎卦二、四、上爻动，贞悔相争成谦卦。鼎卦"元亨"，谦卦"亨，君子有终"，相当正面。三年后，简体版在内地出书，再半年才在台湾出繁体版。

2011 年 8 月下旬，首届神州大易精英班结业，我再算未来一至三年内与崔的合作前景，又得"遇鼎之谦"。革故鼎新，谦亨有终，仍在彼此信任的基础下，稳定进行。

当天还顺口谈成立周易学会的北京分会，由崔主持，占得鼎卦二、五、上爻动，贞悔相争成咸卦（䷞）。鼎卦"元亨"，咸卦"亨利贞，取女吉"，大家精诚合作，分享鼎实。鼎卦"六五"上承"上九"，下和"九二"相应与，金铉、玉铉，"中以为实"，是配合绝好的格局。

• 2010 年 11 月中，我赴常州授《易》毕，有学生问面对世界金融风暴，若国际回归金本位制如何？为鼎卦二、五、上爻动，贞悔相争成咸卦。革故鼎新，咸能获吉，应该不错。"鼎有实"，支撑"六五""黄耳、金铉"，当可"大吉无不利"。"六五"为鼎卦君位，黄耳金铉，"中以为

实”，不正是金本位制吗？

• 2010 年 11 月中旬，我问张之洞其人其业，为鼎卦二、三、四爻动，贞悔相争成剥卦（䷖）。“鼎”为掌权推动国家建设，“九二”“鼎有实，我仇有疾”，不得发挥；“九三”“其行塞，雉膏不食”，暴殄天物；“九四”“鼎折足，覆公餗，其形渥，凶”。鼎腹三阳的厚实资源流失殆尽，“不利有攸往”。张任湖广总督及中央辅政期间，竭力推动富国强兵的洋务政策，终究未能挽救危亡，前功尽弃，甚为可惜。

• 2009 年 7 月下旬，学会人事纷争渐多，我默默观察并作占测纪录。其中一个女生为纷争中心，专擅跋扈，其特质为“遇鼎之剥”；另占为遁卦“九三”爻动，有否卦之象。另一位为鼎卦“九二”爻动，有旅卦之象。“鼎有实”，怀才不遇，常遭人妒忌打压，无端受抑，确实如此。专擅者揽权为鼎，人心不服成剥；遁卦“九三”“系遁，有疾”，不可大事，恋栈过甚，自寻烦恼，爻变成“否之非人，不利君子贞”。一年以后，学会整顿人事，她怏怏以退，又自己聚众搞了一套东西，企图分庭抗礼，也是个性使然。

• 2011 年 11 月中，我在赴乌来洗温泉的夜车途中已将未来十年的大势算完，其中日本未来十年国势发展为“遇鼎之剥”，日本长期不振，频频更换首相亦无济于事，当年 3 月还发生福岛超大灾害，损失惨重，加以国债如山，情势看衰不奇怪。

• 2011 年 7 月上旬，富邦课堂一位学生的侄女住入加护病房，她染患红斑狼疮多年，一生坎坷不顺，我问尚有生机否？为“遇鼎之剥”。人身就是座鼎，阴阳调和，便端凝稳重。二、三、四为鼎腹的三阳，流失殆尽成剥，“我仇有疾、其行塞”、“折足、覆餗、形渥”，生命垂危矣！鼎卦节气刚好约当阴历六月初，剥卦为阴历九月，可能没有多久了！果然，患者不久即往生。

• 2011 年 5 月底，我看媒体上佛光山星云大师体气衰甚，占其还能住世多久？为鼎卦三、四、上爻动，贞悔相争成师卦（䷆）。师卦为坎宫归魂卦，鼎卦“九三”“鼎耳革，其行塞”、“九四”“鼎折足，覆公餗”、“上九”玉铉为归天无憾，看来真正来日无多。大师耳背听力衰退，坐轮椅代步，正是鼎“三”鼎“四”之象。

• 2000 年 12 月中旬，一位学生的长女在美国大学毕业，做母亲的代问其何处就业为宜？若赴香港，为鼎卦“九四”爻动，恰值宜变成蛊卦，“鼎折足，覆公𫗧，其形渥，凶”，显然不好。若在纽约就业，则为鼎卦三、四、上爻动，贞悔相争成师卦。“九三”“鼎耳革”、“九四”“鼎折足”，都不妙，“上九”“刚柔节”方安，此为何意？

九天后，因香港方面力邀，她又问女儿改赴香港如何？为夬卦（䷪）初、二、五、上爻动，“九五”值宜变为大壮卦，四爻齐变成旅卦（䷷）。“遇夬之旅”，迟疑难决，过境不留，亦非佳象。

那维持原议仍在纽约就业呢？为革卦（䷰）初、二、三、五爻动，四爻齐变成解卦（䷧）。“革之时大矣哉！”“解之时大矣哉！”遇重大变故而得解脱？革故鼎新，两卦一体相综，前后二占应有关系。结果她女儿留在纽约，翌年“九一一”恐怖攻击事件时，刚好适逢其会，虽然无恙，断讯那几天可把她急死了！原来“遇鼎之师”、“遇革之解”，是预示了这桩惊天动地的大事？时代重大变故会透过个人的际遇呈现？果真如此，我们又当如何早识机微，趋吉避凶？

• 2006年7月上旬，我给学生讲三十六计，问“以逸待劳”为何象？得出“遇鼎之师”。鼎卦为“正位凝命”，沉稳持重，师卦为劳师动众，二卦贞悔相争，正是以逸待劳之象。另外，以义理来推，需卦“九五”爻动，爻变为泰卦，“需于酒食，贞吉”，也是典型的以逸待劳。

• 2000年10月中，我下工夫精研董仲舒《春秋繁露》一书，针对一些重要篇章有占，其中《保位权第二十》的主旨为鼎卦二、四、五爻动，“九四”值宜变为蛊卦，贞悔相争成渐卦（䷴）。此篇论高层政术，鼎卦“六五”之君，须严防“九四”近臣贪腐弄权、败坏朝纲，又须深识“九二”“鼎有实”之才，起用为国服务，简单来说，就是明君当亲贤臣，远小人。渐卦为分工合作的雁行团队，二、四、五爻间的互动，就决定了施政的良窳。

“声有顺逆，必有清浊；形有善恶，必有曲直。故圣人闻其声则别其清浊，见其形则异其曲直；于浊之中必知其清，于清之中必知其浊，于曲之中必见其直，于直之中必见其曲。于声无细而不取，于形无小而不举，不以着蔽微，不以众掩寡，各应其事以致其报……是以人臣分职而治，各敬而事，争进其功，显广其名，而人君得载其中，此自然致力之术也。”董子此篇讲人君无为而治之理，多么明白深透！鼎卦《彖传》称：

“巽而耳目聪明，柔进而上行，得中而应乎刚，是以元亨。”《大象传》称：“君子以正位凝命。”说的就是这个道理。

四爻变占例

占事遇卦中任意四爻动，以四爻齐变所成 之卦的卦辞卦象为主论断，若其中一爻值宜变，稍加重考虑其爻辞。

• 1994 年 5 月中旬，我所在的出版公司老板回朝掌权已成定局，我看他那杀气腾腾的模样，占问其后果吉凶？为鼎卦三、四、五、上爻动，“上九”值宜变为恒卦，四爻齐变成坎卦（䷜）。革故鼎新，重掌朝政没问题，习坎险陷依旧一波接一波，没完没了。他多撑了几年，拖着公司一起覆亡。

• 2010 年 4 月下旬，我针对佛教“转识成智”的说法占问：“转第六意识”为“妙观察智”，为鼎卦二、三、四、上爻动，“九三”值宜变为未济卦，四爻齐变为坤卦（䷁）。革故鼎新，正位凝命，鼎卦二、三、四爻皆未调和，至“上九”“鼎玉铉，大吉无不利”，功德圆满，九转丹成。坤卦顺势用柔，“厚德载物”，“含弘光大，品物咸亨”矣！

“转前五识”为“成所作智”，为蹇卦（䷦）“九五”爻动，有谦卦（䷎）之象。“大蹇朋来”，“谦亨有终”。人的眼耳鼻舌身识带来多少烦恼，让人蹇困难行，转智后获大解脱，心平气和，谦尊而光。

“转第七末那识”为“平等性智”，为睽卦（䷥）二、四爻动，有颐卦（䷚）之象。再确认，为同人卦初、五、上爻动，“上九”值宜变为革卦，贞悔相争成小过卦（䷽）。睽卦对万事万象妄生分别，二与四同功而异位，合睽为一家人，所谓破镜重圆。同人卦认定人同此心、心同此理，“先号咷而后笑，大师克相遇”，以通天下之志。

“转第八阿赖耶识”为“大圆镜智”，为解卦（䷧）“九二”爻动，有豫卦（䷏）之象。“田获三狐，得黄矢，贞吉。”“阿赖耶识”深藏于内，彻底辨明各种前尘影事，获大解脱。“解之时大矣哉！”“豫之时义大矣哉！”

• 1998 年 12 月初，我受邀参加邵崇龄的《易经》学会演讲，谈义理与术数的问题。占问：台湾当代命理活动的理念为何？得出鼎卦二、三、四、上爻动，“九三”值宜变为未济卦，四爻齐变成坤卦（䷁）。推广策略为“遇谦之升”，两占皆已于谦卦“六二”占例中说明。鼎须正位凝命，坤为广土众民、顺势用柔，教人识得自家性命，落实修行。

51. 震为雷（䷲）

震卦为八卦之一，卦序居第五十一，前为鼎卦，后接艮卦。《序卦传》称："主器者莫若长子，故受之以震。震者，动也。物不可以终动，止之，故受之以艮。艮者，止也。""鼎"为代表国家政权的法器，古代以嫡长子继承王位，"震"为长男，故承鼎之后。"震"为足，为行动之意，万物不可能一直动，累了得休息，故接着是代表止息的艮卦。

《杂卦传》称："震，起也；艮，止也。""震"为生命起始，"艮"则代表一个阶段的结束。后天八卦方位中，"震"居东方，顺时针绕一圈后，到"艮"的东北方，季节上由春至冬，象征一个生命循环的周期。

《说卦传》第五章称："帝出乎震……万物出乎震。震，东方也。""震"字以"雨之辰"取义，"雨"为阴阳和合，"辰"为日月之交，生命的主宰由此诞生。"帝"为主宰、"震"为行动，人生一切主宰从行动中来，万事万物也由震所代表的生机中演化而出。"东方"为日出之地，古代太子居于东宫，由震取义。帝为领袖出乎震，万物似庶民亦出乎震，即寓众生平等之意。乾卦《彖传》末称："首出庶物，万国咸宁。"以震卦意涵推之，"首出庶物"就是"帝出乎震、万物出乎震"。宇宙为一大天地，人身为一小天地，物物一太极，即体成用，即用证体。

震为雷、震为地震，发作时都释放极大的能量，造成相当震撼的效应。

震。亨。震来虩虩，笑言哑哑。震惊百里，不丧匕鬯。

震卦卦辞描述一场大地震的情景。震"亨"、蒙"亨"、困"亨"、坎"维心亨”，人生多受些艰困历练，不是坏事，正所谓不经一事，不长一智，饱历忧患，使人成长坚强，才能承担大任。

“虩虩”为戒慎恐惧的样子，由观察蜥蜴应变的生态习性而来。我们幼时住屋的天花板或墙壁上，常有壁虎游动，突然开灯或有任何声响，就迅速逃窜，紧迫之际，还会断尾求生，牺牲局部以保全整体。2002 年 3 月 31 日午后，台北市发生大地震，尚未兴建完成的 101 大楼顶的吊车坠落，还伤及人车，灾情不轻。当日我们一家四口出外聚餐毕，正沿延着河堤散步回家，一阵天摇地动，相当骇人，地震后我就在堤旁斜坡的矮树丛上，看到两只蓝色蜥蜴簌簌发抖，尾巴都是截断的。震卦继鼎卦，象征政权保卫战，难以两全时，舍小救大、弃车保帅之事，在所多有。《易经》之“易”，就有源于蜥蜴的说法，这种小动物善于变换体色或断尾，以应付外界紧急的变故，人为万物之灵，岂不更应机敏?

大地震发生时，大家都很害怕，纷纷设法避难，若能侥幸逃过一劫，惊魂甫定，破涕为笑，常常话都讲不出声。地震由震中往外扩散，波及的范围极广，方圆百里之内都受震撼。“鬯”音“畅”，为祭祀用的美酒容器，“匕”为调酒用的匙，都是主祭者执持的法器，亦即掌握政权的合法信物。“不丧匕鬯”，就是未丧失主权，捍卫政权成功。现代上市公司负责人持有的大小公章，就是“匕鬯”，每年须召开的股东大会，由负责人代表董事会出席主持，报告经营绩效，提出来年展望，即“不丧匕鬯”。经大动荡的考验，仍能稳稳掌舵前行。

《彖》曰：震亨。震来虩虩，恐致福也；笑言哑哑，后有则也。震惊百里，惊远而惧迩也；不丧匕鬯，出可以守宗庙社稷，以为祭主也。

《彖传》依序解释卦辞，相当工整。大变动来时，戒慎恐惧以对，会消灾解厄，带来福报。浩劫余生，庆幸讨论时太过激动，说不出话来，却学会了应变的法则，也算因祸得福。震动的范围实在太大，方圆百里之内都受影响，远近皆惊惧不已。通过考验，未丧失主权，出来扛责任，延续香火于不坠，江山底定矣!

革卦打天下、鼎卦坐天下、震卦守天下，皆非易事，正所谓创业维艰，永续不易。“惊远而惧迩”，“而”为“能”，让远处震惊，就能让近处之人害怕，这是常用的政术。统治者遭遇内部不服者挑战，不方便直接镇压，往往在国际发动外交或军事的重大行动，既转移注意力，并刺激内部团结，提高本身威望，这是典型的“出口转内销”。震中选在远处引爆，等震波动荡传回来，一样达成威慑的效果，声东击西、敲山震虎，都是“惊远而惧迩”的战略思维。

《象》曰：洊雷，震。君子以恐惧修省。

《大象传》以雷击为象，霹雳之声不断，地震发生后，必有余震不绝，一波一波冲击。“洊”为水相永存，已于坎卦《大象传》说明。人生面对连续的震撼打击，当戒慎恐惧以对，不断反省修德，确立生命内在的主体，淬练外在强悍的行动力。“水洊至，习坎”，先称“水”后言“洊”，由体起用；“洊雷震”，“洊”在“雷”前，因用见体。“坎”为中男，“震”为长男，男人得多接受磨炼，才会成熟，才可承担大任。

• 2001 年 4 月下旬，社会大学基金会邀我开授《易经》，这次是给所谓“未来企业领袖班”的成员上课，只二十四堂，我问教学宗旨为何？为不变的震卦。“帝出乎震”，鼎卦后为震卦，真的就是未来领袖。我且培养他们中心有主，积极行动以历忧患。

• 2012 年 7 月中旬，岛内爆发林益世贪渎案，案情有向上延烧之势。电视名嘴胡忠信大肆宣称吴敦义涉重嫌，几天后待他进一步爆料，国民党将遭日本长崎原子弹爆炸般的震撼云云。岛内电视媒体的政论节目，胡乱吹嘘的习气已深，遭人民厌恶，而不自知反省，成为一大乱象。我占问吴敦义的仕途是否会受影响？为不变的震卦。震来虩虩，笑言哑哑，震惊百里，不丧匕鬯。“应该是有惊无险，度过考验。胡忠信若信口雌黄，如何收场？为遁卦（䷠）“九四”爻动，恰值宜变成渐卦（䷴）。“好遁，君子吉，小人否。”结果查无实据，长崎原爆成了长崎蛋糕！胡的道歉诚意明显不足，遁词知其所穷，遁得不漂亮啊！

• 1997 年 10 月底，我问程颐易学的价值定位，为不变的震卦。前几天问尚秉和的易学定位，同样也是不变的震卦。震为中心有主，继往开来，程颐义理纯正，尚秉和象数精湛，皆成一家之言。

• 2010 年 2 月上旬，我问西方哲学解释学（Hermeneutics）的成就为

占例

何？为不变的震卦。解释学为诠释古代经典所衍生出的方法论，析理入微，继往开来，成一家之言。

• 2010年10月中旬，我看佛书，净空法师说：古今许多圣哲皆是佛菩萨的应化现身。我问此说真确否？为不变的震卦。震卦继鼎卦而生，乾道变化，各正性命，“帝出乎震、万物出乎震”，道理说得通。

• 2011年8月中旬，我在高雄授《易》，周六整天讲一鼎卦。学员金某将收藏的春秋时代的小鼎拿来作教具，还搭配一个战国时的簋置于讲台，我以折扇敲击各个部位，指点江山。为慎重计，问这两件古董是真品吗？鼎为不变的震卦，簋为大有卦“上九”爻动，有大壮卦之象。震卦前即鼎卦，世世代代往下流传，当然为真。大有卦“元亨”，“上九”“自天佑之，吉无不利”，亦非赝品。

初九。震来虩虩，后笑言哑哑，吉。

《象》曰：震来虩虩，恐致福也；笑言哑哑，后有则也。

“初九”为震卦主爻，爻辞几乎与卦辞全同，一爻即表现出全卦的精神。“笑言哑哑”前加一“后”字，更说明因果，加一“吉”字，历练使人成长，对人有益。《彖传》解释卦辞，全用《小象传》解释爻辞之语。本爻变，为豫卦（䷏），雷出地奋，后继有人矣！

占例

• 2007年5月上旬，我的学生林献仁想离开英业达电子公司，帮已故企业家温世仁的长子温泰钧做总筹划，多少有点心灵导师的味道，问我合宜否？得出震卦“初九”爻动，有豫卦之象。为名门之后效力，作育英才，当然合适。温世仁有科技游侠美誉，在甘肃黄羊村的义举甚受肯定，他也是毓老师的弟子，算是我的同门。温泰钧夫妇后来从我习《易》及兵法，成了学生。

• 1991年12月初，我在出版公司承担经营重责，由董事会决议后，与创业的老板有了实务上的分工。我问与他的缘分如何？为震卦“初九”爻动，有豫卦之象。“震”为接班人之意，受命于危难之际，守宗庙社稷以为祭主。

1992年9月15日，由于老板大笔公司股票抵押在市场派大股东那儿，10月中旬以前若不赎回，即将主权易手。我一边忙碌公事，一边占问老板届时能赎回否？得出震卦“初九”爻动，有豫卦之象。“震来虩虩，后笑言哑哑，吉。”当日真的有惊无险，最后一刻调钱进来赎回。晚上我们几名热心的高干一起聚餐笑谈，情景犹如昨日。

既然已在千惊万险下过关，股权暂时无碍，我准备专心经营，问如何操持大局？竟得出益卦（䷩）“上九”爻动，有屯卦（䷂）之象。“莫益之，或击之，立心勿恒，凶。”人生之难，竟有如此者。不但不能获益，反招致命打击，其后果然如是。

1994年3月底，公司“政变”前夕，我受内外交逼，压力甚大，自以动心忍性，增益己所不能。占问当年内个人的吉凶，为震卦“初九”爻动，有豫卦之象。“震来虩虩”，失去权位；“后笑言哑哑吉”，人生因此而有转型发展，塞翁失马，焉知非福？

当年7月下旬，老板回朝后的“乾坤大挪移”，各方面很快面目全非，我冷眼旁观，占问其年底前气运如何？为家人卦（䷤）三、上爻动，“上九”值宜变为既济卦，齐变则有屯卦（䷂）之象。公司之事他太熟，真的像回家一样，“九三”严持家法，“上九”“威如，终吉”，不会有事。我心气难平，再占确认，又得震卦“初九”爻动，有豫卦之象。“震来虩虩，后笑言哑哑，吉”，肯定屹立不摇，后果如是。

• 2010年11月中，我受邀赴常州授《易》一日，对象仍是当地政企人士。全部行程结束后，问此行成果，为震卦“初九”爻动，有豫卦之象。中心有主，生机勃勃，是成功的出击。

同年12月上旬，我为台湾文官学院的公务员在线学习计划，录制了十堂《易经》课程，占问成效，也是“遇震之豫”。当时预测2011年谋食气运，亦为“遇震之豫”。“洊雷震”，一波接一波的出击，湖湘行、北京精英班、慕尼黑授《易》，“利建侯行师”。

2011年5月下旬，我和几位师兄弟共赴武汉大学、长沙岳麓书院参访，发表了三场演讲，讲题涵盖《易》与儒释道的关系。回程时我问此行成果，又是“遇震之豫”，印证了谋食谋道的年运。

• 2009年5月下旬，我到宜兰罗东有事，中午在一间庙旁休憩，问十年前“九二一”大地震的根由，得出震卦“初九”爻动，有豫卦之象。

"震来虩虩，震惊百里"，完全切合灾情，不仅破坏中台湾地貌，也震垮了国民党当局，半年后民进党上台。

• 2010 年 9 月初，报上披露大科学家霍金否证上帝的存在，我问其说如何？为震卦"初九"爻动，有豫卦之象。"帝出乎震、万物出乎震"，芸芸众生自有主宰，确实不需要上帝。豫卦的《彖传》称："豫顺以动，故天地如之……天地以顺动，故日月不过，而四时不忒。"天地万物自然而然，如是而已。《大象传》所谓："殷荐之上帝，以配祖考。"也不是基督教观念中的上帝。

• 1998 年 3 月下旬，我问《中庸》的价值定位，为震卦"初九"爻动，有豫卦之象。"洊雷震，君子以恐惧修省。"《中庸》由天命人性谈到慎独："天命之谓性，率性之谓道，修道之谓教……是故君子戒慎乎其所不睹，恐惧乎其所不闻，莫见乎隐，莫显乎微，故君子慎其独也。"《易传》《中庸》关系密切，完全互为表里。

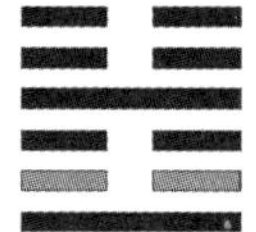

六二。震来厉，亿丧贝。跻于九陵，勿逐，七日得。

《象》曰：震来厉，乘刚也。

"六二"中正，阴柔乘于"初九"阳刚之上，深受震撼，危厉不安。"震"为政权保卫战，胜负难料之时，"六二"居下卦之中，为民间意见领袖，冷静评估变局，判断会丧失钱财，决定暂时退避。"跻于九陵"，为彻底安全计，干脆攀上最高的山峰，以远离灾区，切勿舍不得失财而逗留原地。在高峰处避风头，待七天后震荡平复，再下山重整，仍可失而复得。

"亿"为预测，《论语 · 先进篇》记子曰："赐不受命而货殖焉，亿则屡中。""赐"指端木赐，即子贡，不做官而从商，善于预测市场行情而获大利，蒙孔子嘉许。"贝"为古代通货，"丧贝"固有损失，只要经营能力仍在，形势转好时可再赚回来，不必逐欲而殉身。"七日得"，即"七日来复"，剥极而复之理，前文已一再述明。睽卦"初九"云："丧马勿逐，自复。"阳居阳位为正，假以时日可恢复正常。震卦"六二"中正，一时失财不足为虑，暂避后出山，仍可回复旧观。本爻变，为归妹卦（䷵），感情用事将一场空。

“跻于九陵”的做法，宁愿“丧贝”而不愿丧命，牺牲局部以保全整体，其实就是蜥蜴断尾求生的能耐。“九陵”居高临下，视野辽阔，除了自保安全外，还可通观大势，于转好后复出。需、讼二卦，当事者面临劣势时，主要是钻进地穴，安全固然无虞，却视界不清，难以全面掌握形势的变化，可能过早回场或错过复出的时机。“九陵”这种避难基地不可多得，平时就得准备好，以免临时登山道路拥挤上不去，最好还能多准备几个选项，以备不时之需。居安思危，人生当戒慎恐惧以行事。

国家政权危殆之际，成败不可知，民间富商巨贾为保本身利益，往往撤资避难，不大可能与当政者共存亡。这是人之常情，毋庸苛责，主政者不必心存幻想，当务实以对。

“九陵”为高峰绝顶，正是震卦后为艮卦之象，震、艮一体相综，行动时不能没有暂止的准备。二、三、四爻合成一艮卦（䷳），震中有艮，动静一如，行止有度。“艮”为止欲修行，当震惊天下的动乱来时，“跻于九陵”也象征登峰造极的修为定力，如此则未必须逃离现场，可镇静以对，化解灾难。

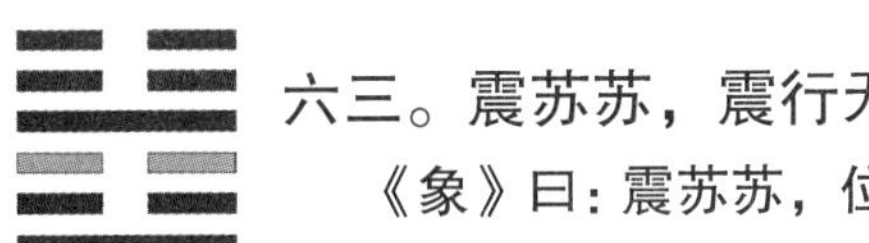

六三。震苏苏，震行无眚。

《象》曰：震苏苏，位不当也。

“六三”不中不正，经初震之后已饱受惊骇，手软脚软，而再震又将来临。这时不能坐以待毙，必须打起精神应变，看看能否找到一条出路。“眚”为欲望蒙蔽理智，视野不清而遭祸，行动时注意别犯错。本爻变，为丰卦（䷶），内离明、外震动，看准了再行动。

坎卦“六三”“来之坎坎，险且枕”，就地卧倒别乱动；震卦“六三”“震行无眚”，还得挣扎走脱，二者应变方式不同。

占例

• 1999年年底，台中的几位学生邀我去参访一处民间的佛教艺品搜藏馆，并建议组建习《易》同好的联谊会，我占问如何？为震卦“六三”爻动，有丰卦之象。“震苏苏，位不当也。”看来不行，不具备强大的行动力，遂未采纳。

九四。震遂泥。

《象》曰：震遂泥，未光也。

“九四”阳居阴位不正，一震再震，气势已衰，上下为二阴爻包夹，局部陷入泥沼般的坎险，所求未遂，难以自拔，故称“未光”。爻变为复卦（䷗），须善加调养，以恢复元气。需卦“九三”“需于泥，致寇至”；震卦“九四”“震遂泥，未光也”。三多凶、四多惧，人事奋斗若是艰难。

“九四”为执政高层，当国家陷入危难之际，软弱无能，不能纾解民难，为君分忧，这似乎为乱世常态。官家不可靠，商家思逃亡，“六五”身为震卦之主，压力沉重矣！

• 2011年年初，我作一年之计，问美国当年经济情势，为震卦“九四”爻动，有复卦之象。“震遂泥，未光也。”显然仍陷泥沼，疲软不振，其后果然如是。

• 2011年元月中，我与学生林献仁及温世仁长子温泰钧餐叙，席间占测台湾电子业一两年内的前景，为震卦“九四”爻动，有复卦之象。“震遂泥，未光也。”软趴无力，情势不妙。后果如是，到2012年更糟，宏达电、宏碁、明碁等明星厂商业绩大幅衰退，险象环生。

• 2004年12月中旬，我与工商建研会《易经》班的学生在极品轩聚宴，一位女生在东森集团任高干，由于王令麟家官非及债务缠身，颇有朝不保夕之感。她问继续干下去，前途如何？为益卦（䷩）四、五爻动，有噬嗑卦（䷔）之象。“六四”上承“九五”，仍可在噬嗑斗争中获益，还保留必要时迁徙的打算。

若自己出去做呢？为震卦“九四”爻动，有复卦之象。“震遂泥，未光也。”很难做出成绩，既然如此，暂时不动为宜。

• 2005年中，台中一位学生刚读完第一遍《金刚经》，占问该经宗旨为何？为震卦“九四”爻动，有复卦之象。“震遂泥，未光也。”我们在红尘浪里翻滚，嗜欲深而天机浅，所有色相都是虚妄，必须回复自性，才得重光。复见天地之心，我问《金刚经》要旨，为复卦“初九”，直

占例

指本心本性，已见前文。学生问则震卦"九四""未光"，揭破习染迷茫，易占开示，也是因材施教啊！

• 2009年8月中，我问台湾一位宗教名士的真实修为及志业，得出震卦"九四"爻动，有复卦之象。"震遂泥，未光也。"真是糟糕，自性不明，焉能渡众？

• 2011年3月6日，我去参见毓老师，之前问占得出震卦"九四"爻动，有复卦之象。"震遂泥，未光也。"老人家体气衰颓甚矣！心觉不妙，再确认为比卦（䷇）五、上爻动，"九五"值宜变为坤卦（䷁），齐变有剥卦（䷖）之象。比卦为坤宫归魂卦，"比之无首，无所终"，时不我与，"不利有攸往"。最后问怎么是好？为讼卦二、五、上爻动，"九五"值宜变为未济卦，贞悔相争成豫卦（䷏）。讼卦为离宫游魂卦，"九二""不克讼"、"上九""终朝三褫之"，皆不能亲近"九五"，老师危矣！果然当日没法深谈，两周后老师仙逝。

六五。震往来厉，亿无丧，有事。

《象》曰：震往来厉，危行也；其事在中，大无丧也。

"六五"居震卦君位，面临政权危殆之时，"九四"众臣软弱无能，"六二"信心不足出走，承担压力甚重，往来皆危厉不安。当政者预判大局，决心誓死捍卫主权。"无丧，有事"，即宗庙祭祀不绝，卦辞所谓"不丧匕鬯"，《彖传》所称固守宗庙社稷。王朝还存在时称"有庙"，史称有明一代、有清一代。萃、涣二卦卦辞称"王假有庙"，家人卦"九五"称"王假有家"。"六五"居上卦之中，这是继位之君最重要大的责任，故称"大无丧也"。

"六五"爻变，为随卦（䷐），震中有随，坚守主权底线，其他皆可弹性处置。"六二""丧贝"，金钱为身外之物，损失可以再赚；"六五"丧失政权，宗庙不再血食，亡国不可复存。国势衰弱，宁可赔款，也不能割地。外蒙独立，影响中华版图完整，为历史痛事。西藏、新疆、港澳台等，自然寸土必争。钓鱼岛纷争为搁置而非割让，南海资源开发，亦当做如是观。有土斯有财，有权就能有钱，有钱不一定有权，这是自古不易之理。美国的阿拉斯加购自俄国，所获利益何止万倍？丧权辱国，没有比沦丧土地更严重的，而收复失土，则受万民称颂。

《春秋》鲁庄公四年经文："纪侯大去其国。""大去"即亡国，意通震卦"六五"《小象传》称的丧大，有专指的意涵，不可随便乱用。蒋介石过世，蒋经国撰《守父灵一月记》，文中有言"父亲大去以后"，可谓严重误用。王作荣的自传《壮志未酬》中，也犯此错，皆因不明《春秋》大义所致。

䷲ **上六。震索索，视矍矍，征凶。震不于其躬，于其邻，无咎。婚媾有言。**

《象》曰：震索索，中未得也；虽凶无咎，畏邻戒也。

"上六"为震之终，历经动荡忧患，生命力已趋衰颓，呈现老态龙钟、暮气沉沉的模样。"索索"指手脚颤抖不停，"矍矍"为茫然惊顾貌，看不清做不动，当然征凶。垂垂老矣，震灾就算没降临本身，旁边人受难，也触目惊心。人老了看到一个个老友离世，大概也是这种感想。人老嘴碎，外事不成，老伴天天啰嗦抱怨，也够让人烦心。本爻变，为噬嗑卦（䷔），艰辛难受极了！

"六五"其事在中，"大无丧"；"上六""征凶"，"中未得"。虽凶无咎，因为畏邻戒，兔死狐悲，前车之鉴应当记取。

综观震卦六爻，叠声字用得最多：虩虩、哑哑、苏苏、索索、矍矍。凡震必有余震，动荡不已。震卦运用于身心保健，除了为足外，也是心搏之象。"震来虩虩"，恐惧时心跳加速；"震往来厉"，心脏负荷大；"震苏苏、震索索、震遂泥"，心律不齐，心脏衰弱无力，心肌梗塞。

占例

• 1991年11月初，我任职的那家出版公司股争炽烈，董事会召开在即，彼此你来我往过招，不断沙盘推演，我问吉凶对策？为震卦"上六"爻动，有噬嗑卦之象。"震"为主权争夺，"噬嗑"则弱肉强食，公司跟老板衰弱甚矣，不好应付。

• 2011年8月下旬，我们一家四口准备赴希腊旅游，女儿在出版社上班三年，过劳倦勤，问继续待下去如何？为震卦"上六"爻动，有噬嗑卦之象。"震索索，视矍矍，征凶"，生趣已无，当作辞离的打算。

若再待到翌年3月辞职如何？为乾卦（䷀）初、五、上爻动，贞悔相争成恒卦（䷟），"上九"值宜变为夬卦。夬、乾为阴历三、四月，结

果她待到阳历五月初离职，卦象应验。

• 2011年7月初，毓老师仙逝百日纪念会在台大尊贤会馆举行，发起人会议报告工作，票选出筹备委员，由三位学长致追念词，还安排了老师晚年授课的录像播放等，流程颇紧凑。我占问老师的“现况”，为震卦“上六”爻动，有噬嗑卦之象。老师命尽归天矣！再问老师若有知，看到我们办的纪念会作何评量？为震卦“九四”爻动，有复卦之象。“震遂泥，未光也”，后生劲道不足，还大需改进，才能任继往开来之责。

• 2012年元旦我作一年之计，推算世界列国的情势，其中朝鲜为震卦“上六”爻动，有噬嗑卦之象，而韩国则为不变的益卦。朝鲜可能绝对有政权延续的危机，主少国疑，内外皆有嗜血斗争的可能，而韩国会因此获益？耐人寻味的是：美国为噬嗑卦“六三”爻动，有离卦之象；英国为离卦“九三”爻动，有噬嗑卦之象；日本为噬嗑卦初、四爻动，有剥卦之象。这么多“噬嗑”之象，杀气如此之盛，令人心惊。美国“噬腊肉”，大吃小，何所指呢？英国“日昃之离”，日不落帝国渐趋日落。日本持续不振，“不利有攸往”。

震卦多爻变占例之探讨

以上为震卦卦、彖、象及六爻的理论解析与占例说明，往下继续探讨多爻变的情形。

占事遇卦中任意二爻动，若其中一爻值宜变，为主变数，以该爻辞为主论断。若皆不值宜变，以本卦卦辞卦象为主，亦可参考二爻齐变所成之卦辅助占断。

• 2006年10月初，我参加一群媒体女记者的夜宵宴，除了聊时事外，也话个人婚姻事业的家常。其中一位女生仕途颇有经历，感情却无依归，占问她翌年的婚姻路，为震卦初、四爻动，有坤卦（䷁）之象。“震”为阴阳交动之象，“初九”有戏，“九四”则疲软，坤卦时值阴历九月间，与某术士预言的一样。后来差不多就是如此，未能成局。

• 2009年4月下旬，我在富邦集团的课告一段落，刚讲完《黄帝阴符经》，后续开什么课呢？刘劭的《人物志》？为震卦初、四爻动，有

坤卦之象。一鼓作气，再而衰，恐怕没法持续。佛经呢？为不变的蹇卦，也是困顿难行。后来还是先讲《人物志》，只一卷即终，换讲《金刚经》，虽也辛苦，一直持续接讲佛经至今。

• 2010 年 9 月中旬，我赴南德慕尼黑授《易》，也参加他们办的一场降神似的法会。《金刚经》的梵唱悠扬，我闭目体会，然后起占，问有鬼神降临否？为震卦初、四爻动，齐变有纯阴的坤卦之象。震卦“初九”生动有活力，是在场人众；“九四”遂泥未光，为游魂漂浮空中而不可见。《焦氏易林》“遇震之坤”的占词为：“旦生夕死，名曰婴鬼，不可得祀。”来的还是夭折的婴灵，没法和其父母一同享有祭祀。

《金刚经》的超度有效吗？为萃卦“六二”爻动，恰值宜变成困卦。“引吉，无咎，孚乃利用禴。”诚心薄祭，即可接引超度，有其功德。

2009 年 9 月初，时值中元祭祖，夜里我在学会道场上课，占问可有不速之客至？也得出震卦初、四爻动，有坤卦之象。显然来了不少听经，当然我也欢迎，只是收不到束脩，就算它们要给，我也不敢收啊！

• 1997 年 9 月底，其时正当亚太金融风暴肆虐之际，我预占 1998 年内地的情势，为震卦初、五爻动，齐变有萃卦（䷬）之象。内地萃聚资源，震荡中屹立不摇。“初九”“震来虩虩”，后“笑言哑哑，吉”，基层经济强固；“六五”“震往来厉，大无丧”，领导中心坚持主权，应对无碍。

• 1996 年 9 月中旬，我预占 1997 年台湾的政经情势，为震卦初、三爻动，齐变有小过卦（䷽）之象。当年年初，李登辉发动冻省、废省事变，宋楚瑜成了“末代省长”，愤而请辞待命，造成政局的动荡不安。“初九”“震来虩虩”，“六三”“震苏苏”，下卦地方政情尤其不稳。小过卦“可小事，不可大事”，有大坎（☵）之象，为相当不平静的一年。易占见迹兆于先，是何道理？

• 2009 年 10 月上旬，我在工商建研会的课堂上，大家又提起 2012 年玛雅文明有关世界浩劫的预言，当时即占会成真否？为震卦三、四爻动，“九四”值宜变为复卦，齐变成明夷卦（䷣）。“震苏苏”到“震遂泥”，“位不当”到“未光也”，所指何意？明夷卦“利艰贞”，震卦则“恐惧修省”，一切小心为要。2012 年末季，中、日间钓鱼岛风波再起，伊斯兰世界爆发反美狂潮，世局动荡不安，应验了震卦三凶四惧的占象。

• 2012 年元月上旬，大科学家霍金预言百年内人类难免核战，须及

早准备移民外星球。我问此说确然否？为震卦三、五爻动，齐变有革卦（䷰）之象。移民外星呢？为临卦（䷒）初、二爻动，有坤卦（䷁）之象。“遇震之革”，地球遭遇重大变故，“震苏苏”，“震往来厉”，真有核战吗？“遇临之坤”，咸临于新天地？临卦《大象传》称：“泽上有地，君子以教思无穷，容保民无疆。”集体移民到无穷无疆的太空以避难，开展新生活。

• 2009年7月中旬，我问《六祖坛经》的旨趣为何？为震卦初、二爻动，齐变有解卦（䷧）之象。“帝出乎震、万物出乎震”，震卦即众生皆有的自性，恐惧修省乃得，能生万法；解卦“赦过宥罪”而获解脱，“遇震之解”，坛经教人摆脱习染，深悟自性。震卦“初九”象征自性，“六二”柔乘刚为习染，“勿逐七日得”，勿逐外欲，七日来复见真心。六祖惠能承受衣钵后，遭人追杀，天涯亡命十余年，才出山说法的历程，也恰似初、二爻所述，震卦不是接班人吗？

• 1993年10月初，我第一套《易经与现代生活》的书完稿，出版公司的高干同事劝我自己投资、委托公司代销，以免公司股争有变，不好善后。我听了心中一动，占问这么做的吉凶，为比卦（䷇）“初六”爻动，有屯卦（䷂）之象。“有孚盈缶，终来有它吉。”再问维持原议，抽版税让公司出版如何？为震卦三、上爻动，齐变有离卦（䷝）之象。“震苏苏”，“震索索……征凶”，小心主权不保。当下决定自费出版，委托代销。几年后，依此原则处理公司欠我的债务，也印五千部以货抵债，多少降低了工作多年的财务损失。

• 2011年9月中旬，我赴德授《易》毕，主办单位的负责人问我：某友人想向他们借钱，扩充自己的脸书版面，动漫卡通化云云，合适借吗？我占得震卦四、上爻动，“九四”值宜变为复卦，齐变则有颐卦（䷚）之象。“震遂泥，未光”，“震索索……征凶”，当然不能借。

三爻变占例

占事遇卦中任意三爻动，以本卦为贞，三爻齐变所成之卦为悔，称贞悔相争，合参两卦卦辞卦象为断。若三爻中一爻值宜变，为主变数，加重考虑其爻辞。

• 2010年6月初，一位朋友占问世界经济的展望，为震卦初、四、上爻动，贞悔相争成剥卦（䷖），“上六”值宜变为噬嗑卦。金融风暴冲击经济，一波未平，一波又起，“震来虩虩、震遂泥、震索索”；噬嗑卦弱肉强食，剥卦则“不利有攸往”。虽非末日，也糟透惨透！

• 2010 年 9 月初，我问原出版公司老板往后十到二十年的气运，为震卦初、四、上爻动，贞悔相争成剥卦，“上六”值宜变为噬嗑卦。“遇震之剥”，“震来虩虩、震遂泥、震索索”，一蹶不振，衰败至此，也是其来有自。

远在 1995 年元旦时，我作一年之计，就算过当年与他的后缘，以及“政变”半年多后的应对方式。占象为震卦初、四、五爻动，贞悔相争成比卦（䷇）。“遇震之比”，动荡中尽量维持表面的合作关系，情势已非，不吃眼前亏。

2010 年 12 月下旬，我问天文物理上的“暗物质”是什么？也是“遇震之剥”。宇宙中充满了大量的暗物质，无法用电磁波观测到，只能通过重力效应而得知。“震遂泥，未光也”，“震索索，视矍矍”，形容得真切啊！人性的黑暗面也是这样吗？

• 2010 年 10 月下旬，我参加《孙子兵法》研究学会的会议及聚餐，会长想另成立基金会，广辟财源，其中一项议题为原理监事以贷款方式认捐，争议不小。我占问这合适吗？为震卦二、三、上爻动，“六三”值宜变为丰卦，贞悔相争成大有卦（䷍）。“大有”是希望大家都参与拥有，“震”为主权，这非常不合适。“震来厉，亿丧贝”，会把人吓跑；“震苏苏、震索索”，学会只会更弱。我和另一位副会长当然没有参与，之后似乎也运作不顺，这是意料中事。

• 2011 年 7 月初，我问当月的运势，为震卦初、三、五爻动，贞悔相争成咸卦（䷞）。“震”为足，行脚四方，“咸”为感，“亨利贞”。北京的首届大易课开班，隔周跑一次；《鹅湖月刊》在林口师大校区办的东亚青年儒学营，我主讲《易传》，并邀内地大学生来学会参访；月底到台南文化中心，清凉音公司录制两整天《易经与经营管理》光盘；月初毓老师仙逝百日纪念会，筹备成立奉元学会等等。

• 2010 年 8 月上旬，我到学生新开的特色养生餐厅试吃，花费上千万装潢的支出，令人咋舌，我在桌面下暗占前景，为不变的姤卦，已于前述。另一位受聘于他的年轻学生告诉我，曾占问开业吉凶，为大过卦（䷛）“初六”爻动，恰值宜变，成夬卦（䷪）。“藉用白茅，无咎。”大过卦超负荷，其初至四、初至五爻皆互成姤卦（䷫），而大过卦“初六”

三爻变占例

都相当姤卦“初六”之时位，五阳下一阴生，危机之象明显。两占其实类似，我心中琢磨，再问可有生机？为震卦初、三、四爻动，贞悔相争成谦卦（䷎）。“初九”开张，“六三”“震苏苏，位不当”，“九四”“震遂泥，未光也”。欲振乏力，前景不妙。果然没经营太久，因客源不足，而关店转型。

四爻变占例

占事遇卦中任意四爻动，以四爻齐变所成之卦的卦辞卦象为主，若其中一爻值宜变，稍加重考虑其爻辞论断。

• 2011 年 2 月底，我问男人的魅力何在？为震卦初、三、四、五爻动，“九四”值宜变为复卦，四爻齐变成蹇卦（䷦）。“震”为中心有主，积极行动，饱历事变而不惊惧，所谓男大要闯，魅力即在于此。女人魅力为姤卦“九五”、老人魅力为“遇夬之升”、小孩魅力为井卦“上六”，皆见前文论述。

扫码聆听刘君祖老师亲自讲述大易之道

——逐字逐爻详解易经六十四卦

52. 艮为山（䷳）

艮为《易经》第五十二卦，前为震卦，后接渐卦。《序卦传》称："震者，动也。物不可以终动，止之，故受之以艮。艮者，止也。物不可以终止，故受之以渐。渐者，进也。"动极转静，静极思动，停止久了不宜骤动，须缓和渐动。

《说卦传》第五章称："成言乎艮……艮，东北之卦也，万物之所成终而所成始也，故曰成言乎艮。"第六章云："终万物始万物者，莫盛乎艮。"后天八卦方位，由东方之震卦起，环绕一圈至东北的艮卦终，艮止后再接震动，故有终而复始之义。人奋斗一生，究竟成就何事？又能造就多少人接着干下去？完全看当事者止欲修行的成果，嗜欲愈浅，天机愈深，成功不必在我，盛德大业至矣哉！

前述震中有艮，其实艮中亦有震，艮卦三至五爻即为震卦。动中有静，静中有动，静极思动，动极转静，全合自然之理。"震"为入世积极行动，"艮"为暂时出世，以净化心灵。任事须修动中定，才能处变不惊；清修须有丰富人生历练，才不致蹈空务虚。"震"为红尘浪里，"艮"为孤峰顶上，动静行止，实为一体两面，密不可分。《杂卦传》称："震，起也；艮，止也。"

依民间流传"三元论命"的说法，现在即处于艮运的二十年中期，各种调养身心灵的"庙业"兴旺。"艮"居东北方，不少修道人觅道场，还刻意找东北胜境，我于 2005 年间，曾会晤一位内地来的毛老师，专修金刚法门，出生于东北地区，也以"东北先生"为号。我们有共同的学生，当时安排了一场小众会谈，作易理与金刚心法的交流，彼此都受益良多。毛先生提倡一种走路的修行法，震为足，与艮一体相综，我们举手投足之时，就可收摄心神、开发自性，于易理可通。

按"三元论命"之说，艮卦之前二十年，为兑卦当令，再之前二十年为坎卦，影响全世界的气场，而形成时代风潮。半世纪以前，二战结束没太久，民生维艰，大家拼命劳动挣生活为“坎”；到逐渐富裕后，开始重视感官逸乐，期望表现自我为“兑”；乐极又觉空虚，转而追求心灵清净为“艮”。“艮”之后二十年为离卦，继续光明，照亮天下四方。八十年的气运，由坎而兑、而艮而离，兑、艮相错，坎、离相错，或疾或徐，完成了脱胎换骨的大变化。人苦也苦过、乐也乐过、修也修过，最后赢来亮丽光明，似乎是皆大欢喜的格局。“艮”为上山苦修，“离”为人间乐行，未来世势变迁，真会这样吗？

“艮”为山为阻碍，“艮”为止，遇阻则止，势所必然。我们一生会遭遇种种障碍，其实皆源于与生俱来的各种欲望，若能成功止欲，则了无挂碍。《心经》称：“无挂碍，故无恐怖，远离颠倒梦想，究境涅槃。”

艮其背，不获其身；行其庭，不见其人。无咎。

艮卦卦名直接卦辞，作艮止的动词用，“履虎尾、否之匪人、同人于野”，都是这种修辞方式，前文已详述。“艮其背”，止欲得先从背对诱惑、面壁苦修开始。“不获其身”，修到好像自己的肉身不存在，自然痛苦及欲求也得超脱。《老子》第十三章称：“吾所以有大患者，为吾有身，及吾无身，吾有何患？”欲、色、身为祸患之源，无身自然无患。《金刚经》屡称：“无我相，无人相，无众生相，无寿者相。”“我相”为一切执著之本，“不获其身”，即“无我相”，“不见其人”，即“无人相”。“艮其背”，内修有成，行于大庭广众中，待人接物，亦不受外境干扰，故称“不见其人，无咎”。“不获其身”，为静中定，“不见其人”，为动中定，修得内心恒常清净，行住坐卧，都能如如不动。《大学》称：“知止而后有定，定而后能静，静而后能安，安而后能虑，虑而后能得。”儒释道皆重修明心性，各有精纯功夫。艮卦卦爻所示的修行步骤，深受佛教人士推许，认为相当于一部《法华经》。七万字的《法华经》，教导众生成佛，六十字的艮卦经文，涵括尽尽。“成言乎艮”，“终万物始万物者，莫盛乎艮”。

八卦卦辞，乾、坤二卦称“元亨利贞”，离卦称“利贞亨”，兑卦称“亨利贞”，震卦称“亨”，坎卦称“维心亨”，巽卦称“小亨”，唯独艮卦全无“元亨利贞”，亦不称“吉凶悔吝”，只强调“无咎”。止欲以改过，善补过则无咎。《系辞下传》第十一章称：“惧以终始，其要无咎，此之谓《易》之道也。”震卦恐惧修省，艮卦终始盛德，大易之道，就在行止动静之间啊！

《彖》曰：艮，止也。时止则止，时行则行，动静不失其时，其道光明。艮其止，止其所也。上下敌应，不相与也，是以不获其身，行其庭不见其人，无咎也。

艮卦非绝对静止不动，而是随时定其行止，该止则止，该动则动，如此切合时机时势，前途必然光明。“艮其止”，可能是“艮其背”，止于其所该止。艮卦上下两山对峙，相应爻位皆不相与，有为敌之象。两岸过去长期的隔海对峙，互不往来交流，即有此意。

《象》曰：兼山，艮。君子以思不出其位。

上下内外皆艮，故称“兼山艮”。君子观此自然现象，懂得谨守本分，各尽其责。《论语·宪问篇》：“子曰：不在其位，不谋其政。曾子曰：君子思不出其位。”《易传》和孔门关系密切。守位的思想并不消极，人人守分，在其位必谋其政，自然各得其所。这正是大学之道止于至善的观念：“子曰：‘于止，知其所止……为人君，止于仁；为人臣，止于敬；为人子，止于孝；为人父，止于慈；与国人交，止于信。’”人际许多是非纷争，即由没有分寸、不知止而来，根柢还是欲望作祟。

震卦强调出，“帝出乎震、万物出乎震”，“出”可以守宗庙社稷，以为祭主；艮卦则称“不出”，“思不出其位”，运用于养生，则为意守，随着意念关注，调节体内真气的运行。

• 1993 年 12 月上旬，我将出版公司经营得红红火火，业绩扶摇直上，雄心陡起，占问翌年进军内地市场的可能性如何？竟得出不变的艮卦，怎会如此不可为呢？再问放长线钓大鱼呢？例如 1995–2000 年可突破吗？为剥卦“上九”爻动，恰值宜变成坤卦。“硕果不食，君子得舆，小人剥庐。”不到半年后，公司政变，面目全非，卦象不幸言中。

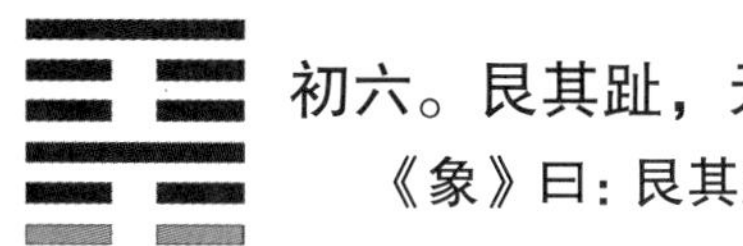

初六。艮其趾，无咎。利永贞。

《象》曰：艮其趾，未失正也。

艮卦卦辞称“不获其身，不见其人”，六爻爻辞则全从人身取象。“初六”为艮之初，以脚趾为喻，教人立定脚跟，勿轻举妄动，方可无咎。坤卦“用六”称：“利永贞。”艮卦“初六”修定之始，顺势用柔，厚德载物。本爻变，为贲卦（䷕），“文明以止，观乎人文，以化成天下”。

六十四卦中，咸、艮二卦的六爻，全从身体取象，二者关系密切。咸卦探讨人体各部位的感受和反应，感触太敏锐，会带来伤害及痛苦；艮卦几乎是针对咸卦立论，教人如何止痛及避免伤害。据此深入研究，对人体身心结构会有许多发现，易理通于生理、病理、医理、药理，武术及养生都与之有关。

• 2004年4月下旬，我占问这辈子与台湾的缘分，为艮卦“初六”爻动，有贲卦之象。“艮其趾，无咎，利永贞”，“未失正也”。生于斯长于斯，不宜远离，真是夙缘深厚无比。人得站稳立场，行己之正，爻变贲卦，为人文化成，应是我的夙命。同时有算与内地的缘分，“遇萃之节”，已于萃卦三爻变占例中说明。两相对照之下，一切了然于心矣！

2011年10月中旬，我在西藏旅途中，对此问题又占问一次。时隔七年半，变为革卦（䷰）初、三爻动，齐变有萃卦（䷬）之象。台湾的发展遭遇瓶颈，须思变革突破，“九三”“革言三就，又何之矣”。“萃”为精英相聚、人文荟萃，咨尔多士，当为民前锋。

同时占问：后半生与内地的缘分为何？得出蛊卦（䷑）二、三、四爻动，贞悔相争成晋卦（䷢）。内地经济发展有大突破，文教方面仍须重大改革，晋卦日出东方，“自昭明德”，“遇蛊之晋”，看看我能尽多少心力吧！

六二。艮其腓，不拯其随，其心不快。

《象》曰：不拯其随，未退听也。

“六二”上承“九三”，小腿随大腿而动，不能自主。“九三”躁进，痛苦不堪，“六二”跟随受祸，身体的痛苦，引发心理上的不愉快。组织中僚属对刚愎自用的长官亦然，力劝也不会听从，只能舍命相陪，人在江湖，身不由己啊！“六二”爻动，恰值宜变成蛊卦（䷑），受传染而事败矣！“遇艮之蛊”，受蛊惑而不能自持，情欲用事，不肯退听理智的劝告。

• 2011 年 2 月下旬，我的儿子参加大学学测，成绩不太理想，我问他可推征上政治大学财经五系否？为艮卦“六二”爻动，恰值宜变成蛊卦。“艮其腓，不拯其随，其心不快”，果然没上，难受已极。

当时替他有些沮丧，再确认仍不好，一为晋卦（䷢）四、上爻动，有坤卦（䷁）之象，已见前文；一为噬嗑卦（䷔）初、四爻动，有剥卦（䷖）之象。通通不行，上不了就是上不了。

最后问他考大学究竟能否顺利？为同人卦（䷌）“九五”爻动，有离卦（䷝）之象。“同人，先号咷而后笑，大师克相遇”，“离”为光明之意。7 月初，再接再厉参加指考，终于考上政大会计系。

• 2002 年年底，我占翌年运势，得出不变的剥卦，已见前文。当时心有未甘，几天后复核再占，为艮卦“六二”爻动，恰值宜变成蛊卦。不由自主，身心不快，2003 年的实情真是如此，怎么算都一样。

• 2004 年 11 月下旬，学生林献仁面临职场上去留的考虑，IBM 公司要派他去北京任职，他不想去，占问若去如何？为艮卦“六二”爻动，恰值宜变成蛊卦。“艮其腓，不拯其随，其心不快”，这么勉强，还是算了！

若决定不去，台湾又无恰当职位，如何定夺？为贲卦（䷕）“上九”爻动，有明夷卦（䷣）之象。“白贲无咎，上得志也。”就从 IBM 的职场退休吧，又不是世界末日。他后来去了英业达任副总，因此结识温泰钧，开启了人生另一段崭新的机缘。

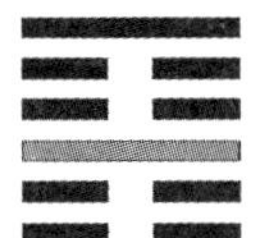

九三。艮其限，列其夤，厉熏心。

《象》曰：艮其限，危熏心也。

“九三”过刚不中，不愿止之于下，上下为二阴包夹，为艮中有坎险之象，发展遭遇极大障碍，不易突破。“限”为人身上下分界之处，约当腰际，“夤”为夹脊，即咸卦“九五”“咸其脢”之“脢”。人体各部位息息相关，腰杆僵硬，会牵动背脊酸痛，像要裂开来一般，腰背的不适，又会影响心情，仿佛烈火烧心般痛苦难耐。“列”即断裂的“裂”，“夤”有攀附夤缘之意，“裂其夤”，断了上进高攀之路。本爻变，为剥卦（䷖），资源流失，“不利有攸往”。

坎卦“九五”为险中有阻，艮卦“九三”为阻中有险，都是人生复杂险恶之境。坎五资源丰厚，尚足应付无虞；艮三资源流失，更是岌岌可危。

“艮其限”的“限”、“未退听”的“退”，字中即有“艮”，停止之意明确。

占例

• 2010 年 6 月下旬，美国控告明碁公司违反托拉斯法，李焜耀不服，决定花大钱打官司到底，我占其前景如何？为艮卦“九三”爻动，有剥卦之象。“艮其限，列其夤，厉熏心。”应该绝无胜理，李为人刚愎不屈，性格决定命运，亦无奈也。2012 年 3 月中旬，初审宣判，罚款十亿美金，两位滞美难归的老总还判重刑。当年 7 月中旬，李被迫改变态度，民事方面达成和解，与其他面板厂同意支付 5.43 亿美金，以消灾厄。

• 2003 年 4 月下旬，我在徐州路授课，遇《中国时报》育乐公司负责人吴林林，才知她刚动过直肠癌手术，问康复前景如何？为艮卦“九三”爻动，有剥卦之象。“艮其限，裂其夤，厉熏心”，相当辛苦，得小心应付。后来她去上海找名医邱教授疗治，病情大致稳定，但事业上就再难进展了！ 2000 年 4 月初，我们一行人赴日游览，居酒屋中占算其未来，得出家人卦，回家休养已有征兆矣！

2010 年 4 月中旬，我二姐也罹患直肠癌初期，要开刀，我问前景，亦为“遇艮之剥”；再确认，为剥卦“上九”，爻变成坤。“艮其限，裂其夤，厉熏心”，当然痛苦之至；“君子得舆，小人剥庐”，又是生命修为的考验啊！开刀基本上顺利，要看以后的复元调养了。

六四。艮其身，无咎。

《象》曰：艮其身，止诸躬也。

“六四”熬过“九三”的难关，进入上卦，全身已控制得宜，不会有什么毛病。《彖传》所称“不获其身”，内修已成，开始“行其庭”，在外任事。大学之道，先诚意正心修身，再齐家治国平天下。艮卦初至四爻，身修之后，开始治国。“躬”为反躬自省，直立曰身，屈身谦卑为躬，至此已能屈伸自如。“六二”、“九三”则否，腰、腿、背皆僵硬不通，身心不调。本爻变，为旅卦（䷷），修行过程而已，并非究竟。

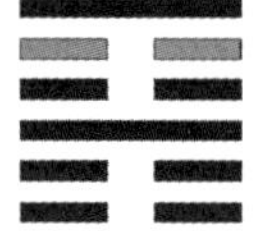

六五。艮其辅，言有序，悔亡。

《象》曰：艮其辅，以中正也。

“六五”居艮卦君位，发言必须审慎，“辅”为口辅，不随便说话，一说必有伦有序，如此则可使悔憾消亡。《论语·先进篇》记孔子赞美弟子闵子骞：“夫人不言，言必有中。”庄重君子，必定谨言慎行。《老子》第五章云：“多言数穷，不如守中。”第五十六章称：“知者不言，言者不知。”都是处世箴言。“六五”爻变，为渐卦（䷴），从容冷静，循序渐进，重视团队精神。“六五”为君位，发号施令重言；“六四”为辅政大臣，秉承上意上言，身体力行。

• 1999年11月下旬，我们学会在台北乌来乡办研习营，跨世纪将至，我问所有学生资源的评估，为艮卦“六五”爻动，有渐卦之象。“艮其辅，言有序，悔亡。”发表论文或出言表述，渐成气候，已有雁行团队之相。

• 2001年9月下旬，震惊世界的“九一一”恐怖攻击刚过，我学生的女儿还好无碍，考虑离开纽约，转赴香港工作，占问吉凶如何？为艮卦“六五”爻动，有渐卦之象。由“艮”而“渐”，宜于从容安排就绪，不必太急切。若仍留纽约一段时日呢？为夬卦（䷪）初、五爻动，“九五”值宜变为大壮卦，齐变则有恒卦（䷟）之象。夬卦“不利即戎，利有攸往”，“初九”先别躁动，“九五”料理好一切后再行动。她依此行事，顺利转职至香港。有关此事的始末，前文鼎卦三爻变占例中，已有详细说明。

上九。敦艮，吉。

《象》曰：敦艮之吉，以厚终也。

“上九”居艮卦之终，一路辛苦修行，已成功超越障碍，登峰造极。“敦”为仁厚稳重，《中庸》称“大德敦化”，临卦“上六”“敦临”、复卦“六五”“敦复”，已申明其义。“敦”至少是五爻以上的实修境界，四爻以下办不到。“上九”爻动，恰值宜变为谦卦（䷎），天地人鬼神都福佑，亨通有终。

艮卦前五爻止欲苦修，爻辞皆称“艮其”，刻意下工夫；上爻修成，“敦”中含“艮”，渣滓浑化，圆融无碍矣。这和贲卦很像，前五爻皆称“贲其”，色相习染未脱；“上九”称“白贲”，“白”中含“贲”，返璞归真。

以佛教修行来说，初至五爻消身、口、意诸业；“上九”功德圆满，肉身成道，与造化合一。震、艮二卦，六爻皆有卦名，表示人生不可能脱离动静行止，得随时随地用心参证。

结合咸、艮二卦考虑：“艮其趾”针对“咸其拇”，感应求其细腻敏锐，定心法门不二；“艮其腓”对治“咸其腓”；“艮其限、裂其夤、厉熏心”，则统合“咸其股、朋从尔思、咸其脢”一道对治；“艮其身、艮其辅”，克治“咸其脢、咸其辅颊舌”；“敦艮吉”，全无咸感之伤，彻底解情欲的纠缠。“咸”为自然的被动承受，“艮”为理性的人为预防。

•1993年11月下旬，我经营出版得心应手，公司上下士气如虹，大有中兴之势。我问全年四亿台币的业绩目标能达成否？为艮卦“上九”爻动，恰值宜变成谦卦。“敦艮吉，以厚终也。”年底将士用命，冲出四亿多的最高业绩，目标圆满达成。

•2011年12月下旬，我问翌年“谋道”如何？为艮卦“上九”爻动，恰值宜变成谦卦。“敦艮吉”，“谦亨有终”。还可超越往昔之境，更造巅峰之成就。

• 2010 年 3 月下旬，我问十年后日元的价位，为艮卦“上九”爻动，恰值宜变成谦卦。“敦艮吉，以厚终”，居高不落。二十年后呢？为豫卦“九四”爻动，有坤卦之象。“由豫大有得，志大行也”，还是红红火火。看来几十年前日美商战，美国逼日元升值，早已超升过头，与其经济不振的现况并不相应。

• 2011 年 10 月上旬，我问净土宗所称的“带业往生”为何意？为不变的蛊卦。“蛊”为积习难改，确实夙业未消。“消业往生”为何意？为艮卦“上九”爻动，恰值宜变成谦卦。“敦艮吉，以厚终也”，业障尽消，功德圆满。

艮卦多爻变占例之探讨

以上为艮卦卦、彖、象六爻之理论及占例说明，往下继续探讨多爻变的情形。

占事遇卦中任意二爻动，若其中一爻值宜变，为主变量，以该爻辞论断；若二爻皆不值宜变，以本卦卦象为主，亦参考二爻齐变所成之卦而论断。

• 2011 年 10 月中旬，我与友人赴西藏游览，顺利进至珠穆朗玛峰的基地营，当日晴空万里，世界第一高峰的巍然雄姿尽现眼前。我占其气势，为艮卦三、上爻动，齐变有坤卦（䷁）之象。超越“九三”的小山群，昂然屹立“上九”的巅峰，情景全合。

其旁不远，有红教供奉莲花生大士的绒布寺，大概是世界最高的庙宇了，我进去参观后占其气势，为不变的谦卦。天地人鬼神皆福佑，亨通有终。

两天后，我们又至纳木错圣湖游览，冰湖涌浪，气象万千，占得艮卦三、上爻动，有坤之象，与珠峰全同，毫不逊色。

十一天前，我在青海西宁塔尔寺参观时，问宗喀巴大师的修为境界，为艮卦三、上爻动，有坤卦之象。潜心止欲修行，经“九三”“厉熏心”之苦，终成“敦艮吉”的巅峰之境。

2012 年 4 月中，一位女学生在我上课时，以手机占算我这辈子修行得成否？“遇艮之坤”，没问题，可超越巅峰，远离颠倒梦想，究竟涅槃。

• 2010 年 7 月中旬，我问欧元区十年后的国际影响力，为艮卦三、上爻动，有坤卦之象。欧债问题严重，会经历“熏心”之苦，但终能克服而得善终。

2011 年 9 月下旬，富邦金控所投资的运动彩券公司出了弊案，这种内神通外鬼之事，冲击不小。我在富邦课堂上占算严重性，为艮卦三、上爻动，有坤卦之象。坤卦为阴历十月，艮卦为阴历九月底、十月初，两个月内会熬过痛苦而获善终，后果如是。

• 2011 年 4 月上旬，我占问 5 月下旬赴武汉大学、长沙岳麓书院参访交流的成效，为艮卦三、上爻动，有坤卦之象。经历辛苦，终可成就，不必担心。

• 1994 年 5 月初，我在出版公司掌舵的最后半月，老板的心腹黄某人游说我，说他占得老板的气数未尽，在夏末秋初时有复起机会。我回来占问确实否？为艮卦三、四爻动，“六四”值宜变为旅卦，齐变为晋卦（䷢）。“遇艮之晋”，由“危熏心”到“艮其身，无咎”，是有机会。旅卦节气值阴历四月初，正当其时，几天后，老板即回朝掌权，真的又苟延残喘了好些年，当然公司也跟着陪葬。

风声鹤唳下，我问对直销部门如何安稳为宜？为艮卦初、二爻动，“初六”值宜变为贲卦，齐变为大畜卦（䷙）。“艮其趾，无咎”，“艮其腓，不拯其随，其心不快”，安稳不易。人在江湖，身不由己啊！

老板终于发动绝地大反攻，通知召开董事会，大股东邀高干在著名的馥园餐厅聚宴，我问吉凶，为艮卦二、五爻动，齐变有巽卦（䷸）之象。“艮其腓，不拯其随，其心不快”；“艮其辅”，事涉老板君位利益，当谨言慎行。艮卦上下敌应而不相与，看来难成，后果如此，大股东临战缩手，我们成了两头不是人，只有任实力者宰割。

• 2010 年 9 月上旬，我在《联合报》的《易经》课堂上讲艮卦，有新学员问占，她女儿自幼有学习障碍，几乎不跟人交谈，未来会如何云云。她自己占得艮卦三、四爻动，“六四”值宜变为旅卦，齐变有晋卦之象。“遇艮之晋”，有机会突破障碍，将来再进一步至“六五”，“言有序，悔亡”，母亲不必太过担心。

• 1997 年 4 月下旬，我以占解《易》，问履卦“上九”爻辞“视履考祥”的真义为何？得出艮卦五、上爻动，齐变有蹇卦（䷦）之象。“视履考祥”，实干成功后，回顾来时路，全程历尽，方知如是因果。艮卦止欲修行，攀登巅峰后，反思修省，亦当如是。

2012 年元月中，听到熟悉的学生夫妇有人罹癌，相当难过，顺便为翌日全家年度体检是否平安占卦，得出艮卦五、上爻动，有蹇卦之象。“艮其辅、敦艮吉”，应无问题，倒可放心。

• 2007 年 8 月下旬，我问跟我习《易》四年的楼园宸中医师的医术，以及未来发展，为艮卦四、上爻动，“六四”值宜变为旅卦，齐变成小过卦（䷽）。“艮其身，无咎”，应为已造之境；“敦艮吉”，未来尚可大成。

• 1998 年 2 月中，我刚看完一本《科学的终结》，问其立论正确否？为艮卦四、上爻动，“六四”值宜变为旅卦，齐变成小过卦。作者认为科学已近终结，看到的是艮止其身，其实“敦艮吉”，未来还有更高的突破，轻易下断语，不知一山还有一山高啊！

• 2008 年 11 月初，我准备在台中老学生班上开讲《春秋》，因招收新生故，计划一再变更，我问最后修正案顺利否？为艮卦初、上爻动，齐变有明夷卦（䷣）之象。“艮其趾，未失正”，到“敦艮吉，以厚终”，修定案可以了。实施一年半后，差不多了，便改讲佛经。

• 2008 年 11 月中旬，我在扶轮社演讲认识的一对夫妇有官非，他们约我占看吉凶。当年年底即初审判决，情势不妙。我占也是如此，为艮卦二、四爻动，齐变有鼎卦（䷱）之象。“艮”为重重阻碍，“六二”“艮其腓，不拯其随，其心不快”；“六四”“艮其身”，拘限其身，以官司来说，皆非佳象。果然初审宣判，刑期甚重。

• 2009 年 6 月底，我在北京人民大学讲经二日，课后与该计划赞助者金女士共游国子监，她问我与该计划执行者间的关系，如何调适？为艮卦三、五爻动，有观卦（䷓）之象。彼此间有沟通障碍，执行者为“九三”，她是老板“六五”，本应同功而异位，却互动关系不协调。“艮其限，裂其夤”，有“熏心”之苦。她的对策仍宜冷静观察，不轻易批评，必要时得说得中肯，才得悔亡。

占事遇卦中任意三爻动，以本卦为贞，三爻齐变所成之卦为悔，称贞悔相争，合参两卦之卦辞卦象论断。若其中一爻值宜变，为主变量，加重考虑其爻辞。

• 2009 年 6 月下旬，我问：二十年内中国能否成为举世第一大经济体？得出艮卦三、四、上爻动，“上九”值宜变为谦卦，贞悔相争成豫卦（䷏）。虽有重重阻碍，却能一一超越，终至登峰造极，“谦”亨有终。“豫”则热情奋斗，“利建侯行师”，“遇艮之豫”，2030 年以前，必可天下第一。

当时先算十五年内能否第一，为“遇晋之坤”，已于晋卦二爻变占例中说明，两占合参，答案很明显。

• 2009 年 8 月中，我占问弘一大师的修行境界，为艮卦三、四、上爻动，“上九”值宜变为谦卦，贞悔相争成豫卦。弘一前半生文采风流，后半生决意出家，勤修最严格的律宗，也登峰造极，圆善有终。“九三”“艮其限、厉熏心”，应为割舍之时；“上九”“敦艮吉”，如其自言：“华枝春满，天心月圆。”李叔同音乐造诣高，豫卦“作乐崇德”，充满了节奏动感，他的传奇一生亦然。

• 2011 年 10 月上旬，苹果计算机负责人乔布斯（Steve Jobs）罹癌去世，我问其创意之境，为艮卦三、五、上爻动，“上九”值宜变为谦卦，贞悔相争成比卦。登峰造极，其产品风靡世界，真正是“建万国，亲诸侯”。

• 2011 年年底，我们学会理事长邓美玲小姐建议错卦班结束后，另开《易传》班。我决定以“十翼齐飞”为题，以《系辞传》为主，将所有《易传》一以贯之统讲，当下占合宜否？得出艮卦三、四、上爻动，“上九”值宜变为谦卦，贞悔相争成豫卦。协助学生超越学习障碍，攀登易理巅峰，不仅合宜，而且过瘾。

2012 年 3 月上旬开班，学会道场座无虚席，都是长年习《易》的老学生。我说明要旨，并将《中庸》、《大学》二书纳入，称“十二翼”，分二十堂五十小时上完。自占预期效果如何？为家人卦（䷤）“九三”爻动，有益卦（䷩）之象。“家人嗃嗃，悔厉吉；妇子嘻嘻，终吝。”家人三至上爻，互成家人卦，“九三”恰值其“初九”之位，“闲有家，悔亡”，门槛森严。家人中的家人，教导他们登堂入室，一窥易理堂奥，须严格要求，使其真正获益。

当年4月下旬，我在奉元学会演讲，即以此为题："十翼齐飞——略谈《易传》的时习精神。"当天来了许多同门师兄弟姐妹及学生，行内切磋的意趣十足，我也铆劲推演，讲得神完气足，反应相当好。月初定题目时，占象为随卦（䷐）三、四、五爻动，"九五"值宜变为震卦（䷲），贞悔相争成明夷卦（䷣）。"随时之义大矣哉！"正合时习之义。"九五""孚于嘉吉"，展现中心有主的生命力。讲完后，我占问成效，为履卦（䷉）初、二、五、上爻动，四爻齐变成豫卦（䷏）。存诚务实，由"初九""独行愿"，至"上九""大有庆，其旋元吉"。"豫之时义大矣哉！""雷出地奋，殷荐之上帝，以配祖考"。

当天有用心听讲的学生事后也占，为家人卦三、上爻动，"上九"值宜变为既济卦（䷾），齐变为屯卦（䷂）。迈过家法门槛，"有孚威如，终吉"。

• 2011年3月初，我受邀去一计算机营销团体演讲，占算未来十年，计算机营销业的景气如何？为艮卦二、五、上爻动，"六二"值宜变为蛊卦，贞悔相争成井卦（䷯）。"遇艮之井"，靠研发转型突破重重障碍，仍可攀至新的巅峰。

• 2012年4月中旬，我收到复旦大学企业家班的邀请，授《易》一日，占问此行如何？为艮卦二、五、上爻动，"六二"值宜变为蛊卦，贞悔相争成井卦。6月初课毕，确如预期，我讲的跟他们听过的《易经》，肯定不大一样，初虽遭遇障碍，终能突破而至高明境地。复旦有日新又新之义，期待他们自昭明德，行健不息。

• 2010年10月下旬，我讲授《心经》，问其中名句"无挂碍，故无有恐怖"的意境，为艮卦初、三、上爻动，"上九"值宜变为谦卦，贞悔相争成复卦（䷗）。止欲修行，谦亨有终，复见天地之心，完全阐述了该句的内涵。

53. 风山渐（䷴）

渐卦为全《易》第五十三卦，前为艮卦、后接归妹卦。《序卦传》称："艮者，止也。物不可以终止，故受之以渐。渐者，进也。进必有所归，故受之以归妹。"静极思动，不宜太急骤，得循序渐进。长期计划必有终极目标，分阶段抓重点去完成，"归妹"为少女出嫁，为终身大事，当然希望有圆满的归宿。

渐、归妹两卦相错又相综，与泰、否，随、蛊，既济、未济三组卦相似，关系极度密切，称为相错综。但在《杂卦传》的卦序中，却不排在一起："渐，女归待男行也……归妹，女之终也。"渐卦卦辞即称"女归吉"，和归妹卦一样，皆以女大当嫁为喻。女方不要太主动，静待男方来热情追求，得之不易才会珍惜。归妹卦的毛病就是感情用事，轻易付托终身，送上门的不值钱，也得不到对方的尊重，可能到头一场空。

渐和归妹二卦，为《杂卦》卦序最后八个卦之二，有末法乱世的含义。《春秋》拨乱反正，由"据乱"、"升平"而"太平"，就是循序渐进之义。《易》中论进取的有晋、升、渐三卦，以渐进结果最好。"晋其角"转"明夷"，"冥升"变"困"，都难得善终。"晋"以日出为象，日出总会日落；"升"以幼苗长成大树为喻，成长必有极限；"渐"以鸿雁群飞为象，往来以时，永无止息。

鸿雁为候鸟，水陆空三栖，气候变换时，结队集体迁徙，在天空中排成一字或人字，飞行几千公里，这是自然界非常壮丽的景观，其生态也给人很大的启示。企业管理上有所谓"雁行团队"的观念，强调团队分工合作的精神，各种环境变迁都能适应，必要时集体迁徙。群雁编队飞行，有雁头带队，完成一次任务后退休，回到雁群中，仍与团队一致行动，下次飞行换新领队。人间的领导往往知进不知退，知得不知丧，恋栈权位，带给团队很大的困扰。雁群前飞时，侧翼有单雁放哨掩护，多由丧偶之雁担任，据说鸿雁情深，有不再偶的习性，因此古代作为婚姻圆满的象征。渐卦六爻爻辞除以鸿雁为象外，三、五爻亦以夫妇分合为喻，即为此理。

乾卦以龙为象，也是水陆空三栖全能，但龙为人所创造的图腾，而鸿雁则是真实的生物。雁群飞行时，齐拍翅膀有节奏，像架大飞机一样，可比孤雁单飞增加三成的上升浮力，整体的效率大于部分的总和，团队之可贵，正在于此。Team 中有 e、a，没有 i，团队中不宜凸显自我。功成不必在我，倒过来念是：我在必不成功。《老子》第十章称："生而不有，为而不恃，长而不宰，是谓玄德。"渐卦之前为艮卦，"不获其身，不见其人"，"无我相，无人相"，已打好团队精神的基础。

渐卦六爻描述雁群逐步推进的过程，爻辞称"鸿渐于干、盘、陆、木、陵、陆"，不断转换栖息地，人生不亦如是？苏东坡有诗云："人生到处知何似，应似飞鸿踏雪泥。泥上偶然留指爪，鸿飞那复计东西？"燕雀安知鸿鹄志？不甘凡近的组织及个人，但求宏图大展，不计其他。

渐。女归吉，利贞。

渐卦卦辞以妇女出嫁为喻，循序渐进，得配良缘而获吉，利于固守正道。

《彖》曰：渐之进也，女归吉也。进得位，往有功也；进以正，可以正邦也；其位，刚得中也。止而巽，动不穷也。

少女嫁人守礼，循序渐进，而有圆满归宿。"渐之进"的"之"字，为河川曲折流动之象，表示渐进并非直挺向前，而是迂回前进。黄河九曲，终向东流，人生奋斗只要定出终极目标，以及长期发展的大方向，顺势推衍，进两步退一步也无妨，锲而不舍，累日积久而获成功。"九五"进至阳刚居上卦之中的君位，全依正道，可治理邦国，为民典范。渐卦下卦艮止、上卦巽入，内止根基稳固，外巽灵活权变，前进的动能无穷无尽。

《彖传》称"往有功"的卦，多有坎险或艮阻之象，如习坎，蹇、解、蒙等。渐卦内艮为阻，内部派系山头若能化解，可正邦而有功。进以正，退也得以正，知进退存亡而不失其正者，其唯圣人乎！

《象》曰：山上有木，渐。君子以居贤德善俗。

渐卦上巽为风，也为木，下卦艮山，为山上育林之象。十年树木，百年树人，上卦高层为社会风化的指标，应固守贤德善行，使习俗淳厚。《彖传》立功，《大象传》立德，渐卦“九五”成功，“上九”功成身退成德。

• 1997 年 6 月下旬，我问“义理易”价值的精确定位，为不变的渐卦。“义理易”教人立德立功，化民成俗，循序渐进，以至于成。

• 2010 年元月上旬，我问庄子“心斋”的境界，为不变的渐卦。《庄子·人间世》：“若一志，无听之以耳而听之以心，无听之以心而听之以气。听止于耳，心止于符。气也者，虚而待物者也。唯道集虚，虚者，心斋也。”“渐”由“艮”来，内心宁定，外巽入，低调倾听，止而巽，动不穷，正合心斋之象。

• 2011 年 2 月下旬，媒体传闻苹果计算机创办人乔布斯可能撑不过六周，将因癌症难愈过世，我占问得出不变的渐卦。渐卦为艮宫归魂卦，大限将至，但不会那么快。当年 10 月 5 日，乔布斯去世，结束了璀璨的一生。

• 2011 年 10 月下旬，我从西藏倦游返台，高原温差太大患重感冒，打针吃药几次都没好，勉强上课很累，占问下周会痊愈吗？为不变的渐卦。渐为山上有木有风，我正是最后一日在纳木错圣湖受的风寒，会逐渐痊愈，亦可断言。

初六。鸿渐于干，小子厉，有言，无咎。

《象》曰：小子之厉，义无咎也。

“初六”为渐进之初，位置最低。“干”为水边，一群雁鸭刚从山下溪水中上岸，在水边栖息。年轻人在组织基层见习工作，经验不足常挨骂，谦虚领受，改过即无咎。本爻动，恰值宜变成家人卦（䷤），刚进组织的大家庭，一切慢慢学习就是。

六二。鸿渐于磐，饮食衎衎，吉。

《象》曰：饮食衎衎，不素饱也。

“六二”中正，上承“九三”，和君位的“九五”亦相应与，在组织中的地位已相当稳固，有吃有喝，人际相处也很和乐。雁群已往内陆挺进，栖息于坚固的磐石上，安全舒适。饱食终日，无所事事，易耽于逸乐，大事难成。“不素饱”，提醒人勿尸位素餐，安定中当续谋下一步的进取。本爻变，为巽卦（䷸），观时代风向，以积极行事。

《诗经·魏风·伐檀》：“坎坎伐檀兮，置之河之干兮……彼君子兮，不素餐兮。”几乎就是渐卦初、二爻的写照，《易》与《诗》的关系密切。

“衎”字即“行”中有“干”，“干”也是盾牌，所谓执干戈以卫社稷。人生行事，先求以干自保，立于不败之地，再伺机以戈出击，才能长保和乐。渐卦《象》所称：“止而巽，动不穷。”亦即此意，按部就班，稳扎稳打，积小胜为大胜，乌龟会跑到兔子前面。

九三。鸿渐于陆，夫征不复，妇孕不育，凶。利御寇。

《象》曰：夫征不复，离群丑也；妇孕不育，失其道也；利用御寇，顺相保也。

“九三”过刚不中，上承“六四”，为阴乘阳柔乘刚、情欲蒙蔽理智之象，受外部诱惑，难以抑止，冲动离家出走，成了离群的孤雁。“陆”为小丘平顶，取象下卦艮山之巅。丈夫终日外出不回家，弃家小于不顾，“丑”为随从之类；妻子怀孕也不能正常生育，失去了女归吉之道，大凶；为长远计，最好浪子回头，一家人团结共御外侮，相依相保。本爻变，为观卦（䷓），人处此时位，须冷静观察，勿冲动行事。

观卦“六二”《小象传》称：“窥观女贞，亦可丑也。”大过卦“九五”《小象传》称：“老妇士夫，亦可丑也。”离卦“上九”爻辞云：“有嘉折首，获匪其丑，无咎。”“丑”为随从之类，也有轻贱之意。渐卦“九三”受“六四”诱惑，弃其糟糠，心理上瞧“六二”不上眼。“六二”为妻，“初六”“小子”

为子女，恰似观卦“六二”“女贞”、“初六”“童观”，亦似遁卦“九三”“畜臣妾吉”，“臣妾”即指“初六”、“六二”。

渐卦“六二”“饮食衎衎”，多么和乐！“九三”夫妇离异，人情诡谲多变啊！

占例

• 1993年4月上旬，我在出版公司专心经营，老板债务深重，流离在外，我问他往后与公司的关系，为渐卦“九三”爻动，有观卦之象。“夫征不复，妇孕不育，凶。”将来还是“利用御寇，顺相保也”？一年后他回朝巢掌权，也算卦象灵验了！

1994年3月中旬，老板发动绝地大反攻，我很难应付，看着抵挡不住，遂问是否仍积极经营公司？为渐卦“九三”爻动，有观卦之象。夫妇失和，君臣情乖，还是观望一段时间吧！一个半月后，他成功“复辟”。

• 2010年10月下旬，我们的周易学会刚完成大幅改组，我问翌年情势如何？为渐卦“九三”爻动，有观卦之象，似乎还是会有内部不和。接着问如何加强改善？为小畜卦（䷈）二、五爻动，“九五”值宜变为大畜卦（䷙），齐变有贲卦（䷕）之象。“九二”“牵复”，“九五”“有孚挛如”，看来我得多关心照顾才是。翌年实况，大致如此。

• 2010年元月下旬，我问大诗人屈原其人其业，为渐卦“九三”爻动，有观卦之象。“夫征不复，离群丑也”，忠直受谤，去国怀乡作《离骚》，三闾大夫行吟泽畔，成楚国孤鸟矣！

• 2011年5月下旬，我们学会在中部溪头林区办春季研习会，大家谈到这时代普遍缺乏阳刚之气的问题，不仅表现在人体养生，也反映于国家社会，称为“厥阴时代的来临”。我占问确然否？为渐卦“九三”爻动，有观卦之象。“夫征不复，妇孕不育，凶。”阳刚气衰，导致阴阳失调，生育后代都成问题了！有心人忧国忧民，当如何顺相保？

六四。鸿渐于木，或得其桷，无咎。

《象》曰：或得其桷，顺以巽也。

“六四”阴居阴位，为上卦巽木之初，正是山上有木之处。巽又为风，狂风吹动山木树梢，鸿雁栖息其上，不易站稳，随时可能坠落，爻变为遁卦（䷠），正是此意。雁鸭趾间有蹼，难以抓牢圆滚滚的树枝，若能找到偏方形截面的桷木，立于其上才安稳。“六四”上承“九五”之君，须顺承君命，处理好彼此关系而获无咎。

圆枝甚多，桷木稀罕，鸿雁有蹼，水中能游，到了山木高枝，反成累赘。昔时优越的条件，造成今日新环境适应不良。“六二”立基磐石坚固，“六四”栖于树梢，摇摇欲坠，真是领导难当，高处不胜寒哪！此时，又不能切割趾蹼，万一坠回河中，仍得用以泅泳生存。“九五”君位独尊，“六四”同侪竞争，站不上最佳位置者，可能终遭淘汰。“或得其桷”的情境，与乾卦“九四”“或跃在渊”相似，小心高不成低不就，前功尽弃。

话说回来，凤凰非梧桐不栖，鸿雁无桷木不就，燕雀安知鸿鹄志？志大才高者，尽管用心经营自己的处境，不必轻言放弃。乾卦“九四”《小象传》云：“进无咎也。”深渊险恶，慎进不惧，渐进高峰，沉着以对。良禽择木而栖，怀才求遇明主，井卦“九三”“井渫不食”、鼎卦“九三”“雉膏不食”，如何突破？值得深思。

杜甫诗云：“已忍伶俜十年事，强移栖息一枝安。”人生难遇，令人感叹。毓老师当年设帐讲学，亦知佳才难遇，宣称：“不有梧桐树，焉招凤凰来？”凤凰可能永远不来，梧桐树可不能不栽啊！

• 2010年6月下旬，徐州路市长官邸的经营团队面临《时报》主权易手，必须另寻金主支持的局势，前途未定。我在此地已连续授课九年，占问既往机缘的意义，为渐卦“六四”爻动，有遁卦之象。“鸿渐于木，或得其桷，无咎。”暂栖已久，时当遁矣！后来他们找到了新的支持者，但已不复昔日盛况，我们再配合了两年，结束这段缘法。

• 2009年12月中旬，我与高雄清凉音文化公司洪木兴社长晤面，续谈进一步深入合作事宜。我占到渐卦“六四”爻动，有遁卦之象。“鸿渐于木，或得其桷，无咎。”在过去几年的合作基础上，能否开出新路，亦未可知，有桷木吗？太大计划没有，往后二年，又录制了一部四片光盘的《易经与经营管理》，总结我在这个领域多年研究的心得，也算差强人意。

• 1997年7月下旬，我占问泰卦“九二”爻辞中“朋亡”的真意，为渐卦“六四”爻动，有遁卦之象。雁群栖息高枝，企望登顶，泰卦“九二”向往“六五”，“尚于中行”亦然。

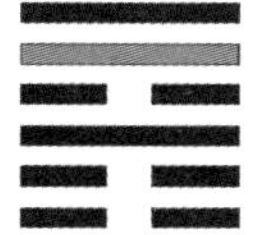

九五。鸿渐于陵，妇三岁不孕，终莫之胜，吉。

《象》曰：终莫之胜吉，得所愿也。

“九五”中正居渐卦君位，下和“六二”相应与，又有“六四”顺巽相承，鸿雁终于登上大山之巅。“九五”为夫、“六二”为妇，睽违两地，聚少离多，三年无法怀孕，最后成功突破万难，得偿所愿。本爻动，恰值宜变成艮卦（䷳），重重障碍下，仍能攀越巅峰。

• 2009年6月下旬，我赴北京人民大学国学班授课，与崔正山先生首次合作，我问彼此一至三年内的配合前景，为渐卦“九五”爻动，恰值宜变成艮卦。循序渐进，“得所愿也”，往后皆已应验。

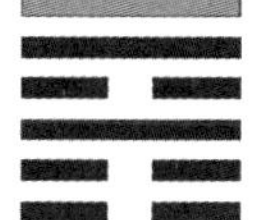

上九。鸿渐于陆，其羽可用为仪，吉。

《象》曰：其羽可用为仪吉，不可乱也。

“上九”为渐之终，进以正，也退以正。鸿雁又由大山之巅，飞回小山平台，领头雁交卸任务，返归队伍之中，候鸟群行以序，往来以时，其团队精神堪为典范。雁群飞过天空，肃肃其羽，煞是好看。组织的领导人任满退休，回到下卦“九三”的位置，回复一介平民，没有任何恋栈。功成身退，为自然法则，应为大家所遵从，不可任意破坏。

谚云：“死有重如泰山，轻于鸿毛。”鸿雁的羽毛中空质轻，故能翱翔万里，古代以前文庙前以鸿羽佾舞，为文德的象征。《杂卦传》称：“谦轻，而豫怠也。”谦让不争，为制礼作乐之本，“鸿羽为仪”之深意在此。《中庸》末推崇盛德：“《诗》曰：‘德輶如毛。’毛犹有伦，上天之载，无声无臭，至矣！”“輶”即轻，个人名利看轻，组织发展为重。渐卦“上九”爻变，为蹇卦（䷦）。风雨同舟，守望相助，“蹇之时用大矣哉！”

《茶经》的作者陆羽，字鸿渐，显然从此爻取名。渐卦“山上有木”，正是茶树之象,《茶经》开卷即称:“南方有嘉木。”台北新生南路台大校园附近，有“紫藤庐”茶馆，台湾戒严时期，为党外民主人士经常聚会之处，不少服务员都是情报单位派人卧底。1997 年 10 月上旬，庐主周何邀我饮茶，他说自己读老庄书都能解义，为何《易经》就是看不懂？以前焚香祝祷，下过两次决心习《易》，皆以挫败告终。这样的人其实很多，学《易》可比学其他经典难的太多。

• 2011 年元月上旬，我问巴比伦占星大密仪的准确性，为渐卦“上九”爻动，有蹇卦之象。“鸿渐于陆，其羽可用为仪，吉”，“不可乱也”。传承几千年的法门，有其奥妙，不可小看。我还在为出版公司拼搏时，1991 年间，曾与其中高手面晤，印象深刻。对方结合扑克牌切牌及计算机索引，由提问找到答案，和“大衍之术”的占法有些类似。当时老板问他的经营难题，得出:“割舍其一。”而我上阵受教，为“得诸人和”。后来确实影响了决策:老板将母公司经营重责交给我，各方势力也都接受我出任总经理一职。当夜切牌时，对方炫耀似的拿出一枚昂贵的钻戒，置于牌上，以气场加持云云。那枚钻戒有世界排名，称“尼罗河之星”，据说，是他为富商解决重大疑难而得的馈赠。

• 2011 年 8 月中，中元节刚过，我问上课讲经时，有“非人”吗？为渐卦“上九”爻动，有蹇卦之象。渐卦为艮宫归魂卦，成群结队而行，一丝不乱，都来规规矩矩听经。

渐卦多爻变占例之探讨

以上为渐卦卦、彖、象及六爻理论与占例之说明，往下继续探讨多爻变的情况。

占事遇卦中任意二爻动，若其中一爻值宜变，以该爻辞为主；若皆不值宜变，以本卦卦辞卦象为主，亦可参考二爻齐变后所成之卦以论断之。

• 1997 年 5 月初，我去拜望毓老师，听他谈成立奉元书院之事，去

之前占问，得出渐卦初、上爻动，齐变有既济卦（䷾）之象。书院欲成志业，必须组成坚强团队，分工合作，循序渐进。前辈如“上九”无私无我，后辈为“初六”虚心勤习，贯彻终始，以期于成。

1999年元月下旬，我问老师对我的定位，为渐卦四、上爻动，齐变有咸卦（䷞）之象。传学梯队中有我席次，“或得其桷”；做得好可建立典范，“其羽可用为仪，吉”。

2011年5月下旬，我们学会在溪头林区办春季研习营，我占问当年内奉元志业的发展，为渐卦三、四爻动，“九三”值宜变为观卦，齐变有否卦（䷋）之象。老师逝后，学会已在筹办，同门逐渐聚集，团队中难免有离群孤雁，大致“鸿渐于木，或得其桷”吧！三、四爻皆人位，多凶多惧，调理人事最重要。

接着问三年内呢？为乾卦（䷀）二、四、五爻动，贞悔相争成贲卦（䷕）。见龙、跃龙、飞龙，进展不错，贲卦人文化成，合当如此。

• 1992年4月上旬，我费心经营出版公司，各方压力沉重，徘徊歧路，进退两难，自问如何定夺？为渐卦三、四爻动，“九三”值宜变为观卦，齐变有否卦之象。“鸿渐于陆，夫征不复，妇孕不育”，当离乱之际，应“利用御寇，顺相保也”。“六四”“鸿渐于木，或得其桷”，可能还有进取机会。

• 2009年10月中旬，我问：西方极乐世界究竟在哪里？为渐卦五、上爻动，“上九”值宜变为蹇卦，齐变为谦卦（䷎）。渐卦之前为艮卦，止欲修行；其后为归妹卦，“永终知敝”。循序渐进修行，至“九五”登峰造极后，“上九”“鸿渐于陆”，又回到“九三”人间世来。真彻悟了，极乐世界就在我们内心，心中挂碍一除，心净佛土净，娑婆世即极乐世，此岸即彼岸，烦恼即菩提啊！“遇渐之谦”，天地人鬼神皆福佑，圆善有终。

• 2010年8月中旬，我在高雄上课，时近中元节，我问当日有“非人”来听经否？为渐卦五、上爻动，“上九”值宜变为蹇卦，齐变为谦卦。渐卦为艮宫归魂卦，谦卦通天地人鬼神，不但有，还来了一大群，部伍有序，真正妙哉！

• 2010年11月下旬，我们学会在高雄澄清湖办秋季研习营，我与学生庆平讨论几位世界级大科学家的成就，皆各有占。牛顿为“遇贲之剥”、霍金为“遇升之坤”、未来某某为“遇困之师”，已见前文论述。爱因斯坦为渐卦五、上爻动，“上九”值宜变为蹇卦，齐变为谦卦。“鸿渐于陵、鸿渐于陆”，“其羽可用为仪，吉”。广义相对论确已登峰造极，有关宇宙时空的论述，质诸天地鬼神而无疑。

• 2010年9月底，我思考经典的“可操作性”的问题：佛经为泰卦二、三爻动，有复卦之象；《易经》为解卦“九二”爻动，有豫卦之象；医经为渐卦五、上爻动，“上九”值宜变为蹇卦，齐变为谦卦。

“遇泰之复”，由天地造化见证天地之心，佛法宏大无边，仍由人自身修行而来，并无侥幸。“遇解之豫”，“田获三狐，得黄矢，贞吉”。易道先深入体察问题，胸有成竹后一挥而就，彻底而精准地解决问题。“遇渐之谦”，医术整体考虑大环境对人身心的互动影响，循序渐进，治病养生。

• 佛教修行有所谓“白骨观”、“不净观”，借此摆脱色相的执著。我问这种修持法的价值，为渐卦三、上爻动，“上九”值宜变为蹇卦，齐变为比卦（䷇）。“九三”、“上九”皆称“鸿渐于陆”，“九三”限于色相执著，“上九”摆脱执著，色相依旧，心净土净矣！

若不修可以吗？为乾卦（䷀）二、三、五、上爻动，“九五”值宜变为大有卦（䷍），四爻齐变成震卦（䷲）。当然可以！“遇乾之震”，自强不息，自性生万法，焉有定规？

• 2009年7月中旬，我问《心经》的旨趣，为渐卦三、五爻动，齐变有剥卦（䷖）之象。循序渐进，层层解缚，剥极而复，以证天地之心。

• 2010年8月下旬，我赴北大授《易》，问自己多年志业进行如何？为渐卦三、五爻动，有剥卦之象。由“鸿渐于陆”的内部挂碍，进至“鸿渐于陵”的得偿所愿，已有所成。

• 2011年10月中，我们一行六人赴西藏旅游，至雅鲁藏布江公定水葬处时，我临江凭吊，占得渐卦三、五爻动，有剥卦之象。渐卦为艮宫归魂卦，剥卦则弃置色身，期复天地之心，一批一批的藏胞于此逝矣！

当时也算高雄《易经》课结束后，准备新开两年的《春秋》课，应如规划进行？为渐卦三、上爻动，“上九”值宜变为蹇卦，齐变为比卦（䷇）。循序渐进，讲解《春秋》大义，引导诸生得识孔圣微言。

• 2010年12月上旬，我问闻名台湾的85度咖啡连锁店的经营前景，

二爻变占例

为渐卦二、上爻动，齐变有井卦（䷯）之象。“鸿渐于磐，饮食衎衎，吉”，现状稳定如意；“鸿羽可用为仪，吉”，未来可建立典范通则，连锁店愈开愈多。

• 2012 年 3 月上旬，林书豪在美国职篮 NBA 大展身手，掀起“林来疯”的热潮，我问他所属的纽约尼克队能否打入季后赛？为渐卦二、三爻动，“九三”值宜变为观卦，齐变则有涣卦（䷺）之象。“渐”为雁行团队，分工合作，循序渐进，“六二”“鸿渐于磐”，打下很好的基础；“九三”“夫征不复，妇孕不育”，却令人担心会有状况。后来尼克是勉强打进了季后赛，却很快落败，原先的教练先被迫离开，林本人也因伤到膝盖，没法参加决赛，最后还被休斯敦火箭队高薪聘回，而离开了纽约的团队，占象一一应验。

三爻变占例

占事遇卦中任意三爻动，以本卦为贞、三爻齐变所成之卦为悔，称贞悔相争，合参两卦卦辞卦象论断。若其中一爻值宜变，为主变量，加重考虑其爻辞。

• 1998 年 11 月中，台湾高铁兴工在即，富邦集团为股东之一，蔡明忠自占未来前景，为渐卦四、五、上爻动，“九五”值宜变为艮卦，贞悔相争成小过卦（䷽）。“渐”为雁行团队，工程太大，所以要组高铁联盟，而 BOT 的兴建营运方式，厂商、银行、政府三方面，也构成一更大的团队，须密切分工合作，才能成功。卦名为渐，表示工期会拖长，变为小过卦，历程中事故不断，但非大过，不至于停摆。上卦三爻全动，团队的领导阶层可能会有极大异动，“九五”为主变量，影响很大。“鸿渐于陵，终莫之胜，吉”，“得所愿也”，突破万难，仍能完工。

结果高铁施工期间状况不断，原始股东变动甚大，等于只有领头的“大陆工程”董事长殷琪撑到最后，难怪卦辞称：“女归吉，利贞。”不仅厂商高层变动，连国民党下台、民进党上台都有显示。但领导人对高铁的支持不变，从李登辉到陈水扁都力挺到底，所以能坚持完工。

“鸿渐于陵”之后，又复“鸿渐于陆”，候鸟飞去飞回，也完全切合 BOT 的兴工方式：民间兴建、营运一段时间后，将产权还归政府。易占预断大事，信息如此丰富，真是神机妙算，令人赞叹！此占为蔡明忠初学乍练所为，他虽不会断，演卦却精确无比，易占不欺生也！

• 1999 年 8 月中，时任华侨银行董事长的戴立宁邀我餐叙，在中和的银行总部见面，一方面接受某报采访，一方面也请我看看银行前途。他拿出的是五十枚一元硬币作占具，我算出来，为渐卦二、四、上爻动，贞悔相争成大过卦（䷛）。当时侨银深陷财务困局，欲求人并购或并购人，组成团队联盟以脱困，正是渐卦之意。“六四”“鸿渐于木，或得其桷”才“无咎”，未得则遁，甚至变成大过卦濒临崩灭之局。算完后，他和总经理都面色沉重，其后没多久，真的没找到恰当平台，两人都离开了侨银。

在银行内以硬币算卦，似乎就地取材，实则不便操作。所谓工欲善其事，必先利其器，算出大过卦，不能怨人？还有些学生用牙签、甚至回形针来请我占，这么不体贴，还想有好结果吗？

• 2011 年 10 月初，我问自己当年第四季运势，为渐卦三、四、上爻动，贞悔相争成萃卦（䷬）。“遇渐之萃”，团队精英相聚，人文荟萃，渐入佳境。当季奉元学会正式成立，我任常务理事，清华国学院刘东教授访台；10 月中下旬，六人赴青海、西藏一游；周易学会秋研营于 11 月中旬，在中坜渴望园区举办；《联合报》第五届《易经》课顺利开班，人气沸腾。

• 1997 年 7 月上旬，我问法家思想的定位，为渐卦三、五、上爻动，贞悔相争成坤卦。法家重组织纪律，贯彻终始以成，不容许有离群乱纪的行为，“顺相保”、“得所愿”、“不可乱也”。

• 2011 年 8 月底，我们家赴希腊旅游，在伯罗奔尼撒半岛的厄庇道鲁斯圆形剧场徜徉，其传音效果绝佳，场内任一角落，皆可清晰听到撕纸的细微声响，几千年前人看戏时，都得小心，不能窃窃私语，否则秘密会曝光。我问彼处尚有灵否？为渐卦三、五、上爻动，贞悔相争成坤卦。渐卦为艮宫归魂卦，又有成群结队之象，这么久了，还有这么多人流连忘返，不忍离去？

• 2010 年 9 月中旬，我在慕尼黑参观两百周年的啤酒节活动，自己占问何以夜夜多梦？为渐卦三、四、五爻动，“九五”值宜变为艮卦，贞悔相争成晋卦（䷢）。“九三”“离群丑”、“六四”“顺以巽”、“九五”“得所愿”，在梦境中逐渐化解失意而偿所愿？渐卦为艮宫归魂卦，晋卦为乾宫游魂卦，或游或归，梦里江山更好？

占事遇卦中任意四爻动，以四爻齐变所成之卦的卦辞卦象为主，若其中一爻值宜变，稍加重考虑其爻辞以论断之。

• 2011 年元月下旬，我问学生中可有人才萃出？为渐卦初、三、四、上爻动，“九三”值宜变为观卦，四爻齐变成随卦（䷐）。循序渐进，树木树人，可至于成，“随时之义大矣哉！”当年确实有深具潜力、志向清新者出现。

• 2011 年 9 月中旬，我在慕尼黑授课毕，主办单位的李师傅有洋学生来求助，妇人罹患甲状腺亢奋症多年，易躁怒不安，深以为苦。如开刀治疗，为夬卦“九四”爻动，有需卦之象。“夬”为刚决柔，“九四”“位不当、聪不明”，不宜开刀。若服食碘药，为渐卦二、三、四、五爻动，“九三”值宜变为观卦，四爻齐变成未济卦（䷿）。循序渐进，至“九五”“终莫之胜，吉”，应可成功，须有耐心长期服用。

• 2011 年 12 月中旬，我们夫妻俩南下高雄，住入某豪华旅馆作“神秘客”，受学生招待，去暗访她们旗下旅馆的服务状况。后二日顺便授课，一切顺利完成后问占，为渐卦二、三、五、上爻动，“上九”值宜变为蹇卦，四爻齐变成师卦（䷆）。循序渐进，由“不素饱、顺相保、得所愿”，至“不可乱”，功德圆满，“能以众正，可以王矣”！

当月底，我受邀去喝好茶，占茶的最高境界为“遇蛊之谦”、酒的至境为“遇无妄之豫”，已如前述。问咖啡至境，则为渐卦二、三、五、上爻动，“上九”值宜变为蹇卦，四爻齐变成师卦。“饮食衎衎”、登峰造极、“可用为仪”，相当可观。

• 2008 年元旦，我作一年之计，问自己全年应如何养生？为渐卦初、二、五、上爻动，四爻齐变成泰卦（䷊）。循序渐进，调整成身心通泰，卦象明确，关键在能否认真执行。

54. 雷泽归妹（䷵）

归妹卦为《易经》第五十四卦，前为渐，后接丰卦。《序卦传》称：“渐者，进也。进必有所归，故受之以归妹。得其所归者必大，故受之以丰。丰者，大也。”渐卦像黄河九曲，终向东流，最后汇归大海。大海容受百川，故成其大，资源丰厚无比。

《杂卦传》称：“渐，女归待男行也……归妹，女之终也。”渐与归妹相错综，皆以少女出嫁为喻。渐卦谨守礼法，循序渐进；归妹卦则情欲冲动，急躁投奔，送上门的往往得不到尊重，容易一场空。《老子》第二十六章称：“重为轻根，静为躁君。”行事稳重沉静，一定强过轻浮气躁，为人君上者尤须如此。

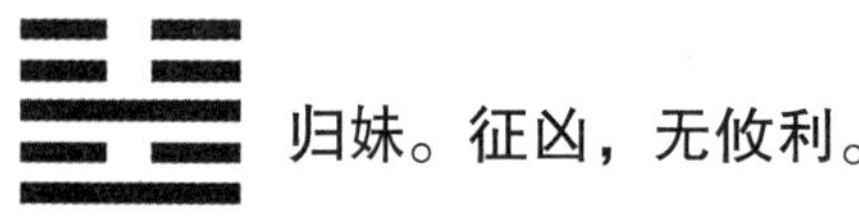

归妹。征凶，无攸利。

怀春少女想出嫁，识人未明，择偶不当，轻举妄动招凶，没有任何利益。渐卦卦辞也是五个字：“女归吉，利贞”。归妹“征凶，无攸利”，正好相对反。

《彖》曰：归妹，天地之大义也，天地不交而万物不兴。归妹，人之终始也。说以动，所归妹也；征凶，位不当也；无攸利，柔乘刚也。

归妹的《彖传》着眼甚高，弥补且超越了卦辞的片面性，解释卦辞之前，先肯定少女怀春为天经地义。天地交泰，才有万物化生；男女相悦，人类才生生不息。归妹卦内卦兑悦，外卦震动，内心欢喜就采取行动，正为归妹之意。欢情虽属自然，毕竟要仔细挑选，否则误了终身。渐卦二至五爻全正，吉而利贞；归妹卦二至五爻全不正，故而“征凶”。“六三”于“九二”、“六五”于“九四”，皆为阴乘阳、柔乘刚，象征情欲蒙蔽理智，盲动躁动，不可能有收获。

称归妹为天地大义、人之终始，还有象数上的意义。归妹卦上震卦为春、下兑卦为秋，三至五爻互成坎卦为冬、二至四爻互成离卦为夏，《易》中仅此一卦，四时之气俱备、东南西北四方之位占全。

《象》曰：泽上有雷，归妹。君子以永终知敝。

归妹卦上震为雷、下兑为泽，泽上雷击，水波荡漾不已。震为长男动之于上，吸引少女迷恋于下，亦合世间追星粉丝之情。戏台下看偶像，每每失真，轻易奔赴，难得善终。“敝”为破败，世间花好月圆者少，凶终隙末者多。“永终”有二义，一是永爱至终，一是永远结束，是好是坏，都得作最坏的打算。归妹卦为兑宫之归魂卦，也是京房八宫卦序的最后一卦，又称“大归魂卦”，终局的意义浓厚，确须审慎。外卦震为足，小心一失足成千古恨，再回头已百年身！

《论语·尧曰》：“咨！尔舜，天之历数在尔躬，允执厥中，四海困穷，天禄永终。”尧传位于舜，期许舜好好干，四海之民一旦困穷，君禄随之永绝。另解为为人君上，当念四海困穷，君禄期其永终，也说得通。

讼卦《大象传》称：“君子以作事谋始。”谋事初始，得做风险评估，以防不测；归妹卦永终知敝，当心万事成空。讼卦为离宫游魂卦，归妹卦为兑宫大归魂，人生成事不易，必得战战兢兢，慎始成终。

占例

• 2010年4月10日，波兰总统暨一干领导精英死于空难，吊丧者本身成了世人悼祭的对象，这是什么因果？我占得不变的归妹卦。“征凶，无攸利”，“君子以永终知敝”。归妹卦为兑宫的大归魂卦，同渐卦一样，以群体同归为喻，这可真是夙业纠缠、同归于尽了！

• 2002年元月下旬，宗才怡为岛内经济主管，以其经验之稚嫩，如何能任繁剧？我占其政治前途，为不变的归妹卦。“征凶，无攸利”。明显位不当，果然没多久，就左支右绌下台，成了误入政治丛林的小白兔。

初九。归妹以娣，跛能履，征吉。

《象》曰：归妹以娣，以恒也；跛能履吉，相承也。

“初九”为归妹之初，地位不高，身价有限，须和睦处众、敬慎应对，才能力争上游而获吉。归妹卦以古代群婚制为喻，有地位的男子一娶多女，为妻为妾，大享齐人之福，也可能是祸，如家人成睽，即因“二女同居，而志不同行”。或如革卦，“其志不相得”，水火不容，而闹家庭革命。“娣”为少女小妾，地位偏低，没有什么行动力，就像跛脚的人一样，勉强能走走不快，那为什么“征吉”呢？“以恒”，用长远的眼光看问题；“相承”，好好跟其他姐妹配合，让大家对她不防备，有好感，再徐图发展。以爻际关系来说，“初九”上承“九二”“眇能视”，跛脚配上独眼龙，正好残缺互补，若合作无间，可像正常人一样看路行走。两爻齐变，有豫卦（䷏）之象，“利建侯行师”，成为颇有战力的团队。本爻变，为解卦（䷧），关键是须与别人和解，组成患难同盟。归妹卦辞“征凶”，“初九”爻辞“征吉”，因合群而趋吉避凶。

• 2004年年初，我算当年美国经济情势，为归妹卦“初九”爻动，有解卦之象。前一年美国发动伊拉克战争，虽迅速取得军事胜利，却也陷入战后治理不易的泥沼。这时必得“跛能履”，与伊方配套相承，寻求解套撤军，还能凶中求吉。结果后来的发展大家都看得到，四年多后，金融风暴爆发，严重拖累美国经济。

• 2011年元月上旬，毓老师嘱人联络我见面，又有近一年未面师，不知何事？自占日后与师门的机缘，为归妹卦“初九”爻动，有解卦之象。“归妹以娣，跛能履，征吉。”开始虽不怎么样，只要诚心与师兄弟姊妹们相承合作，前景会逐渐开阔。归妹为兑宫游魂卦，老师两个半月后仙逝，奉元志业顿失中心，“君子以永终知敝”，卦爻之象全验。

2007年元旦，我作一年之计，当年“谋道”为归妹卦“初九”爻动，有解卦之象。以“恒也、相承也”，作学问上更长远而坚定的布局。以大易贯串四书群经、兵法养生及道经佛典，而期大成。往后几年，这些都

有落实。

• 2005 年 7 月上旬，我父亲心疾复发，夜里送医急诊，我问平安否？为归妹卦“初九”爻动，有解卦之象。归妹“征凶”，病势来得骤急，“初九”“征吉”，以恒相承，可获解除而无咎。住院一阵后，果然疗愈。

• 2006 年 6 月中，富邦学生陈蔼玲想安排长子蔡承道赴夏威夷读高中，占得归妹卦“初九”爻动，有解卦之象。卦凶爻吉，应属可行，以恒相承，又与承道之名字巧合。后来他真去了夏威夷就学，一切顺利愉快。

• 1997 年 12 月上旬，我问：《易》中之数好像很神秘，应如何看待为宜？得出归妹卦“初九”爻动，有解卦之象。天地大义人终始，四时之气、四方之位俱备，以恒相承，“永终知敝”。

九二。眇能视，利幽人之贞。

《象》曰：利幽人之贞，未变常也。

“九二”阳居阴位，处下卦之中，刚而能柔，懂得忍耐而不妄动。“六三”阴柔不正，乘于其上，有欲望蒙蔽理智之象。独眼龙看事不清，宜幽居固守常道。爻变为震卦（䷲），震为足，为行动，可见把持不易。

归妹卦“初九”看得清、行不得，“九二”看不清、勇于行，二者结合搭配，才有胜算。履卦“九二”爻辞称：“履道坦坦，幽人贞吉。”《小象传》解释：“中不自乱也。”爻变无妄卦，不宜轻举妄动，正与归妹卦“九二”意同。履卦“六三”爻辞称：“眇能视，跛能履，履虎尾，咥人凶。”看不清又行不得，所有缺陷集于一身，还冒险行事，自然没救。

• 1993 年 9 月下旬，我在耗费几年心力经营出版公司之后，重返毓老师处听课，我问往后的机缘如何？为归妹卦“九二”爻动，有震卦之象。“眇能视，利幽人之贞”，“未变常也。”天涯浪迹，游子思归，好好静心听课为是，不必想太多。八个多月后，公司出事，这里更成了我蕴养自如之地。

占例

• 2008年7月下旬，我问美国前总统约翰·肯尼迪其人其业，为归妹卦“九二”爻动，有震卦之象。“眇能视”，肯尼迪性好渔色，做不到幽贞自守，未能获吉。

肯尼迪当年遭刺杀，真凶到底是谁？占出夬卦（䷪）四、五爻动，“九五”值宜变为大壮卦（䷡），齐变有泰卦（䷊）之象。“夬”为刚决柔，“九五”君位遭刺，“中未光也”，疑云满天；“九四”“其行次且，闻言不信”，高官重臣亦遭波及甚至怀疑。“大壮则止”，疑案难侦破；泰卦通泰，难道关键还在君侧之人的身上？

六三。归妹以须，反归以娣。

《象》曰：归妹以须，未当也。

“六三”阴居阳位，不中不正，当内卦兑悦情欲开窍之口，感情用事，严重影响判断。须为等待，因为有些必需的条件尚未俱足。“须”同“嬃”，古代楚地称姐姐为“嬃”，正好与妹妹的“娣”区分大小。“六三”无自知之明，期待自己以大姐的尊贵身份出嫁，结果一再蹉跎，随着年华老大，最后不得不降格以求，仍以小妹妹卑微陪嫁。这种过高预期的落差很难受，非常不适当。本爻变，为大壮卦（䷡），也是少不更事、情欲冲动之卦。

• 2012年5月中旬，我给学生上易佛课，讲到《维摩诘经·法供养品》，经文记帝释跟佛祖报告：“世尊！若有受持读诵、如说修行者，我当与诸眷属供养给事。”学生白某即以手机占问：现在道场中，有天人护法听经吗？为归妹卦“六三”爻动，有大壮卦之象。归妹卦为兑宫大归魂卦，“反归以娣”，现场有帝释天人的眷属。再确认一次，为复卦（䷗）“六三”爻动，有明夷卦（䷣）之象。“频复厉，无咎”，明夷卦为坎宫游魂卦，有天人护法，只是我们看不见。最后问：有过路神灵停驻听法否？为姤卦（䷫）“九二”爻动，有遁卦（䷠）之象。“包有鱼，无咎”，不期而遇，有非人随缘法喜，“姤之时义大矣哉！”

九四。归妹愆期，迟归有时。

《象》曰：愆期之志，有待而行也。

“九四”阳居阴位能忍晦待时，上下为二阴爻包夹，局部有坎险之象，又为外震之初，暂时不动，迟早要动。愆期为日期延后，虽然迟了些，还可嫁得美满良缘。本爻变，为临卦（䷒），无穷无疆，自由开放。

“迟归有时”，这是经文卦爻辞唯一提到“时”字之处，《易传》中则大量出现“时”字。孟子称孔子为“圣之时者”，《论语》开宗明义，教人“学而时习之”，可见《易传》思想与孔子关系密切。归妹卦“六三”不自知，等待没结果；“九四”有自信，等待终偿夙愿。

• 2010 年 2 月中，春节前我在家中接受某电视台记者采访，发表对新的一年的看法。那位女记者顺便问她自己的感情发展，占得不变的剥卦，“不利有攸往”。再问以后何时会有新的情缘，则为归妹卦“九四”爻动，有临卦之象。“归妹愆期，迟归有时”，一定会有，耐心等待吧！

• 2002 年 11 月初，我因前些时受邀赴芙蓉社演讲，结识李祖嘉女士，她想在工商建研会开为期两年的《易经》班，预计 11 月下旬开课，我问其展望如何？为归妹卦“初九”爻动，有解卦之象。“以恒也、相承也”，长期配合佳。后来延期至 12 月底开动，又得归妹卦“九四”爻动，有临卦之象。“归妹愆期，迟归有时”，还得再等一段时日。最后是在 2003 年 3 月 8 日才正式开课，一直延续至今。

• 2004 年 5 月初，我去拜望毓老师，听他讲“3・19”枪击案后陈水扁连任的台湾新形势，老师正要外出散步，我就陪同他老人家至附近小公园石凳处休憩。当晚燠热不堪，蚊虫肆虐，我被叮咬得很惨，老师却浑然无觉，危坐不动。听教两小时后返家，调理思绪，占问百岁高龄的老师对我的看法定位，为归妹卦“九四”爻动，有临卦之象。“归妹愆期，迟归有时”，“有待而行也”。临卦“教思无穷，容保民无疆”，大有发展空间。

六五。帝乙归妹，其君之袂不如其娣之袂良。月几望，吉。

《象》曰：帝乙归妹，不如其娣之袂良也；其位在中，以贵行也。

“六五”居君位，以泰卦“六五”出现过的公主下嫁为喻，泰卦“九二”为驸马，“得尚于中行”，归妹卦“九二”和“六五”应与，亦有此象。“帝乙”为殷纣王之父，将公主嫁与西伯姬昌，当然是政治联姻，有其安抚稳定的用意。“其君之袂”和“其娣之袂”对比，有其策略上的深意。“君”指公主，“娣”为陪嫁的侍女们，“袂”为衣袖。婚礼上公主穿的礼服很朴素，反而不如丫嬛环们穿得漂亮，为何要如此？“月几望”，忌满盈则亏，刻意低调行事，以免招摇惹祸。小畜卦“上九”爻辞中即有出现，往后中孚卦“六四”亦然，都是满招损、谦受益的人生智慧。公主金枝玉叶，自然尊贵，不必借外在装饰凸显，故称“其位在中，以贵行也”。

衣袖挥舞，见出古代女性的风采，以局部表现整体，这在爻辞中常见。例如，困卦“九二”“朱绂方来”、“九五”“困于赤绂”，讼卦“上九”“或锡之鞶带”等等。习《易》尚知机应变，由局部即掌握整体的信息。

一般营销学上的策略，有所谓组合销售，整套产品不分售，统一定价，卖给消费者，或用花哨的赠品带动主产品营销，这就是归妹卦“六五”的做法。本爻变，为兑卦（䷹），赏心悦目，引诱人忘劳忘死去追求。国会立法，政党相争，有所谓“一篮子方案”的协商，搞包裹式表决，要过全过，不然拉倒，都是此爻原理的运用。有时，有些人为了赢得连任，搞所谓公投绑大选，其实公投是假，借此炒作民粹骗选票是真，其实也是“其君之袂，不如其娣之袂良。”

• 1997 年元月上旬，我受友人相托，问其官司初审宣判吉凶，为归妹卦“六五”爻动，有兑卦之象。“帝乙归妹，其君之袂，不如其娣之袂良。”该案他是主涉嫌人，其他同僚都是配角，宣判出来他的刑期最重，其他皆从轻发落。

• 1998 年 7 月中旬，我退出出版经营已历四年，仍不时受回来恶整的老板试探或干扰，冷眼看他困兽犹斗，问他何时气数方尽？为归妹卦

“六五”爻动，有兑卦之象。归妹卦“永终知敝”，为兑宫大归魂卦，“帝乙归妹”为老板的下场，多方设谋，机关算尽，小心反误了卿卿性命，后果差不多就是如此。

上六。女承筐无实，士刲羊无血，无攸利。

《象》曰：上六无实，承虚筐也。

“上六”为归妹之终，描写的是竹篮子打水、一场空的情景，“六五”主导的政治婚姻，成功则吉，一旦被识破虚情假意，则假凤虚凰，难以收场。古代贵族婚礼，须献祭宗庙，新娘承筐采苹，新郎杀羊以实鼎俎，以成两姓之好。承虚筐、羊无血，象征婚礼不成，白费心机，无所利益。本爻变，为睽卦（䷥），家人反目，婚事难谐。泰卦“六五”“帝乙归妹”，“上六”“城复于隍”，霸业成空，反致覆灭，与此类似。看来政治婚姻是个险招，不成功就成仁，棒球术语：高飞球就在全垒打的隔壁。信哉斯言！人生行事，能不慎乎？

《诗经·召南·采苹》云：“于以盛之，维筐及筥；于以湘之，维锜及釜。”又有长篇《豳风·七月》：“七月流火，九月授衣。春日载阳，有鸣仓庚。女执懿筐，遵彼微行，爰求柔桑。春日迟迟，采蘩祁祁。女心伤悲，殆及公子同归。”诗中所言，即待嫁女儿承筐采苹的情景。

• 1991年7月上旬，我在出版公司督导的一份招牌杂志，同仁闹集体辞职，我不受要挟，全数批准。然后思考继任接办人选，是否让某主管真除担纲？得出归妹卦“上六”爻动，有睽卦之象。“女承筐无实，士刲羊无血，无攸利。”实在睽违不合，过几天再问对策，为不变的坤卦。没其他筹码，只能顺势包容，后来果不适任，没干太久，自动求去，我又得另寻人选。

归妹卦多爻变占例之探讨

以上为归妹卦卦、彖、象及六爻单变之理论与占例之阐析，往下继续探讨多爻变的复杂变化。

占事遇卦中任意二爻动，若其中一爻值宜变，以该爻辞为主，若皆不值宜变，以本卦卦辞为主论断，亦可参考二爻齐变所成之卦的卦辞卦象。

• 2003年3月底，我问女儿申请台大外文系考试，能否金榜题名？为归妹卦初、二爻动，齐变有豫卦（䷏）之象。以恒、相承，未变常；豫卦“利建侯行师”，应有获胜机会。后果如愿以偿，考上台大外文系就读。

• 2010年3月上旬，工商建研会的周末《易经》班课后，大家聚餐闲聊，有人开某同学玩笑，说他“美眉”很多，他当然辩解否认。我一旁默占，得出归妹卦初、二爻动，齐变有豫卦之象。归妹卦为少女归属，豫卦为热情合欢，“以恒也、相承也”，不仅有，还有整个团队，井然有序，配合无间。

• 2009年9月初，我遍寻不着三十多年前胡兰成送我的一幅字，条幅上“星宿海”是我当年开的小书店名称，取黄河与长江源头之意。胡过世已久，他生前与我也几无互动，完全是因朱西宁家的关系。他对自己的书法跌宕自喜，认为民国时期只有马一浮的字堪与颉颃。马终身未娶，为谨严持正的理学家，胡可是风流浪子。2009年3月时，我从家中拿了条幅交给学生去装裱，她拖了甚久才送回，打开一看居然是另一幅字，为老友罗财荣写的《尚书·秦誓》段落，就将错就错挂于学会讲堂，砥砺大家要有容人器量。但胡先生的字到哪儿去了呢？

当时先问卷轴是否还在家中，当时不慎拿错？为不变的坎卦，应该是陷在哪个黑洞里，就是翻箱倒柜找不着。再问将来寻得回否？为归妹卦初、二爻动，有豫卦之象。“豫”为未来远景，“归妹”为物归原主，大概还有机会吧！

2012年4月中，我在找别的东西时，意外发现书柜不常开的一层角落里，有一条幅，心想：“不会吧？”拿出来打开一看，真的是胡兰成的字！人找东西时可能有盲点，难道是“眇能视”配上“跛能履”，才有机会找回？

2012年6月中旬，我受邀赴美国三大城市演讲，在纽约时收到学生

黄莹由台北传来短信，说她家养的小猫不见了，自占能否找回？为不变的豫卦，而上网查那些失物占的网站，都说找不回云云。我回信说没道理，“利建侯行师”，未来应有可能才对。结果几天后她再传短信，兴奋地说找到了！猫咪不慎跌进地下室，七天响应主人呼唤而救出，恰恰七日来复。网站诸般术数之说，没学理根据，实在不可尽信。

• 1998 年 10 月底，我还在出版公司沉潜读书，辖下一位女同事患类风湿严重，我当时正在接受一位黄师傅的“鞍蹻”治疗，遂问此法对她有效否？为归妹卦二、四爻动，有复卦（䷗）之象。归妹“女之终”，七日来复，“遇归妹之复”，假以时日应该有效，正是“迟归有时”。她太忙无暇前去，无法印证。本案例已于前文坤卦三爻变，以及屯卦二爻变占例中详细说明，可参阅研究。

• 2011 年 2 月中旬，我们学会大幅改组后，召开新理监事会，我事先问会有什么成效？为归妹卦二、四爻动，有复卦之象。“遇归妹之复”，应该可以渐趋正途。

隔天，我问开完会的结果呢？为讼卦（䷅）二、五爻动，有晋卦（䷢）之象。虽有争议，由于君位的持正，可获元吉，确实如此。

• 2011 年 10 月中旬，我在西藏长途跋涉的车程中，预占自己 2012 年的总体策运，为归妹卦二、四爻动，有复卦之象。“利幽人之贞”，“迟归有时”，应该是前面大半时间沉潜不动，而后才海阔天空，无穷无疆发挥创造力。问往内地的持续发展如何？为归妹卦“六五”爻动，有兑卦之象。“帝乙归妹，其君之袂，不如其娣之袂良”，朴实而非炫耀，且配套行事。一个多月后再算，为归妹卦初、四爻动，齐变有师卦（䷆）之象。以恒、相承，“迟归有时”，等待时机成熟再行动。连续数占，皆得出归妹卦，形势不宜强为，非常清楚，也为后来确实的发展所印证。

当年“谋道”如何？为渐卦上三爻全动，“九五”值宜变为艮卦，贞悔相争成小过卦（䷽）。学问仍继续精进，“顺以巽”、“得所愿”、“不可乱”。渐卦与归妹卦相错综，为学做事密切相关。

• 2009 年 8 月上旬，我为了赴山东参加《孙子兵法》会议，比较两岸兵学发展的过去现在未来，其中二十一世纪台湾兵学的发展为归妹卦初、四爻动，有师卦之象。以恒、相承，“迟归有时”，师卦正为治兵之意，应该颇有可观。内地为解卦“九二”爻动，有豫卦之象。“田获三狐，得黄矢，贞吉”。

"遇解之豫"，会有许多深入的研究探讨，对大国的和平崛起有所贡献。"解之时大矣哉！""豫之时义大矣哉！"中华兵学的未来发展为不变的晋卦，已见前文晋卦占例。

• 2009 年 11 月中，我们学会在乌来办秋季研习营，以"《易经》与养生"为题，其中安排楼中亮中医师演讲，大家反应热烈。当时算《易》与中医的关联，为需卦初、五爻动，有升卦之象，断卦已见前文。当时又算楼本身能否突破而有进益，为归妹卦初、四爻动，有师卦之象。以恒、相承，"迟归有时"，有望大器晚成。

• 2011 年元月上旬，我教佛经有感，问何谓"爱别离苦"？为归妹卦二、上爻动，齐变有噬嗑卦（䷔）之象。归妹悦以动，为爱而行，希望永终。"九二""眇能视"，不易幽贞自守；"上九"睽违分离，"女承筐无实，士刲羊无血，无攸利。""遇归妹之噬嗑"，愿欲难偿，痛苦不堪。

• 2011 年 8 月底，我们全家赴希腊旅游，在伯罗奔尼撒半岛参观麦锡尼文明遗迹，进入名王阿加门农的主墓穴时，我占问当地气场，为归妹卦三、上爻动，齐变有大有卦（䷍）之象。归妹卦为兑宫大归魂卦，大有卦为乾宫归魂卦，名王已归其位。"六三""反归以娣"，事与愿违；"上六""承筐无实"，情天遗恨。阿加门农为发妻所杀害，应该是魂魄不安吧！

• 1997 年 7 月上旬，我在台出版的第三部书《易经与终极关怀》出书，与金石堂连锁书店有配合的营销企划案，一再改动后，我问吉凶？为归妹卦三、上爻动，有大有卦之象。预期过高可能落空，大大不妙。

如何调整应对呢？为渐卦"初六"爻动，恰值宜变成家人卦。还是老老实实，按部就班营销，不搞花哨了！渐与归妹相错综，又得一证。

• 1991 年 11 月上旬，我接任出版公司代行总经理的职务，对当时营销主力的直销部门积弱，很伤脑筋。有人建议让其独立，改为代销模式，我占吉凶如何？为归妹卦二、三爻动，"六三"值宜变为大壮卦，齐变有丰卦（䷶）之象。归妹卦易放难收，"九二""眇能视"，别看错了！"利幽人之贞"，免得出事。"六三""归妹以须，反归以娣"，"未当也"。寄望过高，一定落空，万万不可，遂作罢论。

• 1998 年 8 月下旬，我在出版公司潜心读书已四年多，昔日襄助甚力的特助出去创业年余，想突破困局，另办儿童双语月刊，请教我合宜否？先占得师卦（䷆）二、上爻动，齐变有剥卦（䷖）之象。“遇师之剥”，不是不行，兵凶战危，不轻松就是了！若延后一年再办呢？为观卦（䷓）三、四爻动，齐变有遁卦（䷠）之象。“遇观之遁”，多些进退余裕，节气约当阴历六至八月，差不多刚好等一年，观望观望。再过几天，最后确认为归妹卦五、上爻动，齐变有履卦（䷉）之象。“六五”配套规划得好，可以获吉，就怕“上六”承虚筐、无攸利，弄巧成拙。他反复思考，最后还是放弃。

• 2010 年 3 月下旬，我赴北京授《易》，居中安排的崔先生正乔迁入新办公室，我去参观，并占问其未来二年的发展，为归妹卦三、四爻动，“六三”值宜变为大壮卦，齐变有泰卦（䷊）之象。“归妹以须，反归以娣”，勿期望过高；“归妹愆期，迟归有时”，慢慢待时突破。尔后二年，大致如此。

占事遇卦中任意三爻动，以本卦为贞，三爻齐变所成之卦为悔，称贞悔相争，合参二卦卦辞卦象以断。若三爻中一爻值宜变，为主变数，加重考虑其爻辞。

• 1991 年 10 月上旬，我在出版公司自创督责的团销部业绩无起色，负责的经理又与其他营销部门纷争不断，相当烦恼，占问对策，为归妹卦初、四、上爻动，贞悔相争成蒙卦（䷃）。“归妹之蒙”，外阻内险，形势不明。“初九”、“九四”不无机会，“上六”“承筐无实”，最终还是可能落空。之后的发展是救不回来，宣告放弃。

• 1994 年元月初，我问出版公司旗下一份幼儿刊物全年的经营策略，为归妹卦二、五、上爻动，贞悔相争成无妄卦（䷘）。“九二”“利幽人之贞”，“六五”配套若不当，小心“上六”承虚筐、无攸利。“无妄”则无所期望，况味不佳。这份刊物质量不错，却因 5 月中公司“政变”，断了更好的发展机会，相当可惜。

当年 5 月上旬，公司股争已至最后摊牌阶段，老板执意要杀回来掌权，还在外放话：“挡我者死！”高干们通过大股东的哥哥联络上他，约我们在豪华餐厅聚晤，一商对策。我问赴约合适吗？为归妹卦二、四、

五爻动，“六五”值宜变为兑卦，贞悔相争成屯卦（䷂）。“九二”不宜妄动，“九四”最好待时，“六五”全面配套行事，才能解决君位所带来的问题。兑卦对口谈判，“朋友讲习”，当时情势紧急，不容再有犹豫，遂赴宴聚晤。大股东虽答应不会坐视，最后仍然临时抽腿，我们全成了“战俘”。

• 2004 年 11 月初，我在淮安参加民进中央主办的中华文化研讨会，遇到认识的台湾女教授，她顺便请我二占：其婚姻前景为归妹卦二、四、上爻动，贞悔相争成颐卦（䷚）。“归妹”正是终身大事，“眇能视”、“迟归有时”、“承虚筐”，不是太妙，如何颐养身心？她有政党党职，政治前景则为睽卦（䷥）初、二、上爻动，贞悔相争成豫卦（䷏）。“遇睽之豫”，也得在不和氛围中寻求突破，后来几年里，似乎未有成效。

• 2006 年 11 月上旬，北京的崔先生来电，希望争取我的《易经与现代生活》系列图书出版简体字版，由于我已授权上海三联，没法合作。但彼此印象不错，遂占问日后配合的可能？为归妹卦初、二、四爻动，“九四”值宜变为临卦，贞悔相争成坤卦（䷁）。以恒、相承，“未变常”，“迟归有时”，“待而行”，顺势用柔，拓无疆。两年半后，厦门晤面结缘，从此务实开展，完全落实了卦象。

• 2012 年 5 月下旬，我在富邦课堂上谈起“失物占”之事，学生反应热烈，几乎每个人都有遗失重要东西的经验。其中颜姓学生的一副黑珍珠耳环，几年都找不着，极为懊恼，我占其能否找回？为归妹卦初、二、四爻动，“九四”值宜变为临卦，贞悔相争成坤卦（䷁）。“归妹愆期，迟归有时”，应该以后会物归原主。结果翌日，她翻找抽屉，居然就找到放置多时的首饰盒，里面赫然发现那副耳环，高兴极了，大叹易占奇准！

• 2009 年 5 月中旬，我与清凉音文化公司洪木兴社长在台北见面，谈进一步合作可能，占得归妹卦初、四、上爻动，贞悔相争成蒙卦（䷃）。以恒、相承，“迟归有时”，也可能承虚筐，蒙卦形势不明。尔后的进展有限，仍维持一定的配合。

• 2010 年 4 月上旬，我教《心经》有感，问何谓“无智亦无得”？为归妹卦初、二、上爻动，贞悔相争成晋卦（䷢）。“初九”“跛能履”、“九二”“眇能视”，人的心智充满缺陷，勉强搭配应世，最终仍可能“承筐无实”，归于一场空啊！

• 2011 年 10 月中旬，我赴西藏旅游，在拉萨参观完布达拉宫后，问整体气势，为归妹卦初、二、五爻动，“六五”值宜变为兑卦，贞悔相争成萃卦（䷬）。相承以恒，“帝乙归妹”，道出了唐朝文成公主嫁入西藏的史实，因缘际会，出类拔萃。

四爻变占例

占事遇卦中任意四爻动，以四爻齐变所成之卦的卦辞卦象为主论断，若其中一爻值宜变，稍加重考虑其爻辞。

• 1993 年 9 月初，我负责出版公司经营，店销部门的经理进行一团购大案，我问能否奏功？为归妹卦初、二、四、五爻动，四爻齐变成比卦（䷇）。“遇归妹之比”，应能成功。

再确认，为升卦（䷭）初、五、上爻动，贞悔相争成小畜卦（䷈）。“允升，大吉”，“贞吉，升阶”，“利于不息之贞”，也是可成之象。其后果然。

• 2012 年元旦，我年近九十的老父亲精神羸弱，伺候他的二姐说，前夜他曾胡言乱语，说看到一些已往生的故人在旁，我占问确有其事否？为归妹卦初、二、四、五爻动，四爻齐变成比卦。归妹卦为兑宫大归魂卦，非“婴”即“娣”，一大堆女性；比卦为坤宫归魂卦，依附流连。“遇归妹之比”，依卦象看，还真有所见。

55. 雷火丰（䷶）

丰卦为全《易》第五十五卦，前为归妹卦，后为旅卦。《序卦传》称：“得其所归者必大，故受之以丰。丰者，大也。穷大者必失其居，故受之以旅。”得到各方资源汇聚，可成其大，建立丰功伟业之后，若穷奢极欲、骄傲自大，必然盛极转衰，甚至失去一切，流离出亡。

丰、旅二卦相综一体，《杂卦传》称：“丰，多故也；亲寡，旅也。”所谓的“丰”就是拥有许多既得的利益，大家为了争夺资源，也会产生很多变故。“旅”为离开本乡本土出外流亡，失时、失势、失位，近乎举目无亲、孤苦无依。

《杂卦传》有所谓“三亲”、“三故”：“随”无故、“革”去故、“丰”多故；“讼”不亲、“同人”亲、亲寡“旅”。以“亲”、“故”二字贯串六个卦，言简意赅，值得玩味。

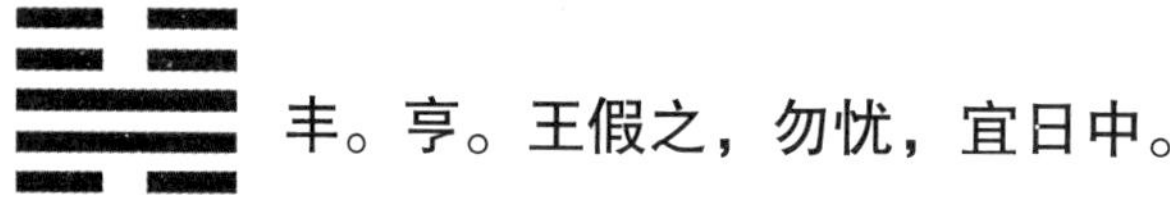

丰。亨。王假之，勿忧，宜日中。

资源雄厚易致亨通，汇聚钱财人才，以成丰功伟业。大业的领导人须有高远理念，能感召众人追随，本身还具备强大的行动力，说到就能做到。更重要的是，领导人主持大局勿存私心，宜光明磊落、公正不阿。“日中”代表事业如日中天，王者的胸怀坦荡，也像中午的太阳一般正大光明。“王假之”，“假”即“格”字，为“感”、为“至”。家人卦“九五”“王假有家”、萃卦“王假有庙”，皆为此意。

“亨”同“享”，也是祭祀天地鬼神，并与众人分享之意，拥有丰厚资源而搞寡头独占，造成贫富悬殊，强凌弱、众暴寡的局面，必酿后患。丰极转旅，即因此而生。“丰”的繁体字（豐）其实也有祭祀之象，下半的豆为祭器，所谓俎豆馨香，上半显示盛的是鲜花素果。换言之，丰卦须有清心寡欲的吃素心情，不奢侈挥霍，才可大可久。资源丰厚须重布施行善、济弱扶倾。鼎卦烹肉，引发噬嗑的残酷斗争，或蛊卦的贪腐败坏，足以为戒。

“勿忧”非泛语，是指领导人勿忧已私，意同升卦及晋卦“六五”的“勿恤”。“勿恤”即“有庆”，领导无私，即民众受福，皆大欢喜。所谓“一人有庆，兆民赖之”，这是不变的道理。

《彖》曰：丰，大也。明以动，故丰。王假之，尚大也。勿忧宜日中，宜照天下也。日中则昃，月盈则食，天地盈虚，与时消息，而况于人乎？况于鬼神乎？

丰功伟业、资源雄厚，故称“大”。内离明外震动，看清楚了再行动，有智慧有胆识，遂成丰大之局。王者用心经营事业，崇尚追求更高更大的成长，勿担心个人私利，当如中午的太阳般光照天下。天地日月所显示的自然法则为盛极必衰，中午过后，太阳就会偏西，月亮圆满之后，必转亏食，其他生生化化的现象亦复如是，人跟鬼神都不能例外。

丰满招损，谦和受益，这是永恒不变的法则，天地人鬼神都得依循的真理。谦卦《彖传》中亦提到天地人鬼神，全福佑有谦德之人，两相对比，当可豁然了悟。懂得消息盈虚之理，并信受奉行者，即称大人，见乾卦《文言传》：“大人者，与天地合其德，与日月合其明，与四时合其序，与鬼神合其吉凶。先天而天弗违，后天而奉天时，天且弗违，而况于人乎？况于鬼神乎？”修辞语气，与丰卦《彖传》类同。

剥卦《彖传》称：“君子尚消息盈虚，天行也。”损卦《彖传》称：“损益盈虚，与时偕行。”剥极而复、损极转益、丰极转旅，消息盈虚之理，习《易》用《易》者必知。

《老子》第二十五章称：“道大，天大，地大，王亦大，域中有四大，而王居其一焉。人法地，地法天，天法道，道法自然。”人间掌权的王者为宇宙四大之一，其行事正确与否，足以影响人天之际的种种互动与平衡，实在不可小视。

大国强国为丰，大企业大财团为丰，何以能丰？强盛之后能不能避免衰弱，甚至覆亡的命运？“明以动”就是答案，外震动，代表富国强兵的硬实力，内离明，象征文明教化的软实力。内明外动，软硬实力均衡发展、配合无间，必成大国。没有文化，而穷兵黩武，或财大气粗，绝不能久；光有文化，贫困软弱，当然也不行。

《象》曰：雷电皆至，丰。君子以折狱致刑。

丰上震为雷、下离为明为电，惊雷闪电同时到位，打击力多么强大。“折狱致刑”，进行公正的司法审判，据罪量刑，司法权的威严，令人震慑敬畏。现代国家三权分立，互相制衡，中国古代政法思想发达甚早，《尚书·周书》中已有明确记载，强调掌握最高行政权者，不可干涉司法审判，应尊重其独立自主性。前文在噬嗑卦、贲卦的《大象传》中已详细说明：噬嗑卦“明罚敕法”，代表立法权；贲卦“明庶政”，无敢折狱，代表行政权。丰卦“折狱致刑”，代表司法审判权；旅卦“明慎用刑，而不留狱”，为行政权与司法权衔接的部分。噬嗑、贲一体相综，丰、旅一体相综，两组相综的卦，又为上下相交易的关系，循此思考，对三权分立的精妙制衡，更有深悟。

所谓审判断人生死罪刑，不限于人间法庭，还有天地神明的终极审判，业报难逃。丰卦《彖传》称天地人鬼神，卦序又为天地之数的“五十五”，老天有眼，明察秋毫，恶性深重的大奸巨蠹，即便逃过国法、世法的制裁，也躲不掉“天网恢恢，疏而不漏”啊！

“大衍之术”的占法中，本卦算出有爻动，须以天地之数五十五减去卦的营数，由所得差值，决定宜变的爻位，作为断卦的重要依据。司法审判，就是依据检调所得作终极判断，和易占断卦类似，都和五十五相关。前文曾述革卦“治历明时”、鼎卦“正位凝命”，正好呼应“大衍之数五十，其用四十有九。”革、鼎卦序恰为四十九、五十，皆非巧合，《易经》理气象数的精微，真令人震惊。

• 2010 年 7 月初，学会人事纷争不断，一位学生跟理事长请辞理事职，我听了问吉凶，为不变的丰卦。“亨，王假之，勿忧，宜日中。”不必忧心，公正裁断即是，对学会长远的发展来讲，未必不好。

初九。遇其配主，虽旬无咎，往有尚。

《象》曰：虽旬无咎，过旬灾也。

“初九”居丰之初，希望发展壮大，“往有尚”，即《彖传》称“尚大”之意。上与“九四”相应，明之初与震之主配合，正合“明动相资”之义，可成丰功伟业。“九四”即为“初九”的“配主”，二者若有机缘相遇，虽历经一旬十日之久才遇着，也能无咎。若超过十日仍无缘相遇，错过时机，不能成功，反而获灾。中国以天干纪日，一旬十日，正为十天干的循环周期，代表发展机遇的时限。“初九”若想成丰，必须在时限内找到“九四”支持。“遇”即是姤卦“不期而遇”之意，“时来天地皆同力，运去英雄不自由”，“姤之时义大矣哉！”

《说文解字》注中解“旬”为“均”，为“遍”，其义甚佳。“虽旬无咎，过旬灾也。”教养与实力配合，均衡发展则无咎，偏重其一，畸形发展则酿灾。以爻变理论来检验，丰卦初、四爻齐变，为谦卦（䷎）。谦卦《大象传》称：“君子以裒多益寡，称物平施。”丰满招损，谦和受益，以谦持丰，天地人鬼神都护佑，而得善终。只要均衡发展，再大都没关系。丰卦“初九”单爻变，为小过卦（䷽）。谨小慎微，在认真学习中逐渐成长。

• 1996年12月下旬，我问中华文化在二十一世纪的气运，为丰卦“初九”爻动，有小过卦之象。“遇其配主，虽旬无咎”，“往有尚”。中华文化资源丰厚，积淀在丰卦内离之底，正是所谓文化底蕴，须遇外震之主的富强政权提振，才能相得益彰。整个二十一世纪，才只是丰之初，正是方兴未艾，若逢佳运，审慎操持，往后强盛个三、五百年，甚至一千年，都没问题。天佑华夏，幸何如之？

• 2003年10月中旬，我带三位学生赴安阳开会，又去了羑里文王庙，在八卦亭内一时兴起，用新买的蓍草占问：我与周文王姬昌的渊源为何？为丰卦“初九”爻动，有小过卦之象。“遇其配主，往有尚”。以卦中卦观之，丰卦初至四爻为家人卦（䷤），丰卦“初九”即家人卦“初九”，“闲有家，悔亡”，显然为姬家一分子？丰内离外震，皆有继往开来之义，无论血统或法脉，继明照四方就是王道。

六二。丰其蔀，日中见斗。往得疑疾，有孚发若，吉。

《象》曰：有孚发若，信以发志也。

“六二”中正，为内卦离明中心，与君位“六五”相应，有如日中天之象。“九三”、“九四”隔断二、五爻的呼应接触，有似发生日食现象，遮蔽了太阳光，白天变成像晚上一样。“蔀”为障蔽，“丰其蔀”，指日食的阴影面积很广，“斗”为北斗星，中午时分看到了夜间才见到的北斗星，可见日食严重。“六二”坦荡之心，却遭流言猜忌，越想解释，越不得谅解。不如仍秉诚信，默默行事，终有一日云开日现，释疑而获吉。本爻变，为大壮卦（䷡），“利贞”，暂止不动为宜。

• 2012年9月初，我问自己昔年“十年乃字”的宏愿，进行得如何？为丰卦“六二”爻动，有大壮卦之象。“丰其蔀，日中见斗”，“往得疑疾”，仍有阴影不明；“有孚发若，吉”，继续秉诚信发光，终有一日能突破而大成。

同时算多年累积的学生资源如何？为艮卦（䷳）三、上爻动，有坤卦（䷁）之象。还得奋力超越阻碍，以攀登至大山绝顶。

九三。丰其沛，日中见沬。折其右肱，无咎。

《象》曰：丰其沛，不可大事也；折其右肱，终不可用也。

“九三”为离明将尽，日食进入全食的黑暗期，“沛”同“旆”，遮蔽的阴影像巨大的幡幔，完全盖住了日光。“沬”同“昧”，指肉眼难见的小星星，中午时分能被看到，可见黑暗之极。在这种情况下，不可能成就大事，有时为了保命，还得断去右臂，很难再发挥什么作用。本爻变，为震卦（䷲）。“震来虩虩”，“恐惧修省”，有时得学蜥蜴一样断尾求生。明夷卦“六二”“夷于左股”，丰卦“九三”“折其右肱”，都严重折损人的行动力。丰卦“九三”和“上六”相应与，“上六”为上卦震动之末，全无行动力可言，明之末配动之衰，当然不可大事。

•2007 年 7 月下旬，学生在宴席间介绍一位资深的广播人跟我认识，希望能经纪我往后在内地的志业。我占如何？为丰卦“九三”爻动，有震卦之象。“丰其沛，不可大事”；“折其右肱，终不可用”。应该不行，后来去其处录音两次，即无下文，机缘不足，不能强求。

•2006 年年初，我受邀上广播电台谈时事，女主持人顺便请我算算她当年运势，得出丰卦“九三”爻动，有震卦之象。“丰其沛，日中见沫，折其右肱，无咎。”结果当年 11 月她出事，媒体大幅报道所谓的绯闻，捕风捉影，大肆渲染，公众人物似昭昭天日，一有状况，天下皆知，就像日食一样。虽然瓜田李下，毕竟并无其事，闹了一天之后，终获无咎。前文坎卦“九五”爻变占例中，有关此事的分析，比照参看即知。

九四。丰其蔀，日中见斗。遇其夷主，吉。

《象》曰：丰其蔀，位不当也；日中见斗，幽不明也；遇其夷主，吉行也。

“九四”为上卦震动之主，与下卦离明之初的“初九”相应，基层支持深厚。“六五”之君乘于其上，颇受威胁，君臣间关系紧张，难免疑忌，与“六二”相似，有如日食之象。这时也得善用“初九”谨小慎微的智慧，不妄动而获吉。“九四”为“初九”的“配主”，“初九”为“九四”的“夷主”。“夷”为平等之意，两者互为主，文明理念与行动实力密切配合，均衡发展，可成大业。

“九四”爻变，为明夷卦（䷣），日落昏黄，须韬光养晦，利艰贞，不仅避祸，还能实践理想而获吉。“九四”阳居阴位，功高震主，故称“位不当”。“幽不明”，同困卦“初六”“入于幽谷”；“吉行也”，同困卦“上六”“动悔有悔”。困为资源枯竭，“丰”为资源丰厚，丰卦“九四”身居高位，居然处境与困始困终相同，真正发人深省啊！

•1991 年 12 月下旬，我问我们那家出版公司未来进军内地的发展性如何？为丰卦“九四”爻动，有明夷卦之象。“丰其蔀，位不当也”；“日中见斗，幽不明也”；若要突破困境，就得“遇其夷主”。公司产品特性

占例

是有可能发展到内地，无奈内忧不断，愿景终成泡影。

• 1992年元月中，我问可能壮年得子否？为丰卦“九四”爻动，有明夷卦之象。“遇其夷主，吉行也”。丰卦内离外震，都有继往开来之意，“离”为文明永续，“震”为血脉相传。以卦中卦理论观之，丰卦初至四爻，互成家人卦（☴☲），丰卦“九四”相当于家人卦“上九”，爻辞称：“有孚威如，终吉。”综合来看，必然得子，果然下半年内人证实怀孕，翌年4月上旬，小儿春麟降生。

• 2002年元月上旬，岛内频传绯闻，其中以蔡仁坚和璩美凤的情事最耸动，我问蔡能渡过这场桃花劫否？为丰卦“九四”爻动，有明夷卦之象。“丰其蔀，日中见斗”，“位不当、幽不明”。丰卦《大象传》称“折狱致刑”，若据此，审判对蔡相当不利。“遇其夷主，吉”，后来璩撤回告诉，终于和解。

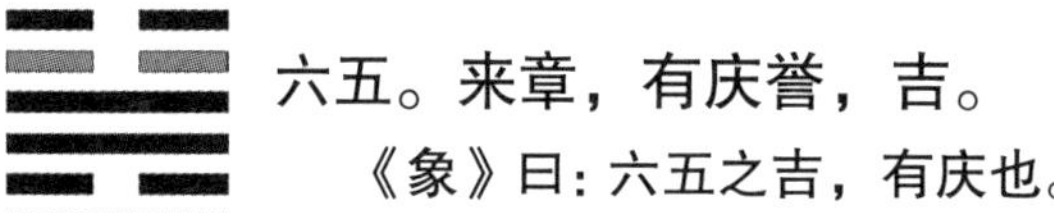

六五。来章，有庆誉，吉。

《象》曰：六五之吉，有庆也。

“六五”居丰卦君位，与“六二”、“九四”皆有疑忌，都像日食般阴影重重，这是典型的“寡人有疾”。霸国领袖、枭雄之主尤其严重。日中食既后，会逐渐恢复光明，为人君上者亦当如是，猜忌必致人心离散，须改过迁善，以重获臣下信心。“来”有“来复”之意，爻向下向内运动称“来”，“六五”诚心与臣下修好释疑，故称“来章”，“章”即光明。所谓“一人有庆，兆民赖之”，大权在握的领袖肯认错调整，大家都蒙福报，不继续怪罪，反而众相称誉而获吉。本爻变，为革卦（☱☲），洗心革面，与民更始。“丰，多故”，久享权力会滋生傲慢；“革，去故”，必须改革积习，以谋创新。

丰卦“六二”“往得疑疾”，“六五”“来章有庆”，二爻相应，时机成熟，才能恢复正常往来。坤卦“六三”“含章可贞”，姤卦“九五”“含章”，而至“品物咸章”；噬嗑卦“雷电合而章”，丰卦“六五”“来章”。人生行事须有章法，态度光明磊落，抓准时机时势，从善如流，可成大业。

《诗经·小雅·裳裳者华》云：“裳裳者华，芸其黄矣。我觏之子，维其有章矣。维其有章矣，是以有庆矣！”可与丰卦“六五”爻辞相参证，对“来章、有庆”的意义会更清楚。

《论语·子张篇》记子贡曰：“君子之过也，如日月之食焉：过也，人皆见之；更也，人皆仰之。”同篇又记子夏曰：“小人之过也，必文。”居高位者动见观瞻，一旦犯错天下皆知，勇于改过，仍可恢复群众对他的仰望，就像日食过去恢复光明。君子从善如流，善莫大焉；小人文过饰非，自遗其咎。

占例

• 1996年7月上旬，我去拜晤毓老师聆听教诲，之前问得丰卦“六五”爻动，有革卦之象。“来章，有庆誉，吉。”当日下午，在老师家地下室请益两个半小时，获益甚丰，对周遭大小情势的变化，也有豁然开朗之感，真是食既光明之象。我当时已半年未给李登辉上课，外界不明，多有猜测不实之词，造成我一些困扰。老师说，既已亏了，就须设法赚回来！也不必跟外界解释什么，做出实际成果，自然清者自清，顺水推舟，以谋大业。当时他也看出李登辉与宋楚瑜关系会生变，提醒注意云云。

上六。丰其屋，蔀其家，窥其户，阒其无人，三岁不觌，凶。

《象》曰：丰其屋，天际翔也；窥其户，阒其无人，自藏也。

“上六”丰极转旅，已至盛极变衰、穷大失居之境。退休大佬或仍在其位、已失民心的领袖，住在丰屋豪宅内，还用许多设施遮蔽隐藏其行踪，自高自大，自闭自藏，三年之久，都不与外界群众接触。“天际翔”，形容其高亢骄矜之象。乾卦“上九”“亢龙有悔”、坤卦“上六”“龙战于野”之气焰，兼而有之，必然引起民众的强烈反弹。大家从外面窥视其门户，只见一片死寂，毫无人气活动的迹象。这是凶险不测、必将灭亡的前兆啊！本爻变，为离卦（䷝），人际网络已断，温情不再，残阳夕照，难以永续矣！

困卦“初六”困于谷底，爻辞亦称“三岁不觌”，丰卦“上六”高飞天际，居然处境相同，警世意味浓厚。

西汉末名士扬雄曾仿大易，作《太玄》一书，另建一套3的4次方的符号体系，颇具巧思，但成就与《易》差得太远；又撰《法言》，想与《论语》比高下，当然也是惨败。他的《解嘲》一文中，有类似丰卦“上六”的情境描述，词曰：“炎炎者灭，隆隆者绝；观雷观电，为盈为实；天收其声，地藏其热；高明之家，鬼瞰其室。”气势熏天、强霸凌人者，不仅为众人所弃，尚且天地不容，鬼神追魂索命。丰卦《彖传》称天地人鬼神，这是消息盈虚的自然法则。《大象传》称“折狱致刑”，不仅指人间法庭的审判，也指业因果报的终极审判啦！

• 1997年10月中旬，我问过去一千年人类文明的发展，应如何总评？为丰卦“上六”爻动，有离卦之象。“丰其屋，天际翔也；窥其户，阒其无人，自藏也。”科技发达，物质文明大幅提升，高楼大厦林立，人性却汩没于穷奢极欲之中，难以自拔，精神文明相对空虚，这是人类自己打造的樊笼，不易脱困。易占的批判相当严厉，却也反映了文明发展的危机。

丰卦多爻变占例之探讨

以上为丰卦卦、彖、象、六爻的理论说明及占例，往下继续探讨多爻变的复杂情况。

占事遇卦中任意二爻动，若其中一爻值宜变，以该爻辞为主，若皆不值宜变，以本卦卦辞卦象为主判断，亦可参考二爻齐变所成之卦的卦象卦辞。

• 2011年10月初，美国民间发动“包围华尔街”抗议运动，我问华尔街是否罪恶的渊薮？为丰卦初、三爻动，有豫卦之象。“丰其沛，日中见沬”，黑暗之极，掌握丰厚的资源，却造成贫富悬殊，“过旬灾也”，正是罪恶的渊薮！再问该运动对美国的影响？为随卦（☱☳）初、四、上爻动，贞悔相争成观卦（☴☷）。“遇随之观”，应时变化采取行动，提出诉求，期能风行地上；随卦“上六”“拘系之，从维之，王用亨于西山”，展现人心所向，应有相当的影响力。

• 2010年11月初，我们在高雄澄清湖畔，举办学会秋季研习营，以“2012年世界文明浩劫”为题，我问地磁消长变动之说确然否？为丰卦初、三爻动，有豫卦之象。“丰其沛，日中见沬”，另有一解，为太阳黑子的剧烈活动，确实会造成地磁消长。“过旬”成灾，言之有理。

• 2009 年 7 月上旬，我开始给学生上佛经课，以易理贯串互证，占问这种汇通方法的意义？为丰卦初、四爻动，有谦卦之象。相遇相配，持平有终，真如《金刚经》所称："是法平等，无有高下。"道并行而不悖，万物并遇而不相害，一致而百虑，同归而殊途，天下何思何虑？

2011 年元月下旬，我问佛教所谈道理究竟否？为"遇丰之谦"。义理丰厚，圆融有终，质诸天地人鬼神而无疑。

• 1997 年 8 月上旬，我问量子论的历史地位，为丰卦初、四爻动，有谦卦之象。丰"亨"谦"亨"，也是质诸天地人鬼神而无疑，成就极高。

同时问相对论的历史地位，为"遇小畜之泰"，已于前文小畜卦二爻变占例中说明。至于统一场论能否成功，则为"遇益之剥"，详见前文益卦二爻变占例。

• 2010 年 11 月下旬，我们在高雄澄清湖畔举办秋研营，请人来讲"秀明自然农法"，我问此法价值定位，为丰卦初、四爻动，有谦卦之象。"明以动"，开发培育，而不破坏自然生态的平衡，极有价值。

2012 年 6 月底，我在高雄持续上了三年半的全易课程结业，我问究竟有无功德？"为遇丰之谦"，质诸天地人鬼神皆亨通无碍，令人惊喜。

• 2012 年 4 月上旬，台北市主办第八届汉字文化节活动，我受邀至徐州路市长官邸演讲，题为"汉字与宇宙：《易经》八卦与天干地支里的汉字"。备稿时，占问仓颉造汉字的贡献，为"遇丰之谦"；问繁体字未来的发展，也是"遇丰之谦"。显然繁体字承续了中华汉字的优良传统，丰美均衡有终，质诸天地人鬼神皆然。传说仓颉造字成功时，天雨粟，鬼夜哭，还真是惊天地泣鬼神呢！

我同时问简体字未来发展，为渐卦（䷴）三、五、上爻动，贞悔相争成坤卦（䷁）。一代代广土众民相习成风，只能顺势推进，"鸿渐于陵，其羽可用为仪"，"不可乱也"。繁、简字并行于华人地区，应无问题，可参照"遇观之坤"的二爻变占例。

另问干支纪时的体系，是否为黄帝时大桡氏所创？为复卦（䷗）初、四爻动，有豫卦（䷏）之象。复卦显现核心的原创力，"初九"、"六四"相应与，发挥极佳，七日来复也与干支有关，此说应正确无疑。

• 2001 年 4 月下旬，我与一批学生长期在狮子会某处办公室深入的研习，当时考虑暂时中止或转型，问合宜否？为丰卦三、上爻动，"九三"

值宜变为震卦，齐变有噬嗑卦（䷔）之象。“日中见沬，终不可用”；“窥其户，阒其无人”，丰屋已无人气，确实得迁地为良了！没多久，有朋友提供了新的道场，全体移驻，弦歌讲习不辍。

2012年2月上旬，我的女儿在三采出版社干了三年的英文编辑，朝乾夕惕，经常加班，非常辛苦，自己有兴趣的文学创作，只能利用极有限的空当进行。壬辰春节后，她终于决定辞职，我占得“遇丰之噬嗑”。“日中见沬，终不可用”；“窥其户，阒其无人，三岁不觌”，“自藏也”，更说切了夜夜独自加班的苦境，不走何待？当年进三采时，曾占到蛊卦（䷑）三、上爻动，“上九”宜变成升卦（䷭），干蛊三年后离职，“不事王侯，高尚其事”，命数中似乎早已确定。

• 2010年8月下旬，我问往后十年德国的国运，为丰卦初、五爻动，齐变有咸卦之象。丰亨仍为大国，“初九”为厚实基底，“六五”为君位领导，“来章，有庆誉，吉。”带领人民度过欧债难关，应该没有问题。

往后二十年呢？为讼卦（䷅）三、四、五爻动，“九四”值宜变为涣卦，贞悔相争成蛊卦（䷑）。“遇讼之蛊”，高度争议中，仍能积极任事改革。“九五”“讼元吉，以中正也”，领导者的魄力非凡！

• 2007年11月下旬，我问以易道修行的特色为何？为丰卦二、四爻动，齐变有泰卦（䷊）之象。丰为“明以动”，泰为“天地交”，“遇丰之泰”，“财成、辅相”，宜照天下。

• 2010年11月下旬，两位在两岸合作的伙伴起意见冲突，我分别了解后，问我还能做什么？为丰卦三、五爻动，“九三”值宜变为震卦，齐变则有随卦（䷐）之象。“日中见沬”，疑忌深重；“来章，有庆誉”，公正化解以获吉。后势发展虽非尽善，大致还好。

三爻变占例

占事遇卦中任意三爻动，以本卦为贞，三爻齐变所成之卦为悔，称贞悔相争，合参二卦的卦辞卦象以断。若三爻中一爻值宜变，为主变数，加重考虑其爻辞。

• 2000年元旦，我作跨世纪的一年之计，问当年与内地的机缘？为丰卦初、四、上爻动，贞悔相争成艮卦（䷳）。“遇丰之艮”，显然形势未开，仍多阻碍。丰卦“明以动”，“初九”、“九四”配合不错，“上六”“窥其户，阒其无人，三岁不觌”，还得再等一段时间。现在回顾，真的约三年左右，才有突破。

• 2010年9月上旬，我赴德前夕，问10月初改组学会理监事会顺利否？为丰卦初、三、四爻动，“九四”值宜变为明夷卦，贞悔相争成坤卦（䷁）。“丰。亨。王假之。勿忧，宜日中”，这次改组当然是被迫整顿，“折狱致刑”，为裁断下的举措。“初九”、“九四”相遇相应，格局清正；“九三”“日中见沬，折其右肱”，以期“无咎”。10月初开会，顺利完成改组。

• 2010年2月上旬，我问西方塔罗牌断事的精确性，为丰卦二、三、四爻动，贞悔相争成临卦（䷒）。丰亨，“天地盈虚，与时消息，而况于人乎？况于鬼神乎？”临卦“元亨利贞”，“教思无穷，容保民无疆”。“遇丰之临”，有一定的准确度。

同时占紫微斗数，为不变的比卦；八字为豫卦“九四”爻动，皆已详于前文。

• 2010年2月初，我问易道可能的弱点为何？为丰卦初、二、五爻动，“初九”值宜变为小过卦，贞悔相争成大过卦（䷛）。“丰。亨。王假之。勿忧，宜日中。”“初九”“往有尚”，“六二”“有孚发若，吉”，“六五”“来章，有庆誉，吉”。“天地盈虚，与时消息，而况于人乎？况于鬼神乎？”大过卦卓越非凡，“利有攸往，亨。”“遇丰之大过”，看不出有什么弱点，神而明之，存乎其人。

同时问佛法可能的弱点，为不变的解卦。“赦过宥罪”，解脱人生种种蹇难，远离颠倒梦想，寻求究竟涅槃。道家智慧可能的弱点呢？为损卦“初九”爻动，有蒙卦之象。惩忿窒欲，“为道日损”，期望“损之又损，以至于无为，无为而无不为”。卦序解卦后为损卦，佛、道二家皆重视对欲望的克制与摆脱，是优点也是弱点。

• 2011年11月中旬，苹果计算机创办人乔布斯过世后，世人甚多议论，我问其人其业如何？为丰卦三、四、上爻动，贞悔相争成颐卦（䷚）。他以高明的创意建立丰功伟业，形构了一个便捷通讯的生态世界，然而“日中见沬”、“日中见”斗、“阒其无人”，又充满了浓密的阴影，人人低头玩i-phone、i-PAD，都不当面沟通了！穷大失居，其人已逝，他的事业将来会有这么一天吗？

• 2010年11月中旬，我赴常州授《易》，到淹城观览。怀想春秋时

三爻变占例

延陵季札其人，占得丰卦三、四、五爻动，“六五”值宜变为革卦，贞悔相争成屯卦（䷂）。阖庐弑君夺位，季札终身不返吴国故土，“日中见沬”、“日中见斗”，政局黑暗无比，“六五”之君不会改过向善，“来章有庆”，身为贵公子，当何以自处？屯卦栖身草莽，坚持清新之志，遂在淹城终老。

四爻变占例

占事遇卦中任意四爻动，以四爻齐变所成之卦的卦辞卦象为主，若其中一爻值宜变，稍加重考虑其爻辞。

• 2002 年 12 月下旬，美伊战争一触即发，我问若打起来对全球经济的影响？为丰卦初、三、五、上爻动，“九三”值宜变为震卦，四爻齐变成否卦（䷋）。“遇丰之否”，负面影响极大，也多少种下了几年后金融风暴的根苗。再问 2003 年的美国经济情势，为不变的旅卦。《焦氏易林》称：“罗网四张，鸟无所翔；征伐困极，饥穷不食。”丰、旅相综一体，丰极转旅，因果历历不爽。

五爻变占例

占事遇卦中五爻动，以五爻齐变所成之卦的卦辞卦象为断，若其中一爻值宜变，稍加重考虑其爻辞。

• 2011 年 3 月下旬，我儿子参加大学学测，考得不够理想，想去的政大商学诸系去不了，只有中兴大学还约他去面试，我占去应试宜否？为丰卦初至五爻全动，齐变成坎卦（䷜），“六五”值宜变为革卦。“遇丰之坎”，实非佳象。若不去，再参加 7 月初的指考呢？为不变的升卦。几月后，通过指考，上了政大会计系。

56. 火山旅（䷷）

旅卦为《易经》第五十六卦，在丰卦之后、巽卦之前。《序卦传》称：“丰者大也，穷大者必失其居，故受之以旅。旅而无所容，故受之以巽。巽者，入也。”建立丰功伟业之后，若骄矜自满，穷奢极欲，很快就会失去一切，扫地出门流亡于外。羁旅漂泊，居无定所，还不见容于当地民众，长此以往很难生存。这时就得放低身段，入境问俗，做落籍的打算，这就是八卦中巽卦的意涵。

旅卦为相当凄苦的卦，失时、失势、失位，寄人篱下，对大局没有影响力，与稍前的丰卦落差明显，人很难适应。

旅。小亨，旅贞吉。

《易》例阳大阴小，漂泊异域，必须低调顺柔才能亨通。出门在外，没人看管，寂寞难耐，易有出格之举，而惹出事端。若能固守正道行事，方可获吉。《论语・里仁篇》记子曰：“君子无终食之间违仁，造次必于是，颠沛必于是。”旅卦之时正是颠沛流离，刚好考验人的修为与操守。《中庸》则称：“君子素其位而行……素夷狄行乎夷狄，素患难行乎患难，君子无入而不自得焉。”可为“旅贞吉”的脚注。

《彖》曰：旅，小亨，柔得中乎外而顺乎刚，止而丽乎明，是以小亨，旅贞吉也。旅之时义大矣哉！

“六五”居旅卦君位，有“柔得中乎外”之象，上承“上九”，故称“顺乎刚”。内卦艮止、外卦离明，故称“止而丽乎明”，皆应客居在外地之意。旅人想在当处落地生根，最好选择光明有文化之地，并顺从遵守其种种规范。天涯羁旅之时，人怎么自处的智慧非常非常重要。豫、遁、姤、旅等卦，皆称“时义大矣哉”！随卦则称“随时之义大矣哉”，更具涵括性。

《象》曰：山上有火，旅。君子以明慎用刑而不留狱。

旅卦下艮为山、上离为火，故称“山上有火”，为森林火灾、很难救护之象。渐卦“山上有木”，十年树木成功，经归妹、丰二卦至旅卦，心血毁于一旦，建设艰难，破坏容易啊！丰卦“折狱致刑”，为司法审判；旅卦“明慎用刑而不留狱”，判刑后公正执行，不受政治力的干扰而有所淹留。现代法制的分际，审判前的检调查案、审判后的各级狱政管理，皆属行政权，即相当于“明慎用刑”的范畴。

• 1997年元月底，我问易占超过百年的长期预测的准确性，为不变的旅卦。失时、失势、失位，似乎很难精确。

• 2001年5月初，《中国时报》招待我们几位授课的老师赴苏州一游，当地艺术家叶放带我们参观园林，他有兴建风雅小栈的企划。我占其前景，为不变的旅卦。真是客旅风情，但恐怕难以落实，其后果验。

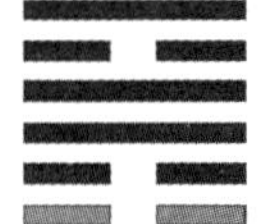

初六。旅琐琐，斯其所取灾。

《象》曰：旅琐琐，志穷灾也。

“初六”为丰极转旅之初，穷大失居，出外流亡，什么生活琐事都得自己打理，为此消耗大量心力，宏图大志难再。举目无亲，乏人照料，还可能遭受灾眚。本爻动，恰值宜变成离卦（☲），新的人际网络尚未建立，孤单无所依附。丰卦“初九”“过旬灾”，旅卦“初六”“志穷灾”，都得小心谨慎行事。

占例 • 2001 年 11 月中，我们学会刚成立，会址设于台中同学的汽车公司，有人也设计了 logo 挂牌，我问合宜否？为旅卦“初六”爻动，恰值宜变成离卦。旅琐琐，志穷灾也，显然不怎么合适，遂未采用。

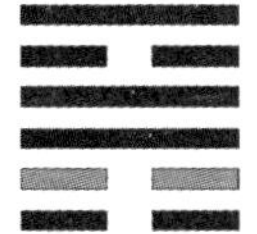

六二。旅即次，怀其资，得童仆，贞。

《象》曰：得童仆贞，终无尤也。

“六二”中正，旅途中已找到馆舍栖身，钱财还不敢露白，也雇用了当地的童仆，照料琐碎的生活细务，算是暂获安定。本爻变，为鼎卦（䷱），革故鼎新，开始过新生活。出门在外，对待童仆都得客气，免生怨尤。

九三。旅焚其次，丧其童仆，贞厉。

《象》曰：旅焚其次，亦以伤矣；以旅与下，其义丧也。

“九三”过刚不中，对待童仆下人不和善，违反了“旅之时义”，住的旅舍被人放火烧掉，童仆也叛离而去，伤害甚重，这么做事陷自己于危厉不安的情境。本爻变，为晋卦（），没人帮忙，一切又得自己来，君子以自昭明德。

“六二”“旅即次”，“得童仆贞”，“九三”“旅焚其次，丧其童仆”，一得一丧之间，何其快速？旅卦的不安全，由此可见。

占例 • 2003 年 6 月上旬，我问“通货紧缩”的含义，为旅卦“九三”爻动，有晋卦之象。“旅焚其次，丧其童仆，贞厉。”物价水平整体下滑、企业债务沉积、货币供应不足、工资、利率、购买力下降，长期会抑制投资生产，造成失业率上升，爻辞描述这些现象很贴切。

• 2006 年年初，我作一年之计，问自己当年往内地发展的策运，为旅卦“九三”爻动，有晋卦之象。“旅焚其次，丧其童仆，贞厉。”此为何意？从 2002 年起，我开始积极跑内地，无论开会或参访，都有不错根基，怎会出现此象？当年 8 月 14 日，我们学会执行长徐崇智不幸心脏病

占例

发去世，他跟我跑了几年，原来“丧其童仆”是指这个意外！我才想起年初深夜占完时似有幻象，浑身冰冷，冥冥中都有预示？“九三”爻变为晋卦，为乾宫游魂卦，也是凶兆？晋卦《大象传》称“自昭明德”，辅弼既失，往后只能靠自己招呼了！

• 1990年12月初，我在出版公司筹划创办一份健康刊物，用了一位女博士任总编辑，数月无成，她终于提了辞呈。我问对策，为旅卦“九三”爻动，有晋卦之象。“旅焚其次，丧其童仆，贞厉。”只能让她离职，自己再设法善后，该刊物的出版计划因而终止。

• 2000年3月上旬，台湾跨世纪选前十几天，我问连战的胜算，为旅卦“九三”爻动，有晋卦之象。“旅焚其次，丧其童仆，贞厉。”显然必败无疑，其后果验。

九四。旅于处，得其资斧，我心不快。

《象》曰：旅于处，未得位也；得其资斧，心未快也。

“九四”阳居阴位，以羁旅之身晋身执政高层，有了办公处所，却难蒙君王真正信任，心里很不愉快。“资”为财力资源，有了钱就得雇保镖捍卫，就是“斧”，就是权。“得其资斧”，有钱有权，却无归属认同感，精神上仍无所依。本爻变，为艮卦（䷳），重重阻碍，职位至此已到头，不能真正当家做主。

• 2005年元月中旬，我问国亲两党进一步合作的可能性，占得剥卦“上九”爻变，成坤卦，已于前文详述。当时再问对策如何？为旅卦“九四”爻动，有艮卦之象。旅卦失时、失势、失位，艮卦障碍重重，“遇旅之艮”，机会已经不大。宋楚瑜后来去搞不伦不类的“扁宋会”，“国亲合”成泡影，亲民党也众叛亲离，就因宋个人的“我心不快”。

• 1995年9月中，《自由时报》副刊邀稿，开“时习易”专栏，我问前景如何？为旅卦“九四”爻动，有艮卦之象。“旅于处，得其资斧，我心不快。”有了固定发表园地，有酬劳有一定影响力，心里却不是很痛快，遇阻则止。果然每周一篇，持续约一年多休止，《自由时报》偏绿的意识形态多少有些困扰。后来大田圆神出版社邀我同意结集出书，就名《时

占例

习易》，总结了那段时日的所思所得。

• 2004 年 6 月中，老友巫和懋教授面临前途抉择：一是赴北大专任，艮卦“九三”爻动，有剥卦之象；二是赴上海为其母校美国杜兰大学设立管理学院，为旅卦“九四”爻动，有艮卦之象；三为续留台大国际企业系任教，为比卦“九五”爻动，有坤卦之象。北大“遇艮之剥”，“艮其限，裂其夤，厉熏心”，“不利有攸往”。杜兰大学“遇旅之艮”，“旅于处，得其资斧，我心不快”，亦非上选。留台大“遇比之坤”，“显比，吉”，做熟了无所不通，看来还是暂留台大为宜。两年后，又有新的变化，北大变成可行，他终于去了北大中国经济研究中心任职，见前文“遇观之艮”占例。

• 1991 年元月底，出版公司面临艰险年关，从老板到高干都深感压力沉重。我问能否强渡“关山”？为旅卦“九四”爻动，有艮卦之象。“旅于处，得其资斧，我心不快。”最后勉强周转过关，辛苦难受已极。

• 2006 年 8 月中，我们学会的执行长徐崇智心疾猝发过世，接任的邱云斌占问其真正死因，为旅卦“九四”爻动，有艮卦之象。“旅于处，得其资斧，我心不快。”徐当时各方面的表现都不错，为何心不快？他往生之后，我们才知道。另外，旅上卦离为心火，“九四”爻变成艮止不动，在外开车时出事，亦合此象。

六五。射雉，一矢亡，终以誉命。

《象》曰：终以誉命，上逮也。

“六五”居旅卦君位，为上卦离明中心，在文明建设上有光辉灿烂的成就，摆脱了旅卦失势、失位的困境，获致世人崇高的赞誉，完成其天赋的神圣使命。“离”为雉，“射雉”象征得到文明的桂冠，人生追求理想，不要乱射箭，只要在终极关键的目标，一箭中的就成。本爻变，为遁卦（䷠），人生有了登峰造极的成就后离去，留给世人无穷的忆念。“遁之时义大矣哉！”“旅之时义大矣哉！”旅卦其他五爻，爻辞皆称“旅”，独“六五”无“旅”字，显示在时光流逝中实现了永恒。

丰卦“六五”从善如流，“来章，有庆誉，吉”；旅卦“六五”“射雉，一矢亡，终以誉命”。丰旅相综一体，居君位者获得荣誉的方式不同。大国领袖建立丰功伟业，切勿骄慢自大；文化巨人殚精竭虑，而有世界级的贡献，不会有人再去计较他的国籍出身。孔子、老子、佛陀、耶稣，这些影响千秋万世的“教主”，皆可如是观。

丰卦有称霸之意，旅卦则阐扬王道，所谓“王者无外”，终极理念没有国界种界的差别，放诸四海而皆准，百世以俟圣人而不惑。丰卦《彖传》称天地人鬼神，旅卦“六五”成就的境界，亦如《中庸》所称：“建诸天地而不悖，质诸鬼神而无疑。”

• 2003年元月中旬，惠普计算机的大代理商纠集同业，预备开半年《易经》课。我问前景如何？为旅卦“六五”爻动，有遁卦之象。“射雉一矢亡”，“终以誉命”。虽然上不完六十四卦，也让他们对易理的博大精深，有了概括的认识。课程结束时，差不多就在阴历六月，正合遁卦的时节。

上九。鸟焚其巢，旅人先笑后号咷。丧牛于易，凶。

《象》曰：以旅在上，其义焚也；丧牛于易，终莫之闻也。

“上九”为旅之终，彻底过气，一样不留。鸟巢被焚毁，旅人先笑而后号啕大哭，所谓“覆巢之下无完卵”，一辈子的心血经营毁于一旦。以旅之身，高亢过甚，违反了旅之时义，不亡何待？坤为牛，负重行远，顺势用柔。“丧牛于易”，比喻丧失了柔顺处世之道，轻敌致凶。旅卦“小亨”，柔顺才是生存之道，强硬必然招祸。“九三”焚次丧仆，“以旅与下”，伤害殊甚；“上九”焚巢丧牛，“以旅在上”，更是彻底毁灭。本爻变，为小过卦（䷽），应谨小慎微，才有活路，骄狂自大必凶。

人生旅程，来去匆匆，资斧处次、童仆巢穴，皆身外之物，一概不会留存，权势名利，转眼成空，“上九”“终莫之闻”，多警醒人？“六五”“终以誉命”，流芳百世，才是王道正理。

大壮卦“六五”“丧羊于易，无悔”，羊喻阳刚；旅卦“上九”“丧牛于易，凶”，牛喻阴柔。二者皆戒刚躁猛进，逞强必然致凶。“同人，亲也”，

“九五”“先号咷而后笑”；“亲寡，旅也”，“上九”“先笑后号咷”。人际亲和与否，决定了人生最后的成败。

曾经有一位女生罹癌多年，曾襄助我们学会料理过一段时日的财务，后于2005年春过世。依《河洛理数》本命卦的算法，其先天元堂为旅卦“初六”，“旅琐琐，志穷灾也”，一生皆在旅卦漂泊无依中度过，实在可怜。往生之时，尚未走完“上九”大运，“丧牛于易，凶”，“终莫之闻也”。如果她熬过此关，接着就是后天本命元堂的离卦“九四”：“突如其来如，焚如，死如，弃如。”《小象传》称：“无所容也。”还是旅而无所容之象，恐怕更惨，怎么命运这么坏，令人不胜唏嘘。

• 1997年元月上旬，我再占问某友人初审吉凶？为旅卦“上九”爻动，有小过卦之象。旅卦“明慎用刑而不留狱”，“山上有火”，“鸟焚其巢，丧牛于易，凶”，真是糟糕透顶。结果一干人众中，他的刑期最重，前文归妹卦“六五”爻变占例中，已有说明。

• 1996年10月中旬，我南下高雄演讲，商界学生引介与南部一位县长晤面，他有官司缠身，我连占到几个大过卦，凶象昭著，也直言不讳。事毕后再去台中上课，夜宿学生家，占测该县长官司吉凶，为旅卦“上九”爻动，有小过卦之象。“鸟焚其巢，丧牛于易，凶。”没几天，该县长赴台北板桥应讯，被裁定当庭收押，政治生命宣告结束。

• 1997年4月下旬，我问坤卦卦辞中“东北丧朋”究为何意？为旅卦“上九”爻动，有小过卦之象。“亲寡，旅也”，“丧牛于易，凶”，人际失和、众叛亲离，正是东北丧朋。东北为阳刚方位，旅卦“上九”即因过刚遭凶。

• 2011年3月下旬，我问一位女学生在豪门的第一次婚姻，八年心酸如何定位？为旅卦“上九”爻动，有小过卦之象。丰、旅一体相综，“丰”为豪门大户，“旅”为出外流亡，焚巢丧牛，终莫之闻，人生沧桑如是。

旅卦多爻变占例之探讨

以上为旅卦卦、彖、象与六爻理论及占例，往下探讨复杂的多爻变的情况。

占事遇卦中任意二爻动，若其中一爻值宜变，以该爻辞为主，若皆不值宜变，以本卦卦辞卦象为主，亦参考二爻齐变所成之卦。

• 1996 年 10 月下旬，我实质脱离出版公司已两年半，看昔日打拼的基业日趋消亡，还是难免感慨。人的性格往往决定命运，我问回朝掌权搞得公司面目全非的老板，其夙命为何？得出旅卦三、上爻动，“上九”值宜变为小过卦，齐变为豫卦（䷏）。旅卦就是漂泊不定的命，丰极转旅，也说明了他的事业历程。“旅小亨”，而他永远刚愎自用，而好大喜功，焚次、丧仆之劫纵过，最终难逃焚巢、丧牛之凶。好一个“旅人先笑后号咷”，“其义焚”，“终莫之闻”！人的性格决定命运，其后事态全验。

• 1994 年 5 月上旬，公司股争至最后关头，高干们传讯于大股东，看他能否介入阻挡老板回朝自救？我问吉凶，为旅卦三、上爻动，“上九”值宜变为小过卦，齐变为豫卦。“遇旅之豫”，以在外之身，想防备强敌入侵，势所不能，焚次、丧仆，焚巢、丧牛，注定失败无疑。后来两方见面，为“遇归妹之屯”，已如前文所述。

1992 年 9 月底，大家盛传，大股东在股市中杠上了长荣海运的张荣发，搞得很狼狈，我问其真实处境为何？得出旅卦初、三爻动，“九三”值宜变为晋卦，齐变为噬嗑卦（䷔）。旅卦失时、失势、失位，噬嗑卦为弱肉强食的商场斗争，在外的市场派踢到铁板，志穷、取灾，焚次、丧仆，应该受伤不轻。

• 2010 年元月中旬，前亚历山大会馆的负责人唐雅君，托我算其官司再上诉的吉凶，可否由缓刑争取到无罪？得出旅卦三、上爻动，“上九”值宜变为小过卦，齐变为豫卦。“山上有火，君子以明慎用刑而不留狱”，焚次、丧仆，初审已伤，再上诉恐遭焚巢、丧牛之凶！劝她切不可为，结果因检方也不服上诉，难以撤回，终于不免牢狱之灾。

• 2009 年 8 月初，我看报上刊载专家的预测，目前举世通行的一夫一妻制，很难持续到本世纪中叶。我问确然否？为旅卦三、上爻动，“上九”值宜变为小过卦，齐变为豫卦。焚次、丧仆，终至焚巢、丧牛，“终莫之闻”，看来预测会成真，至少名存实亡。“旅”为“亲寡”，六爻全变为节卦（䷻），一夫一妻制失去节制人心、维系婚姻的功效后，家庭社会又当如何？

• 1999 年 11 月上旬，社会大学基金会的高干准备搞网络教学，提议配合。我问前景，为“遇旅之谦”。“得其资斧，我心不快”；“丧牛于易，终莫之闻”。该案果无下文，不了了之。

• 2006 年 8 月下旬，因学会原执行长徐崇智不幸心脏病去世，我得找接任人选。当时只能想到学生云斌，问能胜任否？为旅卦二、上爻动，齐变为恒卦（䷟）。旅卦不稳定，“旅即次……得童仆，贞”，可获暂时安定。前文“九三”占例，徐崇智过世为“丧其童仆”，这回云斌补位，“得童仆，贞”。然而“上九”“鸟焚其巢，丧牛于易”，似为隐忧。结果由执行长而接任理事长，至 2010 年中终于出问题，为止息学会人事纷争，我决定换人改组，让他改任常务理事。由旅卦二至上爻，刚好时隔四年，一爻当一年之说可信。

• 2011 年 2 月底，邀我前一年去慕尼黑授《易》的气功师傅心疾复发，安心养病中。我问他应注意什么？为不变的剥卦，“不利有攸往”，少外出为妙。一年内的病情，为“遇旅之恒”。“旅即次，怀其资，得童仆，贞”，若须出外旅行，一定得有人悉心照料；否则“鸟焚其巢，旅人先笑后号咷”，可就凶险万分。为万全计，最好还是照恒卦行事，“君子以立不易方”，长期静养为佳。

最后问养病三年的前景，为履卦（䷉）初、四、上爻动，“上九”值宜变为兑卦，贞悔相争成坎卦（䷜）。履以和行，谨慎小心，最后或可“其旋元吉”。坎卦自然还有不低风险，不宜掉以轻心。

• 1997 年 12 月上旬，一批学生在继续随我研习《易经》，我问其发展前景，为旅卦三、四爻动，齐变有剥卦（䷖）之象。“遇旅之剥”，或焚次、丧仆，或“得其资斧，我心不快”，总之不稳定，安心立命者少之又少。

• 2010 年 10 月下旬，内地旅游团在苏花公路出事，详情见“小畜之蹇”、临卦“初九”占例。当时我占问同胞的生死，为旅卦二、三爻动，“九三”值宜变为晋卦，齐变为未济卦（䷿）。他们就是在旅程中出事，前晚还“即次、怀资”，翌日即“焚次、丧仆”。晋卦为乾宫游魂卦，未济卦显示灭顶没救，占象果验。

• 1996 年 5 月初，我在出版公司沉潜已二年，两套《易》书由公司代销的货款逾五十万未结，我问最佳处理方式为何？得出旅卦初、四爻动，齐变有贲卦（䷕）之象。“旅琐琐”，为细务烦心；“得其资斧，我心不快”，书款其后都能收回，但催促令人不愉快。

占事遇卦中任意三爻动，以本卦为贞，三爻齐变所成之卦为悔，称贞悔相争，合参二卦卦辞卦象以断。若三爻中一爻值宜变，为主变数，加重考虑其爻辞。

• 2010 年 10 月下旬，我在赴台中车程中，忆起平生故人不少已去世者，颇觉感慨。其中一位是我研究所学长，也是他引荐我去中兴顾问社任职助理工程师，事后多年，听闻他去郊山林中自缢，没人晓得真正原因。我占得“遇旅之坤”，人生逆旅，“焚次、丧仆”、“得其资斧”，却“我心不快”，最终“鸟焚其巢……丧牛于易，凶”。

• 2010 年年初，高雄《易经》班的学生许福仁有一案例提供：他的好友王先生家境富裕，独子帅气，高中毕业后即赴美留学，名校毕业后，就职高科技公司，各方面似乎都很顺利。王先生欲赴美探视儿子，问占得旅卦三、四、上爻动，“九四”值宜变为艮卦，贞悔相争成坤卦。由台赴美为“旅”，“九三”焚次、丧仆，“上九”“丧牛于易”，为何如此之凶？“九四”“我心不快”，又是怎么回事？三个月后王先生返台，告知许他的痛楚：原来其子为出柜（指男性暴露“同志”身份）的同性恋者，与一年长的白人同居，他力劝亦无效。旅卦二至五爻，互成大过卦（䷛），“九四”正当大过出柜三爻、五爻，三爻“栋桡，不可以有辅”；五爻为“老妇士夫，亦可丑也”，为非常态的情欲，劝说肯定没用。

• 2009 年年底，台湾就是否开放美国牛肉进口案，掀起轩然大波，相关主管人苏起因此下台。我问此事对岛内局势的冲击如何？为旅卦初、三、上爻动，贞悔相争成震卦（䷲）。“遇旅之震”，一波未平，一波又起，三年后马连任，再推此案，又遭民意强烈反弹。旅卦“初六”为基层民意，“旅琐琐，斯其所取灾”；“九三”焚次、丧仆，伤害甚深；“上九”“丧牛于易，凶”，爻辞直接出现了牛肉为祸之象。丰、旅一体相综，岛内局势如此动荡，皆因美国“丰”强欺人所致啊！

• 2000 年 2 月下旬，我考虑停掉两周一次在台中带老学生的研习班，占得旅卦二、五、上爻动，贞悔相争成大过卦（䷛）。由台北南下台中为“旅”，大过卦“栋桡”，有颠覆危机，“丧牛于易”不无可能。即次、怀资，

“得童仆，贞”，“射雉，终以誉命”，其时平台已立，功不唐捐，放弃了也很可惜。大过卦“栋桡，利有攸往，亨”。遂决定继续，课程一直绵延至今。

同时，在台北益生道场的研习班也面临后续的问题，占得震卦（䷲）初、二、四爻动，贞悔相争成师卦（䷆）。震卦也是检讨是否永续的问题，“初九”一鼓作气、“六二”“震来厉”、“九四”“震遂泥”，有再衰三竭之象。“师。贞。丈人吉，无咎。”“容民畜众”，“可以王矣”！后来虽离开益生道场，台北的研习班仍易地而弦歌不辍，也是持续至今。

• 1995 年 9 月上旬，我在出版公司沉潜多时，老板数度召开经营会议，企图施压整合，我占得对策为旅卦二、四、五爻动，贞悔相争成巽卦（䷸）。二、四皆已安定，虽然“我心不快”，“射雉……终以誉命”的志业，仍值得柔中以待。“随风巽”，低调顺势以对，其奈我何？

1996 年 2 月下旬，丙子开春，公司又陷入内外交争的险境，我问自己的吉凶，为旅卦三、五、上爻动，“六五”值宜变为遁卦，贞悔相争成萃卦（䷬）。焚次丧仆、焚巢丧牛，周遭无论如何动荡，我只认定“射雉”为终生志业，全力以赴即是。精英荟萃、出类拔萃，燕雀安知鸿鹄志？

• 1995 年 3 月中旬，《民生报》记者风闻我给某官员上课之事，欲大幅报道，我觉得不妥，通过友人安排与《联合报》总编辑张逸东餐叙，希望他能压下来，免生困扰。事前占问有效否？为旅卦三、四、五爻动，“六五”值宜变为遁卦，贞悔相争成观卦（䷓）。“遇旅之观”，关键在“六五”，“射雉，一矢亡”，找对人疏通即无事。张也是毓老师的学生，算是同门，之前我还请老师打过电话招呼，终于顺利搞定。

• 2002 年年初，我的学生邱云斌自占年运，为旅卦初、四、上爻动，贞悔相争成明夷卦（䷣）。“遇旅之明夷”，既失势位，又痛苦不堪。琐事取灾、“得其资斧”而“我心不快”，恰恰说中了他在《经济日报》那年管理上出的问题；“上九”“鸟焚其巢”、“丧牛于易”，还可能打击更重。

• 2008 年 10 月下旬，我与学生温泰均夫妇、林献仁夫妇餐叙，顺便帮他们判断一下经营情势。温世仁留下来的甘肃黄羊川“千乡万才”计划，也面临转型问题。这种教育产业功德固有，能否赚钱以自给自足呢？为旅卦上三爻全动，“六五”值宜变为遁卦，贞悔相争成蹇卦（䷦）。台

三爻变占例

胞投资内地为旅，“九四”“旅于处，得其资斧，我心不快”；“上九”“先笑后号咷，丧牛于易，凶”，赚钱是不可能；“六五”“射雉……终以誉命”，目标是做功德，不在获利。“遇旅之蹇”，外险内阻，自给自足很困难。“蹇之时用大矣哉！”“遁之时义大矣哉！”“旅之时义大矣哉！”时移势转，可能也要有新的考虑了。

卦象既明，作为温家后人，如何后续处置呢？为谦卦“上六”爻动，有艮卦之象，分析已见前述。

• 2010 年 9 月底，老友曾国隆夫妇回台，我与他们月前刚在北京见过，重拾话题，再问曾妻要不要生育？占象为旅卦二、四、上爻动，贞悔相争成升卦（䷭）。若决定不生，则为不变的否卦。“否”为天地不交，不生育自然为此象。“遇旅之升”，“得童仆，贞”，为生育子女，“我心不快”，何苦来哉？“丧牛于易，凶”，可能还有高龄生育的风险。他们本不倾向再生，正好就此作罢。

四爻变占例

占事遇卦中任意四爻动，以四爻齐变所成之卦的卦辞卦象为主，若其中一爻值宜变，稍加重考虑齐爻辞。

• 2012 年 2 月中旬，台湾“中石化”与力鹏纺织企业开始股权争夺，你来我往，很是闹腾。学生林文仲是力鹏总经理，夜间上课时，拿他占的卦来讨论，作为市场派及下游采购商的力鹏集团，能成功入主“中石化”吗？旅卦二、三、四、上爻动，“上九”值宜变为小过卦，四爻齐变成师卦（䷆）。羁旅在外，谋图巽入落地生根，正是市场派的处境。“六二”“旅即次，怀其资，得童仆，贞”，“九三”“旅焚其次，丧其童仆，贞厉”；“九四”“旅于处，得其资斧，我心不快”，仍难取得主导权；万一硬干不得，还须小心“上九”“鸟焚其巢……丧牛于易，凶”。师卦劳师动众，一场大战，并无获胜把握啊！

他还有“再三渎”之占，革卦（䷰）初、三、四、五、上爻动，“九五”值宜变为丰卦（䷶），五爻齐变成剥卦（䷖）。上下易位的革命即便成功，剥蚀掉许多资源，“中石化”公司派会不会焦土抗战、玉石俱焚？往后热战半年，成了当年最红火的股争，八月中双方宣布和解，继续上下游的供需合作关系，虽然各有说辞，差不多都在占象的预料之中。

占事遇卦中五爻动，以五爻齐变所成之卦的卦辞卦象为主，若其中一爻值宜变，稍加重考虑其爻辞即可。

• 2010年11月中，我在常州授《易》，有人问中国劳力密集型产业的前景，占得旅卦初、二、三、四、上爻动，五爻齐变成临卦（䷒）。旅卦失时、失势、失位，所动五爻无一舒坦，得丧之间，难过得很，至少心里不痛快。

扫码聆听刘君祖老师亲自讲述大易之道

——逐字逐爻详解易经六十四卦

57. 巽为风（䷸）

巽卦为全《易》第五十七卦，其前为旅卦，其后为兑卦。《序卦传》称："旅而无所容，故受之以巽。巽者，入也。入而后说之，故受之以兑。兑者，说也。"异域流浪，无法见容于当地，长此以往绝对不行，必须设法入境问俗，落地生根。经过长时间的融入后，便能和悦沟通、打成一片。

以学问的深造来说，旅卦还徘徊在外，为门外汉，巽卦则是沉潜深入下工夫研究，一旦融会贯通，有所创获，发表出来就是兑卦。战国时的纵横家苏秦，离开鬼谷师门，出去游说天下为"旅"；饱受挫折后伏案苦读，悬梁刺股为"巽"；揣摩深悟之后，再去游说人主成功，则为"兑"。

巽、兑一体相综，皆为八纯卦。《杂卦传》称："兑见，而巽伏也。""巽"为隐伏深入，似风无形无相；"兑"为明白表述流露，似泽明亮照人。"震"为出为起，"巽"为入为伏，二卦相错，人生或出或入、跌宕起伏，精彩可观。

丰、旅二卦，中间四爻互成大过卦（䷛），丰功伟业、出外流浪，皆非人生常态，对当事人往往造成难以负荷的压力。巽卦初至四爻、兑卦三至上爻，亦互成大过卦（䷛），雌伏过度、滔滔不绝全无隐匿，也不正常。

巽卦当如何深入，方能如《中庸》所称"无入而不自得"？首先得挑选一个最佳的打入点，撰拟好全盘的发展计划，持续不懈地进行，终会有成功丰收、品尝盛馔的一天。選（选）、撰、馔三字都有"巽"字，也是"巽入有得"的心法。

《系辞下传》第七章称："巽，德之制也……巽，称而隐……巽以行权。"忧患九卦中，巽卦为最终绝顶之卦，是处乱世的最高功夫。巽卦先深入了解问题，由被动渐转主动，最后取得主导优势，决定一切，故称"德之制"。进行过程中，务求思虑周到而形迹隐秘，为"称而隐"。巽卦发号施令，权衡事理作最佳裁断，行权为掌权行事，也是权变无方、慎谋而成之意。《帛书易传》

此章有所不同："涣，德之制也……涣，称而隐……涣以行权。"巽卦后为兑卦、兑卦后为涣卦，深入有得后，向天下四方传播，发挥"无远弗届"的影响力，也说得通，而且似乎境界更高。

《易》中改革现状、破旧立新的卦有三：蛊卦变法图强，革卦改朝换代，巽卦先渗透发展壮大、掌权后再改弦更张，类似商场上的"借壳上市"，特别难防。清末戊戌变法为"干蛊"，辛亥革命、共产党的革命为"革"，而李登辉对国民党、陈水扁对台湾则为"巽"。巽卦与震卦相错，震卦为捍卫所继承的政权，巽卦则夺其非有，攻守异势，精彩纷呈，习《易》者宜深入比较研究。

巽。小亨，利有攸往，利见大人。

巽为长女，以阴柔为上，低调隐伏方能深入有得。"旅小亨"，"巽小亨"，阳大阴小，小才进得去，柔顺可致亨通。进去后顺势发展，渐至壮大，利于见到大人，从其处获取资源，甚至有朝一日取而代之。

《彖》曰：重巽以申命，刚巽乎中正而志行，柔皆顺乎刚，是以小亨，利有攸往，利见大人。

巽卦内外皆巽入，故称"重巽"，深入再深入，低调再低调，目的是体察天命，努力伸张实现于人事。一旦成功居于"九五"君位，即可大行其志。届时号令所至，天下无不顺从，"初六"上承"九二"、"六四"上承"九五"，故称柔皆顺乎刚。"命"指天命，也指代天行道的君命，三令五申，务期各项施政体贴周到，福国利民。

体察天命，依顺行事，方得遂志。人志与天命的辩证关系为习《易》重点，除巽卦外，前面已揭露许多。无妄卦"元亨利贞"，《彖》称"天之命也"，"初九""无妄之往，得志也"。姤卦"九五""有陨自天，志不舍命"；萃卦"利有攸往，顺天命"；升卦"南征吉，志行也"；困卦"泽无水，君子以致命遂志"；井卦开发自性，革命成功，"九四""改命吉，信志也"；鼎卦除旧布新，"君子以正位凝命"。

《象》曰：随风，巽。君子以申命行事。

巽为风，风向随时变化，合乎时宜为尚，不主故常。君子善体此象，申天命以行人事。“申”字有田地中栽种作物，往下深入扎根、往上顺势生长之意，人生行事亦当如是。

初六。进退，利武人之贞。

《象》曰：进退，志疑也；利武人之贞，志治也。

“初六”为巽入之初，有些进退难决，犹疑不定；这时应该坚定志向，似武人勇决行事，挺进即是。履卦“和而至”，“六三”“武人为于大君”，不合宜而致凶；巽卦多虑生疑，“初六”“利武人之贞”，适时勇决而“志治”。

• 2007年11月上旬，我与学生温泰钧、林献仁餐叙，他们设立新公司拟取佳名，期宏图大展。取名“联展”为不变的蛊卦，显然不好；取名“益联”为巽卦“初六”爻动，恰值宜变成小畜卦，进退不果，形势不明；取名“益群”则为“遇益之坤”，已于前文详述。三者参决，选了“益群”为名号。

九二。巽在床下，用史巫纷若，吉，无咎。

《象》曰：纷若之吉，得中也。

“九二”已经入门，开始做深入的探讨研究，就像低伏到床底下做地毯式搜索一般，把该领域的来龙去脉、方方面面都彻底搞清楚，可大有所获，吉而无咎。古代君王做决策，须参询身边史巫的建议，史官知晓过去的事故，巫官预测未来的发展，集思广益，多次讨论而定案。“九二”居下卦之中，刚而能柔，裁断合乎中道。本爻变，为渐卦（䷴），循序渐进，为极佳的工作团队。

史巫的典故，见《礼记·礼运》：“王前巫而后史，卜、筮、瞽、侑皆在左右。王中，心无为也，以守至正。”决策者多方听取专家意见，做出最好决定，“纷若之吉，得中也”。

• 1997 年元月底，我问易占预测十年以内事态变化的准确性如何？为巽卦“九二”爻动，有渐卦之象。巽在床下，“用史巫纷若，吉”，“得中也”，应该可以深透掌握事态的来龙去脉，精确到位。

• 2008 年间，有位学生占问：地球上有无外星人？为巽卦“九二”爻动，有渐卦之象。巽入隐伏、无形无相，还不时搞些花样，甚至为整批团队分工合作。巽卦之前为旅卦，看来地球上早有外星人渗透潜伏，彼此呼应，配合行事。这有些像前些年的电影《黑衣人》（Men In Black），外星人“借壳上市”，以人的形象混迹人间，许多名人都是“外星人”！

同样的问题，另一位学生问：宇宙中有无外星人存在？为震卦（䷲）初、四爻动，有坤卦（䷁）之象。“万物出乎震”，震为众生，“初九”是我们地球人类，脚踏实地；“九四”“震遂泥，未光也”，则是宇宙高天处的外星生命，但我们不易看见。

• 1998 年 12 月上旬，我教学生《人物志》，占《七谬第十》的主旨，为巽卦“九二”爻动，有渐卦之象。《七谬篇》讲的是观察人常犯的错误与偏差，“巽在床下，用史巫纷若，吉，无咎”，深入而动态地了解对象，合乎时中之道，即可避免识人不明。

• 2011 年元月下旬，我教学生《金刚经》，至佛祖自述“过去五百世作忍辱仙人”，问此为何境？为巽卦“九二”爻动，有渐卦之象。“巽在床下，用史巫纷若，吉，无咎。”谦卑低调至极，承受各种污辱，频频展现神通，而获吉且无咎。

• 2011 年 12 月上旬，我旷观未来，豪气顿生，一连三占自己十年后的奋斗成绩：在台湾为巽卦“九二”爻动，有渐卦之象；在内地为艮卦“上九”爻变，成谦卦；放眼世界则为谦卦“九三”爻动，有坤卦之象。“巽”为深入本土扎根，彻底掌握其过去未来的脉动，组成工作团队，获吉而无咎，在台的成就可期。艮卦超越重重阻碍，攀登至巅峰，“敦艮吉”，“以厚终也”，内地发展也令人激奋。“劳谦君子，有终吉”，世界各地的弘道虽辛苦，功不唐捐，顺势推行，可及于广土众民。

九三。频巽，吝。

《象》曰：频巽之吝，志穷也。

“九三”过刚不中，不甘雌伏，频频出状况，路子变得很窄，志向难伸。爻变为涣卦（䷺），心力涣散，可能就此垮掉。“初六”称“志疑”、“志治”，“九三”称“志穷”。“巽”为伸张天命，人志须顺天命方能成就，依《彖传》所称：“刚巽乎中正而志行。”显然到“九五”才得行其志。

• 1994年5月上旬，我所在的出版公司股争即将摊牌，我身处多方夹缝间，难受已极，占得“遇否之履”，见否卦二爻变占例。然后追问如何化解？为巽卦“九三”爻动，有涣卦之象。“频巽之吝，志穷也。”“涣”则军心涣散，人人自危。“遇巽之涣”，形势已不可为，只有低头接受安排。

1995年10月初，我已不问实务，专心开拓自己人生志业的第二春。老板结合另一位靠拢的副总经理，出招逼我，想改制成所谓事业部分线经营，我心中冷笑，老招新用了！占对策为巽卦“九三”爻动，有涣卦之象。“频巽之吝，志穷也”，离心离德，做什么都没差别了！

• 2010年9月上旬，台湾广告界名人孙大伟中风昏迷住院，富邦课堂上几乎都与他熟识，我问吉凶，为巽卦“九三”爻动，有涣卦之象。“频巽，吝”，“志穷也”，“巽”为风，三多凶，只怕有志难伸，遗恨以殁。爻变涣卦尤其不妙，抵抗病魔的心力涣散，难以持久。巽卦节气当阴历八月，刚好又是病发之时，他没撑到两个月就过世。

• 1997年4月下旬，我问师卦“六三”爻辞“师或舆尸”的真义，为巽卦“九三”爻动，有涣卦之象。“巽”为发号施令，“涣”为离心离德，“频巽，吝”，军中号令不一，将权不专，必然战败致凶。“舆尸”即众人做主，殆无疑义。

六四。悔亡。田获三品。

《象》曰：田获三品，有功也。

“六四”已突破“九三”的瓶颈，升至执政高位，巽入过程中的悔恨遗憾多已消亡。“重巽以申命”，“六四”正当深入再深入之时位，人生若如狩猎，此刻已斩获丰富，各色品类的猎物一应俱全，再上层楼至“九五”，即可大功告成。“六四”爻变，为姤卦（䷫），就等时机成熟出手制胜，等于是听牌了！

古代贵族田猎，猎物一箭穿心称“上杀”，完整好清理，可供祭祀的牺牲奉献之用；射中腿的称“中杀”，稍有瑕疵，用来招待宾客；射得肚破肠流，难以清理称“下杀”，给自己部属食用。“田获三品”，指“六四”广结人脉、上下打点，积累了丰厚的政治资源。典故见《礼记·王制篇》：“天子诸侯无事，则岁三田，一为干豆，二为宾客，三为充君之庖。”

品级档次的划分很重要，《易》卦中屡有强调：乾卦《彖》称“品物流形”，坤卦《彖》称“品物咸亨”，姤卦《彖》称“品物咸章”，巽卦“九四”则称“田获三品”。《易》以田猎比喻人生的奋斗追求，看看能否有所斩获：乾卦“九二”“见龙在田”，师卦“六五”“田有禽”，恒卦“九四”“田无禽”，解卦“九二”“田获三狐”，巽卦“六四”“田获三品”。

• 1994年6月初，出版公司斗争尘埃落定，我决心走自己的路，还定名“洞庭又一春”企划，占其前景如何？为巽卦“六四”爻动，有姤卦之象。“悔亡，田获三品”，“有功也”。“重巽以申命”，深入再深入，必可大有斩获而成功！

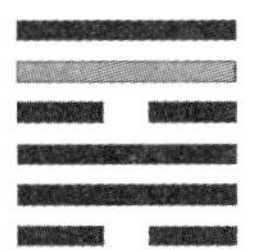

九五。贞吉，悔亡，无不利。无初有终。先庚三日，后庚三日，吉。

《象》曰：九五之吉，位正中也。

“九五”居巽卦君位，也是“申命行事”的最终目标，历尽辛苦而成大功。既已大权在握，就不必再隐匿低调，按照自己既定的主张推行即是，不会再有人能反对阻挡，悔恨消亡，无所不利。前四爻隐藏得很好，无人识破，而今遂有了发号施令的结果。“庚”即变更，但有严密章法，变更前三日计划周详，变更后三日观察反应，还可以再做调整，如此行事，必能获吉。

“九五”爻变，为蛊卦（䷑），干蛊改革成功，真是殊途而同归。干蛊雷厉风行，整饬纪纲，巽以行权，隐匿顺势，方法策略不同，及其成功一也。蛊卦“先甲三日，后甲三日”，巽卦“九五”“先庚三日，后庚三日”，都合乎剥极而复、七日来复的自然规律。以“身体易”观之，人感染风寒患病，不吃药打针，七天也会自然康复，所以复卦之后的无妄卦“九五”称：“无妄之疾，勿药有喜。”一元复始，万象更新，庚即更，辛即新，革卦又称“己日乃革”，这些天干纪日的寓意要深入体会。

巽卦前为旅卦、后为兑卦，先深入学习别人的东西，融会贯通后，再建立自己的体系，这叫能入又能出，人生求学做事证道，皆应如是。

帛书《要》篇有言：“后世之士疑丘者，或以《易》乎？吾求其德而已，吾与史巫同途而殊归者也。”孔子习《易》，百占而七十中，也经过史巫象数的阶段，最后却唯德是尚，创建了宏阔精深的义理体系，善《易》者不占，正是入乎其中，又能出乎其外。巽卦“九二”“用史巫纷若”，为习数阶段；“九五”“先庚三日，后庚三日，吉”，集大成而为宗师矣！益卦“九五”“有孚惠心，勿问元吉”；革卦“九五”“大人虎变，未占有孚”；恒卦“九三”“不恒其德，或承之羞，贞吝”，皆从正面或反面验证了这个道理。

- 1994 年 5 月中旬，我所在的出版公司老板回朝确定，我首当其冲，陷入难局，占问自己吉凶，为巽卦“九五”爻动，有蛊卦之象。“贞吉，悔亡，无不利。无初有终。先庚三日，后庚三日，吉。”三年“干蛊”虽然失败，入而能出、另创辉煌，确可预期，而今皆已实现。

- 1999 年 6 月上旬，我因长期授课过多，喉咙发声艰涩，影响教学质量，问怎么办好？为巽卦“九五”爻动，有蛊卦之象。“先庚三日，后庚三日”，慢慢调整休复，应可获吉。巽之后为兑卦，必可恢复正常，发声宣道。

- 2010 年 9 月中旬，我首次赴德授《易》毕，问成效如何？为巽卦“九五”爻动，有蛊卦之象。“贞吉，悔亡，无不利。无初有终。先庚三日，后庚三日，吉。”“随风巽，君子以申命行事”，“刚巽乎中正而志行”，成效相当可观。巽卦前为旅卦、其后为兑卦，我由台赴德宣讲易道，正合此象。

上九。巽在床下，丧其资斧，贞凶。

《象》曰：巽在床下，上穷也；丧其资斧，正乎凶也。

"上九"为巽入之终，仍如"九二""巽在床下"，能入而不能出，可谓不合时宜之至。随风巽，申命行事得随时变化、与时俱进，背旧包袱、条条框框丢不掉，只会丧失资源与掌权断制的能力。这么拘泥固守，不知变通必凶。本爻变，为井卦（䷯），自陷困境，无法改革创新。

巽卦前为旅卦，旅卦"九四""得其资斧"，经过八个爻至巽卦"上九"，便"丧其资斧"，一得一丧之间，何其快速？人生行事，真得敬慎哪！

• 1994年8月下旬，我被迫遁隐已百日，问日后在出版公司的前景？为巽卦"上九"爻动，有井卦之象。"巽在床下，丧其资斧，贞凶"。已经失位丧权，不可能再发号施令以改革积弊，就从吾所好、另辟新途吧！

巽卦多爻变占例之探讨

以上为巽卦卦、彖、象六爻的理论及占例说明，往下继续探讨更复杂的多爻变的情形。

占事遇卦中任意二爻动，若其中一爻值宜变，以该爻辞为主；若皆不值宜变，以本卦卦辞卦象为主，亦可参考二爻齐变所成之卦的卦辞卦象。

• 1991年4月底，我在出版公司苦战，险关不断，占问大势为巽卦三、上爻动，"上九"值宜变为井卦，齐变为坎卦。"遇巽之坎"，"频巽，吝"，"丧其资斧，贞凶"，真正辛苦艰险啊！

1992年6月中，老板在外的负面消息不断，我问他究竟能否过关？又是"遇巽之坎"。"频巽，吝"，"丧其资斧，贞凶"，"上穷也"。这也是他走投无路，两年后不顾一切回朝掌权的缘故。

• 2006 年 6 月上旬，大姨的女儿常年居美读书就业，她妈妈关心她婚事，问三年内可有好姻缘？为“遇巽之坎”，显然不顺遂，姻缘难成，其后果验。

• 1991 年 10 月中，妹妹婚姻出问题，我问其对策及前景，为巽卦二、上爻动，“上九”值宜变为井卦，齐变为蹇卦（䷦）。“遇巽之蹇”，前景颇不乐观，同样“巽在床下”，“九二”尚可无咎，至“上九”困穷正乎凶，可见，委曲逢迎过度，并不能挽回丈夫心意，往后二十多年的发展，大致如此。

• 2010 年 12 月上旬，维基网站连续爆料种种秘闻，我问对世局的冲击如何？为“遇巽之蹇”。“巽在床下，用史巫纷若，吉，无咎”，深掘真相，适度爆料很好；“巽在床下，丧其资斧，贞凶”，过度渲染成习、招式用老，就不为世人所接受了！长此以往，蹇困难行。由后续发展看，大致如是。

• 2000 年 9 月下旬，老友吕学海来找我，他经营社会大学失利，被学员控告有官非，我代占其未来前途如何？为巽卦五、上爻动，“上九”值宜变为井卦，齐变为升卦。“九五”君位行事招控，沦为“上九”“丧其资斧，贞凶”，情势不大妙。往后几年他为此困顿不已，还差点有刑责上身，算是人生一劫。

• 2008 年 8 月初，原美商 Cisco 公司台湾区总经理孙永祥来晤，我占其未来 3–5 年的事业运，为巽卦二、五爻动，有艮卦（䷳）之象。巽卦前为旅卦，他受聘台资企业赴昆山任总经理，推行改革绩效不错，“先庚三日，后庚三日，吉”。巽中有艮象，虽突破重重障碍，与老板间仍有矛盾不易移除，2012 年春节后，跳槽另谋发展。

• 2009 年 12 月中旬，我赴长春授《易》，仍由北京的崔先生安排同行，我问翌年彼此进一步合作的展望，为“遇巽之艮”。我由台湾进内地讲学，为“旅”为“巽”，“用史巫纷若，吉，无咎”，“贞吉，悔亡，无不利”。翌年走南闯北几回，彼此配合不错。巽中有艮，一时间要大幅开展也不容易。

• 1991 年 12 月中旬，出版公司股争炽烈，我算市场派大股东与公司的“缘分”，为巽卦三、五爻动，齐变为蒙卦（䷃）。市场派挟资金入注，为“旅”为“巽”，“九三”“频巽、志穷”，屡屡受挫；“九五”“先庚三日，后庚三日，吉”，侵入成功，“借壳上市”亦有可能。蒙卦外阻内险，情势不明。后来几年惊涛骇浪，大家皆有折腾消耗，公司倒闭，两败俱伤。

• 2000 年元月初，我问全年与社会大学的后缘如何？为“遇巽之蒙”。“频巽，吝”，已经出现配合上的瓶颈，老友创立多年的平台，经营有了问题；“先庚三日，后庚三日，吉”，又得企划转进。我们之后还勉强合作三、四年，到他结束营业前才终止。

• 1994 年 7 月下旬，出版公司“变天”两个多月，我虽心境已转，旁观种种措施，还是心气不平，占问自己年底前的运势如何？为巽卦二、三爻动，齐变有观卦（䷓）之象。“遇巽之观”，只有继续沉潜低调，观望形势所有可能的变动再说。“巽在床下，用史巫纷若”，“得中也”；“频巽，吝”，遭遇难堪瓶颈，再设法突破或超越吧！

• 2011 年 12 月上旬，一位豪门学生赴美返台，身心多有不适，怀疑是参观教堂时，沾染上了什么东西，折腾多日，不得解脱。她问是否夙世因果？占得“遇巽之观”。巽风无形，巽入是有外物附身之意，所以其前为旅卦。观卦《彖》称卦“以神道设教”，还真和教堂有关，其后为噬嗑卦，须小心。“巽在床下，用史巫纷若”，外物动作很多，扰人安宁；“频巽之吝，志穷也”，再肆虐也不容易。

旁边同学多献策，提供各种可能的消解方法，占象总不宜，最后她发火了，宣称什么都不找，慨然自己承受便是。我听了心中一动，占问有效否？为不变的乾卦。“元亨利贞”，“君子以自强不息”，自性能量一开，万邪必消！果然，之后干扰终止。我曾问过佛家咒语的功能，即为不变的乾卦。自己若信受奉行“天行健”之道，实和念咒无异。

• 2012 年 5 月上旬，我收到一封电邮，说是同门，经师兄推荐买了我的书，他也知道《易经》经传中谈了很多人生的场景及经验，想问我人生究竟的意义何在？《易》中有无明确答案？这种问题若遇到禅宗祖师，必遭棒喝，我还是耐心等了几天后，简单回函，请他自去书中参证，俯拾即是。未料他很快又回信，仍执著提问，我电话查证后，请师兄代为沟通，我不想再纠缠下去。然后心中有感，占得“遇巽之观”。对方深入程度不足，在“频巽，吝”的瓶颈徘徊，再看机缘吧！

• 1992 年 9 月中旬，我在出版公司苦心调护，市场部经理提出参加书展后的心得报告，力主开拓内地市场。我占当时的进出对策，为巽卦初、三爻动，齐变有中孚卦（䷼）之象。巽卦继旅卦之后，尝试打进内地市场，中孚卦寄望建立信誉。然而巽卦“初六”进退犹疑，“九三”“频巽，吝”，不易突破，由“志疑”、“志治”到“志穷”，确实分析精准。

• 2010 年 3 月下旬，一位曾在《中国时报》任高干、后又离职他就的学生，约我餐叙，她想离开办业界教育训练的现职，受邀赴另一文化基金会任执行长。我占得“遇巽之中孚”。“志疑”、“志治”到“志穷”，互信难以建立。后来她去了一年多，果然发生问题，之后又来找我，咨询下一个工作机会，唉！

若暂留现职不动，等待更好机会呢？为困卦（䷮）二、四爻动，有比卦（䷇）之象。“困于酒食”、“困于金车”，确实也是待得难过，但当时所谓新的机会也并不好啊！或许应该再等？

• 1994 年 6 月上旬，我所在的出版公司“政争”落定一月，大股东身边某位术士论断老板“短凶长吉”，我风闻后占其确然否？为巽卦三、四爻动，有讼卦（䷅）之象。“频巽，吝”，短凶；“悔亡，田获三品”，长吉？靠争讼手段取得利益资源，确有可能。另外，当年 10 月中旬，我也问一位营销协理兼董事往后运势如何？同样为“遇巽之讼”，他是老板回朝操纵的一颗关键棋子，见风转舵，合乎“随风巽”之象，真的也是短空长多，跟着升官发财。世情本如是，不足为怪，问题是长吉多长呢？再往后，其实皆已灰飞烟灭。

• 2005 年 12 月中旬，我问《大学》一书的宗旨，为巽卦二、四爻动，“九二”值宜变为渐卦，齐变为遁卦（䷠）。“随风巽，君子以申命行事”，合乎大学“内圣外王”之旨。二与四同功而异位，“巽在床下，用史巫纷若”；“悔亡，田获三品”，“有功”；内外兼修后，期能进至“九五”中正而志行之至境。“大学之道，在明明德，在亲民，在止于至善。”

• 2010 年 11 月中旬，我准备写作本书，初估近百万字，因为两年后为我六十生辰，想以此书为自献礼纪念，问合不合适？为巽卦初、五爻动，齐变有大畜卦之象。“重巽以申命”，由“初六”“志疑”而“志治”，终至“九五”中正而志行；大畜卦则“多识前言往行，以畜其德”，都是能入能出、长期研习，而自有创获之意。非常合适，当下敲定。

中国人有“男过晋近，女过满”的习惯，可是书作一年难成。于是

二爻变占例

我又问：过虚岁如何？为屯卦（䷂）初、五、上爻动，“上六”值宜变为益卦（䷩），贞悔相争成剥卦（䷖）。“屯”有新生之意，花甲后进入新的周期循环，但资源匮乏，“上六”“泣血涟如”，尤其不好，不宜之甚！到壬辰秋过实岁如何呢？为大有卦（䷍）二、三、上爻动，“上九”值宜变为大壮卦（䷡），贞悔相争成震卦（䷲）。大有“元亨”、震“亨”，还“自天佑之，吉无不利”，当然选择过实岁啰！

三爻变占例

占事遇卦中任意三爻动，以本卦为贞，三爻齐变所成之卦为悔，称贞悔相争，合参二卦卦辞卦象以断。若其中一爻值宜变，为主变量，加重考虑其爻辞。

•2010年7月上旬，我问男女交合，亿万精子何以独一入卵受孕结胎？为巽卦二、五、上爻动，“九五”值宜变为蛊卦，贞悔相争成谦卦（䷎）。卦序巽卦前为旅卦、其后为兑卦，众多精子在外游动，企图深入而至两情相悦。多数“用史巫纷若”，最后只有君位“九五”达阵（“达阵”为橄榄球比赛中重要的得分方式，即“触地得分”），“贞吉，悔亡，无不利。无初有终”，其他皆“巽在床下，丧其资斧，贞凶”。“蛊”为皿中有虫，“九五”达阵完成受精成孕，“先庚三日，后更三日”，也是“七日来复”，母腹中有胎儿生育之象，真正妙极！

• 2011年元月上旬，我问明朝的功过绩效，为“遇巽之比”。明朝逐元而亡于清，刚开始“用史巫纷若”不错，“频巽，吝”后，终致“丧其资斧，正乎凶”，汉人发号施令的天祚不永。

• 2003年2月中旬，老友吕学海来晤，他创办社会大学多年，也曾经营得有声有色，我在台授《易》讲经，就从他邀约开始。后来财务失控，还被学员控告吃官司，也积欠我一笔束脩未偿，搞得颇为狼狈。我知他要来，先算他的真实处境，为丰卦（䷶）初、二、四爻动，贞悔相争成升卦（䷭）。丰卦为“折狱致刑”的司法审判之象，初、四相配相应还不错，“六二”遭遇日食黑暗期，假以时日可能复明。升卦有机会再上来，“遇丰之升”，未来不会太糟。

再问找我且偿债的真正企图，为睽卦“上九”爻动，有归妹卦之象。“睽孤”至极，希望能化解前愆，“往遇雨则吉”。那我最佳应对为何？归妹卦“六五”爻动，有兑卦之象。“帝乙归妹，月几望，吉”，自然不必计较，朋友讲习，言归于好。

当天他偿还了大部分债务，且提出新的合作建议。网络教学部分，我直接拒绝，整理过去《易经》课程的激光视盘可行，就成了后来《复见天地之心·决策易》CD全集。该案占象为“遇巽之比”，“九二”“用史巫纷若，吉”，“九三”“频巽，吝”，“上九”“丧其资斧”，销售先强后弱，最后近乎停滞。确实如此，但库存品加工，所增成本有限，还是帮了他周转上的忙。

• 2010年8月中旬，近中元祭祖时节，周四下午晚上我都有兵法课。下午我问可有“非人”来旁听？为不变的归妹卦。“征凶，无攸利”，而归妹卦“永终知敝”，为兑宫大归魂卦。晚上问也有吗？为旅卦“九四”爻动，有艮卦之象，“旅”为神魂飘荡、无处栖身，“旅于处，得其资斧，我心不快”。然后我再问：这些好兄弟姐妹为何要听兵法呢？为巽卦三、五、上爻动，“九五”值宜变为蛊卦，贞悔相争成师卦（䷆）。巽卦前为旅卦，入室听讲，希望“先庚三日，后庚三日”，以脱胎换骨？蛊卦为巽宫归魂，师卦为坎宫归魂，又刚好为出师作战之意。这些非人真对兵法有兴趣？

2011年11月中，我在赴乌来温泉浴的车程中，推算完未来十年世事的重大变迁，也包括平生志业能否“十年乃字”？得出“遇巽之剥”，巽卦二、三、五爻动，“九五”值宜变为蛊卦，贞悔相争成剥卦（䷖）。“重巽以申命”，由二而三而五，终于“刚巽乎中正而志行”，“贞吉，悔亡，无不利”。

• 2009年10月上旬，我针对台湾几位佛教界宗师，占算其修行境界，有学生提起另一位中年自立山头者如何？为巽卦初、三、上爻动，贞悔相争成节卦（䷻）。显然还不成境界，巽为深入求法，初爻“志疑、志治”、三爻“志穷”、上爻“贞凶”，并无自得。

• 1999年4月底，继前一年成功的“《易经》溯源之旅”之后，社会大学筹划办“《史记》溯源之旅”，仍由我带队指导。我占得巽卦三、四、五爻动，“六四”值宜变为姤卦，贞悔相争成未济卦（䷿）。“遇巽之未济”，由台湾赴内地，为“旅”为“巽入”，“未济”却未能成行，确实如此，该案因招生不足而取消。

• 2009年7月下旬，我们学会第一波人事纷争启动，高干们大致处

三爻变占例

理止息。我针对关系人等人格特质占算，其中一位资深女生为巽卦下三爻全动，贞悔相争成益卦（䷩）。“重巽以申命”，她初入、二奋发努力、三吝而“志穷”，不易贯彻终始。

• 2012 年 3 月中旬，台湾电子大厂 BenQ 与美国司法部的诉讼初审败诉，还有刑责。李焜耀不服，继续上诉，我问胜算如何？为巽卦三、四、上爻动，“六四”值宜变为姤卦，贞悔相争成困卦（䷮）。“九三”“频巽之吝，志穷也”；“上九”“巽在床下，丧其资斧，贞凶”。“遇巽之困”，几乎被打趴全无胜算。7 月中，被迫在民事部分花钱消灾，卦象应验。其实 2010 年 6 月时兴讼，即为“遇艮之剥”，可谓自找苦吃，李为人刚愎自用，性格决定命运，一点不假。前文艮卦占例已详述，可参看。

四爻变占例

占事遇卦中任意四爻动，以四爻齐变所成之卦的卦辞卦象为主，若其中一爻值宜变，稍加重考虑其爻辞。

• 2007 年 9 月下旬初，我们在富邦课堂上，又谈起 2012 浩劫的传闻，我占问属实否？为巽卦初、二、三、五爻动，四爻齐变成颐卦（䷚）。颐卦为生态系统，依数字观象法，可视为剥卦加复卦，任何生态系统，随时都在剥极而复、新陈代谢，有的物种消灭，有的物种渡过劫难重生。“巽”为风，隐伏无形，不易发现，下卦三爻暗中酝酿，“九五”转暗为明爆发，“先庚三日，后庚三日”，彻底改变了世景。这是指何而言呢？用推理消去法，再问是否金融风暴？现代的金融活动以电讯快速进行，钱流根本看不见，确实无形如风。结果为比卦“六三”爻变，成蹇卦，已于比卦单爻变占例中，详细说明。

《焦氏易林》“遇巽之颐”的断词为：“岁暮花落，阳入阴室；万物伏藏，利不可得。”词意明确，翌年 9 月 15 日金融风暴爆发，肆虐全球，提前应验占象。风暴后，英国受灾甚深，据说有次英国女王与一些得过诺贝尔经济奖的学者专家晤面，问他们何以没有一人事先测知预警？大师们各各哑口无言。而看起来我们透过易占，早一年半准确预测到金融风暴。

• 1999 年 2 月上旬，我与近二十年不见的朋友韩良露喝下午茶，她曾去英国修习所谓“宇宙占星学”，断言了我不少未来纪事。我问这门学问有无道理？为巽卦“九二”爻动，有渐卦之象。“巽在床下，用史巫纷

若，吉，无咎”，“得中也”。占星探测天命，“随风巽，君子以申命行事”，探讨过去未来，有一定道理。

我再问对我未来的预言可信否？为巽卦初、二、三、五爻动，四爻齐变成颐卦。“遇巽之颐”，“九五”“巽乎中正而志行”，相当可信。

• 1999 年元月初，我有心呼应毓老师成立奉元书院的想法，问应有的筹划为何？得出巽卦初、三、五、上爻动，“上九”值宜变为井卦，四爻齐变成临卦（䷒）。“遇巽之临”，长期深入擘画，“以教思无穷，容保民无疆”。“上九”“丧其资斧，贞凶”，当时毕竟未成。

再问我投注心力合宜否？为观卦“六二”爻动，恰值宜变成涣卦。“窥观，亦可丑也。”了解太片面，投入亦无所得。

最后问求见老师请益如何？为讼卦（䷅）初、二、上爻动，贞悔相争成随卦（䷐）。讼卦三个爻皆不佳，“随时之义大矣哉”，暂时搁置为宜。

当月下旬，仍去谒师请益两小时半，之后问老师对我的定位如何？为需卦“上六”爻动，有小畜卦之象。“有不速之客三人来，敬之终吉。”未来用得着，也得群体配合行事，正是：“无欲速，无见小利；欲速则不达，见小利则大事不成。”

• 2003 年 8 月中旬，我问 10 月中、下旬再赴安阳，参加易学会议顺遂否？因年初算自己全年运势，为不变的剥卦，正值阴历九月，担心有什么事，结果占出巽卦二、三、五、上爻动，“九三”值宜变为涣卦，四爻齐变成坤卦（䷁）。由台湾赴内地为“旅”为“巽”，二、五爻很好，三、上爻“吝、凶”得小心，坤卦顺势用柔就好。结果虽仅四人同行，收获仍算不浅，平安无事。

• 2011 年 12 月中，我占问：归妹卦“六三”爻辞“归妹以须”的“须”为何意？得出巽卦三至上爻全动，“上九”值宜变为井卦，四爻齐变成解卦（䷧）。“须”同“嬃”，楚人称长姐为“嬃”。巽卦正是长女，四爻齐变为解卦，是指此为正解乎？

58. 兑为泽（䷹）

兑卦为基本八卦之一，全《易》中排序第五十八，在巽卦之后，涣卦之前。《序卦传》称："巽者，入也。入而后说之，故受之以兑。兑者，说也。说而后散之，故受之以涣。涣者，离也。""巽"为深入以期自得，一旦融会贯通，建立一家之言，便会公开表述宣讲，这就是兑卦。宣讲之后，产生往四处扩散的影响力，这就是涣卦。涣卦风行水上，造成涟漪或波澜，离开风力切入水面的圆心，传播至天下四方。

《杂卦传》称："兑见，而巽伏也。"巽卦深入潜伏，不易察觉；兑卦正好相反，公开表露，明显可见。巽、兑一体相综，藏于中者多少会泄漏于外。中医有舌诊，"兑"为口舌，由舌苔显示的种种迹象，可以判断内部脏腑的情况，那就是"巽"。人内心怀有鬼胎阴谋，外面也会发现某些征兆，《大学》称："人之视己，如见其肺肝然。""兑"与"艮"相错，"艮"为止欲修行，"不获其身，不见其人"，"兑"见，为感情自然流露，恰恰与"艮"相反。

兑。亨利贞。

"兑"为少女纯情，卦辞有"亨利贞"，而无"元"字，与咸、恒、萃等重情之卦相同。感情用事，可能蒙昧理智，进而影响创造力。兑卦又和这些卦不同，没有任何但书条件，纯粹之至。乾卦元亨利贞，四德俱全，亦无任何但书。以此观之，全《易》中仅此二卦，最纯而不杂，弥足珍贵。

《彖》曰：兑，说也。刚中而柔外，说以利贞，是以顺乎天而应乎人。说以先民，民忘其劳；说以犯难，民忘其死。说之大，民劝矣哉！

“兑”为说、为悦、为脱、为锐，都是自然流露、心直口快之象；为口舌、为毁折，又当小心多言贾祸。卦象皆阳刚居中，而柔包其外，易给人有亲切感。发言表述若固守正道，可顺乎天理，应乎人心，而产生极大的感染力。要动员民众，须以言语号召说服，一旦唤起衷心的认同，赴汤蹈火，在所不辞。人情贪生畏死、好逸恶劳，兑卦的鼓舞激励，竟然让人忘劳忘死，冒险犯难，实在值得注意。受感召的民众，不仅自己奋不顾身，还会积极劝别人一起投入，宗教上的法喜充满、传播福音，或度化众生，皆可做如是观。革卦外兑，《彖传》即称：“汤武革命，顺乎天而应乎人，革之时大矣哉！”《易》中搞群众运动的卦有豫、萃及兑三卦，萃卦外卦亦为兑，豫卦则热情激奋。总之，动众以情，而非以理喻，可以断定。

《象》曰：丽泽，兑。君子以朋友讲习。

“兑”为泽，两泽相附丽，故称“丽泽”。“兑”为两口相对，好朋友间互相切磋琢磨，共学适道，情景亦温馨动人。《论语》开篇：“学而时习之，不亦悦乎？有朋自远方来，不亦乐乎？”就是“朋友讲习”的境界。

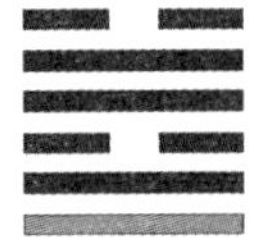

初九。和兑，吉。

《象》曰：和兑之吉，行未疑也。

“初九”居兑之初，欲说服别人让其高兴，首先得心平气和，创造和平互动的气氛，以和颜悦色化解敌意，容易获吉，行为不遭疑忌。本爻变，为困卦（䷮），若做不到“和兑”，必然碰壁受困。

九二。孚兑，吉，悔亡。

《象》曰：孚兑之吉，信志也。

“九二”居内卦之中，阳居阴位，刚而能柔，以诚信与人交往，获吉而悔恨消亡。“信”通“申”，人能诚信，可申其志。本爻变，为随卦（䷐），随和应变，先“和兑”创造气氛，再“孚兑”说明内容，易为人所接受。

• 1992 年 6 月中，出版公司董事会后，我真除总经理一职，问当务之急何在？为“遇兑之随”。“孚兑，吉，悔亡”，“信志也”。以诚信待人，消弭祸患，唤起斗志，全力以赴。

• 2012 年 7 月下旬，我为学生开讲《楞严经》，此经义理甚深，文辞极美，传入中土最晚，过去一直有学者怀疑为伪作。我干脆占算真伪，为兑卦“九二”爻动，有随卦之象。“孚兑，吉，悔亡”，“信志也”。随卦“元亨利贞，无咎”，“随时之义大矣哉！”释迦说法，金口玉言，绝对真实不虚，妄加猜疑者可以休矣！

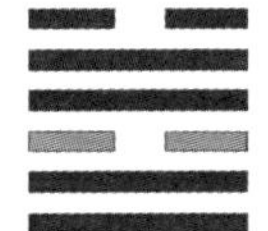

六三。来兑，凶。

《象》曰：来兑之凶，位不当也。

“六三”不中不正，居内兑开窍口，下乘“九二”阳刚，为感情用事、极不恰当之时位。易例爻向下为来、向上为往，“六三”取悦于“九二”，故称“来兑”。说话讨论的过程中急于表态，想赶快敲定，会引起对方警觉设防，反而失败遭凶。“六三”爻变，为夬卦（䷪），“不利即戎，利有攸往”，躁进必然失败。

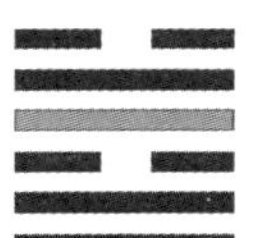

九四。商兑未宁，介疾有喜。

《象》曰：九四之喜，有庆也。

“九四”阳居阴位能忍，为执政高层，行事审慎持重，与“六三”恰相反。上承“九五”“寡人有疾”，为免猜嫌不安，须一再商议讨论，找出合适的对治方式，才能药到病除。一旦领导人改过迁善，组织所有成员都蒙受福报。本爻动，恰值宜变成节卦（䷻），说话表态合乎节制，恰到好处而获喜庆。

• 2002年6月中旬，我当时腰背僵直、右手臂酸麻，颇以为苦。学生介绍到永和一位张先生处治疗，他的正骨法很特殊，就是在身上轻轻碰碰，就好像矫正过了。我去了两次后，占问能解我痼疾否？为兑卦“九四”爻动，恰值宜变成节卦。“商兑未宁，介疾有喜。”“六四”又当腰关节之处，上承背脊连动僵直，病症恰如其象，治疗似乎也能奏效，但不会太快。我去了几次，因缘不继中断。

九五。孚于剥，有厉。

《象》曰：孚于剥，位正当也。

“九五”中正，居兑卦君位，“上六”阴柔乘于其上，情欲蒙蔽理智，恰为所谓的“寡人之疾”，好权好色，好名好利，且不循正常管道发露，造成“九四”一班重臣伤透脑筋，亦难防治。久而久之，威信严重剥损，领导出现重大危机，政局动荡不安。虽然如此，不会轻易垮台，因为“位正当也”。这与履卦“九五”类似，虽然“夬履，贞厉”，与众不合，《小象传》亦称“位正当也”。履卦“九五”爻变成睽卦，兑卦“九五”爻变为归妹卦，典型的感情用事之象。

“上六”与“九五”间不正常的关系，在古代封建皇朝中轮回上演，好戏不断。“九五”为君，“上六”就是君侧小人，可为专宠后妃、可为太监阉宦、可为大佬或外戚，与君王关系暧昧，常常实际主宰了朝政。现代政商学界的高阶领导，每有私情曝光亦然，美国前总统肯尼迪、克林顿即为显例，这是怎么回事呢？

其实领导日理万机，动见观瞻，虽掌大权，未必过得舒服，他也是人，有人情的种种欲求，若正常管道不能满足，就可能寻隐秘的方式解决。兑卦其他五爻，爻辞皆言“兑”，唯独“九五”不言“兑”。为君者不说、不悦，内心真实的感情，不能自然发露，怎不积郁成疾？

• 2010 年 3 月中旬，《联合报》举办的《易经》班第三届快上完，又开始筹划第四届招生，我问开得成否？为兑卦“九二”爻动，有随卦之象。“孚兑，吉，悔亡。”应该没有问题。报方又想同时开兵法班，占为兑卦“九五”爻动，有归妹卦之象。“孚于剥，有厉。”似乎有问题，归妹卦“征凶，无攸利”，后来以招生不足打消，两年后另行开新班则成功。“丽泽兑，君子以朋友讲习”，兑卦就是讲经说法，“九二”“孚兑，吉”，“九五”“孚于剥，有厉”，“孚”为开班的先决条件。6 月下旬，第四届《易经》课程开班，在《联合报》文化基金会这个道场，也开创了一段机缘。兵法班招生不足未开成。

• 2011 年 10 月中旬，我在西藏拉萨大昭寺参观，见到红教莲华生大士法相，问其修境，为兑卦“九五”爻动，有归妹红教之象。“孚于剥，有厉”，“位正当也”。“兑”为法喜，也是两情相悦，归妹卦“悦以动”，红教有双修的法门，“遇兑之归妹”，相当切合。有些红教的庙宇前两侧，还摆着木制的男根、女阴的雕塑，正是一阴一阳之谓道。

上六。引兑。

《象》曰：上六引兑，未光也。

“上六”为上兑之极，乘于“九五”君位之上，对他产生致命的吸引力，而这种暗中的关系又不宜曝光，一旦揭露，会造成很多人重大伤害，故称“引兑，未光”。“上六”爻变，为履卦（䷉），领导只听信他的话，他说的才算数，立可付诸实行。

“引兑”才两个字，引而未发，却蕴藉无限风流，比“六三”“来兑”的粗陋，要高明得多了！爻辞不称吉凶，代表可吉可凶，领导后面有高人，亦可福国利民，后面有坏蛋，必然祸国殃民。

兑卦全部爻辞才二十六个字，还没有睽卦“上九”一个爻的爻辞长，可谓精简之极。“兑”为无言之说、无心之悦，人情互动贵乎相通，不必长篇大论，啰哩啰唆。纵横家的游说、现代营销的话术，皆可于其中得到莫大启示。《论语·为政篇》记子夏问孝，子曰“色难”，和颜悦色很难，兑卦“初九”强调“和兑吉，行未疑也”。韩非子有《说难》名篇传世，司马迁大起共鸣，在《史记·老子韩非列传》中近乎全文转载，可见说服领导有多困难？“上九”“引兑”，才是君心所欲，朦胧未光，不易揣摩；“九五”“孚于剥”，领导猜忌心重，不会轻易相信人。所以“九四”才须“商兑未宁”，以期“介疾有喜”啊！

兑卦“九五”和“上六”的暧昧关系，所谓大人物的私情，影响世务甚大，值得深入注意。兑卦为“原型”，其他只要上卦为兑的七个卦，也有类似情境，大可参观比较。大过卦“上六”“过涉灭顶，无咎”、“九五”“枯杨生华，亦可丑也”；咸卦“上六”“滕口说”、“九五”“志末也”；夬卦“上六”“无号，终有凶”、“九五”“苋陆夬夬，中未光”；萃卦“上六”“赍咨涕洟，未安上”、“九五”“匪孚，志未光”；困卦“上六”“困于葛藟，未当也”、“九五”“劓刖，志未得”，都明示“上六”对“九五”的深刻影响，折损领导威信。随卦“上六”“拘系之，从维之，王用亨于西山”，“九五”“孚于嘉，吉”；革卦“上六”“君子豹变”、“九五”“大人虎变，未占有孚”，显然例外。威信卓著，全无负面影响，这是何故？随、革二卦“元亨利贞”四德俱全，“无故”、“去故”的伟大创造力，彻底突破了人情的魔咒，惊才绝艳，私行不碍公义。

兑卦多爻变占例之探讨

以上为兑卦卦、彖、象、六爻之理论及占例之说明，往下继续探讨更复杂的多爻变的情形。

二爻变占例

占事遇卦中任意二爻动，若其中一爻值宜变，以该爻辞为主；若皆不值宜变，以本卦卦辞卦象为主，亦可参考二爻齐变所成之卦的卦卦象。

• 1991年10月下旬，出版公司股争正面启动，大股东提案老板退出现场经营，由我担纲。我占问老板的私人债务能否解套？为兑卦四、五爻动，有临卦（䷒）之象。“九五”居君位，“孚于剥，有厉”，老板信用在破产边缘，但“位正当”，外人欲扳倒不易；“九四”为重臣之位，“商兑未宁”，就是我们这些高干惶惑不安、伤透脑筋。临卦为面对管理，无从逃避，“遇兑之临”，还真是切合实情。由于兹事体大，经往复商议，最后确认吉凶，为兑卦五、上爻动，齐变有睽卦（䷥）之象。“九五”“孚于剥”不变，“上六”“引兑，未光”，睽卦则离散终不能久，“遇兑之睽”，债务解套相当困难。而今回顾，“上六”“引兑”，也是“九五”“孚于剥”的缘由，作为“九四”，难以“介疾有喜”啊！世间枭雄之主成败兴亡，其“未光”隐微之处，得慎之又慎。

• 2005 年 5 月下旬，台湾《中国时报》原老板余建新迁新办公室，颇思振作，下令高干们寻思恰当的座右铭，请名书法家董阳孜女士书写，裱褙于背后墙壁。结果诸多提案皆不惬意，他一位高级女助理请我帮忙，我答应一试。先占中时营运问题何在？为小畜卦“九三”爻动，恰值宜变成中孚卦。“舆脱辐，夫妻反目”，“不能正室也”。密云不雨，内部互信不足，争斗不息。再问当如何“补壁”？“遇兑之临”。“九五”“孚于剥，有厉”，“九四”“商兑，未宁”，领导威信不足，仍是关键。既然如此，必须鼓舞士气，提振互信，遂拟出八字一对：“中行有孚，时乘六龙。”从中孚与乾卦的《彖传》切入，并暗扣《中国时报》之名号。余老板欣然采用，还请名书法家董阳孜写好，置于宝座后壁，然而并未生效。三年半后，金融风暴爆发，《中国时报》易手，转由旺旺集团承接经营。

• 2011 年 10 月中旬，我们一行六人结伴赴西藏，在青海西宁参观藏医博物馆。藏医之祖名为宇陀・云丹贡布，享寿 125 岁，有重要医典传世。我问其修境，为“遇兑之临”。“兑”为学而时习后的法喜，前接巽卦的深入研究，后为涣卦的散发影响力。四、五爻为领导管理中心，“九五”“孚于剥”，“九四”“商兑未宁，介疾有喜”，似乎对治疑难疾病，颇有一套心得。临卦的影响“教思无穷，容保民无疆”。

• 2003 年 11 月中旬，岳母肝上长水疱，我问是否该动手术移除？为兑卦初、五爻动，齐变有解卦（䷧）之象。“九五”“孚于剥，有厉”，“初九”“和兑，吉”，“遇兑之解”，症状既见，动手术解除还是比较好，后果如是。

• 2009 年 9 月中旬，我们学会与公关公司筹议合办易学国际会议，讨论要不要纳入术数组？占得兑卦二、上爻动，“九二”值宜变为随卦，齐变则有无妄卦（䷘）之象。兑卦有亲和力，“上六”“引兑”可知，“未光”还具神秘性；“九二”“孚兑，吉，悔亡”，随众有喜。无妄卦则提醒路子得把持正，差之毫厘，谬以千里，切勿搞成怪力乱神、乌烟瘴气。该计划后来停办，自然一切中止。

• 2010 年 11 月中，我问下月底开讲的《论语》100 小时课程顺遂否？

为兑卦初、上爻动，齐变有讼卦（䷅）之象。兑卦《大象传》称“君子以朋友讲习”，由“初六”“和兑，吉”，至“上六”“引兑”，宣讲开示，必能贯彻始终，也正合《论语》首章开宗大义：“学而时习之，不亦悦乎？有朋自远方来，不亦乐乎？人不知而不愠，不亦君子乎？”一年多后，课程圆满结束，还多讲了《中庸》一书的重要内涵。

• 1997 年 4 月下旬，我问：师卦“九二”爻辞“王三锡命”为何意？得出兑卦二、五爻动，齐变有震卦（䷲）之象。“九二”“孚兑，吉，悔亡”，“信志也”，似师卦“九二”领兵大将建立功勋；“九五”“孚于剥，有厉”，似师卦“六五”国君猜忌提防，多次下令表示关怀。“遇兑之震”，功高震主，为将者宜以为戒。

• 1997 年 8 月中旬，我问《诗经》的价值定位，为“遇兑之震”。“兑”为诚于中形于外的自然表露之情，“九二”在野，似《国风》，“九五”在朝，似《雅》、《颂》，“信志”、“正位”，涵蕴丰富动人。

• 2012 年 4 月下旬，我刚写完一篇论文《观民设教，行地无疆——简论全球化时代中华，<易经>思想的传播》。问德国文豪赫尔曼·黑塞对中华易道的了解如何？为兑卦初、三爻动，有大过卦之象。“兑”为心中有感，发抒于外，“初九”“和兑，吉”、“六三”“来兑，凶”，文学家的理解偏于感性，不够深刻。“遇兑之大过”，易理艰深，对不谙中文的老外来说，实在负荷过重啊！

我同时又算，大心理学家荣格对易理的了解如何呢？则为井卦（䷯）的三、四、五爻动，“九五”值宜变为升卦（䷭），贞悔相争成解卦（䷧）。“井”为深入研发，由三而四至五，井水泉涌而出，得其正解。其实荣格也不通中文，他是阅读卫理贤的德文译著，并与之密切交往而臻此境界，文哲的浮泛，毕竟不如理哲的清明。

占事遇卦中任意三爻动，以本卦为贞，三爻齐变所成之卦为悔，称贞悔相争，合参二卦卦辞卦象为断。若其中一爻值宜变，为主变量，加重考虑其爻辞。

• 2008 年 6 月中旬，我问两岸文化交流，往后三至十年的展望，为兑卦下三爻全动，贞悔相争成咸卦（䷞）。兑卦“朋友讲习”，“亨利贞”；咸卦“以虚受人”，“亨利贞，取女吉”。“遇兑之咸”，交流顺畅欢愉，互

得其益。贞我悔彼，兑卦内三爻全动，表示台湾方面可以更积极主动，热切开展海峡两岸文化领域的交流。

• 2011 年 6 月上旬，我前月去武汉大学国学院演讲，有哲学系研究生李连超请益，谈吐见解不俗。后来电邮联系，多少有些隔海函授的味道，我占得兑卦初、二、四爻动，贞悔相争成比卦（䷇）。兑卦“朋友讲习”，“和兑”、“孚兑”、“商兑”，比卦则相亲附，互动的因缘不错。

• 2006 年中，学生邱云斌问：易占解卦的原则为何？得出兑卦初、二、四爻动，贞悔相争成比卦。兑卦前为巽卦，深入分析后清晰解说；比卦“原筮，元永贞，无咎”，也有模拟取象之意。兑卦“初九”“和兑”、“九二”“孚兑”，“九四”“商兑未宁，介疾有喜”，心平气和诚意论占，针对困难处商榷推敲，必可判断不差。

• 2010 年 11 月初，我问岛内有关苏花公路改兴建的决策争议，如何为是？得出“遇兑之比”。两造之间应以“和兑”、“孚兑”的良好态度沟通，“商兑未宁，介疾有喜”，商议出惠民的共识。比卦重视互助合作，而不是搞非此即彼、你死我活的政治斗争。

• 2002 年 7 月下旬，我因学生介绍，去士林一位翁先生处作正骨治疗，问于我痼疾有效否？为兑卦二、四、五爻动，“九五”值宜变为归妹卦，贞悔相争成复卦（䷗）。“遇兑之复”，乐观来看有复健的机会。“九五”“孚于剥，有厉”，转归妹卦，“征凶，无攸利”，又当脊椎部位，则不太妙。“九二”“孚兑吉，悔亡”，“九四”“商兑未宁，介疾有喜”，尝试找出病原根治，可能功亏一篑。治疗一段时间，未见宏效，遂暂时放弃，医病关系也得靠缘分。

• 2010 年 7 月上旬，客运董事长李博文欲并购大都会客运公司，占得兑卦初、四、五爻动，“九五”值宜变为归妹卦，贞悔相争成师卦（䷆）。师卦为“容民畜众”的商战，兑卦为和议谈判，整体来看，应有相当胜算。后来果然并购成功，他的客运事业达到新的巅峰。

• 2010 年 11 月下旬，我问同人卦“六二”爻辞“同人于宗，吝”的真意，为“遇兑之师”。“九五”“孚于剥，有厉”，偏信君侧的“上六”，诚信不通于众，这和同人卦二、五相应与、不够开阔博爱相似。“同人于宗”引起“九三”、“九四”与“九五”间的争斗，“遇兑之师”亦然。

占事遇卦中任意四爻动，以四爻齐变所成之卦的卦辞卦象为主，若其中一爻值宜变，稍加重考虑其爻辞。

• 2008年9月上旬，我占问中华文化的普适性如何？占出兑卦初、二、四、五爻动，四爻齐变为坤卦（䷁）。“遇兑之坤”，“兑以利贞，顺乎天而应乎人”，“说之大，民劝矣哉！”坤卦为广土众民，厚德载物，普适性不成问题。

• 2010年8月中旬，我问上海作为中国亟欲发展壮大的国际金融中心，往后二十年的运势？为“遇兑之坤”。“和兑”、“孚兑”、“商兑”，以改善强化“九五”的“孚于剥”，影响及于广土众民。再确认，为坎卦（䷜）二、五爻动，“九五”值宜变为师卦（䷆），齐变为坤卦（䷁）。坎卦“九二”仍有险，“求小得”；“九五”“水流而不盈，行险而不失其信”，“行有尚，往有功”，成功机会相当大。

同时问香港“境外中心”未来二十年的运势，为旅卦（䷷）初、三、上爻动，贞悔相争成震卦（䷲）。旅卦正是境外，“初六”“旅琐琐”、“九三”焚次丧仆、“上九”“旅人先笑后号咷”，不大妙，比上海差得太多。

• 2009年5月中旬，我与友人餐叙，一位在外各地演讲辅导别人的朋友，私下跟我透露了心事：他的老母亲管教过严，至不合情理，还常打年逾五十的儿子，他因此而有忧郁症，不知如何是好。我算他未来五至十年的前景，有无化解的可能？为“遇兑之坤”。贞我悔彼，上兑为老母亲、下兑是他自己，以“和兑”、“孚兑”去面对“商兑”、“孚于剥，有厉”，顺势用柔，应该还是可以化解。这并不是要他挨打，古人称：“小杖则受，大杖则走。”真正孝顺并非愚昧啊！蛊卦“九二”称：“干母之蛊，不可贞。”《小象传》解释：“得中道也。”

占事遇卦中六爻全动，以全变所成之错卦的卦辞卦象为主。

• 1993年3月初，我在出版公司全力经营，各方面皆有起色，唯独直销部门始终不稳，2月底的业绩低落得可怕，严重影响财务调度。我要去参加月初检讨会议前，占问如何重整旗鼓，驾驭这帮业务人员？得出兑卦六爻全变，成艮卦（䷳）。兑卦是拼命说教，艮卦则沉默不言，由“兑”变“艮”，此时无声胜有声，多言无益，不啰唆，可能更有震慑之效。果然他们都感受到极大压力，次月的业绩就有大幅改善。

59. 风水涣（䷺）

涣卦为《易》序中第五十九卦，前接兑卦、后续为节卦。《序卦传》称："兑者，说也。说而后散之，故受之以涣。涣者，离也。物不可以终离，故受之以节。"学习有心得后，开始讲经说法，由中心往四处散播理念。传播久了，边陲跟中心的发源地可能会产生差异或偏离，须要设计一套仪节制度来规范，这种标准化的作业程序就是节。世界几大宗教皆然，散布在各地的天主堂、清真寺、庙宇外观及礼拜仪式都差不多，信众不必到中心朝圣，亦可依规范入教，超越克服了时空的隔阂，享受信仰的快乐。不仅宗教如此，文化传播亦然，为了饮水思源，全世界的华人区还过春节、端午与中秋节，这些重要的节日庆典，均保留了民族文化的丰富忆念。又如今日许多跨国公司的经营，如遍布世界各地的麦当劳、沃尔玛超市等，都有一套放诸四海皆准的管理制度，说明了涣卦后为节卦的意义。

人情深藏内心为巽，外发为兑，发须求其中节，即为涣与节。《中庸》称："喜怒哀乐之未发，谓之中；发而皆中节，谓之和。致中和，天地位焉，万物育焉。"

《杂卦传》称："涣，离也；节，止也。"涣、节相综一体，离开中心发散四方的，必须有所节制收敛，否则泛滥无归，不成体系。

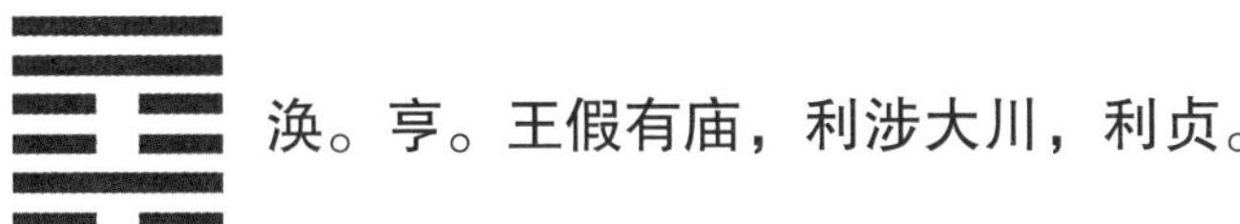

涣。亨。王假有庙，利涉大川，利贞。

涣发中心理念，为天下共享，能创造亨通。"王"为政教领袖，知行合一，使核心理念传播四方，伟大的精神感召信众，利于度过重大危难，利于固守正确的王道。涣卦卦辞有“亨利贞”，无“元”，与蒙卦卦辞绝似，传道弘法，正是为了启蒙教化，开发众生自我的创造力。家人卦“九五”“王假有”家、丰卦“王假之”、萃卦“王假有庙”，“假”音“格”，为感为至，提出理念，并继之以行动，为领导者必备的素质。

“萃”为聚，卦辞除“王假有庙”外，还强调“用大牲，吉”，以物力配合精神，可收精英会聚之效。“涣”为散，卦辞只称“王假有庙”，不须物力支持，精神即可周流四方。涣卦的负面意义为离心离德，组织分崩离析，这时须重振中心理念，唤起信众认同，给再多财物，也难挽回人心。精气为物，游魂为变，生命就是一气的聚散而已。占人生死，最好别碰到不变的涣卦，多半身殒魂消，精灵入庙啊！

丰、涣二卦相错，卦性彻底相反，又有旁通之意。丰功伟业、如日中天，往往流于霸道，企图宰制天下不成，而为失时失势的旅卦。涣卦则不求宰控，充满自信，敢于放开身边人物至远方，涵蕴有深远宏大的王道精神，遂能千秋万世立节，为人崇仰。“涣”有文化传播之意，“丰”则资源雄厚、国富民强，威望所至，也有助于文化的传播。方今的美国、古代亚历山大建立的马其顿帝国，皆为显例。

《彖》曰：涣，亨。刚来而不穷，柔得位乎外而上同。王假有庙，王乃在中也。利涉大川，乘木有功也。

传播理念可创造亨通，大众的信心不足时，当局者须赶紧巩固加强。《彖传》中点出三个爻的重要性：首先是“九二”，奔赴下卦坎险之中，以稳定基层；然后是“六四”，在外卦承应“九五”，协助宣扬教化；最后引领大众，观仰“九五”中心王道的境界，提升巨大的精神能量。三者兼备后，必可普度慈航，冒险犯难，而获成功。涣卦上巽为风为木，行于下卦坎水之上，故称“乘木有功”。《彖传》称“有功”者，多半与坎险、艮阻有关，前已多次述及，于涣卦又得明证。

涣卦二、四、五爻齐变，贞悔相争成晋卦（䷢），宜变爻位落在“九五”，文化传播唤醒自性，使人人“自昭明德”，这正是王道的真义。

《象》曰：风行水上，涣。先王以享于帝立庙。

涣卦上巽风、下坎水，有“风行水上”之象，代表教化专济度众生的坎坷险难。先王立教，建庙以供奉宇宙的主宰，期离乱的人心有所依归。《易》卦的《大象传》称“先王”者，有比、豫、观、噬嗑、复、无妄、涣等卦，其他六卦皆在上经，唯有涣卦在下经，含义耐人寻味。豫卦《大象传》称先王“殷荐之上帝”，益卦“六二”爻辞称“王用享于帝”，皆与涣卦《大象传》的意境类似。

观卦“风行地上”与涣卦“风行水上”，有何不同呢？两卦皆有宗教传播、关怀众生之义，观的对象，为下卦坤所象征的广土众民，涣则为下卦坎所代表的众生陷溺险难，亟待紧急救护，所以初、二、上爻皆有急救之象。佛教的观世音菩萨，大慈大悲，循声救苦，地藏王菩萨“地狱不空，誓不成佛”的宏愿，皆为此境。

“风水涣”有风生水起之象，卦爻结构中，确实蕴藏中国风水学的重要原则。二至五爻互成颐卦（䷚），有山有水，围成一极佳生养休息之地，至爻时再详细解明。人的身体内亦有风水，“涣”中有“颐”，表示经常运动，血气流通，关节不致淤塞，可保身心康健。节卦二至五爻，亦互成颐卦，涣、节相综一体，还有养生上的含义。

• 1995 年 5 月下旬，我在出版公司失势沉潜已一年，人生大方向多有调整，而公司股争依旧，老板背水一战的狠劲，让人看了寒心。由于我尚有不少代销的书款未领，不免担心而问对策，为不变的涣卦。一为离心离德，迟早往外发展；二为“风行水上”，授《易》弘法，皆为涣之本义。人生因缘际遇，似有命定？实心行事，自有天佑，后来书款如数取回，未蒙受更多损失。

• 2001 年 8 月中旬，我妻辛苦在高职任校长多年，也因高层斗争，而被迫提前退休，当时有去台北市另一所高职面谈，对方邀她任二把手的位置，我问她合不合适赴任？为不变的涣卦。离也，散也，应不合适。若勉强尝试一学期，看情况再决定去留如何？为豫卦（䷏）“六二”爻动，有解卦之象。“介石知机”、“上交不谄，下交不渎”，在私校职场恐不容易，遂作罢。

• 2011 年 9 月中旬，我碰到某件有失信之嫌的事，心中很不痛快，也纳闷人心难料，决定亲自出马协商善后，占得谦卦（䷎）三、上爻动，

占例

齐变有剥卦（䷖）之象。“劳谦”与世无争，“上六”忍无可忍“鸣谦，利用行师，征邑国”。“遇谦之剥”，不反击不行。不久，对方来函解释，仍避重就轻有闪躲，我问他说的是真心话吗？为不变的涣卦。心魂散漫无主，虚言无实。再问他她究竟怎么想的呢？为噬嗑卦（䷔）初、五爻动，有否卦之象。噬嗑卦为生存压力下的斗争，“否之匪人，不利君子贞”，“噬干肉”却妄想“得黄金”，哪有这么便宜的事儿？遂周旋到底，争回至少该有的权益。世道人心难测啊！

• 2008 年 4 月初，我问台湾过去推行的“十年教育改革”绩效如何？为不变的涣卦。推广传播的结果，离心离德，民力涣散，负面效应居多。

• 2009 年 11 月下旬，我问六经中《乐》与《诗》的关系，为不变的涣卦。涣卦前为兑卦、后为节卦，发乎情的正言配上音乐，播扬天下四方，合乎人心节律，潜移默化民心民行。《乐》与《诗》一体，关系密不可分。

初六。用拯，马壮，吉。

《象》曰：初六之吉，顺也。

“初六”当人心涣散之初，处基层民众之位，又在下卦坎险之底，最易陷入惶惑慌乱。这时“九二”就像匹健壮的马，紧急奔赴救援，发挥极大功效，“初六”顺承“九二”，即可解脱危难而获吉。“初六”爻动，恰值宜变成中孚卦（䷼），恢复信心，安定承教。

《易》象乾为马，为心，所谓心猿意马，壮马象征心力坚强，可给“初六”加油打气。明夷卦“六二”上承“九三”阳刚有实，爻辞亦称：“用拯，马壮吉。”《小象传》解释：“顺以则也。”与此类同。“六二”爻变，恰值宜变成泰卦（䷊），黑暗受苦中，心境变得开阔，从容应对，天地交泰矣！

• 2010 年 9 月中，我首次受邀赴德授《易》，经营道场的女主人很精干，我问她往后应注意的事宜为何？为涣卦“初六”爻动，恰值宜变成中孚卦。弘法的志业有涣散的危机，必须诚心经营以巩固之，爻辞称：“用拯，马壮吉。”警讯明确且急迫，一年多后危机浮现，易占识机察微的功夫，真正不同凡响。

九二。涣奔其机，悔亡。

《象》曰：涣奔其机，得愿也。

“九二”当涣散之时，紧急奔赴下界坎险之中，建立一座救难的平台，将祸患悔恨降到最低，贯彻完成普济众生的大愿。“九二”下乘“初六”，平实有底撑，似几台之象，故称“涣奔其机”。“九二”爻变，为观卦（䷓）之象，普观众生，何处受苦，何处现身救援，恰似观世音菩萨，大慈大悲，闻声救苦、循声救苦的伟大精神。

占例

• 2010年8月中旬，有学生问耶稣是否有子嗣？占得涣卦“九二”爻动，有观卦之象。本占绝妙，须以卦中卦观象才明晰。涣卦初至五爻，互成蒙卦（䷃），涣卦“九二”相当于蒙卦“九二”，“包蒙吉，纳妇吉，子克家”，“刚柔接也”。显然确有子嗣，如此“涣奔其机，得愿也”，就有开枝散叶、繁衍不息之义。两千年下来，应该后嗣相当可观，小说《达·芬奇密码》所言并非虚构。

• 2009年11月中旬，我在台中的《春秋》课程考虑暂停，改讲佛经，问合适否？为涣卦“九二”爻动，有观卦之象。再占确认，为不变的既济卦。“涣奔其机，悔亡”，“既济，定也”，“利涉大川”。遂改讲佛经。

• 2012年6月下旬，我在美国洛杉矶巡回演讲，前场在休斯敦时，有位华侨跟我说美债不会有任何问题，只要没有挤兑等波动就没事。其实我也是这么看，美元的货币优势更让美国有恃无恐，占问是否如此？为蛊卦（䷑）三、上爻动，“上九”值宜变为升卦，齐变为师卦（䷆）。蛊卦为积弊，“九三”“干父之蛊”，“小有悔，无大咎”，“上九”干蛊成功，终无咎。至于险象环生的欧债呢？为涣卦“九二”爻动，有观卦之象。“涣奔其机，悔亡。”欧盟疲于奔命救市，竭尽所能安定基层，辛苦啊！

• 2011年5月初，嘉新水泥公司的张安平约我到他们经营的君品酒店饮下午茶，想切磋一下中西文化的精髓。我问如何？为涣卦“九二”爻动，有观卦之象。“涣”为文化传播与交流，“涣奔其机”，看看能否建立有效的讨论平台？当天谈后，回顾效果为困卦（䷮）二、四爻动，有比卦（䷇）之象。“困于酒食”，“困于金车，来徐徐，吝有终”，虽相比互动，一时难深入有得。由小可以窥大，知识界交流研习，往往各说各话，难获共识。

六三。涣其躬，无悔。

《象》曰：涣其躬，志在外也。

“六三”在“九二”紧急救援之后，现实的人生苦痛已获纾解，往后须谋自知自救。人生诸般苦难，源于自私自利之情，种种颠倒梦想，难证究竟涅槃。“涣其躬”，就是化散自我的执著，与“艮其身”以止诸躬类似，如此可于“九二”“悔亡”之后，进一步得获“无悔”。人能超越自私，便可志在身外众生，关怀群众，服务社会。“六三”爻变，为巽卦（䷸），深入体会天命，积极行事以证。

咸卦“九四”“贞吉，悔亡”，“九五”“咸其脢，无悔”；大壮卦“九四”“贞吉，悔亡”，“六五”“丧羊于易，无悔”；未济卦“九四”“贞吉，悔亡”，“六五”“贞吉，无悔”；涣卦“九二”“涣奔其机，悔亡”，“六三”“涣其躬，无悔”。“悔亡”为处理问题得宜，“无悔”为彻底解决问题的根由，使其无从发生。

• 2007 年 12 月下旬，因为将给老学生开讲《春秋经》，我问此经的真实价值为何？得出涣卦“六三”爻动，有巽卦之象。“涣其躬，无悔”，“志在外也”。涣卦实即弘扬王道，化私就公，博施济众，“六三”之义在此。

• 1991 年 11 月底，出版公司股争初起，大股东为了稳定高干经营层，提出含老板在内的多人联贷 2500 万台币给公司周转的要求。这形同绑票卖身，对我们受薪阶层威胁甚，大家愤愤不平，我占问吉凶，为涣卦“六三”爻动，有巽卦之象。“涣其躬，无悔”，强迫我们为公司卖命，反而造成离心离德。该案持续两年后解除，在过渡时期有一定的功能。

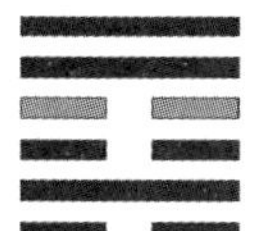

六四。涣其群，元吉。涣有丘，匪夷所思。

《象》曰：涣其群元吉，光大也。

“六四”继“六三”之后，更进一步化解更大的执著，“涣其躬”，再“涣其群”，超越人群团体的利益谋划，为更多的众生谋福，如此可获充满创造性的“元吉”。坤卦《彖传》称：“含弘光大，品物咸亨。”涣卦“六四”发挥大爱，突破族群囿限，足以当之。“丘”为众，古代的行政区划，四井为“邑”，四邑成“丘”，孟子曾言：“得乎丘民而为天子。”正是以民为贵的王道思想的弘扬。“涣有丘”，却连这种境界也能化散超越，其德行智慧的高深，不是平常人所能想象及了解。本爻变，为讼卦（䷅），类此神通的意境，总是引发争议，若真正做到了大公无私，则可弭平人际、国际乃至人破坏自然的争端。

艮卦以止欲为尚，卦辞称：“艮其背，不获其身；行其庭，不见其人，无咎。”先除我见，再除人见，内外兼修，动静皆定而获无咎。《金刚经》明示：“无我相，无人相，无众生相，无寿者相，无一切诸相，即证如来。”艮卦意旨如是，涣卦不强行压抑，以妙智慧从根底化散，意境更深邃。“涣其躬”为“无我相”，“涣其群”为“无人相”，“涣有丘”为“无众生相”，“九五”“涣王居”则是“无寿者相”，已超越时空的束缚，而得证永恒。

二与四同功而异位，都是为“九五”的究竟理念服务。“九二”“涣奔其机”，先解除众生的现实痛苦，“六四”逐步化解大家内心的根本执著，有时要适时展现不可思议的神通，以开众生眼界，悟入大道之门。耶稣行于水上，疗愈民众夙疾；佛经中种种超乎常情的奇迹，皆如是。神通并非修行的目的，而是宣教的方便法门，卖弄神通或以之招摇撞骗，当下地狱，绝非正道。

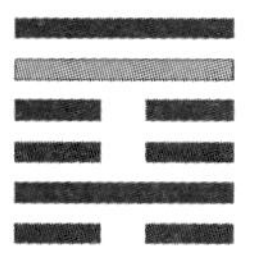

九五。涣汗其大号，涣王居，无咎。

《象》曰：王居无咎，正位也。

“九五”中正居涣卦君位，为王道理想的中心，也是修行的极境。“大号”为振聋发聩、有益世道人心的伟大号召，由中心传扬至天下四方，就像人做剧烈运动，大声呐喊，汗如雨下，体内积郁尽消一般，畅快无比。“王居”以宗教来说即神殿，或宇宙主宰所居之处，“涣王居”，表示无定在又无所不在，本尊有无限分身化身，各处随宜渡化众生。此即“无寿者相”，超越时空，得证永恒，放诸四海皆准，“百世以俟圣人而不惑”，故称“无咎”。

“九五”爻动，恰值宜变成蒙卦（䷃），涣卦初至五爻，又互成蒙卦，涣卦“九五”正当蒙卦“上九”“击蒙”之位，启蒙众生，当头棒喝，而为狮子吼。涣卦“九二”当蒙卦“九二”“包蒙”之位，如父母爱顾子女，见其受难，遂全力救援。

孔子创作的《春秋经》为王道思想的宝典，其中有“大居正”的观念，即与王居正位、教化广被之意相通。孟子阐发春秋大义相当精确，称许大丈夫为：“居天下之广居，立天下之正位，行天下之大道。得志与民由之，不得志独行其道。富贵不能淫，贫贱不能移，威武不能屈。”“居”为固守，天下众生散居四方，王者无外，以四方民生疾苦为念，哪有痛楚必行王化与之解决。守住天下广土众民散居之处，无时地种界之异，“居天下之广居”，不正是“涣王居”吗？

以涣卦中的风水而论，“九五”即北有靠山，三、四、五爻合成艮卦（☶），“九五”正居艮山之顶，所谓北玄武；下卦坎为水环绕，“九二”似案山，所谓南朱雀，南有照明；其他左青龙、右白虎，东西仍有大山余脉绵延，二至五爻互成颐卦（䷚），围成一生养自如的灵动空间。若涣卦似庙宇神殿，“九五”即诸天神佛之像，“九二”则为香案前的拜垫。

“涣王居”与丰卦“上六”“丰其屋”的精神意态及做法完全不同，“丰其屋”财大气粗，迷信有形的硬件建设，强横霸道，终致失势覆亡；“涣王居”解脱自在，盛德智慧蕴养深厚，教化流布以至无穷。2006年寒假我带女儿去埃及游览，看到底比斯高大巍峨的神殿，惊叹其伟大，稍后一想又不尽然，禅宗六祖惠能肉身成圣，不需劳民伤财，本身就是王居神庙，金刚不坏之身启发人精进修行。“富润屋”难期永恒，“德润身”天长地久，万里长城都可能崩毁倾颓，将庙盖在人心深处，亿万众生顶礼不忘，无形的东西永远无法摧毁。

以政治或企业管理来看，“丰其屋”似中央集权，有号令天下的总部大楼，一旦遭斩首摧毁，则全局覆灭；“涣王居”似地方分权，不需要威重的总部，各地分处自主营运，中央有变仍能维持活力。“丰其屋”似“飞龙在天”过头的“亢龙有悔”，“涣王居”则有“群龙无首，见天则”的意境。美商IBM的组织结构似“丰其屋”，要大象跳舞不容易；沃尔玛超商则似“涣王居”，散布在天下四方，依标准程序运作。由丰卦六爻全变成涣卦，“丰其屋”变为“涣王居”，好有一比：“昨日王谢堂前燕，飞入寻常百姓家。”

涣卦“初六”不言“涣”，待人拯救，本身无教化散播之功；“六四”、“九五”双言“涣”，居高位者负教化重责，必须严格要求，不断精进提升。

• 2010年10月上旬，我问翌年辛卯兔年，自己在进德修业上还能否有重大突破？为蛊卦“上九”爻动，有升卦之象。“不事王侯，高尚其事”，“志可则也”。干蛊成功，改除过去积习，再往上升。另再问如何强化我在《春秋经》上的功力？为涣卦“九五”爻动，恰值宜变成蒙卦。“涣汗，其大号。涣王居，无咎。”此爻正是《春秋》王道思想的核心，多加揣摩精研，庶几有成。

• 2011年3月20日清晨，我们所敬爱的毓老师以106岁高龄过世，3月底在殡仪馆附近丧棚做七，我偕妻去全程诵经，纸灰飞扬中，我暗问老师英灵今夜莅临否？为乾卦（䷀）初、二爻动，齐变有遁卦（䷠）之象。遁卦地位成虚，老师虽然离世，由潜龙而见龙在田，果然至矣！再问老师可有感应？为涣卦“九五”爻变，成蒙卦。“涣汗，其大号。涣王居，无咎。”无时无刻不在启蒙教诲我们继续精进。

• 2006年年初，我做一年之计，自己当年往内地发展的策运，为旅卦“九三”爻动，结果应了学会执行长徐崇智于8月14日不幸往生之事，已于旅卦单爻变占例中说明。元旦隔天，于困惑下接着问：如果这样，怎么突破呢？为涣卦“九五”爻变，成蒙卦。“涣汗，其大号。涣王居，无咎。”传道启蒙，不一定要亲自到现场，立于定点，也可以焕发出无远弗届的影响力，如出版著作、电讯往来等。

重大凶事似乎有其预兆，2005年11月中旬，我们学会已成立四年，我问第五年的展望如何？为巽卦（䷸）三、上爻变，“上九”值宜变为井卦，齐变有坎卦（䷜）之象。“九三”“频巽，吝”，“上九”“巽在床下，丧其资斧”，“正乎凶也”。“遇巽之坎”，深入发展的过程中出现瓶颈，损失重要资源，何其险陷！

• 2010年4月底，我刚从湖北旅游返台，收到一位学生的电邮。她

说我以前宣称有生死交关大事，可请老师断占，她弟弟因血癌做骨髓移植手术，并发胰腺癌，情况危急。她占得涣卦“九五”爻变，成蒙卦。我回复占生死遇“涣”很不妙，果然几天后，其弟即过世。

• 2011 年 8 月中旬，我核算大衍筮法多爻变的“宜变爻位”之确定方式，一为高亨天地之数的解法，一为传统朱熹的说法，想辨别孰优孰劣？结果二者皆为涣卦“九五”爻变，成蒙卦。“涣汗，其大号。涣王居，无咎”，“正位也”。涣、节相综，文化源远流传，制数度议德行，各有规范传世，看来都有道理及渊源依据，无分轩轾。

上九。涣其血，去逖出，无咎。

《象》曰：涣其血，远害也。

“上九”居化散之极，又在二至五爻所互成的颐卦之外，有化外之民、不堪救药之象，爻变为坎卦（☵），害群之马必须铲除，否则会危及整体安全。爻辞所称，类似中医急救时常用的针刺放血，将体内有毒的淤血放出，远离体外，而获保全无咎。“损以远害”，减损组织内不需要的成分，反正去除败血后，还可再造新血。涣卦上巽为“厥阴风木”，人体的肝脏有造血功能。“上九”为过气大佬之位，若不识时务，新陈代谢，本属自然。

• 1990 年 8 月下旬，我们的出版公司由台北市区迁徙至近郊新店，当时老板为了解决财务周转的问题，向数年前离职的社长兼总编辑借了一笔钱，让其再度挂名于杂志上，虚往而实来，互相满足需求，亦无足怪。我占问公司与这位先我而任职的老同事的后缘如何？为涣卦“上九”爻动，有坎卦之象。“涣其血，去逖出，无咎”，“远害也”，没有后缘了！确实如此，过去的风云聚会，随着时移势转，俱往矣！

• 2010 年 7 月底，我们学会人事纷争严重，我准备大调人事，与预定的新任理事长晤谈后，问成效如何？为涣卦“上九”爻动，有坎卦之象。“涣其血，去逖出，无咎。”如中医针刺放血般远害，再补充新血。再问预计的调整腹案如何？为谦卦“六二”爻动，有升卦之象。“鸣谦贞吉，中心得也”。安排妥当后，绩效必能改善提升，事后果验。

涣卦多爻变占例之探讨

以上为涣卦卦、彖、象及六爻单变的全部理论及占例说明，往下继续探讨更复杂的多爻变的情形。

占事遇卦中任意二爻动，若其中一爻值宜变，以该爻辞为主，若皆不值宜变，以本卦卦辞卦象为主，亦可参考二爻齐变所成之卦的卦辞卦象。

• 2012 年 8 月上旬，伦敦奥运网球男子单打冠亚军赛，年逾三十的瑞士老将费德勒，与象征英国希望的穆雷对阵。前一个月，两人才在温布尔登大赛中较量过，费德勒老当益壮获胜。赛前一日，我问费的胜算，为旅卦“六二”爻动，有鼎卦之象；穆雷则为涣卦五、上爻动，“上九”值宜变为坎卦，两爻齐变成师卦（䷆）。英国为东道国，费德勒前往为“旅”，“六二”“旅即次，怀其资”，仅得安身；穆雷涣卦君位“九五”动，“王居、无咎”，“正位也”，应该夺冠，“上九”“涣其血”，指击退了网坛大老费天王。费另一占为大过卦（䷛）三、五、上爻动，贞悔相争成未济卦（䷿）。“栋桡”、“灭顶”、“枯杨生华，何可久也”，前二日与阿根廷选手鏖战四小时半，勉强获胜，已耗尽体力，再难撑持矣！果然费德勒赛日疲态毕露，失误连连，穆雷以直落三大胜，如愿以偿，为英国赢回睽违百年之久的奥运金牌。

• 2006 年元月上旬，我在元大京华证券公司开《易经》班，已一段时日，他们当时面临权证税积案的法规困扰，问当年内有解否？为涣卦二、五爻动，有剥卦之象。“遇涣之剥，”当年不易有解，主要是少了承上启下的“六四”这个环节，亦即主管政府部门的调控不力，不能三爻变成晋卦。

• 2010 年 11 月底，我与妻结婚三十周年，赴日本京都庆祝，不慎感冒拉肚子。抵日后病情仍未痊愈，我问可尽快安好否？为涣卦初、五爻动，有损卦（䷨）之象。“初六”“用拯马壮，吉”，“九五”“涣汗，其大号……无咎”，出汗后，症状应可减轻而痊愈。两天后气血复通，安心享受赏枫假期。

• 2011 年 12 月中，老友巫和懋教授由北京返台，到我家一晤，谈起世界大事，他们一票经济学者认为当前的经济情势很糟，极可能是一波大衰退的起点。我当下占得涣卦二、上爻动，“上九”值宜变为坎卦，齐变有比卦（䷇）之象。涣卦为金融风暴后的灾情扩散，“九二”“涣奔其机”、“上九”“涣其血，远害”，疲于奔命急救。坎卦有风险，比卦“建万国，亲诸侯”，国际加强合作，以谋解决问题。“九二”企图稳定慌乱的基层民心，“上九”针刺放血，希腊等国万一不可救药即切割，让其退出欧元区，以免拖垮大家。

• 2011 年 11 月中旬，我们学会在宏碁集团的渴望园区办秋研营，学生刘庆平谈到全球货币战争的问题，我当下占问：货币的本质是什么？为涣卦二、上爻动，“上九”值宜变成坎卦，齐变为比卦。“涣”为国际流通，“坎”有流动风险，也会相互套牢，“比”则密切联动、休戚与共。

• 2001 年元月下旬，我问辛巳年台湾社会的世景，为涣卦四、上爻动，有困卦（䷮）之象。“遇涣之困”，两岸不通、经济不景，难以脱困。

• 2011 年年初，我问当年与兵法学会的互动关系，为涣卦初、上爻动，有节卦（䷻）之象。涣者离也，初、上爻皆在核心圈外，当年确实相当疏离，和前些年情境大异。

• 1998 年中，我问中医所称的“气”究竟是什么？为涣卦初、上爻动，齐变有节卦之象。涣为气血流行，化散积郁，由初至上，周行全身，且有节律度数，涣、节一体相综，涣中有节之象，形容体中之气，精妙之极。

• 1991 年 8 月中旬，我在出版公司鏖战，问老板另一家关系企业的前景，尚堪救药否？为涣卦初、三爻动，有小畜卦（䷈）之象。涣卦在分崩离析边缘，“初六”迫切待援，“六三”又忘身往外发展，密云不雨，生存堪虞。

1992 年 2 月下旬，老板引进内地史丰收速算法，做儿童教学，我问前景如何？为涣卦二、四爻动，齐变有否卦（䷋）之象。“涣”为推广文教，“否”则天地不通，条件不具备，难成大事。后果如是，绩效有限。

• 2011 年 11 月底，北京李克先生对我的易学著作有兴趣，而我与崔先生已有长期合作关系，这种情势怎么处理为宜？为涣卦四、五爻动，有未济卦（䷿）之象。“涣”为推广文化，“六四”上承“九五”，可相互配合行事，就算一时未大成也不坏。次年崔、李二人晤面，建立某种分工合作的关系，竭力推广优质的文化出版品。

占事遇卦中任意三爻动，以本卦为贞，三爻齐变所成之卦为悔，称贞悔相争，合参二卦卦辞卦象为断。若三爻中一爻值宜变，加重考虑其爻辞。

• 2012 年元月中，学生林献仁传短信告知，他太太不幸罹患乳腺癌，心思很乱，请我代占往下治疗诸决策。年底前开刀，为颐卦“初九”爻动，有剥卦之象。“舍尔灵龟，观我朵颐，凶”，当然不好，过年医院照顾不周，真不是动手术之时。年后开刀呢？为涣卦二、三、上爻动，贞悔相争成蹇卦（☵☶）。“九二”“涣奔其机”、“上九”“涣其血”，都是急救，“六三”与“上九”相应与，无悔、无咎，蹇卦难行却不太妙。后来决定年后开刀，持续在治疗中。

• 1998 年 8 月上旬，我因听人介绍，到一位黄师傅处接受“鞍蹻”的康复治疗，占问修炼这种功法，对我合宜否？为旅卦“初六”爻变，成离卦。“旅琐琐，斯其所取灾”，显然不合适。若本身不练，此法治疗有实效否？为涣卦二、四、上爻动，贞悔相争成萃卦（☱☷）。“遇涣之萃”，涣散的体内真气得以萃聚，应有一定疗效。

• 2010 年年底，我听说学生花巨资开的新型养生餐厅经营不顺利，虽早在意料中，还是问他未来一至三年事业的发展如何？为涣卦二、五、上爻动，贞悔相争成坤卦（☷☷）。涣散有危机，“九二”、“上九”急救调节，“九五”主持整合，若能顺势用柔处置，应该还好。

• 2010 年 3 月初，我妻娘家聘雇的外劳状况不稳，侍候老人家堪虞。我问加强沟通劝说，仍续聘如何？为“遇涣之坤”。涣散无纪律，一再要求很辛苦。若毅然决然换人呢？为大有卦（☲☰）二、三、上爻动，“上九”值宜变为大壮卦，贞悔相争成震卦（☳☳）。“大有之震”好得多，“上九”“自天佑之，吉无不利”，遂决定换新人。

• 2010 年 4 月初，我给学生开的《金刚经》课告一段落，问以佛理通《易》的成效如何？为“遇涣之坤”。涣卦教化流行，以化散人心执著为要，全合《金刚经》主旨，无我、无人、无众生、无寿者，离一切诸相，即名诸佛。

• 1996 年 12 月中，我问如何看待人志与天命的关系最佳？为“遇涣之坤”。涣卦上巽风，“君子以申命行事”，象征无形的天命；下坎水，“行

险而不失其信”，象征人坚定的志向。坤卦为广土众民，宜顺天命行人志，方易成功。

• 1999 年 5 月中旬，我在社会大学开了一班高层决策的《易经》课，苏起、孙永祥、赵藤雄等政商精英都在内，我问前景如何？为涣卦初、二、上爻动，贞悔相争成屯卦（䷂）。“涣”为讲经传道，“屯”则草莽开创，前途多艰。涣卦“初六”上承“九二”有关联，“上九”“涣其血，去逖出，无咎”，多人难受教化，进不了大易的殿堂。苏、孙等人日后还多有联系，其他则机缘较浅。

四爻变占例

占事遇卦中四爻皆动，以四爻齐变所成之卦的卦辞卦象为主，若其中一爻值宜变，稍加重考虑其爻辞以判断吉凶。

• 2012 年 5 月下旬，我问自己后半生与美洲大陆的缘分，为涣卦初、二、五、上爻动，“上九”值宜变为坎卦，四爻齐变成复卦（䷗）。“涣”为讲经弘法，“复”为返本开新，“遇涣之复”，相当正面，涣卦中四个爻动，经历也很完整，令人期待。6 月中下旬，即受邀赴美三大城市巡回演讲，算是好的开始。

• 2011 年元月上旬，我问佛教所称的人生八苦，“五阴炽盛”为何象？当如何离苦得乐？得出“遇涣之复”。“五阴”即“五蕴”，“色受想行识”涵盖尽心物现象，《心经》说空五蕴，才能渡一切苦厄。“涣”为化散积郁，“复”见天地之心，“遇涣之复”，正是空五蕴见真心，彻底消解五阴炽盛之大苦。

• 2000 年 4 月中，我在写《系辞传》的专书，占问上传第六章的主旨，为涣卦二、三、五、上爻动，“上九”值宜变为坎卦，四爻齐变成谦卦（䷎）。“夫《易》广矣大矣！以言乎远则不御，以言乎迩则静而正，以言乎天地之间则备矣！”这正是涣卦扩散无边之象，亨通而利贞。“易简之善配至德。”谦亨，君子有终，正是至德。“遇涣之谦”，多好的卦象啊！

• 1996 年 7 月下旬，社会大学基金会有意办“暑期易文化之旅”，请我策划带队云云。我问其定位，为涣卦二、三、四、五爻动，“六三”值宜变为巽卦，四爻齐变成旅卦（䷷）。“涣”为文化交流，“遇涣之旅”，恰为寓教于乐的文化之旅。当年未成，两年后办成二十一人的“《易经》溯源之旅”，揭开两岸互动的新篇章。

• 1994年4月上旬，我在出版公司掌权的最后一月，老板放话要不顾一切还朝，我问尔后对一旁虎视眈眈的大股东如何应对？为涣卦初、四、五、上爻动，齐变成归妹卦（䷵）。人心离散之际，大股东有实力整合，他却明显非其人。归妹卦“征凶，无攸利”，全部不得善终。

• 2010年12月中旬，学生聊艺人八卦，某银色夫妻其实各行其是，结婚只是掩人耳目云云。占女方泛爱众，为涣卦二、四、五、上爻动，“上九”值宜变为坎卦，四爻齐变成豫卦（䷏）。“涣”为化散，处处开花，“豫”为热情合欢，真正是普度众生啊！男方性向特殊，为小畜卦（䷈）初、二、三、上爻动，齐变成比卦（䷇）。小畜卦密云不雨，比卦与人亲比，却不能生育后代，亦说中其间关窍。

五爻变占例

占事遇卦中任意五爻动，以五爻齐变所成之卦的卦辞卦象为主，若其中一爻值宜变，稍考虑其爻辞。

• 2010年5月上旬，我因赴湖北旅游腰疾发作，在武汉旅馆中被迫休憩数日，未能随学生出游，返台后各方寻求治疗。有位学生介绍我穿日本专利的足垫，我问有效否？为涣卦二至上爻全动，“九二”值宜变为观卦，五爻齐变成小过卦（䷽）。涣、节相综一体，化散积郁，气血流行，足垫在初爻处，穿了效力由二爻传透至上爻，小过卦矫枉过正，以期得中，应该有一定疗效。我穿用至今，好是好，未免太贵，薄薄两片足垫两万多块台币，抢钱啊？

60. 水泽节（䷻）

节为《易经》第六十卦，刚好为天干地支一甲子循环之数，节令、节气、时节、节候，到了什么时就出现什么现象，精确无比，无过与不及。竹子生长到一段高度，即盘桓收束成竹节，而非一冲到底，人生奋斗亦宜效法，节节上升。《中庸》称："喜怒哀乐之未发，谓之中；发而皆中节，谓之和。致中和，天地位焉，万物育焉。"言行节制、恰到好处为节。

《序卦传》称："涣者，离也。物不可以终离，故受之以节。节而信之，故受之以中孚。"节卦之前为涣卦，其后为中孚卦，"涣"为喜怒哀乐已发，必须发而期其中节，人群才能和睦相处，互信互爱。"涣"若为传播教化，必须建立仪法制度为"节"，然后才能代代相传，信受奉行，即为"中孚"。

《杂卦传》称："涣，离也；节，止也。"艮，止也；大壮则止；节，止也，《杂卦》有三卦称止，意义各有不同：大壮卦血气方刚，易躁动惹祸，必须防范制止；艮卦为止欲修行，意图彻底遏止与生俱来的情欲冲动；节卦内兑外坎，承认情欲的自然存在，不强制压抑，只要求恰到好处，发而中节，适可而止。

"节"为信物，古代剖符为节，双方各执一半，将来若合符节，代表征信无误，节卦后为中孚卦，亦含此意。外交官远派国外，代表国家进行交涉，称为使节，须不卑不亢，坚守志操，所谓在汉苏武节。节庆、节日、节气、节操、节俭节约，"节"在中国文化的传统中，有特别重要的含义。

人体直立身躯有六大关节：踝、膝、胯、腰、椎、颈。若生活失节，关节处会藏污纳垢，气血不通，引起发炎疼痛等症状。节卦下三爻全变，成蹇卦（䷦），风湿寒气侵足，不良于行；上三爻全变，为睽卦（䷥），身心上下内外不协调；六爻全变，成旅卦（䷷），近似游魂脚不沾地，身心病变严重。节卦六爻不仅象征人体六大关节，连阴阳动静，皆符合正常人关节运作的功能。"初九"阳居阳位，为脚踝，坚实稳重；"九二"刚而能柔，为膝盖，硬朗且能旋转；“六三”、“六四”为胯腰松柔；“九五”脊柱中正，为全身运转中枢的主心骨；“上六”阴居阴位，为颈关节，能前后俯仰，左顾右盼。以易占测病，看哪爻动，即知何处产生病变或错位。

节。亨。苦节不可贞。

人懂得节制嗜欲、言行中节，必获亨通。若压抑情欲过度，禁欲苦行，实非大多数人所能忍受，必难通行，不宜固守。损卦“惩忿窒欲”，卦辞称“无咎可贞”，适度减损欲望，可行亦当行，过火则不可行“不可贞”。无妄卦“九四”爻辞称“可贞无咎”，收摄妄念妄行，可改过无咎。合乎中道，可贞；过犹不及，不可贞。

《彖》曰：节亨，刚柔分而刚得中；苦节不可贞，其道穷也。悦以行险，当位以节，中正以通。天地节而四时成。节以制度，不伤财，不害民。

《彖》以结构面解释节之所以亨通之道，“刚柔分”的“分”字，似春分、秋分之分，为半的意思。节卦三阴三阳各半，遂称“刚柔分”，虽然阴阳总量相当，“九二”、“九五”分居上下卦的中位，故称“刚得中”，表示关键的位置仍为阳刚有实者居之，大局不致失控。“苦节不可贞”，即显示在“上六”爻辞，“苦节贞凶，其道穷也”，禁欲苦行断难通行。节卦内兑悦、外坎险，以悦乐精神行于险境，“九五”君位中正当位，“甘节吉，往有尚”，可行之久远。天地间的自然现象也有节律，春夏秋冬四季交替，即为明证。人间的领导者效法自然，订立制度，须以不劳民伤财为基本考虑。

不少卦的《彖传》称道四时变化。豫卦称：“天地以顺动，故日月不过而四时不忒。”观卦称：“观天之神道，而四时不忒。”恒卦称：“四时变化而能久成。”革卦称：“天地革而四时成。”节卦称：“天地节而四时成。”四时变化也是“大衍之术”的占法根据，革卦“治历明时”，节卦有其气数，豫卦预测未来，观卦观察形势，恒卦显示险是恒常不变的自然法则。

《象》曰：泽上有水，节。君子以制数度，议德行。

节卦下上兑为泽、上下坎为水，为泽中蓄水之象。困卦泽无水，得开发井水以纾困；节卦泽有水，仍得节约使用。一般水库都立有水位标尺，以数字刻度显示储水量，太少则设法补充，太多则须宣泄以调节之。人间社会订立制度亦然，须有数字量化的管理，以供客观检测；还得考虑适用对象的德行，而有因时因地制宜的调整弹性，主客观结合，以期至善。孟子说："徒善不足以为政，徒法不足以自行。"节卦的精神是活节，而非死节，是时节，而非一成不变的规章约束。

简单来说，制度是人订的，如果不合时宜就得修正，而不是要大家死守而痛苦不堪，其目的是带给大多数人方便和快乐，所以"九五""甘节吉"，而"上六""苦节凶"。当今世界通行的许多规范，多由欧美已开发国家制订，未必完全适用其他开发中及未开发地区，一律实行并不公道。西方议会式民主制度有其优点，直接套用于中国内地，多半行不通，很多事宜尚需从长计议。

以《易经》的理气象数来说，象数变化，为"制数度"，义理修行，则为"议德行"。"有是德方应是占"，《易》为君子谋，不为小人谋。

• 2010 年年初，我占问当年国际金融情势，为不变的节卦。2008 年为"遇困之涣"，2009 年为"遇蒙之涣"，皆见前述。困为泽无水、蒙为外阻内险，不知所从，涣为扩散至全球，影响严重。涣卦之后为节卦，表示金融风暴已受到一定程度的节制，"泽中有水"，量入为出，不敢挥霍。

• 2011 年 6 月中，我问先天八卦方位有道理否？为不变的节卦。《大象传》传称"制数度，议德行"；节排序第六十，又合天干地支、甲子循环之义。先天方位绝对有道理。

• 2009 年 10 月底，我问吃素吃荤的问题，菩萨可以吃荤吗？为不变的节卦。"节亨，苦节不可贞。"并非绝对不行，适度节制、因时制宜即可。

2010 年 10 月下旬，我问菩萨的境界为何？又是不变的节卦。"悦以行险，当位以节"，前为涣卦的传法行道，后接中孚卦的普济重生。

• 2009 年 7 月中旬，我问《春秋》传中"大居正"的真谛，为不变

的节卦。涣、节相综一体，涣卦“风行水上”，弘扬王道；节卦“制数度，议德行”，当位以节，中正以通，正合春秋居正之义。涣“九五”《小象传》称：“王居无咎，正位也。”节卦“九五”《小象传》称：“甘节之吉，居位中也。”两卦君位相对照，其理自明。

• 1997 年 12 月下旬，我问华夏思想如何定位司法与政治的关系？为不变的节卦。节以制度，不伤财，不害民，“制数度，议德行”。政治不可逾越规范干涉司法，一切尊重体制，贲卦《大象传》已明其理：“君子以明庶政，无敢折狱。”旅卦《大象传》亦称：“君子以明慎用刑，而不留狱。”旅卦的错卦为节卦，触类旁通，任何人不得滥用权力，必得接受制衡。

• 2010 年 8 月中旬，唐飞赴大连访问时，染患肺浸润返台急救，我问吉凶，为不变的节卦。节卦下兑为肺金，上坎为积水浸润，显示症状。“节亨，苦节不可贞”，病情应可有效控制，果然无恙。

• 1996 年元月，学生邱云斌友人之父罹患癌症，问病情发展，得出不变的节卦。气数已满，4 月时往生。涣、节一体相综，占生死疾患，一般都不太妙。

初九。不出户庭，无咎。

《象》曰：不出户庭，知通塞也。

“初九”居节之初，处地下潜龙勿用之位，当然不宜妄动。以前大户人家面临大路设门，穿过中间庭院至内室为户，不出户庭，隐遁在家不出门，可获无咎。人生行事，须看时机环境是通畅，还是阻塞。“初九”前有“九二”挡道，当然是塞，闭门不出合乎时宜。“初九”爻变，为坎卦（䷜），下泽泄底，蓄水流光，风险无限。

《系辞上传》第八章：“不出户庭，无咎。子曰：乱之所生也，则言语以为阶。君不密则失臣，臣不密则失身，几事不密则害成，是以君子慎密而不出也。”节卦下卦兑为口舌，“初九”守口如瓶，才不致泄密惹祸。政治上严守机密特别重要，生死攸关，多嘴多舌必遭覆败，历史多有明证。

• 2009年11月初，我赴北京，参加军科院办的《孙子兵法》会议，崔先生与我谈起与蒋勋合作，出版《蒋勋说红楼梦》的计划，我帮他占出节卦“初九”爻动，有坎卦之象。“不出户庭，无咎”，“知通塞也”。为何阻滞不通呢？再确认，为夬卦（䷪）初、二、四爻动，贞悔相争成蹇卦（䷦）。夬卦“初九”“往不胜为咎”，“九二”“惕号，莫夜有戎”，“九四”“其行次且”，全变成蹇卦，都有难行之象。后来听崔说，卦象真的应验，蒋勋身体不适，进度耽误了大半年，多方蹉跎，才回到正轨。

• 2009年11月底，我回顾既往三十年的社会历练，乍离工程界开书店那三年，算第一阶段，为节卦“初九”爻动，有坎卦之象。“不出户庭，无咎”，“知通塞也”。坐拥书城，沉潜读书，不与外界往来。

• 2011年2月上旬春节期间，我问当年与欧洲的机缘，为节卦“初九”爻动，有坎卦之象。“不出户庭，无咎”，“知通塞也”，竟然阻滞难行。再确认，为渐卦（䷴）三、五爻动，有剥卦（䷖）之象。渐卦“九三”“夫征不复，妇孕不育，凶”；“九五”“妇三岁不孕，终莫之胜，吉”。如果一定要再去，也有诸多不顺须超越，剥卦“不利有攸往”，似乎在暗示着什么。结果当年9月成行，占象应验，人算不如天算。

• 2010年4月上旬，我们学会的人事纷争不断，我占测其中一位关键学生的习性，究竟可不可用？为节卦“初九”爻动，有坎卦之象。“不出户庭，无咎”，“乱之所生也，则言语以为阶，机事不密则害成，是以君子慎密而不出也。”真的不能用，得把这个库底的坑堵上，免得泛滥成灾。

九二。不出门庭，凶。

《象》曰：不出门庭凶，失时极也。

“九二”前临“六三”、“六四”皆阴爻，出路已然畅通，这时该出门行动了！如果还龟缩不出，时机稍纵即逝，必然遭凶。本爻变，为屯卦（䷂），动乎险中大亨贞，该动不动，反受其灾。

占例

• 1999年3月中旬，我问《韩非子·说难篇》的主旨，为节卦“九二”爻动，有屯卦之象。节卦下卦兑悦、上卦坎险，说以行险，平民游说君主，

风险甚高，得恰到好处，才能取得信任，以行其志。节卦之前为涣卦的传播理念，其后为让人信服的中孚卦，“九二”欲说服居君位的“九五”，就得掌握时机进言，“不出门庭”，当然凶。

• 2002 年 10 月上旬，我们学会筹划在春秋两季的研习营办“《易》与经营管理”的专题讨论，我问该注意什么？为节卦“九二”爻动，有屯卦之象。“不出门庭凶，失时极也。”经营管理不尚空谈，实务经验很重要，千万注意知行合一的印证。

六三。不节若，则嗟若，无咎。

《象》曰：不节之嗟，又谁咎也？

“六三”不中不正，为下兑的开窍口，或言语不慎、或情欲失节，必招他人厌恶或反击，因而嗟叹不已。咎由自取，还能怪谁？本爻变，为需卦（䷄），健行遇险，宜耐心等候，躁进必凶。

• 1994 年 9 月中，我在出版公司已形同不管事，当时有人告我们侵犯图片著作权，要求巨款赔偿。我淡然以对，将公文转由老板去伤脑筋，但还是一事占吉凶，为节卦“六三”爻动，有需卦之象。“不节若，则嗟若”，“又谁咎也？”

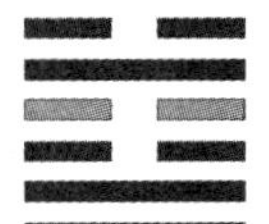

六四。安节，亨。

《象》曰：安节之亨，承上道也。

“六四”阴居阴位，上承“九五”之君，安于接受节制，循规蹈矩而获亨通。本爻变，为兑卦（䷹），真心悦从，毫不勉强。

• 2007 年 12 月下旬，我问《谷梁传》的价值定位，为节卦“六四”爻动，有兑卦之象。“安节之亨，承上道也。”兑为说法讲经，谨守规范为节，《谷梁》价值在此。

占例 •2001年6月下旬，我问到那时为止，我所占近三千卦中，依据的卦爻变理论合适否？为节卦"六四"爻动，有兑卦之象。"安节之亨，承上道也。"兑卦《象》称"顺乎天而应乎人"，节卦为"制数度，议德行"，所依理论非常可靠。

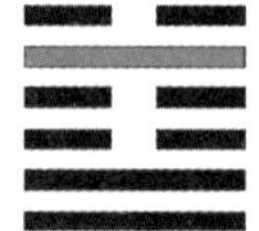

九五。甘节，吉，往有尚。

《象》曰：甘节之吉，居位中也。

"九五"中正居君位，心甘情愿遵守制度，境界较"六四""安节"高，不是被动承受，而是创造性的主动投入。《论语·雍也篇》记子曰："知之者不如好之者，好之者不如乐之者。"安于节制，最多只是好之者，甘于节制，则是乐在其中、完全不以为苦了！孔子自述晚年修境为"从心所欲不踰矩"，即为"甘节吉"，随时合乎中道。人能修到"甘节吉"，往前奋斗必有希望。

临卦"六三""甘临，无攸利"；节卦"九五""甘节吉，往有尚"，有何不同？甘与甜不同，甜只是舌尖领受的快感，甘则渗入心脾，滋味深厚得多。甘通常还带些苦味，所谓苦尽甘来，人生饱历忧患、通达世事，才能圆融无碍。"甘临"太年轻，不识愁滋味，未赋新词强说愁，故而"无攸利"。"甘节"居老成领导之位，人生甘苦徧尝，爻动恰值宜变成临卦（䷒），以此君临天下，孰曰不宜？临卦有自由开放之义，节卦则节制有规范，"甘节""遇节之临"，既守纪律，又有创意，确有高深境界。

"遇节之临"，为历史名占：三国时关羽大意失荆州，败走麦城，吴国易学名家虞翻占其前景，即得节卦"九五"爻动，铁口直断，不出三日，必死断头，结果应验。"节"为气数已满，"临"为自由自在。关羽若活着，也只是个败军之将，永远不可能辅佐刘备统一天下；他死了，反而成了民俗传统中的大神，世世代代受香火供奉。人生究竟的吉凶祸福，可真还难说得很呢！一般来说，占生死遇涣、节二卦，都不太妙，不管爻辞怎么说，都有往生之象。

占例 •2005年3月上旬，我一位女学生罹癌多年，终告不治。她姐姐打电话给我，说她已住入内湖三总医院的安宁病房，我偕妻开车去探视，途中占问，得节卦"九五"爻变，成临卦。"甘节吉，往有尚。"气数已满，

时辰已至，摆脱病魔多年纠缠，安心往生去矣！一天多后，她告别人间。

2011 年 8 月 14 日时值中元，我的学生徐崇智往生五周年，我依例问他如今安否？为节卦“九五”爻变，成临卦。“甘节吉，往有尚。”终于安定下来，不再游移挂碍，前四年之占都是遗憾不甘哪！

• 2010 年 11 月下旬，我问 GDP 的计算标准精密否？为节卦“九五”爻变，成临卦。“甘节吉，往有尚”，君位代表一个国家的实力，“制数度，议德行”，不伤财不害民，GDP 的计算标准有其合理性。

• 2010 年 6 月初，我在某民间疗法处接受康复治疗，主持的李师傅说，下周要用大板痛击两腿肚，以舒活气血。听来恐怖，我占有效否？为节卦“九五”爻变，成临卦。“甘节吉，往有尚。”“九五”为脊柱关节，腿肚为“九二”位置，击打后活通全身血脉，苦尽甘来，体气为之一畅。

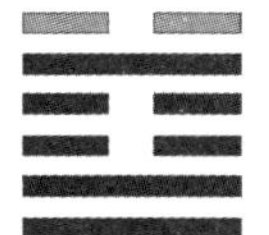

上六。苦节，贞凶，悔亡。

《象》曰：苦节贞凶，其道穷也。

“上六”节制过度，苦不堪言，固执此道必凶，少数人愿意这么做以求悔亡，大多数人一定行不通。本爻变，为中孚卦（䷼），个人信仰可以，不能要求大家也跟着做。

综观节卦六爻，分成天地人三组：以所处地位论，“初九”“不出户庭，无咎”，“九二”“不出门庭，凶”；以人事论，“六三”“不节”则“嗟”，“六四”“安节亨”；以天命论，“九五”“甘节吉”，“上六”“苦节凶”。

• 2010 年 5 月上旬，我因赶高铁车班，雨中路滑摔了一跤，麻烦的是前不多时，我去武汉伤到腰椎，还在康复中未痊愈。当时受困在旅馆中，行动愈渐不便，遂问怎么办好？为节卦“上六”爻动，有中孚卦之象。“苦节贞凶，其道穷也。”“上六”正当颈关节处，与“六三”胯关节相应，受到冲击而不适，令人担心叫苦。次日还是小心翼翼上完课，学生帮我针刺放血，总算没出大问题。

• 1998 年 6 月上旬，我想写“大易兵法”的论文，问如何构思布局？为节卦“上六”爻动，有中孚卦之象。“苦节贞凶，其道穷也”，太专业

会造成沟通障碍。中孚“信及豚鱼”，得更深入浅出些，才易收效。

1997年5月中旬，毓老师屡提要组奉元学会之事，我去拜晤老师听其训勉，返家后构思腹案大纲，不知妥适否？占得节卦“上六”爻动，有中孚卦之象。“苦节贞凶，其道穷也”，行不通。

•1994年10月初，我已在出版公司赋闲休憩近半年，也已开始给李登辉每周上《易经》课，老板企图安抚我未成，他又欲召开董事会，有进一步动作。我问其真正意图，为豫卦“九四”爻动，有坤卦之象。“由豫，大有得。勿疑，朋合簪”，当然是想重新整合，消弭反侧。再问我如何应对为佳？为大壮卦（䷡）初、四爻动，有升卦（䷭）之象。“大壮则止”，“初九”“征凶有孚”，“九四”“贞吉悔亡”，以不变应万变。假定会前主动找老板沟通，如何呢？为节卦“上六”爻动，有中孚卦之象。“苦节贞凶，其道穷也”，没有意义也无实效，遂放弃。

节卦多爻变占例之探讨

以上为节卦卦、彖、象六爻理论及占例之全部阐析，往下继续探讨多爻变的更复杂的情况。

占事遇卦中任意二爻动，若其中一爻值宜变，为主变量，以该爻辞为主；若皆不值宜变，以本卦卦辞卦象为主，亦可参考二爻齐变所成之卦的卦辞卦象来论断。

•1991年10月下旬，出版公司股争开始，大股东希望老板退居第二线，由我出来担纲经营。兹事体大，我咨询各方面后游移未定，老板反而劝我在某些条件下不妨一试。我占得节卦初、五爻动，有师卦（䷆）之象。“初九”“不出户庭，无咎”，“九五”“甘节吉，往有尚”，师卦“容民畜众”，为大家的工作生存一战。遂决定出山一试，开始了两年半难忘的经历。

•2010年10月上旬，我问周公与《易》的关系，为节卦初、五爻动，有师卦之象。节卦接涣卦传道之后，在中孚卦确立价值系统之前，“制数度，议德行”。“九五”“当位以节，中正以通”，影响应该很大。师卦“容民畜众”，《彖传》称：“能以众正，可以王矣！”

2008年9月中旬，我问孔子与《易》的关系，居然也占出“遇节之师”。周公、孔子对易学的弘扬及规范化上，都有伟大的贡献。

• 2010年元月中旬，我们学会原欲与公关公司合办国际易学会议，结果官方审定下来，赞助预算大幅缩水，实在捉襟见肘。我问还要不要办？为“遇节之师”。节约预算，又劳师动众。“初九”“不出户庭，无咎”，“知通塞也”；“九五”“甘节吉”，另别有想法才甘愿这么干，我们似乎没有必要这样。几月后，学会内部人事起纷争，遂顺势放弃。

• 2012年6月中，我赴美巡回演讲，先提前到首站纽约游览。至“九一一”事件遗址处时，问当日死难者而今安顿否？为“遇节之师”。师卦为当日近乎战争般的惨烈场面，亦为坎宫归魂卦。节卦气数已满，“初九”“不出户庭，无咎”，当时若闭门不出则没事；“九五”“甘节吉，往有尚”，而今也已释怀，各自往生？

遗址处新建大厦已快完工，我问其前景如何？为小畜卦（䷈）三、五爻动，齐变有损卦（䷨）之象。“九三”“舆脱辐，夫妻反目”，纪念当年的痛苦事件；“九五”“有孚挛如”，表现众生一体的爱心。小畜卦“风行天上，君子以懿文德”，动荡郁闷的国际形势中，仍倡导和平共存的理念。

• 2010年3月中旬，我问西方三圣的法相：阿弥陀佛为不变的晋卦，大势至菩萨为讼卦“九五”爻动，有未济卦之象，皆已详述于前。观世音菩萨为“遇节之师”。“悦以行险，当位以节，中正以通”，“甘节吉，往有尚”，慈悲济众；“初九”为泽底众生，师卦《大象传》称：“君子以容民畜众”。节卦之前为涣卦、其后为中孚卦，处处闻声救苦，爱顾众生，济度彼岸。

• 2004年8月中旬，我刚从新疆游历返台，当时与同门师兄刘义胜及素书楼基金会同行。我问平生志业与义胜兄的关系？为节卦二、五爻动，有复卦（䷗）之象。“九二”“不出门庭，失时极”，“九五”“甘节吉，往有尚”，二、五相应，“复”能生生不息，为难得的同道机缘，宜珍视把握。

• 2010年6月下旬，我与台积电张忠谋夫人晤面，她问张何时可退休？我占得“遇节之复”。“节”为满气数，时候若至应退隐林泉。“九二”“不出门庭，失时极”，“九五”“甘节吉，往有尚”，领导人喜欢做，甘愿受，恐怕退不下来，要像王永庆一样鞠躬尽瘁了！

• 2010年2月上旬，我的老父亲身体不适送医急诊，我们赶去医院

探视，我问吉凶，为“遇节之复”；再确认，为颐卦（䷚）“上九”爻变，成复卦。“九二”为立即出门送急救，“九五”“甘节吉，往有尚”，“复”为恢复健康。“由颐，厉吉，利涉大川”，养生诊治得宜，也为复健之象。应该绝没问题，果然康复。

• 1994 年 11 月起，我决定彻底摆脱多年出版界的职场生涯，另走讲经弘道的路子，定名为“华夏又一春”，每月一占检验成效，仿《春秋》笔法从“元年春王正月”起算。1995 年 2 月，即为“元年夏王四月”，月初我占该月策运，为节卦初、上爻动，有涣卦（䷺）之象。“不出户庭，无咎”，“知通塞也”；“苦节，贞凶，悔亡”，“其道穷也”。节始节终，离心离德，说透了我当时在出版公司韬晦沉潜的情境。

• 1997 年 7 月上旬，我问佛学思想的定位，为节卦初、三爻动，“六三”值宜变为需卦，齐变则有井卦（䷯）之象。人的嗜欲与生俱来，不适度节制，则险莫大焉，“初九”“不出户庭，无咎”，“六三”“不节若，则嗟若”，垂示明确。“井”为开发自性，以求革新脱胎换骨。“遇节之井”，为诸佛救世之心。

• 2011 年 7 月下旬，我又得赴北京授《易》，妻子开车送我至桃园机场，我在后座玩手机，电邮中有封 Google 的赠奖函，我循着指示一关关过，突生警觉，可能是诈骗集团的把戏，悬崖勒马。后占此案本质，为节卦初、三爻动，“六三”值宜变为需卦，齐变有井卦之象。“初九”“不出户庭”则“无咎”，“六三”“不节若，则嗟若”，小事上亦可见出人生贪欲无尽，容易被诈骗上当。

• 1997 年间，台湾空难频传，搭机成为畏途。一位学生占问他这辈子会不会遭遇空难？为节卦初、二爻动，有比卦（䷇）之象。问得贪心而笼统，答得简洁又巧妙！“初九”说不该出户时，若出则遇险，“九二”说该出门时，龟缩不出则贻误时机。“遇节之比”，与外界的联络互动，中节就好，这当然永远不会错！人与《易经》斗智，永远赢不了！

占事遇卦中任意三爻动动，以本卦为贞，三爻齐变所成之卦为悔，称贞悔相争，合参两卦卦辞卦象以断。若三爻中某一爻值宜变，为主变数，加重考虑其爻辞。

• 2009 年元月中，我给学生上老庄道家思想的课，占问 21 世纪习庄

子智慧的意义与价值为何？为节卦二、三、五爻动，“九五”值宜变为临卦，贞悔相争成明夷卦（䷣）。“甘节吉，往有尚”，临卦洒脱自在，明夷卦韬光养晦，为庄学教人处乱世之智，占象颇切。

• 2010年元月中旬，我问未来佛弥勒的意义，为节卦初、二、五爻动，贞悔相争成坤卦（䷁）。“初九”不出，“九二”出，动静合乎时宜；“九五”“甘节吉，往有尚”，永远笑呵呵看世界，坤卦“含弘光大，品物咸亨”。

• 2009年11月上旬，全球经济不振，我问在台湾25–40岁的年轻人，未来十年如何应变？为“遇节之坤”。顺势用柔，节俭度日。“初九”不当出即不出，“九二”当出则出，“九五”保持心胸开阔，奋发向上。

• 1994年5月初，我所在的出版公司爆发“大战”，子公司的一位副总来找我谈，所谓为老板请命云云，且说他占老板夏末秋初有复起机会。我问确否？又应如何应对？为节卦初、三、五爻动，“九五”值宜变为临卦，贞悔相争成升卦（䷭）。“遇节之临、之升”，还真有可能东山再起呢！节卦时令在阴历七月，正当夏末秋初。半月后，老板回朝，一切成为不可逆转的事实。

• 2010年6月底，学生颜熏龄为金石堂连锁书店的老板娘，很喜欢读书，某日她诵读《金刚经》有异感，传短信问我何以故？我占得节卦初、三、五爻动，“九五”值宜变为临卦，贞悔相争成升卦。“甘节吉，往有尚”，精神上扬，“教思无穷，容保民无疆”。

占事遇卦中任意四爻动，以四爻齐变所成之卦的卦辞卦象为主，若其中一爻值宜变，稍加重考虑其爻辞以断。

• 2007年2月中旬，我女儿大四下学期，到处申请赴英语系国家留学，我占得不变的革卦，已见前文占例说明。再问最后是到英国吗？为节卦初至四爻全动，“六三”值宜变为需卦，四爻齐变成咸卦（䷞）。“安节亨，承上道”；咸卦“亨利贞，取女吉”，“以虚受人”。“遇节之咸”，应该就是英国了！其后果然，她选了牛津去读英国文学。

61. 风泽中孚（䷼）

中孚卦在卦序中居第六十一，前为节卦，后接小过卦。《序卦传》称：“节而信之，故受之以中孚。有其信者必行之，故受之以小过。”教化传播天下四方，建立典章制度后，一代一代往下传承，即为中孚卦的核心价值与信仰。年轻一代接受教化，仍得在自己的人生历程中实证体验，不断于尝试错误中改善修正，即为小过卦。理想与现实间必有差距，信受之后，必须继之以奉行，才可能修成正果。

《杂卦传》称：“小过，过也；中孚，信也。”中孚卦六爻全变为小过卦（䷽），彼此是相错的关系，下经卦序自中孚卦起，最后四卦变为相错的瞬间巨变，和上经最后四卦类似。这表示时运已至末代，随时都有天翻地覆的变化，必须小心应付。

“孚”为母鸟孵卵，中孚卦（䷼）形即为鸟卵之象，三、四爻柔弱居中，似蛋清，上下四阳爻包裹其外，似蛋壳，亲代保护子代无微不至。小过卦（䷽）形似幼雏习飞，三、四爻阳刚居中，为鸟的身躯，上下四阴爻伸张其外，为翅膀，小鸟跌跌撞撞，终得靠自己学会飞翔。由中孚卦至小过卦，鸟卵孵育成熟，幼雏破壳而出，稚嫩的生命开始面对严酷环境的挑战。《杂卦》将小过卦置于中孚卦之前，蛋生鸡，鸡亦可生蛋。以自然发生的次序来看，还是先有蛋才有鸡，因为蛋的结构较鸡简单，生命演化一定是由简单而复杂，不会是倒过来。

中孚卦天地人三才之位为纯阴或纯阳，小过卦亦然。中孚卦有大离（☲）之象，文明社会起于亲情，宜讲信修睦；小过卦有大坎（☵）之象，生命学习成长之路坎坷惊险，需谨小慎微，以保平安。坎卦称“习坎”，小过卦似坎，鸟数飞为“习”，日日靠自己勤修苦练。中孚卦为学，子女受父母师长呵护指导，思考如何解决问题。

中孚。豚鱼吉，利涉大川，利贞。

“豚鱼”为古代士庶人祭祀的供品，王侯贵族可杀牛用大牲，如萃卦卦辞所言，低阶公务员祭祀则不能僭越，只能用比较便宜的小猪、小鱼。“中孚”为信仰之诚，不分品类，合宜祭祀，皆可蒙受福报而获吉，利于渡过重大险难，利于固守诚信的正道。

《礼记·王制》：“庶人春荐韭，夏荐麦，秋荐黍，冬荐稻。韭以卵，麦以鱼，黍以豚，稻以雁。”这是卦辞称“豚鱼”的真义，信仰通于最基层，济度一切众生过险难。

《彖》曰：中孚，柔在内而刚得中，说而巽，孚乃化邦也。豚鱼吉，信及豚鱼也。利涉大川，乘木舟虚也。中孚以利贞，乃应乎天也。

中孚卦卦形二柔在内、四阳包覆其外，“九五”、“九二”分居上下卦之中，下卦悦从于上卦巽风的训导，教化普及于整个邦国。豚鱼象征士庶人的基层民众，智慧不高，都能受到伟大信仰的福佑与感召，正是精诚所至，金石为开，人人改过迁善。渡大河需舟船，中孚卦形中虚外实，恰似中空的木船，可载人到彼岸。中孚为人修诚信正道，以符应天地自然之道。

涣卦风行水上，《彖》称“乘木有功”；中孚卦风行泽上，《彖》称“乘木舟虚”。由涣卦至中孚卦，显然流散四方后，在各处建立安静肃穆的道场，亲切地教授中心理念，培育无数信众。佛教常办法会，超度水陆各界众生，豚鱼正是水陆底层的代表，慈悲不可有分别心，信及豚鱼，才能“利涉大川”。

旧注有将“豚鱼”解释成一物，即江豚、海豚之类，说什么节气一至即跃出水面，不失其信云云。这绝对错了！海豚为哺乳类智慧生物，和小猪、小鱼的顽蠢喻义恰相反，“信及豚鱼”讲不通。

《象》曰：泽上有风，中孚。君子以议狱缓死。

中孚卦下卦兑泽、上卦巽风，故称“泽上有风”。诚信素著的人一旦犯错服刑，可以考虑其心性行为，而予缓议。商界信贷往来，万一周转不灵跳票，也可重新检讨补偿条件，今世欧债的问题，即为显例。另外，中孚卦也是艮宫的游魂卦，信仰坚定者面临生死大限，似有缓死延寿的可能。

《易》卦《大象传》论及法政的颇多，思虑皆很精到：噬嗑卦“明罚敕法”、贲卦“明庶政无敢折狱”、丰卦“折狱致刑”、旅卦“明慎用刑而不留狱”、解卦“赦过宥罪”、讼卦“作事谋始”、中孚卦“议狱缓死”等等。中孚卦之前为节卦，“制数度，议德行”，与“议狱缓死”的考虑一脉相承，密切相关。

占例

• 1997 年 11 月底，我问阴爻、阳爻的符号是否“象男女之形”而来？得出不变的中孚卦。中孚为亲子和合，诚信不虚，显然阴阳爻的取象，正从男根女阴而来，近取诸身，生生之谓易。

• 2003 年 3 月上旬，女儿大学初阶段的学测考过，成绩尚可，问申请台大外文系甄试如何？为不变的中孚卦。“豚鱼吉，利涉大川，利贞。”若专心准备 7 月初的联考呢？则为损卦“六四”爻动，有睽卦之象。“遇元夫，交孚，厉，无咎。”无论如何，“遇损之睽”，都嫌辛苦损耗，且花费时间，不如中孚卦舒服上算。她去台大笔试口试，顺利通过入学，提前几个月搞定，免于暑气蒸腾下应试之苦，而且备考期间，也颇受年长女性照顾，也是中孚卦上巽长女呵护下兑少女之象。

初九。虞吉，有它不燕。

《象》曰：初九虞吉，志未变也。

“初九”为中孚卦立信之初，首重征信，征信通过之后，才好展开信用往来。《中庸》即称：“无征不信，不信民弗从。”“初九”为基层民众之位，赢得他们信任非常重要。一旦互信确立，即依往来条件行事，不可再三心二意，不然就享受不到信任的安乐。“虞”字在全《易》经传中出现三次：屯卦“六三”“即鹿无虞，惟入于林中”；萃卦《大象传》称“除戎器，戒不虞”；中孚卦“初九”“虞吉，有他不燕”。征信等于一道资格鉴定的门槛，迈过之后就是自己人，家人卦“初九”称“闲有家，志未变也”，与中孚卦“初九”相同。

中孚卦“初九”爻变，为涣卦（䷺），若不审慎征信调查，信心涣散，不可能交易往来。

• 2010 年 7 月中旬，我筹划学会理监事改组，问自己也重任理事如何？为中孚卦“初九”爻动，有涣卦之象。“虞吉，有它不燕”，“志未变也”。既有过去二年人事纷争的前车之鉴，我还是应该入会参议，稳住阵脚，以免军心涣散为是。组织核心必须征信，设立门槛，好好把关。

九二。鸣鹤在阴，其子和之；我有好爵，吾与尔靡之。

《象》曰：其子和之，中心愿也。

“九二”为下卦兑泽之中，又当三、四、五爻所成艮山之下，故有山下泽中的在阴之象，鹤常栖息于生态保育的湿地，母鹤子鹤相依安乐。本爻爻辞为诗歌体，意境甚美。不称“鹤鸣”而称“鸣鹤”，由于母鹤在阴地鸣叫，子鹤随声呼应，人们先听到鸣声悦耳，才发现是鹤唳，继而看到亲子之情温馨动人的画面。“爵”是古代给人斟酒的酒壶，我有一壶美酒，希望跟好朋友共同分享。“九二”爻变，为益卦（䷩），互信互益，身心愉悦。

《论语・公冶长篇》记师生言志：“子路曰：‘愿车马衣轻裘，与朋友共，敝之而无憾……’子曰：‘老者安之，朋友信之，少者怀之。’”人际讲信修睦，情怀理念的共鸣与分享，与中孚卦“九二”意境相当，令人心向往之。

《系辞上传》第八章称：“‘鸣鹤在阴，其子和之；我有好爵，吾与尔靡之。’子曰：‘君子居其室，出其言善，则千里之外应之，况其迩者乎？居其室，出其言不善，则千里之外违之，况其迩者乎？言出乎身，加乎民，行发乎迩，见乎远。言行，君子之枢机，枢机之发，荣辱之主也。言行，君子之所以动天地也！可不慎乎？’”“枢”是户枢，“机”为弩箭发射的机簧，一旦转动击发，就不能回头，影响重大，人的一言一行亦然，兴邦丧邦，必须慎之又慎。《系辞传》此章共引了孔子论《易》的七个爻，中孚“九二”居首，主要在阐明前面引言之理：“言天下之至赜而不可恶也，言天下之至动而不可乱也，拟之而后言，议之而后动，拟议以成其变化。”设想周全再说，充分计议再行动，才能争取他人认同，随机应变而无差错。节卦“制数度，议德行”，中孚卦“议狱缓死”，充分发挥拟议的精神。

中孚卦“初九”、“九二”爻描述鹤群生态，观察细腻入微。“初九”“虞吉”，其实是母鹤做安全检查的清场动作；“有它”的“它”，指的是草泽中隐伏的蛇，若不叼出驱离，子鹤会有危险。驱除之后，亲子之间才可安乐相处。“初九”排他成功，“九二”才能“吾与尔靡之”，这是《易经》中的你我他。颐、大过两卦旁通相错。颐卦“初九”云：“舍尔灵龟，观我朵颐，凶。”大过卦“九四”云：“栋隆吉，有它吝。”一般来说，你我之间的关系要搞得好，确实难容第三者，损卦“六三”已清楚说明：“三人行，则损一人；一人行，则得其友。”《小象传》称：“一人行，三则疑也。”

• 2012年年初，我作一年之计，问一家四口家运如何？为中孚卦“九二”爻动，有益卦之象。“鸣鹤在阴，其子和之；我有好爵，吾与尔靡之。”一家亲情和悦，畅叙天伦，真是乐何如之？女儿为家人卦（䷤）二、三爻动，“六二”值宜变为小畜卦（䷈），“无攸遂，在中馈，贞吉。”她五月辞去出版社日夜无休的辛苦职务，家居调适，再寻转换。二、三爻齐变，有中孚卦之象，在亲情呵护之中。儿子为井卦（䷯）二、三、四、五爻动，四爻齐变成豫卦（䷏）。由“井谷射鲋，瓮敝漏”，开发自性至“井冽，寒泉食”；豫卦则“雷出地奋，建侯行师”，热情展开人际交往，卦象皆验矣！

• 2002年7月下旬，我腰背僵直、右臂酸麻的痼疾一直调理不好，按着太极导引中“攀足长筋”的功法，一门修炼几日，感觉不错，遂问有效否？为中孚卦“九二”爻动，有益卦之象。“九二”正当膝关节处，多与温润调护，定于身心有益，“利有攸往，利涉大川”。

• 2003年7月下旬，一位教授好友直肠癌二度开刀，我问他病情往后吉凶？为睽卦“九四”爻变，成损卦。“睽孤，遇元夫，交孚，厉无咎。”再追问“元夫”指何而言？如何调护求遇？为中孚卦“九二”爻动，有益卦之象。以亲情信念调养，损极转益，“惩忿窒欲”，进而长裕不设，宽心静养，应对病体有益。这位朋友罹癌十年多，迄今依然健在。

• 2012年5月中旬，我在富邦上佛经课，讲起有学生说我有金刚护法之事，当下占问课堂中就有吗？为中孚卦“九二”爻动，有益卦之象。“鸣鹤在阴，其子和之”，“君子居其室，出其言善，则千里之外应之，况其迩者乎？言行，君子之所以动天地也，可不慎乎？”传播信念，利益众生，中孚卦又为艮宫游魂之卦，还真是举头三尺有神明，洋洋乎如在其上，如在其左右啊！

六三。得敌，或鼓或罢，或泣或歌。

《象》曰：或鼓或罢，位不当也。

“六三”不中不正，居下卦兑感情的开窍口，和“上九”相应与，受“上九”华而不实的高调所惑，一再受骗，却难以摆脱，情绪剧烈起伏。“上九”可说就是“六三”的克星和天敌，“六三”受骗后，心有不甘想报复，鸣鼓而攻之，却又不能坚持而作罢，一会儿伤心欲泣，一会儿高兴唱歌。本爻变，为小畜卦（䷈），以小事大，密云不雨，内心郁闷不开。

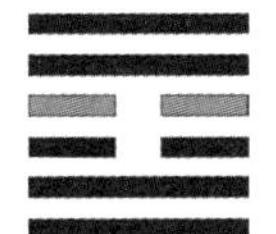

六四。月几望，马匹亡，无咎。

《象》曰：马匹亡，绝类上也。

“六四”上承“九五”之君，下和“初九”相应与，虽负民望，小心低调事主，故称“月几望”，月借日光，不敢盈满与太阳争辉。为了消除君上之忌，还刻意断绝与“初九”基层的关系，往上迎合“九五”而获无咎。阴阳合为类，乾阳为马，“初九”本为与“六四”匹配得宜的马匹，遭“六四”绝弃，故称“马匹亡”。“六四”爻变，为履卦（䷉），说到做到，意志坚定，和“六三”的优柔寡断正好相反。

• 1995 年 5 月下旬，李登辉的课还在上，一票国民党高官上的课照原先约定，上完一季结束。居中安排的朋友邀我赴当时“陆委会”办公室晤萧万长，随便谈了谈香港及航运中心之事。返家后我问与萧的缘分，为中孚卦“六四”爻动，有履卦之象。“月几望，马匹亡”，“绝类上也”。“六四”为高官之位，一心承奉“九五”，与基层的“初九”不亲，看来缘分有限。后来萧任做马英九的副手，而我们确实也没什么联系。

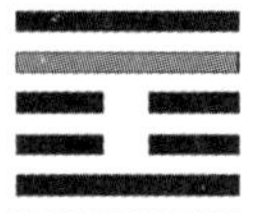

九五。有孚挛如，无咎。

《象》曰：有孚挛如，位正当也。

“九五”中正，居中孚卦之君位，为讲信修睦的最高标准，对一切众生皆有无分别心的大爱，故称“有孚挛如，无咎”，与小畜卦“九五”类同，“富以其邻，不独富也。”中孚卦“初九”排他、“九二”亲子鸣和，独亲其亲，独子其子，这是自然流露爱的起点；“九五”“有孚挛如”，不独亲其亲，不独子其子，老吾老以及人之老，幼吾幼以及人之幼，为后天精勤修证所得，充满慈悲爱世的精神。本爻变，为损卦（䷨），又当二至五爻所互成之损卦的“上九”之位，惩忿窒欲，已至无为而无不为的最高境界矣！孔子言志所称：“老者安之，朋友信之，少者怀之。”也是“有孚挛如”。

若以小爱大爱区分二、五爻，则“六四”舍“初”就“五”，也是弃小爱成大爱的明智抉择，历史上有不少豪杰之士做到。

• 2004年5月，我问美国对台湾的意图为何？得出中孚卦“九五”爻动，有损卦之象。“有孚挛如，无咎。”看来美国关键的考虑是自身的利益。我们且以卦中卦的理论来检验：中孚卦“九五”相当于二至五爻所成颐卦（䷚）的“上九”、二至上爻所成益卦（䷩）的“九五”、初至五爻所成损卦（䷨）的“上九”，以及三至上爻所成渐卦（䷴）的“九三”及“九五”。颐卦“上九”为台海生态的靠山，“由颐，厉吉，利涉大川”；益卦“九五”“有孚惠心，有孚惠我德”；损卦“上九”“弗损益之，得臣无家”，明显损极转益，精打细算，让台湾做其马前卒，所有投资都要回收。渐卦为雁行团队的战略布局，“九三”“利用御寇，顺相保”、“九五”“终莫之胜，得所愿”，绝不允许台湾变成离群的孤雁。至于中孚卦初至四爻所成归妹卦（䷵），“九五”不涉其内，换言之，台湾最后归宿为何，老美才不管呢！先充分利用再说。这是美国对台湾的现实真相，智者皆知，不足为奇。

• 1992年年初，我作一年之计，当时皆以出版公司的经营为考虑，

占例 将旗下各杂志都推算策运，各有鞭辟入里的分析，然后再问：整条杂志线有无更佳经营策略？为中孚卦“九五”爻动，有损卦之象。“有孚挛如，无咎。”最重要的还是品牌的连动效应，几份杂志名称与公司名号紧密相连，不断延伸强化其信誉，就会有很好的效果。

• 1997 年 10 月底，我问王船山易学的价值定位，为中孚卦“九五”爻动，有损卦之象。“有孚挛如，无咎”，“位正当也”。船山信道笃，持志精严，当之无愧。

上九。翰音登于天，贞凶。

《象》曰：翰音登于天，何可长也？

“上九”居中孚之末，为失信之极，喜欢唱高调，轻诺必寡信，“六三”即深受其害，难以自拔。《礼记·曲礼下篇》：“鸡曰翰音。”鸡叫的声音远逊鹤鸣的清亮，却不嫌粗陋扯嗓大喊，如此为人厌恶鄙弃，何能长久？本爻变，为节卦（䷻），失信失节，遗祸人间。

“九二”“鸣鹤在阴”，纯正清新的理念不为“六三”所欣赏，因为阴乘阳柔乘刚，情欲蒙蔽理智；“上九”难听的鸡叫，反而让“六三”神魂颠倒，因为彼此应与。中孚卦三、上爻齐动，为需卦（䷄），表示彼此相互需要，谁也离不开谁。成语有言“鹤立鸡群”，“九二”高过“上九”甚多，“六三”却选择低俗者献身，人情蒙昧无知，令人浩叹。

• 2007 年中，学生林献仁占问 2012 所谓的文明浩劫为何？得出中孚卦“上九”爻动，有节卦之象。“翰音登于天，贞凶”，“何可长也？”金融风暴爆发，全球的信用体系出了大问题，占象准确应验。

中孚卦多爻变占例之探讨

以上为中孚卦卦、彖、象与六爻之理论及单爻变占例之阐析，往下继续探讨更复杂的多爻变的情形。

占事遇卦中任意二爻动，若其中一爻值宜变，以该爻辞为主；若皆不值宜变，以本卦卦辞卦象为主，亦可参考二爻齐变所成之卦的卦辞卦象以断。

•2010年9月中旬，我在慕尼黑授《易》毕，发现不少德国人为金援欧债困扰，认为干脆退出欧元区算了！我问如果这样会如何？为中孚卦初、上爻动，“上九”值宜变为节卦，齐变成坎卦（䷜）。“初九”严谨征信，“上九”诚信破产，为德不卒，将承受失信的重大风险，国家威望大减。留在欧元区济弱扶倾呢？为“遇革之豫”，已见于革卦三爻变占例。结论是只能奋力向前，没有任何退路！

同年11月上旬，美国再印六千亿美金救市，我问能让美国实体经济振衰起敝吗？亦为“遇中孚之坎”。中孚卦《大象传》称“议狱缓死”，印钞救急只能治标不能治本，还得承担信用扩充的风险，沉溺于此，近乎饮鸩止渴，难以振兴实体经济。

•1994年3月中旬，出版公司风雨欲来，我在另一资深董事的安排下与老板会面，事先问吉凶对策，为“遇中孚之坎”。“翰音登于天，贞凶”，“何可长也？”彼此互信已然生变，我为“初九”无征不信，他是时穷节乃见，失信成习，没法谈出结果。

4月上旬，情势愈紧绷，我单独与该董事晤面会商，问之后如何应对老板的步步进逼？为中孚卦三、上爻动，有需卦（䷄）之象。老板还是“上九”失信已极，我是“六三”“得敌，或鼓或罢”，挣脱不了其控制，也没实力翻脸摊牌，难过极了！

•2011年11月下旬，有学生又在建议学会集体赴内地旅游，我笑笑没响应，占得“遇中孚之坎”。果不其然，过去几回出游，纷争不断，好容易整顿成功，不堕旧习，不蹈覆辙矣！

•2011年元月下旬，我问升卦“上六”的真义，为何“冥升”又称“利于不息之贞”？得出颐卦（䷚）“初九”爻动，有剥卦（䷖）之象。“舍尔灵龟，观我朵颐，凶。”丧其真宰，冥顽不灵，追求无止境的成长，其上爻当然爻变成蛊卦（䷑），升而不已必困。再确认，为“遇中孚之坎”。初虽“虞吉”，终必失信而“贞凶”，“冥升”者吹嘘过甚，泡沫破碎后难以收拾。

•1997年8月上旬，我问六经中《易》的定位，为中孚卦初、二爻动，

有观卦（䷓）之象。中孚卦至诚如神，观卦仰观俯察，洞识人生。中孚卦“初九”“虞吉”，“九二”提供美好的理念，与群众分享，拟议以成其变化。

同年10月下旬，又是一年秋风起，我问自己未来在易学史上可能的定位如何？同为“遇中孚之观”，那就是说，与《易经》本身的定位恰好相合。

• 2009年7月上旬，北京朋友安排我上新浪网登记博客，我问恰当的定位如何？为遇中孚之观。与内地朋友诚信分享古典的深厚智慧，但亦须筛捡互动的对象，以免旁生困扰。

• 2012年8月上旬，台湾海军舰艇演习引发的军官惩处案愈演愈烈，社会各界普遍质疑不公正，不合比例原则，是否牵扯人事斗争云云？我问真正原因为何？为需卦（䷄）初、三爻动，有坎卦（䷜）之象。其时钓鱼岛主权纷争正烈，台湾地区的一举一动更是敏感，需卦健行遇险，“初九”“需于郊”，不愿冒险犯难生事；“九三”“需于泥，致寇至”，“敬慎以求不败”。没事别找事可以，有事光怕事却令人失望。由于各界反对声浪极高，此案后续发展会如何？占得中孚卦初、二爻动，有观卦之象。“初九”“虞吉”、“九二”展现温情，应该会“议狱缓死”、从轻发落。果然马英九出来讲话，海军撤回原案，大事化小，小事化无。军法不受理，改为内部惩戒记两小过结案。中孚卦之后，就是小过卦，一切依卦序进行。

• 2001年5月下旬，我的女儿升高二须选组，第三类组理工医农为睽卦，显然不合，已见睽卦占例。第一类组为文法商，则为中孚卦五、上爻动，“上九”值宜变为节卦，齐变为临卦（䷒）。中孚卦“利贞”，“九五”“有孚挛如，位正当”，节制“上九”“翰音登天，何可长”；临卦“元亨利贞”，“教思无穷”。“遇中孚之临”，应该相当合适。她本来就是搞文学的料嘛！

• 2000年元月下旬，我因赶在跨世纪前看完了花费多年的《资治通鉴》全书，问其价值定位，为中孚卦五、上爻动，“上九”值宜变为节卦，齐变为临卦。述往古来今之事，以昭诚信，“有孚挛如，位正当”；“翰音登于天，贞凶”，多少有高调之嫌。临卦“教思无穷”，“遇中孚之临”，书中理念足为后世君临天下者取鉴。

• 2011 年 2 月上旬，我问当年内与内地的互动机缘，为“遇中孚之临”。“有孚挛如”，“教思无穷”，格局算是开阔。当年 5 月参访武汉大学国学院、长沙岳麓书院；7 月、8 月北京授《易》；10 月入青海、西藏游历。

• 2010 年 7 月中旬，我问美国十年后的国势，为中孚卦二、上爻动，“上九”值宜变为节卦，齐变为屯卦（䷂）。美元长期的货币优势仍不可取代，中孚卦“上九”“翰音登于天”，则有逐渐失信的风险，资源已现匮乏，得小心节制。

• 2010 年 12 月中，我问某位离婚的友人两年内能否有新姻缘？为“遇中孚之屯”。贞我悔彼，“九二”“鸣鹤在阴，其子和之”，“中心愿也”，她期待好伴侣；“上九”“翰音登于天，何可长也？”没有好的回应。看来不易，后来确实如此。

• 2011 年 9 月上旬，我赴慕尼黑授《易》，住在道场负责人李氏夫妇家，他们搜集了许多神佛像供奉，我问真有神灵驻锡吗？为“遇中孚之屯”。中孚卦“议狱缓死”，为艮宫游魂卦，屯卦为往生，应该有。首场晚课说占时，讲到游魂归魂卦，信手一占，问当场有无非人旁听，为中孚卦初、五爻动，齐变有蒙卦（䷃）之象。中孚卦“有孚挛如”，“议狱缓死”，为艮宫游魂卦，又有非人就近旁听呢！

• 2008 年 11 月上旬，学生张良维邀我去他“气机导引”的道场开一年《易经》课，我同意以“身体易”为名讲授，问顺遂有效否？为中孚卦二、五爻动，有颐卦（䷚）之象。中孚卦为诚信传学的道场，二、五相应，颐卦为养生，恰如其分。“九二”“鸣鹤在阴，其子和之。我有好爵，吾与尔靡之”，“中心愿也”；“九五”“有孚挛如，无咎”，“位正当也”。学员愿学，老师能教，行矣哉！

• 1996 年 12 月下旬，一位开分色制版厂的老友婚姻出问题，妻子要求离异。我问他若同意离婚，为“遇中孚之颐”；若不同意，继续缠斗，为颐卦（䷚）初、二爻动，有蒙卦（䷃）之象，已见于颐卦二爻变占例。中孚卦二、五相应，齐变成颐卦，“九二”“中心愿”，“九五”“位正当”，那还有什么好说？离婚胜过不离，双方协议分手。

• 2008 年 10 月初，我给学生上老庄课，问庄子思想的价值，为中孚卦三、五爻动，有大畜卦（䷙）之象。中孚卦为信念，大畜卦“不家食吉”，两卦卦辞皆称“利涉大川”。“遇中孚之大畜”，教我们放开人情的许多系

累，得享海阔天空的自由自在。中孚卦“六三”“或鼓或罢，或泣或歌”，情累之甚，“位不当”；“九五”“有孚挛如，无咎”，展现人生大爱，位正当。由小情小爱的“位不当”，升华转化成深情大爱的“位正当”，庄子思想有此价值与功效。

• 1993 年年初，我为出版公司作一年之计，问总体经营策略，为中孚卦初、四爻动，有讼卦（䷅）之象。“中孚”信用卓著，“讼”则颇启纷争，原因在初、四相应与而背离。“初九”“志未变”，“六四”“绝类上”，弃初而上依“九五”，追寻“有孚挛如”的高远境界。当年励精图治，年底创下了有史以来的最佳业绩，竭力甩脱陈旧的经营包袱，却也因此激起祸端，次年中高层改组，“江山”变色，“中孚”成“讼”矣！

• 1995 年 7 月下旬，公司股争未消，我问对公司整体的吉凶，为中孚卦二、三爻动，“九二”值宜变为益卦，齐变有家人卦（䷤）之象。“九二”“有孚”，“六三”“得敌，或鼓或罢，或泣或歌”，阴柔乘于“九二”阳刚之上，彼此关系恶劣，正似公司股争。家人卦之象显示，公司派可能仍占上风，外人的市场派不易得手。对老板的吉凶呢？为坤卦（䷁）五、上爻动，有观卦（䷓）之象。“六五”“黄裳，元吉”居君位，“上六”“龙战于野，其血玄黄”，斗争虽激烈，仍应据位不动。后势发展果然如此，大股东再次败退。

三爻变占例

占事遇卦中任意三爻动，以本卦为贞，三爻齐变所成之卦为悔，称贞悔相争，合参两卦卦辞卦象以断。若三爻中一爻值宜变，为主变数，加重考虑其爻辞。

• 2010 年 10 月中旬，我们的周易学会刚改组完毕，我问 2011 年的展望，为师卦“九二”爻动，有坤卦之象。“在师中吉，无咎”，“王三赐命”，大将受命出征，战果辉煌。新上任的理事长邓美玲主张开办电子报，效应如何？为不变的豫卦。“利建侯行师”，绝对值得做。延伸至我在新浪网的博客呢？为“遇中孚之复”。“鸣鹤在阴，其子和之”，“有孚挛如，无咎”。延伸联网亦属必然。我在内地有否新的突破？为屯卦“初九”爻动，有比卦之象。赴德继续讲学呢？为大壮卦“初九”爻动，有恒卦之象。“壮于趾，征凶，有孚。”怎会如此？困惑下，再明确问慕尼黑之行，为节卦（䷻）初、四爻动，有困卦（䷮）之象。“初九”“不出户庭，无咎”，

“知通塞也”；“六四”“安节亨，承上道也”。泽中有水的节卦，变成泽无水的困卦，应是不去为宜。当时无论如何想不通，次年9月上旬赴德授《易》十天，才发现卦象正确无比，易占感应之神，我们远远不及。

• 2011年8月下旬，我家四人赴希腊旅游毕，妻小返台，我续往慕尼黑授《易》十天，占问此次欧洲行旅如何？为“遇中孚之剥”，初、二、五爻动，齐变为剥卦（䷖）。“初九”排他，“九二”唱和，“九五”“有孚挛如”，为亲情洋溢的和乐之象，剥卦则未有所见。

• 2011年7月下旬，一位素昧平生的读者找上我，求教他家族争遗产的诉讼事，我占得中孚卦初、五、上爻动，“九五”值宜变为损卦，贞悔相争成师卦（䷆）。中孚卦就是一家人的亲情，师卦则对立抗争，大伤感情。“九五”“有孚挛如，无咎”，总比“上九”“翰音登于天”好，冤家宜解不宜结啊！

• 1994年3月上旬，出版公司股争方殷，我夹在中间很难受，有日晨起问公司往后吉凶，为“遇中孚之师”。彼此互信不足，领导难昭大信，对抗之势已成，输赢胜负决定一切。5月初一战而决，十年内公司解体消亡。

• 2011年11月上旬，学会理事长邓美玲跟我求援，预定在宏碁渴望园区举办的秋研营报名人数过少，怎么善后云云。我反对打退堂鼓，占出萃卦“九五”爻动，有豫卦之象。“萃有位，无咎，匪孚。元永贞，悔亡”，“志未光也”。领导者威信不足，须从旁协助补强。若真的停办，则为晋卦（䷢）四、上爻动，有坤卦（䷁）之象。“九四”“晋如鼫鼠，贞厉”，“上九”“晋其角，道未光”，当然不好。若坚持续办，为“遇中孚之师”。关键还在“九五”“有孚挛如”，领导者显示热情，号召团结。于是我下海推促，很快解决了参与不足的问题，秋研营顺利举办。

• 2010年2月底，我问孟子在儒家思想的地位，为“遇中孚之师”。师卦《彖传》称：“能以众正，可以王矣！”孟子道性善，言必称尧舜，提倡王道思想。“九五”“有孚挛如”，正为核心主张；“上九”“翰音登于天，贞凶”，“何可长也？”多少有些高调过头，在大争之世的战国无法实现。

• 2006年7月上旬，我给学生上三十六计与《易经》的关系，问“美人计”为何象？得出中孚卦初、二、上爻动，贞悔相争成比卦（䷇）。中

三爻变占例

孚卦为依偎相亲，比卦则前后相随，“初九”排他、“九二”唱和，“上九”揭破真相，虚情假意，“何可长也”？

• 2010 年 9 月中旬，我首度抵慕尼黑授《易》，问以后与欧洲的机缘，为中孚卦上三爻全动，“六四”值宜变为履卦，贞悔相争成归妹卦（䷵）。中孚卦“孚乃化邦”，归妹卦“永终知敝”，“九五”“有孚挛如，位正当”，“上九”“翰音登于天，何可长”，关键应该是“六四”“绝类上”，毅然决然的取舍行动。一年后形势豁然清楚，易占真是洞识机微啊！

2011 年 9 月初再赴慕城讲课，课毕后陪同道场负责人会晤其曾习气功的学生，是位德国老妇，罹患甲状腺亢奋多年，深为病情所苦。他们先谈时，我在远处以念力遥测，得中孚卦初、三、五爻动，贞悔相争成蛊卦（䷑）。蛊卦为宿疾沉疴，甲亢患者情绪多不稳定，中孚卦“六三”“或鼓或罢，或泣或歌”，切中其情。了解内情后，问如何调护，为困卦（䷮）二、五爻动，有豫卦（䷏）之象。原来她儿子已 35 岁，无业在家，亲子间常起冲突，应了中孚卦卦象。困卦“九二”为其子，“困于酒食，朱绂方来”，仰其救济；“九五”“困于赤绂，乃徐有脱”，受身边人拖累，动弹不得。“九二”“利用享祀”，“九五”“利用祭祀”，豫卦《大象传》也称“殷荐之上帝”，中孚卦的信望爱出问题，解决还在恢复彼此的爱心与信任上。

• 2012 年 6 月上旬，一位学生总欲约我晤谈，其实又无要事，而偏偏每次行程紧凑，我真的挪不出空当跟他闲聊。占问怎么回应才好？为中孚卦初、四、上爻动，“六四”值宜变为履卦，贞悔相争成困卦（䷮）。“遇中孚之困”，往日亲近之情已生变化，由“上九”“何可长”看出；初、四曾相应与，而今“六四”“马匹亡，绝类上也”，好像也只能如此。

四爻变占例

占事遇卦中任意四爻动，以四爻齐变所成之卦的卦辞卦象为主，若其中一爻值宜变，稍加重考虑其爻辞以断。

• 2010 年 9 月下旬，我在富邦上佛经，学生谈到念经而非“念经”（即口中念念有词）的问题。我问口念的功德，为萃卦“上六”爻动，有否卦之象。“赍咨涕洟，未安上也”，否卦为天地不交，“上六”当外卦兑口，口念无益。默念不出声，则为中孚卦二、三、五、上爻动，“上九”值宜变为节卦，四爻齐变成明夷卦（䷣）。中孚卦诚心信仰，二、五相应，三、

上相与，明夷卦低调不表现，“用晦而明”。心念确比口念有功德。

• 2010年10月下旬，分别在两岸的两位朋友起剧烈冲突，我颇不乐见，占得睽卦二、四爻动，有颐卦（䷚）之象。睽卦即反目相忌，“九二”“遇主于巷”，“九四”“睽孤，遇元夫，无咎”。若发短信尝试调解如何？为中孚卦初、二、四、上爻动，“上九”值宜变为节卦，四爻齐变成萃卦（䷬）。“萃”即相聚，诚心撮合应可行。后来他们见了面，虽仍有芥蒂，不致相仇。

• 1992年7月中，我们的出版公司确定参加9月的北京书展，我问设摊公关等策略如何为宜？为中孚卦二、四、五、上爻动，“上九”值宜变为节卦，四爻齐变成震卦（䷲）。“翰音登于天，贞凶”，不宜高调过度，真实显示产品质量就好。

扫码聆听刘君祖老师亲自讲述大易之道

——逐字逐爻详解易经六十四卦

62. 雷山小过（䷽）

小过卦为《易经》第六十二卦，接中孚卦之后，往下为既济卦。《序卦传》称：“有其信者必行之，故受之以小过。有过物者必济，故受之以既济。”中孚卦为建立信仰，小过卦则将信仰付诸实践，所谓信受奉行。两卦相错，代表理想与现实差距甚大，蛋壳内外是截然不同的世界，适应相当困难。实践久了，渐渐参悟其中奥妙，懂得平衡行事的智慧，终能获致成功，利于渡过彼岸，就是既济卦。

䷽ **小过。亨，利贞。可小事，不可大事。飞鸟遗之音。不宜上，宜下。大吉。**

小过卦务实行事，有亨通之道，利于固守正确的大原则。小鸟练飞学习经验，适合小规模做，不宜骤然干大事。如果躐等躁进，翅膀没长硬就想高飞，将遭不测之祸。只宜低飞在下，谨小慎微以求安全，熬过这个阶段不犯大错，可获大吉。

《彖》曰：小过，小者过而亨也。过以利贞，与时行也。柔得中，是以小事吉也；刚失位而不中，是以不可大事也。有飞鸟之象焉，飞鸟遗之音，不宜上宜下，大吉，上逆而下顺也。

易例阳大阴小，小过四阴包夹二阳，阴盛阳衰，故称小过，顺势用柔低调行事，能获亨通。学习过程不免犯错，宜随时调整以合乎中道。二、五爻阴柔分居内外卦之中，故而“小事吉”；三、四爻阳刚不居中位，故“不可大事”。“有飞鸟之象焉”一句应为旁注窜入本文，为了解释小过卦形似飞鸟展翅。低飞而不高飞，因为高飞违逆自然法则，低飞才顺应自然。

《象》曰：山上有雷，小过。君子以行过乎恭，丧过乎哀，用过乎俭。

小过卦上艮山、下震雷，称“山上有雷”。君子效法内止外动的法则，行事特别谦恭，丧礼过乎悲痛，用度过于俭省。

• 2009年4月上旬，我问人民币十年后的国际地位，为大壮卦“初九”爻动，有恒卦之象，已于大壮卦单爻变占例中说明。再问二十年后呢，为不变的小过卦。“可小事，不可大事……不宜上，宜下”，小过卦为菜鸟练飞，前为中孚卦，已有一定的信用，后为既济卦，离成功还有一段须努力，完全取代美元仍需一段时日。

• 2011年元月上旬，小说家朱西宁已过世十多年，我问朱老师而今安否？为不变的小过卦。小过卦为兑宫游魂卦，丧过乎哀，俱往矣！

初六。飞鸟以凶。

《象》曰：飞鸟以凶，不可如何也。

“初六”为小鸟练飞之初，阴虚柔弱无力，当然不能振翅高飞，若自不量力，强行挺进，必然遭凶。“以凶”的“以”字，有因、用、及等意，以此用事，志大才疏，除了本身失败，还可能搞垮形势，把别人也拖着陪葬，谁也救不了！本爻变，为丰卦（䷶），尚大也，翅膀没长硬就想高飞冲天，结果可知。

• 2012年7月上旬，我读完解放军空军大校戴旭的《醒世危言》，文中大声疾呼中国须小心美国的战略包围，甚至二十年内必有大战云云。我占问其论据正确否？为小过卦“初六”爻动，有丰卦之象。“飞鸟以凶，不可如何也。”丰卦尚大，小鸟振翅欲飞，志望远大，然而各方的历练仍不足，其爱国热忱可嘉，其识见却未成熟。再验核中美二十年后会兵戎相见吗？为中孚卦（䷼）二、五爻动，有颐卦（䷼）之象。二、五相应，“鸣鹤在阴”，“有孚挛如”，不可能开战。2010年9月，我问过同样的问题，中美为不变的大有卦，已见前述。易理所断，前后一致，戴大校过虑了！

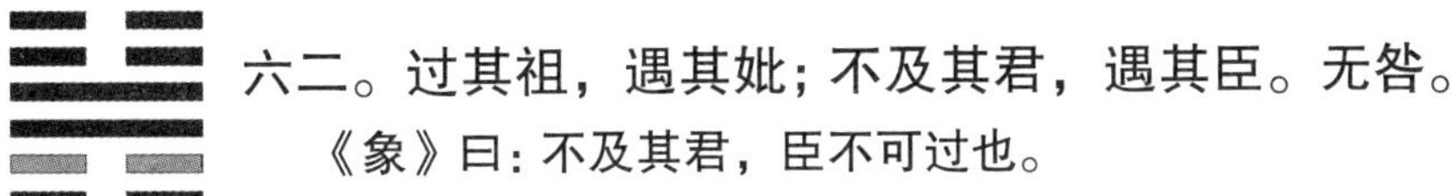

六二。过其祖，遇其妣；不及其君，遇其臣。无咎。

《象》曰：不及其君，臣不可过也。

“六二”中正，居下卦艮止之中，上承“九三”刚躁欲动，与君位“六五”应而不与，正是宜下不宜上的“柔而得中”之位，可小事而不可大事。爻辞所言隐晦，有“过”有“不及”有“遇”，主要在挑明“六二”于全局中的处境，以及应对的方式。“过”为过度寄望，“不及”是达不到，“遇”才是真正可能的遇合。“祖”为雄才大略开创基业的人物，“妣”则只能阴柔守成，君王担纲做主，臣僚只能奉命行事。“六二”中正，若遇“九五”阳刚之君，刚柔互济可成大事。小过卦中只有“六五”，二、五之间还隔着三、四强硬阻挡，“六二”帮“六五”干，不会有任何绩效。情势既然如此，无论“六五”怎么邀聘出山，“六二”只宜坚贞自守，方得无咎。“六二”爻动，恰值宜变成恒卦（䷟），雷风动荡下，“君子以立不易方”，在自己的专业岗位上努力就好。

台湾过去几十年就有不少商界及学界的精英为官，却一无所成，反而耽误了原先专业的精进与盛誉，李远哲、林信义等皆然。

我对此爻的感应甚强，自己多年的处事态度与此相近，绝不逢迎钻营，若有机遇，也是自然找上门来，且能视若平常，宠辱不惊。本爻爻辞中有“君”有“祖”，还真是天命夙定？真的就有异能人士断言，此爻中藏着我的生命密码，其然乎？岂其然乎？

祖、妣之分，一开创一守成，同祖、宗二字之分。华人泛称先人为列祖列宗，“祖”指男性先人，“宗”为女性先人，二者造字即由男根与女阴的生殖崇拜而来。祖、宗皆有“示”字偏旁，“示”为一三脚供桌，上面摆块肉以祭神，希望神灵开示并赐福。“祖”中之“且”，为阳根受激蓄势待发之象，“宗”中之“宀”为女阴，阴阳和合即为“宜”字，刚柔互济，生生不息。

祖宗之分，影响古代帝王的庙号议定，开国君主称“祖”，以下只能称“宗”。李世民了不起，称唐太宗，其父李渊才称唐高祖。赵匡胤称宋太祖，其弟赵光义为宋太宗。成吉思汗肇建世界大帝国，称元太祖，忽必烈灭宋建立元朝，称元世祖。朱元璋灭元，称明太祖，燕王朱棣夺权后迁都北京，称明成祖。努尔哈赤崛起辽东，称清太祖，皇太极称清太宗；顺治入关灭明，称清世祖，康熙千古一帝，又获尊称为清圣祖，再度破例。雍正称世宗、乾隆称高宗，再伟大英明，也不能不遵守祖制了！

《易经》经传中称“祖”言“宗”之处，亦含此义，须以分判。小过卦“九二”“过其祖，遇其宗（妣）”，同人卦“六二”“同人于宗，吝”，既济卦“九三”“高宗伐鬼方”，蛊卦“初六”“有子，祖（考）无咎”，豫卦《大象传》“殷荐之上帝，以配祖考”。

占例

•1997年11月初，我问朱熹易学的价值定位，为小过卦“六二”爻动，恰值宜变成恒卦。“过其祖，遇其妣；不及其君，遇其臣，无咎。”朱子于《易》非有创见，谨守不失而已！

九三。弗过防之，从或戕之，凶。

《象》曰：从或戕之，凶如何也？

“九三”过刚不中，居下卦艮山之顶，却难以止住刚躁欲动的习气，上与“上六”应与，受高飞诱惑而思追随，如此必凶，在外面怎么死的都不知道。“戕”字有特解，《左传·宣公十八年》称：“凡自虐其君曰弑，自外曰戕。”《说文》解为：“他国臣来弑君曰戕。”“九三”上乘“六二”，应严加防护其安全，勿犯过错使其遭受杀害。“九三”爻变，为豫卦（䷏），“利建侯行师”，时时刻刻保持战备，思患豫防。

占例

•1996年2月下旬，出版公司经不起老板回朝的财务负担，终于跳票，我虽已另有打算，仍觉痛惜。占问自己的最佳对策，为“遇小过之豫”，“弗过防之，从或戕之”，小心为“流弹”波及，自保为上。再问公司近期的生存前景，为大畜卦（䷙）初、二、五、上爻动，“上九”值宜变为泰卦（䷊），四爻齐变成蹇卦（䷦）。蹇卦外险内阻，行道多艰，大畜卦“不家食吉，利涉大川”，“上九”还有亨通之象，似乎命不该绝，

关键在有没外人愿意承接。我所求只在苟安，早已无意于此，确实公司又残喘了几年，才完全玩完。

• 2010 年 9 月中旬，我赴慕尼黑授《易》，参加她们一场降神式的金刚法会，我问真有神灵在场吗？为小过卦“九三”爻动，有豫卦之象。小过卦为兑宫游魂卦，豫卦《大象传》称：“作乐崇德，殷荐之上帝以配祖考。”当日法会上一直播放《金刚经》的梵唱，完全切合情境，“从或戕之”，是指来的多为客死异乡的孤魂野鬼吗？

同年 12 月上旬，台湾广告名人孙大伟中风过世，亲友为他办告别式，我几位学生去参加回来说怪怪的，我就问逝者满意否？为小过卦“九三”爻动，有豫卦之象。“弗过防之，从或戕之，凶。”一方面反映了孙的意外不幸，一方面应该也对悼祭法会不满意。小过卦为兑宫游魂卦，《大象传》称“丧过乎哀”，又是典型的告别式场景啊！

• 2010 年 8 月中旬，我积极重整学会人事，鉴于过去两年的风波争议，问往后如何涤除污习？为“小过之豫”。“弗过防之，从或戕之”，“凶如何也？”确实须防止刚躁浮动。再确认，为贲卦（䷕）初、三爻动，有剥卦（䷖）之象。“贲”为文饰，“剥”则“不利有攸往”，不务虚华，去伪存真。

九四。无咎。弗过遇之，往厉必戒。勿用，永贞。

《象》曰：弗过遇之，位不当也；往厉必戒，终不可长也。

“九四”阳居阴位，刚而能柔，虽在上卦震动之位，却深怀戒慎恐惧之心，不敢妄动。上承“六五”，免生功高震主之患。下应“初六”轻躁之民，亦事事求其无过，不敢图功。爻辞首言“无咎”，善补过也；继言“弗过遇之”，尽量不犯错，就有机会于未来成事。“九四”居位已高，宜下不宜上，若再往上发展必有危厉，切切不可，当效坤顺永贞之德，一切谦和低调行事，才可平安。“九四”爻变，为谦卦（䷎），亨通有终。

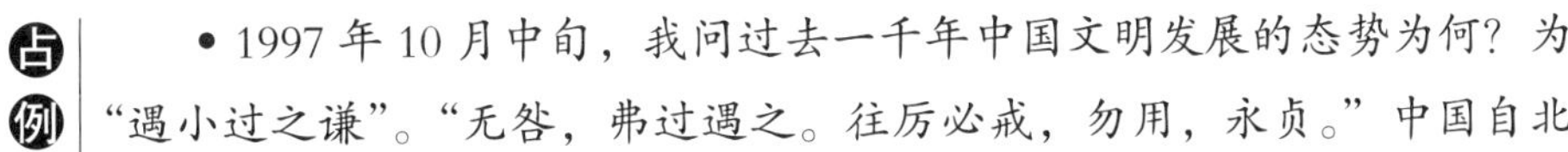

占例

• 1997 年 10 月中旬，我问过去一千年中国文明发展的态势为何？为“遇小过之谦”。“无咎，弗过遇之。往厉必戒，勿用，永贞。”中国自北宋以来，国势渐衰，清代中叶后更饱受西方列强侵凌，在救亡图存间力求自保。“可小事，不可大事……不宜上，宜下”，谨小慎微之至。

六五。密云不雨，自我西郊。公弋取彼在穴。

《象》曰：密云不雨，已上也。

“六五”居君位，阴虚乘于“九四”阳刚之上，有被逼宫之虞；下应“六二”贤才，颇思结纳以助己成事。“公”指“六五”，“弋”为箭后系绳以期能发能收、操控自如，“取彼”之“彼”即指“六二”，隐居在山林洞穴中逍遥自在，不肯用世。“六五”之君为了突破“密云不雨”的闷局，以公益或名利钓取“六二”出山相助。“六五”爻变，为咸卦（䷞），动之以情，希望“亨利贞，取女吉”。“六二”居下卦艮山之中，有“在穴”之象。

小畜卦卦辞称：“密云不雨，自我西郊。”由西部干燥地区往东边滨海区吹的风，水分不足，积云虽密，未必下雨，象征阴阳不合，积郁难消。小过卦“六五”承乘应与皆不佳，虽思突破，多半徒劳无功。小畜卦“九五”“有孚挛如”，“密云不雨”得以亨通；中孚卦“九五”“有孚挛如，无咎”。小过卦“六五”没这条件，居位过高，违反宜下不宜上之戒，毕竟难成。

• 1998年3月下旬，位台中的学生跳槽到某公司任职，自己难决行止，请我代占。为小过卦“六五”爻动，有咸卦之象。“密云不雨，自我西郊。公弋取彼在穴。”“六五”君位为挖角的老板，真情邀请他出山襄助，那就由他自决了！小过卦难成大事，只能当作过渡实习而已。后来他还是去了，磨几年后再换新职。

• 1999年3月中旬，学生林献仁在IBM负责“Y2K”问题的倡导，距千禧年的大限已近，他在台湾巡回各地，中小企业的回应并不积极，他问如何突破？为小过卦“六五”爻动，有咸卦之象。“密云不雨，自我西郊。公弋取彼在穴。”他们倡导未获热切响应，可能得从咸卦下手，看看怎么打动人心。

上六。弗遇过之，飞鸟离之，凶，是谓灾眚。

《象》曰：弗遇过之，已亢也。

“六五”已经居上过高，愿望难酬；“上六”高飞天外，更高亢过甚，绝无成功机会，故称“弗遇过之”。“飞鸟离之”，小鸟不自量力，想脱离大形势天罗地网般的控制，振翅高飞，终究失速下坠而亡。这既是天灾，实亦人祸，不能怨尤。本爻变，为旅卦（䷷），失时、失势、失位，失败乃属必然。以空难况之，小过卦“初六”才离地起飞即出事，“上六”飞至高空爆炸解体，皆为大凶。

• 2010 年 3 月下旬，我问十年后英镑的国际地位，为小过卦“上六”爻动，有旅卦之象。“弗遇过之，飞鸟离之，凶，是谓灾眚”，“已亢也”。旅卦失时、失势、失位，小过卦宜下不宜上，“遇小过之旅”，英镑的前景黯淡可知。金融风暴后，英镑币值已一落千丈，往后可能更差。小过卦之前为中孚卦，支撑货币价值的是信用，英国经济不振，债务沉重，英镑要好也难。

• 1993 年元月底，出版公司老板之弟在外创业，也办刊物搞出版，他们兄弟俩几年前闹翻分家，有一段爱恨情仇。我问其发展前景，为小过卦“上六”爻动，有旅卦之象。“弗遇过之，飞鸟离之，凶，是谓灾眚”，“已亢也”。这位老弟曾任公司副总，我还跟他同赴欧洲参加国际书展，而今却是明显过气失时，不可能有突破性的发展，其后果然如此。

• 1999 年元月中，一位媒体界有名的美女记者与我晤谈，她离婚数年，当时又有一位小男友追求，但自己并不认真投入云云。我问二人的感情发展会论及婚嫁吗？为小过卦“上六”爻动，有旅卦之象。“弗遇过之，飞鸟离之，凶，是谓灾眚”，“已亢也”。绝非好姻缘，其后果验。人生的婚姻和事业都有机缘，一切强求不得。

小过卦多爻变占例之探讨

以上为小过卦卦、彖、象与六爻之理论及单爻变占例之说明，往下继续探讨多爻变之情形。

二爻变占例

占事遇卦中任意二爻动，若其中一爻值宜变，为主变量，以该爻辞为主；若皆不值宜变，以本卦卦辞卦象为主，亦可参考二爻齐变所成之卦的卦象卦辞以断。

• 1993 年 10 月中旬，我经营出版公司有成，中兴在望，而股争阴影仍在，各方势力牵扯下，局势错综复杂。我问最高指导战略，为小过卦三、四爻动，有坤卦（☷）之象。“可小事，不可大事”，“弗过防之”，“弗过遇之”，三凶四惧，就是承上启下的夹层位置，除了顺势用柔之外，实乏善策。

• 2002 年元月中旬，老友龚鹏程教授来电，其父从江西返台不慎跌伤脊椎，赴荣总开刀治疗，吉凶如何？为姤卦“九二”爻动，有遁卦之象。“包有鱼，无咎，不利宾。”龚父去内地为宾，错过紧急救治的第一时间，令人担心，遁象又不甚妙。老先生当时时已 84 岁，问术后体气如何？为“遇小过之坤”。“弗过防之”，“弗过遇之”，三凶四惧坎陷其中。小过卦为兑宫游魂卦，节气属阴历正月，变坤有归阴入土的可能。结果真的不幸往生。

• 2010 年 10 月下旬，我问佛教四圣谛缔中的“集”为何意？为“遇小过之坤”。三凶四惧居人位，坎陷其中，正似人生多艰、诸苦汇集之象。

• 1992 年 7 月下旬，有消息称出版公司的大股东惹上长荣海运的张荣发，搞得有些灰头土脸。我问实况如何？为小过卦初、三爻动，“九三”值宜变为豫卦，齐变有震卦（☳）之象。“初六”“飞鸟以凶，不可如何”；“九三”“从或戕之，凶如何也”，确实受伤惨重。

1993 年 7 月中旬，我问公司国际化的远景，为“遇小过之震”；问往内地发展的前景为不变的剥卦，已见前述。“飞鸟以凶”，“从或戕之，凶”，全无远景可言。当时纳闷不服气，其实都切中要害，不能安内，焉能攘外？

1994 年 10 月初，老板已“回朝掌政”，业绩士气都直直落，我问第四季的绩效，为“遇小过之震”。“飞鸟以凶”，“从或戕之，凶”，一塌糊涂，难以救药。

• 2012 年元月上旬，我在高雄上课，有位学生为敏感体质，他说我

二爻变占例

每次在台上讲经时，都有一到两位穿唐装的人随侍，没事儿也在练拳云云。我占确实否？为小过卦二、三爻动，有解卦（䷧）之象。小过卦为兑宫游魂卦，解卦为消灾解厄，还真有护法金刚暗中随扈？“六二”爻辞中有君有祖，灵通人士说为我本命，上承“九三”，“弗过防之，从或戕之”，正是随侍在侧以防意外之象。其然乎？岂其然乎？

4月下旬我又到高雄上课，当天讲述小过卦，跟学生们道出此事，顺便占问当日随扈仍在否？为需卦（䷄）二、五爻动，齐变有明夷卦（䷣）之象。需卦为坤宫游魂卦，二、五相应，讲经就提供服务；明夷卦为坎宫游魂卦，暗不可见。“遇需之明夷”，护法金刚在焉。

三爻变占例

占事遇卦中任意三爻动，以本卦为贞，三爻齐变所成之卦为悔，称贞悔相争，合参两卦卦辞卦象以断。若三爻中一爻值宜变，加重考虑其爻辞。

• 1994年5月初，我在出版公司管事的最后半月，财务经理为老板的亲侄儿，同时负责推动公司出版品销往东南亚，略有斩获，我问后续应如何？为小过卦上三爻全动，贞悔相争成渐卦（䷴）。“九四”“弗过遇之，往厉必戒”；“六五”“密云不雨，自我西郊”；“上六”“弗遇过之，飞鸟离之，凶”。小过卦宜下不宜上，上卦全动，无能为矣！老板回朝，经营从此不可能再正常，一切壮图成空。

• 2008年8月中，学生徐崇智心疾过世两周年，我问其“境遇”，为“遇小过之渐”。小过卦不宜上，上卦动辄得咎，又为兑宫游魂卦，渐卦则为艮宫归魂卦，显然魂魄不安。

• 2012年4月中，台湾“壹传媒”发生财务危机，电视台快速烧钱脱垮了集团的支撑力，我问负责人黎智英的事业前景，为归妹卦（䷵）二、上爻动，齐变有噬嗑卦（䷔）之象。归妹卦“征凶，无攸利”，“九二”“眇能视”、“上六”承虚筐一场空，噬嗑卦竞争惨烈，生存压力极大。再问旗下《苹果日报》的经营前景，为小过卦二、三、四爻动，贞悔相争成师卦（䷆）。小过卦不可大事，不宜上，宜下，师卦则劳师动众而无功，也不大妙。当时他有找台湾财团承接，富邦亦在其中，我问富邦买下合宜否？为随卦（䷐）初、二、四、五爻动，四爻齐变成师卦（䷆）。随卦为震宫归魂卦，师卦为坎宫归魂卦，整体呈现不祥。壹传媒

集团争议极大，不买为宜。

好玩的是《焦氏易林》“遇归妹之噬嗑”断词曰：“宜于归田。”“遇小过之师”断词曰：“禄命讫已。”“遇随之师”断词曰：“枉费钱财。”对照以上占断，回答更为简洁明快。

• 2012 年 3 月 20 日，为毓老师仙逝一周年，我思之凄痛，问此生继志述事能至何境？为革卦（䷰）初、三、五爻动，“九五”值宜变为丰卦，贞悔相争成豫卦（䷏）。“革之时大矣哉！”“豫之时义大矣哉！”创新奋斗有望。革卦“初九”“不可以有为”，“九三”“革言三就，有孚”，“九五”“大人虎变，其文炳也”，明示积学行事的奋斗历程。

五天后，奉元学会举办老师的周年纪念会，许仁图、张辉诚二位上台报告撰写老师传记事宜，理事长徐泓师兄也报告了会务发展等。会毕后，我问整体成效如何？为小过卦三、四、五爻动，贞悔相争成比卦（䷇）。小过卦为兑宫游魂卦，《大象传》称“丧过乎哀”；比卦为坤宫归魂卦，老师英灵与大家长相左右。小过卦“可小事，不可大事……不宜上，宜下”，由二至四爻，暂时还很难有大突破。

占事遇卦中任意四爻动，以四爻齐变所成之卦的卦辞卦象为主，若其中一爻值宜变，稍加重考虑其爻辞以断。

• 1993 年 9 月上旬，我在出版公司经营地得心应手，老板在外却负面的信息不断，我问他年底前的真实处境如何？为小过卦初、二、四、五爻动，“初六”值宜变为丰卦，四爻齐变成需卦（䷄）。“初六”“飞鸟以凶”，“六五”居君位，密云不雨徒劳无功，需卦为健行遇险，“小过之需”，确实不佳。

63. 水火既济（䷾）

既济卦为《易经》第六十三卦，前为小过卦，后接最后一卦未济卦。《序卦传》称：“有过物者必济，故受之以既济；物不可穷也，故受之以未济终焉。”“小过”为小鸟练飞，不断在尝试错误中成长，人生学习任事，实务经验够了终获成功。万事万物的变化永无穷尽，故而“既济”之后，又复转为“未济”。《易》卦终于未济卦，为高超睿智的洞识，若终于既济卦，便成有限量，生生之机遂绝。《易》不可穷，物不可穷，后生可畏，焉知来者之不如今？易理为一开放而非封闭的系统，永远对未来充满创造不息的盼望。

《杂卦传》称：“既济，定也……未济，男之穷也。”既济卦渡河成功，稳定而有秩序；未济卦又生变故，阳刚创进的力量穷于应付。既济、未济二卦相错综，在卦序中本应紧密相邻，因属于《杂卦》排序的最后八卦，自“大过，颠也”之后，错综相依的关系都打断，高度动荡起伏。未济卦之前为“归妹，女之终也”，与“未济，男之穷也”对照，究为何意？朱子曾以“三阳失位”释之，难惬人意，未济卦三阴不也失位吗？“穷”是困穷失意呢？还是穷极至最高境界？随卦“上六”“王用亨于西山”，《小象传》称赞“上穷也”，“男之穷”是好还是不好？

无论如何，归妹“女之终”与少女嫁人有关，未济“男之穷”让男性有焦虑和挫折感：是不是能力不足，搞不定呢？因此，十多年前从我习《易》的学生惯以卦名为别号自称，如徐谦、徐遁、丘颐、赵渐等，就没女生叫“归妹”的，男生更不愿叫“未济”啊！

既济、未济二卦为全《易》中卦际关系最紧密者，相错相综且相交，上下卦易位，既济变未济，未济成既济。随、蛊二卦相错综，渐、归妹二卦相错综；泰、否二卦相错综且相交，与既济、未济二卦同。但以卦中卦看，泰卦中无否卦，否卦中无泰卦；而既济卦中有未济卦，未济卦中有既济卦。人生的成功与失败，错综交互，还真是不好定论，常言“失败乃成功之母”，成功又何尝不是失败的根由？

以修行的究竟论，既济是已经渡过彼岸，未济则否。然而真有此岸彼岸的分别吗？大彻大悟后，转烦恼成菩提，此岸就是彼岸，堪忍娑婆世就是清静极乐世，既济就是未济，未济也就是既济啊！

既济卦的卦中卦，结构比刚刚简述的还要复杂，意蕴也更深远。既济卦二至五爻互成未济卦（䷿），初至四、三至上则互成既济卦，初至五互成离卦（䷝），二至上互成坎卦（䷜）。水火既济是由坎、离构成，而既济卦中就内含由离至坎的过程。卦序由结构最单纯的乾、坤，发展到既济、未济，由简而繁，复杂到无以复加。天道人事之运化，确实如此。

既济。亨小，利贞，初吉，终乱。

既济卦卦辞八字，颇有些宿命论的意味。成功会带来亨通，但规模有限，故称“亨小”，而且必须固守住，才能产生利益，故称“利贞”。如若不然，起初的吉会转为最后的乱，安定不了多久，又会滋生事端，变成失序的未济卦。

《彖》曰：既济亨，小者亨也；利贞，刚柔正而位当也。初吉，柔得中也；终止则乱，其道穷也。

《彖传》从卦爻结构立论，解释卦辞稍有不同。既济卦之所以亨通，是因为“小者亨也”。《易》例阳大阴小，人生成功并非硬干，而是懂得顺势用柔。既济卦六爻皆正，阳居阳位，阴居阴位，充满了秩序感，量才适性，各安其位，故能成功。“初吉”，因为“六二”柔居下卦离明之中，以智慧渡险难；“终止则乱”，反应在“上六”坎险之极，下转未济卦，时运穷矣！

卦辞称“终乱”，《彖传》言“终止则乱”，多一“止”字，便有计较。原来既济卦会乱，因为自满不再精进，正所谓“逆水行舟，不进则退”，自我设限而被时潮淘汰。

《象》曰：水在火上，既济。君子以思患而豫防之。

既济卦上卦坎水、下卦离火，为“水在火上”的烧水之象。照讲在上之水可能淹熄在下之火，何以卦称“既济”？因为中间有容器底隔开，火力透过底板反而将水烧开，相反相成矣！这个隔板的功能，就是“思患而豫防之”，保持距离，以策安全。刘邦坎险闯荡，枭雄猜忌，张良赞襄有智，功成身退而获善终，即为此义。既济卦之后为未济卦的患难，不豫防不行。

• 1991 年 12 月上旬，我在出版公司股争下代理总经理职务，针对身边一些重要人事有占。当时问与一位管销部门的副总宜如何互动？为不变的既济卦。“亨小，利贞；初吉，终乱。”我们确实合作了两年多，老板回朝后他见风转舵，彼此不再联系，又十年后，他罹癌症去世。

•2012 年 6 月中，我受邀赴美国三大城市的台湾书院演讲，主题为：“行地无疆——由《易经》看二十一世纪中华文化的传播”。行程依序是纽约、休斯敦、洛杉矶，由美东巡回至美西。由于我之前尚未到过纽约，就与妻结伴，提前六日去纽约观光，徜徉于绿树蔽天的中央公园时，占算三城演讲的成效如何？为不变的既济卦。“既济，定也”，成功搞定没问题，确实如是。

• 2010 年 6 月下旬，我的儿子将升高三，决定读商，我问合适否？为不变的既济卦。“既济，定也”，就是这个志愿了！若读大众传播或其他领域，则为讼卦（䷅）二、四、上爻动，贞悔相争成比卦（䷇）。“九二”、“九四”皆“弗克讼”，“上九”得而复失，竞争失利，显然不好。

初九。曳其轮，濡其尾，无咎。

《象》曰：曳其轮，义无咎也。

“初九”当既济之初，为基层之位，实无能为。陆地行车受阻滞，小狐狸涉水沾湿尾巴，皆得知难而退，方获无咎。本爻变，为蹇卦（䷦），外险内阻，寸步难行。未济卦卦辞称“小狐汔济”，既济卦虽未称，两卦错综一体，推理可知。中孚卦“豚鱼吉，利涉大川”，泽及水陆众生。既济卦“初九”“曳轮、濡尾”，水路陆路皆未通达。

我一位女学生说，她有次占问年度运势，得出此爻动，结果真的就伤到脚踝，不良于行，应验了爻变为蹇卦之象。

• 1993 年 2 月中旬，我在出版公司负责经营，各项业务蒸蒸日上，就过去遗留的财务问题牵绊发展，当时心中发傻，问年内运用自己良好的信誉以谋解决如何？为既济卦“初九”爻动，有蹇卦之象。“曳其轮，濡其尾，无咎。”完全实力不足，太嫩太傻，绝无可能。

当年 12 月初，营运更见兴旺，老板召开董事会，作出一些母公司与赔钱的子公司间妥协的议案，会后我问：这种苟安局面能维持下去吗？为既济卦“初九”爻动，有蹇卦之象。“曳其轮，濡其尾，无咎。”显然难以持久，泥菩萨过江，自身难保，遑论救人？

• 2006 年 3 月上旬，我在工商建研会的李姓学生问官司吉凶，其夫在青岛做生意多年，遭内地伙伴提告侵权，问题严重。得出既济卦“初九”爻动，有蹇卦之象。“曳轮、濡尾”，外险内阻不得行，后果败诉，赔掉三分之一资产。

• 2010 年 2 月下旬，我参加兵法学会的理事会餐叙，会长傅慰孤筹议成立基金会，以及设立书院等。我直觉不看好，占测亦得出既济卦“初九”爻动，有蹇卦之象。实力不足，时机也不对，果然一无所成。

• 2011 年 2 月上旬，我问以手机电占是否还有改善空间？为既济卦“初九”爻动，有蹇卦之象，并不容易。再问以后重大问题改用传统手占是否较稳妥？为升卦（䷭）初、三爻动，有临卦（䷒）之象。“初六”“允升，大吉”，临卦为有效管理，确实比较妥当。

六二。妇丧其茀，勿逐，七日得。

《象》曰：七日得，以中道也。

“六二”中正，上与“九五”之君应与，以智济险，应可成就，但时机未成熟前，不宜妄动逐利，《象传》所谓柔中初吉，即指此爻而言。爻变为需卦（䷄），须耐心等待必要条件满足后再行动，才能利涉大川。“茀”为首饰，女性爱美是天性，出门未戴首饰，不能炫美，出去做啥？“勿逐，七日得”，暂时不要与人竞逐，等找回丢失的首饰穿戴好，一切周备后再出门。“七日得”即剥极而复、七日来复，失而复得，震卦“六二”、睽卦“初九”都有类似的告诫与提醒。

• 2002年年初我作一年之计，问美国全年的经济情势，为既济卦“六二”爻动，有需卦之象。“妇丧其茀，勿逐，七日得。”此为何意？“茀”为妇女爱穿戴的首饰，在此应指奢侈品的消费需求，美国经济少了这块，一时很难振兴，七日来复还得等段时间。2003年美国出兵伊拉克，消耗大量战费，更进一步拖延了经济的复苏。既济卦“九三”即出师征伐之象，前后二年的美国经济情势，完全按照《易经》的爻序在走。

• 2012年4月下旬，我问许慎《说文解字》的成就，为既济卦“六二”爻动，有需卦之象。“妇丧其茀”，似乎少了些必要的参考因素，未能完善。殷墟甲骨文出土甚晚，许慎不及见，东汉时去古已远，离仓颉造字相距两千七百多年，能有这样成绩算很难得了！

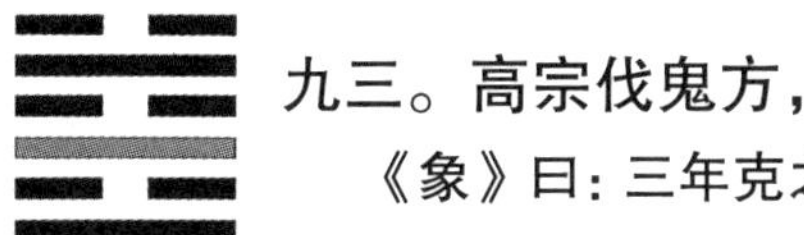

九三。高宗伐鬼方，三年克之，小人勿用。

《象》曰：三年克之，惫也。

“九三”过刚不中，处下卦离火之极，前临坎险，终于憋不住出手攻击。“高宗”指殷高宗武丁，“鬼方”为殷商时盘踞在陕西北部的游牧民族，高宗为弭平边患，曾大肆讨伐鬼方，多年苦战获胜，却也耗损国力，种下后来衰颓之机。战胜之后，需酬赏战功，或给钱或给地位，又剥一层皮，这时需注意勿用才德不称者担任要职，会打仗的未必能治国，师卦“上六”已深释其理。本爻变，为屯卦（䷂），资源匮乏，动乎险中，得审慎行事。

武丁有妻名妇好，多次为他领兵出征，为中国古代著名的女将军，先武丁而死，在安阳殷墟博物馆有她的墓穴遗址。既济卦“六二”上承“九三”、又与“九五”之君应与，似有妇好之象。

“高宗伐鬼方”充满了象征的意涵，高高在上的帝王自以为是，举兵讨伐魔鬼般罪恶落后的敌方，劳民伤财，苦战获胜，赢得战争，却无法赢得和平，冤冤相报，没个了局。古今中外、历朝历代都有“高宗”，汉武帝北伐匈奴，搞得民穷财尽，国力大衰，边患也未真正弭平。清高宗乾隆的十全武功，使其后国势下降，再遇西方列强侵凌，终至一蹶不振。美国小布什总统穷兵黩武，侵伐阿富汗、伊拉克，耗损无数战费，债务如山，世界和平仍遥遥无期。积怨对立的霸道方式，永远不能真正解决问题。

• 1990 年 11 月中旬，我在出版公司多负责一份健康刊物的筹办，找了一位女博士来任总编辑，部署数月无甚成效，搞得有些进退两难。问如何下手整治？为既济卦“九三”爻动，有屯卦之象。“三年克之，惫也”，真的是疲惫不堪。屯卦为无中生有的创建，万事起头难哪！

1992 年 8 月中旬，老板前些年跑内地签下的一些版权合作案，迟滞难销，耗费成本过重，我们相当伤脑筋，问如何处置为宜？得出“遇既济之屯”。“三年克之，惫也”，陷入苦战，皆由于主事者的好大喜功所致。

1993 年元月上旬，我作出版公司的一年之计，问当年产品开发的策略怎么订？又是“遇既济之屯”。“三年克之，惫也”，看来不能轻启战端，过度开发会很难收拾。

当年 11 月下旬，业绩扶摇直上，由老板那边来的财务干扰却让人烦心，我问如何应对？为“遇既济之屯”。“三年克之，惫也”，多年来我们真是疲于奔命，势位所限，实在也无善策。

• 2005 年 8 月底，我在稍前参加青岛举办的国际易学与儒学会议中，结识了上海古籍出版社的编审，探询在台出版多年的《易经与现代生活》出简体字版的可能，占得遇“既济之屯”。“高宗伐鬼方，三年克之，小人勿用。”该案后来一波三折，先换到由学林出版社，又转介至上海三联，延误甚久。2008 年 5 月中旬，我在苏州参加完兵法会议后，专赴上海与之谈判。会晤前再占问吉凶吉凶，又为“既济之屯”。真的是疲惫不堪，最后书虽然出来，整个历程极不顺利。

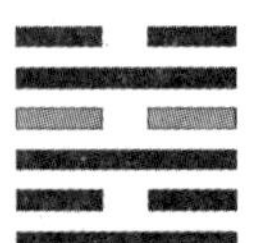

六四。繻有衣袽，终日戒。

《象》曰：终日戒，有所疑也。

“六四”为执政高层，在“九三”多年苦战之后，国库空虚，得厉行俭省。

“繻”为锦绣华服，“袽”为破旧罩袍，官员为示节俭，在华服上再加一件布袍，表里言行不一，又怕被人揭穿发现，整天戒惧小心，惶惶不可终日。本爻变，为革卦（䷰），周遭形势已有重大变迁，人得跟着应变。清乾隆之后，国势日衰，道光时发生鸦片战争，他深以为耻，誓言必复国仇。未达心愿前，皇陵素色不上漆，皇袍也朴素不换新。主子如此，满朝高官也得做样子，竞相朴素，成了丐帮内阁，既非诚心，无补实际。既济卦从“六四”起，离开下卦的光明，进入上卦的坎险，形势明显由盛转衰，越来越不好应付。

九五。东邻杀牛，不如西邻之禴祭，实受其福。

《象》曰：东邻杀牛，不如西邻之时也；实受其福，吉大来也。

“九五”中正居既济君位，下乘“六四”，又和“六二”应与，格局本该不错。大形势下离明入险，深陷坎险之中，资源不足，只能尽量俭省。小过卦可小事不可大事，既济卦则成大事，国之大事在祀与戎，“九三”兴戎花了大钱，“九五”领政遂捉襟见肘。政权的延续，以祭祀宗庙的香火不断可知，震卦已明其义。既济卦“九五”主持祭祀，没钱挥霍杀牛用大牲，只宜供品微薄，略表心意，该省则省，祖宗神明不会怪罪，仍将护佑赐福，而受大吉。“东邻”、“西邻”为比喻，也可能暗指西周取代东方的殷商而兴起，克勤克俭的小邦，比奢侈浮华的大国懂得时宜与实惠。现代企业遭遇不景气，亦应有此认识，赚钱不易时，没有比省钱更重要的了！本爻动，恰值宜变成明夷卦（䷣），韬光养晦，利艰贞。

• 1993 年 9 月初，我四处觅新居准备乔迁，看上一处堤防边的工地，建案称“揽翠大厦”，问合宜否？为既济卦“九五”爻变，成明夷卦。“东邻杀牛，不如西邻之禴祭，实受其福。”该案价格偏高，对我相当吃力，还是别自找苦吃，打肿脸充胖子。过几天再问，为不变的小过卦，可小事不可大事，《大象传》又称“用过乎俭”，遂作罢。当时还占又过得“遇困之渐”，已见于困卦四爻变占例。

当年 11 月底，出版公司开董事会，我问对策与吉凶，为既济卦“九五”爻变成明夷卦。“九五”是老板，为一切问题及痛苦的根源，我

只能低调以对，并坚持不乱花钱而已。

• 2011 年 11 月中旬，我过 59 岁生日，问过去近一甲子的岁月成就了什么？为“既济之明夷”。似乎在易学的领域里功成名就，历程辛苦备尝，且资源仍然有限。再问未来的人生又会是怎样的光景？为屯卦（䷂）二、四、五爻动，“六二”值宜变为节卦（䷻），贞悔相争成归妹卦（䷵）。屯卦为草莽开创，二、五相应与，四承五，格局呼应甚佳；归妹卦天地大义人终始，”君子以永终知敝”。

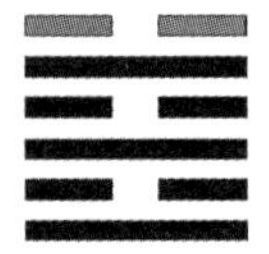

上六。濡其首，厉。

《象》曰：濡其首厉，何可久也？

“上六”为既济之终，下转未济卦，居上卦坎险之极，乘于君位“九五”之上，关系恶劣，终遭灭顶之凶，还能撑多久？本爻动，为家人卦（䷤），事业失败，回家吃老米饭吧！

• 1996 年元月中旬，我跟家人在屏东小恳丁乐园度假，台北传来出版公司剧烈股争的信息。我问自己还能如何？为既济卦“上六”爻动，有家人卦之象。“濡其首厉，何可久也？”已非其时，不居其位，归与归与，再难有所作为。

既济卦多爻变占例之探讨

以上为既济卦卦、彖、象、六爻之理论及单爻变占例之阐明，往下探讨更复杂的多爻变的情境。

占事遇卦中任意二爻动，若其中一爻值宜变，以该爻辞为主；若皆不值宜变，以本卦卦辞卦象为主，亦可参考二爻齐变所成之卦的卦辞卦象。

• 1995 年年初我做一年之计，问与李登辉的互动机缘，为既济卦二、五爻动，有泰卦（䷊）之象。二、五相应与，“既济之泰”，互动往来顺畅。

当年持续上课，也算颇难得的一段机缘。

• 2009 年 8 月初，我想为子女购屋以为安身立命之基，占得既济卦三、上爻动，“九三”值宜变为屯卦，齐变为益卦（䷩）。三、上相应，“九三”种因，“上六”成果，三年苦战的疲惫，还可能濡首灭顶，“何可长也”？负荷太重，不予考虑。

若协助姐弟置产呢？先得乾卦（䷀）除“九五”外全动，“九三”值宜变为履卦（䷉），五爻齐变成比卦（䷇）；再得巽卦（䷸）四阳爻齐动成坤卦（䷁），“九三”值宜变为涣卦（䷺）。终日乾乾，太辛苦了，“遇乾之比”，除了自强外仍得寻求外助。“频巽吝，志穷也”，就怕“丧其资斧，贞凶”。总之都嫌过力，只好暂时搁置。

• 2010 年 7 月中旬，我问饱受债务冲击的欧元区十年后的国势，为既济卦初、五爻动，齐变有谦卦（䷎）之象。“初九”“曳轮、濡尾”，基层经济停滞疲弱；“九五”为各国元首，无力挥霍，必须樽节施政。

• 1994 年 7 月上旬，我在出版公司“政变”后两月后，风闻公司内地登记的品牌商标遭攻击侵权，问处理吉凶？为“既济之谦”。“初九”“曳轮、濡尾”，行动艰难；“九五”正居品牌之位，外强中干，不低调也不行。

• 1989 年 8 月上旬，我所在的出版公司财务已经开始恶化，状况不断，老板把曾经闹翻拆伙的弟弟找回来帮忙，企图振衰起敝。我问他们复合的前景，为既济卦三、五爻动，齐变有复卦（䷗）之象。三与五同功而异位，苦战三年，疲惫不堪，“小人勿用”指何而言？君位“九五”耗损过巨，又不肯樽节开销，只怕配合起来劳而无功。果然没凑合几个月，兄弟再度分手。

• 2009 年 5 月初，我问未来三年内地股市的发展，为“既济之复”。“九三”苦战三年，疲惫不堪；“九五”资源耗损，难以大作为，其后果然如是。

• 2011 年 8 月 8 日为台湾的父亲节，我在北京首届精英班授《易》第三阶段毕，旅馆楼下早餐时，关心儿子大学联考发榜，问其如愿上政大会计系否？为既济之复。“既济，定也”，“三年克之”，苦战成功，虽然耗损不少时间精力，应能考上。再确认，为坎卦“九五”爻动，有师卦之象。“习坎，有孚，维心亨”，“刚中行险，不失其信”，没问题。几分钟后，家里来

电报喜，松了一口气。

• 2011 年 4 月底，我在高雄授《易》，与商界老学生餐叙，他的项目管理学会办培训很红火，也很辛苦。我问未来十年台湾产业的培训市场，为“既济之复”。“九三”“三年克之”，“九五”“西邻禴祭，实受其福”，可以做，肯定很辛苦，还花不起大钱。再问他未来三年的运势，则为困卦（䷮）初、二、四、上爻动，四爻齐变成益卦（䷩）。“遇困之益”，拼命开发新路以脱困，迁善改过而获益，太切合其处境。

• 1999 年 8 月下旬，高雄这位学生有一房地产新案在推，为无妄卦（䷘）初、三、上爻动，贞悔相争成咸卦（䷞）。无妄卦机会不大，“初九”启动，“六三”无妄之灾，“上九”穷途无攸利。我代他筹谋，未来的路子要怎么走才好？为既济卦初、三爻动，齐变有比卦（䷇）之象。“初九”“曳轮、濡尾”，行动艰难；“九三”“三年克之”，疲于奔命。“既济之比”，还得广结善缘，借外力协助才能稳定局面。十多年来，这个基本态势没变。

• 2010 年 3 月下旬，我问英镑十年后的国际地位，为“小过之旅”，已见前述；接着又问二十年后呢？为“既济之比”。“初九”“曳轮、濡尾”，艰困难行；“九三”苦战多年，疲惫不堪，还得靠国际外援来支撑。小过卦之后为既济卦，英镑由十年至二十年，依自然卦序发展。

• 2007 年 3 月中，在元京证券授《易》的学生刘庆平副总决定离职，率团队赴北京中信证券发展，我问他此去三年内的吉凶，为“既济之比”。“初九”“曳轮、濡尾”，难以行进；“九三”苦战经年，疲惫不堪，还有“小人勿用”的警讯。数年来的发展，确如卦象所示。

• 1993 年 5 月中旬，我的第一套易书完稿，准备安排出版。一是就由任职的出版公司印行，为“既济之比”；一是以其他途径出书，为噬嗑卦（䷔）初、五、上爻动，“六五”值宜变为无妄卦，贞悔相争成随卦（䷐）。“三年克之，小人勿用”，借由公司现成的产销通路，以打开局面，反正著作权仍归我有。噬嗑卦为丛林法则的激烈竞争，“噬干肉，得黄金”不易，暂时还是与公司合作为宜。一年后公司领导权生变，风险增加，某位副总编劝我加印五千册，以为未来抵债之用，确实料中事机，减少了我许多损失。

• 2011 年 3 月上旬，我问毓老师想在内地北方筹办奉元书院的心愿，是否因年寿过高、体气衰微而已太迟？为“既济之比”。“初九”艰困难

行，“九三”苦战经年，“小人勿用”，比卦涉及外部助力，又为坤宫归魂之卦，情势大大不妙。半月后老师过世，担心成为事实。

• 2011 年 6 月下旬，我的学生石粤军创业搞行动载具上电子书 App 的生意，与高雄耕心园合作建立我的“解经书房”电子文件，我问推广效益如何？为既济卦二、三爻动，“九三”值宜变为屯卦，齐变为节卦（䷻）。“六二”“妇丧其茀，勿逐，七日得”；“九三”“三年克之，惫也”。看来都得很长一段时间，才能产生效益，确实如此。

• 2011 年 9 月初，我二度赴慕尼黑授《易》，前后共十天分三阶段，旧地重游，我问此次教学的绩效预期，为“既济之节”。“妇丧其茀，三年克之”，疲惫不堪，何以如此？再问应如何调整？为不变的临卦。“教思无穷，容保民无疆”，仍尽心力教学，勇于开放面对。事后发展确有意外，但与我认真教学无关。

• 1997 年 10 月中旬，我问究竟什么力量在运作易占？为“既济之节”。节卦《大象传》称：“君子以制数度，议德行。”易占由数生象，象示其理，但占者的德性修为很重要，“有是德方应是占”，所谓“《易》为君子谋”，并非虚言。接着再问易占的最大限制，为不变的讼卦；可测的最高境界，为“遇同人之坤”。讼卦上刚下险，心怀险诈与人相争，易占不为小人谋，所谓“惟易不可以占险”是也。同人卦通天下之志，“利涉大川，利君子贞”；坤卦顺势用柔，厚德载物。“同人之坤”，正是《系辞上传》第十一章所称：“圣人以通下之志，以定天下之业，以断天下之疑。是故蓍之德圆而神，卦之德方以智。”易占的最高境界在此。

• 2010 年 8 月下旬，我们学会面临改组，内定的理事长邓美玲留下的执行长空缺，她想提升副执行长接任。我直觉还不合适，问得既济卦初、二爻动，有井卦（䷯）之象。“初九”“曳其轮，濡其尾，无咎”，“六二”“勿逐”，显然时机未至，还需多加历练。我既重任理事，理事长兼执行即可，暂不补实。

• 2009 年 9 月 28 日孔子诞辰后，我问三教同源的说法，为“遇乾之渐”，已见乾卦三爻变占例；又问三教合一的理念，为既济卦五、上爻动，齐变有贲卦（䷕）之象。“九五”铺张过甚，不如俭约务实，以免“上六”“濡首之厉”；贲卦人文化成，不宜虚饰浮夸。三教各有其理其位，存异求同即是，不必奢言合一。

占事遇卦中任意三爻动，以本卦为贞，三爻齐变所成之卦为悔，称贞悔相争，合参二卦卦辞卦象以断。若三爻中一爻值宜变，加重考虑其爻辞。

• 2011年元月中旬，我准备出《四书的第一堂课》繁体字版，问交给时报出版公司合宜否？为既济卦初、三、五爻动，贞悔相争成坤卦（䷁）。“既济，定也”，初爻难行、三爻苦战、五爻成功。圆神出版公司为不变的小过卦，在既济卦之前，有大坎之象，可小事不可大事。后来两边都有响应，圆神无意出版，时报争取出，但改编删定的幅度不小，我配合审阅，辛苦备尝。

• 2011年6月下旬，我问预定9月上旬赴德授《易》顺遂否？为“既济之坤”。“既济，定也”，利涉大川，初难行、三苦战、五成功但不实惠。教学效果呢？为咸卦（䷞）三、四、五爻动，“九四”值宜变为蹇卦，贞悔相争成坤卦（䷁）。“咸”为感应相与，“坤”则“含弘光大，品物咸亨”，效果卓著。后来，两占都完全灵验。

• 2010年12月中，我问某位学生的心品如何？为既济卦初、三、上爻动，贞悔相争成观卦（䷓）。初爻难行、三爻苦战、上爻濡首；观卦“盥而不荐，有孚颙若”。“遇既济之观”，认真修行，并不平顺。

• 1992年5月下旬，我们出版公司报名参加北京书展，由于台北事情太多，我想自己不去如何？为既济卦“九五”爻动，成明夷卦。领导不去，省钱实惠。过几天须做最后决定了，再占行止，为既济卦三、五、上爻动，“九五”值宜变为明夷卦，贞悔相争成颐卦（䷚）。还是既济卦“九五”的考虑，多搭配了“九三”苦战、“上六”濡首，颐卦则“自求口实”。最后还是决定去，结果差不多就是这样，以公司当时的弱势，想有大成也难。

• 2011年8月上旬，我在北京授《易》课毕，和崔先生结伴去近郊潭柘寺游览，午餐时谈起他想办心灵讲座，问得益卦（䷩）初、五爻动，齐变有剥卦（䷖）之象。“初九”“利用为大作”，“九五”“有孚惠心”，何以会出现剥象？益卦“利有攸往”，剥卦则“不利有攸往”，怎么调和矛盾？应该是少了益卦“六四”承上启下的重要环节，若有“六四”爻动，三爻协作当为晋卦，前途光明。再问他与朋友——某心理月刊的主编合

作好吗？为“既济之之颐”。三苦战、五无实惠、上濡首，还不如颐养自求口实。结果当年年底前试办，还真如卦象所示，并不顺利。人生成事难啦！

• 2011 年 5 月底，经前一年学会改组整顿后，有些老学生心生怨望，另起炉灶。我得知后，占问其心态：某甲为“既济之坎”，某乙为“明夷之复”，某丙为“遇鼎之蛊”；主其事者为涣卦（䷺）三、五、上爻动，“九五”值宜变为蒙卦，贞悔相争成升卦（䷭）。既济卦下三爻全动，某甲极想成功而未能，疲惫不堪，“小人勿用”。明夷卦“九三”动，某乙自觉委屈辛苦，欲借南狩行动得其大首，恢复光明。鼎卦“九四”“折足、覆公𫗧”，某丙荣光败坏打破鼎？涣卦离心离德，“血去，逖出”，主其事者心有未甘，另寻上升舞台？无论如何，都毋庸深究了！人生聚散往来，难矣哉！

• 2002 年元月上旬，我们周易学会成立不久，我问全年的发展策运，为既济卦初、四、五爻动，“九五”值宜变为明夷卦，贞悔相争成小过卦（䷽）。初基乍立，不宜妄行；“六四”、“九五”资源不足，宜俭省行事；小过卦可小事不可大事，宜下不宜上。

稍前在 2001 年 10 月中旬，学会成立之初，我问第一年的发展策运，为既济卦二、三爻动，“九三”值宜变为屯卦，齐变成节卦。“六二”条件不具足，“九三”苦战疲惫，开创之初节约为宜，情况差不多。

• 2011 年 4 月下旬，一位股市专业的朋友邀我餐叙，还找了几位搞艺术的教授作陪，旧话重提，想将《易》文化与雕塑艺品结合起来搞文创。我赴会前问这回如何？为“既济之小过”，按卦序等于倒退，资源不足，不宜妄动，可小事不可大事，不宜上宜下。看了心中有数，餐叙酬酢一阵，什么也没有答应，一切以后再说。

• 1993 年 7 月中旬，我刚因想换财务主管事，与老板有挂碍，针对公司与关系企业某方面的合作案问吉凶，为既济卦二、三、上爻动，贞悔相争成中孚卦（䷼）。既济卦变中孚卦，等于往后退了两卦，“六二”条件不具足、“九三”苦战疲惫、“上六”濡首难持久，公司与之合作根本吃亏，完全没有必要。

• 1994 年 9 月下旬，我给李登辉上课之事已经曝光，某夜在社会大学上完教占的课后，老友吕学海与我长谈未来远景，返家后我占得既济

卦初、三、四爻动，贞悔相争成革卦（䷰）。“既济”成功，“革”为精英相聚，乍看不错，视爻则不然。初难行、三苦战、四消耗而终日戒，未必顺畅。日后彼此的合作关系，确如占象所示，十年后画上句号。

• 1997 年 4 月底，社大基金会想办网络大学，吕学海邀我入股参加，我接连三占：一问经营前景，为颐卦（䷚）五、上爻动，齐变为屯卦（䷂）。“屯”为草创，“颐”为给养的生态，君位“六五”阴虚并无实力，须靠“上九”背后支持。二问我加入如何？为既济卦三、四、五爻动，“九五”值宜变为明夷卦，贞悔相争成震卦（䷲）。“九三”苦战疲惫、“六四”外强中干、“九五”俭省度日，自找麻烦。三问不加入呢？为不变的颐卦。“贞吉，观颐，自求口实。”自食其力，不假外求甚好，遂毅然婉拒。网络大学后来给他带来很大麻烦，不仅宣告倒闭，还惹上官司，我算逃过一劫。

• 2011 年 3 月 20 日毓老师仙逝，两天后我问：老师未完成的志业，我们往后当怎么接着做？为既济卦二、三、五爻动，“九五”值宜变为明夷卦，贞悔相争成临卦（䷒）。“六二”“妇丧其茀，勿逐，七日得”；“九三”苦战经年，还得当心勿用小人；“九五”资源消耗过巨，宜俭约行事。临卦“教思无穷，容保民无疆”，同时也得如临深渊、如履薄冰啊！

占事遇卦中任意四爻动，以四爻齐变所成之卦的卦辞卦象为主，若其中一爻值宜变，加重考虑其爻辞以断。

• 1998 年元月上旬，社会大学创办满十年，我问其发展运势，为既济卦初至四爻全动，“九三”值宜变为屯卦，四爻齐变成困卦（䷮）。既济“九三”疲惫苦战，耗尽资源，至“六四”捉襟见肘，运势转衰，“遇既济之困”，恐将陷入经营困境。其后果验，六七年后结束营运。

• 2010 年 9 月底，一位新认识的女生想卖掉画廊，只做艺术品中介，占得鼎卦（䷱）四、上爻动，“上九”值宜变为恒卦，齐变为升卦（䷭）。“鼎”为工艺极品，“九四”鼎折足，放弃不经营现场；“上九”“鼎玉铉，大吉，无不利”，赋闲品鉴中介颇合宜。恒、升二卦皆佳。又问她先生到北京、上海开红酒店如何？为既济卦初、三、四、五爻动，四爻齐变成豫卦（䷏）。可能成功，但初期奋斗很辛苦。

• 2011 年 12 月上旬，我的连襟王医生想卖掉旧房子，问时机适当否？为既济卦初、三、五、上爻动，“上六”值宜变为家人卦，四爻齐

变成剥卦（䷖）。“上六”“濡其首，厉”，辛苦而不上算，剥卦则“不利有攸往”，警示明确。如便宜点儿卖给一位熟悉的警官如何呢？为大壮卦“九三”爻动，有归妹卦之象。“小人用壮，君子用罔，贞厉。羝羊触藩，羸其角。”大壮则止，归妹“征凶无攸利”，不宜冲动行事。

• 2012 年 6 月初，我在复旦大学授《易》，问下周参加中坜元智大学的国际传播会议，为“既济之剥”。明显辛苦而无所得，怎么回事儿？到会期前夕，我再问一次，为艮卦“六四”爻动，有旅卦之象。“艮其身，无咎”，“止诸躬也”，怎么回事，自己稳住，对外没影响？再确认，为同人卦（䷌）初、三、四爻动，贞悔相争成观卦（䷓）。同人于野，观民设教，本也合乎此次会议研讨的主题，我的论文题目就是：“观民设教，行地无疆——简论全球化时代中华《易经》思想的传播。”然而审视爻的变化则否，“初九”“同人于门”，“九三”“伏戎于莽”、“九四”“乘其墉，弗克攻”，障碍重重不易突破。结果当日匆匆去来，简报十五分钟，与会学者皆非《易经》专业，论题都在外围打转，他们亦感心虚，讨论起来却绝不虚心，全无切磋之效。大会连论文集都不印，让人失望之至。

64. 火水未济（䷿）

未济卦为全《易》最后一卦，“终于未济”为《易》之作者至高的睿智，宇宙人生的变化发展无穷无尽。

未济。亨。小狐汔济，濡其尾，无攸利。

“未济”向未来无限开放，亨通超过“既济”的“亨小”。小狐狸不知河水深阔难渡，无法泅泳至彼岸，许多都弄湿了尾巴，得不到任何利益。“汔”字用得甚切，和井卦的“汔至亦未繘井”类似，几乎将成而未成，功亏一篑，非常可惜。《老子》第六十四章称：“民之从事，常于几成而败之，慎终如始，则无败事。”

《彖》曰：未济亨，柔得中也。小狐汔济，未出中也；濡其尾无攸利，不续终也。虽不当位，刚柔应也。

未济卦的亨通，不在受挫的现状，而在再接再厉的未来。“六五”居上卦光明之中，习坎继明而获亨通。小狐狸未登彼岸，没脱离坎险之中，应指“九二”，坎卦“九二”《小象传》亦称“未出中也”。沾湿了尾巴没有获利，是因为后力不济，无法持续游到终点。未济卦六爻阳居阴、阴居阳，全不当位，组织里每个成员都摆错位置，当然无法成事。虽然如此，“上九”与“六三”、“九四”与“初六”、“九二”与“六五”刚柔皆应，仍给人无限的盼望。

《象》曰：火在水上，未济。君子以慎辨物居方。

未济卦上卦离火、下卦坎水，故称“火在水上”。火势上燃，水势下流，各行其是，上下不能交流合作，故而事败。水火就能“既济”，火水即成“未济”，成败与资源所居的相对方位有关。《系辞传》首章称：“方以类聚，物以群分，吉凶生矣！”同人卦广结人脉，《大象传》称“类族辨物”；未济卦吸取失败的教训，得审慎“辨物居方”，明辨各种资源的特性，占好正确的方位，以争取下一回合的成功。

以中医养生的观点看，“既济”为心火与肾水相交，气脉通畅，寒温调和，“未济”则否，须赶紧疗治。

• 2008年金融风暴爆发后，一位南部的老学生投资衍生性商品血本无归，灾情惨重。当时美国政府经国会通过，投入七八千亿美金纾困，她占问有效否？为不变的未济卦。债务太过严重，砸钱肯定无效，确实如此。学生习《易》多年，重大投资照样失误，原因何在？

• 2010年6月中旬，我们学会在乌来办春研营，讨论易理与佛法的关系，学生林世商同桌用餐，谈起他要开养生特色餐厅之事。我暗算前景，为不变的未济卦，其副总对他有帮助否？为不变的剥卦，已见前述。未济卦当然不成，剥卦阴剥阳，“不利有攸往”，他开店没多久，即因生意清淡被迫停业转型，全如卦象所示。

• 2011年10月中，我在西藏旅游，问2012年我的身体健康，为不变的未济卦。心火肾水不调，中气不足，又问如何改善？为井卦（䷯）三、五、上爻动，“九五”值宜变为升卦，贞悔相争成蒙卦（䷃）。“井”为调气内治，“九五”打通泉脉，“上六”扩及全身，脱胎换骨矣！说道理容易，落实去做很难。

• 1997年8月下旬，我问《杂卦传》的究竟意涵为何？得出不变的未济卦。“物不可穷也，故受之以未济，终焉。”《杂卦》为十翼《易传》压轴，将自然的卦序打散重整，建构出一个充满人文理想的情境，启示后人易理的运用无穷无尽，对未来恒存热切的盼望。

2008年6月中旬，我问中华兵学在二十一世纪的发展，为不变的未济卦。随着时代环境的重大变迁，兵学的研究发展亦无止境。

2009年11月下旬，我问自己的易学此生能修到什么境界？为不变的未济卦。《易》不可穷也，故受之以未济终焉。学问之道，永无止境。

初六。濡其尾，吝。

《象》曰：濡其尾，亦不知极也。

“初六”当未济之初，居下卦坎险底层，当然无力过河。小狐狸泅泳不成，徒然沾湿了尾巴，太不了解本身能力的局限。本爻变，为睽卦（䷥），完全不合时宜。

• 2006年7月上旬，我给学生讲三十六计与易理的关系，其中“无中生有”为未济卦“初六”爻动，恰值宜变成睽卦。未济卦本不可为，“初六”爻动生事，明知不成，却制造事件以图将来。

• 1993年7月上旬，我在出版公司用心经营，不少编辑建议开拓儿童艺术书系列，我占得未济卦“初六”爻变，成睽卦。“濡其尾，吝”，“亦不知极也。”再确认，为革卦“初九”爻动，有咸卦之象。“巩用黄牛之革，不可以有为也”。看来都不宜作，和公司体性不合，遂作罢。

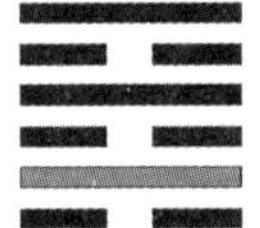

九二。曳其轮，贞吉。

《象》曰：九二贞吉，中以行正也。

“九二”刚而能柔，虽居下卦坎险之中，镇静固守中道而获吉。“曳其轮”，与既济卦“初九”同辞，其实未济卦“九二”即相当于卦中卦既济卦的“初九”，一切以静守为宜。本爻变，为晋卦（䷢），只要现阶段稳住，将来有出头的机会。

• 2010年8月中旬，我问孙中山先生的历史定位，为未济卦“九二”爻动，有晋卦之象。“曳其轮，贞吉”，“中以行正也”。他的革命事业不算成功，所言所行，却树立了很好的典范。

• 2009 年 7 月中旬，我问《法华经》的主旨，为未济卦“九二”爻动，有晋卦之象。《法华》主旨为众生皆可成佛，未济卦“九二”虽在下界坎险之中，上与佛光普照的“六五”相应与，晋卦“自昭明德”，“昼日三接”，都能接引成道。

• 2004 年 12 月上旬，学生林献仁在 IBM 也有些待不下去了！换新职乎？去内地乎？占问何去何从，为“未济之晋”。“曳其轮，贞吉。”有实力及进取心，就不必担心，迟早出人头地。不久他赴英业达管人事，几年后，又襄助温世仁的长子温泰钧推动好几个基金会的志业。

• 2011 年 8 月中旬，中元节前夕，我在高雄上一整天课，问白天课堂中也有非人听经吗？为“未济之晋”。晋卦为乾宫游魂卦，卦辞称“昼日三接”，白天确有“非人”听经，冀望得到超度。

六三。未济，征凶。利涉大川。

《象》曰：未济征凶，位不当也。

“六三”不中不正，居下卦坎险之极，形势恶劣，强行渡河必凶。爻辞既称“未济，征凶”，何以又“利涉大川”呢？《小象传》只说“位不当”，并未解释。过去《易》注为此众说纷纭，有人认为“利涉大川”为错简，删去后文从理顺，有人认为掉了一个“不”字，应为“不利涉大川”。其实此爻称未济卦名，大有深意，“利涉大川”也一字不错。“未济，征凶”，是指现况惨败；若能熬过考验，未来仍可奋发再起，“未济”的教训正在于此。“六三”往上即为“九四”，挣脱下卦坎险，进入上卦离明，越接近光明之前越黑暗，和否卦“六三”“包羞”相似。本爻变，为鼎卦（䷱），革故鼎新，准备过新生活。

• 1993 年 9 月下旬，我在出版公司励精图治，问老板年底前真会挂掉吗？为未济卦“六三”爻动，有鼎卦之象。“未济，征凶，利涉大川。”革故鼎新，重掌大权。当年底他确实跌入谷底，遂拼命一搏，次年 5 月如愿回朝，真正东山再起。

• 2011 年 9 月上旬，我在慕尼黑授《易》，下午教学员占卦，还是师生合占，我示范算出下卦三爻，另三位上来练习上卦三爻。征求问题时，有学员问她们要如何帮助道场负责人？结果居然算出“未济之鼎”。“未济，征凶，利涉大川”，“位不当也”。当时自己解卦有些艰涩，也不知所以，后来才渐渐知道确属实情，世人隐秘都瞒不过易占哪！

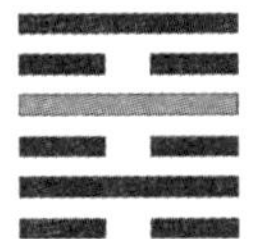

九四。贞吉，悔亡。震用伐鬼方，三年有赏于大国。

《象》曰：贞吉悔亡，志行也。

“九四”脱险入明，固守正道以行己志，可使悔恨消亡。“鬼方”再现，表示既济卦“九三”“高宗伐鬼方”并未真正获胜，斩草不除根，春风吹又生。这时不能再用“高宗”强势镇压那套，必须改弦更张，“震用伐鬼方”，呼吁化解仇怨，和平共存。如此三年可见其效，天下太平，蒙受大国领地的封赏。师卦“上六”爻辞：“大君有命，开国承家，小人勿用。”既济卦“九三”警告勿用小人，未济卦“九四”荣获开国的封赏，王霸之道不同，结果殊异。

本爻变，为蒙卦（䷃），深具启蒙意义，解决国际纷争，必由此途。“震用”而非“用震”，“震”为“伐鬼方”的主体，究为何意？《说卦传》称：“帝出乎震……万物出乎震。”“震”为众生内在的主宰，各各独立自主，应与平等尊重，“高宗”跟“鬼方”皆为震，并非势不两立。太极图分阴分阳，阴中有阳、阳中有阴，阴极转阳、阳极转阴。“高宗”就算将外在的“鬼方”灭尽，内在又会有新的鬼方滋生，未济卦“九四”的“鬼方”，搞不好就是既济卦“九三”的“高宗”变的！这叫走火入魔，复卦的“天地之心”爻变成黑暗的“明夷之心”。冤冤相报，轮回不已。

“震用伐鬼方”，除了唤醒对各方主体性的尊重，呼吁和平共存外，即便要动手，也可用威慑的方式以战逼和，甚至不战而屈人之兵。未济卦“九四”无血战冲突，有赏无罚，不似既济卦“九三”师老兵疲，贻害无穷。

• 2002年11月上旬，我问周易学会第二年度的发展策运，为未济卦“九”四爻动，有蒙卦之象。“贞吉，悔亡。震用伐鬼方”，开始离险入明，可以有所行动了！主要工作还是摆在教学启蒙上。前一年为“既济之小过”，已于既济卦三爻变占例中说明。由“既济”而“未济”，发展态势依卦序进行。

• 2007年8月下旬，我依例问自己“十年乃字”志业的现状评估，为“未济之蒙”。“贞吉，悔亡。震用伐鬼方，三年有赏于大国”，“志行也”。往后三年里，多次往内地授《易》，还打开了赴德传经的通路。

• 2011年3月中，我问自己这辈子外王志业能至何境？为“未济之蒙”。“贞吉，悔亡，。震用伐鬼方，三年有赏于大国”，“志行也”。卦为未济，爻则脱险陷，入离明，往外发展启人蒙昧，似有可为。学问修为的内圣功夫呢？为履卦（䷉）初、二、三、上爻动，四爻齐变成咸卦（䷞）。履卦重实修，一步步走通至“上九”，“视履考祥，其旋元吉”；咸卦“亨利贞”，不疾而速，感而遂通。“遇履之咸”，相当令人满意。资生理财呢？为大过卦二、三、五爻动，“九五”值宜变为恒卦（䷟），贞悔相争成豫卦（䷏）。大过卦“非常”，应为偏财，豫卦建侯行师，奋斗有望，多半仍与授《易》的志业有关。名望呢？为不变的咸卦。“亨利贞，取女吉”，不言可喻。

• 2011年7月中旬，我在北京首届精英班授《易》二日，第一阶段课毕，崔先生开车带我们夫妻俩去承德，在避暑山庄旁的普宁寺，观仰千手观音大佛像，占得比卦“九五”爻动，有坤卦之象。“显比之吉，位正中也。”其右侧的龙女，为大有卦（䷍）初、上爻动，有恒卦（䷟）之象；左侧的善财童子，为未济卦“九四”爻动，有蒙卦之象。同人大有，女子亦可成佛，“自天佑之，吉无不利”；善财五十三参，诚心求道启蒙，终于脱险入明，“三年有赏于大国”。

六五。贞吉，无悔。君子之光，有孚，吉。

《象》曰：君子之光，其晖吉也。

“六五”居未济君位，为上卦光明中心，固守正道，吉而无悔。君子讲信修睦，德性之光照耀世间，为至治气象。本爻变，为讼卦，化解人事纷争，天下太平。

“九四”“悔亡”，“六五”“无悔”，境界更上一层，此为《易》例。涣卦“九二”悔亡、“六三”无悔；大壮卦“九四”悔亡、“六五”无悔；咸卦“九四”悔亡、“九五”无悔。

上九。有孚于饮酒，无咎。濡其首，有孚失是。

《象》曰：饮酒濡首，亦不知节也。

“上九”为未济之终，大事底定，众人衷心欢畅，饮酒庆功，当然无咎。然而，酒席宴上意气酣豪，可能乐极生悲，有人言行失去节制，又起纷争变故。“初六”“濡其尾”，为小狐狸涉河，“亦不知极”；“上九”“濡其首”，为人喝醉失仪，“亦不知节”。此爻变，为解卦（䷧），身心放松是好，松过头了，又会失序出事。

人生感性理性兼备，随时随地得保持平衡。“上九”感性泛滥，缺乏理性适度的节制，故称“有孚失是”。西方神话有酒神名狄奥尼苏斯，日神为阿波罗，分别为激情感性和清明理性的象征。未济卦“上九”为酒神作祟，“六五”居离明之中，则似阿波罗的精神。“是”字取义为“日中”，“六五”为“是”，“上九”“失是”。全《易》三百八十四爻，始于“是”终于“是”。乾卦“初九”“潜龙勿用”，“不见是而无闷”；未济卦“上九”“饮酒濡首，有孚失是”。

未济卦“失是”之后会如何呢？“物不可穷也”，其实难以测知，也不必执著，只要秉承自强不息、厚德载物的法则去做即是。有人说，若此爻象征人生的最后时段，随着酒意渐深、意识模糊，辛苦一辈子终获解脱，那所饮之酒为何？转世前喝的孟婆汤？把此生记忆忘掉，一切从头来过。降生为男，“潜龙勿用”；降生为女，“履霜坚冰至”。真是这样吗？

人生如梦，何曾梦觉？皇王霸业，是非成败转头空。李白说“古来圣贤皆寂寞，唯有饮者留其名”。有人说未济卦“上九”在说殷朝酗酒亡国，所谓酒池肉林的“殷鉴”云云。全《易》中谈到酒文化的不少：需卦“九五”“需于酒食”、困卦“九二”“困于酒食”、中孚卦“九二”斟酒与朋友分享、损卦“初九”“酌损之”、“六三”“天地絪缊，万物化醇”，《系传》说“可与酬酢”、“可与佑神”。

•1996年元月中旬，出版公司股争再起，我冷眼旁观，问市场派大股东这回的真正意图为何？得出未济卦“上九”爻动，有解卦之象。“有孚于饮酒”，他是想解决宿怨后开庆功宴；结果却判断失误，饮酒濡首，

“有孚失是”。

• 2006 年 3 月上旬，母亲摔伤髋骨送急诊，我问开刀合宜否？为“未济之解”。“有孚于饮酒”，手术需上麻醉药，病情应可得解，果然术后住院一阵康复。

• 2010 年 5 月中旬，我在张良维“气机导引”道场的“身体易”课程结束，原定一年讲完六十四卦的计划只讲了四十六卦，也不准备延长，问教学绩效如何？为“未济之解”。未济卦没讲完，深入解说已够详尽，大家且放松，不必执著。“气机导引”的心法，就在身心放松啊！

• 2010 年 10 月中旬，我问牛顿看苹果掉落，悟出万有引力的说法可靠否？为“未济之解”。“饮酒濡首，有孚失是。”多半是不可轻信的醉话，这种解释应该是应酬外行人说的，被问烦了嘛！

未济卦多爻变占例之探讨

以上为未济卦卦、彖、象与六爻之理论及单爻变占例说明，往下探讨更错综复杂之多爻变情境。

占事遇卦中任意二爻动，若其中一爻值宜变，以该爻辞为主；若皆不值宜变，以本卦卦辞卦象为主，亦可参考二爻齐变所成之卦的卦辞卦象。

• 2009 年 9 月上旬，台湾前一个月的“八八”风灾，让山地的小林村遭灭村惨祸，我问那些猝死的村民的去处？为“未济之师”。一场突如其来的震撼，魂归离恨天，师卦为坎宫归魂卦，相当惨烈。

2011 年 2 月初，我与工商建研会的几位学生年前餐叙，其中李姓班长的父亲前二年不幸往生，谈谈我颇有感，问先父有来吗？为“未济之师”。“有孚于饮酒”，师卦为坎宫归魂卦，英灵有至。几小时后再问去矣乎？为解卦（䷧）初、二爻动，有震卦（䷲）之象。放开羁绊，离此它往。

• 2008 年 4 月中旬，我问孙武在伐楚之战后销声匿迹，是否嘉遁而得其善终？为未济卦四、上爻动，“上九”值宜变为解卦，齐变为师卦。“震用伐鬼方”为孙子的最后一战，他看不惯吴国占领军的烧杀掳虐，借战胜庆功之际解职引退，是上智者。学生在 2012 年就此问题占算，得出不变的遁卦，已见前文占例。

• 2009 年 11 月中，我问学生楼园宸中医师目前的修境，为“未济之师”。脱坎险入离明，“震用伐鬼方”，掌握了中医平衡调治之理，假以三年，当甚可观。再占，为“遇比之蒙”，已见比卦三爻变占例中说明。

• 1992 年 11 月中，出版公司营运渐上轨道，老板在外面的负面消息不断。我问他若退股不任负责人，对公司是吉是凶？为未济卦初、四爻动，有损卦（䷨）之象。“初六”“濡其尾，吝”，“九四”“震用伐鬼方”，脱险入明。刚开始不行，最后反而摆脱包袱，假以时日前途光明，先损后益。

1993 年 2 月下旬，管理部门副总建议，由经营高干成立自助基金，以舒缓财务问题。我问行得通吗？为“未济之损”。刚开始得承受损失，“九四”正为经营层之位。经几人讨论修正之后，我再占此案吉凶，为既济卦初、三、上爻动，贞悔相争成观卦（䷓）。“初九”不行，“九三”苦战三年，“上六”灭顶，何可久也？还是凶险难过，遂作罢。“高宗伐鬼方”、“震用伐鬼方”，“鬼方”着实难斗啊！

• 1997 年 4 月下旬，我问一历史公案：曾国藩与左宗棠失和，是做戏还是真情？为未济卦二、上爻动，“上九”值宜变为解，齐变为豫卦（䷏）。“九二”“曳其轮。贞吉”，身陷坎险之中；“上九”饮酒濡首，“有孚失是”，借酒醉失态以谋脱险。这是预谋的解套之道啊！湘军平定太平天国之后，即面临功高震主的险境，曾、左串通演一出失和的戏，等于向清廷释出和解的信息，列强虎视眈眈下，中国不能再内斗了！北京方面其实也知道，将计就计，双方都不揭破，遂得善终。

•2002 年元月中旬，我在富邦课的学生苏怡母亲病重，占得“未济之豫”。生死病痛又不同，“九二”已在险中，“上九”“有孚失是”，饮酒濡首，恐怕为终极解脱。果然没多久，苏母过世往生。

• 2009 年 11 月底，我回顾既往的三十年，在书店结束后，曾在一家香港的出版集团台北分处任职三年，筹编一套百科全书。后来未编成，才进入本土那家出版公司历练十二年。前三年为“未济之豫”，后十二年为“遇否之比”，已于否卦二爻变占例中说明。“未济”未能成事，却为日后的职场历练打下根基，“利建侯行师”，“豫之时义大矣哉！”

• 2011 年 4 月中旬，太太的外甥女由美返台，会计专业好找工作，先在汇丰银行做一段不顺遂，问继续待下去如何？为蹇卦“九三”爻动，有比卦之象。往蹇来反，止之于内，继续辛苦。换工作呢？为“未济之豫”。离险入明，建侯行师，相较之下仍以换岗位为佳，她后来转至渣打银行，确实改善许多。

• 1993年9月中旬，盛传某集团欲买下出版公司大部股权，以消弭长期以来的二虎相争。我问若然，对我的影响怎样？为未济卦四、五爻动，有涣卦（䷺）之象。“九四”“震用伐鬼方”，“六五”“君子之光，有孚吉”。领导阶层转换，情势脱险入明，并非坏事。

1994年5月上旬，老板回朝前夕，我们夹在股争中很难应对，谁负雎胜出，对经营高干来讲究竟有何意义？又是“未济之涣”。“九四”随“六五”而转，无力主导大局，已经离心离德，谁是鬼方？孰为高宗？有何区别？

• 1994年7月中旬，老板回朝企图整合出版公司，我问自己尔后应如何沉潜发展，为未济卦三、上爻动，“六三”值宜变为鼎卦，齐变为恒卦（䷟）。“未济，征凶”，独力难挽狂澜；“利涉大川”，将来脱险入明，尚不知庆功者谁？革去故，鼎取新，要有更长远的想法，无论雷风如何动荡，“君子以立不易方”。而今回顾，公司被恶整倒闭，一如预期，而我真正摆脱羁绊，走出了一条最适合自己的路。

• 1997年3月下旬，我问未济卦“上九”有孚失“是”的真意，为解卦（䷧）三、上爻动，齐变有鼎卦（䷱）之象。“六三”“负且乘，致寇至”，为内心的业障包袱；“上六”“公用射隼，以解悖也”，彻底放松解脱。革故鼎新，再无沉溺留恋。未济卦“上九”为全《易》最后一爻，爻变为解卦，正合此意。

2011年2月中旬，我问毓老师的奉元志业当今年内的发展，为“未济之恒”。“六三”值宜变成鼎卦，当下“未济，征凶。利涉大川”，革故鼎新，或在三年后？一个月后，老师仙逝，壮志未酬，大业坠落谷底，凶象应验。门生弟子能否继往开来，饮酒庆功，得看日后的表现，恒卦“立不易方”于雷风动荡之中，方克有成。

• 1992年4月中旬，我总掌经营大权，嘱人事部门提出种种教育训练企划，为未济卦二、三爻动，“六三”值宜变为鼎卦，齐变有旅卦（䷷）之象。占得“未济之旅”。“曳其轮，贞吉”，试图重整旗鼓，反败为胜。

二爻变占例

立意虽好，两年间也做了些事，最后因股争之变仍以未济卦告终。

• 2011 年 11 月下旬，我思考一些梦境中常遇到的问题：有人会觉得被某种力量魇住翻不了身，为明夷卦“初九”爻动，有谦卦之象。“明夷于飞，垂其翼。君子于行，三日不食。有攸往，主人有言。”饱受压抑，切合情境。梦中常常跑不动，总是赶不上时限，为咸卦“九四”爻动，有蹇卦之象。“憧憧往来，朋从尔思”，空想难行，心烦意乱。梦回中学或大学读书，数学不懂也一直没看书，很担心将临的大考怎么办？为“未济之旅”。不能过关，也不敢面对，终日飘飘荡荡，放心不下。

• 2003 年 7 月初，社会大学出版我的《决策易》CD 已有一段时日，却未照协议付款，虽不算意外，还是有些烦扰。我问严正表态合宜否？为未济卦初、二爻动，齐变有噬嗑卦（䷔）之象。“曳其轮”，“濡其尾”，通通未济，反而伤和气激化斗争。那怎么处理最好？为泰卦“六五”爻动，有需卦之象。耐心沟通交流，应可获得响应而解决，后果如此。

占事遇卦中任意三爻动，以本卦为贞，三爻齐变所成之卦为悔，称贞悔相争，合参二卦卦辞卦象以断。若三爻中一爻值宜变，加重考虑其爻辞。

• 1992 年 3 月上旬，我问出版公司经营情势及展望，为未济卦初、四、五爻动，“初六”值宜变为睽卦，贞悔相争成中孚卦（䷼）。中孚卦“信及豚鱼，利涉大川”，未济卦由初而四至五，也有脱险入明的希望；“初六”“濡其尾，吝”，反映当时的状况，得以合睽为主。问老板所营运的关系企业运势，为既济卦（䷾）初、五爻动，有谦卦（䷎）之象。“曳轮、濡尾”，挥霍一空，再不俭省，当心灭顶。

1994 年元月中旬，在前一年业绩辉煌的激励下，我想彻底振兴出版公司，经营高干也士气如虹。负责财务也兼理国际业务的经理推动新、马版权交易成功，称为南向政策，颇思更有斩获，我占得未济卦二、三、五爻动，贞悔相争成遁卦（䷠）。愿景不错，终遁退成空，五月初公司改组，“未济之遁”矣！

• 2007 年 2 月中旬，我女儿申请赴英留学，我问牛津大学有望否？为未济卦二、四、上爻动，“九四”值宜变为蒙卦，贞悔相争成坤卦（䷁）。未济卦由内而外，离险至明，情势越来越好。“九二”沉稳待时，

“九四”“震用伐鬼方，三年有赏于大国”，往外开拓有利，“上九”为成功后的庆功宴。坤为牛，济为渡河，津为渡口，牛津之名本即此义。果然牛津给了入学许可，举家欢腾。

• 2011 年 10 月中旬，我在西藏游览大山大水，行程中想起毓老师的“全盘计划”，心中黯然，问还能实现否？为未济卦二、三、四爻动，贞悔相争成艮卦（䷳）。“未济之艮”，重重阻碍，不易突破。“九四”“贞吉，悔亡。震用伐鬼方，三年有赏于大国”，还有一线生机，看后起者怎么做了！

未来有无可能以其他方式某种程度落实呢？为归妹卦（䷵）初、三爻动，“六三”值宜变为大壮卦，齐变有恒卦（䷟）之象。“初九”“归妹以娣，跛能履，征吉”，“相承也”，同门诸生齐心合作最重要；“六三”“归妹以须，反归以娣”，期望过高则难成，轻举妄动亦不宜。“归妹之恒”，显然需要更长时间的努力。

• 2011 年 12 月下旬，我在夜雨寒风中，去八里“大唐物语”浴场泡汤，学生开设的休憩处，每年都给我招待券，地方布置不俗，还有些仿古的餐饮游戏等。我泡完餐毕，觉得神完气足，就去所谓的“长生殿”求签，还一抽就是上上大吉。有人怀疑游乐场所签筒中都是好签，免触客户霉头。无论如何，自己再补一占，问 2012 壬辰本命年的运势，为未济卦初、二、上爻动，贞悔相争成震卦（䷲）。“未济之震”，淡势下还是有所行动，初、二静定，“上九”庆功。

• 2012 年 6 月中旬，我受邀赴美三大城市的台湾书院演讲，先去纽约游览时，问首场纽约成功否？为井卦（䷯）三、上爻动，“九三”值宜变为坎卦，齐变为涣卦（䷺）。“井”为开发新资源，“九三”“井渫不食”，求“王明”后，“并受其福”；“上六”“井收勿幕，有孚，元吉”，终获大成，达到传播文化的效果。因为该场次有不少老外来听，主办单位加配现场口译，我问时间压缩，效果如何？为需卦（䷄）二、上爻动，“九二”值宜变为既济卦，齐变为家人卦（䷤），“利女贞”。“九二”“需于沙，小有言，终吉”；“上六”“不速之客三人来，敬之终吉”。口译的卢小姐讲前跟我套招一阵，后来配合绝佳，真的是“利女贞”，“小有言”而“终吉”。末场在洛杉矶呢？为未济卦初、四、上爻动，贞悔相争成临卦（䷒）。未济卦由初、四至上，明显胜战而获赏庆功。临卦“教思无穷，容保民无疆”，“未济之临”，不用担心。

6 月 19 日在纽约曼哈顿首讲两小时，反应非常热烈，负责口译的卢小姐跟我配合得也很好，她的爱尔兰籍先生直说：《易经》怎么这么好听？是爱屋及乌，还是真于精奥的易理有所会心？我检验成果占测，为蒙卦（䷃）二、上爻动，齐变为坤卦（䷁）。“包蒙”、“击蒙”兼备，启蒙广土众民成功。其实在 2010 年 9 月初，我准备赴慕尼黑授《易》时，就问过三至五年内，能否赴美讲学？当时即得出“遇蒙之坤”。

头炮打响，我续问两天后在休斯敦演讲的成效，为大畜卦（䷙）二、上爻动，“上九”值宜变为泰卦（䷊），齐变有明夷卦（䷣）之象。大畜卦“不家食吉，利涉大川”，“上九”“何天之衢，道大行”，亦将功德圆满。

6 月 21 日在休斯敦侨教中心的讲场人更多，反应及挑战也更热烈，我以占验收，为升卦（䷭）三、四爻动，“六四”值宜变为恒卦，齐变为解卦（䷧）。升卦“南征吉”，休斯敦正在南方，“九三”“无所疑”，“六四”“王用亨于岐山，吉，无咎”，皆为佳象。

再接再厉，我问三天后的洛杉矶呢？为随卦（䷐）三、五爻动，“六三”值宜变为革卦（䷰），齐变为丰卦（䷶）。随、革二卦皆“元亨利贞”，丰卦则“明以动”，如日中天。随卦“六三”“随有求，得”，“九五”“孚于嘉吉”。看来一路都顺，连中三元不成问题。

6 月 24 日在洛杉矶侨教中心的中型会议室里，挤进人潮不断，满满一百二十多号听众，巡回演讲到了最高潮。占得未济卦二、四爻动，有剥卦（䷖）之象；再验核，为蛊卦（䷑）二、三、上爻动，贞悔相争成坤卦（䷁）。未济卦由二至四，脱险入明，“震用伐鬼方，三年有赏于大国”。蛊卦“元亨，利涉大川”，且与三天前预测的随卦相错综。由二、三至上爻，“不事王侯，高尚其事”，干蛊成功；坤卦西南得朋，顺势用柔，打动美国西南的群众。在纽约时预测洛杉矶为“未济之临”，结果为“未济之剥”，情境亦相似。

自东徂西，美国三邑行圆满结束，总其成为渐卦（䷴）三、上爻动，“上九”值宜变为蹇卦（䷦），齐变为比卦（䷇）。渐卦为鸿雁结队飞行，由三至上，“鸿渐于陆，其羽可用为仪，吉”，完成了一次巡回演讲的任务。其实在赴美前夕，占问顺遂否？为无妄卦“九四”爻爻变，成益卦，“可贞，无咎，利有攸往，利涉大川。”抵美后在纽约中央公园游览，问得不变的既济卦，过河成功，已如前述。

占事遇卦中任意四爻动，以四爻齐变所成之卦的卦辞卦象为主，若其中一爻值宜变，稍加重考虑其爻辞以断。

• 2010 年 4 月下旬，我刚从武汉返台，电邮上有过去的学生问卦，她的弟弟病重有无康复希望？我占得未济卦二、四、五、上爻动，“上九”值宜变为解卦，四爻齐变成比卦（䷇）。比卦为坤宫归魂卦，“未济之比”，应是解脱往生之意。果然数日后，其弟不治过世。

• 2010 年 9 月中，我在慕尼黑授《易》后游览中欧，行程中占问：自己到底是个什么样的人？为未济卦二、四、五、上爻动，“上九”值宜变为解卦，四爻齐变成比卦（䷇）。依《河洛理数》算，我的先天本命为“比之匪人”，这辈子的人际互动非常重要。未济卦由二居险中，至上卦三爻离明全现，清晰显示辛勤奋斗的历。

再过十年后呢？为履卦（䷉）初、二、三、上爻动，四爻齐变成咸卦（䷞）。敦笃实践，步步勤修，终至“上九”“视履考祥，其旋元吉”，“大有庆也”。咸卦“亨利贞”，“不行而至，不疾而速”，“感而遂通天下之故”。2011 年 3 月中，我算自己此生内圣修为可至何境，亦为“遇履之咸”，两相对照，颇有所悟。

附录：

变卦！变卦！

邱云斌

你这人怎么变卦啦？人为的决定常因主、客观因素而改变；外在万事万物日新月异、刹刹生新，人的计划永远赶不上变化吗？这些改变的幅度、范围有多大？有一定的脉络可寻吗？

《易经》谈“变易、不易和简易”，虽隐含在卦爻辞和卦象之中，毕竟只可意会，不可言传：且根据各人的体会，不会有客观的标准。

但是，在利用“大衍之术”占卜时，如果老阴“六”、老阳“九”不出现，全卦六爻不变，是否可代表示不变卦（不易）。如果“六”或“九”，出现在任何一爻，或同时出现在二至六爻，即由爻变带动卦变，是否可代表变卦（变易）。

而我们深入研究不变与变的几率，再详细判读一爻变到六爻全变的几率，不正可窥探变化的原则，了解变化的玄机何在（简易）？

十数年前，曾在偶然的机缘中，推算出以“大衍之术”占卜时，老阴“六”、老阳“九”、少阳“七”、少阴“八”出现的几率，分别为1/16、3/16、5/16、7/16。也蒙我的《易经》老师刘君祖先生，收录在他的大作《易经与生涯规划》一书中。

既然会变的老阴加老阳（六与九）出现的几率，共为1/4（1/16加3/16），不变的少阴加少阳（七与八），出现的几率即为3/4。如此，累计六爻，即可知道全部不变的卦，与一爻变到六爻全变的几率，分别是多少。

但个人数学底子差，始终无法精确计算。直到数年前，巧遇北一女数学名师李政贵老师。我也将问题简化为：

袋中有四颗球，三红一白（代表每一爻变与不变的几率）。随机取出一颗后，再行放回。重复六次（每卦共六爻）后，请问：

六次皆为白球的几率为（**全卦不变**）？

答：$\left(\frac{3}{4}\right)^{6} = 0.1779785 \mid 0.18$

不论先后，取出五白一红的几率为（**一爻变**）？

答：$C_5^6\left(\frac{3}{4}\right)^{5}\frac{1}{4} = 0.35595...... \mid 0.36$

取出四白二红的几率为（**二爻变**）？

答：$C_2^6\left(\frac{3}{4}\right)^{2}\left(\frac{1}{4}\right)^{4} = 0.03295...... \mid 0.03$

取出三白三红的几率为（**三爻变，贞悔相争**）？

答：$C_3^6\left(\frac{3}{4}\right)^{3}\left(\frac{1}{4}\right)^{3} = 0.131835...... \mid 0.13$

取出二白四红的几率为（**四爻变**）？

答：$C_2^6\left(\frac{3}{4}\right)^{2}\left(\frac{1}{4}\right)^{4} = 0.03295...... \mid 0.03$

取出一白五红的几率为（**五爻变**）？

答：$C_1^6\left(\frac{3}{4}\right)^{1}\left(\frac{1}{4}\right)^{5} = 0.00439...... \mid 0.0044$

七、六次皆为红球的几率为（**六爻全变**）？

答：$\left(\frac{1}{4}\right)^{6} = 0.000244...... \mid 0.0002$

我们可从上述几率体会：全卦不变，出现的几率只有18%。而不论变动幅度大小，万事万物求新求变，见异思迁的几率占八成出头。所以，不变的死硬派是少数劣势，追求“苟日新，又日新，日日新”才是正常，也才跟得上时代变化的脚步。

一爻变占36%，是出现几率最高者。追求变化，相对稳定状态更要维持，从幅度最小，不影响大局的前提开始；改变小，阻力少，速度快，效率更高。

耐人寻味的是，一爻变的几率，正好是全卦不变的两倍。

二爻变占 30%。渐进的，温和的，在相对可掌控的范围内进行改变，仍占极高比率。如再以一爻变加两爻变，共占有 66% 的几率来看，更可透彻了解追求变化，乃是王道。

三爻变，贞悔相争占 13%。变与不变双方人马各半，势均力敌，相持不下，结果堪虑。所以这种情势出现的几率，比完全不变还少。

四爻变只占 3%。潜伏的异见分子占多数，一夕变天，即大势已去的情形，毕竟少见。

五爻变，只占 0.44%。大局诡异思变，唯一的中流砥柱，难以力挽狂澜，出现的机会属绝无仅有。

六爻齐变更只占 0.02%。全局共同做 180 度大转变，往错卦方向发展，旋乾转坤的大改革，更属凤毛麟角了。

欲进一步了解刘君祖老师关于易经及其他经典讲座的上线视频与音频课程敬请扫码关注：

刘君祖易断全书

上册

刘君祖◎著

团结出版社

图书在版编目（CIP）数据

刘君祖易断全书 / 刘君祖著 .—北京：团结出版社，2014.4
ISBN 978-7-5126-2830-4-1

Ⅰ.①刘… Ⅱ.①刘… Ⅲ.①《周易》—研究 Ⅳ.① B221.5

中国版本图书馆 CIP 数据核字（2014）第 069936 号

出　版：团结出版社
（北京市东城区东皇城根南街 84 号 邮编：100006）
电　话：（010）65228880　65244790（出版社）
（010）65238766　85113874　65133603（发行部）
（010）65133603（邮购）
网　址：http://www.tjpress.com
E-mail：65244790@163.com（出版社）
fx65133603@163.com（发行部邮购）
经　销：全国新华书店
印　装：北京天宇万达印刷有限公司

开　本：180×250 毫米　1/16
印　张：65.75
字　数：1030 千字
印　数：2000
版　次：2014 年 7 月第 1 版
印　次：2023 年 4 月第 3 次印刷

书　号：978-7-5126-2830-4-1/B.223
定　价：198.00 元（全二册）

自序

感而遂通，极数知来

2009年岁末隆冬，我应邀赴吉林长春授《易》二日，同行的北京友人崔先生跟我谈未来合作事宜，提到可写一部专论断卦的书，以飨国内习《易》者热切求知之忱。自古即称："演卦容易断卦难。"占法不一，精断尤难，我习《易》近四十年，讲易论经也逾二十年，各地各界的学生总有数千，无不深叹断占甚难。如能借此因缘全面探讨，与天下同道同好切磋分享，倒是人生一快。其时北国大雪纷飞，室外气温冰冻至摄氏零下二十几度，嘘息成雾，我的心思活跃起来。

返台后，收到崔先生寄给我的《高岛易断》一书，为日本明治时代易学家高岛吞象所著，副标称"《易经》活解活断800例"。我看完全书四十多万字后，不久即开始自己这部"易断"之书的撰写，约两整年的时间成书近九十万字。除了将六十四卦三百八十四爻全部阐释透解外，从自己及朋友学生多年累积建档的上万占例中，斟酌选用了三千多例作断卦说明，其中大部分皆已准确应验。

《系辞上传》第十章称："《易》有圣人之道四焉……以卜筮者尚其占。"明确将易占列入圣人之道，继而续称："是以君子将有为也，将有行也，问焉而以言，其受命也如向。无有远近幽深，遂知来物。非天下之至精，其孰能与于此？"人生行事有疑惑，敬慎问占，必能得出反映现实及未来变化的占象，不是天下最精密的学问，怎能达到这个境界呢？"参伍以变，错综其数。通其变，遂成天地之文；极其数，遂定天下之象。非天下之至变，其孰能与于此？"《易经》卦爻关系的错综复杂以及千变万化，若能透彻了悟，解读占象不是问题。"《易》，无思也，无为也。寂然不动，感而遂通天下之故。非天下之至神，其孰能与于此？"易占如此神妙，与万事万物间的和谐感通有关，占者需涤除杂念凝神静虑，方易获致最切合的卦象。至精、至变、至神，《系传》对易经理气象数的高明推崇备至，确实就是如此。

《系辞上传》第十章前面的第九章即为古传正宗的揲蓍之法的说明，取五十根蓍草为大衍之数，用四十九根经分二、挂一、揲四、归奇的反复操作，可得出十八变之后的六爻卦象。成卦法自古无甚争论，爻变、卦变的决定却有不少歧异，近代学者高亨所著《周易古经通说》第七篇“周易筮法新考”，论证详密，以“天地之数五十五”测定宜变爻位的说法相当精彩可靠，我多年实占的经验也能符验。本书前有《易学导论》、《大衍之术》、《断占总论》数篇及向附学生邱云斌所整理的《变卦！变卦！》一文，全面阐析得很清楚，读者细心品鉴即知。

日人高岛应是采用揲蓍之法，但全书只有不变之卦与单爻变的占例，未见二至六爻变动的例证，书中也没有任何多爻变如何衡量判断的说明，这是该书最大的缺憾。若依据本书《变卦！变卦！》的几率研究，多爻变出现的可能性约四成六，不是都可简化为单爻变的情境而获完整解释的。本书三千多卦例中，即收录过半的多爻变占例，并予以充分信实的解析说明，读者用心揣摩，当有深悟。

本书占例中，除个人人生经历外，还有大量对世局时势的洞察与预断，跨世纪前后这二十年，举世政经社文各方面的变化甚大，极数通变，定业断疑，正是学《易》用《易》的最好素材。借占习《易》，借《易》修行，我个人乐在其中，获益宏大，也真诚希望将心得与天下好学深思者共享。中孚卦“九二”爻辞称：“鸣鹤在阴，其子和之；我有好爵，吾与尔靡之。”谨以此书献世，期能功不唐捐。

刘君祖 识于2012年11月深秋

目　录

导　论　1

占卜玄机　6

断占总论　14

周易上经

1. 乾为天（☰）

乾。元亨利贞。　28
初九。潜龙勿用。　38
九二。见龙在田，利见大人。　41
九三。君子终日乾乾，夕惕若，厉，无咎。　43
九四。或跃在渊，无咎。　45
九五。飞龙在天，利见大人。　48
上九。亢龙有悔。　49
用九。见群龙无首，吉。　50
乾卦多爻变占例之探讨　53

2. 坤为地（☷）

坤。元亨，利牝马之贞。君子有攸往，先迷后得主。
利西南得朋，东北丧朋。安贞吉。　63

初六。履霜，坚冰至。 70
六二。直方大，不习无不利。 71
六三。含章可贞。或从王事，无成有终。 74
六四。括囊，无咎无誉。 76
六五。黄裳，元吉。 77
上六。龙战于野，其血玄黄。 80
用六。利永贞。 82
坤卦多爻变占例之探讨 84

3. 水雷屯（䷂）

屯。元亨利贞。勿用，有攸往，利建侯。 87
初九。磐桓，利居贞，利建侯。 91
六二。屯如邅如，乘马班如，匪寇婚媾。女子贞不字，十年乃字。 94
六三。即鹿无虞，惟入于林中。君子几，不如舍，往吝。 96
六四。乘马班如，求婚媾，往吉，无不利。 98
九五。屯其膏，小贞吉，大贞凶。 99
上六。乘马班如，泣血涟如。 101
屯卦多爻变占例之探讨 101

4. 山水蒙（䷃）

蒙。亨。匪我求童蒙，童蒙求我。初筮告，再三渎，渎则不告。利贞。 112
初六。发蒙，利用刑人，用脱桎梏。以往，吝。 116
九二。包蒙，吉。纳妇吉，子克家。 117
六三。勿用取女，见金夫，不有躬。无攸利。 119
六四。困蒙，吝。 120
六五。童蒙，吉。 121
上九。击蒙，不利为寇，利御寇。 123

蒙卦多爻变占例之探讨 125

5. 水天需（䷄）

需。有孚，光亨，贞吉。利涉大川。 129
初九。需于郊，利用恒，无咎。 131
九二。需于沙，小有言，终吉， 132
九三。需于泥，致寇至。 133
六四。需于血，出自穴。 135
九五。需于酒食，贞吉。 136
上六。入于穴，有不速之客三人来，敬之终吉。 136
需卦多爻变占例之探讨 138

6. 天水讼（䷅）

讼。有孚，窒惕，中吉，终凶。利见大人，不利涉大川。 146
初六。不永所事，小有言，终吉。 148
九二。不克讼，归而逋，其邑人三百户，无眚。 149
六三。食旧德，贞厉，终吉。或从王事，无成。 151
九四。不克讼，复即命，渝，安贞吉。 153
九五。讼元吉。 154
上九。或锡之鞶带，终朝三褫之。 155
讼卦多爻变占例之探讨 157

7. 地水师（䷆）

师。贞，丈人吉，无咎。 166
初六。师出以律，否臧凶。 168
九二。在师中吉，无咎。王三锡命。 169
六三。师或舆尸，凶。 171
六四。师左次，无咎。 172

六五。田有禽，利执言，无咎。长子帅师，弟子舆尸，贞凶。 173
上六。大君有命，开国承家，小人勿用。 175
师卦多爻变占例之探讨 176

8. 水地比（䷇）

比。吉。原筮，元永贞，无咎。不宁方来，后夫凶。 179
初六。有孚比之，无咎。有孚盈缶，终来有它吉。 183
六二。比之自内，贞吉。 184
六三。比之匪人。 184
六四。外比之，贞吉。 186
九五。显比，王用三驱，失前禽，邑人不诫，吉。 187
上六。比之无首，凶。 189
比卦多爻变占例之探讨 190

9. 风天小畜（䷈）

小畜。亨。密云不雨，自我西郊。 196
初九。复自道，何其咎，吉。 198
九二。牵复，吉。 199
九三。舆说辐，夫妻反目。 199
六四。有孚，血去惕出，无咎。 201
九五。有孚挛如，富以其邻。 201
上九。既雨既处，尚德载。妇贞厉，月几望，君子征凶。 202
小畜卦多爻变占例之探讨 203

10. 天泽履（䷉）

履虎尾，不咥人，亨。 211
初九。素履，往无咎。 212

九二。履道坦坦，幽人贞吉。 213
六三。眇能视，跛能履，履虎尾，咥人凶。武人为于大君。 214
九四。履虎尾，愬愬终吉。 214
九五。夬履，贞厉。 215
上九。视履考祥，其旋元吉。 216
履卦多爻变占例之探讨 217

11. 地天泰（䷊）

泰。小往大来，吉亨。 227
初九。拔茅茹，以其汇，征吉。 230
九二。包荒，用冯河，不遐遗。朋亡，得尚于中行。 231
九三。无平不陂，无往不复。艰贞无咎，勿恤其孚，
于食有福。 232
六四。翩翩，不富以其邻，不戒以孚。 234
六五。帝乙归妹，以祉元吉。 235
上六。城复于隍，勿用师。自邑告命，贞吝。 235
泰卦多爻变占例之探讨 236

12. 天地否（䷋）

否之匪人，不利君子贞，大往小来。 243
初六。拔茅茹，以其汇。贞吉，亨。 246
六二。包承，小人吉，大人否亨。 247
六三。包羞。 247
九四。有命无咎，畴离祉。 248
九五。休否，大人吉。其亡其亡，系于苞桑。 249
上九。倾否，先否后喜。 251
否卦多爻变占例之探讨 253

13. 天火同人（䷌）

同人于野，亨。利涉大川，利君子贞。 260
初九。同人于门，无咎。 263
六二。同人于宗，吝。 263
九三。伏戎于莽，升其高陵，三岁不兴。 264
九四。乘其墉，弗克攻，吉。 265
九五。同人先号咷而后笑，大师克相遇。 265
上九。同人于郊，无悔。 266
同人卦多爻变占例之探讨 267

14. 火天大有（䷍）

大有。元亨。 274
初九。无交害，匪咎，艰则无咎。 276
九二。大车以载，有攸往，无咎。 277
九三。公用亨于天子，小人弗克。 277
九四。匪其彭，无咎。 278
六五。厥孚交如，威如，吉。 279
上九。自天佑之，吉无不利。 280
大有卦多爻变占例之探讨 281

15. 地山谦（䷎）

谦。亨，君子有终。 293
初六。谦谦君子，用涉大川，吉。 296
六二。鸣谦，贞吉。 297
九三。劳谦，君子有终，吉。 298
六四。无不利，撝谦。 300
六五。不富以其邻，利用侵伐，无不利。 300
上六。鸣谦，利用行师，征邑国。 302

谦卦多爻变占例之探讨 304

16. 雷地豫（䷏）

豫。利建侯行师。 310
初六。鸣豫，凶。 313
六二。介于石，不终日，贞吉。 314
六三。盱豫悔，迟有悔。 316
九四。由豫，大有得。勿疑，朋盍簪。 317
六五。贞疾，恒不死。 319
上六。冥豫，成有渝，无咎。 321
豫卦多爻变占例之探讨 323

17. 泽雷随（䷐）

随。元亨利贞，无咎。 328
初九。官有渝，贞吉。出门交，有功。 331
六二。系小子，失丈夫。 333
六三。系丈夫，失小子。随有求，得，利居贞。 334
九四。随有获，贞凶。有孚，在道，以明，何咎。 335
九五。孚于嘉，吉。 336
上六。拘系之，乃从维之，王用亨于西山。 337
随卦多爻变占例之探讨 338

18. 山风蛊（䷑）

蛊。元亨，利涉大川。先甲三日，后甲三日。 346
初六。干父之蛊，有子，考无咎，厉，终吉。 349
九二。干母之蛊，不可贞。 350
九三。干父之蛊，小有悔，无大咎。 352
六四。裕父之蛊，往见吝。 353

六五。干父之蛊，用誉。 353
上九。不事王侯，高尚其事。 355
蛊卦多爻变占例之探讨 356

19. 地泽临（䷒）

临。元亨利贞，至于八月有凶。 364
初九。咸临，贞吉。 367
九二。咸临，吉无不利。 368
六三。甘临，无攸利。既忧之，无咎。 370
六四。至临，无咎。 371
六五。知临，大君之宜，吉。 372
上六。敦临，吉，无咎。 373
临卦多爻变占例之探讨 374

20. 风地观（䷓）

观。盥而不荐，有孚颙若。 380
初六。童观，小人无咎，君子吝。 384
六二。窥观，利女贞。 384
六三。观我生，进退。 385
六四。观国之光，利用宾于王。 386
九五。观我生，君子无咎。 388
上九。观其生，君子无咎。 390
观卦多爻变占例之探讨 391

21. 火雷噬嗑（䷔）

噬嗑。亨，利用狱。 397
初九。屦校灭趾，无咎。 399
六二。噬肤灭鼻，无咎。 399

六三。噬腊肉，遇毒，小吝，无咎。 400
九四。噬干胏，得金矢。利艰贞，吉。 401
六五。噬干肉，得黄金。贞厉，无咎。 402
上九。何校灭耳，凶。 402
噬嗑卦多爻变占例之探讨 404

22. 山火贲（䷕）

贲。亨，小利有攸往。 412
初九。贲其趾，舍车而徒。 414
六二。贲其须。 415
九三。贲如濡如，永贞吉。 416
六四。贲如皤如，白马翰如，匪寇婚媾。 417
六五。贲于丘园，束帛戋戋。吝，终吉。 418
上九。白贲，无咎。 420
贲卦多爻变占例之探讨 421

23. 山地剥（䷖）

剥。不利有攸往。 426
初六。剥床以足，蔑贞，凶。 429
六二。剥床以辨，蔑贞，凶。 430
六三。剥之，无咎。 431
六四。剥床以肤，凶。 431
六五。贯鱼，以宫人宠，无不利。 433
上九。硕果不食，君子得舆，小人剥庐。 434
剥卦多爻变占例之探讨 436

24. 地雷复（䷗）

复。亨。出入无疾，朋来无咎。反复其道，七日来复，

利有攸往。 444
初九。不远复，无祇悔，元吉。 449
六二。休复，吉。 451
六三。频复，厉，无咎。 452
六四。中行独复。 454
六五。敦复，无悔。 454
上六。迷复，凶，有灾眚。用行师，终有大败，
以其国君凶，至于十年不克征。 455
复卦多爻变占例之探讨 457

25. 天雷无妄（䷘）

无妄。元亨利贞。其匪正有眚，不利有攸往。 462
初九。无妄，往吉。 465
六二。不耕获，不菑畬，则利有攸往。 466
六三。无妄之灾。或系之牛，行人之得，邑人之灾。 466
九四。可贞，无咎。 467
九五。无妄之疾，勿药有喜。 468
上九。无妄，行有眚，无攸利。 469
无妄卦多爻变占例之探讨 470

26. 山天大畜（䷙）

大畜。利贞，不家食吉，利涉大川。 477
初九。有厉，利已。 480
九二。舆脱輹。 481
九三。良马逐，利艰贞。日闲舆卫，利有攸往。 482
六四。童牛之牿，元吉。 484
六五。豮豕之牙，吉。 484
上九。何天之衢，亨。 485
大畜卦多爻变占例之探讨 487

27. 山雷颐（䷚）

颐。贞吉。观颐，自求口实。 498
初九。舍尔灵龟，观我朵颐，凶。 499
六二。颠颐，拂经。于丘颐，征凶。 501
六三。拂颐，贞凶。十年勿用，无攸利。 502
六四。颠颐，吉。虎视眈眈，其欲逐逐，无咎。 503
六五。拂经，居贞吉，不可涉大川。 504
上九。由颐，厉吉，利涉大川。 505
颐卦多爻变占例之探讨 507

28. 泽风大过（䷛）

大过。栋桡，利有攸往，亨。 512
初六。藉用白茅，无咎。 513
九二。枯杨生稊，老夫得其女妻，无不利。 515
九三。栋桡，凶。 516
九四。栋隆，吉，有它吝。 517
九五。枯杨生华，老妇得其士夫，无咎无誉。 518
上六。过涉灭顶，凶，无咎。 519
大过卦多爻变占例之探讨 521

29. 坎为水（䷜）

习坎。有孚，维心亨，行有尚。 530
初六。习坎，入于坎窞，凶。 532
九二。坎有险，求小得。 533
六三。来之坎坎，险且枕。入于坎窞，勿用。 534
六四。樽酒簋贰，用缶，纳约自牖。终无咎。 536
九五。坎不盈，坻既平，无咎。 538
上六。系用徽纆，寘于丛棘，三岁不得，凶。 540

坎卦多爻变占例之探讨 541

30. 离为火（䷝）

离。利贞，亨。畜牝牛，吉。 546
初九。履错然，敬之，无咎。 547
六二。黄离，元吉。 548
九三。日昃之离，不鼓缶而歌，则大耋之嗟，凶。 548
九四。突如其来如，焚如，死如，弃如。 549
六五。出涕沱若，戚嗟若，吉。 550
上九。王用出征，有嘉折首，获匪其丑，无咎。 551
离卦多爻变占例之探讨 552

周易下经

31. 泽山咸（䷞）

咸。亨，利贞，取女吉。 564
初六。咸其拇。 566
六二。咸其腓，凶，居吉。 567
九三。咸其股，执其随，往吝。 568
九四。贞吉，悔亡。憧憧往来，朋从尔思。 569
九五。咸其脢，无悔。 571
上六。咸其辅、颊、舌。 572
咸卦多爻变占例之探讨 573

32. 雷风恒（䷟）

恒。亨，无咎，利贞。利有攸往。 578
初六。浚恒，贞凶，无攸利。 579
九二。悔亡。 580
九三。不恒其德，或承之羞，贞吝。 581

九四。田无禽。 582
六五。恒其德，贞。妇人吉，夫子凶。 583
上六。振恒，凶。 583
恒卦多爻变占例之探讨 584

33. 天山遁（䷠）

遁。亨，小利贞。 591
初六。遁尾，厉。勿用，有攸往。 592
六二。执之用黄牛之革，莫之胜说。 593
九三。系遁，有疾厉。畜臣妾，吉。 593
九四。好遁，君子吉，小人否。 594
九五。嘉遁，贞吉。 595
上九。肥遁，无不利。 596
遁卦多爻变占例之探讨 596

34. 雷天大壮（䷡）

大壮。利贞。 604
初九。壮于趾，征凶，有孚。 605
九二。贞吉。 606
九三。小人用壮，君子用罔，贞厉。羝羊触藩，羸其角。 607
九四。贞吉，悔亡。藩决不羸，壮于大舆之輹。 608
六五。丧羊于易，无悔。 610
上六。羝羊触藩，不能退，不能遂，无攸利，艰则吉。 610
大壮卦多爻变占例之探讨 611

35. 火地晋（䷢）

晋。康侯用锡马蕃庶，昼日三接。 618
初六。晋如，摧如，贞吉。罔孚，裕，无咎。 621

六二。晋如，愁如，贞吉。受兹介福，于其王母。 622
六三。众允，悔亡。 623
九四。晋如鼫鼠，贞厉。 623
六五。悔亡。失得勿恤，往吉，无不利。 624
上九。晋其角，维用伐邑，厉吉，无咎，贞吝。 625
晋卦多爻变占例之探讨 626

36. 地火明夷（䷣）

明夷。利艰贞。 630
初九。明夷于飞，垂其翼。君子于行，三日不食。有攸往，
主人有言。 632
六二。明夷，夷于左股，用拯马壮，吉。 633
九三。明夷于南狩，得其大首，不可疾，贞。 633
六四。入于左腹，获明夷之心，于出门庭。 635
六五。箕子之明夷，利贞。 637
上六。不明，晦。初登于天，后入于地。 637
明夷卦多爻变占例之探讨 638

37. 风火家人（䷤）

家人。利女贞。 642
初九。闲有家，悔亡。 644
六二。无攸遂，在中馈，贞吉。 644
九三。家人嗃嗃，悔厉吉；妇子嘻嘻，终吝。 645
六四。富家，大吉。 645
九五。王假有家，勿恤，吉。 646
上九。有孚威如，终吉。 646
家人卦多爻变占例之探讨 647

38. 火泽睽（䷥）

睽。小事吉。 651
初九。悔亡。丧马勿逐，自复。见恶人，无咎。 653
九二。遇主于巷，无咎。 655
六三。见舆曳，其牛掣，其人天且劓。无初有终。 655
九四。睽孤，遇元夫，交孚，厉无咎。 656
六五。悔亡。厥宗噬肤，往何咎？ 657
上九。睽孤，见豕负涂，载鬼一车。先张之弧，后说之弧。匪寇婚媾，往遇雨则吉。 657
睽卦多爻变占例之探讨 659

39. 水山蹇（䷦）

蹇。利西南，不利东北。利见大人，贞吉。 664
初六。往蹇，来誉。 666
六二。王臣蹇蹇，匪躬之故。 667
九三。往蹇，来反。 667
六四。往蹇，来连。 668
九五。大蹇，朋来。 669
上六。往蹇，来硕，吉，利见大人。 670
蹇卦多爻变占例之探讨 671

40. 雷水解（䷧）

解。利西南，无所往，其来复吉，有攸往，夙吉。 676
初六。无咎。 680
九二。田获三狐，得黄矢，贞吉。 680
六三。负且乘，致寇至，贞吝。 682
九四。解而拇，朋至斯孚。 683
六五。君子维有解，吉，有孚于小人。 684

上六。公用射隼于高墉之上，获之无不利。 685
解卦多爻变占例之探讨 687

41. 山泽损（䷨）

损。有孚，元吉，无咎，可贞，利有攸往。曷之用？
二簋可用享。 692
初九。已事遄往，无咎，酌损之。 694
九二。利贞，征凶。弗损，益之。 695
六三。三人行，则损一人；一人行，则得其友。 696
六四。损其疾，使遄有喜，无咎。 697
六五。或益之，十朋之龟弗克违，元吉。 697
上九。弗损，益之，无咎，贞吉。利有攸往，得臣无家。 698
损卦多爻变占例之探讨 699

42. 风雷益（䷩）

益。利有攸往，利涉大川。 705
初九。利用为大作，元吉，无咎。 706
六二。或益之，十朋之龟弗克违，永贞吉。王用享于帝，吉。 707
六三。益之用凶事，无咎。有孚中行，告公用圭。 708
六四。中行，告公从，利用为依迁国。 709
九五。有孚惠心，勿问元吉。有孚惠我德。 710
上九。莫益之，或击之，立心勿恒，凶。 711
益卦多爻变占例之探讨 712

43. 泽天夬（䷪）

夬。扬于王庭，孚号有厉。告自邑，不利即戎，利有攸往。 719
初九。壮于前趾，往不胜为咎。 721
九二。惕号，莫夜有戎，勿恤。 721

九三。壮于頄，有凶。君子夬夬，独行遇雨，若濡有愠，无咎。 722
九四。臀无肤，其行次且。牵羊悔亡，闻言不信。 722
九五。苋陆夬夬，中行无咎。 723
上六。无号，终有凶。 725
夬卦多爻变占例之探讨 726

44. 天风姤（䷫）

姤。女壮，勿用取女。 733
初六。系于金柅，贞吉。有攸往，见凶。羸豕孚蹢躅。 736
九二。包有鱼，无咎，不利宾。 737
九三。臀无肤，其行次且。厉，无大咎。 738
九四。包无鱼，起凶。 739
九五。以杞包瓜，含章，有陨自天。 739
上九。姤其角，吝，无咎。 741
姤卦多爻变占例之探讨 741

45. 泽地萃（䷬）

萃。亨。王假有庙，利见大人，亨利贞。用大牲吉，利有攸往。 749
初六。有孚不终，乃乱乃萃。若号，一握为笑。勿恤，往无咎。 752
六二。引吉，无咎。孚乃利用禴。 753
六三。萃如，嗟如，无攸利。往无咎，小吝。 754
九四。大吉，无咎。 754
九五。萃有位，无咎。匪孚，元永贞，悔亡。 755
上六。赍咨涕洟，无咎。 756
萃卦多爻变占例之探讨 756

46. 地风升（䷭）

升。元亨。用见大人，勿恤，南征吉。 760
初六。允升，大吉。 762
九二。孚乃利用禴，无咎。 763
九三。升虚邑。 764
六四。王用亨于岐山，吉无咎。 766
六五。贞吉，升阶。 767
上六。冥升，利于不息之贞。 767
升卦多爻变占例之探讨 768

47. 泽水困（䷮）

困。亨，贞，大人吉，无咎。有言不信。 774
初六。臀困于株木，入于幽谷，三岁不觌。 776
九二。困于酒食，朱绂方来，利用享祀。征凶，无咎。 777
六三。困于石，据于蒺藜。入于其宫，不见其妻，凶。 778
九四。来徐徐，困于金车，吝，有终。 779
九五。劓刖，困于赤绂。乃徐有说，利用祭祀。 780
上六。困于葛藟，于臲卼。曰动悔，有悔，征吉。 782
困卦多爻变占例之探讨 783

48. 水风井（䷯）

井。改邑不改井，无丧无得，往来井井。汔至，亦未繘井，
羸其瓶，凶。 790
初六。井泥不食，旧井无禽。 792
九二。井谷射鲋，瓮敝漏。 793
九三。井渫不食，为我心恻。可用汲，王明，并受其福。 795
六四。井甃，无咎。 795
九五。井冽，寒泉食。 796

上六。井收勿幕，有孚元吉。 797
井卦多爻变占例之探讨 798

49. 泽火革（䷰）

革。己日乃孚。元亨利贞，悔亡。 802
初九。巩用黄牛之革。 805
六二。己日乃革之。征吉，无咎。 806
九三。征凶，贞厉。革言三就，有孚。 806
九四。悔亡。有孚，改命吉。 807
九五。大人虎变，未占有孚。 808
上六。君子豹变，小人革面。征凶，居贞吉。 809
革卦多爻变占例之探讨 810

50. 火风鼎（䷱）

鼎。元吉亨。 815
初六。鼎颠趾，利出否。得妾以其子，无咎。 817
九二。鼎有实。我仇有疾，不我能即，吉。 818
九三。鼎耳革，其行塞。雉膏不食，方雨亏悔，终吉。 820
九四。鼎折足，覆公餗，其形渥，凶。 821
六五。鼎黄耳，金铉，利贞。 822
上九。鼎玉铉，大吉，无不利。 823
鼎卦多爻变占例之探讨 824

51. 震为雷（䷲）

震。亨。震来虩虩，笑言哑哑。震惊百里，不丧匕鬯。 831
初九。震来虩虩，后笑言哑哑，吉。 834
六二。震来厉，亿丧贝。跻于九陵，勿逐，七日得。 836
六三。震苏苏，震行无眚。 837

九四。震遂泥。 838
六五。震往来厉，亿无丧，有事。 839
上六。震索索，视矍矍，征凶。震不于其躬，于其邻，
无咎。婚媾有言。 840
震卦多爻变占例之探讨 841

52. 艮为山（䷳）

艮其背，不获其身；行其庭，不见其人。无咎。 847
初六。艮其趾，无咎。利永贞。 849
六二。艮其腓，不拯其随，其心不快。 850
九三。艮其限，列其夤，厉熏心。 851
六四。艮其身，无咎。 852
六五。艮其辅，言有序，悔亡。 852
上九。敦艮，吉。 853
艮卦多爻变占例之探讨 854

53. 风山渐（䷴）

渐。女归吉，利贞。 860
初六。鸿渐于干，小子厉，有言，无咎。 861
六二。鸿渐于磐，饮食衎衎，吉。 862
九三。鸿渐于陆，夫征不复，妇孕不育，凶。利御寇。 862
六四。鸿渐于木，或得其桷，无咎。 863
九五。鸿渐于陵，妇三岁不孕，终莫之胜，吉。 865
上九。鸿渐于陆，其羽可用为仪，吉。 865
渐卦多爻变占例之探讨 866

54. 雷泽归妹（䷵）

归妹。征凶，无攸利。 872

初九。归妹以娣，跛能履，征吉。 874
九二。眇能视，利幽人之贞。 875
六三。归妹以须，反归以娣。 876
九四。归妹愆期，迟归有时。 877
六五。帝乙归妹，其君之袂不如其娣之袂良。月几望，吉。 878
上六。女承筐无实，士刲羊无血，无攸利。 879
归妹卦多爻变占例之探讨 879

55. 雷火丰（䷶）

丰。亨。王假之，勿忧，宜日中。 886
初九。遇其配主，虽旬无咎，往有尚。 889
六二。丰其蔀，日中见斗。往得疑疾，有孚发若，吉。 890
九三。丰其沛，日中见沫。折其右肱，无咎。 890
九四。丰其蔀，日中见斗。遇其夷主，吉。 891
六五。来章，有庆誉，吉。 892
上六。丰其屋，蔀其家，窥其户，阒其无人，三岁不觌，凶。 893
丰卦多爻变占例之探讨 894

56. 火山旅（䷷）

旅。小亨，旅贞吉。 899
初六。旅琐琐，斯其所取灾。 900
六二。旅即次，怀其资，得童仆，贞。 901
九三。旅焚其次，丧其童仆，贞厉。 901
九四。旅于处，得其资斧，我心不快。 902
六五。射雉，一矢亡，终以誉命。 903
上九。鸟焚其巢，旅人先笑后号咷。丧牛于易，凶。 904
旅卦多爻变占例之探讨 905

57. 巽为风（䷸）

巽。小亨，利有攸往，利见大人。 913
初六。进退，利武人之贞。 914
九二。巽在床下，用史巫纷若，吉，无咎。 914
九三。频巽，吝。 916
六四。悔亡。田获三品。 917
九五。贞吉，悔亡，无不利。无初有终。先庚三日，后庚三日，吉。 917
上九。巽在床下，丧其资斧，贞凶。 919
巽卦多爻变占例之探讨 919

58. 兑为泽（䷹）

兑。亨利贞。 927
初九。和兑，吉。 928
九二。孚兑，吉，悔亡。 928
六三。来兑，凶。 929
九四。商兑未宁，介疾有喜。 929
九五。孚于剥，有厉。 930
上六。引兑。 931
兑卦多爻变占例之探讨 932

59. 风水涣（䷺）

涣。亨。王假有庙，利涉大川，利贞。 937
初六。用拯，马壮，吉。 940
九二。涣奔其机，悔亡。 941
六三。涣其躬，无悔。 942
六四。涣其群，元吉。涣有丘，匪夷所思。 943
九五。涣汗其大号，涣王居，无咎。 943

上九。涣其血，去逖出，无咎。 946
涣卦多爻变占例之探讨 947

60. 水泽节（䷻）

节。亨。苦节不可贞。 953
初九。不出户庭，无咎。 955
九二。不出门庭，凶。 956
六三。不节若，则嗟若，无咎。 957
六四。安节，亨。 957
九五。甘节，吉，往有尚。 958
上六。苦节，贞凶，悔亡。 959
节卦多爻变占例之探讨 960

61. 风泽中孚（䷼）

中孚。豚鱼吉，利涉大川，利贞。 965
初九。虞吉，有它不燕。 966
九二。鸣鹤在阴，其子和之；我有好爵，吾与尔靡之。 967
六三。得敌，或鼓或罢，或泣或歌。 969
六四。月几望，马匹亡，无咎。 969
九五。有孚挛如，无咎。 970
上九。翰音登于天，贞凶。 971
中孚卦多爻变占例之探讨 971

62. 雷山小过（䷽）

小过。亨，利贞。可小事，不可大事。飞鸟遗之音。不宜上，
宜下。大吉。 979
初六。飞鸟以凶。 980
六二。过其祖，遇其妣；不及其君，遇其臣。无咎。 981

九三。弗过防之，从或戕之，凶。 982
九四。无咎。弗过遇之，往厉必戒。勿用，永贞。 983
六五。密云不雨，自我西郊。公弋取彼在穴。 984
上六。弗遇过之，飞鸟离之，凶，是谓灾眚。 985
小过卦多爻变占例之探讨 985

63. 水火既济（䷾）

既济。亨小，利贞，初吉，终乱。 990
初九。曳其轮，濡其尾，无咎。 991
六二。妇丧其茀，勿逐，七日得。 992
九三。高宗伐鬼方，三年克之，小人勿用。 993
六四。繻有衣袽，终日戒。 994
九五。东邻杀牛，不如西邻之禴祭，实受其福。 995
上六。濡其首，厉。 996
既济卦多爻变占例之探讨 996

64. 火水未济（䷿）

未济。亨。小狐汔济，濡其尾，无攸利。 1004
初六。濡其尾，吝。 1006
九二。曳其轮，贞吉。 1006
六三。未济，征凶。利涉大川。 1007
九四。贞吉，悔亡。震用伐鬼方，三年有赏于大国。 1008
六五。贞吉，无悔。君子之光，有孚，吉。 1009
上九。有孚于饮酒，无咎。濡其首，有孚失是。 1010
未济卦多爻变占例之探讨 1011

附录：变卦！变卦！ 1018

导 论

《易经》有一套由六十四卦、三百八十四爻的符号所构筑的象征体系，以爻与爻、爻与卦、卦与卦间种种错综复杂的关系来描述宇宙人生的变化。为了便于读者清晰掌握本书的分析架构，有必要将卦、爻象的基本含义作一番说明。

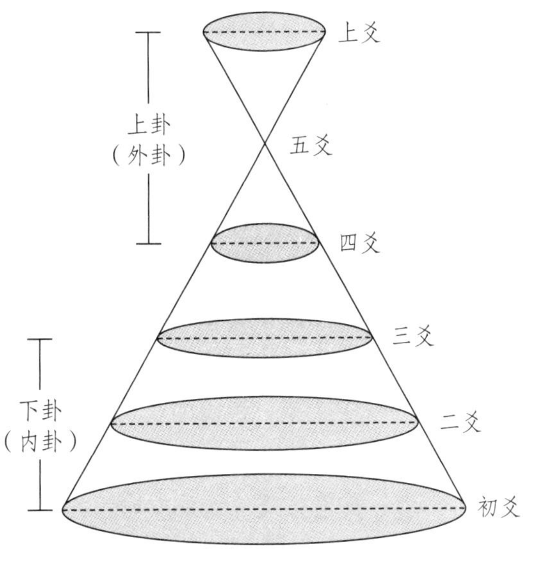

卦代表宏观的情境，爻则为其中不同层次、不同立场的更细微的变化。以组织结构而论，卦代表全体，爻则代表从基层到高层的六个位阶（如图）。初爻、二爻和三爻合组成下卦，为代表民间或地方政府的被管理阶层；四爻、五爻和上爻合组成上卦，为中央政府的决策管理阶层。上卦和下卦间的互动，即表示朝野的关系良窳，足以决定全卦的吉凶祸福。五爻为君位，独掌大权，领袖群伦；四爻为近臣或重臣之位，辅佐五爻治理天下，伴君如伴虎，角色很难扮演；上爻为半退休的老臣之位，有时也代表全卦的最高精神象征。

爻除了象征地位外，也代表时序的变迁。初至三爻为从始到终的一个周期，四至上爻为终而复始的又一个周期。第一个周期的特性即由下卦、亦称内卦来表征，次一周期则由上卦、亦称外卦而显示。

三画卦的八卦有其基本特性：乾（☰）健，精进不息；坤（☷）顺，和顺包容；震（☳）动，积极主动；巽（☴）入，婉转深入；坎（☵）陷，险恶陷溺；离（☲）丽，相续附着；艮（☶）止，适可而止；兑（☱）悦，衷心喜悦。至于乾为天、坤为地、震为雷、巽为风、坎为水、离为火、艮为山、兑为泽，则为自然界的八种取象，只要合于前述的基本特性，八卦可作无穷无尽的取象。

八卦相荡，上下内外互动的结果，自然产生六十四卦的种种情境。例如豫卦（䷏），上卦震动、下卦坤顺，表示决策高层积极主动、组织基层顺从配合，故有卦辞所云“利建侯行师”之象。又如丰卦（䷶），内卦离为火为明、外卦震动，表示先明而后动，真知力行的结果，当然大有斩获。

爻分阴阳，卦中初、三、五的奇数位为“阳位”，二、四、上的偶数位为“阴位”，阳爻居阳位或阴爻居阴位，称为“当位”，反之则为“不当位”。以人事安排论，当位即称职，量才适性，容易有好的表现。二爻居下卦之中，五爻居上卦之中，分别代表民间意见领袖及政府领导人的位置，不论当不当位，已经占了优势，这称为“得中”。当位又称“正”，“中”大于“正”，若“九五”、“六二”则既中且正，本身条件好到极点。

一卦中爻际的互动关系也很重要。相邻两爻间的关系为“承乘”，下承上、上乘下，组织内长官和部属的辖隶关系即属此。“阴承阳”，亦称“柔承刚”，实力弱的接受实力强的领导，正常而多吉；“阴乘阳”，外行领导内行，官大学问大，反常易获凶。“阴乘阳”、“柔乘刚”，也象征欲望蒙蔽了理智，正义不得伸张，当事者容易做错事情。

初爻和四爻、二与五、三与上，相隔三爻间的关系为“应与”，代表组织上下内外的呼应关系。相应两爻若为一阴一阳，资源互补，配合无间，称为“相与”；若同为阴或阳，合作关系较差，称“应而不与”（如下图所示）。人处任何环境，远近亲疏、承乘应与的关系特别重要，非搞清楚不可。

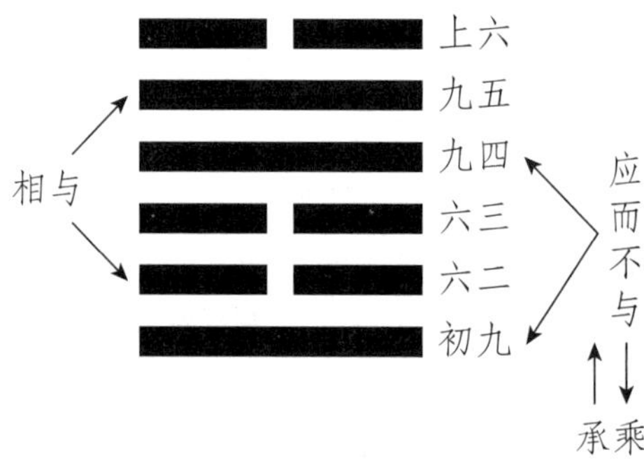

卦所代表的宏观情境亦非孤立，而与其他卦之间有或深或浅、或隐或显的关系。最常见也最密切的一种，称为“相综”，以卦画论，六爻依上下次序颠倒旋转一百八十度，所成卦象即为原卦的综卦。例如师卦和比卦相综（如下图所示），正面看为“师”，反面看为“比”，“师”是军事战斗，“比”是外交结盟，二者实为一体两面、同时俱生，可交相为用。外交需以武力为后盾，团体与团体间往往既联合又斗争。综卦的好处在教导人全方位看问题，设身处地了解对立者的观点，进而寻求辩证式的更高层次的综合。

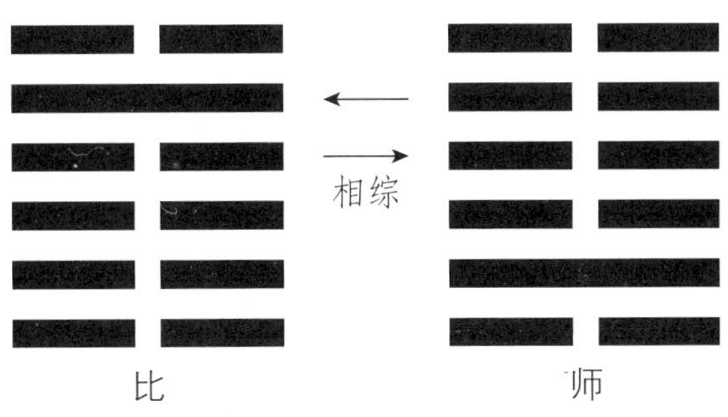

一卦六爻阴阳全变，所得之卦为原卦的“错卦”，代表一种彻底的剧烈变化。例如蒙卦和革卦相错（如下图所示），启蒙成功、民智全开即为革命。错卦亦称“旁通卦”，性质截然相反的事物，一样有建立共识、相资相成的可能。例如乾、坤相错，坎、离相错，天地合而生万物，水火合成既济（䷾）等。

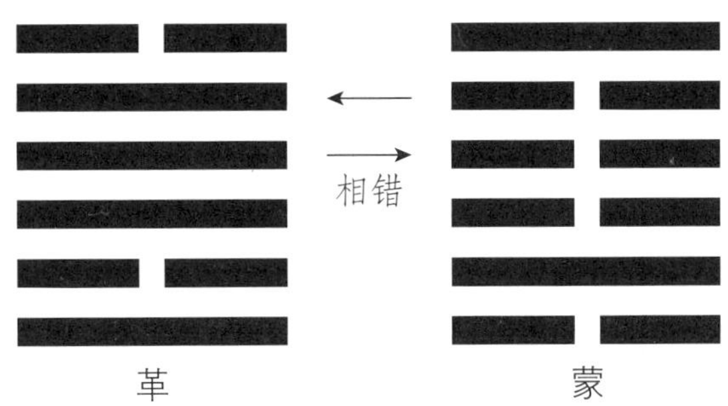

六十四卦非任意排列，有其自然演进的顺序，称为卦序。了解卦序，对事情发展的来龙去脉、前因后果即能掌握，看问题不但有历史的纵深，还可对未来有精确的预估。综卦既为一体两面、同时俱生，在卦序中当然排在一起；错卦表示剧烈的变化，在一个时代伊始和快结束之时也会并排出现。例如乾（䷀）一、坤（䷁）二，开天辟地就是错卦的大变动，既济（䷾）六十三、未济（䷿）六十四，宇宙绵绵无绝期。《易》分上、下经，上经三十卦，下经三十四卦，象征偏重天道或人事的两重演化。上经快结束前，颐（䷚）二十七、大过（䷛）二十八、坎（䷜）二十九、离（䷝）三十，为起伏极大的相错巨变；下经也是全经最后，中孚（䷼）六十一、小过（䷽）六十二，动荡之烈，令人很难适应。今日全球瞩目的金融风暴，政经格局变动之大，即印证了错卦之理。

积爻成卦，爻变，卦也可能跟着变，风云人物往往开创机运，扭转时代。例如困卦“九五”爻变，成解卦（如图），表示君子固穷，遭困不改常度，终于脱困；否卦“九五”爻变，成晋卦（如图），上下不交的局面得以重见光明。除了一爻变外，也有二至五爻变的情形，孰为主变数？孰为次要变数？抑或大家联合起来一起变？或者格于时势，想变而变不成？总之，个体和群体间的相互制约与连动，非常精微而复杂，足供我们深论世事之时参考。

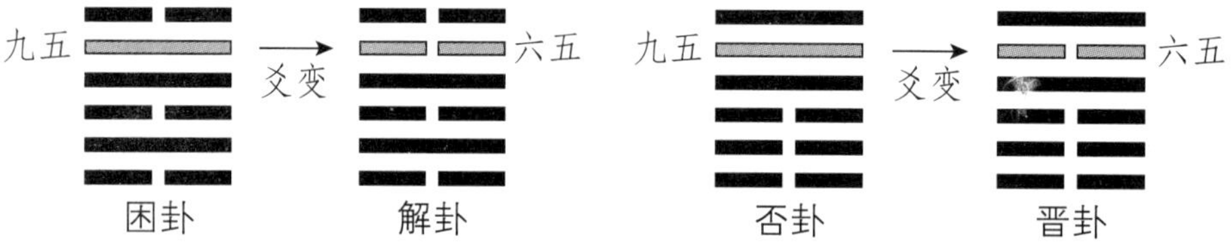

最后是“中爻”，也就是所谓卦中卦的理论。中爻指居全卦中间的三、四两爻，为天、地、人三才中的“人位”，承上启下、继往开来，多凶、多惧、多是非。此二爻与上下诸爻联结，重新排列组合，会产生新的卦，潜伏在原卦内而发挥无形的影响力。例如泰卦，以三、四、五爻合成上卦震（☳），二、三、四爻合成下卦兑（☱），配成雷泽归妹（如图），归妹卦即为泰卦的卦中卦；同理，否卦的卦中卦为渐卦（如图）。人生持盈保泰不易，骄奢致败，即受了归妹卦“柔乘刚，无攸利”的影响；而解消否境，往往漫漫难熬，也和“否”

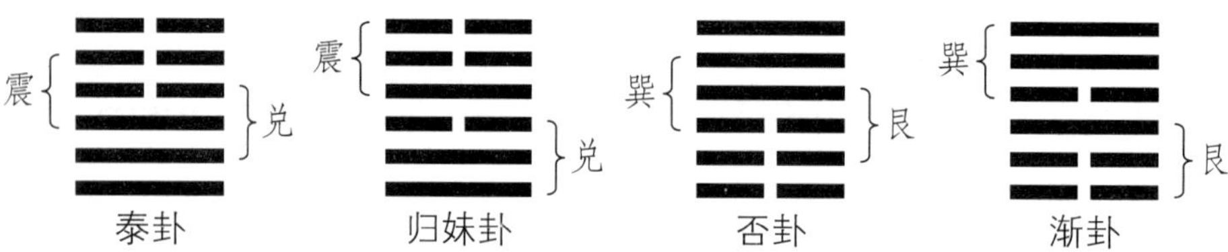

中之“渐”有关。

此外，三至上、初至四、二至上、初至五，亦可合成另四组卦中卦，都对本卦及相关爻位产生影响。人生实无孤离情境，一切息息相关啊！

《易经》狭义来说，系指卦爻辞，通共才四千多字；广义来说，则包括号称“十翼”的十篇传文在内，使其篇幅达到两万多字。《彖传》、《象传》依经分为上下篇。《彖传》解释卦辞、分析全卦结构、指出主力爻的地位，而且往往有崭新的创见。《象传》又分《大象传》和《小象传》，前者偏重上下卦的互动关系，将自然界的道理落实到人间世来施行；后者解释爻辞，依当位居中、承乘应与的法则剖析吉凶。

《系辞传》通论《易经》，分上下篇，共二十四章，哲理意境极高。《文言传》专释乾坤两卦，教人从基本面进德修业之略。此二传内文多称“子曰”，和孔子思想有密切关系。

《说卦传》探索作卦的缘由，阐论八卦的特性、方位及彼此互动的情状。《序卦传》解析卦序之理；《杂卦传》另出机杼，将原有卦序打乱，以一、二字对比显示错综诸卦之理，混沌中自有秩序，堪称“十翼”中压轴盖顶之作。

《杂卦传》最末言：“夬，决也，刚决柔也。君子道长，小人道忧也。”《易》为君子谋，天道悠悠无尽，人道庄敬自强，今日时习论《易》，也无非就是这种心情吧！

扫码聆听刘君祖老师亲自讲述大易之道

——逐字逐爻详解易经六十四卦

占卜玄机

占卜之学是《易经》里很特殊，也极富魅力的领域，一般人对《易经》的印象，往往与之有关。易学中一向有义理与术数的分途，阐扬义理固为儒林正宗，占卜术数能风行华夏数千年，也必有其难以磨灭的价值。

我自己学《易》近四十年，对占卜本来是存而不论，虽知晓筮法大要，一直也未曾深究。二十多年前，因事业上遭遇极复杂难解的问题，心血来潮，破例开占。本以为断几卦便可歇手，不想事态发展出人意料，竟陆续占了数百卦，还未见了局。世道艰险固然深有体会，误打误撞，困知勉行，对占卜之学倒也颇窥门径。后来因授《易》讲学的需要，即占即悟，体会更深，竟走出了一条前所未有的新路。

一般我们说“卜筮”，“卜”是用龟甲或兽骨，以火灼烧，视其自然显现的裂纹（即所谓兆）而定吉凶；“筮”则是用竹签或蓍草，共五十根，透过一定程序的分合演算，得出六爻卦象，再根据卦理判断吉凶。龟卜之术应已失传，筮法虽有争议，一直流传至今。

蓍草难寻，一般都是用代用品，竹签、木棍甚至围棋子，只要规格化有五十数就可以拿来占筮，我自己用的多年前定做的五十根、一尺长的钢条，因为沉重，摆在家中，出外旅行另备短得多的竹签，就是烤肉用的那种，超市都买得到。还有些场合，什么也没带，临时起意，就用瓜子壳或牙签凑数，在觥筹交错、歌酒尽欢的喧嚷里，凝神试占，倒也没有不准过。可见规格化云云，或者什么烦琐的“筮仪”，熏香沐浴、斗室孤灯之类，都不是最重要的条件。真正的“决策”关键，还在苦思求解的诚意，即所谓“至诚如神”，精诚所至，才能感应金石为开。这是卜筮之魂，也是易象易理的发轫点。

往下我们直接介绍筮法——大衍之术。《系辞上传》第九章专述筮法：

大衍之数五十，其用四十有九。分而为二以象两，挂一以象三，揲之以四以象四时，归奇于扐以象闰，五岁再闰，故再扐而后挂。乾之策二百一十有六，坤之策百四十有四，凡三百有六十，当期之日。二篇之策，万有一千五百二十，当万物之数也。是故四营而成易，十有八变而成卦。八卦而小成，引而伸之，触类而长之，天下之能事毕矣。显道神德行，是故可与酬酢，可与佑神矣。子曰："知变化之道者，其知神之所为乎。"

"衍"是推演、演化、演变之意，筮法是以蓍草来模拟天地万物创生演化的过程。要做好完整的模拟演化（大衍），须准备五十根蓍草，占筮时抽出一根不用，只用四十九根。这就是"大衍之数五十，其用四十有九"。不用的那根象征太极，是万物创生的本体，以不变应万变。

将四十九策（一根蓍草或竹签叫一策，我们所谓决策、计策、策略都由此而来，决策就是以策决疑）任意分为左右两部分，这就是"分而为二以象两"，象征太极生两仪，有了天地阴阳、男女对待。这个一分为二的动作极为重要，直接决定了往下每一变的发展，成一个卦要历经十八变，这个动作也就重复十八次。左右策数各多少，完全随机与偶然，无法事先确定。巴比伦秘传的高级占星术，用扑克牌占运，也有类似的操作（切牌），天下之理应有互通。

将右半边的部分挂其一策，这就是"挂一以象三"，所挂之策与前面分化的两部分，合而为三，象征天、地、人三才。

将该部分"挂一"后剩下来的策数，每四个四个一数，这就是"揲之以四以象四时"，用来象征一年四季春夏秋冬。"揲"音"舌"，就是数的意思。

数到最后，会有余数，就像除法一样。不同的是若整除，不是余数为零，而是余数为四。换句话说，剩余的策数可能为一、二、三或四。将余策取而夹之指间，这就是"归奇于扐以象闰"。"奇"就是余数，"扐"是手指之间，"闰"是闰年，每四年闰一次，即大家熟知的一年三百六十五又四分之一日，零头凑齐在闰年为三百六十六日，阳历上是 2 月 29 日。

这时再取原先分二后搁置的左边另一部分，也是四个、四个一数（注意：这时不需再"挂一"，直接"揲之以四"），数到最后，剩余策数当然也是一、二、三或四，将余策取而夹之指间。

最后将指间所夹的两次余策取出，与原先"挂一"之策放在一起，这就是"五岁再闰，故再扐而后挂"。一闰之后，第五年又闰，所以须将另一部分也“揲四”、“归奇于扐”，如法炮制一番。完成后再将扐之余策挂置。

以上才完成一变，一个模拟天、地、人、时的循环。其结果有两种：除掉“挂一”跟再挂的余策外，还剩四十四策或四十策——亦即再持的余策总和为“四”或“八”。因四十九根“挂一”后剩四十八根，是“四”的倍数，分而为二后各以“四”除，余数的和当然非四即八，这是数理的必然。前面说分二是随机与偶然，往下的“挂一”、“揲四”、“归奇”，以及再“揲四”、再“归奇”而后挂，则是偶然后的必然发展。万事万物的创化过程确实如此，许多突破性的创造发明是无中生有，很偶然很随机，并无定法可循，而创生后依法推演就容易得多了。

往下再将一变所剩的策合在一起（总数为四十四或者四十），依上例推演。经分二、挂一揲四、归奇、再揲四、再归奇而后挂等操作，完成二变，其结果有三种：还剩四十或三十六或三十二策。

然后再将二变所剩之策合在一起（四十或是三十六或是三十二），依例推演，完成三变其结果有四种：还剩三十六或三十二或二十八或二十四策，这就代表四个四个一数的总次数为九或八或七或六。“九”为老阳，是可变的阳爻；“八”为少阴，是不变的阴爻；“七”为少阳，是不变的阳爻；“六”为老阴，是可变的阴爻。

至此初爻成，所谓“三变成一爻”。阳爻画“—”，如为老阳，记一“九”字于画旁；如为少阳，则记一“七”字于画旁。阴爻画“- -”，如为老阴，记一“六”字于画旁；如为少阴，则记一“八”字于画旁。

二、三、四、五、上各爻皆依初爻的演法得出，六爻得出，卦即完成。一卦六爻，每爻三变，所以十八变而成一卦，这就是“十有八变而成卦”。

至于“四营而成易”，有两种说法：一是“易”作“变”解，“营”是经营、操作，“四营”就是“分二”、“挂一”、“揲四”、“归奇”四项单元操作，十八变中每一变都是这样操演而成。一是“四营”即指六、七、八、九四个数，七、九奇数为阳，六、八偶数为阴，所谓“天一地二，天三地四，天五地六，天七地八，天九地十”，占了其中四个。依筮法操作，不论“分二”的歧异有多大，三变的最后结果，一定不出这四个数。

“四营”又象征一年四季，“七”象春，是少阳，阳气渐壮；“九”象夏，是老阳，气温升高阳气已至成熟巅峰；“八”象秋，是少阴，由老阳阳极变阴而成，气温逐渐下降；“六”象冬是老阴，气温更低，寒气更重。明年阴极转阳，气温回升，又将变成“七”的少阳。

由“七”到“九”、由“八”到“六”是阳气、阴气本身由弱转强的发展，属于量变，所以“七”为不变的阳爻，“八”为不变的阴爻。由“九”变“八”、由“六”变“七”则是阳极生阴、阴极生阳的质变，所以“九”为可变的阳爻，“六”为可变的阴爻。《易》卦六爻以九、六代称，而不称七、八，一则表示《易经》重视变，二则断卦须以爻辞为占时，该爻已生变动，往下很快会讲到。

“四营”数字的长消循环，与四时气温的长消循环、植物生命的长消循环相配合，并非随意安排，这是易理致密之处。

以上成卦之法写来繁复，一时似乎难以掌握。其实一回生二回熟，操演熟悉以后，根本非常简单。所谓“演卦容易断卦难”，真正难是难在断卦，精研一辈子，也未必能百发百中，演卦则小学生都能依式推演。多年前我初试占法时，为了怕错，亦步亦趋，照本施为，成卦完毕，花了快一小时。尔后日渐熟练，十几分钟也能占决完而有所会心。值得一提的，筮法中规定“挂

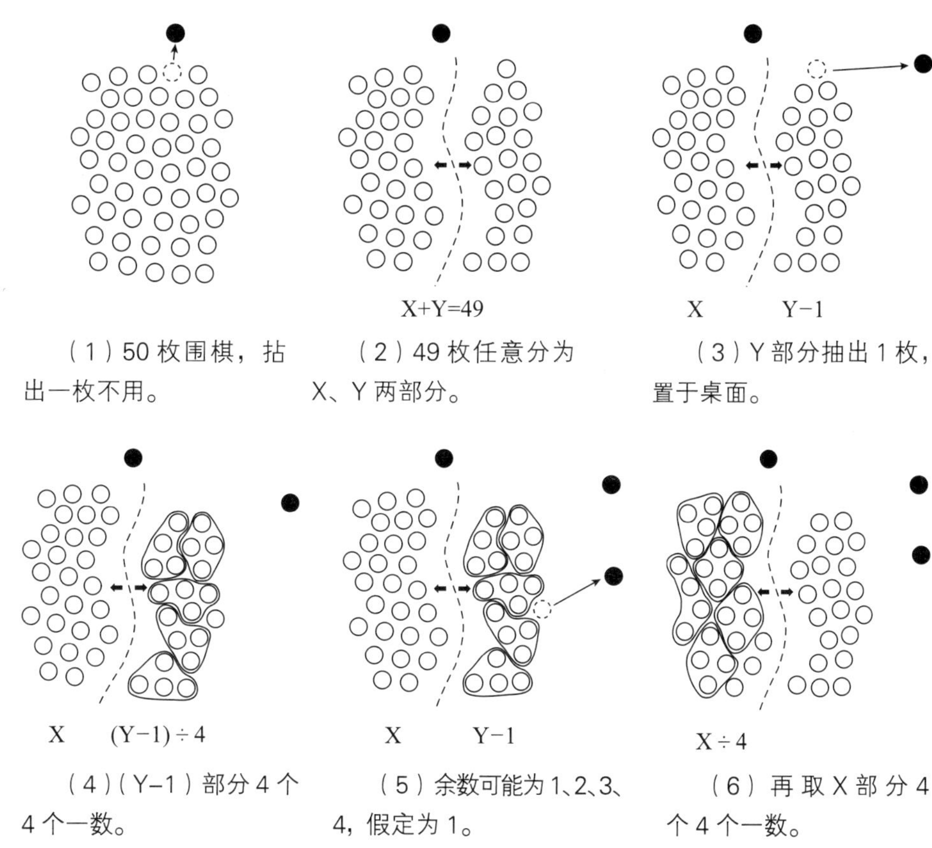

（1）50 枚围棋，拈出一枚不用。

（2）49 枚任意分为 X、Y 两部分。

（3）Y 部分抽出 1 枚，置于桌面。

（4）（Y−1）部分 4 个 4 个一数。

（5）余数可能为 1、2、3、4，假定为 1。

（6）再取 X 部分 4 个 4 个一数。

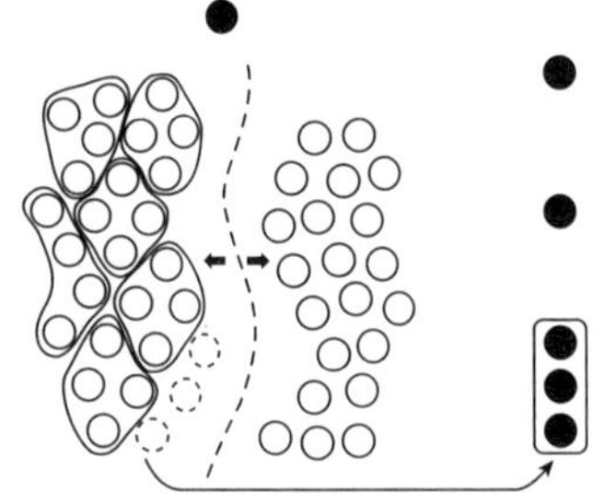

（7）余数在此例中，必为 3，此即完成一变。将剩下的棋子再合并到一起，在此例中，总枚数为 49−1−1−3=44。

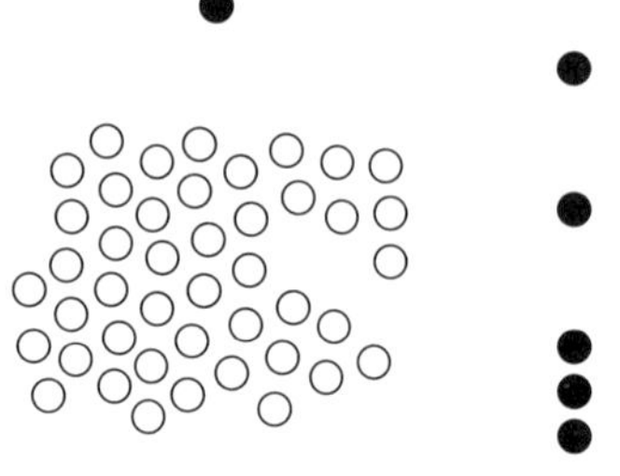

（8）以合并后的 44 枚开始进行二变，重新组合。

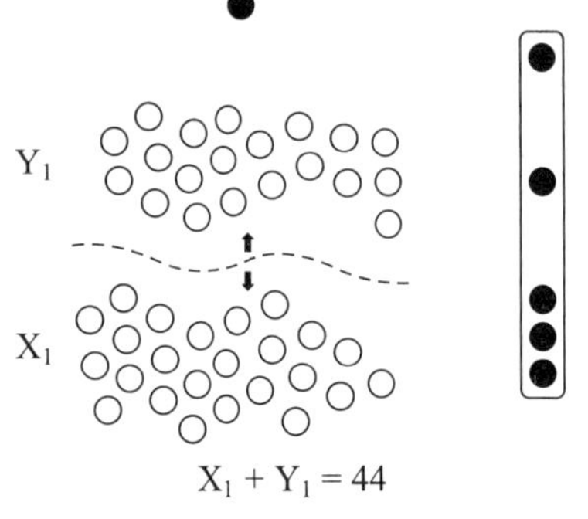

（9）44 枚任意分为 X_1、Y_1 两部分。

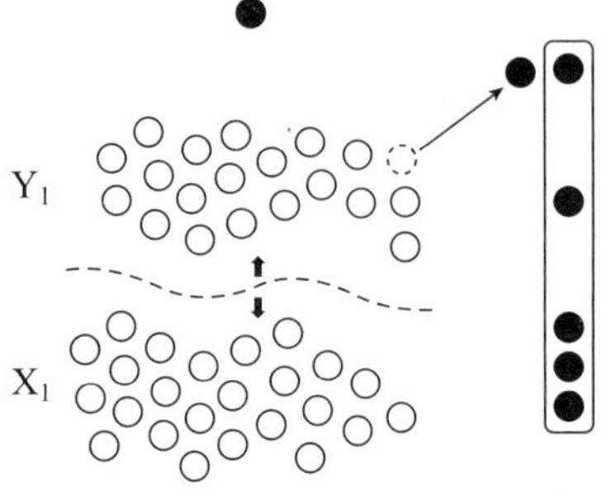

（10）Y_1 部分抽出一枚，置于桌面。

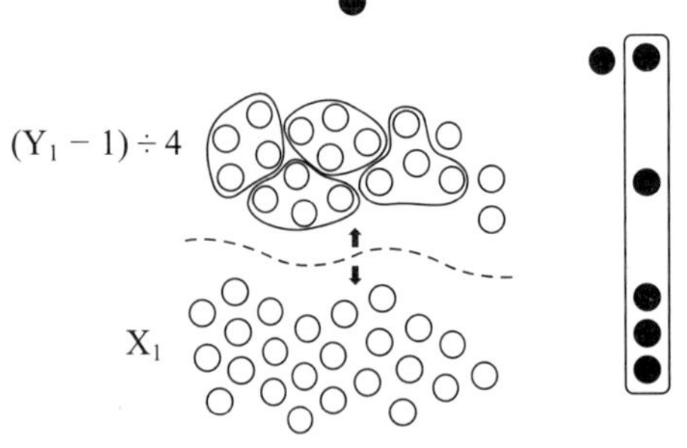

（11）（Y_1−1）部分 4 个 4 个一数。

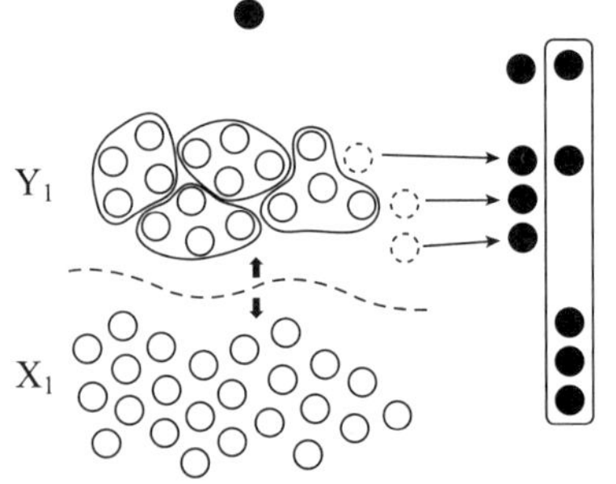

（12）余数可能为 1、2、3、4，假设为 3。

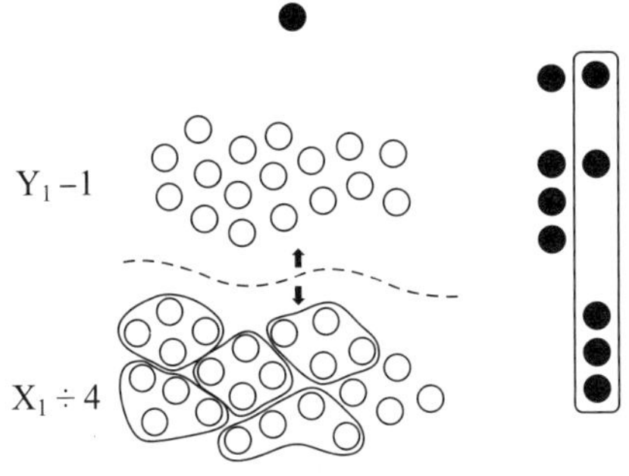

（13）再取 X_1 部分 4 个 4 个一数。

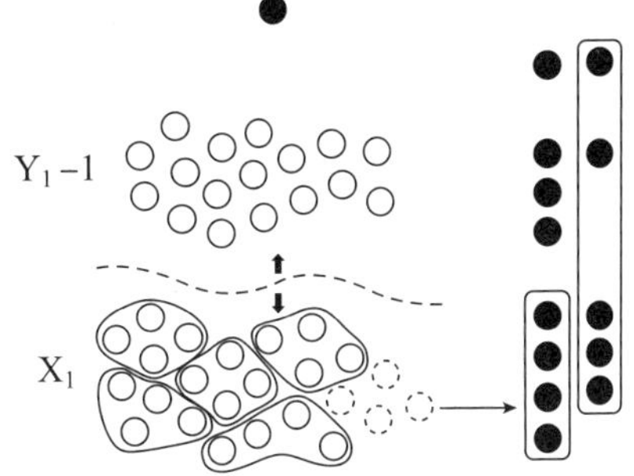

（14）余数在此例中，必为 4，此即完成二变，将剩下的棋子再合并到一起，此例中，总枚数为 44–1–3–4=36。

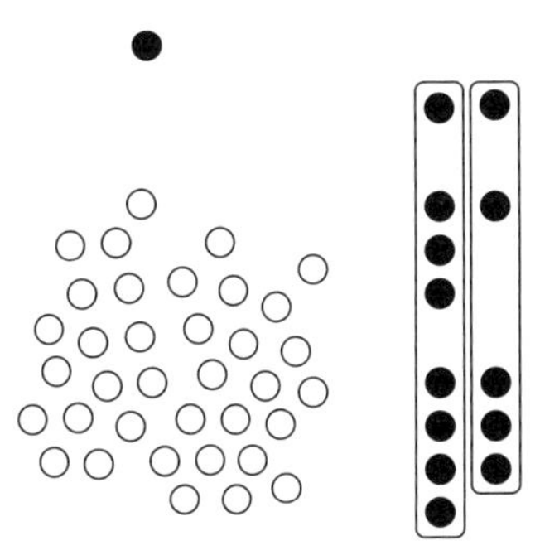

（15）以合并后的 36 枚，开始进行三变。往后即依前例操作，再分 X_2、Y_2 两部分，（Y_2–1）部分 4 个 4 个一数，余数可能为 1、2、3、4，假设为 4。X_2 部分 4 个 4 个一数，余数在此例中，必为 3，而完成三变，此例，余数为 36–1–4–3=28。

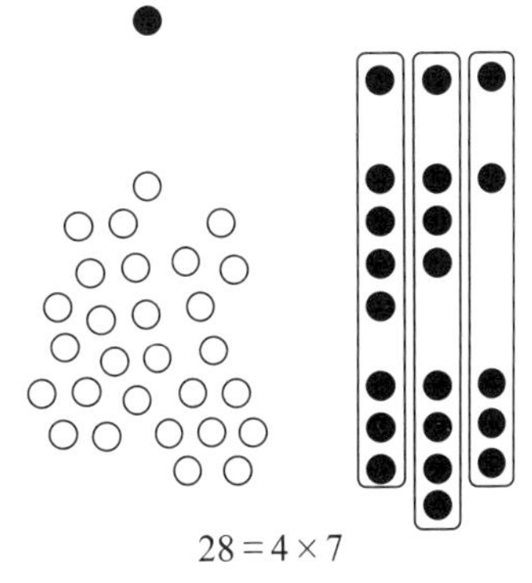

（16）此为三变完成图。28÷4=7，表示初爻为七，为不变的阳爻。

一”、“归奇”须夹于指间，实际操作上可能不大方便，若占具是棋子或瓜子壳，也无从夹起，这些都不必拘泥，仅置于桌面上即可。为了便于大家了解，下面还是以围棋子做占具图解的方式辅助说明。

图例得出初爻为不变的阳爻，在爻画旁注以“七”字。往下循同样步骤可演出二爻（虚一不用，象征太极的那一枚，在全部演卦过程中不可再动），若如下图所示，则余枚必为32。亦即“揲四”之数共8组，即二爻为少阴——不变的阴爻，在爻画旁注以“八”字。

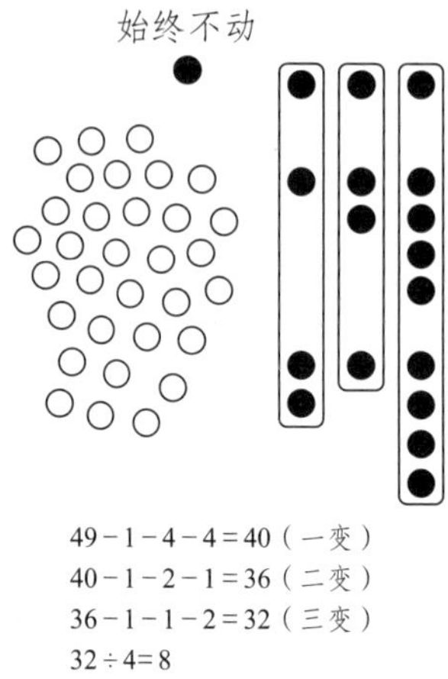

往下循环反复操作，可得出三、四、五、上各爻，假定都是七、七、八、八，即表示所有爻均无质变的可能，亦即所得出“之卦”不变，按筮法须以卦辞来占。例如成卦如下：

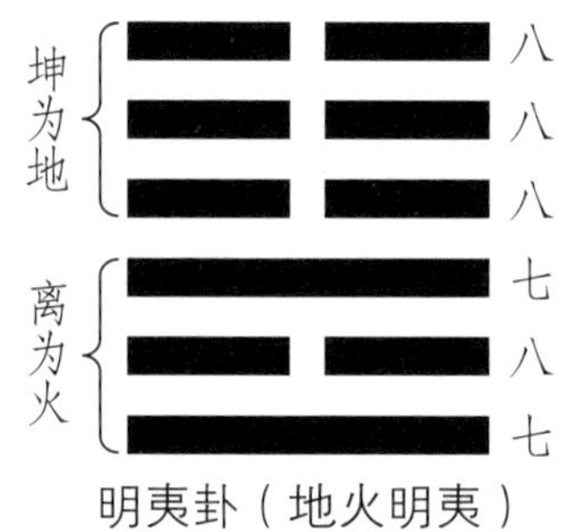

明夷卦（地火明夷）

明夷卦的《卦辞》只有三个字：“利艰贞。”这个卦我在二十多年前事业压力极大时占到，一看是不变的明夷卦，不觉苦笑。往后也时有出现，都是在身心境况极苦、周遭情势十分恶劣的关口。“如人饮水，冷暖自知”。几年下来，对明夷一卦的体会格外亲切。《易经》中有许多险卦、苦卦，而明夷卦是最艰难困苦的。“明”是有智慧、有本事能发光照亮世界，“夷”是受伤。“明夷”就是英雄末路，好人受苦，而且可能是长期受苦，三两下绝难脱困。“利艰贞”，就是教你做好承受大难的心理准备，在最艰困的环境下，仍得固守最重要的原则。八年抗战时，有人占国运，就碰到这卦。人道惊险，世路崎岖，多参悟这些处逆境的道理，总有补益。占筮时，并无其他规定或秘诀，只须专心存想要问的问题。为免干扰，一般多选较幽静的场合。

前例是不变的明夷卦，六爻非“七”即“八”，实占时也可能碰到“九”、“六”的可变之爻，例如下面的完成图：

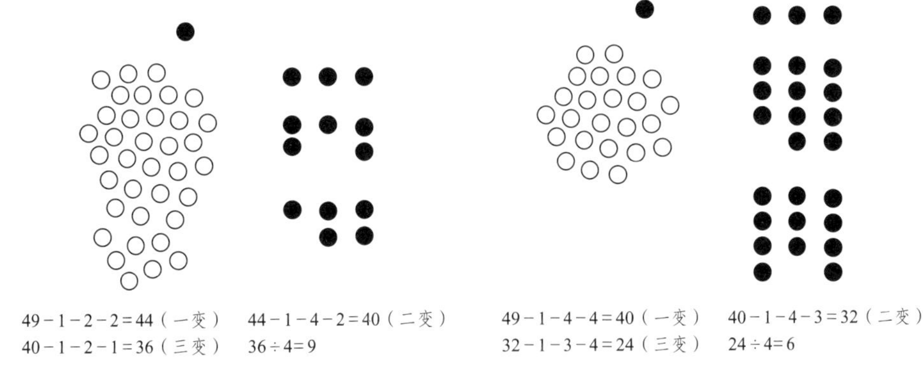

卦中出现可变之爻，复杂性大增，往下我们进入变卦法的讨论。

扫码聆听刘君祖老师亲自讲述大易之道

——逐字逐爻详解易经六十四卦

断占总论

以大衍之数的占法算出本卦后，若出现老阳“九”、老阴“六”的可变之爻，而且变爻不止一个，当如何判断卦的走势，又以哪个变爻的爻辞为准呢？

朱熹在《易学启蒙》一书中，“明蓍策”、“考变占”等篇提出的说法，不知根据何在？变爻多至四五个时，以之卦不变爻占断，更违反了占“九”、“六”动爻、不占“七”、“八”静爻的基本规律，既繁复又说不出个道理，实难依从。

日人高岛吞象所著《高岛易断》一书，所谓活解活断800例，最后皆以某卦卦辞或某爻爻辞论断，并未交代占算过程，是否依朱子之法不可得知。一卦中多爻变很常见，至少在四成六以上，可参阅本书附录邱云斌所撰《变卦！变卦！》一文，是否能简化为以其中一爻为主？揆诸常理，颇可商榷。

我习《易》近四十年，翻看了古今好多论述，再以自己上万占的实际经验印证，觉得还是以现代学者高亨的说法最可信。他在《周易古经通说》末篇“周易筮法新考”里，提出一个“宜变之爻”的概念——可变之爻那么多，哪一爻应该变呢？他推敲《系辞上传》第九章的文字：“天一地二，天三地四，天五地六，天七地八，天九地十。天数五，地数五，五位相得而各有合。天数二十有五，地数三十，凡天地之数五十有五，此所以成变化而行鬼神也。”分析必有所谓，在行文脉络上与筮法密切相关。天数为奇，地数为偶，五个奇数相加为二十五，五个偶数相加为三十，总和为五十五。这么简单的算数，连小孩都会，何必在此郑重说明？

“此所以成变化而行鬼神也！”天地之数的五十五，就是要用来决定卦的变化。占出爻的结果不出六、七、八、九四个数，称为四营，将一卦六爻的营数相加，可得出卦之营数，最小为三十六（六爻皆“六”），最大为五十四（六爻皆“九”）。营数的极限比五十五还少一，相当耐人寻味，让人想起虚一不用、象征太极的那根蓍草。人怎么费心经营，也超越不了天地的定数，千算万算，不抵老天自然一算啊！

高亨认为欲定变卦，须以“卦之营数”与“爻之序数”凑足天地之数，方法是以五十五减去卦之营数，所得余数可能为一到十九。自初爻往上数，数至上爻，再自上爻往下数，数至初爻，复自初爻往上数，如此循环往复，直到余数尽了为止，所止之爻位即为“宜变之爻”。

筮时所得卦，称为“本卦”，因爻变所成的卦，称为“之卦”或“变卦”。“之”即至、到、变成之意。本卦也称“贞卦”，之卦也称“悔卦”，三爻齐变时即有“贞悔相争”的相持不下的情形。一般就本卦论，下卦即内卦称“贞”，上卦即外卦称“悔”。筮法上有“贞我悔彼”之说，以内卦代表问占者本身，外卦代表对手或对象，但亦不可一概而论。总之，由“贞”到“悔”，代表事势变动发展的方向。

为了说明方便，往下将所有筮占可能出现的类型，依上述断占原则，举例阐析之。

（1）六爻皆不变

本卦六爻皆为“七”或“八”，所有爻都没有变动的意向，全卦当然安静不变，根本用不上天地之数的计算，直接以本卦的卦辞卦象占断即可。

【占例 1】2012 年元旦，我占算当年世局，得出七、八、七、八、八、八，亦即不变的地火明夷卦（䷣）。没有爻变，以卦辞卦象为断。明夷卦下离上坤，明在地中，有黄昏落日的黑暗之象，《彖传》称：“以蒙大难。”又称：“内难而能正其志。”大概是《易经》中最痛苦的一卦了！卦辞称：“利艰贞。”当年全球经济艰困，2008 金融风暴的后遗症严重，欧债、美债拖垮了国际民生，失业率高涨到有史以来的新高，加以天灾人祸不断，真是地道的黑夜景观。依卦序，明夷卦之后为家人卦（䷤），经济衰敝，许多人都回家待业；家人之后为睽卦，经济久不振兴，会滋生人际不和的社会问题，导致乱象频仍。

【占例 2】2008 年 9 月 15 日金融风暴爆发，美国国会审议后通过，投入七八千亿美金救市，我一位公务员退休的老学生投资基金血本无归，占问救市有效否？得出八、七、八、七、八、七，即不变的火水未济卦（䷿）。六爻皆不动，以卦象卦辞判断即可。未济为实力不足，渡不过河，卦辞有称：“小狐汔济，濡其尾，无攸利。”印钞救市，无异饮鸩止渴，何况债务破洞太大，根本无济于事。由这些年来的发展看，易占一针见血，完全正确。

（2）六爻全变

本卦六爻皆为九或六，等于是组织中所有成员全票通过改变现状，以六爻全变（阳爻变阴爻，阴爻变阳爻）所成“之卦”的卦辞卦象为主断占。当然，这与直接占到不变的之卦不同，还需考虑由本卦剧变成之卦的情由。由于变量太多，宜变之爻已无意义，也不必再用天地之数的方法去计算。

【占例1】1993年3月初，我当时在一家知名的出版公司任总经理兼总编辑，产销勤一把抓，力图振衰起敝。当年2月的直销业绩远低于标准值，影响财务调度甚巨，我去参加业务部门月会前，占问应如何要求改善？得出九、九、六、九、九、六，即六爻全变的丽泽兑卦（䷹），其之卦为兼山艮卦（䷳）。“兑”为口舌申说、谈论不息，“艮”为稳定静默、不动如山。由兑说变艮止，与其啰唆咎责，不如保持沉默，反而更见威慑之效。结果确实如此，往下一个月将士用命，做出好的成绩。雄辩为银，沉默是金，金胜于银啊！

【占例2】2011年2月初，我在北京的朋友帮我策划安排系统授《易》的课程，定名“神州首届易学精英班”，对象为企业高端人士，共八天四十八小时。我问办得成否？得出九、九、九、九、九、六，即六爻全变的泽天夬卦（䷪），其之卦为山地剥卦（䷖）。夬卦卦辞云：“扬于王庭，孚号有厉。告自邑，不利即戎，利有攸往。”为集思广益后，再下决策之意。《系辞下传》次章末称：“上古结绳而治，后世圣人易之以书契，百官以治，万民以察，盖取诸夬。”夬卦为集体创作、长期累积的经典智慧，政府与民众都据此决策行事，大易之道正是如此。剥卦卦辞云：“不利有攸往。”招生过程大概不会太顺利。剥卦之后为复卦，易理教人剥除外在的许多假象，直探事物的核心真相，培养决策者洞察机微的智慧。结果当年7到8月间，利用周六、周日的假期，分四次完成开班讲学的志业。

六爻全变之本卦若为乾、坤，又有不同考虑。依高亨的说法，占到六个“九”的六爻全动的乾卦，主要以“用九”“见群龙无首，吉”断占，而非用坤卦卦辞；占到六个“六”的六爻全动的坤卦，主要以“用六”“利永贞”断占，而非用乾卦卦辞。此解于《左传》有据，虽然后世争议甚多，我看还是有道理的。其实占到六爻全变之卦的几率甚低，约略大于五千分之一，占到六爻全变的坤卦更是稀罕之至，为16777216分之一，亦即4096乘4096分之一，相当于同一问题连占三次，均得出同一卦象，没有特殊机缘是碰不到的。

【占例 3】2003 年春，我在台湾工商建设研究会开长期的《易经》课，教占时，那位企业女强人的班长问她若赴大陆发展的前景，占到六爻全变的坤卦，习占第一卦就六六大顺，让人难以置信。不过以结果论，她确实发展得很顺利，如坤卦“用六”所示：“利永贞。”《小象传》称：“用六永贞，以大终也。”《易》例阳大阴小，坤阴为小，顺势用柔，汲取阳刚的资源，终成壮大，也合乎坤变为乾之意。

【占例 4】2006 年间，我一位做纺织业的学生，欲购置上海陆家嘴地区的办公室，占问合宜否？得出六爻全变的乾卦。“用九”云：“见群龙无首，吉。”乾卦勇猛精进，坤卦《彖传》称：“行地无疆……应地无疆。”由乾变坤，购置房地产应相当合适。他立刻买下，住、办兼租赁，房价已涨升不少，绝对划算合宜。

(3) 一爻变

除六爻全不变与全变的情况之外，其他一爻到五爻变的情形，都得先求其宜变之爻。宜变之爻若为九（老阳），则变为八（少阴），若为六（老阴），则变为七（少阳），要参考本卦变爻的爻辞断占。三爻至五爻变，表示过半数想变，局势很不稳定，需考虑多爻齐变的情况，二爻变以上，何者为主变量？何者为次要变数？亦须仔细斟酌。往下还是列举各种状况，举占例以详细说明之。

一爻变的情形中，若此爻正好值宜变的爻位，则阳变阴或阴变阳，而得出“之卦”，主要以本卦变爻爻辞断占，同时亦可思考由本卦变成之卦的情由。

【占例 1】2012 年 7 月 20 日，美国丹佛市的午夜场电影院发生持枪滥杀惨案，末世的杀机已现，我问应如何评估此事？得出六、八、七、七、七、八，泽山咸卦（䷞）的“初六”爻动，其卦之营数为四十三，以五十五减之，余十二。依前述之法反复数到初爻而十二尽，即初爻恰值宜变的爻位。初爻为“六”可变，变为“七”而全卦成泽火革卦（䷰），称为“遇咸之革”，主要以咸卦“初六”爻辞断占：“咸其拇。”大拇趾受感应动了，其他脚趾都会逐渐跟进，这种带头示范的效应，令人不寒而栗，会造成这个世界天翻地覆的变革。其实 2011 年 7 月 22 日，挪威奥斯陆爆发的滥杀事件已有征兆，时隔一年，恐非偶然，当时我就觉得祸不单行，必有后继者，真是不幸而言中。

不到一月内，美国威斯康星州及得州陆续又发生滥杀惨案，易占的预警果然实现，世之仁人志士当如何面对呢？

【占例2】2007年9月下旬，我在富邦金控的精英班上课，谈起2012文明浩劫的种种传闻，问是否确有其事，并进一步探究，在那之前最可能爆发的是否金融风暴？得出八、八、六、八、七、八，即水地比卦（䷇），“六三”爻动。其卦之营数为四十五，以五十五减之，余十。依前述之法反复数到三爻而十尽，即三爻恰值宜变的爻位，三爻为六可变，变为七而全卦成水山蹇卦（䷦），称为“遇比之蹇”，主要以比卦“六三”爻辞断占：“比之匪人。”《小象传》解释：“不亦伤乎！”比为依附结盟，一旦找错了合作对象，不但没得好处，反受牵连损失惨重。蹇卦外卦坎险、内卦艮阻，内忧外患，寸步难行。比卦的《大象传》称：“先王以建万国，亲诸侯。”透过汇率、利率等操作，方今世界的经贸理财活动已连成一气，休戚与共，一处出事，会拖垮各处遭殃。一年后，“九一五”全球金融风暴爆发，易占准确地算到了这桩国际大事。

【占例3】2002年元旦，欧元实体货币上市，我问一两年内其价值表现如何？得出七、八、八、八、八、九，即山雷颐卦（䷚），“上九”爻动。其卦之营数为四十八，以五十五减去之余七，依前述算法反复数到上爻而七尽，即上爻恰值宜变的爻位。上爻恰好为九可变，变为八而成地雷复卦（䷗），称为“遇颐之复”，主要以颐卦“上九”爻辞断占：“由颐，厉吉，利涉大川。”《小象传》解释：“大有庆也。”颐卦为一生态体系，上卦艮为山，“上九”当靠山之顶，实力雄厚，足以撑起整个生态体系，普遍滋养其内的所有成员。复卦一元复始，万象更新，代表核心的开创力。由“颐”之“复”，刚上市的欧元能量可观。果然当年底就超过了美元的币值，2004年且攀高至1.35的兑换率。当然，此一时彼一时，金融风暴后欧元险象环生，币值大降，这是后话了！颐卦《彖传》末叹称：“颐之时大矣哉！”

一爻变的情况，若该爻并不值宜变爻位，则可以本卦卦辞卦象断占，也还是须重视该爻爻辞所示的变动意向，并参考一旦变为之卦后的可能发展。

【占例4】2005年5月下旬，我推算欧元区未来三年的经济情势，得出八、七、九、七、七、八，即泽风大过卦（䷛），“九三”爻动。卦之营数为四十六，以五十五减之余九，依前述之法反复数到四爻而九尽，四爻为宜变爻位。四爻为七，没法变，还以大过卦辞断占。大过承载过重，有扭曲崩灭之虞，卦辞称：“栋桡，利有攸往，亨。”虽然危险，却不能走回头路，只能奋力向前，打开亨通之局。“九三”为“九”可变，仍有变动可能，若径自变化，则得之卦为泽水困（䷮），称“遇大过之困”，参考其爻辞：“栋桡，凶。”《小象传》解释：“不可以有辅也。”栋梁弯曲即将折断，任谁也救不了！困为资源枯竭，“遇大过之困”，欧元区窘境可见一斑，“九三”爻辞所言，更突显了大过卦的严重性。依卦序，困卦之前为升卦（䷭），升为高度成长，过分扩张会导致泡沫化。欧元区的经济如此，华尔街设计出来的衍生性商品酿成金融风暴，全球深受其害，亦复如是。2008 年 9 月以后的形势，验证了本占的精确性。

(4) 二爻变

本卦若有二爻为九或六，如其中一爻恰值宜变之位，表示该爻为主变量，以其爻辞为主断占，另一爻为次要变量，亦列为参考。宜变之爻爻变所得之卦象，以及两爻齐变所成之卦象，与本卦之间的因果关联，亦应用心思考。

【占例 1】2006 年年初，我占算当年中、美两国的关系，得出八、八、八、九、九、八，即泽地萃卦（䷬），四、五爻可变。卦之营数为五十，以五十五减之余五，依前述之法数到五爻而五尽，即五爻恰值宜变之爻位。五爻为九可变，为主变数，单变为雷地豫卦（䷏），四、五爻齐变为坤卦（䷁）。依理以萃卦“九五”爻辞断占：“萃有位，无咎。匪孚，元永贞，悔亡。”“萃”为出类拔萃、精英相聚，美国国力超强，却不孚众望，正为“九五”爻辞所述。“九四”实力居下风，国际社会中较受欢迎，其爻辞称：“大吉，无咎。”有分庭抗礼之势。“九五”单爻变成豫卦，为思患豫防的武备，卦辞称：“利建侯行师。”美国担心中国坐大，刻意防范。两爻齐变为坤卦，两个广土众民的大国倘若冲突，举世遭殃，彼此只能顺势用柔，互相包容对方。萃卦二阳四阴，“九四”、“九五”居领导地位，各拥实力，一山须容二虎啊！当年的中美关系的确如此。

二爻变的情况中，若两爻均非宜变之爻，仍以本卦卦辞卦象断占，因卦中可变之爻少于不变之爻，大局尚可维持稳定。两爻欲变而未成，其意向仍宜列入观察考虑，二爻爻辞及两爻齐变所含之卦象，亦多注意。

【占例 2】2003 年 6 月上旬，我去台湾电子大厂 BenQ 总部与李焜耀董事长晤面，他与我是台大土木系大一同班同学，大二转电机系，毕业后跟随施振荣创业历练，事业格局做得很大。他当时畅谈自创国际品牌的想法，雄心勃勃，我私下却不看好，返家后，占算未来 3~5 年他的前景，得出九、八、七、九、八、七的离卦（䷝），初、四爻可变。卦之营数为四十八，以五十五减之余七，依前述之法数到上爻而七尽，即上爻为宜变爻位。上爻为七，没法变，以离卦的卦辞卦象断占："利贞，亨。畜牝牛，吉。"

离卦为文明网络，向各方延伸以求继续光明，其《大象传》称："明两作，大人以继明照于四方。"BenQ 的信息产业在两岸已做出亮丽的成绩，李焜耀企图推向全球，再创辉煌。然而初、四爻的动向不利，万万不可忽视。"初九"爻辞称："履错然，敬之无咎。"提醒当世人审慎分析，别踏出错误的第一步，不然可能遭遇"九四"爻辞所描述的大灭绝："突如其来如，焚如，死如，弃如。"《小象传》且称："无所容也。""初九"在内卦为因，"九四"在外卦为果，两爻相应，间隔三爻，一爻当一年，若轻举妄动，三年后可能出大灾祸。果然到 2006 年年底，李焜耀公开宣布并购德国西门子厂的大案失败，为此损失五百亿台币。其实，离卦初、四爻齐变，为兼山艮卦（䷳），重重阻碍，难以超越，应该见机而止。

【占例 3】2009 年年初，金融风暴刚发生不久，举世经济低迷，我问中国内地当年的经济情势如何？为九、七、七、七、八、九的火天大有卦（䷍），初、上爻可变。卦之营数为四十七，以五十五减之余八，依法数到五爻而八尽，五爻为宜变爻位。五爻为八没法变，以大有卦的卦辞断占："元亨。"同人、大有二卦，为世界大同的理想，经贸方面的表现即国际化、全球化。"元亨"为充满了创造性的亨通，看来内地经济仍然红火畅旺。

再看爻辞的意向，"初九"称："无交害。匪咎，艰则无咎。""初九"象征社会基层，也是当年刚开始之时，会出现一些艰困的状况，但问题不大，可调整而获无咎。"上九"称："自天佑之，吉无不利。"最后还好到极点，天助自助，圆满善终。大有初、上爻齐变，为雷风恒卦（䷟），在风雷动荡中始终维持稳定，卦辞称："亨，无咎，利贞，利有攸往。"结果当年底结算，经济增长率为 8.7，在全世界一枝独秀。

（5）三爻变

本卦若有三爻为九或六，如其中一爻恰值宜变爻位，为主变数，以该爻爻辞为主断占，亦参考单爻变所成之卦的卦象卦辞。由于六爻中变量已达一半，本卦呈现不稳定，亦需考虑三爻齐变所成之卦的卦象卦辞。

【占例1】2003年4月下旬，我占算未来十年美国的经济情势，得出六、八、九、九、七、七的天山遁卦（䷠），初、三、四爻可变。卦之营数为四十六，以五十五减之余九，依法数到四爻而九尽，四爻为宜变之爻位。四爻为九可变，为主变数，单变为风山渐卦（䷴），连同初、三爻齐变，成风雷益卦（䷩）。依理以遁卦"九四"爻辞断占："好遁，君子吉，小人否。"遁为消退，却还不一定是坏事，有德有智的君子可因遁而获吉，无德无智的小人则否。"九四"代表美国政府主管财经的高层，面对新兴国家崛起、美国经济下滑的现实，若能妥善处理，还可借机抛掉一些过时的包袱，渐渐调整体制，从而获益。若处置失宜，则将难免长期的衰退。十年转瞬即过，显然美国经济的发展属于后者，不但本身受困，还引发金融风暴，拖累了世界经济。

【占例2】1998年11月中旬，我在富邦金控开始长期授《易》，当时台湾高铁兴工在即，富邦为五大原始股东之一，董事长蔡明忠占问施工前景，为八、八、七、六、九、九的风山渐卦（䷴），上卦三爻全动。卦之营数为四十七，以五十五减之余八，依法数到五爻而八尽，五爻为宜变之爻位。五爻为九可变，为主变数，单爻变为兼山艮卦（䷳），三爻齐变，成雷山小过卦（䷽）。依理以渐卦"九五"爻辞断占："鸿渐于陵。妇三岁不孕，终莫之胜，吉。"《小象传》解释："得所愿也。"渐卦以鸿雁结队飞行及夫妇分合为象，高铁团队在君位的领导者带领下，终将突破万难，登顶成功。小过卦为小鸟练飞，在不断尝试错误中学习经验，这表示高铁会延期完工，中间状况不断，但不致终止。渐卦上三爻全动，领导高层可能变动甚大，"九五"君位则会坚持到底。

往后工期拖延甚久，原始股东最后真的只剩下台湾大陆工程公司的殷琪在苦撑，但还是终告完工。高铁建设采取BOT方式建设营运，最后会归还政府所有，渐卦上卦三爻所显示的变化恰合此理，就像鸿雁集体迁徙，飞去仍飞回一样。所谓的雁行团队，除了高铁联盟本身，也包括台湾当局及融资的银行。渐卦上爻全变，其实还折射出2000年台湾政党轮替的现象，高铁由国民党当局末期开工，一直到民进党末期才完成，但当局由李登辉到陈水扁，却支持到底，这也是卦象中隐含的信息。

三爻变的情形中，若三爻皆非宜变之爻，则变九为八、变六为七，而得三爻齐变的之卦，主要以本卦和之卦的卦辞卦象合参断占。因为卦中可变之爻与不变之爻相等，称为"贞悔相争"，就像拔河一样，相持不下。本卦即"贞卦”，稳定不动；之卦即“悔卦”，产生变动。究竟如何，情势相当微妙。

【占例3】2000年11月中旬，民进党的陈水扁上台后，我问：十年后台湾的整体形势如何？为九、九、九、八、七、八的水天需卦（䷄），下卦三爻全动。卦之营数为五十，以五十五减之余五，依法数到五爻而五尽，五爻为宜变之爻位。五爻为七，没法变，下卦三爻均为九，老阳跃跃欲动，虽未值宜变，仍有高度可能径自变化，而产生复杂微妙的“贞悔相争”的情势，三爻齐变成水地比卦（䷇）。

需、比“贞悔相争”的意思，是可能“需”，也可能“比”，变化极为敏感，一点细微的扰动，都可能影响到最后的结局，像是化学中酸碱平衡的滴定点，指示剂会瞬间变色一样。需卦卦辞称：“有孚，光亨贞吉，利涉大川。”虽然需要，却有风险，得耐心培养互信，才能过河。比卦卦辞称：“吉，原筮，元永贞，无咎。不宁方来，后夫凶。”比为结盟互助，一定要找到好的合作对象，才能受益，而且还得积极快速，动作太慢的吃亏。

（6）四爻变

本卦若有四爻为九或六，因可变之爻已过半，局势往四爻齐变的之卦倾斜，主要以之卦的卦辞卦象断占，思考由本卦变成之卦的缘由。四个变爻其中一爻若值宜变之位，为主变量，影响较大，亦加重考虑其爻辞，以助占断。若四爻皆不值宜变之位，即以四爻齐变所成之卦的卦辞卦象论断吉凶。

【占例】2007年9月中旬，我在富邦金控的讲堂上又谈起2012浩劫的话题，当场问是否真有其事？得出六、九、九、八、九、七的随风巽卦（䷸），初、二、三、五爻动，齐变成山雷颐卦（䷚）。卦之营数为四十八，以五十五减之余七，依法数到上爻而七尽，上爻为宜变之爻位。上爻为七，没法变，以四爻齐变所成之颐卦的卦辞卦象断占。颐卦为一自给自足的生态体系，其内不断进行剥极而复、新陈代谢的演化。以所谓“数字观象法”视之，其实颐卦就可以拆解为剥卦加上复卦。《易》卦为0与1的数码系统，阴爻为0、阳爻为1，0+1=1+0=1，0+0=0，颐卦为“100001”，等于剥卦“000001”加复卦“100000”。剥极而复，就是浩劫重生，合成颐卦，旧世界解体，形成了一个崭新的国际生态。

由巽卦四爻齐变成颐卦，则表示这种变化的缘由。巽为深入隐伏，内卦三爻全动，暗中积累甚久，外卦“九五”剧变，瞬间世局更新。随风巽，无形无象，难以防范，这是指什么呢？将所有可能的天灾人祸过滤后，我猜测应该是金融风暴，现今理财活动都靠信息网络，来去如风，高速流动，根本看不到多少实体的货币，因此也隐含了极大的风险。为确认故，再占是否金融风暴？得出“遇比之蹇”，已于前文一爻变“占例 2”中详述，2008 年“915”浩劫提前爆发，拖垮了全球经济。

(7) 五爻变

本卦如有五爻为九或六，已接近全部变动，本卦很难维持稳定，径以五爻齐变所成之卦的卦辞卦象为主断占。若其中一爻恰值宜变之位，其爻辞较具影响力，稍加重考虑，并思考由本卦变至之卦的缘由。

【占例 1】2008 年“九一五”金融风暴后，有学生针对台湾 2010 年经济形势问占。结果为八、六、六、九、九、九，即否卦（䷋）二至上爻全动，五爻齐变成地风升卦（䷭）。卦之营数为四十七，以五十五减之余八，依法数到五爻而八尽，五爻为宜变之爻位。五爻为九可变，单变为火地晋卦（䷢）。

否卦闭塞不通，经济不景气，晋卦如日东升，升卦高度成长，又为极好之象。否卦由下坤地至上乾天，二至五爻的循次变动，正为景气掉落谷底再复苏成长之意。“九五”爻辞称：“休否，大人吉。”君位的领导若正确，可提振景气。结果当年台湾的经济真的从谷底大幅弹升，增长率超过百分之十。

【占例 2】1990 年 9 月中旬，我当时任职于某知名出版公司的总编辑，公司将由台北市区乔迁至新店郊区，以减低昂贵房租的压力。我问迁居后公司前景如何？为九、八、九、九、九、九的天火同人卦（䷌），除二爻外的五个爻全动，五爻齐变成坤卦（䷁）。卦之营数为五十三，以五十五减之余二，依法数到二爻而二尽，二爻为宜变之爻位。二爻为八，没法变。以之卦坤的卦辞卦象断占。

坤卦卦辞称：“元亨，利牝马之贞。君子有攸往，先迷后得主。利西南得朋，东北丧朋，安贞吉。”新店在台北西南，坤卦顺势用柔，厚德载物，特别重视群众关系的处理。同人卦辞云：“同人于野，亨，利涉大川，利君子贞。”公司同仁相亲相聚在郊野，团结奋斗，希望挣脱不景气的逆境。迁居后的三年多里，确有同心协力的中兴气象，我也在那段时日升任总经理，艰难困苦中，学到许多东西。

以人事来推，学者高亨这一套相当合理。宜变之爻位是一种客观的规定，可变之爻是主观的潜能，二者相值，意谓环境允许有能力者尽情发挥，自然就按照可变之爻辞的意向变化。二者不相值，表示环境限制有想法、有能力的人变动，这种人若居少数，整个社会组织尚可维持稳定；若居多数，则不管许不许变、宜不宜变，思变的人心会自行串联而掀起巨变。三爻变以上，需考虑多爻齐变后的之卦卦辞、卦象，就是这个道理。高亨这套变卦法，确有精义，而且可以之破解《左传》、《国语》上流传甚久的筮例，获致最圆满的说明，这可算是他在易学上难得的贡献。

前述各种类型须参考卦辞卦象、或爻辞爻象断占，除了文辞之外，还得深入观察卦象爻象，善体言外之意，才能断得精准。因为“辞生于象”、“象生于意”，得象忘言，得意忘象，尽量掌握占象中所蕴含的丰富信息，断卦才有境界，而不只是机械呆板的吉凶输赢而已。演卦容易断卦难，说到头还是得精通义理，对卦名、卦序，以及卦与卦间、爻与爻间各种错综复杂的关系，都有深刻认识才好。另外，人生的实务历练也很重要，《易经》的智慧来自生命生活的深度观察与体验，习《易》者也得以自身的生命生活去印证，方能透悟。

再者，易占并非宿命论，卦爻辞中通常都有但书（即条件），当事者须能做到才会有好结果，这就涉及德性与智慧的培养与练达。宋儒张载有句名言：“易为君子谋，不为小人谋。”所谓“占者有是德，方应是占”，这都不是道德劝说，而是真懂《易》道的经验之谈。我学《易》授《易》数十年，常提“借占习易，借易修行”，愿与天下仁人君子共勉之。

问占时起心动念，越专注越好，设计问题宜单一明确，太复杂庞大的问题，可以分成几个相关的子题来分次起问，或串联或并联，再综合起来，下整体而全方位的判断。举例来说，我每年初固定会算台湾运势，通常划分为政、经与两岸关系三方面，算内地运势，再加上中美关系这个重要项目。这是横向平行关系的并联问占，像解联立方程式一般，去掌握整体的情势。纵向的串联问占属追问性，逐次搞清楚环环相扣的小问题，贯串起来，大问题即可迎刃而解。还有些复杂难解的问题，先得出的卦象犹有未明之处，可针对该处再问其详情，往往可得出聚焦放大倍率的清晰效果，如此两三次，其结构及内涵可彻底弄清楚。运用之妙，存乎一心，好学深思者，盍兴乎来！

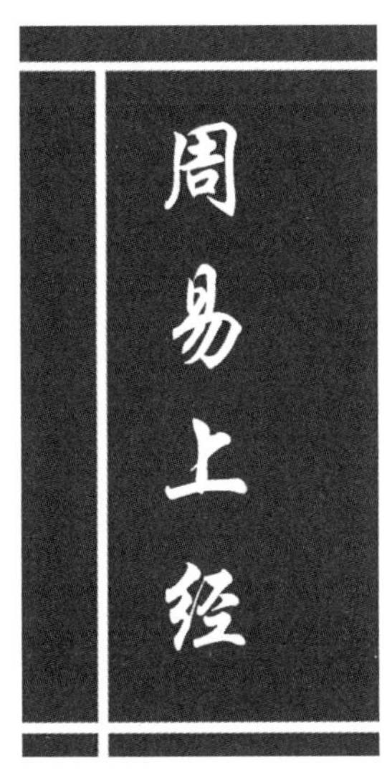
周易上经

1. 乾为天（䷀）

乾卦六爻全阳，为《易经》居首第一卦。《说卦传》称：“乾为天，为圜，为君，为父……”天道圆融，君父领导子民，这是乾卦的基本意象。“乾，健也。”为天为圜，为君为父，都应有刚健的本质或表现。《大象传》称：“天行健，君子以自强不息。”宇宙诸天体周而复始的运行，有志君子应效法天道，自立自强，永不止息地精进奋斗。

《说卦传》又称：“乾为马。”卦爻辞中却未以马为象，爻辞取象于龙。初爻“潜龙”、二爻“见龙”、五爻“飞龙”、上爻“亢龙”，四爻“或跃在渊”未明言主词，应该也是指龙。三爻居卦中人之正位，改称君子，仍是效法天道勤奋苦干之意，和《大象传》宗旨相同。《彖传》中称：“大明终始，六位时成，时乘六龙以御天。”无论称龙、称马或称君子，都有领导统御以期光明成就之意。

龙是中华民族的图腾，应为创意思维的产物，马首蛇身鱼鳞鹿角，可能显示上古各部族融合的过程。各部族的图腾为单一动物，融合后萃聚各家之长，创造了龙形的新图腾，既表尊重过去历史，又勉励和衷共济，开创新猷。《彖传》说得好：“乾道变化，各正性命，保合太和，乃利贞。”保持个体的特色，重视群体的和谐，天道自然的生态本即如是。

龙在中国是祥瑞尊贵的象征，皇帝称真龙天子，一般百姓皆望子成龙，美好姻缘称龙凤呈祥。传说中的龙神变无方，水陆空三栖，在任何环境中皆能适应并主导形势，又会兴云布雨，滋润生灵，造福人群。《彖传》称：“云行雨施，品物流形。”也吻合龙的意象。依据《说卦传》：“震为雷，为龙，为玄黄……为长子……其究为健。”雷雨作，有生物之功，惊蛰节气时，万物苏醒。天玄地黄，乾坤父母交合，生震长子，长子肖父，长大亦健行不息，继承父业，故亦为龙象。《说卦传》又称：“帝出乎震……万物出乎震。”封建王朝由嫡长子继承帝位，帝为主宰意，万事万物行动的主宰，生机所在即为震。

《说卦传》称："坤为牛。"坤卦卦爻辞也没有以牛为象，卦辞倒称："利牝马之贞。""牝马"是母马，追随雄马驰骋天涯，由此可推证乾为公马，率领马群前进。《说卦传》称"乾为马"并没错，天马行地，刚健不息。《彖传》称"时乘六龙以御天"，实即古代帝王车驾的规格。列国诸侯一车四马称乘，天子为天下共主，一车六马以显至尊，所谓"天子六驾"即是，前些年洛阳出土文物已经证实。唐朝魏征《谏太宗十思疏》中有云："奔车朽索，其可忽乎？"同时驾驭六匹马，收放自如，快慢节奏一致，当然比四匹要难，越高层的领导统御越须敬慎，绝不可以虐民而致失控。

马也用以喻心，所谓"心猿意马"，人心憧憧往来，浮躁好动。而修心有成者，其心刚健无私，与天道合德，也通乾卦宗旨。《文言传》赞叹："大哉乾乎！刚健中正，纯粹精也。"正是持心公道、无私无染之意。《西游记》叙述唐僧西天取经，保驾的孙悟空即称心猿，坐骑白马比喻其意念，猪八戒好吃懒做、争功诿过，象征其尘俗欲望。一路遭遇诸多妖魔鬼怪，历尽天人交战，千辛万苦才能得道。其实，《易经》以"乾"象心，以"坤"喻物，心物合一遂能生生万物。《说卦传》称"坤为牛"，牛即大物，中文"物"字即以"牛"为偏旁。坤卦卦辞称："先迷后得主。"心主物从，若物欲得势，蒙蔽心智灵明，则称"迷"。复卦《彖传》称："复，其见天地之心乎？"克己复礼，见证天心，而上爻走火入魔，误入歧途，称："迷复，凶，有灾眚。"熊十力先生在《乾坤衍》一书中阐释，"乾"为生命和心灵，"坤"为物质能量的总名，确为一语中的之卓论。

乾。元亨利贞。

卦名"乾"，卦辞"元亨利贞"。六十四卦是先立卦名，再写卦爻辞，还是先有卦爻辞，再确定卦名呢？出土的《帛书易》、《竹书易》，卦名与今本《易经》多有不同，是异字同义，还是连意义也不同呢？许多卦的爻辞中冠有卦名，例如复卦（䷗）六爻，称"不远复"、"休复"、"频复"、"独复"、"敦复"

及“迷复”，是先定卦名再依次写出爻辞，还是归纳其共性后，取名为“复”呢？又如履卦（䷉）卦辞径称“履虎尾”、否卦（䷋）卦辞“否之匪人”、同人卦（䷌）卦辞“同人于野”、艮卦（䷳）卦辞“艮其背”，卦名作为主动词用，经本上也未另列卦名。这是先有卦名还是先有卦辞？

大部分卦名都是一个字，双字卦名有十五个：小畜、同人、大有、噬嗑、无妄、大畜、大过、大壮、明夷、家人、归妹、中孚、小过、既济、未济。约占全《易》四分之一，以“大、小”对称就有六个。易例阳大阴小，阴阳互动变化形成各种情境，对勘起来特有趣味。有“大过”有“小过”，有“小畜”有“大畜”；“大有”没“小有”，有“大壮”无“小壮”。大有卦（䷍）旨在世界大同，主张大家都有、人人皆有，自然不可“小有”，一小撮人拥有，大部分人匮乏，是世界动乱的根由。大壮卦（䷡）阳气盛壮，虽未完全成熟，假以时日将成大器，易理扶扬抑阴，自然不言“小壮”。姤卦（䷫）五阳下一阴生，卦辞称：“女壮，勿用取女。”防微杜渐之意，深切之极矣！

《文言传》称“元亨利贞”为“乾”之四德，君子若行此四德，即合天道创生的自然法则，终而复始，生生不息。“元者，善之长也；亨者，嘉之会也；利者，义之和也；贞者，事之干也。”可能是有易学以来最好的解释，善加体悟，深邃不尽。这四句并非孔子所说，而是更早即有流传。《春秋左传》襄公九年，鲁襄公的祖母穆姜薨于东宫，传文追述其事，即已言及。除了“元”称“体之长”外，其他全同，连以下进一步论述皆为穆姜所言：“体仁足以长人，嘉会足以合礼，利物足以和义，贞固足以干事。”古代女性有此见识，令人惊叹！《文言传》全盘转述，可见高度肯定。

简单来说，“元”为核心的原创力，发挥出来可排除一切障碍，造成亨通，资源交流顺畅遂生利益，消化吸收转为己用，固守以待下一回合的冲刺，就是“贞”。“元亨利贞”，从开创到守成；“贞”下启“元”，由守成再开创，不断向外拓展。以前农业社会，一年四季的春耕、夏长、秋收、冬藏的工序，就是“元亨利贞”。“利”字以刀取禾，正是秋收之意。寒冬万物深藏，不宜出外耕作，固守已获收益才是人间正道。大衍之数的占筮法，据历法而作，所得出的过揲之数七、九、八、六，即相当于春、夏、秋、冬。少阳（七）成老阳（九）、阳极转少阴（八）、少阴成老阴（六）、阴极转少阳，周转不息，生出众多情境，亦与“元亨利贞”之理相通。

“元亨利贞”既称天德，即可依此来判断卦的卦性，看看是否合乎理想的自然法则。乾卦卦辞就“元亨利贞”四字，圆融饱满，没有任何条件。另外还有六个卦，即坤、屯、随、临、无妄、革，其卦辞中都有“元亨利贞”，称为四德俱全，不过皆有其他辞语作为但书。换言之，必须满足那些条件或重视其警惕，才能“元亨利贞”。例如临卦（䷒），卦辞称：“元亨利贞，至于八月有凶。”依据卦气学说，十二消息卦中，八月时节为观卦（䷓）值令，临、观两卦相综一体，卦形正好颠倒，临卦一百八十度逆转即成观卦之象。临卦开放自由，容许创意及活力的发挥，但自由不宜滥用，否则流弊不可胜言，一旦失控，形势逆转，“元亨利贞”的圆满开阔即刻转为八月之凶的天灾人祸矣！2008 年 9 月 15 日爆发的金融风暴，2001 年 911 纽约遭恐怖攻击事件，即为范例，都是放任失控所致。巧的是发生日期都在阴历八月，真是名副其实的“八月有凶”。

再如蒙卦（䷃）卦辞有“亨利贞”，无“元”字，表示元德不显，需认真启蒙以求复元。咸（䷞）、恒（䷟）、萃（䷬）、兑（䷹）等卦曲绘人情，卦辞有“亨利贞”，亦欠元德，与蒙卦同级，感情蒙蔽理智，会影响人核心的创造力，看不清楚事情的真相。蛊卦（䷑）卦辞有“元亨利”，独欠贞德，事态败坏，必须大刀阔斧整顿，以拨乱反正。依《易经》卦序，蛊卦刚好介乎随（䷐）、临两个“元亨利贞”的卦之间。由“随”至“蛊”，因时变而失正；由“蛊”至“临”，改革成功而至自由开放。

“贞”为固守正道，是《易经》的重要观念，卦爻辞中处处可见，有时单独出现，有时前后附加词语或吉凶祸福的判断。“贞吉”没有问题，“贞凶”、“贞吝”、“贞厉”是什么意思？行事正直，结果还这么糟，那谁要干？因此，有人引证甲骨文上的“贞”字而论，认为“贞”为动词，就是占卜之意。占卜结果有好有坏，不足为奇。但很多地方讲不通，也拉低了易理进德修业的境界，“元亨利贞”是大通利于去占卜吗？坤卦“利牝马之贞”，升卦（䷭）“上六”“利于不息之贞”，利于母马占卜？利于一直不停地占卜？这不合理也不成话。节卦（䷻）“上六”“苦节，贞凶”，而卦辞称“苦节不可贞”，又怎么理解？

其实，人行正道只求心安，本来就不一定有好结果。《系辞下传》第一章宣称：“吉凶者，贞胜者也。天地之道，贞观者也；日月之道，贞明者也；天下之动，贞夫一者也。”天地变化，日月光明，只是依顺自然的法则，岂有得失祸福的计较？天下一切动变亦然，皆源于不容已的常道。《老子》称：“道生一，一生二，二生三，三生万物。”又称：“天得一以清，地得一以宁……王侯得一以为天下贞。”人立身行事，但法自然之正，不论吉凶。短期看可能有得有失，长远论则屹立不摇，仍为典范，所以称“贞道”超越了吉凶、胜过了吉凶。

趋吉避凶为人之常情，却未必是人生追求的价值与意义之究竟。《系辞上传》第二章说：“吉凶者，失得之象也；悔吝者，忧虞之象也。”吉未必得，可能是失，凶未必失，可能反得。吉凶只是个象，未必属实，不宜过度执著追求。塞翁失马，焉知非福？塞翁得马，焉知非祸？吉凶只是一时相对的成败得失，并无长远或永恒的意义，易理标榜的不是吉凶，而是“无咎”。《系辞上传》第三章称：“无咎者，善补过也。”又称：“震无咎者存乎悔。”人孰无过？知过能改，善莫大焉！咎由自取，勿归咎于人，引咎真心悔过就好。孔子至圣，慨叹学《易》可以无大过，恺切中肯之至，易学神髓确实在此。《系辞下传》十一章称：“惧以终始，其要无咎，此之谓易之道也。”全《易》之道，就在求补过无咎。

“贞”字最早的含义可能还不是占卜，而是上古祭祀天地、天子会见诸侯的一种礼器，《仪礼·觐礼》称作“方明”，为上下四方的六面正方体，象征时空结构，甲骨文的贞字造形或许由此划出，《易》卦六爻模型也可能与之有关。人生天地间，必须先确定自己所处的时位，再搞清楚和他人以及万事万物的相互关系，这就是“贞”的功能。甲骨文以“贞”为卜，就是要探知各种情境下的时位关系，找出因应的正确方法，一旦找到，就固守奉行，此即“贞”字现在的含义。“贞者，事之干也……贞固足以干事。”人生做人做事的重要原则就是“贞”，无论吉凶祸福，理应奉行不渝。清末禁烟名臣林则徐慨称：“苟利国家生死以，岂因祸福避趋之？”就是贞德的表现。

“贞”字强调坚持固守，不轻易破坏原则，当然是美德。但世事风云多变，特殊时候又得随缘调整，临机应变，不宜过分执著，否则结果不会好，如“贞凶”、“贞吝”、“贞厉”，有些也是因此而生。《系辞下传》第八章称：“易之为书也不可远，为道也屡迁。变动不居，周流六虚，上下无常，刚柔相易，不可为典要，唯变所适。”灵活无碍，不守故常，永远随顺最新的变化走，这才是上乘的处世功夫。所以有些情境，就得权衡要不要固守，而提出可贞或不可贞的问题。可为恰到好处，适可而止。损卦（䷨）“惩忿窒欲”，卦辞称“可贞无咎”；节卦卦辞称：“苦节不可贞。”人的欲望与生俱来，不宜放纵，也不好压抑过度，绝欲不可能，适度节制却是必要的。

“亨”字意为亨通无阻，和“享、烹”二字意通。“享”是祭祀，虔诚上供以期神明与祖宗福佑；“烹”是烹饪，将生冷食材合化成珍馐美味。“亨、烹、享”三字可通用，在鼎卦（䷱）中更融合为一，充分说明调和鼎鼐、政通人和的主旨。老子说：“治大国若烹小鲜。”殷初名相伊尹善烹调，天下大治。明末清初船山先生（即王夫之）释“亨”字为：“气彻而成熟，情达而交合。”说得真是精确到位。

《文言传》称：“亨者，嘉之会也。”“会”是交流汇聚，“嘉”是喜上加喜，为双喜之意。所谓亨通，是交会双方都能获益，资源互补，相得益彰。“嘉”又有美善之意，美满姻缘称“嘉偶天成”，古代大婚之礼称“嘉礼”。《易经》用语中，个人或单方面的好事称“喜”，双方面较大规模的称“嘉”，众喜、皆大欢喜则称“庆”。古代帝王贤愚与否，影响国计民生甚巨，称：“一人有庆，兆民赖之。”清朝嘉庆帝的年号，福国利民，立意甚佳。其实，清朝部族汉化很深，诸帝名号多源于《易》，如咸丰、乾隆、道光等皆是。乾为君，八卦三阳为乾，乾隆帝卖弄风雅，有时以四阳为号签名，表示他比一般的君王还多一阳，故称乾隆。其实贪多务得、好大喜功，正是违反《易经》中道之理。阳刚过度遂生悔，追求文治武功，自号十全老人，死后被盗墓，尸首不全。最好笑的是，宠任大贪官和珅祸国，“珅”字坤上加一横，至柔克至刚，硬是败坏了“乾”上多一横的帝王根基。一物克一物，丰满招损，天理昭昭不爽。中国人受易理浸染甚深，接触西方文化，翻译“carnival”一词为“嘉年华会”，巴西庆典洋溢的青春气息跃然纸上，确实亨、享二意俱备，既是音译，又合意译，堪称佳构。

“利”字解释成“义之和”，又称“利物足以和义”，也让人耳目一新。战国以后儒家讳言“利”，孟子即高唱义利之辨，好像言利就不及义，这种观点自陷狭隘，值得商榷。《易经》首卦第三字即言“利”，开阔务实，人人可谋己利，但不可以私害公，亦当计天下众生之利。如此之利，与“义”有何扞格？《文言传》称：“乾始能以美利利天下，不言所利大矣哉！”道出个中关键。《礼记·礼运大同篇》倡导天下为公，有称：“货恶其弃于地也，不必藏于己；力恶其不出于身也，不必为己。”出钱出力，不是必不为己，可以为己，但不必每次都为己，这才合情合理。

《彖》曰：大哉乾元！万物资始，乃统天。云行雨施，品物流形；大明终始，六位时成，时乘六龙以御天。乾道变化，各正性命；保合太和，乃利贞。首出庶物，万国咸宁。

《彖传》为七种《易传》之一，今传本皆列于卦辞之后，解释卦辞文句，分析卦爻结构，最后还会发表些赞叹或感想，涵蕴非常丰富。其创作应在《象传》之后，谈卦也谈爻，有集大成的气势。“彖”、“象”都是动物，象性温和，彖性则凶猛刚断，也和《彖传》、《象传》的风格属性相合。《大象传》重视上下卦的互动关系，勉人效法自然，敦笃实践，崇尚修德。《彖传》则全方位解析卦爻之象，探讨人事成功之道。《系辞下传》第三章称：“彖者，材也。”旧注则释：“彖者，断也。”根据既有资源，当机立断，为行事应有的霸气。

乾卦《彖传》以韵文写作，四字四字一句，音韵铿锵，气势磅礴，思虑深邃，是中国思想史上极重要的篇章。熊十力先生曾据之发挥而成《乾坤衍》一书，建立大易哲学体用不二、博大精深的思想体系。传文从“大哉乾元”至“乃利贞”，既解释“元亨利贞”的卦辞，同时也建构了《易经》的本体论，或称存有论（ontology），值得好学深思之士再三参研体会。末尾八字：“首出庶物，万国咸宁。”尤须注意，这是《彖传》作者极富创意的思想成果，和经文“用九。见群龙无首，吉”有关，旧注多误解，刻须厘清。

简略言之，“乾元”为宇宙万象的创生根源，一切存在的共同本体，故以至大无外赞叹，而称“万物资始”。“乃统天”之“天”，指诸天星体，浩瀚无涯的物质宇宙亦为“乾元”所生，以破除一般人着相的迷执。“乾元”并非外于万事万物独存，而是既内在又超越，即体成用，即用证体。称“乾元”不称“乾之元”，即有体用合一之意。《系辞上传》第十一章称：“易有太极，是生两仪，两仪生四象，四象生八卦。”以太极为万象根源，和《彖传》的说法不同。太极之说，首见于《庄子·大宗师》：“在太极之先而不为高。”并没有究竟根源之意。正本清源，习《易》仍应以《彖传》乾元之论为宗。

“云行雨施”以下，有宇宙创生后物种演化的意味，地球上的生命起源于海洋，云雨即有坎水成洋之象，乾、坤之后的屯卦（䷂），上坎下震，正表此义。品物为万物分级的概念，演化程度有高有低，因应生存环境而呈现各式各样的形态。流形的流字，显示动态应变，找到最适合的演化形体才确定下来。文天祥《正气歌》有言：“天地有正气，杂然赋流形。下则为河岳，上则为日星。于人曰浩然，沛乎塞苍冥。”日月山川，灵蠢动植，乃至人修养练就的浩然正气，都是流形，小宇宙大宇宙浑沦一气，打成一片。

万物演化，愈往高级发展，由身而心而灵，至人类而达顶峰，开出智慧充满的文明境界，可薪尽火传，千秋万世积累不息，此即“大明终始，六位时成”。上经推演天道，最后一卦为离（䷝），离取象火、日、网罟纵横交织，正是人类文明的象征，其《大象传》称：“明两作，大人以继明照于四方。”下经晋卦（䷢）上离下坤，《彖传》亦称：“明出地上，顺而丽乎大明。”人生进德修业，如日东升，“苟日新，日日新，又日新”，无有已时。《大学》开宗明义，称大学之道：“在明明德，在亲民，在止于至善。”晋卦《大象传》明言：“君子以自昭明德。”都是“大明终始”之义。乾卦讲天道，《彖传》中已蕴含人道必兴之势，人由天出，天人毕竟合一。“大明终始”是离象，接在“云行雨施”的坎象之后，表示智慧心灵的发展，先得经过一段坎坷学习的历程，称为“习坎继明”，这也是天经地义的自然法则。难怪孟子云乎：“天将降大任于是人也，必先苦其心志，劳其筋骨，饿其体肤，空乏其身，行拂乱其所为，所以动心忍性，增益其所不能。”

六画卦的卦序先坎后离，三画卦出现的次序亦复如是。乾、坤开天辟地之后，屯（䷂）、蒙（䷃）、需（䷄）、讼（䷅）、师（䷆）、比（䷇）共六卦，不是外卦为坎，就是内卦为坎，始终未离险陷。至小畜（䷈）、履（䷉）二卦，乾、坤、震、艮、巽、兑的三画卦皆出现完毕，再经泰极否来的天旋地转，进入同人（䷌）、大有（䷍）二卦时，三画的离卦（☲）才姗姗来迟，可见获致光明不易。

“六位时成”，完全可以以乾卦六爻的演化发展充分说明。神龙变化、天马行空，皆以喻心，“潜”、“见”、“惕”、“跃”、“飞”、“亢”为精神心灵突破物质坎陷，终至光耀大显的发展历程。《易》卦六爻既象征时，也象征位，由内而外、由下而上，始壮究、始壮究，位随时转，时空合一，也合乎相对论以来现代科学的认定。人生居位，并非恒定，一旦时移势易，必须重新检讨，改弦更张。企管理论有所谓定位策略（positioning），产品、营销乃至企业、国家都有精准定位的问题，不同时机有不同的定位。举例来说，世界知名计算机厂商英特尔（Intel）以做内存起家，后来因应经营情势变化，改作微处理器（CPU）而转型成功，即为“六位时成”。

深谙时机时势的变化如此重要，《彖传》接下来干脆说“时乘六龙以御天”，“时”变成了驾驭变化、管理一切的主词，具有影响成败的压倒性优势。任何人只要跟上了时势的发展，便能胜利成功，一旦违时落伍，又立刻淘汰。历史上多少兴亡事，大浪淘沙，潮起潮落，所谓：“时来天地皆同力，运去英雄不自由。”（唐代诗人罗隐《筹笔驿》）真正英雄造时势者少，汹涌时势造英雄者多矣！“乾元”统天，“时乘”御天，连至大如天都要领导统御，真是气魄雄伟。

大易以时立教，教人掌握时机时势，与时俱进，《易传》中处处提“时”，诸多卦的《彖传》深致赞叹：“时之义大矣哉！”大易与《中庸》相表里，中庸之道即在“君子而时中”，中道非固定不变，而是随时随地制宜。《易传》与孔子关系密切，孟子就称孔子为“圣之时者”，而《论语》开宗明义即称：“学而时习之，不亦说乎？”

时势千变万化，人生的奋斗不宜拘泥执著。“乾道变化，各正性命；保合太和，乃利贞”说出了最好的创造利益及贞正固守之道。《中庸》开宗明义：“天命之谓性，率性之谓道。”人所禀受于天者个个不同，顺着自然的天性去做就是道。“止于一”为“正”，人人量才适性，找到自己的路专心干一辈子，都能有所成就。个体的独立性得以保障后，还得重视群体相处的和谐，“太和”是最高最大的和谐，独不碍群，同不妨异，刚柔和衷共济，相反却能相成。乾卦讲领导统御，乾为君，北京故宫的三大殿命名，即因乾卦《彖传》而来，太和殿、保和殿、中和殿，意境多美！中国民间道教最高的神——元始天尊，也从乾卦《彖传》取材：“大哉乾元！万物资始，乃统天。”至高无上，统领天上众神，也算妙合其意。

“万国咸宁”是天下太平的境界，《尚书·大禹谟》中亦称：“野无遗贤，万邦咸宁。”“首出庶物”是什么意思呢？“首”是元首，“庶物”即众人，元首应当从众人之中选拔而出，既有基层历练，便知民生疾苦，掌权后容易敦笃务实，为民谋福。这样的领袖治理国家，对内营造和谐社会，对外讲信修睦，与世界各邦共存共荣。由于最高权力根源于民意，非出世袭，没有特权，任期到了换人接替，无从恋栈垄断，也就不容易因权力争夺而起纷争。有志者尽可力争上游，公平竞试，不必像过去改朝换代那样杀气弥漫，血流成河。乾为天，天道大公无私，《彖传》作者深体斯意，阐释发扬得淋漓尽致。

旧注将“首出庶物”曲解，说是元首高高出于众人之上，君临天下而为人民所观仰，这完全是封建落伍的帝王思想，也充满了霸权的意识，如果这样，怎么会“万国咸宁”呢？《说卦传》称：“帝出乎震……万物出乎震。”“帝”为主宰意，震（☳）为乾、坤交合始生之卦，一阳奋起于二阴之下，象征一切众生的自性主宰，儒家称良知良能，佛家称如来本心，于此万事万物尽皆平等。“帝出乎震”就是“首出庶物”，和“群龙无首”的最高意境相通。乾《彖》首言“万物”，是概括总论；次言“品物”，有了等级高下的分判；末言“庶物”，强调高层与基层的密切关系。老子云：“贵以贱为本，高以下为基。”《尚书·五子之歌》则称：“民惟邦本，本固邦宁。”

《象》曰：天行健，君子以自强不息。

《象传》分《大象传》、《小象传》。卦大爻小，《小象传》解释六爻爻辞，本则为解卦的《大象传》，并不解释卦辞，而是就上下卦的互动关系立论。上乾下乾，日月星辰始终周转不息，君子亦应效法天道，积极进取，健行不已。《象传》写作应在《彖传》之前，之所以未解释卦辞，可能觉得言简意赅，没什么好解释的。《彖传》创作时，才结合卦爻深入阐析，并加入后人读经的创意与心得。

问事占得不变的乾卦，按卦象卦辞行事即可，刚健无畏，勇猛精进，无论所处为顺境或逆境，都要尽量争取积极主动。一般来说，结果总是比较正面。就算推展不够顺利，也因依循天理、天道而会产生长期的示范效益。《文言传》称颂：“乾始能以美利利天下，不言所利大矣哉！大哉乾乎！刚健中正，纯粹精也；六爻发挥，旁通情也；时乘六龙，以御天也；云行雨施，天下平也。”计利当计天下利，有了贡献还谦逊不居功，正是天德无私的表现。“时乘六龙”、“云行雨施”，为《彖传》提出的观念，《文言传》再作发挥，显然创作在《彖传》之后。七种十篇《易传》，过去所称的“十翼”，孰先孰后，是很值得探讨的有趣问题，彻底搞清楚后，能帮助我们了解易学思想的发展脉络。

另外，乾卦也是卦气图中“十二消息卦”之一（如图），时当一年中的阴历四月。若占得乾卦，可能也表示所问事势的发展，在阴历四月左右会有突破。

- 我大学时读的是土木工程，研究所专攻环境工程，算是理工出身，

占例

毕业后却因缘巧会，走上了研习中国古典的路子，主要的原因还是遇到明师启蒙。我的恩师爱新觉罗·毓鋆，为前清皇室，已于2011年3月20日以106岁高龄仙逝，学问渊深似海，近四十年来一直是引领我前进的明灯。1999年年初，老师有在台湾进一步推动经典教学的构想，我颇思参与尽力，也晋见老师谈过几次，不知能否落实。当时有过一占，问1999年与老师的机缘，得出恒卦（䷟）“九四”爻动，爻辞称：“田无禽。”《小象传》解释：“久非其位，安得禽也？”“田”是田猎，“禽”是禽兽的总称，打猎一无所获，位份不对，待再久也难突破。答案如此明显，虽有些失望，接着转念再问那当如何？结果就出来不变的乾卦，要我“元亨利贞”，自强不息。本来师傅领过门，修行在个人，真有志于弘道事业，就该去除一切倚傍，自己奋斗成功。金庸小说《倚天屠龙记》中，记张三丰幼时曾想投靠大侠郭靖习武，未能偿愿，反而因缘巧至自彻自悟成了一代宗师。人祖伏羲仰观俯察，神智天启，他拜谁为师？禅宗六祖惠能自师其性，普度广大众生。此占对我启发极大，十多年来也依此行事，庶几无愧于师门教化，《易经》首卦就有这样的加持能量。

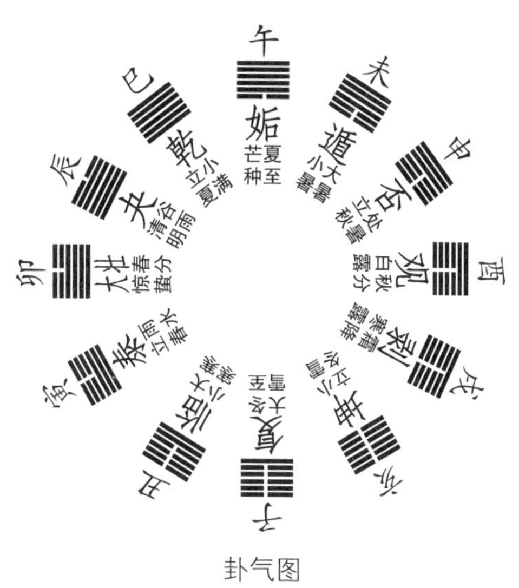

卦气图

• 大国崛起的话题是近年来探讨国际形势的热点，金融风暴后，欧美日本列强受创严重，实力下降，中国内地一枝独秀仍蒸蒸日上，也造成猜忌防范的对立竞争。1987年美国学者保罗·肯尼迪发表《大国的兴衰》一书，检讨过去五百年的世界史，强国如何迭兴迭灭，论点很值得参考。我于2010年9月初为此一占：“大国如何兴盛？”占得不变的乾卦。《易经》的回答真是干脆利落，国家要兴盛就是自立自强，健行不息，没有倚靠外力能成功者。

• 中华文化以儒释道为主流，佛教虽属外来，几千年的磨合已消融一体，成为中国人思想生活的一部分。佛经中不可思议的神通很多，也

占例 有嘱人持念的各种咒语，其意义与效果究竟如何？我于2010年9月末占问，得出不变的乾卦。乾卦代表天道自然，“元亨利贞”，自强不息，看来佛咒确属天籁，不可小看，但并非外求神灵帮助，而是开发存于众生自性中的能量。易占一语道破，真是厉害。

• 佛教修行入门，有四圣谛之说：苦、集、灭、道。所谓知苦、断集、慕灭、修道，其中灭谛是指灭掉无边烦恼，得证无上菩提。但因汉译用了消灭、毁灭、灭亡的“灭”字，望文生义者看了不喜，人生干吗不好好地生活，要去追求灭度？我于2010年10月下旬给学生讲《心经》时，特地占问灭谛的真义，得出不变的乾卦。元亨利贞，灭尽烦恼，回归天道自然，这是好事，完全不必害怕啊！

初九。潜龙勿用。

《象》曰：潜龙勿用，阳在下也。

爻辞所述，为卦辞境界的具体展开，由下而上、从内而外的分段奋斗历程。六爻所处时位不同，应对方式自然有异。《说卦传》称：“兼三才而两之，故易六画而成卦。”《系辞下传》第十章亦称：“《易》之为书也，广大悉备，有天道焉，有人道焉，有地道焉，兼三才而两之，故六。六者非它也，三才之道也。”《易》卦六爻象征天、地、人三才之位，五、上为天位，三、四居人位，初、二为地位。乾卦以龙为象，“初九”为地下之位，有潜隐深渊之意，故称“潜龙”。“初九”为爻题，初为爻位，代表组织中的最基层，也象征乾卦奋斗初始；“九”为阳数之极，作为《易》卦阳爻的代称，阳极转阴，跃跃欲动，称为可变的老阳。

在大衍之数的占法中，三变之后决定一爻，最后四策、四策一数的总堆数，只有六、七、八、九共四种可能。七、九奇数为阳爻，“七”不可变为少阳。六、八偶数为阴爻，“六”为阴数之极，作为《易》卦阴爻的代称，阴极转阳，称为可变的老阴，“八”不可变为少阴。本来实际易占中，阳爻可能为“七”或“九”，阴爻可能为“六”或“八”，而爻题只以“九”表阳、以“六”称阴，反映了易理重变的精神。再者，爻本来就是变动的概念，《系辞上传》第三章讲得很清楚：“爻者，言乎变者也。”《系辞下传》第三章亦称：“爻也者，效天下之动者也。”第十章则称：“道有变动，故曰爻。”爻有动变，即须参考爻辞，所以爻辞称“九、六”，不称“七、八”。

“潜龙”位置太低，不宜公开行动，动了也发挥不了什么作用，只适合沉潜修为，好好充实自己，为未来作准备，故爻辞建议“勿用”。《小象传》解释：“潜龙勿用，阳在下也。”乾卦《文言传》亦释：“潜龙勿用，下也。”又称：“潜龙勿用，阳气潜藏。”再有阳刚之气、志向高远的人，处此位卑职微之时，也得韬光养晦、低调行事，不可轻举妄动。

《文言传》中还有大段申说：“初九曰‘潜龙勿用’，何谓也？子曰：‘龙德而隐者也。不易乎世，不成乎名，遁世无闷，不见是而无闷。乐则行之，忧则违之，确乎其不可拔，潜龙也。’”以问答体例解经，古典多见，学生记载孔子阐释爻辞的言论，比《小象传》短短一句丰富深刻得多，非常宝贵，值得珍视。已具备龙德高智大才的人，却因时势不合，宁愿隐居不出来任事，这种人物古史多见。他们特立独行，不苟同流俗，不随世风而改变自己的操守，不务虚名，甘心隐遁，心里没有一点窒闷，不被世人认可也不闷，高兴做的事就去做，不喜欢的事就不做，完全我行我素，确实没有办法改变他，这就是“潜龙”啊！这一段非常像夫子自道，孔子周游列国而不获用，返鲁后整理典籍、著述春秋以传世，没有迁就现势而放弃自己王道的理想，正是“潜龙”的风范。之前其实他已做过大司寇的高官，从政经验丰富，所以“潜龙”之意在此已有扩充，并非仅指初出任事的基层历练，大人物自甘隐遁也算“潜龙”。

“遁世无闷”之“遁”，即遁卦之遁，本为引退深藏之意。遁卦（䷠）《大象传》称：“天下有山，遁。君子以远小人，不恶而严。”君子不与得势的小人打交道，虽不明显得罪，绝不迁就合作，宁愿退隐林泉，逍遥自适。大过卦（䷛）《大象传》亦称：“泽灭木，大过。君子以独立不惧，遁世无闷。”“大过”是善恶价值颠倒、极度动荡紊乱的时代，君子特立独行，坦然不惧，也是“潜龙”修为的极致表现。

《易》卦中明确强调“勿用”的，还有屯卦卦辞及遁卦“初六”爻辞。处“遁”之始，不必急着遁，看清风向再决定行止；初爻也代表组织基层，任何权力改组通常只在领导高层，基层未必需要跟着走人。屯卦为乾、坤交合后的第一卦，象征生命初始或事业草创时期，当然以基础布建、蕴养实力为先，不宜仓促求成。乾、坤两卦为六十四卦的基本，其他各卦皆有乾刚坤柔的体质，尤其乾卦更是基本的基本，一切现象的源头，所以每一卦的初爻爻辞虽异，其实多有“潜龙勿用”的况味，就是不宜大举行动。

“不见是而无闷”的“见”字，也可读成“现”，心中知道怎样是对，却不表现出来，隐遁的世外高人往往如此。未济卦（䷿）是《易经》最后一卦，“上九”爻辞末称：“有孚失是。”“是”字为“日正”之意，象征正确而且光明，“失是”已偏离日中，光芒渐消渐弱。易理其实始于“是”终于“是”，乾卦初爻已有“是”而不表现，未济卦末爻失去了“是”，深心体会宇宙人生的变化，教人感慨万千。人生聚会共谋国是，散后又自以为是、各行其是，无论如何，大家还是实事求是的好。湖南长沙岳麓书院庭前石碑所书四字，可作人生奋斗的圭臬。

《文言传》解释乾卦六爻共四次，可谓不厌其详，最后一次解释“潜龙”为：“君子以成德为行，日可见之行也。潜之为言也，隐而未见，行而未成，是以君子弗用也。”君子学习尚实践，懂得道理后就希望表现在日常生活中，“潜龙”表示学习未精、火候未成熟，所以还不轻易行动。

本爻爻变，成天风姤卦（䷫），卦辞称：“女壮，勿用取女。”也有“勿用”之词，五阳下一阴生，“姤”是不期而遇的危机之象，一阴所象征的负面力量，可能迅速增长，颠覆五阳控制的安定局面，为了防微杜渐，切需做好抑制阴爻发展的工作。姤卦在男女关系中象征不伦之恋，为免悲剧发生，也须克制情欲，悬崖勒马。蒙卦（䷃）“六三”爻辞称：“勿用取女。见金夫，不有躬。”女人花心，见异思迁，男士勿与其纠葛，以免后患无穷。《易》卦中所有“勿用”，警惕之意明确，人生行事，必须冷静，勿让情欲蒙蔽了理智。

占卦遇此爻动，自然以不动为宜。若一定要动，可能发生意料之外的危机，就算应付过来，也是得不偿失，不如选更好的时机再出手。

• 台湾传媒界名人陈文茜女士，2001 年末参选“立法委员”，想为公众事务尽番心力。我当时占其胜算，即得乾卦“初九”爻动，卦辞“元亨利贞”，爻辞“潜龙勿用”，未值宜变爻位。陈女士刚健聪慧，行事有男儿风，乾卦自有实力坚强，选上应无问题。但“潜龙”之象似乎并不鼓励其参选，三年“立委”干下来，未必强过在媒体发挥影响力，也是不争事实，甚至还因此遭遇些想象不到的困扰，又应了爻变为“姤”之象。易理判断事情，往往高瞻远瞩，深透入微，值得我们虚心学习。

• 二十多年前，有本企业经营的畅销书《艾柯卡自传——反败为胜》成为话题，为前福特汽车公司总裁艾柯卡所撰，叙述其挽救克赖斯勒公司的奋斗经历。今日看来当然已成陈迹，当时却还是脍炙人口的传奇。我于1997年年底有占，问他如何反败为胜？得出乾卦初爻动，爻变为姤卦。自强不息，“潜龙”不宜妄动时能克制忍耐，等到最好的时机再出手，“姤”亦是成事机缘之意，答案就是如此。

• 我在师门启蒙学《易》，而后又逢老师发心开讲孔子著述的《春秋经》，对儒家内圣外王之学的宗旨有了完整的认识。2008年2月底，自己也开课跟学生试讲《春秋》大义，由于《春秋》甚难，知之者寡，讲授时也战战兢兢敬慎其事。开课前有同学建议与网络教学公司合作，让更多有志学习者参与，我问占得出乾卦初爻动，时机未至，还是“潜龙勿用”。大法流传自有天意，强求贪功不得，遂作罢论，只在内部讲授，“不见是而无闷，遁世无闷”。

九二。见龙在田，利见大人。

《象》曰：见龙在田，德施普也。

“初九”居地下之位，称“潜龙”；“九二”居地上之位，故称“见龙”。“见”读作“现”，出潜离隐，浮上台面，为众所瞩目，前途看好，但也因而失去了隐秘行事的空间，公众人物一切都得谨言慎行。《文言传》描述得很真切：“子曰：龙德而正中者也。庸言之信，庸行之谨，闲邪存其诚，善世而不伐，德博而化。《易》曰‘见龙在田，利见大人’，君德也。”“庸”是日用平常，最平常的言论也得讲诚信，最平常的行为也得谨慎，不能出一点错而贻人口实。《中庸》一书，教人运用中道于日常言行之中，亦记子曰：“庸德之行，庸言之谨。”与《文言传》的语气一致，可见关系密切。“闲”字门中有木，即门槛之意，设门禁障碍以防外邪入侵，如此则门内都是真诚信实者。“九二”居下卦中心位置，相当于各行各业的意见领袖，拥有一定的群众基础，须好好照顾并发展扩大，《小象传》称“德施普”，正是此意。但也须严格考核，不能捡到篮里就是菜，还得防范心怀叵测者混入，一粒老鼠屎搅坏一锅汤。“闲”字在家人（䷤）、中孚（䷼）二卦的初爻爻辞中亦出现，不是一家人，不入一家门，人际信用往来先得考核征信，这是一定的道理。

“善世而不伐”，做了许多好事，对社会有贡献，却谦虚而不夸耀；德博而化，普遍照顾到许多人，教化群众卓有绩效。《论语·公冶长篇》颜渊言志：“愿无伐善，无施劳。”“劳”是辛苦奉献有功劳，“施”与“伐”都是夸大张扬之意，颜渊默默行善积功，绝无骄矜之态，正合“见龙”之旨。“潜龙”、“见龙”皆具龙德，时位不同而已。“潜龙”须隐，“见龙”居下卦正中，阳居阴位，刚而能柔，合宜谦冲养望，虽非“九五”君位，已备君德，大有未来领袖的架势。二、五两爻上下相应，互相帮衬，红花绿叶，可成大事，故而两爻爻辞皆称“利见大人”。“九二”利于见到“九五”大德之君，奖掖提拔；“九五”利于见到“九二”大德之臣，竭诚辅助。乾卦二、五两爻齐变，成离卦之象，其《大象传》称：“明两作，大人以继明照于四方。”皆具大德的君臣相遇，如鱼得水，密切配合，事业发展光辉灿烂，影响深远。

乾卦“九二”单爻变，恰值宜变，成同人卦（䷌），卦辞称：“同人于野，亨。利涉大川，利君子贞。”广结在野的民间力量，以累积雄厚的政治资本，可见志不在小。往上“利见大人”、往下“德施普”，平行再广结善缘，展开全方位的外交攻势。“见龙在田”之“田”，既是农田生产基地、又有田猎追捕行动之意。《易经》创作甚古，卦爻辞中渔猎活动甚多，超过农耕生活的记载，“田”字多指田猎而言。见龙在田，表示“九二”这号人物已成气候，准备更上层楼追求大位了！无君位有君德，正显示君位非专利，有德者人人得而居之。

孟子主张“人皆可以为尧舜”，又引颜渊之言说：“舜，何人也？予，何人也？有为者亦若是。”鼓励人见贤思齐：“舜，人也。我，亦人也。舜为法于天下，可传于后世，我由未免为乡人也，是则可忧也。忧之如何？如舜而已矣！”乾卦《彖传》结语：“首出庶物，万国咸宁。”元首可从众人之中选出，公平竞争，天下太平。孔子创作《春秋经》，太平世的世景为：“天下之人人皆有士君子之行。”“见龙”可为“飞龙”，尚无君位而有君德，正是微言大义之所在。《论语·雍也篇》首章记子曰：“雍也，可使南面。”冉雍字仲弓，为孔门以德行著称的大弟子，夫子赞他可以南面为君，言之自然，丝毫没有触忤时忌的考虑，这就是先秦儒学的精神。

南面为君源出《易经》离卦，后天八卦方位居南方，坐北朝南治理天下，有向往光明之意。先天八卦方位居南方为乾卦，乾为君，先天为体，后天为用，离卦的光明统治正是君德的发挥运用。乾卦“九二”爻变为同人卦，乾天在上、离火在下，先后天同位，由体起用，光照天下。《说卦传》阐释得很明确：“离也者，明也。万物皆相见，南方之卦也。圣人南面而听天下，向明而治，盖取诸此也。”

《文言传》解释“见龙”还有三处：“时舍也……天下文明……君子学以聚之，问以辨之，宽以居之，仁以行之。”“天下文明”正是上乾天下离明的“同人”之象。“时舍”之“舍”为暂时舍止之意，就像人住旅馆房舍一样，先谋安定，再求发展。《易经》几乎每一卦初爻皆强调自修，二爻则发展群众关系，且重视所居地位的稳定，没有特殊诱因，一般都不会仓促行动。二爻局势开展，利用难得的安定时日广泛学习，精思明辨以蕴养修为，学问成熟后再敦笃实践，以成就事功。《中庸》论诚，有称：“博学之，审问之，慎思之，明辨之，笃行之。”与《文言传》此段论述全同。

• 人睡眠时做梦，是很有趣的现象，常人都有丰富的经验，文学家多有表述，心理学家更深入研究其所以然，弗洛伊德及荣格为其大家。我自幼思虑过度，几乎无日不梦，还有些梦确能准确预示未来，是真如佛家所言，第八识（阿赖耶识）中含藏了不少前世今生的记忆么？1998年2月中，我占问：“梦究竟是什么？”得出卦象即为乾卦“九二”爻动，恰值宜变，而成天火同人卦。看来梦境确与潜意识有关，由深藏内卦之底的“潜龙”出潜离隐，变为浮上台面的“见龙”，种种上下及平行的人际关系编织而成迷离梦境，爻变“同人”，岂不甚切？同人卦内离为心火，二爻心火旺盛，日有所思，夜遂成梦矣！

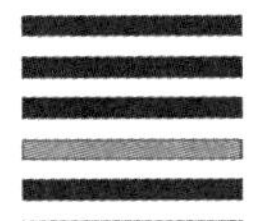

九三。君子终日乾乾，夕惕若，厉，无咎。

《象》曰：终日乾乾，反复道也。

三爻居人位，不称龙，改称君子，与《大象传》同调，意境也相似。“乾”为健行，“乾乾”即健而又健，从早干到晚都不懈怠，正是自强不息。若是语尾副词，“惕若”即戒慎紧张的样子，唯恐事情没做好，认真负责，战战兢兢。“厉”是危险动荡不安，充满挑战和竞争，爻辞中常见，所以当事者须砥砺自己或激励部属全力以赴，才有机会胜出。“无咎”一词更常见，是易学的中心观念。《系辞下传》第十一章称：“惧以终始，其要无咎，此之谓易之道也。”“易之道”就在追求终始无咎，反而不在一般所谓的趋吉避凶，为什么呢？

《系辞上传》第二、三章有解释：“吉凶者，失得之象也……无咎者，善补过也……震无咎者存乎悔。”吉凶只是一时的得失胜负，未必持久，长期来看还可能正好颠倒。“塞翁失马，焉知非福”的故事，人尽皆知。《老子》五十八章所言：“祸兮福之所倚，福兮祸之所伏。”更是总结得好。以失得配吉凶，暗示失未必凶，可能为吉，得未必吉，可能为凶，而且都只是象，未必属实。吉凶是相对的，竞争双方此吉彼凶，而无咎却可以是绝对的，不涉及竞争。人孰无过？知过能改，善莫大焉，这就是无咎。人生一切行动都能无咎，主要是懂得悔过。《论语·述而篇》记载：“子曰：‘加我数年，五十以学《易》，可以无大过矣！’”正是《易》尚无咎之义，夫子至圣尚且如此，后世末学更应孜孜以此为念。

《小象传》解释此爻，以“反复道”概括，复卦卦辞中亦有“反复其道”之词。积极任事，犯错了立刻反省回头，改过自新，不断在尝试错误中成长，颜回“不贰过”，克己复礼，后世尊为“复圣”。本爻爻变，成履卦（䷉），脚踏实地为学做事，日夜勤劳，不断精益求精，在专业上奋斗。“履”字上“尸”为主，正是“主于复”，人生一切行动皆依复卦原理操作，见善则迁，有过则改。

《论语·里仁篇》记子曰：“朝闻道，夕死可矣！”这句话从古到今被严重误解，以为是说早上悟道，晚上死掉都没关系，凸显出追求真理的浪漫情怀。如果是这样，那谁还敢去闻道？而且也近乎荒诞般的矫情，夫子存诚务实，绝不会讲这样的话。《大戴礼记·曾子立事》有云：“朝有过，夕改则与之；夕有过，朝改则与之。”早上知道犯错，晚上以前就改过来；晚上知道犯错，第二天早上就改过来。这种人从善如流，值得肯定。朝闻夕死之“死”，是指消灭过失、永不再犯，“昨日种种，譬如昨日死；今日种种，譬如今日生”。人闻道后就该行道，留得有用身敦笃实践，岂有死了亦无遗憾之理？

《文言传》说得好：“终日乾乾，行事也……终日乾乾，与时偕行。”整天夜以继日地苦干，是为了赶上时代的发展。“君子进德修业，忠信，所以进德也；修辞立其诚，所以居业也。知至至之，可与几也；知终终之，可与存义也。

是故居上位而不骄，在下位而不忧，故乾乾因其时而惕，虽危无咎矣！”人在专业上进修，一言一行都得慎重，以建立诚信，知道自己奋斗的目标，也真能一步一步达到；任何一个阶段完成，都能总结经验，作为未来行事的参考。“九三”已居下卦最高层，绝不骄傲自满，仍在全卦之下位也不忧虑，整天因应时势变化而保持惕厉，虽然所处环境危险，不会出大差错。

“九三重刚而不中，上不在天，下不在田，故乾乾因其时而惕，虽危无咎矣！”乾卦上乾下乾皆刚，两刚相重，“九三”正居交界之处，不处上下卦形势最好的中位，既非“飞龙在天”，又非“见龙在田”，必须加倍努力才能无咎。

总括来说，“九三”目标明确，干劲十足，完全知道自己在做什么，也始终了解时势的发展。以职场流行观念而论，“work hard”不如“work smart”，人生不要盲目苦干，否则劳而无功。

• 2008年8月中，北京中信证券高层访问台湾，与金融界同行进行交流，由学生引介，我和他们见了面，餐叙时也应其要求占算公司未来五年的发展气运，得小畜卦（☴☰）五、上爻动，五爻宜变成大畜卦（☶☰），两爻皆动又有泰卦（☷☰）之象。由小有畜积到大有畜积，再到天地交泰，显然形势大好，壮大不可限量。他们也很受鼓舞，几乎将卦象悬为座右铭，惕厉自己全力以赴。

2009年11月初，我赴北京参加《孙子兵法》的国际研讨会议，初雪之夜，又与他们餐叙，酒酣耳热之际，又有论占。当时我问他们证券业有何亟待改革的事项，他们说是融资融券可能开放。我占得乾卦“九三”爻动，爻变成履卦，显然势在必行。乾卦卦气当阴历四月，2010年4月以前应可施行。结果2010年年初，试点施行三个月，然后全面开放，证券业营运的筹码大增，中信证券的负责主管对易占神准印象深刻。

九四。或跃在渊，无咎。

《象》曰：或跃在渊，进无咎也。

“九四”亦居人位，也不称龙，爻辞且未见主词，但推敲其意还是指“龙跃在渊”。“渊”是水流回旋幽深之处，应合初爻“潜龙”之位，四爻位高权重，怎会“在渊”呢？其实高处不胜寒，地位愈高，人事倾轧与斗争愈烈，偶一不慎就可能被打下擂台，摔得粉身碎骨，又回到一介平民的最基层，前功尽弃，一切须从头开始。“九四”之位已是一人之下，万人之上，自然跃跃欲试，想更上层楼，同侪相争，老板猜忌，情势险恶已极，须特别审慎以保无咎。然而，乾卦勇猛精进，自强不息，总是鼓励人上进的，《小象传》称“进无咎也”，只要小心谨慎，还是可成大业。“九四”“在渊”，“九五”“在天”，一位之差，却有天渊之别，透显了高层权力斗争的实情。君位生杀予夺，大臣高干若不敬慎，亦朝不保夕啊！

我大学本科学的是工程，还上研究所多念了两年，毕业服役退伍后，颇思转入人文经典的终生研习，从工程公司的职场辞职，先开一家小书店营生并自修读书。这样的转换不可谓不大，也与世俗的趋向不同，当然很多人劝阻，当时读《易》至此爻，见“进无咎”三字，勇气倍增，遂孤行不作二想。易理启发人每每如是，片言单句足以改变一生。

《文言传》解释此爻，惊心动魄，耐人寻味：“上下无常，非为邪也；进退无恒，非离群也。君子进德修业，欲及时也，故无咎……或跃在渊，自试也……或跃在渊，乾道乃革。”“九四”高位必危，随时可能下台，应该习惯这种宦途的无常，无论上台下台，都不作坏事或借权谋利，也不脱离民众，永远关心斯土斯民。三、四两爻居人位，都提进德修业，始终把握时间充实自己，片刻也不懈怠。跃跃欲试的企图心很好，却不宜显露，自己揣摩情势试炼自己，掂量分寸，判断进一步出手的时机。“或”字为不定词，有疑惑难决之意，也易遭人疑谤，须特别小心以免出事。“跃”（躍）字从翟从足，为大鸟振翅欲飞前的动作，敛翼踮足，准备一跃而飞。所谓不鸣则已，一鸣惊人，不飞则已，一飞冲天。“九三”“终日乾乾”，虽然辛苦，还只是专业上的竞争，情势比较单纯；“九四”“或跃在渊”，涉及更凶险复杂的政治斗争，奋斗的方式又完全不同了！“乾道乃革”，显示得有脱胎换骨的调整，才能因应崭新的变化。革故鼎新，既问鼎掌权，不得不学习调和鼎鼐。

《文言传》又称：“九四重刚而不中，上不在天，下不在田，中不在人，故或之。或之者，疑之也，故无咎。”“九四”处上乾下乾之际，不居上下卦之中，由下而上、由内地而海外、由地方而中央，正是剧烈转型之时，故称“重刚而不中”。上没到“飞龙在天”的领导之位，下又已脱离“见龙在田”的自在稳定，中还不居“九三”单纯奋斗的人事正位，犹疑彷徨，莫知所之。

虽然如此，只要戒慎恐惧，仍能无咎。三、四两爻处人位，皆强调无咎，可见人孰无过，知过能改就好。《系辞下传》第九章有云：“二多誉，四多惧，近也……三多凶。”“九二”、“九四”都帮“九五”做事，“九二”获称誉，是因为距离尚远，对“九五”没威胁，“九四”多戒惧，因为离权力核心太近，功高震主可能取而代之。“九三”面临严酷的专业竞争，不努力则易遭淘汰，所以多凶。

三、四两爻以全卦论，为中间管理阶层，承上启下，压力甚大，也似人生的哀乐中年，养老抚幼，不得歇息，多凶多惧，实在辛苦备尝。两爻齐变，为中孚卦（䷼），宜变爻位落在“九四”，单爻变成小畜卦（䷈）。“孚”为母鸟孵育小鸟，引申为信、望、爱之义，“中孚”讲究合乎中道的诚信，人生在世重在立信，虽凶虽惧，坦然以对。“小畜”以小事大，以大事小，卦辞称“密云不雨”，沉闷迫人，不易亨通，也得耐心处置。

占例

• 我从1996年年初起，新春元旦都会占算政经大形势的当年发展，刚开始自然是以台湾为主，后扩充到美国与全世界的经济情势，借此参研易理。一年之计在于春，明辨当年大势，自己在其间奋斗也有个主轴可依循。所谓形势比人强，《文言传》一直强调“欲及时”、“与时偕行”、“因其时而惕”，人生不能盲目苦干。

2007年年初，我占算中美关系，得出乾卦“九四”爻动，爻变为小畜卦，切实反映了两大国之间的微妙互动。美国是超级大国，中国三十年经改有成，快速崛起，仍不能望其项背，在国际格局中恰似乾卦“九四”与“九五”的关系，“或跃在渊”，必须敬慎以保无咎。小畜卦“密云不雨”，和战不定，智者以小事大，仁者以大事小，双方都得竭力周旋，以确保世局的安定。“跃龙”与“飞龙”既竞争又合作、亲近又危险的关系，主事者必须深切掌握。

• 欧洲的统合成功是当代大事，欧元也成了重要的国际货币，从事经贸及理财者皆高度重视。2008年年初，我尝试预测金价、油价与各主要货币来年的涨跌走势，其中欧元为乾卦“九四”爻动，单变为小畜卦。简单来说，就是逢高必危，只宜少量储备。当年9月中金融风暴爆发，影响欧元行情下跌，应了“或跃在渊”的警讯。

• 我在台湾授《易》二十年，学生数千人，产官学各行各业各阶层

占例

都有，然而真正深入学习到位者甚少，机缘难以强求，不免遗憾。2001年10月，学生怂恿推动成立台湾周易文化研究会，首任执行长的徐崇智习《易》甚勤，骎骎然有出类拔萃之势。未料天不假年，2006年8月中，竟然心脏病发猝逝，还不到40岁。当时有同学占问他的状况，为乾卦“九四”动，爻变为小畜卦（☴☰），卦象一阴夹处于上下五阳之间，空间狭迫窒闷，“密云不雨”，“或跃在渊”。我知闻后，脑中电光石火闪过《文言传》的句子：“上不在天，下不在田，中不在人，故或之。或之者，疑之也。”“中不在人”，竟然还有这层意思？七七之内，尚未升天，也不在地，而已非人身，佛教讲的“中阴身”岂不如是？其然乎？岂其然乎？

九五。飞龙在天，利见大人。

《象》曰：飞龙在天，大人造也。

“九五”为全卦君位，所谓九五之尊，居高临下统御一切，可好好发挥自己的理念，创造卓越的绩效。然而红花也得绿叶陪衬，利于见到“九二”这种大德之臣全力襄助，共成伟业。爻变成大有卦（☲☰），和衷共济，大家都有一片天。《文言传》说得好：“同声相应，同气相求；水流湿，火就燥；云从龙，风从虎；圣人作而万物睹。本乎天者亲上，本乎地者亲下，则各从其类也。”声气相通，理念相近，自然物以类聚，相得益彰。“九五”是龙是虎为主，“九二”即云即风随从，一起带动时代风骚，圣王兴起，众所观仰。乾天离火先后天同位，坤地坎水亦然，体用既合，遂各正性命，各安其类矣！

“风从虎”，山林中虎啸风生，《水浒传》中记武松打虎，醉酒夜过景阳冈时即遇狂风大作。“云从龙”，中国古代称皇帝为真龙天子，造作了不少祥异传说以强化统治的合理性，所谓“天命在躬”云云。《史记·高祖本纪》渲染刘邦最多：

其先刘媪尝息大泽之陂，梦与神遇。是时雷电晦冥，太公往视，则见蛟龙于其上。已而有身，遂产高祖。高祖为人，隆准而龙颜……常从王媪、武负贳酒，醉卧，武负、王媪见其上常有龙，怪之……秦始皇帝常曰“东南有天子气”，于是因东游以厌之。高祖即自疑，亡匿，隐于芒、砀山泽岩石之间。

吕后与人俱求，常得之。高祖怪问之。吕后曰："季所居上常有云气，故从往常得季。"高祖心喜。沛中子弟或闻之，多欲附者矣。

这一大段真有趣，是确有其事，还是日后的政治宣传？有没有受《易传》的影响？高祖怪问又心喜于吕后之答，可见传说深入人心，吕后真会讲话，而天下的丈夫可能都很怕行踪全为妻子掌握，由云气知龙处现在用不上了，GPS（全球定位系统）可以代劳。

《文言传》又云："飞龙在天，上治也……飞龙在天，乃位乎天德……夫大人者，与天地合其德，与日月合其明，与四时合其序，与鬼神合其吉凶，先天而天弗违，后天而奉天时。天且弗违，而况于人乎？况于鬼神乎？"一人高高在上治理，必须效法天德，行健无私，切莫作威作福。"大人"为《易经》中最高德位，所思所行与天地鬼神自然相合，其创造力之伟大，有时还赶到了自然变化的前面，高瞻远瞩，率先垂范。

• 中华文化本以儒道二家为主流，印度佛法东来之后，经千余年辩证融合，遂鼎足而三，蔚为大观。儒道两家思想皆源于《易》，佛则另有特色。我经多年参研，决定以易理试解佛经，于2009年10月招生开课，进行系统性教学相长的研究。当时针对佛教重要经典、人物及观念都有断占，错综比较，甚有意趣。净土宗以老实念佛、求生西方为尚，我占这种法门殊胜否？得到乾卦"九五"爻动，"飞龙在天，利见大人"，评价如此之高，令人瞩目。爻变大有卦，大家都有，只要精诚，人人可至。《小象传》称"大人造"，阿弥陀佛发愿建此极乐净土，为广大众生辟一去处，真是功德无量。爻辞所言多切？飞升在西天，利见阿弥陀！释迦牟尼佛为众生推荐净土，殷勤郑重，应非虚誉。

上九。亢龙有悔。

《象》曰：亢龙有悔，盈不可久也。

"上九"已至乾阳之极，过分高亢，与众难谐，骄盈自满，必不可久。爻变为夬卦（䷪），刚决柔，上爻已为离退休不掌权的大佬之位，却仍想影响或干预决策，不可能受人欢迎，一意孤行，必致咎悔。《文言传》说得很清楚：“贵而无位，高而无民，贤人在下位而无辅，是以动而有悔也……亢龙有悔，穷之灾也……亢龙有悔，与时偕极。”一旦脱离权力核心，过去一些旧属受新主统管，想帮也帮不上忙，勉强行动也不会成功，时穷势蹙，徒呼奈何。

人生进退甚难，多少英杰过不了“亢龙”之关，轰轰烈烈开始，羞羞惭惭收场的比比皆是。《文言传》最后的提醒也是千古的慨叹：“亢之为言也，知进而不知退，知存而不知亡，知得而不知丧。其惟圣人乎？知进退存亡而不失其正者，其惟圣人乎？”只有修到圣人的层次，才真知进退存亡，可见不易勘破。在《易传》的体系里，大人天人合一最高，圣人知所进退其次，然后是贤人、君子，就像佛、菩萨、罗汉、众生的不同品级一样。

• 占遇此爻，显然事势已入穷途，硬干也不会有好结果，不如适时收手，还保安闲自在。1997 年 8 月初，我帮一位在台湾南部经营房地产失利的学生占问对策，能否转危为安？先得出革卦（䷰）初爻动，《小象传》称：“不可以有为也。”“革”是大幅变革，时机未成熟不宜轻举妄动。再代其筹谋，如何是好？得出乾卦“上九”动，有夬卦之象，刚决柔亦已过时，“亢龙有悔，盈不可久也”，再硬干下去只有衰亡。综合来看，仍得寻求变革转换，只是时机还未至，需耐心观察应付。

用九。见群龙无首，吉。

《象》曰：用九，天德不可为首也。

卦辞是每卦所代表情境的总论，六爻爻辞则是不同阶段的分论，一般卦爻的经文由此组成。乾、坤两卦特殊，还有“用九”、“用六”的结论。“九”、“六”分别代表阳极转阴和阴极转阳的变化能量，乾卦六爻纯阳，坤卦六爻纯阴，“用九”、“用六”教导人如何善用至刚至柔之变，以产生最精妙的效果。再说得透辟些，“用九”说的是乾卦天理发扬的最高境界，坤卦“用六”则是地势运用的深厚功夫，习《易》者必须虚心体会，以圆熟掌握宇宙人生的阴阳之变。乾、坤为父母卦，其他卦皆由乾坤交合而生，既已示范“九、六”之用，其他卦即不必再提，依则行事就好。所以“用九”、“用六”并非爻辞，而是全《易》的总纲，有些人将之视为乾、坤两卦的第七爻，完全昧于事理。

依卦爻符号创作缘由，天天、地地、人人的三才之位，始壮究、始壮究的终而复始之时，一卦只能有六爻，绝无七爻之理，乾、坤也不例外。

“用九”、“用六”虽非爻辞，确属经文的一部分，所以也有类似《象传》的解释。天德不可为首，大公无私，岂可据高位以垄断资源？佛称众生平等，儒主人人皆有良知良能、皆可为尧舜，都是透视根源的究竟之论。如果社会进化到大家都成龙，卓越杰出，应变无碍，人人自立自强，还需要领导做什么呢？世间万恶，种种争端皆由竞争领导而来，为掌生杀予夺的大权往往不择手段，一旦得势又怕失去，极力打压诛除异己，猜防之心遂彻底破坏了人际的和谐相处。文明循此发展，肯定无长久幸福可言，“元亨利贞”如何确保？“群龙无首”称吉而无凶，正是看到了这点，教导众生挣脱权力斗争的情欲轮回，得证大圣之境。世俗说法以讹传讹，“群龙无首”发展到后来竟成了一盘混乱的代称，正是经义不明之弊。

当然，真要达到“群龙无首”的境界绝不容易，“见”读做“现”，人间世一旦出现这种境界，世界大同即获实现，故而《文言传》称：“乾元用九，天下治也……乾元用九，乃见天则。”“乾元”是“万物资始”的根源力量，“用九”正好彰显其自然法则，天下人人自治，全民共治，没有强凌弱、众暴寡的纷争，多么圆满而理想。《彖传》中所称：“乾道变化，各正性命，保合太和，乃利贞。”就是这种天理流行、人际和谐的境界。“首出庶物，万国咸宁”，“无首”是终极理想，未达到以前仍须有“首”，但必得从众人中选拔出来，接受民意的监督与制衡，才能防止领导滥权，才能天下太平。

前面解释“九五”“飞龙在天”时，引用《文言传》：“飞龙在天，上治也……飞龙在天，乃位乎天德。”两相比较，其意自明。“上治”是一个人高高在上管理一切，其位可行天德，其实则未必然，反而可能私心用事，作威作福，由“飞龙”变成了“亢龙”。“天下治”是“群龙”都可参与治理，没有独裁垄断，真正体现了大公无私的天则。“则”字从“贝”从“刀”，将规律刻于贝壳上，昭示后人永远遵守。《易经》于变易见不易，讲的就是一些以简御繁的自然法则，值得永远参考。往后许多卦爻还会提到“则”这个字，读者好自留意。

据闻，北京一群经济学者曾组织了“天则研究所”，起名“天则”而非“天择”，当有深意。达尔文倡导的“物竞天择”，最适者生存的学说，应该也是西方经济学的一项基本假设，鼓励丛林式的酷烈斗争。《易经》讲的“天则”

则不然，除了各自竞争外，更重视群体相处的和谐，《彖传》称的“各正性命”与“保合太和”，已经阐析得很清楚。

“天下治”之语，亦见于《系辞下传》次章：“神农氏没，黄帝尧舜氏作，通其变，使民不倦，神而化之，使民宜之。易穷则变，变则通，通则久，是以自天佑之，吉无不利。黄帝尧舜垂衣裳而天下治，盖取诸乾坤。”黄帝、尧、舜是中国自古称颂的明君，治理天下政绩卓著，他们都深通随宜变化、与时俱进之理。古人服饰上衣下裳，实为一体，只以一根腰带区隔开，“垂衣裳而天下治”，有君民一体无为而治的寓意。所谓中原衣冠文物，乾君坤民的互动，为政治文明进化的表征。“自天佑之，吉无不利”为大有卦“上九”爻辞，属极好的断语，在《系辞传》中出现三次，人习《易》会通有得，可臻此境。蛊卦（䷑）讲究拨乱反正的改革，其《彖传》中亦称：“蛊元亨而天下治也。”改革成功，打破威权专断，还政于民，正是“群龙无首”，天下太平。

“飞龙在天”独掌大权的代价很高，本身可能刚愎自用变成“亢龙有悔”，又让高干“或跃在渊”战战兢兢，乾卦六爻只见辛苦，无一“吉”字。二、五两爻要好，须得“利见大人”，若见不到大人也不会有利。六爻的奋斗历程，从基层到高层是呈现类似金字塔的结构，五爻是塔尖，初爻量大是塔底，上爻又顶上开花有累赘之象，搞到最后可能一切成空，何苦来哉？“群龙无首”打破僵硬的阶层结构，呈现出互联网状的灵动关系，处处都是中心，皆可独当一面、自立自主，反应快效率高，才有“吉”字出现。

台湾宏碁计算机公司的创办人施振荣，多年前曾有培育人才的群龙计划，喊出“龙梦要成真，群龙先无首”的响亮口号，想训练出至少五百名独当一面的总经理，其志虽壮梦却未成，看来“乾元用九”确非一蹴而就。

《文言传》四段反复申说的文句，只有中间简述六爻的两段有提“用九”，首末两段完全未提，也值得注意：“用九”的思想究竟何时形成？发展成熟的过程为何？历代解《易》者真正懂得群龙之治的微言大义吗？

• 依据古代相传的筮法，占得乾卦六爻全变，按理会变成坤卦，因六龙皆动，可以“群龙无首”占断为吉。《左传·昭公二十九年》记载晋大夫蔡墨论龙有云：“《周易》有之，在‘乾’之‘姤’，曰：‘潜龙勿用。’其‘同人’曰：‘见龙在田。’其‘大有’曰：‘飞龙在天。’其‘夬’曰：‘亢龙有悔。’其‘坤’曰：‘见群龙无首，吉。’‘坤’之‘剥’曰：‘龙战于野。’若不朝夕见，谁能物之？”这显然是爻变的概念，“在‘乾’之‘姤’”即乾卦“初九”爻变成姤卦，以“潜龙”爻辞断占；“在‘乾’之‘坤’”即乾卦六爻齐变成坤卦，却以乾卦“用九”“见群龙无首”论断。蔡墨此言应有所据，值得重视。至于龙之有无，应该意义不大，不做论断。

2006年间，我一位经营纺织业的学生在上海陆家嘴区域购屋，作办公及租赁之用，当时自占合宜否？得出乾卦六爻全动，可以“群龙无首，吉”论断，遂砸钱购置。迄今屋价上涨甚多，业务运行也很顺利，群龙皆动，生机无穷啊！

乾卦多爻变占例之探讨

以上是乾卦全部卦爻理论的陈述及单爻变占例的分析，“用九”即为六爻全变的特例，往下继续探讨两爻至五爻动变的占例。这在筮法占测中极易遇到，必须知道如何判断，才能真正了解易占的精微，而这也是过去相关论述中最欠完备之处。

任意二爻动，即需考虑二爻爻辞所述，若其中一爻恰值宜变，则为主要变量，该爻爻辞更得重视，另一爻为次要变量，亦列参考。

• 2005年年初，我占算当年美国经济情势，得乾卦初、上两爻动，若齐变则有大过卦（䷛）之象。乾为君，体质强健，充满了开拓性，美国为第一经济大国，本应带动全球经济成长，为何却有大过卦不堪负荷之象？初爻“潜龙勿用”，代表基本面的核心竞争力还在沉潜开发阶段，未能量产而对经济规模有贡献；上爻“亢龙有悔”，表示有些经济项目已趋疲软或过气。两下加成，遂呈现青黄不接的发展窘境。其实，美国一意孤行，接连在阿富汗及伊拉克用兵，高昂的军费支出造成财政严重失衡，这样的结果并不奇怪，要调节正常亦非短期可致。

《焦氏易林》“遇乾之大过”的断辞很有意思：“桀跖并处，人民劳苦，拥兵荷粮，战于齐鲁。”夏桀暴君，盗跖强梁，不顾民生艰困，穷兵黩武，不正是美阿、美伊战争之象吗？齐鲁本为兄弟之邦，基督教徒与伊斯兰教徒的先祖都是亚伯拉罕的子孙，《旧约圣经》和《古兰经》都有记载，阋墙相杀所为何来？

• 我在台湾富邦金控集团授《易》十多年，学生就是老板夫妇及商界好友，六十四卦全部经传来回讲了两三遍，还讲《老子》、《孙子兵法》、《黄帝阴符经》与佛经等，算是相当难得的缘分。2009年年末，又有两位新学员加入，其中一位王女士有伤心事问占。原来她从医的弟弟五年前颈椎压迫开刀，休复期间至医院代同事班，夜眠发生意外缺氧急救，虽挽回性命，却成了心神丧失的植物人，堂上双亲哀痛欲绝，用尽各种方法也难以治愈，只有天天去病床前探视心爱的儿子。除了现代医学外，也试过宗教与其他特异的法门仍不得要领。安乐死的考虑不是没有，在台湾也未必合法，虽未生离实同死别，真是情何以堪？当日问的是：患者心魂何处？还算活着吗？结果得出乾卦三、四爻动，宜变爻位落在四爻，单爻变为小畜卦（☴☰），两爻齐变则有中孚（☴☱）之象。

“九四”爻辞“或跃在渊”，前述占例曾提过学生徐崇智心脏病发往生之事，“上不在天，下不在田，中不在人”，一种“密云不雨”夹缝中的难堪处境；“九三”爻尚在人位，却也朝乾夕惕辛苦之极，在生死关头间挣扎。两爻齐变的中孚卦为艮宫游魂卦，《大象传》称：“君子以议狱缓死。”生命只是拖着尚未死亡，最后如何似乎又与亲情和信念有关。中孚卦本取母鸟卵翼小鸟之象，洋溢亲子之情，诚信、盼望、爱心兼备，正合亲人不舍之意，绝望中仍有期待。会不会有奇迹呢？

接着再占能否康复，得出小过卦（☳☶），初、三、四、五爻皆动，四爻齐变成屯卦（☵☳），宜变爻位为“九四”，单变为谦（☷☶）。小过卦为兑宫游魂卦，《大象传》有“丧过乎哀”之语，全卦又有大坎的凶险之象，所动四个爻爻辞皆无吉字，或有费心徒劳之意。看来机会不大，变成屯卦为新生，恐怕实指归天往生，小过卦“九四”《小象传》解释：“往厉必戒，终不可长也。”这么凶险无望，还能拖多久呢？小过卦即为中孚卦下一卦，两卦相错，卦性完全相反，也是生死巨变，小鸟不可能永远受母鸟卵翼一生啊！

2011年5月下旬，王女士的弟弟终于拖不过，病情恶化去世，家人虽然伤心，也算是彼此解脱了！

• 2002年元月下旬，我在富邦金控的授《易》课堂上，应老板娘之请占其天母区一所亲子俱乐部的经营前景。得出乾卦三、四爻动，“九四”值宜变爻位，单变小畜卦，两爻皆动有中孚之象。“九三”日夜操劳，

“九四”戒慎恐惧，“密云不雨”难突破，要想建立商誉以转亏为盈，恐怕需要更长的时间。中孚《大象传》称：“君子以议狱缓死。”游魂为变，不想拖的话，不如放弃经营以谋转换。她听从建议，不久结束了前途黯淡的生意。

• 我毅然决然转向人文，不做工程师后，因缘际会进入出版界，前后待了近二十年，其中大半时间是在一家颇负盛名的科普出版公司服务，做到总经理兼总编辑。1990 年之后，该公司老板扩充过速造成营运极度困难，我也是因此由编辑人进入经营管理的范畴，体验了企业战场的残酷，而学《易》多年后开占亦缘于此，人生际遇每每出人意表。

全力主责经营两年，竟有旋乾转坤、反败为胜的气象，自己也很欣慰。不想原老板因关系企业严重亏损，想重掌经营权以利挹注周转，种种干扰的举动令人侧目。鉴于企业伦理及往日情谊，非常不好处理。有次实在忍无可忍，想针对其叵测提案摊牌还击，事前一占，得出乾卦四、五爻动，两爻齐变有大畜卦（䷙）之象，宜变爻位落在“九四”，单爻变成小畜卦。总经理杠上董事长，以小博大，夹缝求生，真是“密云不雨”，苦不堪言。“或跃在渊”一不留神就会摔得粉身碎骨，“跃龙”与“飞龙”强争实是险不可测。大畜卦外卦艮泰山压顶，内卦乾刚健欲行受阻，只能忍耐再忍耐了！功高震主的滋味那时可是深刻体会，至今犹记得占到此象时，心头一阵激灵，暗喊：“好家伙，真的让我碰到了！”

暂时退让并不能真正解决问题，后来还是受逼退出经营，而公司也因财务失守数年后终于崩灭，一起并肩奋战的许多伙伴风流云散，各奔东西。尘埃落定后多年，昔日“飞龙”仍不认输，虽债务如山遍地荆棘，依旧以他自己那套奇诡而坚韧的方式残存，所谓性格决定命运，实非虚言。2004 年夏末，他陷入新的困境，找我晤面谈谈，所提解套方案固然异想联翩，我全未理会，但还是答应帮他看看未来十年。结果得出乾卦三、四爻动，四爻宜变，单变小畜，双变中孚。这正是前述学生弟弟沦为植物人的占象，在难堪的夹缝中求生存，昔日刚勇创业强悍经营者的心魂何处？中孚所代表的信用破产，再怎么拼搏也是“议狱缓死”。“上不在天，下不在田，中不在人”，“或跃在渊”，仍不放弃“终日乾乾”，无晨无昏无昼夜地艰苦硕斗……

• 我学《易》启蒙甚晚，追随老师读经已 23 岁，群经中与《易》结缘最深也是在出版公司费心经营之时，尔后开堂授课教学相长，进益颇速。大易深蕴的智慧似乎永无止境，再怎么精勤汲取还是开发不完。大约十多年前我干脆每年秋分时节一占，检验自己的易学修为，一年来是否又有精进，作为来年迁善改过的参考。

2009 年秋，我刚自山东开会并游历返台，循例占问学《易》三十四年的功力，得出乾卦三、五爻动，齐变有睽卦（䷥）之象。君卦君爻动，"飞龙在天，大人造也"，当然很受鼓舞；"终日乾乾，反复道也"，还得不断努力改进，说的也是实情。睽卦《大象传》称："君子以同而异。"易学当然有共同的规范与理念，也容许研习者与时俱进的创新，以呈现不同的特色。《系辞下传》第八章即称："易之为书也不可远，为道也屡迁，变动不居，周流六虚……不可为典要，唯变所适。"

• 台湾这些年庙业兴旺，各式各样的修行道场吸引很多人参与，其中也有不少特异功能者展现神通，为人治病疗心断事。佛经预言末法时期天灾人祸频仍，社会动荡，人心不宁，这种事本宜固有不足为奇，平常心对待就好。会神通者多少有些修为，境界有高有低，一般易占都能公正探测。2010 年 3 月初，我在富邦集团易学班的学员问某老师的修为境地，占得乾卦三、上爻动，有兑卦之象，该如何解?

这老师为女性，外貌也很出色，正是讨人喜悦的兑卦之意，在其专业上很用功，"终日乾乾，反复道"。然而已有"亢龙有悔"、与时偕极之虞，得注意调整。我说出来，学生频频点头，看来易占又抓到关键了！

• 内地经济改革成功，各方面发展迅速，台湾各界精英近年来常跑内地，以探询事业的第二春。我一位企业界的女学生 2002 年开始西进，先去读北京清华大学办的 EMBA 班，借此开展政商人脉。行前问尔后的发展，得出乾卦二、上爻动，齐变有革卦（䷰）之象。乾、革二卦皆为"元亨利贞"四德俱全之卦，这位学生是业界闻名的女强人，敢闯敢冲不让须眉，转向西进也合乎开拓革新之道。乾卦"九二""见龙在田"初露头角，唯须避免冲过头成了"亢龙有悔"。谨记如上要点，这些年来她在大陆的发展果然有声有色、红红火火。

• 二十多年前我在出版公司的那番历练，算是刻骨铭心，虽然辛苦却着实学到不少人生实务的智慧。初接经营重责时，面对内忧外患，百废待兴，苦思危局中的突破点，得出乾卦初、五爻动，齐变有鼎卦

两爻变占例

（䷱）之象。自强不息，革故鼎新，先别轻举妄动，稳住“潜龙”基层，然后再展现“飞龙在天”的大局领导。鼎卦尊贵稳重，寓有全民共和之义，要大家热心参与，必须懂得调和鼎鼐。之后几年做得出色，振奋乱局中的人心，不是没有道理。

三爻变占例

任意三爻动，三个爻的爻辞均须参考，若其中一爻值宜变爻位，则为主要变量，其他二爻为次要变量。又因变量已至半，本卦已不稳定，可能三爻齐变成之卦，这种变或不变成三比三的拉锯情势称为“贞悔相争”，非常微妙有趣，须结合两卦合参。

• 孔子晚年习《易》甚勤，行住坐卧皆手不释卷，有“韦编三绝”之说，把捆系竹简的牛皮绳都翻烂好多次。我发心读《易》，前后查索参照也翻破几本袖珍版的《易经》，其实这是因为卦卦爻爻相关，真正研《易》必有的读书方式，掌握全部才了解局部，懂了局部又增进对全部的体会。2007 年 9 月 28 日孔子诞辰，我颇有所感，占问自己在台授《易》十六七年，究竟有实效功德否？得出乾卦初、三、五爻动，贞悔相争为未济卦（䷿）。龙由潜而勤奋而飞，既教导民间各行业人士，也因缘际会试图影响君位高层，但变“未济”即不算成功。乾卦自强不息当然可贵，未济卦《大象传》称：“君子以慎辨物居方。”还是提醒我往后须慎选学生因材施教，才可功不唐捐。

• 曾有学生问我，儒、释、道三教合一在中华文化中是否可以落实，三教是否同源？孔子在《论语》里两次强调“吾道一以贯之”，《系辞下传》第五章亦主张：“天下何思何虑？天下殊途而同归，一致而百虑，天下何思何虑？”兼容并蓄的大气魄，真不愧为万世师表。至于三教同源，于史无证，于理不知是否通达？2009 年 928 孔子诞辰后，我试问易占，得出乾卦初、二、四爻动，贞悔相争为渐卦（䷴）。

这个卦象极有意思，惹人发想。乾卦是天道自然，三教皆讲述宇宙人生的自然真理，然而倾向各异，所动三爻难道就讲这个？“初九”“潜龙勿用”，“遁世无闷”，似佛法清静持心；“九四”“或跃在渊”，上下无常，有道家人物乱世出山辅佐君王、功成复身退以求保全的智慧；“九二”“见龙在田”，天下文明，则为儒者情怀，“见大人”，“德施普”，穷则独善其身，达则兼善天下。《系辞下传》第九章称：“二与四，同功而异位，其

善不同。二多誉，四多惧，近也。”“见龙”与“跃龙”时位不同，皆为“九五”“飞龙”服务，传统文化中儒道二家或仕或隐，始终互补相成；佛法东来，又为华夏文明增添了异色。无论如何，“初九”、“九四”相应，却非中道，“九二”所代表的儒家才居中行中，故而一直是历朝历代的主流正朔。

妙的是三者各展特色，三爻齐变成渐卦，为群行以序往来以时之义，取象于鸿雁编队飞行，随气候变换南来北往，共同组成了丰富灿烂的中华文化。渐卦《大象传》称：“山上有木，渐。君子以居贤德善俗。”上卦巽为木也为风，有树立风标教化天下之象，中国人受此陶冶，无论招致何种境遇都有从容应对之道。乾卦六爻以龙为象，渐卦六爻以鸿为象，都有水陆空三栖应变无碍的本事，龙于事理或无，鸿雁可是确实存在的生物。本占遇“乾”之“渐”，无中生有，由虚入实，三教教化众生真是效益宏大。渐卦又是艮宫归魂卦，为止欲修行的最后归宿。三教同源于事无证，于理却有可通，风格虽异，皆源于道。

• 中国文化重视现实人生，对人情人性的幽微体会甚深，由广泛的人际互动中也累积了丰富的智慧与经验。人物学自古即很发达，而三国时魏刘卲所撰《人物志》一书堪称个中翘楚。我听老师讲解过全书十二篇，深受启发，自己后来也跟学生试讲过几遍，对其中义理相当醉心，每篇涵咏之余都有占，以与易理互证，这也是种特殊的学习方式。其中第七篇《接识》谈偏才型的人待人接物多有缺失，无法赏识和他们性向不同者，竞相攻讦，气度不宏。我占此篇主旨，得出乾卦初、三、四爻动，贞悔相争为涣卦（䷺）。“涣”是离散之意，乾卦自强不息，人人若自限本位主义，难以建立共识，聚众化众。乾卦初爻勿用没影响，三多凶四多惧，人际是非竞争又多，遂成涣散离心离德之局。乾卦《彖传》称：“乾道变化，各正性命；保合太和，乃利贞。”发扬个性的同时，仍需注重群体的和谐。遇“乾”之“涣”，在待人接物上有了疏失。

• 2000 年 4 月中，我在整理自己《系辞传》的笔记，准备写一本书，为了更深入掌握义理，二十四章的主旨都有占其大意。其中《上传》第五章哲理精深，文辞优美，从“一阴一阳之谓道”展开论述，至“阴阳不测之谓神”为终，谈宇宙人生的大道理及丰衍变化的律则。其占象为乾卦三、五、上爻动，贞悔相争成归妹卦（䷵），“上九”“亢龙有悔”值宜变，单变有夬卦之象。“乾”即天理自然，“终日乾乾”运转不息，发展至“飞龙”最高峰后，物极必反再衰退成“亢龙有悔”。天道如此，人事奋斗却无止境，夬卦刚决柔，《杂卦传》卦序列为最末，称：“君子道长，小人道忧也。”这也是《上传》第五章冲决网罗的精神，即所谓：“鼓万物而不与圣人同忧。”天道自然演化至未济卦终，人事拼搏却得彰显正义，自强不息。贞悔相争所成的归妹卦，其《彖传》称：“归妹，天地之大义也，天地不交而万物不兴。归妹，人之终始也。”《大象传》亦称：“君子以永终知敝。”皆道出天地人终而复始之义，依《易》解《易》，就有这么丰富精彩！

•《孙子兵法》是世界第一兵书，里面许多精彩的观点亦与易理相通，我在多年前即倡导所谓“大易兵法”的研究，确信深入参证会发展出崭新的体系来。2007 年年初，台湾地区成立第一个研究《孙子兵法》的学会，我也受邀参加任了副会长，积极开展两岸兵学的交流活动。2009 年 9 至 11 月短短七周内，我连参加了三次大陆主办的国际《孙子兵法》研讨会，前两次在山东孙武故乡的滨州和广饶，后一次在北京。北京行原订《孙子兵法》会后还要另参加一场老子思想的讨论会，准备论文等相当紧凑。9 月底我占测一切顺利否？得出乾卦二、三、上爻动，上爻宜变成“夬”，贞悔相争为随卦（䷐）。“九二”“见龙在田”，好好表现，广结善缘；“九三”“朝乾夕惕”，应该是日夜辛苦；“上九”“亢龙有悔”，又值宜变，小心操过了头物极必反。随卦表示动变甚多，不宜拘泥，须随机应变，随遇而安。

结果往后一个多月的变化真如卦象所示：老子研讨会临时取消，缩短行程，一下飞机，又多安排了一场北京郊外政商俱乐部的演讲，简谈《兵法》十三篇的精义，且因此引发一些后续的会晤。确实日夜操劳，行程多变，但成果颇为丰硕。随卦卦辞称：“元亨利贞，无咎。”和乾卦都是四德俱全之卦，只要避开亢龙之悔，善加转圜，可能比原订计划还好。

• 1996 年 2 月上旬，我与家人在台南屏东小垦丁景区度假，出版公司的同仁由台北来电，告知大股东与老板的纷争又起，而且这回搞得很僵，大局可能再度生变。其时我整个心态已有变化，但还是问了一下几方面的斗争理势，以做交代。大股东发动攻击，其卦象为乾，初、二、五爻动，贞悔相争成旅卦（䷷）。“乾”为君，“旅”为失时、失势、失位，

能否入主成败各半，初、二爻由潜而现，挑战“九五”“飞龙在天”，仰攻吃力，虽挟巨资未必能胜。再问老板情势，为颐卦（䷚）“上九”爻动，恰值宜变成复卦（䷗）。其爻辞称：“由颐，厉吉，利涉大川。”看来虽动荡艰险，却可过关，真是不死鸟啊！后续发展，卦象完全应验，市场派再一次无功而返。

任意四爻动，则四爻爻辞均须参考，由于已过半数可变，多半四爻齐变成“之卦”，以“本卦”变“之卦”来断占，“之卦”可能是最后结果。四爻中若有宜变之爻位，仍为较重要的变量，其他则次要。

• 世界杯足球大赛一直是举世关注的热点，每四年一次的赛程都激动人心，脍炙人口。2010 年 7 月的大赛频爆冷门，多少专家跌破眼镜预测失准，而德国的一只大章鱼保罗却百断百中，震惊天下。这种神通因何而生？我为之一占，得出乾卦三、四、五、上爻动，宜变爻位落在“九五”至尊，单爻变为大有卦，四爻齐变成君临天下的临卦（䷒）。乾、临二卦“元亨利贞”四德俱全，乾卦“九五”“飞龙在天”，临卦居高临下俯瞰红尘大地，无穷无疆，气势十足。这只大章鱼还真是龙神下凡，据天道天理以断球赛胜负，一切动变都逃不过它的法眼啊！

• 我因学生热切推动，于 2001 年 10 月创立“台湾周易文化研究会”，并任首任理事长，三年后连任一次。2007 年退下来交棒给学生，2010 年三年期满事故频仍，再度改选。为长久发展计，决心引进新血。8 月初锁定一位纺织业界经营有成的敦实学生，欲邀其任新理事，会晤时他谦辞我不许，希望勉为其难帮忙。会后试占成效，得出乾卦初、二、三、四爻动，四爻齐变成观卦（䷓）。看来还有变量，“潜、见、惕、跃”，戒惧不定，观卦又有冷静观望之意。果然当晚他传来手机短信，生性孤陋愧承厚爱，怕负老师识人之明，还请另觅他贤云云。我看了哈哈一笑，回信同意他的肺腑之言，他谢谢老师成全，尔后如有可用力之处当遵吩咐。易占实话实说，往往如是。

• 道家祖师爷老子是中国思想史上的大人物，影响后世极大，生平行事却很神秘，来历及去向自古即难厘清。2008 年 10 月，我给学生上课以《易》通老，遂诉诸易占，问老子是否确有其人？得出乾卦二、三、四、五爻动，四爻齐变成颐卦（䷚），宜变爻位落在“九五”，单变为大

有卦。"乾"为天道自然，"九五""飞龙在天，大人造也"，显示老子境界极高，对自然之道的体悟及运用戛戛独造，而这也是由"见、惕、跃、飞"渐次养成。孔子曾向老子问礼，之后对弟子盛赞其德："至于龙吾不能知，其乘风云而上天。吾今日见老子，其犹龙耶！"神龙见首不见尾，此占真正应了孔子之叹，老子肯定有其人。颐卦主论养生，也是道家宗旨，遇"乾"之"颐"，顺自然之道修养身心。"飞龙"单爻变"大有"，老子的智慧是人类共同遗产，为大家所享有。

• 2001 年 9 月 11 日发生在纽约的恐怖攻击，可说改变了世局的风貌，美国民意沸腾。10 月初美军进攻阿富汗，当时我算对台湾地区经济的影响，得出乾卦初、二、五、上爻皆动，四爻齐变成小过卦（䷽），乾卦"九五"恰值宜变爻位。"乾"为君，"飞龙在天"应指美国总统布什，刚强勇猛挥军远征，但对台湾的经济似乎影响有限。小过卦只要谨小慎微，低调行事，当不致有大碍。其实 2001 年台湾经济为负增长，本来就欠活力，也不在乎多一项冲击。

• 2012 年元旦，我作一年之计，问自己年运为乾卦二、四、五、上爻动，"九五"值宜变为大有，四爻齐变成明夷卦。时值传说中的浩劫年，我仍自强不息勇猛精进，见、跃、飞、亢因时而动，"九五"飞龙在天为主变数，大人造也，令人激奋。明夷为当年世局之卦，普世艰困，天灾人祸不断，唯有利艰贞。当年为壬辰龙年，我也肖龙，满六十度本命年，四龙齐飞，刚健挥洒。后果如是，当年过得多彩多姿，能量十足。

五爻变占例

一卦中任意五爻动，五爻爻辞皆须参考，五爻齐变所成"之卦"多半便是最后结果，其中若有宜变爻位，影响较大，但仍以五爻齐变的大势所趋为主。

• 据佛经中记载，佛祖释迦牟尼曾于过去生中供养燃灯古佛，并接受了未来成佛的授记。对这位跨越浩瀚时空的佛的老师，我充满奇异的想象，于 2010 年 7 月心动一占，其意义为何？结果得出乾卦初、二、三、四、上爻动，五爻齐变成比卦（䷇），宜变爻位落在"九三"，单爻变为履卦。乾为君，佛是大法王，开发自性勇猛精进而成佛，燃灯为过去佛，履行职务后交棒予释迦牟尼佛，五爻皆动唯君位"九五"不变，亦有传灯之意。比卦相亲比，《大象传》称："先王以建万国，亲诸侯。"封建诸

侯以使江山永固，佛佛授继而令道法恒传。

• 台湾的易学团体不少，我跟同好之间的往来不多，唯邵崇龄先生推动的《易经》学会有些接触，2009 年 11 月底，他们主办两岸易学研讨会，兼办三十周年会庆，一时也是老少咸集，群贤毕至。晚会上我致贺词，即以占象为言：该会努力三十年的绩效如何？得出乾卦初、二、三、五、上爻动，五爻齐变成豫卦（䷏），宜变爻位为“九三”，单变为履卦。学会属非营利组织，经营不易，文人学者习性相轻，也难免启纷争，“终日乾乾”自强不息，能持续一代确实可贵。豫卦卦辞称：“利建侯行师。”组织群众斗志高昂，热情行动，继往开来甚可期待。

• 2011 年 8 月中旬，我儿春麟已考上政大会计系，算是三年前高中没考好的一次舒气吧！我问他未来四年的大学之道如何？为乾卦初、二、三、五、上爻动，“九三”值宜变为履卦（䷉），五爻齐变成豫卦（䷏）。朝乾夕惕，好好努力，豫为青春奋发、热情行动之象。遇干之豫，没让父母失望。

扫码聆听刘君祖老师亲自讲述大易之道

——逐字逐爻详解易经六十四卦

2. 坤为地（䷁）

坤卦六爻全阴，为《易经》第二卦。据说殷易《归藏》的首卦为坤，乾卦次之，故而又名《坤乾》；周代殷而立后，《周易》改为乾卦居首，坤卦次之，从此确立了往后几千年乾主坤从的格局。夏易以艮卦居首，称《连山》，与《归藏》皆已失传，应该是融会于今本《周易》中了。孔子当年去宋国，还见到过《归藏》，宋为殷代遗民所封立之国，故而保有此书。此事记载于《礼记·礼运》："孔子曰：我欲观殷道，是故之宋，而不足征也，吾得《坤乾》焉。《坤乾》之义……吾以是观之。"易学史上有"三易"之说，夏、商、周三代皆有《易》，而《周易》集其大成。夏商之《易》未冠朝代名，所以《周易》之"周"有人说是包罗万象、圆融周到之意，正合《系辞上传》第四章所称："知周乎万物而道济天下，故不过。"

《说卦传》称："坤为地，为母……为文，为众。"地道顺势，母爱包容，坤卦基本意象为广土众民，策略则为顺势用柔，文与武相对，不采对抗冲突而以和平协商方式解决问题。经纬天地曰"文"，刚柔交错曰"文"，坤"为文"已明示乾坤配合、刚柔互济的重要。孤阴不生，独阳不长，阴阳和合才能运化万物，生生不息。坤卦《大象传》称："地势坤，君子以厚德载物。"大地山川起伏，孕育众多生命，君子应效法地道，含蓄包容以待人接物，建立发展深广的群众关系。无论为地为母为文为众，皆有因顺之意，《说卦传》称："坤，顺也。"依理顺势是坤卦的基本要义。

䷁ **坤。元亨，利牝马之贞。君子有攸往，先迷后得主。利西南得朋，东北丧朋。安贞吉。**

"元亨利贞"四德，已于乾卦中详细解释，代表合乎自然充满创造性的历程。乾卦卦辞只有“元亨利贞”四字，代表最纯粹的天道天理。坤卦卦辞二十九字，繁复啰唆得多，虽有“元亨利贞”之德，却须满足甚多条件才能落实，可见天理与现实形势之间差距不小，人生奋斗必须深切了解这点，才有在现实中成功实践理想的机会。

“利牝马之贞”就是但书和条件，和乾卦单纯的“利贞”不同。“牝马”即雌马，《说卦传》称乾为马、坤为牛，乾主坤从，称坤为雌马以追随配合乾的雄马，合情合理。据说华北平原上马群奔腾，由一雄马领头带队，其他大批雌马跟随前进，既不争先也不落后，永远步调一致，并驾齐驱。这种配合无间的团队服从精神，正是坤卦所需具备的德行，故而称“利牝马之贞”。牝牡即雌雄，牝牡之合才能孕育后代生生不息。《老子》一书中多称牝牡，并盛称坤阴柔顺之德为万化之源，第六章云：“谷神不死，是谓玄牝。玄牝之门，是谓天地根。绵绵若存，用之不穷。”“玄牝”是深远无极最高的道体，是天地的根本，妙用无穷无尽。第六十一章云：“牝常以静胜牡，以静为下。”第三十六章云：“柔弱胜刚强。”以阴制阳，以柔克刚，以弱胜强，以小博大，都是坤卦智慧的运用，习《易》者不可不知。

“有攸往”的“往”字，和“行”字不同，为“行之有主”之意。“行”字即况人迈步向前所留足迹，左脚右脚、左脚右脚之形，漫无目的地闲逛也算。“往”则中心有主宰，设定追求目标与行进路线，经文常称“利有攸往”。无妄卦（䷘）也是四德俱全之卦，初爻称无妄之“往”获吉，上爻称无妄之“行”有灾，显见人一动妄念、妄想就会失去主宰而偏离正道，差之毫厘，失之千里，不可不慎。乾为马象征心，坤为牛象征物，心主物从则可，物欲乘权掩没真心必将迷途。乾表天理，坤为地势，依理顺势事事可成，仗势失理终必败亡。

“先迷后得主”有二义：其一，居坤若抢先做主，则成势压理臣僭君，必起纷争骚乱，坏了“牝马之贞”，应当居后配合，才与乾道之主相得益彰。《老子》第六十七章云：“我有三宝，持而保之。一曰慈，二曰俭，三曰不敢为天下先……不敢为天下先，故能成器长……舍后取先，死矣！”老子处世的三大法宝，慈悲、俭约低调、不敢居先宁愿处后，几乎都是坤顺之德的表现，不争先反能真正主导局面，一味争先自取灭亡。其二，坤卦为重重物势，往前发展本易迷失，警觉后改过回归天理正途。两义皆通，总之，乾天之道清明纯净，下地成坤则有迷失本性的可能，人生修行必须慎之又慎，以免沦落。

行进迷途时必得辨明方向，西南东北之喻由此而生。依后天八卦方位，西、南属阴，东、北属阳：正西为兑（☱）、西南为坤（☷）、正南为离（☲）、东南为巽（☴）；正东为震（☳）、东北为艮（☶）、正北为坎（☵）、西北为乾（☰）。四阴卦连成一片与四阳卦相对，恰为太极图分阴分阳互动旋转之象。坤卦为阴卦之首，宜率先垂范谨守阴柔本分，安居西南阴方配合阳卦行事，切勿捞过界闯入东北阳方，而与之相争，故称“利西南得朋，东北丧朋”，安于“牝马之贞”即吉。异性相吸、阴阳和合为朋，坤守阴待阳，乾、坤互动和谐如朋似友，若出阴争阳对立抗衡，朋友关系破裂反成仇敌矣！硬碰硬以弱击强，对坤阴来说当然不利。蹇、解二卦亦强调“利西南”、“不利东北”，面对人我共同的忧患，大家蹇困难行，当然以同舟共济和解为上，正是坤卦“西南得朋”的精神显现。

《易经》卦爻中提到方位，还有升卦（䷭）“南征吉”、明夷卦（䷣）“九三”“南狩”、既济卦（䷾）“九五”“东邻杀牛不如西邻之禴祭”等，除“东邻”、“西邻”似有先天意味外，皆指后天方位。先天为体，后天为用，经文指示人趋吉避凶，以后天应用为主，合情合理。坤卦所称的“西南”、“东北”应非八方而是四方的概念，上古时期应该还不需精确到对角四十五度的方位，《大象传》中也只提到四方，如离卦（䷝）称：“大人以继明照于四方。”姤卦（䷫）称：“后以施命诰四方。”若以“西南”当坤方、“东北”当艮方来解卦辞，则不可通。

《彖》曰：至哉坤元！万物资生，乃顺承天。坤厚载物，德合无疆，含弘光大，品物咸亨。牝马地类，行地无疆，柔顺利贞，君子攸行，先迷失道，后顺得常。西南得朋，乃与类行，东北丧朋，乃终有庆，安贞之吉，应地无疆。

“乾元”称“大”，“坤元”称“至”，两字字义不同。“大”指至大无外，所有东西皆由“乾元”创生；“至”字依《说文解字》，为鸟高飞至地之象，由天至地，正是坤卦能量的表现，将乾天高远的理想落实于大地上，配合无间，百分之百达成任务。其实即本体论，宇宙人生只是一元，“坤元”就是“乾元”，仅表现的方式不同。“乾元”的表现是“大”，创始万有；“坤元”的表现为“至”，贯彻始终，蕴养万有。

“乾元”称“资始”，为一点原始的生机；“坤元”称“资生”，便有具体的形状。以乾卦六爻比喻，“资始”似初爻“潜龙勿用”，还隐微不显，“资生”如二爻“见龙在田”，已具体可见。再看《序卦传》：“屯者，物之始生也。”乾、坤二卦之后为屯卦，象征开天辟地后有生命诞生，或父精母血结合成胎儿新生命，称物之始生。始从乾来，生由坤至，恰恰是乾、坤交合所生。《易传》修辞用字精密严谨，习《易》者勿忽忽读过，而错失妙义。日本做女性化妆品的大公司“资生堂”，“资生”一名即由坤《彖》而来，依此类推，若做男性化妆品则应称“资始堂”，做婴幼儿保养品该称“始生堂”。

乾元“统天”，“时乘六龙以御天”，居上以统御诸天星体的自然现象；坤元“顺承天”，居下以顺应自然生养万物。乾称“乘”，坤称“承”，天上地下秩序井然，就像卦中爻际关系一样，相邻二爻上对下称乘、下对上称承。坤厚载物应从《大象传》来，《象传》写作在《彖传》之先，《彖传》沿用《象传》语，许多卦皆然。“德合无疆”，天道运转无远弗届，没有任何界限，地德配合天道运行，也没有疆界。乾《彖》称“乾道变化”，坤《彖》称“德合无疆”，无形称道，有象称德，像《老子道德经》一至三十七章为《道经》、三十八至八十一章称《德经》一样。第一章起始即称“道可道，非常道”，讲自然真理；第三十八章称“上德不德，是以有德”，谈人事运用。

大地含容滋养众生，使各类物种皆畅通发展，生生不息。“含弘光大”一语，显然由“六三”爻辞“含章”及《小象传》“知光大”而来，《彖传》创作较后，懂得汲取前贤的智慧以发扬光大。乾《彖》称“品物流形”，坤《彖》称“品物咸亨”，由万物的概括总计进而研究品物的层级划分，乾《彖》最后终结于“首出庶物，万国咸宁”，更强调高层与基层和谐互动的重要。坤《彖》往下则申明落实实践之功，牝马与大地的意象相类似，都呈现坤阴柔顺配合之德，正因“德合无疆”，所以奔腾起来“行地无疆”，有无限的发挥空间。君子依据坤德往前奋斗，切勿争先迷途，谨守居后本分才合乎常道。阴阳合为类为朋，坤阴配合乾阳行事，如好朋友互助合作，携手共进。若抢进东北阳方争锋，朋友变成敌人，以弱抗强必败，败后悔改回头，重新修补关系仍可皆大欢喜收场，故称“乃终有庆”。与其如此，不如一开始即认清形势，与乾阳合作，共创瑰丽前程，利西南、不利东北的主旨在此。“应地无疆”，这才与坤地之本色相应，既无纷争冲突，前途发展不可限量。

坤《彖》提出三“无疆”：“德合无疆”、“行地无疆”、“应地无疆”。益卦《彖传》也有二“无疆”：“民说无疆”，“日进无疆”。临卦《大象传》创作早于《彖传》，已有“无疆”的观念：“君子以教思无穷，容保民无疆。”地泽临（䷒）上卦为坤、风雷益（䷩）二、三、四爻相连，亦有坤象，苍茫大地无穷无疆，最早形成之初哪有国界州界的划分？众生繁衍之后，加以人类的私心割据才界限井然，也因此而生出无量纷争，伤残多少人命。今日世界已成密切互动的地球村，“无疆”的理念值得大力推行，尽量降低国际人际的种种阻碍，往天下大同迈进。临卦讲自由开放、鼓励创意发扬，为“元亨利贞”四德俱全之卦；益卦“利有攸往，利涉大川”，迁善改过利益众生，“无疆”之词当之无愧。

谈起疆界问题，中国与许多国家接壤，从东北到西南都有些未定界争议，若不能敦亲睦邻同时又顾及主权尊严的话，麻烦也会不少，再加上海疆空疆的有效领域采油开矿等，确得敬慎费心。展开中美两大国的疆域地图，会发现一个有趣的现象：美国的州界为直线，中国的省界则为委曲婉转的曲线。直线是办公室里划分出来，曲线才是自然山川形势的天然分界，太行山以东称山东、以西称山西，黄河以南称河南、以北称河北等等。由这点或可见微知著，中美两国人想法做法的不同，未来所谓 G2 的竞争与合作，谁负谁胜出天知晓？再如西方宗教的十字架为直线造型，佛教的“卍”字已有曲转之意，中国的太极图则外圈圆融内界也是 S 形曲线波荡进退，这些重要的文化符号给人什么启示呢？

《文言传》称：“坤至柔而动也刚，至静而德方，后得主而有常，含万物而化光。坤道其顺乎！承天而时行。”显然写作还在《彖传》之后，以诗歌似的韵文体称颂坤《彖》的境界。后得主而有常，意同“先迷失道，后顺得常”；含万物而化光，实即“含弘光大，品物咸亨。”坤道其顺，承天时行（念“银行”的“行”以谐韵），就是“乃顺承天”。坤《象》也是以韵文写作，“君子攸行”（念“航”）、“乃终有庆”（念“枪”）等等。至柔、至静一旦阴极转阳，可变成至动、至刚，此即“大衍之术”的占法中老阴“六”能量特高之理。《老子》四十三章宣称：“天下之至柔，驰骋天下之至坚。”七十八章亦称：“天下莫柔弱于水，而攻坚强者莫之能胜，其无以易之。弱之胜强，柔之胜刚；天下莫不知，莫能行。”研习坤卦，必须深悟以柔克刚的道理，人生行事运用无穷。

旧批注坤卦卦辞，有不同的断句：“先迷后得，主利。西南得朋，东北丧朋，安贞吉。”参证《文言传》的说法，显然错误，还是“先迷后得主，利西南得朋，东北丧朋”正确。“主利”二字不成辞，且与蹇卦“利西南，不利东北”、解卦“利西南”的卦辞不合。古经未有标点断句，断的不同含义即有差异，这也是过去读经的一种基本训练，所谓《十三经注疏》的厚厚典籍，若无现代标校处理，将浪费多少青年学子的心力？坤卦强调“得主”、“得朋”、“得常”，乾主坤从，彼此朋友往来才是可大可久的常道。

乾《彖》称“万国咸宁”，坤《彖》称“品物咸亨”，“咸”即下经首卦之咸（䷞），本为最自然的阴阳感通互动之意。地人都有和谐感应的作用，易理圆融无碍，易占极数知来，皆源于此。《系辞上传》第十章有称：“《易》，无思也，无为也，寂然不动，感而遂通天下之故。非天下之至神，其孰能与于此？”

《象》曰：地势坤，君子以厚德载物。

我们远眺太空，日月星辰光辉灿烂周转不息，天体运行的法则似乎简易而和谐，回观身处的行星地球，却见山河大地蜿蜒起伏障碍重重，行进绝不容易。这就是天行和地势的差别，所谓形势比人强，理想再高远，仍得因顺现实形势以求实践。坤为广土众民，其势坚凝庞大，必须深入了解各地风土民情，做好人群关系，宽厚照顾民众福利，才能任事成功。载有容载、运载之义，愈有包容人的器量，愈能启动民力运转无穷。

坤字从“土”从“申”，表示能将崇高的天道理念充分伸张实现于土地中，含义极为丰富。“申”字为甲、由二字的合体，兼具二字的含意。“甲”为田中栽培作物深入札根之象，容易有最新最好的生长效果，所谓甲级甲等；“甲”又是十天干之首，代表新时运新纪元。“由”为田中作物顺性自然发育成长，不拉也不压，所谓自由自在即是。“申”字即向下深入扎根，向上自然成长，修善因遂结善果，根深叶茂，本固枝荣。

懂得以上之义，可彻悟豫（䷏）、蛊（䷑）、颐（䷚）、巽（䷸）四卦的宗旨。蛊卦卦辞称：“先甲三日，后甲三日。”体制改革须深入彻底，以破旧立新，求取最好的绩效。豫卦“九四”爻辞称：“由豫，大有得。”顺自然趋势去预测，一定精密准确，大有所获。颐卦“上九”爻辞称：“由颐，厉吉，利涉大川。”顺自然养生，饮食起居不违时令，身心肯定健康，安度疾病忧患。巽卦《大象传》称：“随风巽，君子以申命行事。”《彖传》亦称：“重巽以申命。”人生在世，当深切了解自己的天命，量才适性去奋斗，方易有所成就。

乾《象》称“品物流形”，坤《象》称“地势坤”，由物形累积发展到厚势，也是自然造化的过程。《孙子兵法》的《形篇第四》、《势篇第五》、《虚实篇第六》，义理结构紧密，战略战术一气呵成，《易经》的卦爻世界所探讨的，也无非就是宇宙万有的形势虚实。

乾、坤两卦的《大象传》，一是先做好自己，二是再搞好群众关系，以乾自强，以坤容物，合起来几乎撑起了中国人整个立身处世的人生观，影响非常深远。清华大学的校训也依此而立：“自强不息，厚德载物。”

问事占得不变的坤卦，以卦辞卦象判断即可，一般来说，对策与乾卦相反，由于缺乏资源实力不足，不宜积极主动，只能顺势用柔静待时机，或借力使力以巧劲突破。

当然，维持好的群众关系，不惹是生非很重要。君子斗志不斗气，凡事包容，凡事忍耐。另外，坤卦也是十二消息卦之一，时当阴历十月，占得坤卦，可能所问之事在该月份会有结果。

• 1993 年 11 月底，我仍陷在出版公司的股权斗争中。老板债务深重，大股东虎视眈眈，董事会对峙紧张，我所带领的经营团队处夹缝中，不易周旋。当时苦思，如何积极部署以求自保？占得不变的坤卦。结论也是很清楚，两虎相争，还是所有权最大，经营干部拥有股权太少，根本使不上力，只能顺势以观。

• 商场的买收并购、弱肉强食屡见不鲜，丛林法则中往往政权也会扮演一定角色，就算避嫌不直接介入，所谓不怕官只怕管，主管当局肯定有很大的影响力。2007 年 5 月底，我到学生亲戚家做客，他是台新金控集团老板的特助，正为合并彰化银行之事困扰。老板急着想在次年 3 月台湾选举前搞定，以免政党再轮替又逆转翻盘。我受托一占，得出不变的坤卦，显然企图难成，自有资源不足，以民购官使不上力。后来事势发展果如此占，不仅选前未遂，国民党胜选后更戛戛其难，吞不下也吐不出，难受极了。

• 2006 年 7 月上旬，我给学生讲三十六计与《易经》的关系，其中“远交近攻”的占象为不变的坤卦。坤卦顺势用柔，利西南得朋，乃与类行，东北丧朋，乃终有庆。深刻周知地形地势，做出最佳的战略选择。

初六。履霜，坚冰至。

《象》曰：履霜坚冰，阴始凝也；驯致其道，至坚冰也。

坤卦为阴历十月卦，相应节气为霜降经立冬至小雪，初爻即以霜降为象。秋冬之际，夜露凝结成霜，人们早起时一脚踏到霜上，踩个透心凉，这时就该警醒天候会愈来愈冷，终至地面冻结成冰，坚不可化，路道难行。换句话说，有什么行程都得及早规划，赶快完成，再晚就不能走了。驯致其道之驯，有因顺之意，驯服猛兽不可操之过急，久了自然顺从。坤为大地，履为脚踏实地，人生第一步就有冻土霜寒之感，立足真正不易。“履”也是《易》卦名，排序第十，卦爻以履虎尾为辞，可见艰险。离卦排序第三十，象征人类文明，初爻爻辞亦称：“履错然，敬之无咎。”文明发展真得敬慎，不能走错方向，否则会有毁灭性的浩劫降临，如四爻所述：“突如其来如，焚如，死如，弃如。”

《文言传》解释此爻云：“积善之家，必有余庆；积不善之家，必有余殃。臣弑其君，子弑其父，非一朝一夕之故，其所由来者渐矣！由辩之不早辩也。《易》曰：‘履霜，坚冰至。’盖言顺也。”天寒地冻，积霜成冰，人生行事亦然。一家行善，日积月累，必创造许多福报为众生共享；一家长期为恶，必造甚深罪孽祸国殃民。“殃”字义深，中央为非作歹，周遭群众倒霉，所谓“城门失火，殃及池鱼”，人生在世，光自己好不行，别人造业你靠得太近也会遭殃。臣弑君、子弑父，政治社会风气败坏，也非一日形成，而是经过了一段渐渐变化的历程。冰冻三尺，非一日之寒，错在当初没提早警觉认真防范。“辩”同“辨”，慎思明辨以防微杜渐很重要。

《老子》第六十三章称：“图难于其易，为大于其细。天下难事，必作于易；天下大事，必作于细。”六十四章亦称：“其安易持，其未兆易谋；其脆易泮，其微易散。为之于未有，治之于未乱。合抱之木，生于毫末；九层之台，起于累土；千里之行，始于足下。”其言恳切易懂，其意深稳厚重，正合坤卦初爻之理，人事必有恶化、僵化之征兆，及早除霜容易，破冰可就难了！

本段《文言传》的解释，被司马迁引用于《史记·太史公自序》中，作为孔子深虑忧患发愤作《春秋》的原因：“春秋之中，弑君三十六，亡国五十二，诸侯奔走不得保其社稷者不可胜数。察其所以，皆失其本已。故《易》曰：‘失之毫厘，差以千里。’故曰：‘臣弑君，子弑父，非一旦一夕之故也，其渐久矣。’”天下大乱本于人性迷失，欲拨乱反正必须正本清源，恢复人性，故而坤初爻变为复卦（䷗），一元复始，万象更新。“失之毫厘，差以千里”之言，不见于今本《易经》，《易纬》中倒有之。其实，复卦初爻“不远复，元吉”，上爻“迷复，有灾眚”；无妄卦初爻“往吉”，上爻“行有眚”；噬嗑卦初爻“屦校灭趾，无咎”，上爻“何校灭耳，凶”。这三卦都有“失之毫厘，差以千里”之义，《易》卦由初至上，本末终始的对照往往发人深省。

依春秋史实来说，“子弑其父”跟“臣弑其君”是一回事，年轻的王子为争大位才向老爸动手，权欲熏心致使伦常乖乱、泯灭人性，乱臣贼子深可忧惧，后世英明如唐太宗等皆不可免，可见余殃深重。由此亦可知“世及”乱制之非，权力垄断的不合理如不彻底打破，永远解不了业障轮回的格局。乾卦不以“飞龙在天”为尚，揭示“群龙无首”之义，《彖传》结语宣称：“首出庶物，万国咸宁。”的确是看到了人世问题的关键。

占例

• 台湾十多年前流行讲德川家康，主张以德川为师，1998 年 11 月底我看过《德川家康全集》后，起念一占，问其建功立业的特色为何？结果得出坤卦初爻动，也是至柔克至刚。日本战国时期群雄并起，互争锋芒，织田信长、丰臣秀吉都曾称霸天下盛极一时，最后不免败亡。德川对这些枭雄谦卑服事，绝不正面起冲突，深通“利西南，不利东北”之道，稍有紧张立刻低调化解，遂成统一之功，而开创了幕府时代。东方民族特有这种坚韧的忍耐力，汉朝开国元勋张良、韩信即然，张良遇黄石公拾鞋与韩信受胯下之辱的故事脍炙人口。另外，春秋末吴越相争，越王勾践卧薪尝胆、甚至亲尝夫差粪便事，更令人警醒。

六二。直方大，不习无不利。

《象》曰：六二之动，直以方也；不习无不利，地道光也。

“六二”阴居阴位中正，为坤卦的正位，厚德载物的模范。乾为君，以上卦“九五”中正“飞龙在天”为主；坤为众，以下卦“六二”“直方大”为主。本爻爻变为师卦（䷆），《大象传》称：“君子以容民畜众。”亦有坤卦厚德包容的精神，《彖传》则称：“师，众也；贞，正也。能以众正，可以王矣！”“以”

为“因”，“能以众正”即能因顺众人本具之正，善加呵护诱导，可成王道天下。此理在乾卦《彖传》已说得很清楚：“乾道变化，各正性命；保合太和，乃利贞。”坤卦六二的中正质量，以及包容万物的美德，确能具体实现天道。

“直方大”三字，言简而义丰。《论语・雍也篇》记子曰：“人之生也直。”人性出于自然，本皆相近朴直，受后天种种习气污染才偏离愈远。《卫灵公篇》亦称：“斯民也，三代之所以直道而行也。”坤为广土众民，以“直”称之，肯定先天本性的真实自然，不假伪饰雕琢。“大”指乾道，《易》例阳大阴小、阳实阴虚。“方”为方法、规矩，作动词解，即中规中矩地仿效学习。“直方大”，讲的是阴从阳、地法天、坤效乾。坤阴秉其柔顺含容之性学习乾阳之道，正合卦辞所称“利牝马之贞”，故而下称“不习无不利”。本性朴直，不受习气污染，无有不利，为“地道”之光。《小象传》称“六二之动”，正是《文言传》所称的“坤至柔而动也刚”；“直以方”，则为“至静而德方”。坤阴由静转动，展现极大的行动能量，可以发扬善性，动员群众。

《老子》第二十五章称：“人法地，地法天，天法道，道法自然。”坤卦“六二”“直方大”，就是“人法地，地法天”，向自然之道学习。“天圆地方”之“方”，切勿误解为几何形状，其实讲的是哲理运用。《大戴礼记・曾子天圆》中有记述：“单居离问于曾子曰：‘天圆而地方者，诚有之乎……’曾子曰：‘天之所生上首，地之所生下首，上首之谓圆，下首之谓方。如诚天圆而地方，则是四角之不掩也。参尝闻之夫子曰：天道曰圆，地道曰方。’”诸天星体周转运行，圆融无碍，地球模拟仿效也是圆形运转，地圆地动之说中国古已有之，不可厚诬古人的智慧。《系辞上传》第五章称：“成象之谓乾，效法之谓坤。”“成象”即天圆，“效法”即地方。第十一章称：“蓍之德圆而神，卦之德方以知……神以知来，知以藏往。”蓍草分合运转如乾，可占筮探测未来，《易》卦已有确定内容如坤，随时提供检索。“方”为后起仿效之意，例如现代跨国企业自创品牌为“天圆”，搞仿造或代工生产者就是“地方”了！善于跟进学习也是优点，坤阴资源有限，不必强做自己做不来的事。

《文言传》解释此爻云：“直其正也，方其义也。君子敬以直内，义以方外，敬义立而德不孤。直方大，不习无不利，则不疑其所行也。”“六二”阴居阴位中正，朴直自然为其正当的秉性，效法乾阳理所应为。君子敬慎持守，以正直内心，认真向外学习以发展事业，内敬外义都确立后，一定会有很好的群众关系。所谓“德不孤，必有邻”，依理顺势为其所应为，既有自信，也赢得别人的信任。

坤卦有母性慈爱的本质，女人结婚生子后母性自然流露，完全不需事前学习，《大学》谈治国齐家有云："如保赤子，心诚求之，虽不中，不远矣！未有学养子而后嫁者也。""六二"爻辞所称"不习无不利"，合于女性为母则强之理，一般善良百姓未必受高等教育，言行却自然合于天理，反而是知识分子心术坏的不少。禅宗六祖惠能大字不识，顿悟自性成佛，尤其发人深省。

占例

• 2010 年 2 月中，我和几位学生去拜晤老师，他虽已高龄 105 岁，精神气势仍矍铄，批评时事指点江山，骂起人来淋漓痛快，连讲几个小时不见疲累。照说他还能继续给学生上课，薪传中华文化，但为收养数十年的义子劝止。我入师门近四十载，承教深重，心中也有感慨。老师说他还想再活五年，多看看中国与世局的发展，若天能假年，岂不是 110 岁的老神仙了？回家凝神一占，得出坤卦二爻动，爻变为师卦（䷆）。看来老师秉"直方大"的正气，没有嗜欲习染，还真能活过旷古高龄。师卦卦辞称："贞，丈人吉，无咎。"好一个"丈人吉"！好一位大智明师！衷心祝老师身心康泰，松鹤延年。

• 2010 年 10 月上旬，我在复建时两手得空，心念一动占问伏羲、文王、周公及孔子在《易经》集体创作上的贡献，以验证传统所称的"四圣真经"之说。周文王的部分得出坤卦"六二"爻动，有师卦之象。文王仁善，"直方大，不习无不利"，堪称地道之光。羑里城拘囚演《易》，以生命体验启发无数后人，"德不孤，必有邻"，成万世之师，"能以众正，可以王矣"！

• 我结婚三十多年，育有一女一子，都从经典上取名。姐姐叫真仪，取大易"太极生两仪"之意，这是我老师为同学们生子所拟的名字库中的一个。弟弟叫春麟，取《春秋经》太平世"西狩获麟"之意，则为我为子命名，希望他长大成才。中华经典最精深的就是《易》与《春秋》，微言大义，双璧联辉，这对子女我也珍爱有加，期许他们人生发展顺遂。女儿自幼聪颖，对文字感应很强，2006 年在台大外文系就读时参加校内文学奖征文，以《父爻》一文荣获小说第三名，写的是她随堂听我一年半《易经》课的所思所感。这篇小说试作，取材特殊笔法新颖，颇获识者好评，也转载于当年父亲节《中国时报》的"人间副刊"，并获选入年

占例

度小说选，可谓一鱼三吃，雏凤清于老凤声，很热闹了一阵。

“爻”字上下两个㐅，上古结绳记事的时代，代表层出不穷的问题；积爻成卦，“卦”即悬于高处便于日思月想的问题群组，一旦想通了就将绳结解开，心中再无挂碍。今本《易经》六十四卦、三百八十四爻的精深智慧，大体就是这样长期累积集体创作而来。“学（學）”字依甲骨文解释，为小孩子双手玩爻之象，一旦启蒙有得、开了见识，即为觉悟的“觉（覺）”字。然后先知觉后知，先觉觉后觉，代代相传，形成博大悠久的民族文化。懂了“爻”字之意，再看“父”字当下便可会心：原来为人父者，须得解决自己那一代的问题，却很难也毋须连子孙的问题都预先解决，应该留给子孙，以训练他们负责且成长。女儿《父爻》一文虽是文学创作，此意体会得深，我看了感动欣慰。

她初试啼声之后，忙着毕业及赴英留学，牛津拿了文学硕士返台，又投身出版业任编辑，倒未继续创作。我觉得有些可惜，2010 年 5 月底算她未来五年的创作前景，得出坤卦“六二”爻动。“直方大，不习无不利”，完全不用担心，虽然长期没写，一旦想写仍清新自然，隽永可喜。我这点舐犊护犊之情，当有厚望焉。

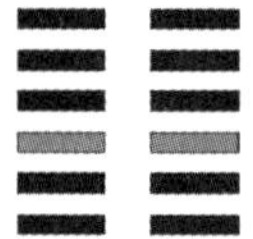

六三。含章可贞。或从王事，无成有终。

《象》曰：含章可贞，以时发也；或从王事，知光大也。

三爻为人屈居下位，必须懂得忍耐，以免当下遭凶。“含”字意深，口中含物，既不吐出也不吞下，就让它慢慢化掉。人生遭遇横逆屈辱，含辛茹苦，默默承受，绝不当下反弹，也不愤恨强吞，完全不给对方继续挑衅的借口。《诗经·大雅·烝民》有云：“柔亦不茹，刚亦不吐。”坤“六三”阴居阳位，心中自有光明章法，却含藏不露，等恰当时机才发出，以这种谦卑低调的方式从政，不求主导有成，却能得善终。爻变为谦卦（䷎），卦辞称：“亨。君子有终。”这种智慧既能自保无咎，又可将心中的主张最后发扬光大，确实值得修炼。《彖传》中所称：“含弘光大，品物咸亨。”即指此爻而言。“章”字与“可贞”二字，涵蕴亦深，往后我们还会常碰到，多加体会，人生行事会稳健得多。

《文言传》称：“阴虽有美，含之，以从王事，弗敢成也。地道也，妻道也，臣道也，地道无成，而代有终也。”以“美”解释“章”字，内在有美而含蓄不发，从政懂得谨守本分不僭越，可代乾道行事而获善终，这是一般做幕僚或部属应有的规范。“地道、妻道、臣道”三句拖沓累赘，很像是早先的注解混入本文，反映了旧时代人闭锁的观念，有违《易传》开阔豁达的风格，可视为衍文而删除。删掉后文气更顺，义理亦通。

• 2010年3月初，我多年前教过的一位学生偕夫婿从新加坡来台省亲，约我餐叙。她先生已从外商公司的高干退休，离开北京选择了入籍新加坡终老，但两人仍想周游世界，预计每五年选一国家长住，习其语文通其风俗，并与当地人民深交往来。这样的想法很吸引人，但瞬息万变的国际形势会让他们遂其所愿吗？于是我当下便占了好几卦，试问一些重要的国家或地区未来五年的运势，其中美国即得出坤卦三爻动，爻变为谦。

金融风暴后，老美债务沉重，国力大衰，号令全球已有困难。乾卦“时乘六龙以御天”行不通，可能改用坤卦阴柔借力的策略来周旋，例如大打以美元优势为主的货币战争，逼含人民币在内的亚洲货币升值，将美国的问题转成全世界的问题等等。“含章可贞”，其中章法谋略不可不防，若不慎上套，等美国恢复元气以时发，新兴国家就得吃亏了！

• 台湾有兴趣学中医的人很多，未必走学院科班养成的路子，不少民间拜师或自学成功者，这种现象可能也是中医所独有，值得省思玩味。谭杰中便是其中之一，日文翻译出身却走上了热爱中医之路，教学研独树一帜。2009年10月中出版厚厚一部《经方本草助读》，还标明只是第一册，其中第一篇为《调阴阳：古医家与古道家的性教育》，已先以抽印本行世，一时洛阳纸贵，很多人趋之若鹜。食色，性也，饮食男女，人之大欲存焉，真说得一点没错，我看完后占其论述有道理否，得出坤卦“六三”动，爻变为谦。

一阴一阳之谓道，阴阳合德而刚柔有体，《易经》可是调理阴阳的大师，回答这种问题精准利落。坤卦讲究顺势用柔，深根入土后再开枝展叶，三爻为行人道之位，须懂得含蓄敛忍的工夫，等时机成熟之际才汹涌勃发，如此才能兼顾到阴阳双方的动态平衡，从而产生最和谐美满的结果。谦卦《大象传》称："君子以裒多益寡，称物平施。""裒"为引聚，阳施阴受，称心如意，真是不亦快哉！坤卦《彖传》称："含弘光大，品物咸亨。"阴阳互动顺畅，自然孕育优质的新生命。

六四。括囊，无咎无誉。

《象》曰：括囊无咎，慎不害也。

"六四"阴居阴位，处执政高位，很懂得高处不胜寒的道理，极度收敛，谨言慎行，以免遭政治迫害。"括"是固结不解，将布袋口用绳子扎紧，不漏一点风，以求无咎，由于不求表现，当然也得不到称誉。所谓"名满天下，谤亦随之"，有誉就会有咎，无誉反能无咎。算数的加减乘除四则运算，括号内的项目自成体系，处理完了再与括号外的合并计算，括号提供了保护内在的功能。"六四"接近权力核心，不审慎自保不行。乾卦"九四""或跃在渊，进无咎也"，还有些跃跃欲试，坤卦"六四"资源不足，只能守口如瓶、讳莫如深，越低调越好，这是用刚与用柔的不同。《系辞传》称："四多惧，近也。""跃渊"与"括囊"，其惧一也，其行不同。"跃渊"冒险有坠毁之虞，"括囊"静默周严无碍，确保安全之后，俟机再出手，还有可能获利，进而囊括一切呢？本爻变为豫卦（䷏），卦辞称："利建侯行师。"预测、预备、豫乐，早在料算之中，正所谓锦囊妙计是也。

《文言传》称："天地变化，草木蕃；天地闭，贤人隐。《易》曰：'括囊，无咎无誉。'盖言谨也。""天地闭，贤人隐"是括囊之时，一旦出手，就是"天地变化，草木蕃"了！依此来看，组织中高层互动真得当心，做老板的面对不吭声的高干需有戒心，反之亦然，都得防范变生不测。"括囊型"的人像热水瓶，外冷内热闷骚，切勿看走了眼。坤"六三""含章可贞"，还有谦和共存之象，"六四""括囊无咎"，预谋出击就是死生胜负了！这也是三"含"四"括"、多凶多惧的不同，不可不知。三爻还是专业层面的考虑居多，四爻则涉及政治敏感斗争，害人之心不可有，防人之心不可无啊！

占例　占卦若遇此爻动，宜变爻位恰好落在"六四"，爻变成豫卦，以本爻爻辞断占，并参考豫卦的卦辞卦象，好好体会由静默不言转成奋发行动

占例

之意涵。

• 1993年6月底，我在那家出版公司辛苦经营，陷入双面作战。市场派的大股东虎视眈眈，原创业的公司派老板负债累累左支右绌。财务调度上每多疑义，我们经营层的高干很是难为。我任总经理更是首当其冲，辛苦创造的一点绩效转眼又填了无底洞，愤怨无奈久了，不堪其扰，颇思摊牌了断。

当时居然想调换财务经理以昭公信，并跟老板谈判。经理是老板的至亲，这是多么危险的想法及做法。易占结果为坤卦“六四”宜变，成豫卦。“括囊无咎，慎不害也”，劝我打消预想，噤口不言，否则自身难保。后续的种种发展确实如此，《易》道深通世故人情，如实呈现事理真相，我是悬义过高、理想过头了，受些教训其实也好。

• 鬼神之说自古有之，有人铁齿不信，有人言之凿凿，但念经消业超度亡魂之事却相当风行，到底有没有效呢？2010年9月底，我一堂讲佛经以印证易理的课中学员谈起此事，干脆一占，得出坤卦“六四”爻变成豫。看来有效，从静默不言到开口念经，豫卦《大象传》称：“雷出地奋，豫。先王以作乐崇德，殷荐之上帝以配祖考。”经韵悠扬，赞颂天地神明，也慰抚了已逝的先人。谦、豫两卦相综一体，皆通天地人鬼神，《系辞下传》第七章称：“谦以制礼。”制礼作乐，和气流通，神人皆安。

• 2012年人类文明或遭浩劫的传闻使人心不安，2007年10月初，我为一位父母双亡、继承庞大财富家业的学生筹谋其理财策略，顺便也占问自己在2012以前应如何理财？结果得出坤卦“六四”爻变，恰成豫卦。“括囊，无咎无誉”、“慎不害”，既然预测到世界经济可能动荡，就得思患豫防，一切小心为上，不求大成也无过咎，将袋口束紧别乱挥霍投资。2008年9月中旬金融风暴爆发，证实卦象的预警正确。

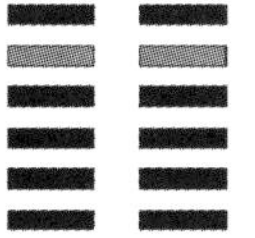

六五。黄裳，元吉。

《象》曰：黄裳元吉，文在中也。

“六五”为坤卦君位，坤为广土众民，寓有人民为君、民众做主之意。《孟子·尽心篇》宣称:“民为贵,社稷次之,君为轻。”“黄”为中道尊贵之色,“裳”为下衣,不称黄衣而称黄裳,贵在下民不在上君。衣裳只以腰带分上下,实为一体,没有人民群众的支持,哪有统治阶层的存在?既然如此,只要有志有才,人民为何不可上而为君?汉高祖刘邦、明太祖朱元璋开国称帝之前,都是一介平民,而后父以传子、兄以传弟又走上了家天下的老路。乾卦《彖传》末称:“首出庶物,万国咸宁。”确是合乎天道的主张,坤卦秉承天道,“六五”再申“黄裳”民贵之义,理势完全一致。最高权力的来源一旦合理解决,自然化解掉许多争权夺利之私,初爻“履霜坚冰”之戒也有了圆善回应,故称“元吉”。乾为君,称孤道寡,六爻爻辞无一“吉”字;坤为民,“六五”称“元吉”,真是发人深省啊!

“文在中”的解释也极好,“六五”居上卦之中,尚文治不尚武功,包容“含弘”之德昭著。“文”也是刚柔交错、阴阳和合之义,敦亲睦邻,经纬天地。此爻变为比卦(䷇),其《大象传》称:“先王以建万国,亲诸侯。”隋末唐初的大儒王通,号文中子,门下弟子人才辈出,传说魏征、房玄龄、李靖等都曾从学。不论是否有据,其教学重点为治平实、理实务则无疑,正合“黄裳”之义。《文言传》发挥此爻义理:“君子黄中通理,正位居体,美在其中,而畅于四支,发于事业,美之至也。”乾卦“九五”“飞龙在天”,是雄才大略的积极领导,需有“九二”“见龙在田”的良才辅佐配合,红花绿叶,相得益彰。坤卦“六五”“黄裳元吉”,则无为而治,合理授权部属卖力发挥,除了关键督责外尽量少干预。《论语·为政篇》子曰:“为政以德,譬如北辰,居其所而众星共之。”《卫灵公篇》亦称:“无为而治者,其舜也与?夫何为哉?恭己正南面而已矣!”领导人掌握大政方向,是全身中枢的金头脑,各级部属如股肱四肢,通力执行合作,上下一体,政令通畅,事业一定兴盛发达。这种柔性管理能激励部属全员参与,促成群策群力,彻底运用到组织整体的能量,非常值得赞美与虚心学习。

《易经》六十四卦,“九五”、“六五”各半,分别代表刚性和柔性领导的风格。一般来说,“六五”的管理绩效较佳,例如几个专讲管理的卦都是“六五”:临卦(䷒)君临天下,其实是群临天下,特重开放自由,“六五”爻辞且称:“知临,大君之宜,吉。”鼎卦(䷱)调和鼎鼐,“治大国若烹小鲜”,“六五”爻辞称:“黄耳金铉,利贞。”正是《大象传》所称:“君子以正位凝命。”大有卦(䷍)全民共和,讲信修睦,“六五”爻辞称:“厥孚交如,威如,吉。”

这些都是坤卦“六五”“黄裳”精神的发挥，值得有志之士参考。当然，何时该用“九五”强势管理，何时需用“六五”宽容授权，并无绝对优劣，仍得视环境与对象而定。《系辞下传》第八章称：“不可为典要，唯变所适。”研《易》用《易》者切勿执著拘泥。

“黄”为中色，七彩色光中不偏红偏紫，非极暖非极寒，离卦（䷝）取象于日，“六二”日正当中，爻辞亦称：“黄离，元吉。”以五行论，“黄”也是中央土的颜色，黄土高原、黄河流域、黄帝子孙，中华民族尚黄，有其文化意涵。“黄裳”本寓民为贵之义，历代皇朝却以黄袍加身为帝王专利，限制其他臣民着正黄色礼服，反成君权独尊了！

金庸武侠小说风靡华人世界，《射雕英雄传》中北丐洪七公的绝学降龙十八掌至大至刚，威猛无匹，一些招式名称即取材于乾卦六爻，而五大高手争夺的秘籍“九阴真经”作者名“黄裳”，则源于坤卦君位的“六五”。“黄裳”是宫中太监，深入《道藏》而作此经，道家尚柔，以柔克刚，经名“九阴”恰恰合适。那么“九阳真经”的作者是否该叫“飞龙”或“群龙”了？

易道最高的境界还是刚柔互济、阴阳平衡，有关领导统御之道，还是《系辞下传》次章说得圆融：“黄帝尧舜垂衣裳而天下治，盖取诸乾坤。”前面讨论“乾元用九”时，已经说得很清楚。

占例

占卦若遇此爻动，以“六五”爻辞断占，并参考爻变为比卦的卦象卦辞，一般都相当正面，尊荣华贵，运势甚佳。

• 1994 年 3 月底，我在那家出版公司苦战，大股东与原老板对立严重，几近摊牌决裂，股东会在即，我问双方胜负，原创办人为坤卦“六五”爻动，大股东虽虎视眈眈，却为不变的蹇卦（䷦）。后来的发展果然如此：老板回朝接掌大权，重新调整人事，大股东未能得手，隐忍退让，而我首当其冲受殃，也被架空了经营权。当年恩怨扰攘，波澜起伏，而今俱往矣！

• 佛经中有三身之说：清净法身、圆满报身及千百亿化身。2010 年 4 月底的“易佛”课堂上，分占其象，以促进理解。“圆满报身”为坤卦“六五”爻动，“黄裳元吉”、“文在中”，众生勤修成佛，意境甚美，令人向往赞叹。

上六。龙战于野，其血玄黄。

《象》曰：龙战于野，其道穷也。

“上六”为坤阴之极，阴极转阳，出现乾龙之象。“野”则为黄土地的坤卦之象，“龙战于野”，岂非阴阳失和乾坤大战？爻变为剥卦（䷖），刀兵流血，不利有攸往，故云“其道穷”。天玄地黄，阴阳对立冲突两败俱伤，故称“其血玄黄”。坤阴资源与实力不足，本应守“牝马之贞”，“西南得朋”，与乾阳互补合作则两利，此爻却争先迷途，“东北丧朋”恶斗成两伤，可谓不智之至。

玄色为黑中带赤，正是夜空星罗棋布之状，那些亘古发光的星辰离我们太遥远，如今还存不存在都未可知，充满了诡谲神秘，“玄”也是高深莫测之意。探讨宇宙生命来源及本质的形而上学称玄学，《老子》一书中称“玄”字特多，第六章称：“玄牝之门，是谓天地根，绵绵若存，用之不勤。”第十章称：“涤除玄览，能无疵乎……生而不有，为而不恃，长而不宰，是谓玄德。”第十五章称：“古之善为道者，微妙玄通，深不可识。”第五十六章称：“和其光，同其尘，是谓玄同。”第六十五章称：“常知稽式，是谓玄德。玄德深矣远矣，与物反矣，然后乃至大顺。”开宗明义的首章即宣称：“此两者同出而异名，同谓之玄，玄之又玄，众妙之门。”想了解中国道家思想的精髓，“天玄”的“玄”字得多加参究。

中国蒙学的读物《千字文》一开始即言：“天地玄黄，宇宙洪荒。”肯定是受了坤卦“上六”爻的影响。《说卦传》称：“震为雷，为龙，为玄黄……为长子。”震长子为乾父坤母交合所生，玄黄血战其实也象征两性激烈的床事。爻变阴剥阳损耗太甚，所以坤卦此爻之后为屯卦（䷂），万物始生。云雨和谐固是阴阳交合的正道，“其血玄黄”岂不也是初试云雨必经之境？此爻一动，纯阴之身始破，剥（䷖）极而复，可以繁衍后代新生命了！

《文言传》发挥此爻含意，称：“阴疑于阳必战，为其嫌于无阳也，故称龙焉。犹未离其类也，故称血焉。夫玄黄者，天地之杂也，天玄而地黄。”阴阳相疑，互生嫌隙，遂起争战。乾阳认定坤阴自行其是，目无尊主，故以强龙介入干涉；坤阴判断失误，以为可以摆脱乾阳独立自主，其实根本就没离开其掌握。阴阳相合称“类”，阴阳相伤为“血”，国际间大国称霸主宰控制小国亦复如是。

乾卦申明天理天道，《彖传》称：“云行雨施，品物流形……万国咸宁。”明显主张一切众生、万事万物和平相处。坤卦提醒现实的地形地势，“上六”爻以血战结束。往下的屯卦万物始生，《彖传》称：“雷雨之动满盈，天造草昧，宜建侯而不宁。”虽有云雨和平之望，却须积极备战以防冲突，生命的处境动荡不安宁。排序第八的比卦，紧接在争战的师卦之后，其卦辞称：“不宁方来，后夫凶。”大家忙于巩固邦谊，穿梭往来，生怕再起干戈。排序五十八的兑卦（䷹）重视面对和谈，“九四”爻辞称：“商兑未宁，介疾有喜。”商量讨论，苦心周旋，希冀达成协议。最后的既济、未济两卦，“九三”、“九四”还有征伐鬼方的大战，可说自坤“上六”龙战以后，即永无宁日。《易经》广衍阴阳互动，以雨象征和平相处，以血代表争战冲突，人生在世依理顺势，尽量避免流血，争取下雨为宜。

周代之时，诸侯称国，大夫可拥有采邑。邑的城墙内住民为国人，身份地位较高；城外为郊，郊外为野，野人居于荒僻之处，生计艰难，地位较低。“龙战于野”显示社会矛盾严重，上下相争，坤为民众，本爻实有人民战争之意。“六五”“黄裳元吉”，标榜民为贵，主张人民做主，为人民服务。若民权不受尊重，就有可能揭竿起义，而成改朝换代的玄黄血战。如此我们便可深切体悟坤卦所寓的微言大义：“初六”“履霜”之戒，《文言传》称：“臣弑其君，子弑其父，非一朝一夕之故，其所由来者渐矣，由辩之不早辩也。”中国古代尧舜禅让天下为公，夏禹王之后父死子继变为家天下，造成后世不断流血争夺政权，正是“积不善之家必有余殃”。祸国殃民之甚，起于一念之私，一旦开了恶例，积重难返，成不可破之坚冰矣！孟子时代，还有人批判：“自禹而德衰，不传于贤而传于子。”可谓公道自在人心。由此更知乾卦《彖传》末的结语多么严正：“首出庶物，万国咸宁。”最高权力的来源不正，万国都不会安宁。

“阴疑于阳必战”，疑则生碍，彼此互动的气氛僵硬凝固，许多虚拟不存在的事也会生出是非。疑、碍（礙）、凝、拟（擬）四字同一偏旁，意亦相通。乾卦“九四”“或跃在渊”，《文言传》称：“或之者，疑之也。”伴君如伴虎，与“九五”“飞龙在天”关系紧张。坤卦“初六”“履霜”，《小象传》称：“阴始凝也。”空气开始冰冻，得小心提防。“六二”“直方大”，《文言传》称：“不疑其所行也。”广获人缘由于无猜疑心，故为地道之光，“不习无不利”。乾主坤从，坤阴不宜僭越做主，机关里部属写签呈往往用“拟”如何如何，若主管批准则写“如拟”，表示拟还不算数，得“如拟”后才变成定案的事实。“阴疑于阳”，即“阴拟于阳”，擅自做主，成两头大了，当然“嫌于无阳”而起纷争。虚拟非真，汉初韩信向刘邦要求做假齐王以安定齐地，刘邦震怒，被张良踩脚提醒改称要就做真王。按后来的历史发展，韩信此举僭越，已给自己种下杀身之机，一时获认真王，其实还是假王啊！坤卦的智慧就在顺势用柔，可长保平安，一旦强争硬斗必然不得善终。

军事用语“野战”，应该也是源出于此，以别于城市内进行的巷战。郊野地广人稀，都邑地窄人稠而精英荟萃，两者的对比在需、讼、同人、困、井等卦中还会出现，所谓城乡差距问题、乡村包围城市策略等，可于其中得到不少启示。

• 我在台授《易》二十年，开始是应老友之邀，为他创办的社会大学基金会上课，一路因缘际会，把路子走宽走开，后来社会形势改变，他的经营陷入困境，财务方面捉襟见肘，但我还是配合到最后，实在没办法了，才终止合作关系。2003年中，已有难以为继的征兆，困扰之下，我占往后的配合机缘，得出坤卦“上六”爻动，有剥卦“不利攸往”之象。好朋友当然不宜翻脸，时移势转，也到了“其道穷”之际，只能做此打算。

• 社大营运出问题，里面一些高干更早离开自行创业，其中一位我的学生有练武天赋，从名师习艺有得，出来开设太极拳道场，倒也办得红红火火。1999年把我拖去学拳，刚开始还义务一对一指导，由于拳理易理大可相通，我初期也学得很来劲儿。2000年2月底，我自占功力进境，不料得出坤卦“上六”爻动，成剥卦的“不利攸往”，太极拳尚柔，“龙战于野”显然违背了坤阴之道。果然，之后没再下工夫精进，只剩下理论上的探讨了！

用六。利永贞。

《象》曰：用六永贞，以大终也。

“用九”、“用六”是乾、坤两卦的结论，也是乾、坤修行的最高境界。坤卦卦辞既称“利牝马之贞”，又称“安贞吉”，故而结论再称“利永贞”，期许坤道永远固守其贞德，不稍悖反，必然可获大利。乾阳大坤阴小，坤阴善于发挥柔顺之德，最后会消化吸收乾阳的资源以为已用，而终成其大。乾元称大哉，坤元称至哉，阴阳和合、刚柔互济之后，至大合一，浑融而无分别矣！《老子》第三十四章称：“万物归焉而不为主，可名为大。以其终不自为大，故能成其大。”第六十三章亦称：“是以圣人终不为大，故能成其大。”即为此意，中国道家思想可谓深谙坤道。

《文言传》全没提坤卦“用六”，六爻也只解释一遍，不像乾卦前后解释四遍，中间两遍即揭示“用九”之意。乾卦是一切的基础，多讲详细点好，坤卦谈其特色即可，与乾卦相通的不必多言。至于何以不提“用六”，也颇耐人寻味，“利永贞”比较好懂，“群龙无首”可就得费辞说明了。

依据自古相传的筮法，若占到坤卦六爻全动，照讲会变成乾卦，也有说以“用六”来断的。其实以小始，以大终，正合遇坤变为乾之意，坤卦智慧发展到极致，可无中生有，积小成大。但实际占到坤六爻全变的几率太低，为十六分之一的六次方，即近一千七百万分之一，也是四千零九十六的平方分之一，相当于同一问题连占三次皆出现完全一样的结果。这是所有可能卦象中出现几率最低的一个，历史上也没听说有人占过，但我的学生中有人第一次开占，可能就占出了这样的结果。

• 2003 年春，我在台湾工商建设研究会的一个《易经》班教占，台上实例示范时，台下一位女生自行其是，依法占问她赴大陆拓展业务的前途。据她事后自称得出坤卦六爻全动，所谓六六大顺的稀罕卦型。我不相信，认为她初次习占不熟可能有误。当时我的老学生徐崇智一旁做助教，也说瞥见她水晶分堆时有些乱，徐已不幸于 2006 年 8 月 14 日心脏病发过世，难有对证。这桩占卦的公案要如何定夺呢？以事后这些年的发展来看，那女生的成绩可观，真的有由坤变乾，“以小始”、“以大终”的味道，但这种几率是可能的吗？

我 2007 年 7 月中，还心血来潮想复核一下她是否占到“用六”。结果得出解卦（䷧）初、二、上爻动，贞悔相争为噬嗑卦（䷔），解卦“九二”爻宜变为豫卦（䷏）。“噬嗑”为立法之象，解卦初爻静心澄虑、二爻深探幽微、上爻彻底解决，豫卦预测准确无误，整体看来，还真有可能让她算到呢？ 2010 年 11 月中，事隔多年再试问一次，得出离卦（䷝）三、四、上爻动，贞悔相争为复卦（䷗）。“离”为网络、为光明，三、四爻虽有疲软故障之象，上爻修补解救成功，搞定一切，复卦恢复正确操作，一元复始万象更新。这么说来，她真的第一次就占到最稀罕的卦型。天下之大无奇不有，这女生修佛多年，上师甚多，难道那天有天龙护法，一切天人阿修罗皆来助阵显神通？

坤卦多爻变占例之探讨

以上将坤卦卦辞及各爻的基本理论全介绍完，六爻单爻变的范例也举了不少，下面讨论一下坤卦多爻变的占例。

任意二爻动，若其中一爻值宜变爻位，以该爻辞为主、另一爻爻辞为辅论占，若两爻皆非值宜变，参考二爻爻辞以定夺。

• 1993年6月初，还是那家出版公司的龙争虎斗，股东会召开在即，创业的老板为防大股东挟巨资出击，釜底抽薪设想了一套人事转换的方案，自认有“乾坤大挪移”之妙，请我评估成败吉凶。当时我占得坤卦二、四爻动，“六二”值宜变，单爻变成师卦，两爻齐动则有解卦（䷧）之象。坤卦资源不足，却可顺势用柔动员出击，然后解决难关脱险，真是妙招，当然“六四”“括囊，无咎”，必须守口如瓶才能保锦囊妙计成功。《系辞下传》第九章称：“二与四同功而异位，其善不同，二多誉，四多惧。”此案对居五爻的老板有利，对公司则未必，我另外算的卦象没给他看，夹缝中也颇沉吟难处。结果后来另外生变，大股东本身在外面的股海兴波结怨，惹了一身官非，根本自顾不暇，所以此案也无须推动执行，就此暂时过关。易占可做思想实验，以利决策定案，虚拟问虚拟答，其中的逻辑很有意思。

• 1998年11月中，我仍在那家出版公司蛰伏，不负责经营后已四年半，老板回朝后公私分际已乱，而公司业务营运自然日趋不振，我自己的人生规划也有了崭新的布局，虽然尚未离开，早早已是柳暗花明又一村矣！不过身在其中，仍难以完全置之度外，其时亏损严重，百病齐发，有立刻停业的危机。我占问当下对策及尔后行止，得出坤卦四、五爻动，齐变有萃卦（䷬）之象。“六五”“黄裳元吉”指老板，似乎仍能掌控局面；“六四”指我，“括囊，无咎无誉”、“慎不害”，

二爻变占例

只能保持缄默，什么也别做。坤卦欠缺资源，还是顺势用柔继续萃聚，仍非离去之时。然后再占危局中老板的前景，仍为坤卦“六五”爻动，“黄袍”在身不会动摇，后续发展果然如是。

• 2004年年初，我算台湾地区当年有无重大天灾人祸，得出坤卦“六二”、“上六”爻动，“六二”恰值宜变爻位，单变为师卦，两爻若齐变，则有蒙卦（䷃）之象。“上六”“龙战于野，其血玄黄”，当然有凶险，但“六二”“不习无不利”，又值宜变之爻，正面的影响似乎很强，加加减减应能稳住局面，不至于有大碍。后来发展差不多就是这样，陈水扁虽连任使政争持续，台湾民众没有再受重大天灾之苦。

• 1994年9月中，我所在的那家出版公司股争告一段落，原老板算是大获全胜，回朝掌生杀大权，但公司财务分际一乱，士气大受影响，业绩直直落，求去者渐多。韩姓副总编尽心襄助多年，那时也提辞准备出去创业，我占其吉凶？得出坤卦三、上爻动，有艮卦（䷳）之象。“六三”含章待发期望有终，但“上六”“龙战于野，其血玄黄”，却是不得善终，艮卦内外皆高山阻路，障碍重重，此去只怕辛苦不顺，后来几年确实如此。

一卦若三个爻动，三爻齐变成“之卦”，以“本卦”和“之卦”卦辞卦象合参论断，若三爻中有一爻值宜变，该爻爻辞亦列重要参考。

• 1998年10月底，我所在出版公司的一位女同事苦于类风湿身疾，其时我正在跟学生习太极导引，就想对她是否有用，占得坤卦初、二、五爻齐动，“初六”值宜变，单爻变为复卦，贞悔相争成节卦（䷻）。太极导引正是顺势用柔的功夫，由“坤”而“复”而“节”，女性因此修炼身心康复，关节活络疏通，显然有其绩效。节卦六爻体性，和人体直立身躯的六大关节之理相通，踝、膝、胯、腰、椎、颈，爻性爻位配合绝妙，一切恰到好处。“初六”“履霜”，阴寒之气始凝，若放任不管将成坚冰难化；“六二”“不习无不利”，“六五”“黄裳元吉”，《文言传》且称：“正位居体，美在其中，而畅于四肢，发于事业，美之至也。”四肢关节畅通，不必再受类风湿缠身之苦，多好！虽然道理如此，她工作太忙却无暇修习，只有作罢。

• 2010年6月中旬，我与一位同门师兄有接触，他学佛多年，而我当时正热衷于以易证佛的探讨，介绍我们认识的学生认为我们有缘，应多深入往来。我问真是这样吗？为坤卦上三爻全动，贞悔相争成否卦。坤是发展群众关系没错，否则是典型的天地不交，没有往来，遇坤之否，往后确实如此。

四爻变占例

一卦四爻齐变，已超过半数，多半会由“本卦”变成“之卦”，以“之卦”卦辞卦象为主断占，若四爻中有一爻值宜变爻位，也参考该爻爻辞。

• 2003 年 5 月下旬，其时非典病毒肆虐流行，我的身体状况也不大好，脊椎沾黏引起右臂酸麻，颇以为苦。因学生介绍，接受民间疗法治疗，同时也去西医颈椎牵引复健，中西合璧不知奏效与否，遂问占得出坤卦初、二、三、四爻动，四爻齐变成大壮卦（䷡），“六三”爻值宜变，单爻变为谦卦。看来是会有效，坤卦还是顺势用柔以化解阴寒之气，依序初至四爻治疗，变成四阳大壮卦，恢复身强体健，““六三””爻单变成谦，也是有善终的好卦。后来依此治疗，果然康复。

扫码聆听刘君祖老师亲自讲述大易之道

——逐字逐爻详解易经六十四卦

3. 水雷屯（䷂）

屯卦是乾坤交合之后的第一卦，象征生命初始，卦象上坎为水、下震为动，有水下生机初动之象。地球上的生命起源于海洋，三十五至四十亿年前开始在水中繁衍，由简而繁，终成大观。妇女怀胎，羊水内孕育生命成长，终至呱呱坠地，都是屯卦之象。屯为象形字，本意是“初生草穿地”。嫩草的根在地底下盘屈蜿蜒，冻土回暖后，俟机钻破地面，昂然开出两瓣绿叶，展现充沛难遏的生机。大家试种小盆草木即可看到这样的情景。

“屯”读 zhūn，又念 tún，有同类生命群居聚落之意，如屯田、屯军，皇姑屯、江东六十四屯，盖住屋称新邨等。《杂卦传》称：“屯，见而不失其居。”“见”即“见龙在田”之“见”，读“现”，“而”为“能”，生命出现必寻依托，建立一个稳固居住的基地以利尔后的生存发展。《序卦传》称：“有天地，然后万物生焉，盈天地之间者唯万物，故受之以屯。屯者，盈也；屯者，物之始生也。”乾为天，万物资始，坤为地，万物资生，“屯”为天地交合后的万物始生。“盈”为生机饱满，“唯万物”的“唯”有特殊意，天地生万物功效宏大，令人赞叹。

屯。元亨利贞。勿用，有攸往，利建侯。

乾、坤两卦卦辞皆有“元亨利贞”，四德俱全，“屯”为乾、坤所生，自然也有“元亨利贞”，所谓具体而微。初生幼苗体性尚弱，难以承受巨大风霜，故而暂时不能轻举妄动，待成长壮大后再伸枝展叶、开花结果。“勿用”即同乾卦初爻“潜龙勿用”之意，短期以沉潜为尚，中长期仍得往前发展，故接着称“有攸往”。古代经典没有断句标点，断句不同理解即异，本段卦辞有称“勿用有攸往”的，意思是不要有所前往。此解肯定有误，生命创生就是要往前发展壮盛，不会长期停滞，不然所为何来？先“勿用”，正是为了之后的“有攸往”做准备，就像乾卦初九“潜龙勿用”，出潜离隐后，“九二”即“见龙在田”，由地下升至地上行动。《杂卦传》既称屯“见而不失其居”，幼苗穿地而出，岂能长久“勿用”？

既然暂时不大举行动，沉潜时期就得扎稳根基深远布局，“利建侯”三字含蕴甚深，人生为学任事之精要尽在于此。“侯”为古代五等爵位之一，次于公爵，高于伯、子、男爵，周代初期大行封建广立诸侯，以致后来声威赫赫的春秋五霸、战国七雄，史迹斑斑可考，脍炙人口。诸侯封于各地，为天子斥候，治理封疆内的事务，定期向中央汇报，称为“述职”，天子到地方视察称为“巡狩”。秦汉以后废除封建王国，改设郡县由中央派员治理，以后的刺史、督抚乃至省长等方面大员，其实仍相当于诸侯分权治理的功能。任何组织肇建，必然根据职掌或地域的划分以安排人事，设计其纵横交织的权利义务关系，这就是“建侯”。屯卦无中生有，创业维艰，刚开始的企划很重要，故称“利建侯”。“侯”又通“候”，幼苗成长须侦测并适应周遭气候的变化，组织发展也得了解外界环境所有信息的变迁。旧历中有所谓七十二候（如图），五天为一候，如“桃始华”、“獭祭鱼”、“白露降”、“鸿雁来”等，由这些物候的变化决定一年中工作及生活起居的方式。现代的事业经营讲究与时俱进，何止五天为一候，有时一夕数变，一天中都有五候，得随时注意应变及信息的搜集汇整。

“建侯”的“建”字，为始无今有，开创而非承袭。屯为草莽新生，有胆有魄，敢冲敢闯，所谓初生之犊不畏虎，卦辞先强调“勿用”再讲“有攸往”，亦为此而发。来日方长，冒险不必急于一时，厚积实力为重。屯卦是《易经》第三卦，第八卦的比卦《大象传》称：“先王以建万国，亲诸侯。”第十六的豫卦卦辞称：“利建侯行师。”第十八的蛊卦“上九”爻辞云：“不事王侯，高尚其事。”第三十五的晋卦卦辞称：“康侯用锡马蕃庶，昼日三接。”“建侯”为人生行事所必须，有志之士当于此善用其心，而屯卦则为建侯之始。我在台的早期学生自组读书会研《易》，有成立“建侯会”及“屯社”者，《易》道艰难，从清新幼苗起始，十年树木百年树人，或可大成。

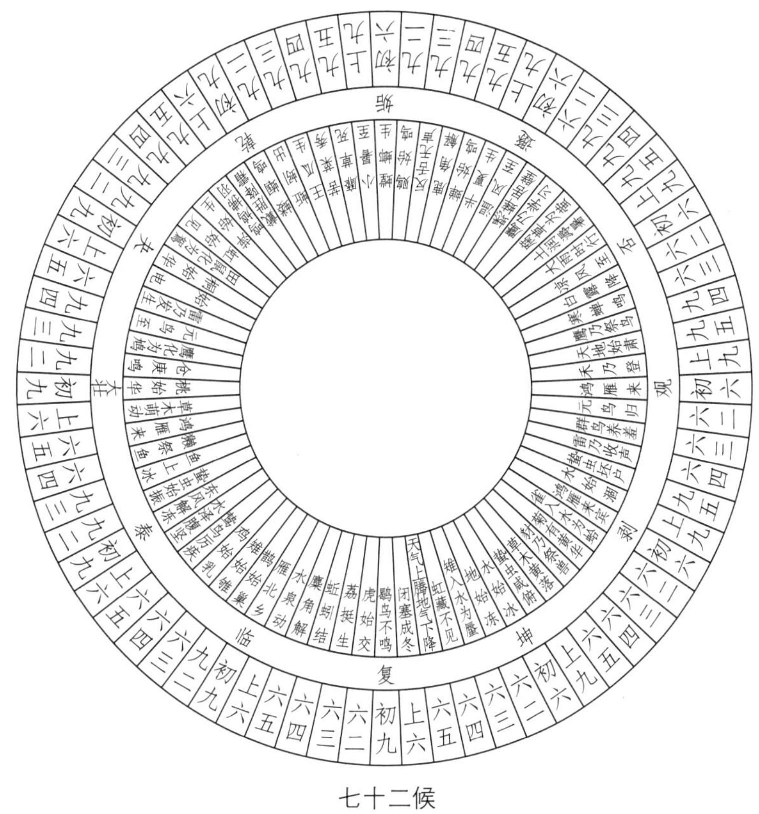

七十二候

《彖》曰：屯，刚柔始交而难生，动乎险中大亨贞。雷雨之动满盈，天造草昧，宜建侯而不宁。

屯卦的《彖传》写得很有气势，洪荒初辟，生力无穷，像《圣经》的《创世纪》。太古时期东西方都有特大洪水肆虐的传说，大水来自大雨，下震为雷为动、上坎为雨为险，“雷雨之动满盈”，又呼应《序卦传》称屯为盈的意象。生命震动于坎险之中，奋斗走出生存演化之路，故称“大亨贞”。坎险为难，源于乾刚坤柔始交，据《说卦传》称：“震一索而得男，故谓之长男……坎再索而得男，故谓之中男。”屯卦下震上坎，正有此象。屯卦二义：生也、难也，合起来就在形容新生之种种艰难。婴儿呱呱坠地，生日称母难日，中国过去所谓庆贺生辰，蕴含有对母亲怀胎生育之苦之险的感念。佛教说人身难得，中国称“勿忝尔所生”，既生而为人，当好自奋发努力以报亲恩、天恩。《易经》有许多艰难的卦，如困、坎、蹇、否、剥、明夷、大过诸卦等，各有其产生原因及应对的办法，而屯卦之难是最自然而与生俱来的，人人皆有，不面对也不行。

“屯”为新生天生，卦序第三，“复”为剥后再生人生，卦序二十四，从“屯”至“复”共二十二卦，便是天生物种演化至人类出现的历程。以现代的宇宙学知识而论，乾、坤开天辟地，约当一百三十七亿年前宇宙创生至四十六亿年前太阳系含地球形成；“屯”为海洋下生命初生，约不到四十亿年前；“复”为人类出现，则距今仅数百万年前。离卦卦序三十，为上经最后一卦，代表人类文明光辉灿烂，永续不绝，由“复”至“离”的七个卦，显示的即是生命由身而心而灵的精致进化过程，卦序由谁编定不得而知，完全合乎现代科学的认知，真是令人惊叹。

“天造草昧”，“昧”为昏昧不明，又有后接蒙卦之意，“天造”即非人造，一切出乎自然。周遭环境的考验非常严酷，生命当此时节，宜加紧建侯，不得懈怠。《彖传》没有逐字逐句解释卦辞，却完全体现了草创新生的意境，读来令人抖擞奋发。

《象》曰：云雷，屯。君子以经纶。

落雨前必出现云，闷雷阵阵，蓄势待发，正是屯卦之旨。上卦坎为水为云，《大象传》取云象以修德，《彖传》取雨水之象以追求成功。其实这也是两传释经的不同特色。《彖传》分析卦爻结构，阐明爻际主从关系，教人趋吉避凶，建立事功；《大象传》不谈吉凶悔吝，专尚法自然以修习德行，任何艰苦逆境皆不怀忧丧志。中国古德所称三不朽：“太上有立德，其次有立功，其次有立言。”《彖》重立功，《象》尚立德，皆为人生奋斗的重要目标。

“经纶”二字厚实有韵致，本为“治丝”之意，“经”为理其绪而分之，“纶”为比其类而合之，纵横交织，一幅幅锦绣绸缎于焉诞生。经营事业建立组织亦然，分工为经，合作为纶，都做到位才有整体战力。《中庸》云：“唯天下至诚，为能经纶天下之大经，立天下之大本，知天地之化育。”屯卦“元亨利贞”，本天地至诚至性，于创业维艰中立本开新，建侯经纶，以参赞天地之化育。经、纶、组、织四字皆从“纟”字偏旁，以纺织衣物的致密结构，况人事组织的网络相连。中国很多学问智慧就从日常饮食中得来，如《文言传》称：“大哉乾乎！刚健中正纯粹精也。”“纯”亦从“纟”，“粹、精”则从“米”，人生饮食不易，行事艰难，何可掉以轻心？

占得不变的屯卦，即以卦象卦辞论断，一般来说，所问之事短期内不会太顺利，可用资源也很有限，宜将眼光放远，从长计议布局。

• 1998 年 10 月底，我占问习《易》二十三年的成绩，得出不变的屯卦。幼苗清新，却也充满了草莽开创的志气与力道，元亨利贞已具体而微，往后是利于建侯，更全面而深入地探索易学的各各领域及可能的运用。如前文乾卦部分所述，再过十一年，2009 年秋，我占问同样的问题，习《易》三十四年的成果已成为乾卦“九三”、“九五”爻动，日夜精勤而有飞龙在天之视野，且展现本身的风格与特色。十载精进，应该都是建侯之功。

• 1997 年 10 月底，我占明代易学家来知德的易学史定位，得出不变的屯卦。这个评价的确精准到位，来氏花了二十九年沉潜的功夫所著《周易集注》一书，解析详尽，非常适合初学案图索骥，循序渐进地学习，有草创经纶之功。我们当年习《易》多由此入门，打下扎实的根基。

• 2005 年 3 月，我的一位女学生癌症过世，她罹癌多年状况时好时坏，走得不算突然，但仍令师友们伤感。当时她的一位好朋友问她的“处境”，得出不变的屯卦，这应该是往生的意思，照佛教的讲法会去顺利投胎，一切从头开始。巧的是她生前组织了屯社，让习《易》的同学们切磋琢磨，这下也算是得其所哉。我跟屯社的学生们说，以后聚会时给她留个位子，芳魂缥缈，一定会回来探望大家，生死两茫茫，是耶？非耶？

初九。磐桓，利居贞，利建侯。

《象》曰：虽磐桓，志行正也；以贵下贱，大得民也。

屯卦“初九”阳居阳位为正，又为内卦震的主爻，正是“动乎险中”的生机所在，可视为全卦精神的代表。爻辞最后讲“利建侯”，与卦辞全同，“利居贞”是利于固守正道，也通卦辞“利贞”及“勿用”之意。“磐”是坚硬稳固的巨石，“桓”是耐久可为栋梁的木材，以磐石打地基，以桓木架栋梁，是兴工建房舍以利居住，故而称“利居贞”。屯卦之前为坤卦，坤为土地民众，人民有了地皮后盖屋居住合情合理。住屋须坚固耐用，不能偷工减料，精选建材慢慢施工，故而“磐桓”就有了流连不进之意，仍是短期勿用，中长期有所往。

屯卦属草莽开创时期，需切实打稳基础，并高瞻远瞩作好未来发展的规划，虽然“磐桓”，想法跟做法都成竹在胸，故称“志行正”。《说卦传》称：“帝出乎震……万物出乎震。”“初九”为新生生命的主宰，贵重无比，却沉潜于基层默默历练，英才若能如是，必获广大民心支持，故称“以贵下贱，大得民”。孟子称：“民为贵，社稷次之，君为轻。”屯卦“初九”为清新草民，亦含此意。乾卦《彖传》称：“首出庶物，万国咸宁。”坤卦“六五”“黄裳元吉”，人民做主，皆为《易经》思想的微言大义，不可不知。《老子》第三十九章亦称：“贵以贱为本，高以下为基。”《尚书·五子之歌》则称：“民惟邦本，本固邦宁。”这是千古不易之理。本爻爻变，成比卦（䷇），其《大象传》称：“先王以建万国，亲诸侯。”当初周朝肇始封建诸侯，以巩固灭商而有的天下，亦合屯卦“利建侯”之象。屯“初九”虽以自立自强为主，却借着“建侯”而展开与外界的接触，乾以自强，坤以容物，“潜龙勿用”之后继之以“见龙在田”，人生行事本当如是。本身实力愈强，外界关系拓展愈顺，弱国无外交，自古即有明训。

屯卦创业维艰，台湾地区的经济发展以中小企业为主，白手起家的创业者很多，当局的“中小企业处”每年辅导业者，有办“磐石奖”以激励创业精神，切合初爻意境。台湾很多高楼大厦完工，往往在楼前竖碑以志纪念，碑文多为“磐基永固”四字，也是“磐桓，利居贞”。

我高中就读于台北“建国中学”，其校歌仍记得清楚：“东海东，玉山下，培新苗，吐绿芽，春风吹放自由花。为梁为栋，同支大厦，看我们重建灿烂的新中华……”新苗绿芽正是屯卦之象，梁栋支大厦岂非“磐桓，利居贞”？振兴中华、建设中华即是“利建侯”，易理真是放诸四海而皆准，处处可见其情性与智慧之光。

屯卦“初九”一爻切合全卦精神，称为主爻或卦主。例如乾卦为君，主爻为“九五”“飞龙在天”，坤卦为民众，主爻为“六二”“直方大，不习无不利”。三国时代王弼所著《周易略例·明象》中有云：“夫少者，多之所贵也；寡者，众之所宗也。一卦五阳而一阴，则一阴为之主矣；五阴而一阳，则一阳为之主矣。”姤卦“初六”为姤卦主爻，复卦“初九”为复卦卦主，表现全卦精神；而屯卦“初九”、震卦“初九”则为屯、震二卦卦主，可类推而得，通常在《象传》中会提出，习《易》者宜会心。

占到屯卦“初九”爻动，以爻辞判断即可，爻变为比卦亦列为参考，一般来说是事业肇始，当注意基层经营，广布人脉。

• 2009 年 12 月下旬，我受邀赴吉林长春授《易》，隆冬的东北气候严寒，户外摄氏零下二十几度的低温根本不能久待，就得钻入暖气内室。两整天名为《极深研机：〈易经〉导论》的课程进行很顺利，我早已熟极而流，面对政企学员的各种问题也都能从容解答。大易本为经世致用之学，趋吉避凶，进而开物成务，都能对人生提供高明精彩的启示。课程结束后，我在北京转机返台时占问此行绩效，得出屯卦“初九”爻动，有比卦之象。首赴寒天冻土之地打基础，而屯卦依卦气图示，正在阴历 11 月底 12 月初，节令亦合，新苗破土而出，“利居贞”、“利建侯”矣！

• 大都市的住房问题愈趋严重，房价飙升至一屋难求的地步，无论大陆还是台湾，地方政府无论如何遏抑都不见大效。2010 年 8 月末，我问台北市住屋问题未来十年可纾解否？得出屯卦“初九”动，“磐桓，利居贞”，正是土地兴工建屋之象，屯者新生也，屯者难也，新生一代的年轻人要购房恐怕很困难，大趋势不易扭转。

• 2011 年 8 月下旬，我偕家人赴希腊旅游，参观雅典卫城的巴特农神殿时，以手机电占遗迹的气场，得出屯卦“初九”爻动，有比卦之象。“磐桓，利居贞，利建侯”，恰为草莽整地建屋之象，盘为神殿的坚石地基、桓为环绕的多力克式列柱，数千年来屹立不摇，向后世万国焕发强烈的信息。比卦《大象传》称：“先王以建万国，亲诸侯。”比卦又属坤宫的归魂卦，看来始终都有古代英灵流连于此，比附着这栋人类文明史上的伟大殿堂。

• 2011 年 11 月中旬，我们学会在桃园县宏碁集团的渴望园区办秋研营，请了涂承恩医师来讲分子生物学，内容相当精彩，我边听边以手机占一些问题。其一为：DNA 是什么？得出屯卦“初九”爻动，有比卦之象。屯为物之始生，初九为内震之主，生命基因。“磐桓”，更将双螺旋缠绕的分子形态说出，“利居贞，利建侯”，由此接收外界的信息以发展生命。

占例 • 2011年10月上旬，我读佛经，记载弥勒佛待在兜率天内院弘法清修，等待未来成佛，觉得有趣，占问此为何境？得出屯卦“初九”爻动，有比卦之象。屯为新生佛种，“元亨利贞”四德俱全，短期勿用，长期有攸往。“磐桓，利居贞，利建侯”。以贵下贱，大得民也，兜率天的地位不高，未来佛储备于此，方便接触众生啊！

六二。屯如邅如，乘马班如，匪寇婚媾。女子贞不字，十年乃字。

《象》曰：六二之难，乘刚也；十年乃字，反常也。

“六二”阴居阴位处内卦之中，上与“九五”君位相应与，深具发展潜力，但值屯难开创时期，本身阴虚不能做主，得附从阳刚始能成事。“九五”中正相应与配合虽佳，惜陷于上卦坎险之中，一时不能动弹；下乘“初九”鲜活有力，阴乘阳、柔乘刚，关系不正，《易》例的爻际关系中每每象征情欲蒙蔽理智，短期欢乐，长期却没好结果，所以也不宜盲从。彷徨犹疑中难定行止，不知唯谁马首是瞻，遂有爻辞所述之象。

“屯”、“邅”都是进行困难的样子，“如”为语尾副词，爻辞中常用；“班如”即古代打完仗班师回朝之班，有排列成序回旋不进之意，“乘马班如”亦显示犹疑不前、难以抉择的心态。“六二”似待嫁女子，夹处于“九五”及“初九”两男之间，不知何去何从。“九五”为正应，陷于坎险中暂时不能结合；“初九”关系不正，所谓近水楼台先得月，寂寞下易受诱惑而跟从，但长期难得善终。“字”为女阴下有子，即生育之象，古代女子嫁夫后蕃育子息，为终身大事，不可不审慎。为“六二”计，还是应该坚守正道，等候“九五”脱险后结为婚配，不可从权跟“初九”苟合，就是为此等候十年之久也无怨无悔。“字”也是许婚之意，订婚称为文定，双方家长说定了就算数，女儿还小甚至指腹为婚，待长大后再结婚的例子很多，真的可能“十年乃字”。“反常”同“返常”，是回归常道，“六二”虽一时心动于“初九”，最后仍恪守节操等待“九五”，意同坤卦《象传》所称：“先迷失道，后顺得常。”此爻爻变，成节卦（䷻），行事中节，没有逾越正常的情理。

“匪”同“非”，“匪寇婚媾”是说决定婚姻大事切勿找错对象，找到了贼寇身心反受摧残。对“六二”来说，“九五”才是正当结婚生子的对象，必须耐心等待，不能屈从身边的“初九”，而罹后灾，长远看“初九”其实是“寇”。当然，人际相处以和合为尚，为了保护自己免受伤害，除了坚持原则正确抉择外，婉拒时也不必得罪人。人生苦短，我们要有所成就，交朋友还来不及，怎可随便树敌？“初九”对“六二”有情亦非恶意敌意，善加化解就好，处理不当会给前途平添障碍。三百八十四爻中，还有两处提到“匪寇婚媾”，一为贲卦“六四”，一为睽卦“上九”。贲卦（䷕）讲述官场或职场历练，“六四”居高位周旋，须明世故人情，广结善缘以免去职退休后冤仇上门。睽（䷥）为家人反目，激友成敌，尤须竭力化解恩怨，冤家宜解不宜结啊！

屯卦为人生初始，初爻“磐桓”“居贞”，尽量打好自己的实力基础，爻变为比卦，便可接着对外交往；二爻“匪寇婚媾”，多交善友益友，避免损友或树敌，爻变成节卦，这是处世的节度规范，人人皆须谨守。婚媾关系又可细分，“媾”是实质交合，“婚”是形式盟约。人生最佳伴侣是既婚且媾名副其实，其次从权亦有不婚而媾或不媾而婚者，或享实益，或图虚名以壮声势。商场、官场乃至国际外交的纵横捭阖之妙，善学者可于此用心。

爻辞描述时间长短，一般三年已经够久，十年算是最长的了，除屯卦“六二”外，还有复卦“上六”及颐卦（䷚）“六三”两处。“十年乃字”是正面勉励，另两处则是负面警告。复卦“上六”“迷复”，称“至于十年不克征”；颐卦“六三”“拂颐”，称“十年勿用”，《小象传》解释：“道大悖也。”“屯”为新生，“复”为再生，“颐”为养生，全与身心性命有关，一步走对大有后望，一步走错万劫不复，人生在世，能不敬慎？

俗云“十年磨一剑”，滴水穿石，急功无法速成。“十年乃字”，闯荡江湖十年，方有人可称道的字号。古代中国人父母师长才称其名，称字是表示尊重，如刘备称玄德、曹操称孟德、诸葛亮称孔明先生之类。

《礼记·曲礼上》：“男子二十冠而字，父前子名，君前臣名。女子许嫁，笄而字。”“字”的意义在此。“十年乃字”，男人事业有成，女子得配良缘。

占例

占到屯卦“六二”动，按爻辞占断即可，由于恰值宜变爻位，爻变成节卦，其卦辞卦象亦须参考。

• 1998 年 11 月底，我在台湾各地的学生近百人众，至北海岸金山活动中心会师研习，行前我占问：多年授《易》，所有学生资源能成大用

占例

否？结果得出屯卦“六二”爻变，成节卦。草莽开创略有根基，也粗具规范节度，但欲大用至少也得十年砥砺，而且良莠不齐，机缘聚散亦异，匪寇婚媾、建侯经纶即是正理。

• 2006年年底，我一位企业界女强人的学生跟我说，她多年未见的男性旧识邀她去夏威夷一晤，她也不惧欲往，是有意追求？还是跟她所信奉的宗教设立道场有关？我占得屯卦“六二”爻变，成节卦。爻辞几乎说明了一切，而以她豪爽的个性，“女子贞不字”是必然的，“匪寇婚媾”的应对拿捏也不会有任何问题，去见识见识挺有趣。依卦序，节卦前为涣卦（䷺），也是传道说法之义，建立道场也不无关联，她求签有云：“有个佳音在水边。”水雷屯，“动乎险中大亨贞”，径行前往便是，事后果如所料。

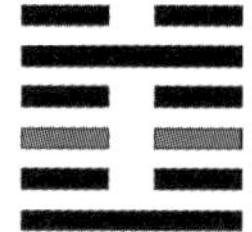

六三。即鹿无虞，惟入于林中。君子几，不如舍，往吝。

《象》曰：即鹿无虞，以从禽也；君子舍之，往吝穷也。

“六三”阴居阳位，不中不正，又当下卦震动之极，有急功躁动以致一无所得之象，爻变为既济卦（䷾），正因追求成功而乱了方寸。屯卦草创以阳主阴从，“六三”为阴，和“初九”、“九五”两阳爻既不承乘亦无应与关系，无所依从下靠自己乱闯，当然无成。爻辞描述到山林中打猎，即是企图接近，“鹿”有说是“麓”，即山脚下，“六三”、“六四”及“九五”共三个爻合为三画的艮卦（☶），艮为山，“六三”正当山脚下，故有此象。其实作鹿解亦无不可，人生追求功业本有“逐鹿”之喻。“虞”是打猎需带的向导，古代管理山林川泽的官员称“虞”，王族行猎时负责招呼打点一切庶务。“虞”字头顶虎皮、下“吴”字为口大于天，张口大喊，正是混迹于兽群中发踪指示之象。“无虞”说明了“六三”行事的窘境，不了解地形地物，没人带领，在全然陌生的领域里盲目追逐，只有迷失于原始林中，空无所得。

“几”同机，有智慧的君子面临这种不利的情势，当知机应变，毅然舍弃追逐的目标，以减少损失，若一意孤行蛮干下去绝不会有好结果。“吝”是路子愈走愈窄，“文口”曰“吝”，人做了错误选择不甘认输还自我文饰，穷而不知变通，如何而可？“舍”是找地方休息舍止，也通“舍弃”之意。

《文言传》称乾卦“九二”：“见龙在田，时舍也。”龙腾事业小有根基，当安居地上之位稳扎稳打，不要冒进。《易经》主旨即在知机应变，有好机会立刻行动的人多，事情败坏肯悬崖勒马、认赔杀出的少，只想侥幸成功，不愿承受失败，是一般人性中极大的弱点。其实就算不赚不赔，粉饰账面的损益平衡，依旧是自欺欺人，虚耗那么多追求的时间不要钱吗？当时若不做这个，另选较易成功的项目做，可能早就飞黄腾达。时兮时兮不再来，人生最昂贵的资源就是时间与抉择，逝者如斯，稍纵即往，岂可掉以轻心？这就是经济学上所谓的“机会成本”的概念，选择机会是要成本的，选了次佳的都不能再选最佳的。一寸光阴一寸金，寸金难买寸光阴，《易》道所强调的无非时机时势的正确掌握。“Timing is Everything！”切记切记！

“虞”字提醒人事先侦察部署的重要，意通“建侯”与“经纶”，在《易经》经传中凡四见。除屯卦“六三”外，中孚卦（䷼）“初九”称“虞吉”、萃卦（䷬）《大象传》称“戒不虞”、《系辞上传》称：“悔吝者，忧虞之象也。”人生相聚，建立诚信以避免悔吝，“虞”的功夫不可或缺。

“六三”逐鹿，《小象传》称：“以从禽也。”《易》中“禽”字为禽兽的总称，并非单指飞禽，走兽也包括在内，为人行猎擒获之意。人生行猎应掌握主动，不可陷于被动，“从禽”即被动不利，最好避免。

综观屯卦前三爻，以商场创业论：“初九”建立组织、派任内部人事。“六二”发展人脉网络、对外建构合作与竞争的种种关系，若皆合宜得当，经营本业应有一定基础及获利。“六三”则须慎选投资项目，与本业无关的陌生领域尽量少介入，所谓隔行如隔山，除非找到熟悉该领域的专家负责经营，否则不碰为妙。

占到屯卦“六三”爻动，参考爻辞的警示，别打没把握的仗，别冒无意义的风险，审慎收手为宜。

• 2008 年 9 月全球金融风暴爆发后，很多跨国公司都受波及出问题，在台湾经营数十年的南山人寿也面临美国母公司 AIG 脱售的命运，中策博智集团争取甚力，一时使南山的众多员工跟客户高度关注。2010 年 8 月底，我一位在南山工作的高干学生问占，审核时限将至，此交易得成否？结果得出屯卦“六三”动。看来是枉费心力，博智多半得中途放弃收购，果然没多久，台湾官方审核不通过，此案破局，又成了其他群雄

逐鹿的目标。

• 1996年元月中旬，我已在出版公司沉潜近两年，实质已不理事，公司营运每况愈下，大股东发动的股争又起。其时我在南部小垦丁家庭度假，台北同仁来电告知战况。我虽心境已非，还是算了一下对公司的吉凶，得出屯卦“六三”动。陷入林中盲目行猎，前途茫茫，两虎相争害及整个团体，夫复何言？

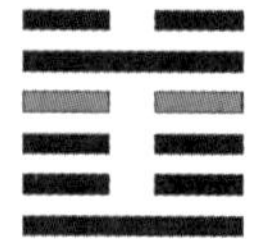

六四。乘马班如，求婚媾，往吉，无不利。

《象》曰：求而往，明也。

“六四”阴居阴位，明白顺势用柔之理，上承“九五”之君，下应“初九”之民，承乘应与关系皆佳，又居中央高层执政之位，在全卦中可谓得天独厚，左右逢源。然而屯卦属草莽开创之初，一切资源有限，不能兼顾下还是得培元固本重视基层，“六四”毕竟处于上卦坎险之初，亟须结合“初九”内震的动能以渡危难，只要稳住了民间基层，就等于帮了“九五”屯难之君的大忙。“乘马班如”意同“六二”的犹豫盘旋，但没有“六二”“屯如邅如”之苦。“六二”夹处于“初九”之“寇”与“九五”“婚媾”之间，难定行止，“六四”与二者关系都好，只有“婚媾”没有“寇”。稍事犹疑后，一旦看清大势，立刻积极行动迎合“初九”，产生最好的结果，故称“求婚媾，往吉“无不利”。《小象传》称许往求之明，乱局中判断可谓明智。本爻爻变，为随卦(䷐)，决定了追随目标就赶紧跟上，卦辞称：“元亨利贞，无咎。”随机应变，随遇而安。

占到本爻，以爻辞结合随卦卦辞卦象论断，基本上都是敦促人正确抉择，立刻行动。

• 2008年9月金融风暴全面爆发，影响世界经济严重，当年11月初我针对世界、中国内地及台湾未来五年的宏观经济情势，从2009至2013年共占了十五个卦，基本上都相当正确，值得与天下朋友们分享。其中2009年的世界经济即为屯卦“六四”爻动，有随卦之象。

《杂卦传》称：“随，无故也。”金融风暴之后的世界经济已彻底和过去不同，各国政府不能再放任不管，且须强势介入市场经济的运作，以挽救岌岌可危的形势，由国家甚至国际的信用来承担亏空的债务。屯卦资源不足，“初九”基层动乎险中民生困苦，“六四”为执政高层，秉承“九五”君命，责无旁贷须予救助，此即“六四”爻辞之意。另外，“初九”代表民生经济的基本面，“磐桓、居贞”显示住屋问题的重要性，美国的次级房贷和一些买空卖空的金融衍生商品彻底腐蚀了真相，为亡羊补牢计，2009年全世界各地的政府都往基本面大幅修正。

• 1997年9月底，我一位在IBM任协理的学生项目研究计算机千禧虫，即所谓“Y2K”的重大问题，跟我常有联系。当时我占问：公元2000年的信息灾难是否真会发生？得出屯卦“六四”爻动，有随卦之象。屯卦资源不足，“动乎险中”，“六四”为各国执政高层，只要全力以赴解决初爻基本面的问题，应可随时应变而获无咎。两年多后的跨世纪之交，果然有惊无险，安渡难关。

九五。屯其膏，小贞吉，大贞凶。

《象》曰：屯其膏，施未光也。

“九五”中正，居屯卦君位，民生艰困，本身亦陷于上卦坎险之中，可谓泥菩萨过江，难以济众。“膏”为肥肉脂肪，所谓：“尔俸尔禄，民脂民膏。”身为领袖不能为民造福，恩泽不施，故称“施未光”。“屯其膏”的“屯”为动词，资源有限必须量入为出审核分配，贞者事之干，做小事尚可，做大事没条件，故称“小贞吉，大贞凶”。本爻变为复卦（䷗），好好培元固本，徐图发展。乾卦为君，讲领导统御之理，《彖传》即称：“云行雨施，品物流形。”屯卦“九五”“施未光”，严重限制了领导的威信与活动力，困窘可知。

占到屯卦“九五”爻动，以爻辞判断即可，至于何谓小干何谓大干，当事者自己应有拿捏，反正资源有限，挥霍浪费不得。

• 1991年5月中，正是我在所在的出版公司奋战时期，由于既有营销部门的业绩难再突破，颇思另开创一条学校团体销售的新通路，由自

己负责督控。结果占出屯卦“九五”爻动，“小贞吉”，“施未光”，后来勉强成立试作一年多，确实做不大，最后还是不得不放弃。

• 2009 年 6 月下旬，当时国际要闻的焦点有二：一为朝鲜的核危机，一为伊朗总统大选的争议及暴力冲突。我在赴北京人民大学讲经前夕都先算过，看来不必过分担心，不会出大乱子，当前的世局经济为重，大规模武力冲突的可能性太低，没有人真正想打仗。有关伊朗大选后的危机，占得屯卦“九五”爻动，爻变为复卦。内贾德连任伊朗总统虽不合美国之意，为此双方就干起来也没这道理。“九五”为君位，资源匮乏下大干必凶，复卦已暗示慢慢会恢复正常，往后几月的发展果然如此。

• 2007 年 9 月中某天傍晚，我那位商场女强人的学生来找我，满面悲凄，泫然涕泣，原来她从小养大的“比熊”爱犬罹患癌症，兽医诊断只有几月可活，想从易占中看看有无转机。其实，该犬小名豆豆，已 17 岁，算是犬中高龄的“狗瑞”了！当时，我先为另一位女同学占断职场去留事未毕，她在等候时自己先占爱犬生死，得出不变的旅卦（䷷）。旅卦失时、失势、失位、失居，任谁也知道那是什么意思，显然走完了尘世的旅程，要到另一个世界去了，这下她更显悲情难抑。我帮她再占一次，得出涣卦（䷺）二、五、上共三阳爻全动，阳气散尽成归阴入土的坤卦。坤当阴历十月，大概只有两月可活，和兽医的诊断相同。

四天后，她不放弃又来找我，原来这几天她央求散在世界各地相识的“上师”加持协助，自己也发愿吃全素，希望能为爱犬延寿续命，问我有效否？我占得屯卦“九五”爻动，有复卦之象。“复”不是会康复，而是可延寿一月，阴历十一月前还是非“走”不可，生死有命，无法强求。屯卦“九五”爻辞已经讲得很清楚：生命的膏火将油尽灯枯，“小贞”可吉，“大贞”则凶，别太贪恋想不开了！事后果然全如卦爻所示，“屯”可能也就是往生之意。

• 2002 年 10 月初，有朋友致赠养生药品，有所谓“生源素”及“心源素”者，为慎重起见，我有二占。一问我服用“心源素”适宜否？二问我妻服用“生源素”好不好？前占得坤卦“六二”动，“直方大，不习无不利”，应无习染之患；后占得屯卦“九五”动，“屯其膏，小贞吉，大贞凶”，似有疑虑。最后决定夫妻俩皆不服用，转赠别人了事。

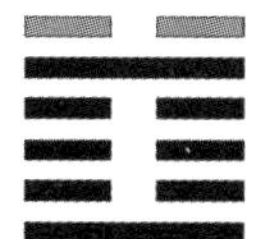

上六。乘马班如，泣血涟如。

《象》曰：泣血涟如，何可长也？

“上六”为屯难之极，也是由“屯”入“蒙”之时。下乘“九五”之君，阴乘阳、柔乘刚，象征情欲蒙蔽理智关系不正，下与“六三”不应与。本身既无开创力，又无外界强力协助，遂有一事无成、自怨自艾的极度悲情之象。“乘马班如”意同“六二”、“六四”，也是犹疑难定行止，全无婚媾配合的可能，遂泣泪长流，痛哭出血都没有用，如此伤怀何能长久？“龙战于野，其血玄黄”，阴阳相伤称“血”，阴阳相合称“雨”，长期蓄势造云未雨，反而流血，真是情何以堪？爻变成益卦（䷩），不益反损，再不然就得领会益卦《大象传》的劝诫：“君子以见善则迁，有过则改。”趁早调整心态，化解执著为是。

屯卦六爻分论已毕，我们发现卦辞短期“勿用”、中长期“有攸往”的精神贯彻全局。草创时期应高瞻远瞩做好大局规划，不要太斤斤计较眼前的近利，反映在爻际互动上就是“重承乘，轻应与”、“弃近利，图远功”。“六二”婉拒邻近的“初九”，十年耐心等候“九五”；“六四”不承“九五”意旨，远求“初九”之婚媾，皆为明证。经此抉择安排后，初、四及二、五配成两对，各有归宿；“六三”、“上六”皆阴爻，无适当阳爻可依附追随，一孤军盲目奋斗无成，一寂寞落单，抑郁以终。

屯卦多爻变占例之探讨

屯卦单爻变之占例已明，往下是二爻以上变化的占例，值得体会玩味。

二爻变占例

占到卦中两个爻动，若其中一爻恰值宜变爻位，以该爻爻辞为主、另一爻爻辞为辅判断；若皆不值宜变，则仍以本卦卦辞卦象为主，并参考两爻爻辞为辅，同时也可参考两爻齐变所成的卦象，以全方位掌握可能透显的信息。

• 十多年来，每年年初除世事大局外，我也会占测自己当年的气运，

并另分两项子题考较：一是谋食，一是谋道。2004年年初，我依例算得当年的谋道志业为屯卦初、二爻动，两爻齐变有坎卦（☵）之象。“初九”“磐桓、居贞、建侯”，“六二”“乘马班如、十年乃字”，坎卦《大象传》称：“水洊至，习坎。君子以常德行，习教事。”看来仍得耐心打好长期发展的基础，接受一波未平一波又起的忧患历练，结果当年陈水扁侥幸胜选连任，我确实对台局失望灰心了一阵，也促使自己看得更远更超脱些，卦象所示真切不虚。

• 1998年10月底，我为出版公司那位女同事患类风湿筹谋，太极导引应有效，可惜她忙无暇练。我遂算其尔后调护前景，得出屯卦初、五爻动，“九五”值宜变，单变成复卦，两爻齐变为坤卦。水雷屯动乎险中，真的是风湿难行之象，“初九”“磐桓，利居贞”，“九五”当脊柱之位，“小贞吉，大贞凶”，需长期调养休复。坤卦纯阴，有顺势用柔之意，总之不太乐观，这种病症本来也差不多是这样。

• 2010年11月下旬，我们《周易》学会的秋季研习营在高雄澄清湖畔举办，邀请一位日本医师讲永续栽培的“秀明自然农法”，提到以爱心赞语能使水结晶美丽，若恶意臭骂则否。我在台下即占是否如是？由衷称赞的卦象为屯初、五爻动，“九五”宜变成复卦，两爻皆动有坤卦之象。“屯其膏”有坎水结晶之意，复卦《彖传》赞曰：“复，其见天地之心乎？”坤卦厚德载物，爱心真有感应的奇效。恶意臭骂的卦象为不变的涣卦，涣散凝聚不起来，的确没有结晶，真是妙哉！

• 1993年4月底，我在所在的那家出版公司苦战经年，股东大会将近，原老板与大股东间的对峙未消，夹在中间的经营干部很不好做。那时，突然有大股东炒股失利、踢到大铁板跳票的传闻，究竟是实是虚，对我们关系重大，遂占问之。结果得出屯卦初、上爻动，两爻齐变有观卦（䷓）之象。屯是“动乎险中”，确有艰难之象，“上六”“泣血涟如”，股市作手挑战上市公司大财团弄得两败俱伤，欲益反损，但“初九”根基仍厚实，“磐桓”不动，也未必就此不可收拾。两爻齐动的观卦，即提醒人冷静观望一段时间，勿轻举妄动。跳票云云，甚至可能是一种战略表态，或当局者宣泄心中不爽所致。总之，我们犯不着如何如何，还是以静制动，看看再说。后来事态的发展果然如此，没多久大股东又开始对公司施压，原来的对峙情势并未根本改变。

• 1996 年 2 月初，我已从出版公司的总经理职退下，另作长期沉潜再出发的准备，山重水复疑无路，柳暗花明又一“春”，人生缘至则聚，缘尽则散，势逢转关不得犹疑。自 1994 年 5 月原老板“回朝”后，我埋头用功读书已历二年，由于公司财务受干扰拖累业务一落千丈，许多昔日共同打拼的伙伴一一辞职离开，我也默默给他们送行与祝福，至于自己行止多不揭露。同事韩某在任时襄助情深义重，出去创业一年颇多不顺，见面求占，当下算得屯卦四、五爻动，“六四”值宜变，单爻变成随卦，两爻齐变则有震卦之象。“屯”正是创业维艰之卦，“九五”君位是他，资源有限难以大干，“六四”爻辞所示，建议他打好基础为上，一时确难求速成。依据前述爻际关系的分析，四、五爻非真正配合的对象，初爻又未动，不容易震动出险。单爻变随卦，需务实机动，与时变化；两爻齐变成震卦，多连续动荡考验，得戒慎恐惧小心行动。后来再干几年没有大起色，他还是歇业另求转换。屯卦一言以蔽之，讲述的是“生之难”，建侯经纶决不容易。

• 1992 年 8 月初，我真除（“真除”意即由暂时代理改为正式官职）出版公司的总经理不久，在股争阴影下尽量平衡操持，但有些编辑同仁见势不对已有去志。其中一位王姓的副总编多年勤奋襄助，当他提辞呈时，我确实不舍，没有筹码也只能放人，并占其出去创业的吉凶。结果得出屯卦初、上爻动，有观卦之象。以居贞建侯始，可能以“泣血涟如”终，当然还有待观察，我只能道谢祝福并勉励。后来他辛苦一阵不顺利，另寻转换之途，虽然一直待在出版界，难有大成。当时他创业的社名为“夸父”，是否就意味了逐日不成呢？

• 2008 年元月下旬，我有试着占测当年金价及油价的走势，油价为屯卦二、五爻动，两爻齐变有临卦（䷒）之象。“六二”、“九五”正相应与，合作“动乎险中”，应是颇具开创动能的格局，临卦君临天下、无穷无疆，与屯卦都是“元亨利贞”全德之卦。石油为全球性的重要商品及战略物资，亦合乎临卦主导世界经贸情势之义。然而，临卦的活力并不稳定，卦辞称：“元亨利贞，至于八月有凶。”“八月”意指观卦，与临卦一体相综，临卦卦象整个倒转，即为观卦之象，“元亨利贞”的活跃可能逆转为“八月之凶”。临卦强调自由开放，滥用自由至失控，反成灾难，2008 年 9 月 15 日爆发的金融风暴即为显例。

结果当年的油价呈现什么走势呢？7月中旬以前暴涨，以后暴跌，这种剧烈动荡先扬后抑的诡异变动，完全跟9月中全面爆发的次贷风暴金融海啸有关，真的发生了“八月有凶”的大逆转。查卦气图，屯、临二卦皆当阴历十二月，也正好是我占卦的时间，气势饱满。半年后逆转，跟屯卦“九五”“屯其膏”应有关系，“小贞吉，大贞凶”，“施未光”，由“六二”下震之动陷入了“九五”上坎之中。

• 我从2002年5月起，至2008年11月止，连续六回应邀参加大陆民进中央主办的“中华传统文化与现代化”研讨会，借此机会也认识了不少两岸的朋友。北京社科院的某位女生一直有婚姻感情方面的困扰，也找我占看过几次，仍难明快理乱。2006年10月在天水开会彼此又碰到，她还是问的姻缘路，若干脆放弃眼前对象，未来有否新的开展？得出屯卦五、上爻动，两爻齐变有颐卦之象。爻辞明言“屯膏”、“泣血”、“施未光”，颐卦卦辞又称“自求口实”，显然难有新的机遇，错过眼前姻缘多半就得自食其力孤寡终身了。2007年6月在重庆的会期中，再帮她看缠绕多年的情缘应如何处理？得出屯卦“六四”爻动，有随卦之象。“乘马班如，求婚媾，往吉无不利。”爻辞明确指示，没有什么好犹豫的了！

• 汉朝的易学家京房编有“分宫卦序”（如图），分乾、坎、艮、震、巽、离、坤、兑八宫，每宫八卦，本卦依序爻变为一世至五世卦，然后是特殊变化的游魂及归魂卦，所谓“鬼易”云云。这应该和《系辞上传》第四章所称有关：“原始反终，故知死生之说，精气为物，游魂为变，是故知鬼神之情状。”一般讲占到这十六个卦，多与生死有关，或呈现动荡不稳定，根据我们多年的实占经验，确有些道理。2010年8月我尝试占问：游魂、归魂之卦真与生死有关吗？得出屯卦三、五爻动，两爻齐变有明夷卦（䷣）之象。“屯”为刚柔始交后的新生命，“明夷”为明入地中的夕阳落日之象，刚好也是坎宫的游魂卦，艰辛痛苦黑暗无边，象征死亡甚切。屯“九五”屯膏未光，“六三”行猎无虞，“惟入于林中”，《系辞下传》第九章称：“三与五，同功而异位。”两爻似乎从不同的侧面透显出生死的无常与茫昧，令人思之惘然。

京氏分宫卦序表

世魂＼八宫	乾	震	坎	艮	坤	巽	离	兑
一世	姤	豫	节	贲	复	小畜	旅	困
二世	遁	解	屯	大畜	临	家人	鼎	萃
三世	否	恒	既济	损	泰	益	未济	咸
四世	观	升	革	睽	大壮	无妄	蒙	蹇
五世	剥	井	丰	履	夬	噬嗑	涣	谦
游魂	晋	大过	明夷	中孚	需	颐	讼	小过
归魂	大有	随	师	渐	比	蛊	同人	归妹

• 1998 年 4 月底，我们的周易学会尚未创立，但台湾北中南三地的学生已经隔半年聚会研习一次，当时刚在高雄会师过，气氛不错，我占易门诸生资源应如何评估？得出屯卦四、上爻动，有无妄卦（䷘）之象。屯还是幼苗，“六四”求往“初九”筑基虽明智，“上六”“泣血涟如”转入蒙昧亦有可能，学生良莠不齐，心志各异，暂时别起妄想，也别轻举妄动为宜。“屯”与“无妄”皆为四德俱全之卦，条件因缘未成熟也是枉然。

• 2011 年 11 月下旬，我问自己的易学还能再创新境否？为屯卦初、四爻动，“六四”值宜变成随卦，两爻齐变则有萃卦（䷬）之象。“遇屯之随之萃”，只要保持清新活力，随机与时俱进，必能出类拔萃，再造新猷。屯卦“初九”根底深厚，“磐桓，利居贞，利建侯”；“六四”“求婚媾，往吉，无不利”，随时重视外界的时势变动，以印证基本学理，进而发扬光大。

占到一卦中任意三爻皆动，则三爻齐变后所成“之卦”，与原卦须合参，称为贞悔相争，有相持不下非此即彼的拉锯情势，相当微妙。若其中一爻恰值宜变，该爻爻辞须加强注意，其他二爻亦列为次要参考。

• 2004 年 9 月中，我随团赴成都及九寨沟游览多日，返程时脱队一人转去贵阳访贤，至明代王阳明曾隐居悟道的龙场驿待了一天一夜。我

在台湾的同门师兄刘义胜专程飞来与我会合，主人是在当地建了“阳明精舍”的儒家学者蒋庆。蒋庆毕业于西南政法大学，却因折节读书以“春秋公羊学”的儒宗名世，二十多年前我就拜读过他的成名作《公羊学引论》，不靠师承家法而自学悟通微言大义，难能可贵，令人震惊。我随毓老师学习中国经典，对“春秋学”极有兴趣，也扎实下了几年工夫，能借此机缘向方家讨教，自是乐意。当晚三人促膝长谈，酣畅中起兴占问：蒋庆的志业往后十年的发展如何？得出屯卦初、三、五爻动，贞悔相争为谦卦（䷎）。

“屯”为草莽开创之局，“磐桓居贞”以建精舍，“即鹿山林”以追寻经纶治世的理想，在在切合龙场驿当地的自然与人文情景，可惜大道久违于当世，“屯膏”仅能小贞则吉，大贞则凶。“初九”立基深厚，“六三”探索难成，“九五”资源有限，须假时日以脱困。“六二”虽未动，我们关心的却正是“十年乃字”与否的问题，若“六二”亦动，则屯卦四爻齐变成升卦（䷭），志业可大有成长。“六二”没动，贞悔相争为谦卦，卦辞称：“亨，君子有终。”当然也是与世无争、圆善有终的好卦，其实也切合《春秋》倡导世界和平的理想，但推行王道、拨乱反正的实务却未见大行。别后经年，其志业发展确如卦象所预示，十年太短，君子但效潜龙立身行事，“遁世无闷，不见是而无闷”，开风气之先以启迪后人，已算功不唐捐。《系辞下传》第七章论忧患意识，又称：“谦，德之柄也……谦，尊而光……谦以制礼。”蒋庆欲以《春秋》经世，正是制当世之礼，希望在典章制度上有所突破与贡献，而谦卦宗旨在功成而不居。其字“勿恤”，名与字间的呼应有其深意，也和《易经》有关。晋卦“六五”《小象传》称：“失得勿恤，往有庆也。”升卦《彖传》称：“用见大人，勿恤，有庆也；南征吉，志行也。”众喜曰“庆”，为谋群众福利，不担心个人成败得失，日出为“晋”，幼苗长成大树为“升”，祝福他终遂所愿。

• 2006 年年底，我应邀在台湾《联合报》的文化广场开讲全《易》的课程，这些年全球的报业都不景气，平面媒体不断裁员整编仍不见效，我应该报资深员工之请，于 2007 年 4 月中占问报社未来三至五年的运势，得出屯卦二、五、上爻动，其中“六二”爻恰值宜变，单变为节卦，贞悔相争为损卦（䷨）。“六二”进展困难，犹疑彷徨，“九五”资源不足，左支右绌，施展不开，好在两爻正相应与，若能坚守创业以来正派经营的原则，假以十年苦撑还是可以脱险出头，勿因近略远，勿因小失大，“节”既有固守贞节之义，亦强调节约开销用度以渡时难。虽然如此，“上六”爻动可不太妙，“泣血涟如”“何可长”，提醒当局者切勿悲情用事沦落此境，由屯入蒙，蒙卦外阻内险、习染蒙昧，经营更困难且不复清新矣！三爻齐变成“损”，损失消耗极大，须效法损卦《大象传》所称：“君子以惩忿窒欲。”靠清明理性冷静计算，斟酌损益以过关。

• 2007 年 6 月底，学生带一位好友来我家拜访，两人为旧日同事，先离职的这位女生毕业于美国哈佛大学，学、经历都不错，近年来的事业及感情却颇不顺利，当时就问丁亥年谋职能否顺遂，也就是半年内还找不找得到好工作。结果我帮她算出屯卦初、二、上爻动，“六二”值宜变爻位，单变为节卦，三爻齐变成涣卦（䷺），与屯卦贞悔相争。“初九”表示有不错的学养基础，“六二”命途多舛，乘刚有难，若坚持高标准择业，可能“十年乃字”，她问的是短短半年内，多半难成，“上六”动“泣血涟如”恐不可免。三爻齐变成涣卦，有缘工作为聚，无缘为散，涣散之象既见，谋职无望矣！后事果然如此。

• 2010 年 6 月下旬，我的学生群中出了问题，彼此拉帮结派、互相诋毁之事时有所闻，学《易》尚通达大度，我自然痛心，听法容易行法难，人性本有弱点，只能尽量调停处置。然而人生习气业障深重，调化谈何容易？处理过程中，不免重新审视几位麻烦人物的真正心性，其中一位女同学的卦象为屯，初、五、上爻动，“上六”恰值宜变爻位，单变为益，三爻齐变成剥卦（䷖），与屯卦贞悔相争。屯卦充满草莽气息，该女所言所行确有江湖闯荡的大姐大风格，剥卦以阴剥阳，意图不遂即易伤害他人，卦辞称：“不利有攸往。”遇“屯”之“剥”，相处真要小心。“初九”根基深厚，“上六”一阴乘于“九五”君位之上，关系不正纠葛不清，“泣血涟如”，阴阳相伤，尤其不妥。“上六”单变为益，欲益反损，若不正本清源，当由屯入蒙更难处理。卦象既明，往后一个月内我遂作了处置，也是纷争形势愈演愈烈所致。

人性人情复杂幽微，知人知面难知心，我们行于坎坷人间世，真得戒慎以对。《易》卦爻变所生的 4096 种变化类型，可相应于各式各样的人品心性，借占学《易》，借《易》修行，知人论事有极大帮助，读者善体会之。不仅知人，更重要的是能知己，彻底反省自己平日起心动念

的思虑真相，惩忿窒欲，迁善改过，岂非甚佳？活用易占，可测心测谎，不是虚言。检警断案所用的测谎技术，看脉搏血压及眼神等其实有其限制，碰到大奸巨恶或受过专业训练者未必有效，而且受测者知道被探测可以反制。易占则不然，不在现场随时随地皆可起占，又精确又防不胜防。易占借心念启动，捕捉判读对方的心意流变。《诗经·小雅·巧言》有云：“他人有心，予忖度之。”有何难哉？《系辞上传》第十章赞叹大易至精至变至神，称：“《易》，无思也，无为也，寂然不动，感而遂通天下之故……夫《易》，圣人之所以极深而研几也。唯深也，故能通天下之志；唯几也，故能成天下之务；唯神也，故不疾而速，不行而至。”深悟易理并善加运用，确实可臻此境界。

• 2000 年 9 月下旬，有位学养俱佳的老友迟疑求占，原来是不期而遇的情劫难关，也没什么好说，当下问此情前景如何？得出屯卦初、五、上爻动，“上六”值宜变成益卦，贞悔相争为剥卦。这是典型的情伤之象，“上六”阴乘阳不正，情欲用事难得善终，“泣血涟如”何可久？“九五”“屯其膏”严重受限，两人聚少离多“施未光”，“初九”虽有深厚根基亦难堪损耗，变成剥卦以阴剥阳，“不利有攸往”，是为定局。后事发展果然如是，两三年后镜花水月一切成空，时也命也运也，屯难之情没有侥幸。

• 1998 年 3 月下旬，我在台中的一位学生受同学邀请，跳槽至其公司服务，不能自决，请我代谋，算其暂留现职不去如何？得出屯卦初、二、三爻动，“六二”值宜变成节卦，贞悔相争为井卦（䷯）。“六二”受“初九”邀约，难定行止，若婉拒则须有“十年乃字”的心理准备，“六三”则劳而无功，井卦前为困卦（䷮），后为革卦（䷰），为困极求变研发转型之意。他听了解析，还是离开现职赴任。这位学生可能命硬，职场生涯多变，他待过的公司不少，后来都营运困难甚至倒闭，正像项羽征战“所过无不残灭”，算得上是所谓的“企业杀手”或老板克星。

• 1993 年 8 月中，我接任出版公司总经理已一年多，各方面费心尽力提振绩效，调整产销结构，一时颇有中兴气象，自己也借此磨炼建侯经纶的本事。当时预占年底业绩，得出屯卦三、四、五爻动，贞悔相争为丰卦（䷶）。“九五”身陷坎险，资源不足，“六三”闯荡劳而无功，好在“六四”明智识机，懂得培元固本，还有可能冲出丰功伟绩。结果年

底结算，那年创下有史以来最高绩效，遇“屯”之“丰”，难能可贵也过瘾之极，遂自掏腰包摆下大宴庆功。人生祸福相倚伏，不到半年，股争政变，我被迫实质退休。丰卦之后为旅卦，失时失势失位，又从此转入人生另一阶段的行程，正是“山重水复疑无路，柳暗花明又一村”。

• 2012 年 9 月上旬，我一位任职医院主任医师的女学生跟我说，她针对妇产科某病患难产死亡的案例问占，为屯卦初、二、上爻动，“六二”值宜变为节，贞悔相争成涣卦（䷺）。屯为新生之难，“初九”为腹中胎儿，“六二”乘刚，“不字”正是难产不育；“上六”“泣血涟如，何可长”，因败血感染母子皆亡。“遇屯之涣”，神魂飘散矣！占生死遇涣卦，一般皆不可救。

四爻变占例

占卦遇四爻皆动，因为已过半数，直接四爻齐变成“之卦”，以“之卦”卦辞卦象论断，若四爻中有一爻恰值宜变，该爻辞影响较大，多少亦须参考，了解一下由“本卦”变成“之卦”的原因及历程。

• 2003 年 3 月中旬，美伊第二次战争爆发，其时 SARS 病疫亦肆虐流行，天灾人祸令人惊恐不安。我于 4 月初占问美国往后三年与十年的经济情势，作为判断国际大势的参考。美国三年内的经济情势为屯卦初、二、五、上爻皆动，四爻齐变成蒙卦（䷃），刚好是屯的下一卦，屯蒙相综一体，遇“屯”之“蒙”，可视为形势呈现 180 度的逆转。屯卦“元亨利贞”，具体而微，资源虽嫌不足，草莽开创的生机勃然；蒙卦则不然，卦辞欠“元”，仅有“亨利贞”三字，卦象外艮阻内坎险，蒙昧不知何去何从，必须努力启蒙以求复“元”。屯卦“初九”根基虽然深厚，遇“六二”乘刚之难可能历经十年才走出困局，“九五”深陷险中资源匮乏，难以施展，“上六”“泣血涟如”“何可长”？老美穷兵黩武攻打伊拉克，既丢了形象，又严重损耗经济，可谓咎由自取。

• 屯卦六爻间的互动很有趣，彷徨抉择，深微细腻，人生天地之间，功名事业与患难情怀每每如是，习《易》者好好揣摩，当有颖悟。卦中“初九”、“九五”两个阳爻，牵动“六二”、“六四”两个阴爻，共陷于多角关系的漩涡中难以自拔，经历一番天人交战，终于说清楚讲明白使有情人皆成眷属。其中心猿意马之处也属患难人情，不必苛责过甚，也不见得非发展成悲剧，“泣血涟如”实不可取。爻辞中三提“乘马班如”，

“马”指阳爻，乾为马以喻心，三个阴爻以喻物，物从心主始生万物，结果“六二”、“九五”，“六四”、“初九”双双成配，“上六”情劫成空，“六三”全无依傍，“往吝穷”与“何可长”也是相应的因果关系。既然毫无追求到手的希望，就应及早放弃，免贻将来泣血之苦。

古诗《陌上桑》所述使君有妇、罗敷有夫的故事，艳称千古，其实以屯卦义理推证可得正解。“秦氏有好女，自名为罗敷”，是为美貌动人的“六二”，遇“初九”调情试探。“使君从南来，五马立踟蹰……使君谢罗敷，宁可共载不？”还真是让“六二”“屯如邅如，乘马班如”。“使君自有妇，罗敷自有夫”，这不正是爻辞所称“女子贞不字”吗？温柔婉约地拒绝了“初九”的热烈追求。使君之妇为“六四”，罗敷之夫为“九五”，两阴两阳若齐动，四爻变成为解卦。屯卦“动乎险中”，解卦动而免乎险，乡间草野的邂逅之情，由于“六二”的坚贞守节，圆满和解，不生谤怨及遗憾，岂非甚美？这不是实际的占例，而是爻变易理的推论，却也深中肯綮，论情入微，易象精准令人赞叹！

扫码聆听刘君祖老师亲自讲述大易之道

——逐字逐爻详解易经六十四卦

4. 山水蒙（䷃）

蒙卦为《易经》第四卦，与前面的屯卦相综。“屯”为初生草穿地之象，幼苗清新可爱，两片嫩叶迎风招展；“蒙”则杂草丛生，障闭视野，蒙昧无知，切需清理以恢复纯净。“蒙”字上长草，下面埋一死猪，竟有荒废死亡之象，和屯卦的新生大异其趣。《庄子·齐物论》有称：“方生方死，方死方生。”屯、蒙二卦一体相综，亦含此意。蒙外卦艮阻、内卦坎险，有困于险阻中蒙昧难明之象，人生的无知或源于幼稚，或因情欲蒙蔽了理智。《三字经》开卷即称：“人之初，性本善，性相近，习相远，苟不教，性乃迁，教之道，贵以专。”讲的正是由屯入蒙的变化过程，屯卦“元亨利贞”四德俱全，蒙卦卦辞只有“亨利贞”，元德已然不显，习气染污了原本的善性，必须重视启蒙教育才能恢复。屯卦心志清新，蒙卦则“哀莫大于心死”；屯卦谈先天生命，蒙卦则讨论后天认知的问题。

《孟子·尽心篇》中有云：“山径之蹊间，介然用之而成路，为间不用则茅塞之矣。今茅塞子之心矣！”山上小路大家常走便成了一条大路，一段时间没人走，又有茅草生长塞住了路。人学习不中断就走出路来，若一曝十寒，又茅塞其心，蒙昧无知矣！得到良师益友启蒙，心中茅塞又能顿开，拨云见日，得睹事理真相。

《序卦传》称：“物生必蒙，故受之以蒙。蒙者，蒙也，物之稚也。”人生而无知，必须通过学习了解自己和周遭的环境，小孩长大必受习气染污，得重视人格教育以免变坏。过去中国社会称开始读书的小孩为蒙童，屯卦说生，蒙卦讲教养，生了就得好好管教，这是一定的道理。屯卦若谈创业维艰，蒙卦即强调认识清楚本身资源与经营环境的重要，和屯卦“利建侯”之旨相通。

《老子》第四十八章称：“为学日益，为道日损，损之又损，以至于无为，无为而无不为。”做学问是吸收积累知识，每天都应多懂些东西，修道则不然，每天都得减损自己不当的欲望，有朝一日修到清静无为的境界后，没有了情欲习气的纠缠，理直气壮，就什么都能干了！《易经》的损卦《大象传》称："君子以惩忿窒欲。"益卦《大象传》称："君子以见善则迁，有过则改。"中国古代的教育思想，除了教授知识外，更重视德行的培养熏陶，韩愈的《师说》宣称："师者，所以传道、授业、解惑也。"又说："闻道有先后，术业有专攻。"这些主张皆可于蒙卦中习知。

《杂卦传》称："蒙，杂而著。""杂"是千头万绪，混杂难理，"著"则是显著光明，清楚易知。"而"是能，蒙卦讲的就是对任何混沌不明的事物都能认知清楚，经营事业上善于打烂仗，所谓混沌管理即是。

☶☵ **蒙。亨。匪我求童蒙，童蒙求我。初筮告，再三渎，渎则不告。利贞。**

蒙卦虽蒙昧无知，只要好好认真学习，必有搞通的一天。"亨者，嘉之会也……嘉会足以合礼。""嘉"是双喜，求知者与教授者真诚互动交流，教学相长彼此都能获益。学生对老师应该礼敬，中国社会最讲究尊师重道。

"匪"同"非"，"童蒙"是一心向学的学生，相对于"童蒙"的我便指负责教导的老师。"我"也是自我本性之意，儒家讲良知，人人致良知皆可成圣成贤，皆可为尧舜，皆有士君子之行。乾卦高举"群龙无首"为吉，正是此义。《中庸》开卷即称："天命之谓性，率性之谓道，修道之谓教。"人人回归天性，顺着天性行事就是道，修此自然之道就是教。佛教讲众生皆有真如佛性，禅宗更明言自性能生万法，离心觅佛，了不可得。启蒙就是复元，"童蒙求我"，以自性为师，必证菩提。"人能弘道，非道弘人。"人若不各正性命自强不息，当然难以了悟真我，所以说"匪我求童蒙"。这个道理落实于世间师道，就是《礼记》讲的："礼有来学，不闻往教。"不是老师骄傲摆身段，而是学生必须真心求道。教了才有用，一味好为人师逢人说教，肯定没有效果。并且师傅领过门，修行在个人，教者再热心也帮不上忙。

下面以占筮决疑来比喻师生间的互动，占者心诚求问，初次得出的卦象就是事情的真相，易占毫不保留地告诉他正确的答案。若占者主观感情上不愿面对，再而三地起占追问，这就显示了心思不净、深受渎染，易占不会再告诉他，所出现的卦象质量每况愈下，根本就远离事实，没有认真参考的价值。这时，占者必须反省检讨，调整心思，正心诚意后再来问占，否则只是浪费时间。卦辞先言“亨”，末言“利贞”，“元”德不显，先天的善性已消退蒙尘。当世研究特异功能发现，小孩天生具有某些特异禀赋者，若不勤加练习，七八岁后会逐渐退化，自然生命由“屯”入“蒙”，似乎不可避免。

学生问老师问题也是一样，心诚意正者往往一点即透，情障深重的却执迷不悟。《论语·述而篇》中记子曰：“不愤，不启；不悱，不发；举一隅，不以三隅反，则不复矣！”“愤”是心求通而未得，“悱”是口欲言而未能，老师好好启发这种学生，使其豁然贯通，学生自己要懂得举一反三，不能什么都靠老师说尽。《礼记·学记》讲得也很透彻：“善待问者如撞钟，叩之以小者则小鸣，叩之以大者则大鸣，待其从容然后尽其声。”余音袅袅，余韵无穷，让学生有自运其思的空间。这都是非常重要的教学方法，“初筮告，渎则不告”，学问学问，学必得善问，被问者亦得善答。易占易象易理，乃至最基本的卦爻皆由问答而生。

“初筮告，再三渎，渎则不告”，这也是进行易占时的一条戒律，若不听从就是感情蒙蔽理智，就是不敢面对事实的真相。习《易》用占者皆知，却仍然常犯，可见人要跳脱我执情障有多难，沾事者迷，旁观者清，借占学《易》，借《易》修行，得不断在这上面下克己的工夫。我有学生做过实验，一晚上针对同一问题不断占卦，最后一定会出现不变的蒙卦。换句话说，《易经》不耐烦了干脆骂人，要你先“利贞”再说。

《礼记·少仪》云：“不贰问。”又，《曲礼上》亦称：“卜筮不过三。”皆为“再三渎”之义。

“童蒙求我，匪我求童蒙”，求学问道之诚，古人极有风范。儒家程门立雪的故事脍炙人口，禅宗二祖慧可向初祖菩提达摩求教，自断其臂，亦震人心弦。尊师旨在重道，在亲近“善知识”以开发自性，再求得真我。

德国新浪漫主义文学家赫尔曼·黑塞为1946年诺贝尔文学奖得主，其晚年长篇巨作《玻璃球游戏》中，提到主角跟中国隐士学习易占的经历，老师占出不变的蒙卦，遂答应收他为徒。书中写出蒙卦卦辞，且有对蓍草占卜的神奇演算过程的细腻描述，在在突显出这位西方知识精英对东方文明的好奇与赞叹，看了很有意思。德国有不错的汉学根底，《易经》最早也是先有德文翻译本，再转译成英文。德译者为卫理贤，英文版的推荐序还是大心理学家荣格精心撰述，很值得一看。

《彖》曰：蒙，山下有险，险而止，蒙。蒙亨，以亨行时中也。匪我求童蒙，童蒙求我，志应也。初筮告，以刚中也；再三渎，渎则不告，渎蒙也。蒙以养正，圣功也。

蒙卦上艮山下坎险，为“山下有险”之象，外艮阻内险陷一时难以突破，故宜稍止，先弄清楚形势再说，勿轻举妄动。只要随时依中道而行，终可找到出路而获亨通。《中庸》称：“君子而时中。”中道非一成不变，而是因时因地制宜，启蒙亦得因材施教，才能使学生豁然贯通。学生主动虚心求教，老师认真教诲，彼此心志相应，方能收效。刚中指“九二”，阳刚有实居下卦之中，为最佳施教之位，“初六”阴承阳依师求教，“九二”倾囊以授，称“初筮告”。“六三”阴乘阳不正，非真心求教，“九二”不予响应，因为“再三渎，渎则不告”，这种关系已经亵渎了蒙养的正道。“正”为“止于一”，人人都应找到适合自己发展的正路，终生专一地奋斗，切勿三心二意而至一事无成，成圣成功皆因养正而来。何以启蒙能养正？乾卦《彖传》明言：“乾道变化，各正性命。”先天自有其正，后天教育才能因其正而培养之。

“圣功”二字连言，有其深意。“圣”指内圣明心见性的工夫，“功”指经世致用的外王事业，中国传统的教育重视实践，《大学》阐扬的三纲领、八条目宗旨尽在于是。“明明德”是内圣，“亲民”与“止于至善”为外王；“格物、致知、诚意、正心”修身为内圣，“齐家、治国、平天下”为外王。作圣且成功立业，人生方臻圆满。印度的国父甘地倡导不合作运动，成功争取到脱离英帝国主义而独立，享圣雄美誉，既称圣又为雄，即圣功显例。曾国藩克己复礼甚严，平定太平天国建大功而为清末中兴名臣，也是内圣外王的难得典范。《黄帝阴符经》有称：“圣功生焉，神明出焉。”此为中篇《富国安民演法章》文句，可见其气概精神。

《象》曰：山下出泉，蒙。君子以果行育德。

《大象传》取象灵活，“水雷屯”坎水在上称“云雷”，以显示蓄势待发；“山水蒙”坎水在下称“山下出泉”，教化的功能在开发众人自性，把压在大山下的泉水引出，使其喷涌不绝。在山泉水清，出山泉水浊，也是由屯入蒙的自然现象。出山流泉也不止一条，千流万壑竞奔人间，宋代杨万里有诗《桂源铺》云："万山不许一溪奔……堂堂溪水出前村。"芸芸众生各正性命，循量才适性的途径去发展，果敢追求自己的人生目标，培育实践的德行。《中庸》上称："万物并育而不相害，道并行而不相悖。"人生启蒙学习，自觉觉人，当如是也！

"育"字上为倒子之象，下"月"为女人身上的肉，实指妇女怀胎胎儿需头下脚上才易顺利生产，若头上脚下或打横即难产，因为胎位不正。胎儿位正，尚需在母亲产道中蛰伏十月，历经磨难阵痛才能呱呱坠地，教育、生育、养育、培育、化育皆含此意。世间处理艰难之事，每称头过身就过，放胆一试闯关亦然，果决行动希望有好的结果，努力修行期盼修成正果。"屯"为清新幼苗，"蒙"重去除杂草，贲卦花开灿烂，剥卦上爻硕果累累，复卦初爻种子落地新生。《易经》卦序所示，亦取象于植物生长至凋零的周期历程。

占到不变的蒙卦，以卦辞卦象论断即可，通常表示情势不明朗，得摸索清楚后再行动，卦象外阻内险，对当事者呈现不利。

• 2005年3月中，我们每月一次周末下午某工商团体的《易经》课毕，大家去其中一位女学员开的餐厅晚宴，觥筹交错慷慨议政，很是热闹。我应其所请，席中占该餐厅营运前景，得出不变的蒙卦，自然不太妙，后续发展也是如此，没太久即歇业转手。

• 1994年4月初，我在那家出版公司的处境日益危殆，原老板外面走投无路一心想回来掌舵，大股东虎视眈眈却又态度暧昧，当时配合不错的经营层高干能依靠吗？我为此起占，得出全不变的蒙卦，看来是不可能。外阻内险情势混沌，谁也不愿出头成箭靶。掌握公司生杀大权的毕竟还是资方，这是人之常情，没法勉强。果然不到一个月后，争权大势底定，老板回朝，大股东观望未出手，经营层虽有疑虑，也只能低头接受现实。

• 2002年9月下旬，我刚由大陆游历十几天返台，主要是带十多位学生参加河南安阳的易学会议，提出多篇论文与大陆同道交流，再赴山东大学拜会周易研究中心的刘大钧教授，最后到上海晤安阳结识的李定先生，餐叙而散。李定是复旦的博士，钻研"画前之易"很有心得，有

占例

志在上海推动易学研究，搞出所谓“海派”云云。我占其志业的发展如何？得出不变的蒙卦。看来外阻内险，没有那么容易走出来，往后几年的发展确实如此，我们始终有联系，但他原先的想法离落实还有不小差距。2003 年 11 月中旬，我再带几位学生赴安阳开会，原来的主办团体一分为二起内讧，我们两边参加，人间处处有纷争，学派组织亦未能免俗超脱。感慨之余，占问今后与当地研《易》团体未来的交流发展，也是不变的蒙卦。外阻内险，情势不明，人的情欲蒙蔽理智，导致难定行止，无所去从，“果行育德”谈何容易？

• 2008 年 11 月初，金融风暴肆虐全球，我全盘推算台湾、大陆及世界往后五年的经济情势，其中 2012 年的台湾经济为不变的蒙卦，外阻内险，完全料中。

初六。发蒙，利用刑人，用脱桎梏。以往，吝。

《象》曰：利用刑人，以正法也。

“初六”为蒙之初，阴虚无实，需访明师以启发其蒙昧。人之无知或受欲望蒙蔽，就像犯罪受刑之人一样，心灵不得自在。桎梏为刑具，挣脱束缚即恢复行动自由，以喻启蒙成功。若不思受教突破，戴着脚镣手铐前行，一定行之不远。“吝”为“文口”，文过饰非，不堪教化。本爻爻变为损卦（䷨），其《大象传》称：“君子以惩忿窒欲。”损极转益，《大象传》称：“君子以见善则迁，有过则改。”启蒙即是改过，改过便能复元。《系辞下传》第七章称：“损，德之修也……损以远害。”去除习气业障，接受人生教化的正法。

以爻际关系来看，“初六”上承“九二”，正是《彖传》中所赞扬的刚中施教的好老师，亲闻教诲，应该善自珍惜，以涤除习染，日新又新。“刑人”之“刑”亦通“典型”之“型”，“九二”以身作则，足为师范，“利用型人”就是好好尊重运用这个师资，以陶铸自己的人格情操。乾卦《彖传》称：“乾道变化，各正性命。”老师已正其性命，学生受过来人启发也会慢慢找到自己发展的正路，以未发之正效法已发之正，即为《小象传》所称：“以正法也。”“童蒙求我”，宗旨正在于此。身教重于言教，一般知识德行的教授须得如此，那些练功习武的肢体操作，更重老师当场引领示范，随时可获纠正，少了这个临场感，很难入门。爻辞末称："以往，吝。"初学乏人悉心指导，放牛吃草，盲修瞎练，多半不成。

《诗经·大雅·思齐》："刑于寡妻，至于兄弟，以御于家邦。"能做妻子兄弟的表率，才可治理国家，齐家进而治国。《礼记·礼运》："刑仁讲让，示民有常。"《论语·里仁篇》："君子怀刑。"这些都是古代经典"刑、型"相通的显例，不可不知。旧注有将蒙卦"初六"解释成犯错处罚严厉管教的，是误解了"利用刑人"之意，和"初六"发蒙、"九二"包蒙的旨趣不合，扯成了"上九"击蒙。上爻与初爻全不相涉，真是大错特错。初学无知并非罪恶，宜包容而非处罚，中国文化尚性善，也没有西方宗教原罪的观念，切要切要！

占例

占到蒙卦"初六"动，爻变为损卦，以"初六"爻辞及损卦卦旨论断即可，找到好老师就获开导，不认真求学就解决不了问题，前途不妙。

• 2011年元月下旬，大陆企业家陈光标来台高调行善，由于作风特殊，引发很多争议。中国文化儒释道三家思想，皆主张默默行善，才有真正功德，富人济贫更需注意"不食嗟来食"的问题，这些都是人生至理，已成定论。陈光标无论用心如何，不可能挑战这个大原则。我问此事对两岸同胞有何启示？得出蒙卦"初六"动，有损卦之象。发蒙表示确有启发蒙昧之效，正可用此行善之例解脱不少人心理的桎梏，有人送《金刚经》给陈光标，真正的菩萨行是"应无所住，行于布施"。陈态度很好，答应认真阅读，并写心得报告云云。

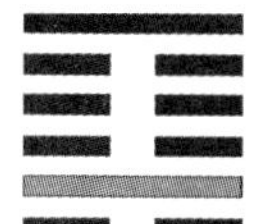

九二。包蒙，吉。纳妇吉，子克家。

《象》曰：子克家，刚柔接也。

"九二"阳居阴位，刚而能柔，又居下卦或内卦坎险之中，深知下民内心蒙昧之苦，以本身真才实学包容教导，有教无类，循循善诱，自然为吉。蒙卦中阳爻实为师，阴爻虚为生，阳施阴受，师施生受的关系类似，故以夫妇况之。"九二"下乘"初六"、上与"六五"相应与，就像丈夫娶妇一般缔结良缘，婚配生子，教养良好，长大又可继承家业，光大门楣，故称"纳妇吉，子克家"。刚柔相接，阴阳和合，便能生生不息。《礼记·学记》引《尚书·兑命下》称:“惟斅学半,念终始典于学。”“斅”为教,斅学各半,表示教学相长,教也是学习不可缺少的一部分,有认真教学经验者皆知,很多东西必须上台教了之后才真正理解。包、纳两称其吉,就是这个道理。学贵推陈出新,“子克家”既表示后继有人,也代表传承的东西还能与时俱进地创新。

本爻爻变,成剥卦(䷖),“九二”与三、四、五爻又可重组成复卦(䷗),藏在本卦蒙之中,而“九二”恰当复卦初爻之位。剥极而复,既表示上乘的教学心法,又提醒新陈代谢不断创新的重要。佛门《心经》称:“观自在菩萨,行深般若波罗蜜多时,照见五蕴皆空,度一切苦厄。”想要开发自性的大智慧,必须剥除重重包装的外在假象,以探究核心的生命真实。一旦掌握了一元复始的原创力,自然万象更新。

孔子有教无类,门下弟子三千形形色色,包罗万象,万世师表自然是包蒙的典范;佛门慈悲普度众生,一样气象万千。道家宗师老子有言:“受国之垢,是谓社稷主;受国不祥,是为天下王。”又称:“善者吾善之,不善者吾亦善之,德善。”这些无分别心的大气度,都很值得我们希冀效法。

蒙卦“九二”刚柔接,遂有“子克家”;屯卦“六二”“匪寇婚媾”、“十年乃字”,女阴下有子。屯、蒙两卦相综一体,都对新生生命充满了爱顾之情。

1997年4月下旬,我曾占问蒙卦“九二”的精确含义,得出屯卦初、三、五爻动,贞悔相争成谦卦(䷎)。屯为新生,谦亨有终,包蒙纳妇子克家,后继有人,教养有成是也!

占到蒙卦九二动,爻变成剥,一般并非坏的意思,按爻辞做到必吉。剥极而复,破除迷障之后建立新局,宽容以待,不必犹豫。

• 2011年元月上旬,我占问孙中山先生的历史地位,得出蒙卦“九二”爻动,“包蒙”、“纳妇”、“子克家”,博爱宽宏,天下为公,推翻帝制,民主启蒙,占象精切。

• 2010年8月中,我心血来潮占问:慈禧太后与荣禄确有一段私情吗?答案为蒙卦“九二”动,爻变为剥卦。“包蒙”、“纳妇”、“子克家”,“刚柔接也”,乖乖!若易占所言不虚,两人不仅有暧昧私情,还珠胎暗结有子嗣,台湾已故历史小说作家高阳《慈禧全传》里就有大胆揣测的描写,慈禧怀孕小产云云。剥卦为阴剥阳,复卦外坤内震,根本就是母亲怀胎生子之象。这些宫闱秘闻,正史当然不会记载,是耶?非耶?

占例

易占一般原是用于预测未来，本例则是求证过去的历史公案，不确定的未来都能测算，早已确定只是真相未明的过去应该更容易才对。《系辞下传》第七章称："夫易，彰往而察来，而微显阐幽。"彰显既往隐微之事，说明其所以然，也是易理易象的功能，还可以帮我们洞察未来。《说卦传》亦称："数往者顺，知来者逆，是故易，逆数也。"《易》的重点是逆料未来，"逆数知来"与"顺数知往"有关，"顺数"还容易些，"知来"可真难。

六三。勿用取女，见金夫，不有躬。无攸利。

《象》曰：勿用取女，行不顺也。

"六三"阴居阳位，不中不正，又乘于"九二"阳刚之上，象征情欲蒙蔽理智。对"包蒙"的"九二"来说，最好跟"六三"保持距离，以策安全，切不可娶她做老婆。因为"六三"心性不定，见到有才华有实力的男人就会动心，就迷失了她自己，跟她牵扯不会有任何利益。"六三"行为总是不顺于道，"九二"无论怎样耐心"包蒙"都没用。本爻爻变为蛊卦（䷑），《左传》所谓："风落山，女惑男。""九二"深受蛊惑，小心败坏事业学问的根基，对彼此都不好。以男女婚姻感情论，"九二"包蒙的纳妇正配为"六五""童蒙"，"初六""发蒙"可视为"子克家"，关系皆正，"六三"则为外遇不伦，发展下去难有善果。姤卦讲不期而遇的邂逅，五阳下一阴生，象征颠覆体制的危机，卦辞即称："女壮，勿用取女。"星星之火足以燎原，还是早日刹车为妙。本爻所谓"金夫"，即指"包蒙"的"九二"而言。

由此来看，"包蒙"的教育方式也有极限，对"六五"、"初六"有效，对"六三"就无能为力，既然如此，不必浪费时间，转用"上九""击蒙"严格管教，或能生效。这与屯卦"六三"盲目行猎结果一无所得很像，不如及早放弃，寻求转换。蒙卦"六三""不有躬"，"躬"字是弯下身子鞠躬行礼，有谦卑自我反省之意。"不有躬"即缺乏自省能力，欲望蒙蔽理智，无法开发自性建树自我，彻底违反"童蒙求我"的宗旨，学习不见绩效。

蒙卦六爻爻辞多有"蒙"字的卦名，唯独本爻不见"蒙"字，这是所谓的"不言之象"。"六三"其实蒙昧之甚，为何不见"蒙"字？蒙卦同时讲教与学，“六三”不堪承教，难以启蒙，不安“蒙”字以警惕之。佛教有阐提不得成佛的说法，与此意相近。

占例

占事遇蒙卦“六三”动，依爻辞占断即可，若不警惕醒悟，爻变成蛊，事将败坏。

• 1992年8月下旬，我负责经营那家出版公司，母体声名卓著，潜力雄厚，虽一时困顿，好好经营会慢慢恢复元气，甚至大放异彩。多年来的问题跟几个子公司或所谓关系企业的拖累有关，早先合资创业时期彼此融通尚可，成立股份有限公司之后就得严守明算账的财务分际，但实际操作起来往往未必如此，这也是难搞之处。那时我针对一家关系企业占其前景，得出蒙卦“六三”动，爻变有蛊卦之象。“见金夫，不有躬”，绝对是扶不起的阿斗，怎么金援都难以自立，不能“包蒙”只能“击蒙、御寇”，否则会给拖垮，一起败坏沦亡。后来十几年的发展变化的确如此，易理易象明察秋毫，早就洞见虚实。

六四。困蒙，吝。

《象》曰：困蒙之吝，独远实也。

“六四”阴居阴位，本身为正，惜外缘太差，和“九二”、“上九”有真才实学者距离都远，未能受教，遂困于蒙昧无知之中不得启发，路子愈走愈窄，做错了都不知道。吝为文口，有文过饰非之意，“六四”身居中央执政的高位，器识如此，自然凡事不能成功，爻变成未济卦（䷿），哀哉！

蒙卦四阴爻中，初、三、五爻与二阳实之爻都有承乘应与的关系，唯独“六四”没有，故称“独远实”，这个解释是方便初学理解，其实更有深意。“独”为名词，就是《中庸》、《大学》里强调的“慎独”之“独”，代表个体生命深沉内在的独特性，人人不同，启蒙就是要把这个东西开发出来，人人依其特殊才性去发展。乾卦《彖传》所称：“乾道变化，各正性命。”蒙卦《彖传》结语：“蒙以养正，圣功也。”皆为此意。慎独心性之学相当精微渊深，一般旧注多有误解，此处也难详论，大致简要来说：“在天曰命，在人曰性，在身曰心，在己曰独。”命、性、心、独是一个东西，所在之处不同而有异称，《中庸》开宗明义一段，值得好好参悟："天命之谓性，率性之谓道，修道之谓教。道也者，不可须臾离也，可离非道也。是故君子戒慎乎其所不睹，恐惧乎其所不闻，莫见乎隐，莫显乎微，故君子慎其独也。"往下不少卦爻经传中还会出现"慎独"的"独"字，习《易》者宜用心体会，不可忽忽看过。

蒙卦"六三""不有躬"，是无效的学习；"六四""独远实"，为无缘的学习。"六三"须"击蒙"，当头棒喝以警愚顽；"六四"则得"童蒙求我"，移樽就教，以改善不利的情境，孟母三迁就是个好例子。启蒙即复"元"，其实卦辞中"求我"、"初六""法正"、"六三""有躬"、"六四""慎独"，都是元德的表现。"六三"、"六四"为人位，三多凶、四多惧，学习的障碍丛生，做人做事能不慎乎？

占例

占事遇蒙卦"六四"动，依爻辞及爻变未济卦象论断，现况显然不利，亟须调整与外界的关系，否则大事难成。

• 1997 年 10 月，我虽不再管事，仍暂留在那家出版公司沉潜待机，教学著述成了主业，内心深处也酝酿出一些更长远的想法。受屯卦草创精神的启示，自己名之曰"十年乃字"大计，预备每年以卦占检验努力的进度。1999 年 10 月中，二年期满，占出蒙卦"六四"爻动，有"未济"之象。自己看看苦笑，叹了口气，一切还混沌未开，前途犹多险阻，十年磨一剑，继续加油吧！

六五。童蒙，吉。

《象》曰：童蒙之吉，顺以巽也。

"六五"居蒙卦君位，上承"上九""击蒙"，下应"九二""包蒙"，皆以"童蒙"的心态谦虚受教，和顺低调，必能深入自得，而在领导统御上发挥成效。本爻爻变，为涣卦（䷺）。涣卦风行水上，继兑卦之后，有说法散播天下四方之象。领导人虚心向学，上行下效，有助于真理大道的弘扬。汉武帝"罢黜百家，独尊儒术"，对儒家思想跃居主流地位当然有推波助澜之功。

占例

占遇蒙卦“六五”动，依爻辞及涣卦卦象论断，一般皆颇正面，但也得视问题而定。

• 2008年9月22日，其时金融风暴刚爆发一周，人心惶惶，我在台湾富邦金控集团的《易经》课上，应大家要求，预占2009年美国金融风暴的后续发展，得出蒙卦“六五”动，爻变有涣卦之象。蒙卦外险内阻，不知何去何从，涣卦风吹水面，由切入点为圆心往四处扩散，“六五”身居君位，放下身段求教，为民生困苦寻求出路。“遇蒙之涣”，正是风暴肆虐，大家都不知如何是好的情景。解铃还须系铃人，金融风暴主要由美国而起，新上任的美国总统责无旁贷得去解决。其时正是大选进行得如火如荼之际，由此占也可间接判断民主党的奥巴马应会当选，因为只有他才符合“童蒙”的形象，共和党的麦凯恩已70多岁，绝不可能是他。易占常常问一得二，全方位辐射出很多相关信息，解读时宜善加体会捕捉，免得漏失了有重大价值的信息。后来大选揭晓，奥巴马当选，来年确实也拼命想方设法解决金融风暴的问题。

• 金融风暴使美国经济遭受重创，英国火烧连环船负债比例更严重，新上任的年轻首相卡梅伦大事节缩政府预算，以求纾缓压力。2010年10月中，我试占英国未来五年的国运，得出蒙卦“六五”动，爻变有涣卦之象。这里的涣卦应指民心涣散的危局，大家蒙昧中不知如何是好，首相必须虚心探求问题真相与解法，又是“童蒙求我，顺以巽也”。英美两国领袖真是难兄难弟，一对“童蒙”拼命救火，都焦头烂额啊！

• 1993年4月6日，我妻将临盆生产，这是第二胎且是男孩，中间曾胎位斜横不正，未成头下脚上的“育”字情境，虽不算太严重，医生还是决定剖腹生产，我担心下占顺产否？得出蒙卦“六五”动，“童蒙吉”，“顺以巽”，又和“九二”相应与，“包蒙、纳妇、子克家”，应可放心无虞。4月8日果然顺产，春日喜获麟儿，遂取名春麟，也有《春秋经》末“西狩获麟”的王道寓意。长女真仪大弟弟8岁多，则是请我老师取的名字，又有太极生两仪的大易天则，《易经》与《春秋》为经学双璧，我这书痴真是掉书袋到了极点。

• 2011年4月下旬，《联合报》文化基金会的邱执行长约我餐叙，谈往后的配合事宜。台湾的经典普及志业有愈渐困难的趋势，我顺便问8月中第四届易学班结业后，第五届还开得成否？为蒙卦“六五”爻动，有涣卦之象。“童蒙吉，顺以巽也”。“遇蒙之涣”，启蒙教化可散播四方。9月下旬，我从欧洲游览且授易返台，第五届新班开课，人气鼎盛，多达七、八十人，学生素质也都还不错。这可能与推广手法有关，由报社记者采访我在工商界的名人学生，他们以过来人的经验大力推荐，有居高位而虚心向学的指标效应吧！

上九。击蒙，不利为寇，利御寇。

《象》曰：利用御寇，上下顺也。

“上九”为蒙卦之终，对蒙昧已极的学生严厉斥责，当头棒喝，希望能够使其警醒回头。禅宗点化生徒有所谓杀人剑，“击蒙”是也，金刚怒目振聋发聩；“九二”“包蒙”爻变成剥卦，则是活人刀，菩萨低眉大度含容。前述爻际关系已经阐明，“六三”顽劣包蒙无效，遂用“击蒙”，“六三”行不顺，痛打之后变成上下顺，类似休克疗法急救成功。“上九”刚烈严峻之极，不仅痛责“六三”，对“六五”之君亦不假辞色，直言不讳。“六五”阴承阳坦然受之，“六三”与之相应与，也可能接受。“上九”爻变，恰值宜变之位，而成师卦（䷆），确有强硬对治之象。然而，出师以正当防卫则可，挑衅侵略不宜，御寇有利，为寇不利。“击蒙”有其实施条件，不可轻易使用，因为杀伤性大，易有后遗症。同样，严厉管教易伤到被击者的自尊自信，必须慎之又慎。

占事遇蒙卦“上九”动，恰值宜变，爻变成师卦，以爻辞及师卦卦辞卦象论断，一般得使出杀手锏，以重手法整治方能有效。现代兵法中所谓的积极防御：“人不犯我，我不犯人；人若犯我，我必犯人。”与此类似。

• 2010年12月中，已发生两年的金融风暴并未消解，美国又以邻为壑大印美钞输出国际，其他国家纷纷抗议并筹谋防范热钱横流，我试测2011年的国际金融情势，得出蒙卦“上九”爻变，成师卦。显然就是货币战争的大肆攻防，大家迫于生计，不得不起而应战。

• 2003年上半，SARS（非典型肺炎）病疫流行，亚洲受侵袭不轻，5月下旬我算2004年后会否复发？得出蒙卦“上九”爻变，成师卦。劳

占例

师动众，全民防范得当似可无事，后来果然如此。蒙卦外艮止似封闭空间，易滋生内坎险蔓延，“击蒙”御寇之后，爻变为师，外卦成坤，成了开放空间，安全多矣！

• 2009 年 7 月上旬，我所创立多年的《易经》学会颇有人事纷争，我虽已不任理事长，不出手调解还是摆不平，虽暂时尘埃落定，却也让我心生警惕，对某位学生日后当如何占了卦。结果得出蒙卦“上九”爻变，成师卦。看来一味“包蒙”无效，迟早还是得“击蒙”，人的习气太深，改变化解谈何容易？不出一年，其事果然应验，徒呼奈何？

• 2010 年 2 月底，我教课至复卦，其《彖传》称：“复，其见天地之心乎？”遂动念占何谓“真心”？得出蒙卦“上九”爻变，成师卦。“击蒙”虽严厉，却是真心悲悯蒙昧之人的痴迷，回答得真好！启蒙即复元，剥极而复，不痛下针砭如何改过更生？本占既非预测，亦非溯往，而是观念的探索，只要为一命题形式，皆可起占而得到满意的答案。

• 1993 年 7 月中，其时我第一套论《易》的书完稿将出版，定名《易经与现代生活》分三卷：决策易、生活易、经典易。自己敝帚自珍觉得不错，习《易》多年仿佛有所创获，遂起兴一占：此书问世，在易学史上有贡献吗？得出蒙卦“上九”爻变，成师卦，看来确有击蒙摧陷廓清之功，对世道人心有补益。师者众也，师卦《彖传》称：“能以众正，可以王矣！”自建其正，然后引领众生各正性命，就是王道。

• 2010 年 11 月下旬，本书的写作在进行中，才完成头几卦，估计全书杀青会接近百万字，肯定超过日人高岛吞象所著《高岛易断》的七十万字，我颇起雄心，想加紧赶工作为自己六十生辰的纪念。高岛之名有趣，蛇吞象贪吃难化，其书虽有功底，对易理精微仍然有隔，中华文化浩荡渊深，通吃谈何容易？那我习《易》近四十年，此书问世后的历史地位如何？占出蒙卦“上九”爻变，成师卦。看来我治《易》的风格已定，就是严正“击蒙”，期以自正众正。其实遇事屡逢“击蒙”之象，我并不意外，应是命数早定。坊间有《河洛理数》一书，号称北宋邵康节所撰，又说与陈抟有关，由人的生辰八字可推出先后天气运，我的先天本命为比卦“六三”，后天气数即为蒙卦“上九”，后半生授《易》解《易》教学相长，总是不脱刚正“击蒙”的基本风格。命由前定，天网恢恢疏而不漏，是耶？非耶？

• 1996年5月中，我主要仍在老友主持的社会大学授《易》，其时他们兴办一个“未来领袖学院”，期望培训出台湾各行各业的领袖人才，我也受邀为讲师，且带领一些学生特别指导。我当时有针对这个理念起占：“台湾未来领袖应具备之范型为何？”也是得出蒙卦“上九”爻变，成师卦。真正的领袖不可乡愿，高瞻远瞩，针对时弊痛下针砭，启发群众的蒙昧并带领他们走上正路。台湾当时族群矛盾严重，内外险阻重生，正是蒙昧难行之象，欲有光明未来必须击蒙。

蒙卦多爻变占例之探讨

蒙卦六爻单爻变已分析完毕，往下探讨多爻变的案例。

占卦遇任意二爻动，若其中一爻恰值宜变，以该爻爻辞为主，另一爻爻辞为辅论断，若皆不值宜变爻位，以本卦为主，两爻齐变所成卦象为辅，并参考二爻爻辞论断。

蒙卦二爻动的案例，最常见的范型为“九二”、“上九”两阳爻齐动，有坤卦之象。“包蒙”、“击蒙”皆至，软硬兼施，期收启蒙之效。

• 1994年5月下旬，我所在的出版公司惨烈股争胜负已明，老东家以负债累累之身，仍挟过半股权支持回朝掌权，市场派的大股东隐忍未出手，我们夹在两大之间的经营层立陷危境，而我这总经理更是首当其冲、尴尬之至。当时占问股争中自己的安危吉凶及对策，得出蒙卦“初六”、“上九”爻动，两爻若齐变有临卦（䷒）之象。问卦贞我悔彼，“上九”“击蒙”应为回朝掌生杀大权的原老板，“利御寇，不利为寇”，只想挡住市场派的外寇，若整肃经营干部则成为寇，会生争议；“初六”“发蒙”则为我当时的处境，跟受刑人待罪也差不多了！如何摆脱桎梏，得用顺承“包蒙”的低姿态。以爻际关系分析，初、上两爻不应不承，不至遭击，只把定低调顺应以对，当可自保无虞。两爻齐动的临卦，提醒要坦然面对，日后时机成熟，挣脱桎梏海阔天空，奈何我哉！后势发展果然如是。

• 2010年3月初，我收到台湾某大报欧洲特派员陈女士的电邮，代朋友主持的学会邀请赴德国慕尼黑授《易》。有机会出洋弘道当然乐意，

但担心翻译水平的问题,《易经》太难,一般中国人都不易理解,老外通过翻译更是难上加难。当时也回复提出此点,对方说会设法解决,我随即占问,得出蒙卦二、上爻动,有坤卦之象。又是“包蒙”、“击蒙”兼至,越洋教学启蒙复元有其因缘,且顺势用柔以待,应有出蒙之时。后来果然突破,当年9月赴德十余日,几场讲《易》都颇成功。居中的翻译很强,本身习汉学,曾到厦门大学留学,还娶了南京老婆,我最后一场声嘶力竭,有些投影片干脆委他代讲,也发挥得淋漓尽致。

• 2007年年初,我2007年美国经济情势,得出蒙卦“九二”、“六四”爻动,宜变爻位在“六四”,单变成未济卦,若两爻齐动则有晋卦(䷢)之象。当时次级房贷问题让美国政府手忙脚乱,种种泡沫现象确实困蒙吝,独远实,“六四”为高层之位,困于蒙昧无知,格局窄气势小,远实即虚,单爻变呈现未济卦(䷿)的力道不足之象。最后年终结算增长率为2.1%,民间“包蒙”的力道似乎难脱“困蒙”的桎梏。

• 1994年5月10日,我所在的出版公司股争酷烈,我有事赴台东,在机场惊闻台北已生变故,内乱一触即发,未带占具,就买了一把瓜子用50粒在公共电话处占算对策。结果得出蒙卦“六四”、“上九”爻动,“六四”值宜变,成未济卦,双爻动则有解卦(䷧)之象。“六四”为经营高层,爻辞“困蒙,吝”、“独远实”,真是一筹莫展无力应对,“上九”老帅还朝,“击蒙”虽凶狠,与“困蒙”之爻倒无直接关系,只是抵御外寇而已,所以既有未济又有和解之象。后来发展虽然难受,局面大致如此。

• 2010年5月初,我的二姐去医院检查身体,发现肺部有异常状况,十分忧惧,我起占得出蒙卦初、上爻动,有临卦之象。外阻内险,闭塞生命之泉,确实不妙,但也得坦然面对,询求正确的治疗方式。为了摆脱桎梏,若有“包蒙”较和缓的治疗最好,不得已也得接受“击蒙”式的手术切除,“利御寇”使上下通顺。后来还是住院开刀,顺利割除患部,预后也都无虞。

• 2010年2月中旬,我们一家四口趁年假赴澳洲旅游,在蓝山景区旅馆休憩时,我给全家未来可能的成就都算了卦,我妻的卦象为蒙,“九二”、“六五”爻动,齐变有观卦(䷓)之象。“包蒙”、“童蒙”相应与皆吉,“纳妇吉,子克家”,刚柔接得真好。齐变所成观卦之象,莫非

二爻变占例

观音现身转世？

• 2011 年 9 月中，我在高雄旅次中占算：教书二十年，所有中外学生的资源评估？得出蒙卦三、上爻动，齐变有升卦（䷭）之象。启蒙多年，学生还是习气深重者多，“六三”“见金夫，不有躬”，“包蒙”无效，只能“击蒙”，以期“上下顺也”。“遇蒙之升”，严厉教导可能还有刺激成长的机会。占象所示，完全反映实情，“击蒙”也是我的后天本命，随着时移势转，“包蒙”的年运要过去了？

三爻变占例

占到任意三爻变的卦象，本卦已至半数欲变，有可能三爻齐变成“之卦”，成拉锯现象，称贞悔相争，得两卦合参。若本卦三爻中有一爻恰值宜变，该爻爻辞亦须列为重要参考，其他爻辞为辅，以综合判断之。

• 2000 年 11 月初，我提前占算 2001 年的台湾经济概况，得出蒙卦二、三、四爻动，“九二”值宜变，单变成剥卦，贞悔相争成旅卦（䷷）。“九二”“包蒙、纳妇、子克家”，代表民间企业积极对外开放交流，也愿意与大陆互动，而走出外险内阻的蒙昧情势，但“六四”官方“困蒙，吝”，多有限制，再加上民间也有“六三”见识短浅、炒短线、“不有躬”的拖累，遂成“剥”成“旅”，资源外流而致台湾本身的空洞化。剥卦岌岌可危，“不利有攸往”，旅卦失时、失势、失位，2001 年台湾经济为负增长 2.18%，卦占完全应验。

• 1994 年 3 月中，我所在的出版公司的主导权之争已渐白热化，创业的原老板走投无路亟欲回朝，大股东的威胁也不能轻忽，我们这群经营高干挤兑得难受已极。我找另一位创业时的原始股东商议对策，安排与原老板三人会晤，谈得并不顺利。之后我占后势发展的吉凶，得出蒙卦二、三、上爻动，上爻击蒙宜变成师卦，贞悔相争为谦卦。看来老板心意已定，不顾一切要施杀手，击破混沌，“六三”“见金夫，不有躬”，可能是他认为高干有倒向大股东的趋势，九二包蒙调和操持无效，虽贞悔相争有谦卦和平解决之象，击蒙成师卦的动武硬干机会极大。后来发展大致如是：老板回朝掌大权，大股东隐忍没动，我们也未遭清算，但从此财务分际已乱，埋下最后覆亡之机。当然，那时我已彻底失去继续奉献的热诚，先沉潜一段，另寻开辟人生的第二春。

• 1997 年元月中，我自购的新居要内部装潢，托学生介绍木工来承包，商议定之后，我还是占问就此动工如何？得出蒙卦二、五、上爻动，“上九”击蒙宜变成师卦，贞悔相争为比卦（䷇）。“六五”“童蒙，吉”，同时接受“九二”“包蒙”与“上九”“击蒙”的教诲，相互照应合作，应该是极理想的启蒙格局，遂敲定施工。后来也还顺利，十多年来住得称心自在，而且与陈姓包工相处不错，尔后自己及亲友大大小小的工程也都由他承包，确是比卦互惠之象。当时头案施工期间还有个意外的插曲，最后铺地板时中午工人外出没关门，回来发现居然被人恶意破坏，划了长长的刻痕。他只能赔偿重做，难道这是“击蒙”未能“御寇”所致？人心险恶无聊至此，也让人摇头喟叹。

五爻变占例

占卦遇任意五爻皆动，表示变量极多，本卦很不稳定，五爻齐变所成之卦的卦象卦辞须参考，仔细揣摩其中变化的缘由。

• 1992 年 6 月中，我所在的出版公司开始股权争夺，大股东出任副董事长，我接任总经理，老板虽是董事长，大半心力在处理他那几家亏损累累的关系企业，这种诡异的分工形势令人不安。董事会后，我占问陈氏大股东的真正意向？得出蒙卦初、二、四、五、上爻动，五爻齐变成随卦（䷐），“九二”包蒙值宜变，单变成剥卦。看来一切并未定调，随时势变化再做因应，当时可能“包蒙”宽容之意还稍重些，对股市作手来说，出版公司营利价值有限，当时他之所以介入，其实也是为了他哥哥在公司营销部任职之故。人世颇多因缘际会，造化弄人之事，而今回顾也没什么话好说。

• 1998 年 10 月底，我占测小儿春麟所谓的“本命”，得出蒙卦二、三、四、五、上爻动，五爻齐变成咸卦（䷞），“九二”包蒙值宜变，单变成剥卦。其时他才 5 岁半，应该是性向未定，后天的启蒙教育很重要，咸卦为下经之首，《大象传》称：“君子以虚受人。”虚心含情，确实该“包蒙”以待，“子克家”三字看了温暖窝心，舐犊情深，为人父者岂能免之？

5. 水天需（䷄）

“需”为全《易》第五卦，即经济学上供需之需，与国计民生的基本需求有关。《序卦传》称：“物稚不可不养也，故受之以需。需者，饮食之道也。”民以食为天，生命成长、组织壮大都必须从外界摄取资源。“食色，性也”，“饮食男女，人之大欲存焉”，国之大政首在养民温饱，亦期内无怨女外无旷夫。需卦前接屯、蒙，后为讼、师二卦。生命新生必先认知自己所需，才能走上正确发展的方向。外界资源有限，一旦供应不足，僧多粥少，必起纷争；讲法论理若还解决不了，就会诉诸暴力掠夺，甚至爆发战争。《杂卦传》称：“需，不进也；讼，不亲也。”人际的争斗不和皆源于需求摆不平，所以我们需要什么，不宜立刻进取，因为别人可能也需要而引发冲突。

婴儿生下来就要吃喝，但青春期前怎么会有男女的情欲需求呢？还是有！《老子》第五十五章称：“含德之厚，比于赤子……骨弱筋柔而握固，未知牝牡之合而朘作，精之至也。”“朘”即男婴的生殖器，不识男女之事却会勃起，表示这是生命自然的需求，屯卦的“元亨利贞”四德俱全，所谓具体而微是也。人生在世，必须真诚面对，寻求合宜的解决之道。因此，需卦卦象爻象表面皆以饮食为重，其实“潜台词”亦通男女之事。“需”字本为雨水下降，田中作物欣欣向荣，男女情爱交合，云行雨施品物流形，亦生生不息。

需。有孚，光亨，贞吉。利涉大川。

需卦卦象内乾行健，外坎险陷，为冒险犯难渡越大河之象。由于水深难测，不能贸然前进，须小心谨慎摸着石头过河。“孚”字经传多见，为大易极重要的观念，本意是爪下有子，母鸟孵育小鸟之象，借着体温传递将坚硬的蛋壳孵化，充分透显出禽类与生俱来的护雏之情。蒙卦的“果行育德”，“育”字为胎儿头下脚上在母体中待产之象，由孚、育二字，可见一切卵生、胎生的生命必具的亲子之爱，不必怀疑，不学而能。《大学》所称：“如保赤子……未有学养子而后嫁者也！”即为此意。“孚”字字义推而广之，幼吾幼以及人之幼，各子其子可至不独子其子，基督教讲的信望爱庶几近之。需卦继屯、蒙之后，父母养育子女，政府照顾人民，必关爱备至使其生计无忧，度过人生种种险难。只要“有孚”在，必可光明亨通，固守正道而获吉，由此岸安渡彼岸。

《彖》曰：需，须也，险在前也。刚健而不陷，其义不困穷矣！需，有孚，光亨贞吉，位乎天位，以正中也。利涉大川，往有功也。

“须”有耐心等待之意，因为成事必须有的条件尚不具备，时机还不成熟，卦象坎险在前，必须敬慎。好在内卦乾刚强健行，只要努力不懈，终会突破险难而获成功，不困不陷不穷。“九五”位居飞龙在天的君位，为需卦之主，掌控诸爻生存发展所需的战略资源，当然以逸待劳，坐享成功。《彖传》阐析卦爻结构，点明形势，教人建功立业，凡提往有功者，多有坎险艮阻之象，表示人生必克服艰难险阻才能成功。“九五”即居上卦坎险之中，险之所在亦需之所在，深海探宝必冒极大风险，一旦得手即可获益无穷。

《象》曰：云上于天，需。君子以饮食宴乐。

“水天需”既有耐心等候之意，即称“云上于天”，水气成云尚未落雨，一切还未成事实，这和“云雷屯”的取象类同。“饮食宴乐”皆为日常生活所需，任何情况下必须维持供应，无论我们有什么长期奋斗的目标，都得以平常心应对，该吃喝就吃喝，该放松宴乐就宴乐。政府施政亦当以民众温饱为首要，不宜轻言牺牲一代而谋未来世代的幸福，这是基本人权，不可随便剥夺。春秋末勾践复国，倡导卧薪尝胆，雪耻复仇，经三十年苦斗才成功，称霸之后又无像样的文明建设，最后还是沦亡，可说牺牲了当时越国百姓的幸福，并没有给他们带来真正长远的利益。政权间冤冤相报，何如发展经济使民生乐利？世间宗教亦有倡导苦行，劝信徒不重今生修来生之论，其实皆有偏颇，“饮食宴乐”有何罪恶？面对解决、调节供需才是硬道理。究竟有无来生姑且勿论，把握今生才是真正的大智慧。《大象传》重修德，当下即是，吃饭穿衣都是学问，都是人生修行的要项。

占到不变的需卦，以卦辞卦象论断即可，一般皆表示前有险难，不宜速行，须耐心周旋，作长期抗战的打算。

• 2001 年 12 月下旬，其时台湾“立委”外遇绯闻事件层出不穷，我在电视台一个新闻议论的节目中列席，大家在谈妇运团体推动“通奸除罪化”的议题，只有伊斯兰教国家及台湾地区仍以法律定罪云云。台湾可不可能通奸除罪呢？我占出不变的需卦，看来短期绝不可能，民意仍坚定多数反对，为了选票影响，政党都宁愿不碰这个棘手的问题。果然，十年过去仍然如此，健行遇险，“需，不进也”。

初九。需于郊，利用恒，无咎。

《象》曰：需于郊，不犯难行也；利用恒无咎，未失常也。

“初九”为需卦之始，健行遇险，当然不宜轻进，只合强化基本面，作长久的准备。城池曰“邑”，邑外为“郊”，郊外称“野”，郊野人烟稀少，事情也少，更不宜无端生事。所谓有事不怕事，没事别找事，不要冒无谓的风险，好好过正常日子，就能无咎。爻变有井卦（䷯）之象，凿井开发潜在资源，以备将来之用。井卦也重民生日用，古代民众围井而居，有井水处就有人家，市井小民最希望安居乐业，为政者应尽量体恤，为民谋福。

占到需卦初爻动，依爻辞判断即可，只宜静养等候时机，不可轻举妄动。

• 2006 年元月中，彼时任阳春“立委”的苏起请我吃饭，顺便看看他往后一年的策运。他任“陆委会主委”时，曾与一些政商界人士上过一年的《易经》课，前不久才在“扶轮社”演讲相遇，对我分析当时中美关系甚表认同，遂起意而有此餐聚。我算出需卦“初九”动，有井卦之象，看来这会是他蓄势静养的一年，没有太多往外能做的事。他听了还多少有些失望，这岂非太平淡了？两年半后马英九上台，苏起高升成秘书长，由无事而有事，忙得不可开交，人生行止动静常常如此。

九二。需于沙，小有言，终吉，

《象》曰：需于沙，衍在中也；虽小有言，以吉终也。

“九二”和“初九”不同，“初九”离外卦坎险甚远，僻处郊野内陆故无事，“九二”则渐近于险，故有待于沙滩之象。“沙”字即为少水之意，地表没有，地下却有河水伏流渗透，故说“衍在中”。“衍”字即为水之行，弯弯曲曲地流动，最后还是入江入海。“九二”与“九五”相应，迟早需入海寻宝，既是风险也是机会，但尚非其时不宜轻动，不管遭遇什么批评谩骂，都把定慢慢发展的大原则勿与计较，最后获吉比较重要。本爻爻变，为既济卦（䷾），正是“利涉大川”、“往有功也”。

“九二”居下卦乾阳之中，刚而能柔，行事合乎中道，懂得长期目标必须耐心周旋的重要。“初九”“利用恒”，有恒为成功之本，需卦至少强调信心、爱心、耐心、平常心，再加上恒心，才足以越过艰险而成事，故卦辞首重“有孚”，精神战力特别重要，“有孚”即可“光亨，贞吉，利涉大川”。“衍”字即易占“大衍之术”之“衍”，高山上之水顺势下流，遇阻碍即迂回绕过，只要大方向立定，曲曲折折终会达到目的。易占亦然，就占者心中意念启动，自然顺势推衍出正确的卦象爻象，人力人欲无法干预，所以蒙卦称初筮告，再三渎，渎则不告，想得到正确的答案，切勿自欺欺人。瓜熟蒂落，水到渠成，黄河九曲终向东流，人生行事必须懂得衍字的智慧。

占到需卦九二动，以爻辞为主，并参考既济卦卦辞卦象论断。当事者不要为言词所激而乱了方寸，照既定的大方向做就是。

• 有学生占问达尔文的进化论正确否，即得出需卦“九二”动，爻变有既济卦之象。看来该论大致正确，虽“小有言”招致批评，如人可能由猿猴演变之类，整体来说仍是有其科学实证的根据。“衍在中”，物

占例

种自然的演化亦复如是，饮食与雌雄交配的基本需求主宰了一切。

• 2010年9月下旬，绵亘经年的周易学会内争告一段落，我调解无大效益后，决心彻底改组理监事会，引入新血重整志业。布局完成，我占算10月初的会员大会能顺利通过否？得出需卦“九二”动，有既济卦象，最多“小有言”，应该可以搞定，事后果然，歧出的方向回到正轨。需、讼二卦相综一体，有“需”就有“讼”，人事纷争永远难免，无法太过计较。

• 2010年8月14日，是学会首任执行长徐崇智往生四周年忌日，我依例占算他所谓的近况，得出需卦“九二”动，有既济卦之象。因为前三年都似魂魄不安，我看了也是无奈叹气，这年却有改善，虽“小有言”，已“衍在中”，安心等待过大河了！需卦在京房八宫卦序中，属坤宫的游魂卦，虽未最后安定，已然上路矣！易占真能断阴事么？《系辞上传》第四章怎么说得那样肯定：“原始反终，故知死生之说；精气为物，游魂为变，是故知鬼神之情状。”

• 1999年4月下旬，我刚读完王作荣的回忆录《壮志未酬》厚厚一巨册，他虽任过高职，也曾与李登辉搅和过一阵，所谓爱憎情仇云云，由书名看，仍自认怀才不遇未建真正事功。我心中有感，占问此书对人的最大启示为何？得出需卦“九二”动，有既济卦之象。人皆追求成功，但需有中心思想，百折千回不离其宗，再者“九二”为臣位，需“九五”之君互相“利见大人”，始能成事，屈居下风总是难以自主。习成文武艺，货与帝王家，自古知识分子的悲哀在于此。现代社会剧变，必须从这里勇敢跳脱出来，独立不惧，“遁世无闷”，“乐则行之，忧则违之，确乎其不可拔，潜龙也！”

九三。需于泥，致寇至。

《象》曰：需于泥，灾在外也；自我致寇，敬慎不败也。

“九三”阳居阳位，过刚不中，已逼近坎水岸边，再无回避余地，河水深深渗入地面，泥泞不堪，人行其上难以立足，这时敌寇入侵只有挨打的份，必须小心防护以免失败。明知水边危险，逞强猛进造成泥足深陷，难以自拔，自找苦吃怪得谁来？大易所标榜的精神就是自我负责，好是自强不息，坏是自作孽不可活，没有任何推诿之词。“敬慎不败”是易学主旨，兵法亦强调立于不败之地，先为不可胜，以待敌之可胜，敬人敬天，敬事敬业敬敌，切勿怠忽。“慎”字为真心之意，人认真才会审慎，粗疏大意必致败局。本爻爻变，为节卦（䷻），行事必须合宜中节，不可意气用事。

“需于泥”的情景，应该是古代先民涉越黄河的经验。我在 1998 年仲夏率二十多位学生赴大陆作“《易经》溯源之旅”，曾于郑州附近地段乘橡皮艇过黄河，船开至河滩中暂停，我们就在粘稠度极高的泥滩上玩耍，站不稳也绝对沉不下去，像小孩一样乐了好久。人踏在那样的泥滩上，若遭敌人攻击，确无还手余地，一定被打趴。

占

• 2010 年 9 月初，我占问阿富汗遭美军入侵多年后，其未来的形势发展，得出需卦“九三”动，有节卦之象。“需于泥，致寇至”，讲得可真切啊！美国入寇，双方进行游击对正规军的殊死战，都深陷泥沼中难以自拔，彼此若不节制，议定合宜公平的管理办法，前途可谓茫茫，民生经济困苦不堪。需、讼相综，彼此的争执是造成这种僵局的原因。

• 1997 年 9 月 28 日孔子诞辰，我在书房中设了座夫子牌位，引一女一子参拜至圣先师，算是入了学门。彼时女儿 13 岁，儿子还不到 5 岁，说好暇时教他们读经，还照相留影存证。立意虽佳，往后几年却未能贯彻，终致不了了之。当时有占前景，得出需卦“九三”动，需于泥未能前进涉大川，子孙虽不愚，经书毕竟没读。

• 本书的创作起意于 2009 年北京友人敦促，希望在理论及实占例证上都超越日人高岛吞象的《高岛易断》一书，这点自信我当然有，自己开占二十载，其时也累积了五、六千占例，运用不虞缺乏。2010 年中开笔后，想拓宽占例的类型及个人不同的生活经验，遂于学会网站上公开征求卦例，若合适采用则可丰富此书的信息，裨益天下四方的习《易》者。当时占效果如何？得出需卦“九三”动，有节卦之象。看来难以期望，原因很多而且不易突破，只是尽心而已。后来是有些学生缴卦例来，也有衡量采用的，为数相当有限。我是需要，别人供应不上啊！

• 2003 年 2 月中旬，我忽有感，占问自己当时的心性修为，得出需

卦“九三”动，有节卦之象。说得真切！“自我致寇”，不能怪人，既然如此，只能好生调节，以求“敬慎不败”。易占可测心象，与其测人不如测己，终日乾乾，朝有过夕改之，夕有过朝改之。

• 2008 年 10 月初，我正给学生讲《易》与老庄的课，有占问老子思想的价值，得出需卦“九三”爻动，有节卦之象。人生从“童蒙”时起即因需起讼，为了满足欲望争夺不休，以致深陷泥沼难以自拔，老子讲清静无为，正是对症下药，劝我们节制嗜欲，以保不败。

六四。需于血，出自穴。

《象》曰：需于血，顺以听也。

“六四”终于进入坎陷，爻变为夬卦（䷪），刚决柔，阴阳对决有两败俱伤的流血可能，这时必须发挥阴居阴位、顺势用柔的体性，冷静下来观听形势，低调以缓和一触即发的冲突。“穴”为藏阴之所，以避免和阳刚强大者正面为敌。“六四”上承“九五”之君，以小事大，不宜硬干只宜和平共存。阴柔者从自家藏身之穴钻出，是取祸之道，故而造成“需于血”的紧张情势。“六四”下与“初九”相应与，基础愈厚愈能和“九五”周旋，这也是“初九”“利用恒”的道理。看得愈远，及早准备，事变来时便可临危不乱，从容应对。

占事遇需卦“六四”动，以爻辞为主，同时参考爻变为夬卦之意论断，一般皆呈现紧张关系，须和顺小心应付，以免出事。

• 2007 年 2 月中旬，我的女儿台大外文系将毕业，欲出国读英国文学，寄出一大堆申请函，正在忐忑不安地等候回音中。我干脆帮她按清单占算，那回大满贯，准确度达百分百，是很过瘾的一次经验。其中申请美国宾州大学的卦象，即为需卦“六四”动，有夬卦之象。“需于血”，等待的结果是流血受伤，已经“出自穴”，只能“顺以听”，看来不是好象。需卦在卦气图中时当阴历一、二月之交，夬卦则为阴历三月，等太久也不合适。结果果遭回拒，而英国不少学校已同意入学，最后去了牛津大学。

九五。需于酒食，贞吉。

《象》曰：酒食贞吉，以中正也。

“九五”中正居君位，掌控全卦生存发展所需的战略资源，吃喝不完，只要固守住就吉，爻变为泰卦（䷊），挟此优势与天下各方经贸往来，交流无碍，国泰民安。以兵法来讲，此爻所居时位形胜第一，以逸待劳，往下四爻“需于郊、沙、泥、血”，辛苦劳顿不堪，“九五”则老神在在，坐着等候就吉。《序卦传》称“需”为饮食之道，《大象传》又称：“君子以饮食宴乐。”本爻则称“酒食，贞吉”，为需卦之主，可见食色为性之所需，必须健康面对。以食而论，本爻温饱富实；以色而论，天地交泰，阴阳和合。

占到需卦“九五”动，有泰卦之象，代表心想事会成，以爻辞与泰卦卦象卦辞判断即可。

• 2009年7月下旬，我准备开始讲佛经，有学生问收费合适吗？我一听也有道理，就占问不收费合宜否？为需卦“九五”爻动，有泰卦之象。“需于酒食”，“贞吉，大往小来，吉亨”。当然好，但我并未采纳，因我教的方式为以《易》证佛，并非传教，自己也并不信佛，还是自行其是。

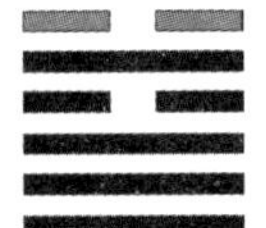

上六。入于穴，有不速之客三人来，敬之终吉。

《象》曰：不速之客来，敬之终吉；虽不当位，未大失也。

“上六”为需卦之终，爻辞中独不见“需”字，表示需求已获满足，终于入穴探宝，安渡彼岸。“不速之客三人”，指的就是在下乾卦三阳爻，上卦坎险为主，乾入坎中故称“客来”。“不速之客”是不请自来，因为生存发展所需，非去不可；“不速”也是缓慢，因为确有风险，不敢躁进。既然来者是客，不能喧宾夺主，无法主导资源分配，故称“不当位”；去的慢误失时机，但总比不去强，故称“未大失”。主人面对不速之客，也应该敬重招待，双方相敬如宾，都能获吉。三人成众，群体行动比单打独斗强，入异地可相互照应，也较易赢得主方的重视而不敢怠慢。

需卦“九三”致寇至，发展到“上六”主客相敬，真是难能可贵，化敌为友为大易思想的主脉，“六四”“需于血”算是歧出，最后“入于穴”而获终吉。“九二”“小有言，终吉”，期待的也是这一刻，“九三”与“上六”相应与，需泥致寇之时，仍勿放弃和平解决的想望。敬慎不败，敬之终吉，需卦之所以利涉大川，关键在一“敬”字，卦辞强调“有孚”，对人对事恒存敬意，为人生成功不二之法。《礼记·曲礼》称：“毋不敬，俨若思。”宋儒讲：“主敬立人极。”都是见道之语，绝非迂腐。

“上六”爻变为小畜卦（䷈），以小事大，更需用智慧争取和平共存，绝对不宜斗气斗力；同样以大事小，以主待客需有爱心，让客人有宾至如归之感，这才是双赢两胜之局。

《论语·子路篇》记子曰：“无欲速，无见小利。欲速则不达，见小利则大事不成。”这个道理与需卦主旨全通，从“初九”“利用恒”到“上六”“不速之客三人来”，人生长期奋斗应以此为圭臬。

前面说需卦经传言饮食，其实意象亦通男女，“六四”“出自穴”、“上六”“入于穴”，都有强烈的情色暗示。“利用恒”、“不速之客来”，则说明乾入坎中、阴阳交合宜慢不宜快，才会尽欢终吉。易象微妙精到，读者需善领会。

占到需卦“上六”动，有小畜之象，依爻辞论断即可，表示等到最后终于有了结果，供需达到阶段性的平衡。

• 一位占算马英九仕途的学生浸淫易占多年，而且原先是用干支五行生克之法，学了“大衍之术”的占法后，颇想结合二者论断，实验一段发现很难，义理《易》与术数《易》器识格局差异不小，还不如各行其是为佳。他十多年前曾在台北街头开过占卜小店，营运不顺利，某日生意极清淡，到晚憋不住自占当天还会有顾客上门吗？得出需卦“上六”动，有小畜之象。结果不多时，真的有“不速之客三人来”，让他当天还有进账，“敬之终吉”。

需卦多爻变占例之探讨

需卦单爻变的理论及实例已明，往下探讨二爻以上动变的占例。

占卦遇任意二爻动，若其中一爻恰值宜变之位，以该爻爻辞为主，另一爻爻辞为辅论断，也可参考双爻齐变之后所成的卦象，尽量解读所透显出来的信息。

• 2002年12月初，我提前预占2003年台湾地区经济情势，得出需卦“九三”、“上六”动，齐变有中孚卦（䷼）之象。由于2001年台湾地区经济很糟，结算后为负增长2.18%；2002年稍好，恢复正增长4.3%。其时民进党领政，两岸经贸受节制，绑手绑脚不够活脱，看来是反映在卦象中。“需于泥，致寇至”，当局敌我意识太强，好在民间企业弹性够，自己会评估风险前进，“上六”“不速之客三人来”，“虽不当位，未大失”，年终结算增长3.4%，可谓差强人意。“九三”和“上六”相应与，努力突破禁制，化敌为友，两爻齐变所成之中孚卦，讲信修睦，合乎时中之道。

• 2011年2月中旬，我们周易学会的新任理事长邓美玲小姐跟我报告会务，很担心经费不足，难以应付道场及人事的开销。学会成立七年后才拥有自己的处所，当时也是一些热心的同学慷慨捐助促成，草率退租似乎是走回头路，至少暂时不宜。我占问如何解决？得出需卦初、二爻动，有蹇卦之象。学会发展确实有资金需求，蹇卦外坎险内艮阻，难以行进，遇需之蹇，问题明确，解法呢？需“初九”“利用恒，无咎”，需有长远规划，“九二”“小有言，终吉”，把稳方向勿偏离。蹇卦为成员共同面对的难关，正好风雨同舟合作渡险，《彖传》称：“蹇之时用大矣哉！”主意拿定，理监事会中大家集思广益，建立多项共识，分头执行，半月后即有捐助及开成课的学费进账，窘况纾解甚多。

• 1995年元月13日，我受台湾南部政界学生之托，代占台湾地区南部科学园区寻址，高雄路竹有无希望中选？其实审核结果已定，次日就将公布，我占出需卦初、三爻动，齐变有坎卦之象。“初九”“需于郊”，“九三”“需于泥，致寇至”，看来是劣势挨打的局面，坎陷难以出险，而且已无时间再奋斗了！结果确实以悬殊比例输给台南新市，后来虽然争取作卫星园区，毕竟输掉主导权。

• 2010 年 8 月初，台湾考试主管部门邀我讲《易》，准备录制十小时的光盘影带供学员网上学习之用，谈完企划之后，承办联络的陈先生顺便问我学院未来几年的发展。我就在洽商的咖啡厅占出需卦三、五爻动，齐变有临卦之象。“九三”“需于泥”，推动有阻滞，“九五”“需于酒食”，远景跟资源视居君位的高层领导而定。三与五同功而异位，若领导能大力支持承办，可有光明开阔的前途。

• 2002 年 3 月初，老友经营的基金会陷入困境，积欠的束脩未付，又来访提录音光盘的新合作案。在家等候时，我还是问了一下如何应对为宜，得出需卦初、上爻动，齐变有巽卦（䷸）之象。“初九”“需于郊”，不轻易冒险，“上六”“有不速之客三人来，敬之终吉”，巽卦沉潜低调、灵活应变，当可刚健而不陷，其义不至于困穷。老友来时没把握，见我态度如恒，也放下了心。后来仍继续合作一段时日，实在难以为继他才自己叫停，合作期间其实小心翼翼，彼此也没什么大损失。经营事业难免风险起伏，重要的还是“有孚”，信望为主，仍能“光亨，贞吉。利涉大川”。

• 1994 年 3 月底，我所在的出版公司股争日炽，原老板不断出招，已对经营造成严重干扰，我穷于应付遂占问对策？得出需卦二、五爻动，齐变有明夷卦（䷣）之象。贞我悔彼，下卦“九二”“需于沙”是我，“上卦”“需于酒食”是居君位掌大权的他，二者相应却不相与，我健行遇险不易过关，故有最痛苦黑暗的“明夷”之象。明夷卦辞称：“利艰贞。”最艰苦的环境下还得固守正道，谈何容易？ 5 月初，防线瓦解，苦心经营几年的绩效化为流水，我的人生也从此进入另一个崭新的阶段。

• 1997 年 6 月中旬，我之前去拜见恩师几次，颇欲在他老人家志业的深远布局中尽力，扮演一定的角色，却不很清楚老师的看法，遂诚心一占：他究竟怎么看我？得出需卦初、五爻动，齐变有升卦（䷭）之象。“九五”“需于酒食，贞吉”，是中正居君位的老师；“初九”“需于郊，利用恒，无咎”，是还需要长期磨炼的我。假以时日，机缘成熟或可擢升，升卦《大象传》称：“地中生木，君子以顺德，积小以高大。”为学任事甄选人才，十年树木百年树人，不是虚语。屯卦“六二”爻辞所称“十年乃字”，也是经验之谈。屯、需二卦居君位的“九五”，资源条件不同，一是屯膏施未光，一则酒食饱足静待嘉宾。《系辞下传》第九章结语说得

真透："既有典常，苟非其人，道不虚行。"

• 1997 年 9 月上旬，我有一占，问所谓"科学易"的研发前景，得出需卦二、五爻动，齐变有"明夷"之象。《易经》中许多卦爻象所含义理符合现代科学的观察与认识，这点令人惊艳及困惑，古代缺乏精密的探测仪器与系统知识，他们是如何得知呢？近代的易学研究，有不少学者在这个领域里探讨，但似乎不易获致共识。需卦"九五"既动，表示确有远景，待开发的资源很丰富，但可能须长期的努力才能达成，"九二"小有立言，未成其大，还得慢慢推衍。二爻齐变的明夷卦已显示辛苦，前途黯淡未明，"利艰贞"以求突破。

•《易》与中医的关系如何？自古即有医、《易》相通之论，明代医学家张介宾称："医者，《易》也，意也。"又称："医不可无《易》，《易》不可无医，设能兼而有之，则《易》之变化出乎天，医之运用由乎我。"唐朝的孙思邈甚至说："不知《易》，不足以言太医。"这些话应该没错，然而真正落实的很少，临床操作不易。医与《易》皆博大精深，搞通一门都很难，更别说兼而有之，不少号称医、《易》会通的书，谈得都很空泛肤浅，对卦爻底蕴的认识更是明显不足。2009 年 11 月中，我们学会在台北县乌来乡办秋季研习营，主题即"《易经》与养生"，邀了从我学《易》四年的楼中亮医师专题演讲，大家反应热烈。我在作总结时，解析一占例：《易》与中医的关联为何？卦象为需初、五爻动，齐变有升卦之象。医、《易》相需，"九五""需于酒食"，可开发的资源雄厚，"初九""利用恒，无咎"，需长期努力方克有成。升卦前为萃卦（䷬），医、《易》皆中国出类拔萃的学问，若能取精用弘荟萃研究，当有高度发展的绩效。

• 需卦"上六"《小象传》称："虽不当位，未大失也。""上六"阴居阴位，为何称不当位？ 1997 年 12 月下旬，我以易占作理论探讨：究竟何谓不当位？得出需卦二、四爻动，齐变有革卦（䷰）之象，"九二"值宜变爻位，单变有既济卦之象。《系辞下传》第九章称："二与四，同功而异位。""九二"和"九五"相应，"六四"则上承"九五"，皆为屈居人下的臣位，皆为"九五"之君服务，做不得主。所以当位指"九五"当权主导，"九二"、"九四"皆不当位，"上六"自然也是，和阴居阴位无关。《易传》用语有其严谨处，习《易》者需多方参会。

• 佛教称人生有八苦：生、老、病、死、爱别离、怨憎会、求不得、

五阴炽盛。我于2011年元月上旬，占问何谓“怨憎会”之苦？得出需卦四、五爻动，齐变有大壮卦（䷡）之象。“六四”上承“九五”，有“需于血”阴阳相伤之象，却又如此接近，不相处也不行，真是冤家路窄偏聚头，其苦难当。大壮卦阳气壮盛血气方刚，容易与别人起冲突，经传处处强调克制忍耐，以免一发不可收拾。“六四”、“九五”其实互相需要，又期待又怕受伤害，“怨憎会”之苦表现得淋漓尽致。2010年圣诞夜，我算友人过去一段极不愉快的婆媳关系，也是得出需卦四、五爻动，有“大壮”之象。久年媳妇熬成婆，做婆婆后不将心比心，又去欺压自己媳妇，人情怨憎之会可真是轮回无尽。

• 2009年9月上旬，我因学生谈到宗教信仰的问题，干脆问究竟有无上帝？得出需卦二、五爻动，有明夷卦之象。上帝因人之需要而生？卦辞似乎显现端倪：“有孚，光亨，贞吉。利涉大川。”人生饮食男女皆苦，企盼上帝赐福得渡彼岸？“九五”“需于酒食”为上帝之位，地天交泰可得；“九二”“需于沙”，“衍在中”而获终吉，自古信众皆笃信如此。不管上帝的定义如何，卦象给人的启示很大。“明夷”为日落晦暗不明之象，卦辞称：“利艰贞。”《大象传》则云：“君子以莅众，用晦而明。”真正的信仰也不容易，最黑暗艰难的环境下仍能固守正道，不经一番痛苦淬炼，也见不到上帝。

• 2011年2月中，埃及发生大规模民众运动，总统穆巴拉克被迫下台，政府改组，我问往后三至五年埃及人民能享受真正的自由民主吗？得出需卦二、三爻动，有屯卦（䷂）之象。人民是有此需求，需卦“九二”“需于沙”、“衍在中”，还得循序渐进慢慢等待；“九三”“需于泥，致寇至”，多半陷入泥沼难以推进，可能还会因动乱而引起外国势力的介入，必须敬慎以保不败。屯卦动乎险中，为初生幼苗之象，前途多艰，来日方长啊！

占到一卦任意三爻动，齐变所成“之卦”称“悔”，本卦称“贞”，为贞悔相争、相持不下的微妙格局，以两卦卦象卦辞合参。若本卦三动爻中一爻恰值宜变，表示影响较大，亦以该爻爻辞为主、另二爻爻辞为辅，结合论断。

• 2009年元旦，我依例占问自己未来一年“谋道”的发展？得出需卦初、二、四爻动,“六四”值宜变,单变成夬卦,贞悔相争为咸卦(䷞)。“需于血”为何意?“利涉大川”应该指赴大陆讲学,本也是早就订定的长期目标,“需于郊、需于沙”的阶段性推进已见绩效,多年来参与两岸各种学术研讨会都累积了一定的成果。咸卦山泽通气,和谐感应,《大象传》称:“君子以虚受人。”谋道论学,本应如是。

夬卦为阴历三月,当年4月上旬应邀赴厦门大学演讲,是对全校师生的“南强论坛”,在漳州校区及校本部各讲一次,主题为“由《易经》看世界大势与民族复兴”,将近年来研究的心得作了番整理报告,结果相当成功。但很不幸的是随行的一位郑姓学生,与同学们赴鼓浪屿游览时宿疾发作送医不治往生,深夜演讲完我赶赴医院太平间探视,跟台湾赶来的遗孀致意,心中真是难过。“需于血”竟是指此而言么?之后,强打精神仍率二十多位学生依原计划赴江西旅行,三清山、龙虎山等道教胜景,因为前不多时才讲完《易》与老庄道家思想的课程,读万卷书行万里路云云。

当年还真是跑了大陆多次,北京、长春、济南、广饶、惠民、滨州、临沂等地,为政企人士讲《易》与兵法,参加两岸兵学会议及参访等,遇“需”之“咸”的格局大致如是。每年元月初作回顾与前瞻合乎人性人情,英文January起名的来源跟罗马的两面门神Janus有关,本来就是一面看过去、一面看未来的寓意,中国人也说“一年之计在于春”,大易则顺数知往、逆数知来,人生定期的检讨很重要。

• 我的中医学生楼中亮博士好学深思,从我习《易》四年,2008年12月下旬研发所谓“元阳疗法”,问其发展前景如何?得出需卦初、三、五爻动,“九五”值宜变,单变成泰卦,贞悔相争为师卦。“九五”为坎中一阳,正有元阳之象,“需于酒食”成泰,开发得当前景甚佳;“初九”“需于郊”开始起步,“九三”“需于泥”可能陷入难关,成败与否就看如何动员群众打一场精彩的胜仗。师卦《彖传》称:“能以众正,可以王矣!”众人身体内自有元阳正气,培育调养得宜,都能身心康建少患疾病,扶阳抑阴合乎医理易理。

• 2010年8月下旬,我应邀赴北大国学培训班讲《易》前夕,占问授《易》二十载所累积的学生资源如何,得出需卦初、二、五爻动,“九五”值宜变,单变成泰卦,贞悔相争为谦卦。看来算是功不唐捐,“需

三爻变占例

于酒食”位居中正，交泰往来无碍，“需于郊、需于沙”，也是长期坚持正道不轻妄所致。谦卦卦辞：“亨，君子有终。”圆善有终，令人感到安慰。

• 2010 年 11 月上旬，我快过 58 岁生日，心有所感，占问过去近一甲子的生命生活可有价值？得出需卦二、四、五爻动，“六四”值宜变，单变成夬卦，贞悔相争为丰卦（䷶）。“需于酒食，贞吉”，表示过得还不错，生活自在无虞，年轻时的志业也始终坚持未有偏离遗忘；“需于沙，衍在中”，虽小有争议，万变不离其宗。当然，过程中“需于血”的惨烈冲突与教训也相伴相随，必须不时突破化解。丰卦“明以动”，还累积了不少资源，虽谈不上如日中天，总有一定的影响力。

有趣的是我同时占问妻子过去五十六年的生活，也得出需卦，初、三、四爻动，“六四”值宜变，单变成夬卦，贞悔相争为困卦（䷮）。“需于郊、需于泥、需于血”，又有困象，比我要辛苦得多。两人都“需于血”，真是天造地设的患难夫妻，往者已矣，来者可追，需卦最后总是“敬之终吉”。

占事遇一卦中任意四爻动，变数已过半，以本卦四爻齐变所成“之卦”卦辞卦象论断，且参考本卦四爻爻辞变动的因由，若其中一爻恰值宜变，表示其影响力较大，亦多予参考重视。

• 1998 年 10 月中，我受邀在富邦金控讲《易》，老板夫妇与其相知的一些好友为学员，我占算开班前景，得出需卦初、二、三、五爻动，四爻齐变成坤卦，“九三”值宜变，单变为节卦。“需于郊、需于沙、需于泥”到“需于酒食”，中间会遭遇瓶颈，最后仍能持之以恒突破。其后果然如此，课程持续至今未辍，《易经》讲了三遍，兼及《老子》、《孙子兵法》与佛经等，在繁忙的工商界算是难得的异数。中间两三次确实也想中止，却都延续下来，而最后男学员期满毕业，全班清一色剩下女生，也应了齐变成坤之象。汉朝《焦氏易林》遇“需”之“坤”的断辞为：“温山松柏，常茂不落；鸾凤所庇，得其欢乐。”描述得相当真切。

• 易占可测人心性及概括的事业发展，1996 年 11 月下旬，我试占一位台南商界的学生所谓的“本命”，得出需卦初、二、三、上爻动，四爻齐变成观卦（䷓），“上六”值宜变，单变成小畜卦。他原来从事房地产生意，景气好时也红红火火过，变差时因应不及负债不轻，难得的是始

四爻变占例

终镇静以对，合乎需卦饮食宴乐的精神，这十多年居然安然挺过来，在高雄当地一直维持相当的影响力。按"上六"爻辞所示，"不速之客三人来"，会有"未大失"的结果，应该还是"敬慎不败"、"敬之终吉"的人生态度所致。

• 2010年11月，我们学会本来预订要主办一次国际易学研讨会，主题为"文明浩劫与永续发展"，后来因种种事故，决定停办，以后再说。4月上旬时内部激烈争议，我于会上听完各种意见，占问该当如何？得出需卦初、二、三、四爻动，四爻齐变成萃卦（䷬）。"需于郊、需于沙、需于泥"到"需于血"，已经多凶、多惧碰到难关，引发冲突，还是暂时中止不办为宜。萃卦前为姤卦、后为升卦，以后机缘成熟人文荟萃再办不迟，萃卦必须人才与钱财俱备方能成事，不宜勉强。

• 1993年9月上旬，我所在的出版公司的股争出现新的变量，另一家财力雄厚的企业集团有意介入购股，在原老板与大股东相持不下之际欲捡便宜货，无论如何，就当时经营层来讲，不失为釜底抽薪的解套之法。我占问此事吉凶，得出需卦初、三、四、五爻动，四爻齐变成解卦（䷧）。"需于酒食"居君位，是有实力入主，"需于郊、需于泥、需于血"必然陷入难缠持久的较量斗争，除非真正"有孚"，不易"利涉大川"。解卦可能是解决问题皆大欢喜，也可能是畏难怯进不了了之。几个月后形势明朗，该集团放弃了接收的想法。需、讼二卦相综，没有讼的意愿跟韧性，难以在需求上获得满足。

• 2011年8月底，我偕家人赴希腊旅游，至著名的迈锡尼遗迹观赏，穿越狮子门，俯瞰断垣残壁，占其气场，为需卦初、二、三、五爻动，齐变成坤卦，需"九三"值宜变成节卦。需属坤宫游魂卦，需于郊、沙、泥，而获"九五"君位"需于酒食"之乐。阿伽门农王生前威权赫赫，享尽荣华富贵，而今游魂为变，俱往矣！

五爻变占例

占卦遇卦中五爻皆动，以齐变后"之卦"的卦辞卦象为主，参考本卦五爻爻辞的变化因由论断，若五爻中有一爻值宜变者，亦有稍重之影响。

• 2010年4月下旬，我带二十多位学生赴湖北春游，武当山及长江三峡是游览重点，结果我到武汉第一晚就腰疾发作，不能行动，只能在

五爻变占例

旅馆休憩五天等他们游览回来会合返台。返台前夕占问：以后还适合常作按摩吗？得出需卦初至五爻全动，齐变成豫卦（䷏），“九五”值宜变，单变为泰卦。看来我是很喜欢按摩松身，饮食宴乐，身心舒泰，但其中亦有风险须注意，“需于泥、需于血”多凶多惧。豫卦有预测、预备及豫乐多义，虽然按摩当下享乐舒服，不可不思患豫防。

2009年冬季学会开会议定湖北省行时，我随意一占顺利与否？竟然得出不变的蹇卦（䷦），心想岂有此理，置之不顾，没想半年后应在我身上，真的蹇了动弹不得，易占神机妙算，令人惊诧不已。

扫码聆听刘君祖老师亲自讲述大易之道

——逐字逐爻详解易经六十四卦

6. 天水讼（䷅）

“讼”为全《易》第六卦，“言之于公”为“讼”，两造相争，公说公有理，婆说婆有理，只有找客观的第三者主持公道，才能辨明是非，在法治社会就是各级法院的仲裁机构。需、讼两卦一体相综，有“需”就有“讼”，有讼必因需求摆不平。“讼”后为“师”，动口吵架还解决不了纷争，接着就可能动手打架或爆发劳师动众的战争。

《序卦传》称：“饮食必有讼，故受之以讼；讼必有众起，故受之以师。”一切自然而然，道理浅显易懂，可人生争端发展就是如此，谁也不能自外。《易》有“易简”之义，《系辞上传》首章结语：“易简而天下之理得矣！天下之理得，而成位乎其中矣！”智者必是化繁为简，以简御繁；愚者才化简为繁，自寻烦恼。《杂卦传》称：“讼，不亲也。”人际一起纷争，关系肯定不会好。

讼。有孚，窒惕，中吉，终凶。利见大人，不利涉大川。

虽然发生争议诉讼，必得有诚意沟通以解决问题，现状不好，希望将来会转好，“孚”有信望爱之义，排难解纷时尤其重要。需、讼二卦皆重“有孚”，和平未到最后关头，绝不轻言放弃。一旦“讼”恶化成“师”，就不再适合讲诚信了！师卦经传中绝对找不到“孚”字，因为兵不厌诈，对敌人“有孚”等于对自己残忍，实务上不可行。《孙子兵法·计篇第一》：“兵者，诡道也。”《军争篇第七》亦称：“兵以诈立。”这是讼、师二卦根本的分野，不可不知。

既要解决纷争，就得懂得忍耐，遏抑愤怒的情绪不随便发作，戒慎警惕冲突可能造成的恶果，永远保持中道不走极端，才能获吉。如果争吵到底一定凶，讼事其实没有真正的赢家，败诉不用说，胜诉也搞坏人际关系，后遗症严重。争讼时利于见到主持公道的大人，不利于再冒险涉大川。

《彖》曰：讼，上刚下险，险而健，讼。讼，有孚，窒惕中吉，刚来而得中也；终凶，讼不可成也。利见大人，尚中正也；不利涉大川，入于渊也。

讼卦上卦乾刚强硬欺压，下卦坎险迂回应对，为争讼之象；内怀险诈外现强行，也是争讼之象。"刚来而得中"是指"九二"，阳刚来居下卦坎险之中，上与"九五"领导的乾刚抗争，以下抗上，以民斗官，极为不利，必须以"孚"化解，尽量忍耐警惕，行中道而获吉。"终凶"是指"上九"强硬争夺，无论胜负皆凶，因为不可成讼，能和解就和解。想排难解纷需找到大人，因为双方看中他处事的客观公正，指的是"九五"既中且正，为讼卦君位，理应主持公道。争夺如此厉害之时，当然不利于冒险过河，以免沉入险恶的深渊。

《彖传》分析卦爻结构，一般皆会点出全卦的主爻，例如乾为"九五""飞龙在天"、坤为"六二""直方大"、屯为"初九""磐桓"、蒙为"九二""包蒙"、需为"九五""需于酒食"等。讼卦比较特殊，先提"刚来而得中"的"九二"，为最值得注意的主爻，然后提"上九"为反面教训之例证，最后讲"九五"中道仲裁之可贵，六爻中列举了一半来说明讼卦之道。人生难免因需起讼，先作争输败诉的心理准备，切勿怀忧丧志气馁，一旦胜诉亦勿骄慢欺人，最好还是以公道化解纠纷。

《老子》七十九章称："和大怨，必有余怨，安可以为善？是以圣人执左契，而不责于人。有德司契，无德司彻。天道无亲，常与善人。"人生因争结怨，就算和解仍有嫌隙难以尽除，不如根本避免冲突，退让吃点小亏都没关系，不要一天到晚伺人之过苛责于人，天道大公无私，长远总是福佑有善德善行之人。五十六章亦称："塞其兑，闭其门，挫其锐，解其纷，和其光，同其尘。""兑"正是兑卦之兑，为情欲开窍之口，一切纷争之由。做人最好闭口不言，节制情欲，收敛锋芒，与群众和合相处，才是根本止争之道。

《象》曰：天与水违行，讼。君子以作事谋始。

讼卦上乾为天、刚健上行，下坎为水，顺势下流，刚好背道而驰，有渐行渐远之势，故称“天与水违行”。旧注天道西转、水往东流，固然和地球自转由西向东有关，但世界河川也有西流入海的，难以放诸四海而皆准，不如直接从卦象解读即可。人群易因需起争讼，利益之交更可能关系生变，所谓人无千日好，花无百日鲜。智者最好一开始谋事就做应变的准备，以契约明定彼此的权利义务关系，将来便于解决纷争。“作事谋始”很有兵法的意味，《孙子》首篇《始计》、次篇《作战》、第三篇《谋攻》，“讼”后为“师”，人生多争，不能不及早谋划。

遇事占到不变的讼卦，必有人事纠纷甚或官司诉讼，按卦辞卦象论断即可。

• 2006年年底，台湾力霸集团总裁王又曾畏罪潜逃至美国，抛下一堆子女不顾，其子王令麟的东森媒体集团受影响亦受司法严查，当时新闻闹得很大，政商勾结的丑闻一一浮现。2007年年初，我占问东森王令麟往后数年的运势，得出不变的讼卦。其后果然如此，侦查终结后初审皆予重判，法庭传讯多达四百多人，王氏一门有满门抄斩的惨相，以后要摆脱官非难乎其难。

• 从2003年年初起，我在台湾某工商团体开讲《易经》，前好多年都在一处有名的健身餐饮会馆上课，那是台北所谓高端人士的社交俱乐部，负责人是一位女强人，有一段白手起家的传奇。由于扩张过速资金吃紧，营运日趋困难。2006年7月初，她请我至其处问占，我算她未来二年内的吉凶，得出不变的讼卦。其后发展也是如此，2007年年底无预警倒闭，次年初遭起诉，2009年8月底初审判刑，官司缠身不得解脱。

初六。不永所事，小有言，终吉。

《象》曰：不永所事，讼不可长也；虽小有言，其辩明也。

“初六”为讼之初，已经和人有了口角冲突，当警醒控制情绪，说清楚就好了，切勿意气用事而扩大纷争，如此可避免终凶，转获终吉。爻变为履卦（），《系辞下传》第七章称："履，和而至……履以和行。"心平气和，脚踏实地去解决问题，做比说要重要。讼卦《大象传》称："君子以作事谋始。"初爻即体现慎始的精神。需卦"九二""小有言，终吉"，讼卦"初六"亦称"小有言，终吉"，人生难免吵架挨骂，别太介意就是。

占例

占到讼卦"初六"动，恰值宜变成履卦，以爻辞行事即可趋吉避凶，别逞口舌之利，实际做事就好。

• 2008年8月下旬，我一位跟随七八年的老学生建议，周易学会应该觅一道场上课、聚会、办公，作长久发展的基地。之前多年居无定所，未于此措意，当然，财务负担是主要考虑。他在找我前已经跟几位同学商议过，多表反对，认为没有必要。我当下一占，得出讼卦"初六"动，恰值宜变成履卦。看来不必继续争辩，直接去探勘执行即是。当晚及次日上午，赶在我赴帕劳旅行前去看了他中意的场址，方正合宜，就委他接洽房东进行议价。在帕劳度假时，再占先承租二年妥适否？得出不变的谦卦，谦和服务，圆善有终。原先他们商议时占觅专用道场为不变的萃卦，精英会聚、人文荟萃当然是美事，就是得花大钱，这也是不少同学主张审慎的原因。"讼"是争执不下，"谦"是谦让不争，当机立断化解争议，学会道场沿用至今，都还顺利。

九二。不克讼，归而逋，其邑人三百户，无眚。

《象》曰：不克讼，归逋窜也；自下讼上，患至掇也。

"九二"为讼卦主爻，上抗"九五"之君，理势不如而落败，以致深陷坎险之中，有被秋后算账赶尽杀绝的危险，好在阳居阴位，刚而能柔，懂得忍耐以避凶。"逋"即逃窜，"而"即能，只要懂得"归"字的妙意，即可从极端不利的败局中逃脱，而且保留实力转入地下流窜，延长战线作游击抗争。"九二"本为强臣，有地方势力封邑三百户，本身逃过劫难，所有部属子弟兵亦得保全。"眚"字经文常见，目中生翳看事不清，所以做事会错，轻举妄动而致灾，"无眚"就表示通通没灾没事。原先"九二"带头抗争，以下讼上，以民斗官，已经犯了意气用事的毛病，落败以后为求自保且照顾部属，不能一错再错。“掇”为拾取之意，祸患之至，完全是自己招来的，不能怪别人，这和需卦“九三”“自我致寇”一样，泥足深陷后必须敬慎以保不败。那么，“归能逋”的“归”字究竟何意？何以能够败而不溃，稳住阵脚以图将来？

旧注有将“归”字解为辞官返家归故里的，如此则完全缴械待人宰割，可能被强敌追杀再无奋起机会。固然人在屋檐下不得不低头，但可留得青山在不怕没柴烧，“邑人三百户”的老底必须保全，个人出处事小，对长期跟随的干部也不能撒手不管一走了之。“九二”与“九五”在争讼之前可能关系深厚，上下配合也立过不少汗马功劳，而今反目若能低调示弱退让，未必不能修补关系回到过去的情况。就算实质已变，形式上维持暂时相安无事也好，争取疗伤止痛的时间以重新深化布局。“九五”虽胜诉，碍于昔日情面及公众观瞻也不好追究到底，只要双方一松劲儿，形势就可能缓和。“归”字的真意在此，就是尽可能回归到争吵以前的状况，苟延残喘再作长久之计。

举例来说，当年蒋经国猝逝，李登辉上台巩固实力，得力于宋楚瑜处甚多，后因冻省事件闹翻，宋请辞待命的大动作一出，李还是得虚情假意慰留一番，结果宋做满任期才退，最后那两年就为跨世纪的选举布局了。由于省长的地方资源仍在，流窜各地神出鬼没，让李、连（连战）的权力饱受威胁，2000 年的台湾地区领导人选举鹬蚌相争，遂便宜了陈水扁渔翁得利，宋差一点反败为胜成功。

再如两岸关系，李、扁当政期间关系恶化，几临战争边缘，“不克讼”之时亦应吸收“归而逋”的智慧，回归“九二共识”以图修好，并保全邑人二千三百万的生命财产的安全。

不少人都有过讼卦“九二”的经历，职场奋斗多年，最后与老板意见不合，是辞职求去还是暂留观变？自己的亲近部属要不要安排出路？意气用事拂袖而去容易，却未必是最好的做法，此处不留爷，自有留爷处，那万一大环境恶劣，处处不留爷呢？是不是被迫要爷爷家中住？《楚辞·渔父》中有歌云：“沧浪之水清兮，可以濯我缨；沧浪之水浊兮，可以濯我足。”环境水清之时用来洗帽带，大家相待以礼；一旦水变污浊，仍可用来洗脚。清水浊水都有用处，人必须有适应环境变迁的能力，太有洁癖难以成事。殷末伯夷、叔齐为“圣之清者”，不食周黍饿死于首阳山中；殷初伊尹治乱皆进，辅佐商汤而有天下，为“圣之任者”；孔子无可无不可，一切视时之所宜而决定行止，被孟子誉为“圣之时者”，成万世师表。讼卦“九五”若对“九二”无情，“九二”又何必愚忠有义？其实世道濯多清少，人生就是打烂仗，还不如暂留观望，蓄势再定行止。

讼卦卦辞“窒惕，中吉”，“窒”为至于穴中，在窒息难耐的洞穴中练达生存的本事，还能来去如风流窜不停，伺机出穴狙击强敌，得手再钻回穴中，这是典型的游击战法，越战重挫美军、本·拉登策动恐怖攻击防不胜防，皆用此道。需卦有入穴、出穴之词，讼卦言窒、言窜，穴为藏阴之所，以小博大、以弱击强必须深谙此术。本爻爻变，为否卦（䷋），闭塞不通声气，天地不交，是很难受的情境。

占事遇讼卦“九二”动，有否卦之象，以爻辞论断，身处逆境险境，当发挥大智大勇以突破难关。

• 2009年9月初，我们在学会道场讨论举办世界《易经》大会事宜，听取相关人士的意见，有位老兄亢言满满，我却总觉得虚浮不实，一边开会一边当下就用手机速占其人心性，得出讼卦“九二”动，有否卦之象。“讼”是言辞争议，就事论事就好，“九二”却有坎险藏中不发之象，否卦上下不交，没有真诚沟通，卦辞称：“否之匪人，不利君子贞。”稍后再占确认，又得出明夷卦（䷣）“上六”动，单变有贲卦（䷕）之象。“明夷”是黯淡不明，所谓“明夷”之心难测，“贲”为文饰包装，皆非真诚。不管是有意为之，还是不自知的习气深重，相处都得当心。其后几年看来，的确如此，易占透视人情大有可观。

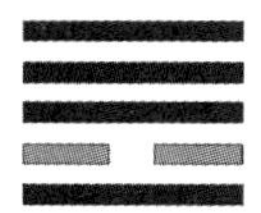

六三。食旧德，贞厉，终吉。或从王事，无成。

《象》曰：食旧德，从上吉也。

“六三”阴居阳位，不中不正，处下卦坎险之极，上与“上九”违行相争，情势非常不利。“上九”为讼之极，争夺之心炽盛决不退让，虽与“六三”相应与关系匪浅，一旦相争毫不留情，出手打压极为酷烈。“六三”争不过败下阵来，和“九二”一样，也面临善后的问题：怎么避免“上九”追杀？所谓

“量小非君子，无毒不丈夫”，这样的顾虑绝非无稽之谈，“上九”为免后患有可能这么做。“旧德”即指两人过去互动的情谊，“食”即需卦饮食宴乐之食，就是日常生计，怎么保住生存资源活下去？“食旧德”，明确告知存活的基础就在诉诸往日情谊，放软示弱以争取公众同情，使“上九”碍于情面下不了手。如此便可固守住仅存的一点儿家底，苟延残喘先活下去，其他以后再说。“贞”即坤卦“利牝马之贞”的贞，顺势用柔含容忍耐，这样做虽然对，可绝不轻松，故称“贞厉”。由于策略正确，可获“终吉”，依《象传》所称“上九”终凶，虽赢亦输，“六三”隐忍转危为安，虽输亦赢。“上九”强势压人，树敌过多，就算不直接栽在“六三”手里，夜路走多了迟早碰到鬼，也会有别人帮“六三”报仇。等到“上九”多行不义垮台那天，就算是“六三”赢得了最后的胜利！“或从王事，无成。”显然脱胎于坤卦“六三”：“含章可贞，或从王事，无成有终。”居于从属之位，退让不争取成功，赢得善终。“食旧德”的做法，和“含章可贞”相通，好汉不吃眼前亏，一忍天下无难事。刚输之时，从“上九”可获吉，硬抗则死无葬身之地。

占事遇讼“六三”动，爻变有姤卦（䷫）之象，五阳下一阴生，等待新的机缘转变，依食旧德的爻辞指示做即是。

• 2001 年年底，岛内政坛掀起膻腥绯闻，涉及针孔摄影非法偷拍事由，曾任地方市长的某政界人士涉嫌被告，有人占该案对他未来仕途的影响，得出讼卦“六三”动，有姤卦之象。显然挨打不利，危机浮现，且遭旧情人告发，正为“食旧德”之象，其后果真起诉候审，岌岌可危。半年后原告戏剧性地撤销告诉，因她顾念旧情而获脱身，应验了“贞厉，终吉”。官司虽了，仕途却也因之终止，“王事”即政治之事，“或从王事，无成”，已经说得很清楚。爻辞字字句句全都说中后事的发展，真是精确得可怕。

• 1992 年 10 月中，我已真除那家出版公司的总经理，代理期间业务多已摸熟，真正引以为患的还是股争，所有权的基本问题不解决，一旦有变，可能一切成空。当时占问创业老板究竟能否在财务上过关，得出讼卦“六三”爻动，有姤卦之象。“食旧德，贞厉，终吉”，尔后不知经历多少险关，他总能靠旧关系顽强存活下来；“或从王事，无成”，然而逆境久了毕竟不能成事，也是千真万确，不服输也不行。

九四。不克讼，复即命，渝，安贞吉。

《象》曰：复即命，渝安贞，不失也。

“九四”不是跟“初六”讼，而是上与“九五”讼，这还是领袖与高干间恒存的微妙矛盾，又合作又互相戒慎防范的关系，乾卦“九四”“或跃在渊”的紧张于此又现。“九四”和“初六”相应与，“九二”乘于“初六”之上，都是凭借民意支持而与“九五”抗争。“九五”中正居君位，理势俱优，所以“九二”、“九四”皆败诉，爻辞称“不克讼”。“九二”远处下卦，天高皇帝远鞭长莫及，低调臣服后，仍保持流窜的活力；“九四”得罪老板，就在天子脚下插翼难飞，善后方法也不尽同。“九二”用“归”，“九四”用“复”，“复”即剥极而复之复，关系大坏之后回头修好输诚。“即命”之“命”，有君命及天命二意，即为靠近接受，“即命”就是认命服输，继续听从“九五”的命令。“渝”本义为水变质由清转浊，属质变而非量变，形势比人强，被迫做极大幅度的转向，然后安分守已仍可获吉。如此能屈能伸，即可保住既得利益不丧失。“九二”、“九四”皆阳居阴位，刚而能柔，虽败而不溃，与“九五”斗而不破，这是人生处讼之时的无上心法。

“渝”即穷则变、变则通，《易》道本尚知机应变，灵活变通甚为重要。除讼卦“九四”外，豫卦“上六”及随卦“初九”爻辞亦称“渝”，人生预料不到的事很多，必须懂得随机应变。“安贞吉”与坤卦卦辞末所称“安贞吉”全同，既然“不克讼”，就得顺势服输以弱事强。“九二”“归而逋”，可以跑掉；“九四”被就近看管，跑不掉。人生争斗，所谓打得赢就打，打不赢就跑，跑不了就暂时示弱投降，不必太想不开。好死不如赖活着，人生还是尽可能活长些，什么都看过经历过，争到头来一场空的事多得很，慢慢是非输赢之心也会淡了，短短数十寒暑，交朋友做点事都来不及，怎么还随便树敌？屯卦“六二”人生刚起步，爻辞即称“匪寇婚媾”，孟子主张“仁者无敌”，真正有爱心跟核心创造力的人没有敌人，人生即便因需启讼，无论胜负如何，事后尽可能化敌为友。需卦“九三”至“上六”已明其理，讼卦诸爻再申此义，习《易》者宜深刻体会。

占事若遇讼卦“九四”动，恰值宜变成涣卦（䷺），“涣”为化散之意，恩仇俱泯，莫再执著系念，依爻辞所言迅速调整即是。

• 1995 年 5 月下旬，我早已不管那家出版公司的事，埋头准备开创自己的第二春，但尚未辞离，难免仍有些干扰。原先的股争依然持续未消，已回来掌大权的原老板经一年腾挪，财务业务仍无解，市场派的大股东施压开战，他困兽犹斗有玉石俱焚的拼命招式，我接连三占问吉凶。先问对公司如何？得出讼卦“九四”动，恰值宜变成涣卦，君位发威，经营干部“不克讼”，只能“复即命”屈服，“渝安贞”以求不失，但同时也已离心离德涣散不堪，过去辛苦振兴的成果毁之殆尽。再问这一波斗争尘埃落定后，老板个人吉凶？为姤卦“九四”动，爻辞称；“包无鱼，起凶。”《小象传》解释：“无鱼之凶，远民也。”此举太失人心，他眼前虽得利，往后凶事不断。最后问对我的吉凶？为不变的涣卦，早已心不在此，化散往昔的执著，往更长远处看吧！事后一切皆已明验，因果昭昭不爽。

• 1997 年 4 月中，我读升卦“上六”爻辞有费解处，看前人许多批注也嫌含混，干脆占问其确切意义：“冥升，利于不息之贞。”究竟在说什么？结果得出讼卦“九四”动，爻变成涣卦。“冥升”是升过了头，遭遇重挫，成就转坏转空，爻变为蛊（䷑），其后接困卦。讼卦“九四”“不克讼”，也是惨败后寻求转圜，斗而不破，败而不溃。眼前虽输，斗志并没瓦解，先求自保再等翻盘机会。“冥升”转“困”，吸取失败教训，换一种方式继续奋斗，“山重水复疑无路，柳暗花明又一村”，永远自强不息。依经解经，让人豁然开朗，易理回环互证之处甚多，习《易》者宜深心体会，当取之不尽用之不竭。

九五。讼元吉。

《象》曰：讼元吉，以中正也。

“九五”中正居君位，以全卦论，为主持公道排难解纷的大人；以上下卦相讼论，与“九二”发生争议；以高层共事斗争论，又和“九四”相讼。由于理势俱优，争讼必胜，调解纠纷也有深重影响，可说无往不利，故称

“元吉”。

孔子在鲁国做过大司寇，对讼事在行，曾称许子路“片言可以折狱”，听一面之词就可以判断两造的是非曲直。又称：“听讼，吾犹人也；必也，使无讼乎？”争讼做出公正裁断固然重要，最好是让社会没有争讼，讼不可成，讼不可长，居君位应以此为最高职志，这两段见于《论语·颜渊篇》。《子张篇》亦记曾子曰：“上失其道，民散久矣！如得其情，则哀矜而勿喜。”执法之人勿以明察自喜，对犯过者应体恤哀怜，仁心仁政还是正本清源之道。

遇事占到讼卦“九五”动，依爻辞论断。爻变有未济卦（䷿）之象，“未济”火在水上，也是各行其是不能合作，又有一波未平一波又起之意。

• 1996 年 3 月下旬，我的一位生于台南政治世家的学生竞选民意代表，我占其胜算，得出讼卦“九五”动，显然必胜，在竞争中脱颖而出。几天后果然当选，自己也踏入了政坛。

• 1998 年 10 月中旬，我在富邦集团开课，小班六人皆为高端精英，我事先都算了他们豪门家业的前景，其中一位名门之后的卦象为讼卦“九五”爻动，有未济之象。其后多年她家确有官司讼争，一波未平一波又起，还有件事关先人声誉的大案，她都胜诉过关，易占为何在我与她初见面就有这样的洞察力？

• 2010 年 3 月中，我有针对佛教西方三圣（即阿弥陀佛、大势至菩萨、观世音菩萨）的修行境界占问，其中大势至菩萨的卦象为讼“九五”爻动，有未济之象。据《观无量寿经》记载，大势至菩萨以独特的智慧之光遍照世间众生，使其解脱血光刀兵之苦，得无上力，又以念佛圆通见长。争讼处理不好，可能恶化成师卦的刀兵相向，“九五”诚心净念化解争端，善莫大焉。未济卦上离光明智慧，下坎陷溺众生，又有光明普照之象，意境皆合。

上九。或锡之鞶带，终朝三褫之。

《象》曰：以讼受服，亦不足敬也。

“上九”居讼之终，上卦乾刚之极，有强硬争夺缠讼到底之象。可能会争赢，得到官位，穿戴上官袍大带，由于不择手段打压对手，没法赢得大家的尊敬，树敌过多以致随时又被打下擂台，在短短上早朝的期间就可能失去权位。“褫”为脱掉衣服，法学术语“褫夺公权”由此而来，“鞶带”为君王所赐予，亦可为君王所剥夺，争权夺利，是非成败往往转头即空。本爻爻变为困卦（䷮），依卦序其前为升卦，“升而不已必困”，何苦来哉？“锡”同“赐”，古代有“九锡之礼”以示对大臣的恩宠。

《孟子·告子篇》有“天爵”、“人爵”的说法，相当发人深省：“仁义忠信，乐善不倦，此天爵也；公卿大夫，此人爵也。古之人修其天爵，而人爵从之。今之人修其天爵以要人爵，既得人爵而弃其天爵，则惑之甚者也，终亦必亡而已矣！”“鞶带”为“人爵”，若弃其“天爵”则不足敬，既得之必失之。“或”字同“或跃在渊、或从王事”之“或”，其实必然如此，怎么发生不可事先预测。稍后一章又称：“欲贵者人之同心也，人人有贵于己者，弗思耳！人之所贵者，非良贵也；赵孟之所贵，赵孟能贱之。”仁义忠信、良知良能，天爵自尊自贵；公卿大夫、部长院长，人爵求人赐与，可蒙擢升、可蒙罢黜，实无尊贵可言。赵孟是春秋时晋国大有势力的贵族，能让人做官使贵，也能让人罢官使贱，个个时代都有赵孟，不必对之卑躬屈膝。

需、讼二卦多谈人生得失，“需于郊，未失常”，“入于穴，未大失”，“复即命，渝安贞，不失”，“终朝三褫”得而复失，人生常常患得患失。《系辞上传》第三章称：“吉凶者，失得之象也……无咎者，善补过也。”吉凶失得转化无常，只是个象，未必属实，不必过分介意，人生应该努力修为的还是补过无咎。需卦“初九”无咎、“上六”终吉；讼卦“初六”“小有言，终吉”、“九二”“归而逋，无眚”、“六三”“食旧德，终吉”、“九四”“渝安贞，吉”，都是补过无咎之道。

前论需卦“九三”“敬慎不败”、“上六”“敬之终吉”，“主敬”能化敌为友；讼卦“上九”的彻底失败，就在不足敬。坤卦厚德载物，“六二”“不习无不利”，亦因自敬敬人，《文言传》说得很清楚：“君子敬以直内，义以方外，敬义立而德不孤。”德不孤必有邻，得道多助，失道寡助，这是一定的道理。

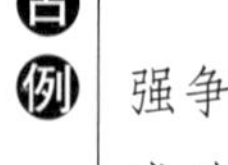

占事遇讼卦“上九”动，爻变有困卦之象，依爻辞判断即是，不宜强争硬夺，就抢到了也不见得会长久。讼极还可能转师，动口相骂恶化成动手互殴，绝非好事。

• 2002年中，美国惠普公司合并康柏计算机，何薇玲以消灭原台湾康柏公司总经理出任台湾惠普公司董事长兼总经理，就像以前迪吉多被康柏并购时一样出人意表。其时我学生的夫婿正是她的竞争对手，最后人事确定前，也占卦问自己能否胜出，得出讼卦“上九”动，有困卦之象。大家争董座的“鞶带”，战情几度变换，真的是一日一行情，最后他还是失之交臂，失望之余去了北京，临行前夫妇俩来看我，对易占之神准印象深刻。他几年后在北京惠普公司退休，移民新加坡长住，完全退出了职场争逐，而获胜的何薇玲任职数年后也请辞离开惠普公司，人生竞争往往如是。

讼卦多爻变占例之探讨

讼卦各爻单变的理论及占例已介绍完毕，往下探讨复杂得多的多爻变的类型。

占卦遇任意两爻动，若其中一爻恰值宜变，为主变量，依其爻辞论断，另一爻为次要变量，辅助参考。两爻若皆不值宜变，齐变所得卦象亦有一定意义。

• 1997年10月中旬，我作了迄今为止最长期的占测，面临快要跨世纪交替，针对前后各一千年人类文明的发展，全方位地回顾与前瞻。其中对西方文明未来一千年的发展预测，卦象所示为讼卦“九五”、“上九”爻动，“上九”恰值宜变，单变成困卦，两爻齐变为解卦（䷧）。西方文明崇尚竞争，与人争与天争，争过了头可能得而复失，且得不到普世的敬重，戡天役物造成生态破坏、资源耗竭即为显例，好在其文明底蕴中也有论理守法的公道精神，两下拉扯较劲，因“讼”致“困”之局可能获得疏解。

• 2003年4月底，其时SARS病疫流行，人心惶惶，航空、旅游餐饮业受创严重，我占问对当年台湾经济的影响程度？得出讼卦“初六”、“九五”爻动，齐变有睽卦（䷥）之象。“初六”“不永所事，小有言，终吉”，“九五”“讼元吉”，看来疫情不会持续太久，是有些负面影响，但整体伤害不大。当年结算，台湾经济增长3.4%，虽比2002年低，却还差强人意。当年初预测台湾地区经济为需卦“九三”、“上六”爻动，有中孚卦之象，由“需于泥”转至“不速之客三人来，敬之终吉”，前例已明，此处再得印证，“需于泥”原来是指年中SARS肆虐，而后转危为安。

稍后5月初在工商界的《易经》班上课时，又因学生询问，再问大陆及台湾当年经济受疫情影响程度，得出不变的师卦。“师”为劳师动众的组织战，吉凶胜负就看谁的指挥动员能量强，结果当年大陆仍维持10%的高成长，强于台湾多矣！

• 2003年10月下旬，我带几位学生参加河南安阳办的易学研讨会，住宾馆中客旅寂寞，提前预占自己来年的气运，得出讼卦“九四”、“上九”爻动，“上九”值宜变成困卦，两爻变又有坎卦之象。“不克讼”得被迫调整，即便讼赢也不可长保，又是“困”又是“坎”的坏局，看了真是心中不好受。2004年陈水扁连任，台湾社会对立严重，就是不折不扣的争讼之象，而我自己那一年真的也是人际关系有大变化与冲击，年中还一下子消瘦五公斤，卦象完全应验。

• 2006年8月中，我的得意学生徐崇智心脏病发作猝逝，留下寡妇、孤儿及学会执行长的重责待理，享年还不到40岁，得闻噩耗当天，我在悲痛之余仍占问往后当如何因应？得出讼卦“九二”、“九四”爻变，齐变有观卦（䷓）之象。两爻皆“不克讼”，人真的不能跟命争，“九五”为上卦乾天所示天意，天地无亲不仁，以万物为刍狗，又能奈何？观卦也是显示天道之卦，人生在世外观宇宙造化、内观内心源泉，观自在也观世音，只能冷静练达慈悲与智慧，以面对众生诸苦。“九四”“复即命”，坦然认命接受，“九二”“归而逋”，尽心照顾遗族，归天入穴，逝者已矣，来者可追。学会志业仍得觅人承担，受挫不退而转，永远精进不息。讼卦亦为离宫游魂之卦，《系辞上传》第四章有云：“精气为物，游魂为变，是故知鬼神之情状。”是耶？非耶？

• 2005年10月下旬，我占问《系辞上传》第十一章的主旨，得出讼卦“九二”、“九五”爻动，齐变有晋卦（䷢）之象。“九二”隐于民间，沉潜避患；“九五”排难解纷，智慧光明。晋卦明出地上，如日东升，《大象传》称：“君子以自昭明德。”遇“讼”之“晋”，在竞相争夺的人间世练达心智，开发自性以解民忧苦。“夫《易》，开物成务，冒天下之道，如斯而已者也！是故圣人以通天下之志，以定天下之业，以断天下之

疑……圣人以此洗心，退藏于密，吉凶与民同患……其孰能与于此哉？古之聪明睿智神武而不杀者夫？是以明于天之道，而察于民之故……”《系辞传》此章的煌煌大义，易占显示得可谓淋漓尽致。

2007年年底，我依惯例占问我2008年的“谋道”策运，也得出遇“讼”之“晋”的卦象，给我的启发很大，而其后一年实际的发展也差不多就是这样。

• 2004年8月中旬，我妻子的高中同学来问事，其夫婿为杰出的学者，不幸罹患多发性脑瘤，中西医都不易治疗。当天问中医疗效如何？得出讼卦“九二”、“上九”爻动，“上九”值宜变成困卦，两爻齐变有萃卦（䷬）之象。“九二”“不克讼”，得归元复本才能逃过劫难，“上九”就算一时治好，也极可能复发而夺去生命，知识精英遭此疾困令人惋惜。后来虽接受西医开刀治疗，仍病笃难医而往生。讼卦为离宫游魂之卦，身体病痛占到讼，“天与水违行”，一般都不太妙。

• 2010年11月中，我赴江苏常州讲《易》，课程结束后游历当地景点，去了著名的淹城故邑，三城三池的特殊格局引人入胜，让人想起泰卦“上六”的“城复于隍”，史事沧桑，空留凭吊。据说此城为延陵季札遁隐之处，吴王阖庐弑君夺权，谦让为怀、讲信修义的季子痛心疾首，筑城自囚，终生不复入吴国。“淹”者，留也，淹留在外以示划清界限，此举并非矫情自饰，而是争风一开，后患有不可胜言者。坤卦“初六”“履霜，坚冰至”，《文言传》已经阐析得很清楚：“积不善之家必有余殃，臣弑其君，子弑其父，非一朝一夕之故，其所由来者渐矣！由辩之不早辩也。”

浸淫在怀古氛围里，我占问淹城真是季札之邑吗？得出讼卦“九二”、“上九”爻动，“上九”值宜变成困卦，两爻齐变又有萃卦之象。季子周游列国，评政论乐皆臻上乘，乃教养深厚之人，萃卦人文会聚出类拔萃，器局高远者想法、做法不同流俗。“九二”“不克讼”，归隐自保，庇荫“邑人三百户，无眚”；“上九”强争，“或锡之鞶带，终朝三褫之”。吴国传至夫差覆亡，即阖庐本身亦未得善终。

• 2006年元月中，我受邀参加某电视台的时事评论节目，录完影后，主持人跟来宾一起喝咖啡，谈起同行竞争颇有忧虑，不知如何提振落后的收视率。我现场一占，得出讼卦“六三”、“九四”爻动，齐变有巽卦（䷸）之象。“六三”“食旧德”、“九四”“复即命”，皆强争不过屈居下风，

二爻变占例

巽卦低调顺从，不宜堂堂之阵急攻，一切从长计议。竞争对手与其渊源匪浅，真的是旧德绵绵，分寸不好拿捏。一年多后，节目无太大起色停播。

• 2010 年 10 月下旬，我以《易》通佛的课正讲到《心经》，针对经文中几个精奥观念占了卦。其中结论部分："能除一切苦，真实不虚。"咒语真有这种神效么？得出讼卦"九四"、"九五"爻动，齐变有蒙卦（䷃）之象。人生苦于争讼，"九五""讼元吉"，化解一切"九四""不克讼"的痛苦，使人复归天命，调整心态而获"安贞之吉"。无上正等正觉启人蒙昧，功德无量啊！

• 2011 年 8 月底，我偕家人赴希腊旅游至克里特岛，参观其地的历史博物馆，看到一具石棺外部雕有女性葬者生前的面容，是想让世人永远记得她的花容月貌吧？我就立于棺前占其气场，为讼卦二、四爻动，有观卦（䷓）之象。"九二"入穴，"九四"归天，却留形影供后人观览，讼为离宫游魂卦，希望永续相传。精气为物，游魂为变，观此可知鬼神之情状。

三爻变占例

占事遇卦中任意三爻动，齐变所成"之卦"，与本卦形同拉锯，非此即彼或二者兼备，称为贞悔相争，情势相当微妙。若本卦三爻中某爻恰值宜变，该爻爻辞须特别重视参考。

• 2009 年 8 月中，我配合自己要开的《易经》通佛经课程，针对佛家核心理论、几部重要佛典，以及历代高僧大德、当代重要佛教团体等，都有全面的占测分析，细品那些卦象所透显的深刻信息，真是受惠良多。其中占问一著名佛教团体的志业发展，得出讼卦"九二"、"九四"、"九五"爻动，"九五"恰值宜变，贞悔相争成剥卦（䷖）。该团体有国际声誉，资源庞大雄厚，却也难免引起纷争，"九二"、"九四"皆有争强之意，好在"九五"领导人还压得住，设若哪天教主不在了，恐有乱象滋生。剥卦资源流失，岌岌可危，此项警示绝非虚言。再占领导人的修行境界，得出观卦"九五"爻动，爻变也有剥卦之象，爻辞称："观我生，君子无咎。"确实修得很好，似大慈大悲的观音佛转世，这就有意思了！其实自古宗派传承常有此事，据《韩非子·显学》所述："孔、墨之后，儒分为八，墨离为三，取舍相反不同，而皆自谓真孔、墨，孔、

墨不可复生，将谁使定世之学乎？”创教的祖师爷器识宏大，接续者修为境界不及，往往造成同侪不服或致分裂，继往开来、发扬光大谈何容易？禅宗六祖惠能承受衣钵，被长期嫉妒追杀的故事人所共知，庙里庙外的酷烈争夺有何两样？人间何处真有净土？难怪有人说：教会是基督的罪人，秀才是孔子的罪人，和尚是释迦的罪人。

• 2010 年 8 月中旬，台湾司法界丑闻频传，其中有位资深法官有收藏古董的雅好，却长期召妓买春，事情爆发后舆论哗然。由于该法官我也旧识，何以至此？占得讼卦“九二”、“六三”、“上九”爻动，贞悔相争为咸卦（䷞）。法官的专业就在处理讼事，“九二”、“六三”败诉难受，“上九”胜诉亦非佳事，且成果未可长保，见多了人间世的种种悲欢浮沉，可能会转而寻求人情的慰藉，即便是花钱买来的虚幻情欲也好。咸卦所演正是男女之情，卦辞称：“亨利贞，取女吉。”《彖传》末则喟叹：“观其所感，而天地万物之情可见矣！”人性人情的复杂幽深，每每难测难知，出人意表。

• 2001 年 9 月下旬，紧接着震惊世界的“9・11”恐怖攻击后，台北也因秋天台风发威淹大水成灾，地下捷运忠孝东路段浊流滚滚不能通车。马英九时任台北市长，许多人担心他的民望会受重创，我遂占问之，得出讼卦“初六”、“六三”、“九五”爻变，“初六”恰值宜变，成履卦，贞悔相争为大有卦（䷍），“大有”为祥和丰盛之象，卦辞称“元亨”。“九五”尚中正能止讼，“六三”“食旧德，厉，终吉”，“初六”为基层民众，“不永所事，小有言，终吉”，整体看来均不会强争不放，对马的民望影响有限。

• 2001 年 9 月下旬，台湾地区失业率不断攀升，经济状况表现很差，我当时问往后会否更糟？得出讼卦“九二”、“六三”、“九五”爻动，贞悔相争成旅卦（䷷）。旅卦失时、失势、失位，就是大量失业漂泊无定之象；讼“九五”为当时的陈水扁，当然企图解决，但“六三”“食旧德”吃老本，“九二”“归而逋”力求自保，看来“邑人三百户”的就业问题不小。次年初统计出来，2001 年经济负增长，失业率全年平均高达 4.57%，相当严重。失业就会影响社会稳定与祥和，遇“讼”之“旅”，何其糟糕！

• 2010 年元月底，我问往后一年台湾有重大天灾否？得出讼卦“九二”、“九五”、“上九”爻动，“九五”恰值宜变，贞悔相争为豫卦（䷏）。

三爻变占例

“豫”为组织动员，思患豫防，也有豫乐之象。讼为“天与水违行”，若有灾也是水患，“九五”君位处理得当应无大碍，可保“邑人三百户，无眚”。由于2009年的“八八”水灾冲垮了刘兆玄“内阁”，不少高官“终朝三褫之”，前事不忘后事之师，马英九不敢再掉以轻心，应会上紧发条应对。全年下来南部是有水患，远远不及“八八”危害之重矣！

• 1997年元旦，我依例问自己全年气运，得出讼卦“九二”、“九四”、“上九”爻动，贞悔相争成比卦（䷇）。其时我仍未离开那家出版公司，沉潜远离一切纷争，只做自己未来志业的部署。卦象看来还是把定这个策略：“九二”、“九四”位居人下，争也无从争起，“归而逋”、“复即命”是唯一选择，让那些爱争爱斗的去火并，反正也是终朝三褫之，都不会久长，事后发展确实如此。比卦为往外广结善缘，《大象传》称：“先王以建万国，亲诸侯。”看了真是心领神会啊！

• 1998年6月底，我给学生讲解刘劭的《人物志》，针对全书十二篇皆有占卦，其中《流业第三》的主旨为讼卦上三爻全动，“九五”值宜变为未济，贞悔相争成师卦（䷆）。该篇将各种人才分成十二类，而君德与此不同，为：“聪明平淡，总达众才，而不以事自任。”讼卦“九五”中正元吉，正为此意；“九四”不及，“上九”过亢，皆需“九五”调和包容。“遇讼之师”，外乾刚转为坤柔，领导人发挥了调和鼎鼐的智慧。

四爻变占例

占卦遇任意四爻皆动，以四爻齐变所成“之卦”的卦辞卦象为主判断，并参考本卦四爻爻辞的变动因由，若其中一爻恰值宜变，该爻爻辞影响较大，多予注重。

• 2004年11月上旬，我的一位得意学生想离开工作多年的IBM，另寻发展，但卦象皆不甚佳。遂问若暂留台北IBM如何，得出讼卦“九二”、“六三”、“九四”、“上九”爻动，齐变成蹇卦（䷦），“上九”恰值宜变，单变为困卦。蹇卦外坎险内艮阻，困顿难行，“九二”、“六三”、“九四”皆不得志，无法胜出，“上九”即便升官也未必长久，如此形势实无前景可言。他当然放弃此想，不过跳槽到同业几年，仍如当初卦象所示并不佳，最后又离开，走了另一条生涯规划的新路。

• 2010年元月下旬，我占问老子的修行境界，得出讼卦“初六”、“九二”、“六三”、“九五”爻动，齐变成离卦（䷝），“九二”值宜变，

四爻变占例

单变有否卦之象。遇“讼”之“离”，老子主张化解天下一切的纷争，使人类文明永续不绝。离卦《大象传》称：“明两作，大人以继明照于四方。”卦辞则称：“利贞，亨。畜牝牛，吉。”坤卦为母，“利牝马之贞”；离卦为中女，“畜牝牛吉”，坤本为牛，离卦将坤柔之德彰显得淋漓尽致。道家顺势尚柔，尽得坤卦以柔克刚的大智慧。讼卦“初六”“不永所事”，“九二”归逋隐忍，“六三”“食旧德，以从上”，逆来顺受避免纷争，正是老子一再称许的“不争之德”；“九五”尚中正，“讼元吉”，排难解纷，和光同尘。“九二”深晦韬隐，“窒惕，中吉”，为讼卦最难能之爻，本占恰值宜变，更凸显老子的襟怀与心术。

• 2010 年 4 月初，我尝试以易理通佛经的讲座完成第一个阶段，将概论与《金刚经》讲完，未知实效如何，特别占了一卦，得出讼卦“九二”、“九四”、“九五”、“上九”爻动，齐变成坤卦。坤卦厚德载物，《彖传》称：“含弘光大，品物咸亨。”包容万有，化解冲突。讼卦“九二”、“九四”“不克讼”，复归天命的自然法则皆无碍，“上九”强争是非荣辱反而失正，所有的意见不合都在“九五”“讼元吉”下成就美事。天下大道异中求同，同中存异，一致百虑，殊途同归，并行不悖，并育而不相害啊！

• 2011 年元月中旬，我高雄班的许姓学生的友人生病，其子拜托他代占病情，可否康复云云。他占出讼卦二、三、四、五爻动，齐变成艮卦（䷳）。遇“讼”之“艮”，大大不妙。讼为京房离宫游魂之卦，卦辞称：“……终凶……不利涉大川。”“九二”、“九四”与“九五”象征的天命相争，皆“不克讼”败下阵来，“六三”含悲忍受亦然。“九五”、“九二”且有归天入穴之象，看来病危而命在旦夕。艮卦为止，又为山，卦辞称：“艮其背，不获其身，行其庭，不见其人。”都是亡故而归道山之意。果然，2 月中其友即过世，身后尚留有兄弟及子女间财产争端未解决，也是讼卦之象。

五爻变占例

占到一卦任意五爻皆动，变数这么多，以齐变所成“之卦”的卦象卦辞为主判断吉凶，留心本卦所动五爻爻辞的变化情形，若其中一爻值宜变，影响稍大，略加重评估即是。

• 2010 年 4 月下旬，我率学生赴湖北旅游，首日即腰疾发作，无法同行，无奈待在武汉旅馆中休养生息多日，再和他们一道返台。那几天

只能看看书报电视，正好郎咸平提到中美汇率大战人民币被迫升值的问题，言辞激切，值得注意。当时先占中方应战的结果，得出讼卦初、二、四、五、上爻皆动，齐变成复卦（䷗），“九五”值宜变，有未济卦之象。“讼”当然是辩论争议，下接师卦，为劳师动众、不折不扣的货币战争，面对“九五”、“上九”美元优势的强硬施压，“九二”、“九四”皆“不克讼”，“初六”不欲扩大事端，“小有言”图“终吉”。五爻齐变成复卦，剥极而复，万象更新，也与“九二”“归而逋”、“九四”“复即命”之旨趣相通，拉长战线，转入地下进行灵活的游击战，应为可行之策。

• 1993 年 9 月下旬，我仍任职那家出版公司的总经理兼总编辑，为救亡图存进而振兴业务计，乘着士气旺盛的复苏之机发动全年最后一季总攻势，要求营销部门冲出最高业绩。当时心中其实无底，后占能达成目的否？得出讼卦初、二、三、五、上爻皆动，齐变成丰卦（䷶），无任何一爻值宜变。丰卦卦辞称：“亨，王假之，勿忧，宜日中。”内离明外震动，成如日中天的丰功伟业，似乎真有可能。全面协调不同营销部门的责任承担与分进合击，故多争讼之象，“讼元吉”都能摆平。结果年底结算，真的创造了有史以来的最高绩效，易占诚不我欺。妙的是“丰”极转“旅”，次年 4 月我就在残酷的股争中失势，由此另开人生新途，而今思之，不胜慨叹矣！

7. 地水师（䷆）

“师”为全《易》第七卦，前接讼卦，后为比卦，由口头争议发展成暴力冲突，打完后再谈判协商，解决资源分配问题，重建人际互动的新秩序。《序卦传》讲得很清楚：“讼必有众起，故受之以师。师者，众也，众必有所比，故受之以比。”一次世界大战后有国际联盟，二次大战后有联合国延续至今，皆为“师”后有“比”的显例，“比”即比附结盟之意。

《杂卦传》称：“乾刚坤柔，比乐师忧。”宇宙间就是阳刚与阴柔两种状态，互补合作很快乐，对抗冲突起忧患。这个基本道理讲在最前，再往下推演可能的变化发展，指示人离苦得乐、趋吉避凶之道。师、比二卦排在乾、坤之后，就像屯、蒙二卦在自然卦序的地位一样，基本而重要，探讨阴阳互动，必须了解师比。卦序先“师”后“比”,《杂卦》“比”在“师”前，也寓人文理想，阴阳和合还是正道，不得已才对立冲突。

师、比二卦相综，实为一体两面、同时俱有的关系。劳师动众的军事对抗，必与合纵连横的外交结盟交相为用，谈谈打打，打打谈谈，以争取政权集团的最高利益。没有一定的武备，弱国根本不具谈判资格，穷兵黩武既耗钱财，又不合天理人心，赢得战争也赢不了和平。当今美国以超强的军力战无不胜，征服阿富汗与伊拉克，多年不能撤兵，搞得负债如山难以自拔，就是最贴切的例证。

《孙子兵法·谋攻篇》主张：“百战百胜，非善之善者也；不战而屈人之兵，善之善者也。故上兵伐谋，其次伐交，其次伐兵。”“伐兵”是“师”，“伐交”即“比”，外交谈判优先于军事战争，打仗永远是最后不得已的办法。战国时期有纵横家苏秦、张仪，游说诸侯，确实深刻影响当时的国际秩序；又有孙膑、庞涓等兵法家战场争雄，名垂史册；据传皆为鬼谷子一门的修学高徒，外交军事关联之密切亦于此可见。政坛及商场普遍存在既竞争又合作的关系，国际形势亦然，这些都是师、比两卦相综一体的显例。

师、比二卦皆含坤、坎的三画卦。坤为广土众民，为国家主权所在，军事外交因此而生，坎为流动的风险，沙场搏命与折冲樽俎皆险不可测。《孙子兵法·虚实篇》有云："兵形象水，水之行避高而趋下，兵之胜避实而击虚。水因地而制行，兵因敌而制胜，故兵无成势，无恒形，能因敌变化而取胜者，谓之神。"冒险犯难，必须机变灵活，智计百出。从乾坤开天辟地以来，屯、蒙、需、讼、师、比六卦皆含坎卦，象征人生风险无数，正是孟子所称："生于忧患。"

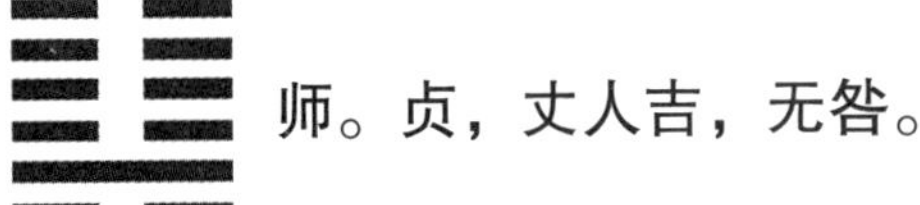

师。贞，丈人吉，无咎。

卦辞首言"贞"，贞者，正也，战争必须师出有名，符合国际正义；贞者，固守也，保国卫民有正当性，侵略他邦受质疑。各国统理军事的部门称"国防部"，没有敢称"国攻部"的，此即蒙卦"上九"爻辞之意："击蒙，不利为寇，利御寇。"为谁而战、为何而战，是军事行动首先待决要项。《孙子兵法·计篇》开卷即称："兵者，国之大事也……一曰道……道者，令民与上同意也，故可与之死，可与之生而不畏危。"用现代体制讲，国家出兵必须得到民意支持，国会通过授权方可。

孙子的兵之"五事"为"道、天、地、将、法"，合乎道以后，分析天时地利的自然形势，就得委任称职的将领统兵，条件为"智、信、仁、勇、严"，亦即师卦辞中所称的"丈人"，老成持重，练达实务，可战胜完成任务。"吉"后接"无咎"，表示成功而没有任何后遗症，赢得战争也能确保战后和平，君将之间不起猜忌内讧。吉凶是一时的得失，"无咎"则影响更深远。

《彖》曰：师，众也；贞，正也。能以众正，可以王矣！刚中而应，行险而顺，以此毒天下而民从之，吉又何咎矣！

劳师动众必须善识群力，做最好的发挥运用，众人本有其正，领导者懂得开发诱导，即可成其王业。"九二"阳刚居下卦坎险之中，上与"六五"之君相应与，正是统兵大将获委任之象。内坎外坤，故称“行险而顺”，兵法讲究因顺形势灵活变通。战争使天下深受毒害，而民众还愿意配合跟从，显然师出以正，又有大将深服人心的卓越领导，如此必然胜利成功，没有任何过咎。

需、讼二卦卦辞皆重“有孚”，以诚意解决纷争；师卦卦爻辞绝无“孚”字，因为兵不厌诈，生死相争欺敌为上。《孙子兵法·计篇》明示：“兵者，诡道也。”《军争篇》亦称：“兵以诈立，以利动。”春秋时代宋襄公那套礼让作战的方式，在现实中全然不可行。

“能以众正”之“正”从何而来？与“蒙以养正”之“正”相同，皆从乾《彖》“各正性命”发源，人人固有其正，开发成功即是王道。师卦主旨为战争，不称“可以霸”而称“可以王”，寓意深厚。师卦六爻全变为同人卦（䷌），同人、大有二卦讲的正是世界大同的王道理想，

只要同样是人，理应大家都有，人人皆有良知良能，皆致良知即成王道乐土。然而，若无实力空喊王道也没用，卦序师、比在同人、大有之前，就是这个道理。有足以称霸的实力而不称霸，方为实现王道提供了保证，中国很早就对外宣称永不称霸，这是中华文化所孕育的深刻的睿智。

《象》曰：地中有水，师。君子以容民畜众。

师卦上坤下坎，故为地中有水流动之象，隐秘而机动正是兵法要义。军队成员即民众，由征兵或募兵而来，国家承平时期不需养太多常备兵员，让他们在社会各行各业从事生产，战时再动员组训入伍，以免影响经济建设。过去农业社会所推行的屯田制度，所谓寓兵于农即是一种容畜的机制，今日社会多元，可隐藏战力的机制就太多了。只要动员及复员的效率高，战时民用转军用，战后军用转民用，灵活切换自如，这是最经济有效的方法。美国在二战前的常备兵力相当有限，珍珠港偷袭事件后快速动员参战，至大战结束时扩充近千万之数，连 IBM 都配合军工生产，胜利后又快速复员，结果朝鲜战争一起，又有些手忙脚乱，这些历史教训颇值得后人参考。

依隐秘且机动的原则来看，那些陆基导弹不算可怕，核潜艇与隐形战机的杀伤力才深具威胁。人生任何一种战力的配置，必须效法“地中有水”之象的启示，以求效益的极大化。

遇事占到不变的师卦，通常表示亟须动员战斗，一决胜负，按卦辞卦象论断即可。

• 2009 年 3 月下旬，我占问《易经证释》、《中庸证释》、《大学证释》这类书如何恰当定位？得出不变的师卦，看了不觉莞尔。师为众，卦辞称："贞，丈人吉，无咎。"《彖传》又称："能以众正，可以王矣！"诸圣诸贤皆是千古同钦的丈人，劳师动众把他们请来说法正义，有趣有趣！师卦又是坎宫的归魂卦，大圣们皆已归位，在天之灵仍教诲提携后进。

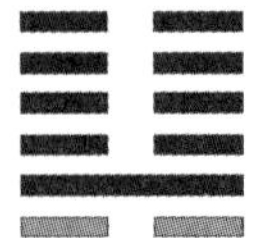

初六。师出以律，否臧凶。

《象》曰：师出以律，失律凶也。

"初六"为师卦初始，又当基层兵士之位，理应遵行"九二"的将令，纪律严明以参战，若出师不"以律"，乌合之众焉能取胜？"律"也有人心律动之意，万众一心，敌忾同仇，才有精强战力。"否臧"二字相对反，"臧"为善，任事顺利成功，"否"为不善，惨遭失败。军队纪律至上，以服从命令为天职，若抗命失败毋庸论，即便侥幸获胜也不足取，坏了规矩以后无法御众，所以只要不守纪律，否臧皆凶，维持军纪的重要还超过了一时战役的成败。过去评议人好坏称"臧否人物"，须客观公正，严守知人论事的纲纪。孙子"五事"称"道、天、地、将、法"，"七计"较量敌我双方胜负，又问："法令孰行？"本爻变为临卦（䷒），居高临下，务期宽严合度，有效治理。

• 2006 年 7 月初，我推算自己当年第三季的策运，得出师卦"初六"爻动，有临卦之象，当时并不确知其意，事后才恍然大悟。8 月中，任学会执行长的学生徐崇智心脏病发猝逝，大家劳师动众赴台中奔丧，悲痛悼念之余想到此占。师卦为坎宫归魂卦，临卦卦辞："元亨利贞，至于八月有凶。"大好开阔的形势瞬间逆转成凶，蒸蒸日上的会务骤失推动主责之人，一切又得重新打理。更巧合的是徐生经营的公司即名"众正"，正取师卦《彖传》之义："能以众正，可以王矣！"壮志未酬身先死，一语成谶矣！

占例

• 1999年3月中，报纸大幅报道我所在的出版公司经营不善的内幕，家丑外扬，本是迟早的事。我担心的倒是当月底二张一延再延的支票，多半耍赖不会兑现，遂做了破釜沉舟的打算，转出给中部学生暂寄轧入，并占吉凶。得出师卦"初六"爻动，有临卦之象。"师出以律，否臧凶"。面对问题，决绝开战，重点在游戏律则的强调，胜败不计。果然，对方一直拖到最后一天晚上才托人来电，希望取票延期，我当然不予配合，决心中止这样无休无止的纠缠，五十万台币两败俱伤，从此换个耳根清净。

九二。在师中吉，无咎。王三锡命。

《象》曰：在师中吉，承天宠也；王三锡命，怀万邦也。

"九二"为师卦主爻，正当统军大将之位，下乘"初六"兵众，上和"六五"之君应与，承受天子宠信，行于战场坎险之中，刚而能柔，依时中之道而获吉。"吉"后接"无咎"，与卦辞相同，战胜而没有任何后患，卦辞所称"丈人"即指"九二"而言。"王"指"六五"之君，"三"为多数，"锡"同"赐"，上对下发号施令称"锡命"，君有任命大将之权，却不宜干涉战事指挥，"王三锡命"所为何来？"怀万邦"三字说出了个中奥妙，天子统驭天下万邦，命将出征平乱，

既关心战争胜负，又担忧兵权在外尾大不掉，而有种种遥控掣肘之事，造成彼此关系紧张。所谓将在外君命有所不受，政军分际一旦不明，必然生乱致败，这是自古为君为将者艰难戒慎之处。

《孙子兵法·谋攻篇》有云："君之所以患于军者三：不知军之不可以进而谓之进，不知军之不可以退而谓之退，是谓縻军。不知三军之事，而同三军之政，则军士惑矣；不知三军之权，而同三军之任，则军士疑矣。三军既惑且疑，则诸侯之乱至矣，是谓乱军引胜…将能而君不御者胜。"言来郑重其事，孙武为将，深知君心猜忌之害，既要彼此合作，丑话必须说在前头。《地形篇》亦称："战道必胜，主曰无战，必战可也；战道不胜，主曰必战，无战可也。故进不求名，退不避罪，唯民是保，而利合于主，国之宝也。"兵须服从将令，将却可因应事宜违抗君之乱命，根据自己的专业判断行事，以争取战胜的国

家利益，这种负责而非逢迎的将领才是国家的珍宝。

当然，以政领军是天经地义，军事一定是为政治服务的，军人不宜干政，由于枪杆子容易出政权，所以必须听从文人政府的节制，以免生出动乱。孙子是说“君命有所不受”，不是一概不受，“将能而君不御者胜”也是有条件的，如果将不能呢？还不是仍得撤换！军政之间的分际，简单来说，政治决定该不该打以及打的范围，至于怎么打则尊重军事专业，尽可能少干涉。自古功高震主取而代之，或兔死狗烹罢黜功臣之事在所多有，事功中人确宜敬慎。二战后，美国名将麦克阿瑟遭杜鲁门总统撤换，其间是非分际即为显例。

本爻爻变，为坤卦，为了广土众民的整体利益，统军大将须顺势用柔，厚德载物，所谓唯民是保，所谓容民畜众，这是将军的天职。

• 1991 年 10 月底，我任职的那家出版公司开始股争，市场派的大股东强势介入，希望创业的老板退出经营实务，自去专心料理私人财务，总经理一职由我接任。此事关系甚大，又涉及极敏感的人情互动，我考虑颇久，最后占问：若同意出任，对公司群体吉凶？得出师卦“九二”爻动，有坤卦之象。临危授命，“在师中吉，无咎”，对内对外都得敬慎，遂决定出任扛责，其后两年半确实问心无愧，将垂危的公司中道振兴。

而后我的志业转向弘扬易典，几年后薄有声名，听一位老学生说来上课前占过卦，探问我功底如何，是不是个好老师？结果得出师卦“九二”爻动，有坤卦之象。看来师卦“容民畜众”，“丈人吉，无咎”，还真有良师之义，传道、授业、解惑，师卦“九二”亦足以当之。

• 2010 年 7 月底，我去看了引起红火讨论的电影《inception》(《盗梦空间》)，谈到心灵植入闯进他人梦境之事，觉得有趣，遂占问潜意识究竟为何？得出师卦“九二”动，有坤卦之象。地中有水潜行流动，外卦坤为群众，内卦坎险，意识流转深不可测，时而冒出地面引发人际冲突。再占心灵植入是怎么回事？得出讼卦“六三”动，有姤卦（䷫）不期而遇之象，“食旧德，贞厉”，现实生活中求不得苦，转化到梦境中体现？最后问梦中有梦为何？得出不变的困卦，深陷于重重梦境之中难以自拔，庄周梦蝶之喻再次引人沉思。

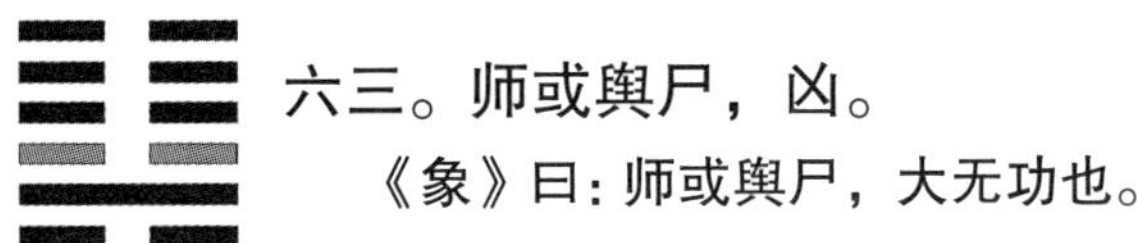

六三。师或舆尸，凶。

《象》曰：师或舆尸，大无功也。

“六三”阴居阳位，不中不正，乘于“九二”干才之上，相处关系恶劣。“舆”为众，“尸”为主，“舆尸”即众人做主。军队赴战一切唯将令是从，不可以另找人掣肘分权，七嘴八舌必误戎机。“舆尸”有民主的意味，但军事特殊，组织训练作战不可以民主，即便是民主国家的军队，负责捍卫国家的民主制度，本身却不能以民主决军事。师下卦为坎，险恶万端的战场中应由“九二”专权领导，“六三”乘于其上，有监军之象，如此互相牵制应战，必败无疑。监军由谁派出？当然是居君位的“六五”，其爻辞中即提到：“长子帅师，弟子舆尸，贞凶。”国君派任大将后，又秘遣不懂军事的亲信去监控，亲信弄权，搞得将士离心，无所适从，这是外行指导内行，必然得为猜忌之心付出惨重的代价。

“舆尸”也有解释成战败尸横遍野，需用大车去装载尸体后送的，但此解不大合情理，战争非常残酷，曝骨荒郊往往付之一炬，既然战败，生还者逃亡且不及，何来车运尸首之事？况且，“六三”“师或舆尸”这么解释，“六五”“弟子舆尸”辞意上就很难贯通。“六三”战败没错，根由却在“六五”的任人不当。本爻爻变为升卦（䷭），乍看不错，细究起来多有虚幻之象，三爻“升虚邑”、上爻“冥升”，可能执著表象最后一场空，任将不专、多方疑猜亦复如是。战争追求胜利成功，《小象传》一句“大无功”，慨叹惋惜之至。

话说回来，夏、商、周三代乃至春秋时的战争，比较讲究礼法，规模也不甚大，不像战国后世杀人盈城盈野，以车拖运兵士遗体亦非绝不可能。本书论述蒙卦“上九”击蒙时，提过《河洛理数》一书，将干支生克与卦爻辞结合，由人的生辰八字判断先后天命运，虽有宿命论色彩，推运往往奇中，不宜小觑。我几年前因学生介绍，与一位著名的退休女艺人见面，交流西方星相与易占的生命论断，彼此互断对方的生命历程皆有精密神准之处。她过去数十年的生命经验几乎完全照本演出，河洛理数的推算中可细至每一年的运势，有一年她的情况很糟，去见另一位号称有神通的女特异功能者，对方一眼看到她就说：“你怎么身后跟了那么多冤亲债主？”而她那一年的年运就是走到师卦“六三”爻：“师或舆尸，凶。”一堆冤魂随身纠缠，难怪心神不宁，做什么事都包袱重重不易成功。总之，占卦若遇此爻动，绝非好事，不调整不行。

“舆”本为车，为何有众之意？《周礼·考工记》称：“周人上舆，故一器而工聚焉者车为多。”古代造车几乎是当时各种工艺技术的综合呈现，将众多构件聚成车体，驶行于崎岖不平的道路上，确实得有本事。舆论为众人的公论，流通不息，当政者必须重视，亦由此取义。古代祭祀祖先，用活人代表死人，以其服装扮祖先的形状，坐着不言不动接受祭拜，就叫尸。成语“尸位素餐”，指当官主其位却吃白饭不做事，“尸”本是代为做主，监军干涉将权指挥，不是越俎代庖为何？

清朝雍正皇帝与年羹尧的故事，也可为殷鉴。两人渊源深厚，年羹尧蒙雍正重用为大将军，驻军在外征讨时，雍正派一队亲信侍卫从军，实则就近监控，结果还被年羹尧以下马威收服。如此说来，监军还不能只用单线，得多线设置以防离叛，螳螂捕蝉黄雀在后，彼此勾心斗角没完没了，这样猜忌内防，还怎么团结对外作战？

• 讲了这么多理论与史迹，还是谈一则占例，1996 年 12 月中旬，我购置的新居交屋，找谁来室内设计颇花心思，当时一位侦探征信业的学生也搞点风水，说帮我看看格局。我其实不爱此调，别人善意也不好拒绝，先占一下合宜不合宜？得出师卦“六三”爻动，恰值宜变成升卦，“师或舆尸，凶”，人多嘴杂，不专业的意见听了徒乱人意，实在大可不必，自住自决即可。十多年来，一切都还康和平顺。

六四。师左次，无咎。

《象》曰：左次无咎，未失常也。

“六四”阴居阴位，又为执政高层，在师卦的军战场域中，当中央文官政府之位，为国家整体利益计，应同心协力支持大将前线作战，所有后勤辎粮运补不得延误。“次”为军队暂歇扎营，“左次”为接战不利后，退守稳住阵脚，即败而不溃之意。前方“九二”浴血苦战，一场战役的胜败乃兵家常事，甚至可能是诈败诱敌，后方负责接济的“六四”切不可嫉功妒能，落井下石而苛责痛批，将相争权不和，国家危矣！战国时赵国廉颇与蔺相如的故事，脍炙人口，为将相和的典范。《系辞下传》第九章称："二与四，同功而异位，其善不同。"将相分工合作，上报国君赏识之恩，下为百姓谋福，正是爻际承乘应与关系的活用。尤其战时，和衷共济更重要，前方吃紧后方紧吃，必然自毁长城。清朝左宗棠远征新疆时，曾国藩以其威望扛下后勤运补的重任，也是深识个中利害的明智之举。本爻爻变为解卦（䷧），其《大象传》称："君子以赦过宥罪。"私人有任何过节，此时都得暂时放下，同心协力共度险难。

• 1996年12月上旬，我在那家出版公司沉潜已两年大半，身边曾并肩作战的重要助手一一离去自谋生计。其中一位韩姓同事出去创业两年，辛苦备尝却未见成功，他来讨占。我算其来年策运，得出师卦"六四"动，有解卦之象。看来仍然没有胜算，稳住阵脚败而不溃就不错了！他当然有些沮丧，其后却真的应验，而且干脆放弃鏖战，暂停营业另谋发展。

• 1994年5月上旬，那家出版公司的股权争夺已至摊牌阶段，在草木皆兵的肃杀气氛下，我一夜间将周边诸相关者算了个通透，危局中竟无一人真正可信赖。其中负责财务的高干本为老板至亲，多年在公私夹缝里着实辛苦，其卦象为师卦"六四"动，"左次，无咎"、"未失常"，老板身边的人胳膊岂会往外弯？我是想得太天真了！其后大局突变，结果全如所料，易理透视人情深刻入微，万不失一。

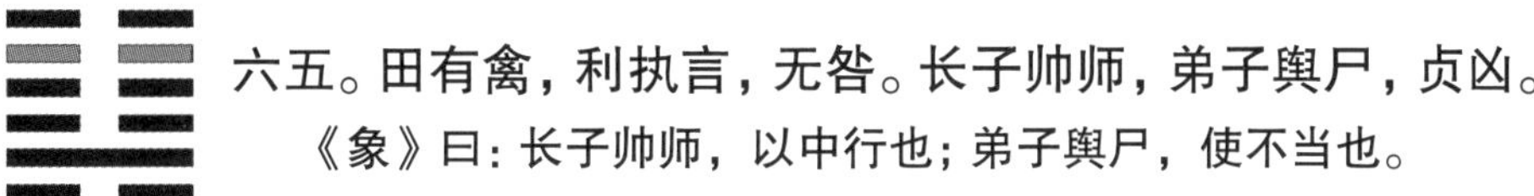

六五。田有禽，利执言，无咎。长子帅师，弟子舆尸，贞凶。

《象》曰：长子帅师，以中行也；弟子舆尸，使不当也。

"六五"为师卦君位，国家元首有依法对外宣战媾和之权，"九二"大将亦为其所任命，疑人不信，信人不疑，对将权宜尊重少干涉。长子帅师指"九二"，和"六三"、"六四"恰成三画震卦（☳）之象，震为长子，古代君王每每派任长子出征。弟子为其他公子，又派"六三"去军营中分权监控"九二"，"贞者，事之干"，这么做法实在不宜，必然战败致凶。"九二""在师中吉"，"以中行"；"六三""弟子舆尸"，自启祸咎。《系辞下传》第九章称："三与五，同功而异位，三多凶，五多功，贵贱之等也。""六三"当然是"六五"派去的细作，奉有"六五"的密令，也有密件呈报之权，这将带给"九二"

多大的压力？既要与外敌作战，还得防“六三”打小报告、“六四”扯后腿，以及最可怕的“六五”的猜忌不信任，为将之难，其若是哉？卦辞及“九二”爻辞所称：“吉，无咎。”谈何容易啊！

“田”是田猎，以喻打仗，“禽”为禽兽，为狩猎的对象，也代表作战的敌人。“田有禽”是指师出有名，国土遭人侵略，必须奋起抗战以消灭禽兽不如的敌寇。“利执言”，利于击败并俘虏敌人，宣称他们的罪状，安排战犯审判，所谓仗义执言，让己方站稳道德及舆论的制高点，发动圣战是不得已，是至仁伐至不仁的王者之战。国家领导人能做到这一点，可获无咎。其实这还是战争是否合乎道义，以及民心或国际舆论支不支持的问题，卦辞首言“贞”，兵法称道者“令民与上同意”之谓。二战时，美国初未参战，待日本偷袭珍珠港后，民意沸腾才全力投入，“利御寇，不利为寇”，保国卫民，理由正当。两次海湾战争，第一次肇因为伊拉克入侵科威特，世界及联合国普遍支持，第二次诬指伊拉克藏有大规模杀伤武器而入侵，虽战胜却不得人心，联合国也并未授权，美国前总统布什即难辞其咎。

2003年美国侵略伊拉克时，将包括萨达姆总统等一干政要列为战犯，印成扑克牌悬赏追拿，即透露颟顸霸权心态，将对方视为猎捕的禽兽而不当人看，这也是“田有禽，利执言”的宣传策略，毕竟公道自在人心，以力服人非心服也。师卦“六五”爻变，为坎卦（䷜），伴君如伴虎，霸心险不可测。

• 1998年10月中，我读刘邵《人物志》有感，占其《英雄第八》的主旨，得出师卦“六五”爻动，有坎卦之象。解得真切！该篇以“明能见机，胆能决之”为“英”，如汉张良可以为相；以“气力过人，勇能行之，智足断事”为“雄”，如韩信可以为将。将相皆“偏至之才”，为“人臣之任”，若刘邦则英雄兼备，有将将之大才，故能称帝。师卦“六五”为人君之位，智勇双全，有御将之能，完全合乎《英雄篇》的主旨。

• 1997年7月上旬，我针对各家思想以易占定位，其中儒家思想为师卦“六五”爻动，有坎卦之象。儒家积极入世，领导群众共趋王道，“作之君，作之师”。坎卦《大象传》称：“水洊至，习坎。君子以常德行，习教事。”人生在世，必遇患难，儒家教我们从中学习，养成坚强人格，奋进不息。师卦《大象传》称：“君子以容民畜众。”《彖传》则称：“能以众正，可以王矣！”揭示儒家精神，非常精确到位。

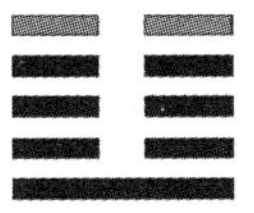

上六。大君有命，开国承家，小人勿用。

《象》曰：大君有命，以正功也；小人勿用，必乱邦也。

“上六”为师卦之终，和前五爻不同，爻辞中已无“师”字，表示战争已经结束，这是易辞的“不言之象”，需卦“上六”不言“需”、蒙卦“六三”不言“蒙”皆是。“大君”是战胜国的君主，赢家出牌，开始分封诸侯，以图建立战后的和平新秩序。武王伐纣成功，刀兵入库，论功行赏，大封天下，功大者开诸侯国，功小者承大夫家。武王死后，周公继续封建大业，奠定了尔后八百多年的基业。《周易》于此取材写入爻辞，可谓顺理成章。师卦之后为比卦，其《大象传》称：“先王以建万国，亲诸侯。”与师卦“上六”所言实为一事，《易经》卦卦接续，爻爻贯通，习《易》者熟悉之后，对天道人事的变化因果肯定有所体悟。

然而战胜封赏之时，人情最易犯错，若有不当酬庸，任用小人，赏罚不明，会使将士离心，又埋下以后战乱之机。本爻爻变，为蒙卦（䷃），或无知或私情蒙蔽公理，都是居上位者的大戒。一战结束后，英、法等战胜国议定欧洲秩序，对战败的德国过分苛刻，结果二十年后纳粹复兴德国，撕毁和约，又爆发第二次世界大战。美国2003年攻占伊拉克全境，赢得战争却赢不到和平，至今仍深陷泥沼难以脱身，都是在师卦上爻的关键作为处出了问题。

中国古代的殷鉴也很多：刘邦灭秦灭楚，建立汉朝，马上得天下不能马上治天下，分封功臣到最后又一一斩尽杀绝，徒留遗憾。刘秀灭王莽建立东汉，懂得宰相需用读书人，尊奉打天下的云台二十八将，却另启用秀才治国，也未杀功臣，处理得堪称圆满。宋朝赵匡胤因黄袍加身称帝，为图长治久安，以杯酒释兵权化解同志反目的危机，厚待功臣而不给实权，给人不少启示。明太祖朱元璋和汉高祖刘邦一样出身微贱，称帝后也同样走了大杀功臣的老路。

会冲锋陷阵的不一定会治国，现代企业中业绩高手未必精通管理，不酬庸显得无情无义，以国家或组织名器滥予，又会误人误国，如何是好？可以多给钱别给权，最好安排“钱多事少离家近”的虚职以养老。由“师”至“比”，时势变迁，用人的标准亦宜调整，这是待人处事的大智慧。有功则赏、有过则罚，才能贯彻始终。若吝赏错罚，以后战事再起，如何要人卖命驱驰？师卦“初六”纪律严明，前提也在“上六”赏罚公允，这是互为因果的当然道理。“六三”称“大无功”，“上六”称“以正功”，兵战建功立业，还是须以成败论英雄。

• 1997 年 10 月底，我通读多种易学著作，遂给前辈大家以占定位，其中民国初年奇人杭辛斋的《学易笔谈》颇有特色，占得之卦为师卦“上六”爻动，有蒙卦之象。杭氏读书甚多，据传读过七百多种古今易注，虽然自己没有另写一本批注，却多予评点，极似战后分封诸侯一般，述其源流，断其优劣，作为启蒙后学之用。比较特殊的，是他也以易理为中心，论衡西方科技之定位，其志可嘉，其论述明显有所不足，尚需后学者斟酌刊定。

师卦多爻变占例之探讨

师卦卦爻理论及单爻变占例已分析毕，往下探讨更复杂的多爻变的情形。

占卦遇任意二爻动，若其中一爻恰值宜变，为主变量，爻辞应加重看待，另一爻辞为次要变量，辅助参考。两爻齐变所成之卦，有时亦须参看。

• 2007 年 3 月底，因为经常收到亲友或学生致赠的善存类（centrum）药丸，不知该不该服用，遂问对在台华人体质合宜否？得出师卦“九二”、“六三”动，有谦卦之象。“九二”可以，“六三”“师或舆尸”太吓人，且对“九二”不利，干脆不服为妙，补药补药，药补不如食补，不补何伤？

• 2009 年 4 月中，我赴大陆演讲及旅游多日，曾为一位地方官问其仕途发展，得出师卦“九二”、“六五”爻动，“六五”恰值宜变，单变成坎卦，两爻齐变则有比卦（䷇）之象。比卦《大象传》称：“先王以建万国，亲诸侯。”确有封侯之象。师卦“九二”“在师中吉”，表现良好，关键在其长官“六五”如何认定，两爻相应与，若无其他干扰，应该机会不小。2011 年 5 月上旬，他率团来台参访旅游，我的台商学生设宴款待，我也受邀参加，席间知其果然高升，卦象灵验。

• 2010 年 11 月下旬，我心血来潮，问自己是否与《易经》夙世有缘？得出师卦二、五爻动，“六五”值宜变成坎卦，两爻齐变有比卦之象。师“九二”“在师中吉”，“承天宠”，“六五”“长子帅师”，两爻相应与，俨然有天命授予之象。“作之君，作之师”，“以容民畜众”，“以建国亲侯”。坎卦《大象传》称：“水洊至，习坎，君子以常德行，习教事。”人生必遇患难，“天将降大任于是人也，必先苦其心志”，使其再一波接一波的忧患中学习成长。比卦卦辞称：“原筮，元永贞，无咎。”似乎更显示易缘夙定，依《河洛理数》推算，我的先天即为比卦“六三”，后天转蒙卦“上九”，由“原筮”转“初筮告”的“击蒙”生涯，真正说明了我的一生。再者，师、比二卦属坎、坤二宫的归魂卦，或是我几世几劫的安心立命之乡？

• 1996 年 3 月上旬，一位媒体界的好友离婚后复有情缘，交往一阵后，却因使君有妇，对方还是终止了秘密往来，回归正常的家庭生活。她伤痛欲绝，我占其情事前景，得出师卦“六四”、“六五”爻变，齐变有困卦（䷮）之象。遇“师”之“困”，这场情事还真战况惨烈，困顿难以突围。“六四”“师左次”，败局已定，“六五”“长子帅师”又“弟子舆尸”，三心二意搞不定，鸳梦难谐，只能求稳住阵脚、败而不溃了。

• 2007 年 9 月上旬，我的一位连襟旅居加拿大多年后，考虑返台复开诊所重新执业，他本是相当成功的内、儿科医师，漂鸟还巢竟也近乡情怯，请我占问顺遂合宜否？得出师卦“六三”、“上六”爻动，齐变有蛊卦（䷑）之象。“六三”“师或舆尸”、“大无功”，三心二意、众人做主事难成；“上六”按劳酬庸、“小人勿用，必乱邦”。蛊卦继承旧业，不图改革将致败坏，遇“师”之“蛊”，整体看来不甚可行。他听了分析后也很犹豫，由于家庭因素变迁，2010 年仍返台重操旧业，却是与朋友合开诊所，从筹划起就纷争多多，闹得颇不愉快，最后还是拆伙自己干。其实卦象已经明示，合伙生意难做，既然选了这条路子，当然得承受苦果。

• 1998 年 9 月中，我因学生敦促开始学太极拳，操习期间对拳理与易理相通处颇感兴味，花了不少时间研究，和这位练家子的学生走得很近。当时却有另一位学生提醒我注意，却又说不出个子丑寅卯，我遂占问教拳学生的心性如何，贞不贞？得出师卦“九二”、“六四”爻动，齐变有豫卦（䷏）之象。遇“师”之“豫”，师为实战，豫为热情备战，合乎武人品色。师“九二”“在师中吉”，为大将之才，“六四”左而能次，遇败可稳，将相和合，才兼文武。整体观之，实在没有什么好担心的，提醒的学生本身心态如何，我也懒得复核，人际是非生克本多，化繁为简即是。其后十多年相处，大致也是如此。

• 2011 年 8 月下旬，我偕家人赴希腊旅游，参观雅典国立考古博物馆，其中展示距今三千六百多年前的麦锡尼文明器物，金戈铁马的刀兵气息浓厚。阿伽门农国王发动的特洛伊之战，名垂青史，哀艳动人。我占馆内气场，为师卦初、二爻动，有复卦（䷗）之象。劳师动众，“九二”大将率领“初六”攻伐异邦，师出以律，在师中吉，好似古战场重现，千载之下犹有杀伐之音。师卦属坎宫归魂卦，激战双方的英灵无论胜负，皆已安息。

三爻变占例

占卦遇任意三爻动，全局变数至半，“本卦”与三爻齐变所成“之卦”相持不下，称为贞悔相争，以两卦卦辞卦象合参判断。三爻中若有一爻恰值宜变，加重注意其爻辞所示信息。

• 1994 年 5 月上旬，我在那家出版公司陷于四面楚歌的危局，与两位高干亲信密商对策，在夹缝中如何腾挪求生？得出师卦“九二”、“六四”、“六五”爻动，贞悔相争成萃卦（䷬）。“九二”是暂时仍在领军的我，“六五”当然是一心要回朝掌权的原老板，早先的应与关系已经生变，而“六四”无力伸援，除靠拢“六五”外也别无选择，萃卦讲精英相聚合，不面对也不行。情势如此，夫复何言？几天后，股争尘埃落定，我退出了经营实务，默默开始下一阶段的人生布局。

• 2006 年 11 月下旬，高雄一位地下电台经营者来访，除了谈谈政情外，推荐他所独创的某种耳针治疗器有效，并当场赠我两套结缘。其后，我占问是否该使用，得出师卦“九二”、“六三”、“六五”爻动，贞悔相争成蹇卦，其中“六三”恰值宜变。遇“师”之“蹇”，“六三”又“师或舆尸，凶”，当然打退堂鼓，何必冒没必要的风险？民间疗法很多，个人体质不同，确须审慎。

• 2011 年 3 月 20 日清晨，我的恩师毓老于家中坐化仙逝，当天下午台中一位学生闻讯来电，说他占得师卦初、二、上爻动，贞悔相争成颐卦（䷚）。颐为巽宫游魂卦、师为坎宫归魂卦，“遇颐之师”，太老师魂归道山矣！

8. 水地比（䷇）

“比”为全《易》第八卦，为亲比结盟之意，由字形即可看出。二“匕”并排摆在一起，同调同向，也有比较异同之意。古代科考称“大比”，从莘莘学子中考校出高才，以为国家服务。师、比二卦相综的关系已详述于前，打仗不如谈判，缔结和约后，彼此的资源实力都能小有畜积，故比卦后为小畜卦（䷈）。《序卦传》称：“比必有所畜，故受之以小畜。”

比卦虽互助合作，盟友间还谈不上推心置腹，甚至勾心斗角暗中较量，基本上难脱师卦争霸的习气，只是换了另一种方式进行。俗话说：“表面上称兄道弟，暗地里各自算计……老乡老乡，背后打一枪！”彼此亲善，有时是为了对付共同的敌人，一旦没有了外敌，就会互相抗争。统战策略讲拉拢次要敌人，以打击主要敌人，朝秦暮楚，翻云覆雨，更是国际外交的常态。通透说到底，没有永远的敌人，也没有永远的朋友。二战时美、日两国浴血仇杀，现在成了利害相依的盟邦；越战时美越军队死伤惨重，如今又想拉拢以围堵中国。

《论语·为政篇》记子曰：“君子周而不比，小人比而不周。”“比”是朋比偏党，彼此以利合；“周”是公心亲众，为道义之交。比卦争心未泯属霸道，六爻全变成大有卦（䷍），才是智周万物而道济天下的王道。“比”虽暂时同调，仍是两个区划分明的个体；“大有”则人人皆有良知良能，在大本上已一视同仁，不分彼此。

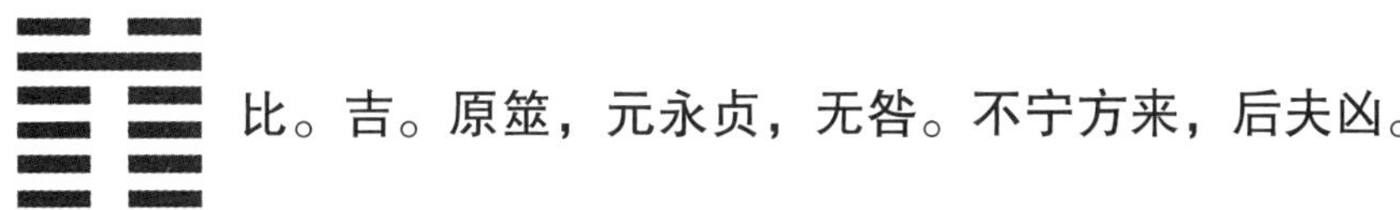

比。吉。原筮，元永贞，无咎。不宁方来，后夫凶。

以合作取代对抗，总是好事，双方都能获吉。“原筮”之“原”，为追本溯源、探究根柢。《系辞上传》第四章称："原始反终，故知死生之说。"《下传》第九章称："原始要终，以为质也。"用法与此相同。卜筮以决大事，"原筮"是借由占筮以深入思考问题的本质。个人交朋友、企业找合作对象、国家对外建交，都得慎之又慎，择交不当反受其害。"元永贞"三字便是考虑的指标：交了之后能不能提升创造力，有大而新的开始？友谊能否维持长久？互动往来是否合于正道？若皆为正面，则可交往而无咎。《中庸》上称："所求乎朋友先施之。"交友要真诚主动释出善意，不宜矜持傲慢，动辄拒人于千里之外。不要等到别人都热诚交往后，自己落单觉得不安才赶忙奔赴，如此没有诚意，不愿付出，一定难以为人接受而致凶。"永贞"是坤卦的德行，经文云："用六，利永贞。"坤为广土众民，人生在世，应厚德载物，广结善缘。

《彖》曰：比，吉也。比，辅也，下顺从也。原筮元永贞无咎，以刚中也。不宁方来，上下应也；后夫凶，其道穷也。

"比"就是互相辅助，鱼帮水水帮鱼，大家都受惠获吉。乾卦"上九""亢龙有悔"，《文言传》称："贤人在下位而无辅……穷之灾也。""九五"为全卦唯一阳爻，深具刚强实力，居上卦坎险之中，又为发号施令的大君之位，其下所有阴爻资源不足，必然争相依附靠拢，听命顺从。下卦为坤，本是顺势用柔之象。阴阳互补，上下相应，唯有"上六"僻处边缘，乘于"九五"之上关系又不协调，看大家往来和乐，心里着急才赶来，表态太慢被拒而致凶。

蒙卦童蒙求师，卦辞称"初筮告"；比卦交友，以友辅仁，卦辞称"原筮，元永贞"。人生求良师益友，必得慎重。全《易》六十四卦，只有蒙、比二卦称"筮"，可见其意。

《象》曰：地上有水，比。先王以建万国，亲诸侯。

比卦上坎为水、下坤为地，为地上有水流动之象。师卦地中有水，军事部署重隐秘而机动；比卦亲善外交，则以真诚坦率为上，一切问题尽量摊到谈判桌上来解决。比继师后，重建大战后的新秩序，以求赢得战争也赢得和平。师卦"上六"爻辞已显其意："大君有命，开国承家，小人勿用。"比卦《大象传》再称："先王以建万国，亲诸侯。""大君"就是先王，为推翻旧朝、创建新朝的天下共主。周初的天子封建诸侯，君临万邦,《大象传》尊称先王，合情合理。

六十四卦的《大象传》多称"君子以"，共五十三卦；称"先王以"的有七卦，除比卦外，还有豫、观、噬嗑、复、无妄、涣等，都有特殊含义。所谓古圣先王之道，微言大义传之久远，习《易》者勿轻忽看过。近代一战后成立国际联盟，二战后创立联合国，都以调解国际纠纷、确保世界和平为目的，不论其实效如何，立意还是正确的。由师卦"上六"与比卦《大象传》看来，国家确实由武力造成，有其霸道的本质，一场大战结束，有些国家灭亡遭吞并，有些国家新成立，这是古今中外的通例。民族与文化则不然，是长期自然而然形成，同人、大有二卦宣扬王道的基础与此有关。

由此也可看出《易经》卦序编排的严密，乾、坤开天辟地后，屯、蒙、需的卦爻辞所示，都是一片粗放荒凉的情景，"出自穴"、"入于穴"，还有很多人住在山洞里。讼卦"九二""邑人三百户"，才有聚居的城市，师、比再组成国家。直到"天火同人"、"火天大有"二卦，三画的离卦才出现，表示人类普遍懂得用火，进入熟食时代，精神文明亦随之大兴。

周朝封建之初，主要照顾同为姬姓的宗族，大家都是亲戚，以为比较好说话，其实政权争夺根本六亲不认，几代过后更是疏远淡漠，诸侯国间就会起兼并战争。汉初为了酬庸安抚功臣，郡县与封国并行，异姓诸王杀光，同姓诸国照样叛乱，七王之乱昭昭可鉴。坤卦"初六"履霜之戒,《文言传》说得很清楚："积不善之家，必有余殃。臣弑其君，子弑其父，非一朝一夕之故，其所由来者渐矣，由辩之不早辩也。"因此汉文帝时，贾谊上《治安策》，立主"众建诸侯而少其力"，将封地封得愈多愈细愈好，每一个国家实力都有限，谁也不能出头号召抗拒中央，天下即易长治久安。"建万国"的道理在此，若只建几个大国，等于鼓励人叛乱自立的野心。师卦"九二"出师平乱,《小象传》称："怀万邦也。"放心不下可谓其来有自。乾卦《彖传》讲领导统御，归结为："首出庶物，万国咸宁。"维持国际和平，合乎人心想望，确须好生规划。屯卦草莽开创，称"利建侯"，比卦局面扩大，"建万国亲诸侯",《春秋左传》云："屯固比入。"有志建立事功者，宜用心详加研究。

遇事占到不变的比卦，依卦辞卦象判断即可，一般为吉，注意积极主动对外交往，别耽误时机。

• 2009 年 10 月下旬，山东大学易学研究中心的林忠军教授访台，我邀他到我们学会跟大家谈谈，一边听他叙述，一边算双方未来的关系发展，得出不变的比卦。“原筮，元永贞，无咎。”显然相当正面，其实本来已有互动，渊源不浅，尔后再加强联系即是。

• 2002 年 5 月初，有同学带闺中密友至我家问事，先生外遇被她查知，气愤之余连问三卦。先问若不离婚，修好的前景？得出屯卦“初九”动，有比卦之象。动乎险中，力求培元固本，维持亲比的夫妻关系，但得多注意老公的行踪，爻辞不是提醒“利建侯”吗？再问若离婚的前景，得出不变的比卦，就得看往外发展得如何，当然还得仔细挑选，也不能太慢太被动。最后问如果再婚能否美满，得出归妹卦（䷵）“九四”爻动，爻辞称：“归妹愆期，迟归有时。”《小象传》解释：“愆期之志，有待而行也。”“归妹”正是女人出嫁的终身大事，“愆期”为耽误了适婚年龄，审慎选择对象仍可享受迟来的幸福。易占回答问题，真是明快合理，一点都不拖泥带水。

• 2010 年 2 月上旬，我问紫微斗数准确可信否？得出不变的比卦。显然也是运用一套自恰的符号体系，根据输入的生辰资料，推演人一生可能的种种发展。卦辞称：“原筮，元永贞，无咎。”应有一定的道理，探讨生命的本质也相当深入可观。

• 2010 年 8 月中旬，时值阴历七月，我到台中上以易通佛之课，首先讲的是消业力的《金刚经》，心血来潮一占：今晚有“匪人”来旁听吗？得出不变的比卦。“比”为坤宫的归魂卦，的确有好兄弟来听经，所谓“一切天人阿修罗等”尽皆持诵，佛经所称不是虚言？ 2011 年元月上旬，我白天复建时想起已往生的几位师友，用手机试占他们而今安否？其中一位患癌去世的女学生卦象为不变的比，坤宫归魂，应已安定。

• 1998 年 3 月中，我开始所谓“大易兵法”的跨领域研究，针对《孙子兵法》十三篇皆作占测，其中《军争第七》篇的主旨为不变的比卦。兵家必争之地，比的是先占为胜，比卦卦辞强调：“不宁方来，后夫凶。”《军争篇》也提到外交的重要：“不知诸侯之谋者，不能豫交。”篇末总结用兵之法：“归师勿遏，围师必阙，穷寇勿迫。”这与比卦“九五”爻辞所称全同："王用三驱，失前禽，邑人不诫，吉。"比之所在，亦险之所在，风险与利益并存，《军争篇》首段结语："故军争为利，军争为危。"

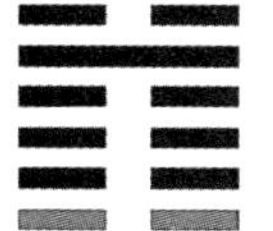

初六。有孚比之，无咎。有孚盈缶，终来有它吉。

《象》曰：比之初六，有它吉也。

"初六"为比卦初始，又处最基层的位置，和"九五"之君天壤悬隔，没有任何现成的承乘或应与关系，只能靠一腔赤诚慢慢经营。"缶"为大腹小口的瓦器，朴质无华，"有孚盈缶"象征诚信十足，快要从瓦罐中满溢出来。所谓精诚所至金石为开，最终一定会感动对方，得到超乎预期的好处。本爻爻变，有屯卦之象，草莽而清新，"利居贞，利建侯"。

师卦卦爻无"孚"字，兵不厌诈；比卦一开始即尚诚信，外交以信义为本。2006年5月，陈水扁离台出访，为泄愤搞出"兴扬之旅大迷航"，事后替其时负责"外交"的黄志芳辩护，说"外交官"有说谎的权利云云，后遭美国资深外交人员驳斥，声称完全违反专业信条，闻所未闻。若谈判不重诚信，何必在合约内容字斟句酌？一旦失信，以后又如何通行于国际世界？

• 1997年10月中，我沉潜自修已三年半，教过李登辉课后，倒是授《易》的邀约不断，也出齐了第一大套全《易》解析的书，仍觉得志业茫茫，当初决定另辟新路，有屯卦"六二""十年乃字"之思，遂占问终能圆梦否？得出比卦"初六"爻动，有屯卦之象。一切还在建侯初步，没什么好急的，真情实意全力以赴，"终来有他吉"。

• 2009年5月上旬立夏时节，我的学生陈文辉请益，他创立经营多年的苗栗华陶窑想交棒给子女，问合宜否？陈学《易》期间边作癌后门诊，精神毅力可嘉。华陶窑在台颇负风雅之名，年初也曾招待我们师生一票人去过，园里处处唐诗宋词点缀，尽是中华文化景致。我助其一占，得出比卦"初六"爻动，有屯卦之象。陈年事渐高，将半身心血传予下一代，合乎"建国、亲侯"之意，只要子女认真经营，终来应有他吉。"有孚盈缶"的"缶"字，尤其切题，陶瓦罐从窑里烧出，传播信念爱心与盼望，多么清新可喜！

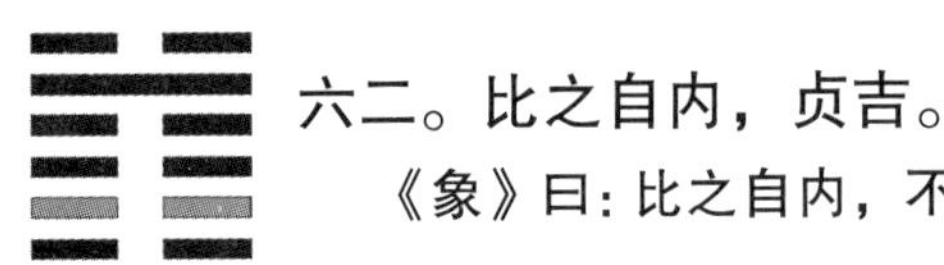

六二。比之自内，贞吉。

《象》曰：比之自内，不自失也。

“六二”中正，居内卦坤广土众民之中，外和“九五”之君相应与，上下内外互补，战略地位优越。既与强大的外邦交往，又不失去本身独立自主的原则，外交者实为内政清明的延长，这样固守正道必吉。本爻变，有坎卦（䷜）之象，“九五”虽强，居上卦坎险中心，比之所在亦险之所在，若依赖过甚，万一翻脸即见危殆。“九五”为全卦之主，是全球性的强权；“六二”居下卦之主，为区域性的重要国家，发展潜力无限，犯不着被“九五”绑住而受制于人。孙中山的遗嘱所称：“联合世界上以平等待我之民族，共同奋斗。”确是立国的正道。今日中、美两大国的关系微妙已极，亦须谨守本爻之义，方可大可久。

• 1995 年 10 月中旬，我给李登辉上《易经》课已一年多，外面有些传闻偏离事实，我也懒得回应，但仍占问与他最佳的互动方式，得出比卦“六二”爻动，有坎卦之象。“比之自内，不自失也”，教书归教书，仍坚守自己的原则分寸，保持一定的距离，以免困扰。其实，我一直都是这样，占象只是再确认一次而已。

• 我的书开始在大陆出版是 2007 年 7 月，北京的崔先生和我见到面则是 2009 年 4 月在厦门，谈起来一见如故。其后在大陆各地的一些讲座也多由他安排，彼此合作相当愉快。人生饮啄，可能前定？ 2010 年 7 月下旬，我占问此生与他的缘分，得出比卦“六二”爻动。比之自内贞吉，君子之交淡如水，各正性命，保合太和。

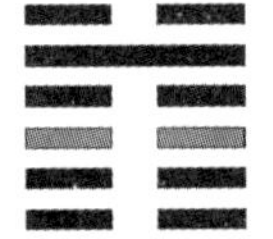

六三。比之匪人。

《象》曰：比之匪人，不亦伤乎？

“六三”不中不正，和“九五”无承乘应与的关系，找不到适合交往的对象，就可能交上损友，未蒙其利反受其害。本爻变，成蹇卦（䷦），困顿难行皆由择交不当。“匪”同“非”，交了“不是人”的朋友，岂不糟糕？

然而，爻辞并未明言吉凶，这点值得玩味。人海茫茫，升沉孰意？有时我们迫于形势，必须和某些人阶段性地合作，过关后再结束这段并非志同道合的关系。《孙子兵法·九地篇》有云：“吴人与越人相恶也，当其同舟而济，其相救也，如左右手。”面对共同忧患时，多年世仇都能合作，这就扩大了人际交往的空间，为暂时甚至长久的和解提供了可能。蹇卦之后为解卦，两卦相综一体，“渡尽劫波兄弟在，相逢一笑泯恩仇”，岂不甚佳？因此，“比之匪人”未必凶，佛要降魔得先跟魔接触，知彼知己，才能百战不殆。经文写的涵蕴甚深，《小象传》直言：“不亦伤乎？”显得轻率了！

依《河洛理数》一书批命之法，我的先天本命元堂即为比卦“六三”，“比之匪人”一辈子，总是会跟一些奇奇怪怪的人打交道，当时可能受伤受骗，日后回想起来反而获益不浅。阳爻九年、阴爻六年，依序将上半生比卦六爻走完，39岁以后转入后半生。比卦“六三”爻变成水山蹇卦（䷦），再上下卦对调为山水蒙卦（䷃），后天本命元堂为“上九”“击蒙”，我真的是40岁后开始教书授《易》，而且风格峻厉。十五年后转为“九二”“包蒙”，宽和包容得多，最后应止于“六五”“童蒙”，返璞归真，大人者不失其赤子之心。比卦寻求益友不得，蒙卦因缘际会成为严师，原筮、初筮因果流转，这辈子真的和大易结了不解之缘？

•2007年9月下旬，针对危言耸听的2012文明浩劫的传闻，我占问是否确有其事？得出巽卦（䷸）初、二、三、五爻齐变，成颐卦（䷚）。“巽”为风，“颐”为生态结构，风暴过后旧生态瓦解、新生态出现，这是什么意思？当时灵光一现，追问是指金融风暴吗？得出比卦“六三”爻变，恰值宜变之位，变成蹇卦。“比之匪人，不亦伤乎？”国际金融衍生性商品吸引人投资，一旦选错标的，泡沫破碎后肯定血本无归，今日世界透过汇率、利率的结合操作，早已万国诸侯连成一片，骨牌一倒全倒，而且速度快得不得了。《河洛理数》有此爻断词云：“蹇难先谋避，行舟风雨多。片帆撑巨浪，去计苦蹉跎。”断得多切！2008年9月15日金融风暴全面爆发，世界经济立陷困顿难行，G2、G8、G20会议不断，正是蹇极求解之象，风雨同舟下仇怨暂时放开，国际合作出现新的契机。我本来是占2012，结果2008即出事，是上天提前警示、世人若不调整

再来更大的灾难吗?

• 1994年12月上旬，台湾社会风靡于所谓前世今生的热潮中，媒体推波助澜更是夸张奇诡，我一时有感，遂问：真有前世今生么？得出比卦“六三”爻变，成蹇卦。“比之匪人，不亦伤乎？”探讨前世轮回属于非人的领域，于今生究竟何益？这辈子要做的事都忙不完了，还有闲工夫扯这些？《小象传》批评甚为在理，人生尽其在我，当下即是。

话又说回来，比卦属坤宫归魂卦，广土众民皆有所归，由人身归于非人也说得通。佛家六道轮回之说若真，众生可真是重重蹇难，需好好修持才获自在解脱。蹇卦《大象传》称：“君子以反身修德。”解卦《大象传》则称：“君子以赦过宥罪。”开示恳切，令人深思。

我接着又问：人的智慧能探测前世吗？得出不变的谦卦，其《彖传》称：“天道下济而光明，地道卑而上行。天道亏盈而益谦，地道变盈而流谦，鬼神害盈而福谦，人道恶盈而好谦……君子之终也。”天道下济乘愿再来，地道上行修成正果，宇宙间一切有形无形的存在，天地人鬼神都福佑有谦德者。丰满招损，谦虚受益。看来人面对这些难测难解的问题，保持谦虚的态度去探讨，是可能有所获的。

• 2010年11月下旬，我们学会在高雄办秋季研习营，谈起大陆近年出的两本历史小说，精彩纷呈，煞是好看。我随兴一占：孙皓晖的《大秦帝国》为不变的鼎卦，当年明月的《明朝那些事儿》为比卦“六三”爻变成蹇卦。鼎定中原，政权威重，秦代足以当之；人谋不臧，当海运大通之世内斗不休，种下国弱之因，明朝可为殷鉴。

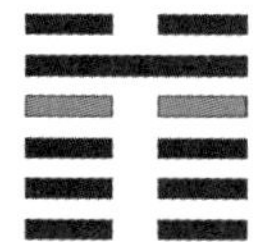

六四。外比之，贞吉。

《象》曰：外比于贤，以从上也。

“六四”阴居阴位得正，上承“九五”之君，占地利之便亲比交往，固守正道获吉。“九五”实力强大，“六四”交上奥援，一切配合行事即可，距离太近，关系不好不行。本爻变，有萃卦（䷬）之象，精英汇聚，可成大事。当今世界形势，像美国与加拿大为邻，邦谊和睦，形成北美贸易区的繁荣，即有此象。两国幅员广阔，边界却不驻重兵，外交处理得好，军战之费皆可节省，去过美加边境的尼加拉大瀑布的人，应有所悟。

• 1993 年 9 月下旬，我苦心经营那家出版公司有成，但仍处于不时股争的阴影中，前途充满不确定性，遂占问：一年内能否完全主控营运？得出比卦“六四”爻动，有萃卦之象。“六四”表现再好，毕竟不居君位，只能“外比于贤，以从上”，这是没有办法突破的基本限制。当时原老板因财务关系流亡在外，大股东财力雄厚虎视眈眈，公司呈现奇诡的营运格局。当时我们笑称：“只听过无店铺销售，没见过无老板经营。”“乾元用九”、“群龙无首”只是理想，难以真正落实于利益争夺的商场中。

其时，我刚写完《易经与现代生活》的第一套书，是交由公司出还是自费出版颇费踌躇，自出交公司代销的卦象为比“初六”爻动。“比之，无咎，终来有他吉”，遂敲定此案。以后来公司结束营运，之前支付版税也不正常来看，当然是正确的抉择，那套书一直长销至今。

1994 年 5 月上旬，最惨烈的股争终于爆发，某夜我苦思对策，将周遭重要关系人都算了一遍，全局竟一无可信赖为奥援者，对人性人情又多了番深切的体悟。其中一位曾无端卷入收不回债权的地方人士，我就占得比卦“六三”爻变，成为蹇卦。“比之匪人”，寸步难行，完全帮不上忙。短短半年多，连着三个比卦的占象，吉凶得失历历分明，人生处世择交何等重要？

• 1996 年年底，我因受邀至社会大学“未来企业领袖学院”演讲，题目为“跨世纪的百年回顾与前瞻”，在圣诞节当天算了一系列有意思的卦，其中回顾二十世纪中国的发展气运为比卦“六四”爻动，有萃卦之象。从西风东渐、列强入侵，清末救亡图存起，中国力争上游，谋求在现代的国际社会中站稳脚跟，以美为师、以俄为师，“六四”居位虽高，仍须交好大邦，这是不能不承认的事实。

九五。显比，王用三驱，失前禽，邑人不诫，吉。

《象》曰：显比之吉，位正中也；舍逆取顺，失前禽也；邑人不诫，上使中也。

“九五”中正居君位，为比卦主爻，众阴爻争相依附，地位显赫，应大度宽容，不强人从己，来者固然不拒，去者绝对不追，一切听凭别人自由选择。本爻变为坤卦，“含弘光大，品物咸亨”。《礼记·王制》称：“天子不合围。”古代王者围猎，恪守“三驱之礼”，只许三面围堵驱赶野兽，网开一面，让其逃生，以示仁德。邑人为行猎的工作人员，不经告诫亦遵令行事，不会赶尽杀绝。师卦“六五”“田有禽，利执言”，比卦“九五”“失前禽，邑人不诫”，一捉一放，一严责一宽容，二者对人的态度完全相反。师卦“六五”以“六三”监控“九二”，使人不当；比“九五”“邑人不诫”，“上使中”，用人任事的风格也不同。

美国地大物博，国富民强，二战前后已为天下大国，照理应依“显比”之理与世和合，然而半世纪来的霸权作风却惹人反感，推其原因即“己之所欲，必施于人。”喜欢强将美式文化推行至全球各地，少了对各民族文化应有的尊重。中国自古的处世之道是“己所不欲，勿施于人。”大家认真想想，哪种态度较好，最没有后遗症？

本爻意旨亦常用于兵法，转为故示宽大、欲擒故纵的深沉策略。《孙子兵法·军争篇》末称：“归师勿遏，围师必阙，穷寇勿迫，此用兵之法也。”团团围住，反而刺激敌人拼命，困兽犹斗之下还可能有所闪失，不如放他一条生路，使无缠斗之志。真要铲除后患，也于他处设伏，在敌寇争相逃亡之际一击必溃。正因如此，《九地篇》洞悉人情，就有了反制之法：“围地，吾将塞其阙。”不上当，自己将缺口堵上，回头如狼似虎地拼命搏杀。

• 2010 年 7 月上旬，我们学会内部人事纷扰不断，习《易》之人一样不能免于争讼，我决定趁 10 月理监事改选时大幅调整，重新布局，根据心中琢磨出的腹案，占问合宜否？得出比卦“九五”爻动，“舍逆取顺，失前禽”，当获“显比之吉”。其后果然，建国亲侯，气象一新。

• 2003 年 4 月上旬，女儿大学学测通过，去参加台大外文系的甄试后等待发榜，当日仍去高中上课，请老爸代查网站发布的通知。那时我计算机操作未熟，先占一卦探测结果，为比卦“九五”爻动。过去科举考试称“大比”，今日大学入学与此相近，既称“显比吉”，应录取无虞。果然上网一查，确认录取过关，女儿学校来电，告知并恭喜她上榜，凡事先知之趣，其乐大矣哉！

2010 年 11 月上旬，我算儿子过去十八年的人生发展，为比卦“九五”

占例

爻动，看来人际的亲和力很够，待人亦宽大，算是相当正面。有趣的是《焦氏易林》遇“比”之“坤”的断辞为：“麟子凤雏，生长嘉国，和气所居，康乐温仁，邦多哲人。”恰好和他的名字“春麟”相应。《易经》的卦辞爻辞也常有这种巧合，往往跟当事者的姓名、地名有呼应，这是因为心念感通的关系吗？

• 2010 年 9 月上旬，我问中医圣典《黄帝内经》的成就，得出比卦“九五”爻动，有坤卦之象。中医治病重视阴阳平衡，宽和顺势，不主强力消灭病源，比卦与师卦之不同亦在于此。君位动，显然境界甚高。

• 2012 年 8 月底，值中元祭祖时节，我们带子女去父母家焚香祝祷，给列祖列宗行礼。灾祸频仍之年，祈祖灵护佑子孙，占得比卦“九五”爻动，有坤卦之象。显比，英灵赫赫在上，宽厚包容爱顾，比为坤宫归魂卦，虽隔人天阴阳，亲比如常。《易林》之词尤切：“麟子凤雏，生长嘉国，和气所居，康乐温仁，邦多哲人。”

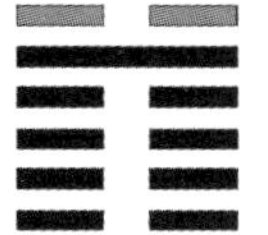

上六。比之无首，凶。

《象》曰：比之无首，无所终也。

“上六”为比卦之终，以阴乘于“九五”阳刚之上，关系恶劣。一般组织中一些退休过气的大佬自恃资深，对现任领导常指指点点，即为此爻意象。《彖传》所谓“后夫凶”，托大观望的结果成了孤家寡人，没有好的下场。“九五”为全卦之首，跟最强而有力者搞不好，“上六”当然凶。本爻变，有观卦（䷓）之象，正是观望过度，错过交往时机，遂为群众所弃。乾卦“用九”称“群龙无首，吉”，为至高境界；比卦“上六”“比之无首，凶”，现实争夺中遭边缘化而落败。

如果说“上六”“后夫凶”，“初六”“有孚盈缶”即为“先夫吉”，人际交往贵积极，看准了就得尽快行动。结合“初六”、“上六”两爻观之，刚开始真诚交友，最后都还可能翻脸破局，俗云：“人无千日好，花无百日红。”实在令人慨叹。“上六”和“九五”并观，足以体现围师必阙、欲擒故纵的深沉策略：“九五”先故示宽大，放开一条生路，至“上六”时再设伏收拾敌人，使其“比之无首”遭凶。两爻齐变，有剥卦（䷖）之象，刀兵夺禄，斩尽杀绝矣！比卦继师卦之后，建国封侯，往往将灭掉的前朝后裔另择地以存祭祀，殷封夏后于杞，周封殷后于宋，虽示仁德，亦寓集中监控之意。其实，纣子武庚受封不久即发动叛乱，由周公出兵平定。凡此历史教训，皆可为前车之鉴。

• 2002年4月下旬，邀我最早出来讲经的老友经营失利，积欠束脩未付，我等很久才发函去催也不回应，近三十年交情碰到严酷考验，遂占尔后发展，得出比卦“上六”爻动，有观卦之象。“比之无首，无所终也”，凶终隙末竟如是？其后虽又勉强再配合二年，终因形移势转而断了联系，思之难免遗憾。

• 2012年8月中旬，我问同性恋是怎么回事？为比卦“上六”爻动，有观卦之象：“比之无首，凶。”阴阳关系不谐，又不愿陷于孤立，遂有同志之事。下接小畜卦，密云不雨，在社会夹缝中生存，身心压力不小。现代社会已日益开放宽容，同志尚可结婚，但不可能生育子女。

比卦多爻变占例之探讨

比卦卦爻的基本理论及占例分析已毕，往下继续探讨更为复杂的多爻变的情形。

占事遇卦中任意二爻动，若其中一爻恰值宜变，以该爻爻辞为主、另一爻为辅论断，若皆不值宜变，以本卦为主，两爻齐变所成之卦卦象亦可参考。

• 2002年元旦，我依惯例问当年台湾经济情势，得出比卦“初六”、“九五”爻动，“九五”恰值宜变，成坤卦，两爻齐变则有复卦（䷗）之象。在此前二年，台湾经济表现很差，2001年且出现负增长，由占象看来应可借外贸拉动复苏成长，而且年底的两个月更明显。坤、复二卦皆为消息卦，时当阴历十月及十一月。2002年年初，两岸几乎同时加入WTO，经济发展与国际正式接轨，台湾为比卦，须与万国诸侯打交道，大陆则为不变的师卦，全面动员打好对外开放的商战。师、比二卦相综一体，两岸可真是难兄难弟啊！

然而，遇“比”之“复”要有好绩效，仍需“九五”之君胸怀宽广、开放两岸经贸往来，可惜彼时陈水扁当政，严格限制台商赴大陆拓展，晶圆代工厂坚不放行即为明证。“王用三驱”的开放程度不够，自然复苏的力道也打了折扣，“初六”基层的民生经济谈不上“终来有他吉”。虽然如此，当年年底两个月的表现还是比较可观。

• 2010 年 3 月下旬，我受邀赴北京清华大学附设的培训讲座授《易》，短短半日的时间，以“《易经》的决策智慧：知机应变”为题，介绍基本理论以及经世致用的方法。匆匆两日去来的行程结束，我以易占给自己打分数，得出比卦“初六”、“九五”爻动，“九五”恰值宜变。“显比之吉”，“有孚盈缶，终来有他吉”，都相当正面。听讲的学员多为政企的高端人士，正确了解《易经》对他们确有裨益。

• 2002 年年初，台湾政坛闹极大绯闻，涉及针孔摄影偷拍等非法之事，女主角当然受创很深，所谓千夫所指无病而死，往后如何再面对社会大众是个难题。我占问她还有可能复出吗？得出比卦“初六”、“九五”爻动，“九五”恰值宜变，有坤及复卦之象。“显比三驱”，看得开也放得下；“有孚盈缶”，往外人际交往的热诚不衰，又有顺势而复之象，应该是会复出无疑。果然，不到半年她就复出，没等到年底坤、复的两个月份，和前例当年的台湾经济不同。由此亦可知，即便同占同象，结果应验的时间也会有所差异，大环境宏观的问题涉及层面多，没法说变就变，个人的取舍则一念之间即可敲定。

• 2010 年 8 月底，我赴北大的培训机构授《易》，以“易经的第一堂课：极深研机，通志成务”为题，讲一整天，最后留一个钟头给学员提问。有位学员显然有所感悟，以纸条问中华文化向以儒、释、道三教为主流，西风东渐之后不为国人所重，何时又可振兴？我占得比卦“六二”、“九五”爻动，“九五”恰值宜变，有坤卦及师卦之象。“比”是亲近，“九五”“显比”居君位主流，“王用三驱”包容性又够，正是华夏文明大德敦化的气势，“六二”与之中正相应与，“比之自内”，没有失去民族本位的立场。坤卦“含弘光大，品物咸亨”；师卦“容民畜众”，《象传》则称：“能以众正，可以王矣！”综合以观，中华文化振兴为大势所趋，至于何时开花结果，就看朝野的领导人士如何用心推动了。

• 2011 年年初，我针对历朝历代的功过与时代特色有占测，其中蒙古人建立的元朝为比卦“六二”、“九五”爻动，“九五”恰值宜变，有坤卦及师卦之象。比卦为大封天下之象，蒙古人所建立的大帝国横跨欧亚，全由劳师动众的征伐而来，遇“比”之“师”，“九五”“显比”，元朝功烈足以当之。“六二”“比之自内，不自失”，蒙古虽灭宋，融入汉文化有限，始终都坚持了一定的草原雄风，这点和清朝满人彻底汉化不同。

《焦氏易林》“遇比之师”的断辞为：“千岁之墟，大国所屠；不见子都，城空无家。”几乎在为元朝的残酷杀伐作脚注，马上得天下，毕竟不能马上治天下，元朝百岁而亡。

• 2004 年年底，我占来年台湾地区有无重大天灾？得出比卦“六三”、“九五”爻动，“九五”恰值宜变，有坤卦及谦卦（䷎）之象。“六三”“比之匪人，不亦伤乎？”似乎有人力以外的因素造成伤害。“九五”“显比”居君位，也是地上有水汹涌流动之象。谦卦亨通，君子有终，不管发生什么最后应该还好。结果 2005 年有“5・12”、“6・12”、“7・16”、“8・30”四次水灾，41 人死亡，损失上百亿台币，确实不是风调雨顺的太平年，但也算不上重大天灾。

• 1998 年 2 月中旬，我仍在那家出版公司沉潜晃悠，老板突然邀请各高干吃春酒，其时公司业务日非，我也早就从心困中跳脱，全不在意，但仍一占其真正意图为何？得出比卦“六三”、“九五”爻动，“九五”恰值宜变，有坤卦及谦卦之象。“九五”“显比”居君位，当然是指老板，“六三”“比之匪人”说得真妙，吉凶不定。《系辞下传》第九章称：“三与五，同功而异位……贵贱之等也。”虽非承乘应与，在人屋檐下，不配合还不行，谦卦和平有终，才是最实际的。看了卦象，我哈哈一笑去赴会，反正老同事们言不及义，吃完了作鸟兽散，倒是他有些矜持，可能有些话有说不出来……

• 1991 年 12 月上旬，我已经代理那家出版公司总经理一职，代总带种，不知天高地厚与人心险恶，接任后盘算大局，得出比卦“六二”、“上六”爻动，齐变有涣卦（䷺）之象。遇“比”之“涣”，想合作聚众却人心涣散，情势相当险恶。“六二”“比之自内”，实力仅够自保，“上六”“比之无首，凶”，“无所终也”，其实完全说对了最后的结果，涣散一场空。易占感应之灵，令人惊叹。

• 2004 年 8 月下旬，我已彻底离开出版界，走上自己终生以赴之路，

某晚突接昔日老板电话邀晤，当然还是去见了见故人。他所提的一些方案只能用荒谬来形容，但也不纠缠不说破，将一干企划文件携回，看也没看就丢弃。感慨之余，占问他的现状？得出比卦“九五”、“上六”爻动，“九五”恰值宜变，有坤卦及剥卦（䷖）之象。公司实质已算倒闭，他一人困兽犹斗还在撑持，“九五”自然指他，“上六”“比之无首，凶”，看来外援已完全断绝。剥卦一阳浮于五阴之上，资源丧尽，岌岌可危，差不多就是这样了！

• 2003 年 7 月下旬，我在企业界的学生孙某来我家，谈的是儿子就学之事。一个人年纪轻轻在美国念军校，各方面都让人担心，做爸爸的想把他弄回台湾来重读高中，我们介绍在私立高中任校长秘书的朋友帮忙安插，并问如此就学合宜否？得出比卦“初六”、“六二”爻动，“初六”恰值宜变，有屯卦及节卦（䷻）之象。“初六”爻辞云：“有孚，比之无咎。有孚盈缶，终来有他吉。”“六二”“比之自内，不自失”，“屯”是幼苗成长，“节”为纳入规范，应该合适无虞。其后果然顺利毕业，没有再让父母挂心。

占事遇卦中任意三爻动，半数已不稳定，“本卦”与三爻齐变所成“之卦”须合参，称贞悔相争。三爻中若有一爻恰值宜变，影响较大，多予注意。

• 1998 年 11 月初，我刚看完《李光耀回忆录》上集，用占卦方式探讨其治国之法，得出比卦“六二”、“六三”、“九五”爻动，“六三”恰值宜变，单变成蹇卦，三爻齐变贞悔相争为升卦（䷭）。遇“比”之“升”，李光耀长于外交上的纵横捭阖，灵活处理与各方势力间的关系，造就新加坡高度成长的奇迹。“九五”居君位有实力，在新加坡战后争取独立建国的历程中，相当于几方面深刻影响的强大力量：英国、中国与马来西亚。“六二”则为弱小的新加坡，与三方面周旋借力，却始终维持独立自主的原则。更值得注意的是“六三”“比之匪人”，懂得争取阶段性的联盟，与志不同道不合的人合作对付共同的敌人，成功壮大后再拆伙分道扬镳。本爻变成蹇卦，利用风雨同舟的患难情势，放下彼此恩怨，相救如左右手，《彖传》末称：“蹇之时用大矣哉！”一般国家建立需经战争，新加坡却善用大国间的矛盾，和平独立建国，这是李光耀高人一等之处。

由此也验证了“比之匪人”未必受伤，是吉是凶，视当事者的修为智慧而定。

• 1996 年圣诞节当天，为了准备“跨世纪百年回顾与前瞻”的演讲，我占了一系列中国国运的卦。前述回顾二十世纪的中国气运为比卦“六四”爻动，有革卦之象，救亡图存须结好大邦，吸收先进知识以谋迎头赶上。接着算前瞻二十一世纪中国的发展气运，得出比卦“初六”、“六三”、“九五”爻动，“六三”恰值宜变成蹇卦，三爻齐变贞悔相争为明夷卦（䷣）。今后的百年中国，国际外交仍是重中之重，由“初六”诚信交往，经“六三”“比之匪人”的合纵连横，可壮大到“九五”“显比”天下强国的地位。“六三”爻变成蹇卦，自然是必要的策略运用；“九五”自身强大后，确该实行“王用三驱”之道，不称霸而称王。明夷卦的《大象传》称：“君子以莅众，用晦而明。”君临天下领导群众，韬光养晦反能真正光明。

• 2010 年 11 月下旬，我们学会在高雄办秋季研习营，我一边听讲一边在思考中国文化的问题，有占问孔子晚年删订赞修六经的功绩，得出比卦“初六”、“六二”、“九五”爻动，贞悔相争为临卦（䷒）。孔老夫子亲比古典的华夏文明，又有自己与时俱进的创新理念，“六二”“比之自内，不自失”，“九五”“显比”包容万有，气象万千，“初六”“有孚盈缶，终来有他吉”，虽说“述而不作”，究实寓创于删订赞修，功绩甚伟大。临卦君临天下，且开放自由，其《大象传》称：“君子以教思无穷，容保民无疆。”思想贵创新，继往还要开来，发扬光大，无穷无疆。

• 我的中医学生楼中亮（园宸）从我习《易》四年，好学深思，也执业多年，看诊经验丰富。2009 年 11 月中，我占他当时医学专业的造诣如何？得出比卦“六二”、“九五”、“上六”爻动，三爻齐变贞悔相争为蒙卦。“六二”“比之自内，不自失”，“九五”“显比之吉，位中正”，他勇于往外求学习艺，“六二”、“九五”中正相应与，格局极佳。“上六”“比之无首”“后夫凶”，亲近“善知识”唯恐不及，确实有几次欲往大陆亲炙大师，因错过时机而失之交臂。人生活到老学到老，蒙卦“童蒙求我，匪我求童蒙”，中亮足以当之。

9. 风天小畜（䷈）

“小畜”为《易》序第九卦，前接比卦，后为履卦。“比”是人际国际的外交互动，虽相亲近还是两个个体，规模有大有小，实力有强有弱，彼此间难免猜忌提防，因而造成沉闷难受的局面。为求突破，必须建立互信，订出彼此往来的规范，使权利义务关系明确化，然后照章实行，这就是“履”。

《序卦传》称：“比必有所畜，故受之以小畜；物畜然后有礼，故受之以履。”合作双方因为守望相助，彼此资源都会小有畜积，由于猜防不够开放，畜积有限难以大畜。资源多了，关系复杂，就需要订出管理办法，礼即人群互动的规范，不是空理论，而是得付诸实践。理、礼、履三字音通义通，将人际相处的道理实行出来就是“履”。

《杂卦传》称：“小畜，寡也；履，不处也。”“小畜”积蓄资源有限，小国寡民得善于维生；履重敦笃实践，不会待着没事干。

春秋战国时代，大国小国林立，如何和平共处是大家关心的问题，儒道两家皆有建言。《老子》第六十一章称：“大国以下小国，则取小国；小国以下大国，则取大国。故或下以取，或下而取。大国不过欲兼畜人，小国不过欲入事人，夫两者各得其所欲，大者宜为下。”大国小国都放低身段，和平共存其实最符合双方利益。《孟子·梁惠王篇》有记载：“齐宣王问曰：‘交邻国有道乎？’孟子对曰：‘有。惟仁者为能以大事小……惟智者为能以小事大……以大事小者，乐天者也；以小事大者，畏天者也。乐天者保天下，畏天者保其国。’”大国善待小国，乐天行仁保天下，小国善事大国，斗智而不斗力，敬畏天命保其国。今人喜欢讲以小博大，选对支点运用杠杆，投入虽小，获益甚多，“博”是“赌博”的“博”，绝不可误读成“搏斗”的“搏”，那就成了硬拼送死。

《孟子》同篇又有“畜君何尤”的乐歌，臣子事君不可逢迎其欲望，宜适当谏止，所谓“格君心之非”，臣小君大，伴君如伴虎，风险极高。履卦以“履虎尾”为喻，猫科动物最敏感的痛点就是尾巴，一脚踩上去有多危险？小畜、履两卦相综一体，也都在探讨组织中上下相处的难题，值得用心玩味。

两卦皆为一阴五阳之卦，和师、比二卦一阳五阴恰恰相反。小畜卦“六四”、履卦“六三”夹处于众阳爻之间，上压下顶十分难受，又分当四多惧、三多凶的人位，必须练达智慧才能在夹缝中求生存。

小畜。亨。密云不雨，自我西郊。

小畜卦一阴五阳，阴阳的对比极不平衡，但仍有善加调理以获致亨通的机会。上卦巽为风，下卦乾为天，天上风吹云走，云层累积很密很厚却不下雨，地上农田等待灌溉日久，推其原因应是风向不对。民间俗谚有云：“云往东，一场空。”由大陆西部沙漠往东边海洋吹的风，含水量不足，云积再厚也不易下雨，若风向改变，由东边海洋往内陆吹，湿度够就会下雨。云是看得见的表象，作不得准，风为幕后暗中推动的力量，其流动方向才是决定下不下雨的因素。世间人事亦多如此，窒闷不开的僵局常因高层政策风向而致，一旦转向，往往迎刃而解。

《彖》曰：小畜，柔得位而上下应之，曰小畜。健而巽，刚中而志行，乃亨。密云不雨，尚往也；自我西郊，施未行也。

小畜全卦的主爻为“六四”，阴居阴位，虽柔弱无实力，却占据全局要津。上承“九五”之君，下应“初九”之民，大可发挥居中斡旋的本事，既谋自保，又创造整体的和谐。内卦乾为健行，外卦巽为善观风向，灵动深入，懂得配合掌权者“九五”的意图行事，故能得志成功，而终获亨通。“刚中”指“九五”，阳刚居上卦之中，“六四”只要搞好和“九五”的互动关系，则天下无事。尚未搞定以前，呈现“密云不雨”的危疑情势，抓准上方风向后，即可精准突破，转危为安。乾卦《彖传》称：“云行雨施，品物流形。”密云不雨，当然“施未行”。“尚往”，则是鼓励闷局中人要有耐心，根据既定的主意去化解周旋，终会有成功的一日。需卦健行遇险，最后“利涉大川”，有“不速之客三人来”；小畜卦健行遇风，最后也能“既雨既处”，和谐亨通。两卦初至五爻完全相同，只有上爻阴阳略异，所以读通需卦之所为，就会很快掌握“小畜”的道术。

《象》曰：风行天上，小畜。君子以懿文德。

风行于天之上，暗示尚未落实于地上，而下一卦履卦正是脚踏实地、付诸施行。由“小畜”的沉闷如何转成“履”的明确，就是习《易》者要用心修炼之处。“懿”属动词，美善之意，拆开则为“壹次心”，“壹”是凝神专注，次即师左次之次，暂时安顿不动。人心纷扰不已，若能安静凝虑则生智慧，处理事情圆融周到。文德不同于武备，是和平调解纷争的修为，“懿文德”将之发挥到至高之境。“懿”通常专指女性阴柔之美，古代皇太后的旨意称“懿旨”，“小畜”以小事大，以柔克刚，正须在坤德上多予讲究。

《论语·季氏篇》记子曰：“丘也闻有国有家者，不患寡而患不均，不患贫而患不安，盖均无贫，和无寡，安无倾。夫如是，故远人不服，则修文德以来之，既来之，则安之。”这段话说得光明壮阔、掷地有声，影响也很深远。《易》序从师、比、小畜、履、泰、否、同人、大有，至谦、豫等十个卦之精义，几乎都涵括在内。师、比产生国家，已见前述，“小畜”称寡，以小事大成功，彼此和平对待，资源交流互补，即不足为患，正是和无寡。任何时代的国际关系，都应以文德为上，才能真正保障世界和平。

占事遇不变的小畜卦，以卦辞卦象论断，一般多为沉闷之局，以小博大，不易突破。

• 十多年前，我与邱彰律师会晤，当场还有学者劳思光教授，他的著作《哲学论衡》我在学生时即读过，其实谈的是中国哲学史，对他的许多论述颇不苟同，纯以西方哲学方法解析中国学问者每有此弊。当年底的“立委”选举，邱彰准备参选，由于没有政党提名，缺乏奥援，不知有无胜算。劳教授虽不信易占，他们老一代的幼时都背诵过《易经》，也会用金钱占卜。当下他占得不变的小畜卦，密云不雨，以小博大，想在两大党的夹缝中杀出一条路，只怕不容易。邱彰知名度甚高，拿了生化及法律的双博士学位，从林云习密宗，又写了不少通俗的书，拥有不少粉丝，但从政又是另外一条路子，所谓万般不与政事同。其后选举果然失利，进入本世纪之后，还曾做过民进党不分区“立委”，又因事被开除职务，政途可谓相当不顺。

初九。复自道，何其咎，吉。

《象》曰：复自道，其义吉也。

“初九”当“小畜”之初，又在组织最基层的位置，对沉闷的大局使不上力，此时最好的方式为埋头做自己的事，基本面强化了，将来折冲樽俎也多些筹码。“何”通负荷的荷，自己承担时代及个人的苦闷，不必浪费时间心烦抱怨，可以获吉。有些旧批注“何其咎”为“怎么会有咎呢？”通固然通，于爻辞义例不合。“何”字在爻辞中皆为负荷承担之意，如噬嗑卦“上九”：“何校灭耳，凶。”大畜卦“上九”：“何天之衢，亨。”随卦“九四”：“有孚在道以明，何咎。”“何”为动词用法，不是疑问句。经文创作时“何、荷”通用，写传文时才分开，如“何可长也”、“何可久也”之类。其实，两义也是贯通的，就是因为别人看你负荷不了，才会提出质疑：这可以么？承受得住吗？一般人逢事则乱，帮不上忙还增添困扰，小畜卦“初九”沉静以待，值得学习。本爻爻变，为巽卦（☴），沉潜低调，才能深入了解情势，慢慢寻求解决之道。

•2005年年初，我依例占测自己全年“谋道”的情势，得出小畜卦“初九”爻动，有巽卦之象。陈水扁诡异连任的第二年，台湾地区陷入深重的对立抗争，岛内的氛围恶坏已极，真的是“密云不雨，自我西郊”，政策的风向往不妥协、不和解飘移。既然使不上力，不如埋头深造，承担时代的悲苦，未来还可能获吉。“小畜”强调修文德，巽卦《大象传》则称：“随风巽，君子以申命行事。”深观时代风尚，伸张天命，力行人事，除此岂有他哉？

而今回顾，那一年在论学上成绩斐然：先后参加山东大学在青岛办的易学与儒学会议、民进（中国民主促进会）中央在咸阳办的传统与现代化研讨会、台南办的易学与现代文明研讨会等，完成《大易君王论》、

《易与和合思想》、《大象传义理结构》等多篇论文。真的是“复自道，其义吉也”。前述小畜卦与需卦类似，“复自道”义通“需于郊，利用恒”可获无咎，往长远看就不会灰心丧志，还可以干得很欢。

九二。牵复，吉。

《象》曰：牵复在中，亦不自失也。

“九二”居下卦之中，阳居阴位，刚而能柔，于沉闷的大局亦能含弘忍耐，与“初九”一样埋头做好自己的事，绝不失去自己应有的立场，如此也能获吉。“牵复”的“牵”，受影响牵动，牵手合作，“初九”“复自道”，“九二”也“复自道”，故称“牵复”。比卦“六二”《小象传》称：“比之自内，不自失也。”“小畜”“九二”称亦“不自失”，都有独立自主的精神。本爻变，有家人卦（☴）之象，一家人亲情紧密，牵手合作，影响大于个人孤军奋斗。

•2005年12月下旬，我们全家本已决定寒假一同赴埃及旅游，既广见闻又享天伦之乐，但两边四位老人家身体频出状况，岁末冬寒又需子女就近照顾，我妻纯孝，决定与儿子留守台湾。我有些失望，占只剩父女二人同行合宜否？得出小畜“九二”爻动，有家人卦之象。“牵复，吉”，手携手出游，可以获吉。家人卦卦辞称：“利女贞。”贤妻敬老顾家，爱女偕行天下，皆坤柔正道，有何不宜？事后证明，此举正确，玩也玩到尽兴，家中的确发生事故，因为有人留守而打理无碍。

九三。舆说辐，夫妻反目。

《象》曰：夫妻反目，不能正室也。

“九三”过刚不中，处内卦乾阳之顶，“六四”一阴乘于其上，有情欲蒙蔽理智之象。“舆”是车子，“辐”是车轮边缘向中心集聚的辐条。《老子》第十一章有云：“三十辐共一毂，当其无，有车之用。”车轮借辐条辐辏于毂心，以带动车体行进，人与人同心同德，就像车行于道路之上一样平顺。夫妻若不同心相爱，反目成仇，就像车子辐条脱落不能行进一般，家室内斗即将解体。本爻动，恰值宜变之位，变成中孚卦（䷼），必须诚信沟通以期破镜重圆。《易》序家人卦之后为睽卦，“睽”即夫妻反目，睽之后为蹇卦，大家都寸步难行，与小畜卦“九三”的道理相通。

• 2004 年 12 月下旬，我出版公司的老同事找我叙旧，谈到她的婚事不谐，先生有出轨情况，当下占他们未来却是不变的泰卦，天地交泰，阴阳和合。既然未至绝境，遂代为筹谋，问她应该怎么做？得出小畜卦“九三”爻动，恰值宜变成中孚卦。夫妻反目，大家都动不了，还是沟通忍让，看看能不能靠信望爱渡过难关，至少不要太快放弃多年的婚姻。中孚卦为艮宫游魂卦，《大象传》称：“君子以议狱缓死。”事缓则圆，说不定还有宽恕解脱之道。其后迄今，倒是未闻他们有离婚之举。

• 2000 年初，我一位学生结束多年情缘，协议分手时，男方想将彼此共享的吉普车便宜卖给她，爱情虽已褪色，大红的车子却很拉风，遂自行占问合宜否？得出小畜“九三”爻变，成中孚卦。夫妻反目已成事实，好玩的是“舆说辐”，车子不能行动，上路后当心抛锚出事。易占怎么会连车子买卖，包括车况好坏的事都那么清楚呢？她啼笑皆非之余，打消了购车之想。

• 2004 年 4 月下旬，一位媒体界的朋友找我，烦心她独子求学事，在台学习状况不佳，想安排到澳洲去念高中，我帮她占得小畜卦“九三”爻变，值宜变成中孚卦。看来是不合适，夫妻反目至亲别离，“舆说辐”行不得也，应该还先在父母的照顾下待一阵再说。又问当年内安排出国念书合宜否，得出中孚卦“九五”爻动，有损卦（䷨）之象。爻辞云：“有孚挛如，无咎。”正是亲情爱顾之意。《大象传》称：“君子以议狱缓死。”怎么看都再缓一缓较佳。她听了建言，先从加强照顾着手。

• 2010 年 4 月中旬，冰岛沉睡两百年的火山爆发，大量火山灰飘移至北欧各地，造成机场航班大乱，严重影响民生经济。我女儿原订出差赴伦敦书展，也被迫取消，歌剧票转送在英友人。我占此天灾的影响及意义，得出小畜卦“九三”爻动，值宜变成中孚卦。风行天上，密云不雨，造成人心焦灼郁闷，岂不正是火山灰四处散布之象？“舆脱辐”，许多航班取消，空中交通大乱，人人行不得也。近年来全世界的天灾人祸频繁发生，和人心躁郁不宁是否有关？“中孚”为合乎时中之道的信仰，遇“小畜”之“中孚”，讲信修睦的人道关怀可能才是终极解脱之路。

六四。有孚，血去惕出，无咎。

《象》曰：有孚惕出，上合志也。

“六四”为全卦唯一阴爻，夹处于上下众阳爻之间，下卦乾刚往上顶，上卦巽风吹拂不定，“九五”之君又强势下压，是很难生存的艰苦环境。然而小畜卦之精义亦在于此，“六四”为全卦主爻，上承“九五”、下应“初九”，挟“复自道”的基本功，以小事大与位据其上的“九五”周旋，若能建立互信，则可免于流血相争的恐惧，而获无咎。“上合志”一句，点出关键策略，弱小的一方勿与强大一方顶牛对抗，设法找出彼此资源互补可以合作的项目，有志一同奋斗，和平双赢是有可能的。俗话说：“做事不由东，累死也无功。”“九五”主导全局是东家，“六四”高干辅弼不宜总唱反调，就算谏正君心之非，也得体察风向俟机进言。本爻爻变，有乾卦之象，若硬碰硬，以弱击强，只有被彻底摧毁，全局归于纯阳，再无阴柔存身余地。

本爻与需卦“六四”的情境相似，“需于血，出自穴”，烦恼多因强出头，必须“顺以听”，才能化解阴阳相伤的危机。同样，小畜“九三”“舆脱辐”亦似需卦“九三”“需于泥”，“夫妻反目”会“致寇至”，必须敬慎以保不败。需卦“云上于天”，小畜“风行天上”，宗旨皆在促成下雨和解，搞成玄黄血战就大错特错了！

九五。有孚挛如，富以其邻。

《象》曰：有孚挛如，不独富也。

“九五”中正居全卦君位，下乘“六四”，应展现仁者以大事小的胸襟气度，与“六四”真诚交往，像孪生兄弟一般亲密。易例阳大阴小、阳实阴虚、阳富阴不富，“九五”之富应与紧邻的“六四”共享，充分交流，才是双赢两胜之策。“不独富”的开示，让人想起《礼运大同篇》所称：“故人不独亲其亲，不独子其子，使老有所终，壮有所用，幼有所长，鳏寡孤独废疾者皆有所养，男有分，女有归。”不分男女老少、健康残疾，大家都各得其所，正是同人、大有二卦的境界。小畜“六四”、“九五”爻齐变，成大有卦（䷍），双方诚信互动，战祸消弭，世界和平。“九五”爻单变，为大畜卦（䷙），由小变大，卦辞称：“利贞，不家食吉，利涉大川。”形势开阔，大有发展空间，彻底摆脱夹缝中辛苦求生存的小畜之局。前述小畜卦密云不雨，以小事大，须善用杠杆原理寻求最佳的施力点，以获得最大的效益，“六四”的支点即为“九五”，只要“上合志”，全局无虞；反之亦然，“九五”的支点即为“六四”，富利共享，便可化干戈为玉帛。

同样，本爻所述义理和需卦“九五”相近，“需于酒食，贞吉”，摆好一桌丰盛菜肴，招待“不速之客三人来”分享，互敬互重“终吉”。化敌为友，所以小畜“六四”爻辞称：“血去惕出，无咎。”

• 2009 年 11 月上旬，我们周易学会成立八周年，我占问奋斗八年的绩效，得出小畜卦“九五”爻动，有大畜卦之象。从小而大畜积资源，由密云不雨很沉闷的读经形势，拓展到内地弘扬中华文化的初步境地，可称小有所成。“有孚挛如，不独富”，本是当初成立学会的初衷啊！

上九。既雨既处，尚德载。妇贞厉，月几望，君子征凶。

《象》曰：既雨既处，德积载也；君子征凶，有所疑也。

“上九”为小畜之终，辛苦斡旋到最后，终于避免冲突，双方协议和平共处，这是众人努力而成就的无量功德，值得尊尚。

“载”为车辆运输，积德满载，赢得象征和平的甘霖普降，“德”即《大象传》“懿文德”之德，“密云不雨”成了“既雨既处”。“九三”“舆说辐”，车子抛锚不能动；“上九”“尚德载”，象征众力众意的车子又开始启动，恢复运转。“九三”“夫妻反目，不能正室”；“上九”也以夫妇关系取象，刻画出配偶吵架后又和好的微妙情境。

“妇贞厉，月几望”，吵架后总是有些芥蒂，虽欲固守贞德，仍觉危厉不安，月借日光，妇因夫显，不能不低调收敛，“望”是满月之时，光芒最盛，“几望”则深自谦抑韬光养晦，以免再起冲突。“君子”即“夫”，“征凶”意指再恃强压人则凶，柔弱一方既已退让，也得见好就收，以维续来得不易的和解关系。反目自然是彼此猜疑，坤卦《文言传》称：“阴疑于阳必战。”征战又会流血，不合小畜修文德之旨，故凶。

其实，小畜卦六爻的历程亦可以情色观点去想，和需卦明谈饮食暗喻男欢女爱一样。久旷称密云不雨，甚至因此反目，

夫妻没有隔夜仇，床头吵架床尾和，有孚挛如亲密过后，既雨既处，就是暂歇时光。“上九”爻变，有需卦之象，彼此仍有云雨的欲求，只是暂时得休兵了！

• 1993年7月中旬，我负责那家出版公司的经营，财务上始终受所谓关系企业的干扰，关键当然在老板，而这边的财务主管又是他的至亲，公私之间特难处理。当时我居然天真到想换人管财务，与老板面谈后被打回票，去之前所占的卦即为小畜“上九”爻动，有需卦之象。虽暂时搁置争议，什么也不调动，彼此的关系已生变化：我在危厉不安的情境下得收敛锋芒以自保，而他虽有所疑忌，一时也忍耐不做任何处置。

• 2009年10月中，我受邀参加一场新兴教派的法会，由一位年轻的印度修行者主讲，学生出钱招待坐第一排。会期三天，我只参加其中一天，也很难专心，边用手机占问：此法会的功德如何？得出小畜“上九”爻动，有需卦之象。密云不雨，在夹缝中求生存，为现代人普遍的精神困境，确实需要类似法会的证道纾解。“既雨既处，德积载”，虽有功德，却非究竟，难以落实为人生实践，小畜之后为履卦，方见人生真章。

小畜卦多爻变占例之探讨

小畜卦各爻的基本理论及易占实例已介绍完毕，下面进入复杂的二至六爻变化实例之探讨。

占事遇卦中任意二爻动，若其中一爻恰值宜变，以该爻爻辞为主、另一爻爻辞为辅论断。若皆不值宜变，以本卦为主、二爻齐变所成之卦为辅，同时参考爻辞所显示之可能动向。

• 2010 年 3 月初，我针对一些国家或地区占算其未来五年的发展运势，中国内地为不变的丰卦，台湾地区则为小畜卦“六四”、“九五”爻动，双变为大有卦之象。情势如此明朗，内地资源雄厚，如日中天，必成大国；台湾只要处理好两岸关系，建立互信，充分沟通往来，亦同享安和乐利。

• 2008 年 8 月 20 日，北京中信证券的高层精英访台，我们在喜来登饭店餐叙，餐后应王老董之请，算一算他们公司未来五年的发展气运，得出小畜卦“九五”、“上九”爻动，“九五”恰值宜变，成大畜卦，两爻齐变又有泰卦之象。中信证券成立较晚，发展急速，过去几年的成长幅度非常惊人，由卦象看，到 2013 年以前形势仍然大好。由“小畜”而“大畜”而“泰”，规模会日益攀升扩大，且国际化前景无限，关键即在小畜“九五”的爻辞：“有孚挛如，富以其邻。”金融业的命脉就是诚信，“有孚挛如”显示诚信为普世接受，商誉卓著，财富自然源源而来。大畜卦辞称：“不家食吉，利涉大川。”泰卦卦辞称：“小往大来，吉，亨。”都显示出远大开阔的格局。几年过去，确实继续成长，在国际金融风暴后的发展仍不可限量。

• 1997 年 8 月初，我占算爱因斯坦建构相对论的历史定位，得出小畜卦“九五”、“上九”爻动，“九五”恰值宜变，成大畜卦，两爻齐变又有泰卦之象。天时地位交泰，宇宙时空息息相关，正是相对论突破之处，由小畜“密云不雨”转成大畜的“不家食吉，利涉大川”，大大拓展了世人的视野。“九五”为君位，“有孚挛如”，伟大的信念将时空融合为一，确实贡献卓越。“上九”“既雨既处，尚德载”，好像暗示相对论仍非究竟，虽然功德无量，只是暂时阶段性的理论，仍有未能全面圆融之疑虑。有“泰”之象而毕竟非“泰”，由“小畜”之“泰”，依序还得经过履卦的务实验证。相对论稍后出现的量子理论，都盛行于世，却不能彼此完全贯通，爱因斯坦穷其一生也无法提出统一场论，可见一斑。

• 2010 年 11 月下旬，我问往后半世纪华夏文明复兴的情事，得出小畜卦“初九”、“九五”爻动，“九五”恰值宜变，成大畜卦，两爻齐变则

有蛊卦（䷑）之象。蛊卦讲究继承祖业，又与时俱进改革创新，发扬光大。由“小畜”而“大畜”而“蛊”，主要是居君位者懂得提倡“有孚挛如”、众生一体的王道思想，将这丰美的精神财富与天下人共享。“初九”“复自道”，表示基层民众亦向传统文化回归，努力走自己的路。2011 年元月，北京天安门竖立起九米五高的孔子铜像，浩浩荡荡的文明复兴之路已在眼前展开，有志之士可以打理打理准备启程了！

• 2010 年 7 月中旬，我们学会内部暗潮汹涌，是非不断，干部无力摆平，我决心整顿快斩乱麻，嘱弟子将是非者劝离，不许继续上课，剩下不明就里的人则于课堂中亲自宣明原则，一切回归单纯的上课听讲，否则全部解散。腹案一定，占问吉凶，得出小畜卦“初九”、“九二”爻动，齐变有渐卦（䷴）之象。渐卦以鸿雁群飞为象，部伍严整，重纪律，有精神，习《易》者本应如此。“小畜”现况为“密云不雨”的沉闷僵局，“初九”“复自道”、“九二”“牵复”，回归正道本位，依此处置都能获吉。后来经此明确整饬，一切恢复正常，顺利将六十四卦课讲完，算是功德圆满。

• 2012 年 2 月中旬，台湾出生的林书豪在美国 NBA 篮坛异军突起，表现非凡，造成“林来疯”的热潮。我问他往后的发展前景如何？为小畜初、上爻动，有井卦（䷯）之象。小畜以小博大，在夹缝中求生存，密云不雨的环境下，打开不错的局面。“初九”“复自道，荷其咎，吉”，林书豪的成功并非幸致，而是扎实勤练基本功；“上九”“既雨既处，尚德载”，阶段性突破值得称扬，“月几望，君子征凶”，前途仍未全部开朗，须低调行事。“遇小畜之井”，“井”为开发新潜能，以期脱困创新。后来的发展如占象所示，林受伤未参加纽约尼克队的季后赛，养好伤势后，尼克未与之续约，休斯敦火箭队高薪挖角，到美中另寻发展。

三爻变占例

占事遇卦中三爻动，变量已至半，本卦呈现不稳定的拉锯状态，三爻齐变所成之卦，与本卦合参，称为贞悔相争。三爻中若有一爻恰值宜变，该爻爻辞加重考虑。

• 2001 年 5 月初，《中国时报》招待我们几位授课的老师赴上海及苏州游览，在沪的最后一晚，大家去石库门的新天地广场徜徉，喝咖啡，谈是非。看上海的日新月异，我心中有感，起占问其十年后的风貌？得出小畜卦“九三”、“九五”、“上九”爻动，贞悔相争成临卦（䷒），“上九”恰值宜变，单变为需卦（䷄）。上海为长江口的龙吐珠，以小博大，吸纳天下之财，十年工夫更精进成自由开放、君临天下的国际大都会，发出璀璨耀眼的光芒。其中的发展历程即便出现顿挫，最后也能克服突破，由“九三”“舆脱辐”至“上九”“德积载”可看出；“九五”“有孚挛如”，富利与天下共享，提供了信用保证，是成功的关键。临卦的《大象传》称：“泽上有地，君子以教思无穷，容保民无疆。”创思无穷，没有国界的疆域限制，日渐与国际接轨，发展不可限量。“泽上有地”更寓上海之意，现今风华万种的浦东不就是泽上造地吗？

《序卦传》称：“蛊者事也，有事而后可大，故受之以临。临者，大也，物大然后可观，故受之以观。”蛊卦讲的是体制改革，改革成功后进入一个自由开放的大时代，盛景可观，即为临卦。由小畜的小进至临卦的大，从密云不雨拓展至海阔天空，十年飞跃的成长正是迎头赶上。小畜是第九卦，临是第十九卦，只要关键的爻变发挥效力，就可一步到位，不必全走前人走过的路。

• 2010 年 3 月下旬，我针对国际流通的主要货币作了一系列的推算，其中欧元的部分，未来二十年的发展态势为小畜卦“初九”、“九五”、“上九”爻动，贞悔相争成升卦（䷭），“上九”恰值宜变，单变为需卦。小畜现况为密云不雨，正是当前欧盟债务危机、经济不景气的写照，二十年后为“升”，币值上升，恢复经济成长，应可突破难关，长期仍然看好。小畜“初九”“复自道，何（荷）其咎”，回归基本面，重视民生经济；“九五”“有孚挛如，富以其邻”，经济还好的大国如德国等，应救助扶持出问题的其他小国，如希腊、西班牙等。“上九”“既雨既处，尚德载”，可以化解危局至某个阶段，仍不宜掉以轻心。小畜之前为比卦，欧盟由众多国家组成，彼此矛盾及猜忌甚多；小畜之后为履卦，邦国间必须真诚履行盟约规范，才能真正致“泰”。

• 2010 年 10 月下旬，大陆观光团在苏花公路出事，游览车坠下山崖，遍寻多日不着。我占问陆胞的下落，得出小畜卦“初九”、“九二”、“上九”爻动，贞悔相争为蹇卦（䷦），“上九”恰值宜变，有需卦之象。小畜风行天上，密云不雨，既说明事发时台风的恶劣天候，又道出大家郁闷难受的心情；蹇卦山上有水，寸步难行，卦辞又称“不利东北”，该处

三爻变占例

正当台湾东北部。小畜“上九”“既雨既处”，爻变为需，为坤宫游魂卦，看来凶多吉少。“初九”“复自道”、“九二”“牵复”，恐怕整团人都一并归天了！其后确实挖掘不到遗体，只能放弃救援。

• 2010年7月中，我给学生讲《金刚经》，至《离相寂灭分第十四》，世尊念过去五百世作忍辱仙人，勤修忍辱波罗蜜云云，遂动念占问其修为境界如何？得出小畜卦“初九”、“九二”、“九五”爻动，贞悔相争为艮卦（☶☶）。小畜密云不雨，窒闷难消，艮卦止欲修行，不动如山，遇“小畜”之“艮”，正是忍辱精进之象。“初九”“复自道，荷其咎”，“九二”“牵复在中，不自失”，都是克己复礼的基本功。“九五”“有孚挛如”，更是胸怀宽阔，大慈大悲，非常人所可企及。

• 2011年10月下旬，我刚由西藏旅游返台，时报出版社来函，有意再评估出版《易经系辞传详解》一书。该书已于年初在大陆出了简体版，由于较深入专业，原先也不期待在台出繁体版。我将书稿传与《时报》主编，占得小畜卦下三爻全动，贞悔相争成观卦（☴☷）。小畜密云不雨，“初九”“复自道”、“九二”“牵复”，坚持走自己的路，“九三”“舆脱辐”，应该行不通，故成观望之象。果然一个月后，对方诚恳致歉，表示没把握普及让一般读者接受，只好割爱云云。《焦氏易林》“遇小畜之观”：“驾驷逐狐，轮挂荆棘，车不结辙，公子无得。”对方白忙一阵，一无所得。

四爻变占例

占事遇卦中任意四爻动，变数已达三分之二，以四爻齐变所成之卦的卦辞卦象为主，并参考由本卦往之卦的变动因由，四爻中若其中一爻值宜变，影响较大，稍加重考虑。

• 1999年3月中，我仍帮任职IBM协理的学生检验Y2K的问题，距离跨世纪计算机千禧虫是否肆虐的时限已近，各国家或地区的预防工作做得如何？中国内地的部分，得出小畜卦“九三”、“六四”、“九五”、“上九”爻动，四爻齐变成归妹卦（☳☱），“九五”值宜变，单变有大畜卦之象。小畜密云不雨，为全球疑虑紧张的闷局，归妹卦辞称：“征凶，无攸利。”若不冷静对待，小心出事。小畜“九三”“舆脱辐”，进程卡住，“六四”“血去惕出”、“九五”“有孚挛如”，高层全力合作化解危机，终至“上九”“既雨既处，尚德载”，恢复运转。尤其“九五”君位影响甚大，爻变大畜，卦辞称：“不家食吉，利涉大川。”整体来说，应可渡过难关，

四爻变占例

至年底跨世纪后，果然没事。

• 2010 年 7 月初，我读佛经，经上强调世间因果律恒存，所以说“法不言断灭相”，反对“小乘耽空”、“恶取空”，觉得很有感应，遂易占其理，得出小畜卦初、二、三、五爻动，四爻齐变成剥卦（䷖）。宇宙人生的奥秘难解，就像小畜的密云不雨，不易勘透，剥卦层层剥除外覆的假相，剥尽来复，始透显出核心的真相。小畜卦“初九”“复自道”、“九二”“牵复”，真相必然相关联动，“九三”“舆脱辐”，以为因果脱节，其实“九五”“有孚挛如，富以其邻”，整体仍息息相关。有因必有果，种瓜得瓜，种豆得豆，万象皆空，因果不空啊！

• 2009 年 8 月上旬，我为十月赴山东广饶参加国际兵法会议做准备，写论文时回顾自己多年的兵学研究，一直尝试建构所谓“大易兵法”，究竟绩效如何？占出小畜卦二、三、五、上爻动，四爻齐变成复卦。由密云不雨的闷局突破至返本开新，发展不可限量，令人欣慰。小畜“九五”“不独富”，大易的智慧可与兵法相印证，成就更高深的境界。“九二”“牵复，吉”，已经明示可作关联研究；“九三”“舆脱辐”，虽过程中遭遇难关，“上九”“尚德载，既雨既处”，突破不成问题。

• 2011 年 2 月下旬，我的连襟王医师与友人合开的同人诊所拆伙，决心改成自己独资经营，诊所名称是否要改呢？如沿用“同人”旧称，为不变的师卦，刚好是同人卦的错卦，易起冲突不合适。如以自己姓名冠于内儿科诊所之前，则为小畜卦初、三、五、上爻动，齐变成师卦（䷆），虽然仍有战斗之象，看小畜本卦诸爻的变化差强人意。“初九”“复自道，吉”，回头走自己的路；“九三”“舆脱辐，夫妻反目”，显示与友人拆伙之事；“九五”“有孚挛如，富以其邻”，招牌响亮生意会好；“上九”“既雨既处”，进入新的阶段平衡，一切从新开始。改名后，果然情势不错。

占事遇六爻全变，即变成本卦的错卦，以其卦象卦辞论断，好好体会为何产生这么巨大的变化？应如何应对？

• 2004 年秋，我到台中上课，老同学借此机会相聚，其中一位作有机茶生意的到上海布局已久，却还在无止境地烧钱，想撤回又有些不舍。当时另一位老同学现场帮他一占，前途为小畜卦六爻全动，变成其错卦

的豫卦（䷏）。大家对这样稀罕的卦例啧啧称奇，看来密云不雨的闷局还得熬一段时间，把六个爻都经历完了，“既雨既处”之后，便可进入红火的回收期。豫卦卦辞称：“利建侯行师。”利于积极奋斗行动，根据对未来形势的预测，做好周全的预备，将可获得豫乐的丰硕结果。其后数年的发展真是如此，现在闷局已然突破，开始赚钱回收。

扫码聆听刘君祖老师亲自讲述大易之道

——逐字逐爻详解易经六十四卦

10. 天泽履（☰☱）

“履”为全《易》第十卦，前接小畜卦后开泰卦之局，由密云不雨而至天地交泰，中间必须经过脚踏实地的奋斗阶段，这就是履。《序卦传》称：“物畜然后有礼，故受之以履。履而泰然后安，故受之以泰。”泰山脚下的泰安县由此得名，台湾政治名人陈履安更直接从此取名，皆有国泰民安之意。《杂卦传》称：“履，不处也。”“处”是停顿休息，“不处”则是干个不停，毫无懈怠。过去没有公职在身的人称“处士”，往往对时事横加批评，即所谓“处士横议”。服公职者则受官箴规范，不能乱讲话，人生做事的经历称“履历”，机关组织用人须看履历表，由你做过些什么来安排职务。“履”字由“尸、复”二字组成，“尸”即师卦“六三”“师或舆尸”的“尸”，“尸位素餐”的“尸”，为做主之意。“履”即“主于复”，人生行道以克己复礼为主，发挥良知良能，事业奋斗需培养本身核心的竞争力，才易脱颖而出。

《系辞下传》第七章称：“作易者，其有忧患乎！是故履，德之基也……履，和而至……履以和行。”这是有名的忧患九卦，专谈身处乱世砥砺修为的九种德行，而以脚踏实地的履卦居首，为一切的根基。人生立身行事以和为贵，与人和睦相处才易达成奋斗目标。履卦承小畜卦而来，“既雨既处”之后，更进一步制定规范维持和平，以开创太平盛世。“既雨既处”为松口气的暂歇，“履，不处也”，接着又要往前迈步了！

《论语·学而篇》记载有若论礼：“礼之用，和为贵，先王之道斯为美，小大由之。有所不行，知和而和，不以礼节之，亦不可行也。”“履”即依礼而行，发而皆中节，完全发挥了礼制的大用，大人物小人物、大国小国都应遵守，这是很美的先王之道。与人和合并非没有原则，不可和稀泥搞乡愿。

履虎尾，不咥人，亨。

履卦很特殊，卦名与卦辞内容连成一气，没有分开，卦名当动词用，直接作用于虎尾的受词上，表示不履则已，履一定是踩老虎尾巴那样具有高风险。猫科动物的尾巴为其敏感的痛点，胡乱踩下去必遭大口反噬，若触其痛点还夷然无事，必有一套搔到痒处的以柔克刚的功夫，以此周旋处事，可获亨通。《诗经·小雅·小旻》上称："战战兢兢，如临深渊，如履薄冰。"临卦泽上有地，由地上俯瞰如临深渊；履卦"履虎尾"，如履寒冬薄薄结冻的泽面，用力大了即失足而万劫不复。履卦教我们的就是心平气和，履险如夷。口至为"咥"，非常形象。小畜卦辞先言"亨"，再称现状"密云不雨"；履卦后言"亨"，得驯服猛虎，不遭虎吻才成。

卦名卦辞连成一气的，还有"否之匪人"、"同人于野"、"艮其背"三卦，都有其深意，值得细细玩味。

《韩非子·说难》中讲游说君主之难，伴君如伴虎，又有批龙鳞之喻："夫龙之为虫也，柔可狎而骑也，然其喉下有逆鳞径尺，若人有婴之者则必杀人。人主亦有逆鳞，说者能无婴人主之逆鳞则几矣！"龙虎都喻君王，乾卦《文言传》称："云从龙，风从虎。"世间追随领袖者必得小心翼翼，履虎尾、批龙鳞，一旦触犯忌讳，不仅事功不成，下场将非常惨烈。

《彖》曰：履，柔履刚也，说而应乎乾，是以履虎尾，不咥人，亨。刚中正，履帝位而不疚，光明也。

履卦下兑为少女属柔，上乾为老父属刚，是为以柔履刚之象。兑为说、为悦，少女以言语取悦于君父，所谓伸手不打笑脸人，老父疼爱女儿，绝不会苛酷虐待。这就是踩老虎尾巴，不被咬死反而亨通的道理。全卦中唯一阴爻即"六三"，也是下卦兑的开口，情感涌现之处，"柔履刚"、"说而应乎乾"主要即指"六三"而言。"刚中正"是指居上卦之中的"九五"，履行全卦君位的职责，懂得为组织谋取最大的福利，光明磊落，心里不会愧疚。"九五"

爻变，上卦乾变为离卦，人行天道而有光明之象。小畜卦《彖传》先称“六四”，再提“九五”；履卦《彖传》先称“六三”，再提“九五”，皆突显全局的关键。一阴一阳的互动和谐，全局无咎，若只有片面的善意，则不济事。

《象》曰：上天下泽，履。君子以辨上下，定民志。

履上卦乾为天，下卦兑为泽，上天下泽悬隔甚远，必须明其分际。任何组织中都有上下，各有各应履行的职责，以及权利义务关系，彼此均宜遵守。家庭有伦理，企业有企业伦理，政治有政治伦理，若能分辨清楚，民心即可安定。小畜密云不雨，阴阳小大之间的对应关系很模糊，人心苦闷不安；履卦则上下定分，一切都明确化，大家好分头做事。

• 2000 年 7 月中，我读《易传》与《中庸》有感，认真问：诚究竟是什么？得出不变的履卦。“诚者，天之道也；诚之者，人之道也。”履卦所述，实即人依天理而行事，诚信不在空口讲，而在实际做。

初九。素履，往无咎。

《象》曰：素履之往，独行愿也。

“初九”为任事之初，当组织基层之位，应保持本色务实地干，如此往前奋斗，可获无咎。人生立下志愿，即好生培养自己核心的竞争力，量才适性，全力以赴。蒙卦“六四”《小象传》称：“困蒙之吝，独远实也。”此处言：“素履之往，独行愿也。”“独”字皆为名词，即《大学》、《中庸》等经典中所强调的慎独之独，为人立身行事的切要功夫。本爻变为讼卦，不必与人争口舌之利，埋头干自己的事为正经。

2000 年 8 月下旬，我随学生的太极导引参访团赴大陆一游，至安徽黄山脚下的西递村、宏村参观民居时，看到某户门楣上雕着“履道含和”四字，路边摊买一竹筒，上刻“独为远志”。中华文化的力量就是这样深入渗透到民间，无所不在地发挥其影响啊！

• 2002年元旦，我依例作全年之占，问自己一年的谋道之计，得出履卦“初九”爻动，有讼卦之象。履卦正是敦笃行道，“素履，往无咎”，“独行愿”，别去沾惹人际是非。此占正合我意，多年潜修早已习惯，当年确实也这么砥砺自己。

九二。履道坦坦，幽人贞吉。

《象》曰：幽人贞吉，中不自乱也。

“九二”阳居阴位，刚而能柔，又当下卦之中，懂得中道行事。“六三”不中不正，乘于其上，有情欲蒙蔽理智之象。“九二”坦荡行道，不受诱惑，自控非常严谨，固守正道而获吉。本爻爻变为无妄卦，不妄想不妄动，遂无灾患。

“初九”称独，“九二”言中，先慎独后行中，完全合乎《中庸》所述义理：“君子戒慎乎其所不睹，恐惧乎其所不闻，莫见乎隐，莫显乎微，故君子慎其独也。喜怒哀乐之未发，谓之中，发而皆中节，谓之和。”履卦内兑，兑卦正是喜怒哀乐的人情，“六三”滥情，“九二”则谨守中道，发而中节，“初九”为地下之位，深藏韬隐称独。《中庸》向有“小《易经》”之称，义理处处可与卦象爻象互证。

小畜“初九”“复自道”、“九二”“牵复在中”，两爻连动的关系和此相似，履“初九”“素履”、“九二”“履道坦坦”，皆有连续坚持的精神。我自青年习《易》起，就对此爻意境倾心神往，二十多年前请老友龚鹏程教授写了这八个字，裱好装于座右，朝夕惕厉，勿怠勿忽。

• 1999年6月中，我跟我的《易经》班学生张良维习太极导引已数月，练是练得很勤快，不知绩效如何？遂占问之，得出履卦“九二”爻动，有无妄卦之象。履为“德之基”、“和而至”、“以和行”，太极拳讲究的正是和合的境界，而我还在三月筑基的阶段，不能好高骛远，专心勤练就是。

太极拳练身讲松腰柔胯，以人体的六大关节比拟一卦六爻，刚好对应踝、膝、胯、腰、椎、颈，履卦唯一阴爻“六三”正当胯的位置，小畜卦“六四”则为腰关节。“柔履刚”即柔胯，“柔得位而上下应之”即松腰，这是易理易象在身体上的应用，善加体会，妙用无穷。我刚练数月，境界只在履九二，连“六三”的胯位尚未松柔，当然来日方长。

六三。眇能视，跛能履，履虎尾，咥人凶。武人为于大君。

《象》曰：眇能视，不足以有明也；跛能履，不足以与行也；咥人之凶，位不当也。武人为于大君，志刚也。

“六三”阴居阳位，不中不正，又当内卦兑之缺口，正是内心情欲宣泄之处，容易飞扬浮躁感情用事，强硬面对外卦乾刚，因而惹祸招灾。“眇”是少一目的独眼龙，虽仍能视物，却看不清楚远近；跛脚勉强还能走路，却走不快；看不清又走不快，如此孱弱还冒险去踩老虎尾巴，当然会被老虎回头一口咬死。武人豪勇过人，却未必有政治家盱衡全局的智慧，志气刚强，欠缺实力也是枉然。我们在师卦中已经阐明君、将的分际，以及以政领军的重要；履卦“六三”再强调“武人为于大君”的不适当，正是“辨上下，定民志”，各明己职，不得混乱。本爻爻变，成乾卦，逞强的结果，阴柔灭亡，只剩阳刚。

前面《彖传》中对“六三”“柔履刚”寄予厚望，做到了既可履虎尾又不遭虎吻，此处论爻却正好相反，惨遭虎噬，这是什么道理？《彖传》采取整体宏观，亦即以全卦的观点看问题，爻辞则涉及实际个体操作，难免见树不见林而犯错。卦吉爻凶的例子很多，没有什么好奇怪的，习《易》就是训练我们从各种观点全方位看问题。

九四。履虎尾，愬愬终吉。

《象》曰：愬愬终吉，志行也。

“九四”阳居阴位，刚而能柔，又居高层近君之位，典型的伴君如伴虎，必须戒慎恐惧，才能不出事而最终获吉。本爻变，为中孚卦（䷼），必须取得“九五”的信任，才能得行其志。《系辞下传》第九章称：“四多惧……三多凶。”

履卦“六三”、“九四”堪称典型，两爻皆属人位，又居承上启下的中间管理阶层，爻辞都称履虎尾，做人难哪！

九五。夬履，贞厉。

《象》曰：夬履贞厉，位正当也。

“九五”阳刚中正，为全卦君位，“夬”即夬卦之夬，为决策之意。最高领导人应履行的职责就是决策，再怎么集思广益，还是得由他拍板定案，并承担成功或失败的后果。这么干很不容易，可能得罪人，决策也充满了不确定的风险。本爻变，为睽卦（☲☱），领导人注定孤独寂寞，与任何人都难真正亲近。以爻际关系来看，“九四”为身边近臣，却怕“九五”怕得要死，“九二”幽居远处，不打交道，“六三”专擅蠢动，又老给“九五”找麻烦，哪有朋友可交心？领导者履行职责，大概只能如《象传》所言，“履帝位而不疚”，但求无愧于心了！

• 2000年5月上旬，我精读《系辞传》，占问下传第七章的主旨为何？得出履卦“九五”爻动，有睽卦之象。第七章正是论述作《易》者的忧患意识，并列举了九卦来印证，且以履卦居首，称履为“德之基”、“和而至”、“以和行”。圣人处乱世，决心领导群众除忧患，定民志，开太平，真是回答得好啊！

• 1997年8月中，我细品十翼，给每篇《易传》都以占卦定位，其中《序卦传》的定位为履卦“九五”爻动，依爻辞《小象传》论断：“夬履贞厉，位正当也。”《序卦传》解释卦序，道出世间依次变化的因果缘由，教人正确决策，并根据自然法则做事，虽因篇幅所限难以深论，已有提纲挈领之效。

• 1997年7月上旬，我问：“宇宙中除人类外，有高智慧生物存在吗？”得出履卦“九五”爻动，有睽卦之象。《杂卦传》称：“睽，外也；家人，内也。”履卦又是上天下泽、差距悬殊之象，看来应有高智慧外星生命存在，与人类远离睽违，等闲不容易遭遇。我接着又问：“存在何处？人类可能与之相遇吗？”得出屯卦“初九”、“九五”爻动且值“九五”

占例

宜变，单变成复卦，双变则有坤卦之象。“九五”居上卦坎陷之中，《小象传》称：“屯其膏，施未光也。”外星生命隐匿甚深，一般难以探知，剥极而复、开发自性而修炼成功的人才能见到。《金刚经》上说：“如来有佛眼……尔所国土中所有众生，若干种心，如来悉知。”复卦《彖传》末赞称：“复，其见天地之心乎？”《系辞下传》第七章又称：“复，德之本也……复，小而辨于物……复以自知。”此占意蕴甚深，值得细细玩味。

• 2010年5月中旬，我与一位颇负盛名的女作家初次见面，谈得投契，她也不见外，坦然相告她的异国婚姻出了问题。分居两年，夫婿已有新欢，提议离婚，她还想观望，我用手机试占会不会离？得出履卦“九五”爻动，有睽卦之象。“睽”正是反目离异，“九五”“夬履贞厉”，男方似乎心思已决，就想这么干了！然后我算她未来三至十年的人生运势，得出小畜卦三、五、上爻动，“上九”值宜变，有需卦之象，贞悔相争成临卦。小畜卦密云不雨，沉郁苦闷，“九三”“夫妻反目”自然是指离婚，“九五”“有孚挛如”代表又有新恋情？“上九”“既雨既处”，进入新的休养阶段？

当年8月，双方果然协议离婚，至于再往后几年的发展，则留待观察验证，当然希望她能走出失婚的阴影，勇敢面对海阔天空的崭新人生，三爻齐变临卦即有此情境，值得期待。

上九。视履考祥，其旋元吉。

《象》曰：元吉在上，大有庆也。

“上九”为履卦之终，也居组织中退休大佬之位，不再负责实务，由于经验丰富，可提供在职的晚辈咨询，或将自己的心得整理陈述，以传记或回忆录的方式留后人参考。“祥”为吉凶之兆，人回顾自己的一生，一路行来必有许多人事上应对周旋的关节，或成或败，或艰涩或圆融，都有极大的启发价值，若能真实评述，则可功德无量。《孟子·尽心篇》称：“动容周旋中礼者，盛德之至也。”古圣先王的嘉言懿行足为后人典范，群经诸子让人百读不厌，道理即在于此。

履卦“初九”“素履，独行愿”；“上九”“视履，大有庆”。个人孜孜矻矻的修行，结果造就了大家都蒙受福报，人生进德修业，岂可不精敏以赴？《论语·雍也篇》称：“仁者己欲立而立人，己欲达而达人。”《孟子·万章篇》称：“天之生此民也，使先知觉后知，使先觉觉后觉也。”大家皆有其独，经前贤启发都能开花见性，修成正果。《中庸》由“慎独”谈到“化育万物”，《大学》由诚意正心谈到治国平天下，都印证了履卦的道理。

“上九”爻变，为兑卦（䷹），两口相对，朋友讲习，学而时习，中心喜悦。“履”是实际做，“兑”是高兴说，做完再说，才有说服力。此爻之后为泰卦，沟通交流无碍矣！

占例

• 2010 年 9 月中，我赴欧授《易》，得知前述女作家已经离婚，感情生活颇有犹疑彷徨，遂占测她的整个生命形态与心性，得出履卦“上九”爻动，有兑卦之象。“视履考祥，其旋元吉”，小说家的使命就是如此：充分体验人生后，将各种不同阶段的经历转化为创作，写出来与大家分享。待将全程历尽，方知如是因果，生老病死，悲欢离合，都是作品的素材啊！

• 2005 年元月 20 日，美国总统布什胜选连任，订于当晚登基，传闻会有人闹场甚至谋刺，我遂占是否顺利无虞？得出履卦“上九”爻动，有兑卦之象。《系辞下传》第七章：“履，德之基也。”登基履行元首职务，一切周旋无碍，行礼如仪，不会有任何状况，其后果验。

• 2011 年元月下旬，在天安门广场一侧的国家博物馆前树立了高九米五的孔子像，我认为深具意义，对中华文化在神州大地复兴更具信心。当下算了一连串的卦，预测未来十年、二十年、三十年、四十至五十年，甚至一百、三百至一千年的前景，都相当正面。其中十年后的卦象为履卦“上九”爻动，有兑卦之象。“视履考祥，其旋元吉”，“大有庆”，认真实践十年可入正轨，近臻通泰之境。

履卦多爻变占例之探讨

有关履卦六爻之基本诠释已毕，往下再探讨多爻齐变的更复杂的情形。

占事遇一卦中任意二爻动，若其中一爻恰值宜变，则以该爻爻辞为主、另一爻爻辞为辅论断。若二爻皆未值宜变，则并列参考，二爻齐变所成卦象卦辞亦当留意。

• 1997 年 8 月中旬，我针对十篇《易传》以易占测其定位，《小象传》为履卦二、上爻动，齐变有随卦（䷐）之象。《小象传》解释爻辞，阐析爻际关系的互动，指示该情境下最恰当的做法，随时随地而采取行动。遇“履”之“随”，即为此意。“九二”“履道坦坦”，不该妄动时不动；“上九”“其旋元吉”，总能将路子走通。

• 1999 年 6 月中，我跟学生习太极导引数月，自占进境，为履卦“九二”爻动，有无妄之象，已如前述。当月底，我又占问“学生师傅”张良维的功力境界，得出履卦五、上爻动，“九五”值宜变成睽，双爻齐变，又有归妹卦之象。“履以和行”，已至高深境界，“其旋元吉”，肢体屈伸回旋自如，“履而泰然后安”，确实远远超过我的幽人苦练啊！

• 2009 年 7 月下旬，我开佛经课，以易理来参证，有位学生来质疑：讲佛经不是都不收费的吗？我一想好像有道理，遂占免费如何？得出需卦“九五”爻动，有泰卦之象。需于酒食贞吉，满足学生需求，法施功德无量，自然天地交泰。再问如果还是收费呢？得出履卦五、上爻动，“九五”值宜变成睽卦，两爻齐变则有归妹卦之象。“九五”“位正当”，“上九”“大有庆”，“履而泰然后安”，认真讲授也能通泰。哈哈一笑，仍然决定收学生束脩。

• 2000 年 9 月 28 日，适值至圣先师孔子两千五百五十年诞辰，我心有感，自己教学也快十年，遂问今后当如何为人师？得出履卦四、上爻动，有节卦之象。履主于复，复为德之本，也是核心的原创力，当依大本而行，发扬继往开来的精神。《论语 · 为政篇》记子曰：“温故而知新，可以为师矣！”《学而篇》亦记有若称：“因不失其亲，亦可宗也。”因是因袭继承传统，“亲”通“新”，不失其新，还要随时创新，如此方可为人宗师。节卦是以身作则、建立规范，以期上下共守。遇“履”之“节”，易象指示明确。“九四”“愬愬终吉”，“上九”“其旋元吉”，若能敬慎行道，终能致泰，说出来的话也才能服众。而今又过十几年，回顾自省，做不到做不好的地方还太多太多，说《易》容易行《易》难啦！

• 2011 年 2 月中旬，我读《维摩诘经 · 不思议品》，经文记述维摩诘居士展现神通，将三万二千菩萨及弟子众安排入斗室落座，室中不觉局促，周遭世界亦未变小，所谓“须弥纳芥子中，无所增减”。除了佛经上的解释外，我以易占探测其故，得出履卦初、二爻动，皆变有否卦（䷋）之象。否卦卦辞称：“否之匪人，不利君子贞，大往小来。”“匪人”即非人，佛经中常称人与非人，众生无量，人以外的生灵甚多，凡人不见得都看得到。泰极否来，又是天旋地转的乾坤大挪移之象。履卦“初九”“素履，往无咎”，“九二”“履道坦坦，幽人贞吉”，室中走道坦荡宽敞，大家来来去去，一点也不妨碍。

惊诧之余，我不免再问一次，得出不变的艮卦，其卦辞称：“艮其背，不获其身；行其庭，不见其人。无咎。”艮卦讲止欲修行，修为够了，无我相、无人相、无众生相、无寿者相，修为不够，业障重重，真的什么也看不见啊！

• 2010 年 8 月下旬，我占测一位学生在星象与八字上的修为，得出履卦初、二爻动，有否卦之象。否是天地不交、艺业未通，履“初九”、“九二”下了基本功，功夫尚浅，还没超越“六三”任情妄动之关。看来还不行，有待继续磨炼。

• 2002 年年底，我占问来年宋楚瑜的气运，得出履卦初、上爻动，齐变有困卦（䷮）之象。宋的勤政是有名的，当省长时走遍台湾三百多个乡镇。“初九”“素履，往无咎”，年初起仍然勤跑基层，“上九”“其旋元吉”，到年终周旋无亏“大有庆”，应该不错。但没有领政台湾的可能，少了发挥的舞台，确实也有困顿之象。《易》卦六爻中，“初”为基层，“上”为退休大佬，皆属无位之处。2003 为选举前一年，上半年代表国民、亲民两党的连、宋结盟，搭档竞选，声势大振，直至年底不衰。宋的运势从“独行愿”到“大有庆”，看来的确如此。

• 2010 年 7 月中，我们学会内部出现人事纷争，经我强势整顿后，约法三章重新开课，剩下二十几堂能否顺利完成呢？得出履卦初、上爻动，有困卦之象。虽然一时遭困，只要朴素以行，最后应可“其旋元吉”。果然，半年后顺利结业，中间虽遇试探，不为所动执行到底，由“独行愿”至“大有庆”。本书前文引小畜初、二爻动占例，正为此事。“复自道”、“牵复”获吉，有渐卦循序渐进并重团队纪律之象，小畜接着就是履卦，突破密云不雨的僵局，明确定规矩，上下共守，遂能通泰。结业的谢师

二爻变占例

宴上一团和气，应了《系辞传》所称：“履，和而至；履以和行。”

• 1994 年 5 月中旬，我服务的那家出版公司股争正烈，创业的老板铁了心要回朝掌权，甚至放话挡他者死，召开董事会前先找我们几位高干谈，看来他已成竹在胸，掌握了过半股权的支持，欠债累累还办得到这一点，也真是强悍可畏。会面前我占对策，得出履卦初、三爻动，“初九”值宜变，成讼卦，两爻齐变则有姤卦（䷫）之象。姤卦五阳下一阴生，有危机之象，讼为口角争执，履“六三”若看不清楚形势，乱踩老虎尾巴必遭反噬，只有“初九”朴素应对，以和为贵，才可平安无事。当天会晤虽然极不舒服，把定这个大原则行事，还算无咎。

当晚会晤后，心气难平，由于市场派的大股东也可能出手干预，遂问政争最后吉凶，得出还是履卦二、五爻动，“九五”值宜变，成睽卦，两爻齐变则有噬嗑卦（䷔）之象。噬嗑正是弱肉强食、剧烈斗争的卦，睽则不惜翻脸成仇，“九五”“夬履，贞厉”，乾刚独断，我们屈居下风，只能似“九二”“幽人贞吉”，绝对不能轻举妄动，以免招灾。

看来已经败定，我接着再问：尔后如何尽量确保自己在公司的利益？仍然是履卦二、五爻动，“九五”值宜变成睽，又有噬嗑之象。好家伙！量小非君子，无毒不丈夫，既然无法对抗，就幽居韬光养晦吧！

• 2006 年 3 月上旬，我一位同门师弟忽然与我热切往来，又是计划开课，又是展现复杂的人脉等，我虽来者不拒，心里仍觉不踏实，遂占其诚意如何？得出履卦初、三爻动，“初九”值宜变，成讼卦，两爻齐变有姤卦之象。看来还是得小心应对，本色以待。果然其后许多事没有下文，保持一定距离确有必要。

占事遇卦中任意三爻动，变数刚好过半，三爻齐变所成“之卦”，与本卦呈拉锯形势，称为贞悔相争，合参二卦卦辞卦象以论断。若其中一爻值宜变之位，该爻爻辞影响较大，为主要变量，其他二爻为次要变量，拿捏轻重以判断之。

• 2011 年元月上旬，我的授业恩师召见我，谈赴大陆开办书院之事。毓老师时已高龄 106 岁，思考问题判断形势仍一丝不乱，每天凌晨三时即起，照样读书写作至七点吃早餐，完全体现了乾卦“九三”朝乾夕惕、自强不息的精神，让我们这些老学生佩服得五体投地。当月下旬，我问往后与老师的缘分，得出履卦二、三、五爻动，"六三"值宜变成乾卦，三爻齐变，贞悔相争则为离卦（☲☲）。上卦"九五""夬履，贞厉"，"位正当"，当然是指老师；下卦"九二""履道坦坦，幽人贞吉"，"中不自乱"，则是我一向的行事风格，"六三"若莽撞任事则"位不当"。离卦《大象传》为："明两作，大人以继明照于四方。"《彖传》则称："重明以丽乎正，乃化成天下。"前明后明相继，倒有薪进火传之意，只是仰之弥高、钻之弥坚，虽欲从之，末由也矣！老师于两个多月后过世，生前壮图看来更难实现矣！

• 2007 年 11 月底，我受邀赴高雄、台南两地的文化中心，分别就《易经》中的感情世界、教育思想、决策智慧与修行方法，对一般民众演讲。当时还各有占，其中问《易经》教育思想之特色，为履卦二、五、上爻动，上爻值宜变，成兑卦，贞悔相争则成震卦（☳☳）。履卦重知行合一，在敦笃实践中发挥核心的创造力，"九二"幽贞守道，"九五"负责决断，"上九"周旋无亏，功德圆满。兑卦《大象传》称："丽泽兑，君子以朋友讲习。"学而时习，不亦悦乎？震卦中心有主宰，积极行动有活力，《大象传》称："洊雷震，君子以恐惧修省。"这个占象精确丰富，真把大易的教育思想讲得淋漓尽致。

• 1997 年 6 月下旬，我再度思考"义理易"与"术数易"的关系，得出履卦二、四、上爻动，上爻值宜变，成兑卦，贞悔相争则为屯卦（☵☳）。履卦为实践真理，在做事中发挥核心的创造力；屯卦动乎险中，为自然生命力的展现，以闯荡江湖。遇履之屯，大易对人生实务大有帮助。"九二"坦荡幽居，中不自乱，为"义理易"的本色；"九四""履虎尾，愬愬终吉"，"术数易"教人小心翼翼，趋吉避凶。《系辞下传》第九章称："二与四，同功而异位，其善不同。二多誉，四多惧。"义理尚修德，受众人称誉；术数重谋算，戒慎恐惧以免凶咎。二者位分不同，若能术德兼修，体用皆备，或可致"上九"周旋无亏之吉。兑卦《大象传》称："君子以朋友讲习。"易学为理气象数的综合体系，义理术数大可切磋互证，相得益彰。屯卦《大象传》称："君子以经纶。"人生行事，善用《易经》的智慧，建功立业可期。

• 1994 年 5 月中旬，出版公司的政争告一段落，我虽然暂时职称未变，已难实际管事，困境中一位混迹江湖的"术数易"者经常来找我，后来也成了我颇为另类的学生。有次在泡沫红茶店里聊天，他用金钱卦算我往后职场生涯的吉凶，得出履卦二、五、上爻动，“上九”值宜变成兑卦，贞悔相贞为震卦。“九二”幽居自守是我，“九五”乾刚独断是回朝掌权的老板，“上九”周旋无碍大有庆，经过一番刻骨铭心的历练，让我对人性人情看得更透，尔后离开出版界，反倒在别的领域更有成就。人生祸福相倚，而今回顾不免感慨系之。震卦《彖传》称：“震亨，震来虩虩，恐致福也；笑言哑哑，后有则也。”显然这场主权争夺引发的人事大地震，我会有惊无险渡过，而且从中学到很多人际互动的规则。

• 1995 年 3 月中，《联合报》的一位记者来电，探询我给国民党一些高层上课的事情，想揭露报道。我自 1994 年 8 月初给李登辉授课以来，已有不少无谓的困扰，其实所有这些政界人士的课我都很低调，消息走漏反而是他们爱说嘴。当时没特别说什么，还请该记者放弃报道，同时占得履卦下三爻全动，“六三”值宜变，成乾卦，贞悔相争为遁卦（䷠）。遇“履”之“遁”，显然避开为妙。履卦“初九”“素履，独行愿”，“九二”“履道坦坦，幽人贞吉”，我一向如此特立独行；“六三”纵情爱现，没有任何好处。后来，还托关系找到报社总编辑吃饭，把事情压了下来没报道。

• 2010 年 9 月上旬，台湾广告界名人孙大伟突然中风病倒，我许多企业界和传播界的学生都很关心，当时占问三个月后的状况如何？得出履卦二、四、上爻动，“上九”值宜变成兑卦，贞悔相争为屯卦。占人的生死问题须注意，不能只看卦爻辞表面的吉凶，有时往生解脱是吉，苟延残喘受尽折磨为凶。履虎尾有高风险，九二坦荡面对，幽人为何意？“九四”战战兢兢，曾参临死前也如此戒慎，“上九”回顾一生行事，其旋元吉指何而言？单爻变为兑卦，后天方位属正西方；贞悔相争的屯卦更是呱呱坠地的新生命，整个卦象是不是往生西方、走完此生全程？结果他只撑了两个多月，便撒手人寰，真的应验了占象。

• 2005 年 9 月下旬，我的新书《易经的第一堂课》在台湾出版，我问其营销成绩如何？得出履卦初、五、上爻动，“上九”值宜变成兑卦，贞悔相争为解卦（䷧）。“初九”朴素、“九五”孤高，“上九”“其旋元吉，大有庆”，最后应该销得不错，爻变兑卦也是乐观之象。解卦《彖传》称：“往得众也；其来复吉，乃得中也；有攸往夙吉，往有功也。天地解而雷雨作，雷雨作而百果草木皆甲坼。解之时大矣哉！”出书如时雨之降，浇灌读者的心灵，为其人生疑难解惑，应该会受到广大的欢迎。书出后果然卖得很好，且一直长销至今。

三爻变占例

• 2008 年 10 月下旬，我在杭州开完学术会议后转赴上海，处理延宕甚久的《易经与现代生活》出版事宜，负责汇编出版的老兄一拖再拖，我已彻底失去耐心，当场谈判面红耳赤，立刻一占：如继续信赖做下去会如何？得出履卦初、四、五爻动，贞悔相争成蒙卦（䷃）。履以和行，履和而至，但蒙卦险阻多，情势不明。当下仍做了和为贵的艰难决定，次日晚上，返台前再占：往下能顺利出书否？得出履卦上爻动，有兑卦之象。“视履考祥，其旋元吉”，总算致泰。2009 年 4 月，终于出书，难道是所谓好事多磨？

• 2011 年 6 月上旬，欧洲大肠杆菌疫病流行，一时找不到致病原，许多农产品的销售遭受严重打击，我因 8、9 月预定赴欧游历与讲学，遂问疫情何时可有效控制？得出履卦初、二、上爻动，贞悔相争成萃卦（䷬），履“上九”值宜变为兑卦。“视履考祥，其旋元吉”，“大有庆也”，最后应该没问题。“初九”“素履，往无咎”，“九二”“履道坦坦，幽人贞吉”，静待虎尾之险尘埃落定就好。“遇履之萃”，仍可行脚天下，人文荟萃。履卦依卦气图属阴历六月中、萃卦为八月初，顶多再两个多月可获控制，事后果然如此。

四爻变占例

占事遇一卦中任意四爻动，变数已达三分之二，以四爻齐变所成“之卦”的卦辞卦象为主论断，若其中一爻恰值宜变，亦须参考该爻爻辞。

• 1997 年 7 月上旬，我针对各家思想以易占定位，其中兵家思想为履卦初、二、三、五爻动，四爻齐变成旅卦（䷷），其中“九五”值宜变，单变为睽卦。遇“履”之“旅”，兵家所履行的职责就是行脚天下，居无定所。“履虎尾”，“履和而至”，战争的风险极高，冒险犯难固然为兵家本色，和平解决纷争才是追求的最高目标。《孙子兵法 · 谋攻第三》称：“百战百胜，非善之善者也；不战而屈人之兵，善之善者也。”揭示得非常清楚。军事为政治服务，军人不宜干政，履卦“六三”遭虎噬之凶，即因“武人为于大君。”兵家谋定而后动，领兵作战亦严戒莽撞行事。“九五”“夬履贞厉”，大将决策冷酷独断，不受感情左右，故有睽孤之象。

孙武在《火攻第十二》中强调:“主不可以怒而兴军，将不可以愠而致战，合于利而动，不合于利而止。怒可复喜，愠可复悦，亡国不可以复存，死者不可以复生。故明君慎之，良将警之，此安国全军之道也。”军政的领导者所负责任太大，绝对不宜感情用事。

• 2010 年 2 月初，我针对台湾已逝及在世的几位企业家算其经营风格，其中创办宏碁计算机的施振荣为履卦，初、二、四、五爻动，四爻齐变成剥卦(䷖)，履“九四”值宜变，有中孚卦之象。遇“履”之“剥”，脚踏实地苦干，不断遭遇摧毁似的打击，仍坚强应对。“初九”“独行愿”、“九二”“中不自乱”、“九五”“夬履贞厉”，“九四”“履虎尾，愬愬终吉”，爻变中孚，始终维护信誉，以无比信心突破横逆，《小象传》称:“志行也。”虽历百折千磨，终行其志。

• 2010 年 9 月上旬，我又讲完一回《孙子兵法》的课，当然仍与易理相印证，下了多年工夫，自信已有“大易兵法”体系建立的可能。课堂上有位黄姓女学生找我谈，她自己在世新大学口语传播系任教，著有《谈判与协商》一书很受欢迎。她听易与兵法的课程，颇受启发，当下便问可否运用于谈判沟通上而有薪新的突破? 我以手机占得履卦初、二、四、上爻动，四爻齐变成比卦(䷇)，“九四”值宜变，有中孚之象。比卦正是与人沟通交往、纵横捭阖，中孚则需建立互信互赖，遇“履”之“比”，明确可运用无碍。履“初九”“独行愿”、“九二”“中不自乱”，为基本功扎实;“九四”“愬愬终吉”，小心谨慎应对周旋，终至“上九”“大有庆”。履卦之后为泰卦，彼此间达到充分的沟通与交流。

• 2010 年 3 月中，我跟佛经班学生讲解《金刚经》，至“如来有五眼”段，经文云:“尔所国土中，所有众生，若干种心，如来悉知。”以这种神通和易占的感应相比拟，遂问:“人在占卜时，究竟是与什么在对话? ”得出履卦初、二、四、上爻动，齐变成比卦，履“九四”值宜变，有中孚之象。比卦卦辞称:“原筮，元永贞，无咎。”遇“履”之“比”，真心诚意按筮法操作，可出现如实反映情境的卦象，问占者心中所念，易占悉知。中孚为至诚相感，敬慎从事可获终吉。“初九”“素履”、“九二”幽贞，净心澄虑，终至“上九”“其旋元吉，大有庆”。履卦主于复而行，复见天地之心，履后为泰卦，天地交而万物通，看来易占的对象还是宇宙间的核心真相啊!

• 2009 年 11 月下旬，我以易占探问："儒家所称的六艺之学，又称游于艺，'艺'字正确的意思究竟为何？"得出履卦初、二、四、上爻动，齐变成比卦，履"九四"值宜变，有中孚之象。比卦是与人群交往，履以行礼，和气致祥，遇"履"之"比"，艺学必指人生实务之学，练达圆熟后可致通泰，国泰民安、天下太平不是虚言。

《论语·述而篇》记子曰："志于道，据于德，依于仁，游于艺。"履卦主于复，正是"志于道"，履为德之基，"初九""素履"、"九二""履道坦坦"，为"据于德"。"九四"敬慎应对，诚信待人，是"依于仁"；"上九""其旋元吉，大有庆"，为"游于艺"。礼、乐、射、御、书、数皆为古代知识分子必习技艺；《诗》、《书》、《礼》、《乐》、《易》、《春秋》则为证道行道的伟大经典，提供士人全方位的文化涵养。

• 2012 年 8 月底，我一位女学生起占，问某授课老师言行怪异，彼此曾起争执，对方究竟是何存心？为噬嗑卦（☲☳）四、上爻动，"上九"值宜变为震，齐变则有复卦（☷☳）之象。"噬嗑"为择人而噬的斗争之意，"上九"爻辞："何校灭耳，凶。"更是业障深重，绝对居心不良。她再问：以后不去上课，断绝往来如何？为履卦初、三、四、上爻动，四爻齐变成井卦（☵☴）。履卦辞及"六三"、"九四"爻辞皆言"履虎尾"，"初九""素履、独行"，终至"上九""其旋元吉"，避过危险而至安泰。井卦前为困卦（☱☵），后接革卦（☱☲），遭遇困难力图转型创新。"遇履之井"，不去上课是对的。

11. 地天泰（䷊）

泰卦为全《易》第十一卦，下接第十二的否卦，《序卦传》称：“履而泰然后安，故受之以泰。泰者，通也。物不可以终通，故受之以否。”依据真理大道行事，可履险如夷，而致国泰民安。天地交泰，人际充分沟通交流的盛景未必久长，可能一下就形势逆转，变成天地不通、人际否塞的局面。由此可见，俗话说否极泰来，显然安慰人的意味居多，天地间的自然秩序应该是泰极否来。

泰卦之前十卦，由乾、坤开天辟地起，历经屯、蒙、需、讼、师、比，皆含三画的坎卦，表示内险外险不断，然后是小畜卦的“密云不雨”和“履虎尾”的履卦，可谓艰苦备尝，总算创出了三阳开泰的盛景。结果偶一不慎，一下子就高速下滑，变成窒塞不通的否卦，持盈保泰竟然这么困难？人生要建设一些东西费时经年，衰颓败坏却快得不得了！美国纽约的世贸大厦建成要多久？“九一一”恐怖攻击却让它瞬间倒塌！

《杂卦传》称：“否泰，反其类也。”阴阳合为类，有触类旁通、相反相成的意涵。《易传》中的“反”字多有反省、反复及回归基本面之意，遭遇困难时回头深入思考，调整后再重新出发，往往绝处逢生。自然的卦序为泰极否来，人为的奋斗若正确有力，未尝不可旋乾转坤，否极泰来。泰、否二卦不只相综，同时也为六爻全变的相错关系，称为相错综。泰转否或否变泰，都是瞬间的剧变，发生时一般都很难适应，所谓天翻地覆就是如此。两卦关系太密切，除相错综外，还有“相交”的关系，泰卦上下卦对调成否，否卦内外卦交换成泰。所以两卦必须整体理解，以全面掌握大形势的各种变化。《杂卦传》称“否泰，反其类”，未言泰如何否如何，即有此含义。

六十四卦中，相错综又相交的卦组还有既济、未济两卦。相错综的则有随、蛊与渐、归妹两组，都是关系密切之极，不宜分开研究。

泰、否相综，为一体两面、同时俱有的关系，立场不同的人，可能做出截然相反的解读判断。以经济景气循环而论，泰卦为景气畅旺，民生富足；否卦是景气低迷，民生凋敝，情势完全相反。以两岸关系而论，泰卦为三通交流，和平互动；否卦是各行其是，不相往来。台湾民进党主政期间，不少偏“绿”的独派学者预测经济与两岸关系常常失误，就是受了主观立场的限制，将“否”看成“泰”，将“泰”限制为“否”。泰、否相交，也象征上下易位、朝野互换，看法迥异实无足怪。

“泰”字有天一生水之象，为阴历一月的消息卦，节气则约当立春、雨水之时，大地回春，生意盎然。“否”字有不口之象，人际深闭固拒，不沟通交流，时代黑暗，抗议也无效，干脆闭口不言。否卦为阴历七月的消息卦，节气约当立秋、处暑之时，中元节祭祖也在此时。若以西洋星象参照，泰约当水瓶座、否当狮子座，乾为金牛座、坤为天蝎座，该星座人的性情与相应的卦性也约略相当。

泰、否为三阴三阳之卦，全《易》中共有十组二十个单卦为三阴三阳，一般都很难，初习《易》者常常不得其门而入，须用心研究才能窥其堂奥。

泰。小往大来，吉亨。

《易》例阳大阴小，泰卦三阳乾天在下，三阴坤地在上，为小往大来之象。阳刚之气清纯上升，阴柔之气浑浊下降，恰成对流互补，天地交泰，阴阳和合，双方皆能受益而获亨通。以国家对外贸易来说，流出的金额少，吸进的金额多，也是货物出超赚钱之意，自然经济繁荣。

《彖》曰：泰，小往大来，吉亨，则是天地交而万物通也，上下交而其志同也。内阳而外阴，内健而外顺，内君子而外小人。君子道长，小人道消也。

天地代表大环境，既然交流无碍，存在其中的万物自然畅通运行，就像两岸关系一旦开放，各行各业都会找对口的研商合作，也像组织内上下互动和谐，同心协力奋斗。泰卦内乾阳外坤阴，内刚健外柔顺，阳爻象征君子、阴爻象征小人，核心内都是君子主政，小人都被驱逐在外，当然国泰民安。三阳开泰，阳刚之气势犹未已，仍会增长成四阳大壮（䷡）、五阳夬（䷪）以至六阳乾，阳气愈增长，阴气相对愈消亡。

道士称“道长”，不称“道消”，表示修炼有进境。台湾的律师界也互称同行为道长，可能是期勉打官司的功力精进，以扶持社会正义吧？

履卦《大象传》称：“上天下泽，履。君子以辨上下，定民志。”组织必须辨明上下，各自履行应负的职责，民心才安定。履之后为泰卦，再强调“上下交而其志同”，分工分职之后更须通力合作，才会国泰民安。

《象》曰：天地交，泰。后以财成天地之道，辅相天地之宜，以左右民。

“后”是地方诸侯，为先王所分封，治理境内政务，对中央共主负责。依卦序推演，比为第八卦，《大象传》称：“先王以建万国，亲诸侯。”泰为第十一卦，遂有诸侯治理之事。《说文解字》解释“后”为继体君，如此则有后王之意，先王制定规范，后王遵礼而行。不管是哪种解释，“后”都比先王低一级，须依先王之法行事。全《易》中《大象传》称“后”的还有姤、复二卦，姤是危机处理，地方上的领导人必须及时处置，复为调养生息，先王立规矩，后王奉行。

诸侯治理地方，需花钱作好公共建设，打造民生富利的环境，从旁协助百姓安居乐业，如此便可吸引天下四方的民众前来投效，王道政治的意义就是万民归往，天下归心。左右也有解释为佐佑的，总而言之，都是尽心竭力照顾民众福祉。“财成”也有写作“裁成”的，裁决、裁断，地方政府的施政考虑务求合宜，适合当地民众发展经济。

• 1997 年 10 月中旬，我做了最长期的千年预测，占算二十一至三十世纪人类文明的发展态势，得出不变的泰卦。天下太平真正可期？天地交泰，是否也意味着人类与外星文明有接触呢？如此看来，目前虽有那么多世界末日的预言，人类文明还是会永续下去，不会灭绝。其实，这也合乎大易的法则，离卦《大象传》宣称：“明两作，离，大人以继明照于四方。”

• 2010 年元月底，我的学生温泰钧夫妇、林献仁夫妇和我年度聚餐，照例餐后又是一系列占算，供他们经营事业参考。温的父亲是英业达副董温世仁，富而好施，惜英年早逝，温的母亲几年后也撒手人寰，林则是多年的老学生，在 IBM 任职时因负责 Y2K（千年虫）问题与我结缘，后来专门辅佐温的基金会志业。那晚针对政经大势与一些行业占测，其中 2010 年动漫产业为不变的泰卦。确实，那年该产业很红火，尤其两岸互动非常活络，杭州也投资设立动漫专区，大事推动行业的兴盛发展。

• 2010 年 2 月下旬，时任台北县长的周锡玮宣布放弃竞选连任，让贤给声势较旺的朱立伦，并彻底裸退，不接受任何职位安排。周上任以来，民望偏低，欲振乏力，承受压力甚大，终于做此决断。我问他今后的人生如何？得出不变的泰卦。急流勇退，从此海阔天空矣！

• 2010 年 9 月初，我跟学生讲《六祖坛经》至“顿渐品第八”，北宗门人嘱张行昌来刺杀六祖，惠能舒颈就之，连砍三刀都没事，行昌慑服。我占问如何可能？得出不变的泰卦。履而泰然后安，天地交而万物通，六祖已修到金刚不坏的圆顺境界，难怪圆寂后肉身成圣，千余年而不朽。《老子》第五十章亦称：“盖闻善摄生者，陆行不遇兕虎，入军不被甲兵。兕无所投其角，虎无所措其爪，兵无所容其刃，夫何故？以其无死地。”圣贤境界，匪夷所思。

• 2005 年 4 月初，我的老父亲心肌梗塞送医急救，住入加护病房。我忐忑不安，占问吉凶，得出不变的泰卦。“小往大来，吉，亨。”应该没事，其后动手术装支架治疗，果然病愈出院。

• 2011 年 7 月底，我儿子大学指考成绩发布，填选政治大学会计系最有胜算，也较合适，若上不了就差很多，他为此有焦虑。我偷偷占他能如愿否？得出不变的泰卦。自然没问题，而我也等到十天后揭晓才告诉他，舐犊之情大概就是这样。

• 1999 年 10 月下旬，我占测自己的“本命”，这回得出不变的泰卦。天地交泰，裁成辅相，内健外顺，君子道长，面临跨世纪之际，得此佳象，颇受鼓舞。大丈夫生于天地之间，读圣贤书，当如是也！

• 2010 年 11 月中，我受邀赴常州讲《易》一日，教完“大衍之术”的筮法后，学员依嘱上我们学会网站电占教学绩效，得出不变的泰卦。

小往大来，吉亨。显然绩效甚佳，大家都乐翻了！

•2011 年 8 月下旬，我在北京首届的《易经》精英班结业，临别座谈赠言后，当堂一占研习 8 天 48 小时的绩效，也得出不变的泰卦。天地交泰，沟通无碍，大家一阵如雷的掌声，易占适时捧场，真是效果十足。

初九。拔茅茹，以其汇，征吉。

《象》曰：拔茅征吉，志在外也。

“初九”为泰卦之始，又当广大基层之位，正宜做好民生基础建设以创造荣景。“茅茹”是茅草根，“汇”是类。拔茅草要连根拔除，由于各类茅草的根在地下相连接，拔这丛会牵扯到另一丛也松动，所以拔时要整体一起考虑。“以其汇”的“以”字，有因、用、及之意，和“富以其邻”的“以”一样。拔茅草是为了整治土地，有拓荒以开发建设之象，修桥铺路盖房子，都得先除草，并彻底做好全盘规划。内地三十多年的经改成功，先从浦东、深圳等特区开始；台湾高科技园区的耀眼成绩，也历经了筚路蓝缕的阶段。“征”是积极行动，勇往直前闯荡可获吉。“初九”上与外卦的“六四”相应与，故称“志在外”，志意高远，雄心勃勃。本爻变成升卦（䷭），一旦抓准了兴旺的时机，必定创造高度成长的积效。

台湾早期推动的十大建设造成繁荣，其中大部分属交通建设，“想要富，先修路”为永恒不变的法则。内地经改也是如此，高速公路、高速铁路、海港建设、国际机场一一兴建，串联成四通八达的水陆空交通网络，自然吸引人才、资金与各种专业技术进驻，基础建设扎实完整，繁荣可期。孙中山先生建立民国，亦以交通建设为重，之前上书李鸿章，进言：“人尽其才，地尽其利，物尽其用，货畅其流。”都是这个思考路数。包括供水供电及电讯网络等公共建设，应属政府的职责，有了便好立项招商，造成聚宝盆的效应。所以泰卦《大象传》称：“后以财成天地之道，辅相天地之宜，以左右民。”“后”便是地方政府的领导人，例如今日的上海市长、山东省长，若有相当的裁决权，彼此良性竞争更能将经济成长推至高峰。所以有人称大陆的经改成功源于“诸侯经济”，一波未平，一波又起，是很有道理的。

现代竞争理论中有所谓“产业群聚”（Clusters）的概念，将企业、供货商、相关产业和专业化机构集中于某一地理区位，应有尽有，相互支持联系，也是泰卦“初九”理念的实现：拔茅茹，得彻底布建；以其汇，注意横向的配套措施，系统规划，成片开发。

•2002年元月中旬，我占问连战当年的运势，得出泰卦“初九”动，有升卦之象。2000年败选后，连战接任国民党主席，励精图治两年，已走出阴影，声望逐渐上升，2003年且与宋楚瑜和解结盟，合力一搏2004年的大选，确实遇“泰”之“升”。

九二。包荒，用冯河，不遐遗。朋亡，得尚于中行。

《象》曰：包荒得尚于中行，以光大也。

“九二”居下卦之中，承续“初九”畅旺上升之势，企图更往上冲，遂扩大布局以因应之。“包荒”即包容落后荒凉的地区，器量大；“冯河”为徒步渡河，用这种勇气冒险犯难；“遐”是远，“不遐遗”即眼光远大，时时刻刻想到长远的发展。做大事需有胆有识有量，智仁勇三达德俱备，选定时机出手又狠又准又稳。一旦决心已定，全力以赴追求成功。“九二”上与外卦的“六五”，也是全卦的君位相应与，内乾阳刚有实力、外坤阴虚待开发，上下内外互补为朋，奔波在外、浪迹天涯称“亡”。“朋亡”即指“九二”志向远大，奔赴“六五”处以开拓崭新的前程。今日两岸经贸交流日盛，遍布大陆各地的台商即为此象。“九二”居下卦之中，“六五”居上卦之中，阴阳两中相应行事，故称得“尚于中行”。“尚”为崇尚期待、衷心向往，两造密切交流合作，前途必然光明远大。

“冯”音“平”，没有任何舟船工具徒步过河称“冯河”。《论语·述而篇》记子曰：“暴虎冯河，死而无悔者，吾不与也；必也，临事而惧，好谋而成者也。”徒手打虎、徒步过河皆勇气非凡，但斗力不如斗智，而泰卦九二集智仁勇于一身，更是难能可贵。唯其难能，所以爻变有明夷卦之象。明夷为日落黑暗，须艰苦奋斗才行，卦辞称：“利艰贞。”若撑不过拓荒时期的种种辛苦，不仅无法光大，反而黯淡消殒，一事无成。若该远行创业而畏缩不前，错过大好时机，将来也会明夷退出舞台，内卦乾所代表的本土市场已近饱和，外卦坤象征广土众民无限的发展潜力。晚去不如早去，不去可能就成夕阳产业，坐以待毙，死路一条。

• 2005年元月20日，美国总统布什于北京时间当晚就职登基，谣言甚多，我问了两次是否顺利无虞？前履卦“上九”动之占例，其实为第二占，第一占其实为泰卦“九二”动，有“明夷”之象。又是可“泰”可“明夷”，结果顺利圆满致“泰”，未成明夷。超级大国资源雄厚，致“泰”易；而台湾地区的在野党资源不足，变成“明夷”。

• 1995年2月下旬，我在那家出版公司已失势沉潜近一整年，好同事韩某欲离职创业，我代占其吉凶成败，得出泰卦“九二”爻动，有“明夷”之象。又是两可之局，结果他出去几年，辛苦备尝，基本上不算成功，还是自有资源不足啊！2002年12月初，我自己也已毅然决然离开公司两年，和他及另两位同事约了餐叙。当晚酒意之下，为他们三位都算了往后十年的运势，韩某竟然还是泰卦“九二”动，有“明夷”之象。而今十年将届，他经常在两岸跑来跑去，是有一业在身，通泰还谈不上，遇“泰”之“明夷”真是宿命？

• 2010年10月底，我在赴台中授《易》的车程中，想起平生相识的一些亲友，有自杀往生者，有终生为精神疾病所苦者，其原因究竟为何？以手机占其中一位至亲长辈患病根由，先得萃卦，精英聚合为萃，其《象传》称：“观其所聚，而天地万物之情可见矣！”再得出泰卦九二爻动，有明夷之象。我当下心中恍然，她自许甚高，而天地交泰的夫婿确有些配不上，彼此之间也很难沟通，遂致此病。明夷卦大概是全《易》最痛苦的卦了，明在地中，满怀伤心无处倾诉，只有咬牙坚忍。

九三。无平不陂，无往不复。艰贞无咎，勿恤其孚，于食有福。

《象》曰：无往不复，天地际也。

“九三”过刚不中，已居下卦乾阳之极，往后便是上卦坤阴之始，天地交际之处，将有旋乾转坤、天翻地覆的巨变，必须静慎以待，做好应变措施。“陂”是倾斜不平，“无平不陂”，说明天下好景不长，没有任何平坦的情势不变成倾斜险恶的；“无往不复”，说明所有过去的景观还可能回头再现。爻辞这八个字，在说明自然界周期性反复的规律，日月星辰的环绕运转、地球上寒来暑往的季节更迭，甚至人间世的兴亡盛衰、祸福相倚等都是。既然如此，由富实入贫虚，由奢入俭难，当事者必须调整心态，准备过几年苦日子。往下的艰困中若能固守正道，可获无咎。“恤”为担忧得心都出血，“孚”则是人立身行事必要的诚信，人若能及时调整，无论环境如何变化，都不会伤及根本，在谋食求生方面必有福报，毋庸疑虑。

“天地际”的景象，在地球上就是地平线、海平面的视野，极目望去以为平直，其实是大弧度的弯曲，人若能升至天空俯瞰，便了然真实情境。由于地球是圆的，理论上往前直走，有朝一日会绕回原处，故称“无往不复”。同样，人生事业因环境剧变将由盛转衰之际，必须有高瞻远瞩、透视忧患的眼力，及早预作准备，才不会因得意忘形而一败涂地。本爻变，为临卦（䷒），成功兴盛已至转变的临界点，居高临下，当有如临深渊的警惧心。临卦卦辞称：“元亨利贞，至于八月有凶。”八月为观卦（䷓）的节气，与临卦相综一体，卦象正好颠倒，表示大好形势可能瞬间逆转，什么事都别做过头，物极必反是永恒的自然规律。

“天地际”应不限于地球表面的视野，依据爱因斯坦的广义相对论，整个宇宙有所谓时空曲率，如此，则泰卦“九三”爻辞所言的普适性就更可观了！这种天地交的精微奥秘，几千年前的作易者怎么会知道呢？真是令人叹服且困惑啊！

• 2000年4月中旬，我全面整理《系辞传》，准备写一本专论《系辞传》的书，针对全传二十四章都逐一算过其主旨。其中上传第九章论“大衍之术”的占法，卦象为泰卦“九三”爻动，有临卦之象。“九三”为天地交际处，又当卦中人之正位，占法源于历法，由人所发明以模拟并探测天地之间的种种变化。“无平不陂，无往不复”的周期反复，在历法和占法中都是基本规律，教人参悟卦象后趋吉避凶，以争取生活的最大利益。泰卦《大象传》称：“财成天地之道，辅相天地之宜，以左右民。”大衍占法正是裁成辅相之理。《系辞传》该章亦称：“引而伸之，触类而长之，天下之能事毕矣！”天下万事、万理俱在《周易》，天下万象森罗，尽显于易占，确实不是虚言啊！

六四。翩翩，不富以其邻，不戒以孚。

《象》曰：翩翩不富，皆失实也；不戒以孚，中心愿也。

“六四”阴居阴位，下与“初九”相应与，对“初九”造成强烈的吸引力，天地交泰、男女交欢、市场投资皆如是。“初九”“征吉”，“志在外”，即指“六四”而言。泰卦初、四爻齐动，有恒卦（䷟）之象，可见双方情投意合，想结合成终身伴侣。然而，泰卦自“六四”起，已经由乾阳入坤阴、从天入地、盛极转衰，百年好合的梦想未必成真。“翩翩”为鸟群齐飞向下之貌，或是蝴蝶鼓翅飞舞，上卦三阴爻地气下降，与下卦三阳爻天气上升相交，故有翩翩飞舞之象。阴阳互动热切，风度翩翩，对异性有强烈的吸引力。《易》例阳富阴不富，小畜“九五”与“六四”相邻，称“富以其邻”，泰卦“六四”与“九三”相邻，称“不富以其邻”。阴承阳，富利共享；阴乘阳，连带受累，故而从三至四，情势急转直下。“以”字仍为因、用、及之意，都有联动效应。

由“六四”、“六五”至“上六”，连续三个阴爻，几乎将“初九”至“九三”所累积的阳气消耗殆尽，故称“皆失实”。然而异性相吸难以抗拒，强势禁止也没用，阴阳双方还是愿意诚心交流，故称“不戒以孚，中心愿”。本爻变，为四阳大壮卦（䷡），血气方刚，少壮闯荡之情冲动难以遏抑。

泰卦“六四”本身阴虚，资源不足，亟欲吸引“初九”富实资源的投入，故摆出优美诱人的姿态，或开列优厚的条件，这些都可能有诈，无法真正兑现，虽“中心愿”，不能不防“皆失实”啊！蝴蝶翩翩飞舞美丽非凡，其生命却不久长，而且是由丑陋的毛毛虫蜕变而来，人面对这种短暂的美丽与死亡，最好冷静以待，不要轻易投入，以免套牢跟着殉葬。混沌理论中有所谓的“蝴蝶效应”，太平洋东岸洛杉矶一只蝴蝶轻拍翅膀，可能造成西岸的上海下暴风雪。泰卦三阴三阳恰好平衡，“六四”爻变成四阳大壮则超过平衡，可能牵扯全局产生雪崩式的剧烈变化，不可不慎。

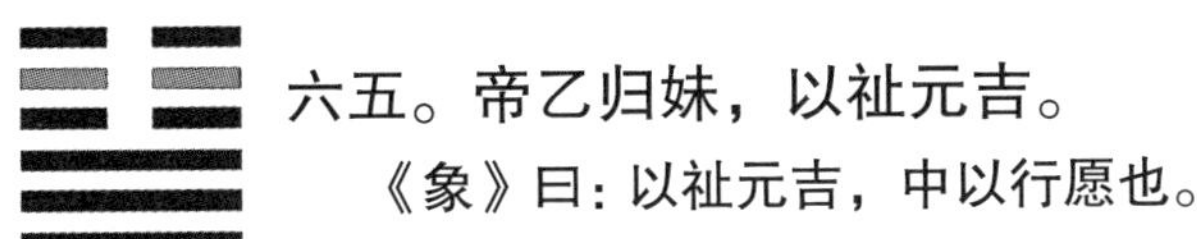

六五。帝乙归妹，以祉元吉。

《象》曰：以祉元吉，中以行愿也。

“六五”为泰卦君位，下和“九二”相应与，两爻齐动，有既济成功之象。“帝乙”为商纣王的父亲，为了安抚西伯姬昌，将女儿下嫁以为和亲，称“帝乙归妹”。君臣联姻，化解疑忌，共享福祉而获元吉。泰卦《彖传》称：“上下交而其志同。”二、五分居上下卦之中，依“时中”之道以行宏愿，阴阳和合为“中”，自是美事一桩。“六五”若是公主下嫁，“九二”则为招聘的驸马，古代称为“尚主”，攀龙附凤，富贵利达，故“九二”爻辞称：“得尚于中行。”“六四”为大臣之位，称中心愿；“六五”居君位，大权在握，心想即能事成，故称中以行愿。

古代消弭政争或化解战争，常用和亲策略，所谓政治联姻纯属需要，未必有真实感情，本爻变为需卦（䷄），其意显然可见。

占例

• 2004年元月中旬，我占谢长廷全年运势，得出泰卦“六五”爻动，有需卦之象。看来运势很旺，需卦又有安心等待之意，别人需要你的时候就会大通特通。果然高雄市长续任一年后飞黄腾达。当时他还有名言：餐桌圆盘转来转去，也该轮到我了！平常不必伸长筷子去夹菜，转到面前自然是我的。泰极否来，风水轮流转，人生气运本即如是。

上六。城复于隍，勿用师。自邑告命，贞吝。

《象》曰：城复于隍，其命乱也。

“上六”为泰卦之终，泰极将近否来，前三阳爻所累积的资源，已经后三阴爻消耗尽，一切仿佛又回到了原点。“隍”是护城河，建城时所需土石，即就地取材，用同时挖掘的隍土倾置夯实，等隍沟挖好了，城墙也已建成。这应该是“初九”除草整地时所为，“上六”事业崩坏就像城防失守，崩坍的土石又回填隍沟中，好像一切都没发生一样，往事霸图成空。人在这种时候应坦然面对失败的事实，不要据隅顽抗，对守城的部属及民众明告大势已去，不要再做无谓的牺牲。这样做虽合于正道，天命不佑，但生存之路已经变得很狭隘了！清末太平天国的南京城被攻陷，二战时纳粹德国的柏林失守，都是这样的景象。本爻变，有大畜卦（☶☰）之象，卦辞称："利贞，不家食吉，利涉大川。"从长远看，城墙倒塌不见得一定是坏事，正好离开家国出门闯荡，另建新猷。

"六四"翩翩色诱、"六五"帝乙归妹，至"上六"城复于隍，恰似许多朝代倾城倾国、亡于女祸的史实。《诗大雅・瞻卬》："哲夫成城，哲妇倾城。"即慨叹周幽王宠褒姒而亡国之事，夏桀宠妹喜、殷纣宠妲己、夫差宠西施，乃至希腊联军木马屠城的故事皆然。由此也可知，和亲政策纵然一时生效，往后仍难免大动刀兵。西汉末王昭君和匈奴、清代康熙嫁女于葛尔丹，最后仍得征战，即为明证。斑斑史例中，大概只有唐代的文成公主嫁至西藏的结果不错。

"上六"和"九三"相应与，信息往来应畅通无阻，其惨烈结局在"九三"时即可预知，故而"九三"爻辞称："无平不陂，无往不复，艰贞无咎。"居高思危，早做调整，可免覆灭之危。

占例

• 2005年6月中，我的学生孙永祥找我谈，想离开待了很久的美商Cisco公司，趁自己50岁生日时出来创业。新公司名称都定了，叫"影音通"，他意气风发地跟我大谈具突破性的技术构想，认为大有可为。孙做过总经理，对电信这行业算是老鸟了，半百之龄创业很不容易，我占其前景却无好卦，也坦白以告。其中一占为泰卦"上六"动，有大畜之象，"城复于隍"为明显的挫败，一切白忙回到原点，看来"影音通"要通不容易。虽然如此，他仍欲奋力一搏，先在本土电子大厂内受其赞助，以事业部形态经营，数年后还是不成，终告失败而解散了创业团队。2008年起，再受聘赴大陆昆山任职总经理，应了大畜卦辞所称的"不家食吉，利涉大川"。易占的前景分析精准，泰极否来的形势比人强，壮图难以施展，奈何？

泰卦多爻变占例之探讨

泰卦全部卦爻辞的解析已毕，往下再以此为基础，深入讨论二爻变以上的情形。

占事遇一卦中任意二爻动，若其中一爻恰值宜变，以该爻爻辞为主，另一爻爻辞为辅论占。若皆不值宜变，以本卦卦辞卦象为主，两爻齐变所成卦象为辅判断。

• 1996 年 12 月中，台湾《自由时报》“命运版”的主编吴小姐向我约稿，希望每周写一篇“《易经》札记”的专栏，探讨易占预测的问题。该报政治属性为深绿，因学生介绍，我在之前已写过“时习易”的专栏一年，以易理论时事，后来还结集成书。这回专谈易占，适不适合接呢？算出泰卦初、二爻动，齐变有谦卦（䷎）之象。“谦亨，君子有终”，功成身退而获善终。泰卦自是通畅，“初九”征吉，“九二”光大，大有发挥空间。遂应允写了一年多，1998 年三月初，觉得差不多了，再问存续？得出泰卦“九三”爻动，有临卦之象。无平不陂，无往不复，该是见好就收之时。接着新新闻出版社来洽谈出书，遂顺势终止。半年后，结集成《忧患之书》出版，占象则为蒙卦二、上爻动，包蒙击蒙兼至，对习《易》者启蒙应有贡献。

• 1995 年 7 月底，曾任台湾财经部门官员的王昭明荣退，一些朋友办晚宴给他致意，每人还要说一段话。我为此占问：王昭明服公职的贡献如何？得出泰卦二、三爻动，齐变有复卦（䷗）之象。蒋经国当年推动台湾的十大建设，一些技术官僚尽心尽力，帮助很大，昭公算比较中后期投入的，正合泰卦“九二”、“九三”之象。复卦一元复始，万象更新，“遇泰之复”，充分显示了他对台湾经济荣景的贡献。

• 2010 年 7 月初，我已应邀 9 月中旬赴德国讲学，为期十一天，除三天两场课程外，主办单位招待赴奥地利游览，我想带太太同去，问占得出泰卦初、四爻动，齐变有恒卦（䷟）之象。恒卦本即夫妇之道，“遇泰之恒”，天地交泰，夫唱妇随。“初九”“志在外”，“六四”“不戒以孚，中心愿”，多好！九月同行游欧，既弘《易》利生，又饱览山川美景，尽兴而归。

• 2007 年年底，我准备跟老学生开讲《春秋公羊传》，孔老夫子的微言大义精深奥妙，底蕴不足的，可不容易听懂。当时针对《春秋三传》都有问其价值和定位，《公羊传》的占象为泰卦二、上爻动，齐变有贲卦（☲）之象。贲卦《彖传》称："观乎天文以察时变，观乎人文以化成天下。"泰卦的《象传》则称："天地交泰，后以裁成天地之道，辅相天地之宜，以左右民。""遇泰之贲"，想借人文教化以致天下太平。泰卦"九二""包荒，中行"，"以光大"，器局宏伟；"上六""城复于隍，勿用师"，反对战争以灭人之国。《春秋经》所记史事，弑君三十六、亡国五十二，天下昏乱，孔子悲天悯人，欲弘扬王道以拨乱反正。

• 2009年9月上旬，我研读兵书，占问黄石公《三略》的要旨，得出泰卦初、三爻动，齐变有师卦之象。一般兵书多论军事战略战术，《三略》却言及政略，重视国泰民安。泰卦"初九"代表基层民心，须裁成辅相以左右之；"九三"盛极转衰，需居安思危，持盈保泰。师卦劳师动众，讲求兵略。"遇泰之师"，以政领军，政略决定战略，为《三略》一书的特色。

• 2000年元月下旬，我问时间的究竟意义为何？得出泰卦五、上爻动，齐变有小畜（☰）之象。天地交泰，小往大来，万物皆在时间中流通。"六五"举行盛大的皇族婚礼，富丽堂皇；"上六"国破家亡，霸业转头成空。逝者如斯，不舍昼夜，大浪淘沙，与时俱往。小畜卦象为一阴夹处于上下五阳之间，在缝隙中辛苦求生，密云不雨的窒闷如何化解为"既雨既处"？古人云"光阴似白驹过隙"，倏忽即逝，难以捕捉，令人浩叹！

• 2010年12月下旬，维基解密之事闹得很大，一些大国筹议压制，媒体界则帮腔捍卫新闻自由，所谓现代侠盗云云。我占问其出现的意义，得出不变的萃卦（☷）。萃之前为姤、之后为升卦，将台面下隐藏的事萃取报道，造成群情愤慨上升。又问以后会愈演愈烈吗？得出泰卦三、上爻动，"九三"值宜变成临卦，两爻齐变则有损卦（☶）之象。泰卦天地交而万物通，所有信息自由流动，很难强势限制。"九三"发展至高点，临卦也是开放自由之意，太过头了也不好，可能减消成"上六"其命乱的结局。损卦上艮为止、下兑为说，《大象传》称："君子以惩忿窒欲。"还是稍作节制为佳。

然而这种网站泄密仍然有其存在的根由，大多数人的命运由精英少数暗中决定，怎么说都令人不安。我又占得需卦（☵）二、三、四、五爻动，齐变成震卦（☳）。"需于沙"、"需于泥"、"需于血"、"需于酒食"，一步步冒险探入核心；一旦发表，即天下震动矣！

• 1992 年元旦，我因出版公司股争，因缘际会出任总经理不久，针对企业体各个经营项目都有验核，以确定整体营运策略。其中关系企业的“儿童才艺教室”为泰卦三、上爻动，“九三”值宜变，成临卦，两爻齐变则有损卦之象。“遇泰之损”，“九三”已经发展至极，再往下就可能快速下滑至“上六”的穷途，必须居安思危，特别小心，事后果验。该项营运不归我管，赔钱却会拖累母公司，这是当时最头痛且无奈的事。

• 2001 年 11 月中，我研读《黄帝阴符经》有感，占其主旨。得出泰卦三、上爻动，“九三”值宜变成临卦，两爻齐变则有损卦之象。该经全文才寥寥三、四百字，涵蕴却很精深，自古即受习道人士的重视。开卷即称：“观天之道，执天之行，尽矣！”人生天地之间，如何善体天地变化之理，以运用于人事，本即泰卦之旨。“天发杀机，移星易宿；地发杀机，龙蛇起陆；人发杀机，天地反复；天人合发，万化定基。”由“九三”居高思危的预警，到“上六”“城复于隍”的毁灭，所揭示的正是形势恶化的危机。损卦《大象传》称：“君子以惩忿窒欲。”事业败亡多由于欲望过盛，经文往下亦强调调节克制的重要，可说占象完全体现了经旨。

• 2012 年 3 月中旬，台湾某位原住民的女“立委”绯闻不断，有年龄极大的老者看电视画面尚且惊叹其美。我占其魅力，为泰卦二、五爻动，齐变有既济（䷾）之象。天地交泰，“九二”包荒，“六五”归妹，阴阳和合如此，难怪颠倒众生。

占事遇一卦中任意三爻皆动，变量过半，呈现敏感的摆荡现象，三爻齐变所成之卦，与本卦卦象卦辞须合参，称贞悔相争。三爻中若一爻值宜变，亦须加重考虑其爻辞，另二爻列参考。

• 1991 年 10 月下旬，我服务多年的那家出版公司掀起剧烈的股争，市场派的大股东与创业的老板相持不下，恐怖平衡中，要我出来担纲经营。我问：若接任对公司前景如何？得出泰卦三、五、上爻动，贞悔相争成中孚卦（䷼）。“天地交而万物通，上下交而其志同”，“君子道长，小人道消”，会有一段兴旺时期。由“九三”“艰贞无咎”、“六五”“以祉元吉”，到最后“上六”“其命乱”，还是不能免于败亡。中孚卦诚信相护持，《大象传》称：“君子以议狱缓死。”可以苟延残喘一阵，看大家表现再作最后判决。由事后的发展来看，确实如此，占象所示真是丝丝入扣。

三爻变占例

到了1993年5月上旬，同样卦象又出现一次。这回是董事会后，有不少人想让老板彻底退场，免受其关系企业拖累，我问吉凶所得。“遇泰之中孚”，畅通于一时，盛极转衰，仍然难得善终，这个企业体是受了诅咒了？

• 1992年5月底，该公司召开董事会，处理股争事宜。双方代表会前互动后，我占往后吉凶，得出泰卦上卦三爻全动，贞悔相争成乾卦，“六四”值宜变，单变有“大壮”之象。翩翩不富皆失实，看来对方来者不善，说的未必算数。“六五”“帝乙归妹”，政治联姻难以久长；“上六”“城复于隍”，公司最后可能被玩倒，空留遗憾。上卦全变成乾卦，乾为君，公司的领导阶层整个易主？既然双方互信难以建立，前途可就凶多吉少。

• 2001年6月中旬，我们在台北县乌来温泉办研习营，浴后我占问：授《易》十年，所有学生资源如何评估？得出泰卦二、三、四爻动，贞悔相争成震卦。震卦为积极行动，也有承接香火的接班之意；泰卦畅通志同，由“九二”包荒，经“九三”至“六四”，颇有富实转贫虚之势，应知所戒惧，以免走偏。

占事遇一卦中任意四爻皆动，变数高达三分之二，以四爻齐变所成之卦的卦辞卦象断占，并参考本卦诸爻的变动情势，若其中一爻值宜变，加重考虑其影响。

• 1993年7月底，那家出版公司的情势愈见诡谲凶险，原老板债务如山，到处走投无路，年底之前出事的传言大盛。我占问：若如此，对公司究竟是吉或凶？得出泰卦初、三、四、上爻动，齐变成未济卦（䷿），“九三”值宜变，单变有临卦之象。“未济”意指不成，泰卦由初至上的变动，也是成住坏空，竟然这么难摆脱失败的宿命？人在公司在，人亡公司亡？“九三”“无平不陂，无往不复”，令人慨叹。泰卦为阴历正月、临卦为阴历腊月、未济则为阴历十一月初，都在年底左右。创业者与公司的牵连太深，没法真正摆脱，令人深感无奈。结果他年底没跑，倒于次年强势回朝，调度总体资源自救，几年后终于毁了公司，自己也赔上了一切。

• 2001年5月初，《中国时报》招待我们几位上课的老师赴上海、苏

四爻变占例

州一游，同行一位著名的平面设计师霍女士问我：她远离台北换个城市发展如何？得出泰卦初、二、三、上爻动，齐变成剥卦（䷖），“上六”值宜变，又有大畜之象。剥卦卦辞称：“不利有攸往。”大畜卦辞虽称：“不家食吉，利涉大川。”泰卦“上六”“城复于隍”，毕竟难以善终，泰卦下卦三爻就算扶摇直上，其势恐不能长久。多年之后，我在台北餐厅碰到她，专业发展仍以台北为主。

• 2010年6月初，我在一民间疗法的道场接受复健，主其事者为天主教徒，除了制式的疗程外，还推荐我们用他特制的长竹筒当枕头，说有矫正姿势、安和睡眠之效。望着竹筒上面刻的“平安喜乐”四字，我占问合宜否？得出泰卦初、二、三、五爻动，齐变成比卦（䷇）。“遇泰之比”，身心舒泰，长相亲比，应该不错。泰卦所动四个爻的爻辞都很正面，“六五”居君位，“以祉元吉”，正好相当于人身颈椎的位置，小往大来，上下通畅。采用后效果的确不错，不仅家居必用，有时出国还带去伴眠呢！

扫码聆听刘君祖老师亲自讲述大易之道

——逐字逐爻详解易经六十四卦

12. 天地否（䷋）

否卦在全《易》中排序第十二，紧接泰卦之后，人生好景不长、泰极否来的观念，已于泰卦中说明。泰卦六爻的形势发展，先三阳乾后三阴坤，登天落地，盛极转衰。“上六”覆灭之后，又接否卦的三阴坤转三阳乾，显示情势继续恶化跌到谷底，再离地上天，衰极复苏，至“上九”爬回原点。泰极否来的十二爻所阐释的变化，完全可以类似正弦函数的曲线图来表示，不同的是泰卦“九三”的高点为时短暂，迅速下滑直落否卦“六三”的谷底，平躺在谷底的时间很漫长，若能熬过不崩溃，“九四”起会慢慢复苏，缓升至“上九”摆脱噩运。泰极否来的曲线很像经济的景气循环，也具备一定的周期性，对判断总体环境变化及恰当因应极有帮助，值得习《易》者深思。

由此看来，人生真是苦多乐少，不如意事十之八九。累积十个卦的努力才致泰，由泰变否不过一卦工夫。在泰卦中，初至三爻运势上升，忙于积极成长扩充，无暇享乐；四至上爻快速下滑，难挽颓势。就像坐云霄飞车一样，狂泻至否卦三爻的谷底，由奢入俭难，肯定苦不堪言。谷底漫长难熬，四爻起缓缓回升，还得小心翼翼，以防再度跌落。那么，到底何时安乐呢？

当然，以上的分析属循环涨落的常态，算基本的长“U”型复苏。若个人或组织体质健旺，否卦“六三”可能触底即快速反弹上升，这是所谓的“V”型复苏；若体质太弱，应变又差，就此一蹶不振，成了“L”型的消灭退场，像临终病人的心电图示一样，照样有此可能。泰、否十二爻的爻辞，就是教导我们在大环境剧烈变动之时，各个阶段的调整策略，尤其像泰卦“初九”、“九三”和否卦“初六”、“六三”、“九四”这几个拐点，更须小心应对，一旦判断失误，后果不堪设想。

《序卦传》称：“物不可以终否，故受之以同人。”否卦结束并非泰卦，而是进入同人卦的新天地。泰、否相综相错且相交，关系太密切。否卦会有那么难过的处境，跟泰卦时的作为有关，所以否卦度过后，也不宜再回到泰卦，否则再一次泰极否来，任谁也受不了！同人（䷌）、大有（䷍）二卦阐扬世界大同的理想，超越种界、国界，较泰卦的国泰民安意境更恢弘。泰卦《大象传》称："后以财成天地之道，辅相天地之宜。""后"是诸侯一国之君，有其地域限制，容易此盛彼衰；同人、大有就像今日世界的全球化，平台放大，浅碟子中大起大落的起伏也因而平复不少，较易达成动态的均衡。

否之匪人，不利君子贞，大往小来。

否卦很特殊，卦名与卦辞连成一气，六十四卦中，还有"履虎尾"、"同人于野"、"艮其背"三卦也是如此。"匪"同"非"，"否之非人"的语法，与比卦"六三""比之非人"相似，表示否塞不通缘于人谋不臧。《尚书》中"人"与"民"的指称不同，"民"是基层民众，"人"则指上位为官者。否卦上乾三阳资源厚实，下坤三阴虚弱匮乏，有高层聚敛以致民不聊生之象，故称"否之非人"，意指做官的不是人，政治不清明。"否"字为"不口"，说话抗议都无效，干脆保持沉默，人际缺乏沟通，封闭窒碍到极点。这种昏暗的环境下，不利于君子固守正道行事，愈正可能愈遭迫害。易例阳大阴小，"大往小来"，上卦乾天阳刚之气清新往上，下卦坤地阴柔之气混浊往下，互不交流，渐行渐远。以国际贸易来说，流出的金额多，吸进的金额少，是所谓入超赔钱之象，经济萎缩萧条。

《彖》曰：否之匪人，不利君子贞，大往小来。则是天地不交而万物不通也，上下不交而天下无邦也。内阴而外阳，内柔而外刚，内小人而外君子。小人道长，君子道消也。

否卦《彖传》用词与泰卦相类，而描述现象正好相反，读者参看即知。天地大环境不顺畅交流，其间的万物自然也难互动交往；组织上下不沟通、朝野不和，政府管理无能，就等于没有这个国家存在。“天下无邦”说得很沉痛，似乎各国皆然，否卦外强中虚，上富下贫，世道黑暗无比。内阴外阳，内柔外刚，内部小人当道，君子都被迫出外，小人之势日盛，君子之道日消。

否卦节气为阴历七月，当中元祭祖时节，俗称鬼月。否之非人，也有鬼神之意。

《象》曰：天地不交，否。君子以俭德辟难，不可荣以禄。

天地交泰，天地不交否，中国人习称天在地前，地天泰一样称天地交泰。前述小畜卦时，曾以邱彰参选失败为例，邱号称有法律及生化的双博士学位，开的律师事务所名“天地通”，很早即从事两岸的法律服务。立意甚佳，生意却不算好，还是其密宗师傅林云取的名。天地为否卦，地天才是泰卦，难怪业务不佳，若改为地天通，可能生意兴隆。邱的感情生活似乎也不顺遂，真的是名字取错了吗？

否卦既然小人当道，卦辞又明言“不利君子贞”，处此之世，君子韬光养晦、低调行事似乎是唯一选择。做官领取俸禄，若得展长才为民谋福，是光宗耀祖；否塞之世为官，只是随波逐流，甚至助纣为虐，所以君子最好还是明哲保身，不要出来做官。

以上的做法为人情之常，不能说错，但未免太消极。如果世道黑暗，君子就隐遁避难，谁来解决民众倒悬之苦？全《易》六十四卦的《大象传》强调修德，不论任何困顿处境，都积极奋发，没有像否卦这么灰颓的。例如，坎卦称：“常德行，习教事。”困卦称：“致命遂志。”大过卦称：“独立不惧，遁世无闷。”明夷卦称：“君子以莅众，用晦而明。”剥卦称：“上以厚下安宅。”相较于这些卦来说，否卦也未必最糟，为何提不出更好的建议？因此，我十多年前反复思维，参考卦象爻象之理，改写如下：“大人以承敝起新，与民除患。”大人为《易》中最高德位，否卦“六二”、“九五”爻辞皆称大人，智慧修为远高于一般君子。卦辞称“不利君子贞”，大人却可率领民众突破否局，旋乾转坤，恢复亨通。

泰卦《大象传》称“财成辅相”，否卦原《大象传》称“俭德辟难，不可荣以禄”。以理财用人的策略而言，正好相反，当然也有其相错综且相交的道理。清末与慈禧太后关系暧昧的大臣荣禄，其名似取于此，竟不忌讳否卦？

• 2000 年 9 月下旬，我交往二十多年的老友来访，他开办多年的社会大学文教基金会财务出了问题，还挨告吃官司，诉讼情势不利，颇思参选“立委”，以釜底抽薪化解之。当然，还得选上才行。我占此策吉凶如何，得出不变的否卦。看来彻底不可行，《大象传》指示尤其明显：“天地不交，君子以俭德辟难，不可荣以禄。”任职“立委”问政也是“荣以禄”，不可作为避难的庇护所，不如低调俭德以对。后来他未参选，官司虽初审不利，最后还是没事，渡过难关。

• 1994 年 5 月上旬，我曾任职总经理的那家出版公司股争炽烈，创办人的老板债务沉重，急欲回朝重掌大权，夹在公司派与市场派之间的我立场尴尬，陷入里外不是人的困境。有天深夜，以易占检测周遭诸人谁可信赖，其中一位董事虽不涉入经营，素称明理且能干，但其卦象为不变的否。“否之非人”，内外不交，一点机会也没有，不可能提供任何援助，心中一凉，只能放弃。不仅他帮不上忙，其他人都无能为力，几天后尘埃落定，我实质上退出经营。

1995 年 7 月底，两虎相争再起，我沉潜静观，干脆问最后对老板的吉凶，也是不变的否卦。天地不交，否之非人，不管经历多少挣扎，最后仍无善终。那么，到底有什么好争的？而多年后回顾，确实也是如此。

1996 年元月下旬，纷争更烈，我问经此没完没了的玄黄血战，公司最后的吉凶？还是不变的否卦，在劫难逃，归于覆灭。接着问我个人的吉凶得失，得出履卦（䷉）初、上爻动，齐变有困卦（䷮）之象。不管他们怎么斗，我都埋头做自己想做的事，终有一天历练够了，脱此他投。履卦“初九”“素履，往无咎”，“独行愿”；“上九”“视履考祥，其旋元吉”。“遇履之困”，我就在困境中将全程历尽，方知如是因果。再四年后，我彻底离开公司，专注自己的终生志业。

• 2010 年 12 月下旬，我占问一对夫妻朋友未有子嗣的真正原因，得出不变的否卦。“天地不交而万物不通”，“否之非人，不利君子贞”，男女生育得阴阳和合，否卦显然不行。

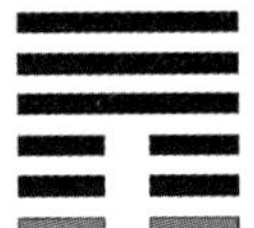

初六。拔茅茹，以其汇。贞吉，亨。

《象》曰：拔茅贞吉，志在君也。

“初六”为否之初，爻辞所述与泰卦“初九”近乎雷同，也是“拔茅茹，以其汇”，而结论的对策不同。泰卦“初九”为“征吉”，否卦“初六”则为“贞吉”，还加一个“亨”字。《小象传》泰初为“志在外”，否初则为“志在君”。拔茅草需连根拔除，且注意盘根错节连类相及的关系，泰重兴利、否需除害，初始规划时得系统考虑，一次全部做好。泰卦形势大好，立志往外发展，积极扩充进取则吉；否卦环境极差，及早节缩收敛，也能自保获吉，独得亨通。泰卦“初九”与外卦的“六四”相应与，称“志在外”；否卦“初六”和“九四”本相应与，但值否卦上下不交之时，不能得力相助，唯有寄望“九五”“休否”之君救民于水火，故称“志在君”。以否卦六爻所历之时而论，否初见形势不妙，知机应变，能透视到下滑谷底再复苏至五爻的关键时位，据此调整体制及经营方式，这种冷静的智慧相当重要。

由泰、否初爻爻辞类同，亦可见大形势精确判断的不易。泰初之后急速往上，否初之后跌跌不休，而二者外观景况类似，如何分辨？一旦误判，后果严重，不是错失良机，就是遭受重创。

否卦“初六”爻变，恰值宜变之位，成无妄卦（䷘）。前途没有什么希望，别存妄想，更勿轻举妄动，以免招灾。

2003年9月上旬，台中的学生来电告知刘振志先生病危。刘老是我的忘年之交，为专研兵法的战略学者，1999年台湾中部“921”大地震时，其住家被震毁，学生们在各方面都帮了些忙。他生性刚直耿介，治学严谨，我是透过他在报端发表的投书，而主动联系结交的，也邀他参加我们学会的活动，给学生上课。他之前动过一次大手术，那回应是复发，

我占其病势的吉凶，得出否卦“初六”爻动，恰值宜变成无妄卦。天地不交，“否之非人，不利君子贞”。“初六”后势急转直下，生命的根基全部拔除松动，变成无妄，多半凶多吉少，没有希望了！一周后，刘老过世。

• 1992年7月下旬，我已实际负责那家出版公司的经营，我自己是

占例 编辑出身，算是生产部门，对营销业务比较陌生，遂刻意研究熟习。当时公司营收的主体为直销部门，人员组训及业绩抽成的成本甚高，往往业绩高利润薄，甚至亏损。我接手前，入不敷出的问题已很严重，遂占问对策，得出否卦“初六”爻变，成无妄卦。“遇否之无妄”，显然走势下滑，不能寄望，必须调整精简，全面整顿，以免后患难以收拾。后来，公司之所以有振兴气象，跟此基本判断有关。直销既然看淡，便大力发展店销及邮购部门，两年下来，业绩与利润的比例日趋合理。

六二。包承，小人吉，大人否亨。

《象》曰：大人否亨，不乱群也。

“六二”中正，上与“九五”之君应与，本来不错，但处于上下不交的否卦时运，得不到任何支助。泰、否二卦强调大形势的重要，个人或单一组织很难与之正面抗衡，所谓爻随卦转，“六二”素质虽好，否卦时运不济，也无可奈何。《易》例阳济助阴称“包”，泰卦“九二”“包荒”、蒙卦“九二”“包蒙”皆然。否卦“九五”不助“六二”，包容照顾之意已失，反成包庇为非，故而“六二”君子只好忍耐承受，故称“包承”。“小人吉”，可见时代黑暗，大人在这个阶段也无法力挽狂澜，只能坚持原则，不同流合污，身虽否，道却亨。世间总是物以类聚，小人成群获利得吉，大人自行其是，守道而获内心世界的亨通。

本爻变，有讼卦（䷅）之象。社会分裂成对立相争的两极，小人群和大人水火不容，争议不休。否卦由“初六”至“六二”，情势显然恶化甚多。

六三。包羞。

《象》曰：包羞，位不当也。

“六三”不中不正，已坠落入谷底的最糟状况，环境一片黑暗，许多人熬不过现实的折磨，都放弃了理想和坚持，伤品败德之事公行，也受包庇容忍。公权力不管，社会正义不得伸张，完全体现了《彖传》所言的情境：“上下不交而天下无邦也……小人道长，君子道消也。”本爻变，为遁卦（䷠），面对这样藏污纳垢的环境，有良心的人往往彻底隐遁，《大象传》所称“俭德辟难，不可荣以禄”，便是如此。

“六二”“包承”，仍有讼象，大家激烈争议；“六三”“包羞”，已成遁象，连抗议都没了，这就是哀莫大于心死。“否”字为“不口”之意，上下不交，像狗吠火车一样沟通无效，干脆闭口不言。泰卦“九三”身处高峰，爻辞洋洋洒洒二十个字，可见意气风发，精神饱满。否卦“六三”深陷谷底，爻辞只有两个字，消沉之甚，难以言宣，正所谓“大悲无言”，什么也不用说了！

然而“包羞”之后，爻辞并未明言是吉是凶，令人玩味。唐朝诗人杜牧《题乌江亭》咏叹楚霸王项羽：“胜败兵家事不期，包羞忍辱是男儿。江东子弟多才俊，卷土重来未可知。”胜败乃兵家常事，能忍过“六三”“包羞”的处境，“九四”形势好转，或可重整旗鼓，再现辉煌，何必就此放弃，彻底断了重生之路？比卦“六三”“比之非人”，未必伤凶；“否之非人”的“六三”“包羞”，动心忍性，对人的淬炼甚大，也未尝不是好事。

九四。有命无咎，畴离祉。

《象》曰：有命无咎，志行也。

“九四”起脱离下卦坤阴，进入上卦乾阳，由地升天，大环境显著改善，有复苏的契机。泰极否来的历程中，泰卦“上九”“自邑告命”，称“其命乱”；而今否卦“九四”离阴还阳，称“有命无咎”，可见形势好转，天命福佑可获无咎，可行其志。“畴”为寿田，耕耘已久，饱历忧患而能生存，又有类别之意。“祉”为福祉，“离”作动词用，附丽相连，“畴离祉”即同类皆蒙受福祉，撑过萧条否局的个人或组织有福了，往下再加把劲儿努力，应可东山再起。

本爻变，为观卦（䷓），处此复苏再起的契机，必须集中心力冷静观察，准确行动。以一般经济景气循环而论，复苏之初，会有一些指标型产业带头启动，其他关联性产业跟进红火，所谓“一人得道，鸡犬升天”，这种火车头的效应即为观测重点。泰、否两卦强调的是大形势的变迁，一荣俱荣，一枯俱枯。处于大起大落的浪潮中，那些转折点的时位，非得全神贯注不行。泰卦“初九”、否卦“初六”“拔茅茹，以其汇”，泰卦“六四”“不富以其邻”，都显示整体连动的依存关系。同一范畴的产业可能分居供应链的上下游，可能配套支持，纵横交织，息息相关，也是离卦的网络相连之象，“畴离祉”的“离”字用得精确。人生必要在人际组织网络中找到自己适当的定位，发展开拓四通八达的关系，无论环境怎么变动，都找得到最佳应变的方式。

否卦“六二”“包承”、“九四”“畴离祉”，二与四同功而异位，皆为“九五”之君效力，为“初六”之民谋福，以救民于水深火热之中。明末降臣洪承畴名字似与此有关，又有继承《尚书》中“洪范九畴”之意，志在治国平天下，降清做贰臣，却辜负了好名字。

占例

• 2008 年元旦，我依惯例算当年大事，美国经济为否卦“九四”爻动，有观卦之象。否卦当然不景气，但“九四”“有命无咎”且“志行”，有机会复苏。观卦为阴历八月，结果当年“915”爆发席卷全球的金融风暴，美国经济受重创，没有复苏，却应了否卦卦辞之象，也在观卦月份遭遇惨烈的八月之凶。

• 2010 年 2 月上旬，老父心脏不适送医急救，虽无大碍救回，也有姐姐照顾，总有些不放心。偏偏我们一家四口已订好赴澳洲旅游的计划，几天后就得成行，当时占问能否如期出国？得出否卦“九四”爻动，有观卦之象。“遇否之观”，虽遭否塞，仍可出国观光，“有命无咎，畴离祉”，夫妻俩带子女同游，得享天伦之乐，老父后也康复出院。

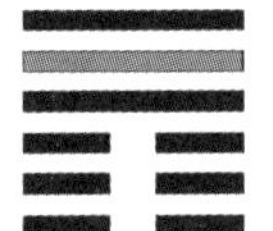

九五。休否，大人吉。其亡其亡，系于苞桑。

《象》曰：大人之吉，位正当也。

“九五”中正，处否卦君位，正应率领民众推翻否局，至少也得休止缓和，以纾解民困。大人为《易》中最高德位，应可旋乾转坤而获吉。“休否”与“倾否”不同，只是暂时中止乱局，与民休养生息，仍得培元固本，以防再度衰颓。“苞桑”根深柢固，象征民性的坚忍强韧，君民若能紧密团结，共度国难，应可免于危亡。此处的苞桑之喻，和“初六”的茅茹相似；“初六”“志在君”，期待领导力挽狂澜；“九五”“系于苞桑”，团结民众以维系国家生存。

《系辞下传》第五章有称："子曰：'危者，安其位者也；亡者，保其存者也；乱者，有其治者也。是故君子安而不忘危，存而不忘亡，治而不忘乱，是以身安而国家可保也。'《易》曰：'其亡其亡，系于苞桑。'"孔老夫子身处春秋乱世，见到太多的国家兴亡，而有居安思危之慨：现在遭遇危难的曾经安于其位，已经灭亡的以为可以长存，陷入混乱的曾经治理的很好。这都是泰极否来的例证，安身保国不可不敬慎。随时还可能灭亡啊！随时还可能灭亡啊！一定要巩固好根基。

本爻爻动，恰值宜变成晋卦（䷢），为光明日盛之象，"遇否之晋"，为大人旋乾转坤之功。否卦"六二"时"小人吉，大人否亨"；"九五"时"大人吉"，形势转顺矣！我将《大象传》改写成："大人以承敝起新，与民除患。"即合此意。卦辞明言"不利君子贞"，爻辞不称君子，而以大人和小人对比，与观、剥、遁、大壮、解、革等卦不同，值得注意。君子只能避难，大人则可除患。"包承"、"包羞"为"承敝"，"畴离祉"为"起新"，"休否、倾否"则为"与民除患"。"初六""志在君"，"九五""系于苞桑"，君民一体，和衷共济以拨乱反正。

"休"字从"人"从"木"，人累了倚木休息，或徜徉于林间小径，吸芬多精以调养精神，甚至抱着大树运气，据说都有休养生息的效果。否卦"九五""休否"，复卦"六二""休复"，大有卦《大象传》称"遏恶扬善，顺天休命"，皆除旧取新之意。人生行事不宜操劳过度，适时必得休息，以恢复元气，走更长远的路。

占例

• 2008年7月下旬，我针对近代几位美国总统占测其人其业，艾森豪威尔为否卦"九五"爻动，恰值宜变成晋卦。艾氏为二战欧洲联军总司令，结束了希特勒的法西斯政权，调和鼎鼐很有一套，战后也获民意支持选上总统，算是"休否，大人吉"，"遇否之晋"的卦象相当到位。

• 2011年5月下旬，我和几位师兄弟赴鄂、湘参访出游，在武汉大学国学院、衡阳师范学院，及长沙岳麓书院都有演讲交流，收获很多。最后一天返台前，赶着去湖南省博物馆看马王堆汉墓出土文物，我十年前来过一次，更早帛书等文物去台北展出时，也曾用心观赏。这回再度驻足于利仓夫人辛追的遗体前，凝神动念问其"境遇"，得出否卦"九五"爻变，成晋卦。"否之非人"，晋卦则为京房分宫中的乾宫游魂卦，"遇否之晋”，从天地不交的地下墓穴中破土而出，展现两千多年前的文明风华。晋卦上离下坤，为明出地上之象，真的惊动了全世界。否卦“九五”称“休否”，长眠千载，可真是休息得够久了！

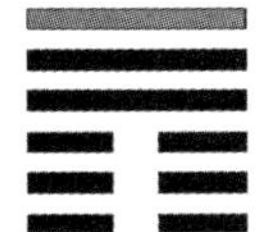

上九。倾否，先否后喜。

《象》曰：否终则倾，何可长也？

“上九”居否之终，下接同人卦，爻变则有萃卦（䷬）之象，由精英领导民众，群策群力推翻否乱之势，结束了长期黑暗闭塞的局面。“休否”只是暂时稳定，“倾否”才确定挣脱泥沼，休、倾二字皆为立人偏旁，显示都得靠人的积极努力。泰卦“上六”“城复于隍”，好像城墙自然而然倾倒，真有天命无常的况味。泰城倾倒，国家覆灭；否城倾倒，万众欢腾，二十多年前柏林围墙倒塌的景观即然。

泰卦上下交流无碍，“上六”倾城倾国的下场，可于“九三”跃居高峰时预知，故而立作调整应变。否卦上下不交，“上九”最后“倾否”的胜利，在“六三”的谷底时难以预知，故而漫漫难熬，连“九四”复苏的下一步都难以看清，这是“包羞”最苦之处。一切信息不透明，造成了否卦藏污纳垢的非人世界。

由泰极否来十二爻的变化，完全可绘出类似正弦曲线的图形，可称之为“泰否曲线”（如图），泰卦“九三”的尖峰短暂，否卦“六三”的谷底漫长。我有个学生曾将近百年来世界知名的企业兴亡绘成图表，真的和泰否曲线相近，百年老店凤毛麟角，基业长青谈何容易？人生不如意事，确实十之八九。

欲理解泰极否来的变化，还可以男欢女爱的交合互动得知。“泰”为“上下交而其志同”，由泰卦“初九”升温，至“九三”达高潮；“六四”“翩翩不富”，欲仙欲死，阳气已消，一直狂泻到否卦“六三”“包羞”的谷底，长期一蹶不振；“九四”才有起色，至“上九”“倾否”恢复正常。易爻象男女之形，近取诸身，处处揭示阴阳互动之理。

以上描述的曲线为基本型，其实还有很多变化型：如何创造连续高潮，以期长盛不衰？以开发畅销产品为例，通常红火一阵后会转衰颓，任何单一商品有其寿命，不会永远居高不下。如果不依赖单一畅销品，加强与时俱进

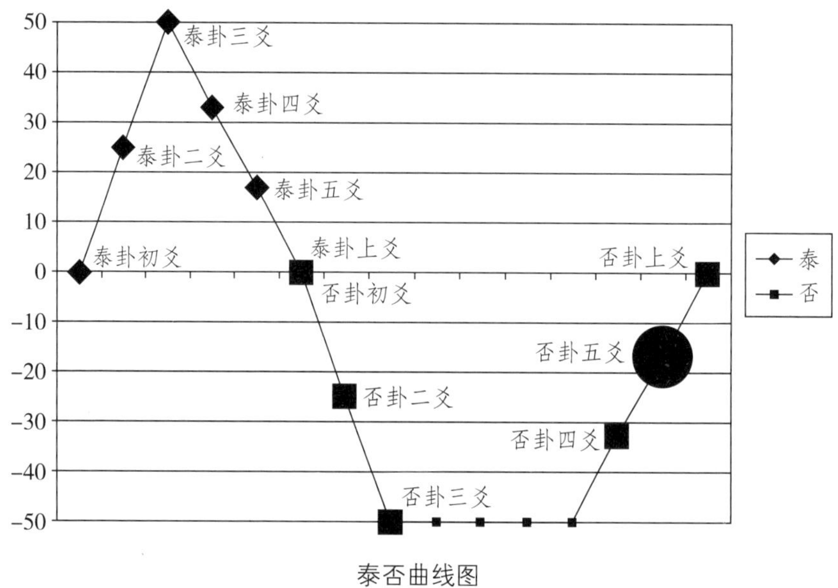

泰否曲线图

的研发能力，待前一产品销售下滑后，后一强打产品适时推出，造成一波未平一波又起的气势，如此其销售总量就可能步步推高，长盛不衰。这称为“多泰曲线”，悟通后可实际运用于很多方面。

中国内地三十多年经改成功的奥秘，也与此多少相关。泰卦《大象传》所称，地方诸侯立项做好基础建设，以吸引投资，创造繁荣，中央下放相当权力予地方自主，造成良性竞争，正是波波相继的多泰效应。全国两千多个县都有实验冲刺的机会，成功了大家争相仿效，失败了也不影响总体大局。所谓“诸侯经济”，有其推陈出新的繁荣方程式，香港名经济学家张五常新论《中国的经济制度》，也明白揭示了这点。

以上泰否曲线为平面描述，事实上还可以展现为立体架构，如此将更瑰丽精彩，有志者不妨由此深入推衍，或当有更新的发现。

占例

• 1994 年 4 月上旬，我任职总经理的那家出版公司股争炽烈，大战风雨欲来，人为刀俎我为鱼肉，忐忑不安下，我占问我个人的吉凶？得出否卦“上九”爻动，有萃卦之象。集众人之力倾否，势所不能，倒是藉此互斗因缘，抽身他投。否，下接同人卦，彻底了断此间非人桎梏，从此海阔天空任遨游矣！

否卦多爻变占例之探讨

否卦六爻的单一变化介绍毕，往下且看更复杂的多爻变的情形。

占事遇一卦中任意二爻动，若其中一爻值宜变，为主变量，以该爻辞为主论断，另一爻辞次要参考。若皆不值宜变，参考本卦卦象卦辞及二爻爻辞，还有两爻齐变所成卦象，作综合论断。

• 1994 年 5 月上旬，我所在的那家出版公司股争已入摊牌阶段，形同放逐在外的老板挟过半股权同意书强硬回朝，并声言“挡我者死”。辛苦维护多年，落得如此里外不是人的地步，我难过已极，占危局中自身吉凶。得出否卦初、二爻动，“六二”值宜变，有讼卦之象，二爻齐变，又有履卦（䷉）之象。

否之非人，上下不交，往下的日子肯定难过了！“初六”已见征兆，“拔茅茹，以其汇”，还得防人斩草除根、赶尽杀绝。“六二”包容承受，坐视小人得利，一筹莫展。“遇否之讼之履”，争讼必败，“履虎尾”只能忍气吞声，以保平安。

• 1990 年 11 月底，我已代行出版公司总经理之职，问整体的经营情势，得出否卦二、五爻动，齐变有未济卦（䷿）之象。“遇否之未济”，上下不交，任事难成，显见艰困。“六二”小人成群，讼争严重，“九五”无力调解，“休否”不易，完全显示了当时恶劣的形势。

• 1992 年 4 月底，我获董事会通过真除为总经理，往下责任更重，首先得面对市场派大股东的威胁，他年纪虽轻，已是财力雄厚的著名作手，安排了一些至亲进公司任职，其意不言而喻。我问其动向及适当的对应方式，得出否卦初、上爻动，齐变有随卦（䷐）之象。“遇否之随”，上下不交难以沟通，只能中心有主，外示亲善，随机周旋。“初六”先稳住基盘，看看最后能否“倾否”成功？由后来发展看，其实是三输的结果：大股东也没真正入主，老板把公司玩完，而我则在否塞的环境中走了一遭，终于离开，往同人卦更广阔的天地去闯荡。世事变化，随时生新，只能不断调整前行。

• 2009 年 11 月底，我回顾多年前这段经历，给在那家出版公司任职的十二年，以占象总结，得出否卦四、上爻动，“上九”值宜变，单变成萃卦（䷬），两爻齐变，则有比卦（䷇）之象。“遇否之萃之比”，人生因缘聚会，结盟合作一段，由“九四”的高层“畴离祉”，到“上九”“倾否”结束。下接“同人于野，利涉大川”，有道是：“莫愁前路无知己，天下谁人不识君。”

• 2010 年 2 月上旬，老父身体不适送医急救，我在病榻前默祷，以手机占问吉凶。得出否卦四、上爻动，“上九”值宜变成萃，两爻齐变又有比卦之象。否卦很危险，“九四”“有命无咎”，已现复苏生机，“上九”“倾否”必然无虞。果然度过危险期，出院返家疗养。

• 2010 年 4 月底，我率学生赴武汉旅游，在辛亥革命首义纪念馆的红楼处参观，起心动念一占：辛亥革命的历史意义？得出否卦四、五爻动，有剥卦（䷖）之象。先烈们在汉水秋风中起义，一举推翻了几千年的君主专制，建立东亚第一个民主共和国，其功甚伟，不在话下。但卦中“上九”未动，其实并未真正“倾否”，国人帝制余习甚深，所以民国建立后仍是战乱频仍，民不聊生，否中剥象应指此而言。

• 2009 年 8 月下旬，我看一篇专家谈 2012 年前后全球磁变可能致灾的文章，占问其论述准确否？得出否卦四、五爻动，有剥卦之象。“遇否之剥”，似乎不能掉以轻心。否卦天地不交，真有磁极变动、磁力线减弱不稳之象；剥卦五阴上剥一阳，岌岌可危，“不利有攸往”。当此危机，“九五”、“九四”的政府高层必须负起“休否”之责，为民谋福祉，但似乎“倾否”不易啊！

2011 年元月上旬，又有基督教团体发出世界末日的惊悚预言，说 5 月 21 日诺亚方舟满劫七千年，刚好美国阿肯色州大量鱼、鸟死亡，更是绘声绘影。我占问此事虚实，得出否卦四、五爻动，有剥卦之象。“遇否之剥”，小心为上，“九四”“有命无咎”，“九五”“休否”，以常理判断应该没事。加问“521”安否？为讼卦（䷅）二、上爻动，“上九”值宜变成困卦（䷮），两爻齐变，又有萃卦之象。遇讼之困之萃，并非佳象，“上九”强争不宜，“九二”低调避难，可保邑人三百户无眚。讼卦天与水违行，否卦天地不交，不管怎样，人类面临的自然环境似乎确定出了问题，天灾频仍，令人惴栗难安。

• 2010 年 10 月中，我再问 2012 是否有灾眚？得出不变的屯卦（䷂）。

资源匮乏，“刚柔始交而难生”，“动乎险中，大亨贞”，多少有戒惧意。追问世界会有重大天灾吗？为否卦三、四爻动，“六三”值宜变成遁卦，两爻动又有渐卦（䷴）之象。天地不交，否之非人，“六三”“包羞”又是贤人遁藏的谷底，还真正不妙；“九四”“有命无咎”，群类复苏受福，渐渐恢复元气。《焦氏易林》“遇否之渐”的断语为：“春栗夏梨，少鲜希有；斗千石万，贵不可求。”粮食缺乏，价格飞涨，一副大闹饥荒之象，真是这样么？

• 2010 年 8 月中，我提前预测 2011 年美国经济，得出否卦五、上爻动，“上九”值宜变成萃卦，两爻齐变又有豫卦（䷏）之象。金融风暴后美国首当其冲，经济当然很惨，经两三年调整，似乎有可能“休否”、“倾否”，而走出不景气的谷底。萃卦集中精英资源，群策群力；豫卦“利建侯行师”，打组织战。以美国国力及人才之盛，很有可能办到。年底结算，GDP 为 15.09 万亿美元，增长 1.7%，是有逐渐复苏。

• 2009 年 10 月中旬，我在富邦金控上课已十一年，《易经》来来回回讲了两三遍，《老子》与《孙子兵法》也谈了不少，当时开讲刘邵的《人物志》几次，发现她们兴趣不大，遂问改讲佛经如何？得出否卦初、四爻动，齐变有益卦（䷩）之象。否卦上下不交，“初六”已见端倪，若立刻叫停调整，“九四”可同类受福。益卦《大象传》称：“君子以见善则迁，有过则改。”改上佛经课，肯定大家获益，几年下来的确如此。

占事遇一卦中任意三爻动，变数已达一半，三爻齐变所成“之卦”，与本卦呈拔河拉锯情势，称为贞悔相争，以本卦及之卦的卦象卦辞合参论断。若其中一爻值宜变，该爻爻辞加重考虑。

• 2010 年 8 月下旬，我阅报得知英国大科学家霍金发表预言，说再过二百年地球将无法居住，人类应该未雨绸缪，开始规划迁徙至外层空间的事宜。我问其事可信否？得出否卦上卦三爻全动，贞悔相争成坤卦，否卦“九四”值宜变，单变亦有观卦之象。否之非人，天地不交，真的得俭德辟难？“九四”观察天地变异之机，为求保命，及早安排民众集体迁徙，以蒙受福祉。“九五”“休否”、“上九”“倾否”，终于转进至崭新天地去延续文明。坤卦含弘光大，厚德载物，也有顺势行动之意。大科学家的高瞻远瞩，宜认真对待。《焦氏易林》“遇否之坤”的断词称：“天之所灾，凶不可居；转徙获福，留止忧危。”怎么说得那么切？

• 2008 年元月下旬，我占问：年底美国总统大选，黑人奥巴马能有出头天吗？得出否卦二、四、五爻动，贞悔相争成蒙卦（䷃），否卦“九五”值宜变，单变为晋卦。美国有种族歧视的传统，黑人出头不易，为否，但其中三个爻的变化渐入佳境：“六二”不乱群，黑白对抗仍多；“九四”“畴离祉”，超脱成见有望；“九五”居君位，“休否大人吉，位正当”。“九五”爻变成晋，如日东升，得掌大位应有可能。蒙卦外阻内险，形势尚不明朗。结果奥巴马不仅赢得民主党提名，且荣膺总统大位，通过了“大人方吉”的严峻考验。

• 1999 年元旦，我依例占算公私诸事。其时，已在易学教研上大有拓展，忙碌却很充实。虽尚未正式离开那家出版公司，往事已看淡放开，但仍问了一下当年与该公司的机缘，得出不变的小过卦（䷽）。卦辞称：“可小事，不可大事。飞鸟遗之音，不宜上，宜下。”确定无可作为。再问如何应对为佳？得出否卦初、三、上爻动，贞悔相争成革卦（䷰）。否卦“初六”值宜变，单变则有无妄卦之象。否闭之局不值得再留恋，也无须再有妄想，经历“六三”“包羞”后，应于年底彻底倾否而出。革卦元亨利贞，去故取新，再造新猷的时候到了！2000 年后全盘迁出，彻底结束了这段因缘。

• 1995 年 7 月底，我虽退出经营年余，公司股争并未平复，我冷眼旁观，占算自己的吉凶祸福。得出否卦三、四、五爻动，贞悔相争成艮卦（䷳），“九五”值宜变，单变又有晋卦之象。算来算去都是否，艮卦也是重重阻碍，好在否中三个爻的变化渐趋好转：“六三”包羞忍辱、“九四”有命无咎，“九五”休否大人吉，爻变晋卦，更是前景光明，其《大象传》称：“君子以自昭明德。”往后的发展全依此而行，易占真有天眼，明察秋毫。

• 2001 年 10 月下旬，我快满 49 岁生日，心有所感，占测自己的“本命”。得出否卦初、四、上爻动，贞悔相争成屯卦（䷂）。依《河洛理数》的推演，我先天元堂为“比之非人”，而此生似乎也得在“否之非人”的环境里历练一遭，“倾否”后，获得新生为“屯”，“动乎险中，大亨贞”。

• 2003 年 7 月中，我一位女学生肝癌复发，我占算她往后可有生机？得出否卦三、五、上爻动，贞悔相争成小过卦（䷽）。“九五”值宜变，

三爻变占例

单变又有晋卦之象。“否之非人”不妙，由“包羞”而“休否”至“倾否”，似乎又有生机。但问生死须注意游魂为变的问题，晋卦为乾宫游魂，小过卦为兑宫游魂，就算这回康复，前途仍不太乐观。果然，她于2005年3月往生，也只拖了不到两年。

• 2009年元月下旬，我们学会决议四月中赴江西旅游，包括龙虎山、三清山等道教圣地，而且接着我在厦门大学的演讲之后，寓教于乐，岂不快哉！当时我问此行顺利否？得出否卦三、五、上爻动，贞悔相争成小过卦。否“九五”值宜变，又有晋卦之象。否之非人，不是好卦，小过更得谨小慎微，以防出事，为何会如此？结果4月8日在厦门准备南强论坛的演讲时，传来出游郑姓学生的噩耗，当天心疾发作往生。我仍撑着完成重要的演讲，再去医院探视致哀，可真是否卦“六三”“包羞”的心情。学生家属赶至当地，由不去江西的同学招呼打理后事，我们仍依原订计划出游，由休否而倾否，终于完成全程。

晋卦为乾宫游魂，小过为兑宫游魂，其《大象传》称：“丧过乎哀。”卦辞又称：“飞鸟遗之音。”在在都有死亡的阴影啊！

四爻变占例

占事遇一卦中任意四爻动，变数已达三分之二，以四爻齐变所成之卦的卦辞卦像为主论断，本卦四爻中若有一爻值宜变，稍加重考虑。

• 2010年8月中，我在《联合报》班的一位女学员告诉我，她的女儿长期不说话，让她很担心。她自己占未来前景，得出否卦三、四、五、上爻动，齐变成谦卦（䷎），否卦“上九”值宜变成萃卦。“否”为“不口”，包羞不言应该只是暂时，最后一定会恢复讲话，“否终则倾，何可长也？”“谦亨，君子有终”，也明确显示此意，日后果验。

五爻变占例

占事遇一卦中任意五爻皆动，以齐变所成之卦的卦辞卦象判断，若其中一爻值宜变，影响较大，稍加重考虑。

• 2008年9月中，金融风暴全面爆发，我的学生林献仁推算台湾往后几年的经济情势，2010年的卦象为否卦二、三、四、五、上爻动，五爻齐变成升卦（䷭）。否卦“九五”值宜变，单变为晋卦之象。“遇否之晋”，领导人带头“休否”有成；“遇否之升”，由跌落谷底再大幅翻升，非常戏剧性呈现高成长。结果年底结算，当年足足增长了百分之十多，

为二十多年来最佳成绩，当年中两岸签订ECFA，加强经贸交流，应该也是主要原因。

• 2000年10月起，台湾经济陷入大幅衰退，我一位高雄的老学生占算台湾传统产业的前景，得出否卦初、二、四、五、上爻动，五爻齐变成明夷卦（䷣）。否卦“九五”值宜变，单变为晋卦。“遇否之明夷”，糟糕痛苦可知。然而否卦由初、二下滑，四、五、上却有逐步回升之象，关键在于“九五”的经营者是否强韧，若能“休否”成功，可由“明夷”的日落转为“晋”的日出。明夷卦辞：“利艰贞。”咬牙苦撑一段时期，必不可免。

扫码聆听刘君祖老师亲自讲述大易之道

——逐字逐爻详解易经六十四卦

13. 天火同人（䷌）

同人卦为全《易》第十三卦，下接大有卦，两卦相综一体，揭示世界大同、国际和平的宗旨。同人之同，大有之大，合起来即称“大同”。《礼记·礼运大同篇》称：“老有所终，壮有所用，幼有所长，鳏寡孤独废疾者皆有所养，男有分，女有归。”不分年龄、性别、健康及家庭状况，都有社会最合宜的照顾，只要同样是人，理应大家都有。人人都有也应有的是什么？良知良能、自在佛性、平等尊严、天赋人权，孟子说的恻隐、羞恶、辞让、是非之心，春秋太平世的“人人皆有士君子之行”。总之，人同此心，心同此理，人人于此处求大同，即可和平共存，天下太平。

《易经》在先，《礼记》成书在后，孔子的“大同”思想源于同人、大有二卦，约百字的大同世界的描述，全可于卦爻中找到印证。

《序卦传》称：“物不可以终否，故受之以同人；与人同者，物必归焉，故受之以大有。”否之非人，环境黑暗，人性沉沦，群策群力倾否后，回复人性光辉，建立全面和谐的人际关系。祥和社会一定吸引各种资源聚集，如百川汇海而成其大。泰极否来的大起大落，肇因于区域流通，同人大有则向全球开放，格局更广阔无边。

《杂卦传》称：“大有，众也；同人，亲也。”大有强调众生平等，同人标榜人际亲和。“风天小畜”称寡，“火天大有”称众，不患寡而患不均，均无贫和无寡，大有既均且和，故称“众”。《杂卦传》又称：“亲寡，旅也……讼，不亲也。”异域漂泊，举目少亲；两造争讼，关系恶劣。“天水”为“讼”，“天火”为“同人”，亲与不亲，有其卦象卦理在。

同人卦六爻全变成师卦（䷆），劳师动众，兵戈不息；大有卦六爻全变成比卦（䷇），强权外交，纵横捭阖。师、比为国际争霸，同人、大有为国际和平，正是霸道与王道之分，性质完全相反。师、比卦序第七第八，同人、大有为十三、十四，先霸而后王，也是文明发展的顺序，没有足以称霸的实力，奢言王道便成迂腐。中国向有大同世界的王道理想，国力蒸蒸日上之时，宣称永不称霸，并非韬光养晦的策略，而有其深刻的文化根底与历史洞察。

同人于野，亨。利涉大川，利君子贞。

同人卦卦名与卦辞连成一气，将“同人”二字作动词用，直接称“同人于野”，与“履虎尾”、“否之匪人”、“艮其背”类似，强调全卦行动的重点。“否之匪人”，已申明官箴不肃，当朝昏昧腐败，“倾否”后同人的对象自然在野不在朝，所谓“礼失而求诸野”，民间还有许多值得开发结纳的人士。坤卦“上六”“龙战于野”，象征世界大战，遍地烽火；“同人于野”，显现世界和平，连最荒僻的乡野都一片祥和。古代国中称邑，城外为郊，郊外为野，由邑至野代表往外推扩的历程。只要世人同心同德，反对战争杀戮，终有一日“利涉大川”，能渡过彼岸，缔造国际和平。否卦卦辞称：“不利君子贞。”同人卦辞称：“利君子贞。”时代风气转好，正人君子又可以固守正道而行了！

《彖》曰：同人，柔得位得中而应乎乾，曰同人。同人于野亨，利涉大川，乾行也。文明以健，中正而应，君子正也。唯君子为能通天下之志。

同人为一阴五阳之卦，唯一的阴爻“六二”为全卦之主，与上卦“九五”之君相应与，故称“柔得位得中而应乎乾”。“曰同人”，有郑重其事之意。小畜、大有之《彖传》亦称：曰小畜，曰大有。《礼运大同篇》最后称：“是谓大同。”《彖传》释经，重结构分析，指出六爻间的主从关系，值得细品玩味。“六二”为下卦、内卦离明的中心，象征民间或内心中的文明智慧，必须结合上卦、外卦乾刚的勇健行动，才能发挥效力，渡过重大险难，故称“乾行也”。内文明、外刚健，“六二”、“九五”中正相应与，君子处于这么好的大环境，当然应该依正道办事。同人时离明在下，本身无权，必须说服掌权者接受并推行其理念，孔孟周游列国为此，董仲舒透过汉武帝独尊儒术亦然。大有卦时文明在上，掌权者本身即具无上智慧，直接付诸实践，不必再假手于人。

知识分子有理想抱负，要说服天下人实行其道并不容易，必须从同理心出发，深探人性的共同基础，依此建立共识，才能成功。天下众生形形色色，人各有志，通天下之志谈何容易？《彖传》末的论断，《系辞上传》第十章说得更清楚："夫《易》，圣人之所以极深而研几也。唯深也，故能通天下之志；唯几也，故能成天下之务。"下最深的功夫研究事理的机微，号召天下志同道合者一起奋斗合作，以成就伟大的事业，这才是《易经》的大用。世间一般怪力乱神、沉溺术数，只求个人趋吉避凶，绝非习《易》正道。

同人反战，并非空言虚妄，而基于人性的本然。孟子见梁襄王后，出来跟人转述襄王提问："天下怎样才能安定？"他回答："定于一。"王又问："孰能一之？"孟子再答："不嗜杀人者能一之。"王再问："孰能与之？"孟子最后答称："天下莫不与也！"定于一并非霸道的武力统一，而是王道的一统，人同此心，心同此理，都讨厌残酷的杀戮。若有王者能以和平方式解决国际纷争，天下万民皆愿投奔和参与。"诚如是也，民归之，犹水之就下，沛然谁能御之？"所谓仁者无敌，孟子说的不是空话。唐朝李华著名的《吊古战场文》有言："苍苍蒸民，谁无父母？提携捧负，畏其不寿。"天下父母心，费尽辛苦拉拔子女长大，谁真正愿意他们战死沙场？

《象》曰：天与火，同人。君子以类族辨物。

同人上乾卦为天，下离卦为火，称"天与火，同人"，表示自然天道与人类文明交融为一。与为"民胞物与"的与、"承乘应与"的与，真的是天下莫不与也！上卦乾阳之气往上，下卦离火也往上烧，发展方向相同，和讼卦天与水违行正相反，所以同人亲，讼不亲。《文言传》称："水流湿，火就燥……本乎天者亲上，本乎地者亲下，亦各从其类也。"离为日为火，"本乎天"；坎为陷为水，"本乎地"，物以类聚，自然相亲近。

乾卦先天方位在南，离卦后天方位在南，二卦算是先后天同位的关系。先天属体，后天为用，天火体用合一，天道为体，人文为用，也是同人卦的含义。八卦在序卦中最后出现的，就是三画的离卦，显示智慧与文明需演化甚久，才能诞生。

人类繁衍于大地之上，形成各个不同的民族，血统、语言文字、宗教信仰、生活习惯各异，互相交往极易起冲突。小焉者像台湾的族群矛盾，大焉者如基督徒和伊斯兰教徒的宗教战争，给人类社会带来了很多困扰和苦难。有志者欲推动世界和平，首先必须分门别类透彻研究各民族的风土人情，在理解尊重的基础上善意互动，才有大同的可能。“类族辨物”也是个人或组织扩展人脉的基本功，所有交往的对象都必须有广泛且深入的了解。

师、比二卦始有国家，国家是武力造就。同人、大有二卦论及民族文化，则为长期自然形成，根深柢固，影响更大。民族主义虽非究竟，感染力强不容忽视，也绝对无法绕过而奢谈世界主义。

• 2000 年 4 月下旬，我精读《系辞传》，每一章都以易占算其主旨。《上传》末章精粹之极，启发我甚深，还因此写过一篇阐发易象体例的长文《明道若昧》，就此终生嗜《易》，无怨无悔。当时占象为不变的同人卦，解得可真切！传文称：“形而上者谓之道，形而下者谓之器，化而裁之谓之变，推而行之谓之通，举而措之天下之民谓之事业……神而明之，存乎其人。”处处强调“通天下之志”、“同人于野”的重要，人生在世，当积极团结奋斗，为群众谋福。

• 1995 年 12 月下旬，我在一媒体聚会场合遇到詹宏志，他是有名的出版企划高手，正创办计算机家庭杂志《PC home》，顺便问我成败如何及经营策略。我占得不变的同人卦，“同人于野”，“通天下之志”，“类族辨物”，以精确掌握计算机族的需求，应可“利涉大川，利君子贞”。下卦离中虚，也是网络纵横之象，切合计算机推广的景观。时隔多年，这份杂志确实办得不错，拥有相当的影响力。

• 2010 年 12 月初，我和妻子赴日本京都观光，以庆祝结婚三十周年。在龙安寺方丈庭园静观白沙铺地的枯山水，十五块形状各异的石头分布各处，呈现空灵安静的美感。我凝神冥想，然后以手机起占：眼前景物意境如何？得出不变的同人卦。“同人于野，亨。利涉大川，利君子贞。”卦辞一语道尽石庭风采，那些分布在白沙海中的孤立石岛，像不像世界的八大文明区块，遥遥屹立，又灵气流通？

初九。同人于门，无咎。

《象》曰：出门同人，又谁咎也？

“初九”为同人之初，先将自己门内的人际关系料理好；然后再出门交朋友，由内而外，次序井然，谁都不能说不对，可获无咎。《大学》讲家齐而后国治，国治而后天下平，道理与此相同。本爻爻变为遁卦（䷠），若门内之事不治，则无立足根基，何以向外开放？同人于野应勇敢面对，积极进取，不可隐遁逃避。

《礼运大同篇》末称：“故外户而不闭，是谓大同。”很多人以路不拾遗、夜不闭户的治安良好来解释，完全搞错了意思。其实这句讲的是国家对外门户开放，和平互动交流，也就是“出门同人”。外户闭则为锁国，成了民至老死不相往来，非大同世界所尚。全篇以此句为大同定位作结，何等重要，哪里只是在讲小小的治安呢？

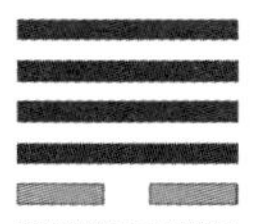

六二。同人于宗，吝。

《象》曰：同人于宗，吝道也。

“六二”为下卦离明中心，上与“九五”之君中正相应与，《象传》中极力称许推重，为同人卦的主爻，照讲应该很好。可是爻辞却以拘碍小器的吝道称之，认定发展有限，这是什么道理？卦为大环境，有其宏观设想，爻代表个体，落实起来总有私利考虑。履卦“六三”亦为柔履刚的主爻，卦有期许，爻辞却遭虎噬而大凶。同宗血缘关系密切，中心思想相近，难免聚内排外，“六二”和“九五”相应与，却与其他阳爻不亲，易起冲突争夺。大同社会的理想为：“故人不独亲其亲，不独子其子。”“六二”“同人于宗”，独亲其亲，独子其子，老吾老不能以及人之老，幼吾幼不能以及人之幼，遂落入自私狭隘的吝道。

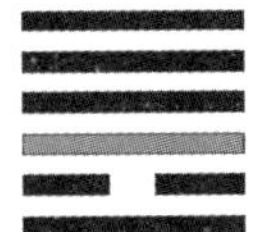

九三。伏戎于莽，升其高陵，三岁不兴。

《象》曰：伏戎于莽，敌刚也；三岁不兴，安行也。

“九三”过刚不中，乘于唯一阴爻“六二”之上，占地利之便，颇思与“九五”争夺“六二”，明着干不行，来暗的设伏偷袭。在野外莽林间埋伏重兵，准备“九五”经过时出其不意攻击，为求万全计，先攀爬上山陵高处瞭望敌情，发现“九五”实力坚强，无懈可击，只有放弃图谋，安分老实，三年内都不敢再挑衅兴兵作战。本爻动，恰值宜变成无妄卦（䷘），举事一定没有希望，不敢妄想妄动。

同人卦各爻多称“同人”，“九三”爻辞则否，显然没有与人和合的想法，为图私利而起杀机。《礼运大同篇》称：“是故谋闭而不兴，盗窃乱贼而不作。”正为此爻之象，“三岁不兴”即“谋闭而不兴”，据其非有为贼为盗，欺名盗世、大盗盗国皆是。孔子作春秋而乱臣贼子惧，臣弑其君，子弑其父，“积不善之家，必有余殃”，都是盗窃之行啊！

• 2006 年 11 月 18 日，台中市长胡志强夫人邵晓玲随夫婿赴高雄站台助选，返程经台南山区途中，遭遇重大车祸，不仅左手截肢，尚有性命之虞。其弟邵崇龄为知名易学家，探视姐姐时占问吉凶，得出同人卦“九三”爻变，成无妄卦。在野助阵为“同人于野”，却不幸遇到藏于山林中的杀机，真是无妄之灾。“三岁不兴”，似乎指三年之久都不能康复行动。后来，台湾不分蓝绿，许多人为其念祷祈福，居然起死回生，没太久就下床站立行动。无妄涉及心念，用心真诚可致奇迹，人的心力真正不可思议？

• 2007 年 2 月中旬，我女儿真仪台大外文系将毕业，欲申请出国留学，赴英或赴美攻读文艺复兴时期的英国文学，焦心等待“爱的迷熏”（Admission），我帮她算了一堆卦，居然大满贯全中。其中问美国诸校会寄入学许可来吗？得出同人卦“九三”爻变，成无妄卦。中伏受阻，没有希望成功，三年内都不可行。果然申请的美国学校全军覆没，最后去了卦象甚佳的英国牛津大学。

九四。乘其墉，弗克攻，吉。

《象》曰：乘其墉，义弗克也；其吉，则困而反则也。

“九四”阳居阴位，刚而能柔，夹处于相争的“九三”、“九五”两爻之间，想左右逢源、两边讨好而得利。爻辞亦不言“同人”，骑乘在高高的城墙上观望形势，拥兵自重，正是典型的骑墙派。由于“九五”之君实力坚强，“九三”暗算不成知难而退，“九四”也没便宜可捡，无法发动攻击。这对“九四”其实是好，受困之后懂得回归正道法则，反而获吉。

《礼记·礼运》全篇简述完大同理想后，接着谈小康现状以为对照：“大人世及以为礼，城郭沟池以为固。”君位传于子弟，形成家天下的体制，拥兵自重以相攻伐，影响万国不宁。这不正是同人卦“九四”的居心及行为吗？本爻变，为家人卦（☲），由同人的“天下为公”退缩为“天下为家”，私心自用，妨碍国际和平的建立。“困而反则”之“则”，实即“乾元用九，乃见天则”之“则”，群龙无首，众生平等，容不得专权垄断，惹是生非。

同人卦中“九三”、“九四”均属人位，竟然皆不言“同人”，可见化私为公推行大同之难。

• 1997年10月中旬，我问了一系列千年之后文明发展的问题，其中俄罗斯东正教文明的占象为同人卦“九四”爻动，有家人卦之象。俄国曾为人见人畏的世界强邦，冷战结束后国力衰颓，似已无力主导世局，难道往后千年都是如此？“乘其墉，弗克攻”，在主要相争的文明国家间自据一方，犹疑依违，以保障本身最大的利益？

九五。同人先号咷而后笑，大师克相遇。

《象》曰：同人之先，以中直也；大师相遇，言相克也。

“九五”居同人卦君位，与“六二”中正相应与，却遭“九三”设伏暗算、“九四”骑墙观望，横逆阻碍重重，好在实力坚强无匹，足以威慑反叛，而与“六二”相遇合。先号咷大哭，而后笑逐颜开，历尽辛苦才如愿以偿。“相遇”为姤卦邂逅之意，以卦中含卦的互卦理论来看，同人卦中本含有两个姤卦：二、三、四、五爻合成姤（䷫），二至上爻亦合成姤，其中“六二”都是一阴遇五阳的关键角色。“同人之先”是略称，“以中直”，是强调“九五”中道且正直，故能经得起磨难考验终获成功。本爻变，为离卦（䷝），继续光明，大业不受影响。

由同人卦二至五爻的刀光剑影，可见推行大同的不易，没有主导者强大武备做后盾，根本不可能成事。人类文明的发展态势，一定是先霸而后王，必得有足以称霸的实力而不称霸，才能实现王道。

《系辞上传》第八章中称：“同人先号咷而后笑。子曰：‘君子之道，或出或处，或默或语，二人同心，其利断金，同心之言，其臭如兰。’”孔子选讲同人卦“九五”，特别看重与“六二”情谊的坚定，虽时空隔阂及遭遇困阻，亦不改其志。交友之道贵默契相知，同心同德的力量，可斩断世间一切坚刚的障碍，出自肺腑的言语，像兰花般的芬芳，“义结金兰”的成语由此而来。

• 1997 年 8 月中，我占问整部《系辞传》的价值定位，得出同人卦“九五”爻动，有离卦之象。“遇同人之离”，《系传》主旨在“通天下之志”，在文明永续光照四方，寄望后世大人君子实现天下为公的王道理想。

上九。同人于郊，无悔。

《象》曰：同人于郊，志未得也。

“上九”为同人之终，“郊”为城外人烟较少之处。由“同人于门”、“于宗”，终于从城内推广到城外，但仍未及于更广阔的旷野之地。换句话说，卦辞所希望的“同人于野”未竟全功，通天下之志没能实现，故称“志未得”；但毕竟已努力过，所以无怨无悔。这就是卦的全盘理想与爻的实际表现的差异，建立大同世界只能尽其在我，永远也难百分之百完成。本爻爻变，为革卦（䷰），人革天命，已经充分展现人的意志和创造力，也确实带来了周遭环境很大的改变。

举例来说，欧洲在过去五百年间战火不断，人民痛苦不堪，经过多年的努力，成立统一货币的欧元区，就是“同人于郊”。欧洲一体化以后，内部不容易再发生生灵涂炭的战争，但欧洲以外仍可能冲突，“同人于野”还是办不到。依此发想，亚洲有朝一日可能发行亚元吗？全世界未来会出现“人元”吗？同人于郊已经很不容易，同人于野更是遥遥无期啊！

占例

• 2008 年 9 月中，金融风暴全面爆发，全球经济皆受严重影响。我当时针对世界经济未来五年的情势占了卦，其中 2012 年世界经济为同人卦“上九”爻动，有革卦之象。“同人于郊，志未得”，是说全球自由贸易已走到极致，将要穷则变了吗？“郊”在“邑”外，未及于“野”，是说区域保护主义将盛行，区域与区域间则壁垒分明？

同人卦多爻变占例之探讨

同人全卦六爻的基本理论及实用占例已介绍完毕，往下再探讨更复杂的二爻至六爻变的情形。

占事遇一卦中任意二爻动，若其中一爻值宜变，为主变量，加重考虑该爻爻辞。若皆不值宜变，参考本卦卦辞卦象，及二爻爻辞以判断。二爻齐变所成之卦的卦象亦列参考。

• 2010 年 12 月上旬，维基网络泄密事件闹得很大，我问对中美两大国的影响。中国为不变的明夷卦（䷣），“利艰贞”，韬光养晦以对。美国则为同人卦三、上爻动，齐变有随卦（䷐）之象。同人卦天下文明，下离卦本有网络纵横之象，信息自由流通于国际间，很难强势遏止。“九三”“伏戎于莽”，又“升其高陵”，挖掘深藏的真相并予曝光，大国中其暗算，亦难以有效处置。“上九”“同人于郊，志未得”，有些事情多少有所顾忌，不好公然推行了！随卦内震，中心有主、外兑和悦沟通，暂时也只能听之任之。

• 1995 年中，我台中的学生吴达人刚处社会，为母亲养老金被亲舅舅骗去做生意又倒闭，苦恼不堪，好容易向债务人取得房产质押第三顺位，占问能否取得款项？为同人初、四爻动，有渐卦（䷴）之象。同人

二爻变占例

亲也，贞我悔彼，“初九”“同人于门”，希望无咎；对方“九四”“乘其墉”，只求自利自保，全无亲善之心，实不乐观。两年后亲人对簿公堂，债务人宣告破产，一文钱也未取回。

• 2011 年 7 月 22 日，挪威奥斯陆发生疯狂杀人事件，凶手布雷维克以反伊斯兰文化入侵为名，冷血屠戮七十多位白人同胞，被捕后坚不认错，还受该国免除死刑的司法保障，真正岂有此理！我问该案发生后，三至五年的世景如何？为同人初、三爻动，齐变有否卦（䷋）之象。“同人于野，亨。利涉大川，利君子贞”，“君子以类族辨物”。方今全球化的时代，大家都希望“出门同人”，与各民族国家的人群交往；然而“九三”“伏戎于莽，升其高陵”，总有杀机隐藏于幽暗处，窥伺情势想谋害人，根本防不胜防。“否之匪人，不利君子贞”，“君子以俭德辟难”。依卦序否卦在同人卦之先，二卦情势完全相反，“遇同人之否”，文明呈现大倒退，天地不交，人性泯灭矣！

“911”之后反恐十年，举世投入无限的心力财力，结果西方自由社会的敌人不在外部的伊斯兰，反而深藏于境内，合乎中国的太极思维：阳中有阴，阳极转阴。种种弊端，太值得大家深刻反省了！

2012 年 8 月 24 日挪威法院裁定，凶手精神正常，判 21 年有期徒刑定谳。

三爻变占例

占事遇卦中任意三爻动，变数已半，以三爻齐变所成之卦的卦象卦辞，与本卦的卦象卦辞合参，称贞悔相争。若三爻中一爻值宜变，为主变量，其爻辞影响较大，其他两爻为次变量，影响较小。

• 2001 年 9 月下旬，我针对“大衍之术”的筮法作深入探讨，占问：大衍之数五十，与天地之数五十五之间，究竟是何关系？得出同人卦上卦三爻全变，贞悔相争成明夷卦（䷣），同人卦“上九”值宜变，又有革卦之象。同人卦下卦离为人的文明，大衍筮法由人所发明，可通天下之志，随占者心念而精确显象；上卦乾为天地自然之理，一至十数字的总和必为五十五。同人变明夷，内卦离明不变，外卦由乾天变坤地，人与天的关系落实为与地的联系，“遇同人之明夷”，精妙显示了天地人三才之道。同人上下内外本是先后天同位、体用合一的关系，“上九”爻变成革卦，更明示筮法为人的智慧创造，既依天理，又有化裁之功。革卦

的《大象传》称“治历明时”，卦序四十九，与排序五十的鼎卦相综一体，鼎的《大象传》称“正位凝命”。革故鼎新，明时正位，大衍筮法本由历法推演而生。《系辞上传》第九章专谈筮法，即称：“凡天地之数五十有五，此所以成变化而行鬼神也。大衍之数五十，其用四十有九，分而为二以象两，挂一以象三，揲之以四以象四时，归奇于扐以象闰，五岁再闰，故再扐而后挂。”

全《易》排序第五十五的为丰卦，其《大象传》称：“君子以折狱致刑。”正是依天理终极审判之义，用大衍之数占出本卦后，若有变爻，须用天地之数五十五减去六爻序数总和，以所得差数决定宜变爻位，做出最后占断。《易经》经传的理气象数精微奥妙，值得深入钻研。

• 2003 年间，我应邀到学生家聚餐，其中一位女生搞设计专业，是所谓在家上班的“舒活族”，感情生活一直不顺，当时自己占未来五年可有突破，碰不碰得到 Mr. Right（白马王子）？得出同人卦初、四、上爻动，贞悔相争成蹇卦（䷦），同人卦“上九”值宜变，有革卦之象。“遇同人之蹇”，显然交往不顺利，仍然运途多舛。同人“上九”“同人于郊”，好男人太少，“志未得”。“初九”“出门同人”，不是没有努力；“九四”“乘墉”、“弗克攻”，就是找不到理想对象。整体情势好比一句诗：“望尽千帆皆不是。”徒呼奈何？事后五年的感情发展，果然如此。

• 1991 年年初，我在那家出版公司劳神苦战，元旦假期占问公司前途如何？得出同人卦，初、四、上爻动，贞悔相争成蹇卦，同人“上九”值宜变，有革卦之象。“遇同人之蹇”，风雨同舟，前途多艰。“初九”“同人于门”，安内攘外；“九四”在股争中东挪西靠，无力自主；终至“上九”“同人于郊，志未得”，空留遗憾。后事发展，全如此占。

• 2007 年元旦，我依惯例占完政经大势后，问自己当年各方面的发展。“谋食”为同人卦，三、五、上爻动，贞悔相争成震卦（䷲）。同人“上九”值宜变，又有革卦之象。“遇同人之震”，积极往外开拓人脉，到处多跑跑，对工作生活有帮助。中间难免有些障碍不顺，造成效果打折扣，例如“九三”“三岁不兴”，“上九”“志未得”之类。由于“九五”实力俱在，应可攻克难关，“先号咷而后笑”，谨守中直之道行事，就不用担心。事实上，当年确实在教学研几方面，都有崭新的际遇和突破，出版也由平面纸本进入立体光盘的展现形式，占象激励鼓舞，诚不我欺。

当时，还有占算我全年赴内地开展志业的策运，得出履卦（䷉）初、二、上爻动，贞悔相争成革卦（䷰）。履卦“上九”值宜变，又有兑卦（䷹）之象。“遇履之革”，行万里路，精英汇聚，兑卦为朋友讲习，会面交流心得，不亦悦乎！履卦“初九”“素履，往无咎”，“九二”“履道坦坦、贞吉”，“上九”周旋无亏而获元吉。由“独行愿”到“大有庆”，显然绩效不错，值得期待。当年6月中赴重庆开会，谈抗战时期马一浮的复性书院；8月中小三通去厦门，转郑州到安阳开会，发表以《易经》证解《四书》的论文，然后去山西游览，都体现了卦象的预示。

• 2008年10月上旬，我上课匆忙，不慎遗失了厚厚一叠泰、否两卦的卡片，上面密密麻麻写满了我多年的心得笔记，遍寻不着非常懊恼。无奈之下占问可有机会找回，得出同人卦，三、五、上爻动，贞悔相争成“震卦”，“上六”值宜变，有革卦之象。“九三”“伏戎于莽”，暗示藏在深处，“上九”“志未得”，有可能找不到；好在“九五”保证“先号咷而后笑，大师克相遇”，应该失而复得。震卦卦辞称：“亨。震来虩虩，笑言哑哑。震惊百里，不丧匕鬯。”经历一翻波折震撼之后，渡过危难，没有丧失主权，深感庆幸而哑然失笑。几天以后，我妻开车送我去上课途中，路口紧急刹车，车身一震，我在后座发现前面椅垫下似乎有东西，拽出来正是丢了好些天的卡片，还真如卦辞所言。

古代有所谓失物占，以《易》卦的理气象数推断遗失物品的下落，会断的话也很实用。人一生难免丢失很多东西，能否复得也看机缘。

• 2010年3月初，台湾的《经济日报》邀我写“《易》与管理”的专栏，过去几年春节时，曾在他们副刊写过几次全年经济预测，颇获好评。我问接下专栏如何？得出同人卦初、三、四爻动，贞悔相争成观卦（䷓）。同人“类族辨物”，观卦《大象传》亦称：“先王以省方观民设教。”都强调看对象决定怎么说、怎么做，《易经》太深奥，深入浅出让报纸读者了解不易。“初九”“出门同人”，是可一试；“九三”“伏戎于莽”、“九四”“乘墉、弗克攻”，显然存在很多障碍。结果两周一篇，写了不到半年停笔，还是受困，没找到最适宜的表现方式。

• 1994年3月上旬，我待的那家出版公司“政变”在即，大有风声鹤唳、草木皆兵之感。有天夜里，原老板找我去他那儿沟通，匆忙中我抓了五十颗围棋子上出租车，就在暗暗的车内，利用夹克两边口袋分堆一卜吉凶。得出同人卦，初、五、上爻动，贞悔相争成小过卦（䷽），同人“上九”值宜变，亦有革卦之象。同人“九五”之君是老板，“大师克相遇”，经营层无法与之抗衡；“初九”“出门同人”，“上九”“志未得”，已经分析得很清楚。小过卦谨小慎微，可小事不可大事，只有低调以对，难以动弹。两个月后，他如愿回朝掌控一切资源，公司变天。

就在那次会晤前两天，我为股争不息伤神，问尔后对策？得出同人卦，三、四、五爻动，贞悔相争成颐卦（䷚）。颐卦卦辞称：“贞吉，观颐，自求口实。”卦象内震虽动，外艮须止。同人“九三”“伏戎于莽”、“九四”“乘墉、弗克攻”，在“九五”“大师”压制之下难以抗衡，只能退让。形势比人强，徒呼奈何？

• 1993 年 7 月下旬，我还在负责经营时，面对中小学参考书及教科书将开放民间编纂的情势，概估约有二十六亿台币的市场总值，以我们公司在科普书方面累积的实力，能否部署投入呢？占象为同人卦初、四、五爻动，贞悔相争成艮卦（䷳）。艮卦内外皆阻，障碍重重；同人“初九”出门、“九四”“乘墉、弗克攻”，应该很难挑战已经卡位成功的同业“九五”，若贸然投入，多半遭大师压制。后来我不管事后，老板为求业绩周转，还是不顾一切投入，惨淡经营数年，劳而无功。

• 2002 年元月中旬，我上新闻政论节目，根据电视台设计的问题作答。其中预测台湾财政部门负责人颜庆章当年仕途，得出同人卦二、四、五爻动，贞悔相争成大畜卦（䷙）。大畜卦辞称：“利贞。不家食吉，利涉大川。”同人卦辞也称“利涉大川”，看来大有外放任职的可能。同人“六二”、“九五”相应与，又深得领导人信任，“九四”“乘墉”欲阻碍而未能。果然十多天后，颜获派驻 WTO 首任代表赴欧，很快应验了卦象。

• 2004 年 9 月上旬，我即将赴九寨沟旅游，约好回程时转去贵阳，会晤春秋学者蒋庆，交流大易与《春秋》中的王道思想。行前问占：往后志业与蒋庆的机缘如何？得出同人卦的初、二、五爻动，贞悔相争成鼎卦。同人于野，志在大同；革故鼎新，春秋所尚。同人卦“六二”和“九五”相应与，中心思想接近，“初九”出门同人，不亦宜乎？

• 2011 年 7 月中旬，我赴北京授《易》，名为“神州大易首届精英班”，隔周的周六周日上两整天课，共上四次，约四十几个小时，除了基本理气象数外，仅能讲解十几个卦，算是正式开班的第一届。第一回课毕后，

学生及友人邀至当地的“神玉艺术馆”参观，该馆玉器为民间人士搜藏，都是价值连城的大型玉雕，清代皇室的居多，还有当年国民政府迁送故宫馆藏的封箱。观罢离馆，大家都有疑问：这么多国宝级的文物是怎么搜集来的？我在车中默默一占，得出同人初、二、五爻动，贞悔相争成鼎卦（䷱）。鼎为国之重器，也是政权的象征，同人显示其超越国族的世界级的档次与水平。关键在同人“九五”所称的“大师克相遇”，清代至今经历多少战乱，政权几度易手，这些国宝随着征战的胜负，也数易其主啊！改朝换代之际，逃遁与接收之间，必然也有上下其手的弊端，所以另占一卦，直接出现不变的蛊卦（䷑），重宝蛊惑人心，个中情事，什么都可能啊！

四爻变占例

占事遇一卦中任意四爻皆动，变数达三分之二，以四爻齐变所成“之卦”的卦象卦辞判断；若其中一爻值宜变，该爻爻辞加重考虑。

• 2008 年 6 月初，跟我在音像出版品上合作大半年的高雄林女士再提计划，预备在一年的《系辞传》课程结束后，花三年半的时间全解《易经》六十四卦，总时数多达 330 小时。我乐于配合，企划时以占定位并展望，得出同人卦二、三、四、上爻动，齐变成节卦（䷻）。节卦建立规范，其《大象传》称：“君子以制数度，议德行。”同人卦则称：“君子以类族辨物。”“遇同人之节”，借着这回详细解《易》，将研习《易经》的正确法门说清楚。同人“六二”确立中心思想，虽遇“九三”、“九四”横加阻隔，仍尽力做到“上九”“同人于郊”，以求无悔。

五爻变占例

占事遇卦中任意五爻动，以五爻齐变所成“之卦”的卦辞卦象断占，若其中一爻值宜变，稍为加重考虑其爻辞即可。

• 2010 年元旦，我依例占问自己全年各方面的发展，在中国内地的部分为同人卦，初、二、三、四、上爻动，齐变成坎卦（䷜）。同人“上九”值宜变，有革卦之象。坎卦《大象传》称：“水洊至，习坎。君子以常德行，习教事。”江湖闯荡，一波未平一波又起，苦心志劳筋骨，以研习教化之事。同人五爻皆动，“同人于野，利涉大川”，期许能通天下之志。那年 3 月、8 月两赴北京授《易》，11 月去常州，4 月赴武汉时尚且腰疾发作，寸步难行，在旅馆中窝了五天休养，确实辛苦奔波，旅途劳顿。

• 1990 年 9 月中，我任职的那家出版公司由台北市区迁往新店郊区，以降低成本、整合资源。我问迁徙的吉凶，得出同人卦中五个阳爻皆动，齐变成坤卦。“同人于野”，“厚德载物”，也是顺应形势不得不为之举。坤卦“利西南得朋”，“乃与类行”，新店正在台北的西南方位，同人“类族辨物”，大家以类相聚，应该有番不错的表现。而后的三年半，确实将士用命，上下同心同德，颇有反败为胜的气势。可惜股争的痼疾不可救药，天之将亡，非战之罪。

• 2010 年 7 月初，我的连襟王医师由旅居的加拿大返台，准备重操旧业，与老同学合开诊所，问营业前景如何？我占得同人卦五阳爻全动，成坤卦。妙的是诊所名称就叫同人，希望彼此同心协力，共创佳绩。坤卦时值阴历十月，诊所恰于那时开张，但合伙生意难做，不到四个月就拆伙，各行其是，包容忍耐的气度不够，终归成空。

• 1997 年 10 月中旬，我问易占可探测的最高层次为何？得出同人卦五阳爻皆动，成坤卦。人同此心，心同此理，易占可通天下之志，但必须君子为之。坤卦为广土众民，又有顺势用柔之意，君子善用之，可有厚德载物之功。再问易占的最大限制为何？得出不变的讼卦（䷅）。讼卦外乾刚内坎险，险诈争夺之事不宜用占。宋儒张载说：“易为君子谋，不为小人谋。”确实“占者有是德，方应是占矣”，不仁不义、作奸犯科之事，易占不做帮凶。《春秋左传》昭公十二年记载，鲁国季孙氏家臣南蒯将叛，占到坤卦“六五”“黄裳元吉”，子服惠伯浇他冷水：“吾尝学此矣！忠信之事则可，不然，必败……且夫《易》，不可以占险，将何事也？且可饰乎？…虽吉，未也！”其后南蒯果败奔齐，孔子弟子宰予死于齐难。

六爻变占例

占事遇卦六爻全动，即以全变之错卦的卦辞卦象论断，一般发生的几率极低，约为五千分之一。

• 2009 年 4 月中旬，我在美定居工作的小姨做计算机销售，公司因其台湾背景，欲派她赴台布建网络营销的体系，她不想离开美国，问初期从旁协助，不担纲主打如何？得出同人卦六爻全变，成师卦（䷆）。与公司同仁合作，打好这场商战，师卦卦辞称：“贞，丈人吉，无咎。”老成持重、练达实务者为“丈人”，让别人领军，基本上正确。

14. 火天大有（䷍）

大有卦在全《易》中排序第十四，继同人之后，在谦卦之前，有其甚深意蕴。《序卦传》称："与人同者物必归焉，故受之以大有；有大者不可以盈，故受之以谦。""同人"是前提，"大有"为结论，共同揭示世界大同的原理。"大有"的国际社会开放自由，和平均富，拥有太多资源的人容易骄盈自满，故接着以谦德警惕。序卦这样说，嫌太简略，"有大"和"大有"也并不相同。

旧注大有卦为"六五"一阴居君位，号令且拥有五阳之象，阳大阴小，这是"有大"，绝无均平之意。"大有"为大家都有，五阳共享一阴才是正道，一阴为何？"六五"居上卦离明中心，像天上的太阳普照大地众生，无偏无私，这才是大同世界的真谛。众生平等之义，至谦卦更见完备，除了人际平等外，还扩及天地万物一切众生。以今日世界而论，同人、大有保障了国际和平，谦卦再处理好人与天地自然的关系，化解了日益深重的生态危机。"谦"字为"言之兼"，教人任何主张应兼顾各方利益与感受，人若扩张过度肆意开发，必将破会自然生态的均衡而罹巨灾。《尚书·大禹谟》称："满招损，谦受益，时乃天道。"古有明训，今人必须念兹在兹，以谦德持世。

大有。元亨。

大有卦辞只有"元亨"二字，表示生机勃勃，顺畅亨通。全《易》卦辞最精简的只有二字，除大有卦外，还有大壮卦"利贞"；至于鼎卦"元吉，亨"，"吉"字应为衍文歧出，还是"元吉"二字？火风鼎（䷱）与火天大有（䷍）只差初爻不同，结构极其类似。

《彖》曰：大有，柔得尊位，大中而上下应之，曰大有。其德刚健而文明，应乎天而时行，是以元亨。

大有和同人相综，都是一阴五阳之卦，唯一阴爻必为全卦之主，表现出卦的特色。同人卦“六二”处下卦、内卦离明中心，《彖传》称“柔得位得中而应乎乾”，虽有理念智慧，尚需上卦“九五”之君信受，才能落实推行。大有卦“六五”处上卦、外卦离明中心，《彖传》称“柔得尊位，大中而上下应之”，君位本身即为大智者，既有崇高理念，直接付诸实践，群众也乐于跟从，且共同蒙享福利。同人卦“利涉大川”，须靠乾行；大有卦理、势俱备，应乎天理，与时俱行，可获“元亨”。同人卦辞有“亨利贞”，独不见“元”，与蒙卦相似，各民族文化之间易因感情用事而起冲突，故六爻多刀兵之象。大有卦辞出现“元亨”，超越族群偏见，诉诸天理，和平共存，六爻讲信修睦，弭止战祸。

《象》曰：火在天上，大有。君子以遏恶扬善，顺天休命。

大有卦上离下乾，故有“火在天上”的日光普照之象。地球上的生物皆因太阳的光热而能生存，所有的能源最终其实都是太阳能，石油蕴藏告罄后，未来的解决之道亦在乎此。天无私覆，日无私照，东西文化于此皆有认知。古希腊犬儒学派的第欧根尼在木桶中晒太阳，亚历山大来拜望，他说：“走开！亚历山大，别挡住我的阳光！”日光下一切平等，庶民可以傲视王侯，这有人权的含义。中国则有《列子·杨朱篇》中“野人献曝”的寓言，宋国的农夫冬天晒太阳很舒服，想推己及人，让国君也享受个中滋味，这是分享的爱心。这两种大有的态度其实差异不小，人权也会引起冲突抗争，推己及人的爱心则否。

日光普照下，善恶无所遁形，君子处此情势当大公无私，遏止邪恶，发扬善性，才是顺承美好的天命。“休命”的“休”为形容词，与“休否”之“休”为动词不同，但都有宽裕温柔、休养生息之意，人依木而立或林中漫步，有益身心健康，出外晒晒太阳亦复如是。

同人时“类族辨物”，族群偏见甚重，所谓非我同类，其心必异，不容易彰显真正的是非；大有已和平共存，天下为公，才就事论理，褒善抑恶。台湾在1996–2008年间，某些人以狭隘的本土意识挑拨族群矛盾，分蓝绿不论黑白，公道是非不明，即为显例。

《中庸》里有一段记子曰：“舜其大知也与！好问而好察迩言，隐恶而扬善。”隐恶扬善必有问题，“而”是“能”，隐藏邪恶不追究，岂非包庇为非的乡愿之行？如何能够扬善？否卦“包承”、“包羞”的黑暗之世，小人吉极、大人否的价值颠倒，岂能不“休否”、“倾否”？同人、大有二卦即终结否运之后而开创的新天，焉有隐恶的道理？大有清明治世，洞烛奸宄，当然是毫不含糊的“遏恶扬善”？《春秋公羊传》评判史事，拨乱反正，亦多称“遏恶”。遏制邪恶，才能护善扬善，隐恶两面讨好太虚伪，也根本没解决问题。

• 1997 年 10 月中旬，我因应社会大学演讲专题之邀，作了一系列的千年文明之占，其中未来千年内能源问题有善解否？得出不变的大有卦。火在天上，看来终极解决仍得靠太阳能，取之不尽用之不竭。其实归根结底，所有能源包括石油，都是太阳能的某种形式，将来如何巧用天火，又不致污染大地，应有突破可能。

初九。无交害，匪咎，艰则无咎。

《象》曰：大有初九，无交害也。

“初九”为大有之初，又当基层民众之位，应体会和平共存之义，不要交相迫害，有什么不痛快，也别动辄归咎于人。做到这点并不容易，艰困中若坚持原则，全力以赴，则获无咎。本爻爻变，为鼎卦（䷱），革故鼎新，涤除旧习，建设新社会。

墨子主张兼相爱，交相利，化私为公很不容易；大同由近及远，从“无交害”开始，务实且近人情。

• 2007 年 2 月中，有人问：当年的台北房市可投资吗？我占得大有卦“初九”动，爻变有鼎卦之象。“遇大有之鼎”，卦辞皆为“元亨”，不好都不行。“初九”容或初期有艰困之象，守住即无咎，可享鼎卦红火富贵之乐。这些年来，台北首善之区的房价直线上涨，早投资当然就赚到了！

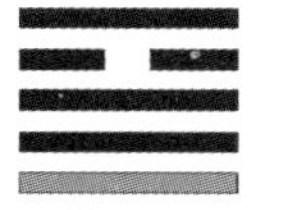

九二。大车以载，有攸往，无咎。

《象》曰：大车以载，积中不败也。

“九二”居下乾卦之中，与上离卦之中的“六五”之君相应与，正是刚健而文明、应乎天而时行，格局广阔，配置极佳。“大车”为牛车，古代用以载货，负重行远输运四方。大同社会中国际经贸往来必盛，处处可见商旅货运络绎不绝，互通有无，裨益民生。本爻爻变，成离卦（䷝），为网络纵横交织、连续流通之象，其《大象传》称：“大人以继明照于四方。”前景光明无限，发展立于不败之地。臻此盛况，非一朝一夕之功，“九二”居下卦之中，力行时中之道，日积月累所致。需卦“九三”《小象传》称“敬慎不败”，大有卦“九二”《小象传》称“积中不败”，完全合乎兵法之道：“善战者立于不败之地，而不失敌之败也。”先求稳定，再谋发展。

• 1998 年 9 月中，我的学生张良维离开社会大学基金会，自设道场教太极导引，邀我任理事协助，同时也学拳，愿意一对一教授。我占合宜否？得出大有卦“九二”爻动，有离卦之象。“大车以载，有攸往，无咎”，又称“积中不败”，离卦为连续光明，应该非常合适。我答应任事，也开始亦步亦趋学拳，前一两年尚算勤奋，后来遭遇瓶颈怠惰下来，终于半途而废。没有“积中”，焉能不败？缺乏继明的毅力，当然也不会光照四方。大易经传一般都有条件但书，做不到就不会有预期的结果。“有是德，方应是占”，确实如此。

九三。公用亨于天子，小人弗克。

《象》曰：公用亨于天子，小人害也。

“九三”居下乾卦之极，过刚不中，要再往上往外发展，需放大格局，化私为公。“公”为古代五等爵位之首，比“利建侯”的侯位还高一级，“侯”为天子斥堠（亦称“斥候”），善经营且情报灵通，公则一心为公，不存私意。

天子为天下共主，四海同尊，“亨”同“享”，为敬事贡献之意。《文言传》称：“亨者，嘉之会也。”公爵奉献朝贡天子，互相以礼对待，为天下清平气象。齐桓公尊王攘夷以成其霸业，《论语·八佾篇》记子曰：“君使臣以礼，臣事君以忠。”皆为此爻之意。但“九三”为过刚之位，若修为不够的小人遇此爻时，可能私心用事，做不到奉公尽职，反成其害。爻动恰值宜变之位，变成睽卦（☲☱）。家人反目为睽，猜忌分裂，斗争不息，全违大同之义。

《礼运大同篇》称：“货恶其弃于地也，不必藏于己；力恶其不出于身也，不必为己。”出钱出力，可以为己，不必每次都为自己，自养有余，亦应养人，合乎人性人情之理。“不必”与“必不”不同，若称必不藏于己，必不为己，则呈高调空谈。大同世界诉诸同理心，务求实际可行。乾卦元亨利贞，不讳言利，但公利重于私利，《文言传》称：“利物足以和义。”又称：“乾始能以美利利天下，不言所利，大矣哉！”大有“九二”货畅其流，正是不弃于地，不藏于己；“九三”“公用享于天子”，出钱出力，不必为己。

九四。匪其彭，无咎。

《象》曰：匪其彭无咎，明辨晢也。

“九四”阳居阴位，刚而能柔，已进入上卦离明之初，善体和平共存之义，行事低调温和。“匪”同“非”，“彭”音邦，为状声词，古代兵车上路所发出的巨大声响称彭。《诗经·小雅·出车》：“王命南仲，往城于方。出车彭彭，旂旐央央。”《诗经·大雅·大明》：“牧野洋洋，檀车煌煌，驷騵彭彭。维师尚父，时维鹰扬。凉彼武王，肆伐大商。”《诗经·齐风·载驱》：“汶水汤汤，行人彭彭。鲁道有荡，齐子翱翔。”“匪其彭”，不要出动兵车，以免发生巨大声响，实即弭兵反战之意。“九四”居执政高位，下体“初九”基层民众“无交害”的心思，与邻国和睦相处，勿动干戈，这是最深刻明辨的智慧。本爻变，为大畜卦（☶☰），卦辞称：“利贞，不家食吉，利涉大川。”天下一家，世界大同，没有拥兵自重、割据一方的想法，和同人卦“九四”正好相反，该爻爻变为家人卦。家食与不家食，小康与大同世的执政高层，意态完全不同。

• 2006年9月底，台湾电子大厂BenQ投资并购德国西门子失利，决定认赔杀出，损失金额高达四五百亿台币。老板李焜耀是我台大土木系大一时的同班同学，大二他转电机系后，三十多年没有联系。我占问此案中，其最大失误为何？得出大有卦“九四”爻动，有大畜卦之象。大畜卦辞称“不家食吉，利涉大川”；大有卦走向国际，推展全球化经营，李焜耀的雄心壮志正为此象。大有卦“九四”“匪其彭”，需温和低调行事，才能无咎；“明辨晢”，进入外国异域文明经营，得各方面研究透彻。看来这都是李老板没做好的功课，雄才大略，霸气淋漓，大有卦需要的却是温和亲善，审慎低调。

• 2005年3月下旬，我一位至亲精神病发作，到处骚扰亲朋好友，已经到大家坐卧不宁的地步。我问如何因应为佳？得出大有卦“九四”爻动，有大畜卦之象。“匪其彭，无咎”，只能低调含容以待，不可硬碰硬起冲突。大畜卦“不家食吉”，待在家里首当其冲，又解决不了问题的症结，若无法劝其就医，也只好外出暂避。人生有很多无奈之时之事，心病只有心药能医，急怒嗔怨都没用。

• 2003年8月下旬，我一位老友的诉讼官司即将定谳宣判，他辛苦经营文教基金会多年，却落得财务受困，官非缠身，也令人感慨万千。当时帮他算宣判结果，得出大有卦“九四”爻动，有大畜卦之象。“匪其彭，无咎”，低调面对可获无咎；“明辨晢也”，反复侦查，确实也其情可恕。大畜卦“不家食吉，利涉大川”，应可渡过这回劫难。几天后宣判的结果，确实免了牢狱之灾。

六五。厥孚交如，威如，吉。

《象》曰：厥孚交如，信以发志也。威如之吉，易而无备也。

“六五”居全卦君位，光明照耀四方，正是“柔得尊位而上下应之”。“厥”为“其”，以其信爱之志与上下五阳相交，亲近而不狎昵，仍有凛然不可侵犯的领导威仪。这种威仪出于坦荡自然，不靠强势逼压，和同人卦“九五”“大师克相遇”相反，可见由同人至大有社会进化的轨迹。易而无备，人际、国际平易相处，不需花钱购置强大的军备，这是多么令人向往的境界。《礼运大同篇》开宗明义即称："大道之行也，天下为公。选贤与能，讲信修睦。"大有"六五"上承"上九"，又是尊尚贤德之象。本爻爻变，成乾卦，元亨利贞四德俱全，人所建构的文明社会完全合乎天理。

"选贤与能"的"与"字，通"举"，读音也念举，选、举都是动词，一般误以为选贤者和能者，"与"成了连接词，大错！词类也不合。贤与能的意义不同，"贤"者有德有智慧，宜掌大局领导，"能"者有专业技术，可任分科的实际职务。《孟子・公孙丑篇》有言："尊贤使能，俊杰在位。"又称："贤者在位，能者在职。"贤德之人须服民心，选任之后，再授权他举用能做专职的人，后世官与吏、政务与常务的区分类此。

经典错读、不求甚解的例子太多。"男有分，女有归"也是一样，很多解释说男人都有职分工作，女人都嫁到了好丈夫，社会的失业率及失婚率很低。如果这样，大同社会就谈不上性别平等，整体生产力也偏低。其实，"男有分"的"分"字，为"半"之意，如春分、秋分的分。《左传》所谓"师丧分焉"，指兵力损失一半。大同社会强调男女平等，也重阴阳和合，男人再了不起，只算一半，必须女人那一半归过来才完满，才能生生不息。孟子劝齐宣王，以好色之心与民同之，使内无怨女，外无旷夫；毛泽东说妇女能顶半边天，今世特重女权，标榜"她经济"的生产及消费力，皆为此意。

上九。自天佑之，吉无不利。

《象》曰：大有上吉，自天佑也。

"上九"为大有之终，大同理想已推至极境，完全体现了无私的天道。自助天助，承受福佑，吉无不利。本爻变，为大壮卦（䷡），其卦辞称"利贞"，大有为"元亨"，合起来正是"元亨利贞"四德俱全。

《系辞上传》末章："《易》曰：'自天佑之，吉无不利。'子曰：'佑者助也，天之所助者顺也，人之所助者信也。履信思乎顺，又以尚贤也，是以自天佑之，吉无不利也。'"上天会帮助的，是那些顺天理行事的人，别人会帮助你，是因为你讲诚信。一个人懂得实践诚信，经常思考如何依天理做事，还崇尚尊重贤德之人，一定上蒙天佑，吉无不利。

大有"上九"爻辞这八个字，为天人合一的极高境界，孔子深受影响，大力宣扬，《系辞传》中屡见引述。《上传》次章末称："君子居则观其象而玩其辞，动则观其变而玩其占，是以自天佑之，吉无不利。"《下传》次章称："易穷则变，变则通，通则久，是以自天佑之，吉无不利。"学《易》、习《易》有成，就能达到这种境界，享受这种福报。

"自天佑之"的"自"字大有深意，不宜仅作英文介系词"from"的自从来理解，而是自强不息的自。天助自助意义还浅，天非外在，自中根本就含蕴有天。小宇宙具体而微，充分反映大宇宙的全貌，修行的极境与天地合德，反身而诚，万物皆备于我，完全不假外求。

• 2009 年 10 月中旬，我问：西方宗教上帝创造世界，所谓人格神的说法可信否？得出大有卦"上九"爻动，有大壮卦之象。"自天佑之，吉无不利"，看来是没有的事，万物自生自长，没有什么外在超乎其上的造物主。

• 2010 年 2 月底，我快写完《四书的第一堂课》书稿，对几位仲尼弟子生命修为的境界，都有占测。其中子贡为大有卦"上九"爻动，有大壮卦之象。子贡经商致富，又有极强的外交能力，在当时的国际社会很受尊重，这都是大有"元亨"之象。"自天佑之，吉无不利"，他的运势也比颜回、子路要顺遂得多。孔子过世后，其他弟子守丧三年后离去，各谋生计，他独自再庐墓三年，也是因为生活无虞啊！

大有卦多爻变占例之探讨

大有卦六爻论述已毕，往下继续分析更复杂的二至五爻变的情况。

占事遇卦中任意二爻动，若其中一爻恰值宜变，以该爻爻辞为主、另一爻辞为辅论断，亦可参考两爻齐变所成卦象。

• 2008 年 11 月初，因金融风暴爆发不久，全球经济普受影响，我针对内地、台湾与世界未来五年的经济情势，共算了十五个卦。其中 2009 己丑年内地的经济情势为大有卦，初、上爻动，齐变有恒卦（䷟）之象。大有"元亨"，恒则长久而稳定，"遇大有之恒"，应该绝对没问题。恒卦《大象传》称："雷风恒，君子以立不易方。"金融风暴虽然动荡剧烈，中国内地的经济确能屹立不摇，但并非仰赖上天保佑，而是长期自强不息所致。

大有本即丰年之象，以前农业社会须看天吃饭，风调雨顺才国泰民安。如果一年下来，种什么长什么，五谷丰登，即称“大有年”；如果水旱虫风灾难频仍，荒年饥馑，则称“无妄年”。大有“初九”“无交害，匪咎”，基层民生不会遭受灾害；“艰则无咎”，就算年初有些艰困，挺过了也无大碍。“上九”“自天佑之，吉无不利”，到年底更是多方福佑，必得善终。

《焦氏易林》“遇大有之恒”的断词为：“典册法言，藏在兰台；虽遭乱溃，独不遇灾。”经典宏论历久弥新，可以启发智慧，激励勇气，帮助人脱灾解厄。由于此卦一出，我对风暴后的中国经济充满信心，2009年几次赴内地讲课及接受采访，都弹此调，而后势发展确实应验了预期，温家宝总理宣称的“保八”完全成功，经济增长率高达8.7%。普世经济凋残，中国一枝独秀。当年2月底台湾《中国时报》，以及3月福建《厦门导报》都做了大幅报道，易理断事的精严，可见一斑。

• 2010年9月中，我受邀远赴德国慕尼黑讲《易》与养生之道，课程结束后，主办单位招待在市区游览。我逛了不少当地的博物馆，非假日时间游客不多，慢慢品赏间，坐下来以手机占问：文化博物馆的意义和价值为何？得出大有卦初、上爻动，齐变有恒卦之象。大有为世人所共有公有，恒则传之久远，历时弥新。“典册法言，藏在兰台；虽遭乱溃，独不遇灾！”

• 2010年3月下旬，我给老学生上的44堂高阶班《易经》课结束，将错卦、综卦、交卦、互卦、爻变等关系，融会一炉而治之，教学相长，自己也觉得有突破和进益。《系辞上传》第十章有称：“参伍以变，错综其数，通其变，遂成天地之文，极其数，遂定天下之象。非天下之至变，其孰能与于此？”当时以易占给这种研究方法定位，得出大有卦初、上爻动，齐变有恒卦之象。“大有，众也”，上卦离明为网络纵横交织之象，错综交互的研究正是这般息息相关，触类旁通。恒卦揭示天地自然永恒的真理法则，“遇大有之恒”，给这种方法以高度肯定，我也因此更增信心。

• 2011年元月下旬，北京爱知堂的崔总筹办“高端研易班”，请我规划约50小时的精选课程，这在大陆还属创举，我规划好后，问合何宜否？能否顺利开课？得出大有二、五爻动，有同人（☰）之象。“大有，众也；

同人，亲也。”大有“九二”大车以载，“有攸往，无咎”；“六五”“厥孚交如，威如吉”。两爻内外上下相应与，有大同之象，属配合极好的格局。当年七八月，该班顺利举办，应验了卦象。

• 1997 年 4 月下旬，我占问：坤卦卦辞所称“西南得朋，东北丧朋”，“朋”字究竟何义？得出大有卦初、四爻动，齐变有蛊卦（䷑）之象。大有和平共存，互助合作，蛊卦为积极任事，“遇大有之蛊”，朋为志同道合可共事者。大有卦“初九”“无交害”，“九四”“匪其彭”，都是相亲相助之意。以阴阳之理而论，阴阳和合互补为朋。坤与乾为朋，后天八卦方位，西南属阴方、东北属阳方，坤若安居本位不僭越，与乾可亲善互动，故称“得朋”，若抢居东北阳方，将生对立紧张，故称“丧朋”。

• 2010 年 6 月下旬，我们学会在台北县乌来乡举办春季研习营，主题为“穷神知化德之盛：《易经》与佛经的对话”。我带头写了篇一万四千字的论文——《魔尘鉴与金刚心：六祖坛经的启示》。开始读佛经三十多年，这还是第一次写相关的论述，遂以易占问成绩如何？得出大有卦初、四爻动，齐变有蛊卦之象。大有“元亨”，蛊卦卦辞称：“元亨，利涉大川。”爻辞中屡见“干父之蛊”，又寓继往开来之意。“遇大有之蛊”，以《易》证佛，含义深远。大有“初九”“无交害”，“九四”“匪其彭”，皆获“无咎”，两大学问体系相参相证，“道并行而不悖，万物并育而不相害”。“九四”《小象传》称“明辨皙”，对论证给予肯定。

• 2010 年 6 月中，我为右手拇指罹患扳机指（又称“弹响指”，即腱鞘炎）所苦，去西医复建也久不见效，学生齐教授介绍某民间疗法，以浸泡的独门药水敷治。我为慎重起见，占问疗效，得出大有卦初、四爻动，齐变有蛊卦之象。蛊卦正是有病治病，积极寻求有效的治疗方法。大有“元亨”，“初九”“无交害，艰则无咎”，“九四”“明辨皙，无咎”。“遇大有之蛊”，应可康复无虞。果然几月后痊愈，期间偶尔还是有去西医处复健，究竟是哪种方法治好的呢？也难真正探究，至少“无交害”、“并行不悖”是可确定。

• 2009 年 2 月中，我推算美元二十年后的国际地位，得出大有卦初、二爻动，齐变有旅卦（䷷）之象。大有为全球化，“九二”“大车以载，积中不败”，大家都得拥有美金，其霸权基础太强太久，二十年后仍是主要国际通货，到处流通。旅卦有失时、失势、失位之意，“遇大有之旅”，

二爻变占例

似乎已渐衰颓，其他的货币可能兴起，而分掉了一部分的市场。大有“初九”称“无交害”，又言“艰则无咎”，正因很难独霸，届时必须学习与其他通货和平共存。

• 1999年9月21日台湾发生大地震，死伤惨重，我家住在大厦25楼层，当夜也饱受惊吓。家中的书柜、酒柜近乎全毁，碎玻璃散了一地，花了好些天才清理干净。10月上旬，考虑重新购置，甲案改采固定的连壁书架，是以防续震，为大有卦二、四爻动，齐变有贲卦（䷕）之象。“贲”为文饰装潢，大有“九二”积中不败，“九四”低调谨慎，以求“无咎”。“遇大有之贲”，看来稳妥可行。乙案用较便宜的组合式书柜替代，为不变的小畜卦（䷈），密云不雨，安全难测，显然不如甲案。改装成固定式后，十多年来再无任何问题。

三爻变占例

占事遇卦中任意三爻动，变量已半，呈现不稳定的拉锯状况。三爻齐变所成之卦，与本卦的卦辞卦象合参，称为贞悔相争。若其中一爻值宜变爻位，该爻爻辞影响较大，稍加重考虑。

• 2003年4月下旬，SARS开始肆虐不久，美国也发动对伊拉克的战争。我针对中国台湾未来十年的经济情势作预测。台湾为大有卦二、三、四爻动，贞悔相争为颐卦（䷚）。大有为全球化经营，颐卦自养养人，“遇大有之颐”，台湾为海岛型经济，对外贸易是生存发展的命脉。大有卦“九二”“大车以载，积中不败”，搬有运无，赚运输的钱，这是台湾产业主力信息电子业的特色。代工生产已成举世重镇，调货运货以供应各种需求熟练之极，看来十年内不会有太大的变化。“九三”“公用亨于天子”，绝不能闭关自守，而成小人之害；“九四”“匪其彭无咎”，贸易要做好，必须与外界和平交往，尽量避免纷争。

若以竞争理论中价值链（value chain）的说法，配合《易》卦六爻来分析，内卦为厂内生产，外卦为市场营销。初爻居地下基层，象征原料蕴藏，二爻为生产的技术知识（knowhow），三爻代表量产制程；四爻为营销通路，五爻君位代表品牌，上爻为客户服务。由内而外、从产到销，环环相扣，创造出企业整体的价值。台湾过去这十年的经济情势，涵盖了大有二至四爻，表示从制造生产到全球营销的营运活动，五爻未动，代表自创品牌不易，难怪前“九四”占例中，李

焜耀BenQ并购西门子会失败。设若大有“六五”爻也动了，则恰值宜变成乾卦，二、三、四、五爻齐变成益卦（䷩），卦辞称：“利有攸往，利涉大川。”颐卦只是自给自足，益卦可就大赚其钱，可见一旦创造出全球性的黄金品牌，价值连城，经济效益完全不同。

• 2002年7月底，我因脊椎压迫神经的痼疾，右手小臂酸麻难忍，看了不少中西医治疗，不大见效。后来想锁定西医牵引复健的方式，密集处理，占问疗效？得出大有卦二、三、四爻动，贞悔相争成颐卦。颐卦为养生之道，大有“遏恶扬善，顺天休命”。“遇大有之颐，”脊椎牵引应该还是正解，“九二”“积中不败”，就是要持之以恒，密集复健。我下定决心施行，果然几月后症状消失，恢复正常。

• 1999年10月下旬，我学《易》已届二十四年，面临跨世纪之交，自占未来在易学史上可能的地位。得出大有卦二、三、四爻动，贞悔相争成颐卦。颐以养正，自养而后养人，大有“火在天上”“元亨”，“遇大有之颐”，卦象不坏。“九二”“大车以载”，运转不息，“积中不败”；“九三”脱胎换骨，须小心突破修学的瓶颈；“九四”明辨晳，进一步慎思明辨的功夫不可缺，方能有成。

• 2011年9月中，我于高雄旅次占算自己多年研《易》成果如何？得出大有卦三、四、上爻动，“上九”值宜变成大壮，贞悔相争成临卦（䷒）。时隔十二年，显然大有进益，除了“九三”、“九四”相同外，“九二”“积中不败”，已跃升成“上九”“自天佑之，吉无不利”。颐卦为自养养人，临卦则元亨利贞，《大象传》称：“君子以教思无穷，容保民无疆。”

• 2010年4月中旬，冰岛火山爆发，火山灰弥漫北欧，严重影响空中交通。我占问此事之意义及影响？得出大有卦二、三、五爻动，贞悔相争为无妄卦（䷘），大有“九三”值宜变成睽卦。《杂卦传》称：“无妄，灾也。”无妄之灾难以预料，大有为全球化之象，火在天上，正是火山喷发灾情惨重。过去农业社会靠天吃饭，丰年种什么长什么，称“大有年”，荒年种什么都遭灾害摧毁，无法指望收成，称“无妄年”。“遇大有之无妄”，显然由丰转歉，将造成欧洲经济进一步重挫。大有“九二”“大车以载”，“九三”“小人害”，国际航空运输会受打击，造成睽违的结果；“六五”居君位，“厥孚交如”，各国领导人需透过国际合作，以解决问题。

接着我再问：往后三、五年，世界灾难会更频繁吗？得出大有卦二、三爻动，有噬嗑卦（䷔）之象。噬嗑讲人与人、人与天之间的残酷斗争，“遇大有之噬嗑”，卦象可真正不妙。事实上也的确如此，2011年年初新西兰基督城地震，以及日本仙台大地震等劫难，接踵而至，让人惊恐不已。

最后我问：面对多灾多难的时代环境，个人、企业与国家如何因应？得出不变的无妄卦。起心动念勿妄想，行事勿轻举妄动，才不会惹祸招灾。佛教的观念是一切天灾源于人心不净，《易经》即便不这么唯心，于此亦多有提醒告诫，值得我们反省深思。

• 1989年11月下旬，我在那家出版公司任职，当时欲筹划创办新的幼儿刊物，以延伸既有黄金品牌的效益，并将科普工作更往下扎根，兹事体大，苦思资源与人事布局。当时开占才三个半月，断占不易，相当敬谨从事。得出大有卦二、三、上爻动，贞悔相争成震卦（䷲）；大有“上九”值宜变之位，单变成大壮卦。大有“元亨”，震为后继有人、积极行动之象，“遇大有之震”，显然大有可为。“九二”“有攸往，无咎”，“积中不败”，根底深厚；人事安排不当的“小人害”，若能防范得宜，最终可获天佑之吉而无不利。那份刊物开办后发展顺利，给公司带来多方利益，确实应验了卦象。

• 2007年元旦，我依惯例作一年之计，自己全年的策运为大有卦，二、三、上爻动，贞悔相争成震卦。上爻值宜变，单变有大壮卦之象。“遇大有之震”，幅度广阔，生机勃勃，“上九”“自天佑之，吉无不利”，足可安心。“九二”“大车以载，积中不败”，运转自如；只要注意“九三”的“小人害”，全局即可无忧。前述当年“谋食”为“遇同人之震”，此整体运势为“大有之震”，同人大有，震行不已，当年果然行脚天下，跑了很多趟，广交天下英豪，收获相当丰硕。

• 2011年2月下旬，一位旅美三十多年的原台湾人来访，他从事绿能产业的研发工作，似乎预闻一些美国国防科技的最新动态。我们聊金融风暴后的天下大势，以及所谓2012的浩劫传闻等，他说美国可能已经发明了时光旅行的机器，在未来数年的试验航行中，看到些令美国及世人都担心的变故。此事匪夷所思，时光旅行的想法由来已久，并不新鲜，但在技术上真正可能落实吗？占问的结果为大有卦，二、四、上爻动，贞悔相争为明夷卦（䷣）；“上九”值宜变，又有大壮卦之象。明夷

三爻变占例

有韬光养晦之意，《大象传》称："明入地中，君子以莅众，用晦而明。"绝对机密之事，领导阶层不会对大众透露，这才是真正的明智。大有"九二""大车以载"，"有攸往，无咎"，还真是处处旅行之象；"九四""匪其彭，无咎"，低调进行研发不欲人知，本是执政高层言行的常态；"上九""自天佑之，吉无不利"，一副突破自然奥秘业已成功之象。整体看来，还真有此事？是耶非耶？

• 1993 年 4 月中，我在那家出版公司负责经营，面对各方吃紧的复杂情势，以及股争的根本威胁，有些穷于应付，遂问占求教。得出大有卦，下卦三爻全动，贞悔相争为晋卦（䷢）。晋卦《大象传》称："君子以自昭明德。"奋斗上进只能靠自己，没有外援可真正依靠。《彖传》称："顺而丽乎大明，柔进而上行。"柔和顺势以进，不能刚强挺进，没有握股实力，徒呼奈何？大有"初九""无交害"、"九二""积中不败"，"九三"须防"小人害"，"遇大有之晋"，将形势分析得很清楚。

同年 5 月初，召开董事会前问吉凶，又得完全一样之占，身陷大情势之中，怎么算都是这样，只能戮力以赴。

四爻变占例

占事遇卦中任意四爻皆动，变数已达三分之二，以四爻齐变所成之卦的卦象卦辞论断，推敲本卦变为之卦的道理根由，参考四个爻的爻辞，若其中一爻值宜变，加重考虑。

• 1994 年 10 月下旬，我还在给李登辉上课，高雄县长余政宪的太太托朋友也想学《易》，约在台北馥园会晤。我问前景吉凶如何？得出大有卦初、二、四、上爻动，齐变成谦卦（䷎），"九四"值宜变，单变有大畜之象。大有"元亨"，谦"亨。君子有终"，大畜"不家食吉"，"利涉大川"，皆为佳象。大有"初九""无交害"，"九二""大车以载，有攸往，无咎"，"上九"天佑吉无不利，没有理由不好。"九四""匪其彭"，只要低调处理即可无咎。后来课上了一年多，虽没上完，却结了台湾南部的善因缘，自己也多了番新的观察与历练。

• 2011 年 2 月中，我在一家复健治疗所接受保养治疗时，遇到三十多年不见的李哲修神父。他曾任耕莘文教院院长，年轻时即风度翩翩，深受天主教信众的欢迎，而今 70 多岁，罹患痴呆遗忘之症，已从教务上退休。主持复建的疗养师是天主教徒，好心请他来接受疗治。我看他神

气衰弱之象，不免感慨，当下用手机暗算他往后五年内的健康状况？得出大有卦二、三、五、上爻动，齐变成随卦（䷐），“六五”值宜变，单变为乾卦。大有“元亨”，随卦、乾卦元亨利贞，照讲都非常好，但有关生老病死之占却非如此。

依京房八宫卦序的属性，大有为乾宫归魂卦，随为震宫归魂卦，其《大象传》称：“君子以向晦入宴息。”随着时间流逝，劳累的体躯有安息主怀之意。大有“六五”爻变为乾，回归本宫乾为天，“厥孚交如”，“上九”上蒙天佑，都不是世俗乐生厌死之象。结果几天后，惊闻李神父在复健时心肌梗塞晕厥，现场急救迅速送医，因堵塞太严重，群医束手，连两个老姐姐都要同意放弃救护了。全省他的信众不舍，集体全心为他祈祷，居然又动手术救了回来，继续赡养疗护中。我占问五年内，几天便出事，虽暂时救回逃过一劫，未来仍不乐观。

• 2010 年 8 月中，时当中元祭祖时节，我们在富邦集团的课堂上又谈起鬼神之事。辜振甫的幺女辜怀如问：常见有些商家在店门口设奠路祭孤魂野鬼，有效益否？我占出大有卦，二、三、四、上爻动，齐变成复卦（䷗）；“九四”值宜变，单变有大畜卦之象。“大有，众也”，为乾宫归魂卦，“复”即回归再生，大畜“不家食吉”，“利涉大川”。众多魂灵都得享供而轮回重生，若依卦象所示，路祭还真有效？

• 2011 年 8 月下旬，我偕家人赴希腊旅游，首日看完卫城著名的帕特农神殿后，接着参观建在遗址上的博物馆。我以手机电占馆内气场，得出大有卦初、二、三、四爻动，齐变成剥卦（䷖），大有“九四”值宜变成大畜。大畜为数据库藏甚多，大有为乾宫归魂卦，文物丰富，解说详明，如占象所示，也有众多灵魂驻此安生。

• 1992 年 8 月初，我任职的那家出版公司改组不久，我获真除为总经理，督导日常业务，拟派任同事游某某接掌人事，问合宜否？得出大有卦二、三、四、上爻动，齐变成复卦，“九四”值宜变，又有大畜卦之象。“遇大有之复”，一元复始万象更新；大畜《彖传》称：“刚上而尚贤……不家食吉，养贤也。”尚贤养贤，看来人事调度正确，遂敲定此事。游某台大法律系毕业，头脑清晰，慎思明辨，又合大有“九四”“明辨皙”之意。任人事主管后，确实表现不错，在那段艰苦经营的岁月里帮了我很多忙。

• 2010 年 2 月上旬，春节刚过，几位学生请我在居酒屋喝春酒，谈谈笑笑，也有些游戏之占。其时台湾影艺圈流行“事业线”的说法，喻指女星靠暴露胸部取胜，虽言不及义，却充斥于社交应酬的话题中。我们试占所谓事业线的意义，得出不变的坤卦，就是厚德载物、哺育群生的母性象征。再问社会过度炒作这个话题，算是怎么回事？得出大有卦初、二、五、上爻动，齐变成咸卦（䷞）；大有“六五”值宜变，单变有乾卦之象。“六五”柔得尊位，大中而上下应之；咸卦卦辞称：“亨利贞，取女吉。”都突显了对女性美的赞颂热情。大有为众，人人皆有；咸为自然的感情，也是全、皆之意，其《彖传》末赞叹：“观其所感，而天地万物之情可见矣！”“遇大有之咸”，卦象还真绝妙。

然而，《焦氏易林》的断词没有好话：“裸裎逐狐，为人观笑；牝鸡司晨，主作乱根。”惟妙惟肖，有趣有趣！

• 2011 年 10 月中旬，我们三对夫妇联袂赴西藏旅游半月，每天的车程平均都有五百公里，山河壮丽，可也相当辛苦。车行颠簸不能看书，我就用手机占了不少卦。中国社会流行十二生肖的说法，9 月我去德国慕尼黑授《易》时，那些老外居然也都知道鼠牛虎兔的类型理论。《易经》中有不少动物的取象，借其生态属性，说明许多自然的道理。《说卦传》第八章称：“乾为马，坤为牛，震为龙，巽为鸡，坎为豕，离为雉，艮为狗，兑为羊。”十二生肖中已占其七，鼠见于晋卦“九四”爻辞：“晋如鼫鼠，贞厉。”虎象多见，“履虎尾”已见前文。兔、蛇、猴未有明确的意象。传说肖龙或马的适合习《易》，肖狗的适合学佛，似乎也有一定的道理。西藏行途中，我占问：十二生肖属性有意义吗？得出大有初、二、三、上爻动，齐变成豫卦（䷏）。“大有，众也”，形形色色什么都有；豫卦依据预定的禀性行事，《大象传》称：“殷荐之上帝以配祖考。”顺性而动，有其天性与祖先遗传的渊源。

五爻变占例

占事遇卦中任意五爻皆动，以五爻齐变所成之卦的卦辞卦象论断，参考各爻爻辞的变化因由；若其中一爻值宜变，稍加重考虑即可。

• 1994 年 4 月上旬，我所在的出版公司剧烈股争，我有心劳力绌、四面楚歌之感，占自己最后的吉凶为何？得出大有卦五个阳爻全动，齐变成坤卦，“九二”值宜变，单变有离卦之象。大有“元亨”，最后“上九”

且获天佑之吉；坤卦谦退包容，顺势用柔。离卦《大象传》称：“明两作，离。大人以继明照于四方。”人生事业，明明无尽，此退彼进，再造辉煌！忽忽近二十年过去，后势发展完全如占象所示啊！

• 2012 年 5 月底，我们学会刚办完春季研习营，并已决定秋研营时回归易理本身的深入探讨，首选为《易》中最圆善的谦卦。我想在自己六十花甲之年，验收一下授《易》二十多年的成果，找了十八位有潜力的学生从不同角度撰写论文，然后结集印出。占问构想何如？为大有卦二、三、四、五、上爻动，“上九”值宜变为大壮，五爻齐变成屯卦（䷂）。大有众也，“上九”“自天佑之，吉无不利”，屯卦培育种苗，清新可喜，卦象相当正面。大有卦往下正是谦卦，“有大者不可以盈，故受之以谦”，配合得多巧多好！当年 11 月中，我们在北海岸八里“大唐温泉物语”举办秋研营，论文质量丰富齐整，成果相当丰硕。

15. 地山谦（䷎）

谦卦为全《易》第十五卦，在大有卦之后，豫卦之前。《序卦传》称："有大者不可以盈，故受之以谦；有大而能谦必豫，故受之以豫；豫必有随，故受之以随。"大有卦资源丰富，不可骄侈挥霍，须谦和低调才能保有富强安乐，才能吸引众人追随。这个说法未免太浅，由大有至随的时序变化非常精微，得深入理解才能了悟，《序卦传》作者未必不知，限于篇幅只好从简。

前文解大有卦时已述明，"大有"绝非"有大"，标榜大家都有，而非一阴拥有众阳，那样反成垄断了！《序卦传》两提"有大"，引人误会，必须驳正。

"谦"字为"言之兼"，表示一切言论主张兼顾各方利益的平衡，绝不行垄断欺压之事。同人、大有所戮力建构的大同社会，"不患寡而患不均，不患贫而患不安"。人际问题妥善后，还要进一步处理好人与天地自然间的关系，不浮滥开发，不破坏生态，满招损谦受益，此即谦卦之道。谦之卦序第十五，亦有甚深意蕴。"洛书九宫数"（如图）纵、横、斜三数相加皆为15，显示从任何角度看都一样持平。

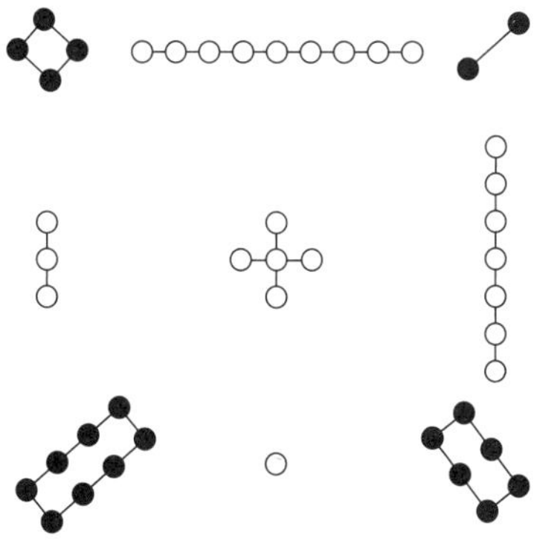

巽 ☴ 四	离 ☲ 九	坤 ☷ 二
震 ☳ 三	中 五	兑 ☱ 七
艮 ☶ 八	坎 ☵ 一	乾 ☰ 六

洛书九宫数

谦卦（䷎）上卦坤顺为地，为民众，下卦艮止为山，“九三”一阳刚健有实，却止于地下服务群众，任事不图名利。豫卦（䷏）上卦震动，下卦坤顺为地，为民众，“九四”一阳强悍活跃，动于地上领袖群伦，叱咤风云求表现。谦卦待人平和谦恭，彬彬有礼；豫卦热烈奋发，积极行动，领导者往往显现个人中心的生命情调。“豫”字左边的“予”为我，即突显自己为宇宙万象的中心，由自我出发，去探讨和周周遭世界的关系，是否可预测而提早预备，以趋吉避凶，得享豫乐。

“豫”有伸张个人意志、积极备战之意，“谦”则设身处地为他人着想，力图和平共存。两卦相综一体，近乎同时并在，实有极深意涵，也大可巧妙运用。《六韬·发启第十三》有云：“鸷鸟将击，卑飞敛翼；猛兽将搏，弭耳俯伏；圣人将动，必有愚色。”猛禽猛兽将要扑击猎物时，一定先摆出最低的姿态，使对方疏于防范；英雄豪杰出手前，也会装愚钝，好出其不意，攻其不备。“谦”的另一面为“豫”，表面低调平和，可能暗含杀机，卑飞俯伏的动作，正是预备攻击的前兆；“豫”的另一面为“谦”，摆出作战的姿态，其实目的是和解。这种和战两手策略，有些类似师、比二卦的交相运用，在人生各方面经常遇到，须懂得不为表象所惑，才能应对得宜。

《杂卦传》称：“谦轻，而豫怠也。”谦、豫相综，这是互文见义的论断。谦轻则豫重，豫怠则谦不怠，这是什么意思呢？“轻”是将个人的名利权位看得轻，所以能谦和为人服务；“豫”则我执甚重，竭力凸显自己。“豫”的热情领导如果成功则可，若未达成预期而失败，激发起的士气反而更见懈怠，这就是期望愈高，失望愈大。“谦”则不然，以平常心持续服务，成败在所不计，反而可以力行不怠。

前些年有本美国出版的经营畅销书，英文书名为《*Good to Great*》，台湾中文版译为《从优秀到卓越》，并以 A 及 A^+ 做区分，以探讨基业长青的奥秘。该书将企业成败系于领导者，而领导风格划分为五级：第四级优秀的领导，深具群众魅力，本身才情出众，善于提出辉煌的愿景，以激励人热情参与。第五级卓越的领导，宅心仁厚但意志坚强，谦冲为怀而勇敢无畏，成功归功他人，有过自己承担。第四级领导似豫卦“九四”，最高的第五级领导似谦卦“九三”，往下卦爻深入分析后便可理会。三、四爻居卦中人位，为是非辐辏之处，谦、豫二卦唯一阳爻处人位，和比、师二卦处天地中心之位不同，承上启下的人际互动关系，特别重要。

䷎ 谦。亨，君子有终。

谦卦为全《易》功德最圆满的一卦，卦跟六爻非吉则利，几乎没有任何瑕疵。其他六十三卦，爻辞总是有吉有凶，连乾、坤两卦都不例外：乾卦“上九”“亢龙有悔”，为“穷之灾”；坤卦“上六”“龙战于野，其血玄黄”。乾为天，坤为地，天地犹有所憾，为何谦卦独能全吉？谦卦《彖传》中会有说明。

人能谦和，万事亨通，而且必得善终。“亨”为嘉之会，“嘉会足以合礼”，人间各种礼制的建立，就是为了促进交流并消弭争端。《系辞下传》第七章排比忧患九卦，履（䷉）为第一，谦为第二：“谦，德之柄也……谦，尊而光……谦以制礼。”“柄”为入手处，人生修行执持谦德，方能进入真理大道之门，方可赢得各方尊重而现光明。“履以和行”是依礼而行，礼因何而制定呢？则源于谦。履、谦二卦相错，相反相成，触类旁通。

《诗·大雅·荡》有云：“靡不有初，鲜克有终。”人生通常都会有光辉的一段，刚开始干的时候很起劲，却极少维持到最后。轰轰烈烈起手，羞羞惭惭结束的事迹太多太多。谦卦之所以难能可贵，就在结果圆满。《论语·子张篇》记子夏的感慨：“有始有卒者，其惟圣人乎？”能力行谦道者，可跻于圣人的境界。坤卦“六三”“无成有终”，需卦“九二”、“上六”终吉，讼卦“六三”“贞厉，终吉”，同人卦“九五”“先号咷而后笑”，都属人生佳境，值得再三玩味。

《彖》曰：谦亨，天道下济而光明，地道卑而上行。天道亏盈而益谦，地道变盈而流谦，鬼神害盈而福谦，人道恶盈而好谦。谦尊而光，卑而不可逾，君子之终也。

谦卦下卦艮，止欲修行有光明之象，艮卦《彖传》称：“艮，止也。时止则止，时行则行，动静不失其时，其道光明。”“九三”一阳在下，博施济众，又为“天道下济”之象。谦卦上卦坤为地为民众，地位本卑微，却高升在上接受福报供养。天道好还，已经盈满的会变亏损，原本不足的会受增益，例如月亮每月的盈亏变化就是这样。大地风貌的变迁亦然，沧海桑田，高岸为谷，低谷为陵，河道满了就会溢流至其他空洼处。冥冥不可见的鬼神，对资源太多且骄矜自满者会危害惩罚，对资源不足谦和待人者会福佑照顾。人情也是厌恶骄盈，而喜好谦恭。民谚“满招损，谦受益”，真正是放诸四海而皆准，百世以俟圣人而不惑，质诸鬼神而无疑，宇宙间一切有形无形的力量都依循这个法则。因此，谦德之人一定蒙受尊重而光显，虽谦卑处世，却没有人能真正超越他，谦谦君子必得善终。

谦为解决人事纷争的美德，如大海下百川包容消化一切。《中庸》称：“小德川流，大德敦化。”老子则论断：“夫唯不争，故天下莫能与之争。”“卑而不可逾”，“尊而光”，谦卑反而造就了最后的崇高，谦德其实是最有竞争力的。乾、坤二卦只谈天地，有“亢龙之悔”与“龙战之灾”，谦卦全面照应天地人鬼神，故而圆善有终。

《文言传》皆乾卦“九五”畅发大人之义：“大人者与天地合其德，与日月合其明，与四时合其序，与鬼神合其吉凶。先天而天弗违，后天而奉天时，天且弗违，而况于人乎？况于鬼神乎？”大人为知《易》行《易》的最高境界，所作所为与天地人鬼神皆能相合。据此，谦德还不仅仅是圣人的修为，已经跻于大人的极境矣！

《韩诗外传・卷三》记述，周公曾告诫其子伯禽曰：“《易》有一道，大足以守天下，中足以守其国家，小足以守其身，谦之谓也。”谦和受益，自古即为共识。

《象》曰：地中有山，谦。君子以裒多益寡，称物平施。

谦卦上卦坤为地，下卦艮为山，山本来高于地面，而今却藏于地中，有谦抑之象。“裒”字为引聚，“裒多益寡”，指多方引聚资源以扩大生产，创造财富；“称物平施”，则是视对象不同而均匀合理地分配，以弭平纷争。经济学的基本原则就是生产和分配，谦卦这八字就是一部经济学，做到了，即成就富而好礼的美好社会。由于谦卦涵盖天地人鬼神所有层面，发展经济的同时，兼顾到自然生态与历史文化的保全与均衡，为永续发展的极好范例，值得现代人深思取法。

过去一些错误的解释，将“裒”字说成是减少，减多益寡以追求公平正义，齐头点的形式平等只会造成怠惰，社会总财富不易增加。聚多则将饼先做大，水涨船高自然益寡，整体致富后，再求合理分配，考虑贫富与个人不同的条件，加权平均，才是立足点的真正平等。中国内地改革开放三十余年的成功经验，脱贫致富，欣欣向荣，即为创造和谐社会的极佳例证。

• 2009 年 10 月中，我在讲述易理与佛学的课程中屡有新悟，跟学生讨论一些人生终极关怀的问题，也意趣横生。有次谈到基督教，占问：上帝是什么？得出不变的谦卦。全《易》最好的卦，天地人鬼神皆获福佑，亨通且圆善有终。前大有卦“上九”占例，问宇宙有无造物主、人格神存在，易占答以“自天佑之，吉无不利”，与此例合参，深富启发性。大有“上九”下接谦卦，由人际和平更扩充至人与天地鬼神的全面谐衡，自中即蕴含有天，小宇宙就是大宇宙的具体而微的呈现，上帝、道、佛性、乾元，就在人的心性中啊！

• 2004 年 9 月下旬，我已在用心探索易理与佛法间的关系。《楞严经》上说末法时期群魔乱舞，且现佛相以迷惑众生，很难辨识。针对这种魔强法弱、佛皮魔骨的现象，修行人当如何辨识？易占答以不变的谦卦，又是精彩之极，准确到位。谦德至高，天人同钦，鬼神敬服，识魔降魔绝对没有问题，必然亨通有终。

• 2009 年 11 月下旬，我占问自己的佛学造诣如何？得出不变的谦卦。一则表示佛学全面探究天地人鬼神的互动关系，而我已进入状况；二则也指继续谦虚学习，假以时日，可圆善有终。

• 1993 年 9 月下旬，我在那家出版公司负责实际经营，励精图治下绩效卓著，但股权之争的阴影始终挥之不去，迟早会生后患。当时占问：再多方努力一年，可不可能真正主导公司？得出比卦“六四”爻动，已如前述，外比从上，为受制于人的宿命，没有任何奇迹。于是续问我应如何处置？得出不变的谦卦。只能低调谦和，尽量兼顾各方势力与利益的均衡，才能“君子有终”。

• 2010 年 11 月上旬，美联储宣布将推行第二轮量化宽松措施（QE2），以购买公债的方式，增加六千亿美元供应量，刺激景气复苏，改善居高不下的失业率。这种靠印钞票以振兴国内经济，却极可能以邻为壑的做法，实在令人反感。当时我占了一系列的卦，问世界各国家或地区可能

占例

受的影响，首先是概略来说，对全球的经济如何？得出不变的谦卦。看来还好，亨通君子有终，《大象传》称“裒多益寡，称物平施”，尤其传神。聚多益寡，水涨船高不成问题，难的是称物平施，料想其他各国也会全力自保，不可能任其为所欲为。

• 2011 年 5 月下旬，我与两位师兄赴鄂、湘一行，距前次随父母返乡又快十年，住在长沙岳麓书院当晚，我占问此生与湖南一地的缘分？得出不变的谦卦。祖籍地无有不好，“谦亨，君子有终”，将来若有服务桑梓之处，亦当用心尽力。

• 2006 年 7 月上旬，我给学生讲三十六计与《易经》的关系，“借刀杀人”为不变的谦卦。谦、豫二卦相综，一体两面，豫卦建侯行师，谦卦貌似平和，借力使力，用涉大川。夫唯不争，故天下莫能与之争。

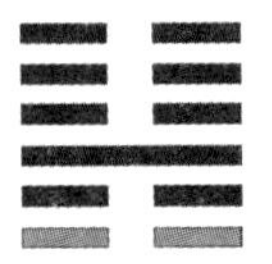

初六。谦谦君子，用涉大川，吉。

《象》曰：谦谦君子，卑以自牧也。

“初六”居谦之初，又在全卦最基层的位置，有谦而又谦的低调之象，顺势用柔，度过一切重大险难而获吉。“自牧”即修养自己，谦卑恭谨，与人无争。《象传》称“卑而不可逾”，最后没有任何人能超越，真是不争之争啊！本爻爻变，为明夷卦（䷣），“利艰贞”，“用晦而明”，涵容忍耐的功夫一流。

“用涉大川”和“利涉大川”不同。前述需卦、同人卦卦辞称“利涉大川”，讼卦称“不利涉大川”，往后还有许多卦爻亦复如是。唯独谦卦“初六”称“用涉大川”。“利”与“用”不同，“利”字以刀取禾，本身有实力有利器，是用刚用自有资源；“用”字似网罟，凭借人际网络调度他人资源，为借力使力，顺势用柔。谦初卑恭已甚，与人无争，各方受益而度过险难，故称“用涉大川”。《老子》第四十章称：“反者道之动，弱者道之用。”第十一章直称：“有之以为利，无之以为用。”将利与用的区别讲得很清楚。

占例

• 2007 年中，有一位女学生上课中休时问占。她的夫婿任职外商金融界高层，公司想调他去英国干几年，家庭因素颇费踌躇，自占得谦卦

占例

“初六”爻动，爻变有明夷卦之象。远赴重洋，须谦和低调处理好各方关系，以“用涉大川”，公私若难两顾，则会相当辛苦。当然，理论上谦卦没有坏爻，去亦未尝不可。后来他们还是放弃了出国的机会，工作上不差，长久纠葛两代的家庭因素仍旧造成二人离婚，看来明夷之象事出有因。

六二。鸣谦，贞吉。

《象》曰：鸣谦贞吉，中心得也。

“六二”中正，上承“九三”谦卦主爻，阴承阳柔承刚，衷心信服其伟大的理念及实践，而起共鸣，进而为之宣扬推广，让天下更多人分享。这样依正道干事，必可己立立人、己达达人而获吉。本爻变，为升卦（䷭），表示大力推广的结果，使“九三”的志业青云直上，成就非凡。一般所谓的护法或功德主，即“六二”所扮演的角色。

• 2010年元月中旬，我给学生讲授《金刚经》，至《离相寂灭分第十四》，佛祖跟须菩提说忍辱波罗蜜，前生为歌利王割截身体，节节肢解时，不生嗔恨。我问何以故？占得谦卦“六二”爻动，爻变有升卦之象。面对天地人鬼神，中心谦恭和柔，以待一切横逆之境，遂得升入修行的更高果位。无我相，无人相，无众生相，无寿者相，无一切诸相，故成诸佛。

• 1998年12月初，我受邀参加某易学团体的座谈，主题是“台湾当代命理活动的理念与策略”。当然将易学视为命理是谬误和器识不足，借此机会正好驳正，也配合谈了谈命理活动发展的情形。当时还占了两卦：命理活动的理念为“遇鼎之坤”，策略为谦卦“六二”动，有升卦之象。鼎卦（䷱）《大象传》称：“君子以正位凝命。”坤为众，也是顺势之意。命理活动应教导广土众民正确认识自己，依理顺势，好好修行以落实天命。谦卦谦和服务人群，面对天地人鬼神的综合效应，推广引人共鸣，以提升命理指导的绩效。谦卦为众而非为己，若自私自利，以术自炫，甚而招摇撞骗，图财谋色，必然不得善终。

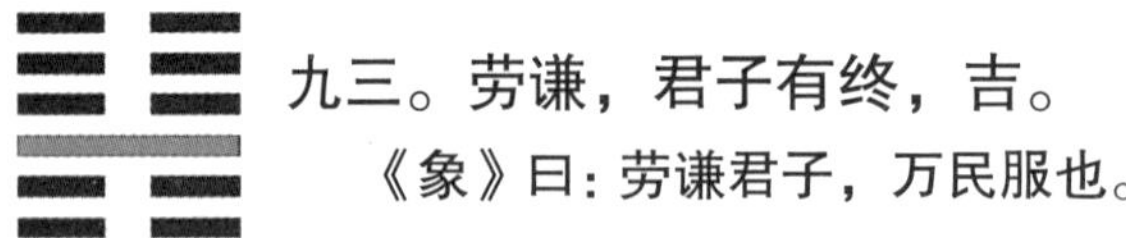

九三。劳谦，君子有终，吉。

《象》曰：劳谦君子，万民服也。

“九三”阳居阳位当位，为下卦艮山之顶，止欲修行已至登峰造极之境，正为全卦谦德精神之表率。劳心劳力为群众服务，对社会有大贡献却不居功，这样的有德君子必得善终，天下万民心服口服。本爻爻变，为坤卦（䷁），正是广土众民厚德载物之象。爻辞与卦辞近乎全同，为全卦之主。

《系辞上传》第八章引用此爻爻辞，称：“子曰：‘劳而不伐，有功而不德，厚之至也，语以其功下人者也。德言盛，礼言恭，谦也者，致恭以存其位者也。’”“伐”是夸耀自大，有功劳而不夸耀，不自以为有德，厚德载物到了极点，不争名、不争利，甘居人下持续服务。德业盛大，待人谦恭，这样的人必为众人所钦服，不在其位，功德永远长存人心。“存”与“在”不同，左上同一部首，为“才”之意，亦即资源。“在”为“土之才”，是重视当下这块土地的资源，“存”为“子之才”，则考虑到给后代子孙留下些什么东西。谦德影响深远，“存其位”，而不止是“在其位”。

《论语·公冶长篇》记孔子与弟子言志，颜渊说：“愿无伐善，无施劳。”伐、施皆为夸耀之意，劳谦行善，绝不骄矜自夸，难怪为孔子所激赏。

谦卦“九三”处“六二”、“六四”之间，为坎水流动之象。《说卦传》称：“坎者水也……劳卦也，万物之所归也，故曰劳乎坎。”爻辞称“劳谦”正相宜。《老子》第八章称：“上善若水，水善利万物而不争，处众人之所恶，故几于道。”三十二章称：“譬道之在天下，犹川谷之于江海。”六十六章则称：“江海所以能为百谷王者，以其善下之，故能为百谷王……是以圣人处上而民不重……是以天下乐推而不厌，以其不争，故天下莫能与之争。”劳谦若水，卑恭服务，利万物而不争，获万民归心。圣人处上而民不重，正是《杂卦传》所称“谦轻”之意，不给民众带来压力，领导得的自然而然。

• 1993年3月下旬，我妻怀孕即将生产，由于胎位不很正，B超检验又是男孩，我有些担心能否顺产。问占的结果为谦卦“九三”爻动，“劳谦，君子有终，吉”。爻动有坤卦之象，坤顺也，坤为母，一定顺利生

产，母子均安。谦卦外坤为母为腹，内卦艮为少男，亦与胎儿性别相同。4 月 8 日麟儿降生，取名春麟，一方面取春季时节，一方面也有《春秋经》西狩获麟、天下太平之意。长女真仪大弟弟 8 岁多，为太老师取的名，有大易“太极生两仪”之意。《易》与《春秋》为中国经学双璧，这对姐弟也是我们夫妻的至爱宝贝啊！

• 2003 年 6 月上旬，时当 SARS 肆虐期，我占问台湾信息产业未来三至五年的策运，得出谦卦“九三”爻动，有坤卦之象。“劳谦，君子有终，吉”，业绩是会不错，但还是赚的辛苦钱，毕竟全球代工生产的利润太低，杀价竞争已至微利的地步。坤卦广土众民，为吃苦耐劳之象，大势如此，不得不然。占算时，正与大一同窗李焜耀会晤过不久，他想在短期内自创品牌成功，只怕大大不易。

• 2010 年 6 月下旬，我和几位学生会面，他们都精通信息计算机的操作，其中一位曾成功研发出“大衍之术”的程序，试验很久都相当准确，但仍偶有不稳定的现象。为图尽善尽美，讨论有无改进空间，他提出故障时自动切换成手占模式的设计，但既然如此，何不直接手占？果然，仍用传统亲手操作的方法为谦卦“九三”动，“劳谦，君子有终，吉”。就是辛苦多花些时间，但比较准确且稳定，更均衡反映出天地人鬼神全方位的作用及影响。

• 2009 年年底，我盘算家中四人来年的运势，女儿真仪为谦卦“九三”爻动，有坤卦之象。劳谦有终吉，固然不错，但工作太辛苦，而这确实就是她次年的写照。女儿台大外文系毕业后，赴英留学一年，拿到硕士学位后返台，不久即进入出版界做编辑，等于走了老爸的老路。出版社在内湖，离新店居家甚远，晚上及周末周日还常加班，台湾这些年不景气，年轻人工作大多超时，令人不忍，却也无奈。

• 2010 年 2 月底，我的《四书的第一堂课》书稿快杀青，针对仲尼弟子及后世几位大儒，有占其修为境界，顺便也问了我的老师爱新觉罗·毓鋆，结果为谦卦“九三”爻动，有坤卦之象。“劳谦君子，万民服也”，真是说得精切！毓老师已于 2011 年 3 月 20 日仙逝，享寿 106 岁，在台讲经一甲子，育才无数，赢得学生无上的尊重与怀念，完全是劳而不伐、有功而不德，厚之至的典范。

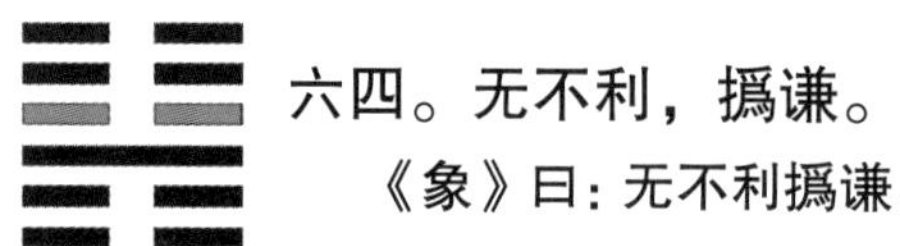

六四。无不利，撝谦。

《象》曰：无不利撝谦，不违则也。

“六四”阴居阴位为正，进入外卦坤广土众民之境，顺“九三”“劳谦”有成之势，继续大力推广发挥，使域外更多的人受福。“撝”同“挥”，“九三”“劳谦”，已打下稳固的基础，确立谦和服务的正道规范，“六四”发扬光大时，不可违反其基本原则。“无不利”申明在前，表示经过内卦三爻的努力后，形势已一片大好，依循去做即可，不必另搞一套。本爻爻变，为小过卦（䷽），谨小慎微，依原则发挥时，勿偏离原始精神而致过与不及。

《文言传》论及乾卦时有称：“大哉乾乎！刚健中正纯粹精也，六爻发挥旁通情也。”乾卦所昭示的天道，需透过不同时位的发挥，触类旁通，以显现其真实情状。《系辞上传》第九章论筮法亦称：“引而伸之，触类而长之，天下之能事毕矣！”基本规则确立后，引申发挥，触类旁通，可将天下事都悟通做通。六爻全变的错卦也称“旁通卦”，变动再剧烈，也能找出规律，解决错综复杂的问题。

“不违则”的“则”，即天道自然的规律，乾卦《文言传》称：“乾元用九，乃见天则。”“群龙无首，天下治”，“云行雨施，天下平”，劳谦不伐万民服，都体现大公无私的自然法则。同人卦“九四”私心用事，据势争夺，《小象传》劝其放弃，称：“困而反则也。”“则”字为用刀在贝壳上刻画，是为人人都应遵守奉行的金科玉律啊！

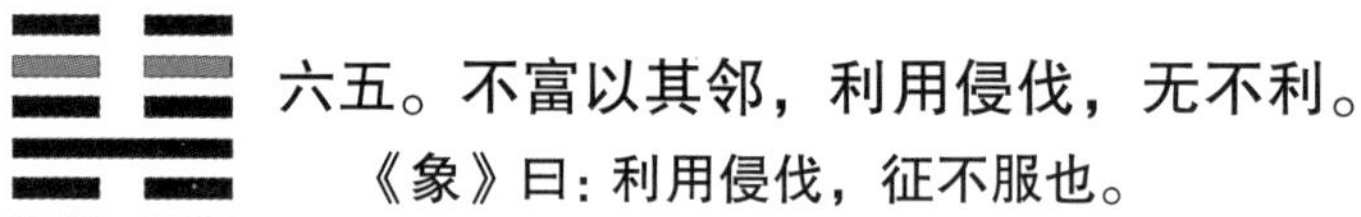

六五。不富以其邻，利用侵伐，无不利。

《象》曰：利用侵伐，征不服也。

“六五”居谦卦君位，有维持全卦和平秩序的责任，谦德之所以能亨通有终，就在扩大生产且公平分配，如《大象传》所言。“九三”劳谦，创造了社会的公共财富，可视为内卦的扩大生产，再经“六四”“撝谦”，更增其富，“六五”统领全局，需注意均衡分配了。“不富以其邻”，正是分配出了问题，有人阴虚不富，以邻为壑，将相当负面的情势转移波及周边近邻。这时领导当局须毫不犹豫强势介入，将影响公平秩序的祸源遏止或制裁，这就是“利用侵伐”。由于侵伐是为了整体的安危，不是为个人私利，大家也都接受，故称“无不利”。“九三”“劳谦”而不伐，万民敬服，“六五”“利用侵伐”，“征不服”亦无伤。按爻序由内而外、由下而上的发展历程看，先有“劳谦”的基础，令人信服，再出手“侵伐”，得获认同，也是非常合理。

谦卦六爻爻辞多有“谦”字，唯独“六五”不言“谦”，这是《易》卦特有的不言之象，值得习《易》者深思。我们在前面已经阐析过蒙卦“六三”不言蒙、需卦“上六”不言需、师卦“上六”不言师、同人“九三”、“九四”不言同人的道理。《系辞上传》第十二章记述孔子的话：“书不尽言，言不尽意。然则圣人之意，其不可见乎？”《易》辞精简扼要，往往还有言外之意，得善自体会，了悟会更深更透。《论语・卫灵公篇》记子曰：“当仁，不让于师。”谦卦主张谦让不争，“六五”君位却不让，因为大仁不仁，宁可一家哭，不可一路哭，铲除害群之马后，天下可安矣！大有卦倡导世界大同，《大象传》不是照样讲“遏恶扬善”么？遏恶正为了扬善，除暴以期安良啊！

谦卦不仅仅考虑人际国际的和平，连人与天地自然的互动也敬慎以待。举例来说，地球生态变化的影响是跨国界的，若有国家滥垦滥伐热带雨林，造成环境的严重破坏，联合国就可以干涉禁止，臭氧层的破洞以致全球暖化，必须订定国际公约节能减碳，亦复如是。其他例如传染病疫流行、金融风暴肆虐等都是。除了自然环境外，重要的人类文明遗产亦应尊重保护，不容任何个人团体或国家肆意破坏，这才合乎天地人鬼神都福佑谦德的精神。“六五”“利用侵伐”，正是所谓替天行道啊！

“不富以其邻”亦见于泰卦“六四”爻辞，正是由盛转衰的征兆，若掉以轻心不防备，将产生连锁反应般的灾难，一路崩跌至“上六”“城复于隍”的灭亡情境。泰卦与谦卦的上卦皆为坤，一旦出现危机，顺势发展的结果必至倾覆，所以得及早处置。小畜卦“九五”爻辞称：“有孚挛如，富以其邻。”好事坏事都会由近及远传播，人生在世，得特别注意邻近周边的关系。

“侵”与“伐”还不同，“侵”较浅，警告意味浓厚，“伐”则大张旗鼓深入痛击。“利用侵伐”，“侵”若收效，则适可而止，不然则继之以“伐”，这也是国际行事的规范。《周礼・夏官》称大司马以“九伐之法”正邦国：“冯弱犯寡则眚之，贼贤害民则伐之，暴内陵外则坛之，野荒民散则削之，负固不服则侵之，贼杀其亲则正之，放弑其君则残之，犯令陵政则杜之，外内乱鸟兽行则灭之。”眚、伐、侵、正、灭等字都见于《易》卦爻辞，各有其含义及适用情境。

谦卦“六五”爻变，为蹇卦（䷦），大家遭遇困难时，须同舟共济。《系辞下传》第九章称：“三与五，同功而异位。”“劳谦”与主持公平正义的“侵伐”并行不悖，分工合作，以保障天地人鬼神间的安宁。

• 1993 年 7 月中，我在那家出版公司任总经理，为免困扰，居然建议老板换掉其至亲的财务主管，触到了最敏感的痛点，晤谈之后气氛很糟，当然也被打了回票。受挫后，占问如何善后？得出谦卦“六五”爻动，有蹇卦之象。我们的相处一向平和，这回却真的生了变化，“六五”当然是指仍居君位的老板，担心“不富以其邻”的骨牌倾倒，不客气地“利用侵伐”，而我也只能屈从。爻变为蹇，虽然大敌当前仍须合作，却已有了芥蒂，为十个月后的回朝反扑埋下了地雷。

• 1999 年元旦，我作年度之计，问当年“谋道”的策运，得出谦卦“六五”爻动，有蹇卦之象。低调谦和已久，看来会有转守为攻的反击之势。当年那家出版公司营运每况愈下，内外纠纷不断，且被媒体公然报道，等于名存实亡；社会大学的授《易》课程，因其经营失利也陷危机；我老师那儿的弘道志业未见开展，似乎一切又到了个新的转关期。果然，冥冥中皆有安排，当年最后一季，《中国时报》文化广场开张，我的《易经》课招生爆满，同时开了三个大班，每班近百人。当时跟老学生笑谈授《易》进入量产时代，确实从此也带动许多新的机缘萌生。

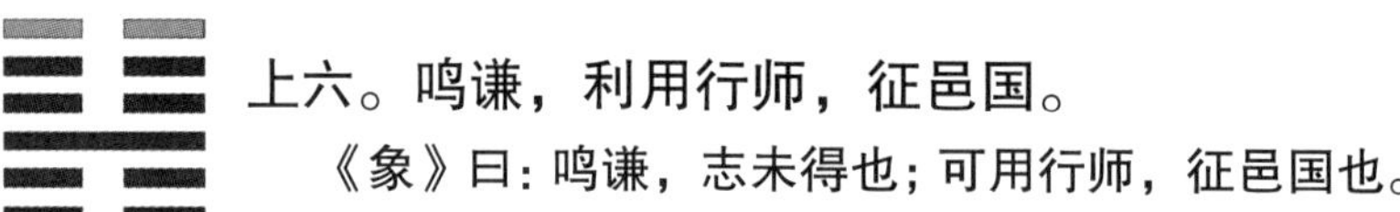

上六。鸣谦，利用行师，征邑国。

《象》曰：鸣谦，志未得也；可用行师，征邑国也。

“上六”居谦卦之终，将转豫卦的战备状态。豫卦辞称：“利建侯行师。”故而“六五”、“上六”皆有行师侵伐之象。随着谦卦的爻位愈高，愈难维持原先谦和低调的态度，恐怕也是人之常情，势弱时倡导和平，强大后难免骄矜。“上六”和平已至最后关头，仍不轻易动武，先号召呼吁和平解决纷争，国际上所谓的“哀地美敦书”（拉丁文“ultimatum”的音译，意即最后通牒），最后通牒即是“鸣谦”。“上六”与“九三”“劳谦”相应与，对其理念有共鸣认同，时移势转仍想尽量维系，故而先打招呼。这与“六二”上承“九三”的“鸣谦”不同，彼时爻位犹低，内卦情势较单纯，而今“六五”侵伐在前，已创先例，外卦或高层的情势复杂得多，谦和不易啊！

“志未得”，是说“鸣谦”未获善意响应，和平之志难以实现。既然仁至义尽，遂利用为借口出兵攻打，虽非美事，国际舆论也能接受。“六五”“利用侵伐”，属国际战争，必须大公无私合乎整体利益；“上六”“利用行师，征邑国”，则为国内战争，据城邑为国，等同造反叛乱，关门打孩子属内政，域外列强都不便干预。本爻爻变为艮卦（䷳），障碍如山，和谐互动困难，其《彖传》称：“艮其止，止其所也。上下敌应，不相与也。”彼此敌意对峙，不愿和解，只有诉诸武力解决。

以身体易练功观点来看，谦卦下盘艮卦，不动如山，上身坤卦，柔和顺势，如风摆杨柳，是极高修为的表现。正因下盘立桩甚稳，所以上身顺势，可随心所欲出拳攻击，这也是兵法立于不败之地，先为不可胜、以待敌之可胜的道理。谦卦六爻全变为履卦（䷉），履卦“六三”胯部未松柔，遂有“履虎尾”遭虎噬之凶。由履勤练至谦，显然气脉已开，功力大进。

• 1994年3月中，我在那家出版公司负责经营已至最后关头，老板在外走投无路，铁了心要回朝掌权，市场派的大股东意向未明，而经营层实无力抗拒所有权的施压。当时我无奈之下，占问股争鹿死谁手？得出谦卦“上六”爻动，有艮卦之象。“利用行师，征邑国”，外拒强权干预，出手惩治内部，看来我们这些经营高干情势不妙，白白辛苦，还落得里外不是人，令人难受已极。

• 2008年10月底，我应学生温泰钧之邀赴宴，顺便替他看看诸般事业的经营状况。他的父亲温世仁是鼎鼎大名的侠商，对两岸的经贸与文化交流都很有贡献，不幸于2003年年底中风病逝。世仁先生最脍炙人口的义行，是在甘肃黄羊川的穷乡僻壤推动的信息教育，以及进而扩充的千乡万才计划。然而时移势转，他过世后，这项志业是否继续亦成难题，至少黄羊川的部分，应可改弦更张了！如何作后续处理呢？得出谦卦“上六”爻动，有艮卦之象。艮为止，《彖传》称：“时止则止，时行则行，动静不失其时，其道光明。”此一时彼一时，人生行事不必胶柱鼓瑟，完全可以与时俱进，不必拘执。谦和服务已至极，往后要整顿内部，转型发展了！

谦卦多爻变占例之探讨

有关谦卦六爻单变的解析已毕，下面进入更错综复杂的多爻变的占例探讨。

占事遇卦中二爻动，若其中一爻恰值宜变之位，该爻为主要变量，以其爻辞为主论断，另一爻辞为辅参考。两爻齐变所成之卦象亦可权衡考虑，一般还是以本卦卦象为主。

• 2010 年 9 月中，我应邀赴德国慕尼黑授《易》，跟外国人讲《易经》真是难得的经验，还好翻译极强，几天课算是功德圆满。然后主办单位招待市区游览，参观了不少很有内涵的大教堂。我有天坐在长板凳上，仰观气势雄伟的厅堂，以手机占问：西方文明中教堂的功能为何？虽有些明知故问，易占给的答案还是很精彩，得出谦卦三、五爻动，“六五”值宜变成蹇卦，两爻齐变又有比卦（䷇）之象。谦德通天地人鬼神，“九三”“劳谦”为世人服务，赢得万民敬服；“六五”奖善惩恶，主持公理正义，以救赎蹇难中受苦的人心。比卦提供有力的依靠，维系世间稳定的秩序，遇谦之比，教堂之用大矣哉！

• 2011 年 6 月上旬，我们策划在小儿春麟考完大学指考后家庭旅游，从其夙愿，选定希腊十日观光。虽报名旅游团甚早，名额尚不足成行，当时占问能顺利成行否？得出谦卦三、五爻动，“六五”值宜变成蹇卦，齐变则有比卦之象。“劳谦，君子有终，吉”，“利用侵伐，无不利”，等候过程虽有些辛苦，最后比卦相偕出游绝没问题。谦德通天地人鬼神，希腊为西方文明的重要发源地，可观览之处甚多，大家放松心情游览，肯定身心受益。行程未定前，还同时报德国及捷克之旅的另一团，结果该团终未成行，我们一家四口还是去了希腊。8 月 24 日出发，饱览山海秀色及神殿、博物馆的人文蕴藏。9 月初家人随团返台，我则由雅典直飞慕尼黑，接连十天给德国人讲《易经》，三周在外旅行，寓教于乐，也寓乐于教，倒是不觉得辛苦。

• 2006 年 2 月下旬，我正在写《详解易经系辞传》的书，为未求深入义理，针对《系辞传》每一章，都作了占测。下传第九章的主旨为谦卦二、四爻动，齐变有恒卦（䷟）之象。前占例谦三、五爻动，本占例二、四爻动，都是“同功而异位”的关系，由不同的时位提供谦德的服务。《系辞下传》第九章全面探讨《易》卦六爻的性质，并深刻阐析其间奥妙的分工关系，“同功而异位”恰恰即为本章所提出。“《易》之为书也，原始要终，以为质也。”“谦。亨，君子有终。”重视整体的平衡互动，才容易得到最好的结果。“若夫杂物撰德，辨是与非，则非其中爻不备。”谦为言之兼，各方面兼顾考虑，才能把是非利害看得周全完备。中爻指二至五的中间四爻，本占“六二”“鸣谦”、“六四”“撝谦”，内外先后协助“九三”“劳谦”，而有发扬光大之功，皆为中爻之效。恒卦为持之以恒的真理追求，《大象传》称：“君子以立不易方。”《系辞下传》此章讲出了永恒的真理，值得好好品读。

• 1993 年 9 月初，我在台北新店地区积极物色新居，看上了目前住的房子，小区名“康和春秋”，也合我意。经谈判杀价后，占问若买下如何？得出谦卦初、二爻动，“初六”值宜变成明夷卦，两爻齐变，又有泰卦（䷊）之象。谦卦“初六”“卑以自牧”，“用涉大川，吉”，虽有初期明夷卦“利艰贞”的辛苦，熬过后“鸣谦贞吉，中心得”，应可致泰。于是下订签约，完工住进来十多年，除了“921”地震有些慌乱外，一切康安。

• 2010 年 12 月中旬，以易理印证佛经的课讲多了，言谈中不免涉及前世今生的话题。我纯为好玩，占问自己上一世的角色为何？得出谦卦三、上爻动，齐变有剥卦（䷖）之象。先“劳谦”服务人群，后“鸣谦、行师、征邑国”，遂有剥卦刀兵之象，究竟是什么志向未得实现呢？“地山谦”与“山地剥”为上下交易之卦，原本藏于地中的山冒出地面，反遭风化剥蚀之害？谦卑而不可逾，真人不露相；剥徒有其表，露相非真人？

2011 年元月上旬，仿佛教“一大事因缘”的说法，问我为何此生出现于世？得出谦卦“九三”爻动，有坤卦之象。入世为广土众民劳谦服务，不再鸣谦行师，真是乘愿再来补修学分，以期功德圆满？谦德通天

地人鬼神，若当真如此，倒是得珍重此生好好修行，莫再虚度或空留遗憾！

• 2003年8月上旬，七夕刚过，我心有所感。自1994年中退出职场经营，已近十年，当时自励奋发，期许第二春“十年乃字”，可有一定成果？结果占出谦卦二、上爻动，齐变有蛊卦（䷑）之象。“蛊”为任事以继往开来，《彖传》称：“终则有始，天行也。”《大象传》则期勉：“君子以振民育德。”专业讲经十多年，“遇谦之蛊”，应该功不唐捐。谦卦“六二”、“上六”皆“鸣谦”，先“中心得”，后“志未得”，颇似蒙卦“九二”、“上九”的先“包蒙”后“击蒙”。教育志业岂能尽如人意？但求无愧我心！

• 1997年11月下旬，我占问一画开天地的伏羲氏是否确有其人？得出谦卦初、三爻动，有复卦（䷗）之象。谦为言之兼，立言兼摄天下事，包罗万象，巨细靡遗；复为生生不息的核心创造力，一元复始，万象更新。“遇谦之复”，不正是易学思想的开辟鸿蒙吗？复卦“初六”谦冲自牧，“九三”劳谦有终万民服，都合乎古代传说中人祖羲皇的形象。谦、复又为忧患九卦之二，《系辞下传》第七章称：“作《易》者，其有忧患乎？”谦为“德之柄”，复为德之本；谦以制礼，复以自知。伏羲为上古人民制定许多规范，神智天启，不由人授，仰观俯察，而作八卦，遂成开辟华夏文明之功。

• 2009年11月中旬，我们学会在台北县乌来乡台电训练中心办秋季研习营，主题为“利用安身以崇德：《易经》与养生”。我在会上发表论文：《由颐观复，养生有主——大易养生术初探》。文末有占中医治疗的特色，得出谦卦初、三爻动，有复卦之象。谦卦和平不争，兼顾节气等自然环境与人类身心的动态均衡，圆善有终；复卦“出入无疾”，使病人彻底康复。“遇谦之复”，中医有其高超的智慧。

• 1997年4月下旬，我读《易》至履卦“上九”，爻辞称：“视履考祥，其旋元吉。”想彻底搞懂其含义，针对“旋”字占问究为何意？结果得出谦卦四、五爻动，齐变有咸卦（䷞）之象。《孟子·尽心篇》称：“动容周旋中礼者，盛德之至也。”履以行礼，谦以制礼，“六四”“撝谦”不违礼法，“六五”“侵伐，无不利”，有理有节，周旋无碍。虽似强势应对，仍为平衡大局着想。咸卦《彖传》称：“圣人感人心而天下和平。”“遇谦之咸”，维持和平的初衷始终一贯。履、谦二卦相错，以谦释履，易理触类旁通，回环互证，精彩极了！

• 2010 年 8 月下旬，我应邀赴北大国学研修班讲座，友人崔先生告诉我，他与新星出版社建立紧密合作关系，以后出书会更顺畅。我为他高兴，占其往后出版计划的前景，得出谦卦三、四爻动，齐变有豫卦（䷏）之象。谦、豫相综，先守成，立于不败之地，再出击进取建功。先劳谦打基础，再撝谦扩大效益，当可必然吉无不利。后来的发展尚可，不算尽如人意，三多凶，四多惧，谦道落实不易啊！

• 2009 年 7 月初，我们学会有架构英文网站的想法，易学数据的英译很不简单，在人才的储备拣选上得用心。其中一位留法的学生程度不错，除了试译外也慎重占了卦，得出谦卦二、三爻动，有师卦之象。谦“九三”“劳谦”的成果，经“六二”“鸣谦”的认同与文宣，足以行师略地，达到推广效果，后势发展的确如此。

占事遇卦中三爻动，变数已至半，以本卦为“贞”，三爻齐变所成之卦为“悔”，呈现贞悔相争的微妙局面，结合两卦卦象卦辞合参。三爻中若一爻值宜变之位，为主要变量，爻辞加重考虑，另二爻辞为次要变量，亦列参考。

• 2009 年 6 月下旬，我应邀赴人民大学国学院讲座，课程涵盖面很广，讲一天《易经》、半天《春秋》、半天《尚书》及《礼记》，等于经学概论了！授课后还与学员互动聚餐，也接受了新浪网以及凤凰电视台的专访，行程排得非常紧凑。当时为此行成果评估，占得谦卦下三爻全动，贞悔相争成临卦（䷒），谦“九三”值宜变，单变为坤卦之象。“劳谦，君子有终，吉”，当然很圆满。“鸣谦，贞吉”配合亦佳，遂成就了谦谦君子“用涉大川”之吉。临卦元亨利贞，《大象传》称：“君子以教思无穷，容保民无疆。”“遇谦之临”，教育高端精英睿智地决策思考，一乐也。

• 2010 年 8 月底，我刚从北大国学研修班授课毕返台，好友巫和懋教授在北京时，因交通阻塞没见到面，他接着率团来台开会，就约在我家小聚。和懋是我台中一中初中三年同学，2006 年由台大转赴北大中国经济研究中心专任，当时还引起不少议论，之前也到我在台北市长官邸开的《易经》课堂，认真听了一年。近半世纪的交情深厚无比，林毅夫转任世界银行副总裁后，经济研究中心也扩大规模，升格成台湾政策研究院。我替老友算他日后几年的志业发展，得出谦卦三、四、五爻动，贞悔相争成萃卦（䷬），谦“九三”值宜变，单变有坤卦之象。“萃”为精英相聚，出类拔萃，“遇谦之萃”，显然大有发展。“九三”“劳谦”打底，“六四”“撝谦”、“六五”高居君位行师征伐，不断扩大经济研究的实质效益，从生产到分配都有均衡合理的筹谋大略，真是替老友高兴。

扫码聆听刘君祖老师亲自讲述大易之道

——逐字逐爻详解易经六十四卦

16. 雷地豫（䷏）

豫卦为全《易》第十六卦，之前为“谦”，之后为“随”。《序卦传》称：“有大而能谦，必豫，故受之以豫。豫必有随，故受之以随。”大有卦之后为谦卦，人际和谐、国际和平后，还得重视人与天地自然间的平衡，谦和面对宇宙里一切有形无形的众生。谦让不争固是美德，当仁不让时，仍应出手维持公平正义。有文事者必有武备，豫卦为集体备战之意，故须号召动员群众追随。英译《易经》豫卦为“enthusiasm”，随卦为“follow”，算是译得传神而中肯。

以上是依字面上的解释，“豫必有随”，较深的含义为：所有预定的计划不可拘执死守，须保持相当弹性，以因应随时变化的现实。《孙子兵法·九地篇》称：“践墨随敌，以决战事。”以前木匠施工，先以墨线盒拉出尺寸，依既定计划进行称“践墨”。兵家打仗前亦有沙盘推演，但战事一旦进行，变化万千，就得因应敌情而随时修正调整，这样才能与敌决战。“践墨”为“豫”，“随敌”即“随”，人生行事不能没有计划，却不能定得太死，必须随机应变。

“豫”字为“予、象”二字之合，以自我为中心，探讨与宇宙万象之间的关系是否可预测，然后据此做好预备。若预测够精确、预备也周全，便可享受豫乐的结果。凡事豫（预）则立，不豫（预）则废，又所谓有备无患，豫兼有预测、预备二义。豫卦所谓之乐常指“众乐乐”，非仅“独乐乐”，这也是孟子对齐宣王所言的“与民同乐”。《说文解字》解豫本为大象，草食性的巨兽性情温和，不嗜杀生，只图自保，故而引申有自我防卫之意。立身立国之道，人不犯我，我不犯人，人若无理犯我，我必反击。蒙卦“上九”“击蒙，不利为寇，利御寇”，师卦卦辞称“贞”，不言“征”，皆为此义。

《系辞下传》第二章举了十三个卦，谈中华文明的演进，其中豫卦即为国防之象：“重门击柝，以待暴客，盖取诸豫。”

内外设多重门关，万一前线失守，可以将防线后撤，继续抵抗，这是固定式的防卫措施;“击柝”是敲梆子发出警讯,军中传令之用,辅以机动性的巡防设置。以此配合,防范暴起来犯的敌人。

河南省古称豫州,上古即多大象,今日省会郑州的博物馆大厅内还有巨象的雕塑,显示其义。《老子》第十六章称:“豫焉若冬涉川,犹兮若畏四邻。”大象体躯笨重,冬季过冰河时,自然犹豫试探,不敢轻易涉险,这都与豫卦之义有关。

屯卦动乎水中,生命来自海洋;豫卦动乎地上,生命逐渐繁衍于陆上,用大象行地来代表物种的演化,相当合适。

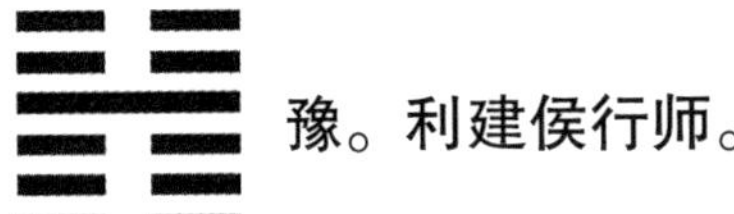

豫。利建侯行师。

豫卦为集体备战,为了预期的战争多方做准备。“利建侯”之意,已于屯卦卦辞详说,比卦《大象传》亦有申明。“行师”是采取实际行动,“建侯”则搜集敌情,预先做好一切人事与组织的筹备工作。“侯”通“候”,周遭气候等天地自然环境的信息变化亦得侦测,时候未至,勿轻易出手,宁可耐心等候。谦极转豫,豫称“建侯行师”,故谦卦“六五”“利用侵伐”、“上六”‘利用行师”。屯卦排序第三,”利建侯”;比卦第八,”建万国亲诸侯”;豫第十六,”利建侯行师”,可见组织发展布建愈见精实而成熟。师卦为劳师动众的实战,豫卦则为枕戈待旦的备战。

《彖》曰:豫,刚应而志行,顺以动,豫。豫顺以动,故天地如之,而况建侯行师乎?天地以顺动,故日月不过,而四时不忒。圣人以顺动,则刑罚清而民服。豫之时义大矣哉!

谦、豫两卦的《彖传》都颇长,畅论天地人间的关系,韵味十足,值得好好品读。豫卦主爻显然为唯一阳爻的“九四”,强势震动于上,下卦“初六”所代表的广大基层深受影响,与之相应与。“九四”拥有群众魅力四射,能驱使群众实现其意志,故称“刚应而志行”。下卦坤顺,上卦震动,顺势以行动即为豫,不仅人间的备战如此,连天地自然现象也都是依理顺势以变动。日月的运转恒依轨道,春夏秋冬四季的更迭也毫无误差,根据历法皆可准确预测。圣人取法天道，顺应人心人情行动，可以有效治理人民，不用刑罚，即得到群众的由衷信服。预测、预备须抓紧时机时势的变化，分秒必争，当机立断，这种敏锐行事的智慧太重要了！

“忒”是误差，“不忒”是高度精确，没有任何误差，《易》以神机妙算的预测见称，豫卦诸义正合易学的特色。精英领导群众，必须高瞻远瞩，提出预言式的愿景，激发大家的热情，全力以赴。豫卦充满了 passion and action，英译“enthusiasm”传神之至，领导人也是所谓魅力型（Christma）的英雄人物，叱咤风云，活跃于时代的舞台中心。二战时几位主要国家的领袖，如希特勒、斯大林、罗斯福、丘吉尔等都是。谦卦“九三”称“万民服”，豫卦“刑罚清而民服”，领导人一定得有服众的本事。

“豫之时义大矣哉！”“时”指客观的大环境，“义”为人之所当为。易理说穿了，就是知机应变，timing is everything！《彖传》末这种赞叹的语法，除了豫卦外，还有“随时之义大矣哉”、“遁之时义大矣哉”、“姤之时义大矣哉”、“旅之时义大矣哉”等。随机应变、急流勇退、危机防治、出门在外，都得抓住稍纵即逝的时机，做出最妥善的因应。另外，颐、大过、解、革四卦称“时大矣哉”；坎、睽、蹇三卦称“时用大矣哉”。这些卦称为十二时卦，时机时势的掌握特别重要。

《象》曰：雷出地奋，豫。先王以作乐崇德，殷荐之上帝，以配祖考。

豫卦的《大象传》用词很神，上卦震为雷，下卦坤为地，称“雷出地奋”。〈说卦传〉称：“帝出乎震……万物出乎震。”“帝”为主宰义，一切主宰从行动中来，万事万物亦有其内在的主宰，一旦被唤醒，便会热情澎湃、奋发行动。豫卦的时节约阴历二月末三月初，春分至清明间，也是春雷动之象。“奋”（奮）字为田中一只大鸟欲高飞前的准备动作，卑身敛翼，所谓不鸣则已，一鸣惊人；不飞则已，一飞冲天。人生奋斗亦当如是，愈低调布局，愈有高调成功的可能。谦、豫二卦相综，为一体的两面，真正的豫必有谦卑之象，真正的谦和必有强悍行动的力量。

豫卦《大象传》称“先王”，不称“君子”，与比卦相同。古代分封诸侯，功成作乐，唯天下共主始能行之。谦以制礼，豫以作乐，礼乐又是一体两面的开国盛事。礼尚理性调节，乐重感情抒发，理想的人生不得偏废。同人、大有之后，续接谦、豫二卦，真是意味深长。富庶之后，须重礼乐教化，而且将人与自然、人与祖先，亦即历史文化的关系全面均衡考虑，以建构更和谐美满的社会。

夏、商、周三代开国，都有制礼作乐，因革损益，以反映时代精神。《论语·为政篇》记载："子张问：'十世可知也？'子曰：'殷因于夏礼，所损益可知也；周因于殷礼，所损益可知也；其或继周者，虽百世可知也！'"每一新朝代都会沿袭前朝的制度，也会与时俱进，有所创新。《八佾篇》记子曰："夏礼吾能言之，杞不足征也；殷礼吾能言之，宋不足征也。文献不足故也。足，则吾能征之矣！"时代愈久远，文献佚失，就愈难了解其真相。若依《礼记·乐记》所述，尧乐名《大章》、舜乐名《韶》、禹乐名《夏》、黄帝之乐名《咸池》、殷乐名《大濩》、周乐名《大武》。所谓"闻其乐知其政"，皆彰显其为政的特色。《八佾篇》记载："子谓韶尽美矣，又尽善也；谓武尽美矣，未尽善也。"尧舜禅让有谦德，舜的《韶》乐尽善尽美；武王伐纣而有天下，有豫卦杀伐之音，尽美却未尽善。《述而篇》又记："子在齐闻《韶》，三月不知肉味。曰：'不图为乐之至于斯也！'"孔子祖述尧舜，对《韶》乐所自然流露出的天下为公的王道神韵，深心向往，欣赏赞叹达到了极点。豫卦本有豫乐之意，豫、谦一体相综，先王乐教的境界，须以培养谦德为依归。庄子《齐物论》中有天籁、地籁、人籁的说法，谦以制礼、豫以作乐，面对天地人鬼神全幅的存在，亦期致中和，使"天地位焉，万物育焉"。

"荐"为祭祀上供，下对上、人对天、后代子孙对列祖列宗致敬意称"荐"。"殷"为殷殷勤郑重，热烈盛大，"殷荐"为非常隆重的祭祀大典。"上帝"代表宇宙的主宰，古代天子帝王祭天祭地，以及在太庙祭祀祖先，都是国之大事，半点轻忽不得。崇德报功，饮水思源，祭祀并非迷信，而是返本开新，由此而激发出向未来奋斗的情操及努力。开国会制定国歌，办学校有校歌，军队训练成军有军歌，以鼓舞士气，都是这个基本原理。

本书前面谈及《河洛理数》一书，略析人有先后天的本命元堂，我自己是先天"击蒙"，转后天"比之匪人"，回顾往事历历，若合符节。其实这类稍偏生辰宿命论的算法不少，还有一种方法推算，我的本命为豫卦。预测、预备、豫乐，大易以此见长，我这辈子真的是注定和《易经》结不解之缘了？蒙卦"初筮告"、比卦"原筮，元永贞"，再加上"豫"的因缘，真是命数使然，莫之能逃？豫卦《大象传》称："先王以作乐崇德……以配祖考"，连我名字君、祖二字都登录好了！其然乎？岂其然乎？

十多年前，帮我用此法查出豫卦本命的学生，先跟我要生辰八字。我第一次还给错，年月日当然都对，辰时误说成卯时，结果她后来交给我一张信封，我抽出纸条一看为剥卦！本也一笑置之，后来想不对，学生对老师会失去信心，才发现早了一个时辰，更正后当然满意多了！八字本如是，早生晚生一个时辰，往往会有天差地远的命途。

• 2008 年圣诞夜，台湾全民广播电台 News98 邀我主持双周一次一小时的节目，专门谈易。主持广播节目，我并不陌生，早期也有过经验，空中谈《易》，没有任何辅助的图像说明，如何深入浅出与听众沟通，煞费思量。我还是审慎地算了一卦，问接不接受？得出不变的豫卦，“利建侯行师”，显然大有可为。依据《易经》的理气象数分析时事，预测形势发展，几年下来颇受欢迎。豫乐之卦与声音有关，广播没有画面，透过声调音色，与听众感通交流，激发共鸣，以传播理念，效益不可低估。

• 2009 年 11 月初，我赴北京参加《孙子兵法》的国际研讨会，也代表台湾上台致词，几天议程下来，获益匪浅。刚下机顺便受邀，赴通县 1725 会馆演讲，讲题就是“《孙子兵法》的精义与应用”，听众为政企的高端人士，主办方负责人才 30 多岁，年轻有为的温州地产商，会馆前身为雍正乳母的府邸，如今改装成精英俱乐部的形态经营。会员听讲认真肃穆，令人印象深刻；演讲后第三夜，集团的倪总裁还专邀至其处喝茶，再多谈谈兵法。既赴北京，当然与两岸的旧雨新知聚晤，聊得相当愉快。一切行程结束，我在北京机场候机返台，占问此行绩效，为不变的豫卦。“利建侯行师”，按预定计划，做充分准备，得享豫乐成果。畅论兵法为此行主题，亦合乎“建侯行师”之旨。

初六。鸣豫，凶。

《象》曰：初六鸣豫，志穷凶也。

“初六”为豫卦之始，又当组织基层之位，本身阴居阳不当位，上与全卦中心的“九四”相应与，受其激励鼓舞起强烈共鸣，有盲目应和、喧哗骚动之象。豫卦主战，“建侯行师”以解决纷争，“初六”受煽动盲从赴战，极可能成为野心家的炮灰，故而“鸣豫”为凶。“初六”智识短浅，本身中心无主，才易受人利用，“志穷”所以致凶。

豫为预测、预备之意，本身的战备计划必须严守机密，怎可大鸣大放往外泄漏？“初六”爻变为震卦（），仓促付诸行动，自然招凶。“豫”又有豫乐之意，自己或一小撮人快乐欢呼，忘了周遭还有大多数未必欢乐的别人，骚扰人家安宁，惹人侧目嫌恶，焉能不凶？谦为清正平和之道，“鸣谦，吉无不利”；豫则激情太过，“鸣豫”徒然遭凶。

占例

• 2000年9月下旬，我的老友吕学海来找我，他经营社会大学文教基金会多年，推动不少有益社会教育之事，我在台湾开讲《易经》也是他起的头。社大曾经红火昌盛，但好景不长，财务上出了问题，营运不善，坠入恶性循环，甚至因此吃上诈欺的官司。他问讼事吉凶，我占得豫卦“初六”爻动，有震卦之象。“鸣豫，凶”，警示明确，切勿掉以轻心，学员群众的呛声反弹，势将损及他多年累积的声誉。震卦《大象传》称：“洊雷震，君子以恐惧修省。”面对一波接一波的震撼考验，若能戒慎恐惧，也可能渡过难关。《象传》称：“震亨，震来虩虩，恐致福也；笑言哑哑，后有则也。”不经一事，不长一智，只能这样看待了。后来缠讼一段时日，终算没事过关，但事业大受冲击被逼转型，已不复旧貌矣！

• 1993年元月底，我在那家出版公司打拼，立图振兴业绩。市场派大股东的哥哥在公司营销部门任职，能力严重不足，却因靠山强，大家都得隐忍，偏偏他还野心十足，搞得有些乌烟瘴气。当时一些经营高干合议，想逼退他图个清爽，我占问吉凶，得出豫卦“初六”爻动，有震卦之象。“鸣豫，凶”，显然不行，绝对激起大股东的不满，造成动荡不安，不仅不能做，连这预谋也别泄漏，就此打住吧！

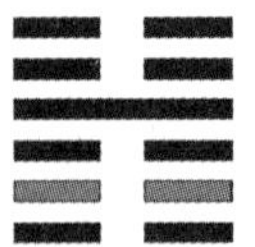

六二。介于石，不终日，贞吉。

《象》曰：不终日贞吉，以中正也。

“六二”中正，中立不倚，耿介自持，居下卦坤的群众之中，却始终保持清醒，不随“九四”的魔音起舞，所谓众人皆醉我独醒，与“九四”狂热的行动划清界限，像石头般坚定不可动摇。介绍、中介、接口，介有隔离防护、严守中立之意。人能如此冷静，一旦“九四”行动失败，“六二”也能出手善后，维持全局不致坠灭。不终日，当机立断，不等一天过完，即快速行动解决问题。本爻爻变，为解卦（䷧），《彖传》称：“解之时大矣哉！”豫卦《彖传》末赞称：“豫之时义大矣哉！”“遇豫之解”，该出手时就出手，人生行事当如是乎！

《系辞下传》第五章记载：子曰：“知机其神乎！君子上交不谄，下交不渎，其知几乎？机者，动之微，吉之先见者也。君子见机而作，不俟终日。《易》曰：‘介于石，不终日，贞吉。’介如石焉，宁用终日？断可识矣！君子知微知彰，知柔知刚，万夫之望。”习《易》就是要学知机应变，抓到正确的时机迅即出手，以建立事功。豫卦“六二”往上不拍“九四”权臣的马屁，往下也不迎合“初六”愚民的情绪，冷静保留实力，等待出手整治的机会，真是有高瞻远瞩的大局观啊！“渎”为烦渎、亵渎，蒙卦卦辞即称：“初筮告，再三渎，渎则不告，利贞。”情欲蒙蔽理智，使对待关系污染不正称渎，贪污称贪渎，搞民粹迎合呼拢民众，也是下交渎，这是当今时代的通病，刻需驳正。对上逢迎、对下拉拢，其实长远看未必有好结果，“初六”“鸣豫，凶”、“六三”悔之又悔，都是显例。

“机”是什么？趋势变动都有征兆，通常隐微不显，不易察觉，但却预示了往后重大的发展，这就是机。照讲吉凶都有预兆，为何《系辞传》只称“吉之先见”？人若有先见之明，就懂得及早防范，趋吉避凶，最后都能获吉，不会遭凶。“俟”是等待，君子看到机会来了，立刻毫不犹豫采取行动，绝不等一天过完。“介于石”的“于”字作“如”字解，刚介如石，坚定不移。平时够冷静，机会来了，也能瞬间辨识，当机立断，哪里还需要等一天过完？君子知机顺势，清楚知道隐微不显的征兆，会发展成明确彰显的大势，也晓得知道何时该用刚，绝对强硬，何时得用柔，灵活变通。这样的人才是真正的领袖，可为千万人所仰望。

孔子表彰谦卦“九三”“劳谦”服务的精神，豫卦却不选叱咤风云的“九四”，反而称扬“六二”的“介石知机”，其意义可真深远。表面上看来，“九四”是万众拥戴的领导人，一旦失败，却也能陷民于水火，真正福国利民的领袖，其实是隐身民间的“六二”。其爻变成解卦，强调的仍是谦卦和平解决的精神，儒家反战的主张一以贯之。

蒋中正字介石，名号美称正由此爻而出，反讽的是他却“建侯行师”了一辈子；谦卦《大象传》称“地中有山”，孙中山先生一生行事，倒是和平奋斗救中国。《易》序由谦至豫，时代精神的演变，与民国史若合符节。谦卦之前为同人、大有二卦，亦和民国初年辛亥革命的主张相通。

占例 •1997 年 7 月下旬，我针对几位大思想家占问其历史定位，至圣先师孔子为豫卦“六二”爻动，爻变为解卦之象。“介石知机”、“万夫之望”，倡导和平解决一切纷争，真是定位明确。《彖传》称：“圣人以顺动，则刑罚清而民服。”孔子主张为政以德，反对严刑峻法。“豫之时义大矣哉！”孟子称孔子为“圣之时者”，《论语》开章即称：“学而时习之，不亦说乎？有朋自远方来，不亦乐乎？”都是与时俱进、得朋豫乐之象。

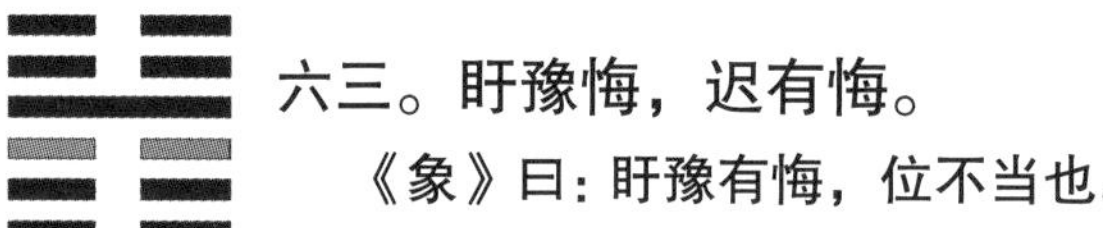

六三。盱豫悔，迟有悔。

《象》曰：盱豫有悔，位不当也。

“六三”不中不正，上承“九四”震动之主，身心完全受控，不得自由，一味揣摩上意，以定行止。“盱”为张目上视，瞪大眼睛想看清楚“九四”的动向，希望迎合，获得垂青关爱而享豫乐。可是拿不准“九四”的真正意向，马屁常拍在马腿上，率先表态错误，后悔不已。受教训后，变得犹豫迟疑，不敢轻易表态，又会错过该表现的时机，有悔即又悔。本爻爻动，恰值宜变之位，变成小过卦（䷽），总是太过或不及，不会恰到好处，所以悔之又悔。“豫之时义大矣哉”，预测必须精准到位，才有豫乐的结果，“六二”即然，“六三”根本不合格。

•1992 年 6 月中旬，我曾任职多年的那家出版公司股争剧烈，我们实际负责经营的高干群夹在中间，不好作为，创业的老板债务如山，难以自拔，市场派的大股东步步紧逼，要求经营绩效与财务透明。几方势力拔河下，召开了董事会，我会前占问对策，得出豫卦“六三”爻变，成小过卦。“盱豫悔，迟有悔”，因为“位不当”，顺了姑情就失了嫂意，

占例 真的难搞。小过卦辞称："可小事，不可大事……不宜上，宜下。"只能低调谨慎以对，别无他法。会中我以代总经理职而获真除，实非美事，违反了不宜上居高位之戒，以致两年后被斗垮下来，算是成了牺牲祭品，当然也从中学习历练了很多。小过卦为小鸟练习飞翔之象，从人生长期的修为来看，其实不算吃亏，对人性人情都有更实际的体悟。

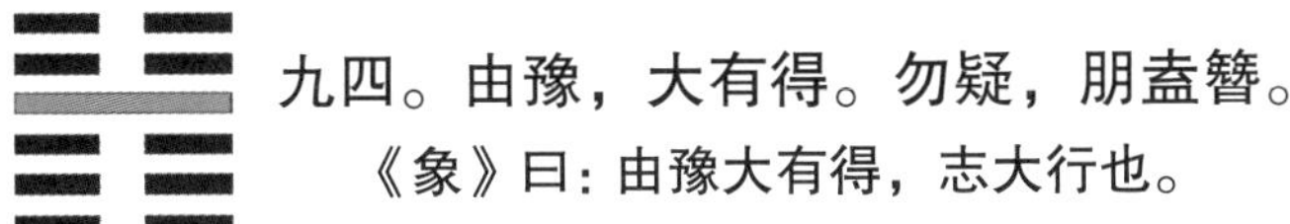

九四。由豫，大有得。勿疑，朋盍簪。

《象》曰：由豫大有得，志大行也。

"九四"阳居阴，其实并不当位，却为上卦震动之主，典型的大权在握、功高震主之象。"六五"居豫卦君位，却阴虚被架空为傀儡，与"九四"的关系就像汉献帝与曹操一样，难过已极。"九四"令出由己，属下"六三"与"初六"的广大群众无不遵从，真是意兴风发，大行其志。这种情势下，不必再有任何犹疑，各方朋众都会聚拢身旁效力，就像妇女头上的发簪一样，将散发收束整齐，美观大方。阴阳合为朋，"盍"通"合"，"九四"为卦中唯一阳爻，进入群阴之中，遂有发簪集束之象，其实也像磁棒伸入一堆铁粉中，立刻吸聚依附其上，其强大的引力无能抗衡。"由"字为田中作物自然往上生长，没有强压或拉抬，有些深具群众魅力的领袖就是如此，大家不由自主就想跟随。这种人往往也会提出某些动人的愿景，深切打动不满现实群众的心，立刻啸聚成一股可观的力量，为彼此共同的目标热情奋斗，牺牲奉献在所不惜。

豫卦的阴阳互动，其实也是合欢之象，男女情投意合，共享尽情交合的欢愉。因此爻辞中的"簪"字，又有一解。古代少女出嫁，新婚夜同房时，为防夫婿激情过度昏厥，甚至马上风而猝死，随身带有发簪当针刺急救。豫有预测、预备及豫乐之意，"朋盍簪"意象全合。"工欲善其事，必先利其器"，有备当然无患。我曾为此说一占，问正确可靠与否？得出家人卦（䷤）"九五"爻动，爻变有贲卦（䷕）之象。"贲"为美饰，发簪正仪容，确为装饰之用。家人卦辞称："利女贞。""九五"爻辞称："王假有家，勿恤，吉。"《小象传》解释："交相爱也。"看来此说完全正确，女孩成家为他人妇，带了簪就不必担心。

• 1997 年元月上旬，我的学生林献仁当时还在美商 IBM 任协理，项目研究计算机千禧虫 Y2K 的问题，发现危机深重。他跟我说明了状况，并求占跨世纪前台湾应有的对策。我占出豫卦“九四”爻动，有坤卦之象。坤为广土众民，厚德载物责无旁贷；“豫之时义大矣哉”，既然预料到这个情况，就得争分夺秒赶紧倡导防范，若能有备无患，仍可安和乐利。“九四”为豫卦行动之主，又当高层执政之位，由此发动可收全面战备之效。卦爻之意明确已极，往后他就依此准则行事，整整卖力干了三年，应该是消弭了不少原先颇为严重的祸患。

• 2010 年 2 月上旬，我在南下台中讲课的车程中，针对东西方传统一些预测的法门起占，检验其准确性。其中“子平八字”为豫卦“九四”爻动，有坤卦之象。“由豫，大有得；勿疑，朋盍簪”，看来顺势依理所做的命理分析相当准确，适用于大多数人，其贯通性不可小视。《彖传》称：“天地以顺动，故日月不过，而四时不忒……豫之时义大矣哉！”八字论人降生时的年月日时的干支，正合此旨，大宇宙与人身的小宇宙息息相关。《大象传》亦称：“雷出地奋，豫……殷荐之上帝，以配祖考。”八字论命，人的一生与父母子女关系密切，先天注定的禀赋，后天奋斗最好顺此修行，才易有所成就。

• 2009 年 6 月中，我正开讲高阶班的易学课程，将错综交互变的卦际关系整体研讨，八个卦融一炉而治之。发挥起来触类旁通，固然益人神智，卦爻不熟的同学就跟得很苦。好在有一位石姓同学天赋异禀，现场辅以计算机翻查数据，课后整理出的笔记翔实得令人惊艳，重点全部抓住分类编纂，还有漂亮的发挥，引经据典处全都查出列为附录，同学争相拷贝存盘。佛经开卷便称：“如是我闻，一时，佛在^”据说是阿难博闻强记所为，真正不易。石同学如此卓越的表现，令人印象深刻，不免心念一动问占：他与我可有夙世因缘？得出豫卦“九四”爻动，有坤卦之象。“由豫，大有得；勿疑，朋盍簪”，还真是天造地设夙因前定呢！豫卦之前为“谦”、曾种福德？之后为“随”，既有此遇合，就好好随缘珍重吧！

石同学有此表现，之后一些重要的课都委由他做笔记，同学认购踊跃，堪称洛阳纸贵。他原为台大农业化学硕士，做了一段贸易后，改行

占例

开发平板计算机出版品，同时去考上了淡江大学中文研究所的在职班，古典研究又多一位好手矣！

• 2006 年 8 月 14 日，我的得意门生徐崇智不幸心疾猝发过世，得年不到 40 岁。据其他学生说，他年初时自占年运，即为豫卦“九四”爻动，爻变有坤卦之象。“由豫”“志大行”，应该是红红火火热干的一年。其时他在我们学会任执行长多年，为学做事皆有可观，出此卦象正合实情，他也很受鼓舞。却没想于当年否卦之月往生，“否之匪人，不亦伤乎？”看来“遇豫之坤”，也有可能是唯一阳气消耗尽尽，归阴入土。演卦容易断卦难，确确不是虚言。

• 2011 年 6 月上旬，北京友人崔总帮我安排两周一次共八天的授《易》课程，策划半年，首度办较长的系列性活动。我当然格外重视，遂占问能如期举行否？得出豫卦“九四”爻动，有坤卦之象。“由豫，大有得；勿疑，朋盍簪”，“志大行也”。显然没问题，7 月 9、10 日开课，8 月 20、21 日结业，顺利完成首届决策精英班的课程。

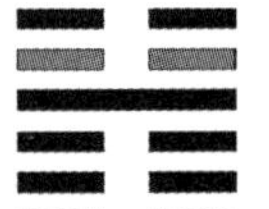

六五。贞疾，恒不死。

《象》曰：六五贞疾，乘刚也；恒不死，中未亡也。

“六五”居豫卦君位，却被架空而无实权，不仅不豫乐，还像生病一样痛苦不堪。“六五”与“九四”为阴乘阳、柔乘刚的不正常关系，“九四”就是“六五”的心腹大患啊！“六五”爻变为萃卦（䷬），“萃”为因缘聚会，不是冤家不聚头，既然摆脱不了，莫不如相忍共处。“六五”“贞疾”之“贞”，为坤卦顺势用柔、包容忍耐的“牝马之贞”，居后而不抢先，这样也能带病延年，活得长长久久。“六五”居上卦之中，谨守时中之道，不会轻易灭亡。其实，换个角度想，让“九四”当家握实权，“六五”乐得轻松不也很好？所谓钱多事少离家近，万事不介于怀，做安乐公修身养性有何不可？“九四”嚣张跋扈，可能成功也可能失败，大家比气长，看谁活得久，就给早死者送终！讼卦二、三、四爻均“不克讼”，斗而不破、败而不溃，还可能“终吉”，就是这样的思维啊！

以此推演，人就是因为有真正痛恨的敌人，才可能拼命活下去以争取最后的胜利。《孟子·告子篇》有称："入则无法家拂士，出则无敌国外患者，国恒亡。然后知生于忧患而死于安乐也。"豫卦"六五"爻辞不见"豫"字卦名，平日郁郁寡欢，却有强烈求生欲而活的很久，其中必有因由。《孟子·尽心篇》亦称："人之有德慧术智者，恒存乎疢疾。独孤臣孽子，其操心也危，其虑患也深，故达。"久病成良医，"贞疾，恒不死"，其中道理很值得深思。

古代帝王生病，讳称不豫，所谓龙体违和，应与豫卦君位的"六五"有关。谦卦"六五"不言谦，豫卦"六五"不称豫，真是万般不与政事同，帝王心事难与众同啊！

以中医治病养生之道来看，豫卦"六二"、"六五"亦有不同。"六五""贞疾"，已染病患，以体内中气与正气维持平衡，带病延年。"六二""介石知机"，与病原彻底隔离，预防得当，根本不会生病。上医治病于未发之先，下医治病于已发之后，两者高下立判。又，"六五"贞疾之道也有中医治病的特色，能与强悍病毒和平共存，其中蕴含的战略思维值得深想。

西医治病常与病媒病菌对立抗争，压不住了就开刀割除患部，以求保全整体，既伤元气，也有很大的后遗症。例如癌症的化学及放射性治疗法，在消灭或抑制癌细胞的同时，难免也伤及正常的组织。中医治疗的重点设定在调节患者体内的阴阳平衡，还兼顾到与周遭气候及环境的相应关系，"五运六气"的理论，即考虑小宇宙与大宇宙的互动，局部与整体息息相关，不宜随便切除。其实这正是谦卦维持天地人鬼神全面平衡的观念，只有这样，才会真正圆善有终。

太极图中分阴分阳，阴中有阳，阳中有阴；阴极转阳，阳极转阴。阳绝外阴尽，内阴又生问题，所以关键在阴阳谐衡，而不是谁消灭谁，以究竟论，其实谁也灭绝不了谁。现代的基因研究，发现致癌基因与生俱来，其实不宜轻易改变或置换，它也是生命中不可缺少的重要基因，在人体细胞中广泛存在，主管增殖分化等重要功能。癌症的发生，其实是致癌基因和抗癌基因平衡失调，做了不适当的表达所致。这项发现真是意味深长，也完全合乎中国的易理与医理。

"贞疾，恒不死"，可能也蕴藏了道教追求长生的信念与奥秘。不管如何保养防范，人不可能永远不生病，染病后却能与病原和平共存，建立新的动态平衡，使病毒不会致命。"六五"爻变为萃卦，精气凝聚，神志专一，不会游魂为变。萃卦之后为升卦（䷭），生命能量提升到很高的层次，亦未可知。

• 1995 年 7 月底，我虽已实质退出那家出版公司的经营重任年余，老板强势回朝掌生杀大权后，财务分际不清，业绩及员工士气一落千丈，惹得大股东又愤怒干预。眼看股争再起，我除了占老板运势为不变的否卦（䷋）之外，认真占问自己的安危，得出豫卦“六五”爻动，有萃卦之象。“六五”早已无权，“贞疾，恒不死”，由于“中未亡”，却可以苟延残喘甚久，谁也赶不走。“萃”为精英相聚，不是冤家不聚头，夙缘甚深，一时还散不了！其后坐山观虎斗，安然自在做自己的事，一直待到 2000 年后，新的机缘成熟，才完全不去上班。没多久公司也就名实俱亡，结束了这段缘法。周文王羑里演《易》七年，我“贞疾，恒不死”的那段历练，也差不多熬了同等的时间，人生光阴倏忽即过，追思往昔，不禁感慨系之。

上六。冥豫，成有渝，无咎。

《象》曰：冥豫在上，何可长也？

“上六”为豫卦之终，又有上卦震动过度、离退失位之象。集体的豫乐已成过去，却仍沉溺沉迷于往昔的热闹荣光中，难以自拔。“冥”是昏暗不明，如何还能预测预料世情？所做的一些论断严重偏离现实，都与时代脱节，若不赶快清醒过来，速作调整，一定混不长久。成为曲终，豫有作乐之象，一曲终了必须改调，一般大型典礼最后，司仪会喊：“奏乐，礼成！”曲终就应人散，各奔东西，然而“冥豫”的人却不甘心，还流连徘徊不肯下台。闽南语中有句话：“歹戏拖棚。”观众已经不要看，快走光了，台上唱戏的人还不肯散，真是情何以堪，大家难过。“渝”是变，“有渝”是又变再变，必须改弦更张，才能无咎。豫卦下接随卦，时代变了，人也必须与时俱进，跟着调整。“上六”爻变为晋卦（䷢），“晋者，进也”，《大象传》称：“明出地上，君子以自昭明德。”以明破冥，苟日新，日日新，又日新，才是正道。

豫以作乐，初爻以“鸣”始奏，上爻以“成”告终。中间以“九四”“由豫”为主调，“六三”、“六五”跟从，又有“六二”中正不与同调，乐曲的内涵丰富，变化甚多。人生在组织中立身行事，每每如是。闻其乐观其政，知其志业，不是虚言。《尚书·益稷》称颂帝舜的政绩："箫韶九成，凤凰来仪。"舜的音乐尽美尽善，和气致祥，历经九次变奏，臻于大成。孔子闻《韶》乐，曾叹三月不知肉味。他又自许知乐，认为音乐之道与政相通，极度肯定礼乐的教化功能。《论语·泰伯篇》记子曰："兴于诗，立于礼，成于乐。"乐教陶冶人格成熟高尚。《八佾篇》中记载："子语鲁太师乐曰：乐其可知也！始作，翕如也；从之，纯如也，皦如也，绎如也，以成。"如此简洁的叙述，深得乐之精髓，几乎就是豫卦六爻情境的呈现。《宪问篇》子路问成人，孔子列举了一堆严苛的条件后，又称："文之以礼乐。"

《孟子·万章篇》记载孟子称颂孔子为："圣之时者也。孔子之谓集大成。集大成也者，金声而玉振之也。金声也者，始条理也；玉振之也者，终条理也。"古乐演奏，先击镈钟以发其声，终击特磬以收其音，条理指众乐合奏的节奏。孟子以雅乐来比喻孔子人格思想境界的伟大，后世遂以"大成至圣先师"尊称孔子。音乐是时间的艺术，夫子学而时习之，被称颂为圣之时者，可称精确到位。前占孔子的历史地位为豫卦"六二"爻动，介石知机，万夫之望，于此可更透彻矣！

通观豫卦六爻，"九四"带头热情行动，引起一大堆阴爻随之起舞："初六""鸣豫，凶"，"六三""盱豫悔，迟有悔"，"六五""贞疾，恒不死"，"上六""冥豫"，"何可长"，全部没好结果。"九四""大有得"、"志大行"，真所谓一将功成万骨枯，将自己的快乐建构在众人的痛苦上。这就是孔子撇开"九四"而赞扬"六二"的道理，真正的领袖应该大公无私，冷静体察大势所趋，当机立断为民谋福，不宜搧动民众盲动而致灾。

预测涉及观察，观察须用心用眼。"六三""盱豫悔"，瞪大了眼睛还是看不清楚；"上六""冥豫"，"何可长"，老眼昏花，什么也看不见。两爻皆处过极之位，私心用事，情欲蒙蔽理智，遂有此失。

• 2005年元月中旬，我占问亲民党宋楚瑜的年运，得出豫卦"上六"爻动，有晋卦之象。2000年及2004年连败两次大选，看来显赫一时的宋省长步入了穷途，"冥豫在上，何可长也？"大浪淘沙，俱往矣！那年他与陈水扁搞所谓"诚信"的扁宋会，不久即解体；次年还跳出来选台北市长，又遭惨败。可说都是"冥豫"所致，完全失去了对时移势转的判断力，实在也难以怨人。

• 2010 年年底，我依例推算 2011 年台湾的政局，得出豫卦“上六”爻动，有晋卦之象。“冥豫在上，何可长也？”完全说中了政坛大佬们不甘寂寞、纷纷表态发声的情境。2012 年又临选战，民进党由较新世代的蔡英文担纲角逐，老将说酸话的、扯后腿的、下指导棋的、依附帮忙或帮闲的比比皆是。蓝营方面仍由马英九竞选连任，许多不满意他施政风格的也多有怨言。台湾的政治人物似乎很难转业，上台容易下台难。豫卦“雷出地奋”，“建侯行师，”为热烈选战之象，“上六”“冥豫”，激情过度，却与时代民心脱了节。

豫卦多爻变占例之探讨

豫卦卦、象与六爻单变的分析已毕，往下进入较复杂的多爻变的情境讨论。

占事遇一卦中任意两爻皆动，若其中一爻值宜变之位，以该爻爻辞为主、另一爻爻辞为辅断占。若皆不值宜变爻位，以卦辞并参考两爻爻辞论断，两爻齐变所成卦象，有时亦须参考。

• 1997 年元月上旬，我由学生林献仁处得知计算机千禧虫 Y2K 的问题，当下占问其真实性如何？得出豫卦二、五爻动，齐变有困卦（䷮）之象。“遇豫之困”，应该会有预期中的困局，所言大致不虚。“豫之时义大矣哉！”“利建侯行师”，应该争分夺秒，早日筹谋防范。“六五”“贞疾，恒不死”，表示确定有疾为患，与其染患后处理，不如设法提前消弭。“六二”“介石知机”，见机而作，“不俟终日”，就是最好的解决方式。

确认后，我们再问台湾如何因应为宜？得出完全一样的卦象，还是豫卦二、五爻动，齐变有困卦之象，按照前述方式愈早处理愈好。

• 2008 年 11 月上旬，我的中医学生楼中亮想开发健康养生茶，问其推广前景？我代其占得豫卦二、五爻动，齐变有困卦之象。养生当然是预防胜于治疗，“六二”“介石，贞吉”，即便有疾，亦可如“六五”所示，调养体内正气中气，以平衡之。整体来说，虽有困象，若两下都做到位，应有可为。我教他四年《易经》，前前后后都服用他研发的养生茶，以调养身心及喉咙，效果不错。

• 1991 年 8 月底，我所任职的那家出版公司形势艰困，经营主体的母公司底气较实，却受其他子公司及关系企业严重拖累，干部员工早就看不下去，终于逼得老板下决心切割。他想将亏损累累的关系企业割让给那边经营的高干，还是位强悍干练的女性，几年共事下来，彼此也磨合得很辛苦。看了他的分割草案，我占问吉凶，得出豫卦四、五爻动，“六五”值宜变，单变为萃卦，两爻齐变，又有比卦（䷇）之象。“豫”本是团队作战，重视组织纪律，但“九四”强悍欺主，“六五”有被架空之虞，正说明了他们的相处关系。“萃”为精英相聚，“比”为互助合作，不是冤家不聚头，斩不断理还乱，恐怕不容易处理干净。结果确实如此，一直拖下去，很久没个了局。

• 1994 年 10 月中，我在出版社已被实质逼退，但仍以董事身份参加开会。老板召开的一次董事会，对一家严重亏损的子公司拟议做出某种处置，其真实意图不难明白。我其实已无关心兴趣，但还是习惯性地占问前景，得出豫卦五、上爻动，齐变有否卦（䷋）之象。“遇豫之否”，热烈图谋，结果却行不通，“否之匪人，不利君子贞”，说得真切啊！豫卦“六五”“贞疾，恒不死”，领导者不愿舍弃，以拖待变；“上六”“冥豫”，“何可长”，如此昏聩，当断不断，终究不能挽回败亡的命运。

• 1998 年年初，我作一年之计，其中在社会大学授课的机缘为豫卦二、三爻动，齐变有恒卦（䷟）之象。自 1991 年中起开始授《易》，连续未断，不期已成为我生活中重大的转向，也开拓了不少崭新的人脉和机遇。“山重水复疑无路，柳暗花明又一‘春’”，1994 年中绝意职场后，这条教书的线变得更重要。“遇豫之恒”，“建侯行师”似可做长远的布局。豫卦“六二”“介石知机”，保持一定距离清醒观察，免贻“六三”“盱豫”之悔，爻辞的提示更重要。“君子上交不谄，下交不渎”，有上下之交而不谄不渎，才是最好的应世态度。恒卦上震为雷、下巽为风，风雷动荡下仍坚持自己的理念及主张，《大象传》称：“君子以立不易方。”中道而立，不偏不倚，必要时见机而作，“不俟终日”。

1998 年仲夏，我还带了二十几位社大的学生，做了第一次的“《易经》溯源之旅”，遍游天水、淮阳、安阳、曲阜等地，开始两岸易学的初步交流。1999年开了一班政商高层的《易经》课，畅论决策机断的精髓。2000年后，社大财务出问题，经营每况愈下，而我的教学重心，也随缘转至《中国时报》的《易经》讲堂。其间，社大曾邀我投资网络教学中心，不少朋友坎陷进去，弄得交谊都出问题，而我如如不动，始终无碍无亏，算是贯彻了“介石知机”的警示。虽然如此，在老友最困难之际，仍持续答应开小班至2005年，才真正结束了这段缘法，真的也是持之以恒了！

• 2007年7月中旬，我一位从事贸易的林姓学生业务顺利，赚了不少钱，跟我提议想赞助周易学会，方式是编印一本手册式的随身易典，提供好学深思者随时翻查。林生曾于2001年在《时报》“天母课堂”上过一季的《易经》课，课后跟我说，想一人继续听完六十四卦。我当时并没有太上心，不想一年多后，他还真的找到我，去给他上了几个月的密集课，一对一讲完全经。后些年，再以错综交互的顺序，进阶重讲一遍，创了李登辉之后的单授纪录，讲起来跟我的机缘深厚。然而这样的善意是否恰当，我还存疑，遂占问之。结果得出豫卦初、二爻动，“初六”值宜变成震卦，两爻齐变又有归妹卦（䷵）之象。豫有“建侯行师”的热情，“初六”“鸣豫”响应却凶。“六二”“介石知机”，冷静俟时为宜。归妹卦内兑悦、外震动，情躁以动没好结果，卦辞称：“征凶，无攸利。”既然如此，婉谢其诚意，后来他也觉得编印构思不成熟，转为以其他方式赞助，帮了学会不少忙。

• 2009年11月下旬，我以易占探测一个中国经学上的疑案：六经中《乐经》早亡，何以故？得出豫卦四、上爻动，齐变有剥卦（䷖）之象。豫为“作乐崇德”之卦，《大象传》已然明示。“九四”“由豫，志大行”，为乐教神髓所在；“上六”“冥豫，成有渝，无咎”，“何可长”，却似乎随着时光流逝，而消失了踪影。剥卦五阴剥一阳，根基大量流失，遂至硕果不存。看来历史上曾有《乐经》，何故亡失，仍难得其确解。

• 我的学生邱云斌入门甚早，做过学会的执行长与一任理事长，借占习《易》也累积不少卦例。有次其妻之女友问占：婚姻能维续否？得出豫卦初、上爻动，“初六”值宜变成震卦，两爻齐变，又有噬嗑卦（䷔）之象。“遇豫之噬嗑”，“豫”为交合欢乐，“噬嗑”则互不相容，险恶斗争，凶终隙末，前景可知。豫初以“鸣豫”始，至“冥豫”终，志穷凶，

二爻变占例

何可长？果然以离婚收场。次年，女友又问：有一新识男友，感情发展顺遂否？得出乾卦“初九”动，有姤卦（䷫）之象。“姤”为不期而遇的新机缘，但“潜龙勿用”的爻辞，显然并不鼓励积极交往，结果确实也是没成。

三爻变占例

占事遇卦中任意三爻皆动，半数爻呈现不稳，以三爻齐变所成之卦为“悔”，本卦为“贞”，称贞悔相争，以两卦卦辞卦象合参。若本卦其中一爻值宜变之位，则该爻爻辞为主要变量，其他二爻爻辞为次要变量，一并列入参考论断。

• 2010 年 8 月中，因赴北大培训中心授《易》，提前占测 2011 年内地的经济情势。得出豫卦二、四、五爻齐动，贞悔相争成坎卦（䷜）。豫卦显示经济火热、坎卦却提醒过热可能产生风险，需注意宏观调控。豫“九四”“由豫，大有得”，为快速发展的主调；“六五”“贞疾，恒不死”，居君位者需防范过热失控的毛病，例如物价飞涨等；“六二”“介石知机”，保持冷静俟机而动，可获贞吉。整体来说，皆有应验。

17. 泽雷随（䷐）

随卦为全《易》第十七卦，之前为豫卦，其后为蛊卦。“豫”为预测、预备，代表人对未来的想象及探讨；“随”为重视当下眼前的现实情况，随时随地作调整；“蛊”则是事物经久会败坏成空，成为一去不复返的过去。豫、随、蛊三卦相连，其实就是未来、现在、过去，人对三段时空的感念与应对。随着时间不断的流逝，未来的想望成了眼下的现实，接着很快又成了过去。《金刚经·一体同观分第十八》有云：“过去心不可得，现在心不可得，未来心不可得。”大易特重时机时势的精确掌握，逝者如斯，后浪推前浪，我们当如何贞定自处？又如何奋发图强？

随（䷐）、蛊（䷑）二卦相综也相错，称相错综，既为一体两面，性质又截然相反，和泰（䷊）、否（䷋）两卦类似。下经还有渐（䷴）与归妹（䷵）、既济（䷾）与未济（䷿）两组相错综的卦，卦际关系复杂深刻，值得深入玩味。

随为当下，蛊为既往，现在跟过去几乎同时俱起，刹那之间生生灭灭，叫人难以把捉。因为一体两面，颠倒过来看会起混淆，将已逝的看成当下，许多人不满现实，活在过去的经验和记忆里，不适应时代的演变，就是这个缘故。随、蛊与泰、否一样，也是三阴三阳的卦，阴阳总量相等，分布的变化却复杂万端。六十四卦中有十组二十卦是三比三的卦，一般都比较难，参透了却非常有用，初学者宜多下工夫。

“蛊”字为器皿中有虫，随着时间流逝，任何东西都难以保鲜，势将腐化败坏，必须整饬处置以挽救危亡。《杂卦传》称：“随，无故也；蛊，则饬也。”故去的东西没法保留，一旦不能修补就得舍弃，再设法创造新的东西。随喜、随缘、随善、随时、随机应变、随遇而安，随卦不背过去的包袱，永远活在当下并往前看，充满了顺应变化的弹性。

《序卦传》称：“豫必有随，以喜随人者必有事，故受之以蛊。蛊者，事也。”豫卦为精英号召动员群众，一定会有人跟随，追随者期望干大事，以改善眼前的境遇；蛊卦为改革大业，为积极任事之意。序卦说得太简略，豫、随、蛊三卦间的因果关联远比这复杂得多，习《易》者得深心体会。

《系辞下传》第二章讲“制器尚象”，举了十三个卦阐析中国文明的演进，乾、坤为政治文明，“豫”为国防，“随”则有陆运交通之象：“服牛乘马，引重致远，以利天下，盖取诸随。”

随。元亨利贞，无咎。

随卦为“元亨利贞”四德俱全之卦，前有乾、坤、屯，后有临、无妄、革，共七个顶级的卦，都显示生生不息的创造过程。随时变化合乎天道自然，故称“元亨利贞”，当下即是，而获“无咎”。《系辞下传》第十一章称：“惧以终始，其要无咎，此之谓易之道也。”《易》道就在追求终始无咎，随卦既具贞下启元之德，又称无咎，为大易之道的完美实现。《系辞上传》第三章称：“无咎者，善补过也。”随时检讨调整，从善如流。人恒过，过而必改，善莫大焉！

《彖》曰：随，刚来而下柔，动而悦，随。大亨贞无咎，而天下随时。随时之义大矣哉！

随《彖》只有二十七字，为全《易》最简短的彖文，而含义非常深远。“刚来而下柔”，指“初九”一阳居于二阴之下，成为内卦震动之主。虽自有主见，外卦兑悦，和颜悦色沟通，自然拉近与他人的距离，容易打成一片，使人乐于跟从。屯卦“元亨利贞”，《彖》称“动乎险中，大亨贞”；随卦“元亨利贞”，《彖》称“大亨贞无咎”。天下万事万物皆随时变化，不守故常，人岂能拘碍固执而不灵活变通？“随时之义大矣哉！”不是“随之时义大矣哉”，和“豫、遁、姤、旅之时义”都不同，不单单限于随一卦，而是总括一切而言，随卦的智慧几乎就是大易精神的表率。

内动而外悦非常重要，以之待人处世，少却很多无谓冲突，又拿捏得定，不会随波逐流。《中庸》记载子路问强，子曰：“宽柔以教，不报无道，南方之强也，君子居之……君子和而不流，强哉矫；中立而不倚，强哉矫！”真正的强者并非强硬暴慢，而是待人随和又中心有主。随并非诡随、随便，而是极有原则，与众亲善而达到目的。举个浅显例子，一般销售的卖场常以青春美貌的少女在柜台招呼，决定成交价钱负及管理职责的男性主管，则在室内主控。随外卦兑为少女，巧笑倩兮，吸引顾客上门搭讪；内卦震为长男，该坚持的可绝不含糊。这样的配置无往不利，“元亨利贞，无咎”。若颠倒过来就不行，少女在内、长男在外，成了雷泽归妹卦（䷵），卦辞称：“征凶，无攸利。”少了外在的亲和力，完全赚不到钱。再如有些通俗的画报式刊物，必以赏心悦目的美女照做封面，都是同样的考虑。

《象》曰：泽中有雷，随。君子以向晦入宴息。

以生命演化史的角度来看，屯卦为生命诞生于海洋中，豫卦为生命登上陆地，随卦则为内陆的湖泊等水域中也繁衍了生命，随着时间的流逝，生物圈愈见发达热闹。“晦”是黑暗，向晦即傍晚黄昏快要黑夜时，这时就该收拾东西，准备安止休息。古代农业社会日出而作、日入而息，遵守昼夜轮替的顺序起居作息。随卦下震上兑，依后天八卦方位，震居东方日出之时、兑当西方日落之际，由震至兑，刚好是白天工作的时段。休息是为了走更长远的路，工作一天够劳累了，该休息就得休息。生物作息有所谓“生物时钟”，中医养生讲子午流注、五运六气，小宇宙和大宇宙关系密切，最好不要违反自然，逆天而行。

需卦《大象传》称“饮食宴乐”，随卦《大象传》称“向晦入宴息”，穿衣吃饭或睡觉，日常生活例行的要项，都可借此修德，所谓平常心即是道。这两卦其实也可以做策略运用，饮食、宴息皆蕴有兵法。当我们需要与某些人合作时，先请他们吃吃饭、大宴小酌以联络感情，酒酣耳热熟悉了，往下就比较好谈，正合需卦耐心等待、慢慢过河之义。我们与人谈判或交手，情势呈现阻滞不利时，与其硬撑下去，不如暂时休兵，下场转换一下败战的氛围，调息一段再上阵，说不定形势就能扭转。球赛中的叫停策略即为显例，借着突然中止打破惯性，此一时彼一时，时过往往境迁，真正“随时之义大矣哉”！

早先日本围棋没有什么时限，一盘棋可以花几个月分几次下完，某些名家接受后辈挑战，局势一旦不利就“打挂”，回去与门生弟子讨论研究，能破解了就再开盘接着下，当年吴清源横扫东瀛，也吃过这种亏。“向晦”了就要“入宴息”，别等全晦暗才行动，不要一条道跑到黑，人生必须懂得随机应变。再如钓鱼岛的问题，美、日联手强占，一时不好处理，就先搁置争议，但绝不放弃主权的坚持，将来国力接近甚至超越列强，形移势转，说不定水到渠成。随卦外兑，保持和平沟通，内卦震，坚定主权绝不动摇，原则性与弹性具备，为处事的极高智慧。

• 2003 年 4 月底，其时非典疾疫流行，美国发动二次伊拉克战争，世局动荡不安，我占问中国内地往后十年的经济情势，得出不变的随卦。“元亨利贞，无咎”。内震有主，外兑与世亲和，既有强大的核心实力，又能与时俱进，创造新猷。十年一晃即过，预测已完全成了现实。

• 2009 年元月上旬，我的老母亲不慎摔伤骨折，就近送往新店的耕莘天主教医院急诊，医师判断要开刀，我占平安否？得出不变的噬嗑卦（䷔）。噬嗑即咬合并吞，为弱肉强食、凶猛斗争之意，看来辛苦且有风险。再问：转至设备技术较佳的台大医院动手术，合宜否？得出不变的随卦，“元亨利贞，无咎”，显然转院好得多，遂立刻安排各项事宜，开刀一切均安。

• 2009 年 8 月中，我开始讲授以易理印证佛经的一系列课程，对佛教人物与重要经典也有占测，其中问净空法师的志业修为，得出不变的随卦。“元亨利贞，无咎”，内卦震，中心有主，外卦兑，说经法喜充满，随缘随喜随和，“随时之义大矣哉”！看来是相当不错。我开始接触佛经，是在大学毕业、准备念研究所的那个暑假，启蒙听《楞严经》，就是在净空法师的道场。那时他还年轻，但已经选定了净土宗，作为一门深入的专修法门。净土宗崇尚念佛，一心持念阿弥陀佛，可往生西方净土。随卦卦象刚好呼应此旨，上兑为西方净土法喜充满，下震为东方众生企望往生，《大象传》称“向晦入宴息”，正是时候到了安息之意。依京房八宫卦序，随为震宫归魂卦，宋儒张载《西铭》称：“存，吾顺事；殁，吾宁也。”意境与此相通。

•《说卦传》首章称：“昔者圣人之作易也，幽赞于神明而生蓍，参天

占例 两地而倚数，观变于阴阳而立卦，发挥于刚柔而生爻，和顺于道德而理于义，穷理尽性以至于命。”论圣人作《易》，依蓍、数、卦、爻而推至义理与天命，精微奥义，耐人深入品味，与《中庸》首章及孟子论性相近，可看成义理之学的《易传》陈述。“参天两地而倚数”不好懂，历代的解释也多语焉不详，1997 年 12 月中旬，我以易占问其究为何意？得出不变的随卦。“元亨利贞，无咎”，“随时之义大矣哉”！以蓍草占筮，仿天地人时的运转皆有数，卦爻象由此生出，辞生于象、象生于数，理气象数浑然一体。随卦在豫卦之后，所有占筮预测皆以随时变化为依归，易数并非死煞的定数，仍应活看活解啊！

初九。官有渝，贞吉。出门交，有功。

《象》曰：官有渝，从正吉也；出门交有功，不失也。

“初九”居随卦之初，为内震之主，充分体现随机应变的精神。“官”为主守之意，一般政府组织设官分职，各有职守，不相干涉；人体各个器官亦各有所司，难以得兼。“渝”为变，“官有渝”，虽有主守，必要时也可打破框框权衡变通，但总以随从正道为尚，所谓万变不离其宗。“官”为较小的分际，“贞”则是必须坚持固守的大原则。《论语・子张篇》记子夏称：“大德不逾闲，小德出入可也。”随内震外兑，原则性与灵活性俱备，一切以和顺达成目的为尚。“初九”以此态度出门与人交往，容易建功立业，决不失去时机。本爻变为萃卦（䷬），萃前为姤卦，因缘会聚之时，一定牢牢掌握。

“出门交，有功”也有另解，出门交往须择重点，不要泛交，人生时光有限，尽量多与社会上奋斗有成之人切磋往来，佛教说“亲近善知识”，孔子在《论语・学而篇》也说：“弟子入则孝，出则弟（悌），谨而信，泛爱众而亲仁。”虽泛爱群众，仍亲近有仁德之人。《卫灵公篇》子贡问为仁，子曰：“工欲善其事，必先利其器。居是邦也，事其大夫之贤者，友其士之仁者。”子贡政商两得意，是治事之才，孔子教他到任何一个地方都广结精英人脉，以为建功立业作准备。遇随之萃，多亲近出类拔萃的人物，当然容易成功。

随卦之前的豫卦，“上六”爻辞称：“冥豫，成有渝，无咎。”曲终要换调，以因应随时变迁的新形势。随卦一开始的“初九”，爻辞接着称：“官有渝，贞吉。”变变变，人生刹刹生新，不守故常，该变不变，就等着遭淘汰。《杂卦传》称：“随，无故也。”信哉斯言。

以太极拳的动作来说，两人对立练习推手，互探虚实，即似随卦“初九”之象。双脚重心移来移去，一有机会，即快速出击绊倒或推倒对方，“官有渝，贞吉”，出门交有功，不失也！下卦震为足，“初九”恰当脚跟部位，涌泉放空，随时应变。

同人卦“初九”“出门同人，无咎”；随卦“初九”“出门交，有功”。人欲建功立业，必得积极行动，不能老待在家里。孔子说“出门如见大宾”，吴起论兵，说“出门如见敌”，是战是和，都得出门。

占例

• 1997年10月中，我去拜见毓老师，他问起我职场历练的种种境况，我简要跟他报告。其时我已从出版公司的股争恶斗中超拔出来，纲纪已乱，再搅和就是浪费生命，也徒劳无功。乐得避开正面，深自沉潜读书、教书与著述，自况为文王羑里之囚，痛定思痛，参悟大道。“山重水复疑无路，柳暗花明又一‘春’”，随着授《易》机缘的开展，许多崭新的愿景似乎清晰了起来。老师当年东北事败，自书“长白又一村”以明志。

我这点小事当然差之甚远，却也可借此自励，另创新猷。老师勉励我四个字：藏晦待时。行走坐卧都在文化志业上下工夫，没了公事的缠搅，反而一元化了！朝乾夕惕，精进不息，岂非得其所哉！

返家后占问往后策运，得出随卦“初九”爻动，有萃卦之象。“官有渝，贞吉”，“出门交，有功”，进可攻退可守，先为不可胜，以待敌之可胜，立于不败之地，而不失敌之败也。“遇随之萃”，合乎兵法战略的精义。老师开示得完全对，“向晦入宴息”，“藏晦待时”是最好的策略。其后再两年多，步入二十一世纪，因缘成熟，我连辞呈都没提，直接扬长而去，彼时公司已乱得不可开交，俱往矣！世路多歧，人海辽阔，扬帆待发清晓。有道是：“莫愁前路无知己，此去谁人不识君！”

• 2010年5月上旬，我因前一个月赴武汉时腰疾发作，不良于行，在旅馆养伤五天，错过大好游历春光。返台后，四处觅医复健，刚好一位女学生介绍我去一家日本公司试穿鞋垫，宣称有特殊疗效，还有国际专利。我答应去了，作了诸般测试，也咬牙买下两万多台币的昂贵鞋垫，当时一占：这玩意究竟有效否？得出随卦“初九”爻动，有萃卦之象。

下震为足，初爻正当足底之位，“官有渝，贞吉；出门交，有功”，站得既稳，行动亦灵便，应该会有疗效。事后大致如此，那双天价的鞋垫，也一直穿着至今。

六二。系小子，失丈夫。

《象》曰：系小子，弗兼与也。

随卦的爻际关系很特殊，论承乘，不论应与，且只有单向的承乘关系，以符合“随无故”的当下即是之义。往者已矣！人生应学着立足现在，往前看。对“六二”来说，“初九”阳刚位正虽好，已成过去，称“失丈夫”；“六三”不中不正，却是眼前就得面对的现实，必须加紧把握，称“系小子”。两者不能得兼，无法两个都要，势必二选一，当然选择当令的“六三”，才有前途。本爻变，为两情相悦的兑卦（䷹），《大象传》称：“君子以朋友讲习。”放掉旧朋友，依附新交，拿得起放得下。“九五”和“六二”中正相应与，一般卦是绝配，在随卦却没有什么意义。隔三爻以后的发展如何，跟眼前无关，随卦瞬息万变，专注应付现势都来不及，远水难救近火，以后事以后再说。初随二、二随三、三随四、四随五、五随上，就像排成一列纵队，每人只需盯着前人的后脑勺就可以了，不必越过往前看。

比卦“六三”“比之匪人”、否卦“六三”“包羞”，皆未明言吉凶，随卦“六三”“系小子，失丈夫”亦然，都有极深意蕴。处于这些情境，当事者的智慧修为可决定最后的吉凶，爻辞作者不轻下断语，对人性人情有其深透洞识。

同人卦“九四”“乘其墉，弗克攻”，意欲两头讨好，骑墙姿态明显。屯卦“六二”“屯如邅如，匪寇婚媾”，天人交战至于“十年乃字”，抉择如此不易。随卦“六二”系小失大，“弗兼与”，机断何其明锐？人生种种处境，各各思虑及行动，令人怃然。

•2004年12月中，我的学生林献仁想离开工作多年的IBM公司，另谋发展。其中一个选项是去英业达公司，美商转台商企业，不知前景如何？我助其占得随卦“六二”爻动，有兑卦之象。“系小子，失丈夫”，看来台商不如美商，但随时之义大，当时还是选了英业达，待了

占例

几年后，再离开高就。系小子也者，只是个过渡的跳板啊！现在他的工作与其志业相近，帮名人温世仁的遗孤温泰钧弄基金会，搞得很红火，而泰钧继承其父，为英业达的大股东之一，与献仁就是在他任职时结识的，人生机遇妙不可言。

• 2004 年 9 月上旬，我习《易》已近三十载，心有所感，问学行进境，得出随卦"六二"爻动，有兑卦之象。随时俱进，朋友讲习，自然很好。"系小子，失丈夫"，却似乎有所提醒：在与世周旋之际，我是不是有些偏离正道了？一时方便法门过渡可以，酬应酬应还得回来。所谓"慈悲生祸害，方便出下流"，随和不是随便，亲近生狎侮，确实应该猛省。

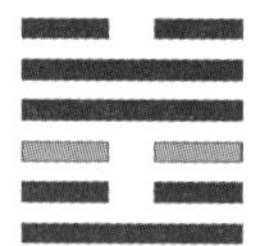

六三。系丈夫，失小子。随有求，得，利居贞。

《象》曰：系丈夫，志舍下也。

"六三"不中不正，上随居高位有实力的"九四"，称"系丈夫"；下舍阴虚低位的"六二"，为"失小子"。以"六三"的资质，能随时调整，有求必得，真该惜福，固守既得利益即无咎。高攀上"九四"，心中所主已改变，不再系念下面的"六二"了。"舍"，舍小得大，舍得舍得，不舍焉能有得？爻变为革卦（䷰），"随"无故，"革"去故，不背包袱，当断则断，展现相当的魄力。"随之时义大矣哉！""革之时大矣哉！""遇随之革"，两卦皆为"元亨利贞"四德俱全，真正不守故常、与时俱进啊！

"六二""系小子，失丈夫"，"六三"又"系丈夫，失小子"，看来小子真是过渡，丈夫已非故夫，而是更高更好的新夫，过河拆桥，毫不犹豫，好个"六三"！"志舍下"，也并非就不用下，而是已非当务之急的重点。随卦教我们永远立足当下往前看，逝者已矣，恋之何益？

我有个女学生情途多舛，她和先生都上过我的课，中间失联一阵，后来一个人再来上初级班，中休时告诉我，她已离婚，且直呼易理太准，在劫难逃云云。原来并非占卦，而是双方命定的河洛理数，早就排出离婚那年的气运。她先生为小畜卦"九三"："舆脱辐，夫妻反目。"《小象传》称："不能正室也。"有了第三者的新欢，遂弃旧爱。她则为随卦"六二"："系小子，失丈夫。"两下一合拢，婚姻再难维系，而且事先知道也没用，情势就一一按谱演出。我听之嗟惋，也不知能说什么。她又疑问提说："失丈夫"已成定局，"系小子"是什么意思？前夫扬长而去，留给她两个小孩抚养，照顾辛苦，自己时间完全被绑住，是否爻辞指此而言？

我不好明说，她又自己招供，离婚后确有一位更年轻的男士热烈追求，她颇无所适从。真相大白，天下万事难逃《周易》，事已至此，只能往前看。"六二"后还有"六三"，这回系小失大，下回系大失小，塞翁失马焉知祸福？她初级班没上太久，因昔日老板要她回去上班，下午的课无暇再上，跟我辞行，说着又眼泪汪汪。当然，她绝对不是没法再听《易经》而哭，而是旧情难忘、爱恨交加啊！

九四。随有获，贞凶。有孚，在道，以明，何咎。

《象》曰：随有获，其义凶也；有孚在道，明功也。

"九四"阳居阴位不当，追随权力核心的"九五"而获青睐，得跻高位，必遭同侪嫉恨，虽正亦凶，须小心处理，才能无咎。同侪嫉妒，必无所不用其极地排挤，或在"九五"之君前进谗言，以破坏"九五"对"九四"的信赖。这种高处不胜寒的境遇，很难避免，全《易》六十四卦的四、五爻间，几乎都有这样的问题。乾卦"九四""或跃在渊"、坤卦"六四""括囊，无咎无誉"、需卦"六四""需于血"、讼卦"六四""不克讼"、小畜卦"六四""血去惕出"、履卦"九四""愬愬终吉"、同人卦"九四""乘墉、弗克攻"等，无一不承受巨大的压力。"随有获"，不是资产，反成负债，既为众矢之的，就要想方设法化解。《小象传》称"其义凶也"，这就是"随时之义"，天经地义，没什么好抱怨的，赶紧处置为宜。《系辞下传》第九章称："四多惧，近也。"讲得多么深刻到位！

"有孚"能去疑生信，"在道"不逾越规矩，"以明"还得明确沟通表态，不能憋气含混，以为诉诸默契即可。人处高位辐辏之地，戒慎恐惧之余，猜忌多疑是必然的，受谤受疑，一肩承担就是。"何咎"即"荷咎"，负荷承担咎责，为主分劳受谤，以明任事之功。随卦"初九""出门交，有功"，"九四"有孚在道明功，建功立业必须灵活机敏、随时随地都能应变无碍。本爻爻变，为屯卦（䷂），"动乎险中，大亨贞"，也是"元亨利贞"全德之卦，生气勃勃，绝不畏难退缩。

“何”作“荷”解，说明已见小畜卦“初九”：“复自道，何其咎，吉。”密云不雨的闷局，因承担自己的咎责获吉；“随有获”招谤，亦当无惧承担，以化解凶咎。

占例

• 1993年元月中旬，我在那家出版公司任职总经理，经过一段时间励精图治，经营态势转活，大有中兴之望。年初预定业绩要冲四亿五千万，利润跑出三千万台币，我问目标能否达成？得出随卦“九四”爻动，有屯卦之象。“随有获”，当年年底真的逼近目标，公司士气大振；“贞凶”，却也触发了在外漂泊的老板回朝掌政的意念，终致次年5月，我被逼下台。易理透视人情人性的机微，犀利准确无比。

1995年年底，我已低调沉潜一年半，不战不和不降不走，公司业绩一落千丈，老板仍花招动作不断。当时他又调整高层人事，封我一个副社长的名义，我心中觉得好笑，也全无回应。占他最后得遂其欲、反败为胜否？得出随卦“九四”爻动，有屯卦之象。“随有获”，回朝随意调度资源，当然大有收获；“贞凶”，长远恐怕还是覆灭，苟延残喘不了太久。其义凶也，断得真好！机关算尽，仍误了卿卿性命。

九五。孚于嘉，吉。

《象》曰：孚于嘉吉，位正中也。

“九五”中正居随卦君位，面对瞬息万变的环境，仍以诚信领导，使上下互信互重，如此可获亨通得吉。乾卦《文言》称：“亨者，嘉之会也。”“嘉”为双喜、美善之意，随和御众，威望卓著。占事遇此爻动，恰值宜变之位，爻变成震卦（䷲）。震为中心有主、强势行动，随为随和亲善、弹性应变。“遇随之震”，表示既坚持大原则，又能权变应世，这是领导统御的上乘功夫，值得体悟学习。

• 2010年10月上旬，我占问了几位前圣先贤对易学的贡献，孔子为随卦“九五”爻变，成震卦。“孚于嘉吉，位正中也”。“遇随之震”，震

卦为继承香火之意，随又学而时习，与时俱进。夫子集大成、创新猷之功，嘉惠后学，泽及万古啊！

• 2011 年 2 月中旬，有关我们周易学会定位发展的争议未休，时当辛卯新年期间，我占问学会该有的定位，得出随卦“九五”爻变成震卦。“孚于嘉，吉”，继往开来先圣之业，就是这么简易！当然，我身为创会理事长，又为教导诸生入门的老师，更应以身作则，与时俱进。

上六。拘系之，乃从维之，王用亨于西山。

《象》曰：拘系之，上穷也。

“上六”为随卦之终，爻辞所述为一段周朝发迹的史实，作为维系民心、吸引天下人生死相随的榜样。《孟子·梁惠王篇》有详细的记载：“昔者太王居邠，狄人侵之，事之以皮币，不得免焉；事之以犬马，不得免焉；事之以珠玉，不得免焉。乃嘱其耆老而告之曰：狄人之所欲者，吾土地也。吾闻之也，君子不以其所以养人者害人，二三子何患乎无君，我将去之。去邠，逾梁山，邑于岐山之下居焉。邠人曰：仁人也，不可失也。从之者如归市。”周太王为文王的祖父，为免人民受战祸之苦，宁弃位而流亡，仁心仁政感动了民众，也放弃眼前的一切追随迁徙。“拘系之，乃从维之”，上下一心，紧密连接，怎么拆都拆不散。大家迁移到西部的岐山脚下，另建家园，团结奋斗，再创辉煌，太王深得民心拥戴，就这样打下了尔后周朝发展的基础。“上穷也”的“穷”，不是困穷、穷途末路，而是穷极发挥到最高境界。本爻变，为无妄卦（䷘），至诚无欺，也是“元亨利贞”的全德之卦。随卦“六三”变“革”、“九四”变“屯”、“上六”变“无妄”，皆为“元亨利贞”，可见天下随时，充满了生机与创意。

王者往也，王道为天下人心所归往，非靠威权势力强制。孔子创作的《春秋经》阐发王道思想，有所谓新王之志，《易》与《春秋》相表里，卦爻经传中抒发亦多，微言大义，真正一以贯之。我 2004 年 9 月中赴贵阳，与《公羊》学者蒋庆晤谈一昼夜，他建议我将大易中的王道思想整理出来，以明孔子大道的宗旨。此事诚可为，这些年来写的多篇论文里已有阐发，成书尚俟机缘。

随卦“上六”用于企业管理，表示人才是组织最重要的活的资产，若教育训练得好，对企业文化衷心认同，其价值可与日俱增，产生极大的贡献。一般厂房机具都会贬值折旧，库存积压也耗损甚多，硬件对象必有使用的年限，随卦之后为腐烂败坏的蛊卦，已说明了一切。然而资产负债表上所载，一般都是这些东西，人心人力的恰当评估并不多见。

再者是所谓的品牌形象，若经营出色，赢得广大消费者由衷的支持，也有极大的效益与贡献，甚至可以授权获利。本书前文论及大有卦三爻齐变的占例时，曾引述竞争理论中“价值链”的说法，和《易》卦六爻的模型模拟印证。五爻居君位，代表品牌价值，上爻代表客户服务的绩效。以随卦来看，道理也相合。“九五”“孚于嘉，吉”，表示公司信誉良好，品牌效益卓著；“上六”“拘系、从维“，因为享受了最贴心的服务，品牌忠诚度就强，永远不离不弃。

“西山”即岐山，为周朝八百多年江山的龙兴之地，值得骄傲与纪念。当初舍弃了邠地，转移至岐山拓荒，一切归零重新开始，结果小舍而大得，不仅收复了邠地，还壮大到统一了全中国。孟子明王霸之分，说称霸必为大国，以力服人，行王道则不待大，地方小也可以德服人，大家心悦诚服来投效，就可以逐渐由小变大，即为此意。岐山是光荣的发展基地，以中国近现代史来看，国民党的黄埔、共产党的延安，都有这种纪念价值。我们个人或组织的终生奋斗，也得注意志业基地平台的选建，随着情势的变迁，何者该舍？何者该得？都得有精敏而准确的判断。随卦“上六”正当上卦、外卦兑的开窍口，如何对外发声，使近者悦远者来，很值得学者深思。

• 1996 年 2 月下旬，我所在的出版公司又陷入激烈股争，已实质退出经营的我坐山观虎斗，占算两造胜负得失，回朝两年的老板为随卦“上六”爻动，有兑卦之象。“拘系之，乃从维之，王用亨于西山”，看来这回不会倒，追随的人还很多，有的是顾念旧情难割舍，也有的是人财两套牢，要走也走不了！其后发展果然如此。

随卦多爻变占例之探讨

随卦卦、彖、象及六爻单一的变化介绍已毕，往下研究更复杂的多爻变的情形。

占事遇卦中任意二爻动，若其中一爻值宜变，以该爻辞为主、另一爻辞词为辅断占。若皆不值宜变，仍以卦象卦辞断，两爻齐变所成之卦亦可参考。

• 1996 年 8 月，我的学生邱云斌的同事肝癌住院，问病情发展，为随卦初、五爻动，齐变有豫卦（䷏）之象。随卦为震宫归魂卦，“君子以向晦入宴息”。患者来年往生，得寿六十。

• 2011 年元月初，我占问蒋介石的历史地位，得出随卦“初九”、“上六”爻动，齐变有否卦（䷋）之象。前文解析豫卦“六二”时，曾说明“中正”、“介石”的名号源自爻辞，“建侯行师”，也合乎蒋的行事风格。“豫”后为随卦，打了一辈子的仗，仍然败退台湾。“遇随之否”，随着时移势转，走上了“俭德辟难”的否塞之路。随卦“初九”“官有渝，贞吉”，仍想“出门交，有功”；发展至“上六”，“拘系、从维”，带着两百万军民迁徙台湾，期待“王用亨于西山”。随卦之后为蛊卦，当下又成了过去，俱往矣！

• 1997 年 10 月初，我的一位老友邀我买华侨银行的股票，说可捡便宜货，日后会涨价云云。我从来不买股票，在出版公司那段时间几乎被迫承购，也是痛苦的经验，当下占问何宜否？得出随卦初、四爻动，有比卦（䷇）之象。比为合作，“遇随之比”，却有风险，“九四”明言“随有获，其义凶也”，还是审慎点好。“初九”可进可退，既然有险，不进就是，遂表明无意愿。结果后些年，侨银出大问题，股价跌到极惨，证实了占象的准确可信。

• 2010 年 8 月初，我为周易学会改组筹谋，约一位经营纺织业很成功的学生餐晤，想请他任理事。晤前问顺利与否，得出随卦初、四爻动，有比卦之象。比是建国亲侯，互助合作，“遇随之比”，却似有挂碍。随卦“初九”可进可退，“九四”有获贞凶，应有不宜。果然当天谈时，他恳切推辞，之后又传短信以明心志，我自然成全。这大概就是爻辞后半所称：“有孚，在道，以明，何咎。”坦诚地说清楚、讲明白就好。

• 1993 年 7 月下旬，我大致已完成第一套《易》书的撰写，书名《易经与现代生活》，分《决策易》、《生活易》、《经典易》三卷，准备就由任职的出版公司印制出书营销，我出资印制，不卖断抽版税云云。当时股争未消，不安定的威胁犹在，遂占问恰当的出书时机。先问当年底前如何？得出节卦（䷻）初、二、五爻动，贞悔相争为坤卦。再问延至1994年出如何？得出随卦五、上爻动，齐变有噬嗑卦（䷔）之象。噬嗑为剧烈斗争之卦，随为瞬息万变的情势，看来不延为宜。"遇节之坤"，应该恰到好处，遂安排出书。书出颇获好评，还发展成十多年的长销书。事后证明时机选择正确，1994年5月起，公司政变，老板悍然回朝理事，经营情势大变，若延宕出书，恐怕多有不宜。随卦"九五"居君位，"上六"拘系从维，套牢一堆人跟着迁徙行动，统驭权大移转，主动陷为被动矣！

• 2002年9月上旬，我率二十几位学生赴河南安阳参加两岸易学研讨会，离台前刚刚完成《系辞传》的书稿，自己颇觉满意，不少理论的难点贯通的不错。一边反思，一边占问自己在易学史上可能的地位。卦象为随三、四爻动，"六三"值宜变成革卦，两爻齐变，则有既济卦（䷾）之象。随为与时俱进之义，革为大胆创新，既济表示已有一定成就。"随之时义大矣哉！""革之时大矣哉！"整体评价不错，令人满意。"六三""系丈夫，失小子"，"随有求，得，利居贞"，似乎攀上新的高度，宜好好固守。"九四""随有获，贞凶"，又出现新的难关考验，需花时间再把它讲清楚。学海无涯，继续保持精进即是。

• 2002年圣诞节，我提前作明年的一年之计，竟然算出2003年全年运势为不变的剥卦，一阳浮于五阴之上，资源消耗殆尽，"不利有攸往"。心中不免一惊：这是什么缘故？依卦占戒律，又不能再算，否则成了渎蒙。于是转换问题，问我2003年的身体健康，得出随卦四、五爻动，齐变有复卦（䷗）之象。随卦"九四"有获贞凶，颇有警讯；"九五""孚于嘉，吉"，似又无大碍。复卦卦辞称："亨。出入无疾。"随卦《大象传》则称："向晦入宴息。"总之，尽量少熬夜，别忙过头，多休养生息就是。接着再问我2003年的人际关系，得出随卦初、二爻动，齐变有困卦（䷮）之象。"初九"坚持原则且保持弹性，"出门交，有功"；"六二""系小子失丈夫，弗兼与"，似乎会有不得不割舍之事。人情交谊无常，随时变迁而受困？这和全年运势的剥卦有关吗？

后事证明卦占无误：身体微恙无大碍，某些深刻的朋友关系确实生变，影响不小，真有剥卦如刀斧加身的伤痛。好厉害的易占！

• 1998年8月下旬，我的学生林献仁任职IBM协理，负责计算机千

禧虫 Y2K 的项目。他出差到北京，与负责官员报告时心中有些挣扎，究竟如何应对彼方的工作要求？献仁为台湾本土杰出子弟，当时两岸关系并不和谐，而他又在美国公司服务云云。我助其占得随卦初、二爻动，有困卦之象。“遇随之困”，随机应变仍难免遭困。“初九”又想坚持原则，又得保持弹性；“六二”“系小子失丈夫”，难以面面俱到。还是平常心看待，按专业需求去处理就是了！

• 2001 年 6 月底，我针对《焦氏易林》64x64=4096 种爻变类型的理论体系，以易占评估其价值，得出随卦初、二爻动，齐变有困卦之象。随时变化，却有困顿难行之象，何以故？“初九”“官有渝，贞吉”，万变不离其宗，说来容易，实际很难做到；“六二”系小失大，“弗兼与”，顾此失彼，难以面面俱到，而且抓些细节，失去宏观伟识，非大器也。

多年来我每占一卦，多同时参考《焦氏易林》之词，确实高明者少，也很不准确，比卦爻辞差得太多，够水平的连一半都没有。但也有一些描绘细腻入微，妙合符节，令人绝倒，这是可取之处。想想也不奇怪，《易》辞为先圣集体创作的心血结晶，千锤百炼，精深博大，岂是焦延寿一人之智堪可比拟？

• 2010 年 4 月底的易佛课堂，我们谈到佛的三身：法身、报身与化身。我占清净法身为何？得出随卦四、五爻动，齐变有复卦（䷗）之象。复卦代表宇宙核心的真相，《彖传》称：“复，其见天地之心乎？”儒称“良知”、道称“真宰”、佛称“如来金刚心”等皆是。随缘应化，而有众多面目，总归“元亨利贞，无咎”。“九四”“随有获，贞凶”，可在“九五”“孚于嘉”的大信中化解而获吉。前面说过，随下震上兑，刚好也合东方下界众生发愿往生西方净土之象。上兑法喜充满，“九四”、“九五”皆动，深契其义。

• 2010 年 6 月下旬，学会内部开的一个班闹人事纷争，经我强势整顿、约法三章，继续上课前我占问尔后顺利否？得出随卦初、三爻动，“六三”值宜变成革卦，两爻齐变又有咸卦（䷞）之象。随机调整，变化革新，咸卦卦辞称：“亨利贞，取女吉。”这班绝大多数为女生，看来应无问题。随卦“初九”“官有渝，贞吉；出门交，有功”，我反正坚持大原则，进可攻退可守，立于不败之地。“六三”“系丈夫，失小子”，“随有求，得，利居贞”，处置人事后应收震慑之效，大家老老实实上课了！事后果然如此，顺利上完半年课程，一切皆大欢喜。

三爻变占例

占事遇卦中任意三爻动，变量已至半，全局呈现微妙的拉锯情势，称贞悔相争。本卦为贞，三爻齐变所成之卦为悔，以两卦卦辞卦象合参判断吉凶。若其中一爻值宜变，爻辞为主要变量，其他二爻为次要变量，一并列入参考。

• 2011 年元月中，前例所言之班顺利结业，在谢师午宴上觥筹交错，我一边谈笑，一边以手机电占：整体绩效如何？得出随卦初、五、上爻动，贞悔相争成晋卦（䷢），随卦“九五”值宜变，单变成震卦之象。晋为日出之象，《大象传》称：“君子以自昭明德。”随卦“初九”坚持大原则，调整后“出门交，有功”；“九五”君位指我，“孚于嘉，吉”；“上六”“拘系从维”，“王用亨于西山”，众生向心追随，算是功德圆满。

• 1991 年 9 月上旬，我所在的出版公司经营困难，办理增资以改善财务，盘活营运能量。直销部的高干引进其弟为大股东，由于财力雄厚，为股市有名的大户作手，又入董事会任副董事长。虽解一时燃眉之急，却也引发股争后患无穷，从此无宁日矣！当时我即有一占，得出随卦初、四、五爻动，贞悔相争成坤卦，“九四”值宜变，又有屯卦之象。随卦代表时势有大变化，“初九”、“九五”爻辞看来还好，基层员工与老板都还稳定而用心。“九四”正是引入外力之位，“随有获，贞凶”，财务改善却有惨重代价，这些征兆后来通通变成了事实。

• 2003 年 5 月下旬，我提前半年预测 2004 年台湾的经济情势事，得出随卦上卦三爻全变，贞悔相争成颐卦（䷚），随卦“九五”值宜变，单变又有震卦之象。颐卦自养养人，“遇随之颐”，局势虽然多变，民生经济应可自给自足。“九五”“孚于嘉，吉”，应可消弭“九四”有获贞凶之险，“上六”拘系从维，民心不至于乱，民力尚能聚集任事。结果 2004 年过完，经济增长率为 5.71%，算是相当不错了！

• 2003 年 8 月中，我受社会大学之邀，赴桃园东眼山庄主持一天一夜的《易经》研习营。结业时，美兆健检集团的曹老总提问：他积极建立的华人基因库，发展前景如何？我现场占得随卦初、四、上爻动，贞悔相争成观卦（䷓）。观卦《大象传》称：“风行地上，先王以省方观

三爻变占例

民设教。”广搜各地民众的基因信息，以为健康诊治因地制宜的参考，做得好的话，很有价值，却也可能涉及个人私密而遭政府干涉。随卦“九四”“随有获，贞凶”，小心怀璧其罪，不然就得事先解释清楚。“初九”“出门交，有功”，“上六”“王用亨于西山”，慎始成终，“随时之义大矣哉！”

• 2011 年 12 月下旬，我应学会理事长邓美玲之请，从 2012 年起，在学会每月发行的电子报上写专栏，取《系辞传》“受命也如向，无有远近幽深，遂知来物”之意，定名为“如向集”。家事国事天下事，事事关心，每篇约一千五至两千字，贯串易的理气象数立论。当时占问预期效果，为随卦二、四、五爻动，“九五”值宜变为震，贞悔相争成临卦（䷒）。天下随时，随时之义大矣哉！“九五”“孚于嘉，吉”，“洊雷震，君子以恐惧修省”。咸临天下，“君子以教思无穷，容保民无疆”。随、临皆为“元亨利贞”，四德俱全，效果应该极好，事实也是如此。

占事遇卦中任意四爻皆动，以齐变所成之卦象卦辞论断，若其中一爻值宜变，加重考虑其爻辞所起之作用。

• 1997 年 11 月下旬，我为高雄一位企业界的学生筹谋，占其明年（戊寅）能否脱困？得出随卦初、四、五、上爻动，齐变成剥卦（䷖），随卦“上六”值宜变，又有无妄卦之象。这位学生曾从事房地产业做得很大，却也大起大落，负债累累，但一直都能若无其事，谈笑应对，正合随卦内震动、外兑悦之象。“遇随之剥”，当然得小心资源流失；随卦“上六”拘系从维，聚众能力仍强，应是“九五”孚信素着之故；“九四”有获贞凶不妙，“初九”灵活应变，尚可无碍。整体来说还好，事实上一直迄今，他仍屹立不摇，虽然荣华不再，也算松柏常青，我们师生相交也从无挂碍。

• 1993 年 7 月初，我积极经营那家出版公司，业务很有起色，与高干谈起昔日盛况与标榜的煌煌理念，不胜感慨。遂问如何努力重振，得出随卦初、二、五、上爻动，齐变成未济卦（䷿）。随时变化趋新，“初九”中心有主、“六二”务实取舍、“九五”刷新品牌形象、“上六”重新聚众，赢得各方认同。想的是很好，恐怕都不容易落实，结果真的是功亏一篑，以“未济”的遗憾收场。

•2009年9月底，我开讲《金刚经》，彼时学会颇多人事纠葛，我起心动念占问：借彼金刚力，消此诸罪业？得出随卦初、二、四、五爻动，齐变成师卦（䷆）。师卦发动降魔大军，《彖传》称："能以众正，可以王矣！"随机施教，"初九""出门交，有功"、"六二""系小失大，弗兼与"、"九四""有获，贞凶"特难搞、"九五""孚于嘉吉"，尽量化解。结果讲授下来得失互见，固然有些效应，习气深重者还是依然故我，严格来说，消业未成，降伏其心谈何容易啊！

18. 山风蛊（䷑）

蛊卦为全《易》第十八卦，为皿中生虫变质败坏之义，前接随卦，两卦相错综，明示随着时间流逝，一切东西都会腐朽裂解。生老病死、成住坏空是必然的现象，我们能做的，只是尽可能随时修补改善，以期延长其使用寿命。“蛊”若指生病，就得诊断治疗；若指贪污腐化，就得法办严打；若指体制陈旧，就得改革创新。这种对治的态度跟方式称“干蛊”，贞者事之干，借着积极干事，以拨乱反正，蛊卦六爻爻辞以此为主旨。改革很不容易，一旦克服万难成功，即进入下一卦临，为自由开放、创意无穷之卦，且发展至君临天下的高度优势。

《序卦传》称：“蛊者，事也。有事而后可大，故受之以临。临者，大也。”改革任事很难，必然面临守旧派的殊死反对，引发组织内权力斗争的重新洗牌，若坚持到底而获成功，即开创一个盛大的崭新格局，这就是气势开阔、君临天下的临卦。内地这三十多年的改革开放，从计划经济转轨为市场经济，大幅提升综合国力，即为由“蛊”至“临”的范例。台湾地区从蒋经国晚年开始推动的民主改革亦然，都是华人世界重要的“干蛊”经验，值得深入省思评判。

以中国历史来看，重大的政治改革称为变法图强，少有成功之例。清末“戊戌变法”实施百日即失败，北宋王安石的“熙宁变法”折腾几次，引发剧烈党争而告终；西汉末王莽变法，建国号为新朝，破旧立新之志显然，也惨败崩灭。唯一成功的是战国时秦国的商鞅变法，确实使秦富国强兵，最后得以灭六国一天下，但商鞅本身却遭车裂，以身殉法。由此可见改革之艰难，甚至比彻底改朝换代的革命还不容易成功。“戊戌变法”失败后没太久，辛亥革命成功，推翻了君主专制，即为显例。

《易》卦中大幅改变现状的方式有三：蛊、革、巽。蛊卦讲述改革之理，由上至下推行；革卦彻底革命，由下发动推翻上层体制；巽卦由外渗透至内，吸取组织资源，壮大后俟机取得领导权，然后改弦更张，遂行自己的意图，一般所谓借壳上市即是。

蛊。元亨，利涉大川。先甲三日，后甲三日。

蛊卦卦辞有“元、亨、利”，没有“贞”，明示蛊乱败坏之时正道不存，必须赶紧大刀阔斧改革整饬，以期对症下药，拨乱反正。蛊卦之前为随卦，其后接临卦，皆为“元亨利贞”四德俱全之卦。由“随”至“蛊”，贞德隐没；“干蛊”成功，贞德复现。临卦天下大治，“至治”由“至乱”中来，给人很大启发。《春秋》学所谓“治起于衰乱之中”，不怕没好事，就怕没好人，人若有志，不惧衰乱。世无艰难，何来豪杰？沧海横流，方显英雄本色！

“干蛊”成功，又成“元亨”之世；改革艰难，故称“利涉大川”，表示有重大风险，必须做好充分周全的准备。“先甲三日，后甲三日”，即为改革之重要心法。“甲”为天干计日之首，有一切重新开始之意，又有甲等、甲级优秀出众之称。改革的目的正是期望除旧布新，成绩卓越。先三日、后三日，为很有意思的象征说法，设以甲日当作力行改革新政的第一天，前三天就得及早谋划，施行后三天还得视效果，随时检讨调整。其实豫、随、蛊三卦相连，就是教我们做任何事都要豫先准备、随时调整，检讨过去，以策励将来。前三天后三天，加上甲日这天共七天，亦合复卦卦辞“七日来复”之义。一元复始，万象更新，剥极而复，拨乱反正矣！

巽卦“九五”爻辞称：“先庚三日，后庚三日，吉。”革卦卦辞称“己日乃孚”，“己”后为“庚”，“庚”即变更，“庚”后为“辛”，“辛”即新，万象更新。中国的天干地支不只是简单的表序符号，制立名称，都有深意。

《彖》曰：蛊，刚上而柔下，巽而止，蛊。蛊元亨，而天下治也。利涉大川，往有事也。先甲三日，后甲三日，终则有始，天行也。

蛊上卦艮为少男，下卦巽为长女，为“刚上而柔下”；艮一阳居于二阴之上，巽二阳居一阴之上，亦为刚上柔下之象。外强中干、上实下虚，也是腐朽败坏之意。下巽乘虚而入，上艮坚壁阻止，一个密闭不透风的环境中，容易滋生病媒；封闭的威权体制，缺乏信息的透明度，暗箱作业也是特权贪腐的温床。若改封闭为开放，与外界自由交流，有合理的监督与制衡，便能释放久受压抑的活力与能量，创造奇迹般的成长。“蛊元亨，而天下治也”，“干蛊”成功，进入君临天下、自由开放的临卦。所谓君临天下，其实是上下共和治理，群临天下。“君”者群之首，领导人代表群众之意而行管理，接皆受一切该有的监督与制衡。乾卦《彖传》称：“首出庶物，万国咸宁。”即为此意。《文言传》称：“飞龙在天，上治也……乾元用九，天下治也。”也说明了寡头独断与群龙无首的差别。《系辞下传》第二章：“黄帝尧舜垂衣裳而天下治。”《易传》三处强调“天下共治”，微言大义不可忽忽看过。临卦“初九”、“九二”爻辞皆称“咸临”，民间基层都参与治理，主权在民、全民共治的精神清楚呈现，干蛊改革的目标即在于此。

改革伤及特权阶级的利益，势必全力反扑，引发改革派和保守派的剧烈斗争，这是改革的重大风险，能否“利涉大川”，事未可知。称“往有事”，不称“往有功”，就表示改革忙得要死，却不一定成功，挨累不讨好，甚至前功尽弃，粉身碎骨！

需卦健行遇险，“利涉大川”，《彖传》称“往有功也”；坎卦险关不断，“行有尚”，《彖传》称“往有功也”；蹇卦外险内阻，“利见大人”，《彖传》称“往有功也”；解卦奋动脱险，“有攸往”，《彖传》称“往有功也”；渐卦循序渐进，“进得位”，《彖传》称“往有功也”；涣卦“风行水上”，“利涉大川”，《彖传》称“乘木有功也”。全《易》中只有蛊卦《彖传》称“往有事也”，可见改革之难。

“贞者，事之干”，蛊卦欠“贞”，《序卦传》称“蛊者事也”，《彖传》又提“往有事也”，积极干事，只为恢复正道，成败得失在所不计。“先甲三日，后甲三日”，“七日来复”，正是终则又始，终结旧习，开创一个新的时代，这完全合乎天道运行的自然规律。乾卦卦辞元“亨利贞”，《大象传》称“天行健”，贞下起元，生生不息；“干蛊”恢复贞德，“元亨利贞”俱全，岂非“天行也”？剥卦《彖传》称：“君子尚消息盈虚，天行也。”复卦《彖传》更直接，称：“七日来复，天行也。”

《象》曰：山下有风，蛊。君子以振民育德。

蛊上卦艮为山，下卦巽为风，“山下有风”为落山风，风力强劲，能吹得人车倾倒。台湾南部的垦丁公园一带，常刮半年的落山风，远近驰名。都市的大厦林立，也会造成这种地形风的效应，总之都有一定的破坏力，合乎蛊坏之意。《左传·昭公元年》称：“淫溺惑乱之所生也，于文，皿虫为蛊……女惑男，风落山谓之蛊。”下卦巽长女诱惑上卦艮少男，一方经验老到，一方血气方刚，又有情欲蛊惑之象。面对各种诱惑败坏的威胁，君子应振作民气，教化民众，培养其任职治事的德性。蒙卦启蒙教育，《大象传》称“果行育德”；蛊卦整饬风气，《大象传》称“振民育德”，果敢振奋，认真负责以为天下先。

“振民育德”，也是贯彻全民改革的理念，只有基层民众都振作觉醒，参与监督改革大业的推行，改革才不至沦为掌权者间的政治斗争。世间多有假改革之名，而行斗争之实的案例。

• 2010 年 2 月初，我因患牙周病多年，长期治疗后装了暂时性假牙，往下或是植牙，或换为永久性假牙，各有利弊，举棋不定。一时有些烦躁，竟然占问：干脆什么也不做，顺其自然会如何？得出不变的蛊卦。必然败坏长虫，越来越糟！当下不禁莞尔，这个易占还真是实话实说，丝毫不讲情面呀！

• 2010 年 9 月上旬，我应邀赴德国慕尼黑授《易》，刚好赶上他们两百周年的啤酒节庆，举办盛大的马队游行，气氛非常热闹。我在街旁观赏，一边以手机电占此节庆之意义，先得出不变的蛊卦，再测则为不变的随卦。“蛊”为故事，“干父之蛊”为继承传统，并加以改革；“随”为与时俱进的创新，《大象传》称“向晦入宴息”，该放松休息时，就得休息。随、蛊二卦相错且相综，随着光阴流逝，古老的传统庆典延续了下来。当晚看到大帐篷中跳舞狂欢的男男女女，平日工作勤奋严谨的德国人，也展现了轻松纵情的一面。

• 2010 年 6 月下旬，我问了个玄虚的问题：我的前世有做过道家的真人或仙人否？得出不变的蛊卦。“蛊”为过去世之事，“干父之蛊”点出继往开来的夙缘，“蛊”又为巽宫的归魂卦，《彖传》称“终则又始”，金蝉脱壳、天蚕再变，还真有点儿那么回事。会问这个问题，是因为曾

遇过几位通灵人士都这么说，所谓刘真人云云。《庄子·大宗师》称：“真人之息以踵，众人之息以喉。”我讲课太多，不擅以丹田发声，常常喉咙不清爽，深为所苦，离真人境界甚远。一直以儒生自任，笃信四书五经，却没想自己前生还与道家有渊源？

• 1998 年 6 月中，我给学生讲刘劭的《人物志》，针对全书十二篇都有占卦，其中《体别第二》的主旨为不变的蛊卦。该篇主要分析偏才之失，所谓“抗者过之，而拘者不逮”，都违反中庸之德，而且习气深重，很难移转。蛊卦讲积弊由来已久，改革不易，正与篇旨相合。

初六。干父之蛊，有子，考无咎，厉，终吉。

《象》曰：干父之蛊，意承考也。

“初六”为“干蛊”改革之初，面对先代传下来的事业，并不照单全收，而是随时所宜而有创新，原先的积弊也勇于改正。这种批判式的继承态度，才是真正的孝子贤孙，大业后继有人，先人在天之灵都会认同。推动改革必得罪人，招致多方反弹抗争，虽然危厉不安，若坚持大原则贯彻到底，仍会成功获吉。继承先人须重视活的创意精神，而不必死守表面的条条框框，本爻动，恰值宜变之位，爻变成大畜卦（䷙）。卦辞称：“利贞，不家食吉，利涉大川。”守住家底后，积极往外创新扩张，男儿立志出乡关，学不成名誓不还，冒险犯难而建伟大功业。大象称：“多识于前言往行，以畜其德。”广量吸收各方资源，融会贯通而为己用，这是最聪明的学习与成长方式。

“考”指先父先祖，旧社会家中奉祖宗牌位，常写“某某堂上历代考妣之神位”，“考”为男性先祖，“妣”为女性之宗。人不能忘本，祭祀祖宗正是往未来开拓的精神动力，豫卦大象说得很清楚：“雷出地奋，先王以作乐崇德，殷荐之上帝，以配祖考。”预测预备，是往未来看，祭祀祖考，是探源寻根的缅怀，数往才能知来。

“意承考”的“意”，用得极活。“意”字为立日心，人每天起心动念不同，日新又新，哪有一定？后人追寻前人之意，又岂可固执论断？禅宗启发人：“如何是祖师西来意？”重活的创意，而非死的外在迹象，才能识与师齐，甚至更突破精进。《系辞上传》第十二章：“子曰：‘书不尽言，言不尽意。然则圣人之意，其不可见乎？'"“书”与“言”都是迹象，读经需善体言外之意，心会神通，才能发扬光大。

“考”指过世的先人，“考无咎”，也是“干父之蛊”需有的策略考虑。太上皇如果还在，今上必有顾虑，无法全力施为，这是人情义理，最好等先王晏驾，父死成“考”之后再动手。古代先王死后，继承大统的后王须服丧三年，期间不亲理政事，一切施政依循旧轨，也寓有此意。有了这三年的沉淀与缓冲，让政权平稳过渡，老臣们也不至激烈反对新政，服丧期满，再依据深思熟虑的改革方案行事，成功的公算较高。这就是卦辞强调的“先甲三日、后甲三日”，《彖传》所谓“终则又始，天行也”。

前文曾述，国民党的发展与卦序若合符节：同人、大有为辛亥革命所楬橥的理想；地中有山的谦卦呼吁和平，是孙中山先生的让国风范；豫卦“利建侯行师”，“六二”介石、中正，正合蒋介石征战风格；随卦时事巨变，“上六”“拘系、从维，王用亨于西山”，国民党战败迁台。随后接蛊卦，又暗合蒋经国晚年“干父之蛊”，推动改革。蛊下卦为巽，属阴柔之木，“初九”木下“有子”，似乎又点出李登辉民主改革的角色。这样解卦序，别出心裁，却有些像《推背图》或《烧饼歌》了！

占例

2010年2月下旬，由于稍前我曾以易占探测台湾五大企业家的经营风格，包括已往生的辜振甫、王永庆在内，卦象相当精妙。在富邦的课堂上讲起时，引起学生的兴趣，她们也要求算一算第二代的企业家。陈蔼玲的先生蔡明忠为蛊卦“初九”爻动，恰值宜变成大畜卦。“干父之蛊，有子，”蔡董继承其父蔡万才的事业，与时俱进，经营有成，正合此象。大畜卦“不家食吉，利涉大川”，富邦近年锐意西进，已在厦门设立分行，不限于台湾本土。“遇蛊之大畜”，定位其人其业，真是精当。

九二。干母之蛊，不可贞。

《象》曰：干母之蛊，得中道也。

“九二”居下卦之中，下乘“初六”之民、上和“六五”之君相应与，正是基层民意支持、上蒙领袖青睐，授权推动改革之位。秦国商鞅、北宋王安石、清末康有为皆当此时位，以一介平民特蒙拔擢，承担改革大任。既然如此，何以又称“不可贞”呢？“干母之蛊”与“干父之蛊”又有何不同？

亲子之情中，父子间尚可以义论事，母子间抚育情深，板起面孔说亲之过很难；“大衍之术”的占法中，阳极变阴尚易，阴极转阳最难。“母之蛊”喻指隐微不显、极深难化的积弊，“干母之蛊”比“干父之蛊”还难得多。“九二”所对应的“六五”为阴柔之君，“六五”爻变为巽卦（䷸），正是隐匿难明的长女之象，“九二”权由他授，推动改革若牵涉到“六五”之弊，怎么办？改革毕竟不同于革命，这时也只能暂时绕过，将来俟机再作处置。若硬碰硬与“六五”摊牌，可能白白牺牲，这就是很多改革的难处与盲点，所谓办案办不下去，实在是因为办不上去啊！本爻变，为艮卦（䷳），艮为山为止，遭遇重重阻碍，不停止不行，眼前暂止，并不代表永远放过。艮卦《彖传》说得好：“艮，止也。时止则止，时行则行，动静不失其时，其道光明。”想要前途光明，眼下就不得太固执，坚守原则还得有必要的应变弹性。

节卦卦辞称：“亨。苦节不可贞。”“上六”《小象传》解释：“苦节贞凶，其道穷也。”人生行事勿偏执走极端，一切仍以中节适可而止为上。蛊卦“九二”刚而能柔，又居下卦之中，能行时中之道，而免凶咎。

• 1994 年 8 月 1 日，我应邀与李登辉见面，谈了两小时，两天后即开始给他上课，之前虽然晓得是这件事，对象特殊，还是占问吉凶及应对态度。得出蛊卦“九二”爻动，有艮卦之象。“干母之蛊，不可贞”，显然他积习已深，不易改变，我也不存任何其他的想法，单纯讲经就是。

• 2011 年 3 月初，我看到当期《商业周刊》的封面，以“美国再起”为专题，大肆制作报道，心中纳闷，这跟我一路来的观察判断颇有出入。翻阅内文后，仍觉得报道浮泛，论据不坚，遂占问：美国经济真的已强劲复苏了吗？得出蛊卦“九二”爻动，有艮卦之象。“干母之蛊，不可贞”，显然还是我对，周刊的报道太轻率，有问题！金融风暴后，美国债务严重，多印那么多钞票，并没解决实际问题，失业率也未有真正改善，如何就能说复苏再起？美国的积弊超乎想象的深重，短期改革何能奏效？后来的情势发展，在在证明了这一点。

• 2000 年 4 月中，我在写《系辞传》的书，针对每章都有占其主旨，上传第八章为蛊卦“九二”爻动，有艮卦之象。该章宣称：“言天下之至

占例

赜而不可恶也，言天下之至动而不可乱也。拟之而后言，议之而后动，拟议以成其变化。”天下事复杂动荡之极，拨乱反正绝不容易，得多方拟议，周全准备才出手。“干母之蛊，不可贞”，欲速则不达，小不忍则大事不成。该章还举了七个爻说明此理，中孚卦“九二”、同人卦“九五”、大过卦“初六”、谦卦“九三”、乾卦“上九”、节卦“初九”、解卦“六三”，从正面或反面论述敬慎不败的重要，人生就像艮卦一般阻碍重重，的确不能掉以轻心。

• 2010 年元月下旬，讲述《六祖坛经》有感，我占问自己此生若学行尚可，将来会有衣钵传人吗？得出蛊卦“九二”爻动，有艮卦之象。“干蛊”即继往开来之大事，需俟机缘，可遇而难以强求，说得真切啊！

• 2010 年 4 月初，我们学会内部的人事纠纷再起，前一年的处理好像没大效用，我心中烦怒，占问如何应对？得出蛊卦“九二”爻动，有艮卦之象。“干母之蛊，不可贞”，有些学生的积习深重，绝非短期可化，还是得耐心慢慢处理。

• 2010 年年初，我的学生许小姐问她挚友年运，得出蛊卦“九二”爻动，有艮卦之象。“干母之蛊，不可贞”，结果友人染患妇科重病，一年都整治不好。“蛊”字本意就是疾病，皿中有虫，男欢女爱太过杂多，于女体不利，医经上说：“三经变一毒。”“九二”爻位为膝上胯下，也正好在妇科患部，“干母之蛊，不可贞”，更明确点出痼疾难治。

《焦氏易林》“遇蛊之艮”的断词为：“天之所坏，不可强支；众口嘈嘈，虽贵必危。”以上诸占例，皆可作如是观。

九三。干父之蛊，小有悔，无大咎。

《象》曰：干父之蛊，终无咎也。

“九三”阳居阳位，过刚不中，坚持改革的热情，虽可能冲撞体制而生悔，由于大方向正确，最终仍“无大咎”。其上的“六四”为当权的既得利益阶层，与“九三”为阴乘阳、柔乘刚的关系，彼此极可能直接冲突，而造成紧张对峙的情势。本爻变，为蒙卦（䷃），外阻内险，得小心应付。

• 1997年7月上旬，我占问蒋经国的历史定位，得出蛊卦“九三”爻动，有蒙卦之象。小蒋晚年推动民主改革，亲民的作风与蒋介石迥异，开放党禁、报禁及赴内地探亲等政策，影响相当深远。这是名副其实的“干父之蛊，虽小有悔，终无大咎”。然而爻变所成的蒙卦，却耐人寻味，什么事没看清楚呢？显然是选了李登辉做副手，让台湾从此深陷统独矛盾之中，二十年严重内耗，丧失了富强的宝贵时机啊！

• 1997年年底，亚太金融风暴肆虐，东北亚、东南亚灾情惨重，台湾大致无碍。我占问这场风暴的本质为何？得出蛊卦“九三”爻动，有蒙卦之象。“干父之蛊，小有悔，终无大咎。”由西方投机客狙击发展中国家的金融体系起，到国际货币基金介入为止，正好刺激了亚太地区的金融改革，十多年来浴火重生，已比过去强化太多。风水轮流转，而今国际金融风暴爆发，西方列强也尝到了苦果。

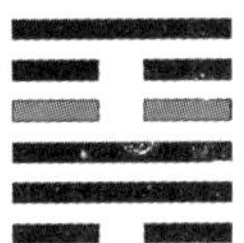

六四。裕父之蛊，往见吝。

《象》曰：裕父之蛊，往未得也。

“六四”为既得利益的中央执政阶层，假改革之名，行自肥之实，贪腐所得愈渐富裕丰厚，但难为天下改革的人心所容，长远看，路子会越走越窄。“六四”过阴生吝，“九三”过刚有悔。“吝”也是文过饰非，官官相护，意图抗拒改革的潮流，终将被时代所抛弃。本爻爻变，为鼎卦（䷱），掌握政权，钟鸣鼎食。

六五。干父之蛊，用誉。

《象》曰：干父用誉，承以德也。

“六五”居君位，上承“上九”所代表的改革理念，下和“九二”负责改革的干才相应与，正当起用清誉卓著的“九二”，推动改革，扫除积弊，以成伟业。“九二”有德，承受大任会戮力奉公，商鞅、王安石、康有为等改革名臣，足以当之。秦孝公、宋神宗、清光绪帝即当“六五”之位，改革须用好人，才能推动好事。《系辞下传》第九章称："二多誉，四多惧。""九二"在地方，有民间清望与改革热情；"六四"在中央执政，为腐朽势力的代表，当然不能寄望他们能推行改革。

本爻爻变，为巽卦，巽为低调隐伏，《大象传》称"申命行事"。"六五"授权"九二"，雷厉风行推动改革，自己隐身幕后发号施令。这样做的好处有二：一旦"九二"遭遇重大阻力时，"六五"可协助斡旋解决，如自己站上第一线，就没有转圜的空间；万一"九二"行事过激，反弹阻力太大，也可由其承担责任，而予以撤换，这种弃车保帅的事例，屡见不鲜。

再者，整个体制改革的关键问题，也可能源于"六五"本身。"六四""裕父之蛊"，借改革铲除异己，以谋私利，难说没有"六五"的暗中纵容，甚至沆瀣一气，形成共犯结构。"六四""裕父之蛊"，反改革在明处，还好纠弹；"六五"表面"干父之蛊"，暗里为特权护航，就难辨识与处理。正因如此，"九二""干母之蛊，不可贞"，"上九""不事王侯，高尚其事"。"六五"即王、"六四"为侯，王侯就是当权的执政集团，利害与共，行事难以高尚。这是改革最难的地方，体制难以突破的病灶所在，学者不可不知。

既然如此，"六五"爻辞何以不直接挑明，而要透过"九二"、"六四"及"上九"迂回得知？这就涉及中华文化避讳的传统，"《春秋》学"有所谓"为尊者讳，为亲者讳，为贤者讳"的纲领，对君父有过不直接批评，以全人情义理，但也不会完全放过，护短纵容。当避讳已经成为习惯时，人们自然晓得委曲婉转后面的事实真相，这就叫两全其美。《论语·子路篇》中，叶公夸耀父亲偷羊，儿子举发。孔子说："父为子隐，子为父隐，直在其中矣！"孟子则主张："父子间不责善，责善则离，离则不祥莫大焉！"这些都是透视人性人情而有的睿智见识，宜深心体会。

正因如此，六十四卦居君位的第五爻爻辞，全无负面的直接批判，反而多是鼓励行善之语，这并不代表五爻一定就依正道而行，习《易》者不可不知。

1994年5月下旬，我已在那家出版公司的"政变"中失势，老板强势还朝后，开始一连串的整肃，纵横捭阖，无不如意。我当然避其锋芒，冷眼旁观，并占他最后的吉凶成败如何？得出蛊卦"六五"爻动，有巽卦之象。果然是乱局中的祸源，不管怎么整饬枝节，上梁不正下梁歪，没有成功之理，事后的发展果然如此。

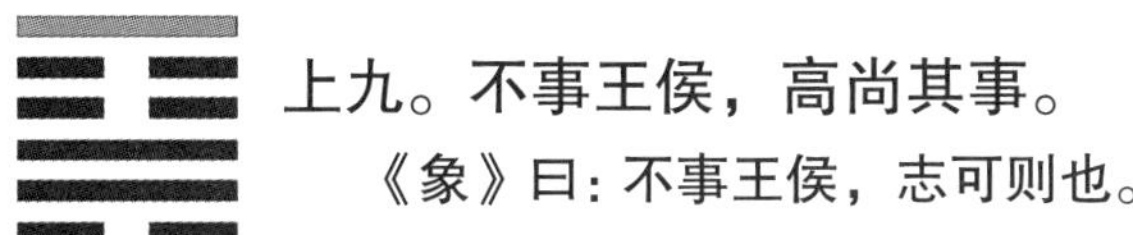

上九。不事王侯，高尚其事。

《象》曰：不事王侯，志可则也。

"上九"为干蛊之终，居上艮卦山顶，止欲修行已至登峰造极之境，改革大业终获成功，故爻辞中不见"蛊"字，表示已经拨乱反正。"不事王侯"，摆脱了政治威权的钳制；"高尚其事"，各行各业认真做自己的事，这种高洁的志向足堪效法。本爻变，为升卦（䷭），改革开放，社会久经压抑的活力大释放，整个往上提升高度成长。封闭社会政治独大，开放后比较多元，各行各业都有精彩的表现。孙中山先生当年说："做大事，不要做大官。"行业无贵贱，三百六十行都应敬事敬业，行行出状元。

本爻还有更深刻的含义，与《春秋》的微言大义有关。《小象传》称"志可则"，"则"即天则，《《文言传》宣讲："乾元用九，天下治也……乾元用九，乃见天则。"群龙无首天下治，正是"蛊元亨而天下治"，打破政权的垄断，让全民都参与监督与治理。《史记·太史公自序》称孔子作《春秋》，立大义以"贬天子，退诸侯，讨大夫。"依据真理，打倒一切特权阶级，正是《春秋》之志，天下为公合乎自然法则，蛊卦"上九""不事王侯，志可则"，全合《春秋》大义。《礼记·儒行篇》称儒者"不臣天子，不事诸侯。"真儒的风范是"不事王侯，高尚其事。"

"春秋公羊学"有"据乱世、升平世、太平世"分三期循序渐进的主张。蛊卦惑乱失正，为"据乱世"；"上九"拨乱成功，爻变成升卦，进入"升平世"；升卦更进一步还政于民，"初六"爻变为泰卦（䷊），完成"太平世"。民国初年，孙中山先生的建国方略，分军政、训政、宪政三时期，由此衍生。《论语·雍也篇》记子曰："齐一变，至于鲁；鲁一变，至于道。"亦为此义。

蛊卦"初六""意承考"，面对先人奋斗的事迹，师其意，而不师其法，继承中有批判和创新。"上九""志可则"，志为心之所主，自己树立了更高更新的理想，激励后人不断推陈出新，止于至善。"干父之蛊"由始至终，终而复始，文明事业的继往开来，皆应如是。

• 2004 年 7 月下旬，我的学生邓美玲找我谈她工作之事，她在永丰余关系企业的上善基金会任执行长，以推广中小学校读经为宗旨。“上善”之名自然从《道德经》来，老子称：“上善若水，水善利万物而不争，故几于道。”她很有工作热诚，志业推动却不太顺利，我给了她一些想法，更大的忙却也帮不上。当时针对是否深入协助，占得蛊卦“上九”爻动，有升卦之象。“不事王侯，高尚其事”，显然不合适介入，还是专心干自己的事吧！没太久，她也离开了那个职务，劝学生读经，干蛊不易啊！

蛊卦多爻变占例之探讨

以上是蛊卦卦、彖、象及六爻理论与实例之阐析，往下探讨更错综复杂的二爻变以上的情境。

占事遇卦中任意二爻动，若其中一爻值宜变，以该爻辞为主、另一爻爻辞为辅论断。若皆不值宜变，以本卦卦辞为主，两爻齐变所成之卦亦可参考。

• 2010 年元月下旬，我问孔子修行的境界，得出蛊卦三、上爻动，上爻值宜变成升卦，两爻齐变，又有师卦（䷆）之象。孔子作《春秋》，志在拨乱反正，足为后世效法，正是“不事王侯，高尚其事”，“志可则也”。师卦《彖传》称：“能以众正，可以王矣！”能因众人本性之正，号召人人皆有士君子之行，即可兴王道于天下。《史记 · 太史公自序》称孔子：“贬天子，退诸侯，讨大夫，以达王事而已矣！”

• 2008 年 11 月中旬，我女儿由英国回来在报社工作已历二月，去三采出版社应征，获选任英文编辑，问老爸是否合宜？得出蛊卦三、上爻动，“上九”值宜变为升，两爻齐变有师卦之象。“九三”“干父之蛊，小有悔，无大咎”，真的又从事我干的职业；“上九”“不事王侯，高尚其事”，三年后辞职，想多留些时间自己创作。一切发展全如卦象所言，一爻约当一年之说，再获验证。

• 2006 年 9 月中，台湾红衫军运动进行至最高潮，我在工商建研会的《易经》班学员关心后续发展。大家课堂上合占，得出蛊卦三、四爻动，“九三”值宜变成蒙卦，两爻齐变，又有未济卦（䷿）之象。“遇蛊之未济”，改革可能失败，原因在于“六四”“裕父之蛊”，压制改革；“九三”民间“干父之蛊”，激切抗议，声势虽大，毕竟仰攻不利，败下阵来。所谓民不与官斗，无权无势，莫可奈何。

• 2003 年 11 月初，我应邀主持为期一天的《易经》决策营，参加的学员都是李奥贝纳广告公司的管理阶层。教占时大家合问的题目是：2004–2007 年岛内的总体形势为何？其时选举在即，蓝绿斗争日炽，企业人士都很关心。结果得出蛊卦二、上爻动，上爻值宜变成升卦，两爻齐变，又有谦卦（䷎）之象。民间的抗议示威也一直持续。“九二”“干母之蛊，不可贞”，政风邪恶深重，很难短期整治；“上九”“不事王侯，高尚其事”，人民希望超越统独矛盾，清除贪腐。“上九”爻变成升卦，改革政风获得最后成功；两爻齐变所成谦卦之象，亦显示亨通有终。此占后来完全应验，易占对形势探测的精敏准确，令人叹服。

• 1994 年 4 月中，我在那家出版公司任总经理职的最后一月，在外漂流的老板策动营销部门高干的某董事出招，提出明显荒谬的调整人事方案，逼公司同意。项庄舞剑，志在沛公，很不好处理。我于重围之中苦思对策，占得蛊卦二、五爻动，齐变有渐卦（䷴）之象。“六五”当然是居心叵测的老板，一切乱局的根源；“九二”是我，“干母之蛊，不可贞”，还真硬拼不得，否则白白牺牲。改革云云，办不下去是因为办不上去，人生遇此难堪之境，徒呼奈何？一个月后，山河变色。

• 1994 年 9 月底，我已卸责数月，也开始每周给李登辉上课，生涯规划在慢慢转型中，出版公司内外的一些旧关系却还有牵扯。那时台湾小学教科书可能将开放民间编纂出版，潜在市场庞大，以公司过去的声誉和编辑实力，应可介入一搏。一位颇有资金实力的同业找我去谈，建议规划研究，我未表态，一则政不由己出，二则也热情不再，源头已乱，做什么都无意义。自己占的卦为蛊三、四爻动，“九三”值宜变成蒙，两爻齐变又有未济（䷿）之象。“九三”“干父之蛊”是我，遭遇“六四”“裕父之蛊”压制，前景外阻内险，蒙昧不明，多半未济，白费工夫。人生光阴有限，还去搅这团稀泥作啥？后来几年，老板当然投入一搏，也当然未有获利，而提建议的这位同业已然洗肾往生，一切蛊坏成空。

• 2006 年 9 月底，台湾电子大厂 BenQ 并购德国西门子失利，认赔杀出，损失达四、五百亿台币。老板李焜耀是我大一同班同学，2003 年

6月上旬我们见过面，他谈起自创品牌的企划时，雄心勃勃。2005年并购西门子厂，也是布局之一，却遭受重挫。往者已矣，我问他未来还有机会自创品牌成功吗？得出蛊卦初、三爻动，“九三”值宜变成蒙卦，两爻齐变，又有损卦（䷨）之象。“干父之蛊”为继往开来之业，不断改革旧习以图创新，孰曰不宜？“初六”立志于先，“九三”坚持于后，“小有悔，终无大咎”，应仍属可为，但路子绝不轻松。蒙卦外险内阻，蒙昧不明；损卦须投诸很多心力与金钱，才能转而获益。

• 1996年2月上旬，我的老友吕学海经营社会大学基金会多年，布建人脉丰厚，又开始筹划全台义工总会，以串联行善为宗旨。我去参加了成立大会，现场到了不少产官学的重要人物，似乎颇有声势。返家后，占其营运前景，得出蛊卦二、三爻动，有剥卦（䷖）之象。“遇蛊之剥”，“不利有攸往”，推动恐怕不易。“九二”“干母之蛊，不可贞”，积习深重，难以遽革；“九三”“干父之蛊”，方向虽然正确，力道却是有限。果然，雷声大雨点小，没太久，社大本业出问题，义工总会也名存实亡。

• 2011年5月中，我在赴台中授《易》车程中，接到学生楼中亮中医师电话，请教一个难题。他精心规划多年制成的信息化“《易经》健康译码”与“全人疗愈平台”，虽然有其诊断之效，却仍非百发百中，会出现偏离不准的状况，问题何在？

他跟我单独学《易》四年，帮他建构信息平台的，也是我推荐的学生，彼此一向配合不错，我问他具体误差的情形，他也说不清楚。其实，我那学生研发的占卦程序也差不多，好用是好用，输入手机中，六秒即可得出卦象。但用久了，好像也会不稳，而有累积误差，得靠我判断不合理，予以矫正，另以五分钟左右的手占来验核。这是怎么回事呢？

虽无头绪，在车中我也只能用手机试占其故，得出蛊卦二、三爻动，齐变有剥卦之象。“蛊”为积弊，正是累积误差。“九三”“干父之蛊”，虽竭意消除，无奈“九二”积弊深重，“干母之蛊，不可贞”，很难处理干净。两下较量，遂有剥卦之象，“不利有攸往”，遂出现不稳定的状况。

如何处理补救呢？占出随卦“初九”爻动，有萃卦之象。“官有渝，贞吉；出门交，有功。”随卦正在蛊卦之前，蛊二、三爻的累积误差，在随初爻时已种下原因。《系辞下传》第八章称：“《易》之为书也不可远，为道也屡迁。变动不居，周流六虚，上下无常，刚柔相易，不可为典要，唯变所适。”易道千变万化，没有一定公式，所有计算机程序化的努力，都是取其近似值，要百分之百相符很难，做不到随卦“初九”所示，原则性与灵活性俱备。“天下随时，随时之义大矣哉！”主事者随机判断的智慧很重要，任何机器没法充分取代。

• 2011 年 3 月中，某大报驻欧特派员陈女士打电话给我，认真考虑去留，问我意见。由于近年来报纸普遍经营困难，裁员减薪皆有所闻，留任者也加强督促管理，日子愈来愈不好过。我了解这种情势，替她占得蛊卦五、上爻动，齐变有井卦（䷯）之象。“六五”“干父之蛊”，为继承家业的小老板，正锐意推动改革，其势难挡；“上九”“不事王侯，高尚其事”，她迟早也得退休，专心做自己爱做的事。井卦前为困卦，后接革卦，正是研发转型之意，最好一边忍耐应付，一边寻找未来的新出路。她反正再熬一年半，就可申请优退，尽力周旋如何呢？得出讼卦初、二、四、上爻动，齐变成屯卦（䷂），讼卦“上九”值宜变成困卦。“遇讼之屯”，“九二”、“九四”皆“不克讼”，“上九”争到底终凶成困，“初六”不强争，“小有言，终吉”，无论如何都争不过，不如沉潜低调以对。

• 1997 年 10 月底，我问王弼易学的历史地位，得出蛊卦五、上爻动，齐变有井卦之象。王弼为三国魏人，虽只活了 24 岁，注《易》与《老子》都很有慧解。汉《易》象数大行，流于支离琐碎，偏离大道。王弼易学以扫象言理为主旨，为义理易学的开山，算是对汉代易学的批判改造。“遇蛊之井”，希望能研发转型，找出革新之路。蛊卦“六五”“承以德”，重视讲理以“振民育德”；“上九”改革成功，扭转了易学方向，《小象传》称“志可则”，值得后世尊敬与效法。

• 2011 年元月初，我问《墨辩》的思想成就及历史定位，得出蛊卦初、二爻动，齐变有贲卦（䷕）之象。《墨子》一书，文辞平易近人，独独《墨辩》诸篇精深难懂，除了有科学思想外，又研究思维法则，有中国的逻辑学之称，在中华传统思想中堪称异数。蛊卦“初六”“干父之蛊，有子，考无咎”，继往开来，对传统进行批判改造，很有价值。“九二”“干母之蛊，不可贞”，深入研析理则，毕竟非华夏主流，改造有限，仅能独树一帜。贲卦《彖传》称：“观乎天文，以察时变；观乎人文，以化成天下。”《墨辩》思想兼及物理与人文，丰富细致，蔚为大观。

• 2010 年 10 月上旬，我占问自己在易学的历史定位，得出蛊卦二、上爻动，“上九”值宜变成升卦，两爻齐变，又有谦卦（䷎）之象。干蛊为继往开来之业，不是简单事，“九二”“干母之蛊，不可贞”，显然得皓首穷经干一辈子。“上九”“高尚其事，志可则”，看来能有大成，提升传统易学应用的境界。谦卦打通天地人鬼神，圆善有终，想必也是如此。

2011 年 6 月上旬，我与同门师弟某中医师见面聚餐，他只比我晚两年赴毓老师处求学，由于家学渊源，生物系毕业后专攻中医，多年来已成为颇着盛名的医家。散后我占其医道境界，得出蛊卦二、上爻动，上爻值宜变成升卦，两爻齐变又有谦卦之象。“九二”“干母之蛊”，妙的是他的家学源自外祖父一脉相传；“上九”“高尚其事，志可则”，自己又有创获矣！升卦发扬光大，谦卦兼顾天地人鬼神的气运平衡，合乎中医至理。

• 1993 年 9 月上旬，我积极四处看房子，准备寻觅新居以乔迁。最后相中了台北县新店的现宅，案名“康和春秋”也惬我意，占问购置吉凶，得出蛊卦二、上爻动，“上九”值宜变成升卦，两爻齐变，又有谦卦之象。其时我尚在出版公司任职总经理，此占也切合情境。蛊卦“九二”“干母之蛊，不可贞”，改革遇老板为乱源，注定不成；既然如此，“上九”“不事王侯，高尚其事”，觅屋退隐明志正合适。谦卦地中有山，退一步海阔天空，亨通有终。

• 2011 年 6 月下旬，我在富邦金控的易佛班上课，学生谈起某奇人以把脉探知前世之事，绘声绘影，很有趣味。我占问这人的修行心性及功力如何？得出蛊卦二、上爻动，“上九”值宜变成升卦，两爻齐变，又有谦卦之象。蛊卦属巽宫归魂，正是说的过去世之事，父母之蛊，或“干”或“裕”，依佛家理论，亲子间都有前世因缘，才于此生相聚。“九二”“干母之蛊”，探及最深根源；“上九”“高尚其事”，道出个中缘法后，能让人解脱释怀，自在面对人生。看来此人心性无有不正，解读前世的功力也不错。

• 2011 年 3 月 11 日，日本发生超大地震，引发恐怖的海啸以及福岛核灾，经济受创严重，举世为之侧目。当年 5 月初，我的学生邱云斌受邀赴台北孔庙讲《易》，对象是在台工作或求学的外国人。课中教占，有日本籍学员问：日人应如何记取教训，今后努力的方向为何？得出蛊卦二、上爻动，“上九”值宜变成升卦，齐变为谦卦之象。“不事王侯，高尚其事”，政客无能以致祸国殃民，日本民众应彻底摆脱这种局面，提升国力。“干母之蛊，不可贞”，政治痼疾短期难以骤改，但须坚持下去，最后仍有成功机会。满招损，谦受益，核电政策亦须认真检讨，兼顾经济发展与自然生态间的动态平衡。

占事遇卦中任意三爻动，以三爻齐变所成之卦为“悔”，本卦为“贞”，称贞悔相争，为极微妙的相持不下的情势，合参两卦卦辞卦象以定夺。若本卦三爻其中一爻值宜变，影响力较大，其爻辞列为重要参考。

• 2011 年 10 月下旬，我西藏游毕，在拉萨机场准备搭机返台时，预占自己 11 月气运如何？为蛊卦下三爻全动，贞悔相争成颐卦（䷚）。“遇蛊之颐”，应该是染病需调养之意。西藏行车内及户外温差太大，前日从高山圣湖纳木错下来，我已经感冒不适，返台后就医针药调治，足足半月才好，许多课都得请假停上。而 11 月初占月运，就是不变的颐卦，好生静养，啥也别想。

• 1994 年元月中旬，那家出版公司的斗争气息浓厚，由于前一年我们刚创下最高业绩，好容易振衰起敝，自然关心长久以来所有权的问题。我问当年内股权的吉凶，得出蛊卦初、三、上爻齐动，贞悔相争成临卦（䷒）。“初六”、“九三”“干父之蛊”是大家的渴望，“上九”“不事王侯，高尚其事”，似乎有摆脱权力斗争的可能。“遇蛊之临”，正合改革成功转为自由开放之意，多年来的恐怖平衡，会圆满结束？临卦的“元亨利贞，至于八月有凶”，又为何意？老板与市场派的大股东势不两立，无论谁赢，都有控管的头头，怎么让大家都参与呢？我们经营高干的生存空间在哪里？

结果 5 月的“政变”后，一切回到一人肆意操持的乱局，几年后走向不可避免的溃散命运。临卦的“元亨利贞”，转成了“八月之凶”；蛊卦“上九”“不事王侯”，其实是指我们卸下职责，各自另谋发展。

• 1998 年 2 月中旬，我还在出版公司沉潜读书，主政尽失人心的老板突然要请高干群吃春酒，不管什么存心，如何因应最佳？占出蛊卦二、五、上爻动，“六五”值宜变成巽卦，贞悔相争为蹇卦（䷦）。“六五”君位是祸源，“九二”“干母之蛊，不可贞”，使不上力，“上九”“不事王侯，高尚其事”，我只能跳脱做自己爱做的事。蹇卦外坎险、内艮阻，公司营运每况愈下，形势已非，谁都寸步难行，喝酒能挽回什么？去嘻嘻哈哈、插科打诨浑一阵，宴罢各自分散，万事不必经心，也就过去了，有何难

三爻变占例

哉？人一旦跳脱，没了得失心，看什么都轻松无事。

• 2010年6月中旬，我花了几个月空当时间，整理出三十多年的相册数十本，都堆在客厅地板上，无处收藏。找熟识的包工来探勘研究后，他建议在大窗台下作整排半人高的书柜，分两层置物，对整体景观最好。我占得蛊卦二、三、四爻动，贞悔相争成晋卦（䷢）。“遇蛊之晋”，肯定扫除乱象，生活质量如日初升，改善甚多。依此施工完成，真正天地清爽，家居环境虽小，也用得上易理易象的启发啊！

• 2012年7月下旬，我的师兄刘义胜介绍一位吴先生与我见面，大家到学会见面，讨论重新布置事宜。道场租下来已近四年，讲经研习弦歌不辍，我们准备挂上“咸临书院”的牌子，旗帜鲜明地推动志业。吴先生雅通书法，整套设计构想简明清新。我们决定请他施作，还邀老友罗财荣写了字来，圆融饱满，笔意酣厚。我问新布置的气象如何？为蛊卦三、四、上爻动，贞悔相争成解卦（䷧）。“蛊”即改造，解得正解，“遇蛊之解”，安排妥当。蛊卦“九三”“小有悔，终无咎”；“六四”“裕父之蛊，往见吝”，确须调整；“上九”“高尚其事，志可则也”，改造成功。10月下旬，连同外面的学会招牌一体更新，道场经营进入崭新之境。

四爻变占例

占事遇卦中任意四爻皆动，以四爻齐变所成之卦的卦辞卦象为主断占，若其中一爻值宜变，其爻辞影响较大，列入考虑。

• 2010年2月底，有人提起我以前所在的出版公司覆亡之事，勾起一些回忆，我算老板的未来，当然已注定过气，再无翻身机会。另算他与我可有前世因缘，不然怎么恩怨纠缠许久？得出蛊卦二、三、四、上爻齐动，变成豫卦（䷏）。蛊卦“上九”值宜变，单变为升卦。“遇蛊之豫”，“蛊”为过去世，“豫”指向未来，“利建侯行师”，还真的因缘夙定，这辈子会有组织共事，以及后来的干蛊之事。无论如何，蛊卦“上九”“不事王侯，高尚其事”，才是重点，我会从职场泥潭中跳脱，自在过活，历练一番翻其实不是坏事。

• 1997年元旦，我问自己往内地发展可有突破机会？得出蛊卦三、四、五、上爻齐动，变成困卦（䷮），蛊卦“九三”值宜变成蒙卦。“遇蛊之困”，又有蒙昧难明之象，看来时机未至，但大方向正确，由蛊卦“九三”“终无大咎”可以得证，后势果然如此。

19. 地泽临（䷒）

临卦为全《易》第十九卦，之前为“蛊”，之后为“观”。《序卦传》称：“有事而后可大，故受之以临。临者，大也。物大然后可观，故受之以观。”“蛊”为积极任事，整饬改革，成功后进入开放自由的新局称“临”；君临天下，气势甚大，为众人所观仰，竞相观摩学习为“观”。这三十年多来，内地经济改革开放的成绩斐然，创造出国家发展迎头赶上的范例，值得各方观察研究，即为明证。

临、观二卦相综，为一体两面、几乎同时俱存的关系，其含义深刻而丰富。“临”是身临其境，面对众多事务，负责经营管理；“观”为旁观者清，对当局者迷批评提醒。“临”是台上唱戏，观为台下看戏，有时也会角色互换，人生剧场中，我们既是观众也是演员，很难完全跳脱观其全貌。苏东坡诗云：“横看成岭侧成峰，远近高低各不同。不识庐山真面目，只缘身在此山中。”现代量子物理学有所谓“测不准原理”，不管用多么精密的仪器探测，无法同时确定粒子的位置和动量，因为观测行为本身会干扰到观测的对象，绝对客观很难，所有的观察都涉及一定程度的主观。这是人生在世的基本困境，互相面对互相观察，谁也不能从中超脱，临卦六爻爻辞皆称临，观卦六爻皆言观，即为此意。

临卦二阳厚实居下，四阴虚柔在上，天人之位皆阴、地位皆阳，可视为有三画的大震卦之象。《说卦传》称：“帝出乎震……万物出乎震。”君临天下与“帝出乎震”相通，都是乐于承担、积极行动之卦。观卦二阳壮实居上，四阴虚柔在下，天位皆阳，人地之位皆阴，可视为有三画的大艮卦之象。“艮”为止欲修行，静得下来才看得清楚。佛教讲究止观法门，观、艮两卦宗旨相通。君临天下为政治，观心修行属宗教，自古政教关系密切，都影响广土众民的吉凶祸福。

政治处理人间事务，宗教关心终极天道。政教似应分离，以防权力过度集中的弊端，人性、人心还是不可分割的整体，既需政治安排现世的权利义务，也有借信仰安心立命的根本需求。政治有时利用宗教以安抚民心，同时防范其聚众作乱；宗教须与政权打好关系，以为传教护法。《杂卦传》称："临观之义，或与或求。"政府向人民征税为求，建设国家为民谋福为与；信徒捐献护法为与，希冀神佛保佑为求。或施与或索求，为政教皆有的常态，故合称"临观之义"，不作划分。

临、观二卦均属消息卦：临卦为阴历腊月，一年已经到头，即将三阳开泰过新年；观卦为阴历八月，约当中秋时节。以西洋星座而论，临为魔羯座，观为处女座。

临。元亨利贞，至于八月有凶。

临卦为"元亨利贞"四德俱全之卦，改革开放后，海阔天空，自由自在，一片生机勃勃，合乎周转不息的天道。西方喜谈民主自由与人权，资本主义不断宣扬开放社会与市场经济的优越性，小政府大社会，愈少管制愈好，所谓"看不见的手"的市场机制，自然会调节到平衡。西方哲学家卡尔·波普尔名著《开放社会及其敌人》的主要论点，就在强调开放自由的好处，将一切专制独裁的管理视为冥顽不灵的死敌，必须消灭才能确保开放社会的日进无疆。这种观念看似有理，其实陷于偏执，自由虽可贵，滥用自由也会酿成灾祸。2008 年 9 月 15 日起全面爆发的金融风暴，就是自由失控最好的例子。法国大革命时的名言："自由，自由，多少罪恶假汝之名以行！"蛊卦改革，可能变质成政治恶斗；临卦开放，也可能纪律荡然。任何美名都有可能被野心家利用，以逞私欲的可能，所以我们实在不宜将一些观念无限上纲，以为做到了就天下太平！开放社会并非完美无缺，其敌人也不尽在外部，潜藏在内部的敌人才真正可怕。

太极图的思维模型可解此弊：万事分阴分阳，阴中有阳，阳中有阴，阴极转阳，阳极转阴，阳决外阴尽，内阴又生问题。所以关键在阴阳谐衡，而不是谁以谁为敌，进行歼灭，说到底，其实谁也真正消灭不了谁。

开放自由可享“元亨利贞”，自由过度转成八月有凶，什么是“八月之凶”？观卦为八月卦，临、观相综，临卦一百八十度颠倒过来，就是观卦，由临至于观，表示形势逆转。观卦未必凶，“八月之凶”指自然或人世的外观有了非常负面的变化，亦即所谓的天灾人祸。2008 年“915”金融风暴、2001 年“911”纽约恐怖攻击，为重大人祸，1999 年台湾南投“921”大地震，属重大天灾，巧的是都发生在当年阴历八月。

临卦为政治管理，观卦显示天象变化，君王施政不当，会有天灾天谴，为了消弭灾难，国君得斋戒沐浴祭天，下诏罪己并改行善政，观卦卦辞即言此事。所谓人在做天在看，老天有眼，明察秋毫，这是春秋论灾异的精神。天人感应之说，有其深刻的内涵，不宜以迷信视之。今世生态环境的严重污染，即因人工开发过甚，许多政府的政策出了问题，这就是至于八月有凶，必须改弦更张，重视自然资源的保育。

《彖》曰：临，刚浸而长，悦而顺，刚中而应。大亨以正，天之道也。至于八月有凶，消不久也。

临卦二阳在下，以消息卦而论，由一阳复始慢慢成长而来，称“浸而长”。“浸”字用得很神，浸淫、浸润、浸透，为水滴石穿的慢磨工夫，想要发展成长得好，不能急功近利。临卦如果象征自由民主，绝非朝夕可至，当代许多国家仓促实施西方的制度，未蒙其利，先受其害。前苏联戈尔巴乔夫失败的“休克疗法”，即为显例。英美等大国发展民主，都经过长期的摸索与奋斗，怎能期待其他不同文化背景的国家，一夕转型成功？

临下卦兑悦，上卦坤顺包容，有言论自由、民情愉悦，掌政者开放而不压制之象。“刚中而应”，当然是指九二阳刚居下卦之中，上和“六五”之君相应与，民间兴起的势力，为最高领导者默许包容。《彖传》通常会揭示全卦主爻，为全卦精神之所在，“九二”淋漓尽致地表现出临卦自由开放的主旨。“大亨以正”，解释元亨利贞，生生不息的创造，正是“天之道”。自由一旦过火失控，造成天灾人祸，原先创意的成果可能立刻消散。由“浸而长”至“消不久”，也道出自然及人世的基本规律：万事万物要发展成熟，得累日经年，消亡却在转瞬间，建设艰难困苦，破坏非常容易，一旦毁坏之后，欲重建更难。由乾、坤开天辟地起，需经历十卦方能致泰，泰极否来，一卦就翻天覆地。

秦孝公用商鞅变法图强，一百三十多年统一中国，秦始皇死后三年，就土崩瓦解。美国纽约的双子星大厦花多久建成，“911”恐怖攻击，不到半天就灰飞烟灭！

正因为如此，人生成功非常困难，人情嫉妒心重，助人成事不足，败事却绰绰有余。屯卦“六二”开始跟人群交往，强调匪寇婚媾，尽量不树敌，即为此意；即便广结善缘，也得“十年乃字”。坤卦厚德载物，“西南得朋”，“东北丧朋”，已为人生定调矣！

《象》曰：泽上有地，临。君子以教思无穷，容保民无疆。

临下卦兑为泽，上卦坤为地，由地面俯瞰深泽，有居高临下、尽收眼底之象。君临天下者有教化民众之责，要提升国家竞争力，需激励人民自由思考，发挥创意，包容保护人民思想言论的人权。“无疆”二字已见于坤卦《象传》，“德合无疆”、“行地无疆”、“应地无疆”，广土众民生命力的发展不应受限，可突破国界，做跨域的经营。当今世界许多事业已经全球化，自由选址设厂生产，企划营销世界各地，君临天下，群临天下，影响力无远弗届。

占例

• 1991年11月初，我在那家出版公司代行总经理职，老板和市场派的大股东严重对立，董事会召开在即，我占问应如何处置？得出不变的临卦。“元亨利贞”，君临天下，只能责无旁贷勇敢面对，竭力避免形势恶化成“八月之凶”。半年后，我获真除，正式扛下艰巨的经营重任。

1993年年初，做全年经营战略的考虑，由于传统的直销部门业绩不振，遂努力扶持邮购及店销部门的成长。负责邮购企划的主管，采用革新的客户名单管理，以数据库营销大放异彩，公司寄望甚殷。我占问来年的营运策略，得出不变的临卦。“教思无穷，容保民无疆”，营销企划最需创意，提供资源让他们尽情发挥最宜，当年果然做出有史以来最佳战绩。

• 2004年8月中旬，台湾社会族群对立的氛围恶劣无比，我刚从丝绸之路的新疆之旅返台，不久又将赴成都九寨沟等地一游，面对不断变动的大形势，自己觉得到了须认真思考的关键期。当时将自宅命名“乾元居”，占问：平生志业往后当如何？得出不变的临卦。还是积极关怀面

对，投入民间讲经教学的夙业，“教思无穷，容保民无疆”。

• 2009 年 11 月初，我赴北京参加《孙子兵法》国际研讨会，与中信证券的高层晚宴，董座的女强人关心儿子次年高考成绩，我占得不变的临卦。“元亨利贞”，“教思无穷”，应该没问题。翌年夏日赴考，果然高中第一志愿清华大学材料工程专业。

初九。咸临，贞吉。

《象》曰：咸临贞吉，志行正也。

“初九”阳居阳位为正，处临卦自由开放之始，又当基层民众之位，全部参与国家治理或监督，固守正道获吉。“咸临”之“咸”，即咸卦之咸，为无心之感，也是全、皆之意。全民热情参与，全心全意投入公共事务的治理。“志”是主张跟想法，“行”是实现理想的做法，想法正确，做法务实，自然“贞吉”。屯卦“初九”“磐桓居贞”，《小象传》亦称“志行正也”。屯、临皆为全德之卦，初爻一出手即气势堂皇。临卦“初九”爻变为师卦（䷆），《大象传》称“容民畜众”，和临卦《大象传》所称“容保民无疆”意旨相通。

蛊卦“上九”《小象传》称“志可则”，临卦“初九”称“志行正”，由改革至开放，主张一脉相承。

• 2005 年 4 月初，我的老父亲夜里心脏病发，送新店耕莘医院急救，病情一度危急，我们在夜暗下忧痛彷徨。后来住进加护病房中观察，主治医师说要做心导管检查，并装支架架。由于耕莘设施不够先进，姐妹们想转至大医院治疗，我当下占问合宜否？得出临卦“初九”爻动，有师卦之象。由临变师，下卦兑泽变为坎水，静滞转为流动。“咸临，贞吉”，“容民畜众”，师卦卦辞又称“丈人吉，无咎”，应该可行。后来转至天母的荣民总医院动手术，装置了三根支架，一切转危为安。

• 2011 年 8 月中旬，正值中元祭祖时节，街上商家都焚香祷祀，氛围十足。我们学会易佛班第三期开课，主讲《维摩诘经》，我心有所感，课前占问今日可有“好兄弟”来听经？得出临卦“初九”爻动，有师卦之象。“咸临贞吉，志行正也”，受感应都来光临道场。师卦又是坎宫归

占例 魂，听经以求超度，合情合理之至。上课带着大家礼佛后，告知学员此事，其中一位当下验算，得出不变的大有卦。《杂卦传》称：“大有，众也。”大有恰当乾宫归魂卦，与“师者众也”的坎宫归魂卦相继出现，当非偶然。《系辞上传》第四章称：“精气为物，游魂为变，是故知鬼神之情状。”中元节气下，诸魂受感应而来听佛经，让我当日讲课更严谨，更用心。

九二。咸临，吉无不利。

《象》曰：咸临吉无不利，未顺命也。

“九二”阳刚居下卦之中，上和“六五”之君相应与，全心全意发挥热情与才干，“六五”非必要也不干预，这正是坤卦“六五”“黄裳元吉”、无为而治的管理方式。“吉无不利”，大有卦“上九”称：“自天佑之，吉无不利。”《系辞传》所谓“垂衣裳而天下治”，一切自动自发自律，“穷则变，变则通，通则久”，用最少的管理成本，创造最高的经营绩效。“未顺命”之“命”，既指君命，也可扩大来指天命。临卦依前述有大震之象，“帝出乎震，万物出乎震”，“初九”、“九二”都有独立自主的精神，能自由地思考判断，不必全然顺从长官的意见。自己有更好的想法、做法，尽管提出申述讨论，长官也能就事论事，服理宽容。古希腊学者亚里士多德有一句名言：“吾爱吾师，吾更爱真理。”孔子主张“当仁不让于师”。临卦“九二”爻变，成复卦（䷗），“复”为天地之心，正代表核心的原创力，人的智慧发扬到极致，可以超越天命的限制，故称“未顺命也”。

以卦中有卦的理论来看，临卦二至五爻、二至上爻皆可重组成复卦，而临卦“九二”刚好就是其中复卦的“初九”，正为剥极而复、生生不息的动力所在，难怪《彖传》高度重视宣扬，称“刚中而应”，“大亨以正”为“天之道”。天道为本体，天命属流行，道的层次比命高，既然“九二”已臻天道的境界，自然可以未顺天命。乾卦《彖传》说得很清楚：“乾道变化，各正性命。”《文言传》定义大人为：“先天而天弗违，后天而奉天时。”“天弗违”是天道的境界，“奉天时”则是依顺于天命。

“初九”、“九二”皆称“咸临”，“初九”称“贞”，须守前人规矩；“九二”则无，出规矩而脱于规矩，另有创发。“初九”“志行正”，打好坚实基础，

“九二”遂能神明变化，向大形势的命运挑战。“志”为人立定的志向，“命”为天命运行，一般不随人的主观意志而转移。《易经》经传中多见“志、命”二字，深刻研讨人志与天命互动的辩证关系，习《易》者宜用心玩索体悟。

• 2007年10月上旬，学生温泰钧伉俪请我吃饭，晚餐后，聊聊来年计划。由于2012将有浩劫的传闻很盛，会不会再发生二次金融风暴呢？之前又应如何理财为宜？我占他们占出其的策略为临卦“九二”爻动，有复卦之象。我自己则是坤卦“六四”爻动，恰值宜变成豫卦（䷏）。临卦虽可能有八月之凶，“九二”“未顺命”，“咸临，吉无不利”，自由挥洒无碍，他们条件好可以如此。我却必得小心翼翼，“括囊”以求“无咎无誉”，“慎不害也”。一年后真的发生金融风暴，我们各行其是，都没事。

• 2001年8月初，我们的台湾周易文化研究会核准成立，执行长与我商量“元年”的工作大计，当下占得临卦“九二”爻动，有复卦之象。“咸临，吉无不利”，发挥易学创意，“教思无穷”，“保民无疆”，就是这样了！

2010年9月下旬，经历一年多的人事风波后，我决心整顿改组理监事会，理事长换人，我也重入理事会督导。布局已定，我问此后顺利否？又得出临卦“九二”爻动，有复卦之象。时隔九年三任，学会应走的路还是一样，真是兔子绕山跑，终须归老窝，反复其道，天行也。

2000年4月下旬，我受邀赴宜兰佛光大学社教班授《易》一季，当时雪山隧道未开通，还得搭火车往返，有些辛苦。我占其行意义，得出临卦“九二”爻动，有复卦之象。“咸临，吉无不利”，“教思无穷，容保民无疆”，学不厌教不倦，岂有它哉？

• 2009年元月下旬，《联合报》几位高阶干部与我餐叙，闲谈金融风暴后的各方形势，其时报业经营相当艰困，已经大幅裁员好几次，危局仍不见好转。宴罢回家，我占问《联合报》往后三年营运如何？竟得出临卦“九二”爻动，有复卦之象。以为算错，再问同业的《中国时报》如何？得出不变的萃卦（䷬）。两大报居然都还不错，有三年好景。寄贺年卡给黄姓女主管时，将卦义大致说了，只是鼓励之意，结果她将卡片置于案头日日观览。2011年年初，听该报另一位干部说，前一年报社转亏为盈。易占灵敏捕捉时代变化的信息，往往超过我们自以为是的预断。

• 1992年2月底，我所在的出版公司的角力还在进行，老板为了私人

占例

财务周转，以自己的股权向市场派大股东抵押贷款，期限到了未还，就得丧失相当股数，立刻沦为小股。当时我们还站在老板这边，很担心这样的演变，我在最后期限当天占问吉凶，得出临卦“九二”爻动，有复卦之象。“咸临吉无不利，未顺命”逃过一劫，果然跳票前几分钟，奇迹般调钱入账，暂时解除了危机。

• 2009年7月中，我以《易》证佛的课将开讲，针对《维摩诘经》占其主旨，得出临卦“九二”爻动，有复卦之象。古印度的维摩诘居士佛法高深，游戏人间，却不为任何色相习气所染，随其心净，则佛土净。“咸临吉无不利，未顺命也”，处任何环境都维持真心，如如不动，正是“临”中有“复”之意。入世修行，在世不染，经中文词又美，深受中国传统文人欢迎，唐代大诗人王维自号摩诘，可见倾心。

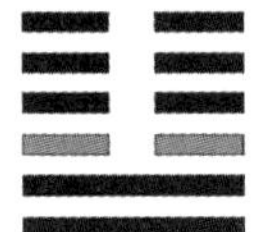

六三。甘临，无攸利。既忧之，无咎。

《象》曰：甘临，位不当也；既忧之，咎不长也。

“六三”阴居阳位，不中不正，又当内卦兑悦的开口，下乘“九二”阳刚，都是情欲蒙蔽理智之象。“甘临”之人善讲甜言蜜语，以取悦群众，却往往口惠而实不至。这种随便的态度，不适合治理天下，也无法真正赢得人的信任与尊重，最好调整过来，敬慎其事，才能无咎。本爻变，为泰卦（䷊），人际往来恢复正常沟通。台湾推行民主改革，过去二十多年里，出现不少民粹的现象，即犯了“甘临”的毛病。

根据《河洛理数》推算，蒋介石的先天本命为临卦“六三”，后天元堂为否卦“上九”，与其一生命途相应。前半生掌持国政，君临天下；后半生败退台湾，虽欲重返大陆而不能，郁郁以终。“甘临，无攸利”，揭示其性格中浪漫不羁的本质，年轻时的放荡纵情，他自己都承认；“既忧之，无咎”，当国以后忧国忧民，不得不调整暴烈的性情，以为表率。“否之匪人”，天地不通，虽想倾否翻盘，终未能旋乾转坤，含恨以殁。其一生起伏经历，差不多也与两卦十二爻的时运相当，倘若如此，人生似乎真有某些定数，豪杰贤能也难以完全挣脱。

我有位男学生命数与蒋全同，为已进入后半生“倾否”烦恼，我哈哈大笑，说他与大人物同一命格，成功失败都依相当比例缩小。“甘临”有限，“倾否”也没那么难以承受吧？

• 2009 年 7 月上旬，我们学会更新网站的设计，加强会务的报道及对外的交流。我占问如何定位最佳？得出临卦“六三”爻动，有泰卦之象。“遇临之泰”，“教思无穷，容保民无疆”，网络的传播无远弗届，欲达到充分的沟通与交流，得加强赏心悦目的亲和力，但又不宜太花哨，而失去应有的庄重。“甘临，无攸利。既忧之，无咎”，“六三”爻辞说得很清楚，就看我们怎么掌握分际了！

• 2007 年年底，我重温《春秋经》，准备旧历年后给老同学上课，对《春秋》三传都有占测其定位。《左传》的价值及定位，为临卦“六三”爻动，有泰卦之象。临卦为国际政治的大事，《左传》文辞优美，记载翔实，有“甘临”之意，和《公羊传》寓有微言大义不同，“无攸利”之辞，似有批判。

六四。至临，无咎。

《象》曰：至临无咎，位当也。

“六四”阴居阴位，处执政高层，临民治民认真负责，下和“初九”相应与，服务民众无微不至，可获无咎。“至临”之“至”，即坤卦“至哉坤元”之“至”，执行力强，说到做到，充满母性的关怀爱顾。“六三”“甘临”，口惠而实不至；“六四”“至临”，少讲多做。本爻爻变为归妹卦（䷵），卦辞称“征凶，无攸利”，小心过分感情用事，急躁落空。以卦中卦的理论来看，临卦初至四爻合组成归妹卦，“六四”恰当“临”中“归妹”的“上六”，“承虚筐”，也竹篮打水一场空。

• 2000 年 4 月下旬，我在富邦金控的《易经》班已经讲完六十四卦，太太们还想继续上课，我占问合宜否？得出临卦“六四”爻动，有归妹之象。“至临，无咎”，“教思无穷，容保民无疆”，可以继续。结果一直上到现在，又过了十多年未断，堪称异数。

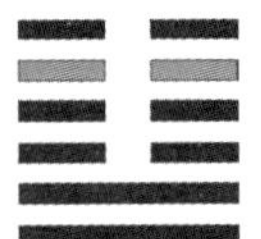

六五。知临，大君之宜，吉。

《象》曰：大君之宜，行中之谓也。

“六五”居临卦君位，下和“九二”相应与，充分授权“九二”，发挥干才参与公共事务的治理，这是无为而治、君临天下的大智慧。

“知”同“智”，“宜”为男根女阴和合之意，彼此配合得好，就能生生不息。“六五”居上卦之中，懂得依时中之道行事，必能获吉。本爻变为节卦（䷻），虽然授权行事，并非一切放任不管，关键处仍会督导节制，且概括承受最后责任。临卦强调自由开放，节卦控管关键事宜，最高的领导统御能兼顾二者，让组织既充满创意，又遵守专业纪律。换句话说，“元亨利贞”，又确保不至八月有凶。

《韩非子・八经篇》有云：“下君尽己之能，中君尽人之力，上君尽人之智。”领导人事必躬亲，专制独断，表现最差；好一点的会运用群力；更高的则善用众人的智慧、集思广益以成大事。所谓斗力不如斗智，三个臭皮匠，胜过诸葛亮。领导统御须激励全员发挥活力、积极主动、热情思考，以创造组织最高的绩效。临卦《大象传》强调“教思无穷，容保民无疆”，宗旨也在于此。

“六五”“知临”，抓稳大方向，高瞻远瞩领导；“六四”“至临”，负责落实执行。这是典型的君臣分工，必然创造良好的管理绩效。

• 1992 年 5 月上旬，我在那家出版公司代理总经理职务期满，两大势力股争中，我成了恐怖平衡的要角，要不要继续干呢？征询众议后，占得临卦“六五”爻动，有节卦之象。“知临，大君之宜，吉。”遂决定继续负责，不久经董事会同意真除，正式展开为时两年的经营生涯。不论后事如何，这都是人生难得的一段历练啊！

• 2003 年 3 月底，社会大学基金会出版了我首部光盘产品：《决策易——复见天地之心》全集。内容是 1999 至 2000 年的授课课程，学员对象比较特殊，都是台湾政商界的一些精英，包括苏起、游锡堃、赵藤雄、孙永祥等人在内。我占问其价值定位，得出临卦“六五”爻动，有

占例

节卦之象。“知临，大君之宜，吉。”正为领导高层人士所需，应算功不唐捐。

• 2000 年 4 月中，我整理《系辞传》，占问上传第四章的主旨为何？得出临卦“六五”爻动，有节卦之象。“知临，大君之宜，吉”，“行中之谓也”。“《易》与天地准，故能弥纶天地之道…与天地相似，故不违，知周乎万物而道济天下，故不过……范围天地之化而不过，曲成万物而不遗，通乎昼夜之道而知，故神无方而易无体。”临卦“元亨利贞”，为“天之道”，自由开阔地面对一切，“六五”行事中节，既无穷无疆，又不至逾越规范而犯过。知周万物、通昼夜之道而知，正是“知临”的表现。《易》卦解释自身的思想，真是精彩到位。

上六。敦临，吉，无咎。

《象》曰：敦临之吉，志在内也。

“上六”居临卦之终，为退休大佬之位，已不实际管事，却仍关心公共事务与民众福祉，提供建议，照顾后进，如此行事可获吉而无咎。“敦”为厚重笃实，“敦临”有仁厚长者气象。《中庸》称：“小德川流，大德敦化。”《系辞上传》第四章称：“乐天知命，故不忧；安土敦乎仁，故能爱。”即为“敦临”的境界。吉之后接无咎，不但获吉，还没有任何后遗症。“志在内”，正是关爱其下诸爻，爻变为损卦（䷨），“惩忿窒欲”，无私无我，为民众谋福。临卦“初九”“志行正”，“上六”“志在内”，贯彻行事，不负初衷。

《论语·雍也篇》记子曰：“知者乐水，仁者乐山；知者动，仁者静；知者乐，仁者寿。”临卦“六五”“知临”，爻变外卦为坎水；“上六”“敦临”，爻变外卦为艮山，恰合此义。知临领导统御需有智慧，如坎水般机变灵活；敦临修养功深，登峰造极，不动如山。

通观临卦六爻的衍变：“初九”、“九二”“咸临”，全部热情参与；“六三”“甘临”，滥情太过，“六四”至临，脚踏实地做事；“六五”“知临”，“上六”“敦临”，必仁且智。随着生命成长，任事的经验与态度大有不同，这也是《彖传》所谓的“浸而长”。年轻时不可能敦临，年长后再“咸临”也怪怪的，这是自然的节奏，顺应就好，强求不得。

• 1994年元月中，我任总经理职的最后半年，年初做业绩预期，继去年突破四亿台币后，想更冲刺至四亿五。当时占问是否可能？得出临卦“上六”爻动，有损卦之象。结果四个月后“政变”，我等于实质上退休，居于“敦临”之位。中枢一乱，业绩大幅下滑，什么计划都成了泡影。“上六”爻变所成的损卦，其实是指公司损失惨重。

• 1998年12月中，我深入研究相错两卦的关系，占问颐（䷚）、大过（䷛）二卦整体阐明的意义为何？得出临卦“上六”爻动，有损卦之象。颐卦讲养生与饮食，大过卦谈情爱与死亡，两卦相错，深入阐析由生至死的食与色的问题。临卦由“咸临”至“敦临”，从青春男女的热情，谈到暮年的厚实稳重，也象征人一生的“浸而长”到“消不久”的历程。明了生死大事后，当知损卦惩忿窒欲的重要，人生数十寒暑转眼即过，还是留点功德在世间，大德敦化，吉而无咎。

临卦多爻变占例之探讨

以上为临卦卦、彖、象与六爻单变之分析说明，往下进入更复杂的二爻以上多爻变的讨论。

占事遇卦中任意二爻动，若其中一爻值宜变之位，以该爻爻辞为主、另一爻爻辞为辅论占。若皆不值宜变，以本卦卦辞卦象为主，并参考二爻齐变所成之卦的卦辞卦象。

• 1998年6月中，我在社会大学基金会已教出几届学生，会方筹办7月中由我率团，赴内地作“《易经》溯源之旅”，由山东曲阜经河南安阳、淮阳，至甘肃天水，将孔子、文王与伏羲诸圣的古迹都走一遍。我占问此行会顺利否？得出临卦“初九”、“九二”爻动，有坤卦之象。“教思无穷，容保民无疆”，合乎寓教于乐、行万里路的游学宗旨。“初九”“咸临，贞吉”，二十多位学员热情参与，志行皆正；“九二”“咸临，吉无不利”，我带队出游，自天佑之。结果全程顺利完成，确如占象所示。

• 2009年5月下旬，我们学会在溪头林区办春季研习营，论题为“精义入神以致用：《易经》与道家的对话”。来宾请了东海大学退休教授魏元珪来演讲，他是我同门的老师兄，参与两天活动后，建议我们可以办书院。我为此占问合宜否？得出临卦二、三爻动，有明夷卦（䷣）之象。“教思无穷”固然好，“明夷”却是前景黯淡的艰困之象，什么原因呢？“九二”“咸临，吉无不利”，学会有此夙志；“六三”“甘临，无攸利”，空言或习气太深，妨碍成事。办书院云云，成继往开来之业，谈何容易？

2010 年 8 月上旬，鉴于学会人事纷争不断，我下定决心改组理监事会，希望革除积习，重新出发。预定换上来的新理事长信心有些不足，还想各方磨合，我坚定大原则行事，再占学会当时形势为何？得出临卦二、三爻动，有明夷之象。果然积习扰人，“甘临”之风确需调整，既忧之，方能无咎。

2010 年 9 月上旬，我将赴德国讲《易》前夕，由于夜间的以《易》证佛班学习氛围不对，有履霜坚冰之感，想回台后整顿器局，遂占问情势如何？得出临卦二、三爻动，有明夷之象。“甘临”积习确实已干扰“咸临”正道，必得“击蒙”了！

由以上三占看来，开放自由的管理确需节制得宜，否则日久玩生，“浸而长”成了“消不久”，不也甚为可惜？俗谚“亲近生狎侮”，佛言“慈悲生祸害”、“方便出下流”。孔子说：“群居终日，言不及义，好行小慧，难矣哉！”习道者戒之戒之。

• 1993 年年底，因为将士用命，创造了有史以来的最高业绩，我除了自掏腰包，遍请出版公司高级主管庆功宴之外，也接着考虑新年度的人事升迁。其中邮购营销出色的企划部经理为首要人选，若晋升协理，加重督导权责如何？得出临卦二、五爻动，齐变有屯卦（䷂）之象。“教思无穷”，企划营销最需创意。“九二”“咸临，吉无不利”，即为待升主管，“六五”“知临，大君之宜”，是我开放授权的领导方式，两爻相应与，配合无间，应该很合适。道理没错，却只运转四个多月，因中枢生变影响全局，往后一切走样，“遇临之屯”的两个“元亨利贞”未能实现，通通至于八月有凶。

1994 年年初，雄心勃勃地做全年营运规划，其中占算公关策略，得出临卦初、上爻动，有蒙卦之象。“教思无穷，容保民无疆”，以“咸临”始，至“敦临”终，又有外阻内险、蒙昧不明之象事后方知，“敦临”是指我被迫失权，投闲置散，蒙象亦由此而生。什么企划想法，皆成泡影。

1990年10月下旬，公司经营已经左支右绌，险象环生，我彼时开占不久，常拿公司事练习，有占得出临卦三、四爻动，齐变有大壮卦（䷡）之象。大壮“利贞”，《杂卦传》称：“大壮则止。”严戒感情用事、轻举妄动。“遇临之大壮”，勇于面对治理，但得戒慎恐惧。“六三”“甘临，无攸利”，空言滥情无补实际；“六四”“至临，无咎”，默默苦干即是。三多凶四多惧，皆属人位，形势虽然险恶，毕竟事在人为。

• 2010年10月中，我为下月学会办的秋季研习营做准备，讨论主题为“文明浩劫与人类文明的永续经营”。我阅读思考所谓2012浩劫将至的种种预言，占测一个基本问题：我们人类的知识与智慧，真能预测未来吗？得出临卦二、四爻动，“六四”值宜变，成归妹卦，齐变则有震卦（䷲）之象。临、观相综一体，我们观察预测事势时，本身身临其境，要完全冷静客观很难。“六四”“至临”，爻变归妹，内悦外动，就可能陷入这种一厢情愿的主观情境。又因为人有自由意志，不会完全听顺命运的安排，出手行动，可能改变形势，这就是“九二”“咸临，未顺命”的影响。二与四同功而异位，充分说明了其中奥秘，两爻齐变的震卦，告诉我们可以预测大势所趋，更要自立主宰，积极行动以趋吉避凶，开物成务。

三爻变占例

占事遇卦中任意三爻动，以三爻齐变所成之卦为“悔”，本卦为“贞”，成贞悔相争、相持不下的微妙情势，合参两卦卦辞卦象论断。若本卦其中一爻值宜变，该爻爻辞加重考虑其影响。

• 2011年5月下旬，我赴湘、鄂两地学术参访，最后一晚在岳麓书院与该校师生座谈，谈到孝道与祭祖的问题。我边听边以手机占问：中国孝为德本的观点及实践，未来前景如何？得出临卦初、二、四爻动，贞悔相争成豫卦（䷏）。“初九”、“九二”皆称“咸临吉”，亲子之情出乎自然；“六四”“至临，无咎”，父母照顾子女无微不至，舐犊之情人皆有之。豫卦热情行动，《大象传》称：“先王以作乐崇德，殷荐之上帝，以配祖考。”更明确点出华人祭祖、慎终追远的庄严意义。“遇临之豫”，前景还是看好，这是人性自然的道理，没什么担心与辩驳的。

2009年7月上旬，我的学生辛怀如偕夫婿赴美，其时全球已卷入金融风暴之中，天灾人祸频仍，各地都不大安宁，行前问占，得出临卦初、二、四爻动，贞悔相争成豫卦。“咸临”与“至临”，温馨周至，豫卦“利建侯行师”，利于出行。“遇临之豫”，安心出游享受天伦，绝无问题。

《焦氏易林》“遇临之豫”的断词为：“蜎飞蠕动，各有配偶，小大相保，咸得其所。”小小的蚊虫或飞或爬，都有伴侣同行，人间的亲情更应宝爱珍惜，以上二占例，皆可做如是观。

• 2008 年 11 月上旬，我的学生郭女士安排好翌年春节往印尼巴厘岛家庭度假的旅程，由于该地曾发生恐怖攻击事件，有些担心安危而问占，偏偏又得出不变的剥卦（䷖）。一阳浮于五阴之上，岌岌可危，“不利有攸往”。卦意明确，行程已定不能退，怎么办呢？再讨对策，得出临卦初、二、五爻动，贞悔相争成比卦（䷇）。“咸临”、“知临”，三爻皆吉，比卦就有相偕出行之意，卦辞第一个字亦是吉。“遇临之比”，只要随时欢聚、相互照顾，应该无碍。临卦也是阴历腊月之卦，恰当她们旅游之时。结果她们依计划出游，一切平安喜乐。

为何何会先出现剥卦之象呢？是反映了当事者心头的焦虑吗？近年来举世不宁，灾祸不断，出门在外时时难，真的也是得小心翼翼。

• 2009 年 3 月下旬，我早该出版的《易经与现代生活》简体版仍未出书，数年前洽商订约的出版商一再延误，不管电话或当面沟通几次，当时说好，后来照样没下文。我真是心头火起，失去耐心，心想干脆认赔杀出，断然解约，另寻好的配合对象出版。占问吉凶，为中孚卦（䷼）“初九”爻动，有涣卦（䷺）之象，爻义是又得经过严谨征信的过程，一切重新来过。我嫌麻烦，再占：如果仍依原案出版，耐心跟催进度如何？得出临卦初、二、五爻动，贞悔相争成比卦。“遇临之比”，还是应该面对现实智慧处理，继续合作，数月后总算出书，了结心中悬念。

• 1996 年元旦，我虽仍待在出版公司没走，调整年余，人生崭新的方向已日渐明晰，做一年之计时，问个人学业发展如何？得出临卦下三爻全动，贞悔相争成谦卦（䷎）。“遇临之谦”，教思无穷至君子有终，格局气势极佳，当时也自觉进益甚大，唯一要注意的只是别犯甘临的毛病，更严谨治学就好。

2010 年 5 月初，《联合报》的欧洲特派员陈玉慧女士来台与我晤面，洽商赴德授《易》事宜。我当然乐意有此机会与德人谈《易》，会面前试占晤谈顺利否？得出临卦下卦全动，贞悔相争成谦卦。“教思无穷，容保民无疆”，弘扬易道突破了种界国界，“谦亨，君子有终”。“遇临之谦”，

形势一片大好。晤商确实愉快，当年及次年都顺利赴南德的慕尼黑讲学，为我的习《易》生涯多添一份异彩。

• 2005 年 3 月底，文化大学邀我与名建筑师林洲民座谈，主题是“台北城的建筑景观与未来”。会前我占问：台北城的建筑气象如何？得出临卦初、五、上爻动，贞悔相争成涣卦（䷺）。临卦居高临下，自由开阔，涣卦上风下水，正寓风生水起的风水器局。“遇临之涣”，台北城的高楼景观有其特色。“咸临”、“知临”、“敦临”，热情奔放者有之，睿智仁德者亦有之，兼容并蓄，蔚为大观。

• 2011 年 7 月下旬，台湾的《鹅湖》杂志与东方人文学术研究基金会，主办“东亚青年儒家论坛暨研习营”，地点在台湾师大的林口校区。我应邀去讲了一堂课，跟内地、台湾、香港，以及日本、新加坡、马来西亚等国的青年学子谈“周易大象传与彖传的义理结构”，一周后，又邀他们约二十位至我们学会参访座谈。事后，我占问这种互动可有启发之效？得出临卦初、二、上爻动，贞悔相争成剥卦（䷖），临卦“上六”值宜变成损卦。临卦“教思无穷，容保民无疆”，“初九”、“九二”“咸临”，正是年轻学生热情受教，“上九”“敦临，志在内”，我们希望提携照顾后进。损上益下，剥极而复，期许一代一代继往开来。近百年西风东渐，同道者总叹息儒门淡薄，收拾不住。我们在社会上讲经，受教者虽为社会精英，毕竟工作忙碌，积习已深，也有颇深的无力感。青年学子可塑性高，也有大量从容学习的光阴，其实有心推广文化者应善加珍惜，全力以赴。毓老师当年开班授课，不收社会人士，限定在学学生，有其洞识。

• 2011 年 8 月中旬，我刚自北京上完课返台，又接着讲完《联合报》第四期《易经》班的最后一堂课，针对教学效果问占，得出临卦初、三、上爻动，贞悔相争成蛊卦（䷑）。临卦自由开放，教思无穷；蛊卦革除旧习，继往开来。“遇临之蛊”，应该功不唐捐。临卦“初九”“咸临贞吉，志行正”，起手格局不错；“六三”“甘临无攸利”，总是有些人习《易》的态度轻浮，“既忧之，无咎”，矫正后即可渐入规范；“上九”“敦临，吉无咎”，有沉稳成就气象。

• 2011 年 6 月中旬，我在高雄旅次，问自己此生与中华经典的缘分，得出临卦二、四、上爻动，贞悔相争成噬嗑卦（䷔），临卦“九二”值宜

三爻变占例

变成复卦。“遇临之噬嗑”，亲身参与教思无穷的研习专业，兼或有独造心得，可为后人效法，“噬嗑”有立法之意。“九二”“咸临吉无不利”，“未顺命也”，大有开创的空间。“六四”“至临，无咎”，想通了还得做到；“上六”“敦临，吉无咎”，自觉觉人，亦为题中应有之义。

四爻变占例

占事遇卦中任意四爻动，以四爻齐变所成之卦的卦象卦辞为主，探究本卦变成之卦的因由。四爻中若有一爻值宜变，加重考虑该爻爻辞的影响。

• 2011 年 3 月中，我受毓老师之托，介绍买主看苗栗的一块山坡地，地名乾元山，多年前老师曾想盖奉元书院，后因故放弃，形移势转，变成卖掉筹资，到内地建书院。月前牵线未成，又想试试另一位颇有财力及影响力的学生，先占一卦，得出临卦初、二、三、五爻动，四爻齐变成蹇卦（䷦）。“遇临之蹇”，虽可尝试，恐怕难成。结果五天后老师过世，此事自然也跟着停摆。

扫码聆听刘君祖老师亲自讲述大易之道

——逐字逐爻详解易经六十四卦

20. 风地观（䷓）

观卦为全《易》第二十卦，前接临卦相综，后为噬嗑卦。《序卦传》称：“临者，大也，物大然后可观，故受之以观。可观而后有所合，故受之以噬嗑。嗑者，合也。”“噬嗑”即咬合并吞，为弱肉强食的斗争。“临”为公共事务的治理，“观”为对万事万物的观念看法，两卦相综一体，表示我们管理这个世界，跟我们怎么看这个世界有关。不同的做法及看法，可能引发对立冲突，例如十字军东征，这一场基督教与伊斯兰教的宗教战争，就是观卦后接噬嗑卦的显证。

观卦卦形二阳在上、四阴在下，很像门楼牌坊、道观庙宇或日本神社“鸟居”的形制，人行于其下往上观望，会油然生起信仰的情怀。伏羲一画开天，萌发大易思想，即由观察天象地理、动植生态而来。观不只是往外观察，也包括往内观察反省自己的心性。佛教最有名的菩萨称“观世音”，也名“观自在”，自觉而后觉人，现身说法，济度众生。

《说文解字》释观为“谛视也”，仔细用心观察万事万象的真谛。“观”（觀）字又是鸟飞高空俯瞰大地之意，目光犀利，洞察入微。

观。盥而不荐，有孚颙若。

观卦卦辞所述，为宗庙祭祀的情景，信仰虔诚，庄重肃穆。“盥”是洗手洗脸或斋戒沐浴，入庙以前先清净身心；“荐”是上供，祭祀开始之后将牛羊猪等牺牲奉献，或摆上鲜花素果，以示敬意。“有孚”是真诚信仰，“颙”是大头，信众膜拜的对象通常塑成伟岸高大的形貌，望之俨然。“若”为语尾副词，“颙若”就是庄重肃穆的气象。“盥而不荐”，强调真心清净，至于供品丰盛与否，不是那么重要。《论语·八佾篇》记子曰：“礼，与其奢也，宁简；丧，与其易也，宁戚。”“易”是节文习熟，未必有哀痛之实；祭品奢侈铺张，不如心诚而简约。同篇又记子曰：“禘自既灌而往者，吾不欲观之矣！”“禘”是古代五年一次的大祭，“灌”是洒酒于地上以迎所祭之祖，通常在祭祀之先，然后才进行上供膜拜。孔子此言与观卦卦辞意境绝似，都重视始祭时的心意真诚，不在乎其后的丰盛上供。“有孚颙若”，与祭者严正肃穆，真心信仰，才合于观卦的主旨。“灌”与“盥”不同，但都是祭祀之先的致敬动作，清心寡欲，勿沾任何不良习气。

老子说：“涤除玄览，能无疵乎？”洗涤杂念，才能看事通透。

清朝嘉庆帝名颙琰，典雅殊特，其父乾隆名弘历、其祖雍正名胤禛、曾祖康熙名玄烨，皆风华贵气，满人汉化之深，可见一斑。

观卦卦辞全无“元亨利贞”四字，亦不提吉凶悔吝，并非观卦无德，而是虚心冷静，深入观察，必须排除一切急功近利的想法，与主观情绪的干扰，方易得其真相。

《彖》曰：大观在上，顺而巽，中正以观天下。观，盥而不荐，有孚颙若，下观而化也。观天之神道，而四时不忒；圣人以神道设教，而天下服矣！

观卦二阳在上，高居天位，为“大观在上”，下坤顺上巽入，顺势深入，参究事理。“九五”中正居君位，高瞻远瞩，观览天下事。上卦巽风，以风范楷模教化天下；下卦坤为广土众民，钦仰学习，深受感化。“天之神道”之“神”为动词，为彰显发扬至最高境界之意，天象变化，昭显自然规律，春夏秋冬四季更迭，准确而无差错。人能弘道，圣人取法天象，设立种种教化方式，使天下万民心悦诚服。

小畜卦“懿文德”，远人不服，则修文德以来之；谦卦“九三”劳谦不伐，《小象传》称“万民服”，“六五”“利用侵伐”，《小象传》称“征不服”；豫卦“顺以动”，《彖》称“刑罚清而民服”；观卦称“神道设教而天下服”。人生在世，领导群众奋斗，应以德服人，而非以力服人。

豫卦《彖传》称：“天地以顺动，故日月不过而四时不忒。”观卦《彖传》又称：“观天之神道，而四时不忒。”“不忒”是绝对精确零误差，表示人生观察及预测事势讲求准确，才能洞察真相，趋吉避凶。自然的天象有其变化规律，可以透过观察而做出精确预测，历法节气等即为显例。若天象反常失控，就是临卦所谓的八月之凶了！

《象》曰：风行地上，观。先王以省方观民设教。

观卦下坤地、上巽风，为风行于大地之象。《大象传》称“先王以”而非“君子以”，同比、豫二卦《大象传》一样，为中央共主的最高领导层级。“省方”是到各地方去参观考察，用心研究民情风俗，以为施政参考。“观民”并非走马观花，而是与民众深入接触，确实了解民困民怨所在，然后想方设法协助解决。周代曾设“采风”之官，巡游天下各地，搜集民诗，以掌握风土民情。《论语·阳货篇》记子曰：“诗可以兴，可以观，可以群，可以怨。”正合观卦大象情境，中央施政不能闭门造车，必须勤跑地方了解实况。在台湾称为“走透透”，以前宋楚瑜任省长时，跑遍全台三百多个乡镇，号为勤政。在管理学上，这是现场主义、行动办公室的观念，脚到、眼到、心到、手到，服务周到。

“省方”也是行万里路、云游天下的理念，广博见闻，比读万卷书还切实际。今日世界大通，国际旅游相当方便，有志世务者应多跑跑，以练达人情。

俗云“一方水土一方人”，根器秉性皆异，风俗习惯不同，人际交往时须多注意，才能顺利有效沟通。观音菩萨现身说法，度一切众生，大慈大悲的智慧值得学习。“省方观民设教”，最重深入浅出的功夫，将大道以明白晓畅的语言普及于众生，最是功德无量。但通俗又不等于媚俗，并非迎合迁就，而是引领众人往上进，掌握这个分际非常重要。我授《易》二十多年，深知普及易道之难，不能曲高和寡，更不宜哗众取宠，个中三昧，唯识者知之。

观卦《大象传》的文辞，让人想起基督教的主祷文：“我们在天上的父，愿人尊你的名为圣，愿你的国降临，愿你的旨意行在地上，如同行在天上……因为国度、权柄、荣耀全是祢的。阿门！”

风行天上为小畜卦（☴☰），密云不雨，尽打高空不落实处；风行地上为观卦，法雨均沾，信众都能受惠。基督志在实现地上天国，大乘佛法务求普度众生，心净国土自净，现世烦恼转为无上菩提，此岸就是彼岸。观卦二阳高高在上，容易孤芳自赏，抽离实际，“省方观民设教”，则回向布施，将高明的理念落实于现世。临卦二阳稳稳立足，忙于尘俗事务，忘了提升精神境界的重要，故而“教思无穷，容保民无疆”。《系辞下传》第五章：“精义入神，以致用也；利用安身，以崇德也。”思想观念愈高明愈好，但须经世致用；实业安家落户，得注重思想境界的提升，修业勿忘进德。

蛊卦“振民育德”、临卦“教思无穷”、观卦“观民设教”，国家社会由改革而开放的剧烈转型时期，教育工作特别重要。

卦序豫、随、蛊之后为临，临后为观，显示：君临天下的领袖，能立足于当下，“干父之蛊”、预测未来，且能宏观天下，视野辽阔。领袖群伦的大才极不易得，除了天纵英明外，不断地接受教育，历练学习，也是不二法门。

• 1994 年 5 月下旬，那家出版公司政变已尘埃落定，老板挟过半股权支持，强势回朝掌权，市场派的大股东作壁上观，经营干部一时人人自危。诡谲的氛围中，我占尔后个人安危，得出不变的观卦。不动喜怒，冷静观察即是。另外，临、观相综，既然被削权，不再临事，就袖手旁观吧！事实上，往后七年我也真的不再管事，读书无数，彻底走上了人生另一条道路。

1996 年元月中旬，股争再起，两雄剑拔弩张，一付势不两立的决战态度，我正偕家小在南台湾小垦丁度假，昔日并肩作战的同事来电相告。我心情虽已大异，仍占自己可明哲保身否？又得出不变的观卦。理也势也，命也数也，不必为此再耗心神。

• 2001 年元旦，我依惯例做一年之计，全年运势为贲卦（䷕）“六五”爻动，有家人卦（䷤）之象。“贲”为人文化成之意，君位动，表示我讲经授易已然有成，既退出职场拼搏，家庭生活得享天伦之乐。再占全年谋道志业如何？得出不变的观卦。风行地上，省方观民设教，那年我真的是到处授课，接触了形形色色的学生。

• 2009 年 10 月中旬，我应富邦讲堂学生所请，占问诸大宗教信仰究竟否？其中伊斯兰教教旨为不变的观卦。风行地上，伊斯兰教影响人类文明重大深远；“盥而不荐，有孚颙若”，其斋戒沐浴的虔诚，也让人印象深刻。我去埃及的一些城市，每天清真寺的钟声响好几回，万千信众祈祷礼拜的情景真是壮观。

• 2010 年 8 月下旬，我刚从北京授《易》返台，占问：我这辈子在

易学上下的功夫与研究成果，对中国未来的发展有何影响？得出不变的观卦。临、观相综，君临天下须有宏观视野，“风行地上，先王以省方观民设教”。《易经》自古即为帝王之学，所谓帝王并非指专制政权，“帝”为主宰义，“王”指王道，天下人心所归往者即为王。先民集体智慧所凝铸的心血结晶，确应珍惜发扬，继往开来，不必妄自菲薄。

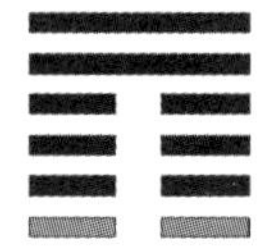

初六。童观，小人无咎，君子吝。

《象》曰：初六童观，小人道也。

“初六”为观卦之始，也居基层民众之位，思想观念难免幼稚，算是娃娃看天下，层次太低，只看到些肤浅的表象。小人非指坏人，而是市井常民，见识浅无足怪，故称无咎。君子有志平治天下，“童观”而不长进可就不行了。格局窄、文过饰非为“吝”。小人无咎，奶瓶尿布也是人生，显示慈爱包容；“君子吝”，知识分子不思上进必须鞭策，聪明才智愈大者，应为更大多数人服务。本爻变，为利益众生的益卦（䷩），主旨皎然可知。

1993年元月中旬，那家出版公司股争暗潮汹涌，市场派大股东的哥哥任职直销部门后勤主管，能力严重不足，经常误事，众心颇有不平。当时为免困扰，居然有人建议逼退，我占问合宜否？得出观卦“初六”动，爻变有益卦之象。

“童观，小人无咎，君子吝。”一方面应指“皇亲国戚”能力不足，却据高位；另外也警告我们太幼稚，怎么惹得起其后的大靠山。益卦有迁善改过之意，这项调整只会找来麻烦，看不出有何利益，于是遂作罢论。

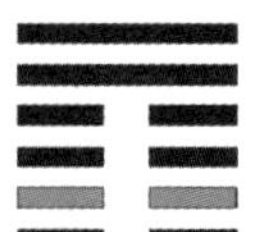

六二。窥观，利女贞。

《象》曰：窥观女贞，亦可丑也。

“六二”中正，上和“九五”相应与，应该很不错才对，偏偏爻辞并不好，什么道理？“窥观”是隔着门缝偷窥，心慌意乱怕被发现，视界受拘限，也看不真切。古代妇女甚少外出，家中有客人来，往往躲在门后偷看，根据片面观察所得即下结论，这也难怪，故称“利女贞”。“亦可丑”之“丑”字，就是小器上不了台盘，也有类别之意，如是则又现宽厚包容的胸怀。本爻若动，恰值宜变成涣卦（），散漫而无统绪，不能形成明晰确实的观点，实不可取。

“初六”“童观”、“六二”“窥观”，即所谓妇孺之见，或流于浅薄，或失之感情用事、片面而狭隘，人生处世，不宜永远囿限于此。

“六二”“窥观”的对象，多半是与之相应与的“九五”，远观仰望，观点固定执著，往往一厢情愿。“九五”居全卦君位，“六二”以偶像视之，过分美化，看不透事象的全貌。观卦利近不利远，“六四”上承“九五”，上卦巽为深入接触之象，贴身观察学习，就比“六二”效果好得多。孟子论教学，有“亲炙”和“私淑”之分，“六四”即亲炙，“六二”私淑“九五”，距离太远，难窥大道。

占例

观卦“六二”爻变成涣卦，若占问的是身体疾病，则不大妙。涣卦卦辞有“王假有庙”四字，精气涣散，行将入庙。曾有学生问病占到此爻，果然患者于观卦相当的阴历八月往生，而且属妇科疾病，正应了《小象传》所言：“窥观女贞，亦可丑也。”患部在直立身躯的腹胯位置，二爻动变成“涣”，预示了如此多的信息，易占灵敏精密，令人怃然。

• 2006年12月初，高雄商界的一位学生至台北，约我共进日本料理，同座还有一位惹上官非的地方人物，已判定有罪，问尚有解否？占得观卦“六二”爻变，成涣卦。“窥观女贞，亦可丑也”，看来没救。当晚学生再拨电话给我，正常方法没解，要不要动用非常方法？他积极介入合适吗？我再占得不变的颐卦（䷚），卦辞称：“贞吉，观颐，自求口实。”劝他算了，各人造业各人承担吧！事遂定论，不久那位先生入狱服刑。

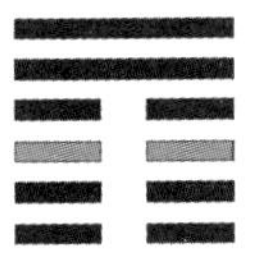

六三。观我生，进退。

《象》曰：观我生进退，未失道也。

“六三”已入下卦最上，冷静观省自我的生命生活，若有心得进益，可更上层楼，提升至上卦“六四”之境；若无突破，也可能退回“窥观”、“童观”的层次。这种或进或退的现象，其实很正常，在人生修行途中为有待突破的关口，只要不偏离大道，都可想方设法解决。本爻变，为渐卦（䷴）。“渐”以鸿雁结队飞行为喻，循序渐进，往来以时。人生处观我生之时，若能找志同道合者切磋琢磨，团体学习效果较佳，大道非朝夕可成，长期熏习，渐入佳境。

•1996年元旦，我作一年之计，当时已认真考虑往大陆发展的企划，问突破前景如何？得出观卦“六三”爻动，有渐卦之象。“风行地上”，“省方观民设教”，“六三”正是由内欲往外推进之际，爻变为渐，似乎还得慢慢发展，而且组队前往更佳。后来确实如此，当年未有明显突破，两年后率学生二十多人做《易经》溯源之旅，才算稍为打开局面。真正布局严谨、建立深度接触，还在六年之后呢！

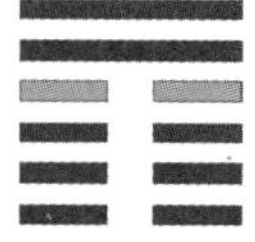

六四。观国之光，利用宾于王。

《象》曰：观国之光，尚宾也。

“六三”发展迟滞，跟本身不中不正、时位未宜有关。“六四”阴居阴当位，又当上卦巽风深入契合之处，条件改善太多，上承“九五”君位，已能趋近观仰大道之光，故称“观国之光”。观光旅游的典故出于此，本为到国外观摩学习之意，近现代的出国留学，就是要学习别人的长处。学成后也不必急着返国，最好留在当地生活就业一段时间，将所习理论与实务印证，活学活用后，再回祖国贡献。唐代玄奘大师赴印度求法，待了多年后返回中土，主持规模宏大的译经事业，对中国佛教贡献甚伟，就是“观国之光”的显例。

“利用宾于王”，利用观摩学习来的心得，待在留学地做客，为当地的领导服务。“王”指“九五”，“六四”上承“九五”，为客卿，深得重用，故称“尚宾也”。唐代武则天时写造反檄文的骆宾王，名字显然出自此爻。战国时代流行进用客卿，秦国之所以富国强兵、统一天下，就是因为重用外来人才，从商鞅到李斯，打下了霸业的根基。客卿一定引起本土派的杯葛和嫉恨，李斯当年为此写下《谏逐客书》，使秦王嬴政收回成令。本爻变为否卦（䷋），人情否隔，君子以俭德避难，不可荣以禄，外来客卿的确很难自处。

“观国之光”，有“国之光”就有“国之暗”，观摩学习别人长处，也别忽略其短处。

• 2000 年 4 月下旬，我整理《系辞传》，占问上传第十章主旨为何？得出观卦“六四”爻动，有否卦之象。“观国之光”，深入观察一切事相；“尚宾”，也是崇尚客观之意。“《易》有圣人之道四焉：以言者尚其辞，以动者尚其变，以制器者尚其象，以卜筮者尚其占。”辞变象占都为君子所尚，冷静分析阐释，不受私人情欲影响。《系辞传》说得好：“《易》，无思也，无为也，寂然不动，感而遂通天下之故。非天下之至神，其孰能与于此？”观卦《彖传》称：“观天之神道而四时不忒，圣人以神道设教而天下服矣！”义理完全相应。

• 2007 年 9 月下旬，我刚看完学生送我的《货币战争》一书，作者宋鸿兵特殊的观点引人入胜，确也与一般人的常识大相径庭。我反复思维，最后占其论据可信否？得出观“六四”爻动，有否卦之象。宋曾在美国金融圈待过一阵，“观国之光”也“观国之暗”，有一定的客观性，倒非信口雌黄，至于国际阴谋论云云，是否确如所指，还费斟酌。爻变为否，好像还有未必尽然通达的疑虑。来年发生金融风暴，似乎部分佐证了其预言，该书也再接再厉，出了续集与第三集，成为畅销的话题书。总而言之，值得观察后势发展，所谓大道无形，我们这个世界究竟是如何真实运转的呢？

• 1994 年 11 月中，我已脱离那家出版公司的经营职责半年，自己暗暗另发大愿，从此走不同的路，并以“华夏又一春”称之。虽不管事，对外职衔上还挂总经理兼总编辑，当时盘算过这种名不副实的态势，暂时留任对我合宜否？得出观卦“六四”爻动，有否卦之象。“否之匪人，不利君子贞”，《大象传》且称“俭德辟难，不可荣以禄”。这是内里实情，但外人不会知道，表面看起来还有“观国之光”的模样，方便我重新布建人脉，剩余利用，又有何伤？

九五。观我生，君子无咎。

《象》曰：观我生，观民也。

“九五”中正居全卦君位，居高临下观览全局，此处的“观我生”是指大我，而非“六三”的“小我”，《小象传》故而解释为“观民也”。《大象传》称“先王以省方观民设教”，正指“九五”而言。临卦为政，“六五”称“大君之宜，吉”；观卦宣教，“九五”称“君子无咎”。临卦“上六”“敦临”，下接观卦，称“吉无咎”。《易经》修辞立其诚，处处精准无匹。本爻变为剥卦（䷖），以卦中有卦的观点来看，观卦初至五爻、二至五爻，又可重组成剥卦，而观卦“九五”皆当剥卦“上九”的位置。剥卦一阳浮于五阴之上，资源丧失殆尽，岌岌可危，当然不好，而观卦“九五”伟大宏观，又是怎么回事呢？这就和蒙卦“九二”“包蒙”一样，爻辞绝对吉，爻变却为剥卦，其真意在于剥极而复，剥除虚妄的表象，直探真理的核心。观卦“九五”深观世相，穿透外在的假象，掌握其真实的本质。这正是佛教《心经》所称：“观自在菩萨，行深般若波罗蜜多时，照见五蕴皆空，度一切苦厄。”“观自在”、“观世音”、“观我生”，人生最深沉的妙智慧尽在于此。

其实以佛教观念来比拟，临、观二卦相综一体，“观”是观世音菩萨的法相，“临”是大势至菩萨的象征，一左一右侍立于阿弥陀佛身边。君临天下有大势，救苦救难现观音，相助阿弥陀佛济度末法时期的众生。

解读卦象还有一种“数位观象法”，以阳爻当一、以阴爻为零，可将一卦拆解成几卦的组合，一加零或零加一等于一、零加零等于零，只要避开一加一即可。如此等式的两边效力等值，例如观卦加上临卦，等于中孚卦（䷼），表示所谓合于中道的诚信，既有正确观念，又有负责的做法。左“观”右“临”的两菩萨像，合成“中孚”的末世信仰，阿弥陀佛就是“中孚”的化身，济度一切卑微众生，往生西方净土。中孚卦卦辞称：“豚鱼吉，利涉大川，利贞。”其后经小过卦至既济卦与未济卦，全与净土宗的理念相合。

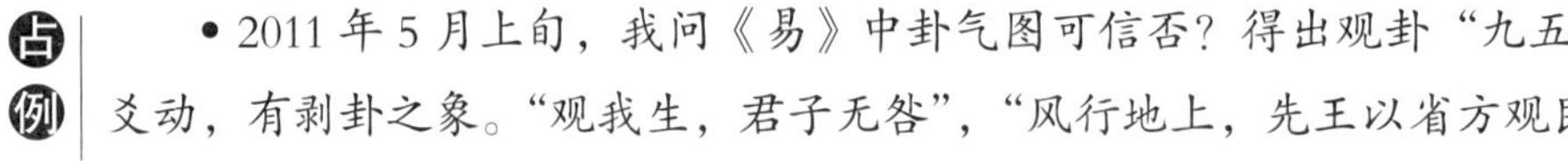

占例 •2011年5月上旬，我问《易》中卦气图可信否？得出观卦“九五”爻动，有剥卦之象。“观我生，君子无咎”，“风行地上，先王以省方观民

设教”，《彖传》又称：“观天之神道，而四时不忒；圣人以神道设教而天下服矣！”字字句句，扣准了一年中时气的循环往复，而当时制作卦气图的圣人，观察天象的精密到位，真令人佩服。“观”当阴历八月，“剥”为阴历九月，本卦、之卦又恰好为消息卦，更具说明效果。

• 2011 年元月下旬，北京天安门广场侧树立了孔老夫子的青铜雕像，其含义耐人寻味。不管人世政治变幻的纷纷扰扰，这位儒学大宗师的地位，似乎无可动摇。“五四”时代喊出“打倒孔家店”的喧嚣口号，“文革”时的严峻批孔，而今峰回路转，又快成了“打扫孔家店”了！遍布世界的孔子学院，作为中国影响力的象征，应该还只是个起步。我占问往后一千年中国文化发展的前景，得出观卦“九五”爻动，有剥卦之象。大观在上，“中正以观天下”，“观我生，君子无咎”，“风行地上，先王以省方观民设教”，“圣人以神道设教而天下服矣！”虽然历经劫难，剥极不断来复，在人类文明的历史长流中，永远居至高无上的地位，影响深广无极。

• 2009 年 8 月中，我占问台湾佛教界夙负盛名的慈济功德会领导人证严法师的修行境界？得出观卦“九五”爻动，有剥卦之象。“观我生，君子无咎”，“观民也”。慈济善行风行全球，证严上人以身作则，大观在上，本身修境无可置疑，大慈大悲救苦救难，还真是观音菩萨倒驾慈航？

• 2010 年元月中，我基于好玩占问：我与某学生前世真的见过面打交道吗？得出观卦“九五”爻动，有剥卦之象。“观我生，君子无咎”，大观在上，应该是见过，而且场合气势不凡，又似乎与施教有关。这位学生古道热肠，是驰骋商场的女强人，修密信佛读《易》，笃信轮回，自称某前世曾为雍正的皇后，也就是乾隆的母亲。我们倒是结缘投契，也听她说前世经常见面，遂有此游戏之占。难道我还真的出入大内，在宫里教过书？怎么连专业都没变？真是有趣。

有意思的是她的本命元堂就是观卦“九五”，后天转为谦卦“六二”，由“观我生”变成“鸣谦，贞吉”。难道是观音菩萨下凡，扶持正法、普济众生？我是先天“比之匪人”，转后天“击蒙”宣教，两下一对，还真有合契之处，妙哉妙哉！

• 2010 年 2 月上旬，我以易占检验中西多种探测命理运势的法门，校核其精确程度，其中称为“大密仪”的巴比伦高级占星术，得出观卦

占例

"九五"爻动，有剥卦之象。"观我生，君子无咎"，"中正以观天下"，"观天之神道而四时不忒"，应该相当精准，未可小觑。1992年时，我曾陪那家出版公司的老板，去拜晤过精通此术的专家，见过这种操作的模式，也将人生情境分成数十种类型，以扑克牌沏牌启动，由心念专注带出答案，与"大衍之术"的占法很类似。当时解老板之惑之困，也切中时弊，他抽得"舍弃其一"，我则是"得诸人和"，因此遂有日后我任总经理之事。那位高人术士沏牌时，还用一枚价值连城的钻戒镇于其上，说是助某大富解困而得馈赠，名"尼罗河之星"云云。

• 2012年5月下旬，我们学会在宏碁渴望园区办完春研营后，车队拉到大溪奇木馆参观，主人张松树带大家观赏三千年树龄的红桧，气势非凡。我占得观卦"九五"爻动，"观我生，君子无咎"。"遇观之剥"，《焦氏易林》词曰："寿如松乔，与日月俱；常安康乐，不罹祸忧。"真切之至，张先生大乐，请我将断词书写于来宾签名簿上，以志纪念。

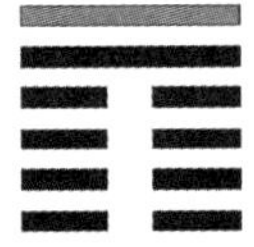

上九。观其生，君子无咎。

《象》曰：观其生，志未平也。

"上九"居观之终，有高亢过极之象，"其"为自己，"观其生"又有退回一己世界、孤高自赏的味道。"君子无咎"，境界虽高，与众生不亲，大家也难以追随，终非坦坦荡荡的大道。本爻若动，恰值宜变爻位，爻变成比卦(䷇)，存有与人较量之思。"九五""观我生，观民"，下观而化，天下万民皆信服，"上九"自视虽高，乏人追随，嗔念一起，心志未平。所谓"人争一口气，佛争一炉香"，这种竞争思想遂引动下一卦噬嗑的酷烈斗争，百家党同伐异，宗教爆发战争，皆源于此。人生止观修行，焉可不慎?

观卦六爻步步高，人生修境确实欲穷千里目，更上一层楼。由幼稚褊狭的妇孺之见，进至反观内省，再经行万里路、观国之光的历练，转小我为大我的宏观天下，这也合于临卦《彖传》所称"浸而长"的过程，切忌孤高违众，嗔心一动，酿成思想斗争。六爻修辞亦有讲究："童观"、"窥观"，明白指出谁在观以及怎么观；以上四爻则重视观什么？小我之生、国之光、大我之生、孤高自我之生，层次意境不同。观小我之生限于主观，"观国之光"重视客观，观大我之生则主客融合，无分别心，“观其生”又陷更深的我执与法执啊！

观卦每进一层，并非彻底舍弃既往的观点，而是包融进更高明广阔的新观点之中，低层难以想象高层的想法，高层却可充分理解低层，能以慈悲提携的爱心对待。所以“九五”“观我生”称“观民也”，“省方观民设教”，普施教化而天下皆服。《小象传》所示即显示慈悲与包容：“童观”是“小人道”，“窥观，亦可丑”，也是一种看法；观小我之生，有进有退，未失正道；“观国之光”，勉励人崇尚客观；“观其生”，钻牛角尖心志未平，偏离大道。

《中庸》记子曰：“道之不行也，我知之矣！智者过之，愚者不及也。道之不明也，我知之矣！贤者过之，不肖者不及也。”“观其生”，为智者贤者过之，“童观”、“窥观”，为愚者不肖者不及，“观我生”，“中正以观天下”，才是大道之行。

以企业经营来说，生产婴幼儿产品的厂商必须懂得“童观”，做女性消费品的须在“窥观”上下工夫，这就是“省方观民设教”，拿捏准了，才能畅销“风行地上”。

• 2006 年元旦，我问自己丙戌年的岁运，得出观卦“上九”爻动，恰值宜变之位，爻变成比卦。“遇观之比”，“观其生，志未平”，我多年敬慎勤修，心志仍未平和，应去嗔心，多与广大众生接触，参观比较，才是正道。当年跑得很勤，4 月受邀参加西安西北大学主办的“黄帝文化研讨会”，5 月去河南鹤壁，参加安阳主办的“世纪周易论坛”，9 月赴天水，开民进中央办的“第四届传统文化研讨会”，都认真写了论文，与同道切磋琢磨，获益良多。

观卦多爻变占例之探讨

以上是观卦六爻的单爻变分析，往下进入更错综复杂的多爻变的占例研讨。

遇卦中任意二爻动，若其中一爻值宜变之位，以该爻爻辞为主论断，另一爻辞为辅参考。若皆不值宜变，以本卦卦辞为主，参考二爻爻辞所示之意向，也可评估二爻齐变所成卦象，以为整体判断。

• 2005 年 12 月初，我的老友巫和懋教授找我，他与我是台中一中初中三年同班同学，在台大国际经济系任教时，还去《中国时报》办的《易经》班听了一年课，我们多年的情谊深笃。在他图书满载的研究室里，听他思考未来前途的三个选项，并以易占分析吉凶。留任台大为不变的随卦（䷐），“元亨利贞，无咎”，太熟悉了，随遇而安，怎么都好。赴浙江大学商学院任教，为大壮卦（䷡）“九三”爻动，爻变有归妹卦（䷵）之象，大壮“利贞”，归妹“征凶，无攸利”，显然不合适。赴北大中国经济研究中心帮林毅夫忙，则为观卦三、五爻动，齐变有艮卦（䷳）之象。“六三”观小我之生，进退不定，“九五”观大我之生，“省方观民设教”，经济专业关注及运用的领域扩大，由台北转至北京，大可考虑。艮卦显示虽有阻碍，《彖传》称“时止则止、时行则行”，仍应于恰当时机行动。观卦为阴历八月，正当阳历九月开学之期，时间刚好吻合。综合考虑，我建议他选北大，他也做此决定，并跟我说了段奇遇。

月前他行经台北市忠孝东路闹区，被咖啡馆中一位旧识叫住，进去还没坐下，友人对面的高人就直说：“你心中想的今年阴历八月的事，不用再想，去就是了！”中医讲望闻问切，高手一望即知，我们好歹还要算个卦才能判断，落于切脉档次了！

后来听巫说，浙大之邀确含风险不顺，还好卦象已明，没做错误抉择。

• 2010 年 9 月上旬，我读史有感，问商鞅何以车裂？得出观卦四、上爻动，有萃卦（䷬）之象，“六四”恰值宜变成否卦。“观国之光，利用宾于王”，正是商鞅入秦推动变法之象，秦孝公待若上宾，信任不疑，“尚宾”没有问题。爻变为否，客卿蒙拔擢重用，必然招致本土官僚的嫉害，孝公一死，自然险不可测。“否之匪人，不利君子贞，大往小来”，《大象传》告诫“俭德避辟难，不可荣以禄”。商鞅之惨死，不亦宜乎？“上九”“观其生，志未平也”，孤高冷峻，与众不亲，遂启动“噬嗑”的杀机。萃卦之前为姤、之后为升，君臣相遇，得展抱负长才，青云直上；升而不已则困，终致车裂收场。

• 2002 年 7 月中，听过我演讲的一位许姓女士约我请教，谈的是她的梦幻之爱，真心仰慕某位男士却不敢表态，问我可有机会？占得观卦二、上爻动，齐变有坎卦（䷜）之象。“六二”“窥观，女贞”，说得真切！“上六”“观其生，志未平”，看来难偿夙愿。“遇观之坎”，险难重重，恐怕只能旁观到底了！其后果验。

•2001年8月下旬，TVBS电视台的李艳秋想将她主持的“新闻夜总会”时事评论节目，换新型式制播，问我合宜否？我占得观卦五、上爻动，“九五”值宜变成剥卦，两爻齐变又有坤卦之象。“观我生，君子无咎”，“省方观民设教”，应可“风行地上”，爻变成剥，剥除层层表象，以探究真实。“上九”“观其生，志未平”，发言来宾各抒己见，亦应兼容并蓄。临、观相综，临卦《大象传》即称“教思无穷，容保民无疆”。两爻齐变为坤，事涉广土众民关心的公共议题，应“厚德载物”，“行地无疆”。之后，我在她节目上，以易理易象分析时事颇长一段时间，印证所学，进益匪浅。

•2009年10月上旬，我针对一些大宗教教旨是否究竟，作易占探测，最后问《易经》本身究竟否？得出观卦五、上爻动，齐变有坤卦之象，“九五”值宜变成剥卦。“观我生，君子无咎”，“大观在上，中正以观天下”，“观天之神道而四时不忒”，“圣人以神道设教而天下服矣！”剥极而复，扫除表面的迷雾假象，直探真理的核心。除“九五”外，亦包容“上九”“观其生”的见解，并行不悖，万物并育而不相害。

2010年6月下旬，几位学生来找我，谈架设远距读书会之事，其中一位《易》龄近二十年的老学生问：占筮会否造业？我听了好笑，如此我岂非造业深重？当下立刻以手机电占，得出观卦五、上爻动，“九五”值宜变成剥卦，两爻齐变为坤卦。如前诸例分析，观民设教，功德无量，怎会造业呢？

•2010年10月下旬，我的易佛课讲到《心经》，针对“四圣谛”的“苦集灭道”占其意义。“灭”为不变的乾卦，已如前述，“道”则为观卦五、上爻动，齐变有坤卦之象，“九五”值宜变成剥卦。“道”谛为通往涅槃的道路，剥除表象以透观真理，“观我生”、“观其生，君子无咎”，正是止观的不二法门。

占事遇卦中任意三爻动，本卦为“贞”、三爻齐变所成之卦为“悔”，为相持不下的贞悔相争的格局，合参两卦卦辞卦象论断。若其中一爻恰值宜变，加重参考其爻辞启动变化的意义，其他二爻爻辞为辅。

•2010年7月上旬，我们学会内部人事纠纷不断，某位女学员串联生非，当时的理事长处理不了，严重影响学会威信。我问情势如何？得

三爻变占例

出观卦初、二、五爻动，贞悔相争为损卦（䷨），观卦“六二”值宜变之位，单变成涣卦。损卦吃亏，涣卦纪律涣散，皆缘于“窥观女贞，亦可丑也”，“初六”“童观”跟着起哄。“九五”“观大我之生”，必须明快处理，慈悲生祸害啊！

• 1999 年 6 月上旬，我给学生讲法家名著《韩非子》，针对一些精彩篇章都有占测，其中《扬权第八》的主旨为观卦，初、五、上爻动，“上九”值宜变成比卦，贞悔相争成复卦（䷗）。“遇观之复”，冷静观察，以了解事物内在的真相，正为扬权篇的主旨，要求为人君者修为此术。“因天之道，反形之理，督参鞠之，终则有始，虚静以待，未尝用己。”观卦“九五”观“初六”“童观”之民，以设政教，须力持中正客观，勿感情用事，勿犯“上九”偏观之失。《老子》第十六章亦称：“致虚极，守静笃，万物并作，吾以观复。夫物芸芸，各复归其根；归根曰静，是谓复命；复命曰常，知常曰明，不知常，妄作凶。知常容，容乃公，公乃王，王乃天，天乃道，道乃久，没身不殆。”主旨全通。韩非集法家治术大成，法原于道，深受老子道术之影响。

四爻变占例

占事遇卦中任意四爻动，以齐变所成之卦的卦象卦辞论断，并参考本卦四个爻的爻辞，了解变化的因由，若其中一爻值宜变，加重参考该爻爻辞。

• 2007 年中，我的一位学生研发出“大衍之术”占法的计算机程序，不知效应如何，他自己以此问占，得出观卦二、四、五、上爻动，齐变成解卦（䷧），观卦“六四”值宜变成否卦。“遇观之解”，透过这种方式观测问题，可得正解。“六四”“尚宾”，有一定的客观性。看来这程序写得不错，于是我们学会网站上采用了他的程序做读者服务，供大家占卜。他也将程序输入我的手机，随时可在六秒钟内算出卦象，并根据屏幕上显现的经传资料判断吉凶，较传统的手占快速得多。虽然如此，大量的实占检测后，似乎仍会偶有累积误差的现象发生，这可能也是“六四”爻变为否的道理。无论如何，已经很不错，再深入研究应该还有改进的空间。

• 1997 年间，我的学生占算“伟哥威尔刚”壮阳药丸的效用如何，得出夬卦（䷪）四、五爻动，有泰卦（䷊）之象，“九五”值宜变成大壮

四爻变占例

卦（䷊）。夬卦刚决柔、大壮即阳壮，泰即阴阳和合，天地交泰，肯定有效。我接着占问：伟哥威尔刚这种药物的出现及盛行，在人类文明上的意义如何？得出观卦初、三、五、上爻动，齐变成明夷卦（䷣）。观为“风行地上”，伟哥威尔刚上市相当畅销受欢迎；明夷“利艰贞”，明落地中，却有文明沉沦之象。“童观，小人道”，“观我生，进退”，“观其生，志未平”，除“九五”之外的三个爻，似乎皆不佳，《易经》对此药的评语有针砭之意。

21. 火雷噬嗑（䷔）

噬嗑卦为全《易》第二十一卦，其前为“观”，其后为“贲、剥”，《序卦传》称：“可观而后有所合，故受之以噬嗑。嗑者，合也。物不可以苟合而已，故受之以贲。贲者，饰也。致饰然后亨则尽矣！故受之以剥。”大家观念不同，若不相容会起激烈斗争，学派思想的党同伐异、宗教间爆发的残酷战争，即为“噬嗑”。“噬”为咬、“嗑”为合，“噬嗑”即咬合、并吞，自然界充满了这种弱肉强食的竞争，所谓“丛林法则”，只有生死胜负、没有善恶是非可言。不仅野生动物如此，连太空星云间都有大星系吞噬小星系的现象，据说射手或称人马座的星云，将来就会被吞噬殆尽。该星座的朋友不必紧张，那是天文时间，还早得很，况且西洋星座的属性影响命运，应该与此无关。

相较起来，人间的流血斗争实际得多，官场、商场的生态往往如是，国际间的强凌弱、众暴寡亦然。为了怕吃相难看，惹人物议，每每以美名文饰，讲出一大串冠冕堂皇的理由，这就是“贲”。苟合是将两个东西硬凑到一块儿变成一个，嫌苟且粗糙，故须包装美化。所有的包装文饰也不宜过度，金玉其外，败絮其中，久了会给人识破而遭嫌恶，就沦落成岌岌可危的剥卦，资源大量流失，“不利有攸往”。

“噬嗑”的“噬”字很有意思，一口咬下去之前，还要占筮一下，看咬对了没有？饿虎扑羊没问题，蛇吞象可就搞不定，噬是噬了，嗑不起来消化不了，无法善后。人间的斗争必衡量彼此实力的差距，不会贸然动手，以自招凶祸。

噬嗑与贲二卦相综一体，明示美丽动人的表象下，往往隐藏可怕的杀机。星空灿烂无匹，谁想其中也有吞噬消灭的场景？自然界中剧毒的动植物，常常也鲜艳无比，引人接近。过去倾国倾城的都是绝色美女，金融衍生商品诱人的高利，让多少投资者倾家荡产？佛教说阿修罗也分男女相，男的爱斗，凶恶狰狞；女的美极，令人魂销。末法时期魔强法弱，佛皮魔骨的假佛很多，世人若为所惑，将入剥卦生机灭绝之境。《杂卦传》称："噬嗑，食也；贲，无色也。"残酷斗争，是为了觅食生存；贲为五颜六色的种种色相，其实色即是空，故称"无色"。所谓"食色，性也"，饮食男女，人之大欲存焉。我们在第五卦需卦已经强调，第二十一、二十二的噬嗑卦与贲卦，谈得更深透，值得习《易》者用心体悟。

《系辞下传》第二章讲"制器尚象"，举了十三个卦，说明中国文明的演进，第三卦即谈噬嗑卦，作为商业文明的象征："日中为市，致天下之民，聚天下之货，交易而退，各得其所，盖取诸噬嗑。"噬嗑上卦离为日、下卦震为众生行动，故有"日中为市"之象，互通有无，公平交易。上有天日可鉴，下有法律规范，故而噬嗑卦又有立法之义。

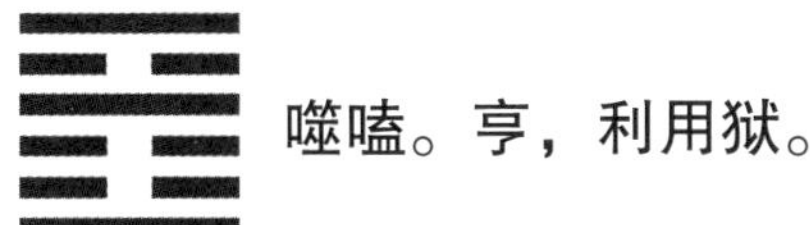

噬嗑。亨，利用狱。

自然界的弱肉强食，有丛林法则；人间各种活动，也必须立法规范，让大家依法行事。法律有强制的效力，违法行事必遭严惩，各级监狱关锁罪犯，就是常用的吓阻手段，借着惩罚恶人，以保障社会的亨通。

《彖》曰：颐中有物，曰噬嗑。噬嗑而亨，刚柔分，动而明，雷电合而章。柔得中而上行，虽不当位，利用狱也。

山雷颐的颐卦（䷚），上卦艮止、下卦震动，卦形二阳在外、包四阴在内，就是一张血盆大口，上颚不动下颚动，咀嚼撕咬之象。颐卦讲的是人跟动物为生存求食，而噬嗑卦形就像颐卦第四爻的咽喉处，卡了根鱼刺，咬合很不顺利，必须弄断才能恢复食道畅通，这就是"颐中有物，曰噬嗑"。立法为了除奸，斗争为了铲除对手，都动用最严酷的手段，即"噬嗑而亨"。"刚柔分"的"分"为一半之意，与春分、秋分的用法相同，噬嗑为三阴三阳之卦，故称刚柔各半，对立双方势均力敌，鹿死谁手，尚未可知。内卦震动为雷、外卦离明似电，先动后明，雷电威势相合，分出明确胜负。立法规范须有明确章法条例，“章”为明，坤卦“六三”“含章”，内明涵蕴不发，噬嗑出手惩治，“雷电合而章”。

“柔得中而上行”，显然指居全卦君位的“六五”，得居上卦离明之中；“虽不当位”，是指“九四”阳居阴位，不居当权做主之位，却是噬嗑卦的要角，与“六五”合起来执行狱政。“六五”为君，“九四”为办事重臣，两爻齐变为益卦（䷩），维持法纪或斗争胜利而获益。

《象》曰：雷电，噬嗑。先王以明罚敕法。

“火雷噬嗑”称“雷电噬嗑”，主要是中文习惯用辞，不称“电雷”而称“雷电”。立法权至高无上，明订罚则，颁布法令，要求民众遵行。称“先王以”，不称一般的“君子以”，有其深意。这和近代国家三权分立，行政依法行政，司法依法审判，立法权尤高半筹之意相当，法国哲学家孟德斯鸠的《法意》一书，已明确表示此理。比、豫、观、噬嗑诸卦，《大象传》皆称“先王以”，显示非地位崇高者，不宜擅用妄行。

• 1992年8月下旬，我还在那家出版公司拼战，由于股争的基本问题未解，同仁看前途茫茫，缺乏信心，纷纷求去另谋发展。一位王姓副总编跟我提辞，情感及理智上都对我冲击不小，多年来他勤勤恳恳任事，我大力提拔，他也帮了我很多忙。无奈之下，邀好同事为他饯行，某夜选在台北木栅茶山饮宴，酒酣耳热之际，用瓜子占尔后公司气运如何？得出不变的噬嗑卦。弱肉强食，斗争不息已成定局，心中一叹，看来他们决定走的还是对了，事后的发展确实也是如此。

1996年元旦，我已离开权力核心，却仍习惯性地问公司全年气运，得出不变的噬嗑卦，斗争的本质未变。果然元月中股争再起，杀得热闹，我却也看得轻松，一旦跳脱牢笼，竟然如此自在！

• 2010年7月上旬，我们学会内部人事纷争烦人，我原先开的以《易》通佛课，第一阶段将结束，讲完了概论、《金刚经》及《六祖坛经》的大部分，按原定计划应讲完坛经，并接讲《心经》与《法华经》。日班尚好，夜班的学习氛围已很诡异浮动，我心中有数，问第二期课程照开否？得出不变的噬嗑卦。斗争不息，难以为继。如果放弃夜班，集中开日班呢？

则为观卦“九五”爻动，“观我生，君子无咎”，显然无碍。到底应该怎么办呢？得出升卦（䷭）“上六”爻动，有蛊卦（䷑）之象，升而不已必困，不改弦更张必致败坏。后来虽配合学会作业两班同开，日班学习正常，一直延续至今，夜班上了几堂后出席寥落，我立刻叫停，学《易》者习气如此之深，不堪受教啊！

• 2010 年 8 月下旬，我讲到大过卦（䷛）有棺椁之象，与学生讨论现今社会土葬困难的问题，并占未来前景？得出不变的噬嗑卦。活人都快没地方住了！死人还有徜徉空间？噬嗑为肉食之象，寸土必争的安葬需立法规范，否则会愈见困难。

• 2010 年 10 月上旬，我问：武王伐纣时，卜筮皆不吉，姜子牙焚龟折蓍，力排众议，依原计出兵，结果获胜。是否占卜失准？得出不变的噬嗑卦。生死相争，胜负决于俄顷之间，姜太公说得没错，革命行动已然曝光，时不再来，机不可失，焉可迷信执著？有自信者不必占，英雄豪杰的杀气一动，见神杀神，遇鬼杀鬼，《易》为君子谋，不为小人谋啊！

初九。屦校灭趾，无咎。

《象》曰：屦校灭趾，不行也。

“初九”为噬嗑之始，经验不足，斗争失利招致严惩。“屦”为麻鞋，这里作动词用，为穿鞋之意。“校”是刑具，用以纠正罪犯的行为，“屦校”是说戴上脚镣像穿上沉重的鞋子一样，自然难以行动。“灭趾”是说由上往下看，都看不到罪犯的脚趾，可见刑具的威重。本爻变为晋卦（䷢），《大象传》称：“君子以自昭明德。”轻罪重罚，以昭炯戒，若知过能改，善莫大焉。“无咎”，正是补过之意。

六二。噬肤灭鼻，无咎。

《象》曰：噬肤灭鼻，乘刚也。

“六二”居“初九”之上，阴乘阳、柔乘刚，在斗争中深受威胁，情急紧张之下，用尽全力狠咬。“肤”是鼎中薄薄的肉片，没有多少分量，大力“噬肤”的结果，使整个鼻子都陷入肉中，样子很滑稽可笑。所谓大炮打小鸟，吃力不讨好，咬是咬住了，不用这么费劲儿。斗争中人不能知彼知己，遂有此失。“灭鼻”暗喻嗅觉不灵敏，失去了天赋的功能；“初九”“灭趾”，则象征行动有问题，站不稳也走不动，莽撞行事而落败。“初九”与“六二”近距离相噬，“六二”虽赢，似乎还是各有所灭，两败俱伤。“六二”爻变为睽卦（䷥），双方交恶，猜忌疑虑之至，不顾成本全力噬敌，遂有如此情状。两爻爻辞皆称“无咎”，期许双方补过。

六三。噬腊肉，遇毒，小吝，无咎。

《象》曰：遇毒，位不当也。

“六三”阴居阳位，不中不正，本身条件不如“六二”中正，而斗争的对手却强硬许多。腊肉久经熏制，非用力咀嚼，难以消化，味重也可能引起肠胃不适。“遇”为不期而遇，“毒”指被噬对手的反弹，“遇毒”表示过分轻敌，一时兜不拢有些慌乱，最后还是搞定，故称“小吝，无咎”。“六二”料敌过高，用力过甚；“六三”大意，差点失利。人生知彼知己，确实不易，以保险计，还是料敌从宽、料己从严较佳。老子说：“祸莫大于轻敌，轻敌几丧吾宝。故抗兵相加，哀者胜矣！”

“六三”爻变为离卦（䷝），勉强克敌制胜后，恢复光明，继续人生事业的经营。

• 多年前我刚开始在社会大学教书，有男学生问占，他想追求心仪的对象，自占得噬嗑“六三”爻动，有离卦之象。“噬腊肉，遇毒”，交上了韩剧中的“野蛮女友”，初期吃尽苦头；“小吝，无咎”，最后应可搞定，前景可见光明。噬嗑的另一面为贲卦，情场争逐，为的是色相诱人哪！

• 2011 年 6 月下旬，台湾传播界名人陈文茜瘦身成功，引人注目成为话题，何以如此有效？我占得噬嗑“六三”爻动，有容光焕发的离卦之象。噬嗑与饮食有关，“噬腊肉”是指注射“肉毒杆菌”以美容吗？另外有同学问同样问题，得出不变的随卦（䷐），《大象传》称："君子以向晦入宴息。"饮食起居有序，遵守生物时钟的自然规律，遂获"元亨利贞，无咎"，应该也是务本之策。

九四。噬干胏，得金矢。利艰贞，吉。

《象》曰：利艰贞吉，未光也。

"九四"为执行斗争之主，面对强敌全力拼搏，"干胏"是连骨的干肉，很难啃噬，一不小心就会崩了牙。得金矢有多重寓意，一方面指用金属制的锋利箭镞，划开乾胏以便食用，一方面也指兽肉中藏有箭镞，表示为打猎所获。总之，都相当辛苦，才能噬肉而获吉。"九四"一阳陷于上下二阴之中，有坎险深渊之象，冒险获胜，故称"未光"。

以人际斗争来说，"未光"指为求获胜，不择手段。"金"为钱，"矢"为杀人的利器指权，"得金矢"，斗争必须结合钱与权，获胜后，又能得到更多更大的钱与权。这是职场残酷斗争的本质，"九四"位居咽喉要地，势不两立，不得不狠。狭路相逢，勇者为胜，斗志坚强的撑到最后，可获惨胜。本爻变为颐卦，障碍消除，置之死地而后生矣！

•1993年2月中，我负责经营那家出版公司，各方压力甚大，我问应如何操持大局？得出噬嗑"九四"爻动，有颐卦之象。处于股争的风暴中心，避无可避，只能在火在线全力拼搏，除了艰贞外，金矢的支持及运用很重要。颐卦自求口实，也提醒我注意身心颐养，《大象传》称："君子以慎言语，节饮食。"犯不着为此赔上身体健康。

•2010年12月中旬，我在富邦的佛经课堂上谈到前世的问题，一位女学生讲她的儿子从小为头疼所苦，诊断不出原因，后遇灵通人士告知：他前世为医学博士，在纳粹的集中营里惨遭德军军官枪击额头致死。是耶？非耶？我占问确有其事吗？得出噬嗑"九四"爻动，有颐卦之象。噬嗑卦杀机惊悚，蛮强凌弱，颐卦为巽宫游魂，《系辞上传》第四章称："精气为物，游魂为变，是故知鬼神之情状。"还真有那么回事儿呢？学生说她与先生赴欧旅行时怀的胎，地点正在集中营旧址不远，儿子未经专业学习，就深谙医疗常识，其后赴美，也坚持学医等。佛家轮回转世之说，令人深感兴味。

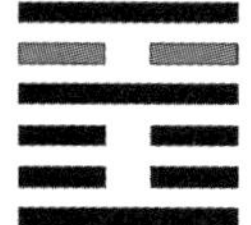

六五。噬干肉，得黄金。贞厉，无咎。

《象》曰：贞厉无咎，得当也。

“六五”居全卦君位，与“九四”阴乘阳，虽有矛盾，却结合成利益共同体，两爻齐变为益卦（䷩），借斗争谋取最大利益，已如前述。“九四”在第一线硬干，压力沉重，“六五”居幕后金援操盘，压力较轻，故称“噬干肉，得黄金”，比“噬干胏”要轻松些。这么干当然危厉动荡有风险，因君位领导之便，易致无咎。“九四”“得金矢”，即由“六五”“得黄金”打造而来，钱与权的交易，在高层的政治斗争中永远扮演重要的角色。黄为中色，黄金也寓有中道之意，如同坤卦“六五”“黄裳元吉”，提醒为君者勿肆意妄为。本爻变为无妄卦（䷘），心念不正，会致祸灾。

上九。何校灭耳，凶。

《象》曰：何校灭耳，聪不明也。

“上九”为噬嗑之终，又居亢龙退休无权之位，经剧烈政争落败，所谓“成者为王，败者为寇”，沦为阶下囚的悲惨命运。台湾这二十多年的选举，往往兴讼以打击竞争对手，选上后又有一定程度的免刑权，故有谚云：“当选做官，落选被关。”“何”同负荷之荷，“校”为刑具，扛着沉重的枷锁刑具，连耳朵都看不见了，什么也听不清楚。“初九”初犯罪轻，“屦校灭趾”，以限制行动，“上九”罪重，“荷校灭耳”，再难宽赦。由初至上，显示积重难返的过程。

《系辞下传》第五章称子曰：“小人不耻不仁，不畏不义，不见利不劝，不威不惩。小惩而大诫，此小人之福也。《易》曰：‘屦校灭趾，无咎。’此之谓也。善不积不足以成名，恶不积不足以灭身。小人以小善为无益而弗为也，以小恶为无伤而弗去也，故恶积而不可掩，罪大而不可解。《易》曰：‘何校灭耳，凶。’”积善成名，积恶灭身，坤卦“初六”“履霜坚冰至”，《文言传》亦称：“积善之家，必有余庆；积不善之家，必有余殃。臣弑其君，子弑其父，非一朝一夕之故，其所由来者渐矣，由辩之不早辩也。”所以俗话劝人“勿以善小而不为，勿以恶小而为之”。噬嗑卦明罚敕法，初犯即改正，就不至于累犯到罪无可逭的地步。斗争双方一般都不易有好结果，初爻“灭趾”、上爻“灭耳”，“九四”、“六五”噬肉过度，成了贪腐集团的共犯结构，一旦东窗事发，一样可能锒铛入狱、罪无可赦。本爻变为震卦（䷲），强力行动以争夺主导权，落败亦惨不忍睹。

综观噬嗑六爻，分成两个集团斗争：初、上爻落败沦为阶下囚；中间四爻获胜，大啖鼎中肉食，意指政权分赃为王，真是赤裸裸的成王败寇，官场现形记！“初九”“灭趾”、“上九”“灭耳”，落败遭灭可以理解，“六二”属获胜食肉的一方，怎么也称“灭鼻”呢？可见依附霸主、摇旗呐喊的小角色很可悲，随时充当炮灰而牺牲，甚至被自己人出卖。单爻变为睽卦，打不入核心的外围就是如此。“六二”有“灭鼻”之忧，“噬肤”吃的又最薄最少，哪像居高位者大啖肥肉，而得金得矢，富贵利达？但不加入食肉集团又不行，噬嗑中间四爻互成蹇卦（䷦），风雨同舟共济，为了对付共同的敌人，必须合作。《彖传》称：“蹇之时用大矣哉！”，就是这个道理。

噬嗑一卦六爻中，三爻言“灭”，可见斗争惨烈。由《彖传》解释“颐中有物”来看，似乎是初、上两爻合力并吞“九四”，结果爻辞所述，却是被“九四”联合上下三阴爻击溃，噬与反噬，到底谁是官兵？谁是强盗？噬嗑“明罚敕法”，谁立法？谁来执行？哪一方真正违法要判刑入监？卦、彖的观点与爻的观点不同，其实正揭露了噬嗑的本质。斗争双方各称代表正义，宣称对方为十恶不赦的罪犯，残酷打击，绝不手软。国际间强凌弱、众暴寡亦然，强权号称替天行道，真正代表公理吗？中间四爻也可能是扩大了的共犯结构、贪腐集团，法难治众，甚至法为声势浩大的群众所利用，倒过来修理弱小和善的人！所谓肉食者鄙，未能远谋，噬嗑吃的都是血淋淋的肉，可没一个吃素的啊！

以宗教修行来看，杀生肉食过度，业障满身，会伤到天赋眼耳鼻舌身意的官能，所以称灭趾、灭鼻、灭耳。杀戮世界中泯灭人性，噬嗑卦中全无“孚”字，信望爱不存，实在凛凛可畏。

• 1993年4月下旬，我努力经营出版公司，母体业绩蒸蒸日上，复兴有望。管不着的所谓关系企业却一直惨赔，没有起色，财务疏通往来，令人困扰。我问今后当如何对待为宜？得出噬嗑“上九”爻动，有震卦之象。“何校灭耳，凶”，扶不起的阿斗迟早出事，一切按规矩来，不能再纵容。话虽如此，这方面却非我所能主控，知道归知道，影响不到实务。

• 2005年12月上旬，我上阳明山，到文化大学一位政治系教授家里，商谈学生的博士论文指导，那个学生身份比较特殊，是台湾军事安全单位的现职少将，几年前还是上校时上过我的课，当时正在文化政治系攻读博士。我的教授友人想指导他写《左传》中战事的论文，有关《春秋》学方面，希望我加入指导。我乐于配合，返家后思索论题，发现不少瓶颈，占问如何突破解决？得出噬嗑“上九”爻动，有震卦之象。一时不解，后来才知其意。没多久，台湾军方不许高阶军官在外攻读学位，论文计划因而中止，噬嗑“明罚敕法”，“上九”“何校灭耳”，受严格限制，只能作罢。过几年，学生也从军中退伍，错过了这段因缘。

• 2004年中，我的学生邱云斌占问：一夕暴富的偏财运是吉是凶？为噬嗑“上九”爻动，有震卦之象。“何校灭耳，凶，聪不明也”。看来绝非好事，业障深重，导致灭亡。

噬嗑卦多爻变占例之探讨

以上是噬嗑卦卦、象及六爻单变的分析，往下进入多爻变的占例解析。

占事遇卦中任意二爻动，若其中一爻值宜变之位，则以该爻爻辞为主、另一爻爻辞为辅论断；若皆不值宜变，以本卦卦辞卦象为主，二爻齐变所成之卦象亦可参考。

• 2011年元旦假期，我占问全年世界经济的情势，得出噬嗑初、上爻动，“上九”值宜变成震卦，两爻齐变则有豫卦（䷏）之象。噬嗑杀气弥漫，“上九”“何校灭耳，凶”，有震卦高度动荡之意，再加上“初九”“屦校，灭趾”，寸步难行，显然非常不妙，须保持警戒以思患豫防。当年世界经济果然凶险多事，美国提高中央政府债限，白宫与国会几经谈判拉锯，才在快跳票前搞定，所谓的量化宽松，一波接一波印钞票也难救沉疴；欧债也是到处救火，希腊刚处理完，西班牙与意大利又频频告急。2008 年 9 月 15 日的金融风暴未息，二次衰退的阴影笼罩全球，如何从国际立法规范，成了当务之急。

• 1993 年 3 月上旬，我全面检讨出版公司各经营项目，其中一份儿童文学刊物与内地名家合作，在台推广绩效不佳，食之无味，弃之可惜。占得噬嗑初、上爻动，“上九”值宜变成震卦，两爻动，则有豫卦之象。“何校灭耳凶，聪不明”，由“屦校灭趾，不行也”而来，已经积重难返，很难振衰起敝了！事后确然如此，《易》象的评估相当到位。

• 1996 年元月底，我已脱离出版公司的经营，逍遥自在，而股争又起，我问回朝掌权的老板过得了关否？得出噬嗑卦三、上爻动，“六三”值宜变成离卦，两爻齐变，又有丰卦（䷶）之象。“噬腊肉，遇毒”，碰到大股东反弹，“小吝，无咎”，应该不会有事。爻变离卦，也是继续光明之意。“上九”应该指经营外围的大股东，“何校灭耳，凶，聪不明也”。三、上两爻相应与，冤家相噬多年，这回可能还是判断失误，扳不倒已掌握经营权的老板。两爻齐变所成丰卦，“明以动，故丰”，没看准自然失利，老板仍能过关。几十天后揭晓，成败果如预期。

• 2010 年 7 月初，我算自己第三季的策运，得出噬嗑卦三、上爻动，“六三”值宜变成离卦，两爻齐变，又有丰卦之象。当时学会人事纠葛不断，我决心大力整顿，并于三个月后改组理监事会，以革新风气。噬嗑“亨，利用狱”，霹雳手段以“明罚敕法”，势在必行。“六三”“噬腊肉，遇毒。小吝，无咎”，虽有些小反弹，搞定不成问题。爻变为离卦，重建组织网络，继续光明。“上九”“何校灭耳凶，聪不明也”，应指整顿对象，两爻齐变所成丰卦，“明以动，故丰”，看准了出手，必获成功。第三季所做种种布局，确如此象，10 月初改组，也一切顺利。

• 1993 年元月中旬，我全心全力经营出版公司，问即将召开的董事会吉凶？得出噬嗑五、上爻动，齐变有随卦（䷐）之象。“遇噬嗑之随”，摆脱不了的斗争格局，只能听之任之，随遇而安。“六五”“噬干肉，得黄金。贞厉，无咎”，我居君位经营，只能依中道行事；“上九”“何校灭耳”，“聪不明”，应指债务累累、徘徊在外的原老板，造化弄人，实亦无奈矣！

同年5月上旬，直销部门副总向我密报“军心”不稳，某协理暗中违纪，与同业往来云云。我问对策，得出噬嗑二、四爻动，齐变有损卦（䷨）之象。“明罚敕法”以惩治，可能有所损失。“六二”“噬肤灭鼻”，小题何必大做？“九四”“噬干胏”、“艰贞”、“未光”，不见得太好处理，后亦不了了之。

• 2006年元旦，我算丙戌年自己谋食策运，得出噬嗑四、上爻动，上爻值宜变成震卦，两爻齐变，有复卦（䷗）之象。噬嗑正是辛苦求食之象，“上九”“聪不明”须小心，“九四”“利艰贞，未光”，也是很累。震卦积极行动多动荡，复卦剥极而复，永远有生生不息的真机。当年在埃及、内地确实跑了很多地方，学生徐崇智在学会执行长任内心脏病发去世，冲击甚大，确是辛苦不平静的一年。

• 2010年9月上旬，台湾广告界名人孙大伟突然中风昏迷急救，情事危急。富邦课堂上许多学生都与他熟识，忙问生死，卦占皆不妙。又问万一脱险不死，身体官能如何？得出噬嗑二、上爻动，齐变有归妹卦（䷵）之象。噬嗑杀机深重，“上九”“何校灭耳凶，聪不明”，非常不妙；“六二”“噬肤灭鼻，无咎”，也伤到基本官能。归妹卦为兑宫归魂卦，也是京房八宫卦序的最后一卦，又称“大归魂”，卦气当阴历九月初，噬嗑卦气当阴历十月中，由归妹至噬嗑期间，随时都有往生可能。结果只拖了两个月，11月7日立冬当天孙过世，阴历恰为十月初二。9月6日当天初闻变故时，先占生死，得出不变的临卦，“元亨利贞”突转“八月有凶”，当天正是阴历八月前两天，人生祸福无常，冥冥中却仿佛又有定数，令人慨叹。

• 2005年7月中，我的学生邱云斌在《经济日报》任职，企划与事务机器公会合办“办公室自动化展”，占问前景如何？为噬嗑二、上爻动，齐变有归妹之象。噬嗑卦为激烈的市场竞争，归妹卦“征凶，无攸利”，前景不佳。后因对方理监事会反对未举办，《经济日报》浪费了展场订金94万台币。

• 1994年元旦假期，我做一年之计，由于前一年经营出版公司创下辉煌业绩，一时踌躇满志，想更有精进发展，先问年度总体经营策略应如何？结果得出噬嗑初、四爻动，齐变有剥卦（䷖）之象。当时不免错愕，其实完全反映了几个月后的股争情势，老板处心积虑想回朝掌政，以挽救他近于崩溃的相关事业的命运，我一厢情愿的经营思考，根本格格不入。占得此象后，我心生警觉，又占往下一年我对公司可有主控权？得出不变的贲卦（䷕）。噬嗑、贲二卦一体相综，大势已很明确。噬嗑卦“明罚敕法”，“利用狱”，掌握实权进行斗争；贲卦《大象传》称“明庶政，无敢折狱”，只能管理日常业务，无权过问生死大计。公司经营受此牵绊拖累，“遇噬嗑之剥”，因斗争而丧失资源，以至岌岌可危，殆可预料。“初九”“屦校灭趾，不行也”，“九四”“利艰贞，未光也”。受聘的总经理徒有壮志，难以和大股东们硬抗，实在无可奈何！当年5月政变后，我形同失势，什么想法均归泡影，公司一步步走向荒谬灭亡之途。

• 1994年9月上旬，我既由经营实务上退下来，时间空出很多，一位报界熟识的资深编辑婚姻生变，我与她见面晤谈了解，并占其前景。得出噬嗑初、四爻动，齐变有剥卦之象。“屦校灭趾，不行也”，“利艰贞，未光也”，夫妻相处触礁，剥卦根基动摇，岌岌可危，情势极不看好。果然，没多久两人协议离婚，这位女生是报界知名的美女，至今仍独处未再嫁，或是天妒红颜？命理术语有所谓“富屋贫人，财多身弱”，以及“老困娇娘，机缘不谐”，其若是乎？

2009年7月上旬，学生课毕谢师宴上，我一边酬酢，一边以手机暗占某位女学生往后半年的情缘婚议，得出噬嗑初、四爻动，齐变有剥卦之象。初爻“不行”、四爻“未光”，“遇噬嗑之剥”，难矣哉！其后果然如此。

• 2009年7月中旬，我占问围棋活动的本质，得出噬嗑初、四爻动，齐变有剥卦之象。噬嗑为生死相争，棋分黑白，以绞杀对手围空取胜，《彖传》称：“刚柔分，动而明，雷电合而章。”将棋枰风云刻画入微，熟悉此道者当能体会。“屦校灭趾，不行”，似遭围困之棋子；“利艰贞，未光”，显示双方搏杀之激烈。剥卦大动干戈，掠夺甚至消灭对方的战力资源。“遇噬嗑之剥”，足尽围棋之理。噬嗑与贲二卦相综一体，贲卦有文饰之美，围棋棋势棋形甚美，有人沉溺讲究，但棋赛的本质仍是斗争求胜，这点永远不会变。

• 2010年8月中，我一边复健，一边利用空当时间以手机电占，问蒋介石的历史地位，得出噬嗑初、四爻动，有剥卦之象。老蒋征战一生，政斗不息，真是不折不扣的“遇噬嗑之剥”的格局。“九四”“噬干胏，利艰贞”，他行事的艰苦卓绝超越常人；“屦校灭趾，不行也”，终遭败绩，饮恨以殁。“未光也”，政争时为了生存，成王败寇，手段未尽光明，也

可想而知。

• 2012年5月上旬，台湾英业达董事长叶国一以“人头炒楼”获利，涉嫌诈欺遭检方调查，我问他官司前景如何？为噬嗑卦五、上爻动，齐变有随卦（䷐）之象。噬嗑“利用狱”，“明罚敕法”。“六五”为君位，大老板“噬干肉，得黄金”，正是以人头炒房获暴利；“上九”“何校灭耳。凶”，当心重罪不可赦。随卦外兑悦，灵活弹性沟通，或有转凶无咎的可能。结果9月上旬，叶已坦承犯行，无偿返还项目住宅22户，以及上千万的租屋津贴，花大钱争取到缓起诉两年，占象应验。

占事遇卦中任意三爻动，本卦为“贞”，三爻齐变所成之卦为“悔”，称贞悔相争，合参两卦卦辞卦象论断。若本卦三爻中一爻值宜变，该爻爻辞为主变量，其他二爻为次要变量，亦列为判断参考。

• 1994年5月下旬，出版公司风云“政变”，老板强势回朝后，我问对公司整体吉凶，得出噬嗑初、四、上爻动，贞悔相争成坤卦（䷁）。噬嗑“九四”值宜变成颐卦，为主要变量。“九四”强硬咬合，“初九”、“上九”落败屈服被囚，阳气尽散为纯阴的坤卦，所谓万马齐喑，不复生人之气矣！当年年初本即占得“噬嗑”之“剥”，这么快便应验，再加上“上九”“灭耳，凶”，积重难返矣！其实同样的卦象，早于1992年2月中董事会时已出现，毁灭至尽，难道是宿命？

• 2010年元月底，小儿春麟参加台湾地区的大学入学测验，两天辛苦的考试后，我问能否顺利推征申请入学？得出噬嗑初、四、上爻动，贞悔相争成坤卦，“九四”值宜变成颐。“九四”“利艰贞，未光”，“初九”“屦校灭趾，不行”，“上九”“何校灭耳，聪不明”，阳气散尽为坤，看来很难。果然未能一战成功，再参加了七月初的指定考试，才如愿上了政大的商学院。

• 2009年5月下旬，我问何谓“以直报怨”？得出噬嗑卦初、四、上爻动，贞悔相争成坤卦。噬嗑“九四”值宜变，又有颐卦之象。“噬干胏，得金矢”，“金”刚“矢”直，“明罚敕法”，“利用狱”，让“初九”“灭趾，不行”、“上九”“灭耳凶”，罪大而不可解，为就事论事而无宽贷之象。孔子反对“以德报怨”的虚矫，主张“以直报怨”、“以德报德”，老子虽有“报怨以德”的话，并非全称命题，而为释怨于早之意，不宜断章取义、

胡乱发挥。

• 2010 年 7 月中旬，我们学会人事纷争不少，一波未平一波又起，我占问情势，得出噬嗑初、三、四爻动，贞悔相争成艮卦（䷳）。“遇噬嗑之艮”，因斗争而致阻碍重重。“噬腊肉，遇毒”，“噬干胏，利艰贞”，“屦校灭趾，不行”，非整顿不可了，遂着手大改组。

• 2006 年 3 月上旬，我一位商界女强人的学生怂恿我去参加某修行人的消业法会，我其实毫无兴趣，但还是占了一卦问合宜否？得出噬嗑三、四、五爻动，贞悔相争成家人卦（䷤）。末法时期魔强法弱，噬嗑绝非“善知识”，却有其色相庄严的贲卦的一面，世人辨识不清极易上当，尤以女性为最。家人卦辞：“利女贞。”颇有警示。我是男子汉大丈夫，就不必跟着扯了！“噬腊肉，遇毒”，让人“噬干胏，得金矢”，“噬干肉，得黄金”，受蛊惑又失财，智者不为。贞我悔彼，下卦“六三”动指我们，上卦“九四”、“六五”动，指那位佛皮魔骨的修行人。

• 2010 年 11 月上旬，我太太帮老父售屋，对方杀价，是否接受呢？若惜售再找买主，为噬嗑初、上爻动，“上九”值宜变成震，齐变有豫卦之象，如前分析显然不好。若接受杀价，则为噬嗑上卦三爻全动，贞悔相争成屯卦（䷂），噬嗑“六五”值宜变成无妄卦。“六五”“得黄金”，“九四”“得金矢”，同样噬嗑，仍以此为佳，遂削价卖出。该屋已相当老旧，还有行情时，尽快脱手是上策。

• 1993 年 4 月下旬，出版公司的直销部门“军心”不稳，事故频仍，小道消息不断，我问对策？得出噬嗑初、四、五爻动，贞悔相争成观卦（䷓），“六五”值宜变成无妄。噬嗑“明罚敕法”，“利用狱”，严明纪律固然重要，仍须冷静观察，不宜轻举妄动。“九四”“噬干胏”，“六五”“噬干肉”，公司总部的管理高层得小心应付，“利艰贞”方吉，“贞厉”得当可无咎。事后并无大碍，年底还将士用命，创造了有史以来的最高业绩。

• 2010 年间，南山高中决定停办中和小区大学的业务，十年前刚开办时，我曾受邀去讲过一期的《易经》，后来交棒给学生刘文山，也一直持续不辍。刘从荣民工程处退休后，至顾问公司任职甚忙，面对一群跟随学习的学员，占问社大是否真的停办？为噬嗑初、三、四爻动，贞悔相争成艮卦（䷳）。噬嗑为南山校方与台北县政府间的意见不合，艮卦内外多阻碍，看来不妙。后果然停办，学员们另觅场地，继续从刘学习。

占事遇卦中任意四爻动，变数已过半，以四爻齐变所成之卦的卦象卦辞断占。本卦四爻中若某一爻值宜变，加重考虑该爻爻辞所致的影响。

• 1994 年 5 月中旬，出版公司政变，老板已连哄带骗，取得了过半股东的支持，召开董事会，准备回朝掌权。面对如此严峻的形势，虽心中愤愤不平，还是得思考如何应对为宜。如杯葛不参与开会如何？得出噬嗑初、二、四、上爻动，齐变成师卦（䷆），噬嗑“上九”值宜变成震。“遇噬嗑之师”，成正面开战，必遭幽囚毁灭，“何校灭耳凶，聪不明也”。如参加董事会呢？临卦（䷒）“九二”爻动，有复卦（䷗）之象。“咸临，吉无不利”，虽“未顺命”，得保平安。会前恐怕还得先去见一次占尽优势的老板，占得履卦（䷉）初、三爻动，“初九”值宜变成讼（䷅），齐变又有姤卦（䷫）之象。“履虎尾”有高风险，千万不能意气用事而遭反噬，平心静气去谈就好。“素履，往无咎”，“履以和行”，自然没事。结果一切按照卦象指示进行，从此我赚到了多年沉潜进修的时光，也成功地走出了另一条崭新的路。

五爻变占例

占事遇卦中任意五爻动，以五爻齐变所成之卦的卦象卦辞论断，若本卦五爻其中一爻值宜变，稍加注意其影响即可。

• 2009 年中，我在台中老同学班上讲《春秋经》。有次阐扬经中反战的思想，提到战国时长平大战，秦将白起坑杀赵国降卒四十多万的历史，痛陈杀业深重，残酷不仁，白起后遭秦昭王赐死，亦果报不爽。次月我再去上课时，一位颇有灵异感应的女生跟我说，当天课堂上氛围诡异，她回去一占是何缘由？得出噬嗑初、二、三、四、上爻皆动，齐变成升卦（䷭）。“噬嗑”残酷杀戮，血肉模糊；“升”则离地升天，军魂得以解脱。我一动悲悯善念，两千多年前的杀业纾解？以前只听过讲佛经可超度亡魂，儒典亦然？教室里装得下几十万“非人”？还是只受感应而来了些代表？

女学生接着再问：下堂课他们还会来吗？得出大有卦（䷍）初、上爻动，齐变有恒卦（䷟）之象。“初九”“无交害”，“上九”“自天佑之，吉无不利”，大有“元亨”，又是乾宫的归魂卦，应该是各安其位、不再飘荡了！无论如何，也算功德一件。

22. 山火贲（䷕）

贲卦为第二十二卦，居噬嗑卦之后，在剥、复二卦之前，为文饰、包装之意。噬嗑吃相难看，须美化修饰，人间种种残酷斗争，往往以谎言虚饰掩盖，必须剥除表面的假象，才能揭露其内在的真实。“贲”字上为花卉的卉、下为贝壳的贝，花开灿烂，美艳动人，看了令人血脉贲张，代表人生种种色相。老子说：“五色令人目盲，五音令人耳聋，五味令人口爽，驰骋田猎令人心发狂。”沉溺于色相会使人堕落迷失，前噬嗑后剥，即显此意。《金刚经》称：“若以色见我，以音声求我，是人行邪道，不能见如来。”进而揭露：“凡所有相，皆是虚妄。”都明确警醒人勿为色相所惑。

然而“食色，性也”，“饮食男女，人之大欲存焉”，超脱色相迷执谈何容易？《杂卦传》称：“噬嗑，食也；贲，无色也。”以“无色”称“贲”，教人因色悟道、返璞归真的修炼法门，值得细加玩味。

噬嗑“颐中有物”，食之难在“九四”一爻，故称“利艰贞”；贲卦同样是“颐中有物”，色之险在“九三”一爻，解爻辞时可知。三、四两爻皆人位，《系辞传》称：“三多凶……四多惧。”噬嗑卦“食多凶”，谋生不易；贲卦“色多惧”，参透实难。两卦皆三阴三阳，爻际关系错综复杂，食色人生极难料理。

“贲”有“假面”之意，知人知面不知心，成人世界相交往，多半掺着点假，以保护自己免于受欺。噬嗑与贲一体相综，职场斗争尔虞我诈之处甚多，所谓老乡老乡背后打一枪，表面上称兄道弟，暗地里各自算计啊！人生就像一台大戏，粉墨登场，无论生旦净末丑，总得卖力演出。人以何种面色应对，往往又因所处时地及对象而定，见人说人话，见鬼说鬼话，就像川戏变脸一样，翻覆无常。十多年前，坊间有杂凑曾国藩的言行成书者，一曰《挺经》、一曰《面经》，正合噬嗑与贲之象。曾氏艰苦卓绝，屡败屡战，终至灭了太平天国，“噬干胏，利艰贞，吉”。无中生有，建立事功，平生阅人无数，观人用人，智勇深沉，《冰鉴七书》活学活用。

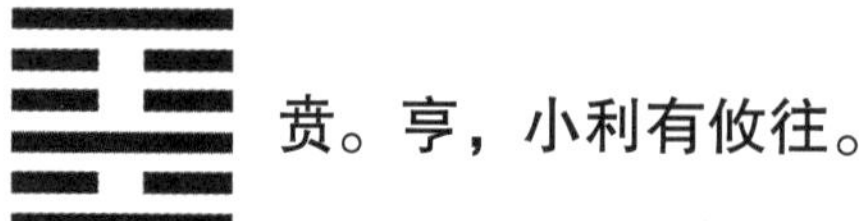

贲。亨，小利有攸往。

善于文饰包装，可致亨通；过度包装，文胜于质，却难行久远，故称“小利有攸往”。文胜于质则史，史笔多虚饰；质胜于文则野，难登大雅；最好文质彬彬，然后君子，尽美又尽善矣！

《彖》曰：贲亨，柔来而文刚，故亨。分刚上而文柔，故小利有攸往。（刚柔交错），天文也；文明以止，人文也。观乎天文，以察时变；观乎人文，以化成天下。

“柔来而文刚”，指的是“六二”，“分刚上而文柔”，则指“上九”。爻往下往内称“来”、向上向外称“往”。以卦象看，可视为内原为阳刚的乾卦，因“六二”来成为离卦，光明亨通，网络绵密；外原为坤卦，因“上九”往上成艮，止欲修行以超越障碍，既然有阻碍，走不远得适可而止。以爻象看，“六二”上承“九三”，发挥离明之光，以照耀美化阳刚，故得亨通。“上九”下乘“六五”，照顾庇荫，以美化阴柔，故“小利有攸往”。刚柔相得益彰，配合得好，可互相美化。贲卦中含有非常精彩丰富的美学思想，阳刚的壮美与阴柔的优美如何配置和互动，以形构出动人的美感，为其要旨。贲与噬嗑相综一体，美是一种竞争力，文饰包装得好，给人好感，引人认同，当然容易胜出。

“天文”也三字，来得突兀，其前必有脱文，传抄的过程中遗失了！由后文对仗可知，应为四个字，有人就补上“刚柔交错”，相当合理。贲卦卦形三阴三阳交错分布，太空中的天体运形，星罗棋布，灿烂明灭，也是刚柔交错。下卦内卦为离为文明，上卦外卦为艮为止，人类文明的发展，须适可而止，过度开发，会伤害自然生态，反过来危害人类的永续生存，这才是合乎人文的思想及做法。伏羲仰观天象，体察天体随时运转的变化，“近取诸身，远取诸物，作八卦以通神明之德，以类万物之情”，为华夏文化奠定了博大精深的根基。

“人文化成”，即指文化，英文为“culture”，其意为普及于基层农民的观念及生活方式。文明的英文为“civilization”，其意为城市精英的知识分子所开创的思想与行为模式。由文明而文化，经过了教育推广的历程，观卦《大象传》所言即为此意：“风行地上，先王以省方观民设教。”

文饰之意稍劣，文明、文化、天文人文的境界就高多了！贲卦卦辞很保守，“亨，小利有攸往”；《彖传》解释完卦辞后，转而推高至天文人文、文明文化的层次，更见全面观象的伟大创新。这是圣人赞《易》的精神，并不拘守经文，有超越的见解，一样大肆发挥。《系辞下传》第八章称：“不可为典要，唯变所适。”《彖传》完成稍晚，统卦爻结构而深论，意蕴丰厚，值得习《易》者细品。

贲卦《彖传》的关键词为“文”，噬嗑《彖传》称雷电合而“章”。噬嗑卦讲立法，贲卦谈行政。法贵明确有据称“章”，政尚纵横调解称“文”，细读两卦，大有文章。

《象》曰：山下有火，贲。君子以明庶政，无敢折狱。

贲卦下离火为明、上艮山为止，下明基层众多政务，上面的领导阶层不敢妄断狱政是非。以现在文明国家奉行的理念来说，就是行政权必须尊重司法独立，不可以干涉司法审判。近代国家标榜三权分立，行政、立法、司法相互制衡，像三足鼎立，维持整个政权合理运转。法国思想家孟德斯鸠主张立法权稍高半筹，行政权依法行政，司法权依法审判，这也表现在噬嗑、贲二卦的《大象传》修辞中：贲代表行政权，称“君子以”；噬嗑为立法权，称“先王以”。下经丰、旅二卦相综，《大象传》亦提到三权分立的问题。丰卦称“折狱致刑”，正为司法审判权；旅卦称“明慎用刑而不留狱”，揭示行政权与司法权相关执行的分际，二卦皆称“君子”。先王建立法制，地位的尊崇显然高于君子。噬嗑与贲相综一体，立法、行政为一体两面，相依相存；噬嗑上下卦对调为丰卦（䷶），立法、司法应该是内外交易的关系。

中国古代的政法思想发达很早，《大象传》只是传承发扬，《尚书·立政》已有明训：“文王罔有兼于庶言、庶狱、庶慎，惟有司之牧夫是训用违。庶狱庶慎，文王罔敢知于兹。”“相我受民，和我庶狱庶慎，时则勿有间之，自一语一言，我则末……继自今文子文孙，其勿误于庶狱庶慎，惟正义之。”“其勿误于庶狱，惟有司之牧夫。”另外，《尚书·君陈》亦称：“殷民在辟，予曰辟，尔惟勿辟；予曰宥，尔惟勿宥，惟厥中。”掌握最高行政权力的领导人切勿干涉司法，有罪无罪，尊重司法专业的审判，在三千多年前的封建时代，这是多么先进的见识！可惜历朝历代真正遵循者少，经学讲明义理，史学澄清事实，两者恒有落差，道之不行也久矣！

• 1996 年元旦，我算自己全年策运，得出不变的贲卦。其时我已退出出版公司经营，当年公司的运势恰为不变的噬嗑卦，两卦刚好相综，股争仍然激烈对撞，而我“明庶政，无敢折狱”，虚领名号，不涉斗争，官样文章倒也安详自在。

另外，许多心力已投射到台湾各界的授《易》上，“观乎人文以化成天下”，“此中有真意，欲辩已忘言”。

• 2005 年 3 月底，我受邀赴文化大学城区部，与林洲民建筑师座谈，主题为“台北市城居生活的景观”。林的姐姐读大学时，曾与我谈过一段恋爱，这样的渊源很有趣，当年的中学生长大成名之类……座谈前，我研究了一下他建筑设计的作品集，也打电话问我学生姚仁喜建筑师的评价，然后占问林的设计风格如何？得出不变的贲卦。贲为文饰，又深具美学与人文化成的意涵，当然是不错。卦辞称：“亨，小利有攸往。”似乎又有些保留。孔子当年自占命途，得“旅”得“贲”，怃然不乐。旅卦失时、失位、失势，周游列国不遇；贲卦则虚有其表，非正色也，人文化成后世，当时难行其志。《论语·阳货篇》记子曰：“吾岂匏瓜也哉？焉能系而不食？”

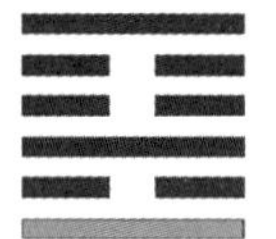

初九。贲其趾，舍车而徒。

《象》曰：舍车而徒，义弗乘也。

“初九”当贲卦之初的基层之位，人生职场历练刚开始，应该脚踏实地好好干，不要急功近利躁进。“止足”为“趾”，“贲其趾”为打好专业立足的根基，有车子都不坐，宁愿徒步而行。《论语·先进篇》记子曰：“以吾从大夫之后，不可徒行也。”当官的公家配有车坐，基层只宜徒步，这是一般组织中天经地义的道理。本爻变为艮卦（䷳），为山为止，现在才到山脚下，慢慢练脚力准备登山。

《易》卦中第二爻多有乘车之象：大有卦“九二”“大车以载，有攸往，无咎”；大畜卦“九二”“舆脱輹”；姤卦“初六”“系于金柅”，指“九二”行车的制动器而言；困卦“九四”称“困于金车”，实指“九二”；未济卦“九二”“曳其轮”等等。

•2010年4月下旬，我讲《坛经》中提到“三身”的部分，皆有占测其义。“清净法身”为随卦（䷐）四、五爻动，有复卦（䷗）之象；圆满报身为坤卦（䷁）“六五”爻动，有比卦（䷇）之象，已于前述。千百亿应化身为贲卦“初九”爻动，有艮卦之象。贲为种种色相，艮为止欲修行，“遇贲之艮”，正是落脚尘世、现身说法，以济度众生之义。

六二。贲其须。

《象》曰：贲其须，与上兴也。

“六二”阴居阴位中正，为下卦离明中心，用智慧铺设人际网络，以求高攀跻于组织上层。“与上兴”的“上”指“九三”，为职场中众所瞩目的新秀，“六二”上承“九三”，“九三”发达吃肉，“六二”追随长官，也跟着喝汤。一人得道，鸡犬升天，本是官场常态。《彖传》所称：“柔来而文刚，故亨。”即指此而言。本爻变，为大畜卦（䷙），有尚贤养贤、储备人才之意，卦辞称“不家食吉”，又有不拘守一家一派的气度。换句话说，“六二”“与上兴”，只是敲门引路，将来“九三”若失势，“六二”也可能改换门庭，另谋高就。

“贲其须”的“须”字含义多，有胡须之意，男子蓄须并美化保养，在古代官场几乎是代表身份地位的象征。贲卦“颐中有物”，显示职场生态，三至上爻又互成颐卦（䷚），高层生态又自不同。“六二”意图进入，遂致力趋同，美其须发仪容，希蒙接纳。“颐”本有脸庞之义，“六二”阴爻两撇，附于互卦颐之下，恰似胡须之象。

“须”为必须，也有等待之意，如需卦之“需”，人生行事机缘若不成熟，必须等待，不宜贸进。“六二”竭诚为“九三”服务，做到“九三”非他不可的地步，到哪儿都得带着他同去，这是职场中常见的“登龙之术”。爻辞未言明确的吉凶，善用则吉，不善用则凶，与“比之匪人”、“包羞”、“系小子失丈夫”类同。

《孟子·尽心篇》中称：“待文王而后兴者，凡民也！若夫豪杰之士，虽无文王犹兴。”这种志气突破了因人成事的限制，非“贲其须”所可藩篱，当然说得好，但若以治平事业来衡量，孟子一生也未做到。以道统来说，孟子此言出自孔子。《论语·子罕篇》记子畏于匡时，流露自信：“文王既没，文不在兹乎？天之将丧斯文也，后死者不得与于斯文也！天之未丧斯文也，匡人其如予何？”

九三。贲如濡如，永贞吉。

《象》曰：永贞之吉，终莫之陵也。

“九三”阳居阳位，积极进取，跻身组织上层，为下卦离明之极，前途光明。上下二阴爻包夹，又有坎险之中之象，故称“贲如濡如”。初至四爻互成水火既济（䷾），追求成功往往付出很大的代价。既济、未济二卦以小狐狸渡河为喻，或“濡其尾”，或“濡其首”，风险非常高。贲卦“九三”在社会的大染缸中浮沉，必须始终保持清醒，永远固守正道，不被欲望侵陵压倒，才能获吉。本爻变为颐卦（䷚），身心颐养自在。

• 2010年年初，我一位做过空中小姐的学生，好玩自占问：我美吗？得出贲卦“九三”爻动，有颐卦之象。“贲如濡如”，美得冒泡呢！“永贞吉”，不要沉溺色相、顾影自怜，要固守住生命的正道啊！颐为养生之道，“遇贲之颐”，说的也是美容养生之理，美化心灵更重要，《象传》申述人文化成，腹有诗书气自华。

• 2010年中，我占问：何谓生老病死？易占回答生为贲卦“九三”爻动，有颐卦之象。颐卦自然是饮食养生，贲如濡如，沉浸色相甚深，生之谓性，食色，性也。老为讼卦二、四、五、上爻动，齐变成坤卦。讼为离宫游魂卦，阳气散尽成纯阴的坤卦，尘归尘、土归土，人生老境难熬。“九二”、“九四”皆“不克讼”，“上九”所得尽空，唯一能依靠的，

占例

只有“九五”“讼元吉”，“利见大人，利涉大川”。

• 2009年7月下旬，我去宜兰办事，骄阳溽暑下在庙旁空地休息，起兴占问民初大儒熊十力的思想成就，得出贲卦“九三”爻动，有颐卦之象。“贲如濡如，永贞吉”，“终不可陵也”，“观乎天文，以察时变，观乎人文，以化成天下。”熊夫子由佛入儒，戛戛独造，光辉灿烂，确实足以当之。我还记得20几岁时，初读他著述的《读经示要》的感动，站起身来绕室彷徨，热情不能自已。熊先生性情真挚，入世不染，全合贲卦“九三”之义。

六四。贲如皤如，白马翰如，匪寇婚媾。

《象》曰：六四，当位疑也；匪寇婚媾，终无尤也。

“六四”阴居阴位当位，已跻身组织行政高层，也由下卦离明进入了上卦艮止的境界，多年工作辛勤历练，鬓发灰白，不复锐意进取，萌生退休打算。“皤如”为中年后鬓角飞斑之象，“六二”“贲其须”，“六四”皤其发，年华如水，青春瞬间消逝无踪。“翰如”为白马奔腾若飞，比喻对质朴生活的向往；“匪寇婚媾”，与屯卦“六二”相似，陷入或文或质、天人交战的犹疑彷徨。“初九”“舍车而徒”，保持自然本色，和“六四”相应与；“九三”濡染甚深，“六四”阴乘阳、柔乘刚，也构成诱惑，不易彻底摆脱。贲卦重刚柔交错，相得益彰，经过一段挣扎后，“六四”还是决定由“文”返“质”，故称“终无尤也”。人生处世，选择什么、拒绝什么，都是机缘历练，犯不着冲撞得罪人，不结怨，不无谓树敌。本爻变，为离卦（䷝），人际网络纵横交织，光明永续不绝。

贲卦与噬嗑相综一体，官场混迹，不可能不跟权力及金钱打交道，掌权时若不清廉，退休后东窗事发、锒铛入狱者有之。若坚持清廉过甚，又易无端树敌，一旦没了权位的保障，仇人找上门来，不好应付。“白马翰如”，也象征清白无染、无累一身轻；“匪寇婚媾”，又能仁者无敌、广结善缘。混迹职场，若能两方面同时做到，必得善终，无怨无尤。“尤”指才华出众，所谓天生尤物，易遭人嫉妒陷害，特立独行者须引以为戒。老子主张挫锐解纷，和光同尘，对人性弱点有深刻认识。

• 1998年11月底，我一位高雄的老学生北上找我，他为肾衰竭的体质所苦，问可有对策？得出贲卦"六四"爻动，有离卦之象。"贲如皤如"，公家机构待得太久，厂区二十四小时不停工，还经常得轮大夜班，鬓发飞霜，劳累甚矣！"白马翰如"，根本之策在减轻工作压力，或者安排退休，才能纾解无虞。贲卦中初至四爻，互成水火既济（䷾），贲卦"六四"恰当既济"上六"之位，"濡其首厉，何可久也？"真正不妙。贲卦"六四"爻变为离，以心火温暖肾水，正是养生学上既济卦的要旨。

• 2010年7月中旬，我问《易经》卦名是否后起，亦即先有卦爻辞再起卦名？得出贲卦"六四"爻动，有离卦之象。"贲"为文饰，依本质而加修饰，离为附丽，卦名与卦爻辞相得益彰。以贲卦为例，六爻皆称卦名，究竟先有贲卦之名，再视时位不同写出爻辞，还是爻辞写出后，依其共通性而立卦名，已经不易确定，都已浑然一体矣！

我接着又问：爻题如"初九"、"六二"及"上九"等，应该绝对是后起的了？得出蛊卦（䷑）"上九"爻动，有升卦（䷭）之象。"蛊"为继往开来之业，"上九"克竟全功，"志可则也"。明显指出爻题最后安立，完成爻性爻时爻位的规范化，更早的称法是"遇蛊之升"，而不称蛊卦"上九"，读《左传》可知。

• 2012年元旦，我作一年之计，自己全年"谋道"的策运为贲卦"六四"爻动，有离卦之象。"贲"为人文化成，"离"为文明相继以照四方，"遇贲之离"，切合我的教研志业。贲卦"六四"饱历风霜，年进花甲，岂非"贲如皤如"？"白马翰如"，勿忘初志；"匪寇婚媾"，广结善缘，"终无尤也"。当年开不少新课，培植新秀，赴美三城台湾书院宣讲、复旦大学授《易》、台大管理学院企业家班开课、成立"咸临书院"等等，皆为此义。

六五。贲于丘园，束帛戋戋。吝，终吉。

《象》曰：六五之吉，有喜也。

"六五"居贲卦君位，上承返璞归真、圆满退休的"上九"，"上九"为上卦艮山之巅，有息影林泉的丘园之象。"六五"人虽当权在位，深致崇尚向往之情，故称“贲于丘园”。古人致仕退休，希望买个山头，颐养天年，或修个园林，闹中取静，离开纷扰的人事斗争，寄情大自然的风光无限，这也是人生处世的常态。既然回归自然，借景怡情就好，不事雕琢铺排，不用花太多钱，就可安享林园之乐。“束帛”指送礼开销用度，“戋戋”是很少，虽“吝”而“终吉”。为人君尚如此淡泊，可喜可贺。本爻变为家人卦（☴☲），退职后回归家庭生活，敦叙天伦，何乐如之？

世间一般领导，为退休后置产花大钱，住美轮美奂的华屋豪宅，下面办事的人趋炎附势，刻意迎合，甚至巧立名目、挪用公款营建，这种官场陋规积习，在所多有。将来，一旦被举发，退休也不安宁。或如慈禧太后兴建颐和园，耽误了中国海军的建设，导致甲午海战失利，被后人唾骂至今，均为贲卦“六五”深刻的反面教训。噬嗑卦“九四”、“六五”“得金矢、得黄金”，以权钱交易，搞政治斗争，最后可能“何校灭耳，凶”，接受国法制裁。贲卦“六四”、“六五”清廉自持，最后赢得世人的敬重，“白贲无咎，上得志”。两卦相综一体，对照研习，可生无尽智慧，也更加了悟食色人生的重重业障，油然而起悲悯之心。

• 1991 年 12 月中，我在那家出版公司的经营角色愈见吃重，对提振本业绩效并不担心，特别困扰的，还是老板其他别业的财务物融通，剪不断理还乱，不知如何是好。当时占问个中分际，得出贲卦“六五”爻动，有家人之象。文饰护顾，出在君位的老板身上，关系似一家人，难于切割，虽然融通不太多，总是不合规范，而我为人任职，出处进退，实为不易啊！

• 2001 年元旦，我问全年策运如何？得出贲卦“六五”爻动，有家人之象。贲卦人文化成，“六五”居君位，淡泊明志，宁静致远，似乎正是我当年写照。讲经授《易》已成常态，“束帛戋戋，吝，终吉”，束脩虽然不算太丰厚，学不厌教不倦，倒是能持之以恒。周易研究会于当年十月成立，我是当然的创会理事长，领着一帮学生，开始推动易学风气。“家人，利女贞”，当年的家庭旅游活动亦多。寒假全家受邀去北海道，晚上则给世界青年总裁协会 YPO 的企业大老们讲《易经》；七月带太太赴东北旅游，延边进，旅顺、大连出；九月随父母姐妹还乡湖南探亲，偕少小离家的老父母，一偿夙愿。

上九。白贲，无咎。

《象》曰：白贲无咎，上得志也。

“上九”居贲卦之终，为上卦艮山之巅，职场修行止于至善，人文化成功德圆满，故称“上得志也”。“贲”为色彩缤纷之象，七彩色光合成白色，绚烂归于平淡，白中涵贲，在世不染，阅历深厚，返璞归真。前五爻爻辞贲字在前，“贲其趾”、“贲其须”、“贲如濡如”、“贲如皤如”、“贲于丘园”，皆在重重色相中濡染历练；上爻“白”字当先、“贲”字在后，由“文”返“质”，文质彬彬然后君子。“六四”“贲如皤如”、“白马翰如”，“上九”白贲，洁白无瑕的意象贯串全卦。本爻变为明夷卦（䷣），《大象传》称：“君子以莅众，用晦而明。”韬光养晦，涵容内敛，布衣暖菜根香，一切逍遥自在。《杂卦传》称：“贲无色也。”正指此爻而言。以佛教修行而论，色即是空，空即是色，色空一如矣！

前述贲卦有深刻的美学蕴涵，“白贲无咎”达于美学的极致，不在形式上雕琢，自然简易，大气朴实，感人至深。贲卦《彖传》称天文、人文，“白贲无咎”即天人合一，大块假我以文章，巧夺天工，无人为斧凿痕迹。噬嗑卦六爻争食惨烈，贲卦六爻则注重衣饰仪容之美，车马居处的档次规格，详细玩味，所谓食色人生大有意趣。贲卦下卦汲汲进取功名，上卦公门中好修行，对自然之美的向往，大有陶渊明诗的意境：“结庐在人境，而无车马喧。问君何能尔，心远地自偏。采菊东篱下，悠然见南山。山气日夕佳，飞鸟相与还。此中有真意，欲辩已忘言。”

• 2010年10月下旬，在富邦课堂上大家又谈起广告界名人孙大伟中风昏迷的病情，发作已五十天，不见起色。我遂占问半年后如何？得出贲卦“上九”爻动，有明夷之象。以生死论之，此象大大不妙。明夷为落日之象，又为坎宫游魂卦；贲卦崇尚文饰，正为广告宗旨，白贲无咎，走到人生终点，得享盛誉，也算没有遗憾了！上卦艮山绝顶，岂非回归道山之意？果然，十几天后孙即过世，结束了璀璨的一生。

贲卦多爻变占例之探讨

以上贲卦卦、彖、象及六爻单爻变的分析已毕，往下进入更错综复杂的多爻变的研究。

二爻变占例

占事遇卦中任意二爻动，若其中一爻值宜变，以该爻辞为主、另一爻辞为辅论断。若皆不值宜变，以本卦卦辞卦象为主，二爻齐变所成之卦的卦辞卦象为辅判断。

• 2009 年 7 月中，我于高雄旅次中问《楞严经》的宗旨，得出贲卦三、上爻动，“上九”值宜变成明夷卦，二爻齐变为复卦（䷗）之象。“九三”“贲如濡如，永贞吉”，“终不可陵也”；“上九”“白贲无咎，上得志也”。《楞严经》以食色开头，先讲佛陀率领僧团入城化缘，食毕坐定后，发生阿难受诱入淫舍将毁戒体之事，千钧一发之际，佛以神通救援，幸免沉沦。饮食男女的大事都安置后，才开始说法。全经正是教人从最深的色相处悟道，体验色即是空、空即是色的道理。“遇贲之复”，借以探究宇宙生命的核心真相；上爻变有明夷之象，因黑暗魔障悟光明心性，修炼过程相当艰苦。“噬嗑食也，贲无色也”；卦序往下为“剥烂也，复反也”。《楞严》讲解开导众生的，恰恰落在这一段的因果。

• 2010 年元月下旬，去毓老师处拜晤后不久，我心念一动，问此生承受师恩深厚，与老师的缘分究竟如何？得出贲卦初、三爻动，有剥卦（䷖）之象。贲卦人文化成，剥极而复，教我后生去除虚妄习气，探究天地真心。“初九”“贲其趾，舍车而徒”，入门指引，脚踏实地修行；“九三”“贲如濡如，永贞吉”，人生多番历练，勿忘初志。我于师门受益，确实如此，然而剥卦“不利有攸往”，毕竟也有后缘难续之意。一年两个月后，老师崩逝，许多生前壮图，肯定是难以为继了！

• 2010 年 11 月下旬，我们学会在高雄澄清湖畔举办秋季研习营，晚上与学生庆平讨论大科学家的成就，其中牛顿的造诣为贲卦初、三爻动，有剥卦之象。贲为种种色相的物质世界，天文人文皆有其自然规律，牛顿有关物质运动的定律贯通天上地下，放诸四海而皆准。“初九”“贲其趾，舍车而徒”，打下扎实的科学基础；“九三”“贲如濡如，永贞吉”，

创造了科学探讨世界的卓越成就。剥卦自然蕴有剥除表象、直透内在真理的企图，“不利有攸往”，似乎又揭示牛顿方法的极限，对极微宇宙并不适用，还得后续的相对论和量子论来补正。

• 1991 年 12 月中，我接手那家出版公司的经营，原老板专心去处理他的私人债务与其他公司的营运，但负责人还是他。这种特殊的分工方式，主要是受了市场派大股东的压力，当时我占问：老板与母公司的缘分究竟如何？得出贲卦初、上爻动，“上九”值宜变成明夷卦，两爻齐变，则有谦卦（䷎）之象。贲始贲终，创办者与组织渊源太深，恐怕不易真正切割。“初九”“贲其趾，舍车而徒”，当年艰难缔造；“上九”“白贲无咎”，就算被逼退，影响力仍不可忽视。明夷为落日之象，卦辞称“利艰贞”，全合其生命形态。谦卦亨通有终，没有所谓真正的退休。卦象所示，日后完全实现，公司因他而生，也因他而衰颓结束，一切似乎都有定数。

1993 年 9 月上旬，我已将公司经营上轨道，大有中兴气势，群雄股争又起，我问如何自处，也得出贲卦初、上爻动，有谦卦之象，贲“上九”值宜变成明夷卦。贲是我的职场历练，由初至终，最后“白贲无咎，上得志”，似乎暗示我会有退出的一天。“遇贲之谦”，“亨，君子有终”，整体来看并非坏事。明夷“利艰贞”，过程相当辛苦。日后的发展，充分证实了卦象。

• 2009 年 11 月底，我问往后三十年赴大陆讲经授《易》的成效及前景，得出贲卦初、上爻动，有谦卦之象，贲“上九”值宜变成明夷。人文化成自是我衷心所愿，贲始贲终，“贲其趾”，行脚天下打基础，“白贲无咎，上得志”，应该功不唐捐。谦“亨，君子有终”，“裒多益寡，称物平施”；明夷“利艰贞”，辛苦是免不了的。

• 2009 年 5 月下旬，我问邵康节名著《皇极经世》的成就，得出贲卦二、上爻动，齐变有泰卦（䷊）之象。贲卦《彖传》称：“观乎天文以察时变，观乎人文以化成天下。”邵子观天象、序人事变迁，正合此意。天地交泰，“小往大来，吉亨”，自然的气运流行，关乎人事兴亡，大小宇宙间，确有规律存焉。贲卦“六二”居下卦离明中心、“上九”处上卦艮山绝顶，《彖传》所称“柔来而文刚”、“分刚上而文柔”，正指这两爻而言。看来邵子此书确有窥破天地造化的玄机，不可轻忽小视。

• 2010 年 7 月下旬，台北美食家韩良露找我，安排寒露节气至孔庙，

二爻变占例

给一般民众谈谈《易经》，我们十多年没见，更早三十多年前我开书店时结识。人生韶华易逝，令人感喟惊诧，当时占问应许赴邀如何？得出贲卦五、上爻动，齐变有既济卦（䷾）之象。“贲于丘园”是礼敬，“束帛戋戋，吝，终吉”，“上”受“五”承，“白贲无咎”而“得志”，人文化成于孔圣殿中，云何不宜？《杂卦传》称：“既济，定也。”应该敲定。10 月初，孔庙重逢故人，演讲也清新可喜。

三爻变占例

占事遇卦中任意三爻动，本卦为“贞”，三爻齐变所成之卦为“悔”，称贞悔相争，合参两卦卦辞卦象以论断。若本卦三爻中某一爻值宜变，该爻辞加重考虑。

• 2010 年 9 月下旬，易佛课讲到《心经》，谈五蕴皆空，首明色空不二。我当时占问色蕴为何？得出贲卦初、三、上爻皆动，贞悔相争成坤卦（䷁）。贲卦正为物质世界的种种色相，由初始、经三大盛、至上终；乾为马喻心、坤为牛喻物，“遇贲之坤”，阳气散尽成阴，也有色即是空的意涵。易占解证佛理，真是精确到位啊！

• 2009 年 4 月初，我在学会办公室占问当月策运，得出不变的艮卦，大惑不解。当时刚从厦门探路回台不久，马上又将赴厦门大学“南强论坛”演讲，并率学生转至江西旅游，怎么可能是艮止之象？于是再占一次确认，得出贲卦二、五、上爻动，贞悔相争成需卦（䷄）。“贲”为人文化成，需卦“光亨，贞吉，利涉大川”，“遇贲之需”，合理多了！不想学生团赴厦门次日即生变故，学生郑进兴游鼓浪屿时痼疾发作，送医不治，成了莫大憾事。艮卦所示的重重阻碍并没错，贲卦“六二”“与上兴”，实指进兴跟团，“六五”为我领队“贲于丘园”、探访道教名山，“上九”“白贲”归道山，则是进兴往生的不幸。需卦健行遇险，也预示了之后发生的事故，而这在占卦当时，哪里设想得到？

四爻变占例

占事遇卦中任意四爻动，变数已过半，以四爻齐变所成之卦的卦辞卦象论断；若本卦四爻中某一爻值宜变，稍加重考虑其爻辞。

• 2008 年 12 月下旬，我富邦课堂的学生苏女士打电话给我，她先生为创投界名人，我们也认识多年，因身体不适，检查出罹患前列腺癌初期，问如何处置为宜？得出贲卦三、四、五、上爻动，齐变成萃卦（䷬），

贲卦“六五”值宜变，成家人卦。贲卦由三至上连续四爻动，从繁剧职场退休，以纾解压力、安享天伦，似乎为必然的选择。革卦集中心力治病，尽量接受最高档次的医疗服务，以他们俩的财力，也负担得起。结果，她先生的病倒问题不大，一年多后，先生的女儿突然中风病倒，在美国接受最昂贵的复健治疗，花钱无数，能否痊愈尚在不可知之数，人有旦夕祸福，其若是乎？

23. 山地剥（䷖）

剥卦为全《易》第二十三卦，前承噬嗑、贲二卦，后接复卦。序卦传称：“贲者，饰也。致饰然后亨则尽矣，故受之以剥。剥者，剥也。物不可以终尽，剥穷上反下，故受之以复。”“贲”为文饰，包装是必要的，但不宜过度，否则美化所致的亨通会用完，就变成内在空虚、岌岌可危的剥卦。世间万事万物遭遇任何浩劫，都不会完全灭绝，上层或外表穷绝，仍可在基层或内里找到崭新的生机，故而剥卦之后为复卦。

《杂卦传》称：“剥，烂也；复，反也。”剥卦一阳在上、底下五阴全空，由内里一直腐烂到外；复卦一阳震动于内，回头找到生命的根源，又能从此生生不息。《易经》经传中多用“反”字，以解释归本还原的重要，除了小畜卦“九三”“夫妻反目”有反对、反抗之意外，都是返回之意。老子说：“反者，道之动。”探究宇宙人生的核心真相，不能只是外向追求，必须深刻反躬内省。

乾卦“九三”朝乾夕惕，《小象传》称：“反复道也。”屯卦“六二”“十年乃字”，《小象传》称：“反常也。”泰极否来，《杂卦》称：“反其类也。”同人卦“九四”“乘其墉，弗克攻，吉”，《小象传》称：“困而反则也。”家人“上九”“有孚威如，终吉”，《小象传》称：“反身之谓也。”蹇卦《大象传》称：“君子以反身修德。”“九三”“往蹇来反”，即落实此德。凡提“反”处，都有复卦之意。

剥、复皆为十二消息卦，剥卦为阴历九月，复卦为阴历十一月。以二十四节气论，剥约当秋分、寒露至霜降之时；复约当小雪、大雪到冬至。剥时天气渐寒，树叶凋落；复时已至隆冬，冬至后一阳渐生，白昼渐长，黑夜渐短。

“剥”字从“刀”从“彔”，表示我们辛苦忙碌所累积、还不断记录以免遗忘的生活禄养，有朝一日可能遭遇浩劫，流失殆尽。剥极而复，显现生命的顽强，一切可以重新再造。否卦《大象传》称：“君子以俭德辟难，不可荣以禄。”三阴否（䷋）继续恶化成五阴剥（䷖），只要两次爻变即到。否时小人当道，若昧着良心出来做官，助纣为虐，所领的一点俸禄，至剥时，又可能亡失殆尽。人必须要有远见，坚持正道，于此可以悟知。

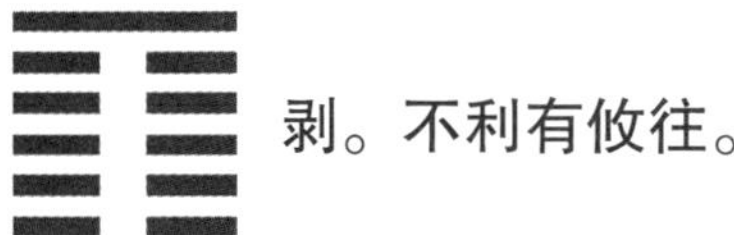

剥。不利有攸往。

剥卦卦辞很干脆，只有铁口直断的五个字，形势太危险，不利于有所前往。“往”字为“行之有主”，处于剥卦的情势下，人不管有多少主观的想法及做法，都不宜蛮干，因为一定行不通。

《彖》曰：剥，剥也，柔变刚也。不利有攸往，小人长也。顺而止之，观象也。君子尚消息盈虚，天行也。

剥卦卦形似层层剥落，五阴剥一阳，将原先的阳刚美质改变为阴柔虚弱。消息卦多以阳爻象征君子、阴爻象征小人，泰卦《彖传》称“君子道长、小人道消”，否卦《彖传》称“小人道长、君子道消”。临卦二阳，称“刚浸而长”；剥卦五阴盛，称“小人长也”。君子面对这种险恶情境，当如何应付呢？“顺而止之，观象也”七字，即为心法秘诀。

下卦坤顺势用柔、上卦艮止不动，“而”是“能”，顺能止之，逆不能止之。一阳面对五阴来剥，硬挡是挡不住的，应顺着来势牵引化解，就像棒球守备员接球一样，观望击球来势及落点，退几步把球接进手套。球势再强猛，总有力尽下坠之时，只要冷静“观象”，关键之际出手，便可从容化解危机。太极拳的粘劲儿、卸劲儿，四两拨千斤，以柔克刚，亦为此理。人生遭逢逆境，先逆来顺受，俟机再出手反击，是很重要的生存智慧。《彖传》中“顺而止之”的操作，主要体现于“六五”爻辞，辞中不见“剥”字，反而“无不利”。“六五”爻变，正好为观卦（䷓）之象，缓和甚至完全化解了灭亡的危机，造成形势的戏剧性转换，非常值得深入体会。人世间的消长存亡，强变弱弱变强，满了变空，空了变满，本属自然规律。懂得了这个，处逆境而不忧，居顺境也不骄，“天行健，君子以自强不息”！

《象》曰：山附于地，剥。上以厚下安宅。

剥卦上卦艮山、下卦坤地，山脉本因地壳变动而隆起，虽然高耸，实即附属于大地的一部分。组织中的高层领导亦经基层历练、获群众支持而崛起，不可妄自尊大、剥削基层以逞私欲。若无大地，何来高山？没有基层，焉有高层？《老子》第三十九章称：“贵以贱为本，高以下为基。”“民惟邦本，本固邦宁”，居上位者为了本身的安存，也得厚待下属，巩固基层。“宅”为自己的住家，和寓所不同，怎可不用心维护？孟子说仁心是人的安宅，行义为人的正路，所谓宅心仁厚、居仁由义，亦合剥后为复之象，复卦“初九”即以果中核仁为喻，阐发仁心仁德。

• 1993年4月中旬，我在那家出版公司戮力经营，业绩大有起色，而老板其他事业左支右绌，却窘困到山穷水尽的地步。当时坊间盛传，他有可能“流亡”内地以避债，我听了心绪复杂，占问如果出此下策，对他个人吉凶如何？得出不变的剥卦，“不利有攸往”，这是在情在理的回答。其实，后来他不是一走了之，而是悍然回朝“掌政”，把所有东西都输得更干净，而且根本也不能出去，一直待在台湾作困兽之斗。

同年7月中旬，我基于公司业务发展，问出版品销往内地市场的前景？得出不变的剥卦，“不利有攸往”，令人丧气。虽心志不服，后来确实如此。

• 2005年5月初，我们学会在台北剑潭青年活动中心办春季研习营，讨论提纲为“极数知来之谓占”。周六下午邀请了台大校长李嗣涔来演讲，他几年前任教务长时，曾带他读物理系的女儿来听过三个月的《易经》。他虽然是留美名校的电机博士，却以研究特异功能闻名，也引起科学界很大争议。当天他发布最新的研究成果，有所谓“诸神网站”的概念，只要掌握了通关密语，可以上网与诸天神佛请益。老子的专属网站上，居然还有“念力摄影”拍下来的大智者身影，真是匪夷所思，而一切又是透过严谨的科学方法探测得出。研究至此，完全可以与神灵进行一问一答的沟通，和易占已极为类似。因此，晚餐后送他至捷运站搭车，我的学生徐崇智执行长提出双方可进一步交流合作的构想，他也说欢迎。

返回住宿处后，我占问此合作计划如何？得出不变的剥卦，“不利有攸往”，我哈哈一笑作罢，倒是一点也不意外，觉得合该如此。当下再问：不合作的话，那该如何？得出不变的复卦。还是走易理易象自己的路数，必能开出新境，生生不息啊！

• 2007 年 6 月上旬，我以前在出版公司的一位同事与我晤面，除了邀我去诚品书店作一场他企划的系列演讲外，还提出赴上海给企业人士讲《易》的计划。我把相关资料给他，回家占问能成事否？得出不变的剥卦，“不利有攸往”，应无任何可能，后果如此，一切不了了之。

• 2009 年 9 月上旬，我们学会筹划跟公关公司合作，想在次年秋季举办国际易学论坛，题目定为“由《易经》看人类文明的浩劫与永续经营”。我参加过很多次国际易学会议，自己主办还属首次，召集几位热心学生讨论后，虽暂定一试，续提企划由公关公司送主管部门审议，心中毕竟没底。当场以手机电占的卦象也不好，先后得出不变的旅卦（䷷）和剥卦。旅卦失时、失势、失位，根本没法主导；剥卦资源流失，根基明显不足，“不利有攸往”。后来折腾数月，审批下来的官方补助极为有限，遂顺势叫停中止，不做挨累不讨好的事。

虽然决定不办对外的大型活动，该论题仍值得大家研讨，遂定为两年四次的内部研习营主纲，我自己在 2010 年 11 月中举办的秋研营上，也发表了长篇论文。文章最末有占：当前文明存续，最关键的问题为何？得出不变的剥卦。山附于地，看来还是水土流失、地基掏空的情形最严重，科技文明的过度开发，造成了地壳难以承载，动辄山崩地震，酿成巨灾。剥卦下坤地、上艮止，也是地面上生物濒临灭绝的浩劫之象。剥极而复，有待当今世人及早复育绸缪，以保存多样物种的生命基因。

• 2009 年 12 月上旬，我在富邦课堂上也占问过：复制生命甚至复制人的基因科技妥当否？得出不变的剥卦。“不利有攸往”，显然不合适，即便技术上可行，社会伦理的冲击也贻害甚大。科技运用必须适可而止，不宜滥无节制地发展，贲卦《彖传》称：“文明以止，人文也。”正是这样的理性考虑。

• 2010 年 4 月下旬，我问：2001 年“911”发生在纽约的恐怖攻击，其在人类文明史上的意义为何？得出不变的剥卦。刀兵浩劫，殃及无辜，当然“不利有攸往”，飞机撞上双子星大厦的瞬间，整个人类世界从此不

占例

再安宁，冤冤相报而无止息。

• 2000年5月上旬，我正在写《系辞传》的书稿，占问《系传》末章的主旨为何？得出不变的剥卦。末章首论天下之险阻，需修乾、坤至健、至顺之德来化解，然后论人情爱恶无常，造成多少吉凶悔吝，在在提醒人处世艰难，一不小心就会受伤，“不利有攸往”。而化解之道也存于剥卦卦象中，《彖传》称：“顺而止之，观象也。”正是以内卦坤的至顺之德，觉知外卦艮的重大阻碍，亦即《系传》传文所称：“夫坤，天下之至顺也，德行恒简以知阻。”

• 2010年6月中旬，我的一位学生投资开高档餐厅，请我们开张前去试吃，食材及厨艺是不错，地点的选择及装潢的大手笔却让人担心。另一位女学生放弃律师执业，帮他经管诸事，我暗占她对他可有帮助？得出不变的剥卦，阴剥阳、柔变刚，不利有攸往。几月后，餐厅生意不佳，转换形式经营仍不见起色，卦象应验无疑。

• 2011年9月下旬，我占一位女生是否命中无子嗣？得出不变的剥卦。剥而不复，难以生生不息，“不利有攸往”，确实如此，医师的诊断基本没错。

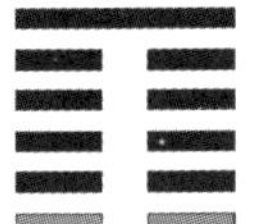

初六。剥床以足，蔑贞，凶。

《象》曰：剥床以足，以灭下也。

“初六”为剥之初，整个剥卦像张床，“上九”一阳为床板，下五阴似两边支撑的床柱床脚，“初六”位居最下，故称“剥床以足”。“蔑贞”是轻忽蔑视，不能固守正道，遂致基层松动，资源流失而遭凶。剥卦《大象传》强调“厚下安宅”，“初六”“以灭下”，正好违反教训，不凶何待？爻辞用“蔑”，象辞用“灭”，“蔑”为因、“灭”为果。基层位低易受忽视，一旦沦亡，高层亦难独存；“初六”危机初起，履霜而不知坚冰将至，不能防微杜渐，祸发而不可救矣！《老子》第六十九章称：“祸莫大于轻敌，轻敌几丧吾宝。”本爻爻变为颐卦（䷚），应珍视吾宝，坚定捍卫生命存活的稳定。

噬嗑卦“初九”“屦校灭趾”、贲卦“初九”“贲其趾”、剥卦“初六”“剥床以足”，皆以人脚或床脚取象，提醒人立足之地的重要。

• 1994 年 6 月初，那家出版公司的政变刚刚尘埃落定，我已实质不管事，但公司的股争并未真正结束，双方只是俟机再战。我厌恶这种气氛，问股争对我的吉凶损益，得出剥卦“初六”爻动，有颐卦之象。“剥床以足，蔑贞凶”，根基已经动摇，长久亦不看好，需早日准备转换。

• 2002 年 5 月上旬，我们学会已成立半年，执行长徐崇智在台中推动业务，有其坚强的班底，台北学生虽多，好像也应找人领导整合。我心目中有属意人选，占问是否合适？得出剥卦“初六”爻动，有颐卦之象。“剥床以足，蔑贞凶”，“以灭下也”，看来大大不妙，遂作罢论。由后来几年情势的发展，易占还是一针见血，鉴定深透，比我们感情用事要强。

• 2003 年 3 月中，我的连襟王医师与人投资合作有困扰，对方是曾任李登辉大掌柜的刘泰英集团的人，不大好惹，找我问对策。先占若强硬谈判，得出剥卦“初六”爻动，有颐卦之象。“剥床以足，蔑贞凶”，“以灭下也”，看来不行。再占继续忍让配合，为坤卦“六三”爻动，有谦卦（䷎）之象。“含章可贞，或从王事，无成有终”，虽然没事，无法主导行事。王医师和我一样，也是湖南骡子脾气，长期忍让恐怕不易。果然，虽未当时翻脸，没太久仍然恶言相向，结束了合作的项目。

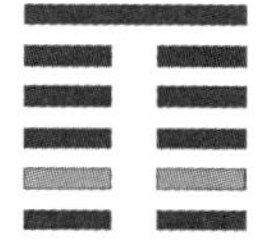

六二。剥床以辨，蔑贞，凶。

《象》曰：剥床以辨，未有与也。

“六二”虽中正，上应“六五”而不与，得不到高层的实力支持，处剥卦挨打的环境中，危机继续扩大蔓延。“辨”是古代床柱床脚中间分界处，由床足至床辨，安居立足的地位全失。“蔑贞，凶”，一再轻忽危机、未能固守正道而遭凶。本爻变为蒙卦（䷃），蒙昧不明，陷入外阻内险的不利情势。

• 2006 年元月中旬，我在台出版的三辑《易经》的书有机会与内地出版简体版，与上海学林出版社接洽，条件不算理想，但我更重视早日出书，当时占得剥卦“六二”爻动，有蒙卦之象。“剥床以辨，蔑贞凶”，

“未有与也”，得不到实际的支持，结果不会好。果然后来一波三折，学林未出，转介另家承制，也事故频仍，极度不顺。

• 2010 年 11 月上旬，我占问人会患忧郁症的起因，得出剥卦“六二”爻动，有蒙卦之象。“六二”中正，其实素质不错，感性敏锐，情欲蒙蔽理智，遂致“剥床以辨”之苦。“未有与也”，个性孤僻，得不到人情的慰藉，益发陷入愁思深困之局。

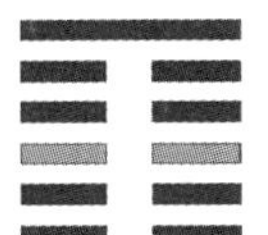

六三。剥之，无咎。

《象》曰：剥之无咎，失上下也。

“六三”阴居阳位，不中不正，上与“上九”一阳相应与，得到资源挹注，虽遭剥害，可获无咎。本爻动，恰值宜变为艮卦（䷳），剥灭的危机暂获控制而歇止。从众阴剥阳、柔变刚的角度分析，“上九”遭剥，为求生存，会运用和“六三”应与的关系说情疏通；“六三”为众阴阵营的一员，顾念情谊，手下放松，像三国时关羽放过曹操一样，有失团体立场，故称“失上下也”。

• 前述学林出书的事件，其实在 2005 年 12 月中旬已经商洽，针对拟议条件占问合宜否？得出剥卦“六三”爻变成艮卦，“剥之，无咎”。虽无大碍，总是遇“剥”成“艮”，重重阻碍，“不利有攸往”。一个月内不是剥“三”，就是剥“二”，或“蒙”或“艮”，令人丧气，整体来说，不是一桩好买卖。

• 1996 年 7 月下旬，我占一位友人兼学生的本命心性，得出剥卦“六三”，爻变成艮卦。“剥之无咎，失上下也”，显然不佳。虽然没有大碍，还是遇艮则止，少接触为妙，而事实上经多年观察，真的就是这样。

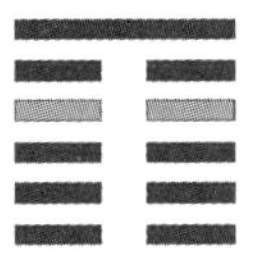

六四。剥床以肤，凶。

《象》曰：剥床以肤，切近灾也。

“六四”在“六三”放水卖人情之后，又继续剥逼“上九”，对“上九”

孤阳来说，危机已迫在眉睫，不能再卧床不警醒了！“肤”表示杀机已近身，那一点薄薄的保护层绝对挡不住，随时可能发生祸灾。本爻变为晋卦（䷢），其《彖传》称：“柔进而上行。”阴柔的势力更见强大，相对来讲，阳刚的抵御更弱，“上九”孤阳的处境非常危险。

“肤”字有好多含义。噬嗑卦“六二”“噬肤灭鼻”，“肤”指鼎中薄薄的肉片，大口一咬就能咬穿。“剥床以肤”，杀机锋芒逼近，肌肤感觉到透骨的寒意，也防护抵挡不住。剥卦阴剥阳、柔变刚，“六四”其实还有纵欲过度、床事过多，当心阳气枯竭之意。“噬嗑，食也；贲，无色也。”纵情声色，饮食男女的问题处理不好，就有剥蚀生命的危险。

• 2003 年元月上旬，我的学生张良维除了开设道场，教人太极导引外，也想与药商合作一些项目，其中某项养生保健药剂似乎不错，他问如何有效营销？我占得噬嗑卦（䷔）“初九”爻动，有晋卦之象。“屦校灭趾，不行也”，“噬嗑，食也”，对这食用的药品打问号，警告别轻易推动。噬嗑的另一面即为贲卦，不管怎么包装文饰，都得注意产品本身是否有问题。得此卦象，遂问如何化解应对？得出剥卦“六四”爻动，也有晋卦之象。“剥床以肤，凶”，又称“切近灾也”，加重警告。晋卦《大象传》称：“君子以自昭明德。”推销药品兹事体大，没绝对把握，切勿轻率介入，一切还是以“自明明德”为尚。

• 2004 年 11 月初，我参加民进中央在江苏淮安举办的中华文化研讨会，北京的一位女士情感上有困扰，找我问津。先问离婚好不好？得出不变的解卦（䷧），当然可以。然后与新欢结婚呢？为剥卦“六四”爻动，有晋卦之象。“剥床以肤，凶，切近灾也”，讲得真是露骨，却也明确警告并不合适。最后问先离婚再说，以后的婚姻前景如何？为不变的小畜卦（䷈）。密云不雨，还难说得很。往后在内地开会，还多次相遇，也成朋友了，前述三卦全都应验。

• 2001 年 11 月初，一位多年不见的大学同班从美国回来，约我见面请益。他想往中国内地发展事业的第二春，问可有机会？得出剥卦“六四”爻动，有晋卦之象。“剥床以肤，凶”，还“切近灾也”，怎么这么不合适！听他讲个中原委，确实也是如此。

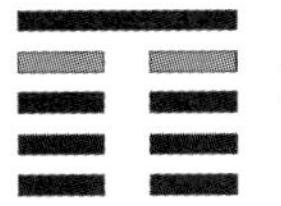

六五。贯鱼，以宫人宠，无不利。

《象》曰：以宫人宠，终无尤也。

“六五”居剥卦君位，上承“上九”孤阳，洞观全局，有了崭新的战略思维，不再逼宫剥阳，反而率诸阴爻虚尊“上九”，以谋更大的政治实惠。“上九”孤立于上，已无实力干政，“六五”做定了老大，莫不如展现风度，兼容并包，以维持整体的和谐。阴爻比喻为鱼，“贯鱼”显示“六五”号召整合的能力，就像王后率领后宫嫔妃，承宠于老君王一般，没有任何不好。领导人懂得这么做，广结善缘，最终必无怨尤。贲卦“六四”公门中好修行，“匪寇婚媾”，《小象传》称“终无尤”，与此类似。

剥卦六爻中，唯独“六五”爻辞中无“剥”字，可见阴剥阳、柔变刚的形势，至此出现戏剧性的逆转。爻变为观卦（䷓），多么有宏观大局的器识啊！《象传》中所称：“顺而止之，观象也。”即指“六五”而言。

• 1992年10月下旬，我督责那家出版公司的同仁奋战，争取高业绩以摆脱经营窘境。直销部门当时占营收大半，尤为教战重点。我占问当月直销业绩如何？得出剥卦“六五”爻动，有观卦之象。“贯鱼以宫人宠，无不利”，“终无尤也”。剥卦是态势一直不妙，“六五”临到月底却戏剧性好转，将士用命，士气如虹，最后结算，创下了令人惊艳的业绩。

• 2008年10月下旬，我先去杭州参加内地文促会主办的中华文化研讨会，然后坐台商学生安排的专车赴上海，与两位大陆友人会合，准备第二天去处理上海出书的麻烦事。如同前述剥二剥三爻动之例，学林转其他出版社经手更不顺，主事者毫无道理，一拖再延，我已经愤怒的失去耐心，可头洗了一半，也不好擦干重新来过。当晚夜宿旅社，静心一占明日的会商结果，得出剥卦“六五”爻动，有观卦之象。大形势虽然难过极了，还是得冷静观察，顺势遏止小人长的气势，贯串整合敌友双方的意见，以求逆转取胜。结果次日的谈判过程全如卦爻象所示，几度濒临翻脸作罢，最后还是忍让达成协议，约半年后，历尽波折终于出书。延宕几年，剥“二”、剥“三”、剥“五”爻动，似乎也透显出当初选择

占例

对象的失误，本质上是阴剥阳、柔变刚，“不利有攸往”啊！

• 2009年3月上旬，我正给台北学生上老庄道家思想的课，对《庄子》内七篇都有占测。其中《大宗师第六》的主旨为剥卦“六五”爻动，有观卦之象。剥卦阴剥阳、柔变刚、小人长，其前为“噬嗑，食也；贲，无色也”，象征人的食色欲望剥蚀性情，须剥极而复，修身养性。大宗师高居剥卦君位，人中心有主，就能超克欲望习气的纠缠，而归真返璞。“其嗜欲深者，其天机浅。”篇中名言，一针见血，启发世人甚深。“贯鱼以宫人宠，无不利”，“终无尤”，教人以智慧统御众多欲望，以服膺真理正道。爻变为观卦，以此洞观宇宙人生，修行必成。

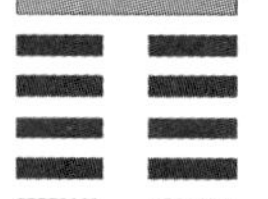

上九。硕果不食，君子得舆，小人剥庐。

《象》曰：君子得舆，民所载也；小人剥庐，终不可用也。

“上九”孤阳居剥卦之上，众阴剥阳已至最后关头，生死存亡立见分晓。《说卦传》称：“乾为木果……艮为果蓏。”剥上卦艮，“上九”一阳当乾刚正气，故有“硕果”之象，“不食”表示还没被吃掉，所谓浩劫余生、硕果仅存，但也危殆至极。

宋儒张载有言：“《易》为君子谋，不为小人谋。”此爻正应其理。面临这么危险的情势，如果当事者是君子，不但没事，还能得民心拥戴，有车子坐到处跑跑；如果是小人，必然过不了关，连暂避风雨的茅庐都会剥掉，而无存身之地。剥卦一阳高踞于五阴之上，既有床板床柱床脚之象，又似车子座轿有人扛着走，也像遮风挡雨的茅棚，易辞生于易象，于此可见一斑。

本爻若动，恰值宜变之位，爻变成坤卦（☷）。坤为众为大舆，“君子得舆，民所载也”；坤卦纯阴，表示阳气散尽，“小人剥庐，终不可用也”。

剥“上九”极有意味，我所遇过的占例也特别多，当时未必能断知吉凶，由最后结果，却可明确鉴别出谁是君子，谁是小人。所以多年下来，我在卡片或计算机上累积了存盘，调出来查看，即可知某某人的品性、修为和智慧，倒是好用得很。

“硕果不食”，也有成熟过度、即将腐烂之意。这时的重点是深藏在果肉核心的种子，果皮果肉尽量提供保护，一旦烂光，也能将核仁散布至安全的所在，重新深植土壤中，再生根发芽、伸枝展叶，进而开花结果，使一代代的生命永续不绝。剥“上九”以“硕果”为象，接着的复卦“初九”，即以种子核仁为象，剥极而复，意象完全贯通。《杂卦传》所称：“剥，烂也；复，反也。”说的就是这个意境。

井卦“初六”“井泥不食”、“九三”“井渫不食”，鼎卦“九三”“雉膏不食”，都有怀才不遇之意。肥大的水果、清凉的井水，以及鼎中美味的野鸡肉，都是要给人吃喝的，若没人食用即暴殄天物，非常可惜。《论语·子罕篇》中记孔子慨叹：“沽之哉！沽之哉！我待贾者也。”《阳货篇》亦称：“吾岂匏瓜也哉？焉能系而不食！”有本事的人不必藏而不用，还是待价而沽，一有好机会就出来展现抱负，服务人群。

• 1999 年 5 月上旬，计算机千禧虫 Y2K 的危机将至，我占问不管结果如何，这个事件对人类文明发展究竟是吉是凶？得出剥卦“上九”，爻变成坤卦，剥极而复，“君子得舆”，安然度过危机，“小人剥庐”，为浩劫吞没。换句话说，是吉是凶取决于世人的智慧德能，看看经不经得起考验。事后举世安然过关，“君子得舆”。

1997 年 10 月中，我针对往后一千年的文明发展做了多项预测：有关能源问题可否突破，为剥卦“上九”，爻变成坤卦；有关生物科技的发展，则为不变的剥卦。生物科技“不利有攸往”，可能是因为涉及许多社会伦理上的考虑，文明以止，适可而止，才合乎人文精神。石油总有一天会耗尽为剥，新的干净能源取之不尽、用之不竭为复，剥“上九”剥极而复，看来新能源会如期开发出来，让文明得以永续不绝。

• 1994 年 8 月下旬，我已退出出版公司的经营实务，老板强势回朝后，大力推动多项业务。其时台湾小学教科书开放民营在即，里面蕴含很大商机，他当然不顾一切要介入。我占算公司介入合宜否？得出剥卦“上九”，爻变成坤卦。“君子得舆，小人剥庐”，妙哉！几年后，他虽好大喜功，全面投入公司资源，想抢食市场大饼，最后还是落得丢盔卸甲，无功而返。这是证实了“小人剥庐，终不可用也”？

1992 年 9 月底，我在总经理任上干得很辛苦，股争夹缝中两不讨好，遂去找公司草创时一位原始股东商量，看看有无善解。那位股东另有专营事业，也做得相当不错，颇有台湾中小企业创业者的一股悍勇之气。

占例

我们谈得不错，但面对股争难题咸感棘手，市场派的大股东财力太强，与我们根本不成比例，老板的债务又太严重，我们完全帮不上忙。无论如何，会晤后，我还是占问从他处有生路否？得出剥卦“上九”爻变成坤卦。由后来几年的发展看，这颗不食的“硕果”没发生剥极而复的效应，至少不是“君子得舆”。

• 2002 年 9 月上旬，台风侵袭台湾，而两天后我将率二十几位学生赴河南安阳，参加两岸易学会议，担心影响行程，遂占问此行顺利与否？得出比卦（䷇）“六三”，爻变成蹇卦（䷦），“比之匪人，不亦伤乎”？大家相比出游，又是同门师生，怎么会蹇难难行呢？遂再问如何化解？得出剥卦“上九”，爻变成坤卦。君子就能熬过考验，“得舆”而获“民载”；小人当心“剥庐，终不可用也”。由后来发生的所有事情来看，其实都应验了，而且跟原先担心的台风一点关系都没有，反而另有所指。易占可真是鬼神莫测啊！

• 2011 年 3 月中旬，由于五月中下旬的鄂湘两地之行已排定，师兄弟几位约好，赴武汉大学及岳麓书院拜会，我遥问此行顺心否？得出剥卦“上九”，爻变成坤卦。一周后，我们敬爱的毓老师过世，应该是“硕果不食”的爻象来由；而我们继续做文化之旅，肯定是“君子得舆，民所载也”，薪尽火传，剥极而复，生生不息。

• 2010 年 6 月底，学会内部人事纠葛，我怒斥某生后，续问原定补开的二十五堂课，仍能如期否？得出剥卦“上九”，爻变成坤，“君子得舆，民所载也”，班次照开且圆满结业，没有受到少数人的影响。剥卦“上九”一关，可真是上好的试金石啊！

• 2011 年 2 月上旬，我问占卦太多好不好？为剥卦“上九”爻变成坤卦。“君子得舆，小人剥庐”，重点不在次数多寡，而在君子小人，《易》为君子谋，不为小人谋。

剥卦多爻变占例之探讨

以上为剥卦、彖、象及六爻爻辞爻象的解析，往下举占例说明多爻变动的复杂类型。

占事遇卦中任意二爻动，若其中一爻值宜变之位，则为主要变量，以该爻辞爻象为主、另一爻爻象爻辞为辅论断；若皆不值宜变，则以本卦卦辞卦象，及二爻齐变所成之卦的卦辞卦象合参。

• 2000 年圣诞节，我们准备申请成立“台湾周易文化研究会”，我问合宜及顺利否？得出剥卦五、上爻动，“六五”值宜变成观卦，两爻齐变为比卦（䷇）。“遇剥之观之比”，当然有传承大道之意，为期“君子得舆”，此刻就得“贯鱼以宫人宠，无不利”，“终无尤”，大半年后，学会正式成立。

• 2004 年元月上旬，《中国时报》的旧识黄小姐，受命在台北中山堂堡垒厅筹办“艺文雅集”，邀我洽谈《易经》讲座的可能。由于我已在《时报》关系企业的徐州路授课多时，难以分身且有自打对台之嫌，未能配合。但还是去看了现场，且替她占问经营前景，得出剥卦五、上爻动，“六五”值宜变成观，齐变又有比卦之象。“艺文雅集”须将厅堂作兴修改建，又不能破坏古迹，正是剥极待复之象。“贯鱼以宫人宠，无不利”，通盘整合设计后，希望能动人观瞻；开张启用，更希望君子得舆，而收比卦聚众交谊之效。事理虽如此，日后大小环境都有不少变动，时局及《时报》本身发生极大的转换，她的工作没有太好的结果，剥卦本义还是“不利有攸往”啊！

• 1995 年 5 月中旬，我已决心超脱出版事务，另寻人生的第二春，退下来一年，老板逼促的动作频频，不是太好招架。我为自己占问吉凶，得出剥卦五、上爻动，“六五”值宜变成观，齐变又有比卦之象。“六五”居君位是他，“上九”“硕果不食”是实质引退的我，他很想“贯鱼”整合，以免我的消极对别人有不好的示范，又于心有愧，不能动粗。但我岂是违理能收服之辈？双方虚与委蛇，就看彼此造化吧！“君子得舆，小人剥庐”，彼此形迹上还比附一阵，心志已隔千山万水。剥极而复，对我来说，此处剥烂，彼处复反，早已开出第二春。各人造业，各人承担吧！

刚开始共事之时，当然也有理念相当契合，形势转劣后，我算了一次原先的经营理念如何？得出剥卦三、上爻动，齐变有谦卦（䷎）之象。阴剥阳、柔变刚，经过岁月的熬炼，剥蚀褪色。“六三”还好，“剥之无咎”；“上九”“硕果不食”，就看主事者的修为了！“君子得舆，民所载也”；“小人剥庐，终不可用也”。谦“亨，君子有终”，都得真君子才能过关，历劫不毁。由结果看，令人浩叹。

• 2011 年 3 月 20 日清晨，我接到同门黄师兄来电告知，毓老师一早身体不适，送医急救。我心中顿生异感，勉强定下来占问吉凶，为剥卦三、四爻动，齐变有旅卦（䷷）之象。“遇剥之旅”，卦情大大不妙。“六三”“剥之无咎”，“六四”“剥床以肤凶、切近灾也”，老师多半已离人世。不久师兄再从台大医院来电，说老师急救无效往生，那阵子担心的终成事实。

• 2011 年 6 月上旬，所谓的云端信息科技成为话题，也引发一些侵犯个人私密的争议，我占问其理念如何？得出剥卦三、上爻动，齐变有谦卦之象。下卦坤地，“六三”居大地之上，“剥之无咎”，将各种信息往上送至上卦艮山之巅储存，即承“上九”“硕果不食”之象。善加运用，则“君子得舆”，大家都乐于拥护；不善运用或恶意滥用，则“小人剥庐”，终不可用也。谦“亨，君子有终”。善意提供无所不至的服务，才亨通有终。

• 1999 年 6 月上旬，有位自称是李某某的三芝乡远亲总来找我，问的都是他的投资计划什么的，我素不喜这种借关系谋财之事，大关节守住，其他只当历练见识，也应对一阵。中间他还说要介绍我赴日本商社授《易》云云，我占能成行否？得出剥卦初、二爻动，齐变有损卦（䷨）之象。“遇剥之损”，看来是扯淡！“剥床以足、以辨”，皆“蔑贞凶”，“以灭下、未有与也”。果然后来他说日方是要学风水，我哈哈一笑，不再置怀。

• 1996 年 12 月中，我为已购新居的装潢设计找定了包工，原先朋友推荐的一位设计师绘过草图，我们想推掉，占问如何处理？得出剥卦三、五爻动，齐变有渐卦（䷴）之象。“六三”“剥之无咎”，“六五”“贯鱼无不利”，“遇剥之渐”，应该没问题，的确如此。

占事遇卦中任意三爻动，本卦为“贞”，三爻齐变所成之卦为“悔”，称贞悔相争，合参两卦的卦辞卦象以论断。本卦三爻中若一爻值宜变，加重考虑其爻辞。

• 2004 年 3 月，由于岛内一连串事件的突变，我于是思考一个问题，政治斗争中的悲情效应，其真相为何？得出剥卦三、五、上爻动，贞悔相争成蹇卦（䷦），剥“六三”值宜变，成艮卦。

蹇卦外卦坎险、内卦艮阻，是个内忧外患、难以行进的环境，聪明人却可利用外患的威胁，来巧妙化解内忧，促成内部各派系山头的团结，暂时放下私怨，一致对外。《孙子兵法》上说，吴人与越人为世仇，当其同舟而遇风，相救如左右手；俗话也讲，兄弟阋墙，共御外侮。这个道理在蹇卦《彖传》末以赞叹表示：“蹇之时用大矣哉！”本占例“遇剥之蹇”，借着某种刀兵的剥蚀伤害，达成人情人心的巩固团结。剥卦“六三”值宜变之位，“剥之无咎”，不会造成致命的伤害。“上九”与“六三”应与，又与“六五”的君位承乘密切，遂受牵动影响而生变化。“上九”“硕果不食”，原先岌岌可危的挨打局面，转获民众拥戴，“小人剥庐”变成“君子得舆”。“六五”“贯鱼以宫人宠，无不利”，“终无尤”，贯串相关人脉，缜密布局，在最后阶段让民间的“六三”出手，而戏剧性地逆转了战局。三爻合力，齐变成蹇，产生风雨同舟的巨大效应。

这种设计绝非巧合，而是早有安排，必要时就背水一战，悍然发动，而且真正知情者极少，有的即便参与，也未必了解全局。出手的“六三”不是被灭口，就是早已得了利益，逃之夭夭，不可能是那位死在渔网中的可怜虫。政治斗争的阴险残酷，为争输赢不顾是非，在剥卦之前的噬嗑与贲卦，已说得很清楚。

• 2006 年 2 月下旬，我一位同门师弟常来找我，也展现了一些复杂的人脉关系，还想帮我招人开《易经》课，我占问这机缘正不正？能成不能成？得出剥卦二、四、上爻动，贞悔相争成解卦（䷧）。阴剥阳、柔变刚，“不利有攸往”。“六二”“剥床以辨，蔑贞凶”、“六四”“剥床以肤凶、切近灾”，明确不善。“上九”“硕果不食”，又考验君子和小人了。解卦化解蹇难，此例中应该是放掉而非拉紧关系，没有必要继续合作，后来的发展演变，也支持这样的判断。

• 2009 年 6 月中，我内人下车开门时姿势不当，扭到脚痛苦不堪，很长一段时间不良于行。当时有学生赠云南白药，建议服用定可治愈，我们没她那么有信心，占得剥卦二、四、上爻动，贞悔相争成解卦。解之前为蹇卦，正是举步维艰的病情，“遇剥之解”，似乎有些对症，但剥卦的治疗过程，令人不安。“六二”“剥床以辨，蔑贞凶”，“六四”“剥床以肤凶、切近灾”；“上九”“硕果不食，君子得舆，小人剥庐”，考验人的体质决定过关与否，未免风险太大，且伤元气。考虑之后，没有服用这个号称伤科圣药的万灵丹，几个月后，用别的方式疗愈。

• 2003 年 4 月初，《中国时报》的一位旧识李小姐找我谈前程，几年前她也上过我一年的《易经》课，对易占易象还是不甚了了。我占她当年年底前的运势，得出剥卦二、四、上爻动，贞悔相争成解卦。“剥床以辨”、“剥床以肤”至“硕果不食”，有持续恶化的趋势，最后得面临“得舆”还是“剥庐”的艰难考验，君子、小人命运殊途，一翻两瞪眼。看她表情颔首不止，似乎说中了职场生涯的困扰，后来她确实离开了报社另寻发展，这也是解卦的意涵？

• 2003 年 6 月上旬，我占算台湾信息产业未来三至五年的前景如何？业者适合继续扩大投资吗？得出剥卦初、二、五爻动，贞悔相争成中孚卦（䷼），剥“六二”值宜变成蒙卦。中孚卦讲的是合乎时中之道的诚信，产业信用好，可投资经营，利涉大川。“遇剥之中孚”，建立品牌信誉的过程却很痛苦。“初六”“剥床以足，蔑贞凶”、“六二”“剥床以辨，蔑贞凶”，“无与也”，更指出没有好的合作对象。爻变成蒙，情势不明，别轻举妄动。“六五”正是象征品牌的君位，“贯鱼以宫人宠，无不利”，必须整合资源成功，才能转凶为吉。“六二”为主变量，似乎保守为宜。

占此卦例时，我正好与大一同班李焜耀会晤过，他雄心万丈想走通自创品牌之路，当时他的事业也非常成功，BenQ 的盛名满天下。他很快并购德国西门子手机厂，以扩大国际版图，却也很快尝到了失败的苦果。恰恰就在三至五年间出事，2006 年 9 月宣布结束德国业务，来去之间惨赔了数百亿台币。

• 2010 年 3 月底，我推算法国未来五年的国运，得出剥卦初、三、上爻动，贞悔相争成明夷卦（䷣），剥“六三”值宜变成艮卦。明夷为日落的黑暗之象，卦辞称“利艰贞”，“遇剥之明夷”，真是有够惨，近乎民不聊生。剥“初六”“剥床以足，蔑贞凶”，“六三”虽“剥之无咎”，爻变成艮，亦有成长停滞之象。“上九”“硕果不食”，遭遇君子小人的严酷考验，或得舆或剥庐，命运殊途。以三爻齐变的明夷卦来看，“小人剥庐”的可能性最高。这当然也是受了席卷全球的金融风暴的影响，由这些年的后势看来，此占又说中实况。

• 2008 年 4 月中旬，我们学会的春季研习营在台中东海大学举办，主题是"云行雨施天下平:《易》与《春秋》"。我自己写了篇长长的论文讲给学生听，有位女生没与会，却介绍了一个灵通人士来给我施功整脊。我也没好拒绝，但还是占了一下是否合宜？得出剥卦初、五、上爻动，贞悔相争成屯卦（䷂）。

"屯"为新生,"动乎险中大亨贞"；剥"不利有攸往"，则有风险。"初六""剥床以足，蔑贞凶"，"六五""贯通"全身之气，以求"无不利"，也当脊柱之位；"上九""硕果不食"为颈部，"君子得舆，小人剥庐"。结果我还是让他施为，见识一下所谓的神灵疗法，没大碍，也没完全解决多年的痼疾，体气仍然不是很顺畅，教书讲话太多，太伤元气？

• 2007 年 11 月下旬，中华孙子兵法研究学会想开课，请我讲几堂大易兵法，我是他们的副会长，不支持不行。《易经》太难，以《易》证兵更不易，拟好课程计划后，占合宜可行否？得出剥卦二、三、上爻动，贞悔相争成升卦（䷭），剥"六三"值宜变成艮卦。升卦"元亨，勿恤，南征吉"，"遇剥之升"，过程有些辛苦。"六二""剥床以辨，蔑贞凶"，"未有与也"，听懂的人恐怕不多。"六三""剥之无咎"，也无大碍；"上九""硕果不食"，我反正是尽心讲解，"君子得舆"。全部课程结束，刚好次年国民党也赢得选举，台湾形势出现转机。

• 2010 年 12 月上旬，辛卯兔年将至，我们学会设计了"卯兔跃晋"的贺年卡，寄发给会员及各方友人。我看了油然起兴，占问兔兔年我的志业可以再突破吗？得出剥卦二、五、上爻动，贞悔相争成坎卦（䷜）。坎卦称"习坎，有孚，维心亨，行有尚"，又称"常德行，习教事"。一波未平一波又起，闯荡江湖，无有止息。"遇剥之坎"，过程也不轻松。剥"六二""剥床以肤，未有与也"，适合的对象尚未出现；"六五""贯鱼以宫人宠，无不利"，串联人脉机缘，有可能形势转顺；"上九""硕果不食"，我又肯定是"君子得舆，民所载也"。

2011 年卯兔开始跃进，先是 106 岁高龄的毓老师找我去谈，他想去北京开设"奉元书院"讲学之事，兹事体大，同门师兄弟也动员了一阵，老师却不幸于春分大壮时节崩逝，骤失明师，大家悲恸至极。五月中下旬，与几位师兄弟赴鄂、湘两地，拜会武汉大学、衡阳师院，与长沙岳麓书院等弘扬中华文化的重镇，都有发表论文演说。七、八月间，"神州大易首届精英班"开课，我隔周一次，连跑四趟北京授《易》，紧接着又

赴希腊旅游，再转往德国慕尼黑，给老外讲了九天三梯次的《易经》。九月中返台重拾旧业，继续多年在台授《易》的课程；十月中又结伴入西藏一游，风尘仆仆，旅道多艰，真是“劳乎坎”，却完全落实了前一年底所占的卦象。

• 2011 年 9 月上旬，我在德国授《易》，一对夫妇问我，他们道场事业未来 3–5 年的经营前景如何？我占得剥卦上三爻全动，贞悔相争成萃卦（䷬）。剥卦资源流失，“不利有攸往”；萃卦人文荟萃，理财用人花费不少。“遇剥之萃”，高层经营不能掉以轻心。剥“六四”“剥床以肤，凶”，“切近灾”，眼前就很紧迫；“六五”君位“贯鱼以宫人宠”，领导者有无整合逆转的能力？“上九”“硕果不食，君子得舆，小人剥庐”，面临存亡的考验。后来才知道，占象一语中的，完全抓到他们经营的险境。

占事遇卦中任意四爻皆动，以齐变所成之卦的卦辞卦象为主，参考本卦诸爻辞为辅论断。若本卦其中一爻值宜变，加重考虑其爻辞的影响。

• 1998 年 9 月下旬，我开始应邀在富邦金控开《易经》课，学员六人，除蔡明忠夫妇外，都是他们企业界及文艺界的好友。当时我占问最佳的讲习方式，得出剥卦二、三、五、上爻动，四爻齐变成井卦（䷯）。井卦之前为困卦、之后为革卦，《易经》很难，须突破学习的困境，而有所创造发明，井卦象征开发潜在的资源及方法。剥卦“不利有攸往”，“六二”“未有与”，初学难以入门；“六三”“剥之无咎”，稍能相应；“六五”贯串一气，试着带领诸生进入易学的殿堂；“上九”“硕果不食”，就考验大家各自的禀赋及造化了！富邦的课一直延续至今未辍，学员有进有出，骨干仍十余年如一日，真是难得的缘分。

24. 地雷复（䷗）

复卦为《易经》第二十四卦，之前为剥卦，之后为无妄卦。《序卦传》称："剥者，剥也。物不可以终尽，剥穷上反下，故受之以复。复则不妄矣，故受之以无妄。"剥卦为五阴剥蚀一阳、岌岌可危之象，复卦则一阳复起于五阴之下，表示任何浩劫不可能毁灭一切，总有些物种会生存下来继续繁衍。剥上艮止、下坤地，象征地表上已无生命活动的迹象；复上坤地、下震动，地底深处还有生命藏匿而继续活动。待浩劫平复，地底下的生物钻出地面，一段时日后，又繁衍出众多的物种。无妄卦上乾天、下震动，天底下都是生命活动的热闹景观。

地球上生命的演化史就是这样，不断的旧物种灭绝、新物种衍生，所谓物竞天择、最适者生存。每一次物种的演化更新，都将生命推进到更高的层次，由身而心而灵，最后高智慧的人类登上演化的舞台。剥极而复，复非回到从前，而是往后创新，这里显示的自然法则发人深省。一元复始，万象更新，继往开来，生生不息。

复卦既有精神心智发达之象，人类起心动念务求真诚，不要妄想脱离现实，更不宜想入非非，轻举妄动而招灾。复卦之后接无妄卦，在《老子》第十六章里亦有推衍："致虚极，守静笃，万物并作，吾以观复。夫物云云，各复归其根。归根曰静，是谓复命。复命曰常，知常曰明。不知常，妄作凶。"道家思想亦由《易》卦易象启发而来，《易经》为中华文化最深邃的源头。

《系辞下传》第七章论忧患九卦，履、谦之后，即为复卦："复，德之本也……复，小而辨于物……复以自知。"复卦一阳在下，为内震之源，是一切德性的根本。乾、坤合之后生屯，为生命初始；剥尽而复，为历劫再生。所谓生生之谓易，永远终而复始，复卦是乾、坤以外最重要的卦，乾、坤称父母卦，复卦则有小父母卦之称。《孝经》开宗明义："夫孝，德之本也，教之所由生也。”其实复卦就是妇女怀胎、生育子女之象，外卦坤为母为腹，内卦震就是腹内的胎动。亲子之间这么密切生命的连接，子女对父母尽孝，真是天经地义，也是做人的根本。

复一阳初始，心灵的力量蕴蓄提升，虽仅一阳之微，却能充分感知辨识外在的事物。不仅如此，心灵还可以做内在的探索反省，思考自身的种种问题。复以自知自见，这是人为万物之灵的可贵，我们常说人要有自知之明。《老子》第三十三章称：“知人者智，自知者明。胜人者有力，自胜者强。”知人不易，自知更难，战胜别人因为你有实力，战胜自己内心的私欲，才是真正的强者。很多人都以为敌人在外面，其实藏在里面的敌人才难驯服，而这就需要具备随时深刻反省的能力，“复，反也”即为此意。《老子》一书多提“复”字，要搞通道家思想，若清楚了坤、谦、复三卦的意涵，差不多就全面了解。

忧患九卦的前三卦为履、谦、复，彼此关系非常密切。天泽履（䷉）与地山谦（䷎）相错，触类旁通。履以行礼、谦以制礼，而“履”字上“尸”下“复”，“尸”为主宰之意，同师卦“六三”“师或舆尸”之“尸”。

“履”实即“主于复”，人生所有实践均以“复”的原理为主，故称“复”为“德之本”。乾卦“九三”“终日乾乾”，爻变成履，《小象传》称：“反复道也。”勤奋履行实践，就是为了复道啊！

复仅一阳在下，生机尚微，称“小而辨于物”；浸长成二阳临（䷒）后，《序卦传》即称：“临者，大也，物大然后可观。”一阳之差，立刻由小变大，就像乾卦“初九”“潜龙勿用”，又加上了“见龙在田”，气势饱满，君临天下。一元复始之后，真的是万象更新。

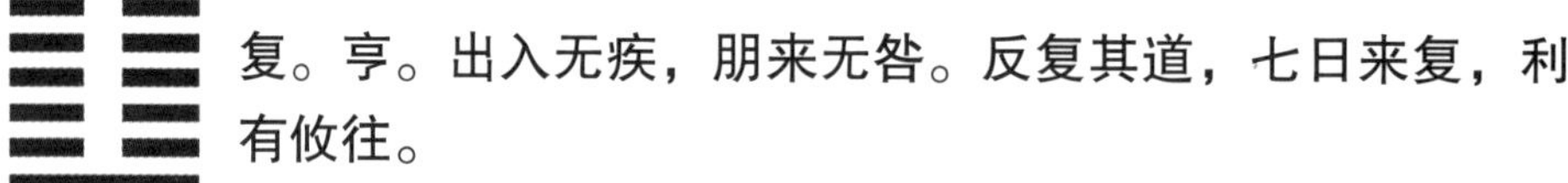

复。亨。出入无疾，朋来无咎。反复其道，七日来复，利有攸往。

复卦卦辞共二十一字，剥卦卦辞才五个字，剥极而复，“剥烂”时非常快，“复反”则很缓慢。泰极否来，建设成功耗时经年，破坏在转瞬间，破坏之后重建，更慢更难，人生真真不易啊！以生病来说，剥快、复慢，正合俗谚：“病来如山倒，病去如抽丝。”剥卦山附于地，为山崩地裂之象；复卦循环往复，,

还真的是绕轴螺旋形运转的抽丝状。

剥卦卦辞只言："不利有攸往。"复卦卦辞最后称："利有攸往。"显示形势已好转，又可以往前发展了，但必须做好前面十七个字的功夫。一元复始，当然亨通，阳气出入，驱除阴寒所致之疾病，能恢复健康，但不会太快。相对于阴爻来说，一阳来居其下为"朋"，阴阳和合是好事，故获无咎。"反复其道"，就像乾卦"九三""终日乾乾，反复道"一样，需周转反复几次，约经过七天时间，才能完全恢复健康，变成利有攸往。"疾"字为病，也是像箭矢一样直飞快速之意。"出入无疾"，需螺旋形地绕轴转好几次，不可能直来直往那么快。其实慢些比较好，求快反而是一种病态，"矢"加病字边，即为"疾"字。

人生行事，直来直往成功的很少，通常都得绕些弯走迂回路线，只要主轴的行进方向正确，总会呈螺旋形往前慢慢推进，黄河九曲，终向东流，《系辞上传》第四章则称："曲成万物而不遗。"太极图阴阳分际为S形曲线，太极拳的动作不断画圆弧，枪炮的膛管中刻画来复线，使枪炮弹旋转射出杀伤力更大，都是复卦原理的表现与运用。再者，前述复为母亲怀胎的生育之象，生命基因的DNA分子为双螺旋结构，更证实了"出入无疾"与"反复其道"的真确。至于为什么"七日来复"呢？我们在《彖传》中说明。

《彖》曰：复亨，刚反，动而以顺行，是以出入无疾，朋来无咎。反复其道，七日来复，天行也。利有攸往，刚长也。复其见天地之心乎！

复卦亨通，是因阳刚之气还居众阴之下，内震动而外顺行，所以出入没有毛病，阴阳调和而无咎。《老子》第四十章："反者道之动，弱者道之用。天下万物生于有，有生于无。"这有名的哲学命题，刚好来说明复卦的结构，刚一反内，起动生生化化的作用，顺势发展，消解疾疢而获无咎。虽只有一阳来复，慢慢就会二阳临、三阳泰，阳刚之气日见成长，故称"利有攸往"。

"七日来复，天行也"；剥卦《彖传》末称："君子尚消息盈虚，天行也。"剥极而复，为天道运行的自然现象，就像乾卦《大象传》所称："天行健，君子以自强不息。"宇宙诸天星体的周转运行，有七天环绕一圈的吗？地球绕太阳转决定一年，月球绕地球转决定一月，地球自转决定一天，那一星期七天是怎么定出来的呢？《旧约圣经》有七天创造世界之说，佛教说人死七七四十九天之后往生，这和“七日来复”有什么关系？佛教传入中土，最早也到汉朝时，基督教更晚，而《易经》经文卦辞的创作比这都早，不可能受其影响，一定是中土哲人自己发现的自然规律。诸天星体确实没有七天一转的周期，外在的大宇宙没有，内在的小宇宙却有，前述复卦为母亲怀胎之象，“七日来复”跟此有关。

《黄帝内经》有“天癸至”的规律，记于《素问·上古天真论第一》》：少女二七一十四岁发育成熟，进入青春期，可为人母生育子女；七七四十九岁停止月经，进入更年期，不能再生产。少男二八一十六岁性征成熟，可为人父，八八六十四岁则止，不能再让妇女怀孕。女子约三十五年的时间有月经来潮，每次前后差不多七天，七日之中须安心静养，不宜交媾，有也不会受孕。一年有三百六十五天多，七年和七日有固定的数值关系，“七日来复”，讲的是生命诞生与成长的规律，一切自然而然，故称“天行”。

医学上有很多“七日来复”的例证：外科手术后伤口愈合、拆线的时间是第七天，而器官移植中很棘手的排斥现象，也遵循七天为一周期的规律，往往发生在手术后第七、十四、二十一或二十八天。医学临床经验也显示，当疾病首度急性发作，要判断是否转为慢性，常以七天为限。普通感冒咳嗽不治疗，七天也会不药而愈。心脏病发作也有七日一高峰的节律，善加注意调节，予以适当的药物防治，或可防患于未然。

“七日来复”的观念基本而重要，“天行”为自然规律，任谁也不能违背，否则事必难成。蛊卦卦辞末称：“先甲三日，后甲三日。”《彖传》解释：“终则有始，天行也。”事情败坏了推动改革，实即剥极而复，当然要遵循“七日来复”的规律，先三日、后三日，加上正式推行改革的“甲”日，共七日。巽卦“九五”爻辞称：“先庚三日，后庚三日，吉。”“庚”为第七天干，实即变更之意；“辛”为第八天干，取意为新，所谓一元复始，万象更新，“庚辛”就是更新，这是古代中国以干支纪日的深意。前三日后三日，加上改弦更张当天的“庚”日，共七日，周密行事才能获吉。巽卦（䷸）“九五”爻变成蛊卦（䷑），先甲、后甲与先庚、后庚道理相通，都是要改变现状，谋求创新。革卦卦辞称：“己日乃孚。”“六二”爻辞称：“己日乃革之，征吉，无咎。”“己”为第六天干，必须穷则变，往下就接“庚、辛”，亦即改革破旧立新。震卦与既济卦“六二”爻辞皆称：“勿逐，七日得。”都是“七日来复”、失而复得之意，全得遵循自然规律。

“复其见天地之心乎！”《彖传》末此语意蕴弘深，更是复卦义理的精华，值得深入体会。“天地之心”是象征的说法，代表宇宙生命的内在主宰，儒曰“良知良能”，佛曰“真如自性”。人能弘道，非道弘人，《礼记·礼运篇》干脆称人为天地之心，人心若正，就是天心；孟子说尽心知性可以知天，存心养性可以事天。宋儒张载的名言更是脍炙人口，历代传诵讼：“为天地立心，为生民立命，为往圣继绝学，为万世开太平。”复卦代表一种核心的创造力，继往开来，生生不息。

“天地之心”深藏在内看不见，所以须深刻体会方知。《彖传》末的赞叹，也是用不确定的语气，这与老子形容道体的揣摩之词类似，见于《老子》第二十一章：“道之为物，惟恍惟惚；惚兮恍兮，其中有象；恍兮惚兮，其中有物；窈兮冥兮，其中有精；其精甚真，其中有信。”亦见于第十四章：“视之不见，名曰夷；听之不闻，名曰希；搏之不得，名曰微。此三者不可致诘，故混而为一。其上不皦，其下不昧，绳绳不可名，复归于无物。是谓无状之状，无物之象，是谓恍惚。迎之不见其首，随之不见其后。执古之道，以御今之有。能知古始，是谓道纪。”

以上经三十卦描述天道自然的演化来看，乾、坤开天辟地后，屯卦代表海洋中生命初始，豫卦为陆地上有了生命，剥卦为浩劫，造成生物大灭绝，复卦则象征人类这种高智慧的生物登上了演化的舞台。往下再经过五个卦，至最后的离卦，人类文明繁荣昌盛，光辉灿烂，永续不绝。复卦是生命发展一个重要的关键点，由身而心而灵，摆脱了躯体的限制，放射出精神心智的光辉。

复卦内震能动，为坤身之主，《彖传》称“天地之心”，以人身来讲，应为心脏，而“七日来复”又和妇女月事及怀孕有关。我的中医学生楼园宸有临床经验，曾让女病患恢复月经，以治疗心脏沉疴，有不错疗效。看来，女性的月经有保护其心脏的功能，一旦停经，进入更年期，就容易患心脏血管的疾病。自然造化之妙，懂得保护母亲，让她们遂行生儿育女的神圣职责。

一般以阴阳五行配脏腑器官，震卦为阳木，似应属肝，离卦为火才属心，恐怕不确。离属心之用，有交织联系全身各处的功能；震为心之体，主宰全身行动。肝应为阴木的巽卦，深入隐微。离、震二卦皆有相继之义，先、后天八卦方位又同居东方，生气勃勃，也似心脏的搏动功能。离卦“九四”爻辞：“突如其来如，焚如，死如，弃如。”心脏病发，往往猝死难救，爻变为贲（䷕），外表还很难辨识。震卦“九四”爻辞：“震遂泥。”则为心搏无力，爻变为复，需急救使其复苏。震卦《大象传》称“恐惧修省”，“六三”“震苏苏”、“上六”“震索索”，明显都是遭遇危险时，心脏难以负荷之象。

《象》曰：雷在地中，复。先王以至日闭关，商旅不行，后不省方。

复卦下震雷、上坤地，有“雷在地中”之象。复为十二消息卦的十一月卦，阳历节气约当冬至，当天白昼最短、夜晚最长，其后阳气渐盛，昼长夜短，正与复卦一阳复始之意相当。中国三代历法不同，周历以子月起算过新年，亦即冬至当天过年；殷历以丑月起算，临卦之月过年；夏历以寅月起算，泰卦之月过新年。汉武帝以后恢复用夏历，一直沿用至今，约立春节气过年。周朝享国久远，中国人过去很长一段时间，在冬至复卦时过年，现在还有冬至大如年的说法，非常重视冬令进补、调养微阳的冬至时节。吃汤圆、围火炉，一家窝冬放假不出门，夫妇禁止行房，以保护元气不外泄。这就是“至日闭关”的民俗传统，一切经济及旅游活动暂时休止，地方上的政治领导人也不去各处视察，以免扰民。换句话说，就是放年假，一切政经活动休止。

复卦《大象传》先称“先王以”，再称“后不省方”，表示地方当局须服从中央政府的通令。“后”也有后王之意，先王立法，后王依循，代代相传无有止息。六十四卦《大象传》一般多称“君子以”，比、豫、观、噬嗑、无妄、涣称“先王以”，泰、姤称“后以”；剥称“上以”，离称“大人以”，这是有名的“五以”，习《易》者宜有分判。复卦最特殊，称“先王以”再称“后”，寓有继往开来之深意。

观卦《大象传》称“先王以省方观民设教”，复卦称“后不省方”。秋分时，中央首长多至各地考察，以为施政参考；大雪冰冻的冬至时节，连地方首长都不去各地巡察。

• 2003 年 11 月中，我们学会多人参加在台湾师范大学举办的“两岸易学青年论坛”，与山东大学刘大钧教授率领的代表团互动密切，晤谈甚欢。前一年 9 月我们赴安阳开会后，曾转往济南山大易学研究中心拜会结缘，朋友讲习论道，已是第二回合。我问双方关系未来展望，得出不变的复卦。“出入无疾，朋来无咎。反复其道，七日来复，利有攸往。”2005

年 8 月，山东大学在青岛主办盛大的国际易学会议，我们受邀前往，之后还多次交流往来，正是不折不扣的复卦之象。

• 1999 年 5 月中，我的学生张良维邀我去他开设的太极导引道场授《易》，也是一年教完六十四卦的课程，希望结合身体与心灵思维的锻炼，提升拳艺的境界。我问能顺利开成否？为不变的复卦。显然是正面的，复卦循环往复的螺旋曲线，也与太极拳相合，“朋来无咎、利有攸往”，顺利完成全《易》的讲授，且命名为《身体易》。

2000 年 12 月中旬，良维勤于著述，完成图文并茂的《身体自觉》一书，由时报出版公司出版。我当时也在练拳，阅读演练体会尤深，遂占其书中见解意境如何？亦为不变的复卦。复为德本，复以自知，复小而辨于物，正是身体的充分自觉，一针见血，一语道破个中意蕴。

• 2011 年 7 月初，我陪儿子大学指考，高雄耕心园艺术工作室的林静华小姐打电话给我，计划将我多年在她那儿讲经的光盘制成更先进的 I-Plate，《系辞传》、《六十四卦详解》、《论语》，以及往后还要讲授的课程等，建构网上可付费研习的信息库，命名为“刘君祖解经书房”。我问合宜否？先得出蛊卦（䷑）二、三、上爻动，贞悔相争成坤卦（䷁）。再审慎确认，则为不变的复卦。复兴中华文化，返本开新，定位明确。蛊卦也是继往开来，“九二”“干母之蛊，不可贞”，不能操之过急；“九三”“干父之蛊，终无咎”，大方向正确；“上九”“不事王侯，高尚其事”，“志可则”，完全成功。三爻齐变成坤，顺势用柔，厚德载物。

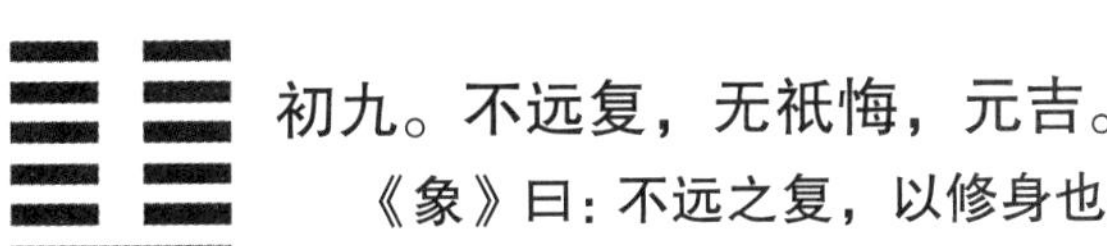

初九。不远复，无祇悔，元吉。

《象》曰：不远之复，以修身也。

“初九”为复之初，剥极而复的生机已现，又当内震一阳复始的主宰之位，代表核心的生命力，当然元吉。人只要中心有主，行事稍有偏离，就会反省得知，立刻修正回中道路线，不至于发展到失控后悔的地步。“祇”为“至”，“无祇悔”是不至于悔。“不远”即近，“不远复”还有深意，“复见天地之心”，人能行道即证天心，切近极了，完全不必往外远求。《论语·述而篇》记子曰：“仁远乎哉？我欲仁，斯仁至矣！”《孟子·尽心篇》记孟子曰：“万物皆备于我矣，反身而诚，乐莫大焉！强恕而行，求仁莫近焉。”都是真正见道之言，修身以道，修道以仁，舍此何由？本爻变为坤卦，厚德载物，广土众民都得依此修行。剥卦“六四”“剥床以肤凶，切近灾”；复卦“初九”“不远复、元吉”，切近道。

《系辞下传》第五章记子曰：“颜氏之子，其殆庶几乎！有不善未尝不知，知之未尝复行也。《易》曰：‘不远复，无祇悔，元吉。’”颜氏之子指颜回，不迁怒、不贰过，为孔门最优秀的学生，夫子赞扬他即以复卦“初九”为证。“庶几”是差不多近道之意，所谓“其心三月不违仁”，很接近标准了！行为稍有不善，立刻感知觉察，改过向善，而且以后永远不会再犯。孔子这么一标榜夸奖，颜回入圣庙接受后人奉祀，即以“复圣”称之。颜回名渊，深潭之水跌宕回旋，内敛深邃，“回”也有反复回归真理之意，真是名副其实。

• 2009年7月上旬，我问《金刚经》的旨趣，为复卦“初九”爻动，有坤卦之象。“不远复，无祇悔，元吉”，“以修身也”。剥极而复，就是为了探究宇宙人生的真相，复见天地之心，“初九”一阳复始，正是“天地之心”所在。佛在《金刚经》中说法，一再强调万象皆空，所谓：“凡所有相，皆是虚妄。”“离一切诸相，即名诸佛。”剥除表面的层层假相后，真相便如实呈现，便是硕果中深藏的核仁种子，便是真如佛性，“天地之心”。本爻变为坤卦，厚德载物，“含弘光大，品物咸亨”。

《心经》开宗明义：“观自在菩萨，行深般若波罗蜜多时，照见五蕴皆空，度一切苦厄。”剥卦一阳下五阴皆虚，正是五蕴皆空；一旦剥尽来复，体悟了真实自在的金刚心，自然可生无量智慧，度人生一切痛苦灾厄。这种观照的智慧，就是由剥而复的易象易理。

2009年7月中，我占问唐玄奘大师的修行境界，为复卦“初九”爻动，有坤卦之象。“不远复，无祇悔，元吉”，“以修身也”。直接明心见性，立地成佛。玄奘生平最尚《心经》，其译本也传诵最广，确实“照见五蕴皆空，度一切苦厄”。

• 2011年3月20日，我的恩师毓老以106岁高龄仙逝，我在得知讯息赶往台大医院，在捷运车中占算：老师临终一念为何？得出复卦“初九”爻动，有坤卦之象。“不远复，无祇悔，元吉”。他讲经弘道六十年，仍

刻刻以复兴华夏为念，“为天地立心，为生民立命，为往圣继绝学，为万世开太平”。

• 2010年2月初，我在“News 98”电台主持广播节目，以易理易象评论时事，两周一次，一次一小时，已为时一年。我问效果如何？得出复卦“初九”爻动，有坤卦之象。“不远复，无祇悔，元吉”，相当正面。坤卦广土众民，也拥有不少听众，反应算相当好，一直持续至今。

• 2010年8月初，我安排重组学会人事，吸收新血进理事会，其中一位是我的同门师兄刘义胜，占问合适否？得出复卦“初九”爻动，有坤卦之象。“无祇悔，元吉”，“含弘光大，品物咸亨”。遂极力邀他入会，果然效果甚好，对学会发展很有帮助。

• 2010年8月下旬，我因子月前赴武汉时腰疾发作，在旅馆中休息数日才康复，返台后积极寻医治疗，有位女学生介绍一种保健鞋垫，又电子侦测什么的花样翻新。我去尝试看看，也买下了极昂贵的一双鞋垫，效果可能不错。当时占的为复卦初爻动，有坤卦之象。剥极而复，对复健确有帮助，“初九”一阳复始，居下震卦之初，震为足，“初九”恰在脚底部位，理气象数皆合。

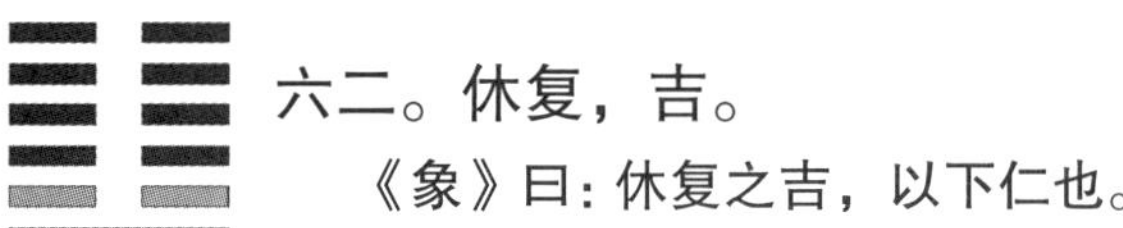

六二。休复，吉。

《象》曰：休复之吉，以下仁也。

“六二”中正，下乘“初九”阳气复起，受其化育影响，也能休养恢复而获吉。“休”字为人依木而立，像森林浴吸收芬多精一般，有消除疲劳、振奋心神的疗效。“休”又有自在从容的美好之意，否卦“九五”“休否”，大有卦《大象传》称：“遏恶扬善，顺天休命。”其中的“休”字都有此意。《大学》中引述《尚书・秦誓》一段，尤其发人深省：“若有一个臣，断断兮无他技，其心休休焉，其如有容焉。人之有技，若己有之；人之彦圣，其心好之。不啻若自其口出，实能容之。”“休休”之心，宽裕包容，不嫉才妒贤，正是仁心仁德休复的表现，以这种态度处世，社会必少许多纷争。我自青年读经起就服膺此训，也最讨厌见不得别人好的人，一旦遇到，必严峻拒绝往来，免生无穷是非。早期开书店时，请好友罗财荣写了这段的书法裱褙，现今也挂在学会教室内，算是对己对人的重要提醒。

“六二”爻变成临卦（䷒），自由开放，无穷无疆，《大象传》称：“君子以教思无穷，容保民无疆。”人与人相临相观，正应如此落落大方。

《小象传》称“以下仁也”，明确点出“初九”为果中核仁，更清楚了与剥卦“上九”“硕果不食”间的关系。剥极而复，新陈代谢，充分体现生命代代相传的自然规律，“消息盈虚”、“七日来复”，都是“天行也”。果皮、果肉迟早腐烂，种子的硬壳却可以保护生命的基因，继续往下繁衍。二十多年前，有中国唐朝的莲子在美国复育开花的例证；十多年前，也有中东沙漠里的椰枣种子，隔了两千年还开花的奇迹。可见植物种子生命力的强韧，人修炼金刚心的“根本智”（佛教用语，亦称无分别智、正智、真智等），亦应如是。最近报载，俄罗斯的科学家在西伯利亚永冻层，发现冰封长达三万二千年的种子，并成功地让这些“柳叶蝇子草”的种子复活，发芽茁壮开花，大易复卦之理再得明证。

人依木息止为休，练功之人常对大树站桩吐纳，确有其理。我的中医学生楼园宸也做过实验，以电线连接癌症病人与一株小树，结果小树受恶气感染而枯萎。休复之理，宜从正反面去深心体察。

• 2001年6月上旬，我受邀赴台中东海大学演讲，并开始在台中耕读园开班授课，也是一年六十四卦的吃重课程。占问顺利合宜否？得出复卦“六二”爻动，有临卦之象。“遇复之临”，一阳长至二阳，当然很好，休复吉，教思无穷，容保民无疆。一年后，顺利完成所有的课程。

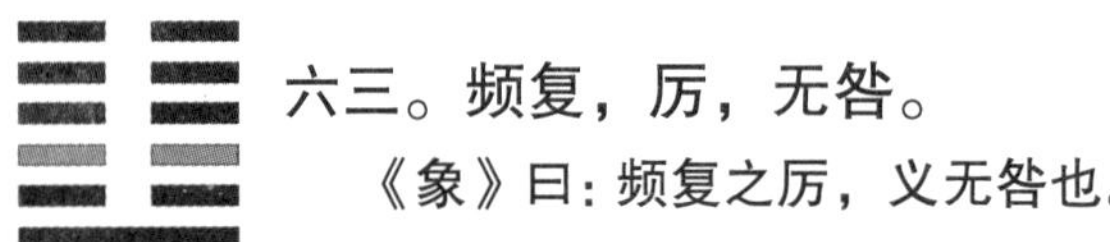

六三。频复，厉，无咎。

《象》曰：频复之厉，义无咎也。

“六三”阴居阳位，不中不正，资质时位较“六二”中正差得太多，离开“初九”的典范又远，故而行事多有偏离，犯错改正的次数频频，这是辛苦而有危险的，但只要知过能改，仍然没事。“无咎”的定义，《系辞上传》第三章说得很清楚：“善补过也。”复卦云云，根本就是改过的学问，孔子五十以学《易》，可以无大过，足见小过仍然不断，这完全是真实的陈述。

本爻若动，恰值宜变之位，爻变成明夷卦（䷣）。明夷为日落黑暗之象，非常痛苦，须咬牙苦撑度过漫漫长夜，卦辞称："利艰贞。"明夷卦爻辞中提到"明夷之心"，一切黑暗痛苦有其根源。复卦见"天地之心"，"六三"为不中不正的人位，人修持一旦不正，就可能堕落成呈黑暗的"明夷之心"。为佛为魔，系于一念之间。《尚书》称："惟圣罔念作狂，惟狂克念作圣。"圣贤一念之差，变成癫狂；癫狂一动善念，转为圣贤。佛家常说放下屠刀，立地成佛，皆为此意。

• 2007 年 5 月底，我在《联合报》的一位学生夫妻吵架，太太负气出走不知去向，近月不归，他很担心烦恼，自占问可有善解？得出复卦"六三"爻变，成明夷卦。明夷"利艰贞"，前景黯淡，非常痛苦。但本卦为复，有回家之象，爻辞"频复"，太太也在挣扎不定，虽危厉不安，仍可能在先生改过后无咎。后来夫妇俩言归于好，又同来上课，应了"频复"之象。至于太太为何出走，是因为看到先生手机中有女生暧昧的短信留言，先生直喊冤枉，保证绝无不轨情事。既然如此，我问他为何不删掉？他又说有些舍不得，有时打开来看看蛮温暖……

• 2004 年 6 月下旬，我问 11 月上旬美国总统大选，小布什能否胜选连任？得出复卦"六三"爻变，成明夷卦。"频复，厉，无咎。"虽有明夷苦战之险，还能再度当选操持国政。果然，四个多月后选举揭晓，小布什险胜。

• 1998 年 2 月下旬，我还在那家出版公司沉潜蛰伏，老板突然要请几位高干喝春酒。由占象知其意图拉拢，比卦（䷇）三、五爻动，有谦卦（䷎）之象，"九五"君位值宜变，已如前述。既然"比之匪人"，还是得虚与委蛇，应付应付。当时问如何酬应，就得出复卦"六三"爻变，成明夷卦。"频复"是渐离渐远，受拉又屡屡回头，明夷则有韬光养晦的装糊涂的智慧，其《大象传》称："君子以莅众，用晦而明。"《彖传》亦以殷末箕子装疯卖傻为例，指引人逆境存身之道："利艰贞，晦其明也。内难而能正其志，箕子以之。"当晚赴宴，嘻嘻哈哈言不及义，大家老同事呼拢过去，作鸟兽散，老板容色未开，几度欲言又止。当年事，俱往矣！

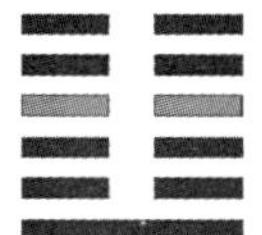

六四。中行独复。

《象》曰：中行独复，以从道也。

“六四”阴居阴位正，和“初九”内外相应与，阴阳配合绝佳。“中”、“独”二字都是名词，“中”为中道，“独”为慎独，“初九”一阳在内主导为“独”，“六四”一阴在外配合发挥，成和合之“中”。本爻变为震卦（☳），中心有主宰，行动有活力。“初九”见“天地之心”，为真理大道所在，阳主阴从，“六四”配合行事，故称“以从道”。外卦坤为广土众民，内卦震初为核心的独特创造力，“中行独复”，就是将其酣畅发挥于广大的群众中，而产生宏大的绩效。

先复“独”再行“中”，先建立自我的特色，再搞好群众关系。《中庸》称：“君子戒慎乎其所不睹，恐惧乎其所不闻，莫见乎隐，莫显乎微，故君子慎其独也。喜怒哀乐之未发，谓之中，发而皆中节，谓之和。致中和，天地位焉，万物育焉。”先慎其独，再发而为中道，这是修身养性、做人做事必须依循的步骤。

• 我习《易》近四十载，研习兵法也三十多年，一直有建构“大易兵法”的想法。2009年中，占问以《易》证兵的逻辑通不通？得出复卦“六四”爻动，有震卦之象。震是积极行动，威震八方；复为创造根源，生生不息。“遇复之震”，“初九”为大易的核心原理，“六四”“中行独复，以从道”，正是运用于兵法之象。“大易兵法”完全合理，绝对可以成立。

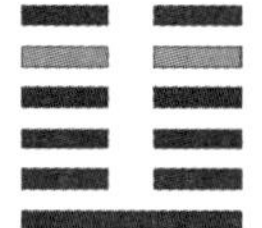

六五。敦复，无悔。

《象》曰：敦复无悔，中以自考也。

“六五”居复卦君位，不断考核自己，依中道修行，已至功德圆满之境，不太容易犯错而生悔恨。敦为大德稳重之意，以爱心照顾后进，提携不遗余力。临卦“上六”“敦临”、艮卦“上九”“敦艮”、复卦“六五”“敦复”，人生修到敦厚的境界，非“五”即“上”爻，四爻以下年轻经验不足，都做不到。

《礼记·经解》称《诗经》的教化为“温柔敦厚而不愚”;《中庸》称“大德敦化”;《系辞上传》第四章则称:“安土敦乎仁故能爱。”

本爻变为屯卦（䷂），屯为自然新生，复为人为再生，“遇复之屯”，表示人的创造力合乎自然，巧夺天工，已无任何斧凿痕迹矣！

• 2010 年 4 月上旬，我大致完成了《四书的第一堂课》的写作，这是多年的心愿，近二十万字杀青，我问成就如何？得出复卦“六五”爻动，有屯卦之象。“敦复无悔，中以自考也”。功力深厚，多年用心浸淫，已至炉火纯青之境。易象给此评价，让人安慰。数月后先出了简体字版，次年又由时报出版公司出了繁体版。

• 2010 年 8 月初，台湾某学院一位陈先生找我，希望我配合录制一套十小时的《易经》DVD，供公务员网上进修学习之用。见面商量后，我试占成果如何？得出复卦“六五”爻动，有屯卦之象。“敦复无悔，中以自考也”。当然很好，妙的是光盘刚好是供该学院自修及测验考试之用，“中以自考”，还真定位明确。

• 2009 年 4 月中，我由学生蓝荣福的安排，至厦门大学“南强论坛”演讲后，率一团学生续赴江西各地游览，行程中大家占算与我今生的缘分如何。蓝虽未同行，我还是占了和他的缘分，为复卦“六五”爻动，有屯卦之象。“敦复无悔，中以自考也。”讲得真是切啊！蓝为人敦厚务实，厦门经营访织业卓然有成，文化涵养及各方面的见识也足，是典型的儒商侠商，“朋来无咎，利有攸往”。

上六。迷复，凶，有灾眚。用行师，终有大败，以其国君凶，至于十年不克征。

《象》曰：迷复之凶，反君道也。

“上六”居复之终，离“初九”阳刚正道甚远，用心行事已大大偏离，迷途不反而遭凶。“眚”字目中生翳，看不清楚，妄动生祸，水火无情为“灾”，“有灾眚”即天灾人祸并至。当事者不知深刻反省，立即改过，反而据隅顽抗，最后惨遭大败，连累到领导人都遭凶，国家元气大丧，从此一蹶不振，历经十年之久也没法恢复实力兴兵作战。这是彻底违反了领导统御之道啊！

复卦“初九”“不远复、元吉”，为立身行事的出发点，从下而上、由内而外行进，可能渐有偏离。“六三”“频复”已出状况，屡错不惮改而获无咎；“上六”一意孤行，偏失严重，终至没救。俗谚云：“差之毫厘，谬以千里。”小过不改，积成大过，噬嗑卦初至上爻积恶灭身，已有明训。毫厘千里之言，见于《史记·太史公自序》，且注明为《易》云，今之卦爻辞没有这句，但复、无妄二卦从初至上爻，皆寓此象此理，可能西汉时爻辞尚未完全统一？《礼记·经解》亦称：“《易》曰：差若毫厘，谬以千里。”

“六三”属内卦，“上六”居外卦，人内心偏差若不矫正，将来可能在外行事出大问题。“上六”爻变，为颐卦（䷚），为免身败名裂，宜修养心性。“反君道也”的“反”字，也可以作反省、反复其道之反来解释，如此则是规劝之意。“迷复”之爻甚凶，领导人居心不正，智慧不明，可能祸国殃民、贻害无穷。爻辞所称，与泰卦“上六”爻辞类似：“城复于隍，勿用师，自邑告命，贞吝。”错了就要改，死不认错，结果更糟。其实以卦中有卦的互卦理论来看，泰卦（䷊）三至上爻即为复卦，泰卦“上六”根本就是所含复卦的“上六”，“城复于隍”的兵败之象，与“迷复”行师大败全同，这是易象精密入神之处。

清朝康熙大帝为安抚蒙古部族不作乱，曾以和亲政策，将女儿蓝齐儿嫁给蒙古族首领葛尔丹，这是我们在泰卦君位“六五”讲述的道理。“帝乙归妹”为政治联姻，不见得有好结果，“上六”“城复于隍”即为明证。历史记载，康熙决定御驾亲征葛尔丹时，大学士李光地占战事吉凶，得出复卦“上六”爻动，有颐卦之象。“迷复凶”，行师大败，“以其国君凶，至于十年不克征”，爻辞也未免太劲爆，简直大凶。结果康熙丝毫不以为意，反而哈哈大笑，说“迷复凶”是指对手葛尔丹，照样出兵御驾亲征，结果大胜，真的让葛尔丹遭凶，其部一蹶不振，再不能兴师反叛。这是什么道理？李光地算错了吗？还是解读失误？

一种说法是《易》为君子谋，不为小人谋，或所谓善《易》者不占，德高鬼神惊，康熙帝的智慧德能高过了易占，彻底摆脱了宿命或形势的纠缠，大圣之人超出三界外，不在五行中等等。

这且勿论，其实就易占论易占，李光地算得没错，康熙帝却可能断得更准。《易》有“贞我悔彼”之说，如果问事有明显对待关系，通常内卦也称贞卦，代表我方，外卦称悔卦，代表彼方的状况。李光地为康熙决战葛尔丹算卦，“上六”迷复凶大败，处上卦坤，代表交战后葛尔丹的动态；下卦震，代表天子行师，威震八荒，所谓“帝出乎震”，讨伐外卦坤的蛮夷，焉有不胜之理？康熙一方面有自信，不受易占左右，一方面可能也是易理更精熟，硬是气压一切，赢得了光辉的胜利；而李光地则不免陷于学究的见识，得到了一次很好的教训。

占例

• 2002 年 4 月中旬，我当时常上 TVBS 的政论节目“新闻夜总会”，对一些现实政局，或假想性的未来发展表示些意见。当年底有台北、高雄市长改选，而社会族群对立严重，主持人问选举时，是否此现象还会发烧，成为互相攻讦的议题？我占得复卦“上六”爻动，有颐卦之象。复、颐二卦卦气皆在阴历十一月，正当年底阳历十二月时节。“迷复凶”，显然本土悲情已经过度炒作，迷失了正途，对台湾实为不利，令人遗憾，而结果确实也是如此。

复卦多爻变占例之探讨

以上是复卦卦、彖、象与六爻爻辞的阐析说明，往下继续研究二爻以上变动的情形。

二爻变占例

占事遇卦中任意二爻动，若其中一爻值宜变，以该爻辞为主、另一爻辞为辅论断。若皆不值宜变，以本卦卦辞为主，参考所动二爻的变动意向。

• 2011 年 5 月下旬，我与几位师兄弟赴鄂、湘两地游览拜会，至衡阳时，衡阳师院派车，送我们去看明末大儒王船山的晚年隐居处，他的十一代后人还住在那儿，离开时我在车上占问：船山先生的成就以及历史定位为何？得出复卦初、三爻动，齐变有谦卦（䷎）之象。存亡继绝，复见天地之心，加上他执意反清复明的心志，都合复卦之象。谦为地中有山，彻底隐居荒山，不食清粟。“遇复之谦”，就是船山一生的写照。这两卦又属《系辞传》标榜的忧患九卦，复为“德之本”、谦为“德之柄”，充满了乱世修行的情怀。

复“初九”为坚刚之心志，“以修身也”；“六三”“频复，厉，无咎”，屡挫屡复，执意不移。谦“亨，君子有终”，事功虽未成，遍注群经，思想影响后世弘大。《焦氏易林》解“遇复之谦”称：“虎狼并处，不可以事；忠谋转改，祸必及己；退隐深山，身乃不殆。”说得可真切啊！

离了船山故居，我们又到附近他的墓地参拜行礼，荒山雨势渐大，我们自报师门三鞠躬，走时我又占：船山先生有感应否？得出蒙卦（䷃）“九二”爻动，有剥卦（䷖）之象。“包蒙吉，纳妇吉，子克家”，《小象传》且称“刚柔接也”。显然大有感应，前辈大儒启蒙后生小子，期勉继往开来，振兴道统学脉。蒙中含复（二至四爻互卦为复），“包蒙”刚好为复卦“初九”，本身爻变，又为剥卦，剥极而复，正与船山先生的复卦相应。

• 2009 年 4 月上旬，我将赴厦门“南强论坛”演讲，准备时事资料，其时金融风暴肆虐，G20 刚开过会计议国际合作，我占问：十年后美元的国际地位如何？得出复卦初、二爻动，齐变有师卦（䷆）之象。“遇复之师”，罪魁祸首的美元，仍有极强的力量，在国际间大打货币战争。复卦“初九”“不远复，无祇悔，元吉”，美元还是全球创造价值的核心；“六二”“休复吉，以下仁也”，大家都得跟随起舞，才有存活空间。师卦《彖传》称：“行险而顺，以此毒天下而民从之，吉又何咎矣！”全世界受美元毒害，却无力反抗，只能跟从，美元作为国际硬通货的优势不会动摇。

• 1997 年 8 月上旬，我占问六经中《尚书》的价值定位，得出复卦初、二爻动，有师卦之象。复为德本，见天地之心，书经论为政大道，特重领导人正心诚意，以身作则。二帝、三王传承的心法，称为：“人心惟危，道心惟微，惟精惟一，允执厥中。”全合复卦修持之理。“初九”“不远复、元吉”，“以修身也”；“六二”“休复吉，以下仁也”，步骤谨严。师卦《彖传》称：“能以众正，可以王矣！”以王道领导群众，正是《书经》的宗旨。

• 我每年元旦假期，除了算一年国际大事与自己年运外，也会看看家人当年的状况。2008 年戊子之初，我内人的运势占得复卦初、四爻动，齐变有豫卦（䷏）之象。复卦归本，豫卦欢乐，“遇复之豫”，“初九”和“六四”相应与，诚于中形于外，配合绝佳。九月小女又从英国牛津大学拿了硕士学位返台，家人欢聚一堂，此占相当传神，说中了她的情境。

• 2009 年 10 月中旬，在富邦课堂上大家谈起“脸书”（Facebook）上流行“开心农场”之事，许多人废寝忘食，玩虚拟种菜的计算机游戏，连她们这些企业家夫人亦沉溺其中。我当下占问这种活动的本质，得出复卦二、上爻动，齐变有损卦（䷨）之象。复卦“上六”值宜变，单变则有颐卦之象。复卦深富创造性，“六二”“休复吉”，真的也能得到放松身心休憩的效果；但“迷复”其中却凶，玩物丧志，浪费时间。两爻齐变为损卦，消耗心力于无益之事，应该减损玩乐的次数，损卦《大象传》称：“君子以惩忿窒欲。”规劝得真对。“脸书”的英文 Facebook，中文谐音为“非死不可”，“迷复”之凶，应当避免。

• 2010 年 11 月初，我心有所感，占问二十一世纪男性的前途，为复卦初、上爻动，齐变有剥卦（䷖）之象。“遇复之剥”，又从“初九”“元吉”，堕落成“上六”“迷复凶，反君道也”，彻底丧失了决策行事的主导权，而且据隅顽抗也没用，真是呜呼哀哉！然后我再问二十一世纪女性的前途呢？得出不变的大有卦“元亨”，火在天上，一阴居君位，拥有众阳，“遏恶扬善，顺天休命”，运势好到极点。看来大势已定，女性真正有了出头天！

• 1997 年 12 月中旬，台湾“精省”、“废省”已近一年，宋楚瑜虽暂保住末代省长之职，政治处境却很危险，一旦做完任期，可就前途茫茫。我占问他应如何反败为胜？得出复卦初、五爻动，齐变有比卦（䷇）之象，复卦“六五”居君位值宜变，单变则有屯卦之象。剥极而复，就是绝地大反攻，期望反败为胜。“六五”“敦复无悔”，爻变成屯的“动乎险中大亨贞”，诉诸民意，竞选 2000 年的领导人之位，以争取政治的新生命。“初九”“不远复，元吉”，省长政绩口碑尚存，应可获基层民众相当的认同。比卦“建万国，亲诸侯”，全省跑透透，合纵连横各地势力，应有可为。

• 2012 年元月下旬，时值大年初五春节假期，一批学生来我家中拜年，然后再出去晚餐。觥筹交错间，我冥思默想，又为未来一年教研诸事盘算。3 月初将开新《易经》班，专讲《易传》，期能会通，称“十翼齐飞”，问招生预期，为复卦三、五爻动，齐变有既济（䷾）之象。复为核心的创造力，“六三”“频复”，一再演练复习，终能至“六五”“敦复”之境。既济安渡彼岸，也是阶段性成功之意。结果报名上课者非常踊跃，学会的教室爆满，大家一起来研习，期能融会贯通，深入自得。

占事遇卦中任意三爻动，本卦为贞，三爻齐变所成之卦为悔，称贞悔相争，合参两卦卦辞卦象论断。三爻中若某一爻值宜变，为主要变量，加重考虑其爻辞所致之影响。

• 2012年元月中，我问筹议中3月初新开的“十翼齐飞”《易传》班前景，为复卦初、四、上爻动，贞悔相争成晋卦（䷢）。这与前占例类似，时隔十多天，动的爻位不同，都是培养核心原创力的复卦。本例为“遇复之晋”，理解精义后，便可“自昭明德”。复卦初、四相应与，“上六”“迷复”须避免，为极好的课程结构。

• 2012年7月中旬，我和师兄刘义胜臧否人事，他对一位同门深怀疑忌。我当下起占，探测其人心性，为复卦初、三、上爻动，“六三”值宜变为明夷，贞悔相争成艮卦（䷳）。“频复，厉”，“天地之心”可能转为“明夷之心”；若不勤修矫正，会蹈迷复之凶，远远偏离了“不远复”的初发心。艮卦重重阻碍，少接触为妙。

25. 天雷无妄（䷘）

无妄卦为全《易》第二十五卦，在剥、复之后，下接大畜卦。《序卦传》称："复则不妄矣，故受之以无妄。有无妄然后可畜，故受之以大畜。""复见天地之心"，起心动念真实无欺，没有妄念妄想，不会轻举妄动；如此正心诚意，心量广大，更能摄受储存更多信息，学习各种道艺知识，以成其大，故称大畜。

上经从开天辟地、物种原始，谈到生命由简而繁的演化，至复卦见"天地之心"，表示人类登上舞台，精神心灵的现象昭著。再往下发展无妄、大畜，更深更广，经颐、大过的肉身生死后，还能延续或坎或离的精神生命，发挥不朽的影响力。

《杂卦传》称："大畜，时也；无妄，灾也。"无妄、大畜都属心灵现象，妄想妄动，会惹祸招灾，用心学习得合乎时宜，融会贯通便能用世。《杂卦》的说法为互文见义，大畜"初九"也称灾、无妄《象传》强调"时"，贯通来说，不时则灾。古代以农业生产为主，如果五谷丰收，种什么长什么的年头，称"大有年"。若风不调、雨不顺，作物歉收闹饥荒，则称"无妄年"，表示没有指望，不必妄想。大有时气正常，"顺天休命"，"自天佑之"；无妄时气反常，灾难频仍，临卦所称的八月之凶即是。大畜也以畜牧为象，养牛养马养猪，牲畜的交配繁殖也得合乎时令，不然六畜不旺，家计维艰。

以修身养性来说，无妄即诚，正心诚意后为修齐治平，大畜志在于此。《中庸》论诚，《大学》谈修齐治平，二经所强调的要点，无妄、大畜二卦中都有。《易》为群经之首，诸子之源，确非虚论。

无妄。元亨利贞。其匪正有眚，不利有攸往。

无妄为没有虚妄，无假即全真，故而卦辞称“元亨利贞”，与乾卦所显示的天道同德。然而人心做到无妄谈何容易？“匪”同“非”，“眚”为目中生翳，看不清楚会惹祸招灾。人起心动念稍一不正，行事偏差，就会出事，不利于往前行进。

“元亨利贞”四德俱全之卦，共有七个：乾、坤、屯、随、临、无妄在上经，革卦在下经。临、无妄二卦较不稳定，都可能瞬间形势逆转。临卦开放自由过度，“至于八月有凶”；无妄心意不正，还有灾祸上身。贲卦“小利有攸往”、剥卦“不利有攸往”、复卦“七日来复”之后，“利有攸往”，无妄卦一不留神，又成“不利有攸往”，等于是前功尽弃，又退回到剥卦的危殆情境。人生修炼，真是太难太难！

《彖》曰：无妄，刚自外来而为主于内，动而健，刚中而应，大亨以正，天之命也。其匪正有眚，不利有攸往，无妄之往，何之矣？天命不佑，行矣哉？

无妄卦《彖传》写得极有意蕴，无妄内震为主宰，所谓“帝出乎震”；外乾为天为父，为内震长子生命的来源。无妄“初九”之阳气，来自外卦乾阳的赋予。乾为自然的天道天命，震为万物内在的主宰，《中庸》首称：“天命之谓性，率性之谓道。”

即为此意，所以《彖》文接着讲“天之命也”。内震动外健行，“九五”阳刚居上卦之中，和“六二”相应与，配合绝佳，“大亨以正”解释“元亨利贞”，无妄做到了可与乾卦同德，彻底落实了天命。若起心动念不正，差之毫厘，失之千里，不仅不会“元亨利贞”，还会承受灾难，为什么呢？下面两句以疑问方式提出，紧扣初、上两爻立论，得合观才知所谓。

“无妄之往，何之矣？”指“初九”而言，爻辞称：“无妄，往吉。”《小象传》解释：“无妄之往，得志也。”人秉初志奋斗前行，“往”字为“行之有主”，清楚知道自己在干什么，当然吉。

“天命不佑，行矣哉？”针对“上九”提出质疑：上天都不保佑了，动辄得咎，你还走什么走啊？“行”字为左脚右脚、交叉行进之意，行动未必有主宰，海滩散步也是，随波逐流、行尸走肉也是。爻辞称：“无妄，行有眚，无攸利。”《小象传》解释：“无妄之行，穷之灾也。”“眚”为人祸，起心动念不正，终于引发了天灾。

《彖传》就初、上两爻质疑，对就起心动念由始至终的检验关注，非常切要。噬嗑、复二卦的初至上爻，都昭示差毫厘谬千里的道理，无妄亦然。《金刚经》须菩提向佛祖请教的两个问题，也可以循此理解参悟。“应云何住？云何降伏其心？”我们日夜扰动不安的妄心，要怎么降伏？怎样安住真心？真心“元亨利贞”，妄念“匪正有眚，不利有攸往”。“初九”“无妄之往”为真心，故吉，“上九”“无妄之行”为妄念，“有灾眚”。天命不佑，并非迷信，而是当事者心思不正、行事乖离所致，正所谓：“天作孽，犹可违；自作孽，不可活。”这个道理，在大有卦“上九”已经说得很清楚：“自天佑之，吉无不利。”“天佑”实即“自佑”，履信思顺，又以尚贤，自助才蒙天助。

“刚自外来而为主于内”一句，也可以地球上生命的来源，以及历史文化交流而得印证。屯卦告诉我们生命起源于海洋，而据科学家推证，产生生命的质素，来自外层空间的陨石撞击，换言之，地上的生命从外天而来，正合无妄卦之象。佛教文化源于印度，却在中国大为兴盛，融入而成为儒释道三教中重要的成分。唐朝时的胡琴胡乐，正是今日中国所谓的国乐。

外来而为内主的例子还很多，给人很多启示。值得注意的是临、无妄二卦《彖传》修辞论理的不同。临《彖》称：“大亨以正，天之道也。”无妄则称：“大亨以正，天之命也。”卦辞皆为“元亨利贞”，何以一称天道，一称天命？二者有何不同？“道”为万有存在的本体，“命”为流行的态势与作用，乾卦《彖传》称：“乾道变化，各正性命。”天道为天命的根源，所以临卦“九二”“吉无不利”，《小象传》解释“未顺命也”。临卦既合天道，已通大有卦“上九”“自天佑之，吉无不利”之义，创意挥洒无碍，不必再顺天命矣！临卦“九二”爻变成复卦，又居临中所含两复卦“初九”之位，根本就见“天地之心”，自性自知，先天而天弗违。以此看来，同属“元亨利贞”四德俱全之卦，临卦较无妄卦更高一等。

《象》曰：天下雷行，物与无妄。先王以茂对时，育万物。

无妄卦上卦乾天、下卦震雷，又有行动之义，故称“天下雷行”。“物与无妄”的“与”字，用得极好，有共同参与、合而为一之意。天生万物，真确无疑，包含人在内的万物皆来自天。宋儒张载撰《西铭》一文，内称：“民吾同胞，物吾与也。”即合“物与无妄”之旨，影响儒学思想甚大。庄子亦称：“天地与我为一，万物与我并生。”既然如此，万物之灵的人类就有责任化育万物，此即《中庸》气势磅礴的主张：“唯天下至诚，为能尽其性；能尽其性，则能尽人之性；能尽人之性，则能尽物之性；能尽物之性，则可以赞天地之化育；可以赞天地之化育，则可以与天地参矣！”“无妄”即“诚”，“至诚”即“元亨利贞”，可以与天地平齐，赞助天地之化育万物。《中庸》又称：“大哉圣人之道，洋洋乎发育万物，峻极于天。”“万物并育而不相害，道并行而不相悖。”这都是激励人心的慧悟，极精彩的中国哲学命题。

化育万物必须合时，这由合乎《中庸》标榜的时中之道，孟子见梁惠王，申言王道：“不违农时，谷不可胜食也；数罟不入洿池，鱼鳖不可胜食也；斧斤以时入山林，材木不可胜用也。”时育万物，才能滋长繁盛，“茂对时”的“茂”字，为认真勤勉之意。

复卦上坤地、下震动，地底下的生物躲过了剥卦的浩劫，待灾难过去后钻出地面，不久又繁衍出众多生命，在天底下徜徉活动，这就是无妄卦天下雷行之象。《易经》上经卦序显示物种演化的历程，确非虚言。

• 1998 年 3 月上旬，我仍在出版公司沉潜，昔日协助我打拼的离职同事韩某来访，他出去创业已有一段时日，不是很顺。我顺便占其全年运势，为不变的无妄卦。“元亨利贞”不易，稍有偏离现实的妄念妄动，就会招灾，突破的机会不大。近三年前，他有意创业，想办中学生的学习参考月刊时，我问前景，也是不变的无妄卦。那本杂志后来停刊，当年他的运势也确实不佳，心想事皆不成。

• 2007 年 4 月下旬，中华孙子兵法研究学会的郑先生偕妻子来访，我是副会长，入会时他负责该会成立的筹备执行工作，人很热心。他们夫妇俩当时想投入水电领域，承包友人的营造工程，其实他军职中校退伍前后，都没干过这行，纯因朋友机缘而动念。我听了来意，还是占其

发展前景如何？得出不变的无妄卦。显然偏离现实，“不利有攸往”，遂劝他三思而后行。夫妇俩难掩失望，再问承包某大案如何？结果是困卦（☱☵）“上六”爻动，有讼卦（☰☵）之象。遇困极之爻而成讼，不利可知。卦占后来自然都应验了，郑妻还不幸染患癌症过世，无妄一卦所显露的天机，真是凛凛可畏啊！

•2010 年 4 月中旬，冰岛火山爆发，火山灰严重干扰北欧空中交通，我问影响如何？为大有卦（☲☰）二、三爻动，齐变有噬嗑卦（☲☳）之象。噬嗑天发杀机，大有为全球化之象，表示受影响的区域很广，确实影响国际经贸。“九二”“大车以载”，正是国际航运交通；“九三”“小人弗克”，航运受阻，货不能畅其流。近年来世界灾祸不断，我问个人、企业与国家今后三至五年，应如何应付？占出不变的无妄卦。“其匪正有眚，不利有攸往”。要求那么多人诚心正念，根本不可能。这么说，灾难共业将没完没了，变生不测，难以防范。次年又爆发日本福岛核灾，以及挪威奥斯陆的疯狂杀人事件，在在显示无妄之灾的可怕。佛教认为一切天灾源于人心不净，末法时期灾难频仍，思之令人心寒。

初九。无妄，往吉。

《象》曰：无妄之往，得志也。

《象传》中已经说明此爻之理，居内震之主，初发心依道而行，往前奋斗而获吉。“刚自外来而为主于内”，天命之谓性，志为心之所主，故称“得志”。本爻变，有否卦（☰☷）之象，自性之动打破天地不交的否塞之局，呈现勃勃生机。复卦“初九”所内蕴的“天地之心”，进一步发展成含人在内的一切众生的主宰。尽己之性、尽人之性、尽物之性，可以赞天地之化育，可以与天地参。

•1998 年 9 月下旬，我占问：开天辟地以前是什么？这等于是问乾、坤两卦以前是什么？乾《彖》称：“大哉乾元，万物资始，乃统天。”坤《彖》称：“至哉坤元，万物资生，乃顺承天。”依例还可称：“奉哉人元，万物资育，乃上合天。”占出结果为无妄“初九”爻动，有否卦之象，正是天地解冻、万物滋生之际，天下雷行，物与无妄，大亨以正，启动了往后千繁万复的变化。

六二。不耕获，不菑畬，则利有攸往。

《象》曰：不耕获，未富也。

“六二”中正，上和“九五”君位相应与，起欣羡之心，希望速成。急功近利，是许多深富发展潜力者常犯的毛病，妄念一动，才耕种就想收获，才开发一年的生田，就期待有开发三年的熟田那样的生产效益。这当然不可能如愿，必须去除妄念，不要这么想，才利于往前奋斗。“九五”阳刚已富实，“六二”阴虚尚未富，临渊羡鱼，不如退而结网，脚踏实地好好干。本爻变，为履卦（䷉），即为此意。

本爻以农耕取象，在卦爻辞中极为罕见，“见龙在田”、“田有禽”、“田无禽”、“田获三狐”、“田获三品”等，“田”皆为田猎之意。人生立定志向追求目标，就像狩猎一样。渔猎生活较农耕为早，可见易辞甚古即有流传。

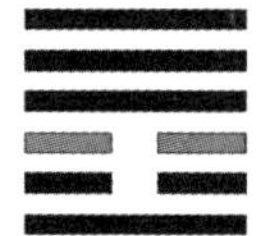

六三。无妄之灾。或系之牛，行人之得，邑人之灾。

《象》曰：行人得牛，邑人灾也。

“六三”阴居阳位，不中不正，属下卦震动之极，偏离“初九”正道已远，不知不觉妄动成灾。举例来说，有牧人为人放牛，经年累月都没出过事，心想离开一会儿无妨，就把牛随便系于树旁去办私事。不料正巧有外乡人路过，见没人看管，就顺手将牛牵走。牧人回来发现失了牛，到处访查，当地住民都受怀疑，困扰不堪，大叹无妄之灾！牧人和牛主找不到牛，心急如焚，才离开一次就出状况，实在料想不到啊！

真是运气不好么？不怕一万，只怕万一，勿图侥幸，小心行得万年船，无妄之灾未必天命，仍属人事。身任现场管理者的牧人还是失职，内部控管失当，才会让外人乘机占了便宜。本爻变为同人卦（䷌），门禁不严，一视同仁，“行人之得，邑人之灾”。亡羊补牢，时犹未晚，今后宜加强监督管理，不能让行人如入无人之境。十多年前英国霸菱银行（Barings Bank）的金融弊案，一个小小的营业员就可搞倒一家公司；台湾理律事务所也因业务员监守自盗，卷三十亿台币巨款潜逃，深陷经营危机；现今肆虐全球的金融风暴，不也是美国等先进大国控管出了问题吗？

九四。可贞，无咎。

《象》曰：可贞无咎，固有之也。

“九四”继“六三”出事之后，痛定思痛，加强内控管理，固守住自己固有的资产，亡羊补牢而获无咎。“可贞”的“可”字，为恰到好处、大家也能接受之意。孟子说：“可欲之谓善。”人的欲望与生俱来，完全断绝不可能，只能适当节制，发而皆中节就是善。损卦《大象传》称：“君子以惩忿窒欲。”卦辞称：“无咎，可贞。”节卦卦辞称：“亨，苦节不可贞。”皆为此意。欲望带起妄念妄想，驱使人轻举妄动，惹祸招灾，故而“三多凶”之后，继之以“四多惧”。《系辞传》称：“无咎者，善补过也。”诚哉斯言！

无妄卦“六三”的内控失宜，以修身养性来说，正是外来的诱惑夺去了内心主宰之象。《孟子·告子篇》称：“仁，人心也；义，人路也。舍其路而弗由，放其心而不知求，哀哉！人有鸡犬放，则知求之，有放心而不知求。学问之道无他，求其放心而已矣！”“失牛”即放逸之心，“行人”即外来诱惑，邑人承受无妄之灾，实因未固守原则所致。“九四”与“初九”相应，“初九”为内震天地之心，良知良能，“九四”在“六三”迷失之后求其放心，

爻动恰值宜变之位，而成益卦（䷩），改过而身心受益。益卦《象传》称：“君子以见善则迁，有过则改。”“可贞”通损卦之理，惩忿窒欲；无咎获益卦之效，迁善改过。无妄紧接复卦而来，见天地之心后，不断承受考验，以求确保固有的良知良能而不迷失。《告子篇》论心之四端，又称：“仁义礼智，非由外铄我也，我固有之也……求则得之，舍则失之。”所言全与无妄“六三”、“九四”之理相通。

占例

• 2001年3月初，我给学生讲《老子》，占问老子思想的特色，得出无妄卦“九四”爻变，成益卦。道家特重清心寡欲，五千言中处处见

之。第三章称："不见可欲，使民心不乱。"第十九章称："见素抱朴，少私寡欲。"第四十八章称："为学日益，为道日损，损之又损，以至于无为，无为而无不为。"损极无为，转益无不为，惩忿窒欲，以迁善改过，正是"九四""可贞无咎，固有之也"。

九五。无妄之疾，勿药有喜。

《象》曰：无妄之药，不可试也。

"九五"中正居全卦君位，下与"六二"相应与，照讲应该不错，离"初九"日远，私心妄念渐炽，染患寡人之疾，好权好利好色，爻变为噬嗑卦（䷔），可见病根深重，斗争剧烈。这种政治心病只能用心药医，由调整心态来治疗，其他一切药石罔效。"疾、喜"二字对言，病愈则喜，不乱服药才能治愈。"无妄"由"复见天地之心"而来，特重内心的修持，领导人居心不正，会有祸国殃民之灾，复卦"上六""迷复凶"已充分说明。《大学》宣讲诚意正心，才能修齐治平，就是这个道理。

现代医药发达，对精神病仍无根治之法，所施用的药物只是让患者镇静，免得干扰他人，而且会使患者心力迟钝呆滞，后遗症不轻，如非必要尽量少用。"天地之心"有极大的创造力，一旦"迷复"，也能造成极大破坏，用外药强治则斲伤创造力，此中道理令人深思。

今世的生态环境污染亦然，大自然的河川湖泊与海洋，本来具有相当的自我净化能力，假以时日，都能除污恢复平衡，若污染过度，或一味外加药物整治，可能适得其反。人体健康也是这样，先天的免疫力最重要，"七日来复"的机制一旦丧失，单靠外治很难维持。

• 2011年2月下旬，毓老师本欲亲临我们学会看看，再跟我谈谈奉元大计，结果我们开车去接驾的半途，张师嫂来电取消，老师晨起腹泻不适，只好折返。一方面也着实担心老人家身体状况，当下问占：后续发展如何？得出无妄"九五"爻动，有噬嗑卦之象。"无妄之疾"，希望"勿药有喜"。噬嗑卦内震动、外离明，先后天同位，都与心脏有关，老师身弱隐忧正在于此。结果3月20日老师过世，学会诸生终究无缘拜见

太老师。

• 2010 年 5 月底，我学生的继女急症发作病倒，成半植物人状态，原本非常成功的投资事业戛然终止，她父亲也是创投界的大佬，为此伤心欲绝，花费巨资在美复健治疗。我问前景如何？得出无妄“九五”爻动，有噬嗑卦之象。“无妄之疾，勿药有喜”，祸患之来超乎预期，外施药物效用不大，可能还得从精神心灵的激励着手。另一占象为噬嗑（䷔）初、四爻动，有剥卦（䷖）之象。“利用狱”，“不利有攸往”，真是不妙，屦校灭趾，不能动了，“利艰贞”吉未可知，“未光也”，则是肯定的。

学生夫妇及一些好友全心全力抢救，还请了印度境内的五百喇嘛念经祈福半年，这种唯心的方式有用吗？我占得不变的比卦。“吉，原筮，元永贞，无咎”，相当正面。真的是“无妄之疾，勿药有喜”？目前她还在美奇迹式地康复治疗中，心念清楚，也会为自己不幸的遭遇落泪。

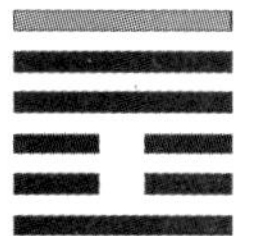

上九。无妄，行有眚，无攸利。

《象》曰：无妄之行，穷之灾也。

“上九”妄动招灾之理，已于《彖传》中说明。复卦“初九”“不远复，元吉”，“六三”“频复，厉”，“上六”“迷复凶”；无妄卦“初九”“往吉”，“六三”“无妄之灾”，“上九”“行有眚，穷之灾”。两卦都显示真心修行之不易，稍有偏差，即走火入魔，前功尽弃。复卦一阳复始，为至日闭关的清净地，六爻中四吉二凶；无妄卦天下雷行，继复之后，为出关之象，六爻二吉四凶，尘世种种考验更加严酷。经言“行有眚”，传称“穷之灾”，人祸引发天灾之意明确，此即临、观二卦相综所称的“至于八月有凶”。佛教思想认为天灾源于人心不净，儒家则称：“天作孽，犹可违；自作孽，不可活。”

本爻变，为随卦（䷐）。“元亨利贞，无咎”，应是对无妄之行的警醒，不随顺天道，任意妄行，就是这个恶果。天下随时，随时之义大矣哉！无妄正因不合时宜而招灾。“九五”“无妄之疾，勿药有喜”，若试药强行，也可能变成“上九”，“行有眚，无攸利”。人做到无妄太难，所以我们占到无妄卦，以凶多吉少论。十几年前，我一位学生占其年运，得不变的无妄卦，结果那年出乎意料的不顺，无妄之灾、无妄之疾不断，动辄得咎。翌年初再推年运，前五爻出来“七、八、八、七、七”时，他几乎停止呼吸，生怕又要持续一年无妄。还好最后一爻是“八”，千钧一发转成随卦，“元亨利贞无咎”，而次年确实也大为转运。占算时，不到最后不知结果，一爻之差，往往天壤悬隔，占者患得患失，也是人之常情。

• 1993 年 8 月中旬，我已在社会大学开讲《易经》两年多，占问老友经营此基金会的前景如何？得出同人卦（䷌）五、上爻动，“九五”值宜变成离卦（䷝），齐变则有丰卦（䷶）之象。文教基金会推广社会教育，主旨正是“类族辨物”、“同人于野”。“九五”“先号咷而后笑，大师克相遇”。领导人似乎会遭遇挑战，必须以坚强的实力取胜，否则可能落入“上九”“同人于郊，志未得”的下场。丰卦“明以动”，必须看准再行动，才能如日中天，持续光明。接着我又问：为社大计，如何知机应变？得出无妄卦“上九”爻动，有随卦之象。不能随机应变，就会“行有眚、穷之灾也”。几年后老友真的出问题，个人虽艰难度过危机，社大在几年的红红火火后，也由盛转衰，终致停止营业。

• 1996 年 4 月中旬，毓老师在东北老家兴京（今辽宁省新宾县西永陵镇老城）筹办祖肇堂，开采长白山的人参，以回馈乡里，当时也征求黉社同学投资入股，共襄盛举。我问自己投入十万台币如何？为贲卦（䷕）五、上爻动，有既济卦（䷾）之象。贲为人文化成，既济卦“初吉，终乱”，“贲于丘园，束帛戋戋，吝终吉”，然后“白贲无咎，上得志也”。没多少钱，却有相当意义，似乎可以参与。再问加码到十五万以上如何？为无妄“上九”爻动，有随卦之象。无妄之“行有眚，无攸利，穷之灾也”，显然不合适。后来虽认了十万，尚未缴交又有变动，募股的计划中止，更久后，知祖肇堂运作一段时日，也未继续。

无妄卦多爻变占例之探讨

以上为无妄卦卦、彖、象与六爻单爻变之理论与实例，往下再研讨二爻变以上的复杂情况。

占事遇卦中任意二爻动，若其中一爻值宜变，以该爻辞为主、另一爻辞为辅论断。若皆不值宜变，以本卦卦辞卦象为主，参考二爻齐变所成之卦的卦象卦辞，作综合判断。

• 2000年5月初，我整理《系辞传》书稿，问系下传首章的主旨为何？得出无妄卦初、上爻动，“上九”值宜变成随卦，二爻齐变，则有萃卦（䷬）之象。无妄“初九”“往吉”，至“上九”偏离正道太甚，“行有眚，穷之灾”，正是卦辞“匪正有眚、不利有攸往”之意。《系辞下传》首章称：“吉凶者，贞胜者也……天下之动，贞夫一者也。”强调固守正道的重要，不贞则妄动生凶。“刚柔者，立本者也；变通者，趋时者也。”无妄卦“初九”立本，“上九”未变通趋时成灾。“何以聚人曰财，理财正辞，禁民为非曰义。”萃卦即有聚人理财之义。“遇无妄之萃”，以之阐发系下首章之旨，可谓丝丝入扣。

• 2009年7月中，我问佛教净土宗主旨，得出无妄初、上爻动，“上九”值宜变成随卦，二爻齐变，又有萃卦之象。净土宗重视念佛法门，恭诵阿弥陀佛名号时，一心不乱，正合无妄之象。“初九”“无妄，往吉”为初念，竭力避免“上九”偏离成无妄“行有眚”，如此则须如萃卦专心致志，如随卦心无挂碍、当下即是。

2010年4月初，我又算佛教强调的“自净其意”是什么境界？得出无妄卦初、四爻动，齐变有观卦（䷓）之象。“初九”起心动念，“无妄，往吉”；“九四”收摄心神，“可贞，无咎”。初、四相应，完全靠自己排除妄念，诚意正心。观卦冷静反观自省，观自在、观我生，而获君子无咎。佛典浩瀚，归其宗旨不过十六个字：“诸恶莫作，众善奉行，自净其意，是诸佛教。”

• 2008年“915”金融风暴爆发后，我的学生林献仁占问后续发展，得出无妄卦四、上爻动，“上九”值宜变成随卦，齐变则有屯卦（䷂）之象。“九四”为举世执政高层，发生无妄之灾后加强管理，企图亡羊补牢；“上九”“无妄之行，穷之灾也”，为时已晚，灾情惨重。屯卦动乎险中，资源匮乏，一切从新开始。2009年我算世界经济，即为屯卦“六四”爻动，有随卦之象。高层回归基本面，灾后重建，两占密切衔接，因果明确。

• 2011年9月中，因逢“911”恐怖攻击事件十周年，我的学生林某在课堂上占此事件对人类的教训为何？得出无妄三、四爻动，有家人卦

(䷚)之象。“六三”“无妄之灾，行人得牛，邑人灾也”，美国境内防范控管不严，使基地组织攻击得手，纽约市民惨酷罹灾。行人、邑人不是一家人，必须清楚区隔，加强内控，这十年来出入境安检严苛，即亡羊补牢之举。“九四”“可贞无咎，固有之也”，美国因此成立国土安全部统合管理，正是中央执政之位的响应。三爻多凶，四爻多惧，皆为卦中人位，人有旦夕祸福，不能不戒慎恐惧，尽量防范。无妄卦更深的意涵为灾由人兴，“911”的纽约民众遭殃，与美国政府既往的外交施政相关，业因果报之残酷，令人怃然。

• 2010年11月初，我问人类未来会糊涂到发生核子战争吗？得出无妄卦四、五爻动，有颐卦（䷚）之象。颐养万民，不能妄动刀兵。“九四”“可贞，无咎”，“九五”“无妄之药，不可试也”，核战是保证互相毁灭的疯狂之举，各国执政高层应该不会丧心病狂至此。

• 1992年初开占，问出版公司老板另一家出版社的年运如何？得出无妄卦四、上爻动，“上九”值宜变成随卦，齐变则有屯卦之象。屯动乎险中，资源匮乏，无妄脱离现实，多灾多难。“九四”尽力固守，仍难免“上九”“行有眚，穷之灾”，经营者不识随时之义，一味刚愎自用，难矣哉！结果当然如占象所示，也拖累了关系企业的营运。

1995年3月下旬，我从出版公司负责经营的位子实质引退将近一年，山穷水尽渐转柳暗花明。当年6月初，仍计划率几位干部赴美芝加哥，参加ABA书展，7月还带妻小赴美加旅游。3月自己评估两次北美行，得出无妄卦初、五爻动，齐变有晋卦（䷢）之象。晋卦《大象传》称：“明出地上，君子以自昭明德。”公司未来发展受制于“九五”的“无妄之疾”，已经无可期望，我还是走我自己的路，“初九”“无妄往吉，得志也”。6月到芝加哥时，书展只虚晃一招，即去看我旅美的三姐，心志转换后就是如此。7月赴温哥华壮游落基山脉，一览天地开阔，转赴休斯敦太空中心参观并探亲，最后又到多伦多尼加拉瀑布，聆听水声震撼，心旷神怡，职场斗争的烦虑尽消矣！

1996年元月下旬，我跟家人在屏东小垦丁牧场度假，公司高干来电告知，激烈股争又起。玄黄血战，我问老板的吉凶胜负，为无妄卦初、五爻动，有晋卦之象。“九五”“无妄之疾”，为主导权的斗争；“初九”往吉得志，似乎难以撼动；“无妄之晋”，应该不会输。其后果然，不过

二爻变占例

大股东的威胁仍在。

1999年元旦，事隔多年，仍问公司全年气运，为无妄三、五爻动，有离卦（☲☲）之象。“六三”“无妄之灾”，“九五”“无妄之疾”，虽还勉强维续，已罗掘俱穷，无宁日矣！

2004年8月下旬，我早已离开名存实亡的公司，某夜老板突然打电话给我，答应见面前，先占他意欲何为？得出无妄卦初、二爻动，“六二”值宜变成履卦，齐变则有讼卦（☰☵）之象。才耕作就想收获，一年的生田，妄想有三年熟田的效益，还是老毛病永远不改，只会造成讼争，全无履行可能。见面匆匆一谈，一切均如所料，他塞给我的一些项目抵押投资的资料，我返家后看都没看，就丢进字纸篓，真是荒诞！人的性格决定他的命运，一点儿没错。

• 2011年6月下旬，德国慕尼黑的气功协会来函邀请，9月初二度赴德讲《易经》，共分三梯次十天的课程。我问顺利与否？为无妄卦初、四爻动，有观卦（☴☷）之象。“初九”“无妄，往吉”，“九四”“可贞无咎，固有之”，二爻相应，也是全卦中最没问题的两爻，不至偏离正轨。观卦风行地上，“省方观民设教”，宜针对欧洲学员做深入浅出的讲授，也正好为阴历八月的消息卦。8月下旬，我先偕家人赴希腊旅游，饱览爱琴海的明媚阳光，追溯西方文明的重要渊源，然后独赴慕城授《易》，既“观国之光”也“观民设教”，一切功德圆满。

三爻变占例

占事遇卦中任意三爻动，以本卦为“贞”、三爻齐变为“悔”，称贞悔相争，合参两卦卦辞卦象以判断。若本卦三爻中有一爻值宜变，为主变量，加重考虑该爻辞所造成的影响。

• 2008年元月下旬，年底美国总统大选的前哨战已如火如荼展开，我问希拉里能否有出头天？得出无妄卦二、四、上爻动，贞悔相争成节卦（☵☱），无妄卦“九四”值宜变成益卦。无妄卦“六二”“不耕获，不菑畬”，过于急切不行；“九四”“可贞，无咎”，高层行政有一定实力；“上九”无妄之“行有眚，无攸利”，“穷之灾也”。整体看来机会不大，“九五”君位之爻也没动，若动则四爻齐变成临（☷☱），君临天下有望。年底民主党由奥巴马代表参选且获胜，希拉里屈居国务卿之职。

• 2010年2月初，我占算几位台湾大企业家的经营风格，台泥的辜

振甫为无妄卦初、二、四爻动，贞悔相争成涣卦（䷺），无妄卦“九四”值宜变，成益卦。辜氏出自名门，教养深厚，涣卦风行水上，有潜移默化之象。无妄“初九”“往吉”，少年得志，“六二”期于速成，稍急切，“九四”“可贞无咎，固有之也”，一切都还节制得宜，获益可观。

• 2009年6月下旬，朝鲜核危机严重，前时发射远程导弹，且进行地下核试验，牵动国际敏感神经。我问后续发展如何？为无妄卦初、五、上爻动，“九五”值宜变成噬嗑，贞悔相争成豫卦（䷏）。豫卦“利建侯行师”，有积极备战之象，但不会轻举妄动，主要系于领导人的心志意念，以及国内外政治斗争的需要。无妄“初九”“往吉”，“上九”“行有眚，穷之灾”，当然要小心擦枪走火，一步走错，全盘崩坏。迄至目前各方都算节制，没有大问题发生。

• 2010年3月初，一对退休入籍新加坡的学生夫妇返台省亲，他们计划几年后赴日本长住五年，深入了解东洋文化。我觉得不妥，现场占问日本未来五年国运，为无妄卦初、三、四爻动，“九四”值宜变成益卦，贞悔相争成渐卦（䷴）。“六三”“无妄之灾”值得注意，“行人之得，邑人之灾”，很早就有日本将发生重大灾祸的传言。行人到日本旅游一阵无伤，长住在那边成邑人，遭灾的机会就大了！“初九”为基层民生，“九四”为中央政府，黎民遭灾，就看政府救灾能力如何？结果次年3月11日，日本福岛就发生三合一的巨灾，重创其国计民生，易占的敏锐感应，令人印象深刻。灾祸源于人心不净，造业多端，日本近二十年发展迟滞，频换首相也解决不了问题，原因安在？南京大屠杀至今没向中国人民真诚道歉，业障未消，怎会振兴？德国二战后即道歉，遂发展成欧洲第一大国，天理昭彰不爽，岂有他哉！

• 2002年8月上旬，我问授《易》十一年以来，所有学生资源之评估？得出无妄卦初、五、上爻动，“九五”值宜变，成噬嗑卦，贞悔相争成豫卦。豫卦“利建侯行师”，基本成型，但不宜过度期望、轻举妄动，主要的原因还在我自己的心态。“无妄之疾，勿药有喜”，若能坚定初心，则“往吉，得志”，若把持不定，则“行有眚，无攸利”。

2004年年初，我问来年身体健康状况，为无妄初、五、上爻动，“九五”值宜变成噬嗑，贞悔相争成豫卦。身体违和称“不豫”，不变的豫卦则健康喜乐。无妄需注意心理状况，无妄之疾为心病，若失去平衡

则“行有眚，穷之灾”，辜负了初志“无妄往吉”。当年“319”枪击案逆转选情，台局窒闷已极，我心志不平数月，还瘦了几公斤，然后调整过来，继续面对现实奋斗，正合“无妄之豫”的占象。

• 2011 年年底，我和几位学生去一位清人雅士处饮茶，听他叙述一生的茶缘，以及烹煮普洱的心得。我边听边占问：饮茶可至的最高境界为何？得出蛊卦（䷑）二、上爻动，“上九”值宜变成升（䷭），两爻齐变为谦卦（䷎）。蛊为体内积毒，饮茶得宜确可解毒，提升体质净化，获得身心平衡的效果。“不事王侯，高尚其事”，“志可则”，茶中有至乐，虽南面王不易也！又问喝酒的最高境界，为无妄卦初、五、上爻动，“九五”值宜变成噬嗑，贞悔相争为豫卦。豫为众乐乐，热情亢奋，“无妄之疾”却有心神丧失的顾虑，“无妄之往”很好，“无妄之行”则惹祸招灾。

• 2002 年 11 月下旬，我们的周易学会成立一年多，统筹执行的工作设在台中，财务上有些争议，负责出纳的女学生提出辞意。我问以后财务如何处理为宜？得出无妄卦二、五、上爻动，贞悔相争成归妹卦（䷵）。归妹卦内兑悦、外震动，“悦以动”为感情用事之象，卦辞称“征凶，无攸利”。无妄自然是勿轻举妄动，“六二”“不耕获，不菑畬”，才“利有攸往”；“九五”“无妄之疾”，心定勿疑，以免“上九”“行有眚，穷之灾”。后来将财务转由台北同学负责，化解争议。

• 2011 年 7 月底，我占问次年是否我的闭关静修年？为无妄卦上三爻全动，“九五”值宜变为噬嗑，贞悔相争成复卦（䷗）。复卦《大象传》称“至日闭关”，潜心修炼调养微阳，修成后出关，即为无妄的天下雷行，化育万物。“遇无妄之复”，出关遭遇考验，再回头入关充电补气。“九五”“无妄之疾，勿药有喜”，调心为主；“九四”“可贞无咎”，避免“上九”无妄之行招灾。

会有此问，是因为 2012 年的浩劫传闻，壬辰龙年刚好也值花甲本命之年，依《河洛理数》推算，当年年运为小过卦“上六”，不宜妄动出行。2011 年年运为旅卦“六五”，当年四处遨游及讲学，确实驿马星动，次年闭关修行也合情理。结果或有意或无意，2012 年真的极少离台，主要就是 6 月去了复旦大学授《易》，以及赴美台湾书院巡回演讲而已。

占事遇卦中任意四爻动，以四爻齐变所成之卦的卦辞卦象为主，体会由本卦变成之卦的因由。本卦四爻中若一爻值宜变，加重考虑其影响。

• 2010 年 9 月初，我跟学生再详细讲了一遍兵法，占问《孙子兵法》十三篇所成就的境界，为无妄卦初、四、五、上爻动，齐变成坤卦（䷁）。兵法慎谋能断，绝不脱离现实打没把握的仗。“初九”“往吉”、“九四”“可贞无咎”，“九五”决策者不犯“无妄之疾”、免蹈“上九”“行有眚，穷之灾”。坤卦顺势用柔，以承担保卫广土众民的重责大任。

巧的是 1997 年 12 月中，我占十三篇的主旨，《计篇第一》即为“遇无妄之坤”。“兵者，国之大事也，死生之地，存亡之道，不可不察也。”兴兵作战前，一定须有完整周密的沙盘推演和计划，绝不可随便妄动，五事、七计、十二诡，该算的都得算到。“夫未战而庙算胜者，得算多也；未战而庙算不胜者，得算少也。多算胜，少算不胜，而况于无算乎！吾以此观之，胜负见矣！”如此看来，《计篇》开宗明义，已将十三篇的思想阐明，显现了《孙子兵法》的整体意境。

• 1994 年中，我台中的学生吴达人刚处社会，兼学《易》不久，自占台中可是未来事业发展之地？得出无妄卦二、三、四、五爻动，“六二”值宜变为履，四爻齐变成大畜卦（䷙）。由无妄而大畜，刚好依卦序演变。“六二”“不耕获，不菑畬，则利有攸往”，年轻人刚入职场，先脚踏实地干，别想太多；“六三”“无妄之灾”、“九四”亡羊补牢、“九五”“无妄之疾”，来日方长，还会有很多始料未及的事情。大畜卦“利贞，不家食吉，利涉大川”。后来他去彰化、台中、台北往返奔波几次，工作场所变动甚大，其实不限台中一地。他待过的公司，经营出状况的不少，我们戏称他是企业杀手，如历史上对项羽的评论：“所过无不残灭”。

26. 山天大畜（䷙）

大畜卦为《易经》第二十六卦，前为无妄卦、后接颐卦。《序卦传》称："有无妄然后可畜，故受之以大畜；物畜然后可养，故受之以颐。颐者，养也。"无妄卦天下雷行，《大象传》称"茂对时育万物"；"大畜，时也"，即以畜牧为象，由养马、养牛及养猪的经验，说出许多人生畜养的道理。颐卦为养生之卦，包括养身、养心及养贤养民。养前先得畜积，将有用的东西聚在一起，再分门别类消化吸收，以滋养壮大。

小畜卦由比卦而来，密云不雨，畜积有限，表示外交结盟难以全面信赖。大畜卦起于无妄卦，真实内修而不外求，靠自己本身实力可求大成。小畜在夹缝中求生存，大畜则厚积资源，而有海阔天空的发展。

大畜。利贞，不家食吉，利涉大川。

无妄真实不虚，保此真心正道即利贞，往外摄取资源以扩充壮大，称"不家食吉"，冒险犯难终获成功，为"利涉大川"。需卦内乾健、外坎险，健行遇险，卦辞最后称"利涉大川"；大畜卦内乾健、外艮阻，健行遇阻，卦辞末亦称"利涉大川"。可见人生在外遭遇险阻，只要内心刚健笃实、自强不息，都可突破艰困而获成功。

《彖》曰：大畜，刚健笃实辉光，日新其德。刚上而尚贤，能止健，大正也。不家食吉，养贤也。利涉大川，应乎天也。

大畜卦内卦乾，刚健笃实，外卦艮，有光辉之象，见其《彖传》："时止则止，时行则行，动静不失其时，其道光明。"内乾天行健，自强不息，故称"日新其德"，此处有特指"九三""良马逐"之意，乾卦"九三"朝乾夕惕的精神，俨然再现。《大学》引商汤盘铭曰："苟日新，日日新，又日新。"以解释"在明明德"之后"在亲民"之义。"刚上"指"上九"，居外卦艮止之顶，而"尚贤"指"六五"君位，对"上九"之贤德崇尚备至。大学之道，在亲民之后，在止于至善，外卦艮止，大畜卦"上九"即有至善之象。

大畜卦健行遇阻，时机未成熟前，仍应厚积实力，不宜轻举妄动，故称"能止健"。卦辞首言"利贞"，阳大而能正，故称"大正也"。尚贤还得养贤，让人才生活无虞，出来为大家任事。"不家食吉"，不要让贤才待在家中自谋生计，由社会国家发薪俸供养，才是正道。人才荟萃，就能突破险阻而获成功，这也合乎天理天道，故称"应乎天也"。

《易》卦凡上卦为艮者，"六五"对"上九"，皆有尊崇礼敬之意：山水蒙，"六五"童蒙吉，对"上九""击蒙"称"顺以巽也"；山风蛊，"六五""干父用誉"，称"承以德也"；山火贲，"六五""贲于丘园"，使"上九""白贲无咎，得志也"；山地剥，"六五""贯鱼以宫人宠"，正是"上九""硕果不食"、"君子得舆，民所载"的缘由。"六五"上承"上九"，阴承阳、柔承刚，人君敬老尊贤，以期国泰民安。大有卦上卦虽非艮止，"六五"对"上九"仍有尚贤之意。《系辞上传》末章讲得很清楚："履信思乎顺，又以尚贤也，是以自天佑之，吉无不利也。"

《象》曰：天在山中，大畜。君子以多识前言往行，以畜其德。

大畜卦内乾为天、外艮为山，有"天在山中"之象。天大山小，大的怎么装得进小的载体中呢？这就是心量无边之义。无妄、大畜二卦皆由复卦而来，"复见天地之心"，"复小而辨于物"，人心可容摄万事万物，自性生万法，万法唯心造。宇宙为一大天地，人心为一小天地，小中见大，自中有天，故而大有"上九"称"自天佑之，吉无不利"。乾卦《文言》称大人与天地合其德，离卦《大象传》称："大人以继明照于于四方。"皆为此意。佛教《维摩诘经》中记载，方丈斗室之中，可容三万二千高广之座，而无所妨碍，须弥山之高广，纳于芥子之中，无所增减。这是菩萨解脱后的不可思议法门，大畜上卦艮的止欲修行，功夫若至绝顶，必生无量智慧，心涵摄万物不是问题。

人心感触万事万物，可广量吸收前人的思想言论与实践经验，并转化为自己的智慧与德行。“多识”的“识”字念“志”，同《论语》所称“默而识之”之“识”，并非记住，而是心会神通之意。口耳之学不足以为用，博学、审问、慎思、明辨之后才能笃行。禅宗有言：“一切经典，皆婉转归于自己。”大畜无所不学，宗旨在融会贯通而经世致用。《大学》主格物致知，所谓致知在格物，物格而后知至，一直推到意诚、心正、身修、家齐、国治，而后天下平，其实就是大畜卦《大象传》的含义。无妄即诚，属内圣之功；大畜修齐治平，为外王之业。《孟子·尽心篇》称：“万物皆备于我矣！反身而诚，乐莫大焉。强恕而行，求仁莫近焉。”“反身而诚”即“无妄”，“万物皆备于我”，即“大畜”。

“以畜其德”、“日新其德”，“其”字都指自己，为自强不息之意。《大学》、《中庸》剀切论道，大多“其”字，皆指本身分内之事，不假外求，不涉外务。“君子戒慎乎其所不睹，恐惧乎其所不闻，莫见乎隐，莫显乎微，故君子慎其独也。”戒慎己所不睹、己所不闻，君子必慎己独。“康诰曰：‘克明德。’太甲曰：‘顾諟天之明命。’帝典曰：‘克明峻德。皆自明也！’”无妄、大畜皆由复卦发展而来，复为德之本，复以自知，自见自明，以现天地之心。

大畜可视为一智慧宝库，取之不尽，用之不竭，而且永远装不满。《易经》本身就是大畜的结构，卦爻辞的经文只有四千多字，卦爻象的无字天书涵蕴更深，经数千年诠释阐发仍无穷无尽。《杂卦传》称：“大畜，时也。”活学活用大易的智慧，永远与时俱进，历久弥新。

以企业经营观点，大畜为极好的库存管理，依时之所需入库，随时去化，不造成呆货呆料积压，所谓实时库存、甚至零库存的理想，拣选得宜，都可能真正做到。物尽其用，货畅其流，发挥经营管理的最大效益。

• 1997 年 10 月下旬，秋风清凉，我感于 45 岁生日将至，再探测自己的“本命”为何？得出不变的大畜卦。“利贞，不家食吉，利涉大川。”《大象传》说得更切：“君子以多识前言往行，以畜其德。”我的本命就是学而时习先圣经典，融会贯通，以期经世致用。

2009 年 8 月上旬，我考虑将摆了近十年之久的《系辞传》书稿出书，由于有一定的专业性，在台出版不易。遂问先由内地出简体版如何？为

不变的大畜卦。“利贞，不家食吉，利涉大川。”大方向正确，之前还得止健利贞，做些准备工夫。我将18万字的手写稿找学生打字，再审阅修订，2011年元月终于出书。屯卦草莽开创，“六二”称“十年乃字”，此书问世之周折艰辛，足以当之。

• 2011年9月中旬，我二次赴德授《易》毕，占问未来发展前景，竟得出坤卦“初六”爻动，有复卦之象。“履霜坚冰至，由辨之不早辨也”。两年上课弘道都很圆满，怎么反有危机之象呢？再弃电占改用手占确认，为不变的大畜卦。“利贞，不家食吉，利涉大川。”内乾健，外艮止，健行遇阻，是何原因？返台后不久，才恍然大悟，也暂停了欧陆之行，占象灵敏感应，我们当局者迷。

初九。有厉，利已。

《象》曰：有厉利已，不犯灾也。

“初九”当大畜之初，居内卦乾的“潜龙勿用”之位，畜积不足，自然不宜轻举妄动，以免惹祸招灾。“有厉”，前途动荡，危厉不安；“利已”，利于暂止不动。本爻变，为蛊卦（䷑），为防蛊害，最好别动。干父之蛊，继往开来，更须沉潜充实。

• 2001年元月中旬，我在《中国时报》的天母会馆授课，教占时，大家合问当年（辛巳）台湾股市的情势？得出大畜卦“初九”动，有蛊卦之象。“有厉，利已，不犯灾也”。看来行情不佳，勿轻易入场。当年台湾经济为罕见的负增长，股市也下滑至五千点、四千点以下，“911”事件后甚至掉到3500点，创近十年新低，若贸然进入，肯定灾情惨重。

• 2009年10月初，时逢中秋佳节，与女儿闲聊编辑与创作的不同，随手占问编辑工作的定位为何？得出大畜卦“初九”爻动，有蛊卦之象。“君子以多识前言往行，以畜其德”，编辑工作就是多方取材、消化吸收后，整理成一自恰的体系。干蛊有继承并改革之意，删订赞修，在所难免，孔子当年整理六经，就是很高明的编辑工作。

• 1998年10月底，我整理并讲授刘邵《人物志》，针对十二篇的主

旨都有占算，其中《八观第九》为大畜卦“初九”爻动，有蛊卦之象。本篇提供了八种不同的方法与角度，去深刻观察人的材性，为尚贤、养贤的经验结集，正是大畜之象。知人很难，没认识清楚前，勿轻易任用，干蛊必须大才，才能克服险阻而成功。大畜卦与蛊卦卦辞皆称“利涉大川”，“初九”居大畜之始，先从观察入手，勿妄动惹灾。

• 1998年年初，我开始研究所谓“大易兵法”，以易理印证兵法，针对十三篇都有占断，其中《作战第二》的主旨为大畜卦初爻动，有蛊卦之象。《作战篇》强调后勤补给的重要，又主张“因粮于敌，故军食可足。”大畜正是多方储备，以期大用，不家食吉，往外取食就是因粮于敌。后勤准备不足，万勿轻启战端，否则很难善后。大畜卦“初九”称：“有厉，利已，不犯灾也。”严正提醒，爻变为蛊，仓促起事，必然事败。

前文谈无妄四爻变占例，曾言《始计第一》主旨为“无妄之坤”，《作战第二》既为“大畜之蛊”，大畜卦接无妄卦之后，“作战”续“始计”而作，义理刚好衔接无间。

九二。舆脱輹。

《象》曰：舆脱輹，中无尤也。

大畜卦外艮内乾、上艮下乾，以止健为义。“初九”和“六四”相应与，接受“六四”畜止；“九二”应与“六五”，接受君位领导人的畜止，故称“舆脱輹”。“舆”为车，“輹”为车下和车轴相勾连的横木，“舆脱輹”，车子即不能行动，也是受限制不妄动。“九二”阳居阴位，刚而能柔，又处下卦之中，依时中之道而行，接受畜止，心无怨尤。本爻变为贲卦（䷕），外形华美，内无动力，脱了輹的车子，中看不中用啊！

小畜卦“九三”称“舆脱辐”，辐为车轮辐条，脱辐表示边缘对中心的认同不足，轮子不能转动，还是比较局部的问题。大畜卦“九二”“舆脱輹”，车体与轮轴的连接脱钩，表示高层与基层有了疏离，整体陷于停摆。“脱輹”就行车一般来说，比“脱辐”还要严重。以相处关系而论，“脱辐”为夫妻反目，对立冲突；“脱輹”心甘情愿，并无怨尤。

• 2003 年年初，我帮一位营销计算机的老板学生算新年运势如何，得出大畜卦“九二”爻动，有贲卦之象。大畜志不在小，想“不家食吉，利涉大川”，卖到海外去；“九二”“舆脱輹”，少了关键的部件，而至行动受阻。贲卦虽“亨”，“小利有攸往”，难期大成，后果如是。

• 2010 年元月中旬，我已在《联合报》连续教了三年《易经》班，报方筹划继续开第四届，也想尝试另开兵法班招生。我问《孙子兵法》课开不开得成？为大畜卦“九二”爻动，有贲卦之象。“舆脱輹”，看来不行，大畜时也，时机未至，强行不得。再问第四届《易经》班呢？为蒙卦“九二”爻动，“包蒙吉，纳妇吉，子克家”，应可继续启蒙。结果兵法的确招生不足，而《易经》班在 6 月下旬顺利开班。

• 2008 年 2 月中，内地南方出现罕见的雪灾，我一位颇有特异感应的女学生打开电视，不意刚好看到湖南老家受灾的惨状，从此身体极度不适，几至垂危。我在春节期间闻知后，占问是否无碍？得出大畜“九二”爻动，有贲卦之象。“舆脱輹”，应该只是暂时虚脱，过了又能启动前行。大畜时也，无妄灾也，遥隔千里，见证此不时之灾，而能感应若是，也是精诚所至了。年后没多久，她果然康复无碍。

九三。良马逐，利艰贞。日闲舆卫，利有攸往。

《象》曰：利有攸往，上合志也。

“九三”阳居阳位，积健为雄，已蕴养成一把好手，像匹千里马跃跃欲试，想逐鹿中原。大畜以止健为义，“九三”上应“上九”，仍得接受“上九”的畜止，学行未立之前，不得骄狂妄动，故称“利艰贞”。“闲”字门中有木，为门槛之意。任何专业，进出都有门槛，非经熟习与前辈认定，不得擅自出入，学校或训练机构的学员证与结业证书，即为一例。传说少林寺练功有成，得凭本事打出十八铜人巷，才能下山行道；若没通过考验，只有继续留寺苦练，以免下山吃鳖，有辱师门。这是所谓质量管理，严格把关，以保证所畜养者均为有用的栋梁之才，落实养贤、尚贤的既定目标。

“日闲舆卫”，每天勤修苦练车马进攻防卫之术，以期熟能生巧，通过下山门槛的严格考验，才利有所往。“上合志”，方不辜负“上九”提携爱顾之诚，先进后进，有志一同，为大畜事业奋斗。小畜卦“六四”上承“九五”，《小象传》称：“有孚惕出，上合志也。”升卦“初六”上承“九二”，《小象传》称：“允升大吉，上合志也。”大畜卦“九三”上应“上九”，亦称“上合志”，人生应追随先进，组织团队以开拓志业。大畜六爻全变，为萃卦（䷬），萃后为升卦，精英相聚，人文荟萃，才易创造高成长的格局。《礼记·儒行篇》称：“儒有合志同方，营道同术。”聚集志同道合者，共同奋斗，是人生多美好的境界！

本爻变，为损卦（䷨），其《大象传》称“惩忿窒欲”，千里良驹往往自视甚高，不易与人和合，必须多加磨炼，消其傲气，才能合群而大成。《系辞下传》第七章称：“损，德之修也……损，先难而后易……损以远害。”大畜卦“九三”“日闲舆卫”，勤修其德，正是《彖传》所称“日新其德”，从早到晚，都不懈怠。

“九三”为内乾卦之极，乾为马为心，所谓心猿意马，容易妄念丛生。追逐欲望，必须“艰贞”自持，防闲杜渐，这才是此爻在修行上的意义。无妄、大畜二卦皆由复见天地之心而来，“九三”以良马为象，实指良心，需“闲邪存其诚”，以免佚失。孟子说：“学问之道无他，求其放心焉尔矣！”无妄卦“六三”“无妄之灾”，内控管理失宜；大畜卦“九三”内控严谨，正好对治无妄之灾。无妄卦“六二”耕获菑畲，急功近利；大畜卦“九二”“舆脱輹，中无尤”，不怨天尤人，只期下学而上达。无妄卦“初九”“往吉，得志”，大畜卦“初九”“有厉利已，不犯灾”。二卦相综一体，爻爻都是对治工夫。

“九三”日闲舆卫，继“九二”“舆脱輹”之后，要加紧训练，准备出击了！噬嗑卦“九四”处强烈斗争中心，爻辞称“利艰贞”，《小象传》释“未光也”；明夷全卦黑暗不明，卦辞称“利艰贞”。可见大畜卦“九三”所受磨炼非常辛苦，正是孟子主张：“天将降大任于是人也，必先苦其心志，劳其筋骨，饿其体肤，空乏其身，行拂乱其所为，所以动心忍性，增益其所不能。”

●2002年元旦作一年之计，问当年与社会大学基金会的合作关系如何？得出大畜卦“九三”爻动，有损卦之象。贞我悔彼，合作多年，我是老友志业所养所尚之贤，而跨世纪之交，他的经营有了问题，财务上常出状况，这是损卦之象的缘由。“良马逐，利艰贞”，配合起来特别辛苦。虽然如此，我还是尽量配合他到最后，实在不行了，才终止合作，这是我一贯的行事风格。

六四。童牛之牿，元吉。

《象》曰：六四元吉，有喜也。

“六四”阴居阴位，为上艮负责止下之健的高层，和“初九”相应与，畜止初生之犊，给牛角戴上横木，以免长成壮牛后，抵触伤人。如此设想周到，防患未然，可获“元吉”。无妄卦“九五”“无妄之疾，勿药有喜”；大畜卦“六四”不染疾患，元吉有喜，预防胜于治疗。本爻变，为大有卦（䷍），“遏恶扬善，顺天休命”，而获“元亨”。

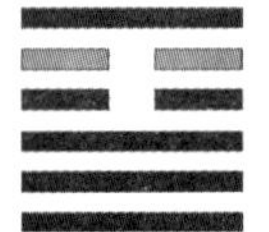

六五。豮豕之牙，吉。

《象》曰：六五之吉，有庆也。

“六五”居大畜君位，负责畜止下卦的“九二”，就像畜养野猪给其阉割去势一样，烦恼根一断，野性变得驯服，空有锐利的獠牙也不足惧。“初九”似童牛，牛角尚未坚硬，“六四”及早加牿以制之，而获元吉；“九二”似野猪，森森獠牙可怖，“六五”避其锋芒，找到祸源一刀切，根治有效称吉。“元吉”好过“吉”，预防胜于治疗。“六四”为高干之位，处置得宜称“有喜”；“六五”君位影响力大，称“有庆”，正所谓：“一人有庆，兆民赖之。”

“六五”爻变成小畜卦（䷈），密云不雨，雨为阴阳和合，去势的野猪无法再交配生育。“豮豕之牙”，除了驯服畜止“九二”外，也可用以自制，“六五”高居君位，必须以身作则，竭力克制私欲，才能为民谋福。金庸小说《笑傲江湖》中，练葵花宝典须先自宫，然后可成无上神功，亦有意趣。

• 1997 十多年前，我在台中的一位老学生三十多未婚，对另一位内地来台的女生有好感，颇思追求，先占顺利否？得出大畜卦“六五”爻动，有小畜卦之象。“豮豕之牙，吉”，吓得他忙打退堂鼓，这还得了！谈个恋爱还要自宫？如果那样，谈下去也没意思了！这当然是笑话，至少表示对方难缠，彼此并不合适，还是趁早死心的好。后来他也另有良

占例

缘结了婚，还生了很可爱的两个小孩，家庭生活美满，无需“不家食”啊！

• 1993 年 6 月底，出版公司经营渐上轨道，来自原老板的困扰仍不少，我不免暗占最佳对应方式，为大畜卦“六五”爻动，有小畜之象。根本之策还在一刀切，彻底遏制居君位者的私心私念，否则迟早还是会出问题。道理是没错，以我的尴尬立场，既无实力，也不能这么做。虽知要害所在，也用不上力，果然不到一年后，老板不顾一切回朝掌政，彻底葬送了公司的前途。

上九。何天之衢，亨。

《象》曰：何天之衢，道大行也。

“上九”为大畜之终，爻变成泰卦（䷊），有畜极则通之象，上卦或外卦的艮阻终于突破，从此攀登绝顶，远眺天下四方，海阔天空，自由自在矣！“衢”为四通八达的道路，天之衢为象征，颇似庄子《逍遥游》所称的扶摇直“上九”万里鹏程。“何”通“荷”，为负荷承担之意，用法同噬嗑卦“上九”“何校灭耳”、小畜卦“初九”“何其咎”、随卦“九四”“何咎”。“何”为“人之所可”，力能承担，则旁人不会置疑。大畜卦“日新其德”，至此已臻大成，可慨然承担重责大任，行天下之大道了！内卦乾，自强不息，三爻在“明明德”；外卦艮，畜止新进，“六四”、“六五”“在亲民”；“上九”则功德圆满，止于至善。

《论语》中孔子两次谈到“吾道一以贯之”，一次讲后学生不懂，曾子解释为：“夫子之道，忠恕而已矣！”一次问子贡：“汝以予为多学而识之者欤？”然后告知：“予一以贯之。”孔子博学多能，最后能集华夏学术之大成，建立本身的思想体系，正合大畜卦“上九”之象，“何天之衢，道大行也。”上卦一阳贯顶，即为一以贯之，一为完整浑融之意。朱子解释格物致知之义，有云：“大学始教，必使学者即凡天下之物，莫不因其已知之理而益穷之，以求至乎其极。至于用力之久，而一旦豁然贯通焉，则众物之表里精粗无不到，而吾心之全体大用无不明矣！此谓物格，此谓知之至也！”都是大畜卦“上九”之义。

两岸通商以来，台商西进者众，“不家食吉，利涉大川”。初期几处通商大邑，有“广大上青天”之称：广州、大连、上海、青岛、天津。“何天之衢，亨”，“道大行也”，亨者，嘉之会也，卦辞称亨者多，爻辞称亨者少。大畜卦“上九”真积力久，时至转通，其实积蓄了一卦之力，至此成亨。

• 2011 年 4 月下旬，我的恩师毓老过世五周，我问老师而今安在？得出大畜卦“上九”爻动，有泰卦之象。“何天之衢，亨”，“道大行也”。“多识前言往行，以畜其德”，老师学行圆满，集先圣大成；“利贞，不家食吉，利涉大川”，而今已跻登道德高天之上，安渡彼岸矣！续问对我有何期勉？为不变的乾卦，“元亨利贞”，自强不息。老师生前遗志要组“中华奉元学会”，宗旨为“以夏学奥质，寻拯世真文”，我们能继志述事吗？得出不变的贲卦。“亨，小利有攸往。”《彖传》称：“观乎人文，以化成天下。”大方向正确，但大家任事的实力不足，恐不易为，只能竭力以赴。最后问我们特须注意之事为何？为坤卦“六四”爻变，成豫卦。坤为厚德载物，顺势用柔，豫则“利建侯行师”，热情行动。“遇坤之豫”，低调准备，俟机展布构想。坤卦“六四”爻辞指示明确：“括囊，无咎无誉。”《小象传》称：“慎不害也。”

• 2011 年元旦，我作一年之计，问自己辛卯兔年全年的策运，为大畜“上九”爻动，有泰卦之象。“何天之衢，道大行也”，“多识前言往行，以畜其德”，“不家食吉，利涉大川”。看来为学做事，各方面的志业都有畜极则通的机会，以台湾为基础，走向世界。当年的高潮在七、八月，连赴北京四次，主讲“神州首届大易精英班”课程；八月下旬，偕家人赴希腊旅游十日后，再独自转往南德慕尼黑，授《易》十天，正式为德国人讲经。大畜卦气约当阴历八月上旬，恰为在欧讲学之时，“不家食吉”，飘洋过海，算是功德圆满。另外，当年五月下旬，还赴鄂、湘二地学术交流访问；十月中旬，结伴入青青海、西藏一游，读万卷书，行万里路，人生快意，莫此为盛。

两湖、北京首次、希腊与青藏之行，内人都偕同出游，也享受到旅行的愉快。元旦时算她的运势，为豫卦“九四”爻动，有坤卦之象。“由豫，大有得，勿疑，朋盍簪”，“志大行也”。占象亦皆实现，欢乐行动，独乐乐不如众乐乐。

• 2011 年 5 月底，我们学会在南投溪头办春季研习营，我的学生楼园宸中医师，在附近经营民宿，当天也发表按五运六气养生的专题演讲。他刚由时报出版公司出版《算病》一书，总结多年来参访钻研及临床的心得，并结合计算机信息技术，提出“健康译码”与“全人疗愈平台”，皆颇有新意。我为其书写序“各正性命”向读者推荐，并占算其书成就，为大畜“上九”爻动，有泰卦之象。看来畜极则通、由博返约之境，确已达到，“何天之衢亨，道大行也。”

大畜卦多爻变占例之探讨

以上为大畜全部卦爻之理论及实例之阐析，往下再研究二爻以上多爻变的情形。

占事遇卦中任意二爻动，若其中一爻值宜变，以该爻辞为主、另一爻辞为辅论断。若皆不值宜变，以卦辞为主，参考二爻变动的意向判断。

• 2010 年 11 月下旬，我提前问 2011 的一年之计，问谋道如何？得出大畜卦二、四爻动，“九二”值宜变成贲卦，齐变则有离卦（䷝）之象。离卦《彖传》称：“重明以丽乎正，乃化成天下。”《大象传》则称：“大人以继明照于四方。”“遇大畜之离”，博学广识，以传道授业为我辈本分，“不家食吉、利涉大川”，当此全球化的新世纪，走出去弘扬文化确有必要。“九二”“舆脱輹，中无尤也”，时机未熟，得耐心等待；“六四”“童牛之牿，元吉”，“有喜”，先知觉后知，先觉觉后觉，尤需方向正确。二与四同功而异位，“九二”在内自养，“六四”在外养人，内外兼修，以期大成。

2011 年我的学行生涯近乎如此，先去两湖学界参访，赴北京开班授《易》，再至慕尼黑教德国人学《易》，《详解易经系辞传》在北京出版，《四书的第一堂课》在台北出繁体字版，均合大畜之义。

2009 年 11 月底，我提前占问 2010 庚寅虎年的策运，为大畜卦二、五爻动，“九二”值宜变，成贲卦，齐变则有家人卦（䷤）之象。当年也是勤跑内地讲学，北京两趟、常州一趟。4 月下旬，带学生赴湖北旅游时，腰疾发作，被迫在武汉旅馆里调养多日，应了大畜卦“九二”“舆

脱輹”之象。内人一旁悉心照顾，家人“利女贞”。9月中旬，同赴慕尼黑讲学及旅游多日，年初还偕家人赴澳洲旅行，12月初，则夫妇俩去日本京都度假，真的是“不家食吉，利涉大川”，同时又家人“利女贞”啊！

2010年2月下旬，一家四口的澳洲旅游行程将终，我回顾近二十年的家庭旅游活动，这算是第九次全员参与，总结得出大畜卦三、上爻动，“上九”值宜变，成泰卦，齐变则有临卦（䷒）之象。“不家食吉，利涉大川”，至于“何天之衢，亨”，“道大行也”，确是人生天伦乐事。以致迄今仍不时有“九三”“良马逐”的冲动，子女渐长大，当珍惜一道出游的机会啊！

2008年元旦的一年之计，我占内地行的策运，得出大畜卦三、上爻动，“上九”值宜变成泰卦，齐变则有临卦之象。“良马逐”，早蓄其志，当年应有突破，可致天衢之亨，道大行也。结果，5月参加苏州举办的世界兵学会议，提出并宣讲“大易兵法”的论文《大道无形》；10月赴杭州，参加中华民族文化促进会主办的会议，发表穷变通久行地无疆〉，试论中华文化普适性的论文；11月参加民进中央第六届研讨会，提出《开枝散叶华夏一统》，论族群迁徙与文化发展的论文。借开会之便，也与上海、厦门各界紧密交流，可称收获丰硕。

• 2003年3月底，台湾非典疾疫流行，我问疫情后续发展？得出大畜卦二、三爻动，有颐卦（䷚）之象。颐为敬慎养生之卦，大畜以止健为义，“遇大畜之颐”，疫情可获控制。“九二”“舆脱輹”，“九三”“良马逐，利艰贞”，“日闲舆卫”之后，应可“利有攸往”。几个月后，疫情获得控制，迄今亦未再发。

• 2011年6月上旬，台湾爆发塑化剂事件，影响民众饮食安全，我问对人体的伤害如何？得出大畜卦二、三爻动，有颐卦之象。大畜“不家食”，主要影响外食人口；“九二”“舆脱輹”，呼应“六五”“豮豕之牙”，可能对生育有碍；“九三”“利艰贞”，调整后应该可恢复正常。整体来说，还在颐养的安全范围内。最后问：会不会严重影响生育？为不变的小过卦（䷽），是有妨害，但非致命的大过卦。

• 2001年元旦的一年之计，我问与《时报》会馆的合作关系，为大畜卦二、三爻动，有颐卦之象。大畜尚贤养贤，我自1999年年底与之合

作以来，开创了都会习《易》的热潮，曾一班招生逾百，分成三班，各八、九十人的纪录，但难持之以恒。“九二”“舆脱輹”，“九三”“良马逐”、“日闲舆卫”后，仍“利有攸往”。颐卦“贞吉，自求口实”，应该会稳定合作。当年除内湖原班继续外，在天母新会馆也开了新班，“不家食吉，利涉大川”。

• 2011 年 3 月 20 日，我的恩师毓老仙逝，享寿 106 岁。他老人家在台讲经授徒 65 年，造育人才无数，我问他对中华文化的贡献如何？为不变的豫卦。“雷出地奋，先王以作乐崇德，殷荐之上帝以配祖考”。作为清皇室的后代子孙，帝王学的最后传人，老师是无忝所生了！豫卦指向未来，为国家民族储备了大量英才。我又问老师生平志业如何论定？为大畜卦三、五爻动，齐变有中孚卦（䷼）之象。大畜储才以行大道，刚健笃实辉光，日新其德。“九三”“良马逐，利艰贞、日闲舆卫”，真是老师勇猛精进的写照。“六五”“豮豕之牙，有庆也”，来台独居一甲子未再婚，化私为公，作了极佳的领导典范。中孚卦“利涉大川，利贞”，教化众生，功不唐捐。大畜卦三与五同功而异位，都是为了“上九”而努力，何天之衢亨，道大行也。

• 2001 年 6 月中，我的老友经营基金会失利，还挨告吃官司，初审检方以背信求刑两年起诉，他当然紧张，我代其筹谋，占得大畜卦三、五爻动，有中孚卦之象。中孚以诚信利涉大川，《大象传》称“议狱缓死”；大畜“不家食吉，利涉大川”。“遇大畜之中孚”，最终过关的机会很大。大畜“九三”“良马逐，利艰贞”，“日闲舆卫”，与辩护律师熟习法庭攻防，则“利有攸往”。“六五”“豮豕之牙吉，有庆也”，抓重点为自己争清白，应该无碍。

然后问此案最后吉凶？得出兑卦（䷹）“九二”爻动，有随卦（䷐）之象。“孚兑吉，悔亡。”最后果然安全过关，算是人生的一场教训与劫数。

• 1999 年 9 月上旬，湖南长沙博物馆的马王堆汉墓文物来台展览，其中有出土的《帛书易》，我占问其价值如何？为大畜卦二、上爻动，“上九”值宜变成泰卦，齐变则有明夷卦（䷣）之象。明夷明在地中，为藏于地下的光辉文明；大畜涵藏丰富，一旦发掘出土，“何天之衢，道大行”。《帛书易》的文献价值甚高，现代研习易学必须参考。

二爻变占例

•2009年7月中，我占问何谓“大人”？得出大畜卦二、上爻动，“上九”值宜变成泰卦，齐变则有明夷之象。“多识前言往行，以畜其德”，畜极则通泰，“何天之衢亨，道大行也”。成就之前“舆脱輹，中无尤”。明夷卦韬光养晦，《大象传》称：“君子以莅众，用晦而明。”大人为《易》中修为的最高德位，与天地合德、日月合明，《文言传》中讲得很清楚，与此占象全通。

•2010年3月底，我问龙是否或曾经真实存在？得出大畜卦三、上爻动，“上九”值宜变成泰卦，齐变则有临卦（䷒）之象。大畜为集大成，传说中的龙为马首、鹿角、蛇身、鱼鳞，“九三”“良马逐”，“上九”“何天之衢，亨”，正是行地飞天之象。天地交泰，君临天下，气势非凡。大畜由复、无妄而来，应该还是人心的创造。《彖传》称“刚健笃实辉光”，似乎又逼近真实。总之，此事不必深究了！

三爻变占例

占事遇卦中三爻动，以三爻齐变所成之卦为“悔”、本卦为“贞”，称贞悔相争，合参两卦卦辞卦象断占。若本卦三爻中一爻值宜变，为主变量，加重考虑其影响。

•2010年9月下旬，我给学生讲《心经》，针对“五蕴皆空”占测，其中想蕴的意义为大畜卦初、二、上爻动，贞悔相争成谦卦。大畜卦由复、无妄二卦而来，复见天地之心、无妄诚意正心，大畜为人心的认识及贮藏作用，可摄取外界境相、形成概念，并安立语言文字等，与唯识学中的第六意识关系密切。大畜卦的《大象传》称：“君子以多识前言往行，以畜其德。”

已将心之大用说得很清楚。“初九”“有厉，利已”、“九二”“舆脱輹”，强调畜止功能，“上九”“何天之衢，亨”，畜极则通，发挥大用矣！谦卦聚多益寡，称物平施，成就君子之终，更见想蕴心意之美。

•2010年7月下旬，因天安舰事件，朝鲜、韩国陷入剑拔弩张的危机，有人担心二次朝鲜战争爆发，我问一年内会出事吗？得出大畜卦初、二、上爻动，贞悔相争成谦卦（䷎）。大畜以止健为义，“初九”“有厉，利已”、“九二”“舆脱輹”，双方皆会评估风险，不可能轻举妄动。“上九”“何天之衢，亨”，交流管道畅通。谦卦则兼顾各方利益平衡，保证平和落幕。其后果然如此。

•2004年“319”枪击疑案，对台湾社会冲击甚大，蓝绿对峙，族群矛盾严重。为了澄清疑虑与争议，旅居在美的神探李昌钰受邀，来台探查勘验，民间风传的“月中有贵人来”会应验吗？勘验结果会导致选战翻盘？我于3月底一占，得出大畜卦初、二、四爻动，“六四”值宜变为大有，贞悔相争成旅卦（䷷）。

大畜也是各方搜集信息以求突破之义，不家食吉，仰赖外援。“初九”“有厉利已”、“九二”“舆脱輹”，都有遇阻难行之象，“六四”“童牛之牿，元吉”，似有些许希望。旅卦失时、失势、失位，恐怕难以翻转案情，其《大象传》称：“明慎用刑而不留狱。”谈的正是司法行政的检调事宜，由于外客在野，没有权力，很难不受政治力的干预和影响。时过境迁，想重建案发当日的现场实况，也有困难。后来一切发展果如预期。

•1998年6月下旬，我刚看完美国前国安顾问布里辛斯基的名著：《大棋盘——全球战略大思考》。占其立论的价值，得出大畜卦二、三、上爻动，贞悔相争成复卦（䷗）。跨世纪的全球形势错综复杂，每个国家或地区都得广畜资源，并往外发展，正是大畜卦辞所示：“利贞，不家食吉，利涉大川。”“九二”“舆脱輹”、“九三”“良马逐”，秣马厉兵，以争天下强权，企图“上九”“何天之衢，道大行”。复卦展现核心的竞争力，企图在冷战结束后的世局中，据有一席之地。“遇大畜之复”，充分说明了此书的构思，与美国欲称霸天下的意图。当然，十多年过来，其企图并未完全实现，反而因扩张过度，吃了大亏。

•1997年4月下旬，我在台湾写的第三辑《易》书《易经与终极关怀》出版，我占其成效与定位，为大畜卦初、三、上爻动，贞悔相争成师卦（䷆）。大畜为智慧宝库，《大象传》称：“多识前言往行，以畜其德。”“初九”审慎、“九三”“良马逐”，皆不轻发议论，“上九”“何天之衢，道大行”，畜极则通，功德圆满。师卦《彖传》称：“能以众正，可以王矣！”本书发挥不少微言大义，解卦时竭力阐扬王道思想，较此系列的前二辑书深刻细腻。《易经与现代生活》为第一辑，分《决策易》、《生活易》、《经典易》三卷，为易学基本概论；《易经与生涯规划》为第二辑，分《治平易》、《性情易》、《组织易》三卷，解了三十二卦。第三辑分《天地易》、《人间易》、《神明易》三卷，除将剩下32卦解完，并论及《说卦传》、《杂卦传》、《文言传》等《易传》，做了那个阶段自己治《易》心得的总结。

• 2009年间，我的学生邱云斌占问：宇宙间有比光速更快的媒介吗？为大畜卦初、三、上爻动，贞悔相争成师卦。大畜基于“复见天地之心”、真诚无妄而来，代表人的心力无量无边，“上九”畜极则通，“何天之衢亨，道大行也”。人心念思维无远弗届，不疾而速，不行而至，绝对超过光速！台大校长李嗣涔研究特异功能多年，他认为以火箭航行太空，注定无望，宇宙浩瀚，人类其实哪里也去不了！真要遨游八荒，只能用心力去旅行，说得也没错。

• 2009年10月中，我受邀参加某一印度来的修行人主持的道场，所谓身心灵的纾解与提升云云，台湾这些年颇流行这种法会。会期三天，免费让我坐在最前排当中的位子，我只参加其中第二天的活动，也配合做些晃动肢体、放声呐喊的动作，仔细聆听台上高座中年轻的印人说法，还是很难进入状态起共鸣。我心想：这样简单的道理，需要费这么大劲儿宣扬吗？无趣中，凝神以手机占测此法门的修为境地，得出小畜卦“上九”爻动，有需卦之象。再占则为大畜卦初、二、三爻动，贞悔相争成剥卦（䷖）。

小畜卦密云不雨，透显现代人茫然无措、在夹缝中生存的情境，“上九”“既雨既处”，累积的郁闷得以局部纾解，这是人心人情之所需。依卦序，小畜卦之后为履卦，能否敦笃行道，还在个人努力与造化。大畜卦“不家食吉，利涉大川”，希望集古今智慧之大成，而一以贯之。下卦三爻全动，成剥卦，显然志量未成熟，“不利有攸往”。“九三”虽有“良马逐”之志，还有待磨炼精深，才能通达啊！

• 2003年元旦的一年之计，我全年策运居然为不变的剥卦，真是令人沮丧。当时心有未甘，又加算一卦，问有无更高化解之策？得出大畜卦初、五、上爻动，贞悔相争成井卦（䷯）。大畜止健，多方畜积资源，往外向上发展，不沉溺于近前安定狭小的格局。“初九”不躁进，“六五”“豮豕之牙”，清心寡欲，以求“上九”“何天之衢亨，道大行”。一旦抛开小我包袱，又是海阔天空任翱翔。井卦之前为困卦、之后为革卦，正是开发潜在资源，以脱困创新之义。“遇大畜之井”，以解现况崩毁之剥，不亦宜乎？当年确实尝尽剥的痛苦，而以大畜化解之策，也真正生效，易理指导人生周到恳切，真是如人饮水冷暖自知。

• 1993 年元旦的一年之计，我还在操烦那家出版公司的经营业务，为各杂志图书的产销筹谋。其中一份幼儿科普月刊创刊不久，声誉不错，订户也在成长中，其当年策略为大畜卦初、四、上爻动，“六四”值宜变为大有卦，贞悔相争成恒卦（䷟）。

大畜表示大有发展可能，“六四”“童牛之牿，元吉”，又与幼儿刊物的特性及名称恰好相符，假以时日畜极则通，“上九”大亨特亨。恒卦为长久而稳定之义，卦辞亦称“利贞”、“利有攸往”。“遇大畜之恒”，前景看好。当年确实发展得不错，可惜次年公司股争引发内斗，经营大受影响，这是后话，不在当年占测范围内了！

• 1992 年 11 月上旬，我率几位经营干部赴日出差，顺便赴箱根旅游，夜宿熟人山间别墅时，和式房内清新，占问公司气运，得出否卦“上九”爻动，有萃卦之象。“倾否，先否后喜”，由于精英荟萃、励精图治，公司确有扭转败局的希望。再进一步求启示，得出大畜卦二、四、上爻动，“六四”值宜变为大有卦，贞悔相争成丰卦（䷶）。大畜多方储备资源，成就丰功伟业，令人怦然心动。“九二”“舆脱輹”、“六四”“童牛之牿，元吉”，又恰合公司品牌形象。“上九”“何天之衢，道大行”，真是衷心想望。1993 年的经营确实将士用命，创造了有史以来最佳的业绩；然而 1994 年 5 月的内争变革，又导致一切成为泡影。

• 1997 年年底，我一位学生三十多未婚，另一位女同学频频对他示好，他问二人可有姻缘？为大畜卦二、三、五爻动，贞悔相争成益卦（䷩）。贞我悔彼，内卦“九二”“舆脱輹”、“九三”“良马逐，利艰贞”，有劝止意；外卦“六五”“豮豕之牙”，对方出手可制其情欲，难缠难斗得很。益卦迁善改过，还是另寻佳偶为宜。

• 2008 年中，我高雄的一位学生从我习《易》已十年，自占往后再十年，当至何境？为大畜卦三、四、五爻动，贞悔相争成履卦（䷉）。“九三”“良马逐”、“六四”“童牛之牿”、“六五”“豮豕之牙”，皆含清心寡欲之意，时机未成熟前，切勿轻举妄动。“履虎尾”，敦笃实践易理于日常生活之中，心平气和地化解称雄称霸的贪嗔妄念。他其实学得不错，后因身体因素，勤习小乘佛法，“多识于前言往行以畜其德”，学业上另有因缘。

占事遇卦中任意四爻动，变数已过半，以四爻齐变所成之卦的卦辞卦象为主，理解由本卦往之卦变动的因果及过程，本卦四爻中若一爻值宜变，加重考虑其在变局中的影响。

• 2011 年 3 月上旬，台湾的时报出版公司要出我早一年在内地出的《四书的第一堂课》，除了由简体字转为繁体版外，还做了许多编辑处理，希望能更深入浅出，照顾到一般读者的需求。原书也拆分成两册，书名改为：《一次看懂四书——孔子教你做人与处世》、《一次看懂四书——孔子教你齐家安天下》。我问简转繁后的推广效果如何？为大畜卦初、三、五、上爻动，“上九”值宜变为泰卦，四爻齐变成坎卦（䷜）。大畜为厚积薄发、时至则通，多方编纂疏理，也是大畜的功夫；坎则水势蔓延、多曲乃成。“遇大畜之坎”，需要一段时间，才能顺遂通达。大畜“上九”“何天之衢亨，道大行”可以预期。该书出版后，还做了公开发布会，不少各界学生师友参加，《中国时报》也做了报道，出书不久也再版，效果及反响不错。

• 2000 年 5 月上旬，我占问《系辞下传》第六章的主旨，为大畜卦初、二、三、四爻动，齐变成晋卦（䷢）。大畜“多识前言往行以畜其德”，“刚健笃实辉光”，“日新其德”；晋卦为日出之象，《大象传》称：“君子以自昭明德。”“遇大畜之晋”，博学广识，以建立自己风标，正是集大成而有创见。《系传》该章称：“夫《易》，彰往而察来，而微显阐幽，开而当名辨物，正言断辞则备矣！”“多识前言往行”即“彰往”，以畜其德、自昭明德便能察来，大畜各方储备，以待大用，开物成务，一切完备。本章义理深微，蕴含有孔子《春秋》大义的思想，夫子集华夏文化的大成，有所创获而作《春秋》，正合“遇大畜之晋”的象。

• 1997 年 6 月下旬，我问“术数易”价值的精确定位，为大畜卦初、二、三、上爻动，“九三”值宜变为损卦，四爻齐变成坤卦（䷁）。大畜资料丰富，“九三”“良马逐，日闲舆卫”，精益求精；“上九”“何天之衢亨”，也能解通许多事理，未可小觑。坤卦厚德载物，广土众民深受影响，宜顺势用柔以待。

• 1995 年 10 月上旬，我受邀参加海基会秘书长焦仁和主办的一次座谈，讨论“文化因素在当前两岸关系中可发挥的作用”。去之前，占得大畜卦初、三、四、上爻动，“上九”值宜变为泰，四爻齐变成解卦（䷧）。

大畜“利贞，不家食吉，利涉大川”。两岸同文同种，传统文化为彼此共同的最大公约数，好好交流运用，可致“上九”“何天之衢亨”。泰卦“小往大来，亨”，交流密切且顺畅；解卦“动而免乎险”，冤家宜解不宜结，可促进两岸和解。正所谓：“渡尽劫波兄弟在，相逢一笑泯恩仇！”

• 1993 年 12 月上旬初，我经营那家出版公司大有起色，旗下一份儿童科普刊物十周年庆，我们想趁机涨价，以保障获利，占得大畜卦二、三、五、上爻动，“上九”值宜变为泰，四爻齐变成屯卦（䷂）。屯卦“动乎险中大亨贞”，为新生之象；大畜畜极则通，机会很大。遂决定涨价，结果反应很好，又获实惠。

27. 山雷颐（䷚）

颐卦为全《易》第二十七卦，前接大畜卦，后为大过卦。《序卦传》称："物畜然后可养，故受之以颐。颐者，养也。不养则不可动，故受之以大过。物不可以终过，故受之以坎。"大畜各方摄取资源，消化吸收转为本身的滋养，颐卦所谈的正是调养之事，养身养心、养气养灵，中国养生学的精要尽在此卦。除了小宇宙的养生外，也谈到大宇宙自然生态的平衡，而社会上各种组织所形成的生态结构，亦涵括在内。休养充足之后，才能大动特动，大过卦动荡剧烈，非常消耗能量。若消耗过甚，失去应有的节控平衡，会引发危机，造成坎陷的重大风险。

颐与大过两卦相错，为六爻全变、性质彻底相反的瞬间巨变。易上经阐述天道演化，从乾、坤开天辟地起，即为相错关系。屯、蒙生命繁衍之后，变为两两相综的关系，表示变化趋缓，逐步演进。颐、大过相错，之后的坎、离亦相错，上经最后四卦变动加速，让人很难适应。下经讲人事变迁，最后四卦中孚、小过相错，既济、未济相错。这显示天道人事一旦发展到快结束阶段时，会大起大落，变动剧烈，当事者必须小心应付为宜。

颐卦谈养生，大过卦操劳耗损过度，有濒临崩灭的危险，《系辞下传》第二章说大过有棺椁之象，换言之有死象。颐变大过，由生至死，正是急遽动荡的生死关头。颐如果象征一稳定的生态结构，大过则代表负荷过度——overloading、失去平衡，而至系统的破坏崩解。孟子说"养生送死无憾"为王道之始，又说丧葬祭祀"可当大事"，颐、大过二卦总结生死大事，值得深入体会。

颐卦卦形上下二阳、中含四阴，恰为一张大嘴欲吞食之象。上卦艮止、下卦震动，又似上颚不动、下颚动的咀嚼情状，我们在前论噬嗑卦时已说明过。养生就得重视饮食，颐卦谈的就是生与食的大问题。大过卦形上下二阴，中间四阳包裹不住，欲爆裂而出，有纵欲伤生之象。下卦巽入、上卦兑悦，下入而上悦，正为男欢女爱之意。饮食可以维生，却不能免于衰老死亡，凡人要克服死亡的恐惧，只能诉诸爱。男女之爱会繁衍后代，生命的精魂借子孙延续，爱再推广扩大，不独亲其亲，不独子其子，可牺牲小我，成全大我。爱里没有恐惧，大过一卦阐扬的是爱与死的问题。《杂卦传》称："噬嗑，食也；贲，无色也。""食色，性也"，饮食男女，人之大欲存焉。需卦表面言饮食之道，卦爻意象多兼男女情色而言。颐、大过二卦，将食色与生死问题综合论述，更见深刻。

《杂卦传》称："大过，颠也；姤，遇也，柔遇刚也；渐，女归待男行也；颐，养正也。"大过与颐相错，却没排在一起，往下的四卦亦然："既济，定也；归妹，女之终也；未济，男之穷也；夬，决也，刚决柔也，君子道长，小人道忧也。"既济、未济相错，渐、归妹相错，夬、姤相综，却都不紧邻出现。《杂卦》的卦序中，大过卦以前的五十六卦，皆以错综为序，和序卦卦序的基本原理无大差异，相错相综总是紧邻出现。大过以后的最后八卦却乱了套，完全不按牌理出牌，好像因果关系失调，怎么回事？这里含有《杂卦传》作者的绝高悲心与智慧，"大过，颠也"之后，世势进入忧患乱世，即佛教说的末法时期，一切正常的规范秩序都遭颠覆，人欲横流，为了救亡图存，拨乱反正，非常时代，也得用非常手段解决问题。大过卦之后为姤卦，不期而遇的事件频频发生，危机处处；渐卦强调团队精神，循序渐进，消灾弭祸；颐养正也，慢慢导入正轨，恢复正常而稳定的秩序。

曾有上海易学界的朋友，以高等数学转换符号的方式，将六十四卦数字化，《序卦传》所呈现出来的，为一平面衔接周整的图形，《杂卦传》的卦序呈现出立体配置圆融的结构，其中任何一卦，都不能随便调度位置。这表示《易经》的卦序涵蕴甚深，有其理气象数的道理存在，绝非任意为之。

颐、大过两卦结构为对称，没有相综的卦，180 度倒转后的综卦为其自身，称为"自综"。乾、坤、坎、离、中孚、小过等卦亦然。自综的卦，表示其属性不随任何观察角度而异，对任何立场不同的人公平均等，颐、大过既谈生死爱欲，人人皆得面对，放诸四海而皆准。

䷚ 颐。贞吉。观颐，自求口实。

颐卦养生有其正道，必须固守正道方吉。我们观察一个人是否修养有素，一个组织的生态是否谐衡，主要看其自我规范，与自动自发摄取资源的能力。颐卦上下二阳爻，围起一最大的内在空间，中间四阴爻畅通无阻，虚以求实，或满足口腹之欲，或提升精神修为，消化吸收的容量甚大。颐外卦艮止，不动如山；内卦震动，中心有主，生机澎湃。一般养气练功深厚者，往往如是，内劲如潮，显现在外却是渊停岳峙，极度收敛。《老子》有云："天地之间，其犹橐籥乎，虚而不屈，动而愈出。"颐卦吐纳出入，即有此象。

其实从噬嗑、贲、剥、复、无妄、大畜诸卦的修炼，可以看出都在为颐卦作准备。噬嗑、复、无妄皆内震有主，贲、剥、大畜皆外艮敛止。内震外艮皆圆熟，即成颐卦。再以卦中有卦的理论来看，噬嗑、无妄二卦的初至四爻，贲、大畜二卦的三至上爻，都有颐卦之象。修炼这些卦时，已内含颐养的因子，火候成熟，完整的颐卦遂应运而出，内练一口气如震，外练筋骨皮如艮。

"口实"一词，现在中文用法略有不同，成语"贻人口实"，是指言行不当，让别人有批评责难的空间。颐卦既为人口之象，病从口入，须注意养生，祸从口出，也得谨言慎行啊！

《彖》曰：颐贞吉，养正则吉也。观颐，观其所养也；自求口实，观其自养也。天地养万物，圣人养贤以及万民，颐之时大矣哉！

《彖传》发挥颐养之理更细腻，分成"观其所养"与"观其自养"两个层次。"观其自养"为内在核心，"观其所养"为外围资源。天地养万物，乾坤生屯蒙；圣人养贤，为直接调养，贤再去颐养万民，"以及万民"为间接调养。这是所有生态组织中，分层调养管理的机制，决策高层以培养干部为主，不宜跨越职分，直接管理基层。若分层治理的好，一切自动自发，不劳费神。管理学中有所谓"管理跨度"之说，一个人再能干，也不宜直接领导大多数群众，必须借助组织分工。军队组织中所谓军、师、旅、团、营、连、排的编制，强调分层指挥即然。《孙子兵法·势篇第五》云："凡治众如治寡，分数是也。"讲的也是分层负责。

领导中心的才略如何，观其自养；强将手下无弱兵，观其所养。我们与对方阵营打交道，通常先接触先头部队或接洽代表，为观其所养；然后见到决策核心，为观其自养。都得下工夫研究对方的修为，以好应对无碍。

养生与时令有关，四季早晚的饮食起居都不同，中医有五运、六气之说，故称"颐之时大矣哉！"大过颐养失序，称"大过之时大矣哉！"另外，下经的解、革二卦，《彖传》中亦称"解之时大矣哉、革之时大矣哉"。

《象》曰：山下有雷，颐。君子以慎言语，节饮食。

颐为人口之象，病从口入得节饮食，祸从口出须慎言语。"真心"为"慎"，恰到好处、无过与不及为节。《易经》第六十卦为节，恰为天干地支一循环之数，节气、节令、节制，对养生特别重要。

• 2009年8月下旬，我给中医学生楼园宸上的《易经》课历经四年，终于结业，共上了55个周日的下午。课毕我们去家附近的苏杭小馆餐叙，我以手机电占：习《易》对他的医术是否确有帮助？为不变的颐卦。颐为养生有道，颐之时大矣哉！应该确实有益。当然，师傅领过门，修行在个人，往后如何发展验证，还得靠他"自求口实"啊！

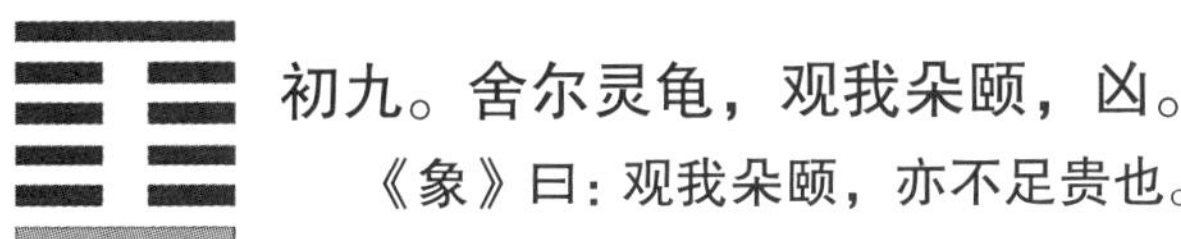

初九。舍尔灵龟，观我朵颐，凶。

《象》曰：观我朵颐，亦不足贵也。

"初九"为内震之主，当颐养之初，本应善自珍摄其灵明自性不受污染，然而外卦"六四"和其相应与，该爻爻辞称："虎视眈眈，其欲逐逐。"象征外诱之私导致本性沉沦。虎噬灵龟，大快朵颐，吃得腮帮子鼓胀，生命的根基受到戕害，当然凶险。本爻变为剥卦（䷖），资源流失，岌岌可危。人生最可贵的就是内在的心性，若把持不住，受欲望诱惑而蒙尘，暴殄天物就太可惜了！

自性以灵龟为喻，欲望以虎噬为戒，也显示弱肉强食的丛林法则。乌龟属自营性生物，与世无碍不争，生命绵长，遭遇横逆不顺时，头脚缩回龟壳内可保无事，道家餐风饮露，有修炼龟息大法者。猛虎属异营性生物，须靠搏杀其他动物以维持生存，虽为万兽之王，因虎皮斑斓昂贵，长期遭人猎杀，迄今只剩几千头，算是濒于绝种的珍稀动物了！

“舍尔灵龟，观我朵颐”，以“尔、我”对称，突显出生态世界中的互动关系。蒙卦论教学，卦辞称“匪我求童蒙，童蒙求我”，与此类似。“观颐，自求口实”，灵龟本性不假外求，受诱惑沦丧后，成“观我朵颐，凶”。“观”即观卦的观，仰观俯察，反观内省，为颐养正道。

王阳明讲“致良知”，有诗云：“无声无臭独知时，此是乾坤万有基。抛却自家无尽藏，沿门托钵效贫儿。”可为颐卦“初九”爻变成剥作注。孟子讲仁义忠信为人之天爵，不假外求，自尊自贵。屯卦“初九”当内震之主，《小象传》亦称：“以贵下贱，大得民也。”德性为贵，万民本性为贵啊！

• 1998 年 11 月中旬，我们正在富邦金控上课，传来地产界名人侯西峰财务危机、行将跳票的消息，由于蔡明忠与侯关系密切，大家都表关心。我先问候未来半年到一年内的气运如何？为颐卦“初九”爻动，有剥卦之象。“舍尔灵龟，观我朵颐，凶”，根基流失，岌岌可危。再问富邦最佳对策为何？为不变的谦卦。“君子以裒多益寡，称物平施”，尽可能地低调帮忙，帮朋友也是帮自己。后来侯果然不负众望，十多年诚心还债一百多亿台币，恢复信用，东山再起，算是商界难得的典范。

• 1992 年 2 月上旬，我所在的出版公司股争方炽，为提振业绩，公司有分成图书线及杂志线两大事业部的拟议，图书部自然驾轻就熟，由我督责，杂志部则由一位李姓副总尝试担纲。李为管理及部分营销出身，但编务不熟，人望也嫌不足。我占问他能称职否？得出颐卦“初九”爻动，有剥卦之象。显然基本能量不够，不宜作此安排，遂作罢论。李为人有其圆滑之处，两年多后，公司领导阶层更动，西瓜靠大边，又与回朝的老板颇为配合，后来 50 几岁癌症过世。职场沧桑，令人感慨。

1999 年 3 月下旬，公司终于出现大问题，财务黑洞上了报纸大幅报道。《中国时报》的“开卷”版小记者访问老板，看得出历练不足，被巧

妙利用，还一副献身理想、豪情未遂的基调。我看了暗暗冷笑，问其往后吉凶？为颐卦“初九”爻动，有剥卦之象。机关算尽，仍是误了卿卿性命，大本已失，不可能长久的。

同年6月初，局势日益糜烂，我虽已重心转移，仍不免有些感慨，同时占问自己此生，何时会再有外王立功之业？得出颐卦“初九”爻动，有剥卦之象。“舍尔灵龟，观我朵颐，凶”，似乎大可不必，此番企业界的历练已极有启示，好好内修、灵根自植为宜。

• 2010年10月下旬，我在赴台中上课的车程中，忆念起一些亲人故友的不幸遭遇，恻然有感，针对其原因都占了卦。

我一位很亲的侄女，幼时活泼可爱，20几岁后，罹患精神疾病，而且抗拒治疗，让大家相当头痛且心痛。我问她何以得病？为颐卦“初九”爻动，有剥卦之象。“舍尔灵龟，观我朵颐，凶”，看来还是长养的环境有问题，在虎视眈眈的威权下，丧失了灵明自性。剥卦五阴剥一阳，岌岌可危，“不利有攸往”，未来发展真不乐观。

• 2006年7月上旬，我给学生讲三十六计与《易经》的关系，其中“假痴不癫”的占示，为颐卦“初九”爻动，有剥卦之象。“舍尔灵龟，观我朵颐”，装疯卖傻，扮缩头乌龟骗老虎，不失为应付强敌的一招。

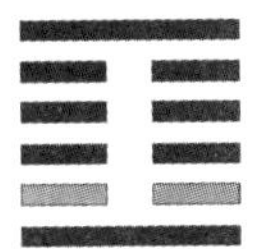

六二。颠颐，拂经。于丘颐，征凶。

《象》曰：六二征凶，行失类也。

“六二”居于“初九”之上，阴乘阳柔乘刚，关系不正，上和“六五”相应而不与，本身阴虚待颐养，由于爻际关系不当，得不到阳刚资源正常的挹注，故称“颠颐”。颐以养正为尚，大过才称“颠也”，颐养不以正道，为“颠颐”。“六二”居“初九”之上，上位者理应供养下位者，如今反过来剥削基层求供养，亦为“颠颐”。“初九”和“六四”相应与，须全力供应虎噬所需，再无足够给养与“六二”；“六二”为了生存，还得向“上九”阳爻求助，二者不相应，需透过“六五”代为争取。“六五”本身阴虚，转手求助，事不牢靠。“上九”居上卦艮山之巅，称丘，“于丘颐”，指出“六二”求援的意图，这违反组织中资源输送的经常管道，故称“拂经”，强求更不易得，称“征凶”。

阴阳合为类，“六二”上下不合，故称“行失类也”。本爻动恰值宜变，成损卦（䷨）。行事妄求多损，处境相当不利。

占例 •2006年3月下旬，周日下午我给楼园宸中医师夫妇上课，他们台中诊所想用人做企划，推广业务，问一位蔡小姐合宜否？得出颐卦“六二”爻变，成损卦。“颠颐、拂经”，“行失类”，显然不适用，他们也同意另做考虑。

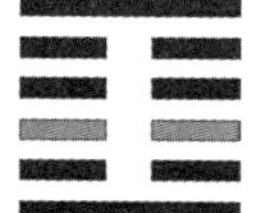

六三。拂颐，贞凶。十年勿用，无攸利。

《象》曰：十年勿用，道大悖也。

“六三”不中不正，本身素质极差，和“上九”相应与，仗恃有靠山相挺，挥霍资源无虞，这样干一定凶。颐养正道为“自求口实”，“六二”本身中正，只因爻际关系不佳，“行失类，征凶”。“六三”居位已经不正，无自力谋生能力，坐等奥援施舍，完全违背了颐养之道，长达十年也发挥不了作用，没有任何利益。“上九”虽实力雄厚，为大局计，首先得支持“六五”之君，以及“六四”之臣，以稳定管理阶层，维持组织运作。行有余力，还得面对“六二”的求援，“六三”虽有私谊，全无偿债能力，算是无底洞跟扶不起的阿斗，“上九”甚至为了避嫌，而见死不救。“六三”不思自强，好吃懒做等供养，当然长期遭凶。本爻变，为贲卦（䷕），虚内而饰外，毕竟成空。

依《河洛理数》本命卦的说法，已于2006年8月往生的学生徐崇智，其先天本命元堂为颐卦“六三”，爻变为山火贲，上下卦交易，为火山旅（䷷）。其后天本命元堂为旅卦“上九”，爻辞大凶：“鸟焚其巢，旅人先笑后号咷，丧牛于易，凶。”他心脏病发作过世时，还不满40岁，先天的颐卦六爻尚未走完，大致行运至“六二”爻的情境。“颠颐拂经，征凶行失类”，南来北往忙于生计及教学，元气消耗殊甚，成损。而他“六三”的元堂本命又那么糟，“拂颐，贞凶，十年勿用，无攸利。”养生之道大悖，遂至英年早逝？贲卦外强中干，却也有推广经教的人文化成之意，到目前为止，他还算是我教过习《易》最好的学生，人生命数如此，夫复何言？

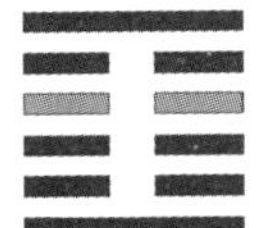

六四。颠颐，吉。虎视眈眈，其欲逐逐，无咎。

《象》曰：颠颐之吉，上施光也。

“六四”阴居阴位为正，下和“初九”基层相应与，剥削其资源以为己用，和“六二”一样，处上而不照顾下民，反而苛征杂敛，亦为“颠颐”。“六二”颠颐凶，“六四”颠颐却吉，因为和“初九”的关系不同，“六二”阴乘阳不正，“六四”相应与。“六四”以丛林中的老虎为喻，食物消耗量大，吃完一餐又得找下一餐。“眈眈”二字为“视近而志远”，眼光盯住猎物不放，迟早要吞咽大快朵颐，给猎物的压力很大。“虎视眈眈，其欲逐逐”，却能“无咎”，相当发人深省。丛林中有老虎称霸，也是自然生态平衡的一环，老虎残害生灵为其天生肉食的本性，岂能归咎？难道让老虎改吃素？生态世界中有乌龟，也有老虎，必然有其演化的道理，人不能只是感情用事看问题。颠颐吉，其欲逐逐无咎，《小象传》给了个说法：“上施光也。”“六四”胃纳大，单单“初九”又要应付“六二”，无法完全满足其需要。“上”指“上九”，一阳居于生态系统的顶峰，资源雄厚，为了维持领导阶层的稳定如山，必会全力布施，“六四”可获支持，吉而无咎。本爻变，为噬嗑卦（䷔），弱肉强食，真正体现了无情的丛林法则。

颐卦的组织生态适用性极广，国际政治、国际金融都服膺其法则。“初九”自力更生，遭迫害；“六四”强横霸道，反而没事获吉，强权有时就是公理。西方帝国主义几百年来对亚、非洲民族的侵略，罄竹难书，造成了多少不公义与伤害？ 2008 年金融风暴爆发，伤到许多投资大众，而以华尔街为代表的精英肥猫，却获利无算，烂摊子也由政府或国际机构收拾埋单。所谓财团或银行大到不能倒，非救不可的说法，真正合理吗？颐卦“六四”贪欲得吉，不正是这些大肥猫的写照吗？ “上九”为全卦的靠山，阳刚有实，基于全局的稳定，颐养一切，也不能说错。但长此以往，必定累积很多问题，一旦矛盾激化，超过了“上九”的承担能力，颐卦的生态就会瞬间瓦解，六爻全变，而成大过卦。

以前面谈过的竞争论中“价值链”的理论来看，颐“初九”代表生产元素，凭自己的创意开发生产，“六四”代表大通路商所垄断的营销渠道，两者相应与，产销配合，叫好还得叫座。但一般掌握通路的营销体系往往极强势，用各种方式剥削小产品供货商，甚至买断其专利，而致大者恒大、弱者很难翻身。

之所以如此，乃因“上九”所代表的客户服务决定一切，对终端消费者来说，他只享受通路所提供的方便服务，对供应源和产销之间的争议，毫无兴趣，这就是“六四”占尽便宜的地方，“上施光也”，说得真是太准确。“初九”吃亏要怎么办呢？合组“忍者龟”联盟？ 2011 年末，美国中产阶级“包围华尔街”的抗议行动激发共鸣，传播到全球，与此有关。

• 2010 年 2 月初，我占问鸿海集团郭台铭的经营风格，为颐卦“六四”爻动，有噬嗑之象。“虎视眈眈，其欲逐逐”，郭是雄才大略、严格管理的枭雄个性，强势经营，名闻遐迩。铁与血的风格，颐卦“六四”恰如其分。

• 2001 年 4 月下旬，学生们筹划成立“台湾周易文化研究会”，台中的徐崇智推动尤力，很能办些事，习《易》亦有神悟，我既任创会理事长，占问他出任首届执行长如何？得出颐卦“六四”爻动，有噬嗑之象。“虎视眈眈，其欲逐逐，无咎”。既然有心好好大干一番，就让他实至名归吧！他确也相当投入，对学会颇有贡献，可惜在第二任期间，心脏病发过世。按照《河洛理数》的算法，巧的是他的本命元堂就是颐卦“六三”的本命卦，生命的轨迹其若是乎？

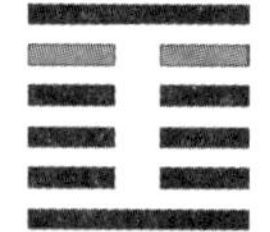

六五。拂经，居贞吉，不可涉大川。

《象》曰：居贞之吉，顺以从上也。

“六五”居颐卦君位，爻辞中独不见“颐”字，阴虚自养不足，亦无力养民。虽然如此，和“上九”关系良好，阴承阳、柔承刚，只要顺事“上九”这大靠山，便可获得资源挹注，仍可坐稳君位。

“居贞”即固守不妄动，未获“上九”支持前，勿亲身涉险，故称“不可涉大川”。本爻变，为益卦（䷩），得助后“利有攸往，利涉大川”。

颐卦中间四阴爻，上下求索，嗷嗷待哺，“六二”、“六四”称“颠颐”，

“六二”、“六五”称“拂经”，“六三”称“拂颐”，非颠即拂，没有一个正经，为了生存不择手段。“拂经”之“经”，应与经络经脉有关，颐卦谈养生，一定涉及经络气血的问题。《庄子·养生主第四》有称：“缘督以为经，可以保身，可以全生，可以养亲，可以尽年。”“督”应为任督两脉中的督脉，为阳脉之海，主一身之阳，“缘督以为经”，正是说的阳气运行的道理。人体阴阳和合为要，但仍以阳为主、阴为从，养生必以扶阳抑阴为准则。颐卦二阳调养四阴，方为正道，“六二”、“六五”拂经，阴气不能主导运化。

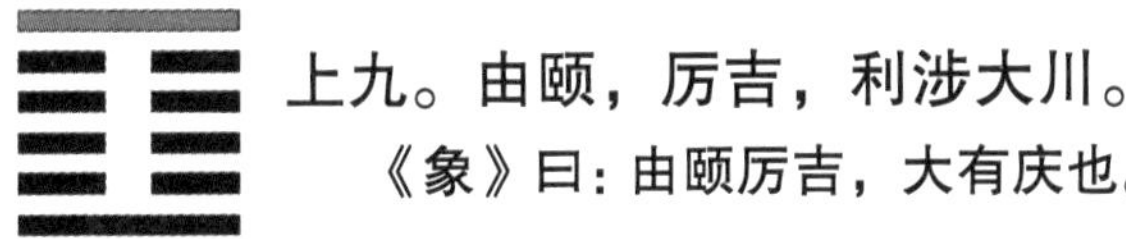

上九。由颐，厉吉，利涉大川。

《象》曰：由颐厉吉，大有庆也。

“上九”居上艮卦巅峰，自养而后养人，为实质颐养之主。“由颐”之“由”，与豫卦“九四”“由豫”之“由”同义，既表示全局由他供养，又有田中作物顺势成长、自由自在之意。一人承担全局，压力很大，由于实力雄厚，可度过险难而获吉。“庆”为众喜、皆大欢喜，“大有庆”，使众生皆获颐养，功德无量。本爻动，恰值宜变，成复卦（䷗），见天地之心，一元复始，万象更新。

“六五”居君位，“不可涉大川”；“上九”幕后力挺，“利涉大川”。“六五”“顺以从上”、“六四”“上施光也”，明白显示“上九”为颐养的中心。纵观六爻爻辞，下卦三爻全凶，上卦三爻全吉，下震劳力、上艮劳心，劳心者治人，劳力者治于人。长此以往，贫富劳逸不均，矛盾累积到极处，颐的生态会崩解成大过，一切资源权责重新分配。下卦三爻全变，成蛊卦（䷑），民不聊生，积弊必须改革；上卦三爻全变，成随卦，既得利益当然希望保持现状，活在当下。

若以“数字观象法”分析，阳爻当1、阴爻当0，1+0=0+1，0+0=0，1+1不能处理避开，则颐卦的结构可拆解为剥卦加上复卦。任何一个颐卦的生态体系中，不断在进行剥极而复的变化，刹那灭，同时也刹那生新。有人不能适应被淘汰，有人继续发挥创造力而获新生。再以卦中含卦的理论看，颐中初至四、初至五爻组合成复卦，三至上、二至上爻组合成剥卦，颐中含有二剥二复卦。“初九”爻变成剥，“上九”爻变成复。总括来说，颐卦与剥、复二卦关系密切到极点，了解剥极而复的运化规律，就能对颐卦的含义有相当的体会。

颐卦论述养生之道，六爻中四阴爻非颠即拂，“初九”舍尔灵龟，亦不善自珍重，一直要到“上九”，才彻悟顺自然养生之义，岂非时不我予？颐之时大矣哉！真练身体，还是得从年轻时就注重调养，修为有素，免受老病之苦啊！

• 2010年4月底，我的二姐检验出初期的直肠癌，安排数天后开刀切除，忧心忡忡，我占其顺利否？为颐卦“上九”爻动，恰值宜变成复卦。“由颐厉吉，利涉大川”，可望刀到病除，恢复健康，后果如是。

• 2002年元旦，我作一年之计，有算刚刚实体货币上市的欧元表现，得出颐卦“上九”爻变，成复卦。“由颐厉吉，利涉大川。”当年表现确实耀眼，7月中与美元约等值，年底蹿升至1比1.04，次年5月下旬冲到1比1.18，2004年抵达到1.35的高价位。

• 2003年元月初，某电视台政论节目主持人请益，他们夫妇一笔投资案的吉凶，委托经手者为财经界名人，我占得颐卦“上九”爻变，成复卦。“由颐厉吉，利涉大川”，应可放心无虞，结果确实套利成功，皆大欢喜。

• 1993年元旦，我作一年之计，当时经营出版公司已渐得心应手，占问图书出版全线的气运跟策略？得出颐卦“上九”爻变，成复卦。“由颐厉吉，利涉大川”，“大有庆也”。当年底，创下了历来最高的营运业绩，图书领先杂志，为主要获利来源，完全与卦象相符。

• 2000年7月中旬，我的学生张良维将为时报会馆率团作一次“养生之旅”，预计拜会少林寺、中岳庙、陈家沟太极拳发源地等，也邀我免费参加。当时我占问此行合宜否？为颐卦“上九”爻变，成复卦。“由颐厉吉，利涉大川”，正合养生有成、身心休复之象。8月下旬，欣然前往度假十天，还多去了安徽宏村、西递村与黄山，行程相当愉快。

• 2011年6月下旬，我给老学生开的以《易》通佛课两阶段完成，共40堂约100小时，讲了《金刚经》、《六祖坛经》、《心经》、《法华经》四部经典，感觉发展不错。往下变长期开课，方式更挥洒自由，我占问前40堂的功效，为颐卦“上九”爻变，成复卦。颐养有成，“复见天地之心”，“利涉大川”，“大有庆也”。精诚钻研，引申触类，可谓功不唐捐。

颐卦多爻变占例之探讨

以上颐卦卦、象及六爻分析已毕，往下再继续探讨二爻变以上的情形。

占事遇卦中任意二爻动，若其中一爻恰值宜变，该爻爻辞为主变数，另一爻辞为次要变数，结合本卦卦辞论断。若皆不值宜变，以本卦卦辞为主，参考二爻齐变所成之卦的卦辞卦象论占。

• 2010 年 8 月中，我受邀赴北大国学培训班授《易》，针对 2011 年的国际金融形势预占，得出颐卦四、上爻动，“六四”值宜变成噬嗑卦，两爻齐变，则有震卦（䷲）之象。颐卦呈现国际金融的生态，2008 年“915”金融风暴后，各国政府纷纷出手，救助濒临危险的企业或银行，若力有未逮，再由国际组织拨款相助。“上九”“由颐，厉吉，利涉大川”，扮演的正是救火队的角色。“六四”“虎视眈眈，其欲逐逐”，稍复元气后，大肥猫又故态复萌，依旧吃香喝辣，择肥而噬，造成全局震动不安。2011 年希腊问题拖累欧盟，美债积弊深厚，短期难解，各地区民不聊生，还愤而发动“包围华尔街”的抗议行动，在在显示了卦象的精准深刻。

• 2003 年年底，我占问 2004 年台湾的经济形势，为颐卦三、上爻动，齐变有明夷（䷣）之象。颐卦呈现台湾经济生态，“六三”“拂颐，贞凶”，内需不佳；“上九”“由颐，厉吉，利涉大川”，可能须靠外贸来拉动。明夷“利艰贞”，回升的过程相当辛苦。2004 年国际经贸普遍复苏，中国内地也强劲成长，确实拉动台湾岛内的产能，上半年成长可观，全年约增长百分之六左右。

• 1995 年 10 月上旬，我受邀赴海基会参加座谈，讨论在两岸互动的格局下，“文化中国”在台湾的做法。去前占得颐卦二、上爻动，齐变有临卦（䷒）之象。颐卦“六二”“颠颐拂经”，“行失类”，文化修养不足，过度的本土化已造成不少积弊；“上九”“由颐，厉吉，利涉大川”，要靠高屋建瓴的文化复兴战略，来指导接济。临卦开放自由、交流接触，《大象传》称：“教思无穷，容保民无疆。”更是弘扬文教的典范，“遇颐之临”，

易占给了明确的指示。

• 2007 年 10 月上旬，我与温世仁的长子温泰钧餐叙，他们小夫妇俩跟我上过完整版的《孙子兵法》，也听过几堂《易经》的基础课程。温世仁为台湾著名的科技游侠，也是毓老师的弟子，不幸英年早逝，我们有同门之谊。我的老学生林献仁离开计算机界后，就在温的几个基金会帮忙策划，我跟泰钧可算是有好几层的关系。当时世界经济波动，我们谈到了往后几年的理财策略，温是临卦“九二”爻动，有复卦之象。“咸临，吉无不利”，《大象传》又称无穷、无疆，应该很可做全球化的挥洒。他又问委托瑞士银行如何？却得出颐卦初、四爻动，“六四”值宜变成噬嗑，两爻齐变，则有晋卦（䷢）之象。“虎视眈眈，其欲逐逐”，占卦贞我悔彼，瑞银为丛林中的大老虎，温的资金小心遭虎噬，一旦“舍尔灵龟，观其朵颐”，岂不冤哉枉也，大凶特凶？晋卦《大象传》称：“君子以自昭明德。”莫不如自己料理，或另寻他途吧！次年 9 月中，金融风暴爆发，正是临卦卦辞警告的“至于八月有凶”，世界经济秩序大乱，而瑞士银行也出了大纰漏，易占让他逃过一劫。

• 2010 年 11 月底，我读孙皓晖所著《大秦帝国》一书，对秦将白起的种种行迹以占定位，为颐卦初、四爻动，“六四”值宜变成噬嗑，齐变则有晋卦之象。猛虎狂噬乌龟，白起百战百胜，长平一役，坑杀赵国降卒四十万，造杀业过甚，最后因抗秦昭王之命而被赐死，也是因果报应，历历不爽。颐、晋分为巽、乾二宫的游魂卦，“遇颐之晋”，总透显着凶险不祥的气息。

• 1996 年圣诞夜，我在出版界结识的印刷界友人闹离婚，夫妻俩我都熟识，家务事外人难断，还是占问：若不答应离婚，继续磨合如何？为颐卦初、二爻动，有蒙卦之象。“舍尔灵龟……凶”，“行失类”，“征凶”。阴阳合为类，既云失类，鸳梦难谐，已难挽回。友人离婚迄今，也未再娶，鳏寡孤独，均未得其所。

• 2010 年 6 月下旬，我的《四书的第一堂课》定稿，北京已洽妥出书，在台湾也想找一家出版社出繁体版。由于圆神出版社几年前曾出了我的《易经的第一堂课》，销售相当不错，就想再找他们搭配出新书。当时占得颐卦二、三爻动，有大畜（䷙）之象。颐养失道，止健难行？颐卦“六二”“颠颐拂经，行失类”，“六三”“拂颐贞凶，道大

二爻变占例

悖”，明确显示搭配不起来。后来试探果然如此，繁体版最后由时报出版公司整编后，分两册出书。

• 2010 年 2 月中旬，我们全家四口赴澳洲旅游，夜宿悉尼近郊蓝山时，展望静夜星空，为四人都算了“终生成就”的卦：我们这一辈子，倒能干出什么成绩？我妻为“遇蒙之观”，包蒙、童蒙相应与，已见前述。我自己则为颐卦四、上爻动，“六四”值宜变成噬嗑，两爻齐变，则有震卦（䷲）之象。颐为自养养人，震为中心有主，积极行动。“遇颐之震”，内震外艮，转为内外皆动，己欲立而立人，己欲达而达人，应很贴切我愈渐明晰的人生志业。颐卦“六四”“颠颐吉，虎视眈眈，其欲逐逐，无咎”。雄心勃勃展布理想，虽颠虽逐，而获吉且无咎，关键在上施光也。“上九”“由颐，厉吉，利涉大川”，“大有庆也”，毕竟修为有素，可登峰造极，强渡彼岸。

三爻变占例

占事遇卦中任意三爻动，以本卦为“贞”，三爻齐变所成之卦为“悔”，称贞悔相争，合参两卦卦辞卦象断占。若本卦三爻其中一爻值宜变，加重考虑其爻辞在变局中所造成的影响。

• 2009 年 7 月中旬，我的老友巫和懋教授由北京来台开会，我邀他在周易学会的道场见面，6 月下旬，我受邀赴北京人民大学国学培训班讲课，曾去北大中国经济研究中心找过他。巫与我在台中一中初中三年同班，后来他在台大任教时，还去时报艺文沙龙听了我一年的《易经》课，彼此谈天下大势，颇有感喟。他决定离台赴内地，也是我极力赞成而成行。我占问他未来一年半内，在北京志业的发展，为颐卦四、五、上爻动，贞悔相争成随卦（䷐）。颐卦上三爻全吉，随卦与时俱进无咎，巫以副院长之职，操办研究中心事务，应可得心应手，相当顺遂。

• 2008 年 7 月下旬，一直有传闻海南岛在“913”左右会有大地震或海啸，我问确然否？为颐卦初、三、上爻动，“上九”值宜变成复，贞悔相争成谦卦（䷎）。谦“亨，君子有终”，“遇颐之谦”，就算有什么天灾地变，应该也无大碍。颐“初九”“舍尔灵龟……凶”，下震失宜，不太妙，“六三”“拂颐，贞凶”更糟，而“上九”“由颐，厉吉，利涉大川”，维持生态稳定的机制极强，似乎足以摆平所有动荡不安的因素。后来“913”啥事儿也没发生，反倒是“915”爆发了影响全世界的金

三爻变占例

融风暴，没有传闻的天灾，而是处处人祸滔天。

• 2010 年 10 月下旬，我刚跟学生讲完《心经》，对其修辞结构及意境十分推崇，并占测之，为颐卦初、三、上爻动，“上九”值宜变成复，贞悔相争成谦卦。颐为人生百态，谦则心平气和，了无挂碍。“遇颐之谦”，养心有成。颐卦“初九”“舍尔灵龟，观我朵颐，凶”，芸芸众生迷失自性；“六三”“拂颐贞凶，道大悖”，更是躁动颠倒，彻底偏离；“上九”“由颐，厉吉，利涉大川”，全仗“观自在菩萨，行深般若波罗蜜多，度一切苦厄”。颐卦前承复、无妄、大畜而来，颐养天地之心，成就究竟涅槃。

• 1998 年年初寒假，我从大陆游历回来，在广西桂林偶然买到蒋庆《公羊学引论》一书，3 月中看完后，深感惊异，未有师说师承，何来颖悟若是？当下占其立论价值，为颐卦初、四、上爻动，“上九”值宜变成复卦，贞悔相争成豫卦（䷏）。颐卦为政治文化生态，复卦见天地之心，豫卦对文明未来提出感奋人心的王道愿景。颐卦“初九”提出警醒呼吁，勿“舍尔灵龟”，为生民立命；“六四”告诫执政者，勿以苛政扰民，“虎视眈眈，其欲逐逐”；“上九”“由颐，厉吉，利涉大川”，“大有庆也”，“圣人养贤以及万民”，成就王道理想。孔子作《春秋》，微言大义甚丰，三传中以“公羊学”得之为多，蒋庆结合当今世务，发挥义理极佳。

四爻变占例

占事遇卦中任意四爻动，以齐变所成之卦的卦辞卦象为主，思索由本卦变为之卦的情由。本卦四爻中若某爻值宜变，影响较大，加重考虑其爻辞。

• 2003 年 11 月初，我进入“华夏又一春”的第十年开端，这是自 1994 年 11 月初作的自我期许，其时出版公司经营权已生变化，多年心血付诸东流，痛定思痛下所立之志向：绝不回头，另辟新局！我占问当月策运，为颐卦初、四、五、上爻动，“六四”值宜变成噬嗑卦，四爻齐变成萃卦（䷬）。萃为精英聚会，“遇颐之萃”，颐又上卦全动，“六四”虎视眈眈，雄心勃勃，看来是积极行动之象。当月受邀主讲李奥贝纳广告公司一日《易经》研习营，与大企业经营者的学生检讨其并购计划，参加中华《易经》学会在台举办的“两岸青年论坛”，带学生提多篇论文赴会，由学生安排见江丙坤，筹谋次年大选事宜等等，确实相当忙碌。

28. 泽风大过（䷛）

大过卦为《易经》第二十八卦，继颐卦之后，下接坎、离二卦，上经三十卦即告终了。颐、大过二卦相错，谈养生送死的人生大事；肉身陨灭之后，坎、离二卦相错，谈的则是精神生命的沉沦或上升，由世俗因果业报的观点，就是地狱与天堂。大过卦的崩灭死亡，为人生所必经，死后遗臭万年，还是流芳百世，就看人活的时候怎么奋斗了！《孟子·告子篇》中称："生，亦我所欲也；义，亦我所欲也。二者不可得兼，舍生而取义者也。生亦我所欲，所欲有甚于生者，故不为苟得也。死亦我所恶，所恶有甚于死者，故患有所不避也。"所恶有甚于死者，即坎卦的永世沉沦；所欲有甚于生者，即离卦的薪尽火传，辉煌灿烂。

《系辞下传》第二章论人类文明的发展，有称："古之葬者，厚衣之以薪，葬之中野，不封不树，丧期无数，后世圣人易之以棺椁，盖取诸大过。"大过上下二阴爻，中包四阳爻，有棺椁丧葬之象，死亡的意象昭著。丧祭先人为人生大事，孟子在《梁惠王篇》称："养生丧死无憾，王道之始也。"又在《离娄篇》》中强调："养生者，不足以当大事，惟送死，可以当大事。"颐为养生，大过讲送死，大过卦甚至比颐卦的道理还值得重视。

《论语·述而篇》记子曰："加我数年，五十以学《易》，可以无大过矣！"《易》为改过之书，以夫子至圣之资，人生经历丰富之后，再深研易理，也不过往后行事不犯致命失误，换句话说，还不免小过不断。《易》下经倒数第三卦为小过卦，和上经倒数第三的大过卦恰成对应，上经讲天道，下经述人事，这叫天人相应。

大过。栋桡，利有攸往，亨。

大过卦负载过度，有栋梁弯曲之象，中间四阳爻挤聚在一起，两端二阴爻虚弱，难以承载，也是行将崩坏之象。处此危局，卦辞却称“利有攸往，亨”，不退反进，这正是兵法上所谓破釜沉舟、背水一战的道理。非常时期得打破成规，用非常手段处理特殊难题，激发潜力，拼命一搏还有机会，犹疑畏葸就死定了！

《彖》曰：大过，大者过也；栋桡，本末弱也。刚过而中，巽而悦行。利有攸往，乃亨。大过之时大矣哉！

《易》例阳大阴小，大过卦即阳气过盛居中，外二阴爻无法涵容而产生的结构失衡。初爻为本，上爻为末，大过初、上皆虚弱，摇摇欲坠。阳刚虽过，“九五”、“九二”分居上下卦之中，可以阴济阳，矫枉过正而得乎中，这在两爻爻辞中会说明。内卦巽入而隐伏，外卦兑悦而现，以此搭配行事，展现奇谋，出人意表。处此极险之境，不能退缩，反而要拼命往前突围，还有机会亨通。大过属非常时期，出奇制胜的胆识和智慧特别重要啊！

本、末二字，即由树木取象，“本”字标明在木之根处，“末”字则在木之枝梢。复卦一阳复始，称“德之本”；剥卦孤阳在上，已濒临崩灭末期。阳强阴弱，大过若称本末弱，颐卦则为本末俱强。由颐变大过，出生入死，危殆万分。

《象》曰：泽灭木，大过。君子以独立不惧，遁世无闷。

大过卦下卦巽为柔木，上卦兑为泽，泽水泛滥淹没了树木，也有木船沉没灭顶之象。大过卦讲爱与死，兑卦也是象征情欲的开窍口，高高在上显现于外，人生须防纵欲伤身。世变滔滔，人情险恶，君子慎独自重，以大无畏的精神意志勇敢面对，即便与世不合，萧然隐遁，心中也绝不郁闷。

乾卦《文言传》发挥“初九”“潜龙勿用”的处世哲学：“子曰：‘龙德而隐者也，不易乎世，不成乎名，遯世无闷，不见是而无闷，乐则行之，忧则违之，确乎其不可拔，潜龙也。’”“遁世无闷，不见是而无闷”，耐得住寂寞，自信自肯，正是大过非常之人的写照。

噬嗑卦六爻中一半言“灭”，“初九”灭趾、“六二”灭鼻、“上九”灭耳，斗争杀机弥漫；剥卦“初六”、“六二”蔑贞凶，“初六”《小象传》称“以灭下也”；大过卦《大象传》称“泽灭木”，全卦都笼罩在灭亡的阴影下，尤须敬慎以对。

大过既有死亡之象，千古艰难唯一死，独立不惧，面对死亡毫无惧意。《庄子·大宗师》称：“朝彻而后能见独，见独而后能无古今，无古今，而后能入于不死不生。”人能大彻大悟，如红日东升般，见证到慎独的境界，树立宇宙的大生命，即可超越肉身的生死，而进入永恒。

• 2009年4月下旬，我在《联合报》第三期的《易经》班教占，大家合问的问题为：一年内世界经济能否复苏？得出不变的大过卦。大过“栋桡”，2008年“915”的金融风暴爆发后，全球经济生态陡变，陷入高度动荡不安的大过卦，一年半载不大可能回复旧观，事后确实如此。

• 1995年元旦，我作一年之计，这时问的已不是出版公司的业务，而是自己“第二春”的志业开拓，得出不变的大过卦。“栋桡，利有攸往，亨”。过去多年经营的工作环境，已然彻底崩解，也不可能回复既往，只能以非常的耐心跟智慧摸索新路，下定决心前行，会创造新的亨通。

初六。藉用白茅，无咎。

《象》曰：藉用白茅，柔在下也。

“初六”处大过危局之初，柔弱在下，以柔济刚，用白色茅草做铺垫，以缓和巨大的冲击，而获无咎。本爻变，为夬卦（䷪），刚决柔，基础补强以进行决战。“初六”上承“九二”，又与“九四”相应与，正合以柔济刚之义，希望挽救阳刚过份亢进之失。

《系辞上传》第八章："'初六，藉用白茅，无咎。'子曰：'苟错诸地而可矣，藉之用茅，何咎之有？慎之至也！夫茅之为物薄，而用可重也。慎斯术也以往，其无所失矣！'"孔子选了此爻发挥，说明人生敬慎不败的道理。荒郊野外，我们把东西直接放到地上就可以了，如果还懂得拿茅草扫扫地，再铺在下面放东西，这么体贴周到，怎么会有咎呢？真是敬慎到了极点。茅草在野地里到处都长，是很微贱的物事，有心人却可以让它发挥重大的用途。人生如果懂得运用这种方法往前奋斗，永远都不会失败啊！

孔子讲了半天，也没说放什么东西在茅草上，而爻辞本身就没明确指称。有人说是放供品以行祭祀，大过卦危机深重，基层人心惶惶，会诉求神灵保佑，野外没有香案神坛，就摘取洁白干净的茅草，铺在地上权当神案，置供品于其上，以表虔诚心志。这个说法可通，伊斯兰教徒随身带一毛毯，任何地方均可对着圣城麦加的方向膜拜，即为一例。"初六"为下卦巽之初，巽为伏为入，有巽顺俯伏之象，又有权变无方之义，荒郊野外不能失了礼数，就地取材以表敬意。"藉用白茅"应该另有所指，更切合"大过，颠也"、爱与死的本意，我们再往下论证分析。

前面颐卦通论时，曾说颐卦论生与食，大过卦谈爱与死，下入而上悦，为男欢女爱之象。"初六"正当巽入之处，爻变夬，为刚决柔，岂非交合？"上六"为兑悦之极，如花般开放，因交而欢乐，欲仙欲死，所以"上六"称："过涉灭顶，凶，无咎。"死而无憾。《诗经·召南·野有死麕》全文："野有死麕，白茅包之。有女怀春，吉士诱之。林有朴樕，野有死鹿。白茅纯束，有女如玉。舒而脱脱兮，无感我帨兮，无使尨也吠。"描述青年男女郊外野合情景，楚楚动人，其实正是"藉用白茅"之义。血气方刚，情欲冲动之际，还懂得在野地上铺好茅草，体贴伴侣再行亲热，如此温柔，能讨佳人欢心。其实大过六爻都是情色的意象，或隐或显，烘托出爱与死的癫狂之情，往下逐爻分析将予点破。

大过卦以最自然的男欢女爱取象，其寓意可不是仅限于此，而以此为基础，扩充升华到人性的各种大爱，情之所至，必要时可以为所爱的对象或理念而死，牺牲小我，以成全大我。"藉用白茅"，以自身为荐席，一身承担天下的悲苦，任人羞辱践踏而无怨无悔。明朝铁血宰相张居正，曾在与友人书中发宏愿，愿以其身为荐席，使人卧眠其上，便溺垢秽，无所不至；佛菩萨舍身饲虎、割肉喂鹰；地藏王菩萨"地狱不空，誓不成佛"等，皆同此义。

清代名臣林则徐，铁肩承谤，有诗明志智：“苟利国家生死以，岂容祸福避趋之？”趋吉避凶的人之常情，在大过卦的非常之爱里得获超越。

南宋时金国词人元好问名句：“问世间情为何物，直教生死相许？”当代小说家金庸将其谱入《神雕侠侣》，成为该书荡气回肠的主题。另一部《倚天屠龙记》中，明教教众聚义于光明顶，悲歌慷慨：“焚我残躯，熊熊烈火。生亦何欢，死亦何苦？为善除恶，唯光明故。喜乐悲欢，皆归尘土。怜我世人，忧患实多！怜我世人，忧患实多！”颐卦中大半非颠即拂，生有何欢？大过卦“独立不惧，遁世无闷”，死亦何苦？

•2010年9月初，美国宣布将从伊拉克撤军，胜战后驻军七年多，死亡4700人、伤残35000人，耗费军帑逾万亿美金，可谓师出无名，又劳而无功。如今被迫撤军，我问此事本质及其后续影响？为大过卦“初六”爻动，恰值宜变成夬卦。“大过，颠也”，非常时期的非常行动，夬为重大决策。“初六”“藉用白茅，无咎”，期望缓和师老兵疲的形势，安抚国内反战的民情，以图奥巴马竞选连任。《焦氏易林》“遇大过之夬”，词云：“旁多小星，三五在东；早夜晨兴，劳苦无功。”还真说中了这场不义之战的失败。

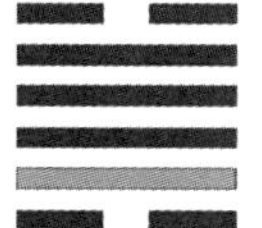

九二。枯杨生稊，老夫得其女妻，无不利。

《象》曰：老夫女妻，过以相与也。

“九二”阳居阴位，又上乘“初六”之阴，于大过卦危难发生不久时，足以以阴调阳，以柔济刚，及早挽回危局。杨树为亲水性高的柔木，有水则生意盎然，但若水过多，也会受淹而枯萎，《大象传》称“泽灭木”，即为此象。“稊”为草木生发的新叶，“枯杨生稊”，枯木逢春，重现生机，植物栽培有所谓嫁接的技术，移花接木而见新生。老夫少妻的配对，虽然不大相称，只要老夫的年龄没超过64岁，女妻已过14岁，交合仍能生子，得以传宗接代，故称“无不利”。本爻变，为咸卦（䷞），虽非少年男女，黄昏之恋仍可有白发红颜之爱。

• 1995年12月下旬，我占问：易占的理论基础究竟为何？得出大过卦“九二”爻动，有咸卦之象。咸为人人正心诚意都可具备的感应能力，大过为非常，“遇大过之咸”，表示易占为一种非常感应。《系辞上传》第十章称：“以卜筮者尚其占。是以君子将有为也，将有行也，问焉而以言，其受命也如向。无有远近幽深，遂知来物。非天下之至精，其孰能与于此？”又称：“《易》，无思也，无为也，寂然不动，感而遂通天下之故。非天下之至神，其孰能与于此？”都可为此占作证。

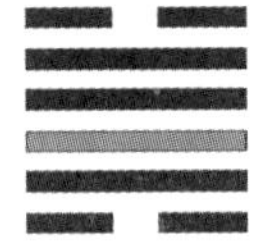

九三。栋桡，凶。

《象》曰：栋桡之凶，不可以有辅也。

“九三”阳居阳位，过刚不中，处大过之世，仍刚愎自用蛮干，虽和“上六”阴爻应与，“上六”垂死灭顶，无法发挥以阴济阳的功能，故称“栋桡”，难堪过重的负荷，而至栋梁弯折，大凶特凶，任谁也帮不上忙。乾卦“上九”“亢龙有悔，盈不可久”，《文言传》即称：“贤人在下位而无辅。”一意孤行，遂遭覆灭。本爻变，成困卦（䷮），穷途末路，一筹莫展。卦辞称“栋桡，利有攸往，亨”，善用智慧以阴济阳，还可力挽狂澜；“九三”爻辞“栋桡，凶”，强硬偏执到底，终归无救。

• 2008年“915”金融风暴爆发后，11月初美国大选揭晓，奥巴马当选第一位黑人总统，他首要政务就是拯救美国经济，我占问他任期内办不办得到？为大过卦“九三”爻动，有困卦之象。“栋桡凶，不可以有辅也。”“遇大过之困”，美国经济沉疴太重，短期内一定没法脱困，什么专家也帮不上忙。这些年来的发展，不正是如此？

除了美债，欧债的问题也相当严重，而易占早有征兆。2005年5月下旬，我问欧元区未来三年的经济展望，也是大过卦“九三”爻动，有困卦之象。“栋桡凶，不可以有辅也。”果然自当时起，欧元区经济开始走下坡，三年多后金融风暴爆发，更是雪上加霜，左支右绌，也连累了世界经济而造成恐慌。

2012年6月中，我受邀赴美国三大城市演讲，在纽约一日游中，驻

占例

足于华尔街的铜牛前，问华尔街对现代文明的影响？“大过之困”，“栋桡凶，不可以有辅也。”罪状明确，难怪近年来会有包围华尔街的事。

• 1993年8月上旬，我已在社会大学文教基金会授《易》两年，某夜该会负责人的老友来电，力邀参与他制作的“台湾百大企业”的录音带项目集资，我算合宜否？为大过卦“九三”爻动，有困卦之象。“栋桡凶，不可以有辅也。”显然不宜投入，遂婉拒，后事果验。坤卦“初六”称“履霜坚冰至”，由往后十多年的发展回顾，一切演变多半都有迹可寻啊！

九四。栋隆，吉，有它吝。

《象》曰：栋隆之吉，不桡乎下也。

“九四”阳居阴位，又跟“初六”相应与，以柔济刚、转阴补阳的资源不缺，在“九三”栋梁压弯之后，又复隆起而获吉。阳刚过度生“悔”，阴柔过度成“吝”，以阴济阳恰到好处、恢复平衡即可，若输入过多，又摆荡到另一极端而成吝。“不桡乎下”，“下”指下卦“初六”之阴，“九四”靠本身阴位调整作法即可，若外求“初六”之阴过多，反而失宜，又成新的桡屈。自力调整，“不桡乎下”，才得“栋隆之吉”。本爻动，恰值宜变成井卦（䷯），依卦序正居困卦之后，困、井一体相综，泽中无水，就得另凿井水以纾困。“九三”、“九四”皆属卦中人位，“栋桡”致困，研发调整，“栋隆”转吉，自己闯的祸，自己设法弥补改善解决。

颐、大过皆为“自综”之卦，卦形结构对称。物理学上有所谓“镜像对称”的观念，镜面前的形体投影在镜内，虚实等距，互成对应。自综之卦，若以上下卦间为镜面线，下卦之形刚好与上卦之影相应，初爻与上爻、二爻与五爻、三爻与四爻呈形影相映的关系。大过卦六爻爻辞，两两对称很明显：“九三”“栋桡凶”、“九四”“栋隆吉”；“九二”“枯杨生稊，老夫得其女妻”；“九五”“枯杨生华，老妇得其士夫”；“初六”“藉用白茅，无咎”，“上六”“过涉灭顶凶，无咎”。颐、大过二卦谈生死爱欲的大事，下与上、内与外有因果相照的关系，癫狂人生应时时揽镜自省，以作必要的调整。曹雪芹的《红楼梦》又称《风月宝鉴》，司马光的通史巨著称《资治通鉴》，男欢女爱与朝代兴亡，都像照镜子一样纤毫毕现，引人深思。

大过卦谈爱与死，六爻皆有情色的意涵，“栋桡”、“栋隆”也不例外。“栋”其实暗喻男根，“九三”“栋桡”致困，指阳痿不举，不能人道；“九四”“栋隆吉”，悉心整治后，又能勃起交合。以阴济阳，过头也不行，三心二意不专注，“有它吝”，又会“桡乎下”。“九三”为下巽深入之极，急色挺入不宜；“九四”为上兑两情相悦之底，温火慢炖为佳。

九五。枯杨生华，老妇得其士夫，无咎无誉。

《象》曰：枯杨生华，何可久也？老妇士夫，亦可丑也！

“九五”中正，居大过卦君位，累聚阳气过盛，须以阴济阳，然而上承“上六”垂死之阴，却无裨益，故称“枯杨生华”。“华”即“花”，枯萎的杨树再开花，耗尽元气，岂非加速灭亡？老太太与小伙子搞不伦之恋，如老妇过了49岁，少男16岁以上，虽可满足性欲，却不可能生小孩，而且会饱受议论。为了追求生命最后一点璀璨的光辉，不计世俗毁誉，任性癫狂，但肯定不能持久。由于高居君位，别人也不好公开批评，多半保持沉默，故称“无咎无誉”。坤卦“六四”爻辞：“括囊，无咎无誉。”《小象传》解释：“慎不害也。”即同此意。大过“九五”爻变，为恒卦，本意希望长长久久，却注定不能长久，人生愿欲难偿，其若是乎？大过卦为动荡非常，恒卦为恒常稳定，“常”与“非常”之义在一般是冲突的，大过卦君位考虑特殊，可兼而有之。

《易》卦居君位的第五爻，无论是非善恶、成功失败，几乎爻辞本身皆无负面批判，这与中国传统避讳的精神有关。拥有最高权力者影响深重，为组织及广大群众计，我们期望领袖能做正确的事，即便犯错，也希望能劝善回头，这并非阿谀逢迎，而是与人为善。当避讳成为一种惯例时，别人也会推知，其实仍在严厉批判，只是表达的比较委婉而已。《春秋经》中即有避讳的体例，所谓“为尊者讳，为亲者讳，为贤者讳。”研究中国传统文化者，不可不知。举《易》例而言，蛊卦“六五”本身可能就是最需改革的对象，爻辞却只称：“干父之蛊，用誉。”《小象传》称：“承以德也。”噬嗑卦“六五”杀人不见血，幕后搞斗争，爻辞称：“噬干肉，得黄金，贞厉。”这些我们在前文中皆已阐明，习《易》者当有所会心。

大过卦为由生至死之卦，“上六”灭顶为死，“九五”濒临崩灭死亡，不顾一切挣扎求生，时不我与，其情可悯。“九二”“枯杨生稊”，救援的早能回春；“九五”“枯杨生花”，只能昙花一现，瞬即凋谢。人病危弥留之际，有回光返照的现象，生命如风中残烛，最后还会爆出烟花，才完全熄灭，皆同此象。医学上又有植物人安乐死的争议，要不要拔管延续复原渺茫的生命，一直难以定论。再如金融风暴，许多垂死企业、银行甚至政府、国家负债严重，濒临破产边缘，规模大到不能倒，还有实力救援的，该不该救？这些都是大过卦“九五”要考虑的艰难问题。颐卦“上九”力挺“六五”，说得通；大过卦“九五”要怎么做，就费思量了！

颐卦“六二”、“六四”称“颠颐”，生中已含死象；大过卦“九二”、“九五”称“枯杨生”，将死拼命求生。《庄子·齐物论》有称：“方生方死，方死方生。”前文屯、蒙二卦相综，已经提过；此处颐、大过相错，亦含此意。大过卦为情色之卦，“枯杨生花”，又有水性杨花之意，旧社会讥女性色欲深重、交往随便云云。

“老妇士夫，亦可丑也”，未必全为轻贱之意，“丑”也是类的意思，众生恋情形形色色，老夫少妻可以，为什么老妻少夫就不行？这种老少配也是其中一类，外人不容置喙，所以爻辞称“无咎无誉”。观卦“六二”“窥观利女贞”，《小象传》称“亦可丑也”，妇人之见也是一种常见的观点，人生还是多学习宽裕包容。

• 1998 年 12 月中，我研究一系列相错综两卦的问题，问及剥、复相综整体的意义，为大过卦“九五”爻动，有恒卦之象。剥极而复，生命一代一代灭尽又生，以此成就永恒。“枯杨生花”，个体生命必不能久；“老妇得其士夫”，只有在超越寻常的爱里，解脱对死亡的恐惧。

上六。过涉灭顶，凶，无咎。

《象》曰：过涉之凶，不可咎也。

“上六”居外兑之顶开窍处，当大过卦危局之终，不顾一切强行过河，终遭灭顶之凶。下接滔滔洪流的坎卦，应验了《序卦传》所言：“物不可以终过，故受之以坎。坎者，陷也。”“凶”后接“无咎”，是什么意思？《小象传》为什么又称“不可咎”呢？

过去许多解释“无咎”，是说灭顶虽凶，坚持原则为所爱所信者献身，视死如归的精神可佩，所以不可咎责。中国过去有“知其不可为而为之”的殉道精神，杀身成仁，舍生取义，与大过卦此爻相当。这个讲法当然说得通，但本爻也可以作策略运用的另解，就是悍不畏死，不惜玉石俱焚，与敌人同归于尽。人一旦豁开了拼命，再强的敌人也会胆寒，有时反而置之死地而后生，不怕“过涉灭顶，凶”，而获平安无咎。日本在二战末期崩灭边缘，成立神风特攻队，进行自杀攻击，虽未能扭转败局，也带给美军极大的损失。“911”发生在纽约的恐怖攻击事件，之所以震撼人心，并因而改变了世局，也是因为发动袭击者悍不畏死。这些都是大过卦“上六”的极端行为，“过涉灭顶”，虽“凶”但“无咎”。金融风暴后，一些出问题的大企业不惜放倒，政府还不得不救，借此要求纾困而获无咎。本爻变，为姤卦（䷫），先灭而后新生，既是危机，也可能是转机。日本有所谓“会社更生法”，借倒闭结束不堪收拾的现状，再破产重整，都有此爻意味。

以男女情色视之，“过涉灭顶”就有殉情之意，死而无憾；“上六”为兑卦情欲的开窍口，也有纵欲伤身，甚至交欢中过度兴奋致死，牡丹花下死，做鬼也风流，俗称马上风云云。爻变姤，正是外遇交欢之意。

综论大过卦六爻，全为男欢女爱之意象：“九二”老夫少妻、“九五”老妻少夫，“九三”阳痿不能人道、“九四”矫治恢复性功能，“初六”野合、“上六”纵欲亡身。情欲于人大矣哉！老少配，年龄不是问题，野合，场所没有关系，栋桡、栋隆，更是千古男性心事，其实也是交欢前后的不同情状。

占例

• 2008 年 5 月中，我在苏州参加《孙子兵法》会议后，转赴上海几天办事，与某家出版社的人谈判，他将我要出的《易经与现代生活》简体版，无理搁置甚久，违反合约精神。偕上海友人赴彼处面洽时，搞得很不愉快，最后仍未翻脸，增订协议附时限罚则，继续合作。谈完回到住宿处，仍忐忑难安，占问出书前景，为大过卦“上六”爻动，有姤卦之象。“过涉灭顶，凶，无咎”。这回谈判冲突，似乎有打出杀手锏，置之死地而后生的味道，虽凶而无咎。后来其实仍旧拖沓了好一阵，再经一次折冲，才于一年多后出书，算是极不顺遂的一次痛苦经验。

大过卦多爻变占例之探讨

以上为大过卦爻之基本理论及占例，往下再探讨多爻变更复杂的情况。

二爻变占例

占事遇卦中任意二爻动，若其中一爻值宜变，为主变量，另一爻为次变数，考虑二爻辞及本卦卦辞卦象之意义以判断；若皆不值宜变，以本卦卦辞卦象为主，也参考二爻皆变所成之卦，思考其中可能的意涵。

• 2010 年 3 月下旬，我针对世界主要货币未来之国际地位作预测，其中欧元十年后的地位为大过卦初、五爻动，齐变有大壮（䷡）之象。金融风暴后，欧债问题严重，所谓“欧猪四国”（即欧元区的 Portugal—葡萄牙、Italy—意大利、Greece—希腊、Spain—西班牙四个南欧国家，合称 pigs，即欧猪四国）快要拖垮整个欧盟的经济体系。大过代表超负荷，可能崩解，大壮则止，固守则可，切忌冲动，否则一定出事。大过“初六”“藉用白茅，无咎”，民生基层生计似乎可得到支撑，而缓和冲击；“九五”“枯杨生花，老妇得其士夫，无咎无誉”，欧盟大国的领导阶层会设法救治，出很多花招，但未必真正有用。治标未能治本，短期振兴，长期仍会衰颓。“大过，颠也”，未来这十年相当动荡而艰苦。

我接着再问二十年后呢？为小畜卦（䷈）初、五、上爻动，“上九”值宜变成需卦（䷄），贞悔相争成升卦（䷭）。此例已于小畜卦三爻变中讨论过，可见欧元区经更长时间的努力，仍能突破密云不雨的难局，恢复成长。

• 2011 年 8 月上旬，美国国债信用评等遭标准普尔公司降级，维持七十年之久的 AAA 被降成 AA+，动人观瞻。我时在北京主持首届精英班的《易经》教学，针对可能造成世界经济的冲击占问，为大过卦二、五爻动，齐变有小过卦（䷽）之象。“大过，颠也”，影响不小，转成小过，还不至于太严重。大过卦“九五”“枯杨生花”，领导阶层出面救治，华而不实，治标而未治本，长期仍会出问题；“九二”“枯杨生稊、无不利”，民间企业尝试调节，可能转危为安。两下对冲，暂时还可减轻冲击，不至于立刻出大事。

• 2003 年 3 月中，我为习《易》多年的学生开新课，以相错的关系

为主串讲全经六十四卦，教他们精确掌握相反相成的高深易理，课程命名为“别开生面”，为期一年。我开课前问这种教法的前景，为大过卦二、五爻动，有小过卦之象。“大过，颠也”，这种非常新颖的教法，对学生负荷甚重，小过为小鸟练飞之象，“宜下不宜上”，初期只能小心谨慎低低地飞，不能好高骛远。大过卦“九二”“枯杨生稊、无不利”，移花接木，涌现崭新的生机，正合了别开生面的期许，有些学生应能获益。“九五”“枯杨生花、无咎无誉”，也有些学生未能务实理会，徒劳而难成。

其实这样的实验教学，真正受益的是我自己，多年研《易》，至此又有新猷，对卦爻间错综交互的变化，全面体系性地深悟理解，教学相长，确非虚言。

•《易经》卦中有卦，所谓互卦的说法流传已久，还说跟《系辞下传》第九章相关：“《易》之为书也，原始要终，以为质也；六爻相杂，唯其时物也。其初难知，其上易知，本末也；初辞拟之，卒成之终。若夫杂物撰德，辨是与非，则非其中爻不备。噫！亦要存亡吉凶，则居可知矣！”中爻应指二至五的中间四爻，以二至四为下卦、三至五为上卦，可组合成一个六画卦，藏在本卦中发挥影响，称为互卦。民初周善培著《周易杂卦证解》一书，根据“六爻相杂”的传文，认定初、上爻亦可纳入，组合成更多的卦中卦，如此则一卦中含有五个互卦，皆对本卦产生潜在的影响。此说新颖有趣，我于1997年10月中旬，占问能成立否？为大过卦二、五爻动，有小过卦之象。“大过，颠也”，立论非凡，小过“可小事，不可大事”，还不宜大肆运用。大过“九二”“枯杨生稊、无不利”，确实推陈出新，别开生面；“九五”“枯杨生花、无咎无誉”，也有华而不实之处，未必完全通达。多年来教学，不断检验印证，大致如此。

• 1997年10月初，我一个朋友兼学生习术数出身，离开职场潦倒甚久，很想将易占应用于股市投资上，赚一票以益生计。我占问合宜否？为大过卦初、四爻动，有需卦（䷄）之象。“大过，颠也”，基于纯牟私利的需求用《易》，非正道也。“初六”“藉用白茅，无咎”，敬慎方能不败；“九四”“栋隆，吉”，一旦遭遇挫折，得以柔济刚调整，“有它吝”，矫枉过正，还会出现新的问题，很不好搞。《易》为君子谋，“有是德，方应是占”，前贤警示并非虚言说教，这位老兄从未在股市获利，至今也没脱离穷困潦倒的生活境遇啊！

• 2003 年元月上旬，我赴高雄一位商界的学生处，六年多前见过的一位女士也到场，她仍困于贪渎起诉的官司中，知我南下，遂前来请益。我算她全年运势，为大过卦五、上爻动，有鼎卦（䷱）之象。“大过，颠也”，又属震宫游魂之卦，压力沉重；鼎为公权力的象征，贪渎云云，就是多吃了鼎中不该吃的肉汤。大过“九五”“枯杨生花，何可久也”，“上六”“过涉灭顶，凶”，情势已至崩灭边缘，生机相当渺茫。当年 5 月下旬，法院二审结果，将多年前初审判的十年半刑期，减为七年半，境遇没改善多少。

早在 1996 年 10 月中旬，我就见过她跟某弊案的主角卷入官司都很惶惑不安。当时我算那位主角运势，也是连出三个大过卦，即便爻有些出入变动，都是凶象昭著，难有善解。没多久他被当庭收押，初审、终审都判了重刑。2001 年俟机潜逃，2003 年还名列台湾十大通缉要犯，2008 年 9 月染病而亡。大过之凶险，何其酷烈哉！

• 1995 年元旦假期，我作决心转换的一年之计，前述全年为不变的大过卦，再算第一季的发展，又是大过卦三、四爻动，有坎卦（䷜）之象。“栋桡凶”，“栋隆吉”，“有它吝”。逝者已矣，来者可追，出版公司的种种病入膏肓，谁也救不了！自己的志业大可调整身心后追寻，专心一致，再无悬念。大过《大象传》称：“泽灭木，大过。君子以独立不惧，遁世无闷。”正是我当时暂留公司，沉潜读书之境遇。坎卦《大象传》称：“水洊至，习坎。君子以常德行，习教事。”人生一波未平，一波又起，勇敢而坚毅地接受一关关的冲击与考验吧！

• 1996 年元月底，我已不管事，公司股争持续恶化，市场派大股东跟老板正面对着干，又是分家，又是焦土抗战什么的，上下不宁。我问风暴中自己的最佳对策，为大过卦初、上爻动，有乾卦（䷀）之象。“大过，颠也”，剧烈动荡濒临覆亡；乾卦行健，自强不息。他们爱斗的继续斗，我坚定走自己要走的路。“初六”“藉用白茅，无咎”，“柔在下也”，柔软承受就是，没什么大不了！“上六”“过涉灭顶，凶，无咎”，这边就算不能免于覆亡，尽过力了，也无遗憾。

整个盛衰存亡的关键，还是在创办者本身，公司母体被所谓的关系企业拖垮，公司分际再一乱，就毒深难救。早在 1991 年元旦的一年之计中，我问关系企业的运势，为大过卦四、五爻动，有升卦（䷭）之象。“大

过，颠也”，经营态势很危险。四、五爻为决策管理阶层：“九四”“栋隆吉”，拼命救治，“有它吝”，过头了可能桡乎下；“九五”“枯杨生花，何可久也？”领导人搞很多花招，竭泽而渔，再好也是昙花一现，终归覆灭。升卦期许高成长，卦中亦多泡沫化情景，益图以非常手法扩充成长，戳破后一切成空。

• 2011 年 2 月下旬，我的恩师毓老本欲到我们学会一观，当天早上做好一切准备，开车去接驾时，半途接获师兄嫂电话，老师临时身体不适，必须取消。我问奉元大业的后续发展，为大过卦三、五爻动，有解卦（䷧）之象。“大过，颠也”，解有解脱之意，“九三”“栋桡凶”，“九五”“枯杨生花，何可久也？”领导者可能来日无多，这是我们做学生的心中最大的忧虑。大过卦又属震宫游魂之卦，《大象传》称“独立不惧，遁世无闷”，合乎老师潜龙处事的风格。结果忧虑成真，3 月 20 日清晨，老师以 105 岁高龄辞世，泰山其颓，梁木其摧，令人哀恸。

• 2009 年 3 月中，我在工商建研会上一月一次的课，班长是急公好义的女强人，她老父空军中将退伍多年，健谈风趣，跟大家也很熟，不幸当年春节泡温泉时，病发过世。她问七七之后老父的“境遇”？我占得大过卦初、三爻动，有兑卦（䷹）之象。“大过，颠也”，为震宫游魂卦，“初六”“藉用白茅，无咎”，“九三”“栋桡凶”，死而无憾？兑卦“亨利贞”，《彖传》称忘劳忘死，又为后天八卦正西方之位。老先生应该含笑九泉，已登极乐。

占事遇卦中三爻动，齐变所成之卦为悔，本卦为贞，称贞悔相争，合参两卦卦辞卦象判断。若本卦其中一爻值宜变，影响较大，加重考虑其爻辞。

• 2008 年元月下旬，我给老同学开讲《春秋经》的微言大义，这是比《易经》还难的学问，前后也讲了一年多。一位习《易》并不久的年轻学生有占，问《春秋》大义为何？得出大过卦二、四、五爻动，“九五”值宜变成恒卦，贞悔相争成谦卦（䷎）。大过为癫狂乱世，谦卦和平有终，“遇大过之谦”，正是《春秋》之志，拨乱反正，以行王道于天下。大过“九二”“枯杨生稊、无不利”，借《春秋》时史事为况，嫁接进新王革命的思想主张；“九四”“栋桡吉”，力挽乱世沉沦崩颓的人心；“九五”“枯杨生花，无咎无誉”，密藏革除旧制、贬天子的民治思维，又示为尊者避讳的《春秋》笔法。这个学生听讲前，根本不识《春秋》宗旨，借由诚心易占，却一样出现如此精切入微的卦象，易占的感应机制，真是令人赞叹！

• 2010 年元月下旬，我问佛教轮回说的基本认定应如何评估？为大过卦二、三、五爻动，“九五”值宜变成恒卦，贞悔相争成豫卦（䷏）。大过濒临肉身死亡，信众不怕死，相信灵魂转世投胎又可再生。豫卦夙缘先定，还有来生可预期，《大象传》称：“先王以作乐崇德，殷荐之上帝以配祖考。”大过“九二”“枯杨生稊、无不利”，灵魂换个新的肉体重生；“九三”“栋桡凶”，“九五”“枯杨生花，何可久”，此生结束，再依样重来一遍。大过卦为震宫游魂之卦，《系辞上传》第四章称：“精气为物，游魂为变，是故知鬼神之情状。”

• 2011 年 11 月 19 日，我们学会在桃园龙潭乡宏碁集团的渴望园区办秋季研习营，请了涂承恩老师来谈“生命演化的奥秘”。他曾在美国约翰霍普金斯大学暨德国柏林医学院研究，深入了解分子生物学的最新发展，而当时激起他学习热情的问题，就是“生命究竟是什么？”我在台下听得会心，一边占问：“什么是死亡？”得出大过卦二、三、五爻动，“九五”值宜变成恒挂，贞悔相争成豫卦。《易经》对死亡的解释与轮回之象相同，合乎情理，也耐人寻味。大过的《大象传》称：“独立不惧，遁世无闷。”相信死后仍有生命轮回，就不会那么怕死了！

• 1992 年 2 月中旬，我既于稍前接受了出版公司的经营重责，遂问当前整顿的急务为何？得出大过卦三、五、上爻动，贞悔相争成未济卦（䷿）。大过颠也，危险万状。“九三”“栋桡凶”，很难救治；“九五”“枯杨生花、无咎无誉”，老板求生的花招百出，虽可蒙骗一时，终难持久，碍于他的地位，别人不好批评；“上六”“过涉灭顶，凶”，长此以往，可能挂点。未济卦实力不够，渡不到彼岸。“遇大过之未济”，怎么这样糟？临危授命，抓了一手烂牌，只能硬着头皮全力以赴。

• 2010 年 10 月初，我们学会改组人事，以整治积弊，当天开大会前，我问顺利否？为大过卦初、四、五爻动，“九四”值宜变成井卦，贞悔相争成泰卦（䷊）。“大过颠也”，颠覆原体制以拨乱反正；泰卦“小往大来”，吉亨，调整后可通畅。大过“初六”“藉用白茅，无咎”，从新铺垫立基；

“九四”“栋隆吉”，用心矫正义无反顾，困而凿井，与时革新；“九五”“枯杨生花，无咎无誉”，领导班子汰旧换新，不得不为。当天会议结果，全如预期。

四爻变占例

占事遇卦中四爻动，以齐变所成之卦的卦辞卦象为主，思考由本卦变为之卦的情由。若四爻中某一爻值宜变，影响较大，稍加重考虑其爻辞。

• 2011 年元月中，86 岁高龄的老母亲不慎跌跤，急诊住院开刀，我问手术顺利否？为大过卦初、二、三、五爻动，齐变成震卦（䷲）。“大过，颠也”，为失足之象；震为足，应可恢复正常行动。大过卦“初六”“藉用白茅，无咎”，以柔铺垫缓和冲击；“九二”“枯杨生稊、无不利”，手术接合重现生机；“九三”“栋桡凶”，大腿髋关节处受伤较重；“九五”“枯杨生花，何可久？”毕竟年事已高，往后更得小心谨慎。手术顺利，几年来多少影响行走，有时得靠轮椅代步。

• 2003 年 10 月中，我在安阳参加两岸易学会议，旅舍中问：左脸面痣循学生介绍，返台就医切除如何？为大过卦初、二、三、四爻动，成屯卦（䷂）。“大过颠也”，以激光手术除斑，屯为新生，“动乎险中，大亨贞”。大过“初六”“藉用白茅，无咎”，“九二”“枯杨生稊、无不利”，“九三”“栋桡凶”，“九四”“栋隆吉”，显然合宜。返台后就医，一切顺利，恢复容光。

• 2011 年 4 月中旬，我的《四书的第一堂课》改编为两册繁体版在台出书，时报出版公司安排盛大的新书发表会，我还要专题演讲介绍《四书》的内涵。准备投影片时，我问如何阐述为宜？为大过卦初、二、五、上爻动，“九二”值宜变成咸卦，四爻齐变成离卦（䷝）。大过负荷不轻，对一般读者并不易深入了解，离卦看重文明的薪尽火传。“遇大过之离”，仍以讲明真理为要。大过“初六”“藉用白茅，无咎”，“九二”“枯杨生稊、无不利”，中华古典重现生机；“九五”“枯杨生花”，“上六”“过涉灭顶”，世俗误解的表象让它消逝。当天一个多小时的发挥精义，相当成功，许多人印象深刻，眼界大开。

• 2011 年 7 月下旬，我在北京主讲《易经》整整两天，自觉很卖力，赶飞机回台时占问成效？为大过卦初、三、四、五爻动，齐变成临卦

（䷁）。大过卦表示对一般学员来说，含金量甚高，完全搞懂不易。“初六”、“九四”不错，“九三”、“九五”辛苦；临卦“教思无穷，容保民无疆”，一旦解通大彻大悟，功力当可大为精进。

• 2012年8月中旬，我在学会开的“十翼齐飞”二十堂课结束，将所有《易传》及《中庸》、《大学》融会贯通讲授，档次甚高，精义颇多。晚上的谢师宴席开三大桌，觥筹交错中我问绩效如何？竟得出不变的困卦（䷮）。摇摇头再问，为大过卦二、三、四、五爻动，“九三”值宜变为困，四爻齐变成坤卦（䷁）。看来对学生来说负荷真的过重，“九二”、“九四”还不错，“九三”、“九五”太吃力，程度也有参差不齐，令人着实无奈。

• 2000年7月中，我问：“中”究为何意？为大过卦二、三、四、五爻动，“九三”值宜变成困卦，四爻齐变成坤卦。大过阳气过盛，“九三”“栋桡”更火暴，四阳齐变成坤，以阴济阳，以柔化刚为中道。“九二”“枯杨生稊”，“九五”“枯杨生花”，“九三”“栋桡凶”，“九四”“栋隆吉”，“致中和”的过程并不容易，特需费心讲究。

• 2006年7月上旬，我给学生讲三十六计与《易经》的关系，其中“苦肉计”的占象为大过卦初、二、四、五爻动，四爻齐变成明夷卦（䷣）。大过承担身心大苦，明夷“利艰贞”，以图取信于敌，翻盘获吉。

扫码聆听刘君祖老师亲自讲述大易之道

——逐字逐爻详解易经六十四卦

29. 坎为水（䷜）

坎卦为八卦之一，取象为水为险陷。坎字有“欠土”之意，地层下陷造成地面坑坑洞洞，坎坷不平，河川水深汹涌灭顶，山坡地崩坍成泥石流，甚至太空中吞噬一切的黑洞等，皆为坎象。江湖险人心更险，坎卦继大过卦之后，也象征末法时期人心堕落、习气深重，有地狱众生相。坎后为离卦，两卦相错，为六爻全变的关系，冒险犯难若能成功，前途将灿烂辉煌。

《序卦传》称：“物不可以终过，故受之以坎。坎者，陷也。陷必有所丽，故受之以离。离者，丽也。”“大过，颠也”，高度动荡的非常时期不可能太久，若救不回来，即落入坎险。落水之人为挣扎求生，双手一定乱抓，希望攀附住任何对象，以脱离险境，重见光明。离卦为火、为日、为人群网络，丽（麗）为附丽附着，两头鹿相依相偎温暖动人的情景，所谓伉俪情深。人类历尽艰险，创建光辉灿烂的文明，也是先坎后离。

《杂卦传》称：“离上而坎下也。”离为火往上烧，坎为水往下流，童稚皆知。宇宙间一切往上提升、向往光明的能量皆为离；一切向下沉沦、阴暗幽深的业障皆为坎。2000 年台湾地区领导人选举时，李远哲站出来力挺陈水扁，说结束国民党当局即向上提升，避免继续向下沉沦。结果民进党上台八年，情形恰恰相反，得诺贝尔化学奖的科学家未免太无识人之明。

《说卦传》称：“坎者，水也，正北方之卦也，劳卦也，万物之所归也，故曰劳乎坎。”又称：“离也者，明也，万物皆相见，南方之卦也。圣人南面而听天下，向明而治，盖取诸此也。”这章说的是后天八卦方位，先天属体，后天为用，离南坎北在中医、风水等领域应用甚广。坎水阴寒居北，奔流千里入海，似人劳顿终生还归寂灭之象。离火光明温暖居南，照耀万物纤毫毕现，也象征人际纵横交织的互动关系。过去政府机关从皇宫到县衙，一律坐北朝南，避北方寒风侵袭，采光向阳，同时象征政治向往光明、为民谋福之意。南面为王、北面称臣，已为文化传统的惯例。《论语·雍也篇》首章：“子曰：雍也，可使南面。”冉雍字仲弓，为孔门高才，孔子称赞他有人君之度，可南面治理天下，正合孟子主张“人人皆可为尧舜”之义。仲弓蒙夫子夸奖，发挥君王无为而治的精义说：“居敬而行简，以临其民，不亦可乎？”领导人君临天下，抓政策大方向，勿躬亲庶务，化繁为简，以简御繁，即南面而听天下，听取臣下报告，做出正确裁断。人臣之道正好相反，听取指示，辛苦执行，故称坎为劳卦。谦卦“九三”“劳谦”，一阳夹处于二阴之中，为“劳乎坎”之象，劳而不伐，有功而不德，厚之至也。

《说卦传》第三章云：“天地定位，山泽通气，雷风相薄，水火不相射，八卦相错。”这是说的先天八卦方位，乾天南，坤地北，离东坎西，兑东南艮西北，震东北巽西南，相错的卦两两相对。乾、坤、坎、离分居四方，称为四正卦，震、巽、艮、兑在对角，称四隅卦。上经始乾坤、终坎离，三十卦除随、蛊、颐、大过四卦外，皆由乾、坤、坎、离的三画卦构成，天地水火为其基本元素。下经震卦第五十一、艮卦第五十二、巽卦第五十七、兑卦第五十八距离很近，雷、风、山、泽也是下经三十四卦构成要素，仅晋、明夷、既济、未济四卦为例外。上经阐天道，以四正卦为基，天地无私，水火无情；下经述人事，以四隅卦组成，人情难免偏执。

先天为体，后天为用，体用配合恰当，万事皆宜。《易》卦有先后天同位者，如天火同人（䷌）、火天大有（䷍），乾天先天居南，离火后天居南，天人合一，缔造王道文明。地水师（䷆）、水地比（䷇），坤地先天居北，坎水后天居北，山川形势孕育斗智斗力的兵法与谋略。水天需（䷄）、天水讼（䷅）、火地晋（䷢）、地火明夷（䷣），先后天南辕北辙，内外体用不合，卦爻中多纷争挂碍。其他如火雷噬嗑（䷔）、雷火丰（䷶），先后天同居东方；风地观（䷓）、地风升（䷭），先后天同居西南；山天大畜（䷙）、天山遁（䷠），先后天同居西北；山雷颐（䷚）、雷山小过（䷽），先后天同居东北；泽风大过（䷛）、风泽中孚（䷼），先后天同居东南；泽水困（䷮）、水泽节（䷻），先后天同居西方。以上诸卦都有体用相合的性质，值得习《易》者用心体会。

坎卦用于事业经营上，就是风险评估及控管的问题。风险与危机不同，危机是瞬间爆发，须在第一时间当机立断，做好处置，以免失控扩大，姤卦五阳下一阴生，正当此象。风险可能为结构里蕴含的长期风险，须深入洞察，以防范或运用。

䷜ 习坎。有孚，维心亨，行有尚。

坎卦卦名前加一习字，为诸卦特例，值得注意。“习”为小鸟练飞，屡仆屡起，人生在世必遇险难，就在险难中学习奋斗生存，这是必修的学分、必要的道场，如此才能成熟壮大，才能开创下一卦离的锦绣前程。坎卦爻象爻辞中，有深陷囹圄中的政治犯之象，似为三千多年前周文王姬昌羑里之囚的经验省思，文王可能作卦辞时编入，作为可推广的普世教训，故而加一“习”字。

人生在险难中学习，首重诚信，对未来充满信望爱，维持自己内心世界的亨通，如此前行，必有脱险的希望。需卦外坎险、内乾健行，卦辞称：“有孚，光亨贞吉，利涉大川。”也是靠信心渡过险难。下经的小过卦（䷽），卦形、卦义就是小鸟练飞，前为中孚卦，后为既济卦，也是先有信心，后渡彼岸，意旨与坎卦辞相通。

《彖》曰：习坎，重险也。水流而不盈，行险而不失其信。维心亨，乃以刚中也。行有尚，往有功也。天险不可升也，地险山川丘陵也，王公设险以守其国。险之时用大矣哉！

《彖传》解释卦辞，仍称“习坎”，可见卦名很早就加了“习”字，内险外险不断，一波未平，一波又起，故称重险。坎水奔流动荡，却能维持水位稳定，而不泛滥成灾，就像人虽遇险难，行事

仍坚守诚信原则一样，永远维持内心世界的亨通。刚中指的主要是居君位的“九五”，意志坚毅，行事合乎刚柔互济的中道。重重险关中，有如此强悍的领袖带领，必可冒险犯难而获成功。需卦健行遇险，《彖传》称：“利涉大川，往有功也。”蒙卦外阻内险，《彖传》称：“蒙以养正，圣功也。”师卦行险而顺，“上六”《小象传》称：“大君有命，以正功也。”“六三”《小象传》称：“师或舆尸，大无功也。”人生建功立业，多从历险中得来。

天险不可升，例如浩瀚太空的星系星云，我们难以企及登越；地险例如

山川丘陵，攀爬涉渡不易；政治统治阶层可以利用及设计种种危险的情势，以保卫他的国家。“险之时用大矣哉！”《彖传》以此结尾，赞叹坎险可为人所用，处逆境懂得用险的智慧太重要了！下经睽、蹇二卦，家人反目成仇，大家寸步难行，都是人生难堪逆境，而《彖传》皆称：“睽之时用大矣哉！”“蹇之时用大矣哉！”这是一种反面利用情势的智慧，人处险境，把别人也连带拖下水，可能同归于尽，对方心存顾忌，你就会转危为安。大过卦“上六”“过涉灭顶”，凶而无咎，正是这个道理，坎卦接大过卦之后，继续发挥背水一战的精神，死缠烂打，以期脱险。当前欧债的问题，套牢与反套牢，欠巨额债务的国家，让借款援助的国家伤透脑筋，即为“险之时用”的明显范例。

“习坎”的“习”，先习惯坎险，不惧怕慌乱后，再观察险中情势，不断练习学习，进而巧妙地利用坎险，以掣制强敌，由被动挨打转为主动出击，真正有效，人生必修。

《象》曰：水洊至，习坎。君子以常德行，习教事。

“洊”为水相象永存、连续不断之意，人生遭遇险难，一波未平一波又起，必须习以为常，从中受教学习，培养做人做事的德行与智慧。《易传》多方阐释经文，《彖传》重视成功，《大象传》强调修德。立德、立功、立言为中国人崇信的“三不朽”，坎、离二卦在大过卦之后立论，严肃探究永生的意义。

《孟子·告子篇》称：“天将降大任于是人也，必先苦其心志，劳其筋骨，饿其体肤，空乏其身，行拂乱其所为，所以动心忍性，增益其所不能……然后知生于忧患，而死于安乐也。”以互卦理论来看，坎卦中间四爻重组成颐卦，颐为养生，生于忧患；离卦中间四爻重组成大过卦，大过濒临灭亡，死于安乐。

• 1991 年 12 月上旬，由于出版公司股争推荡，我坐上了代理经营的位子，环观内外整体形势，问了一系列的问题。其中首要的是创办人的老板深陷债务危机，有无突破可能？为不变的坎卦。“有孚，维心亨，行有尚。”老板其实是非常人，艰苦奋斗求生的意志力惊人，但拼到后来，跳票失信连连，没有守住“有孚”的大原则，最终虽反败为

胜的高潮迭起，还是将公司玩完。

• 1993 年 2 月下旬，我们拼战经营地热火烧天，又传来大股东挑衅某大上市财团失利的消息，资金出入太大，甚至周转困难云云。我占测其真实处境为何？为不变的坎卦。肯定陷入险境，未来如何也视卦辞而定，结果没太久，他又恢复元气，四处觅食出击，也不是个简单角色。

• 2001 年元旦，我作一年之计，还列了一项与出版公司的余缘审视，竟然还是不变的坎卦。其实自 1994 年 5 月起，我就不再问事，随着诸多崭新机缘出现，更下定决心另起炉灶，怎么七年过去，仍有余习不断？人生业力流转，不可思议。后来确实还有些牵扯，而我也就是当年不告而别，彻底摆脱了那个摇摇欲坠、已无实质意义的环境。“有孚，维心亨，行有尚”，卦辞仍算以另类方式应验了！

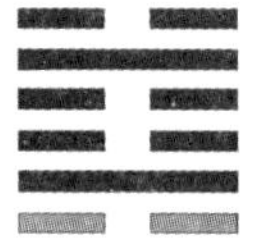

初六。习坎，入于坎窞，凶。

《象》曰：习坎入坎，失道凶也。

“初六”居坎险之始，又为柔弱无力的基层，落水后现学游泳怎济事？惊惶失措、手忙脚乱挣扎，反而愈陷愈深，更为凶险。“窞”字为深陷穴中，为深坑，为坎中有坎，险中有险。河川中有深潭漩涡，海滨稍远可能底部有急降的陡坡，都是坎窞之象，万一失足陷入，会万劫不复。坎如果象征地狱，也有深浅之分，“入于坎窞”即打入十八层地狱，再难翻身。借新债还旧债，操作不当，也可能永远还不了！“入于坎窞”的极大风险，无论借方贷方，都得认真评估。本爻变，为节卦（䷻），习坎若不节制，大凶特凶。《小象传》称“失道凶”，“初六”本身有问题，不能怨天尤人。坤卦《彖传》称：“先迷失道，后顺得常。”失道者必须猛醒，迷途知返，正所谓苦海无边，回头是岸。

“初六”爻辞首称习坎，《大象传》称“习教事”，《彖传》称习坎为重险，看来卦名前加上“习”字，其来有自，人生必须从险难中连续不断地学习。

1995 年初，我应邀在朋友的社会大学基金会授《易》，原先只开一季十二堂课，除基本理论介绍外，讲不了多少卦。学员们觉得不过瘾，皆愿继续上下去，遂开足了四季四十八堂课，将六十四卦都讲完。在第二季开课时，有位宏碁企业集团的协理洪辉煌来插班听课，他自学已有相当底子，不少冷僻而重要的书都看过，占卦也早就会了。决定来上课前，还占问顺利否？居然得出不变的坎卦，大惑不解，我说习坎之义，通《易》很难等等。上了几堂后就不见他踪影，我也不知其故，真的坎了？

到第二季快结束时，又看到他来上课，中休时他来解释，原来公司调他到台北深坑乡设厂，两个月督办上轨道后，才有余暇。他半开玩笑说：原来坎是指深坑啊！习坎入坎，总之始料未及，学程相当不顺，“初六”、“六三”爻辞皆称“入于坎窞”，还真与深坑地名相符合。其实他的名字就有坎、离二卦的寓意：洪水滔天之后，继之以辉煌灿烂！

• 2001年年底，我在学生家晚宴，他们夫妇俩都有拿手厨艺，女主人擅长西班牙海鲜饭，男主人做大块牛排都很可口。餐后闲叙，另一对学生夫妇问事求占。先生在台湾政界曾任高官，2000年国民党败选下台，他也卸职离开，由于人脉丰厚，很多旧识找他在民间机构帮忙。其中一个邀他出任的机构似乎很不错，但我占出坎卦“初六”爻动，有节卦之象。“习坎，入于坎窞，凶。”显然不合适，新的领域他不熟悉，进去会被深深套牢，最好节制，别去赴任。后来听说，他觉得不可思议，与他的直觉判断差得太远，其实他只是顺便问问，事前已经答应对方了！不过易占既然这么说，他也多加了几分小心，果然没多久卦象应验，里面确实有外面看不出的风险，遂急流勇退，对易占神准印象深刻。2002年2月中，过阴历年，他们夫妇俩送洋酒作年礼，所附卡片上写着：“很庆幸，斟酌过您的预卜，而未掉入坎中，特此致谢。”

• 1997年3月下旬，我问：易占不为小人谋，真的如此吗？得出坎卦“初六”爻动，有节卦之象。“习坎入坎，失道凶也”。小人心怀险诈，习气深重，行事不合规范，想借易占作恶谋私利，不会达到目的，徒然加速自己的沉沦。

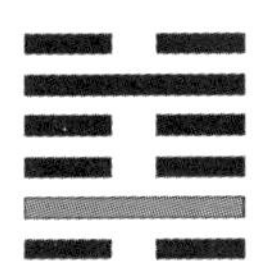

九二。坎有险，求小得。

《象》曰：求小得，未出中也。

“九二”阳居阴位能忍耐，处下卦坎险之中，绝不莽撞，力求自保。

照讲“九二”上乘“初六”，关系不错，应该提携照顾，因“初六”失道慌乱，可能受其拖累而陷入无底深渊，大难来时，人人自危，故而“九二”仅能自保，没法救人。“求小得”并非过分保守，全无作为，而是自保无虞的情况下，安全范围内能出手获取多少资源，还是要行动的。因为坎卦为重险，一波未平一波又起，过得了眼前初一，未必过得了十五，所以尽量“求小得”，增强本身实力，以备后用。“未出中”，充分意识到身处险中，并未出险，必须小心翼翼。本爻变，为比卦（䷇），一旦安全无虞，还得重视外交，寻找结盟对象，以共度险难。

•2011年11月11日我在家休憩，二姐来电告知，老爸陪老妈台大医院看医生时脚软昏倒，就近送急诊看护中。赶去医院前，我占病情为坎卦“九二”爻动，有比卦之象。“坎有险，求小得”，“未出中”，应该还无大碍。果然，当天看护观察一阵后，即离院返家。

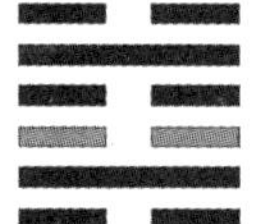

六三。来之坎坎，险且枕。入于坎窞，勿用。

《象》曰：来之坎坎，终无功也。

“六三”不中不正，阴居阳位，处下卦坎险之极，上卦后续的坎险将至，故称“来之坎坎”。这时慌乱盲动无济于事，只会愈陷愈深，不如就地卧倒，缩小被打击面，尽量利用空当休息，还有些许脱险的机会。即便这样，苟延残喘可以，建功立业绝对办不到了！《彖传》称“往有功”，“六三”《小象传》称“终无功”，此爻机会不大。爻变为井卦（䷯），遭困陷入狭窄的生存空间，得低调研发转型，另寻新的活路。

“险且枕”三字大有意味，身处危险万状的杀戮战场，不慌不乱，还能躺下来就地睡着，这种镇静功夫，正是“习坎”精神的表现，“常德行，习教事”，从容应付人生一场接一场的考验。“且”有姑且、暂且之意，面对现实，不挑剔讲究，什么都能将就。人在荒郊野外求生存，大过卦“初六”“藉用白茅”，可获无咎，讼卦“九二”“归而逋”，败阵钻入地穴流窜，不仅自保，连带“邑人三百户无眚”。坎卦“六三”“险且枕”，值得习《易》者深思啊！人躺下来蜷缩肢体，一则少遭危险袭击，一旦有事，也可保持应变的弹性，随时一跃而起赴战。经济萧条时，许多大公司樽节裁员、瘦身待变，都是险且枕。今世严峻可怕的美债、欧债问题亦然，由奢入俭难，希腊、意大利等国民众必须体认时艰，学习过艰苦而负责的日子。

1973 年 8 月，我还在台湾大学读书，利用大三暑假，与朋友共六人结伴登山，在险峻的南湖中央尖棱线上遇险，差点出山难回不来，即与“险且枕”的情境相似。我们贸然从棱线上往溪谷冲下的那一刹那，就犯了致命的错误，陡坡上地形的险恶超乎想象，有时会发现自己走到断涧之上，还得往旁移动才，不会摔下去。走着走着天快黑了，白天已经这么危险，夜晚更不能摸黑，只好就地休息。陡坡上不能扎营，也不敢阖眼睡着怕往下滑，就坐着干熬了一整夜。当时既不敢往下走，更不可能回头上攀，来去皆险，岂非“来之坎坎”？干坐休憩，岂非“险且枕”？如果冒险乱窜，就会“入于坎窞”，所以千万“潜龙勿用”。其实第二天我们终于下达溪谷后，还不断决策失误，真正是险关不断，“水洊至，习坎”啊！大难不死，那时还没学《易》，后来学到坎卦“六三”爻辞，立刻回忆起当时情景，这是江湖险，处社会后，则是不断的人心险，人生教训无穷无尽，活到老学到老。

• 2002 年 5 月初，台湾亢旱不雨，缺水严重，尤其北部持续甚久，为了供水给新竹科学园区连续运转，1.4 万公顷农田停灌休耕，台北分区供水限电，影响庶民生活生计甚大。当时我问灾情会多严重？为坎卦“六三”爻动，有井卦之象。“来之坎坎，险且枕，入于坎窞，勿用。”显然相当严重，一时间还脱不了困。井卦前为困卦，正是泽无水的亢旱之象，需开凿地下井水才能纾解，这在台湾当时及现在都明确不宜。

• 1996 年 7 月下旬，一位学生兼朋友辞掉小报的工作，想到我还待着的出版公司来任职，就近尚可切磋请益云云。他习术数出身，待人接物毛病不少，我一向只是包蒙不拒而已，共事则必须审慎，何况我根本已无心于此，哪有再添麻烦的道理？当时还是姑且一占，为坎卦“六三”爻动，有井卦之象。“来之坎坎，险且枕，入于坎窞，勿用。”讲得如此明确，我自己在此暂歇，他外面不顺遂，也想来此蹲点，愈陷愈深，绝对不宜用，摆明了“终无功”。当时也算了此人本命，为剥卦“六三”爻变，成艮卦，前文占例有说明，两下对勘，没同意他来打混。

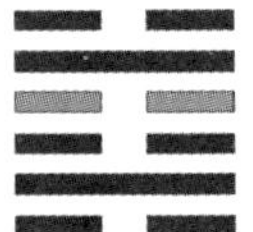

六四。樽酒簋贰，用缶，纳约自牖。终无咎。

《象》曰：樽酒簋贰，刚柔际也。

“六四”阴居阴位为正，身处高位，却由下坎进入上坎之中，上承“九五”之君，好好经营彼此的关系，可能是条生路。此爻及“上六”都有政治犯遭幽囚之象，应和周文王当年羑里之囚有关，可能也是“习坎”二字的由来。西伯姬昌以大诸侯之尊，遭猜忌而被纣王下狱，还害死其长子伯邑考，剁成肉酱要文王吃，这是人生多惨痛之事？据说为免当下的政治迫害，文王强忍吞食，之后又全吐了出来，现今羑里文王庙的景点还有所谓的“吐儿堆”，就在伯邑考墓附近，我都去参观过。

“樽酒”是一壶酒，“簋”为盛饭菜的圆形或方形的食器，都是古代贵族餐饮所用，一般多以青铜打造，平民不可能用这种高规格的器物。“贰”非“二”，而是排比配合之意，一般主官的副手称“储贰”，为备位人选。“簋贰”是一碗饭配一壶酒，指的是牢狱中囚犯的供餐，牢饭牢水怎么可能那么讲究，还用贵族的食器呢？后面“用缶”二字，点出了实际的情况。缶是朴质无华的瓦罐，用缶装着饭菜和饮水，给犯人食用，“樽酒簋贰”，其实只是贵族囚犯的幻想，没入狱前钟鸣鼎食，吃喝都很奢华，如今沦为阶下囚，表示能屈能伸，甘之若饴，不会被难堪的待遇所击倒。

不仅如此，这么粗糙俭约的饮食，还是从囚室墙壁上的小窗洞塞进来的，像喂狗食一样遭人低贱。囚人不以为忤，依然接纳无怨，低调忍受一切横逆，最终可获无咎。“纳约”的“约”为双关语，一为俭约简陋，二也是约定结盟。拘囚之人须设法与外间取得联系，了解情势的变化，以谋时机成熟后的脱身之策，而壁上的小洞就是唯一可利用的通道，是通往未来世界的机会之窗，千万不要自我封闭，而断了生路。“刚柔际也”，“六四”柔弱孤立、“九五”刚强有实，阴承阳柔承刚，两爻居坎险高位，须结患难同盟，合作以共度险难。以爻变观念来检视，坎卦四、五爻动，齐变为解卦（䷧），确可脱险，宜变爻位落在“六四”，单变成困卦，表示受困者更应积极主动与外界联系，以谋突破。

以文王羑里之囚而论，“六四”为文王，“九五”可能为施压迫害他的纣王。即便如此，“六四”要脱困，仍得忍耐与“九五”周旋应对，没有硬碰硬对抗的本钱，冤家宜解不宜结。反之“九五”亦然，强凌弱大欺小，迟早也会将自己陷入险境。我们在小畜卦“六四”与“九五”的互动关系中，以小事大、以大事小，已经讲得很清楚。

“刚柔际”的“际”字，人际、国际、交际，阴阳刚柔大小，推移互动起来非常微妙。就像太极图曲线所示：分阴分阳，阴中有阳、阳中有阴，阴极转阳、阳极转阳，阴阳交界处既在外也在内。人生要整体而长远地看问题，任性直来直往、快意恩仇，未必处理得好错综复杂的江湖险境。

“六三”多凶，“六四”多惧，皆处坎卦人位，两爻齐变为大过卦（䷛），压力沉重，非常人所能负荷，个中辛苦，不足为外人道。“险且枕”，睡没好睡；“樽酒簋贰，用缶”，吃喝没好吃喝；“入于坎窞，勿用”，“纳约自牖”，活动空间迫狭局促。真的必须放下身段，随遇而安，锻炼在幽暗洞穴中憋气生存的能耐。1999 年发生在台湾的“921”大地震，除了中台湾灾情惨重外，台北市区的东兴大楼整栋倒塌，87 人丧生，其中一对孙氏兄弟，埋陷多日后死里逃生的经验，几乎就是坎卦三、四爻的真实写照。他们在一倾斜的冰箱下藏身，取用快烂掉的水果及矿泉水维生，最后实在撑不住，其中一个在幽暗中摸索出路，居然找到洞口出去呼救，外面施救的工程车怪手正要打掉坍毁的废墟……很多天塌地陷的震灾、矿灾、洪涝及山难等，都不乏类似的情景。

透过一个洞口沟通阴阳界的意象，引人入胜。西方童话《爱丽丝梦游仙境》中，小女孩坠入坑洞，才开始一段神奇绚丽的际遇；陶渊明的《桃花源记》，武陵渔人也是从一狭洞进入，得窥古代避秦祸的悠游天地，不知有汉，无论魏晋，再出洞回返现世后，怎么寻觅，也不得其门而入了！汉代匡衡“凿壁引光”，以勤学苦读的故事脍炙人口，虽做了大官，最后涉嫌贪污，被黜绌为庶人，幼时即破坏公物贪小便宜，长大渎职亦不足怪，习坎之时望离明之光，辉煌之后，又“入于坎窞”，人生的上进与沉沦，真是难说得很哪！习坎、继明，有诗云：“郁沮人间世，仿佛若有光。”

• 2005 年 3 月中旬，我在工商建研会的一位学生筹组台商会的组织，并引介某神秘人物与我见面，邀我入会云云。我心中已有底，仍占此会定位为何？为坎卦“六四”爻动，有困卦之象。“樽酒簋贰，用缶，纳约自牖”。资源明显不足，不易突破当时困窘的两岸关系，关其门来封王，自我感觉良好，却无实际沟通成效。“九五”未动，“六四”只能唱独角戏，我也不是台商，不必趟这浑水。当下推辞婉拒，该会往后纷争不断，真的没有任何绩效。

九五。坎不盈，坻既平，无咎。

《象》曰：坎不盈，中未大也。

“九五”中正，居全卦君位，习坎有成，不仅立于不败之地，还能调度资源兴风作浪，以影响大局。爻辞以河川的自然生态取象，“坎不盈”，即《彖传》所称：“水流而不盈，行险而不失其信。”“坻既平”的“坻”为水中高地之谓，即一般河川中常见的礁岩，水位低时露出为明礁，水位升高时淹没为暗礁。礁岩处水流湍急，人舟行过非常危险，明礁易躲，暗礁难防。坎水奔流而不满溢，让水中礁岩露出水面，人舟知所警惕，易保安全，水流与礁岩形成动荡中的平衡，而获无咎。虽然如此，“九五”仍在坎险之中，并未真正强大到一片光明的地步，那得到离卦才亨通灿烂。“九五”、“六四”既然同处险中，不可再行压制对抗，应相互尊重合作，以共渡难关。“六四”“纳约自牖”，与“九五”保持沟通协商的管道畅通；“九五”持平对待水域中突起的“六四”，适度尊重其立场与看法，“九五”无咎，“六四”终无咎，岂不甚美？“九五”爻变，为师卦（䷆），“容民畜众”，“丈人吉，无咎”，“能以众正”，可以称王。

《诗经·秦风·蒹葭》：“蒹葭苍苍，白露为霜，所谓伊人，在水一方……溯洄从之，道阻且跻，溯游从之，宛在水中坻。”这是极有名的情诗，就有“水中坻”的情景。坎卦三至五爻为艮山，“九五”正居山顶，又处上卦坎水之中，合而观之，恰为水中坻之象。坎为险、艮为阻，“九五”是所谓险中之阻，为人生相当复杂的情境，需有大智慧及坦荡气度，才能处理得宜。

“九五”为最高的掌权者，能调度资源，淹没一些不可告人的真相，就算一时办到，将来不居其位，案情水落石出，他一手遮掩隐匿的作为暴露，身败名裂的风险更高，甚至可能被追诉问责。有时执政者为求政绩亮丽，不当投入种种基金拉抬股市，制造繁荣假象，对投资者未尽告知义务，一旦支撑不住下滑，让投资大众承担过大风险，这是不道德。再如金融风暴爆发肆虐，种种衍生商品的精美包装，将巨大的风险深深隐藏，以欺骗消费者，更是流毒无穷。诚实应该还是最好的策略，这就是“九五”爻辞的真意，习坎强调有孚，行险不失其信特别重要。

• 2005年8月8日父亲节，我的学生来电请益，前时台湾的媒体大幅报道其先父生前韵事，一对母女出来爆料，争取私生女的财产继承权等。为了维护先人名誉，她们提起诉讼，学生问我往后吉凶？她自己占得不变的需卦，健行遇险，尚需耐心等待，若真有信心，迟早可渡彼岸。卦辞称：“有孚，光亨贞吉，利涉大川。”然后我再帮她追问：应如何面对较佳？为坎卦“九五”爻动，有师卦之象。“坎不盈，坻既平，无咎。”居高位遇险难，坦诚平实以对，切勿刻意隐瞒什么内情，为最佳方式。卦辞称：“有孚，维心亨，行有尚。”需、坎二卦相类，总之皆重有孚。结果，她们接受司法部门的DNA检测，对方的谎言被揭破且判刑，成功地熬过了考验。

• 2006年11月初，台湾媒体又大肆报道名人韵事，由于女主角是我熟朋友，男主角又是前政界高官，时当红衫军热潮消退之际，大有亲绿媒体政治操作嫌疑。几天后，女生来电问我意见，我占最佳对策，为坎卦“九五”爻动，有师卦之象。“坎不盈，坻既平，无咎。”既然实无此事，就坦诚面对不必遮掩，以消瓜田李下之嫌。政治斗争是一回事，对一般大众释疑仍应面对。后来新闻只炒了一天即止息，台湾的蓝绿恶斗习气极坏，清浊之际经常淆乱。有趣的是事发地名为冷水坑，恰为坎卦“九五”的意象，这在易占中常常出现，当事者的人名、地名或事件名称，每与易象、易辞相合。

• 2006年9月中，我习《易》满31年、授《易》也过15年，占问自己的易学造诣如何？为坎卦“九五”爻动，有师卦之象。“坎不盈，坻既平，无咎。”多年习坎有成，一波一波逐浪前进，“常德行，习教事”，终至“九五”君位。《易》如智海无穷，其中的义理结构，也像水中有坻般错综复杂，深入理顺其关系后，意气自平。虽然如此，《小象传》称中“未大也”，已合习坎刚中之义，未至继明光大伟境，还须努力啊！

• 2010年9月下旬，我给学生讲《六祖坛经》将毕，至最后的《付嘱品》，六祖提出三十六对法，嘱弟子解用，可道贯一切经法，掌握中道

占例 之义。我占其意蕴，为坎卦“九五”爻动，有师卦之象。“坎不盈，祗既平，无咎。”正显习坎刚中之义，以此态度面对人生种种对立冲突，都能平衡包容而不偏执。这是弘扬佛法很重要的观念与方法，仍非大道的究竟，坎后为离，“大人以继明照于四方”，才是终极目标。坎卦“九五”《小象传》称：“中未大也。”说得真精切！

上六。系用徽纆，寘于丛棘，三岁不得，凶。

《象》曰：上六失道，凶三岁也。

“上六”为坎险之极，下乘“九五”，阴乘阳柔乘刚，关系恶劣，得不到任何奥援。“系”是捆绑，“徽、纆”为扭成三股或两股的麻绳，“寘”同“置”，“丛棘”为可怕多刺的荆棘丛。“系用徽纆，寘于丛棘”八个字，充分描述出政治犯的遭遇，被看牢拘囚，还丢到周围长满荆棘丛的狱所中，逃生无门，三年之久都不得脱险，当然大凶。近代的集中营虐待囚犯，周遭以通电的铁丝网围墙阻隔，即同此象。“六四”上承“九五”，“纳约自牖，无咎”；“上六”得罪领导，“三岁不得，凶”。人在屋檐下，不能不低头，留得青山在，不怕没柴烧，这也是习坎之道。“上六”资质柔弱，却骄亢不屈，故称“失道凶”。坤卦《彖传》称：“先迷失道，后顺得常。”坎“初六”、“上六”两爻皆称“失道”，阴柔不能自主，又不懂得顺势以刚济柔，不凶何待？“上六”爻变，为涣卦（䷺），囚犯遭遇这种折磨，心神涣散，不垮都难。

“失道凶”，也可能本身习气太重、业障太深，遭此果报，实怨不得人。《楞严经》谈末世情景，有云：“落爱见坑，失菩提路。”印证坎初、上爻境遇，相当发人深省。若以坎卦象征地狱众生相，“六三”“险且枕，入于坎窞，勿用”，重险之际还有喘息空间，算是有间地狱；“上六”“系用徽纆，寘于丛棘，三岁不得，凶“，则似无间地狱，上完刀山下油锅，痛苦折磨无休无止，更令人恐惧战栗。

• 1993年7月中旬，我苦心经营出版公司，人事组织也作了多番调整，问这种新架构的未来发展？为坎卦“上六”爻动，有涣卦之象。“系用徽纆，寘于丛棘，三岁不得，凶。”不到一年后完全应验：老板回朝掌

权，三两下面目全非，组织效能大幅下降，连我在内都离心离德，且成了近乎就近监管的半退休角色。“三岁不得”，往后自我幽囚，长达七年，跟文王羑里习坎的岁月相当。

坎卦多爻变占例之探讨

以上为坎卦卦、彖、象及六爻理论之阐析，往下讨论二爻变以上的占例。

二爻变占例

占事遇卦中任意二爻动，若其中一爻值宜变，为主变量，参考其爻辞所述，另一爻辞为次要变数。若皆不值宜变，以本卦卦辞卦象为主，也参考二爻皆变所成卦象，作综合判断。

• 1997 年 9 月上旬，曾任海基会首席副秘书长的石齐平找我，连同另一位好友一起喝永和豆浆，谈起他的前程展望，我占出未来十年为坎卦二、上爻动，齐变有观卦（䷓）之象。“九二”“坎有险，求小得”，“未出中”，注意自保，求大得不可能。“上六”很糟，“系用徽纆，寘于丛棘，三岁不得，凶。”石的两岸观点与李登辉、陈水扁迥异，很难再在仕途上有所发展，几乎被打入地牢，不能翻身。观卦只有旁观批评施政的份，与临卦相综，临为直接参与投入，当局易迷，观则旁观者清。

我跟着试测其“本命”，为同人卦（䷌）初、三、四爻动，贞悔相争成观卦。大丈夫行走四方，通天下之志，省方观民设教，却未必顺遂。“初九”“出门同人”，“九三”“伏戎于莽”，“九四”“乘其墉，弗克攻”，世路多歧，人心险恶，阻碍重重啊！“遇同人之观”，又是旁观批评的观卦，真是命中注定？

两卦都切中肯綮，往后十年齐平兄的发展确实不顺，从政无望，他换了几个岗位，都不太得志，真的差不多 2007 年后才走出困境，现在还算平顺。

• 2006 年 11 月下旬，一位南部地下电台的主持人来找我，谈当时政情，也送我两副他研发出的耳针治疗器，说有神奇疗效云云。我私下占问合宜使用否？为坎卦二、上爻动，有观卦之象。坎为耳，“九二”“坎有险，求小得”，“上六”“系于徽纆，寘于丛棘，三岁不得，凶”，真是自找苦吃，大可不必。此事还占得一象，为“遇师之蹇”，师“六三”宜

变成升，“师或舆尸，大无功”，已于师卦三爻变占例中说明，皆明示凶险不宜。

• 2006 年 8 月中旬，我的学生徐崇智心脏病发，英年早逝，他学行俱佳，任学会执行长五年，贡献甚大。几天后我问：我想推动的平生志业而今如何？为坎卦三、四爻动，有大过（䷛）之象。习坎遭遇重大挫折，叫人难以负荷，“六三”“险且枕”，“六四”“纳约自牖”，前险后险相继，只能冷静艰贞以对，“常德行，习教事”啊！

• 2011 年 3 月 15 日，日本福岛发生三合一的震灾，我一边看着电视上惊悚的画面，一边却挂念起毓老师的身体健康，九天前拜晤时，他的情况很不好。占出坎卦初、二爻动，齐变有屯卦（䷂）之象。屯为“动乎险中”，也是新生之意，老师高龄 106 岁，“遇坎之屯”是什么意思？我心中颇有不祥之感。坎“初六”“入于坎窞凶”，“九二”“坎有险，求小得”，“未出中”，初爻极险，二爻却帮不上忙，情势不妙。五天后，3 月 20 日的清晨，老师过世，噩兆成真，令人悲恸。

• 2009 年 11 月中旬，我们学会在台北近郊的乌来山区办秋季研习营，主题为“《易》与养生”，我在自己论文末附有二占。占中医治疗特色，“遇谦之复”，已于谦卦二爻变占例中说明；占西医治疗特色，为坎卦初、二爻动，有屯卦之象。屯为“动乎险中”的新生，与复卦调度人体内自我修复机制的再生不同；坎卦风险甚高，与谦卦重视整体平衡有异。坎“初六”“习坎入坎，失道凶”，“九二”“坎有险”，“求小得”，“未出中”，两爻亦各行其是，不相救援。《易经》观点，对西医疗法显然评价不佳。

• 2011 年 3 月上旬，我应邀赴基隆海洋大学演讲，题目为“从《易经》中看台湾海洋的未来”。之前准备投影片时，我占问《易》中何卦最与海洋意象相合？得出坎卦四、五爻动，“六四”值宜变成困卦，齐变则有解卦（䷧）之象。八卦中兑为泽，为内陆湖泊水泽等安静的水域；坎为水体总称，奔流动荡不息，或为河川或为海洋，一波未平，一波又起。“遇坎之解”，百川汇海总有宣泄出口。“六四”“纳约自牖，终无咎”，不会永远受困；“九五”“坎不盈，祇既平，无咎”，水流而不盈，与“六四”连通无碍，动荡中维持平衡。

• 1994 年 3 月初，我任职的那家出版公司股争再起，内忧外患频仍，身为总经理负荷甚重，遂占问如何奋勇应对？得出坎卦初、五爻动，齐

变有临卦（䷒）之象。临是勇于面对，“遇坎之临”，意义明确。“初六”“习坎，入于坎窞，凶”，应对不当，小心愈陷愈深；“九五”君位，整治大局，需维持各方势力的平衡，“坎不盈，衹既平”，才能无咎。道理虽是如此，操持绝对不易，两个月后局面剧变，一切成为泡影。

• 1996 年元月底，我已退居闲散，公司两大枭雄又起恶斗，一时风声鹤唳，人心惶惶。某日老板召开董事会，似有大举，我问恰当对策？为坎卦初、上爻动，“初六”值宜变成节卦，齐变有中孚（䷼）之象。对我来讲，节以制度与信心信任已不具意义，“初六”“习坎入坎，失道凶”，“上六”幽囚已久，“三岁不得”，失道亦凶。形势糜烂已不可为，其实怎样都无所谓了！

三爻变占例

占事遇卦中任意三爻动，变数已至半，以三爻齐变所成之卦为悔，本卦为贞，称贞悔相争，合参两卦卦辞卦象判断。本卦三爻中若一爻恰值宜变，该爻辞影响较大，加重考虑。

• 2010 年 3 月上旬，一对学生夫妇由新加坡返台省亲，由于他们未来想到德国长住五年，我就在饭店餐厅中，占测未来五年德国的国运如何？得出坎卦二、四、五爻动，贞悔相争成豫卦（䷏）。德国为欧元区盟主，受希腊、西班牙等债务拖累，在金融风暴冲击下陷入险境。“九二”“坎有险，求小得”，“未出中”，德国经济实力足以自保；“六四”“樽酒簋贰，用缶，纳约自牖”，正是债务严重的南欧诸国，由奢入俭，很难适应，须靠德国纾困救援，才能终无咎；“九五”居君位，“坎不盈，衹既平”，德国资源雄厚，救助邻邦就是救助自己，欧盟互相套牢，祸福与共。三爻齐变所成的豫卦，“利建侯行师”，积极热情行动，希望力挽狂澜。这些年来欧债危机的发展，全如卦象所示。险之时用大矣哉！“豫之时义大矣哉！”“遇坎之豫”，德国使尽浑身解数，扮演欧元区盟主的角色。

• 1992 年 4 月底，我在出版公司代行总经理职权，面对种种内忧外患，占问如何处置？得出坎卦二、五、上爻动，“上六”值宜变成涣卦，贞悔相争成剥卦（䷖）。“遇坎之涣之剥”，凶险可知，前景也不看好。“上六”“系用徽纆，寘于丛棘，三岁不得，凶”，我已被深深套牢，日日辛苦，长期不能解脱。“九二”“坎有险，求小得”，注意自保；“九五”“坎不盈，衹既平”，既居君位，就得处理内在许多矛盾，负责摆平才能无咎。人在

江湖，身不由己啊！

• 1993 年 7 月下旬，我的第一套《易经与现代生活》的书要出版，我问销售前景如何？占出坎卦三、四、五爻动，贞悔相争成恒卦（䷟）。“遇坎之恒”，职场多年历练的心得，值得写出来供人长期参考。坎卦“六三”“险且枕”，“六四”“纳约自牖”，“九五”“坎不盈，坻既平，无咎”，习坎有得，书的内涵经得起考验。恒为常道，稳定而长久，这套书应可长销。后来完全应验，繁体版至今仍在销售，内地上海三联书店出的简体版，也引起不错的反响。

• 2002 年 5 月下旬，我们学会成立已大半年，执行长徐崇智在台中统筹推动，表现不错，台北比较散漫，最好也责成同学整合。我先就瞩目人选占测，为剥卦“初六”爻动，剥床以足，蔑篾贞凶，显然不宜。再问那怎么办？得出坎卦初、二、四爻动，“九二”值宜变成比卦，贞悔相争成随卦（䷐）。坎“初六”“习坎入坎，失道凶”；“九二”自保“求小得”，上下不相通；“六四”“纳约自牖”，沟通也有限，难获无咎。这么不相往来，缺乏适当人选，也只好随遇而安了！

• 2009 年 7 月上旬，学生建议将我上课的笔记整理上网，由于内容有些批评人事的敏感部分，是否删节须斟酌。先占全部上网，为噬嗑卦四、上爻动，“上九”值宜变成震卦，齐变则为复卦（䷗）。“何校灭耳，凶，聪不明也”，引发斗争冲突，显然不合适。再占保留局部上网如何？为坎卦二、三、五爻动，贞悔相争成谦卦（䷎）。谦让不争，亨通有终，“遇险之谦”，这就是了！习坎“九二”“求小得”，先求自保；“六三”“险且枕”，不轻举妄动；“九五”“坎不盈，坻既平”，恰当化解矛盾，取得平衡。“习坎”之后“继明”，网络学习是现代人一种不错的方式，局部上网较宜。

• 2012 年 8 月底，我给学生讲《楞严经》，佛祖与阿难辩证，所谓“七处征心”。我问心究竟在何方？为坎卦二、三、五爻动，贞悔相争成谦卦。坎称“习坎”，卦辞称：“有孚，维心亨，行有尚。”复卦的天地真心，与生俱来，人皆有之。经无妄、大畜、颐、大过后，入坎而受习气染著，需明心见性才重见离卦的光明。“九二”“坎有险，求小得”；“六三”“险且枕”，经历严酷考验；“九五”“坎不盈，坻既平，无咎”，获致动荡中的平衡。谦“亨，君子有终”，“称物平施”，通天地人鬼神皆致太平。本心依真起妄，修行者就在重重习染中练达，去妄归真啊！

30. 离为火（☲）

离卦为上经第三十卦，也是天道演化的最后一卦，表示生命由身而心而灵，终至人类文明薪尽火传、光辉灿烂的境界。前接坎卦，“习坎”之后“继明”，历尽艰险、克服困难始能大放光明。《西游记》唐僧取经，经历九九八十一难，才取得真经，脱胎换骨，肉身成圣。《杂卦传》称：“离上而坎下也。”坎水就下，象征拖人向下坠落的习性；离火上烧，代表向往光明的上进心。人生修行就是业力与道力的拉扯，坎胜于离，下地狱，离胜于坎，上天堂。坎水、离火为上经最末，水火既济、火水未济居下经最末，四卦天人相应，深研坎离之性，就可决定人生成败。

先天八卦方位中，乾南、坤北；后天八卦中，离南、坎北。乾为天理，显现为离的人心，即心即理；坤为地势，推演为坎的习染，物欲诱人堕落。卦序无论三画卦或六画卦，都是先坎后离。乾、坤之后，屯、蒙、需、讼、师、比都有三画坎卦，生于忧患，风险不断。泰极否来，天旋地转之后，同人、大有才出现三画离卦。这在乾卦《彖传》中已清楚预示：“云行雨施，品物流形；大明终始，六位时成。”“云雨”为“坎”，“大明”是“离”，居上经之末，正是承先启后、终而复始。

《杂卦传》称：“离上而坎下也。”先离后坎，与自然的卦序不同，显示人为的操作失误，本想往上提升，反成了向下沉沦。“小畜，寡也；履，不处也；需，不进也；讼，不亲也；大过，颠也。”一旦坠落，即止跌不住，往下的诸卦都以负面文辞警示，最后终于负荷过度而颠覆。大过卦以下八个卦，更是天翻地覆的末世景象，极难拨乱反正。当今欧债、美债拖垮世界经济，短期绝难复元，亦复如是。这叫一失足成千古恨，再回头已百年身，为善如登，为恶如崩，人生行事，真得慎之又慎啊！

离。利贞，亨。畜牝牛，吉。

离卦卦辞称“利贞亨”，与一般称“亨利贞”的卦，如蒙卦等又不同，同样欠“元”，却是先言“利贞”后言“亨”，表示文明的传承发展，虽非原创，却须固守正道，才会产生利益，而获亨通。“亨利贞”是依自然顺序，蒙卦启蒙草创，离卦则已发展成熟，更须防止流弊，故强调“利贞”。坤为牛，取柔顺之义，吃苦耐劳，负重行远。牝牛为母牛，更是柔中之柔，离为中女，继承坤母柔顺之性，故称“畜牝牛，吉”。离为网络之象，布建网络之后，还得耐心维持养护，并继续向各方延伸发展。坤卦“利牝马之贞”，离卦“畜牝牛，吉”，前后呼应，发挥顺势用柔之大用。

《彖》曰：离，丽也。日月丽乎天，百谷草木丽乎土，重明以丽乎正，乃化成天下。柔丽乎中正，故亨，是以畜牝牛吉也。

离为“丽”，《说卦》、《序卦》、《彖传》皆无二辞，两头鹿相依相偎，情深意切，流露出生物间平行相待的关系。孚、育二字，则代表卵生、胎生动物上下间爱顾的关系。三者合起来，就构成了纵横交织的网络，不独亲其亲，不独子其子，往各个方向辐射延伸。这种自然或人为展开的天罗地网盖覆一切，任何个体都不能遗世而独立，必须依附于上，找到自己的恰当地位，并与周遭密切互动。不仅生物世界如此，太空诸天体亦然，月亮发光是反射太阳光，太阳发光，也是有其开天辟地以来的缘由背景。大地上的百谷草木，扎根于土中摄取营养，才能生长壮大；人类文明代代相承，依循正道发展，久而久之，便普及全民形成文化。贲卦《彖传》亦称：“观乎天文，以察时变；观乎人文，以化成天下。”两《彖》含义相近。

“柔丽乎中正”，指“六二”，为离卦主爻。内明为外明之基，前明启发后明，故称亨，“畜牝牛吉”。坎卦以“九五”刚中为主，离卦以“六二”柔中为要，这与乾卦以“九五”为尊，坤卦以“六二”为主大意相同。坎卦《彖》中称天险地险、王公设险，离卦《彖》称日月草木重明，皆涵盖天地人三才立论。

《象》曰：明两作，离。大人以继明照于四方。

离卦上下内外皆明，故称“明两作”。大人与天地合其德，与日月合其明，继往开来，使文明光辉遍照天下四方。六十四卦的《大象传》中，绝大多数称“君子以”；比、豫、观、噬嗑、复、无妄、涣卦称“先王以”；泰、姤称“后以”；剥卦称“上以”；离卦称“大人以”，规格最高，可见《大象传》作者尚德的精神。

• 1991 年年底，我作未来一年之计，问出版公司旗下一份儿童科普月刊的经营策略，为不变的离卦。“利贞亨，畜牝牛，吉”。“明两作，大人以继明照于四方”。该刊物素负盛名，本来就是主要获利来源，就在既有成功的基础上继续推广就好，不必改弦更张。有趣的是离为中女，统理编务及所有编辑都是女生，而且该刊名称就有“牛”字，真的是“畜牝牛吉”。

初九。履错然，敬之，无咎。

《象》曰：履错之敬，以辟咎也。

“初九”为离卦之始，面对眼前错综复杂的人生路向，如何踏出正确的第一步，煞费思量。最好敬慎以待，小心从事，才能避免犯错，而得无咎。“履”即履卦之履，人生奋斗如蹈虎尾，如履薄冰，想要履险如夷，敬慎以求不败。坤卦“利牝马之贞”，“初六”“履霜坚冰至”；离卦“畜牝牛吉”，“初九”“履错然，敬之，无咎”。

本爻变，为旅卦（䷷），人生旅程即将开始，老子有云：“千里之行，始于足下。”一切审慎为要。

• 1993 年年初，我作出版公司的一年之计，由于前时成立了专门的公关部门，积极改善与媒体及社会各方的关系，颇有突破，遂问当年如何？为离卦“初九”爻动，有旅卦之象。“履错然，敬之，无咎”。慎选对象互动，宁缺毋滥。

六二。黄离，元吉。

《象》曰：黄离元吉，得中道也。

“六二”中正，为离卦主爻，柔中之道的充分体现。爻变为火在天上的大有（☲）“元亨”，有日正当中之象，故称“元吉”。离卦卦辞欠“元”，“六二”爻辞出现“元亨”，可见前途光明，力道沉厚。坤卦“六五”“黄裳，元吉”，离卦“六二”“黄离，元吉”，“黄”为中道之义，已如前述。

• 2004 年 8 月底，我问美国未来十年的国势，为离卦“六二”爻动，有大有卦之象。黄离元吉。虽经金融风暴冲击，综合国力仍然如日中天，还遥遥领先其他列强。至于 2014 年以后会否衰落，则看是否依时中之道而行，大国强盛已久，确实不可小觑。

九三。日昃之离，不鼓缶而歌，则大耋之嗟，凶。

《象》曰：日昃之离，何可久也？

“九三”过刚不中，为下卦离明之终，已是盛极转衰的日落时分。离卦下三爻以日出、日中、日落取象。“初九”早晨起床，大家的鞋子错杂摆了一地，千万别慌忙穿错了别人的鞋，在军中或集体生活者，大概都有此经验。

人生值此暮年衰运之时，当调整身心达观以待，不要一天到晚悲愁叹息，否则更惹人嫌弃，加速老化而致凶。“缶”为质朴的瓦罐，“九三”失势，不能再过“樽酒簋贰”的奢华生活，要懂得在平淡中创造趣味，敲击瓦罐放怀高歌。本爻变，为噬嗑卦（☲），若不忘情争权夺势的岁月，天天牢骚满腹想当年，失势无法再起的逆境下，恐怕离死不远了！

• 2006 年中，我一位学生占问：癌症的真正原因为何？为离卦“九三”爻动，有噬嗑之象。“日昃之离。不鼓缶而歌，则大耋之嗟，凶。”“何可久也？”人生处逆境，一定要想得开，若怨天尤人，满腹牢骚，

忧郁躁郁，都容易得癌症，这是医学临床上已证实的结论。离卦为文明，癌症是现代文明病，各方面噬嗑斗争的压力太大，不善纾解，即易罹癌。

• 2005年10月下旬，我陪同老父母亲上新店龙泉佳城看墓地，心中还是哀悲，问择地何宜否？为离卦“九三”爻动，有噬嗑之象。“日昃之离，不鼓缶而歌，则大耋之嗟，凶”，“何可久也？”生老病死，任何人也没法避免，嗟叹无益，还是坦然面对吧！

• 2010年3月上旬，旅居新加坡的一对学生夫妇返台省亲，谈到他们长住世界各国的计划，算了一系列国运的卦，其中印度得出离卦“九三”爻动，有噬嗑之象。“日昃之离”，“大耋之嗟，凶”。离为网络联系，印度的计算机软件人才甚多，世界驰名，得列“金砖四国”之一，未来发展潜力似甚看好可观，但这五年有暮气衰颓之象，未可乐观。果然，2012年中各方信评机构发布负面信息，宣称印度经济衰退，金砖神话破灭，又灾祸不断，火车烧死数十乘客，三大电网齐挂，全国一半大停电云云。

九四。突如其来如，焚如，死如，弃如。

《象》曰：突如其来如，无所容也。

“九四”阳居阴位不正，违反离卦利贞之义，继明不正而酿巨灾。“九三”“日昃之离”，已现老态，“九四”“突如其来”，竟然猝死。离为火，一把野火烧尽一切，遗物弃置于地没人搭理，也不见救援。这是世界文明浩劫之象，灾区遍覆全球，天地之大，几乎无所容身。此爻动，恰值宜变为贲卦（䷕），华丽的表象下隐藏了致命的风险，局中之人若无预警，则易遭突袭而罹灾。《易》卦中尽多凶险之爻，却无过此爻之恐怖惊吓者，因为牵连死伤太重，有第一凶爻之称。

以“身体易”观之，离为心火，“九三”“大耋之嗟”，有心脏衰竭之象，“九四”“突如其来”，则似心肌梗塞，瞬间毕命。

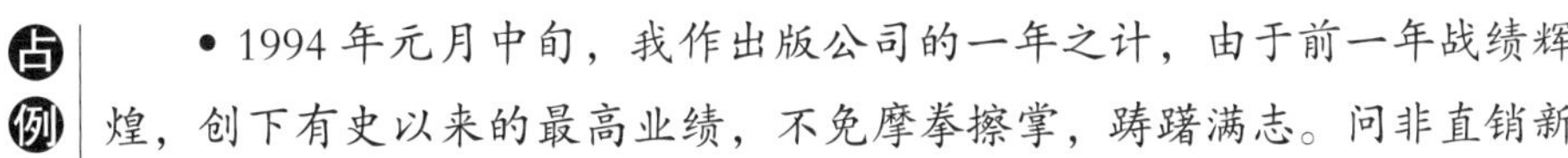

• 1994年元月中旬，我作出版公司的一年之计，由于前一年战绩辉煌，创下有史以来的最高业绩，不免摩拳擦掌，踌躇满志。问非直销新

书产能急速扩充如何？得出离卦“九四”爻变，成贲卦。“突如其来如，焚如，死如，弃如，无所容也”。怎么如此之凶？似与当时的情势感觉不合。顺便又问：往后与负责非直销图书部门的副总经理的相处前景？得出复卦“上六”爻动，“迷复凶，有灾眚，用行师，终有大败，以其国君凶，至于十年不克征。”连得两个穷凶恶极之爻，这是怎么了？

结果三个多月后，在外潦倒穷途的老板冲杀回朝，经营情势大变，从此急转直下，步向败亡。这位副总见风转舵，与我日益疏远，数载并肩共战之谊俱往矣！十年后，得癌症去世，“迷复”爻变为颐卦（䷚），恰属巽宫游魂。物是人非，忆起往事令人不胜唏嘘。

六五。出涕沱若，戚嗟若，吉。

《象》曰：六五之吉，离王公也。

“六五”为离卦之君，面对“九四”“突如其来”的毁灭，看到“焚如、死如、弃如”的惨状，感同身受，痛哭流涕不能自已。爻变为同人（䷌），恻隐之心人皆有之，“戚”是哀戚，所谓休戚与共，陌生人也像亲戚一般关怀爱顾。领导人视察灾情若能如此，当可激发群众的共鸣，化悲愤为力量，同心协力救灾善后，转凶为吉。“王公”可指“六五”本身，离为附丽，群众团结于领导身旁而成事；也指天下的王道与公道，领导者衷心认同，全力以赴，而获群众拥护，具体展现见“上九”爻辞。

“九三”“大耋之嗟”为小悲，为自己的职场运势与年华老去而郁闷；“六五”“出涕沱若，戚嗟若”，人溺己溺，人饥己饥为大悲。离卦文明的进步，即因灾难不幸，同情众生悲苦，将各人小悲而升华为同体大悲。前述观卦时，曾言“六三”“观我生，进退”为“小我”，“九五”“观我生，观民”为“大我”，弃小就大，实因“六四”“观国之光”而开的眼界。三与五同功而异位，观、离二卦由三而五的变化，值得习《易》者深思。

• 1998年元月中旬，我问克隆生命的科研成果应如何评估，克隆多莉羊的争议不大，克隆人则问题甚多，《易经》怎么看呢？得出离卦“六五”爻动，有同人之象。离为文明发展，希望继明照四方，克隆人与

占例

人类近同，却出现哀悲涕泣之象，又承前“九四”突然毁灭的巨灾而来，似乎善后不易。其后多年，针对同样问题再占，为无妄卦（䷘）初、五爻动，齐变有晋卦（䷢）之象。“初九”“无妄往吉，得志也”，克隆生命的技术前景乐观；“九五”“无妄之疾，勿药有喜”，“无妄之药，不可试也”，警告明确，切勿轻易为之，免生不测之祸。

贲卦《彖传》称：“文明以止，人文也……观乎人文，以化成天下。”文明发展要懂得适可而止，才合乎可大可久、尊重生命的人文精神。离卦《彖传》亦称：“重明以丽乎正，乃化成天下。”“六五”为继明之主，亦得敬慎小心，与其惹灾善后，不如不要轻举妄动。克隆生命的技术可观，理论上应有可能，由复卦生生之道可知，大畜卦“童牛之牿”、“豮豕之牙”皆吉，也提示改造生命之法。但这样做的风险甚高，一旦失控即会酿灾，“频复厉”、“迷复凶”的后果严重。无妄之灾、无妄之疾必须纳入考虑。

上九。王用出征，有嘉折首，获匪其丑，无咎。

《象》曰：王用出征，以正邦也。

“上九”居离卦之终，继“六五”以恻隐之情号召后，全民展开积极救难的善后行动，使邦国复归于正。“嘉”为亨通喜乐，“折首”即斩首，所谓擒贼擒王，将酿灾的祸首铲除。“匪”为“非”，“丑”为依附同类的小角色。“获非其丑”即“非获其丑”，只要除掉祸首就好，不必株连其他跟从的小喽啰，使乱局尽快恢复平静，而获无咎。这种思想见于《尚书·胤征》：“歼厥渠魁，胁从罔治，旧染污俗，咸与维新。”被迫跟从的不必惩治，杀掉元凶首恶即可。该段前还有一段文字：“火炎昆冈，玉石俱焚。天吏逸德，烈于猛火。”讲的正是离卦“九四”之象，一场无明之火烧尽一切，居高位肆行不正，使民生凋敝，社稷垂危，全民必须觉悟，诛除以正邦国。“上九”爻变，成丰卦（䷶），元凶首恶伏诛，拨乱反正，成就如日中天的丰功伟业。

• 2010年元旦，我作一年之计，问自己全年的人际关系如何？为离卦“上九”爻动，有丰卦之象。“王用出征，有嘉折首，获匪其丑，无咎”，

占例

"以正邦也"。结果，年中左右学会人事纷争不断，逼得我几番重手整顿，清理门户，并改组理监事会，占象完全应验。整治过程中，谨守只除祸首、获匪其丑的原则，丰卦为明以动，绝不殃及无辜。离卦约当夏至时节，丰卦节气属阴历六月，整顿过程就在那两个月。

离卦多爻变占例之探讨

离卦卦、彖、象、爻之理论及实例已阐释，往下讨论二爻变以上的情况。

二爻变占例

占事遇卦中任意二爻动，若其中一爻值宜变，以该爻辞为主、另一爻为辅判断。若皆不值宜变，以本卦卦辞卦象为主，亦参考二爻齐变所成之卦的卦辞卦象。

• 2003年6月上旬，由于我前时曾在BenQ总部与老同学李焜耀见面，他谈起自创品牌的理想冲劲十足，我当时未表示任何意见，心中却不看好。论信息电子产业他是专家，而易理包罗万象，却可能是万事万物共通的理论（The Theory of Everything），旁观者清，往往还可超越专家的当局者迷。我曾在月前探讨台湾十年的经济情势，没有自创品牌的可能，"遇大有之颐"的占例，已于前述。与李见面后几天，自己在家算他的理想能否实现？三至五年间为离卦初、四爻动，齐变有艮卦（☶）之象。

离中虚，孔目相连，有信息网络之象，继明照四方，李焜耀的雄心可嘉，艮卦却是阻碍重重，不易翻越。离为文明，不同文明间的跨国经营，会有想象不到的困难。"初九""履错然，敬之无咎"，必须审慎踏出这一步，不然三个爻后，会罹"九四"突如其来之灾。"焚如死如弃如，无所容也"，好不惨然！一爻当一年，三年多后，BenQ并购德国西门子大厂失败，赔了五百多亿台币，欲借此走出品牌之路证实不可行。

• 1994年10月中旬，我已不管出版公司经营业务，高干们的意向各异，人情冷暖在心。其中一位副总见风转舵，让我印象深刻，我占问他往后气运如何？为离卦三、四爻动，齐变有颐卦（☶☳）之象。颐为震宫游魂卦，离"九三""日昃之离，大耋之嗟，凶"，"九四""突如其来如，焚如，死如，弃如"，竟是老死之象。后来他真的罹患癌症，没几年就过世，易占感而遂通，令人骇异。

• 1998年年底，我品读刘劭名著《人物志》，对终篇《释争第十二》深有感悟，占其主旨为离卦三、四爻动，齐变有颐卦之象。离为人群的互动关系，颐为修养身心，“遇离之颐”，当消弭纷争，自养养人。离卦“九三”“大耋之嗟凶”，“九四”“突如其来如，无所容也”。人情自私自利，为个人际遇怨天尤人，易酿成突发冲突，损人又不利己，智者实宜深戒。

• 2010年6月下旬，几位懂计算机的学生来晤，在茶馆闲谈时，我说“大衍之术”占法的程序虽好用，似乎也会有累积误差。当下起占，为离卦四、上爻动，“上九”值宜变成丰卦，齐变则有明夷（䷣）之象。离为日，为信息网络，明夷为日落暗淡，可见操作时确有出现状况的可能。离卦“九四”“突如其来如，焚如，死如，弃如”，显示累积误差发作；“上九”王用出征，“有嘉折首，获匪其丑，无咎”，出现误差后，当抓重点解决问题，恢复正常运作。整体来看，这套程序偶尔会出状况，但还不至于要全面调整更新。

我接着再问传统的手占方式如何？为大有卦二、三、四爻动，贞悔相争成颐卦。大有卦“元亨”，丰富而均衡，人人可用；颐卦“贞吉”，自给自足。大有卦“九二”“大车以载，积中不败”；“九三”“公用亨于天子，小人弗克”；“九四”“匪其彭无咎，明辨晢”。大有卦上卦为离，也是信息网络之象，“遇大有之颐”，显然稳妥可靠得多。

• 1997年10月初，我曾对本书采用的爻变断占法验证，这套法则的理论依据在《系辞上传》第九章，学者高亨独发其蕴，提出天地之数五十五决定宜变爻位的主张，虽为一家之言，其理可信。我得出的卦为离，二、上爻动，“六二”值宜变成大有卦，齐变则有大壮（䷡）之象。离为信息网络，大有“元亨”，大壮“利贞”，相当正面肯定。“六二”“黄离元吉，得中道也”。“上九”“有嘉折首，获匪其丑，无咎”。“六二”丽乎中正，照应全局；“上九”决定宜变爻位，抓主要变量，正合高亨的研究结论。

• 2007年11月底，我应邀赴高雄、台南作四次公益演讲，主题分别为决策、教育、感情与修行。针对《易经》决策的特色问占，为离卦四、上爻动，“上九”值宜变成丰卦，齐变则有明夷之象。“九四”“突如其来如，焚如，死如，弃如”，代表人生的突发事故；“上九”“有嘉折首，获匪其丑，无咎”，抓重点一举解决问题。明夷卦《大象传》称：“君子以莅众，用晦

而明。”韬光养晦，不动声色。丰卦内离明、外震动，看准核心问题所在，一次搞定，成就大业。

• 2012年7月中旬，我去台大医院探病，工商建研会《易经》班的班长李祖嘉不慎摔伤左眼，住院开刀，血污糊眼相当严重。我算她可康复否？

1998年7月下旬为离卦四、上爻动，“上九”值宜变为丰卦，齐变成明夷卦。离为目，“九四”突如其来遭意外，“上九”“王用出征，有嘉折首，无咎”，善后治疗有望，可重见光明。明以动为丰，不必担忧；疗程中视力损伤，明夷“利艰贞”，很辛苦。妙的是“有嘉折首”，其中就扣有她名字中的嘉字，这在易占中常见，对名称真有感应？

她在前一年初占年运，为坤卦“上六”爻动，有剥卦之象。龙战于野，其血玄黄，可能会有血光之灾。当年初她是住院开了个小刀，其他也无大碍，照她说是参加许多场法会所致，让我想起中孚卦《大象传》所称：“君子以议狱缓死。”2012年年初，我们在马英九胜选后的聚宴中欢晤，我又算到她的年运为师卦（䷆）二、三爻动，齐变有谦卦（䷎）之象。“九二”“王三锡命”，为大将之才，“六三”“师或舆尸凶”，阴柔乘于阳刚之上，又有流血冲突之象。谦卦亨通有终，历险磨难后应可无事。

我在病房中跟她提起此事，她说左眼受伤跟前世夙业有关，若以卦象看说得通：谦卦与前一年的丰卦皆称天地人鬼神，丰满招损，谦和受益。前一年的明夷卦为坎宫游魂卦，师卦则为坎宫归魂卦，“师或舆尸”更是鬼气森森，冤孽附身啊！

• 1998年7月下旬，我率学生二十多人赴内斯作“《易经》溯源之旅”，当时还任社会大学基金会总监的张良维随行，他拜太极导引名家熊卫为师，想离开社大去开道场，专心弘扬拳术。我就在济南赴郑州的夜车软卧上起占，得出离卦初、三爻动，齐变有晋卦（䷢）之象。离卦继往开来，明照四方；晋卦日出东方，自昭明德；“遇离之晋”，张师从熊卫，继其光明，似有自创新猷之意。离卦“初九”“履错然，敬之无咎”，审慎迈出这一步；“九三”“日昃之离，大耋之嗟凶，何可久也？师徒之缘短暂，由日出转日落？

不久后，良维决心离开社大，创立了道场，搞得红红火火，媒体那阵子都有大幅报道。他与熊卫的关系一两年后生变，同门师兄弟也围剿他，再过几年，他干脆换了招牌，改称“气机导引”，真的走出了自己独立研发之路。离卦由初至三爻，一爻当一年，两年即生变化。

• 2010 年 9 月中旬，我应邀赴德国慕尼黑讲学，正赶上当地两百周年的啤酒节，除了日间参观大游行外，一行人也去逛夜里的热闹庆典。大帐篷内人山人海，平日认真严肃的德国人放松饮酒作乐，外面广场走道上也挤满了人，摩肩接踵，谈笑晏晏。我以手机现占此情此景，为离卦初、三爻动，齐变有晋卦之象。离为文明为附丽，“初九”“履错然，敬之无咎”，人多杂沓，走路真要小心；“九三”日暮后，“不鼓缶而歌，则大耋之嗟，凶”，对酒当歌，人生几何？与其悲叹，莫不如及实时行乐啊！

• 1997 年 7 月下旬，我问老子思想的历史定位，为离卦三、上爻动，“上九”值宜变成丰卦，齐变则有震卦（䷲）之象。离为文明发展，“九三”“日昃之离，不鼓缶而歌，则大耋之嗟，凶”，人欲过盛，遭逢逆境每多怨尤，老子教人少私寡欲；“上九”“王用出征，有嘉折首，获匪其丑，无咎”，针对人性根深柢固的弱点克治，以回复人性清明。丰卦资源丰富，崇高伟大，震卦中心有主，不随波逐流，老子思想极有高度。

• 2009 年 7 月下旬，我有事赴宜兰乡间，徜徉于田间小路上，念起恩师毓老，占问其人其业，为离卦三、上爻动，“上九”值宜变成丰卦，齐变有震卦之象。离为文明传承，“九三”“日昃之离，大耋之嗟”，中华文化在近代饱受冲击，颇现衰象；“上九”“王用出征，有嘉折首，获匪其丑，无咎”，毓师经术明通，从大本处激浊扬清、拨乱反正，厥功至伟。韩愈文起八代之衰，毓师则是理起八代之衰，有其诗为证：“岂止日月易新悬？必也盘皇另辟天！”

• 2010 年 11 月初，我在台北徐州路市长官邸已授课近十年，日式庭园风格优雅，是个读书上课的好所在，教出不少学生。原先由《中国时报》支持承办，后来《时报》易主，新的“富爸爸”尚未出现，一切课业暂停，我问往后缘分如何？为离卦三、上爻动，“上九”值宜变成丰卦，齐变则有震卦之象。离卦继明四方，“九三”“日昃之离”，已渐衰微；“上九”“王用出征，无咎”，似乎仍有振兴可能。果然，次年 3 月下旬，新课复开，再续前缘。

• 2009 年 9 月 28 日孔子诞辰，我问自己在台授《易》二十年，可有些许功德？得出离卦二、三爻动，“六二”值宜变成大有卦，齐变则有睽卦（䷥）之象。离为继明四方，“六二”“黄离元吉，得中道也”，大有“元亨”，做得不错。“九三”“日昃之离”，渐有衰疲之态，宜调适注意，睽象出现，与时势变迁已不甚相合矣！

• 1999 年 8 月中，我一位南部商界的学生邀我到林口乡宋楚瑜家拜访，一道午餐，针对 2000 年选举情势有些讨论。其中一占问的是：宋能堪大任否？为离卦初、二爻动，“六二”值宜变成大有卦，齐变有鼎卦（☲☴）之象。“黄离元吉”，大有“元亨”，鼎“元亨”，且为掌权之卦，看来答案相当肯定。虽然如此，当年底“兴票案”爆发后，宋一路领先的民调大幅滑落，最后以三十万票之差饮恨落选。

• 2009 年 4 月下旬，我的学生辜怀如的姑父叶明勋手术后昏迷，高龄 97 岁，亲人都很担心，问生死吉凶。我占出离卦初、二爻动，“六二”值宜变成大有，齐变有鼎卦之象。占算生死疾病，得另类考虑，耄年近百，一旦过世都称喜丧。离、鼎、大有一般都是好卦，占算老人家生死，则死算解脱，未尝不好，免受病痛之苦。大有卦为乾宫归魂卦，离卦为上经最后一卦，鼎卦则有归天祭祀之象。“履错然”，“黄离元吉”，可能要上路了！果然，叶老先生不久即往生。

• 1994 年 4 月中，我费心经营的出版公司情势生变，漂泊在外、财穷力绌的老板不顾一切争议要回朝，大股东也挡不了，是否秋后算账不可知，高干人人自危。我占问个人最后的吉凶？为离卦初、上爻动，“上九”值宜变成丰卦，齐变则有小过卦（☳☶）之象。“履错然，敬之无咎”，往下应对得敬慎，才能不败；“上九”“王用出征，有嘉折首，获匪其丑，无咎”，老板施杀手锏主要对付大股东，其他都会从宽处理。小过卦谨小慎微，卦辞称：“可小事，不可大事……不宜上，宜下。”愈低调愈好，结果确实如此，之后我还待了七年，才完全离开，而公司也名存实亡。

• 2010 年 7 月上旬，世界杯足球赛进入最后四强争逐，冠军谁属？我占西班牙为离卦初、上爻动，“上九”值宜变成丰卦，齐变则有小过卦之象。“王用出征，有嘉折首”，为擒敌夺冠称王之意，建立如日中天的丰功伟业，机会应该很大。果然，西班牙击败荷兰，获世界冠军。

2006 年的世界杯大赛，意大利获得冠军。当时我的一位学生在《民生报》服务，占意大利为大有卦“上九”爻动，“自天佑之，吉无不利”。不仅如此，其他一些设定的问题都百分之百占对，震惊了报社同仁，还刊在某日头版。他如果参与赌盘，要大发其财了！

占事遇卦中任意三爻动，以本卦为贞，三爻齐变所成之卦为悔，称贞悔相争，合参两卦卦辞卦象以断吉凶。若本卦三爻其中一爻值宜变，为主变量，加重考虑其影响。

• 2010 年 6 月下旬，我和几位懂信息的学生讨论易占程序，有时会有累积误差而不稳定，前面二爻变的占例中已说明。当时有人主张加入“故障时转为手动切换”的指令，我再占得出离卦三、五、上爻动，贞悔相争成随卦。离为连续操作的信息网络，随为视情况随机调整应变，遇离之随，合乎要求。离“九三”“日昃之离”，信息流呈现疲态，难以持久稳定；“六五”“戚嗟若”，着手善后；“上九”“王用出征”，解决主要故障而获吉。

不过与其如此麻烦，何不直接手占？为谦卦“九三”爻动，有坤卦之象。“劳谦，君子有终，吉”，一次搞定，就是花时较多，辛苦一点。

• 2010 年 4 月上旬，我们一期规模浩大的“错卦班”课程结束，学生办谢师宴。一位石同学将课堂听讲的笔记精心整理成册，由学生认购。教书这么多年，像他这么秀异颖悟，又勤奋精进者不多。我心念一动，即席占问以后与他的缘分，为离卦三、四、上爻动，贞悔相争成复卦（䷗）。离为信息网络、继明四方，“九三”趋疲、“九四”中断、“上六”调整后接续，变化过程正是一元复始、万象更新之意。再占其心性，为小畜卦“九二”爻动，“牵复吉”，密云不雨中受启发，会走上创造之途。最后问其未来发展，为颐卦“上九”爻变，成复卦。“由颐厉吉，利涉大川，大有庆也”。三占都有复卦之象，好好培养，将发挥可观的核心创造力。

后来他创业，做移动载具上电子书的制作，三方面合作，将我历年来一些重要课程上网，供有心习《易》者观览，名为“刘君祖解经书房”，“遇离之复”的态势出现矣！

• 2008 年 11 月中旬，我的女儿想换工作，去应征中天电视的编译，我占其合适否？为离卦初、二、四爻动，“九四”值宜变成贲卦，贞悔相争成蛊卦（䷑）。蛊则饬也，也有败坏之意，“遇离之蛊”，应在“九四”“突如其来如，无所容也”。“初九”“履错然”，“六二”“黄离元吉”，起手态势不错，最终不合也难成。果然笔试过关到面试时，她自己承认说，未必适合媒体

作业，因而作罢。同时进行一家出版社的应征外文编辑，倒颇顺利，占象为蛊卦三、上爻动，“上九”值宜变成升卦，齐变则有师卦（䷆）之象。“遇蛊之升之师”，应是任事成功之意。“九三”“干父之蛊，小有悔，无大咎”，也和我当年一样任职编辑出版。上九不事王侯，高尚其事，似又有离职自在之意。她确实很快就去上班，前两年干得颇起劲儿，三年多后辞职，蛊卦三至上爻，一爻当一年，正好干了三年事。

四爻变占例

占事遇卦中任意四爻动，以四爻齐变所成之卦的卦辞卦象为主论断，其中一爻若值宜变，稍加重考虑其影响。

• 1998 年 12 月下旬，因当时计算机千禧虫肆虐的传闻很盛，我提前问 2000 年之后台股的大势，为离卦初、二、四、五爻动，“六二”值宜变成大有，四爻齐变成巽卦（䷸）。离为继续光明，巽为风行多变，又有低伏之象，“遇离之巽”，开高走低。“初九”“履错然，”“六二”“黄离元吉”，起步不错；“九四”“突如其来如，焚如，死如，弃如”，“六五”“出涕沱若，戚嗟若”，往后遭遇突袭崩盘，股民痛苦哀号，领导人设法护盘善后。2000 年的股市变化的确如此，先盛后衰。10 月初以后，“废核四”的争议大起，台股直线下滑，与年头点数近乎腰斩，经济受到重挫。

• 2010 年 9 月下旬，我给学生讲《心经》，占问“受蕴”是什么？得出离卦初、三、四、上爻动，“九三”值宜变为噬嗑卦，四爻齐变成坤卦（䷁）。五蕴中，“色”为物质，“受、想、行、识”属心。“受蕴”即“眼、耳、鼻、舌、身”等“五识”，对“色、声、香、味、触、领、纳”所生的感觉。离中虚为心，往四面八方探测；坤为顺势用柔，厚德载物。“遇离之坤”，正是以心识自然摄受万物之意。

• 2010 年 11 月上旬，我快过 58 岁生日，心有所感二占。先问既往五十八年的生活总括如何？为需卦（䷄）二、四、五爻动，“六四”值宜变为夬卦，贞悔相争成丰卦（䷶）。再问未来的生命发展还会如何？为离卦二、三、四、上爻动，“上九”值宜变为丰卦，四爻齐变成临卦（䷒）。需卦健行遇险，“九二”“需于沙，小有言，终吉”，“六四”“需于血，顺以听”，“九五”“需于酒食，贞吉”。早立大志，中遭危难，而今站上资源丰厚的制高点，一路行来虽曲折漫延，还算不负初志。展望未来半生，离卦期许继明照于四方，临卦“教思无穷，容保民无疆”，“遇离之临”，人文化成之路非常明显。“六二”“黄离，元吉”，基础很好；“九三”“日昃之离”，“九四”“突如其来”，当心衰颓致凶；“上九”“王用出征，以正邦也”，无论遭遇什么挫折，都得抓住要点应对，重建辉煌。

占事遇卦中任意五爻皆动，本卦已极不稳定，以五爻齐变所成之卦的卦辞卦象论断，五爻中若有一爻恰值宜变，稍加重考虑其爻辞即可。

• 1993 年 5 月中旬，我努力经营出版公司，逐渐得心应手，想加强编辑处的产品研发力，举办多项研习活动，为此一占吉凶。得出离卦初、二、三、四、五爻皆动，“九四”值宜变为贲卦，五爻齐变成涣卦（䷺）。离卦想继续光明，由初至四，却遭突如其来的冲击破坏，“六五”“戚嗟若”，惋惜不已，终成涣散之局。不到一年后，公司政变，所有想法不再可行矣！